CONSTITUIÇÃO, DIREITOS FUNDAMENTAIS E POLÍTICA

ESTUDOS EM HOMENAGEM AO PROFESSOR JOSÉ JOAQUIM GOMES CANOTILHO

HÉLIO PINHEIRO PINTO
MANOEL CAVALCANTE DE LIMA NETO
ALBERTO JORGE CORREIA DE BARROS LIMA
LORENA CARLA SANTOS VASCONCELOS SOTTO-MAYOR
LUCIANA RAPOSO JOSUÉ LIMA DIAS

Coordenadores

CONSTITUIÇÃO, DIREITOS FUNDAMENTAIS E POLÍTICA

ESTUDOS EM HOMENAGEM AO PROFESSOR
JOSÉ JOAQUIM GOMES CANOTILHO

Belo Horizonte

2017

© 2017 Editora Fórum Ltda.

É proibida a reprodução total ou parcial desta obra, por qualquer meio eletrônico, inclusive por processos xerográficos, sem autorização expressa do Editor.

Conselho Editorial

Adilson Abreu Dallari
Alécia Paolucci Nogueira Bicalho
Alexandre Coutinho Pagliarini
André Ramos Tavares
Carlos Ayres Britto
Carlos Mário da Silva Velloso
Cármen Lúcia Antunes Rocha
Cesar Augusto Guimarães Pereira
Clovis Beznos
Cristiana Fortini
Dinorá Adelaide Musetti Grotti
Diogo de Figueiredo Moreira Neto
Egon Bockmann Moreira
Emerson Gabardo
Fabrício Motta
Fernando Rossi

Flávio Henrique Unes Pereira
Floriano de Azevedo Marques Neto
Gustavo Justino de Oliveira
Inês Virgínia Prado Soares
Jorge Ulisses Jacoby Fernandes
Juarez Freitas
Luciano Ferraz
Lúcio Delfino
Marcia Carla Pereira Ribeiro
Márcio Cammarosano
Marcos Ehrhardt Jr.
Maria Sylvia Zanella Di Pietro
Ney José de Freitas
Oswaldo Othon de Pontes Saraiva Filho
Paulo Modesto
Romeu Felipe Bacellar Filho
Sérgio Guerra

Luís Cláudio Rodrigues Ferreira
Presidente e Editor

Coordenação editorial: Leonardo Eustáquio Siqueira Araújo
Normalização: Mirian Ferreira Alves – CRB-4: 2.131

Av. Afonso Pena, 2770 – 15º andar – Savassi – CEP 30130-012
Belo Horizonte – Minas Gerais – Tel.: (31) 2121.4900 / 2121.4949
www.editoraforum.com.br – editoraforum@editoraforum.com.br

C756   Constituição, direitos fundamentais e política: estudos em homenagem ao professor José Joaquim Gomes Canotilho / Hélio Pinheiro Pinto, Manoel Cavalcante de Lima Neto, Alberto Jorge Correia de Barros Lima, Lorena Carla Santos Vasconcelos Sotto-Mayor, Luciana Raposo Josué Lima Dias. – Belo Horizonte : Fórum, 2017.
563 p.
ISBN: 978-85-450-0185-0

1. Direito Constitucional. 2. Política. 3. Canotilho, José Joaquim Gomes. I. Pinto, Hélio Pinheiro. II. Lima Neto, Manoel Cavalcante de. III. Lima, Alberto Jorge Correia de Barros. IV. Sotto-Mayor, Lorena Carla Santos Vasconcelos. V. Dias, Luciana Raposo Josué Lima. VI. Título.

CDD 342
CDU 342

Informação bibliográfica deste livro, conforme a NBR 6023:2002 da Associação Brasileira de Normas Técnicas (ABNT):

PINTO, Hélio Pinheiro (Coords.). et al. *Constituição, direitos fundamentais e política*: estudos em homenagem ao professor José Joaquim Gomes Canotilho. Belo Horizonte: Fórum, 2017. 563 p. ISBN 978-85-450-0185-0.

SUMÁRIO

APRESENTAÇÃO
FERNANDO TOURINHO DE OMENA SOUZA, HÉLIO PINHEIRO PINTO 15

1   José Joaquim Gomes Canotilho: um cidadão pleno, um juspublicista de quilate 15
2   A evolução do pensamento do Professor Doutor Gomes Canotilho: da Constituição dirigente à Constituição dirigida 17

A CONTRIBUIÇÃO DE JOSÉ JOAQUIM GOMES CANOTILHO AO DEBATE JUDICIÁRIO SOBRE OS DIREITOS SOCIAIS: A NECESSIDADE DE INTEGRAR NOVOS OLHARES SOBRE OS PROBLEMAS JURÍDICOS
HUMBERTO MARTINS 21

    Introdução 21
1   A teoria dos direitos econômicos, sociais e culturais a partir da obra de José Joaquim Gomes Canotilho 22
2   O Agravo em Recurso Extraordinário (ARE) nº 727.864/PR: estado do Paraná *vs.* Ministério Público Estadual 26
    Conclusão: a necessidade de convergência entre a interpretação constitucional e a análise da realidade 30
    Referências 31

A SOLUÇÃO DE J. J. GOMES CANOTILHO PARA O PROBLEMA DA RESPONSABILIDADE DO ESTADO POR ACTOS LÍCITOS: ALGUNS APONTAMENTOS
ANA CLÁUDIA NASCIMENTO GOMES 33

    Apresentação e motivação 33
1   O pretexto e o contexto 35
2   Fontes doutrinárias e estrutura da obra 38
3   Síntese da obra, com destaque para alguns trechos. Delineação da responsabilidade do Estado por actos lícitos 39
4   A gestação futura da obra *Constituição Dirigente e vinculação do legislador* 47
5   Algumas nossas deduções e percepções 48
    Referências 49

TRANSFUGUISMO POLÍTICO E A PERDA DE MANDATO PARLAMENTAR POR INFIDELIDADE PARTIDÁRIA: O SUPREMO TRIBUNAL FEDERAL COMO "PODER CONSTITUINTE" AUTOPROCLAMADO
HÉLIO PINHEIRO PINTO 51

    Introdução 51
1   Transfuguismo político e infidelidade partidária: conceito, causas e efeitos......52
2   Transfuguismo político em alguns países: França, Itália, Espanha e Portugal..............55
3   Representação parlamentar e o renascimento do mandato imperativo: o mandato imperativo de partido..58
4   (In)fidelidade partidária no Brasil: colocação do problema..........................59
5   Entendimento atual do STF: perda de mandato parlamentar por infidelidade partidária 62
5.1   Considerações preliminares..62
5.2   "Babel partidária": proliferação de partidos políticos e "nomadismo" parlamentar.......63
5.3   Argumentos dos ministros: o STF como um "poder constituinte" autoproclamado.......65
5.4   Análise crítica dos argumentos dos ministros do STF....................................66
5.5   Estratégia política de atores políticos: a delegação do poder de decisão política para o STF...70
    Conclusões..72
    Referências...74

QUADRO DE UMA DOGMÁTICA DO DIREITO À PROTEÇÃO DA SAÚDE NA CONSTITUIÇÃO DO BRASIL: DIÁLOGOS COM A CONSTITUIÇÃO PORTUGUESA
IAN PIMENTEL GAMEIRO..77

    Introdução 77
1   Localização topográfica..78
1.1   Fundamentalidade formal..78
1.2   Fundamentalidade material...79
2   Princípios fundantes 80
2.1   Universalidade..81
2.2   Generalidade...82
2.3   Igualdade: sentido geral e sentidos específicos 82
2.4   Proporcionalidade..84
2.5   Democracia ou participação popular 85
3   Sujeitos..85
4   Racionalidade objetiva e subjetiva...86
5   Eficácia e aplicabilidade 89
6   Justiciabilidade...90
7   Obrigações gerais do Estado..91
7.1   Realização progressiva...91
7.2   Definição de um nível mínimo de realização..92
8   Reservas condicionantes do direito à proteção da saúde..............................93
8.1   Reserva geral imanente de ponderação...93
8.2   Reserva do politicamente adequado ou oportuno...95

8.3	Reserva do financeiramente possível	97
	Considerações finais	98
	Referências	99

A PARTIR DA CONSTITUIÇÃO DIRIGENTE DE J. J. GOMES CANOTILHO
LUIZ EDSON FACHIN, MIGUEL GUALANO DE GODOY 101

	Consideração introdutória	101
1	O constitucionalismo dirigente de J. J. Gomes Canotilho e sua importância para o constitucionalismo brasileiro	103
2	Casuística	107
	Considerações finais	109
	Referências	109

EFICÁCIA DAS GARANTIAS CONSTITUCIONAIS NAS RELAÇÕES PRIVADAS: UMA ANÁLISE DA JURISPRUDÊNCIA DO SUPERIOR TRIBUNAL DE JUSTIÇA E DO SUPREMO TRIBUNAL FEDERAL
GILMAR FERREIRA MENDES 113

	Introdução	113
1	Eficácia dos direitos fundamentais no âmbito do direito privado: considerações preliminares	115
2	A doutrina sobre a eficácia direta dos direitos fundamentais	116
3	Direitos fundamentais aplicados às relações privadas na jurisprudência do Supremo Tribunal Federal	118
4	Direitos fundamentais aplicados às relações privadas na jurisprudência do Superior Tribunal de Justiça	129
	Conclusão	131
	Referências	131

A EVOLUÇÃO DO PAPEL DO SUPREMO TRIBUNAL FEDERAL NO BRASIL
JOSÉ ANTONIO DIAS TOFFOLI 135

	Introdução	135
1	O Supremo Tribunal Federal como guardião da Constituição	135
2	O Supremo Tribunal Federal como Tribunal da Federação	139
3	O Supremo Tribunal Federal como poder moderador	141
4	O Supremo Tribunal Federal como Corte Criminal	143
	Considerações finais	146
	Referências	147

A VAQUEJADA, A INTERPRETAÇÃO CONSTITUCIONAL E O DIREITO FUNDAMENTAL AO MEIO AMBIENTE
MARCO AURÉLIO MELLO 149

	Introdução	149
1	Os direitos fundamentais na Carta da República	150
2	O direito-dever fundamental ao meio ambiente equilibrado	152
3	Interpretação constitucional	153

4	O direito fundamental ao meio ambiente equilibrado na jurisprudência do STF	156
5	A inconstitucionalidade da "vaquejada"	158
	Conclusão	160
	Referências	161

A INFLUÊNCIA DOS DIREITOS FUNDAMENTAIS NO DIREITO PRIVADO: ALGUMAS NOTAS SOBRE A EVOLUÇÃO NO BRASIL
INGO WOLFGANG SARLET 163

	Introdução	163
1	Breves notas sobre o conteúdo e significado dos direitos fundamentais na Constituição Federal de 1988	166
2	Observações sobre a eficácia dos direitos fundamentais no âmbito do direito privado	169
3	A defesa de uma eficácia direta *prima facie* dos direitos fundamentais na esfera das relações privadas: alguns pressupostos	172
4	Argumentos contrários a uma eficácia apenas indireta e em prol de uma eficácia direta *prima facie*	174
5	Concretização: a identificação e desenvolvimento de algumas pautas de solução e a apresentação de alguns exemplos	179
	Considerações finais	185
	Referências	186

O *IMPEACHMENT* DA PRESIDENTA DILMA E A CONSTITUIÇÃO DA REPÚBLICA: O PODER JUDICIÁRIO BRASILEIRO, A QUE SERÁ QUE SE DESTINA?
TUTMÉS AIRAN DE ALBUQUERQUE MELO 191

1	1ª decisão	191
2	2ª e 3ª decisões	193
3	4ª decisão	196
4	5ª decisão: a decisão que se (des)espera	200
	Referências	212

TRIBUTAÇÃO E CIDADANIA
MANOEL CAVALCANTE DE LIMA NETO 215

	Introdução	215
1	A necessidade de criação de tributos pelo Estado: o Estado Fiscal	215
2	A forma como o estado institui os tributos: o poder de tributar	216
3	A destinação da exigência dos tributos – a materialidade do tributo e o contribuinte	217
4	Cidadania: os direitos e os deveres	217
5	A cidadania fiscal	219
5.1	Os direitos dos contribuintes	219
5.2	Proteções positivas para assegurar direitos sociais	221
5.3	A tributação utilizada diretamente para fins de satisfação de direitos	223
5.4	O dever na cidadania fiscal e a participação	224
	Conclusão	225
	Referências	225

IGUALDADE E IMUNIDADES PARLAMENTARES NO ESTADO DEMOCRÁTICO DE DIREITO
ALBERTO JORGE CORREIA DE BARROS LIMA 227

1   As dificuldades no conceito de igualdade 227
2   A igualdade no ordenamento jurídico 230
3   Imunidades parlamentares e Sistema Penal 232
4   As imunidades parlamentares como garantias institucionais 233
5   As imunidades material e formal: diferenças e precisão terminológica 234
6   Imunidades e espaço público no Estado Democrático de Direito 236
      Referências 238

OS POSTULADOS GARANTISTAS E AS IMPOSIÇÕES CONSTITUCIONAIS CRIMINALIZADORAS NOS JULGADOS DO TRIBUNAL DE JUSTIÇA DO ESTADO DE ALAGOAS E NO SUPREMO TRIBUNAL FEDERAL
LORENA CARLA SANTOS VASCONCELOS SOTTO-MAYOR 241

      Introdução 241
1   Normas constitucionais: regras e princípios – a preocupação com o decisionismo 242
2   Os postulados julgados do Tribunal de Justiça do Estado de Alagoas 245
3   Imposições constitucionais criminalizadoras nas decisões do Tribunal de Justiça do Estado de Alagoas 247
4   Garantismo e imposições constitucionais criminalizadoras 250
5   Decisões do Supremo Tribunal Federal e alusões aos princípios limitadores da atividade punitiva estatal ou aos princípios propulsores da atividade punitiva estatal 252
6   O dever de aplicar as imposições constitucionais criminalizadoras 258
      Referências 258

A DECADÊNCIA DA DEMOCRACIA REPRESENTATIVA NO BRASIL
PAULO BONAVIDES 261

DIREITO À AMPLA DEFESA NA LEI SUPREMA BRASILEIRA
IVES GANDRA DA SILVA MARTINS 265

COMUNIDADE POLÍTICA EUROPEIA E RAZÃO PÚBLICA: DA CRISE DO EURO À CRISE DO VÉU, O MUNDO DE ONTEM?
ALESSANDRA SILVEIRA 277

      Dos mestres e discípulos 277
1   Do mundo de ontem, bruxas e fantasmas 277
2   Da constitucionalização dos tratados à comunidade política europeia 278
3   Da cidadania de direitos à razão pública europeia 281
4   Do "desvelar" da interculturalidade constitucional 284
      Considerações finais 289
      Referências 290

NOS QUARENTA ANOS DA CONSTITUIÇÃO PORTUGUESA: CERTEZAS E PERPLEXIDADES
ANTÓNIO MANUEL HESPANHA 293

    Introdução 293
1   A Constituição nas comunidades políticas da era pós-estadual 294
2   Conteúdos constitucionais 301
3   A antropologia implícita da Constituição..302
4   Ainda há lugar para escolhas constitucionais? 306
5   Como construir uma unidade política em sociedades complexas................307
    Referências..309

LA CORRUPCIÓN ¿UN PROBLEMA JURÍDICO O UN ESTADIO SOCIOLÓGICO-MORAL?
ELOY GARCÍA...311

1   Los falsos amigos y de la necesidad e importancia en ciencias sociales de construir un lenguaje neutral en tiempos de cambio....................................311
2   La corrupción como problema jurídico o como estadio sociológico-moral.....315
3   Corrupción y cambio político 318
    Referencias..320

GATOS NAS CIDADES: MAIS UM TESTE À VALORAÇÃO DE SERVIÇOS ECOSSISTÉMICOS COMO NOVO INSTRUMENTO DE JUSTIÇA AMBIENTAL
ALEXANDRA ARAGÃO 323

1   Gatos urbanos, gatos baldios..323
2   *Rationes legis* da proteção dos animais..325
2.1 *Ratio*: prevenção do risco de extinção de uma espécie.................................326
2.2 *Ratio*: proibição de usos fúteis dos animais 327
2.3 *Ratio*: promoção do bem-estar animal 327
3   Lei de Proteção dos Animais 329
4   Lei dos Animais de Companhia 331
5   Regime jurídico dos animais vadios...333
6   Especismo legislativo? 335
7   Proteção dos gatos urbanos para lá do direito à vida e ao bem-estar animal 337
8   A questão do *habitat* dos gatos urbanos 339
9   Argumentos a favor dos gatos urbanos nas cidades.....................................340
10   Por que a abordagem ecossistémica dos gatos urbanos? 342
11   Introdução ao conceito de serviços ecossistémicos 343
12   O procedimento de valoração dos serviços ecossistémicos em três passos......345
12.1 Primeiro passo: identificação dos serviços ecossistémicos...........................346
12.2 Segundo passo: valoração dos serviços ecossistémicos 347
12.3 Terceiro passo: ponderação dos resultados das alternativas em análise.....350
    Conclusão 350
    Referências..351

OS PRINCÍPIOS ESTRUTURAIS DA CONSTITUIÇÃO BRASILEIRA ENTRE PRETENSÃO NORMATIVA E REALIDADE SOCIAL: ESTADO DEMOCRÁTICO DE DIREITO (ESTADO SOCIAL – ESTADO FEDERATIVO – ESTADO AMBIENTAL)
ANDREAS J. KRELL 355

    Introdução 355
1   Formação do Estado de Direito e Constitucional no Brasil 356
2   Estado de Direito, Constituição e democracia 358
3   Natureza e formatação do Estado Social 361
4   O federalismo brasileiro entre cooperação, competição e controle da União 363
5   O "Estado Ambiental": *fata morgana* ou modelo viável para o Brasil? 366
    Conclusões e perspectivas 370
    Referências 372

ESTREITOS CAMINHOS ENTRE O CONSTITUCIONALMENTE ADMISSÍVEL E O EXCESSO: O INSTITUTO DA COLABORAÇÃO PREMIADA E OS PRINCÍPIOS CONSTITUCIONAIS POSTOS À PROVA – ESTUDO COM FOCO NO DELITO DE CORRUPÇÃO
KARLA PADILHA REBELO MARQUES 375

    Introdução 375
1   Diplomas internacionais: a corrupção e a colaboração premiada 376
2   Dos princípios constitucionais postos em xeque (parte I) 378
3   Alguma doutrina sobre o tema 380
4   Renúncia e restrição a direitos 382
5   Legislação brasileira e a colaboração premiada 383
6   Ainda sobre direitos fundamentais 385
7   Críticas ao instituto da colaboração premiada 386
8   Dos princípios constitucionais postos em xeque (parte II) 387
9   Princípios constitucionais em relevo 389
10   Benefícios da Lei nº 12.850/2013 para o colaborador 390
11   Da colaboração em espécie: prerrogativa ou possibilidade? 391
12   Proibição do excesso e da proteção deficiente 391
13   Em busca de conclusões propositivas 393
    Referências 395

GOVERNANÇA EM TEMPOS DE CRISE: CONSTITUIR A SOCIEDADE PODE SER O REMÉDIO CONSTITUCIONAL PARA OS DIREITOS SOCIAIS
AMÉLIA CAMPELO 397

    Introdução 397
1   Os direitos sociais e sua sustentabilidade 400
1.1   Direitos sociais e crise econômica 400
1.2   Crise social: ausência de participação popular e seus reflexos nos direitos sociais 404
1.3   A experiência brasileira: a centralização excessiva e a falta de planejamento como fatores de entrave ao desenvolvimento 405

1.4	Crise constitucional: as soluções jurídico-constitucionais e a realidade como se apresenta	406
2	Concepções do Estado de Direito: do Estado Liberal Formal ao Estado Democrático de Direito	409
2.1	O Estado Liberal dos administrados	411
2.2	O Estado Social dos protegidos	411
2.3	O Estado regulador dos clientes	412
2.4	O Estado da boa governança dos cidadãos: o Estado ativador e a globalização	414
3	Estado Democrático de Direito	415
3.1	Democracia e soberania	415
3.2	Cidadania e participação popular	417
3.3	Liberdade e escolha – dois reversos da mesma moeda fundidos no mesmo fogo: o conhecimento	418
4	Governança: uma forma de governar	419
4.1	Origem, significado e princípios	419
4.2	Políticas públicas: uma garantia constitucional	422
	Considerações finais	424
	Referências	424

PRINCÍPIOS POLÍTICOS CONSTITUCIONAIS ESTRUTURANTES DA LIBERDADE RELIGIOSA NO ESTADO BRASILEIRO
MAGNO ALEXANDRE F. MOURA 427

	Introdução	427
1	A República como forma de governo ideal ao desenvolvimento da liberdade religiosa no Brasil	429
2	A importância das virtudes republicanas em busca da felicidade e seu influxo na liberdade religiosa	431
3	República, democracia e religião	433
4	A luta democrática de separação entre a Igreja e o Estado	434
5	Democracia e secularização	436
6	A democracia e o direito à liberdade religiosa no Brasil	437
7	O princípio da laicidade como princípio dos Estados modernos	438
8	Distinção entre laicidade e laicismo	440
9	A laicidade negativa e a positiva	441
10	Distorções sobre Estado laico: o ateísmo, o Estado multirreligioso e o secularismo	443
	Conclusão	444
	Referências	445

A *WEAK-FORM JUDICIAL REVIEW* NO CANADÁ E O DIÁLOGO INSTITUCIONAL JUDICIÁRIO-LEGISLATIVO NA PROMOÇÃO DOS DIREITOS FUNDAMENTAIS
ANDERSON SANTOS DOS PASSOS 449

	Introdução	449
1	A *Canadian Charter of Rights and Freedoms* de 1982	449
1.1	O abandono da supremacia do Parlamento	450

1.2	A rejeição da soberania judicial	451
2	A *judicial review* como instrumento de diálogo entre o legislador e a Corte	454
2.1	O diálogo sequencial canadense	457
2.2	Os resultados	465
	Conclusão	466
	Referências	466

O NEOCONSTITUCIONALISMO E O CONTROLE EXPANSIVO DA ADMINISTRAÇÃO PÚBLICA: PARÂMETROS PARA A FISCALIZAÇÃO DE SEUS ATOS
CARLOS ALEY SANTOS DE MELO 469

	Introdução	469
1	O neoconstitucionalismo no Brasil	470
2	Os caminhos sinuosos da legalidade	475
3	O neoconstitucionalismo e o controle dos atos do Poder Público no Brasil	478
	Conclusão	483
	Referências	484

UMA REFLEXÃO SOBRE O FUNDAMENTO ÚLTIMO OU FUNDAMENTO DOS DIREITOS HUMANOS
LEONARDO DE FARIAS DUARTE 487

1	Direitos naturais, direitos humanos e direitos fundamentais	487
2	Problemas relacionados ao fundamento (absoluto) dos direitos humanos	487
3	Fundamentos (possíveis) dos direitos humanos	489
3.1	Um fundamento formal ou histórico	489
3.2	Um fundamento material: a dignidade da pessoa humana	490
4	A falta de fundamento dos direitos humanos	491
5	A necessidade de um fundamento último ou fundamento dos fundamentos dos direitos humanos	491
6	Jusnaturalismos, juspositivismos e algumas correntes ditas pós-positivistas	492
7	Reflexão sobre a (im?)possibilidade e necessidade de um fundamento último ou fundamento dos fundamentos dos direitos humanos	499
	Conclusão	501
	Referências	502

A GUARDA COMPARTILHADA: UM MODELO A IMPOR?
ANA FLORINDA MENDONÇA DA SILVA DANTAS 505

	Introdução	505
1	Antecedentes históricos da guarda compartilhada	507
2	A guarda compartilhada e as principais razões apontadas para justificar sua aplicação impositiva	510
3	Os litígios entre os pais: obstáculo à aplicação da guarda compartilhada?	513
4	Guarda compartilhada e pensão alimentícia	516
	Conclusão	517
	Referências	518

UNIÃO ESTÁVEL (BRASIL) X UNIÃO DE FACTO (PORTUGAL): ALGUMAS NOTAS SOBRE FUNDAMENTOS CONSTITUCIONAIS, NATUREZA JURÍDICA E CONCEITO
WLADEMIR PAES DE LIRA 521

    Notas introdutórias 521
1   Alguns apontamentos sobre a evolução histórica da união estável: do concubinato à união estável no Brasil 522
2   Alguns apontamentos sobre a evolução histórica da união de facto em Portugal: antes e depois da Lei nº 135/99 523
3   Previsão constitucional e legal da união estável e da união de facto 525
3.1   No Brasil 526
3.2   Em Portugal..528
4   Algumas notas sobre natureza jurídica..536
5   À guisa de conceito 537
    Notas conclusivas..539
    Referências..540

A REVOLUÇÃO SILENCIOSA E OS LIMITES DA TRANSIÇÃO CONSTITUCIONAL
FRANCISCO TAVARES NORONHA NETO..543

1   Da Revolução à Constituição..543
2   O paradoxo da democracia e as mutações constitucionais 545
3   Justificação da transição constitucional..546
4   Meios de operacionalização da transição constitucional..549
4.1   Transição constitucional por meio da interpretação 549
4.2   Transição constitucional por meio do processo legislativo......................................550
4.3   Transição constitucional por via de costume 551
5   Causas da transição constitucional 552
5.1   Mudança na realidade de fato 552
5.2   Mudança da percepção do direito 553
6   Limites da transição constitucional 554
7   Da Constituição à revolução silenciosa..556
    Referências..557

SOBRE OS AUTORES...559

APRESENTAÇÃO

1 José Joaquim Gomes Canotilho: um cidadão pleno, um juspublicista de quilate

Para a apresentação deste livro intitulado *Constituição, direitos fundamentais e política: estudos em homenagem ao Professor José Joaquim Gomes Canotilho*, optamos por não sumariar o conteúdo dos artigos que o integram ou o posicionamento de seus autores. Sendo o homenageado um dos maiores juspublicistas de nosso tempo, preferimos, por um lado, descrever, ainda que sucintamente, a sua vida e obra; e, por outro, discorrer, em linhas genéricas, sobre a evolução de seu pensamento em relação ao dirigismo e programaticidade constitucionais.

A coletânea reúne artigos de diversos juristas (do Brasil, de Portugal e da Espanha) que, apesar da heterogeneidade dos pontos de vistas, têm em comum o fato de, por razões jurídicas ou jurídico-pessoais, admirarem a pessoa e a obra do Doutor José Joaquim Gomes Canotilho, eminente Professor Catedrático da Faculdade de Direito da multicentenária Universidade de Coimbra.

Este singelo tributo, capitaneado pelo Tribunal de Justiça do Estado de Alagoas e pela Escola Superior da Magistratura do mesmo estado (ESMAL), está duplamente justificado. Primeiro, pela grandiosidade da obra daquele ilustre Doutor de Coimbra, que tem influenciado juristas e legisladores de diversos países, mormente do Brasil. Segundo, porque surge em um momento muito especial, qual seja, no ano em que o Doutor Gomes Canotilho completa 75 anos de idade e comemora seu "jubileu de diamante", sendo ele próprio um "diamante" jurídico perfeitamente lapidado, com cujos ensinamentos poderemos contar para sempre, pois, como sabemos, os diamantes são eternos.

Filho de José Gomes Canotilho e de Maria Antónia Avelãs, o homenageado nasceu em Portugal, na cidade de Pinhel, distrito da Guarda, em 15.8.1941. Em 1959/1960, matriculou-se na Faculdade de Direito da Universidade de Coimbra, obtendo a licenciatura em Direito no ano de 1965, onde também realizou os cursos de Mestrado (de 1970 a 1971) e de Doutoramento (1982). Nesta mesma Universidade, alcançou, em 1987, o posto de Professor Associado de Ciências Jurídico-Políticas da Faculdade de Direito e, em 1993, o de Professor Agregado, tendo ascendido, em 1994, ao nível mais elevado da carreira docente universitária, tornando-se doravante Professor Catedrático.

Quer sob o ponto de vista pessoal, quer sob o ângulo profissional, justifica-se esta singela homenagem. No aspecto pessoal, o Doutor Gomes Canotilho é um homem de pleno sucesso pela família que constituiu. É casado com a Dra. Ana Maria Rodrigues, mulher forte e altiva, que sempre o acompanhou em todos os momentos, dando-lhe o apoio necessário para alçar tantos profícuos voos. Pai e avô presente, tem, com inteira razão, orgulho de seus filhos, doutora Mariana e o arquiteto Pedro, bem como de seus quatro netos.

Se na perspectiva pessoal o Doutor Gomes Canotilho é um homem bastante exitoso, sob o ponto de vista profissional não é menos grandioso. Possuidor de uma pletora de talentos, atingiu o topo da pirâmide acadêmica ao se tornar Professor Catedrático da Faculdade de Direito da Universidade de Coimbra, na qual, para além do cargo de Professor de Direito, foi vice-reitor, vice-presidente do Conselho Diretivo da Faculdade de Direito, presidente do Conselho Científico da mesma faculdade, bem como coordenador e codiretor do Curso de Doutoramento "Direito, Justiça e Cidadania no Século XXI".

Mas, o Doutor Gomes Canotilho não é apenas um homem que valoriza a família, nem somente um professor modelar. É também um escritor e doutrinador brilhante, detentor de uma cultura humanista incomum, que abrange não apenas o direito, mas também a filosofia, a política e a sociologia. Sua produção bibliográfica é impressionante. Escreveu vários livros de enorme importância para a comunidade jurídica portuguesa e internacional; colaborou com diversas revistas, bem como dirigiu e coordenou outras tantas; escreveu um sem-número de artigos; participou de variadas arguições no âmbito de teses de Mestrado e de Doutoramento, tendo também orientado um elevado número de testes e dissertações; proferiu inúmeros discursos e orações acadêmicas; emitiu uma pluralidade de pareceres jurídicos; fez muitas recensões e prefaciou uma elevada quantidade de livros.

Em decorrência de seu vasto trabalho, recebeu vários prêmios e distinções, entre os quais podemos destacar os seguintes: Comendador – Medalha do Rio Branco – atribuída pela Presidência da República do Brasil em 1986; Prêmio Pessoa 2003, em Portugal; Comenda da Ordem da Liberdade e Comenda da Ordem do Infante Dom Henrique atribuídas pela Presidência da República Portuguesa, respectivamente, em 2004 e 2005; Doutor *Honoris Causa* pela Universidade Federal de Minas Gerais, em 2013; Doutor *Honoris Causa* pela Pontifícia Universidade Católica do Rio Grande do Sul, em 2015; Comenda do Mérito Judiciário Desembargador Moura Castro, concedida pelo Tribunal de Justiça do Estado de Alagoas, em 2016.

Aos 75 anos, não hesitou em continuar dando sua contribuição para a sociedade, passando a integrar, na qualidade de conselheiro indicado pelo Governo, o Conselho Superior do Ministério Público de Portugal e, ainda, a exercer a função de administrador não executivo da renomada Fundação Calouste Gulbenkian, esta destinada a fomentar o conhecimento e a melhorar a qualidade de vida das pessoas através das artes, da beneficência, da ciência e da educação.

Portanto, o Doutor Gomes Canotilho não é tão somente um dos melhores e mais renomados juristas de nosso tempo, mas antes um ser humano admirável e um cidadão com elevado grau de maturidade cívica, sempre preocupado com os problemas sociais. Investe todo o seu conhecimento e tempo na valorização teórica e prática da dignidade da pessoa humana e na concretização dos direitos fundamentais, tal o seu comprometimento moral com a consolidação do regime democrático e dos ideais republicanos. Definitivamente, o nosso homenageado não é um ser atomístico, que visa apenas alcançar os seus próprios e egocêntricos interesses.

Para além disso, o Doutor Gomes Canotilho possui um notório respeito pelo Brasil e pelos brasileiros, tendo inclusive registrado isso expressamente em seu tratado – o *Direito constitucional e teoria da Constituição* –, no qual consignou:

Um gesto de gratidão é também devido aos colegas, magistrados, advogados e alunos do Brasil. Perante a saturação do discurso constitucional nas universidades portuguesas, é de inteira justiça dizer que os maiores e mais estimulantes incentivos para a nossa investigação têm agora o seu epicentro nos espaços crítico-públicos brasileiros.[1]

Há, entretanto, outras qualidades do Doutor Gomes Canotilho que chamam ainda mais atenção e justificam este preito: a cordialidade e a simplicidade. Com efeito, mesmo sendo um dos autores mais relevantes do direito constitucional da atualidade, não cultiva qualquer sentimento de superioridade cognitiva nem adota conduta marcada pela ostentação de erudição. Ao contrário, estamos retratando uma pessoa cujas taxas de humildade e gentileza estão muito acima da média. Tomando-se por empréstimo o título do livro que o define muito bem, ele é realmente "um ancião no saber e uma criança nos afetos".[2]

Por outro lado, a contribuição do Doutor de Coimbra para o constitucionalismo brasileiro é indiscutível, o que reforça a legitimidade desta homenagem. Efetivamente, ele exerce grande influência na nossa teoria constitucional e sobre nossos magistrados, a ponto de se encontrar inserido no rol dos autores estrangeiros mais citados nas decisões do Supremo Tribunal Federal. Ademais, o nosso próprio legislador constituinte utilizou largamente a sua doutrina na elaboração da Constituição Federal de 1988, tanto que a sua teoria sobre a *Constituição dirigente e vinculação do legislador* – tese de Doutoramento de 1982 – foi amplamente agasalhada na atual Carta Magna do Brasil.[3]

Contudo, desde que escreveu a sua notável tese de Doutoramento, muita coisa mudou no mundo do direito, especialmente no do direito constitucional, e o Doutor Gomes Canotilho não apenas acompanhou essas mudanças, mas, em alguma medida, as condicionou, conforme veremos na sequência.

2 A evolução do pensamento do Professor Doutor Gomes Canotilho: da Constituição dirigente à Constituição dirigida

Não há dúvida da existência de um movimento pendular na teoria e na doutrina do direito constitucional no que diz respeito especialmente ao papel da Constituição e da fiscalização judicial da constitucionalidade em um regime democrático, ora inclinando-se para um constitucionalismo e uma jurisdição constitucional fortes, ora pendendo-se para uma versão débil desses fenômenos.

Até meados do século XX, com exceção dos Estados Unidos da América,[4] prevalecia, na Europa continental e nos países integrantes da família jurídica romano-germânica, a ideia de Constituição como uma mera *proclamação político-filosófica* que

---

[1] CANOTILHO, José Joaquim Gomes. *Direito constitucional e teoria da Constituição*. 7. ed. Coimbra: Almedina, 2003. p. 7.
[2] A expressão é de Denisa Sousa, utilizada no título do livro sobre o Professor Doutor Gomes Canotilho. Cf. SOUSA, Denisa. *José Joaquim Gomes Canotilho*: um ancião no saber, uma criança nos afectos. Porto: Projecto Cyrano, 2011.
[3] CANOTILHO, José Joaquim Gomes. *Constituição dirigente e vinculação do legislador*: contributo para a compreensão das normas constitucionais programáticas. 2. ed. Coimbra: Coimbra Editora, 2001.
[4] O controle judicial difuso da constitucionalidade dos atos normativos do Poder Público, embora não esteja expressamente previsto na Constituição dos EUA, veio a ser consolidado no início do século XIX com o famoso caso *Marbury v. Madison*, de 1803, no qual a Suprema Corte, chefiada por John Marshall, estabeleceu os pressupostos da *judicial review of legislation*.

servia apenas de *inspiração* para o Poder Legislativo, sem força jurídico-normativa capaz de criar, por ela mesma, direitos reclamáveis judicialmente ou com a qual o ordenamento jurídico deveria necessariamente se compatibilizar. Era a lei ordinária que, ao fim e ao cabo, regulava a vida social e definia o sentido e o alcance dos direitos, os quais, em regra, não podiam ser implementados contra dispositivos dela.[5]

A constatação, especialmente após o fim da Segunda Guerra Mundial, de que atrocidades político-morais foram praticadas em plena luz do dia e com base na lei – de que são exemplos as experiências terríveis do nazismo –, contribuiu para a queda do mito da infalibilidade do legislador e forçou uma alteração no papel das constituições, transformando-as no que elas, geralmente, são hoje: normas jurídicas supremas perante as quais as leis ordinárias devem se curvar.

A Constituição, até então de feição quase totalmente "político-inspirativa", transmudar-se-ia em uma Constituição com conteúdo "jurídico-vinculativo", condicionando a ação dos poderes políticos, especialmente a do legislador. O papel do órgão jurisdicional encarregado de defender a Carta Magna se sobrelevou, expandindo-se o âmbito de atuação da jurisdição constitucional em detrimento dos espaços de liberdade dos poderes Executivo e Legislativo, erguendo-se o Poder Judiciário a um nível nunca antes imaginado: de ramo do poder estatal "menos perigoso" –[6] ou de um poder "invisível e nulo"[7] ou "sem *força* e sem *vontade*" –[8] passaria à posição de "terceiro gigante" do Estado moderno.[9]

Se no modelo de Estado *Legislativo* de Direito do século XIX soaria quase escandaloso sugerir que os juízes criassem o direito, ao invés de somente declará-lo,[10] já não o seria no âmbito do Estado *Constitucional* de Direito, sobretudo a partir de meados do século XX. Uma forte defesa do *dirigismo constitucional* e da força normativa da Constituição parece nascer desse contexto, culminando – no que diz respeito ao Doutor Gomes Canotilho e segundo se presume –, com a sua famosa obra, fruto de sua tese de Doutoramento de 1982, denominada *Constituição dirigente e vinculação do legislador: contributo para a compreensão das normas constitucionais programáticas*.

Contudo – e voltando à questão do movimento pendular da força do direito constitucional –, atualmente já se fala em "crise do constitucionalismo", desencadeada, entre outros fatores, pelo processo de integração econômica mundial e pela abertura dos sistemas jurídicos nacionais a ordenamentos jurídicos internacionais e supranacionais,

---

[5] Em sentido próximo, confira: SOUZA NETO, Cláudio Pereira de; SARMENTO, Daniel. Controle de constitucionalidade e democracia: algumas teorias e parâmetros de ativismo. In: SARMENTO, Daniel (Coord.). *Jurisdição constitucional e política*. Rio de Janeiro: Forense, 2015. p. 74.
[6] BICKEL, Alexander M. *The least dangerous branch*: the Supreme Court at the bar of politics. 2. ed. New Haven, London: Yale University Press, 1986.
[7] MONTESQUIEU, Charles Louis de Secondat, barão de La Brède e de. *Do espírito das leis (1748)*: Introdução, tradução e notas Miguel Morgado. Lisboa: Edições 70, 2011. p. 313.
[8] HAMILTON, Alexander; JAY, John; MADISON, Hamilton. *O federalista*. Tradução de Hiltomar Martins Oliveira. Belo Horizonte: Líder, 2003. p. 458.
[9] CAPPELLETTI, Mauro. *Juízes legisladores?* Tradução de Carlos Alberto Álvaro de Oliveira. Porto Alegre: Sergio Antonio Fabris Editor, 1993. p. 43 e seguintes. Para uma análise desenvolvida sobre a questão da expansão global da jurisdição constitucional, confiram-se: TATE, C. Neal; VALLINDER, Torbjörn (Org.). *The global expansion of judicial power*. New York: New York University Press, 1995 e HIRSCHL, Ran. *Towards juristocracy*: the origins and consequences of the new constitutionalism. Cambridge: Harvard University Press, 2007.
[10] REID, Lord. The Judge as law maker. *Jornal of Societaty of Public Teachers of Law*, n. 12, p. 22, 1972-73. Disponível em: <http://heinonline.org/HOL/LandingPage?handle=hein.journals/sptlns12&div=10&id=&page=>. Acesso em: 11 ago. 2016.

relativizando-se o papel das constituições e dos tribunais domésticos. Nessa arena global em que se comprime o direito constitucional, cogita-se em um "crepúsculo do constitucionalismo", no qual a Constituição e seu caráter de Lei Suprema perdem gradativamente força,[11] emergindo posicionamentos doutrinários que defendem o enfraquecimento da jurisdição constitucional e a emergência de um "constitucionalismo popular".[12]

O Professor Doutor Canotilho, embora não seja partidário de posicionamentos extremados que buscam relativizar a importância do papel da Constituição e da jurisdição constitucional nas democracias contemporâneas, nunca também defendeu a consagração de uma espécie de *judicialismo constitucional redentor*, mesmo atento à atual crise do Estado Social, que se caracteriza, no que nos interessa, pela precarização dos direitos e pela consequente canalização das expectativas politicamente frustradas dos cidadãos para os tribunais, como é bem próprio do cenário brasileiro. Com efeito, ainda naquele ano de 1982, o nosso ilustre homenageado já advertia que, "[...] em sede de constituição dirigente, não tem grande sentido nem alcance prático falar-se dos tribunais ou de um tribunal constitucional como 'defensor da constituição'", pois, "quer pela especificidade das suas funções, quer pelos problemas de legitimidade democrática, o alargamento das funções do juiz a tarefas de conformação social positiva é justamente questionável".[13]

Mesmo atualmente, o Doutor de Coimbra não fica alheio a esse movimento que aponta certa crise do dirigismo constitucional. Como é típico dos grandes sábios, não defende a petrificação de suas ideias em detrimento da realidade que o cerca. Ao contrário, coloca-se na situação de permanente evolução, preocupando-se em compatibilizar suas teorias com as peculiaridades dos dias atuais. Dessa forma, relativiza sua opinião consagrada em 1982 em sua tese de Doutoramento, repensando a questão do dirigismo e da programaticidade constitucionais à luz das novas conjunturas do momento, em que, no campo jurídico, parece haver uma tendência de transição da Constituição *dirigente* para a Constituição *dirigida*. Nesse sentido, o Doutor Gomes Canotilho procura adaptar o direito constitucional à ideia de *interconstitucionalidade*, vendo-o como um mecanismo de diálogo entre ordenamentos jurídicos de diferentes níveis, "mais apto a fornecer sugestões para o político do que a traçar autoritariamente regras normativas da política". Não deixa, porém, de defender a Constituição como "lei-quadro fundamental condensadora de premissas materialmente políticas, econômicas e sociais".[14]

---

[11] DOBNER, Petra; LOUGHLIN, Martin (Org.). *The twilight of constitutionalism?* New York: Oxford University Press, 2010; SILVA, Suzana Tavares da. *Direitos fundamentais na arena global*. 2. ed. Coimbra: Imprensa da Universidade de Coimbra, 2014. p. 82; SILVA, Suzana Tavares da. *Sustentabilidade política e pós-democracia*. Coimbra, 2015. p. 8 e ss. Disponível em: <https://apps.uc.pt/mypage/files/fd_stavares/804>. Acesso em: 12 jul. 2016.

[12] Na perspectiva da corrente denominada "constitucionalismo popular", que tem como ponto central a defesa da ilegitimidade do controle jurisdicional da constitucionalidade, confiram-se: TUSHNET, Mark. *Weak courts, strong rights*: judicial review and social wefare rights in comparative constitutional law. Princeton: Princeton University Press, 2008; e KRAMER, Larry. *The people themselves*: popular constitutionalism and judicial review. New York: Oxford Uiversity Press, 2004.

[13] CANOTILHO, José Joaquim Gomes. *Constituição dirigente e vinculação do legislador*: contributo para a compreensão das normas constitucionais programáticas. 2. ed. Coimbra: Coimbra Editora, 2001. p. 350.

[14] CANOTILHO, José Joaquim Gomes. *"Brancosos" e interconstitucionalidade*: itinerários dos discursos sobre a historicidade constitucional. 2. ed. Coimbra: Almedina, 2012. p. 35; 184-186. Sobre a crise do dirigismo constitucional, confiram-se as páginas 29-197 da mesma obra.

Em suma, no movimento pendular do constitucionalismo, o Doutor Gomes Canotilho mantém-se sempre atento e atual, contribuindo significativamente para equacionar a relação de tensão emergente da necessidade de convivência da jurisdição constitucional com a democracia dos Estados de Direito contemporâneos. Não se poderia esperar menos de um jurista de tão larga envergadura.

Para finalizar, gostaríamos de agradecer aos autores pela disponibilidade para escrever os artigos, ao Tribunal de Justiça do Estado de Alagoas, à Escola Superior da Magistratura do Estado de Alagoas (ESMAL) e à Editora Fórum por encamparem o projeto, bem como, especialmente, à Dra. Andreia Dias, pela enorme contribuição para a realização desta homenagem ao Doutor José Joaquim Gomes Canotilho, jurista grandioso e ser humano invulgar. Se o Brasil foi presenteado durante tantos anos com tantas obras, distinções, visitas, ensinamentos e amizade do Senhor Doutor Gomes Canotilho, é chegado o momento de o Brasil também presenteá-lo com alguns singelos frutos de seu duradouro plantio, estando no livro certamente um pouco de tudo o que o Senhor Doutor ofertou e muito da gratidão do direito constitucional brasileiro.

Fernando Tourinho de Omena Souza
Desembargador do Tribunal de Justiça de Alagoas. Diretor da Escola Superior da Magistratura do Estado de Alagoas.

Hélio Pinheiro Pinto
Juiz de Direito do Estado de Alagoas. Coordenador de Projetos Especiais da Escola Superior da Magistratura do Estado de Alagoas.

A CONTRIBUIÇÃO DE JOSÉ JOAQUIM GOMES CANOTILHO AO DEBATE JUDICIÁRIO SOBRE OS DIREITOS SOCIAIS: A NECESSIDADE DE INTEGRAR NOVOS OLHARES SOBRE OS PROBLEMAS JURÍDICOS

HUMBERTO MARTINS

Introdução

O presente artigo objetiva contrastar a teoria dos direitos econômicos, sociais e culturais de José Joaquim Gomes Canotilho com um caso julgado pelo Supremo Tribunal Federal acerca do direito à saúde, o qual mobilizou – dentro de uma vasta gama de referências – a obra do notável constitucionalista português. O caso foi julgado pela Segunda Turma da Suprema Corte e reafirma a jurisprudência brasileira de que, em casos de omissão constitucional, pode – e deve – o Poder Judiciário interceder para que sejam outorgados direitos sociais, entendidos como direitos subjetivos públicos. Ele foi relatado pelo Ministro Celso de Mello, atual decano do Pretório Excelso pátrio. O cotejo da exposição teórica de José Joaquim Gomes Canotilho com os termos do julgado irá evidenciar que a doutrina constitucional em língua portuguesa tem sido uma importante fonte para auxiliar o Poder Judiciário na construção de interpretações que sejam mais amoldadas aos tempos atuais. A primeira parte deste trabalho irá descrever a teoria e a classificação de José Joaquim Gomes Canotilho, com a conclusão exposta pelo autor de que o grande problema contemporâneo em relação aos direitos econômicos, sociais e culturais está localizado na sua efetivação. A segunda parte do trabalho descreverá o julgado proferido pelo Supremo Tribunal Federal, para demonstrar que a doutrina ainda é uma importante fonte para a realização da interpretação do direito, em especial em casos complexos como aqueles que envolvem os direitos sociais. Por fim, a conclusão do presente artigo evidencia que a Constituição Federal – em especial no que tange aos direitos sociais na forma de direitos subjetivos – precisa ser debatida para além dos tribunais e da doutrina. O debate sobre os direitos sociais precisa ocupar um espaço na agenda pública de debates do Brasil, uma vez que, apenas assim, será possível a sua verdadeira concretização.

1 A teoria dos direitos econômicos, sociais e culturais a partir da obra de José Joaquim Gomes Canotilho

Ao mencionar o debate jurídico sobre os direitos econômicos, sociais e culturais, o primeiro e mais pujante problema que se apresenta é a relação entre o fenômeno normativo e a realidade social. Esse problema está na raiz da própria teoria contemporânea do direito, pela qual não mais é possível localizar autores que sejam indiferentes à assertiva de que a concretização dos direitos, em geral, depende – em alguma medida – das condições sociais e políticas. A partir de tal consideração, os teóricos contemporâneos do direito houveram por incluir na sua análise a necessidade de verificar as condições sociais de efetividade para que se possa verdadeiramente verificar a vigência de uma norma jurídica. Por exemplo, Andreas J. Krell, Professor da Universidade Federal de Alagoas, em conhecido estudo sobre a tensão fundamental existente entre a efetividade (social) e a eficácia (jurídica), define os dois termos desta equação, a qual é crucial para a identificação do problema central dos direitos sociais:

> Por eficácia jurídica entendemos a capacidade (teórica) de uma norma constitucional para produzir efeitos jurídicos. A efetividade, por sua vez, significa o desempenho concreto da função social do Direito, representa a materialização, no mundo dos fatos, dos preceitos legais e simboliza a aproximação entre o dever-ser normativo e o ser da realidade social.[1]

O tema geral do artigo de Andreas J. Krell está focalizado na possibilidade de que o Poder Judiciário intervenha positivamente em relação ao oferecimento dos direitos sociais, em especial no contexto do Brasil, que é marcado por profundas desigualdades. Para o autor, deve ser considerada como superada a separação de poderes, que – em uma leitura simples – vedaria a apreciação de uma alegação de violação na oferta dos direitos sociais por parte do Poder Executivo. Para o autor, é certo que o Poder Judiciário precisa desenvolver uma metódica de análise jurídica mais complexa para poder sindicar em profundidade a extensão da complexa relação entre direito e realidade. Contudo, não é possível excluir a apreciação de tais violações na oferta de direitos sociais com base no argumento de que ao Poder Judiciário estaria vedada a apreciação do cerne material e executivo das políticas públicas. Em síntese, a Justiça precisa atuar em defesa da oferta dos direitos sociais, uma vez que as prescrições da Constituição Federal impõem isso. Contudo, tal atuação não pode ser realizada de um modo irreal, uma vez que, se assim procedesse, o Poder Judiciário estaria a produzir julgamentos cuja fase de execução seria impossível. A atuação do Poder Judiciário é incontornável e necessária, porém deve ser feita de modo a produzir o equilíbrio entre a defesa dos direitos e a sua exequibilidade, como bem explica o autor:

> Com efeito, pergunta [Norberto] Bobbio se um direito ainda pode ser chamado de "direito" quando o seu reconhecimento e sua efetiva proteção são adiados *sine die*, além de confiados à vontade de sujeitos cuja obrigação de executar um "programa" é apenas uma obrigação moral ou, no máximo, política. A Constituição, no dizer de [Konrad] Hesse, não configura

---

[1] KRELL, Andreas J. Realização dos direitos fundamentais sociais mediante controle judicial da prestação dos serviços públicos básicos: uma visão comparativa. *Revista de Informação Legislativa*, Brasília, ano 36, n. 144, p. 254-255, out./dez. 1999.

apenas expressão de um ser, mas também de um dever ser; ela significa mais do que o simples reflexo das condições fáticas de sua vigência, particularmente as forças sociais e políticas, procurando imprimir ordem e conformação à realidade política e social. Limitar normas constitucionais a expressar a realidade de fato seria a sua negação. Mas o direito tem seus próprios limites e por isso não deve normatizar o inalcançável; ele se forma com elementos colhidos na realidade que precisam de ressonância no sentimento social. O equilíbrio entre esses dois extremos é que conduz a um ordenamento jurídico eficaz.[2]

Assim, o debate sobre os modelos de normas constitucionais de cunho social e dos limites de sua concretização, que é muito presente na obra de José Joaquim Gomes Canotilho, configura um evidente exemplo da atual conformação da teoria jurídica contemporânea. No capítulo dedicado ao tema dos direitos econômicos, sociais e culturais, o catedrático português bem lecionou que os direitos fundamentais devem ser compreendidos como dependentes de pressupostos e de elementos estruturais.[3] Por meio do primeiro conceito, o autor explica que os pressupostos se referem a uma ampla gama de fatores – ele lista a capacidade econômica do Estado, o clima espiritual da sociedade, o estilo de vida, a distribuição dos bens, o nível de ensino, o desenvolvimento econômico, a criatividade cultural, as convenções sociais e a ética filosófica e religiosa – que são necessários para a própria existência constitucional de tais direitos. Assim, não basta que haja uma prescrição constitucional em defesa do direito ao acesso universal aos serviços de saúde. Será necessária a existência de uma estrutura social e de gestão que permita a sua concretização. É importante notar que existem autores que, nos dias atuais, têm dedicado esforços para compreender que é imperativa a análise do fenômeno jurídico – em sua perspectiva dogmática –, em cotejo à realidade fática. Essa postura realista na análise do direito público tem sido defendida por uma leva de novos juristas, o que demonstra que as lições de José Joaquim Gomes Canotilho têm tido evidente influência na teoria do direito do Brasil. Para o autor português, existem quatro modelos de positivação dos direitos sociais nos textos constitucionais,[4] que podem ser sintetizados no quadro abaixo.

---

[2] KRELL, Andreas J. Realização dos direitos fundamentais sociais mediante controle judicial da prestação dos serviços públicos básicos: uma visão comparativa. *Revista de Informação Legislativa*, Brasília, ano 36, n. 144, p. 254-255, out./dez. 1999.

[3] CANOTILHO, José Joaquim Gomes. *Direito constitucional e teoria da Constituição*. 4. ed. Coimbra: Livraria Almedina, 1997. p. 463-464.

[4] CANOTILHO, José Joaquim Gomes. *Direito constitucional e teoria da Constituição*. 4. ed. Coimbra: Livraria Almedina, 1997. p. 464-466.

Modelo de positivação	Descrição	Destinação
"Normas sociais" como normas programáticas	Normas jurídicas que fixam princípios de ação para as políticas públicas e que "servem apenas para pressão política sobre os órgãos competentes".	Dirigida primariamente aos poderes políticos na forma de "programas constitucionais" e como fundamento na concretização do direito social.
"Normas sociais" como normas de organização	Normas jurídicas que determinam a organização de sistemas normativos de caráter legal, porém cuja inobservância não enseja "sanções jurídicas, mas apenas efeitos políticos".	Dirigida aos legisladores ordinários como determinação para construção de sistemas legais e para administradores com a imposição de construção de estruturas para proteção de direitos sociais.
"Normas sociais" como "garantias institucionais"	Normas jurídicas que descrevem e fixam imposições ao legislador ordinário para que ele construa determinados tipos de sistemas normativos em prol de direitos.	Igualmente dirigida aos legisladores ordinários, porém com alguma substância em seu cerne. Assim, tais normas obrigam "a respeitar a essência da instituição" e "protegê-la, tendo em atenção os dados sociais, econômicos e políticos".
"Normas sociais" como direitos subjetivos públicos	Normas jurídicas que fixam direitos sociais cuja fruição, na forma de direitos subjetivos, pode ser reivindicada coletivamente ou mesmo por indivíduos.	Este é o modelo mais atual dos direitos constitucionais sociais, os quais são vistos como "imposições constitucionais, donde derivariam direitos reflexos para os cidadãos".

Assim, José Joaquim Gomes Canotilho, em seu conhecido manual de direito constitucional, organiza doutrinariamente a existência das duas dimensões atuais para compreensão dos direitos sociais de caráter constitucional nos dias de hoje. A primeira dimensão se refere à face subjetiva, ou seja, ao fato de que os textos constitucionais contemporâneos têm optado por incluir prescrições que reconhecem os direitos sociais como passíveis de fruição pelos cidadãos. Já a dimensão objetiva se bipartiria em dois conjuntos de ordenações. Por um lado, as "normas sociais" seriam prescrições dirigidas ao legislador e ao Poder Executivo, por outro lado, elas configuram o reconhecimento de direitos aos cidadãos. Dessa forma, José Joaquim Gomes Canotilho ensina a complexidade imanente em uma disposição constitucional como a que temos no *caput* do nosso art. 6º da Constituição Federal brasileira: "são direitos sociais a educação, a saúde, a alimentação, o trabalho, a moradia, o transporte, o lazer, a segurança, a previdência social, a proteção à maternidade e à infância, a assistência aos desamparados, na forma desta Constituição". Qual a complexidade inerente? Ela está relacionada com o fato de que a textualidade de uma prescrição aparentemente simples, como aquela que está insculpida no *caput* do art. 196 da nossa Constituição Federal de 1988 – "a saúde é direito de todos e dever do Estado" – pode dar margem a uma complexa análise de caráter jurídico. As várias dimensões – objetiva e subjetiva – não excluem umas as outras, conforme lecionado por José Joaquim Gomes Canotilho:

Estas várias dimensões não devem confundir-se. Ao contrário do que geralmente se afirma, um direito económico, social e cultural não se dissolve numa mera norma programática ou numa imposição constitucional. Exemplifique-se: o direito à saúde é um direito social, independentemente das imposições constitucionais destinadas a assegurar a sua eficácia (ex.: a criação de um serviço nacional de saúde, geral e tendencialmente gratuito [...]) e das prestações fornecidas pelo Estado para assegurar o mesmo direito (por exemplo, cuidados de medicina preventiva, curativa e de reabilitação [...]).[5]

Em síntese, a prescrição normativa "todos têm direito à saúde" pode e deve ser lida de uma forma quádrupla, portanto. Por um lado, ela afirma de forma geral que a saúde é bem social que merece proteção, de forma abstrata – norma programática. Por outro lado, ela fixa a obrigação ao legislador de que ele construa programas legais para erguer sistemas administrativos de proteção à saúde, sem definir os seus termos substantivos – norma de organização. Ainda, ela pode indicar a necessidade de que determinado tipo de sistema de políticas públicas seja legalmente instituído – norma de garantia institucional. Por fim, ela pode ser vista como um direito subjetivo capaz de ser oposto contra o Estado e até contra outros particulares – direito subjetivo público. A evolução constitucional e doutrinária que definiu a possibilidade de uma leitura de uma prescrição como "todos têm direito à saúde" na forma de um direito subjetivo público deu ensejo a grandes debates acadêmico, de políticas públicas e no campo do Poder Judiciário. Como bem expõe o constitucionalista português, há uma sensível mudança no panorama da doutrina contemporânea, a qual exige muito esforço de todos aqueles que estão envolvidos com a concretização dos direitos:

> O entendimento dos direitos sociais, económicos e culturais como direitos originários implica, como já foi salientado, uma mudança na função dos direitos fundamentais e põe com acuidade o problema de sua efetivação. Não obstante se falar aqui da efectivação dentro de uma "reserva possível", para significar a dependência dos direitos económicos, sociais e culturais dos "recursos económicos", a efetivação dos direitos económicos, sociais e culturais não se reduz a um simples "apelo" ao legislador. Existe uma verdadeira imposição constitucional, legitimadora, entre outras coisas, de transformações económicas e sociais, na medida em que estas forem necessárias para a efectivação desses direitos.[6]

A teoria de José Joaquim Gomes Canotilho nos evidencia a necessidade de que os acadêmicos e os práticos se engajem na compreensão das condições sociais para a efetivação (social e econômica) das normas jurídicas. Assim, ele indica que é necessário repensar a teoria jurídica relativa aos direitos sociais, para que o plano da interpretação do direito se aproxime ao plano do plausível e exeqüível, seja em termos de políticas públicas, seja nas decisões judiciais. Alexandre Veronese, ao comentar o art. 6º da Constituição Federal brasileira, que versa sobre os direitos sociais, bem indica que há uma aproximação entre os estudos da área de ciências sociais com esta temática:

---

[5] CANOTILHO, José Joaquim Gomes. *Direito constitucional e teoria da Constituição*. 4. ed. Coimbra: Livraria Almedina, 1997. p. 463-464.
[6] CANOTILHO, José Joaquim Gomes. *Direito constitucional e teoria da Constituição*. 4. ed. Coimbra: Livraria Almedina, 1997. p. 468.

Os cientistas sociais têm analisado a conversão do debate jurídico em uma mudança de comportamento, perceptível do ponto de vista institucional com a formação de novas soluções processuais, em especial, da magistratura, do ministério público e da defensoria pública. Essa nova atuação tem contribuído para o incremento da luta judiciária pela concretização dos direitos sociais.[7]

Parece bastante evidente que a análise jurídica não pode mais dispensar a oitiva de pontos de vista relacionados diretamente com a realidade social. Essa assertiva ganha mais razoabilidade quando se nota a majorada aplicação de instrumentos processuais inovadores, como as audiências públicas para lidar com casos complexos. O Supremo Tribunal Federal brasileiro utilizou as audiências públicas em dois notáveis casos que tratavam de matérias relacionadas à saúde pública. O primeiro foi a Arguição de Descumprimento de Preceito Fundamental (ADPF) nº 54/DF, que considerou a atipicidade da interrupção de gravidez de feto anencéfalo.[8] O segundo caso diz respeito à judicialização das prestações sociais de saúde. Nesse caso, o Supremo Tribunal Federal convocou várias sessões para ouvir especialistas em 2009 sobre o assunto. O material derivado foi compendiado no sítio eletrônico do tribunal e teve repercussão na jurisprudência do próprio Supremo.[9] Os dois exemplos apenas ilustram que a análise da realidade social precisa ser integrada ao processo de interpretação do direito, de forma cautelosa, porém contínua. Para realizar este objetivo, é imperativo que haja uma reavaliação da teoria da interpretação judicial e uma reflexão contínua dos partícipes do processo, em especial, dos julgadores. Para tornar mais claro este ponto de vista e mostrar como as reflexões de José Joaquim Gomes Canotilho têm auxiliado os tribunais brasileiros nessa empreitada, será analisado um caso recente julgado pelo Supremo Tribunal Federal.

2 O Agravo em Recurso Extraordinário (ARE) nº 727.864/PR: estado do Paraná *vs.* Ministério Público Estadual

Esse julgado foi relatado pelo Ministro Celso de Mello. O Tribunal de Justiça do Estado do Paraná havia reconhecido o direito postulado em ação civil pública ajuizada pelo Ministério Público Estadual de que, nos casos de pessoas atendidas pelo SAMU – Serviço de Atendimento Móvel de Urgência – poderia haver o atendimento na rede privada de assistência hospitalar, com custeio pelo Estado, no caso de inexistirem leitos disponíveis na rede pública. O caso mobiliza uma interessante perspectiva do direito à saúde, relacionado com os atendimentos de urgência. Em várias unidades da federação, já havia atendimento público de urgência. Todavia, em 2004, foi editado o Decreto nº 5.055, de 27 de abril, publicado no *Diário Oficial da União* de 28 de abril daquele ano,

---

[7] VERONESE, Alexandre. Artigo 6º: Direitos sociais. In: BONAVIDES, Paulo; MIRANDA, Jorge; AGRA, Walber de Moura (Org.). *Comentários à Constituição Federal de 1988.* Rio de Janeiro: Forense, 1999. p. 364.

[8] BRASIL. Supremo Tribunal Federal. Arguição de Descumprimento de Preceito Fundamental. Arguição de Descumprimento de Preceito Fundamental n. 54/DF, Relator Min. Marco Aurélio, Tribunal Pleno, Brasília, DF, 12 de abril de 2012. *Diário da Justiça Eletrônico,* n. 80, 30 abr. 2013.

[9] VALLE, Gustavo Henrique Moreira do; CAMARGO, João Marcos Pires. A audiência pública sobre a judicialização da saúde e seus reflexos na jurisprudência do Supremo Tribunal Federal. *Revista de Direito Sanitário,* Brasil, v. 11, n. 3, p. 13-31, fev. 2011.

para instituir o serviço de forma padronizada em âmbito nacional. Sempre houve uma diretriz nos atendimentos de urgência por meio do SAMU, de que as remoções se dão para as unidades do Sistema Único de Saúde – SUS –, ou seja, para a rede pública. A questão, no caso julgado pelo Supremo Tribunal Federal, era saber – primeiro – se o Ministério Público possuiria competência processual para postular o referido direito em juízo. Depois, o ponto central era saber se a jurisprudência do Supremo Tribunal Federal já estaria pacificada no sentido contrário do que postulava o estado do Paraná, que demandava – no recurso interposto – não ser obrigado a custear o atendimento de urgência em unidades hospitalares privadas no caso de inexistirem leitos públicos disponíveis. Sobre o primeiro tema enfocado pelo julgado, o ministro relator indicou que é claro que, atualmente, os tribunais brasileiros têm orientação pacífica no sentido de que o Ministério Público possui competência processual para ajuizar ações civis públicas em prol dos direitos sociais, em especial do direito à saúde. Cito trecho do voto do Ministro Celso de Mello:

> [...] Com efeito, a discussão sobre a essencialidade do direito à saúde fez com que o legislador constituinte qualificasse, como prestações de relevância pública, as ações e serviços de saúde (CF, art. 197), em ordem a legitimar a atuação do Ministério Público e do Poder Judiciário naquelas hipóteses em que os órgãos estatais, anomalamente, deixassem de respeitar o mandamento constitucional, frustrando-lhe, arbitrariamente, a eficácia jurídico-social, seja por intolerável omissão, seja por qualquer outra inaceitável modalidade de comportamento governamental desviante. Isso significa, portanto, que a legitimidade ativa "ad causam" do Ministério Público para propor ação civil pública visando à defesa do direito à saúde (AI 655.392/RS, Rel. Min. Eros Grau – AI 662.339/RS, Rel. Min. Cármen Lúcia – RE 462.416/RS, Rel. Min. Gilmar Mendes, v.g.) tem o beneplácito da jurisprudência constitucional desta Suprema Corte.[10]

A doutrina explica este entendimento firmado na jurisprudência do Supremo Tribunal Federal por outra perspectiva. Os mais recentes estudos sociais sobre o sistema de justiça no Brasil enfatizaram o aparecimento de uma nova conformação do Poder Judiciário e do Ministério Público. No caso deste último, como reconhecido pelo relator na ementa do acórdão do Supremo Tribunal Federal, tal atuação deriva de uma intepretação do art. 129, II, da Constituição Federal, que atribui ao *Parquet* a "função institucional do Ministério Público como 'defensor do povo'". Essas novas instituições têm permitido uma evidente renovação do tradicional papel do Poder Judiciário, como reconhece Alexandre Veronese:

> Na década de 1990 houve uma alteração sensível na literatura, com a emergência dos estudos sobre o novo papel institucional dos atores jurídicos, cuja mudança se deu pela introdução de dois conceitos relacionados: judicialização e ativismo judicial. Por meio da aclimatação destes dois novos conceitos, foram abertas duas trilhas de estudos em direção à efetividade judiciária em campos setoriais. Primeiramente, ela passa a ser parte de uma teorização sobre o fenômeno jurídico, em lugar de ser relegada ao papel de um olhar externo e diferente, apenas. Em segundo lugar, tais pesquisas possibilitaram a localização

---

[10] BRASIL. Supremo Tribunal Federal. Agravo em Recurso Extraordinário. Agravo em Recurso Extraordinário n. 727.864/PR, Relator Min. Celso de Mello, Segunda Turma, julgado em 4 nov. 2014. *Diário da Justiça Eletrônico*, n. 223, 13 nov. 2014.

do Poder Judiciário como uma arena de disputas para a ampliação da gama de direitos, bem como dos seus atores como defensores de tal expansão, com papel destacado ao novo Ministério Público. As ações civis públicas se tornaram um mecanismo corriqueiro para luta em prol da efetivação dos direitos sociais.[11]

Esse primeiro tema do julgado não comportava grandes elucubrações. Afinal, a matéria está bem pacificada no Supremo Tribunal Federal e nos demais órgãos do Poder Judiciário brasileiro. Todavia, o segundo tema é mais complexo, uma vez que lida com a questão da omissão do Estado em prover a assistência à saúde, entendido isso como um direito subjetivo e público, como já exposto. No caso concreto, a questão dizia respeito ao pagamento de atendimento de urgência na rede privada, em situações nas quais a rede pública é incapaz de prover tal direito. Nas palavras do Ministro Celso de Mello, o acórdão proferido pelo Tribunal de Justiça do Estado do Paraná estava pleno e correto, uma vez que a jurisprudência do Supremo Tribunal Federal já havia firmado que, nas situações de clara omissão constitucional por parte da Administração Pública, configura dever da jurisdição obrigar o provimento do direito social à saúde. Cito trecho do voto do relator:

> [...] O sentido de fundamentalidade do direito à saúde (CF, arts. 6º e 196) – que representa, no contexto da evolução histórica dos direitos básicos da pessoa humana, uma das expressões mais relevantes das liberdades reais ou concretas – impõe ao Poder Público um dever de prestação positiva que somente se terá por cumprido, pelas instâncias governamentais, quando estas adotarem providências destinadas a promover, em plenitude, a satisfação efetiva da determinação ordenada pelo texto constitucional. [...] Isso significa, portanto, considerada a indiscutível primazia constitucional reconhecida à assistência à saúde, que a ineficiência administrativa, o descaso governamental com direitos básicos do cidadão, a incapacidade de gerir os recursos públicos, a incompetência na adequada implementação da programação orçamentária em tema de saúde pública, a falta de visão política na justa percepção, pelo administrador, do enorme significado social de que se reveste a saúde dos cidadãos, a inoperância funcional dos gestores públicos na concretização das imposições constitucionais estabelecidas em favor das pessoas carentes não podem nem devem representar obstáculos à execução, pelo Poder Público, notadamente pelo Estado, das normas inscritas nos arts. 196 e 197 da Constituição da República, que traduzem e impõem, ao próprio Estado, um inafastável dever de cumprimento obrigacional, sob pena de a ilegitimidade dessa inaceitável omissão governamental importar em grave vulneração a direitos fundamentais da cidadania e que são, no contexto que ora se examina, o direito à saúde e o direito à vida.[12]

O voto do Ministro Celso de Mello não deixa dúvidas em relação ao método de interpretação utilizado, o qual inclui a consideração de que a locução do art. 196 da Constituição Federal precisa ser lida como um direito social, passível de fruição por todos os indivíduos. Assim, a prescrição constitucional indicada não apenas determina o dever de construção de estruturas normativas pelo legislador ordinário, tampouco

---

[11] VERONESE, Alexandre. Artigo 6º: Direitos sociais. In: BONAVIDES, Paulo; MIRANDA, Jorge; AGRA, Walber de Moura (Org.). *Comentários à Constituição Federal de 1988*. Rio de Janeiro: Forense, 1999. p. 365.
[12] BRASIL. Supremo Tribunal Federal. Agravo em Recurso Extraordinário. Agravo em Recurso Extraordinário n. 727.864/PR, Relator Min. Celso de Mello, Segunda Turma, julgado em 4 nov. 2014. *Diário da Justiça Eletrônico*, n. 223, 13 nov. 2014.

apenas fixa a imperatividade de que seja constituído um sistema administrativo para dar consequência fática ao direito social em questão. A expressão determina um direito que, no caso de omissão em seu provimento, pode ser demandado judicialmente, uma vez que se reveste de caráter impositivo. É um direito a ser fruído contra o Estado. Ao examinar o tema, José Joaquim Gomes Canotilho já expôs que os julgadores não mais possuem a opção de ignorar tal construção e que a metódica constitucional contemporânea exige a outorga de direitos sociais revestidos de tal essencialidade, como o direito à saúde:

> É óbvio que os tribunais não podem ficar alheios à concretização judicial das normas directoras da constituição social. Não pode é impor-se à metódica constitucional a criação de pressupostos de facto e de direito claramente fora da sua competência, ou que extravasem os seus limites jurídico-funcionais. Os tribunais não podem neutralizar a liberdade de conformação do legislador, mesmo num sentido regressivo, em épocas de escassez e de austeridade financeira.[13]

A questão central, para José Joaquim Gomes Canotilho, é a localização jurídica de um ponto de equilíbrio entre uma leitura liberal e uma leitura social dos textos das constituições. Por um lado, não seria mais possível a aplicação de uma metódica de simples subsunção para apreciar questões complexas como as relacionadas ao direito à saúde. Por outro lado, não é possível considerar que as prescrições constitucionais dos direitos sociais não sejam passíveis de integração ao patrimônio jurídico das pessoas.[14] Não foi por outro motivo que o Ministro Celso de Mello transcreveu citação de obra do catedrático português José Joaquim Gomes Canotilho para subsidiar sua afirmação a qual baseia o entendimento do Supremo Tribunal Federal, no caso concreto, como uma aplicação do princípio da vedação ao retrocesso social:

> Para além de todas as considerações que venho fazer, há, ainda, outro parâmetro constitucional que merece ser invocado no caso ora em julgamento. Refiro-me ao princípio da proibição do retrocesso, que, em tema de direitos fundamentais de caráter social, impede que sejam desconstituídas as conquistas já alcançadas pelo cidadão ou pela formação social em que ele vive, consoante adverte autorizado magistério doutrinário. [...] Na realidade, a cláusula que proíbe o retrocesso em matéria social traduz, no processo de sua concretização, verdadeira dimensão negativa pertinente aos direitos sociais de natureza prestacional (como o direito à saúde), impedindo, em consequência, que os níveis de concretização dessas prerrogativas, uma vez atingidos, venham a ser reduzidos ou suprimidos, exceto na hipótese – de todo inocorrente na espécie – em que políticas compensatórias venham a ser implementadas pelas instâncias governamentais.[15]

Uma parte do trecho do magistério de José Joaquim Gomes Canotilho – citada no voto do Ministro Celso de Mello – merece ser transcrita novamente, uma vez que

---

[13] CANOTILHO, José Joaquim Gomes. "Bypass" social e o núcleo essencial de prestações sociais: In: CANOTILHO, José Joaquim Gomes. *Estudos sobre direitos fundamentais*. São Paulo: Revista dos Tribunais, 2008. p. 266.

[14] CANOTILHO, José Joaquim Gomes. O direito constitucional como ciência de direcção: o núcleo essencial de prestações sociais ou a localização incerta da sociabilidade: contributo para a reabilitação da força normativa da "constituição social". *Revista do Tribunal Regional Federal da 4ª Região*, ano 19, n. 67, p. 15-68, 2008.

[15] BRASIL. Supremo Tribunal Federal. Agravo em Recurso Extraordinário. Agravo em Recurso Extraordinário n. 727.864/PR, Relator Min. Celso de Mello, Segunda Turma, julgado em 4 nov. 2014. *Diário da Justiça Eletrônico*, n. 223, 13 nov. 2014.

descreve de forma plena um modo parcimonioso de ler os direitos sociais. A metódica de Canotilho está firmada no propósito de que sejam identificadas as bases essenciais – isto é, o núcleo fundamental – para as prestações sociais cuja garantia deve ser dada pelo Estado contemporâneo:

> Com isto quer dizer-se que os direitos sociais e económicos (ex.: direito dos trabalhadores, direito à assistência, direito à educação), uma vez obtido um determinado grau de realização, passam a constituir, simultaneamente, uma garantia institucional e um direito subjectivo. A 'proibição de retrocesso social' nada pode fazer contra as recessões e crises económicas (reversibilidade fáctica), mas o princípio em análise limita a reversibilidade dos direitos adquiridos (ex.: segurança social, subsídio de desemprego, prestações de saúde), em clara violação do princípio da protecção da confiança e da segurança dos cidadãos no âmbito económico, social e cultural, e do núcleo essencial da existência mínima inerente ao respeito pela dignidade da pessoa humana.[16]

Assim, José Joaquim Gomes Canotilho não apenas defende a necessidade de que haja o provimento dos direitos sociais, mas propõe algo mais refinado, uma vez que os contextos sociais e institucionais não são uniformes e os textos constitucionais buscam estabilidade. Para o autor, é importante buscar inovações em relação à provisão dos direitos sociais sem que, com isso, se persiga uma diminuição na fruição desses. Uma das soluções é a introdução de novos elementos ao processo de interpretação e de decisão judicial, como será visto na conclusão.

Conclusão: a necessidade de convergência entre a interpretação constitucional e a análise da realidade

Como seria possível alcançar o equilíbrio interpretativo entre a prescrição de que o direito social à saúde deve ser estendido de forma máxima para todos e os custos que seriam inerentes a esta institucionalização? Afinal, é evidente que o direito à saúde não possui uma descrição uniforme e pode comportar o acesso a tratamentos muito caros e, logo, cuja universalização seria inviável. O autor português expressamente indica que a metódica do direito constitucional contemporâneo precisa integrar novos elementos ao processo de análise dos casos, relacionados com outros campos de saber, como a teoria da regulação e da gestão pública (*public governance*):

> Outra forma de dar efectividade à direção normativo-constitucional do direito fundamental à saúde é de a metódica constitucional estar atenta aos outros instrumentos de direção, designadamente, os instrumentos reguladores e a carta de direitos dos utentes. Mesmo que se aceite a lógica sistémica da diferenciação e autonomização de sistemas – sistemas de saúde, sistemas de segurança social – a direção através do direito constitucional pode concretizar-se através de boas prácticas emergentes da *clinical governence*. A qualidade dos serviços de saúde – quer sob o ponto de vista clínico, quer sob o ponto de vista assistencial –, com a consequente garantia dos direitos dos utentes, sobretudo dos doentes, pode resultar

---

[16] BRASIL. Supremo Tribunal Federal. Agravo em Recurso Extraordinário. Agravo em Recurso Extraordinário n. 727.864/PR, Relator Min. Celso de Mello, Segunda Turma, julgado em 4 nov. 2014. *Diário da Justiça Eletrônico*, n. 223, 13 nov. 2014.

mais da observância dos padrões técnicos e humanos definidos em códigos de boas prácticas do que da execução hierárquica de regulamentos e procedimentos administrativos. Não foi a exegese da Constituição e o platonismo subsuntivo que permitiram individualizar os direitos dos utentes (autonomia, informação, vontade previamente manifestada, liberdade de escolha, privacidade, acesso à informação da saúde, não discriminação e não estigmatização, acompanhamento espiritual, primado da pessoa sobre a ciência e a sociedade, direito de queixa e reclamação, equidade no acesso, acessibilidade em tempo útil). Se o direito constitucional quiser continuar a ser um instrumento de direção e, ao mesmo tempo, reclamar a indeclinável função de ordenação material, só tem a ganhar se introduzir nos seus procedimentos metódicos de concretização os esquemas reguladores e de direção oriundos de outros campos do saber (economia, teoria da regulação). E a conclusão parece-nos clara: a governação clínica (*clinical governance*) é um esquema de boas práticas, concretizador do direito à saúde.[17]

É lúcida a imagem trazida por José Joaquim Gomes Canotilho. E ela bem serve para iluminar a prática das audiências públicas, em especial daquela que versou sobre o problema da judicialização do direito à saúde. Trazer a visão de especialistas de outras áreas ao cerne do debate judicial do processo constitucional não é algo para ser visto como uma mera liberalidade informativa dos julgadores. Ao contrário, trata-se de um inteligente modo para que sejam integrados elementos técnicos, os quais configuram – no mundo contemporâneo – um necessário e incontornável influxo da realidade social, pela qual deve haver a interpretação das normas jurídicas. A realização do processo de integração de elementos não jurídicos, porém científicos e técnicos, ao debate judicial, deve ser acompanhada pela reconstrução de uma metódica constitucional, nos moldes da importante contribuição que vem sendo dada pela obra do catedrático português para a doutrina e para a prática judiciária brasileira.

Referências

BONAVIDES, Paulo; MIRANDA, Jorge; AGRA, Walber de Moura (Org.). *Comentários à Constituição Federal de 1988*. Rio de Janeiro: Forense, 1999.

BRASIL Supremo Tribunal Federal. Agravo em Recurso Extraordinário. Agravo em Recurso Extraordinário n. 727.864/PR, Relator Min. Celso de Mello, Segunda Turma, julgado em 4 nov. 2014. *Diário da Justiça Eletrônico*, n. 223, 13 nov. 2014.

BRASIL. Supremo Tribunal Federal. Agravo em Recurso Extraordinário. Agravo em Recurso Extraordinário n. 727.864/PR, Relator Min. Celso de Mello, Segunda Turma, julgado em 4 nov. 2014. *Diário da Justiça Eletrônico*, n. 223, 13 nov. 2014.

BRASIL. Supremo Tribunal Federal. Arguição de Descumprimento de Preceito Fundamental. Arguição de Descumprimento de Preceito Fundamental n. 54/DF, Relator Min. Marco Aurélio, Tribunal Pleno, Brasília, DF, 12 de abril de 2012. *Diário da Justiça Eletrônico*, n. 80, 30 abr. 2013.

CANOTILHO, José Joaquim Gomes. "Bypass" social e o núcleo essencial de prestações sociais: In: CANOTILHO, José Joaquim Gomes. *Estudos sobre direitos fundamentais*. São Paulo: Revista dos Tribunais, 2008.

CANOTILHO, José Joaquim Gomes. *Direito constitucional e teoria da Constituição*. 4. ed. Coimbra: Livraria Almedina, 1997.

---

[17] CANOTILHO, José Joaquim Gomes. "Bypass" social e o núcleo essencial de prestações sociais: In: CANOTILHO, José Joaquim Gomes. *Estudos sobre direitos fundamentais*. São Paulo: Revista dos Tribunais, 2008. p. 264-265.

CANOTILHO, José Joaquim Gomes. O direito constitucional como ciência de direcção: o núcleo essencial de prestações sociais ou a localização incerta da socialidade: contributo para a reabilitação da força normativa da "constituição social". *Revista do Tribunal Regional Federal da 4ª Região*, ano 19, n. 67, p. 15-68, 2008.

KRELL, Andreas J. Realização dos direitos fundamentais sociais mediante controle judicial da prestação dos serviços públicos básicos: uma visão comparativa. *Revista de Informação Legislativa*, Brasília, ano 36, n. 144, p. 254-255, out./dez. 1999.

VALLE, Gustavo Henrique Moreira do; CAMARGO, João Marcos Pires. A audiência pública sobre a judicialização da saúde e seus reflexos na jurisprudência do Supremo Tribunal Federal. *Revista de Direito Sanitário*, Brasil, v. 11, n. 3, p. 13-31, fev. 2011.

VERONESE, Alexandre. Artigo 6º: Direitos sociais. In: BONAVIDES, Paulo; MIRANDA, Jorge; AGRA, Walber de Moura (Org.). *Comentários à Constituição Federal de 1988*. Rio de Janeiro: Forense, 1999.

Informação bibliográfica deste texto, conforme a NBR 6023:2002 da Associação Brasileira de Normas Técnicas (ABNT):

MARTINS, Humberto. A contribuição de José Joaquim Gomes Canotilho ao debate judiciário sobre os direitos sociais: a necessidade de integrar novos olhares sobre os problemas jurídicos. In: PINTO, Hélio Pinheiro; LIMA NETO, Manoel Cavalcante de; LIMA, Alberto Jorge Correia de Barros; SOTTO-MAYOR, Lorena Carla Santos Vasconcelos; DIAS, Luciana Raposo Josué Lima (Coords.). *Constituição, direitos fundamentais e política*: estudos em homenagem ao professor José Joaquim Gomes Canotilho. Belo Horizonte: Fórum, 2017. p. 21-32. ISBN 978-85-450-0185-0.

A SOLUÇÃO DE J. J. GOMES CANOTILHO PARA O PROBLEMA DA RESPONSABILIDADE DO ESTADO POR ACTOS LÍCITOS: ALGUNS APONTAMENTOS

ANA CLÁUDIA NASCIMENTO GOMES

Apresentação e motivação

Honra-nos profundamente o convite para participar desta obra coletiva em homenagem ao Senhor Doutor José Joaquim Gomes Canotilho. Não apenas porque se trata da maior referência estrangeira em direito constitucional no recente constitucionalismo brasileiro, sendo-lhe, nessa medida, inquestionavelmente justo e devido este tributo, o qual, de forma singela, festeja o esforço e o empenho acadêmico e jurídico empreendidos por Gomes Canotilho para a consolidação e a concretização do "Estado de Direito Democrático"; seja em Portugal, seja em outros países (utilizando-se aqui da nomenclatura da própria Constituição da República Portuguesa de 1976, preâmbulo; para cujo respectivo pré-projeto o nosso homenageado também tanto contribuiu).[1] Mas, também, ficamos especialmente honradas em integrar esta obra coletiva porque o "Senhor Doutor" Gomes Canotilho participou ativa e densamente da nossa formação acadêmica e profissional, orientando nossos trabalhos de mestrado e de doutoramento. Gomes Canotilho, além de reconhecido e premiado jurista, é pessoa que estimamos, sólida e profundamente.

---

[1] Estamos a nos referir ao projeto de Constituição apresentado à Assembleia Constituinte pelo PCP (Partido Comunista Português). Cf. SOUSA, Denise. *José Joaquim Gomes Canotilho*: um ancião no saber, uma criança nos afectos. Porto: Projecto Cyrano, 2011. p. 122. "O projecto de Constituição do Partido Comunista foi feito em minha casa. Durante sete dias, a minha actual mulher alimentava-nos. Era eu, Vital, o Jorge Leite, o Lino Lima, advogado e o funcionário do partido, e o Silas Cerqueira. Aí, em sete dias fizemos um projeto de Constituição, apresentado à Assembleia Constituinte". Em: CANOTILHO, José Joaquim Gomes; MOREIRA, Vital. *Constituição da República Portuguesa anotada*: artigos 1º a 107. Coimbra: Almedina, 2007. p. 21, esclarecem que "O facto de na AC nenhum partido ter maioria absoluta fez com que nenhum dos projectos fosse seleccionado como base privilegiada da elaboração das disposições da Constituição; por isso, todos os projectos – e principalmente os dos três partidos mais representados (PS, PPD e PCP, com relevo para o primeiro) – vieram a obter maior ou menor expressão na Constituição".

O tema que escolhemos para este ensaio centra-se na tese de mestrado de (doravante, apenas) Gomes Canotilho, intitulada *O problema da responsabilidade do Estado por actos lícitos*,[2] publicada pela Livraria Almedina em 1974. A eleição dessa obra para ser resenhada baseia-se no fato de ser pouco conhecida dos brasileiros, conduzindo à equivocada conclusão de que nosso homenageado *apenas* destrinchou as matérias afetas ao direito constitucional e à teoria da Constituição.[3]

É que, a despeito de a sua *montanha mágica*[4] ter sido escrita no âmbito do direito constitucional – *Constituição Dirigente e vinculação do legislador: contributo para a compreensão das normas constitucionais programáticas* –[5] obra que foi inclusivamente alçada à categoria de "bandeira" do novo constitucionalismo brasileiro, na época que antecedera à Constituição de 1988,[6] tal o encantamento que provocou em nossos constituintes e doutrinadores;[7] Gomes Canotilho é daqueles raros juspublicistas completos, com livre e desembaraçado trânsito nas demais disciplinas desse grande ramo do direito, especialmente no direito administrativo, ambiental e urbanístico.[8]

Nesse sentido, se as duas principais obras de nosso homenageado na seara do direito constitucional são amplamente referenciadas na doutrina brasileira (e estamos considerando neste artigo apenas a doutrina brasileira) – a citada *Constituição Dirigente*[9] e a sua "enciclopédia" *Direito constitucional e teoria da Constituição*;[10] *O problema da*

---

[2] CANOTILHO, José Joaquim Gomes. *O problema da responsabilidade do Estado por actos lícitos*. Coimbra: Almedina, 1974.

[3] CANOTILHO, José Joaquim Gomes. *Direito constitucional e teoria da Constituição*. 7. ed. Coimbra: Almedina, 2003. Obra que possui atualmente 1500 páginas e que foi sendo construída juntamente com sua trajetória acadêmica. Esse *manual* do nosso homenageado é inclusivamente dedicado aos seus colegas e alunos brasileiros, sendo há muito reconhecido como uma das principais fontes para o estudo do direito constitucional dos operadores nacionais. *Direito constitucional e teoria da Constituição* proporciona aos seus leitores uma rigorosa "anatomia" dos vários temas do direito constitucional, instigando-os sempre a uma reflexão crítica. Proporciona, além disso, rico intercâmbio com a doutrina constitucional em sede de direito comparado, designadamente germânica. É um tratado que se absorve em anos de leitura.

[4] Tomamos emprestado o título da quase secular obra de Thomas Mann, *A montanha mágica*. O nosso homenageado já nos confessou, por diversas vezes, o particular apreço que tem por esta obra de Mann, escritor premiado com Prêmio Nobel de Literatura em 1929 (pelo livro *Buddenbrooks*). Olvida Canotilho ser também ele criador de texto absolutamente magistral, verdadeira montanha mágica do direito constitucional.

[5] CANOTILHO, José Joaquim Gomes. *Constituição Dirigente e vinculação do legislador*: contributo para a compreensão das normas constitucionais programáticas. Coimbra: Coimbra Editora, 1982.

[6] A tese foi tornada pública em Portugal em 1982. A 2ª edição da obra, pela Coimbra Editora, data de janeiro de 2001. Não é de estranhar, por isto, que ao prefaciar a 2ª edição dessa obra (p. V) Gomes Canotilho tenha, de certo modo, tentado chamar atenção dos juristas brasileiros para o contexto de sua elaboração e a "actual situação do dirigismo e programaticidade constitucionais". O tema do "Dirigismo constitucional e a sua crise" foi tratado também numa coletânea de artigos, publicados sob esse título, em: CANOTILHO, José Joaquim Gomes. *"Brancosos" e interconstitucionalidade*: itinerários dos discursos sobre a historicidade constitucional. Coimbra: Almedina, 2005. p. 29-198. A possível revisão de Canotilho sobre as suas próprias premissas gerou intranquilidades aos constitucionalistas nacionais, receosos da veracidade e da profundidade dessa revisão e, principalmente, de seus impactos na doutrina nacional (COUTINHO, Jacinto Nelson de Miranda (Org.). *Canotilho e a Constituição Dirigente*. Rio de Janeiro, São Paulo: Renovar, 2003).

[7] Por exemplo, Cf. TORRES, Ricardo Lobo. *O direito ao mínimo existencial*. Rio de Janeiro: Renovar, 2006. p. 46. "No Brasil a influência do pensamento germânico se fez sentir sobretudo através das traduções e referências feitas por Canotilho".

[8] Não sem razão Canotilho é fundador e diretor da *Revista CEDOUA* (Centro de Estudos de Direito do Ordenamento, do Urbanismo e do Ambiente).

[9] CANOTILHO, José Joaquim Gomes. *Constituição Dirigente e vinculação do legislador*: contributo para a compreensão das normas constitucionais programáticas. Coimbra: Coimbra Editora, 1982.

[10] CANOTILHO, José Joaquim Gomes. *Direito constitucional e teoria da Constituição*. 7. ed. Coimbra: Almedina, 2003.

responsabilidade do Estado por actos lícitos[11] não recebera a mesma atenção, ainda que tardiamente; e, isso, mesmo diante da notoriedade que Gomes Canotilho veio a adquirir *a posteriori*. Talvez tenha contribuído para esse estado de obscuridade o fato de a obra não ter merecido outras edições;[12] competindo-nos apontar ao nosso homenageado o ressentimento desse seu "filho enjeitado",[13] a fim de que possa esperançar uma republicação.

Por isso, assumimos a prazerosa incumbência de apresentar, em breves traços, a tese do então *Mestre* Gomes Canotilho, na qual, aliás, encontramos semeadas algumas de suas intranquilidades jurídico-constitucionais e que foram por ele refletidas em posteriores trabalhos. E, não obstante tenha a tese em direito administrativo sido elaborada ainda num contexto de Portugal não democrático, pré-Revolução dos Cravos, Gomes Canotilho apresenta-se inteira e precocemente comprometido com uma ordem jurídica de verdadeiro *Estado de Direito*.[14]

1 O pretexto e o contexto

Encontramos poucas referências a tratar especificadamente da obra. Quanto à escolha do tema, o próprio Gomes Canotilho elucidou:

> Quando a guerra interrompeu os meus estudos, tinha em mente uma tese de licenciatura sobre a responsabilidade do Estado por actos lícitos. Todos os assistentes deveriam elaborar uma tese de mestrado para iniciar a carreira académica e poder aceder ao doutoramento. Escolhi a «responsabilidade» porque tinha conversado com o Dr. Queiró que me sugerira trabalhar numa tese de Direito Administrativo, concretamente no domínio público. Li algo sobre o domínio público e não me interessou nada. A minha formação nesse sentido era escassa e para não contrariar o Dr. Queiró devia manter-me em Direito Administrativo, então optei por um tema em que, instrumentalmente, poderiam servir-me os conhecimentos que possuía sobre Direito Civil. Tinha um certo background em Direito Privado e tratei de o aproveitar.

E alinhavou:

> Este foi um período decisivo na minha formação científica porque a minha transição para o Direito Administrativo e para uma tese de Direito Público não seguia as indicações do Dr. Queiró e apesar de tudo não deixava de ser um tema importante. Acabava de entrar em vigor o Código Civil de 1967 e a parte relativa à responsabilidade civil da administração, que era um tema discutido, continuava em suspenso, remetendo-se a uma lei especial.[15]

---

[11] CANOTILHO, José Joaquim Gomes. *O problema da responsabilidade do Estado por actos lícitos*. Coimbra: Almedina, 1974.

[12] Essa informação é mesmo confirmada pelo *curriculum vitae* de nosso homenageado, arduamente atualizado pela diligente Sra. Andreia Dias.

[13] O subtítulo "Um filho enjeitado" é lançado no prefácio da 2ª edição da *Constituição Dirigente* (CANOTILHO, José Joaquim Gomes. *Constituição Dirigente e vinculação do legislador*: contributo para a compreensão das normas constitucionais programáticas. 2. ed. Coimbra: Coimbra Editora, 2001).

[14] Aliás, *Estado de Direito* é o título de uma outra obra do nosso homenageado: CANOTILHO, José Joaquim Gomes. *Estado de Direito*. Lisboa: Gradiva, 1999. Trata-se de um pequeno estudo com a apresentação das características estruturais do Estado de Direito, sendo um excelente livro para estudantes iniciais do direito.

[15] SOUSA, Denise. *José Joaquim Gomes Canotilho*: um ancião no saber, uma criança nos afectos. Porto: Projecto Cyrano, 2011. p. 107-108.

Percebe-se que foi justamente com a tese de mestrado que Gomes Canotilho passara a desvendar definitivamente as questões juspublicísticas, motivo pelo qual podemos afirmar que nascera ali, doutrinariamente, para o direito (e, designadamente, para o direito público), "o" jurista Gomes Canotilho, tal como nós, brasileiros, viemos a conhecê-lo nos anos seguintes.

Apesar de publicada em 1974, ano de referência para a democracia portuguesa, a tese foi elaborada nos anos anteriores, tendo Gomes Canotilho conquistado o título de mestre no início da década de 70.[16] Sendo assim, a obra foi elaborada sob a vigência da Constituição Portuguesa de 1933 (CRP/33), instituidora do chamado "constitucionalismo corporativo" e de um autoritário "Estado Novo".[17] Nesse contexto, segundo nos informa o homenageado, "os direitos fundamentais moviam-se no âmbito da lei, em vez da lei se mover no âmbito dos direitos fundamentais".[18] Não obstante isso, não se pode ignorar o momento político contestador vivenciado em Portugal nos finais da década de 60 e inícios da década de 70.[19] As entrelinhas de *O problema da responsabilidade do Estado por actos lícitos* revelam a peculiaridade desse momento político-constitucional, já fissurado.[20]

Em termos de direito positivo, as principais normas invocadas ou referenciadas na obra encontravam-se nos seguintes dispositivos: a) CRP/33 – o art. 5º ("princípio da igualdade dos cidadãos perante a lei"); o art. 8º-17º ("direito de reparação de toda lesão efectiva, conforme dispuser a lei [...]"); o art. 8º-20º ("haver revisão das sentenças criminais, assegurando-se o direito de indemnização de perdas e danos pela Fazenda Nacional"); e o art. 49º, §1º (relativo ao domínio público; "para os particulares os direitos adquiridos, podendo estes, porém ser objeto de expropriação determinada pelo interesse público e mediante justa indenização"); b) leis infraconstitucionais – algumas dispostas no Código Civil de 1966 (Decreto-Lei nº 47.344, de 25.11.1966) e, principalmente, as constantes do Decreto-Lei nº 48.051, de 21.11.1967 (diploma legislativo que regia a "responsabilidade civil do Estado e das pessoas colectivas públicas no domínio dos actos de gestão pública").

Já sob a nova ordem constitucional portuguesa (CRP/76), deixou de ter vigência este Decreto-Lei nº 48.051 (o Código Civil de 1966 permanece em vigor, com várias alterações). A matéria respeitante ao "Regime da Responsabilidade Civil Extracontratual

---

[16] O *curriculum vitae* de Canotilho informa o ano letivo de 1970-1971. A nota prévia da obra informa o ano de 1972.

[17] Cf. CANOTILHO, José Joaquim Gomes. *O direito constitucional passa, o direito administrativo passa também*. Boletim da Faculdade de Direito de Coimbra. 7. ed. Coimbra: Coimbra Editora, 2001. p. 178. Para o autor seriam nortes desse momento constitucional lusitano: a) "a ideia hierárquico-corporativa de Estado"; b) "a ideia de Estado forte"; c) "a ideia supra-individualista de Nação"; d) "a ideia de economia dirigida e a existência de uma constituição económica".

[18] Cf. CANOTILHO, José Joaquim Gomes. *O direito constitucional passa, o direito administrativo passa também*. Boletim da Faculdade de Direito de Coimbra. 7. ed. Coimbra: Coimbra Editora, 2001. p. 183. Já na *Constituição Dirigente* (CANOTILHO, José Joaquim Gomes. *Constituição Dirigente e vinculação do legislador*: contributo para a compreensão das normas constitucionais programáticas. 2. ed. Coimbra: Coimbra Editora, 2001. p. 483), conclui: "A problemática dos direitos fundamentais, sobretudo dos direitos a prestações, vem introduzir uma importante viragem nas relações materiais entre a lei e a constituição: a lei *move-se dentro do âmbito dos direitos fundamentais e considera-se como exigência de realização concreta de direitos fundamentais*" (grifos no original).

[19] Especialmente sobre esses anos na Coimbra académica, Cf. SOUSA, Denise. *José Joaquim Gomes Canotilho*: um ancião no saber, uma criança nos afectos. Porto: Projecto Cyrano, 2011. p. 95-101.

[20] Por exemplo, sobre a qualificação ou não como guerra dos movimentos revolucionários nas províncias ultramarinas de Portugal, para fins de responsabilidade do Estado (CANOTILHO, José Joaquim Gomes. *O problema da responsabilidade do Estado por actos lícitos*. Coimbra: Almedina, 1974. p. 261). Aliás, esclareça-se que, normalmente, no decorrer deste artigo, quando fizermos referência à obra sob análise, citaremos as suas páginas diretamente no corpo do texto.

do Estado e Demais Entidades Públicas" passou a ser tratada especialmente pela Lei nº 67/2007, de 31.12.2007 (portanto, diploma relativamente recente). Nessa novel lei, inclusivamente, delimitaram-se os "danos e encargos anormais e especiais" (art. 2º)[21] e albergou-se a "indenização pelo sacrifício" (art. 16º);[22] institutos que tecem estreita conexão com a discussão levada a cabo no *problema da responsabilidade do Estado por actos lícitos*. Portanto, mesmo diante do contexto pós-76, afigura-se de vigorosa importância as análises procedidas neste trabalho acadêmico.

Também no quadrante da CRP/76, Gomes Canotilho (emparelhado, no caso, com Vital Moreira) anotou que a *responsabilidade do Estado por atos lícitos* não se encontra *claramente* arrimada (e referenciada) no art. 22º daquela carta (sobre a "Responsabilidade das entidades públicas").[23] Mas, se assim o for efetivamente, complementam os autores, esse instituto pode ser extraído de outros dispositivos constitucionais (arts. 62º-2 e 83º):

> O enunciado normativo do art. 22º parece não abranger a chamada responsabilidade por actos lícitos. Caso se entenda, que o teor literal do preceito só inclui a responsabilidade extracontratual por actos ilícitos, não está, contudo, constitucionalmente excluído o alargamento à responsabilidade por actos lícitos, considerando-se ainda a menção textual noutros artigos da CRP.[24]

A título de comparativo, no Brasil, parte da doutrina pós-constitucional tem se posicionado diversamente sobre o fundamento constitucional da *responsabilidade do estado por atos lícitos*, considerando que o art. 37, §6º, da CR/88 pode sim ser considerado vértice central do regime da responsabilidade do Estado (seja por atos ilícitos, seja por atos lícitos); interpretação que já recebera aval do STF, em algumas oportunidades. Aliás, tivemos oportunidade de comentar, sob a coordenação de Gomes Canotilho, acerca desse particular, justamente pelo fato de o art. 37, §6º, da CR/88, não limitar a sua abrangência normativa à preexistência da ilicitude do ato danoso do Estado; o que conduziria a uma peculiaridade do regime publicístico da responsabilidade:

> A licitude ou ilicitude do ato danoso pode ter interesse para fins de qualificar o dano indenizável (dano comum, dano anormal); porém, não parece ter outra relevância pragmática [...]. Mesmo a atuação lícita do Estado de Direito não avaliza uma intervenção demasiada sacrificada na esfera dos direitos e garantias dos cidadãos; pois, no interior do princípio do Estado de Direito, vigora o princípio da vedação do excesso e do arbítrio.[25]

---

[21] "Art. 2º Danos ou encargos especiais e anormais: Para os efeitos do disposto na presente lei, consideram-se especiais os danos ou encargos que incidam sobre uma pessoa ou um grupo, sem afectarem a generalidade das pessoas, e anormais os que, ultrapassando os custos próprios da vida em sociedade, mereçam, pela sua gravidade, a tutela do direito".

[22] "Art. 16º Indenização pelo sacrifício: O Estado e as demais pessoas colectivas de direito público indemnizam os particulares a quem, por razões de interesse público, imponham encargos ou causem danos especiais e anormais, devendo, para o cálculo da indenização, atender-se, designadamente, ao grau de afectação do conteúdo substancial do direito ou interesse violado ou sacrificado".

[23] "O Estado e as demais entidades públicas são civilmente responsáveis, em forma solidária com os titulares dos seus órgãos, funcionários ou agentes, por acções ou omissões praticadas no exercício das suas funções e por causa desse exercício, de que resulte violação dos direitos, liberdades e garantias ou prejuízo para outrem".

[24] CANOTILHO, José Joaquim Gomes; MOREIRA, Vital. *Constituição da República Portuguesa anotada*: artigos 1º a 107. Coimbra: Almedina, 2007. p. 431.

[25] Cf. GOMES, Ana Cláudia Nascimento. Art. 37, §6º. In: CANOTILHO, José Joaquim Gomes et al. *Comentários à Constituição do Brasil*. São Paulo: Saraiva, 2013. p. 911.

Apresentado em breves linhas o contexto normativo do tema da *responsabilidade do Estado por atos lícitos*, passemos, pois, a referenciar as fontes doutrinárias e a estrutura da obra.

2 Fontes doutrinárias e estrutura da obra

A bibliografia utilizada por Gomes Canotilho é extensa e diversa. Dialoga constantemente com a doutrina portuguesa, espanhola, francesa, italiana e, principalmente, germânica. Faz uso corrente da jurisprudência administrativa francesa, reconhecidamente importante na afirmação inicial e na estruturação do instituto da responsabilidade ("civil") do Estado, sobre o contexto do então novel direito administrativo. Referencia, ainda, as decisões judiciais portuguesas e estrangeiras paradigmáticas. Pode-se assegurar que se tratou de uma pesquisa de fôlego, considerando-se a densidade das fontes bibliográficas, a extensão do trabalho (338 páginas) e a própria brevidade do período em que foi elaborada. De toda forma, Gomes Canotilho destaca a importância da obra de *García de Enterría* (*Os princípios da nova Lei de Expropriação Forçada*),[26] "um livro renovador que correspondia à minha intuição no que toca àquele problema de objetivar a 'responsabilidade'"; bem como de trabalhos de *Lorenço Martín Retortillo* e *Alejandro Nieto*;[27] os quais teriam conduzido o seu olhar para a doutrina germânica.[28] De origem alemã, Gomes Canotilho ainda salienta o trabalho de *Walter Leisner* sobre a responsabilidade do Estado ("[...] um trabalho, ainda hoje excelente");[29] doutrinador que também "dominava perfeitamente o Direito Francês [...]".[30]

Aliás, conforme é cediço, a doutrina germânica, a partir de então, adquirira uma tônica bastante peculiar nos trabalhados Gomes Canotilho, o qual pôde, dessa forma, contribuir para que todas as terras lusófonas aproveitassem mediatamente da elevada produção jurídica do pós-*Grundgesetz*, especialmente preocupada com a questão da inviolabilidade da dignidade da pessoa humana.[31]

A obra encontra-se dividida em duas grandes partes: Parte I ("Natureza e fundamentos da responsabilidade") e Parte II ("Responsabilidade do Estado por actos

---

[26] GARCÍA DE ENTERRÍA, Eduardo. *Los princípios de la nueva Ley de Expropriación Forzosa*. Madrid: Civitas Ediciones, 1956.

[27] RETORTILLO, Lorenço Martin; NIETO, Alejandro. Evolución expansiva del concepto de la expropiación forzosa. *Revista de la Administración Publica*, n. 38, 1962.

[28] SOUSA, Denise. *José Joaquim Gomes Canotilho*: um ancião no saber, uma criança nos afectos. Porto: Projecto Cyrano, 2011. p. 108.

[29] SOUSA, Denise. *José Joaquim Gomes Canotilho*: um ancião no saber, uma criança nos afectos. Porto: Projecto Cyrano, 2011. p. 108.

[30] SOUSA, Denise. *José Joaquim Gomes Canotilho*: um ancião no saber, uma criança nos afectos. Porto: Projecto Cyrano, 2011. p. 108. São os trabalhos justamente referenciados: LEISNER, W. Gefährdungshaftung im öffentlichen Recht. In: *Vereinigung der Deutschen Staatsrechtslehrer*. Veröffentlichungen der Vereinigung der deutschen Staatsrechtslehrer. Berlin: de Gruyter, 1963. v. 20; LEISNER, W. Französisches Staatshaftungsrecht. *Verwaltungsarchiv*, n. 54, 1963.

[31] Basta dizer que a pesquisa para a elaboração da *Constituição Dirigente* (CANOTILHO, José Joaquim Gomes. *Constituição Dirigente e vinculação do legislador*: contributo para a compreensão das normas constitucionais programáticas. 2. ed. Coimbra: Coimbra Editora, 2001) teve o acompanhamento, na Alemanha, de Konrad Hesse. Não se olvide que também a doutrina germânica absorvera os ensinamentos do nosso homenageado. Cita-se, por exemplo: CANOTILHO, José Joaquim Gomes. Interkonstitucionalität und Interkulturalität. In: BLANKENAGEL, Alexander *et al*. *Liber Amicorum für Peter Häberle zum siebzigsten Geburtstag*. Tübingen: Mohr Siebeck, 2004. p. 83 ss.

lícitos"). Há ainda várias subdivisões entre *secções* e capítulos. Sob aquelas partes, entrecruzam-se doze "parágrafos" (§§):

> Considerações preliminares; Ideias-forma da evolução histórica da responsabilidade estadual; O sistema clássico das prestações indemnizatórias estaduais; Fundamento e natureza da responsabilidade civil; Relevância constitucional da responsabilidade do Estado; Responsabilidade por actos normativos lícitos; Responsabilidade por facto da função jurisdicional; Responsabilidade por facto da função administrativa; Exigência de um dano especial e anormal; Posições jurídico-subjectivas indemnizatoriamente relevantes; A exigência de um dano directo. O problema do nexo de causalidade; A licitude do acto e a limitação da indenização.

O livro encerra-se no Capítulo III: "A dimensão teleológica dos actos impositivos de sacrifício: A satisfação do interesse público".

Os subtítulos atribuídos por Gomes Canotilho nos dão pequena conta da robustez da tese, não se esquivando ao debate sobre áreas, naquela altura, bastante inovadoras para a incidência da responsabilidade do Estado, tais como as funções legislativa (aqui inclusa a própria inércia legislativa inconstitucional) e jurisdicional. Todavia, somente se emaranhando pela obra é possível se aperceber do quão profunda foi a imersão de Gomes Canotilho sobre *o problema da responsabilidade do Estado por actos lícitos*.

Sendo assim, compete-nos destacar nesta resenha as linhas-mestras da obra (sempre que mais adequado, com as próprias palavras do autor, evitando eventuais distorções interpretativas); alertando, todavia, para a indispensabilidade da leitura do trabalho para a integral compreensão do posicionamento de Gomes Canotilho diante de um tema complexo e juridicamente interdisciplinar. Afinal, a responsabilidade do Estado é um daqueles institutos "embaraçados" do direito, situando-se numa difícil posição de interseção entre o direito constitucional, o direito administrativo e o próprio direito privado. Vejamos.

3 Síntese da obra, com destaque para alguns trechos. Delineação da responsabilidade do Estado por actos lícitos

A tese de Gomes Canotilho inicia-se, desde logo, deparando-se com uma encruzilhada, própria daquela natureza interdisciplinar do tema:

> A apriorística substantivação da responsabilidade do poder público ou a sua completa submissão aos cânones privatísticos conduzem, inevitavelmente, a uma questionável autonomização da responsabilidade estadual ou a um deliberado esquecimento da sua especificidade problemática. (p. 11)

Não deixa, contudo, de registrar a importância da consagração da responsabilidade do Estado como "instrumento de legalidade material" (p. 14); como uma aquisição inelininável de um Estado de Direito material.

Antecipa, ainda, o fato de a *responsabilidade do Estado* situar-se numa zona de conflito entre posições "mais amigas" dos direitos dos cidadãos (direitos fundamentais); ou "mais amigas" do "interesse público":

Com isto tocamos outro aspecto marcadamente engagé: o facto de a responsabilidade se tornar um excelente meio de garantia da esfera jurídico-patrimonial do cidadão poderá levar a rotulações politicizantes, crismando-se os autores de progressistas ou conservadores, consoante adiram ou não a uma equacionalização do problema centrada na necessidade de defesa dos direitos individuais ou na prossecução da salus publica. (p. 15)

E, conforme adiantamos, amarra, antecipadamente, Gomes Canotilho a máscara de defensor de um instituto abrangente da responsabilidade do Estado por atos lícitos, estendendo os seus efeitos para os atos legislativos e jurisdicionais (p. 18). Finalmente, em suas considerações preliminares, assegura a "necessidade de uma nova visualização do instituto da responsabilidade, onde a responsabilidade objectiva obtenha a mesma dignidade da responsabilidade subjetiva" (p. 21); tendência que sabemos ter sido absorvida posteriormente pela CRP/76.[32]

Na Parte I, cuida Gomes Canotilho de traçar um evoluir histórico pelo instituto da responsabilidade do Estado (§§2º e 3º) e da responsabilidade civil (§4º). Retoma lições de direito romano e medieval e identifica o instituto do *aufferre rei privati* como "base de partida para o caso típico de acto lícito gerador de indemnização: a expropriação por utilidade pública" (p. 29). Tal instituto acarretará a lógica que distingue a responsabilidade do estado por atos lícitos:

se é a generalidade dos cidadãos que vai beneficiar da medida lesiva do património privado, justo é que o dano inevitavelmente imposto para a satisfação da *publica utilitas* se reparta igualmente entre todos. Particularmente significativa é, portanto, a ideia de igualdade perante os encargos públicos, historicamente associada à indemnização por actos lícitos. (p. 30)

Doravante, nos processos ablatórios, denotar-se-ão as figuras da utilidade pública e da justa indenização.

Ao elucidar Gomes Canotilho a (ir)responsabilidade do Estado no âmbito do Estado de Polícia, tece as seguintes indagações e respostas:

Se o monarca absoluto é considerado livre criador do direito (freier Rechtschöpfer); se ele pode intervir nos processos proferindo uma decisão soberana (Machtspruch, evocation), se, portanto, não existe direito público bilateralmente vinculante, qual a proteção jurídica do cidadão perante os actos da administração (Regierungssachen), judicialmente incontroláveis? 5-A resposta cifrava-se, em parte, na responsabilização dos funcionários cuja actuação ilícita e culposa lesasse os direitos dos súditos. (p. 34)

E complementa, sobre esse estágio do direito: "Como apenas as relações jurídico-privadas eram susceptíveis de defesa judicial, o expediente apropriado seria a privatização das figuras de direito público" (p. 37). "No Estado de Polícia, a irresponsabilidade estadual é, assim, a regra, e a responsabilidade exceção" (p. 39).

Paradoxalmente, a teoria da irresponsabilidade do Estado consegue adentrar no Estado de Direito, arrimada em dada interpretação de soberania estatal (= arbitrariedade estatal). Sobre isto, Gomes Canotilho comenta que: "A história da responsabilidade

---

[32] Com posição algo diversa: MEDEIROS, Rui. *Ensaio sobre a responsabilidade civil do Estado por actos legislativos*. Coimbra: Almedina, 1992.

do Estado de Direito demonstrar-nos-á que a alteração das estruturas políticas deixa muitas vezes intactos preconceitos, dogmas ou ficções que só a evolução das ideais acabará por superar" (p. 39).[33]

Volta-se, assim, novamente à atenção da doutrina do séc. XIX à responsabilidade pessoal do funcionário público, com base na *Lex Aquilia*; não obstante, muitas vezes, a judicialização da demanda pelo interessado estivesse sujeita à autorização prévia do órgão hierarquicamente superior (do agente demandado); ou à "garantia administrativa" (p. 40). Ademais, a vinculação estrita entre a figura do agente público e de sua conduta, e, pois, ao próprio regime da responsabilidade aquiliana, conduzia o tema da (*pseudo*) responsabilidade do Estado para uma excessiva subjetivação, sendo, dessa forma, um regime pobremente garantístico. Observa Gomes Canotilho, portanto, que: "uma teoria da responsabilidade por actos lícitos, a indemnização por ruptura do princípio da igualdade perante os encargos públicos, uma responsabilidade por risco, eram impossíveis num mundo jurídico dominado pelo dogma da culpa" (p. 43).

Todavia, certas premissas começam a ser revistas; e, paulatinamente, vai sendo fissurado esse *status* de (ir)responsabilidade do Poder Público. Assim, a doutrina cogita dos efeitos de uma ilegalidade do ato administrativo no âmbito da responsabilidade do Estado, conduzindo que esta seja daí compreendida como *garantia* do princípio da legalidade. Por sua vez, a doutrina organicista do Estado transporta à despersonalização de atos do Poder Público (ou, pelo menos, a uma potencial dessubjetivação da atividade administrativa). Além disso, o particularismo do direito público levava a defender uma responsabilidade do Estado não exatamente nos moldes de direito privado (donde, inclusivamente, configurada mediante uma jurisdição administrativa, como no modelo paradigmático francês) (p. 47-54). Daí, no final do século XIX, surgem já as "construções dogmáticas da responsabilidade puramente objectivas" (p. 56);[34] nas quais, segundo Gomes Canotilho, "nota-se uma singular convergência no repúdio da distinção entre actos lícitos e ilícitos e na acentuação da posição da vítima onerada com um prejuízo ressarcível" (p. 60).

Agora, apontando os requisitos fundamentais da responsabilidade por atos lícitos, Gomes Canotilho destaca:
   a) ato legal da administração;
   b) sacrifício causado pelo ato configurado mais do que uma mera limitação de direito subjetivo;
   c) viabilidade indenizatória como decorrência da "ablação ou limitação substancial de um direito subjectivo perfeito";
   d) sacrifício imposto pelo interesse público (p. 83).

Desde logo, chama a atenção para possível identidade daquela para com a "responsabilidade por risco": se "o princípio da igualdade perante os encargos públicos é o fundamento comum de ambos os institutos, então a sua autonomização radicará num elemento formal: a existência ou não de um acto voluntário e intencional" (p. 85).[35]

---

[33] É mesmo bisonho o fato, considerando, por exemplo, que tal teoria somente veio a ser derrubada na Inglaterra em 1947 e, nos EUA, em 1946. Cf. GOMES, Ana Cláudia Nascimento. Art. 37, §6º. In: CANOTILHO, José Joaquim Gomes *et al*. *Comentários à Constituição do Brasil*. São Paulo: Saraiva, 2013. p. 907.

[34] A partir dessa parte da obra, Canotilho apresenta as formulações de: Otto Mayer (teoria do sacrifício); Duguit (ideia de segurança social); Orlando (ideia de lesão); Cunha Gonçalves (ideia de risco).

[35] A ideia é ratificada na p. 123.

Doravante, Gomes Canotilho passa a defender o relevo da objetivação da responsabilidade do Estado e o relativo afastamento da preexistência da ilicitude do ato ou fato danoso. Em suas palavras: "A noção de ilícito constituirá uma superestrutura supérflua e perigosa, quando se pretende dar conta do significado e da disciplina moderna da responsabilidade civil" (p. 98). A atenção, portanto, voltar-se-á prioritariamente para o dano (= patrimônio lesado e sua qualificação: prejuízo especial e anormal). De qualquer modo, "a responsabilidade por actos ilícitos, por risco e por actos lícitos, formam um instituto unitário, não obstante importantes peculiaridades (p. 110).

A Parte II foca nosso homenageado nas possibilidades de configuração da responsabilidade do Estado por atos lícitos (sempre na sua gestão pública): responsabilidade por fato das leis (para além de outros diplomas de caráter normativo: tratados e acordos internacionais, regulamentos e medidas de direção econômica); responsabilidade por fato da função jurisdicional e responsabilidade da administração. Nesse tópico, Gomes Canotilho inicia a sua argumentação lembrando que o contexto de um Estado Social potencializa as hipóteses de "intervenções ablatoriamente ingerentes na esfera jurídica do cidadão" (p. 133) e ressalta a autoridade do princípio da igualdade como estruturante desse tipo de responsabilidade a fim de "reconhecer ao cidadão um direito de exigir que em iguais situações obtenham um tratamento igual e que as desigualdades motivadas pelo interesse público sejam compensadas mediante reintegração patrimonial" (p. 136).

Nesse sentido, enquadra Gomes Canotilho as medidas expropriatórias públicas de modo potencialmente abrangente (sendo, pois, a "justa indenização" do instituto da desapropriação apenas uma espécie, certamente a cardeal); donde que a responsabilidade por atos lícitos pode ser conformada mesmo quando em causa direitos de natureza extrapatrimonial (p. 137).

Relativamente à responsabilidade do Estado por fato das leis (e, após mencionar os declínios do dogma da "bondade do legislador" e da figura una da "lei geral e abstrata"), Gomes Canotilho cataloga as conjecturas de danos especiais e graves decorrentes imediatamente de medidas legislativas:

a) leis constitucionais;
b) leis inconstitucionais (formal e organicamente);
c) inércia (ou omissão) legislativa (p. 153-173).

Na hipótese (a), sem excluir *a priori* os danos especiais e anormais decorrentes de leis gerais e abstratas, confirma que as "leis individuais, concretas ou de medida" são aquelas mais prováveis de gerar responsabilidade do Estado, pois "a especialidade do prejuízo é mais fácil" e "a extensão dos danos, de modo a causar apreensões financeiras, não se reverte da mesma intensidade" (p. 155). Em (b), submete as leis formal ou organicamente inconstitucionais ao regime da responsabilidade do Estado por atos lícitos, na medida em que "se constatar uma lesão grave e anormal da posição jurídica do cidadão" delas decorrente, "o fenómeno reparatório obedecerá aos mesmos princípios das leis constitucionais" (p. 158).[36] Em (c), diante da conjectura constitucional da época (CRP/33), Gomes Canotilho critica que o

---

[36] Vale acrescentar que Gomes Canotilho fez sim análise da hipótese de (cabimento ou não) da responsabilização pública em decorrência de edição de leis materialmente inconstitucionais. Entretanto, o autor observou, na p. 160: "[...] em todos os exemplos citados estamos em face de leis individuais inconstitucionais, causadoras de sacrifícios graves aos cidadãos atingidos. Ora, sendo a Lei dotada de força imperativa até a declaração

carácter de incidente de inconstitucionalidade e a ausência de um tribunal constitucional arredam praticamente a possibilidade de configurar um direito subjectivo do cidadão contra o silêncio do poder encarregado de dar execução às imposições constitucionais. (p. 165)

Porquanto "a fundamentação constitucional de tal responsabilidade conduz a sustentar a obrigatoriedade de indemnização sempre que haja um sacrifício grave e especial imposto aos cidadãos em nome do interesse público" (p. 168). Assim, conclui, no contexto da obra, "pela não aceitação de uma responsabilidade do Estado em consequência dos prejuízos emergentes da não concretização, actuação ou dinamização de certas imposições constitucionais materialmente vinculantes" (p. 198).[37]

Quanto à responsabilidade do Estado decorrente de prejuízos causados aos cidadãos advindos de tratados internacionais (devidamente incorporados e aplicados na ordem jurídica interna), Gomes Canotilho defende, analogicamente, a mesma solução atribuída perante a situação dos sacrifícios advindos de atos legislativos (p. 173). Sobre a hipótese de prejuízos anormais e especiais gerados por regulamentos administrativos, o autor afirma também valer as mesmas consequências jurídicas da responsabilidade do Estado (administração) por atos administrativos (p. 192); podendo haver incidência ainda em caso de inércia regulamentar (p. 201). Na análise da responsabilidade do Estado em face de medidas de direção econômica, considerando basicamente os "planos", configura Gomes Canotilho situação de responsabilidade por atos ilícitos, ao argumento de que "a exigência de um plano adequado e adaptado às realidades (*sachgemässige Planung*) sobrepõe-se, naturalmente, ao interesse do particular à sua inalterabilidade" (p. 205).

Passando-se à análise da responsabilidade do Estado por fato da função jurisdicional, instaura a discussão com indicação sobre o reconhecimento do direito subjetivo do cidadão à indenização em caso de absolvição penal em processo revisional, nos casos de "erro judiciário penal" (p. 210).

> O Estado tem obrigação de reparar um prejuízo especial e grave, imputável a um dos órgãos ou agentes, e o particular tem o direito de exigir judicialmente a indemnização por perdas e danos fundada em erro judiciário, devidamente comprovado em sentença de revisão. (p. 211)

Afinal, "A *expropriação da liberdade*, se assim nos podemos exprimir, não tolera, dentro das coordenadas do nosso diploma fundamental, um tratamento mais desfavorável que a expropriação da propriedade" (p. 222). De qualquer modo, centra Gomes Canotilho essa responsabilidade do Estado por fato da função jurisdicional à seara exclusivamente penal, ao argumento de que:

---

de inconstitucionalidade, originará certamente danos merecedores de reparação" (ou seja, até a sua declaração de inconstitucionalidade). Acreditamos, também, que nos casos de leis materialmente inconstitucionais se esteja, *a priori*, diante de responsabilidade do Estado por atos ilícitos. Cf. GOMES, Ana Cláudia Nascimento. Art. 37, §6º. In: CANOTILHO, José Joaquim Gomes *et al*. *Comentários à Constituição do Brasil*. São Paulo: Saraiva, 2013. p. 914 (nota 19).

[37] A título de paralelo, também aduzimos que, no contexto jurídico brasileiro atual, "a responsabilidade do Estado por omissão do dever de legislar – é o que apresenta mais controvérsias ao nível doutrinário e jurisprudencial". Cf. GOMES, Ana Cláudia Nascimento. Art. 37, §6º. In: CANOTILHO, José Joaquim Gomes *et al*. *Comentários à Constituição do Brasil*. São Paulo: Saraiva, 2013. p. 914.

A força da verdade legal atribuída à res judicata deverá ceder quando um outro interesse público mais valioso lhe sobreleve. Este outro interesse público é descortinável no erro judiciário penal, dado o valor dos bens sacrificados, mas já no erro judiciário não penal a realização de uma justiça material deverá suster-se ante a ineliminável necessidade de paz jurídica visada pelo caso julgado. (p. 218-219)

Finalmente, relativamente aos atos materialmente administrativos praticados por órgãos judiciais (ato judicial, mas não propriamente jurisdicional), provocadores de danos especialmente anormais, Gomes Canotilho também advoga o pleno cabimento da responsabilidade do Estado (administração) (p. 225).[38]

Resta, pois, a responsabilidade do Estado por atos administrativos lícitos. Instaura sua argumentação recordando o relevo de *Santi Romano* e *Guido Zanobini* para o reconhecimento jurídico da responsabilidade do Estado por atos lícitos, a qual recebeu "foros de cidadania no direito público" (p. 233); mormente com a figura modelar e expansiva da "expropriação".[39] Gomes Canotilho aponta que:

> Além das atividades, coisas ou serviços excepcionalmente perigosos, criadores de situações propícias à causação de danos, muitos outros factos lícitos, representados, sobretudo pelas obras e trabalhos públicos, podem trazer resultados danosos inexigíveis aos cidadãos sem a devida reparação da lesão. (p. 237)

Assim, percebe-se que para Gomes Canotilho a "responsabilidade por risco é uma responsabilidade por actos lícitos" também (p. 242). Depois, Gomes Canotilho aprecia várias situações de responsabilização do Estado (administração) por atos lícitos (entre outras: "atividades excepcionalmente perigosas"; "danos decorrentes de vacinações obrigatórias"; "danos provocados por presos evadidos ou por alienados"; "hipóteses de Estado de necessidade administrativa") (p. 243-268).

Em tópico apartado (II, §9º), o nosso homenageado passa a examinar o pré-requisito da responsabilização, que é constatação do "dano especial e anormal" causado ao cidadão pela atividade pública lícita. É que, como ele esclarece, se por um lado há que considerar uma "cláusula geral de responsabilidade objetiva" na matéria da responsabilidade do Estado por atos lícitos; por outro, há "elementos-travão de uma total socialização dos prejuízos" (p. 271). Ora, "havendo um encargo generalizado, vedado será, em via de princípio, pretender demonstrar a imposição de um sacrifício desigual perante os outros concidadãos" (p. 272). A exigência dessa dupla qualificação no sacrifício – *especialidade* e *anormalidade* – tem também dupla função, conforme a análise crítica de Gomes Canotilho:

> 1) evitar a sobrecarga do tesouro público, limitando o reconhecimento de um dever indemnizatório do Estado ao caso de danos inequivocamente graves;
>
> 2) procurar ressarcir os danos que, sendo graves, incidiram desigualmente sobre certos cidadãos. (p. 283)

---

[38] Ainda a título de comparação, a jurisprudência brasileira tem se mostrado resistente em aceitar a responsabilidade do Estado por ato jurisdicional (diversamente do mero ato judicial). Cf. GOMES, Ana Cláudia Nascimento. Art. 37, §6º. In: CANOTILHO, José Joaquim Gomes *et al*. *Comentários à Constituição do Brasil*. São Paulo: Saraiva, 2013. p. 915.

[39] O direito brasileiro utiliza-se da nomenclatura "desapropriação" (art. 5º, inc. XXIV, CR/88). Utiliza o termo "expropriação" justamente como figura assemelhada ao confisco (art. 243, CR/88).

Para ele, então, ter-se-ão "dois momentos perfeitamente diferenciáveis: em primeiro lugar, saber se um cidadão ou grupo de cidadãos foi, através dum encargo público, colocado em situação desigual aos outros"; o que demonstrará a violação ao *princípio da igualdade*. "Em segundo lugar, constatar se o ónus especial tem gravidade suficiente para ser considerado sacrifício" (p. 283); excluindo, portanto, os incômodos sofridos pelos particulares.

Agora, em novo tópico (§10), Gomes Canotilho atenta a verificar a posição subjetiva do lesado, quando com relevância indenizatória (ou seja, já houve, então, previamente a constatação do prejuízo anormal e especial). Considera, pois, o autor que a natureza extrapatrimonial do direito lesado em nada prejudica a viabilidade indenizatória (mormente diante da relevância constitucional dos direitos relativos à pessoa). Aliás, alerta que:

> A continuarmos sob o influxo da materialidade do prejuízo, seremos sempre impelidos para uma avaliação parcimoniosa da dor moral e, consequentemente, os prejuízos dificilmente apresentarão o carácter de gravidade exigido para a responsabilidade dos entes públicos. (p. 291)

Aprecia, ademais, o autor a possibilidade jurídica indenizatória quando violados os chamados "direitos subjectivos públicos", alertando:

> O apelo a todos os factores convergentes na definição do contexto relacional, desde a conexão material (Situationsgebundenheit) do bem lesado até à sua possibilidade de utilização, sem se esquecer a finalidade da medida estadual, fará com que se procure uma analítica de «tipos», apta a fornecer resposta adequada e justa a vários problemas concretos. (p. 298)

Aborda no §11 o então *Mestre* a problemática que envolve o nexo de causalidade que relaciona a medida estatal lícita aos efeitos gravemente lesivos dela decorrentes. Gomes Canotilho afirma não ser procedente a rigorosa exigência de "uma relação de imediação e finalidade do acto com o prejuízo" (p. 311). E continua: "Parece-nos frutuosa a doutrina da causalidade adequada, tal como tem sido trabalhada no direito civil e penal" (p. 313), principalmente considerando a existência da responsabilidade por risco no campo da responsabilidade do Estado por atos lícitos.[40] Não suficiente, assevera Gomes Canotilho que ato público lesivo pode ainda atingir terceiros, ricocheteando:

> Pode haver efeitos múltiplos de actos administrativos incidentes sobre outros administrados e que, de acordo com uma interpretação teleológica desses actos, poderão ainda estar compreendidos no círculo de indivíduos protegidos. Assim surgiu um critério de imediação mais subtil: imediato é não só o lesado a quem se dirige o acto, mas também aqueles que, de acordo com a finalidade típica inerente à lei, tenham sido tomados em conta pelo acto causador do dano. (p. 318)

---

[40] Em GOMES, Ana Cláudia Nascimento. Art. 37, §6º. In: CANOTILHO, José Joaquim Gomes *et al. Comentários à Constituição do Brasil*. São Paulo: Saraiva, 2013. p. 911, citamos as principais teorias para configuração do nexo de causalidade: teoria da equivalência das condições; teoria da causalidade necessária; teoria da causalidade adequada e teoria da interrupção do nexo causal; algumas delas já apreciadas em decisões do STF.

Caminhando para o fim dessa segunda parte, o autor agora coloca em cena a questão da "licitude do acto e a limitação da indemnização" (p. 321). Afirma não existir qualquer razoabilidade na distinção doutrinária clássica entre *ressarcimento* e *indenização*; aquele como "reintegração total do cidadão lesado por actos ilícitos" (nos casos de responsabilidade do Estado por atos ilícitos); esta como "uma compensação de sacrifícios, absolutamente compatível com uma redução quantitativa" (nos casos de responsabilidade por atos lícitos) (p. 321); distinção a qual olvida a imprescindibilidade de reparação integral do dano (desde que, nessa hipótese, anormal e especial). Ora, "a indemnização por sacrifício não pode nem deve conceber-se como um instituto complementar dos impostos" e "a dignidade constitucional de todo o fenómeno reparatório e a sujeição do legislador a princípios de valoração heteronomamente vinculantes conduzem, também aqui, à negação da legitimidade dum simbolismo compensatório" (p. 322-323).

Resta o último capítulo de *O problema da responsabilidade do Estado por actos lícitos*, vocacionado a tratar da "dimensão teleológica dos actos impositivos de sacrifício: a satisfação do interesse público" (p. 327); porquanto os actos ablatórios do Estado em desfavor de cidadãos (anormal e especialmente) atingidos pressupõem sejam impostos ou realizados em nome de (um dado) interesse público. E não só, segundo Gomes Canotilho: "o interesse público tem que ser imperioso, inadiável, urgente"; essa "cláusula – sacrifício só no caso de imperioso interesse público – mereceria mesmo foros de direito constitucional não escrito" (p. 328). De qualquer modo, ressalta Gomes Canotilho a dificuldade da doutrina no reconhecimento da vinculação do legislador (especialmente relativamente à discricionariedade legislativa), a despeito de precocemente considerar:

> O interesse público como um conceito jurídico indeterminado sindicável, não havendo razão para dar operatividade prática a esta fiscalização em sede de justiça administrativa e não no campo da justiça constitucional. O processo de aplicação dos conceitos jurídicos indeterminados usados na Constituição é um processo vinculado, susceptível de apreciação pelos tribunais constitucionais. (p. 332)

Por fim, quanto à rígida distinção dos atos danosos do Estado entre lícitos e ilícitos, posiciona-se Gomes Canotilho, com a prudência que lhe é peculiar:

> Nós alinhamos no coro dos autores que pretendem manter válida a separação entre actos lícitos e ilícitos no problema da responsabilidade. Não para criar um irredutível abismo entre a responsabilidade por actos lícitos e ilícitos, ponto de partida da teoria binário, que já repudiámos; não para remeter a responsabilidade por actos lícitos para o campo da exceção (o que repetida e insistentemente temos recusado), mas para não eliminarmos um princípio fundamental do Estado de Direito – a legalidade formal e material. Se a administração tem consciência de que qualquer que seja o seu comportamento deve responder pelas consequências dos seus actos, sem ter que temer um juízo sobre eles mesmos, a sua atenção diminuirá inevitavelmente. (p. 337)

Estes são, em grossos traços, os pontos cardeais de *O problema da responsabilidade do Estado por actos lícitos*. E, como vimos, eles apontam em diversas, mas precisas, direções jurídicas, solidificando a construção da *objetivação* da responsabilidade do Estado e da sua afirmação como *garantia* (preventiva, para todos, e reparatória, para os lesados) dos direitos fundamentais dos cidadãos. Sinalizam, ainda, caminho que será futuramente vencido por Gomes Canotilho, na medida em que deixou registrado nesse trabalho da década de 70 algumas de suas perturbações jurídicas sobre o tema da discricionariedade legislativa e da vinculação constitucional do legislador: estamos a mencionar os indícios de uma certa motivação – e atração – para o tema da *Constituição Dirigente*.

4 A gestação futura da obra *Constituição Dirigente e vinculação do legislador*

A preocupação em afirmar a eficácia normativa da Constituição, a sua imediata vinculação para com Poder Público, e a própria concretização do Estado de Direito (e, portanto, de seus princípios estruturantes: o princípio da igualdade; o princípio da proteção da confiança etc.) na atuação administrativa é uma constante em *O problema da responsabilidade do Estado por actos lícitos*, não obstante em determinadas passagens da obra haja ainda um reforço desse mandamento. Verifica-se que, desde logo, Gomes Canotilho "tomava a sério"[41] a ideia de que o *"Direito Administrativo é um Direito Constitucional concretizado" (Fritz Werner)*.

E, especialmente em algumas linhas, Gomes Canotilho demonstra alguma ansiedade na questão atinente à vinculação constitucional do legislador e à inércia legislativa (ansiedade até maior do que relativamente para outras questões controvertidas do direito, também citadas).[42] Afinal, se a responsabilidade do Estado por atos lícitos pode ser verificada em situações de concretização legislativa geradora de sacrifícios anormais e especiais; também deveria o ser quando esses danos são causados justa/mente pela falta de leis (omissão legislativa), não obstante a existência de uma determinação constitucional dirigida ao legislador (não cumprida, portanto). E sinaliza que "a ideia de uma *constituição dirigente*, à maneira de *Lerche*, com a consequente mudança de perspectivação do poder discricionário e liberdade de conformação do legislador, poder-se-ia fornecer uma via teórica no sentido de uma resposta afirmativa" (p. 164).

Todavia, não fora o que prevaleceu na doutrina (e na ordem constitucional então vigorante à época – ante, repita-se, a ausência do Tribunal Constitucional e do controle de inconstitucionalidade por omissão; arts. 221º e 283º da CRP/76); porquanto, "a falta de actuação das normas constitucionais tem sido até o presente momento submetida a um controlo político". Tal interpretação constitucional, geradora de iniquidade jusfundamental, fora censurada por Gomes Canotilho:

---

[41] Fazendo alusão ao texto do nosso homenageado: CANOTILHO, José Joaquim Gomes. Tomemos a sério os direitos económicos, sociais e culturais. In: CANOTILHO, José Joaquim Gomes. *Estudos sobre direitos fundamentais*. Coimbra: Coimbra Editora, 2004. p. 35 ss.

[42] Uma dessas questões foi justamente a nós apresentada, pelo homenageado, para fins de objeto de dissertação de mestrado. Estamos a referenciar "a questão de saber se a administração em face de actos normativos inconstitucionais, para se eximir a uma eventual responsabilidade derivada da execução de uma lei inconstitucional, não deverá ela própria levantar *ex-officio* o problema da conformidade da lei aplicada com a constituição. Questionável, será o problema de saber se a administração, perante leis manifestamente inconstitucionais, não terá obrigação de parar ou suster medidas que, executando a lei, causarem sacrifícios aos particulares" (CANOTILHO, José Joaquim Gomes. *O problema da responsabilidade do Estado por actos lícitos*. Coimbra: Almedina, 1974. p. 185-186).
Cf. GOMES, Ana Cláudia Nascimento. *O poder de rejeição de leis inconstitucionais pela autoridade administrativa no direito português e no direito brasileiro*. Porto Alegre: SAFE, 2002.
Alegra-nos compartilhar de dúvidas jurídicas de Gomes Canotilho.

Uma acentuação justicialista, justificável neste como noutros domínios perante a sobrevivência de imunidades sufocadoras de garantias fundamentais, e o valor materialmente vinculativo, se não de todas, pelo menos das diretivas ordenadoras de uma concreta ordem constitucional, não toleram uma remissão pura e simples da concretização das imposições constitucionais para os domínios da liberdade de conformação legislativa ordinária. (p. 164)

Mas, não sendo essa *quaestio* o foco do trabalho, parece ter Gomes Canotilho registrado ali os seus protestos, indicando que em momento posterior retornaria a encará-la de frente para desembaraçar esse *nó górdio*, sem cortar o seu fio condutor. Como sabemos o final da história, voltou, sim, e se fez "Senhor Doutor", recebendo a *Constituição Dirigente* ímpar distinção doutrinária.

5 Algumas nossas deduções e percepções

É muito sintomático e ilustrativo o fato de a obra *O problema da responsabilidade do Estado por actos lícitos* ter sido editada justamente em 1974, ano de instauração de uma nova era constitucional em Portugal. O *Mestre* estaria agora preparado, em termos jurídicos (quanto à sua formação acadêmica), para alçar voos ainda mais altos. Por outro lado, o novo contexto social e democrático forneceu a Gomes Canotilho matéria-prima abundante para um "operário madrugador" do direito público, ansioso por produzir e coparticipar na estruturação material desse novo Estado, preenchendo teórica e laboriosamente as novas lacunas constitucionais. Não suficiente, ressai a necessidade – quase um imperativo categórico – de se atribuir estreita vinculação estatal (designadamente, legislativa) a esses novos valores democráticos e às novas tarefas de incumbência do Poder Público. Deste ponto, parte-se então em direção ao que viria a constituir ideia nuclear da *Constituição Dirigente e vinculação do legislador: contributo para a compreensão das normas constitucionais programática*.

A história nos indica que Gomes Canotilho era – e continua a ser! – a pessoa aguerrida e certa (intelectual e academicamente dizendo), no tempo e lugares certos: um Portugal em plena evolução jurídica e social. Não foi, como se viu em *O problema da responsabilidade do Estado por actos lícitos*, mera questão de sorte ou de coincidência do acaso. Parece-nos a conjunção perfeita entre estímulo e necessidade sociais com a motivação e o esforço tão peculiares desse nosso homenageado. Dessa união, todos nós sabemos, somente germinaram e germinam frutos de excelência. É o que, certamente, podemos aguardar também relativamente à sua próxima obra, em elaboração, que sabemos transitar para (se assim podemos dizer) um *constitucionalismo inclusivo e global*. E, isto, após o próprio Gomes Canotilho ter refletido sobre suas teses e sinalizado que estava "O Direito Constitucional na encruzilhada do Milênio: de uma Disciplina Dirigente a uma Disciplina Dirigida".[43]

---

[43] Este é o título do texto 5, da parte primeira de: CANOTILHO, José Joaquim Gomes. *"Brancosos" e interconstitucionalidade*: itinerários dos discursos sobre a historicidade constitucional. Coimbra: Almedina, 2005. p. 183 ss. Não se pode deixar de registrar que Gomes Canotilho tem também sobre a sua própria doutrina uma análise crítica e reflexiva, demonstrando não só a sua constante atualização sobre os variados temas do direito público, mas uma "humildade científica" própria dos grandes e nobres pensadores.

Ora, se Fernando Pessoa tem alguma razão ao dizer que "as coisas passam"; se é assim procedente a afirmativa de Gomes Canotilho que o "O Direito Constitucional passa; o Direito Administrativo passa também";[44] não é menos verdade que permanecem as marcas, os signos, os símbolos. Gomes Canotilho é jurista que, com certeza, já impôs insígnia no direito.

Receba, pois, Gomes Canotilho, as merecidas láureas por uma intensa vida dedicada aos assuntos da *República*. "E agora José" o nosso júbilo![45]

Referências

CANOTILHO, José Joaquim Gomes. *"Brancosos" e interconstitucionalidade*: itinerários dos discursos sobre a historicidade constitucional. Coimbra: Almedina, 2005.

CANOTILHO, José Joaquim Gomes. *Admirar os outros*. Coimbra: Almedina, 2010.

CANOTILHO, José Joaquim Gomes. *Constituição Dirigente e vinculação do legislador*: contributo para a compreensão das normas constitucionais programáticas. Coimbra: Coimbra Editora, 1982.

CANOTILHO, José Joaquim Gomes. *Constituição Dirigente e vinculação do legislador*: contributo para a compreensão das normas constitucionais programáticas. 2. ed. Coimbra: Coimbra Editora, 2001.

CANOTILHO, José Joaquim Gomes. *Direito constitucional e teoria da Constituição*. 7. ed. Coimbra: Almedina, 2003.

CANOTILHO, José Joaquim Gomes. *Estado de Direito*. Lisboa: Gradiva, 1999.

CANOTILHO, José Joaquim Gomes. Interkonstitutionalität und Interkulturalität. In: BLANKENAGEL, Alexander et al. *Liber Amicorum für Peter Häberle zum siebzigsten Geburtstag*. Tübingen: Mohr Siebeck, 2004.

CANOTILHO, José Joaquim Gomes. *O direito constitucional passa, o direito administrativo passa também*. Boletim da Faculdade de Direito de Coimbra. 7. ed. Coimbra: Coimbra Editora, 2001.

CANOTILHO, José Joaquim Gomes. *O problema da responsabilidade do Estado por actos lícitos*. Coimbra: Almedina, 1974.

CANOTILHO, José Joaquim Gomes. Tomemos a sério os direitos económicos, sociais e culturais. In: CANOTILHO, José Joaquim Gomes. *Estudos sobre direitos fundamentais*. Coimbra: Coimbra Editora, 2004.

CANOTILHO, José Joaquim Gomes; MOREIRA, Vital. *Constituição da República Portuguesa anotada*: artigos 1º a 107. Coimbra: Almedina, 2007.

COUTINHO, Jacinto Nelson de Miranda (Org.). *Canotilho e a Constituição Dirigente*. Rio de Janeiro, São Paulo: Renovar, 2003.

GARCÍA DE ENTERRÍA, Eduardo. *Los princípios de la nueva Ley de Expropriación Forzosa*. Madrid: Civitas Ediciones, 1956.

GOMES, Ana Cláudia Nascimento. Art. 37, §6º. In: CANOTILHO, José Joaquim Gomes et al. *Comentários à Constituição do Brasil*. São Paulo: Saraiva, 2013.

---

[44] CANOTILHO, José Joaquim Gomes. *O direito constitucional passa, o direito administrativo passa também*. Boletim da Faculdade de Direito de Coimbra. 7. ed. Coimbra: Coimbra Editora, 2001. p. 705 ss.

[45] Obviamente, fazendo referência à popular poesia de Carlos Drummond de Andrade, "José". "E agora, José?" é também subtítulo (Ponto 4), da "Leitura de prosa arcaica: discurso na cerimónia de atribuição do Prémio Pessoa 2003" que Gomes Canotilho elaborou para receber, no dia 22.3.2004, em Lisboa, esse prémio de literatura (encontra-se publicado em: CANOTILHO, José Joaquim Gomes. *Admirar os outros*. Coimbra: Almedina, 2010. p. 13-20). O conhecido "Prémio Pessoa" foi instituído em 1987 pelo *Jornal Expresso* e é patrocinado pela Caixa Geral de Depósitos de Portugal. Na rede mundial de computadores, confirma-se que "É concedido anualmente à pessoa ou pessoas, de nacionalidade portuguesa, que durante esse período, e na sequência de actividade anterior, se tenha distinguido como protagonista na vida científica, artística ou literária". Gomes Canotilho foi o primeiro (e único) jurista a receber tal prêmio. Foi um momento glorioso para o direito.

GOMES, Ana Cláudia Nascimento. *O poder de rejeição de leis inconstitucionais pela autoridade administrativa no direito português e no direito brasileiro*. Porto Alegre: SAFE, 2002.

LEISNER, W. Französisches Staatshaftungsrecht. *Verwaltungsarchiv*, n. 54, 1963.

LEISNER, W. Gefährdungshaftung im öffentlichen Recht. In: *Vereinigung der Deutschen Staatsrechtslehrer*. Veröffentlichungen der Vereinigung der deutschen Staatsrechtslehrer. Berlin: de Gruyter, 1963. v. 20.

MEDEIROS, Rui. *Ensaio sobre a responsabilidade civil do Estado por actos legislativos*. Coimbra: Almedina, 1992.

RETORTILLO, Lorenço Martin; NIETO, Alejandro. Evolución expansiva del concepto de la expropiación forzosa. *Revista de la Administración Publica*, n. 38, 1962.

SOUSA, Denise. *José Joaquim Gomes Canotilho*: um ancião no saber, uma criança nos afectos. Porto: Projecto Cyrano, 2011.

TORRES, Ricardo Lobo. *O direito ao mínimo existencial*. Rio de Janeiro: Renovar, 2006.

Informação bibliográfica deste texto, conforme a NBR 6023:2002 da Associação Brasileira de Normas Técnicas (ABNT):

GOMES, Ana Cláudia Nascimento. A solução de J. J. Gomes Canotilho para o problema da responsabilidade do Estado por actos lícitos: alguns apontamentos. In: PINTO, Hélio Pinheiro; LIMA NETO, Manoel Cavalcante de; LIMA, Alberto Jorge Correia de Barros; SOTTO-MAYOR, Lorena Carla Santos Vasconcelos; DIAS, Luciana Raposo Josué Lima (Coords.). *Constituição, direitos fundamentais e política*: estudos em homenagem ao professor José Joaquim Gomes Canotilho. Belo Horizonte: Fórum, 2017. p. 33-50. ISBN 978-85-450-0185-0.

TRANSFUGUISMO POLÍTICO E A PERDA DE MANDATO PARLAMENTAR POR INFIDELIDADE PARTIDÁRIA: O SUPREMO TRIBUNAL FEDERAL COMO "PODER CONSTITUINTE" AUTOPROCLAMADO[1]

HÉLIO PINHEIRO PINTO

Introdução

A fidelidade partidária no Brasil é compreendida como sendo o vínculo que obriga o parlamentar a permanecer integrado ao partido político pelo qual foi eleito, sob pena de perda do mandato, decretada pela Justiça Eleitoral. A *contrario sensu*, a infidelidade partidária consiste na situação em que um parlamentar sai do partido político pelo qual se elegeu e ingressa em outro, no curso da legislatura. Equivale ao *transfuguismo político* voluntário.

O transfuguismo político, apesar de ocorrer praticamente na generalidade dos Estados de Direito contemporâneos, é comumente visto como algo maléfico para o sistema político e para o regime democrático. Apesar das consequências danosas, não há notícias de que, no mundo ocidental, se tenha tentado resolver o problema através de intervenção do Poder Judiciário. Ao invés, diante da ausência de previsão constitucional ou legal expressa impondo a perda de mandato parlamentar em razão de migração partidária voluntária, percebe-se que, no direito comparado, permite-se o transfuguismo político com base nas ideias de soberania popular, de mandato parlamentar representativo (da Nação) e de proibição do mandato imperativo, proibição esta consolidada a partir das revoluções liberais americana e francesa do século XVIII.

No Brasil, a fidelidade partidária foi explicitamente exigida, no regime constitucional anterior (Constituição de 1967), pela Emenda Constitucional nº 1/1969, vindo, entretanto, a ser extinta pela Emenda Constitucional nº 25/1985. Com a promulgação

---

[1] Com este artigo, gostaria de homenagear o Doutor José Joaquim Gomes Canotilho, Professor Catedrático da Faculdade de Direito da Universidade de Coimbra e um dos mais renomados constitucionalistas da atualidade. Trata-se de um jurista genial e um ser humano cortês nas relações interpessoais, de quem tive a honra de ser aluno e com quem aprendi muito.

da Constituição Federal de 1988, a hipótese de perda de mandato parlamentar por infidelidade partidária continuou sem previsão constitucional. Atualmente, as únicas causas de perda de mandato parlamentar encontram-se taxativamente elencadas no art. 55 da CF, entre as quais não se encontra o ato de transfuguismo político.

Apesar desse panorama normativo-constitucional que não proíbe o "nomadismo" ou o "turismo" partidário, o STF, no dia 4.10.2007, julgou em conjunto os mandados de segurança nºs 26.602/DF, 26.603/DF e 26.604/DF, determinando que a titularidade do mandato parlamentar conquistado pelo sistema eleitoral de representação proporcional (vereadores, deputados estaduais, distritais e federais) pertence à agremiação partidária e que a infidelidade do parlamentar pode resultar na perda do mandato. Com essa decisão, a Suprema Corte acabou por criar uma nova causa de perda de mandato parlamentar: a perda por infidelidade partidária.

Diante do contexto apresentado, o objetivo deste trabalho é abordar analítica, empírica e normativamente aquela decisão do STF e examinar se o estabelecimento da *titularidade partidária* do mandato parlamentar poderia ter sido imposto judicialmente ou, longe disto, deveria partir de uma reforma política realizada por intermédio de uma alteração formal da Constituição Federal, de competência exclusiva do Congresso Nacional. Será investigada, ainda, a razão pela qual não houve qualquer reação efetiva por parte do Poder Legislativo em face do avanço do STF sobre uma competência legislativa do Parlamento, parecendo ter existido, ao contrário, um verdadeiro apoio de agentes e partidos políticos para a consagração da judicialização desta questão, transportando-a da arena política para o campo judicial.

A pesquisa tem como método de trabalho a análise crítica da doutrina, da jurisprudência e do ordenamento jurídico e é estruturada em cinco seções. A primeira discorre sobre conceito, causas e efeitos do transfuguismo político e da infidelidade partidária. A segunda descreve o fenômeno do "nomadismo" parlamentar na França, Itália, Espanha e Portugal. A terceira é dedicada ao exame, no âmbito da representação política, do instituto do mandato imperativo na sociedade pré-moderna, o qual foi proibido após as revoluções liberais americana e francesa, mas que, no Brasil, parece ter sido revigorado – agora sob as vestes de *mandato imperativo de partido* – pela decisão do STF que impôs a possibilidade de perda do mandato por infidelidade partidária. As duas últimas seções serão reservadas para a análise crítica desta decisão da nossa Suprema Corte e de seus fundamentos.

1 Transfuguismo político e infidelidade partidária: conceito, causas e efeitos

Para Esteban, o transfuguismo político, no que se refere especificamente aos membros de um Parlamento (transfuguismo parlamentar), consiste na situação em que o parlamentar passa de um grupo político a outro distinto do que integrava no momento de ser eleito.[2]

Em sentido próximo, Urbano assevera que o transfuguismo "caracteriza-se pela mudança ou transferência de partido e/ou grupo parlamentar de um membro

---

[2] ESTEBAN, Jorge de. El fenómeno español del transfuguismo político y la jurisprudência constitucional. *Revista de Estudios Políticos*, Madrid, n. 70, p. 7-32, out./dez. 1990.

do parlamento no decurso da legislatura".[3] Para a autora lusitana, não existe total coincidência entre os conceitos de infidelidade partidária e de transfuguismo. Este, quando compreendido em sentido amplo, abrange todo ato de movimentação parlamentar de um partido para o outro durante a legislatura, seja por expulsão (transfuguismo involuntário), seja pela vontade do parlamentar (transfuguismo voluntário), de forma que, em regra, "o transfuguismo representa o *majus* da infidelidade partidária".[4]

No Brasil, a infidelidade partidária equivale essencialmente ao transfuguismo político voluntário, significando a conduta do parlamentar que, no exercício do mandato, sai espontaneamente do partido pelo qual foi eleito e ingressa em outro.

O transfuguismo voluntário ou a infidelidade partidária possui várias causas de acordo com cada realidade político-partidária, de modo que não decorre de uma razão monolítica. Tomás Mallén elenca algumas justificativas do transfuguismo político, entre elas, destacam-se:

    a) a *discrepância ou divergência com a direção do partido*, deflagrada, por exemplo, pela excessiva disciplina do partido ou de sua deficiente democracia interna;
    b) a *mudança de orientação ideológica dos partidos*;[5]
    c) a *mudança de orientação ideológica pessoal do político*;
    d) a *compensação econômica* ("*transfuguismo retribuído*"), quando a migração partidária se faz por meio de retribuição econômica ou qualquer outro tipo de vantagem, distanciando-se do mero oportunismo político em razão da aproximação com o campo da ilicitude e da corrupção; e,
    e) o *oportunismo ou busca de melhores posições políticas*.[6]

Para Esteban, esta última causa – *oportunismo ou busca de melhores posições políticas* – é a motivação mais comum para o câmbio de partido, verificando-se quando a agremiação de destino pode oferecer melhores condições para a carreira política do trânsfuga, seja porque detém o poder político, seja porque, quando não o detenha, haja indícios de que ele irá consegui-lo.[7] Em outras palavras, o trânsfuga busca aderir a partidos vitoriosos nas eleições, normalmente integrante da base do governo, o que pode lhe render cargos importantes e maior potencial de reeleição no próximo pleito.

Por outro lado, especialmente no caso do Brasil, são patentes as vantagens para o partido político receptor do trânsfuga. Primeiro, a influência e força política das agremiações partidárias são diretamente proporcionais ao número de parlamentares. Depois, o tempo de rádio e televisão e o valor do fundo partidário são distribuídos de acordo com o tamanho da bancada dos partidos na Câmara dos Deputados.[8]

---

[3] URBANO, Maria Benedita. *Representação política e parlamento*: contributo para uma teoria político-constitucional dos principais mecanismos de protecção do mandato parlamentar. Coimbra: Almedina, 2009. p. 269.
[4] URBANO, Maria Benedita. Titularidade do mandato parlamentar: a propósito da Resolução n. 22.610 do Tribunal Superior Eleitoral Brasileiro. *Revista de Direito Público e Regulação (Cedipre)*, Coimbra, n. 2, p. 121-133, jul. 2009. p. 122 (nota 4). Com maiores desenvolvimentos, cf. URBANO, Maria Benedita. *Representação política e parlamento*: contributo para uma teoria político-constitucional dos principais mecanismos de protecção do mandato parlamentar. Coimbra: Almedina, 2009. p. 264 e ss.
[5] Aqui, poder-se-ia dizer que o trânsfuga muda de partido para se manter fiel ao eleitor.
[6] TOMÁS MALLÉN, Beatriz. *Transfuguismo parlamentario y democracia de partidos*. Madrid: Centro de Estudios Políticos y Constitucionales, 2002. p. 56-67.
[7] ESTEBAN, Jorge de. El fenómeno español del transfuguismo político y la jurisprudência constitucional. *Revista de Estudios Políticos*, Madrid, n. 70, p. 7-32, out./dez. 1990.
[8] Nos termos do art. 17, §3º, da CF, "os partidos políticos têm direito a recursos do fundo partidário e acesso gratuito ao rádio e à televisão, na forma da lei". A Lei nº 9.096/95 regulamentou esta norma constitucional,

Se as causas são múltiplas, os efeitos da infidelidade partidária são multiplamente graves. Segundo Esteban, o transfuguismo parlamentar constitui uma "verdadeira anomalia ou câncer" do sistema político. Entre as consequências danosas, o autor cita as seguintes:[9]

   a) *Falseia a representação política* oriunda das eleições: os eleitores votaram em um parlamentar levando em consideração que ele pertencia a determinado partido, que defende um específico programa político. Assim, o abandono do partido, em alguma medida, constitui uma fraude eleitoral.

   b) *Debilita o sistema de partidos*: segundo o autor, o regime democrático atual descansa na existência de um sistema de partidos, cuja estrutura, ideologia, dimensão e apoio social são fragilizados e instabilizados com a saída de seus parlamentares.

   c) *Favorece a corrupção*, consistente na oferta de dinheiro e cargos para estimular a mudança de partido.

   d) *Prejudica a governabilidade e a atuação da oposição*: o transfuguismo parlamentar, quando operado em benefício de um partido de oposição, reduz a maioria necessária para a estabilidade da ação governamental, maioria esta que foi definida inicialmente pelo próprio eleitor; por outro lado, quando a migração do parlamentar se dá em favor de um partido do governo, ou de sua base aliada, enfraquece a oposição, afetando suas forças e operabilidade.

   e) *Deteriora a cultura política democrática*: o "nomadismo" político ou o "turismo" partidário pode fazer com que os eleitores não entendam como políticos eleitos por um partido podem passar impunemente para outra agremiação, nem compreendem como as medidas necessárias não são tomadas para evitar o transfuguismo e a corrupção dele decorrente, gerando descredibilidade na classe política e no regime democrático.

Como se percebe, há um certo consenso de que a infidelidade partidária é, ao mesmo tempo, má para o governo, ruim para a oposição e péssima para o regime democrático. Segundo Gilmar Mendes, o transfuguismo parlamentar "contamina todo o processo democrático, e corrompe o funcionamento parlamentar dos partidos, com repercussões negativas sobre o exercício do direito de oposição, um direito fundamental dos partidos políticos".[10]

Apresentado o conceito de transfuguismo político e de infidelidade partidária, bem como descritas, ainda que sumariamente, suas causas e seus efeitos, cumpre agora discorrer sobre sua configuração em alguns países. É o que se fará na sequência.

---

distribuindo os recursos e o tempo de rádio e televisão de acordo com o desempenho eleitoral de cada partido, na proporção dos votos obtidos na última eleição para a Câmara dos Deputados. Confiram-se, contudo, as ADIs nºs 1.351/DF e 1.354/DF, no âmbito das quais o STF declarou inconstitucionais algumas normas legais que estabeleciam as "cláusulas de barreira", ou seja, limitações impostas aos partidos políticos incumpridores de requisitos mínimos de desempenho eleitoral. (BRASIL. Supremo Tribunal Federal. Tribunal Pleno. ADI nº 1.351/DF e ADI nº 1.354/DF. Rel. Min. Marco Aurélio. Julg. 7.12.2006. *Diário da Justiça – DJ*, 29 jun. 2007).

[9] ESTEBAN, Jorge de. El fenómeno español del transfuguismo político y la jurisprudência constitucional. *Revista de Estudios Políticos*, Madrid, n. 70, p. 7-32, out./dez. 1990.

[10] MENDES, Gilmar Ferreira. *Fidelidade partidária na jurisprudência do Supremo Tribunal Federal*. Disponível em: <http://www.portaldeperiodicos.idp.edu.br/index.php/cadernovirtual/article/viewFile/80/55>. Acesso em: 19 jul. 2016.

2 Transfuguismo político em alguns países: França, Itália, Espanha e Portugal

O transfuguismo político não é uma peculiaridade brasileira. Trata-se de um fenômeno universal. Esteban ensina-nos que, desde a aparição dos partidos políticos – de forma generalizada, a princípios do século XIX –, pode-se verificar casos de migração partidária que, em um primeiro momento, pode ser enquadrada no sistema de *partidos de notáveis*, de raiz burguesa, nos quais a preocupação principal era relacionada a problemas políticos imediatos e não à questão doutrinária ou ideológica. Neste período, vigente o sufrágio censitário, a mudança de partido não falseava especialmente a representação política, pois não costumava ocorrer no curso da legislatura, aguardando-se as eleições seguintes. Para o autor, embora o transfuguismo político seja visível em todo tempo e em todo lugar, atualmente ele tem uma peculiaridade, que consiste na mudança de partido *no curso* da legislatura.[11]

Na França – entre outros países –, como forma de combate ao transfuguismo político era comum, no início do século XX, os partidos exigirem de seus candidatos, antes do processo eleitoral, a assinatura de uma *carta de renúncia em branco*. Com isto, as agremiações partidárias tinham a vantagem não apenas de impedir a fuga do futuro parlamentar, mas também ganhavam o poder de prescindir, a qualquer momento, de políticos que considerassem incômodos.[12]

Atualmente, a França adota um modelo jurídico de total liberdade dos mandatos representativos, permitindo o transfuguismo parlamentar. A possibilidade de migração partidária no curso da legislatura está ligada à previsão constitucional de que a soberania reside no povo, que a exerce através de seus representantes e por meio de referendo (art. 3º), bem como tem a ver com a proibição constitucional de mandato imperativo (art. 27).[13]

Na Itália, a mobilidade parlamentar é um fenômeno relativamente frequente. Segundo Tomás Mallén, na legislatura de 1996-2001, por exemplo, um senador italiano "verdadeiramente indeciso" mudou sete vezes de grupo parlamentar.[14] Uma das normas que autorizam, sem prejuízo do mandato, o parlamentar a abandonar o partido pelo qual foi eleito é o art. 67 da Constituição italiana de 1947, que contempla o princípio da representação nacional e proíbe o mandato imperativo, ao prescrever que todo membro do Parlamento representa a nação e exerce suas funções sem vinculação a mandato imperativo.[15]

---

[11] ESTEBAN, Jorge de. El fenómeno español del transfuguismo político y la jurisprudência constitucional. *Revista de Estudios Políticos*, Madrid, n. 70, p. 7-32, out./dez. 1990.

[12] ESTEBAN, Jorge de. El fenómeno español del transfuguismo político y la jurisprudência constitucional. *Revista de Estudios Políticos*, Madrid, n. 70, p. 7-32, out./dez. 1990. p. 30.

[13] Dispõe o art. 3º da Constituição da França de 1958: "La souveraineté nationale appartient au peuple qui l'exerce par ses représentants et par la voie du référendum". Por outro lado, preleciona o art. 27: "Tout mandat impératif est nul" (FRANÇA. *Texte intégral de la Constitution du 4 octobre 1958 en vigueur*. Disponível em: <http://www.conseil-constitutionnel.fr/conseil-constitutionnel/francais/la-constitution/la-constitution-du-4-octobre-1958/texte-integral-de-la-constitution-du-4-octobre-1958-en-vigueur.5074.html#titre1>. Acesso em: 20 jul. 2016). Conforme se verá oportunamente, o *mandato imperativo*, no âmbito da representação política, significava a vinculação dos parlamentares aos interesses de determinado grupo de eleitores ou mesmo de particulares. Diferente é o mandato representativo, por meio do qual o parlamentar representa, de forma livre, toda a nação.

[14] TOMÁS MALLÉN, Beatriz. *Transfuguismo parlamentario y democracia de partidos*. Madrid: Centro de Estudios Políticos y Constitucionales, 2002. p. 141.

[15] "Art. 67. Ogni membro del Parlamento rappresenta la Nazione ed esercita le sue funzioni senza vincolo di mandato" (ITÁLIA. *Titolo I – Il Parlamento*. Disponível em: <http://www.governo.it/costituzione-italiana/parte-seconda-ordinamento-della-repubblica/titolo-i-il-parlamento/2852>. Acesso em: 20 jul. 2016).

Segundo Tossi e Mannino, a doutrina italiana majoritária, acolhida nos regulamentos das Câmaras do Poder Legislativo, reconhece ao parlamentar uma esfera de liberdade praticamente ilimitada, porque lhe permite não só votar de modo diferente da orientação política expressada pelo grupo ao qual pertence, mas também lhe autoriza abandonar o partido do qual foi candidato nas eleições e integrar outra agremiação partidária.[16]

Na Espanha também há cobertura jurídica para o transfuguismo político. Com efeito, a Constituição espanhola de 1978 assinala as ideias de soberania nacional residente no povo (art. 1.2) e de representação nacional (art. 66.1). Por outro lado, o art. 67.2 da Carta Magna proíbe taxativamente o mandato imperativo.[17]

Destes dispositivos se extrai a interpretação de que cada um dos parlamentares representa toda a nação (mandato representativo), e não um partido ou um grupo de eleitores, de modo que é juridicamente permitido ao parlamentar sair de um partido e ingressar em outro durante a legislatura, preservando o mandato. O próprio Tribunal Constitucional espanhol, na Sentença nº 10/83, de 21.2.1983, entendeu ser inconstitucional o art. 11.7 da Lei nº 39/1978 (Eleições Locais), que punia o transfuguismo político com a perda do mandato.[18]

Embora constitucionalmente autorizado, há na Espanha um amplo consenso social, político e doutrinário para repudiar o transfuguismo.[19] Contudo, diante das dificuldades de se adotar uma medida jurídica para superar o problema, os partidos têm adotado, conforme esclarece Hernández, um acordo ou compromisso contra o transfuguismo parlamentar, materializado em um *Código de Conduta Política* nas corporações locais, firmado em 7.7.1998 pelo Governo e os representantes de treze formações políticas.[20] Para o autor, por meio deste Código – que não possui força jurídica vinculante –, os partidos se comprometem a não utilizar trânsfugas para construir, manter ou cambiar maiorias de Governo; a não incluir trânsfugas nas futuras candidaturas; bem como a adotar medidas disciplinares que normalmente comportam a expulsão do trânsfuga.[21]

---

[16] TOSI, S.; MANNINO, A. *Diritto parlamentare*. Milão: Dott. A. Giuffrè Editore, 1999. p. 163-165. No mesmo sentido, cf. TOMÁS MALLÉN, Beatriz. *Transfuguismo parlamentario y democracia de partidos*. Madrid: Centro de Estudios Políticos y Constitucionales, 2002. p. 120-121.

[17] Eis o teor dos dispositivos constitucionais: art. 1.2: "La soberanía nacional reside en el pueblo español, del que emanan los poderes del Estado"; art. 66.1: "Las Cortes Generales representan al pueblo español y están formadas por el Congreso de los Diputados y el Senado"; art. 67.2: "Los miembros de las Cortes Generales no estarán ligados por mandato imperativo" (ESPANHA. *Constitución Española*. Disponível em: <http://www.tribunalconstitucional.es/es/constitucion/Documents/ConstitucionCASTELLANO.pdf>. Acesso em: 20 jul. 2016).

[18] A Sentença nº 10/83 está disponível no *site* do Tribunal Constitucional espanhol (TRIBUNAL CONSTITUCIONAL DE ESPAÑA. *STC 010/1983*. Disponível em: <http://www.tribunalconstitucional.es/es/jurisprudencia/Paginas/Sentencia.aspx?cod=16764>. Acesso em: 23 jul. 2016).

[19] TOMÁS MALLÉN, Beatriz. *Transfuguismo parlamentario y democracia de partidos*. Madrid: Centro de Estudios Políticos y Constitucionales, 2002. p. 317.

[20] ROSTRO HERNÁNDEZ, José Eduardo. El fenómeno del transfuguismo político en el sistema parlamentario Español y el derecho comparado. *Instituto de Investigaciones Legislativas del Estado de Guanajuato*, México, ano 5, n. 32, p. 3-76, 2009. p. 44. Na mesma página, na nota 176, o autor menciona as agremiações partidárias que firmaram o acordo. São as seguintes: "El Partido Popular, el Partido Socialista Obrero Español, Izquierda Unida, Convergencia Democrática de Catalunya, Unió Democrática de Catalunya, el Partido Nacionalista Vasco, Coalición Canaria, Iniciativa per Catalunya, el Bloque Nacionalista Galego, Esquerra Republicana de Catalunya, Eusko Alkartasuna, Unión Valenciana y el Partido Aragonés".

[21] ROSTRO HERNÁNDEZ, José Eduardo. El fenómeno del transfuguismo político en el sistema parlamentario Español y el derecho comparado. *Instituto de Investigaciones Legislativas del Estado de Guanajuato*, México, ano 5, n. 32, p. 3-76, 2009. p. 45.

Em Portugal, a Constituição de 1976 disciplinou expressamente os efeitos da prática do transfuguismo político. Segundo a Carta Magna lusitana, perdem o mandato os deputados que "se inscrevam em partido diverso daquele pelo qual foram apresentados a sufrágio" (art. 160, n. 1, "c"). De acordo com a solução da Constituição portuguesa, o parlamentar que abandona a agremiação partidária que apresentou sua candidatura só perde o mandato se se inscrever em outra. Ou seja, o deputado pode se desvincular do partido pelo qual foi eleito, ou manter-se independente (caso não inscrito nele), preservando o mandato.[22] Só o perderá se ingressar em novo partido político.

Nesse contexto, Jorge Miranda e Rui Medeiros ensinam-nos:

> para garantia da liberdade dos Deputados e do próprio Parlamento como instituição frente aos partidos (e, sobretudo, frente aos directórios a eles exteriores), não ocorre a perda do mandato se o Deputado que, voluntariamente ou por decisão do respectivo partido, deixa de pertencer a um partido não se integra em nenhum outro partido.[23]

Nessa perspectiva, de acordo com Canotilho e Vital Moreira, a Constituição de Portugal "não exige fidelidade partidária, mas não consente que um deputado que entre em conflito ou em ruptura com o partido por que foi eleito vá reforçar qualquer outra formação partidária, tendo de permanecer como *deputado independente*".[24]

Após a exposição, acima, da moldura jurídica comparada em torno do transfuguismo político, evidencia-se um ponto em comum a todos os países examinados. Trata-se do fato de que a possibilidade de migração partidária foi constitucionalmente disciplinada, seja expressamente, seja por uma espécie de "silêncio eloquente", ao não inserir no rol de causas de perda de mandato a "fuga" do parlamentar do partido pelo qual foi eleito. Não há notícias de que eventual crise de fidelidade partidária tenha sido superada mediante intervenção judicial, como ocorreu no Brasil.[25]

Em suma, se, por um lado, o transfuguismo político voluntário não é uma particularidade da democracia brasileira, na medida em que ele se verifica, em algum grau, por toda parte; por outro, a forma como o proibimos (por decisão judicial) nos diferencia de quase todo o resto do mundo ocidental. Voltaremos, posteriormente, a esta questão da instituição judicial da perda do mandato parlamentar por infidelidade partidária.

---

[22] Em Portugal, as candidaturas dos deputados são apresentadas, necessariamente, pelos partidos políticos, podendo, contudo, as listas incluírem cidadãos não filiados a eles (art. 151, n. 1, da Constituição da República Portuguesa – CRP).

[23] MIRANDA, Jorge; MEDEIROS, Rui. *Constituição portuguesa anotada*. Coimbra: Coimbra Editora, 2006. p. 489. v. 2.

[24] CANOTILHO, José Joaquim Gomes; MOREIRA, Vital. *Constituição da República portuguesa anotada*. 4. ed. Coimbra: Coimbra Editora, 2010. p. 284. v. 2.

[25] Para fins de análise comparada, cumpre esclarecer, contudo, que o sistema eleitoral brasileiro nem sempre coincide com o de outros países. No Brasil, o sistema eleitoral engloba o *sistema majoritário* (eleição de prefeitos, governadores, senadores e presidente da República) e o *sistema proporcional* (eleição de vereadores, deputados estaduais, distritais e federais). O STF só puniu, com a perda do mandato, a infidelidade partidária no âmbito do sistema de representação proporcional. Os políticos eleitos pelo sistema eleitoral majoritário podem migrar livremente de um partido para outro, mantendo o mandato conquistado nas urnas.

3 Representação parlamentar e o renascimento do mandato imperativo: o mandato imperativo de partido

Conforme veremos mais adiante, o Supremo Tribunal Federal (STF) decidiu que a titularidade do mandato parlamentar, no sistema eleitoral proporcional, pertence aos partidos políticos e não aos candidatos eleitos, razão pela qual entendeu que deputados federais, estaduais, distritais ou vereadores podem perder o mandato eletivo se migrarem, sem justa causa, de uma agremiação partidária para outra no curso da legislatura. Considerando que esta hipótese de sanção por ato de infidelidade partidária não se encontra prevista expressamente na Constituição Federal, entendemos que a Suprema Corte reformou, pela via interpretativa, a Carta Magna, instituindo uma espécie de *mandato imperativo de partido*.

Segundo Urbano, a representação parlamentar, na sociedade pré-moderna, dava-se por meio não de um *mandato livre ou representativo* do povo, mas de um *mandato imperativo*, vinculativo, que se assemelhava a um mandato de representação privada, através do qual os parlamentares pré-modernos serviam como intermediários entre o monarca e os grupos mandantes (estamentos, corporações e burgos), os quais delimitavam previamente o objeto da representação, bem como controlavam a atuação do mandatário e eventualmente pagavam uma remuneração pelos serviços de seus representantes. Portanto, as características fundamentais da representação parlamentar pré-moderna consistiam, por um lado, na existência de uma *relação jurídica* entre representantes e representados e, por outro, na *setorialidade* da representação.[26]

Para Canotilho, o mandato imperativo, no âmbito da representação política, significava a vinculação dos representantes não aos interesses da generalidade do povo, mas aos interesses particulares ou de determinado círculo de eleitores.[27] Este tipo de mandato foi proibido após as revoluções liberais americana e francesa (século XVIII) em decorrência da *desjuridificação* e *coletivização* do processo representativo, de modo a se consolidarem, no continente europeu, as ideias de *mandato livre ou mandato representativo* popular (de toda a nação) e de *titularidade individual* do mandato do parlamentar.[28]

Com a democratização dos regimes representativos e a constitucionalização dos partidos políticos, estas agremiações partidárias ganharam força, emergindo uma tensão entre o princípio da proibição do mandato imperativo e o princípio da democracia partidária. Assim, desde a década de 20 do século passado, a doutrina vem alertando para a existência do retorno do mandato imperativo, agora na modalidade de *mandato imperativo de partido*, consubstanciado no fato de os partidos políticos estarem utilizando técnicas destinadas a assegurar o domínio sobre os parlamentares, vinculando-os a seus quadros.[29]

---

[26] URBANO, Maria Benedita. *Representação política e parlamento*: contributo para uma teoria político-constitucional dos principais mecanismos de protecção do mandato parlamentar. Coimbra: Almedina, 2009. p. 111-113.

[27] CANOTILHO, José Joaquim Gomes. *Direito constitucional e teoria da Constituição*. 7. ed. Coimbra: Almedina, 2003. p. 113.

[28] URBANO, Maria Benedita. Titularidade do mandato parlamentar: a propósito da Resolução n. 22.610 do Tribunal Superior Eleitoral Brasileiro. *Revista de Direito Público e Regulação (Cedipre)*, Coimbra, n. 2, p. 121-133, jul. 2009. p. 123-126.

[29] URBANO, Maria Benedita. Titularidade do mandato parlamentar: a propósito da Resolução n. 22.610 do Tribunal Superior Eleitoral Brasileiro. *Revista de Direito Público e Regulação (Cedipre)*, Coimbra, n. 2, p. 121-133, jul. 2009. p. 123-124.

Utilizando o critério da *identificação da fonte* para classificar as formas de mandato imperativo de partido, Nicolò Zanon aduz que este tipo de mandato, de acordo com cada realidade concreta, pode decorrer de previsão *constitucional* ou *legal* expressa, que disponha sobre a perda do mandato do parlamentar que saia voluntariamente ou seja expulso de seu partido político. Mas não apenas disto. Segundo o autor, pode originar-se, também, de uma fonte *estatutária* (normas oriundas do ordenamento jurídico interno do partido ou do grupo parlamentar), *negocial* (consenso entre os dirigentes partidários e o parlamentar, normalmente materializado por escrito em uma espécie de "contrato inominado de disposição antecipada do mandato") ou mesmo *convencional* (regras de comportamento, observadas pelos parlamentares e pelos órgãos dirigentes do partido ou do grupo parlamentar).[30]

No caso brasileiro, emerge uma *nova fonte* de mandato imperativo de partido: a *fonte judicial*. Com efeito, o STF decidiu, em 2007, que pode perder o mandato o parlamentar que se desfiliar, durante a legislatura, do partido pelo qual fora eleito.

Antes de se analisar a decisão da Suprema Corte, convém descrever como o problema da (in)fidelidade partidária está posto no Brasil.

4 (In)fidelidade partidária no Brasil: colocação do problema

No regime constitucional anterior (Constituição de 1967), a fidelidade partidária no Brasil foi explicitamente exigida pela Emenda Constitucional nº 1/1969. O art. 35, *caput* e inc. V, da Constituição, com a redação dada pela referida emenda, passou a dispor que "perderá o mandato o deputado ou senador [...] que praticar atos de infidelidade partidária, segundo o previsto no parágrafo único do artigo 152". Por sua vez, o parágrafo único do art. 152 veio a definir a infidelidade partidária, estabelecendo:

> perderá o mandato no Senado Federal, na Câmara dos Deputados, nas Assembleias Legislativas e nas Câmara Municipais quem, por atitudes ou pelo voto, se opuser às diretrizes legitimamente estabelecidas pelos órgãos de direção partidária ou deixar o partido sob cuja legenda foi eleito. A perda do mandato será decretada pela Justiça Eleitoral, mediante representação do partido, assegurado o direito de ampla defesa.[31]

A antiga Lei Orgânica dos Partidos Políticos (Lei nº 5.682/1971), ao pretender regulamentar esta previsão constitucional, repetiu a redação daquela norma da Constituição, prescrevendo no art. 72, *caput*, que "o Senador, Deputado Federal, Deputado Estadual ou Vereador que, por atitude ou pelo voto, se opuser às diretrizes legitimamente estabelecidas pelos órgãos de direção partidária ou deixar o Partido sob cuja legenda for eleito, perderá o mandato". Para além disso, fixou no parágrafo único do mesmo dispositivo legal que "equipara-se à renúncia, para efeito de convocação do respectivo suplente, a perda de mandato a que se refere este artigo".[32]

---

[30] ZANON, Nicolò. *Il libero mandato parlamentare*: saggio critico sull'articolo 67 della Costituzione. Milão: Dott. A. Giuffrè Editore, 1991. p. 122-128.
[31] BRASIL. *Emenda Constitucional n. 1, de 17 de outubro de 1969*. Alterou a Constituição Federal de 1967. Disponível em: <http://www.planalto.gov.br/ccivil_03/constituicao/Emendas/Emc_anterior1988/emc01-69.htm>. Acesso em: 19 jul. 2016.
[32] BRASIL. *Lei nº 5.682, de 21 de julho de 1971*. Lei Orgânica dos Partidos Políticos. Disponível em: <http://www.planalto.gov.br/ccivil_03/leis/1970-1979/L5682.htm>. Acesso em: 19 jul. 2016.

Posteriormente, a Emenda Constitucional nº 11/1978 alterou art. 152 da Constituição de 1967, de modo a permitir uma hipótese de abandono do partido sem perda do mandato parlamentar, autorizando o transfuguismo político quando o congressista deixar seu partido para participar, como fundador, da constituição de uma nova agremiação partidária,[33] podendo fazê-lo apenas uma vez durante um quadriênio, nos termos da Lei nº 6.767/1979, que alterou o art. 72 da então Lei Orgânica dos Partidos Políticos.[34]

A Emenda Constitucional nº 1/1969, que proibiu a prática de infidelidade partidária, é emergente de um contexto de regime autoritário, tendo sido editada por uma junta militar formada pelos ministros da Marinha, do Exército e da Aeronáutica. Segundo Ferreira Filho, "o parlamentar era visto, acima de tudo, como um soldado fiel e disciplinado do partido".[35]

Com o processo de redemocratização do Brasil, ainda sob a égide da Constituição anterior, a Emenda Constitucional nº 25/1985 mudou a redação do art. 152 da Carta Magna, extinguindo a possibilidade de perda de mandato eletivo por infidelidade partidária.[36] Com o advento da Constituição Federal de 1988, a hipótese de perda de mandato parlamentar por infidelidade partidária continuou sem previsão constitucional. Os constituintes a omitiram deliberadamente, pois tinham ciência de que as mazelas do antigo regime político ditatorial – que implicava certa ditadura partidária – comprimiam a liberdade e a autonomia dos congressistas e, em última análise, do próprio povo que eles representam. Tanto isto é verdade que, no processo de revisão constitucional de 1994, mesmo presente um cenário de intenso transfuguismo parlamentar, ainda assim o Congresso Nacional rejeitou a proposta de emenda à Constituição que estabelecia a perda do mandato parlamentar em virtude da migração partidária no curso da legislatura.[37] O silêncio dos constituintes de 1988, portanto, foi magníloquo.

Atualmente, as únicas causas de perda de mandato parlamentar encontram-se taxativamente elencadas no art. 55 da Constituição Federal, entre as quais não se encontra a infidelidade partidária.[38] A Carta Magna colocou a questão da fidelidade partidária dentro da autonomia dos partidos políticos, consignando que cabe a eles estabelecer em seus estatutos "normas de disciplina e fidelidade partidária" (art. 17, §1º), podendo prever, como sanção máxima, a expulsão de seus quadros, sem, contudo, autorizar a perda do mandato do parlamentar infiel. Ao regulamentar este dispositivo constitucional no que se refere à fidelidade e disciplina partidárias, a Lei nº 9.096/95 (atual Lei dos Partidos Políticos), embora tenha previsto algumas sanções para o parlamentar infiel

---

[33] BRASIL. *Emenda Constitucional nº 11/1978*. Disponível em: <http://www.planalto.gov.br/ccivil_03/Constituicao/Emendas/Emc_anterior1988/emc11-78.htm>. Acesso em: 19 jul. 2016.

[34] Cf. BRASIL. *Lei n. 6.767/1979*. Disponível em: <http://www.planalto.gov.br/ccivil_03/leis/1970-1979/L6767.htm>. Acesso em: 19 jul. 2016.

[35] FERREIRA FILHO, Manoel Gonçalves. *Curso de direito constitucional*. 27. ed. São Paulo: Saraiva, 2001. p. 122.

[36] BRASIL. *Emenda Constitucional n. 25, de 15 de maio de 1985*. Disponível em: <http://www.planalto.gov.br/ccivil_03/constituicao/Emendas/Emc_anterior1988/emc25-85.htm>. Acesso em: 19 jul. 2016.

[37] CARDOZO, José Carlos. *A fidelidade partidária*. Rio de Janeiro: Lumen Juris, 1997. p. 67.

[38] Art. 55 da CF: "Perderá o mandato o Deputado ou Senador: I - que infringir qualquer das proibições estabelecidas no artigo anterior; II - cujo procedimento for declarado incompatível com o decoro parlamentar; III - que deixar de comparecer, em cada sessão legislativa, à terça parte das sessões ordinárias da Casa a que pertencer, salvo licença ou missão por esta autorizada; IV - que perder ou tiver suspensos os direitos políticos; V - quando o decretar a Justiça Eleitoral, nos casos previstos nesta Constituição; VI - que sofrer condenação criminal em sentença transitada em julgado".

ao partido, não instituiu – e nem poderia, pois se trata de matéria já disciplinada na Constituição – a perda do mandato em decorrência do transfuguismo político.

Como se percebe, nos termos da Constituição e da lei ordinária, a relação entre partido e político por ele eleito não tem qualquer repercussão sobre o mandato conquistado nas urnas. A maior sanção decorrente desta relação é a expulsão do parlamentar dos quadros do partido, preservando-se, entretanto, o mandato. Hodiernamente, existem inúmeras propostas de emenda constitucional em tramitação na Câmara dos Deputados visando alterar o art. 55 da Carta Magna para assegurar aos partidos políticos a titularidade dos mandatos, mas nenhuma ainda foi aprovada.[39]

Considerando que as únicas causas de perda do mandato parlamentar são as constantes do art. 55 da Constituição, parte da doutrina se posiciona pela impossibilidade de perda do mandato por infidelidade, não apenas em razão do silêncio do art. 55, mas também em virtude do disposto no art. 15 da Lei Fundamental, que veda a cassação de direitos políticos, cuja perda ou suspensão só se dará nos casos nele previstos, entre os quais não se inclui a migração partidária.[40]

No âmbito jurisprudencial, o próprio STF sempre entendeu que, diante do silêncio constitucional, não poderia haver perda de mandato do parlamentar que saísse do partido sob cuja legenda fora eleito, ingressando em outro durante a legislatura, aceitando que era exaustivo o rol contido no mencionado art. 55.

Por exemplo, no Mandado de Segurança (MS) nº 20.927/DF (julgado em 11.10.1989), o Plenário daquele Tribunal asseverou que é inaplicável o princípio da fidelidade partidária aos parlamentares. No voto do relator, Ministro Moreira Alves, consta o motivo:

> Ora, se a própria Constituição não estabeleceu a perda de mandato para o Deputado que, eleito pelo sistema de representação proporcional, muda de partido e, com isso, diminui a representação parlamentar do Partido por que se elegeu (e se elegeu muitas vezes graças aos votos de legenda), quer isso dizer que, apesar de a Carta Magna dar acentuado valor à representação partidária [...], não quis preservá-la com a adoção da sanção jurídica da perda do mandato, para impedir a redução da representação de um Partido no Parlamento. Se o quisesse, bastaria ter colocado essa hipótese entre as causas de perda de mandato, a que alude o artigo 55.

---

[39] Entre elas, podemos citar, por exemplo, as seguintes: nºs 85/1995; 90/1995; 137/1995; 251/1995; 24/1999; 27/1999; 143/1999; 242/2000; 4/2007; e, 182/2007 (Disponível em: <http://www2.camara.leg.br>. Acesso em: 19 jul. 2016). Cumpre salientar que, após a decisão do STF que estabeleceu a perda de mandato parlamentar por infidelidade partidária, o Poder Legislativo editou a Lei nº 13.165/2015, disciplinando algumas causas – já previstas na decisão do STF e na Resolução do TSE – de perda de mandato parlamentar em razão de desfiliação partidária. Ademais, também foi aprovada a Emenda Constitucional nº 91/2016, por meio da qual se criou uma "janela" de infidelidade partidária, facultando ao detentor de mandato eletivo sair do partido pelo qual foi eleito nos trinta dias seguintes à promulgação da referida emenda, sem prejuízo do mandato (BRASIL. *Lei nº 13.165/2015*. Disponível em: <http://www.planalto.gov.br/ccivil_03/_ato2015-2018/2015/lei/l13165.htm>. Acesso em: 19 jul. 2016 e BRASIL. *Emenda Constitucional nº 91/2016*. Disponível em: <http://www.planalto.gov.br/ccivil_03/constituicao/Emendas/Emc/emc91.htm>. Acesso em: 19 jul. 2016).

[40] É o caso, por exemplo, de SILVA, José Afonso da. *Curso de direito constitucional positivo*. São Paulo: Malheiros, 2015. p. 410. Dispõe o art. 15 da CF: "É vedada a cassação de direitos políticos, cuja perda ou suspensão só se dará nos casos de: I - cancelamento da naturalização por sentença transitada em julgado; II - incapacidade civil absoluta; III - condenação criminal transitada em julgado, enquanto durarem seus efeitos; IV - recusa de cumprir obrigação a todos imposta ou prestação alternativa, nos termos do art. 5º, VIII; V - improbidade administrativa, nos termos do art. 37, §4º".

Mais recentemente, no MS nº 23.405/GO (julgado em 22.3.2004), o STF também afastou a possibilidade de perda de mandato parlamentar por infidelidade partidária, afirmando que se tratava de "hipótese não colocada entre as causas de perda de mandato a que alude o art. 55 da Constituição".[41]

No ano de 2007, contudo, a jurisprudência do STF foi radicalmente alterada, conforme veremos.

5 Entendimento atual do STF: perda de mandato parlamentar por infidelidade partidária

O STF resolveu a questão da titularidade do mandato de parlamentar eleito pelo sistema de representação proporcional em favor das agremiações partidárias, sancionando os parlamentares injustificadamente infiéis com a perda do cargo eletivo, decisão que, embora tenha tido o condão de fortalecer o nosso regime democrático, não encontra apoio expresso na Constituição Federal. É o que se verá nas linhas seguintes.

5.1 Considerações preliminares

No dia 4.10.2007, o STF julgou em conjunto os mandados de segurança nºs 26.602/DF, 26.603/DF e 26.604/DF,[42] ajuizados, respectivamente, pelo Partido Popular Socialista – PPS, Partido da Social Democracia Brasileira – PSDB e Partido Democratas – DEM. As ações foram propostas em face de decisão do presidente da Câmara dos Deputados que indeferira requerimentos formulados pelos partidos, nos quais solicitavam a declaração de vacância dos mandatos exercidos por deputados federais que se desfiliaram de seus quadros.

O STF, por oito votos a três, entendeu que a titularidade do mandato parlamentar conquistado pelo sistema de representação proporcional pertence ao partido e que a infidelidade do parlamentar pode resultar na perda do mandato. Ficaram vencidos os ministros Eros Roberto Grau, Joaquim Barbosa e Ricardo Lewandowski, que não vislumbravam a possibilidade constitucional de perda do mandato do parlamentar infiel.[43]

Com a decisão, a Suprema Corte acabou por criar, pela via jurisprudencial, uma nova causa de perda de mandato parlamentar: a perda por infidelidade partidária. Uma

---

[41] BRASIL. Supremo Tribunal Federal, Tribunal Pleno. *Mandado de Segurança nº 20.927/DF*. Rel. Min. Moreira Alves. Brasília, DF, 11.10.1989.
BRASIL. Supremo Tribunal Federal, Tribunal Pleno. *Mandado de Segurança nº 23.405/GO*. Rel. Min. Gilmar Mendes. Brasília, DF, 22.3.2004.

[42] BRASIL. Supremo Tribunal Federal, Tribunal Pleno. *Mandado de Segurança nº 26.602/DF*. Rel. Min. Eros Grau. Brasília, DF, 4.10.2007.
BRASIL. Supremo Tribunal Federal, Tribunal Pleno. *Mandado de Segurança nº 26.603/DF*. Rel. Min. Celso de Mello. Brasília, DF, 4.10.2007.
BRASIL. Supremo Tribunal Federal, Tribunal Pleno. *Mandado de Segurança nº 26.604/DF*. Rel. Min. Cármen Lúcia. Brasília, DF, 4.10.2007.

[43] O sistema eleitoral brasileiro engloba os sistemas majoritário e proporcional. Cumpre esclarecer que a decisão do STF não pune com a perda do mandato a migração partidária no âmbito do *sistema eleitoral majoritário* (prefeitos, governadores, senadores e presidente da República). Só perderá o mandato, nos termos do entendimento do STF, quando o trânsfuga for parlamentar eleito pelo *sistema de representação proporcional* (vereadores, deputados estaduais, distritais e federais).

consequência de ordem quantitativa já demonstra o tamanho do problema: segundo o jornalista Edson Sardinha, "o troca-troca partidário pode custar caro a 8 mil políticos brasileiros que mudaram de legenda em 2008. Eles são alvo dos 8.595 processos de perda de mandato movidos na Justiça eleitoral de todo o país por infidelidade partidária".[44]

Embora se trate de uma decisão que extrapola os limites da função e competência jurisdicionais, o STF teve seus motivos para assim agir. A seguir buscaremos delimitar o cenário político-partidário em que a Suprema Corte estava envolvida no momento da decisão. Posteriormente, analisaremos os fundamentos dos votos dos ministros.

5.2 "Babel partidária": proliferação de partidos políticos e "nomadismo" parlamentar

O ambiente político-partidário que culminou com a decisão do STF é caracterizado, por um lado, pela multiplicação febril de legendas partidárias e, por outro, pela excessiva mobilidade de parlamentares "errantes" ou "nômades".

A Constituição Federal brasileira alberga o princípio do pluripartidarismo (art. 17), permitindo a ampla liberdade de criação de partidos políticos, o que tem inspirado a proliferação de siglas partidárias, criadas, muitas vezes, por razões mais de interesse privado do que por motivos político-ideológicos.

Recentemente, o ministro Barroso advertiu que, no sistema partidário brasileiro, tem crescido o fenômeno das *legendas de aluguel*, que são instituídas não com o intuito de contribuir para programas de governo ou para a definição de políticas públicas, mas para receberem recursos predominantemente públicos do Fundo Partidário e terem acesso a tempo gratuito de rádio e televisão, que geralmente é negociado.

Nas palavras do ministro, "o dinheiro do Fundo é frequentemente apropriado privadamente e o tempo de televisão é negociado com outros partidos maiores, em coligações oportunistas e não em função de ideias. A política, nesse modelo, afasta-se do interesse público e vira um negócio privado". Em suma, a ausência de cláusula de barreira "produz uma Babel partidária, de efeitos sombrios sobre a legitimidade democrática, a governabilidade e a decência política", na medida em que "numerosos partidos funcionam como embalagens para qualquer produto", o que explica as "constantes migrações de parlamentares de um partido para outro".[45]

Seja qual for a razão da pulverização partidária (interesse público-ideológico ou interesse privado), o certo é que, atualmente, já existem 35 partidos políticos registrados no Tribunal Superior Eleitoral – TSE.[46] Nesse cenário multipartidário e

---

[44] SARDINHA, Edson. O preço da infidelidade partidária. *Congresso em foco*, 20 jan. 2008. Disponível em: <http://congressoemfoco.uol.com.br/noticias/memoria/o-preco-da-infidelidade-partidaria/>. Acesso em: 19 jul. 2016. O primeiro deputado federal a perder o mandato por infidelidade partidária foi Walter Brito Neto (PRB-PB), em 27.3.2008. Antes dele, a impressa noticia que 111 parlamentares municipais já haviam perdido seus mandatos por migrarem de partido político (D'ELIA, Mirella. Por unanimidade, TSE cassa o primeiro deputado federal 'infiel'. *Globo.com*, 27 mar. 2008. Disponível em: <http://g1.globo.com/Noticias/Politica/0,,MUL366613-5601,00-POR+UNANIMIDADE+TSE+CASSA+O+PRIMEIRO+DEPUTADO+FEDERAL+INFIEL.html>. Acesso em: 19 jul. 2016).

[45] BRASIL. Supremo Tribunal Federal, Tribunal Pleno. *Ação Direta de Inconstitucionalidade nº 5.081/DF*. Rel. Min. Luís Roberto Barroso. Brasília, DF, 27.5.2015. Disponível em: <http://www.stf.jus.br/arquivo/cms/noticiaNoticiaStf/anexo/ADI5081.pdf>. Acesso em: 19 jul. 2016.

[46] BRASIL. Tribunal Superior Eleitoral. *Partidos políticos registrados no TSE*. Disponível em: <http://www.tse.jus.br/partidos/partidos-politicos/registrados-no-tse>. Acesso em: 19 jul. 2016.

cheio de incentivos migratórios – muitos deles decorrentes das estratégias de um presidencialismo de coalizão, que exige a formação de alianças heterodoxas –, sempre foi comum no Brasil haver uma excessiva mobilidade dos parlamentares, normalmente com saída de um partido de oposição para integrar partidos da base aliada do Governo. Estatísticas demonstram que as trocas de legenda poderiam se aproximar de um problema endêmico, pois, de 1995 a 2007, efetivaram-se 893 migrações partidárias apenas na Câmara dos Deputados, havendo muitos casos de um mesmo deputado trocar de partido várias vezes no curso da legislatura.[47]

Nesse contexto de intensa movimentação parlamentar, o então Partido da Frente Liberal – PFL (atual Partido Democratas) fez uma consulta (Consulta nº 1.398/DF) ao TSE,[48] indagando-o o seguinte: "Os partidos e coligações têm o direito de preservar a vaga obtida pelo sistema eleitoral proporcional, quando houver pedido de cancelamento de filiação ou de transferência do candidato eleito por um partido para outra legenda?".

No fundo, a resposta a esta indagação implica discorrer sobre a quem pertence a titularidade do mandato de parlamentar eleito pelo sistema de representação proporcional – se do parlamentar ou do partido. No dia 27.3.2007, o TSE, interpretando a Constituição, respondeu ao consulente, assentando que os partidos políticos têm o direito de preservar a vaga obtida pelo sistema eleitoral de representação proporcional quando, não ocorrendo razão legítima que o justifique, ocorra cancelamento de filiação ou de transferência de candidato eleito para outra legenda.[49]

Acontece que essa interpretação do TSE, por não ter caráter jurisdicional (decorreu de sua atividade consultiva), não foi observada pelo presidente da Câmara dos Deputados, que se negou a substituir os parlamentares infiéis pelos suplentes dos partidos vítimas do "nomadismo" dos deputados, o que resultou no ajuizamento dos mandados de segurança, acima citados, perante o STF.

No julgamento, o STF concluiu que o mandato representativo pertence ao partido político e não ao parlamentar eleito, de forma que pode perdê-lo o parlamentar que, a partir da data em que o TSE apreciou a Consulta nº 1.398/DF (27.3.2007), migrar de uma agremiação partidária para outra, salvo se presentes causas que justifiquem o desligamento.

Por fim, o STF outorgou ao TSE o poder de editar resolução destinada a disciplinar o processo de perda de mandato parlamentar por infidelidade partidária, bem como o de justificação de desfiliação legítima, o que, de fato, se deu com a aprovação, pelo TSE,

---

[47] FREITAS, Andréa. Migração partidária na Câmara dos Deputados de 1987 a 2009. *DADOS – Revista de Ciências Sociais*, Rio de Janeiro, v. 55, n. 4, p. 951-986, 2012. p. 979.

[48] A Justiça Eleitoral é um órgão de jurisdição especializada que integra o Poder Judiciário brasileiro (art. 92 da CF) e cuida da organização do processo eleitoral. Ela é composta pelo Tribunal Superior Eleitoral, os Tribunais Regionais Eleitorais, os juízes eleitorais e as juntas eleitorais (art. 118 da Constituição Federal). Para além de função jurisdicional e administrativa, a Justiça Eleitoral desempenha também *função normativa e consultiva*. A função normativa permite à Justiça Eleitoral, por meio de resoluções, expedir instruções para a execução das leis eleitorais, especialmente do Código Eleitoral (art. 1º, parágrafo único e art. 23, IX, ambos do Código Eleitoral – Lei nº 4.737/65). A função consultiva, de competência do Tribunal Superior Eleitoral e dos Tribunais Regionais Eleitorais, autoriza essa Justiça especializada a responder indagações que lhe forem feitas – em tese (situações abstratas e impessoais) e sobre matéria eleitoral – por certas autoridades públicas e partidos políticos (art. 23, XII, e art. 30, VIII, ambos do Código Eleitoral).

[49] A resposta à consulta consta da Resolução nº 22.526/2007. Cf. BRASIL. Tribunal Superior Eleitoral. *Resolução n. 22.526, de 27 de março de 2007*. Disponível em: <http://www.tse.jus.br/arquivos/tse-resolucao-no-22-526-consulta-no-1-398/view>. Acesso em: 19 jul. 2016.

da Resolução nº 26.610, de 25.10.2007.[50] Portanto, o STF instituiu – e o TSE regulamentou – uma nova hipótese de perda de mandato parlamentar, que não se encontra prevista no rol exaustivo do art. 55 da CF.

5.3 Argumentos dos ministros: o STF como um "poder constituinte" autoproclamado

No julgamento dos mandados de segurança nºs 26.602/DF, 26.603/DF e 26.604/DF, a tese de perda do mandato parlamentar por infidelidade partidária não recebeu apoio dos ministros Eros Roberto Grau, Joaquim Barbosa e Ricardo Lewandowski, que ficaram vencidos.

Em apertada síntese, os ministros Eros Grau e Ricardo Lewandowski argumentaram que a atual Constituição manteve a supressão, feita pela EC nº 25/85 à Constituição anterior, da sanção de perda de mandato por infidelidade partidária, sendo taxativo o rol de causas de perda de mandato elencadas no art. 55 da atual Carta Magna. O Ministro Eros Grau concluiu que a criação de hipótese de perda de mandato parlamentar pelo Judiciário, fazendo as vezes de poder constituinte derivado, afrontaria os valores fundamentais do Estado de Direito. Por sua vez, o Ministro Joaquim Barbosa asseverou que o titular derradeiro do poder é o povo, em nome do qual agem os representantes, razão pela qual afirmou ter dificuldade em admitir que a fonte de legitimidade de todo o poder estivesse nos partidos políticos.

Para a maioria dos ministros do STF, contudo, o mandato parlamentar pertence ao partido político e o parlamentar infiel pode perdê-lo. Para chegar a esta conclusão, foi necessário superar a ausência dessa consequência no art. 55 da Constituição, ou seja, foi preciso responder ao questionamento de que era preciso alterar formalmente a Lei Fundamental para incluir mais uma hipótese de perda de mandato.

Como argumento genérico, embora não decisivo para o desfecho da questão, foi consignado na própria ementa do acórdão do MS nº 26.603/DF que o STF possui poderes constituintes:

> No poder de interpretar a Lei Fundamental, reside a prerrogativa extraordinária de (re)formulá-la, eis que a interpretação judicial acha-se compreendida entre os processos informais de mutação constitucional, a significar, portanto, que "A Constituição está em elaboração permanente nos Tribunais incumbidos de aplicá-la".

Por outro lado, naquele mesmo mandado de segurança, o Ministro Celso de Mello – invocando o princípio da força normativa da Constituição e o papel do STF de guardião da Carta Magna –, foi claro em relação ao "poder constituinte" da justiça

---

[50] BRASIL. Tribunal Superior Eleitoral. *Resolução n. 26.610, de 25 de outubro de 2007*. Disciplina o processo de perda de cargo eletivo, bem como de justificação de desfiliação partidária. Disponível em: <http://www.tse.jus.br/legislacao/codigo-eleitoral/normas-editadas-pelo-tse/resolucao-nb0-22.610-de-25-de-outubro-de-2007-brasilia-2013-df>. Acesso em: 19 jul. 2016. Contra essa resolução, o Partido Social Cristão – PSC e a Procuradoria-Geral da República ajuizaram, respectivamente, as ADIs nºs 3.999/DF e 4.086/DF, oportunidade em que o STF manteve a resolução e ratificou o entendimento de perda do mandato parlamentar por infidelidade partidária. Cf. BRASIL. Supremo Tribunal Federal, Tribunal Pleno. *Ação Direta de Inconstitucionalidade nº 3.999/DF*. Rel. Min. Joaquim Barbosa. Brasília, 12.11.2008; e BRASIL. Supremo Tribunal Federal, Tribunal Pleno. *Ação Direta de Inconstitucionalidade nº 4.086/DF*. Rel. Min. Joaquim Barbosa. Brasília, 12.11.2008.

constitucional, ao encampar em seu voto as seguintes palavras de Francisco Campos, proferidas no discurso de abertura dos trabalhos do STF em 1941: "Nos Tribunais incumbidos da guarda da Constituição, funciona, igualmente, o poder constituinte".[51]

Para além da autoproclamação do *status* de *poder constituinte*, merecem destaque, em defesa da perda do mandato por infidelidade partidária, outros argumentos mais específicos utilizados pelos ministros do STF. Vejamos:

Os partidos políticos representam um instrumento de concretização do princípio democrático, pois asseguram o acesso dos cidadãos ao exercício do poder estatal. A natureza partidária do mandato representativo emana de duas normas constitucionais:

    a) da que define a filiação partidária como condição de elegibilidade, proibindo candidaturas avulsas ou independentes de partido (art. 14, §3º, inc. V);[52] e,

    b) da que consagra o sistema proporcional (art. 45, *caput*),[53] que, segundo o Tribunal, seria o modelo mais adequado ao exercício democrático do poder, especialmente porque assegura, às minorias, o direito de representação e viabiliza, às correntes políticas, o exercício do direito de oposição parlamentar, o que restaria comprometido pelo transfuguismo político inesperado, que gera um arbitrário desequilíbrio de forças no Parlamento.

Como forma de superar a ausência de previsão constitucional de perda de mandato por infidelidade partidária, a ministra Cármen Lúcia argumentou que a desfiliação partidária é um ato lícito, mas o exercício dessa liberdade tem consequências jurídico-políticas. Assim, distinguiu a *sanção por ato ilícito* do *sacrifício do direito por ato lícito* (perda do mandato por desfiliação partidária), concluindo que se a perda do mandato por infidelidade partidária não é uma punição por um ato ilícito – mas apenas uma consequência do exercício legítimo de uma liberdade –, não há necessidade de sua fixação vir expressa em norma jurídica.[54]

Por fim, o STF concluiu que o mandato representativo *pertence* à *agremiação partidária*, não constituindo projeção de um direito pessoal titularizado pelo parlamentar eleito. Assim, perde o mandato o parlamentar que migrar, sem justa causa, de uma agremiação partidária para outra no curso da legislatura.

5.4 Análise crítica dos argumentos dos ministros do STF

A instituição judicial da perda de mandato parlamentar por infidelidade partidária não encontra apoio expresso na Constituição Federal brasileira. Com efeito, os constituintes de 1988 quiseram, conscientemente, manter abolida a hipótese de perda de mandato do parlamentar que, mesmo injustificadamente, sai do partido político

---

[51] BRASIL. Supremo Tribunal Federal, Tribunal Pleno. *Mandado de Segurança nº 26.603/DF*. Rel. Min. Celso de Mello. Brasília, DF, 4.10.2007. p. 45.

[52] "Art. 14. A soberania popular será exercida pelo sufrágio universal e pelo voto direto e secreto, com valor igual para todos, e, nos termos da lei, mediante [...]. §3º São condições de elegibilidade, na forma da lei: [...]. V - a filiação partidária".

[53] "Art. 45. A Câmara dos Deputados compõe-se de representantes do povo, eleitos, pelo sistema proporcional, em cada Estado, em cada Território e no Distrito Federal".

[54] Tais argumentos foram invocados, por exemplo, no voto prolatado pela Ministra Cármen Lúcia no Mandado de Segurança nº 26.604/DF (BRASIL. Supremo Tribunal Federal, Tribunal Pleno. *Mandado de Segurança*. *Mandado de Segurança nº 26.604/DF*. Rel. Min. Cármen Lúcia. Brasília, DF, 4.10.2007.

pelo qual foi eleito e ingressa em outro. Uma interpretação constitucional histórica demonstra isto.

Realmente, no regime constitucional anterior, a perda de mandato, estatuída pela EC nº 1/1969, veio a ser revogada pela EC nº 25/1985. A atual Constituição – embora tenha emprestado enorme valor aos partidos políticos e à fidelidade dos parlamentares às agremiações partidárias –, ao elencar as causas de perda de mandato do deputado, não incluiu a infidelidade partidária entre elas (art. 55), dando sinais claros de que sua omissão foi eloquente, deliberada, e não fruto de um esquecimento negligente. Com efeito, se, de um lado, no regime da ditadura militar o parlamentar era visto como um soldado adestrado do partido (sem qualquer autonomia ou liberdade efetivas); de outro, com o processo de redemocratização do Brasil, visou-se, entre outras coisas, exatamente alterar esse quadro de subserviência, o que foi feito com a extinção da sanção de perda de mandato eletivo por infidelidade partidária. Isso é facilmente comprovável com a constatação de que, repita-se, no processo de revisão constitucional de 1994, o Congresso Nacional rejeitou uma proposta de emenda à Constituição que vinculava, sob pena de perda de mandato, o parlamentar à agremiação partidária pela qual foi eleito.[55]

Por outro lado, a maioria dos ministros argumentou que a titularidade partidária do mandato parlamentar decorre do princípio democrático, especificamente da norma que define a filiação partidária como condição de elegibilidade (art. 14, §3º, inc. V) e da que consagra o sistema proporcional (art. 45, *caput*). Cremos, contudo, que estas normas não têm o condão de eliminar a decisão do constituinte de 1988 de não inserir a infidelidade partidária entre as causas de perda de mandato parlamentar. De uma interpretação até mesmo literal da Constituição emana tal entendimento.

Com efeito, o simples fato de os partidos terem o monopólio das candidaturas – decorrente da circunstância de a Constituição estabelecer a filiação partidária como condição de elegibilidade (art. 14, §3º, inc. V) – não autoriza, por si só, a conclusão de que o mandato parlamentar pertence aos partidos políticos. O texto expresso da Carta Magna deixa claro que a exigência de vinculação do candidato a uma agremiação partidária é apenas uma "condição de elegibilidade", um pré-requisito para concorrer às eleições, e não uma exigência de, uma vez eleito, permanecer no partido por meio do qual participou do processo eleitoral.

Por outro ângulo, do princípio da representação proporcional consagrado no art. 45, *caput*, da CF para as eleições de deputados, não decorre necessariamente a natureza partidária dos mandatos parlamentares, isso em razão da literalidade do próprio dispositivo, que diz que a Câmara dos Deputados se compõe de "representantes do povo", e não de representantes dos partidos ou de certo grupo de eleitores ou de militantes.[56] Ademais, concordamos com a ideia de que a mera invocação de um princípio

---

[55] Em sentido contrário e em defesa da decisão do STF, Bulos afirma que a Constituição não precisa "enunciar, por escrito, o natural dever de fidelidade do parlamentar para com a agremiação política da qual participa. A obrigação de lealdade extrai-se do princípio da democracia representativa, consagrado, em nosso sistema de Direito Positivo (CF, art. 1º, parágrafo único)" (BULOS, Uadi Lammêgo. *Curso de direito constitucional*. 8. ed. São Paulo: Saraiva, 2014. p. 90).

[56] Nesse sentido, é também o entendimento do procurador-geral da República, para quem a filiação partidária é uma condição de participação no processo eleitoral, mas não de permanência no cargo. Por outro lado, o procurador defendeu que o art. 45 da Constituição não dispõe que a Câmara de Deputados é composta de representantes dos partidos, mas sim do povo (confira no relatório do MS nº 26.602/DF). Em sentido contrário, Pedra argumenta que os parlamentares não representam apenas o povo, mas também os partidos aos quais

constitucional "não pode servir de pretexto argumentativo ao Poder Judiciário para impor normatização que ultrapasse os lindes de sua competência".[57]

Por fim, cabe examinar mais um argumento contido nas decisões do STF. Visando superar a ausência de previsão constitucional de perda do mandato por infidelidade partidária, a Ministra Cármen Lúcia distinguiu entre *sanção por ato ilícito* e *sacrifício do direito decorrente de ato lícito* (a liberdade de desassociação ou desfiliação partidária – art. 5º, X, da CF). No entendimento da ministra, a *punição* decorrente do cometimento de um ato ilícito só é derivável de uma explícita previsão normativa (como nos casos previstos no art. 55 da Constituição). Contudo, o *sacrifício* de um direito (perda de mandato do parlamentar), por não ter natureza de sanção, pode ser operado pela prática de um ato lícito (migração de um partido para outro), porém carregado de consequências e responsabilidades (políticas e jurídicas) que podem ser inferidas do sistema jurídico, mesmo sem expressa previsão normativa.

Apesar de o desenvolvimento do argumento ser dotado de enorme poder persuasivo, fruto da inteligência daquela eminente magistrada, com ele não concordamos. Seja *punição* ou seja *sacrifício* de direito, o fato é que o parlamentar que muda injustificadamente de partido político fica sem o mandato conquistado nas urnas, sem que esta drástica consequência esteja contemplada expressamente na Constituição. Ora, se a Constituição estabelece que a pessoa é livre para se desfiliar de uma agremiação partidária, como o exercício desta liberdade poderia causar-lhe a perda do mandato? Com a possibilidade de tamanho sacrifício, não pode haver, obviamente, verdadeira liberdade de desfiliação.

Por outro ângulo, se a punição por uma conduta ilícita só é permitida quando expressamente prevista no ordenamento jurídico – como asseverou a ministra –, parece haver uma contradição na decisão do STF, o qual fixou que o mandato parlamentar pertence ao partido político, mas, ao mesmo tempo, autorizou o TSE a estabelecer – e este efetivamente o fez – hipóteses excepcionais em que o parlamentar, a juízo do TSE, pode sair do partido pelo qual foi eleito e ingressar em outro, *mantendo o seu mandato legislativo*. Realmente, de acordo com o art. 1º, §1º, da Resolução nº 26.610/2007 do TSE, constitui justa causa para a desfiliação partidária:

    a) incorporação ou fusão do partido;
    b) criação de novo partido;
    c) mudança substancial ou desvio reiterado do programa partidário; e,
    d) grave discriminação pessoal.

Afigura-se evidente que a conduta referente à "grave discriminação pessoal" é um ato ilícito da agremiação partidária. A natureza ilícita deste ato decorre da própria Constituição que, por um lado, elege como um dos objetivos fundamentais da República Federativa do Brasil a promoção do bem de todos, "sem preconceitos de origem, raça, sexo, cor, idade e quaisquer outras formas de discriminação" (art. 3º, IV), e, por outro, assevera que todos são iguais perante a lei, "sem distinção de qualquer natureza" (art. 5º, *caput*), devendo a lei punir "qualquer discriminação atentatória dos direitos e liberdades fundamentais" (art. 5º, XLI).

---

    pertencem (PEDRA, Adriano Sant'Ana. A construção judicial da fidelidade partidária no Brasil. *Revista Brasileira de Estudos Constitucionais – RBEC*, Belo Horizonte, ano 2, n. 6, p. 207-249, abr./jun. 2008).

[57] RAMOS, Elival da Silva. *Ativismo judicial*: parâmetros dogmáticos. São Paulo: Saraiva, 2010. p. 250.

Ora, se a "grave discriminação pessoal" é um ato *ilícito*, só poderia ser sancionada se houvesse *expressa previsão normativa*, de acordo com a própria linha argumentativa da ministra. Assim, pressuposta que seja a correção da interpretação constitucional de que o mandato pertence ao partido e não ao parlamentar, é imperioso concluir que também no caso de desfiliação partidária legítima (com a justa causa da "grave discriminação pessoal"), mas sem a concordância do partido, foi criada uma nova modalidade de *perda de cadeira parlamentar* que não se encontra prefixada em nenhuma norma legal ou constitucional.

Nessa nova modalidade de perda de mandato, a vítima é o próprio partido político, que fica com um parlamentar a menos diante do acatamento pela Justiça Eleitoral de uma causa permissora da "fuga" do congressista, sem que esta sanção esteja prevista na Constituição ou em qualquer outra norma. Ou seja, sob qualquer ângulo, foi judiciariamente instituída uma causa de perda de vaga no Parlamento: seja a perda sofrida pelo parlamentar (por infidelidade partidária), seja a perda suportada pelo partido político (por incidência de causa justificadora da deserção partidária).

Não discordamos da ideia de que a *titularidade partidária* do mandato parlamentar é, para a realidade política brasileira, uma medida que fortalece a democracia, pois as excessivas migrações dos parlamentares podem, por um lado, asfixiar o importante papel que a oposição e as minorias devem exercer no Congresso Nacional e, por outro, prejudicar a governabilidade, se a migração for em favor da oposição.

Sob outro ângulo, não ignoramos que, em determinadas situações, a vinculação do parlamentar ao partido, embora implique perda de parcela de sua autonomia e liberdade individuais, pode evitar o personalismo político e favorecer ideias e programas, tendo a vantagem de proporcionar uma melhor representação do interesse geral, e não apenas setorial, evitando a tendência de os parlamentares serem "excessivamente responsivos aos 'seus' eleitores, procurando sobretudo atender as vontades, e não necessariamente aos interesses, deles".[58]

Contudo, apesar de entendermos as nobres razões que levaram o STF a punir o transfuguismo político, cremos que a titularidade partidária do mandato parlamentar só poderia ser imposta a partir de uma reforma política realizada por políticos, e não por juízes. Ou seja, não basta a interpretação constitucional, é preciso uma emenda à Constituição.

Portanto, o STF, ao determinar a perda de mandato parlamentar por infidelidade partidária, produziu direito constitucional novo, atuando como poder constituinte.[59]

Mas, se a atuação do STF consistiu na assunção – bem-intencionada, é verdade – de poderes constituintes de competência exclusiva do Congresso Nacional, por qual razão não foi alvo de reação dos congressistas e dos partidos que eles integram? Um indício de resposta pode ser encontrado na seção seguinte.

---

[58] URBANO, Maria Benedita. Titularidade do mandato parlamentar: a propósito da Resolução n. 22.610 do Tribunal Superior Eleitoral Brasileiro. *Revista de Direito Público e Regulação (Cedipre)*, Coimbra, n. 2, p. 121-133, jul. 2009. p. 128-129.

[59] Para Stern, o poder criativo da justiça constitucional comporta dois níveis: a criação jurídico-constitucional e a criação jurídico-legal. O autor salienta, contudo, que, no âmbito da jurisdição constitucional, o Tribunal Constitucional não pode se conduzir como um "super-legislador" (STERN, Klaus. *Jurisdicción constitucional y legislador*. Tradução de Alberto Oehling de Los Reyes. Madri: Dykinson, 2009. p. 48-66; 67-68).
Para Ramos, a decisão do STF de impor a perda do mandato parlamentar em razão da desfiliação partidária, "configura um dos episódios mais característicos de ativismo judiciário de toda a história daquela Excelsa Corte" (RAMOS, Elival da Silva. *Ativismo judicial*: parâmetros dogmáticos. São Paulo: Saraiva, 2010. p. 249).

5.5 Estratégia política de atores políticos: a delegação do poder de decisão política para o STF

Como se intui, o controle judicial sobre questões políticas é normalmente considerado contrário aos interesses dos legisladores, governantes e agremiações partidárias, que preferem exercer seu poder sem qualquer interferência do Judiciário. Para Dieter Grimm, embora seja comum a todos os Estados Constitucionais o fato de a Constituição visar vincular a política, esta frequentemente encara a vinculação como perturbadora e tende a perseguir seus objetivos da forma mais livre possível.[60] Porém, em determinadas circunstâncias, a intervenção judicial no sistema político pode ser apoiada pelos próprios políticos, quando isso lhes for politicamente útil.[61]

Assim, a judicialização da política pode ser fruto de um cálculo estratégico de atores políticos, que transferem o poder de resolver uma questão política – em relação à qual encontrariam fortes resistências na arena político-deliberativa –, para os tribunais, que não teriam tais obstáculos. Para além disto, a decisão sobre fidelidade partidária também não encontra consenso no meio social, o que também estimula a sua judicialização como forma de evitar o elevado custo eleitoral de uma decisão polêmica, fazendo com que os atores políticos deleguem, ainda que informalmente, o poder de decisão para os juízes, que são eleitoralmente irresponsáveis.[62]

No caso da instituição judicial da perda de mandato parlamentar por infidelidade partidária, verifica-se que, ainda que implicitamente, o STF recebeu apoio dos próprios políticos, desde logo porque os mandados de segurança nºs 26.602/DF, 26.603/DF e 26.604/DF foram ajuizados por grandes agremiações partidárias, quais sejam, o Partido Popular Socialista – PPS, o Partido da Social Democracia Brasileira – PSDB e o Partido Democratas – DEM, respectivamente.

Ora, é evidente que a possibilidade de perda de vaga no Parlamento por infidelidade partidária tem o condão de fortalecer os partidos políticos, especialmente aqueles maiores, os quais, pela via da fidelização do deputado, podem manter seu elevado número de parlamentares e, com isso, preservar sua hegemonia e influência política junto ao Governo e a sociedade.

Isso se comprova não apenas em razão de a autoria dos mandados de segurança recair sobre importantes partidos políticos, mas também pela subsequente ausência de reação efetiva do Congresso Nacional à decisão do STF que impôs a fidelização do parlamentar ao partido pelo qual foi eleito, deixando intacta a "legislação judicial" do TSE (Resolução nº 26.610, de 25.10.2007) que regulamentou a decisão do STF e disciplinou o processo de perda de mandato parlamentar por infidelidade partidária, bem como o de justificação de desfiliação legítima.

---

[60] GRIMM, Dieter. *Constituição e política*. Tradução de Geraldo de Carvalho. Belo Horizonte: Del Rey, 2006. p. XLI; 13.

[61] Nesse sentido, confira-se, sob a perspectiva do Poder Judiciário norte-americano, WHITTINGTON, Keith E. Interpose your friendly hand: political supports for the exercise of judicial review by the United States Supreme Court. *American Political Science Review*, v. 99, n. 4, nov. 2005. p. 583. Também, nessa mesma direção, cf. TUSHNET, Mark. *Why the Constitution matters*. New Haven; London: Yale University Press, 2010. p. 97.

[62] Nesse sentido, confiram-se: HIRSCHL, Ran. The judicialization of politics. In: CALDEIRA, Gregory A.; KELEMEN, R. Daniel; WHITTINGTON, Keith E. (Org.). *The Oxford Handbook of Law and Politics*. Oxford: Oxford University Press, 2008. p. 136; e, TATE, C. Neal. Why the expansion of judicial power? In: TATE, C. Neal; VALLINDER, Torbjörn (Org.). *The global expansion of judicial power*. New York: New York University Press, 1995. p. 32.

Assim, a própria judicialização da questão da (in)fidelidade partidária, ao que parece, pode ser fruto de uma estratégia política de utilização do processo judicial e do STF para fortalecimento dos próprios partidos políticos dominantes. Ou seja, alguns parlamentares, com apoio de seus partidos, delegam, ainda que implícita e disfarçadamente, poderes ao STF com o objetivo de fortalecer a influência das próprias agremiações partidárias hegemônicas.

Trata-se, portanto, de um comportamento deliberado de atores políticos no sentido de deslocar para o campo judicial uma decisão essencialmente política. Nesta medida – e muito embora os poderes do STF também se expandam por meio da judicialização da política neste caso específico –, é, na verdade, a hegemonia dos grandes partidos políticos que se consolida através da atuação da Suprema Corte na arena política.

Seja como for, a intervenção judicial no campo de ação dos poderes políticos, se não for bem dosada, tem o condão de, por um lado, reduzir o espaço de liberdade dos poderes políticos e, por outro, elevar em demasia a importância da jurisdição constitucional e a autoridade dos juízes constitucionais, especialmente quando se tem em conta o fenômeno atual – e tendencialmente global – da judicialização não mais apenas da micropolítica ou da política ordinária, mas também, como adverte Hirschl, da *megapolítica*, o que prenuncia, para o autor, a existência de um processo silencioso de transição do regime democrático para um regime *juristocrático*,[63] caracterizada pela "desparlamentarização da legislação"[64] e pelo "governo de juízes",[65] que induz à presença de uma espécie de "Estado *jurisdicional* de Direito",[66] que põe em causa o princípio da separação de poderes e o princípio democrático.[67]

É certo que no Brasil o princípio do acesso à justiça impõe a inafastabilidade do controle jurisdicional independentemente da natureza da questão debatida, de modo

---

[63] HIRSCHL, Ran. The judicialization of politics. In: CALDEIRA, Gregory A.; KELEMEN, R. Daniel; WHITTINGTON, Keith E. (Org.). *The Oxford Handbook of Law and Politics*. Oxford: Oxford University Press, 2008. p. 123; HIRSCHL, Ran. *Towards juristocracy*: the origins and consequences of the new constitutionalism. Cambridge: Harvard University Press, 2007.

[64] STERN, Klaus. *Jurisdicción constitucional y legislador*. Tradução de Alberto Oehling de Los Reyes. Madri: Dykinson, 2009. p. 67.

[65] Em obra publicada inicialmente em 1921, o autor francês Edouard Lambert analisava o "governo de juízes" viabilizado pela jurisdição constitucional norte-americana (LAMBERT, Edouard. *Le gouvernement des juges*. Paris: Dalloz, 2005).

[66] ARAGÓN REYES, Manuel. *Estudios de derecho constitucional*. 3 ed. Madrid: Centro de Estudios Políticos y Constitucionales, 2013. p. 291.

[67] A expansão do Poder Judiciário vendo sendo concretizado por meio da jurisdição constitucional, nomeadamente pelo controle judicial da constitucionalidade dos atos e omissões do Poder Púbico, que viabiliza a judicialização da política. Até recentemente, este ramo do poder estatal era visto, na constatação de Bickel, como o *menos perigoso* ou, na ideia de Montesquieu, como um *poder invisível e nulo*, ou, na perspectiva de Hamilton e outros, como um órgão *sem força e sem vontade*. Atualmente, ele tem deixado de lado suas tradicionais discrição e marginalidade institucional para assumir um papel de protagonista, em um processo de expansão que o coloca na posição de "terceiro gigante" do Estado moderno, nas palavras de Cappelletti. Em certa medida, os conflitos da vida política, econômica e social das nações e dos cidadãos estão sendo gradativamente dirimidos por juízes, o que traz questionamentos à luz da separação de poderes e da chamada "dificuldade contramajoritária" da jurisdição constitucional, anunciada por Bickel. Cf. BICKEL, Alexander M. *The least dangerous branch*: the Supreme Court at the bar of politics. 2. ed. New Haven; London: Yale University Press, 1986; MONTESQUIEU, Charles-Louis de Secondat, barão de La Brède e de. *Do espírito das leis*. Lisboa: Edições 70, 2011. p. 313; HAMILTON, Alexander; JAY, John; MADISON, Hamilton. *O federalista*. Tradução de Hiltomar Martins Oliveira. Belo Horizonte: Líder, 2003. p. 458; CAPPELLETTI, Mauro. *Juízes legisladores?* Tradução de Carlos Alberto Álvaro de Oliveira. Porto Alegre: Sergio Antonio Fabris, 1993. p. 43 e ss.

que nenhuma lesão ou ameaça a direito poderá ser excluída da apreciação do Poder Judiciário (art. 5º, XXXV, da CF). Isto, contudo, não pode ser um "sinal verde" para o STF – ainda que com a melhor das intenções – alterar a própria Constituição, atuando como uma espécie de *poder constituinte reformador*.

Também é certo que o exercício da jurisdição constitucional pelo STF, no mais das vezes, tem uma relação não de tensão, mas de sinergia com a democracia brasileira, garantindo seu funcionamento justo e adequado. Contudo, assim como Maus, não achamos correto enxergar o "Judiciário como superego da sociedade" e olhar a Constituição como uma *Bíblia* ou um *Corão*, dos quais os "sábios deduziriam diretamente todos os valores e comportamentos corretos", praticando uma espécie de "teologia constitucional".[68]

Assim, se o Brasil precisa de reforma político-constitucional para aperfeiçoamento da democracia e das instituições democráticas, é desejável que ela seja feita por políticos e, posteriormente, sindicada pelo STF, se for o caso disto. Realizar judicialmente a própria reforma de que tanto precisamos, mesmo que com a melhor das intenções, é dar um passo demasiadamente largo à luz da separação de poderes que estrutura o Estado Democrático de Direito brasileiro. A defesa de um "monopólio jurisdicional sobre a verdade constitucional"[69] talvez não seja o melhor caminho para equacionar o problema da convivência entre a jurisdição constitucional e a democracia.

Conclusões

O transfuguismo político voluntário – ou, no caso brasileiro, a infidelidade partidária –, consiste na situação em que um parlamentar sai do partido pelo qual foi eleito e ingressa em outro, no curso da legislatura. Trata-se de um fenômeno danoso para o sistema político, pois falseia a representação eleitoral, debilita o sistema de partidos, favorece a corrupção, prejudica a governabilidade, asfixia a atuação da oposição e deteriora a cultura política democrática.

Embora o transfuguismo represente um fenômeno universal, não há notícias, nas democracias contemporâneas, de que se tenha tentado combatê-lo por meio de decisão judicial. Ao contrário disto, a ausência de previsão constitucional ou legal expressa no sentido de punição da migração partidária com a perda do mandato parlamentar faz com que, no direito comparado, permita-se o transfuguismo político com base nas ideias, por um lado, de soberania do povo, que a exerce por meio de seus representantes eleitos; e, por outro, de proibição constitucional de mandato imperativo, consolidada a partir das revoluções liberais americana e francesa.

O STF, contudo, mesmo sem previsão normativa explícita, decidiu que a titularidade do mandato parlamentar, no sistema eleitoral proporcional, pertence aos partidos políticos e não aos candidatos eleitos, razão pela qual entendeu que deputados federais, estaduais, distritais ou vereadores podem perder o mandato eletivo

---

[68] MAUS, Ingeborg. Judiciário como superego da sociedade: o papel da atividade jurisprudencial na "sociedade órfã". Tradução de Martonio Lima e Paulo Albuquerque. *Novos Estudos CEBRAP*, São Paulo, n. 58, p. 183-202, nov. 2000. p. 192.

[69] A expressão é de KRAMER, Larry. *The people themselves*: popular constitutionalism and judicial review. New York: Oxford University Press, 2004. p. 249.

se migrarem, sem justa causa, de uma agremiação partidária para outra durante a legislatura. Com isto, instituiu uma espécie de *mandato imperativo de partido*, assegurando o domínio dos partidos sobre os parlamentares.

A Suprema Corte tomou tal decisão premida, por um lado, por um cenário de inapetência legislativa do Congresso Nacional para a aprovação de emendas constitucionais referentes à reforma política; e, por outro, por um ambiente político de "Babel partidária", consistente na excessiva mobilidade de parlamentares entre as agremiações e na proliferação de partidos políticos, gerada menos por interesse público-ideológico e mais para se ter acesso aos recursos financeiros do Fundo Partidário e ao tempo gratuito de rádio e televisão, que geralmente é negociado.

Apesar disto, a decisão do STF, embora atenda a interesse público da mais elevada envergadura, não encontra apoio expresso na Constituição, que quis manter a extinção, operada pela Emenda Constitucional nº 25/1985, da perda de mandato parlamentar por infidelidade partidária instituída pela Emenda Constitucional nº 1/1969.

Em uma interpretação sistemática, não restam dúvidas de que os constituintes de 1988 desejaram abolir o instituto do *mandato imperativo de partido* ao estabelecerem que todo o poder emana do povo, que o exerce por meio de seus representantes eleitos (art. 1º, parágrafo único); ao prestigiarem a soberania popular (art. 14, *caput*); ao prescreverem, no respeitante ao princípio da representação proporcional (art. 45, *caput*), que a Câmara dos Deputados se compõe de "representantes do povo" e não de representantes dos partidos ou de certo grupo de eleitores ou de militantes. Se a Constituição Federal claramente "desejou" extirpar o instituto do mandato imperativo de partido, não é constitucionalmente adequado "ressuscitá-lo" pela via judicial.

Não duvidamos que a *titularidade partidária* do mandato parlamentar é, para a realidade política brasileira, um mecanismo de fortalecimento do regime democrático, pois a excessiva mudança dos deputados de um partido para outro no curso da legislatura prejudica, por um lado, o importante papel que a oposição deve exercer no Congresso Nacional e, por outro, dificulta a estabilidade governamental quando a migração for em favor da oposição. Ademais, a vinculação do parlamentar ao partido pode evitar o personalismo político e favorecer ideias e programas, tendo a vantagem de proporcionar uma melhor representação do interesse geral, e não apenas de alguns setores da sociedade.

Contudo, cremos que a titularidade partidária do mandato parlamentar só poderia ser imposta a partir de uma reforma política realizada por políticos, por intermédio de uma alteração formal da Constituição, e não por meio de uma interpretação judicial de princípios constitucionais muitas vezes vagos, abstratos e até enigmáticos.

Resta claro, portanto, que o STF, embora com a melhor das intenções, assumiu poderes constituintes, avançando na competência do Poder Legislativo, o qual, entretanto, não deu sinais de reação efetiva. Portanto, a judicialização desta questão, desencadeada por grandes agremiações partidárias, parece demonstrar que se trata de um comportamento deliberado de atores políticos no sentido de deslocar para a arena judicial uma decisão que deveria ser tomada no campo político.

Nesta medida, talvez não sejam os poderes do STF que, em última análise, se expandem por meio da decisão sobre a (in)fidelidade partidária, mas é a hegemonia dos grandes partidos políticos que se consolida através da atuação da Suprema Corte, vez que agora poderão manter seu elevado número de parlamentares e, com isso, preservar sua influência política junto ao governo e a sociedade. Com este quadro jurídico-normativo, podemos ter edificado um cenário perfeito para uma futura *oligarquia* ou *ditadura partidária*.

Não há dúvida de que, no sistema brasileiro, o parlamentar é, no mínimo, *também* titular do mandato conquistado nas urnas, mesmo que em regime de *condomínio* com a agremiação partidária da qual faça parte. É de se levar em conta as lúcidas palavras de Jorge Miranda, para quem:

> a representação política hoje não pode deixar de estar ligada aos partidos, mas não converte os Deputados em meros porta-vozes dos seus aparelhos. Pode-se dizer que o mandato parlamentar é (salvo em situações marginais) conferido tanto aos Deputados como aos partidos; não é aceitável substituir a representação dos eleitores através dos eleitos pela representação através dos dirigentes partidários, seja qual for o modo por que estes são escolhidos.[70]

Por outro lado, não se pode, pela via judicial, retirar toda a responsabilidade dos partidos políticos pela escolha de seus candidatos. Se eles têm o monopólio da apresentação das candidaturas e escolhem mal, devem também pagar um certo preço por sua culpa *in elegendo*, e o preço justo é, salvo expressa previsão constitucional em sentido contrário, a redução do número de seus parlamentares em razão de eventual transfuguismo político.

Por fim, é preciso não incidir no erro de assumir posições radicais na relação – às vezes de tensão – entre jurisdição constitucional e democracia, sendo certo que "o excesso da razão nem sempre é desejável, e que os homens acomodam-se quase sempre melhor aos meios do que às extremidades".[71] Portanto, afigura-se prudente repudiar os extremos. Assim, se, por um lado, não é nada realista deificar os membros do Poder Legislativo, tendo-os como fiéis representantes da genuína vontade popular, mormente em razão da notória plutocratização da política brasileira; por outro – e embora a atual composição do STF seja indiscutivelmente digna dos mais elevados elogios –, não podemos idealizar os juízes como agentes absolutamente virtuosos, assépticos e imunes a erros e desvios, com capacidade e sabedoria sobre-humanas, como o "juiz Hércules" de Ronald Dworkin.[72]

Referências

ARAGÓN REYES, Manuel. *Estudios de derecho constitucional*. 3 ed. Madrid: Centro de Estudios Políticos y Constitucionales, 2013.

BICKEL, Alexander M. *The least dangerous branch*: the Supreme Court at the bar of politics. 2. ed. New Haven; London: Yale University Press, 1986.

BULOS, Uadi Lammêgo. *Curso de direito constitucional*. 8. ed. São Paulo: Saraiva, 2014.

---

[70] MIRANDA, Jorge. *Divisão do poder e partidos políticos*. Anuário Português de Direito Constitucional. Coimbra: Coimbra Editora, 2001. p. 57-58. v. 1.
[71] MONTESQUIEU, Charles-Louis de Secondat, barão de La Brède e de. *Do espírito das leis*. Lisboa: Edições 70, 2011. p. 316.
[72] DWORKIN, Ronald. *Taking rights seriously*. Cambridge: Harvard University Press, 1978. p. 81 e ss.

CANOTILHO, José Joaquim Gomes. *Direito constitucional e teoria da Constituição*. 7. ed. Coimbra: Almedina, 2003.

CANOTILHO, José Joaquim Gomes; MOREIRA, Vital. *Constituição da República portuguesa anotada*. 4. ed. Coimbra: Coimbra Editora, 2010. v. 2.

CAPPELLETTI, Mauro. *Juízes legisladores?* Tradução de Carlos Alberto Álvaro de Oliveira. Porto Alegre: Sergio Antonio Fabris, 1993.

CARDOZO, José Carlos. *A fidelidade partidária*. Rio de Janeiro: Lumen Juris, 1997.

D'ELIA, Mirella. Por unanimidade, TSE cassa o primeiro deputado federal 'infiel'. *Globo.com*, 27 mar. 2008. Disponível em: <http://g1.globo.com/Noticias/Politica/0,,MUL366613-5601,00-POR+UNANIMIDADE+TSE+CASSA+O+PRIMEIRO+DEPUTADO+FEDERAL+INFIEL.html>. Acesso em: 19 jul. 2016.

DWORKIN, Ronald. *Taking rights seriously*. Cambridge: Harvard University Press, 1978.

ESTEBAN, Jorge de. El fenómeno espãnol del transfuguismo político y la jurisprudência constitucional. *Revista de Estudios Políticos*, Madrid, n. 70, p. 7-32, out./dez. 1990.

FERREIRA FILHO, Manoel Gonçalves. *Curso de direito constitucional*. 27. ed. São Paulo: Saraiva, 2001.

FREITAS, Andréa. Migração partidária na Câmara dos Deputados de 1987 a 2009. *DADOS – Revista de Ciências Sociais*, Rio de Janeiro, v. 55, n. 4, p. 951-986, 2012.

GRIMM, Dieter. *Constituição e política*. Tradução de Geraldo de Carvalho. Belo Horizonte: Del Rey, 2006.

HAMILTON, Alexander; JAY, John; MADISON, Hamilton. *O federalista*. Tradução de Hiltomar Martins Oliveira. Belo Horizonte: Líder, 2003.

HIRSCHL, Ran. The judicialization of politics. In: CALDEIRA, Gregory A.; KELEMEN, R. Daniel; WHITTINGTON, Keith E. (Org.). *The Oxford Handbook of Law and Politics*. Oxford: Oxford University Press, 2008.

HIRSCHL, Ran. *Towards juristocracy*: the origins and consequences of the new constitutionalism. Cambridge: Harvard University Press, 2007.

KRAMER, Larry. *The people themselves*: popular constitutionalism and judicial review. New York: Oxford University Press, 2004.

LAMBERT, Edouard. *Le gouvernement des juges*. Paris: Dalloz, 2005.

MAUS, Ingeborg. Judiciário como superego da sociedade: o papel da atividade jurisprudencial na "sociedade órfã". Tradução de Martonio Lima e Paulo Albuquerque. *Novos Estudos CEBRAP*, São Paulo, n. 58, p. 183-202, nov. 2000.

MENDES, Gilmar Ferreira. *Fidelidade partidária na jurisprudência do Supremo Tribunal Federal*. Disponível em: <http://www.portaldeperiodicos.idp.edu.br/index.php/cadernovirtual/article/viewFile/80/55>. Acesso em: 19 jul. 2016.

MIRANDA, Jorge. *Divisão do poder e partidos políticos*. Anuário Português de Direito Constitucional. Coimbra: Coimbra Editora, 2001. v. 1.

MIRANDA, Jorge; MEDEIROS, Rui. *Constituição portuguesa anotada*. Coimbra: Coimbra Editora, 2006. v. 2.

MONTESQUIEU, Charles-Louis de Secondat, barão de La Brède e de. *Do espírito das leis*. Lisboa: Edições 70, 2011.

PEDRA, Adriano Sant'Ana. A construção judicial da fidelidade partidária no Brasil. *Revista Brasileira de Estudos Constitucionais – RBEC*, Belo Horizonte, ano 2, n. 6, p. 207-249, abr./jun. 2008.

RAMOS, Elival da Silva. *Ativismo judicial*: parâmetros dogmáticos. São Paulo: Saraiva, 2010.

ROSTRO HERNÁNDEZ, José Eduardo. El fenómeno del transfuguismo político en el sistema parlamentario Español y el derecho comparado. *Instituto de Investigaciones Legislativas del Estado de Guanajuato*, México, ano 5, n. 32, p. 3-76, 2009.

SARDINHA, Edson. O preço da infidelidade partidária. *Congresso em foco*, 20 jan. 2008. Disponível em: <http://congressoemfoco.uol.com.br/noticias/memoria/o-preco-da-infidelidade-partidaria/>. Acesso em: 19 jul. 2016.

SILVA, José Afonso da. *Curso de direito constitucional positivo*. São Paulo: Malheiros, 2015.

STERN, Klaus. *Jurisdicción constitucional y legislador*. Tradução de Alberto Oehling de Los Reyes. Madri: Dykinson, 2009.

TATE, C. Neal. Why the expansion of judicial power? In: TATE, C. Neal; VALLINDER, Torbjörn (Org.). *The global expansion of judicial power*. New York: New York University Press, 1995.

TOMÁS MALLÉN, Beatriz. *Transfuguismo parlamentario y democracia de partidos*. Madrid: Centro de Estudios Políticos y Constitucionales, 2002.

TOSI, S.; MANNINO, A. *Diritto parlamentare*. Milão: Dott. A. Giuffrè Editore, 1999.

TUSHNET, Mark. *Why the Constitution matters*. New Haven; London: Yale University Press, 2010.

URBANO, Maria Benedita. *Representação política e parlamento*: contributo para uma teoria político-constitucional dos principais mecanismos de protecção do mandato parlamentar. Coimbra: Almedina, 2009.

URBANO, Maria Benedita. Titularidade do mandato parlamentar: a propósito da Resolução n. 22.610 do Tribunal Superior Eleitoral Brasileiro. *Revista de Direito Público e Regulação (Cedipre)*, Coimbra, n. 2, p. 121-133, jul. 2009.

WHITTINGTON, Keith E. Interpose your friendly hand: political supports for the exercise of judicial review by the United States Supreme Court. *American Political Science Review*, v. 99, n. 4, nov. 2005.

ZANON, Nicolò. *Il libero mandato parlamentare*: saggio critico sull'articolo 67 della Costituzione. Milão: Dott. A. Giuffrè Editore, 1991.

Informação bibliográfica deste texto, conforme a NBR 6023:2002 da Associação Brasileira de Normas Técnicas (ABNT):

PINTO, Hélio Pinheiro. Transfuguismo político e a perda de mandato parlamentar por infidelidade partidária: o Supremo Tribunal Federal como "poder constituinte" autoproclamado. In: PINTO, Hélio Pinheiro; LIMA NETO, Manoel Cavalcante de; LIMA, Alberto Jorge Correia de Barros; SOTTO-MAYOR, Lorena Carla Santos Vasconcelos; DIAS, Luciana Raposo Josué Lima (Coords.). *Constituição, direitos fundamentais e política*: estudos em homenagem ao professor José Joaquim Gomes Canotilho. Belo Horizonte: Fórum, 2017. p. 51-76. ISBN 978-85-450-0185-0.

QUADRO DE UMA DOGMÁTICA DO DIREITO À PROTEÇÃO DA SAÚDE NA CONSTITUIÇÃO DO BRASIL: DIÁLOGOS COM A CONSTITUIÇÃO PORTUGUESA

IAN PIMENTEL GAMEIRO

Introdução

Se bem interpretei o tema desta proposta lançada pela Escola Superior da Magistratura do Estado de Alagoas, trata-se de prestar uma homenagem ao nosso Professor Doutor Gomes Canotilho com uma modesta – e também breve – reflexão que incida sobre três significantes centrais no âmbito do direito constitucional e, não por acaso, três significantes também eles fulcrais na obra e no pensamento do mestre ora homenageado: *Constituição, direitos fundamentais e política*.

E se bem compreendi o tema e assimilei a proposta, não poderá ser outro o objeto da nossa reflexão que não os direitos sociais, e, entre eles, muito especialmente o direito fundamental à proteção da saúde. Sim, a nós nos parece que são os direitos sociais, de fato, o resultado mais fidedigno da conjugação dos três vetores enunciados – o encontro do direito com a política a travestir-se de *Constituição* e a traduzir-se em direitos, *direitos fundamentais*.

E porque não poderá tal reflexão deixar de ter em conta o nosso principal interlocutor – aliás, é para ele que escrevemos e para sua homenagem – caber-nos-á então refletir dialogando sempre com a Constituição que, numa perspectiva de observador interno,[1] toma o Doutor Gomes Canotilho como sendo a sua, a Constituição da República portuguesa de 1976.

Estes, portanto, o tema, o objeto e a intenção da nossa reflexão. Falta mencionar o seu problema, a questão jurídica relevante que a conduzirá. E constituirá ela, como anunciado antecipadamente desde o título do trabalho, a questão de saber qual será o conteúdo dogmático do direito fundamental à proteção da saúde, isto é, qual será este *quadro dogmático* caracterizador do relevante direito à proteção da saúde.

---

[1] HART, Hebert. *The concept of law*. 2. ed. Oxford: Clarendon Press, 1994. p. 89-90.

Com efeito, o pressuposto geral de qualquer especificação teórica de prestações de saúde a que esteja obrigado o Estado a fornecer por força de norma constitucional deve proceder, antes, de um estudo normativo do direito fundante, assim como, do mesmo modo, o estudo do direito às prestações não deve esgotar ou tentar resumir a totalidade do conteúdo da norma. Assim, portanto, encontrará o leitor nesta nossa homenagem uma reflexão acerca dos aspectos dogmáticos que marcam o direito à proteção da saúde, muito especialmente acerca: 1) da sua fundamentalidade formal e material; 2) dos seus princípios fundantes; 3) da sua racionalidade objetiva e subjetiva; 4) da sua eficácia e aplicabilidade; 5) dos sujeitos da norma; 6) da sua justiciabilidade; 7) das obrigações gerais do Estado; e, por fim, 8) das suas reservas condicionantes.[2]

1 Localização topográfica

Um dos primeiros problemas que se costuma suscitar em qualquer obra dedicada ao tema dos direitos sociais cinge-se em torno da sua jusfundamentalidade e das problemáticas implicações que este reconhecimento provoca no ordenamento.

Se, de fato, tal questionamento parece fazer sentido em países como Alemanha e Estados Unidos, onde o legislador constitucional expressamente recusou sua fundamentalidade formal, em países como Portugal, Brasil, Espanha[3] e Argentina[4] essa discussão perde sentido, muito embora a fórmula de constitucionalização seguida pelos dois últimos possa colocar em dúvida algumas das consequências jurídicas que no contexto luso-brasileiro não se verificam.[5]

Neste momento inicial, portanto, pretendemos situar o referido direito na estrutura e no sistema da Constituição intencionando conferir ao leitor a indispensável noção de espaço na ordem jurídica luso-brasileira.

1.1 Fundamentalidade formal

O direito à saúde encontra-se previsto no art. 6º, Capítulo II – Dos Direitos Sociais, Título II – Dos Direitos e Garantias Fundamentais, cumulado com a indispensável

---

[2] Acerca dos subdireitos ou faculdades jurídicas em que se decanta o direito à proteção da saúde, remetemo-nos para outro texto nosso no qual enfrentamos a questão. Cf. GAMEIRO, Ian Pimentel. O conteúdo constitucional do direito à proteção da saúde no direito luso-brasileiro: subdireitos. *Revista Online Especializada en Derecho de la Comunicación*, v. 19, p. 117-135, 2015. Disponível em: <http://www.derecom.com/secciones/articulos-de-fondo/item/82-o-conteudo-constitucional-do-direito-a-protecao-da-saude>. Acesso em: 21 maio 2016.

[3] A Constituição espanhola de 1978, por exemplo, muito embora constitucionalize expressamente alguns dos direitos sociais verificados no direito brasileiro e português, o faz no Capítulo III, Título I, sob o signo de "Princípios Rectores de la Política Económica y Social", fazendo crer tratar-se de normas programáticas quando sua estrutura é mesmo a de direitos subjetivos públicos. À propósito, cf. WILHELMI, Marco Aparicio. Los derechos sociales en la Constitución española: algunas líneas para su emancipación. In: VALIÑO, Vanesa (Org.). *Defender y repensar los derechos sociales en tiempo de crisis*. Barcelona: Observatori Desc, 2009. p. 54-55.

[4] Na Argentina, por exemplo, alguns dos direitos sociais autonomamente reconhecidos em Constituições como a do Brasil e a de Portugal são reconhecidos como subdireitos decorrentes de direitos mais amplos. Este é o caso do direito à proteção da saúde, sobre o qual se tem pronunciado tanto a doutrina quanto a jurisprudência como sendo um direito integrante do núcleo essencial do direito à vida. Sobre o tema, cf. SAGÜÉS, Néstor Pedro. *Manual de derecho constitucional*. Buenos Aires: Astrea, 2007. p. 652.

[5] BASTIDA, Francisco José. ¿Son los derechos sociales derechos fundamentales? In: MANRIQUE, Ricardo García (Org.). *Robert Alexy*. Derechos sociales y ponderación. 2. ed. Madrid: Fundación Coloquio Jurídico Europeo, 2009. p. 138.

complementação e destrinchamento levada a efeito pelos arts. 196, 197, 198, 199 e 200, inclusos no Título VIII – Da Ordem Social, Capítulo II – Da Seguridade Social, Seção II – Da Saúde, todos da Constituição da República Federativa do Brasil.

Juntos, traduzem para a sociedade e para comunidade jurídica a seguinte mensagem do legislador constituinte: a saúde constitui direito social fundamental de todos – e daí se explica a inexistência de distinção com os direitos fundamentais individuais e coletivos –, cuja aplicabilidade e exigibilidade são imediatas.[6] Dizem mais: a saúde é dever do Estado, e se realiza por meio de políticas públicas econômicas e sociais a cargo da União, dos estados, do Distrito Federal e dos municípios, todos igualmente responsáveis.[7]

O Sistema Único de Saúde (SUS) representa a concretização prática desse dever, e consubstancia o subsetor público que intermedia a realização das políticas públicas econômicas e sociais na área, compondo ao lado do subsetor privado e do subsetor de saúde complementar o sistema de saúde brasileiro.

Distintamente da equivocada expressão utilizada pelo constituinte brasileiro, a Constituição da República portuguesa registra em sua 64ª cláusula um direito à *proteção* da saúde, e afirma constituir também um dever de todos os portugueses. Sua localização topográfica no Título III – Direitos e Deveres Econômicos, Sociais e Culturais, Capítulo II – Direitos e Deveres Sociais da Carta da República de Portugal revela opção pela mesma metodologia adotada pelo constituinte brasileiro: a proteção da saúde como direito fundamental social.

"Este particular corpo político comprometeu-se a não deixar ao abandono as pessoas doentes, no art. 64º do texto que procura estruturar a sua mundividência (a Constituição de 1976)", resultando desse compromisso jurídico um direito à proteção da saúde realizável através de um Serviço Nacional de Saúde (SNS) universal, geral e, a depender das condições financeiras dos cidadãos, tendencialmente gratuito.[8]

1.2 Fundamentalidade material

Muito embora a textualidade expressa da Constituição seja um dado importante a se considerar na verificação da fundamentalidade de determinado direito em relação ao qual se levantam dúvidas, cláusulas como a constante no art. 16, 1, da Constituição portuguesa ou como a do art. 5º, §2º da Constituição do Brasil revelam a insuficiência desta informação para a conclusão acerca do caráter fundamental ou não de determinada norma constitucional.

Com efeito, tem sido acentuado no contexto da doutrina constitucional luso-brasileira que a noção de fundamentalidade material inerente e necessária ao reconhecimento de um direito fundamental insinua que o conteúdo deste direito deva ser

---

[6] SARLET, Ingo Wolfgang; FIGUEIREDO, Mariana Filchtiner. Reserva do possível, mínimo existencial e direito à saúde: algumas aproximações. In: SARLET, Ingo Wolfgang. *Direitos fundamentais*: orçamento e reserva do possível. Porto Alegre: Livraria do Advogado, 2008.

[7] DALLARI, Sueli Gandolfi. A construção do direito à saúde no Brasil. *Revista de Direito Sanitário*, São Paulo, v. 9, n. 3, p. 9-34, nov. 2008/fev. 2009. p. 15. Disponível em: <http://www.revistas.usp.br/rdisan/article/view/13128>. Acesso em: 18 mar. 2014.

[8] RAIMUNDO, Miguel Assis. A administração da saúde em tempos de crise. In: GONÇALVES, Pedro et al. *A crise e o direito público*. Encontro de professores portugueses de direito público – 6. Lisboa: Instituto de Ciências Jurídico-Políticas, 2013. p. 140

"decisivamente constitutivo das estruturas básicas do Estado e da sociedade",[9] isto é, que deva fazer parte de um núcleo axiológico-normativo essencial sobre o qual se assenta situada comunidade político-social.

Se assim o é, então na determinação do sentido jurídico-constitucional da fundamentalidade material de um direito não basta somente considerar a importância singular do bem jurídico por si tutelado; é necessário considerá-lo como uma relevância no quadro das opções fundamentais do constituinte.[10] Quer dizer, a fundamentalidade material de determinado direito se afere não só pela importância que possui para a vida das pessoas; é necessário também que se consiga perceber, dentro de um quadro de múltiplas necessidades e recursos limitados, a consideração recebida pelo Estado e pela comunidade acerca de sua relevância.

Isso não implica que somente se considere fundamental o direito assim positivado pela Constituição, mais uma vez. Ao contrário, a fundamentalidade formal nada mais é do que o reconhecimento estatal expresso, e posterior, de que aquele bem jurídico é considerado importante e merecedor de destacada proteção.

Ora, assim sendo, a fundamentalidade material do direito à proteção da saúde, em seu especial sentido de direito à proteção jurídica ampla das capacidades centrais da nutrição, locomoção, reprodução, comunicação, raciocínio e emoções, decorre mesmo de ser considerado parte integrante de um núcleo axiológico-normativo fundamentante do ideal político, jurídico e social da comunidade luso-brasileira.[11]

Ou seja, entre as várias necessidades e os poucos recursos – e por necessidades não se entenda somente a carência por prestações materiais –[12] a comunidade político-social luso-brasileira considera a proteção da saúde um bem de imediata e imperiosa relevância, constitutivo e/ou fundamental à determinada realização axiológica comunitária, e por essa razão exige o seu especial tratamento nas respectivas ordens jurídicas nacionais. Aí se encontra a sua fundamentalidade.

2 Princípios fundantes

O direito à proteção da saúde, como todo e qualquer direito fundamental, também é informado por determinas intenções axiológicas que lhe especificam o conteúdo. Desde logo pelo seu referente e fundamentante princípio da dignidade humana. Mas por outros, também, como os princípios da socialidade, segurança, certeza e proteção da confiança, do Estado de Direito etc.

Entre todos os princípios possíveis de serem elencados, e por isso não se trata de uma lista exauriente do sentido axiológico da cláusula constitucional, privilegiamos o tratamento dos princípios que exercem maior influência ou que estão mais ligados na/à conformação constitucional atual do referido direito, sejam eles gerais ou específicos.

---

[9] CANOTILHO, José Joaquim Gomes. *Direito constitucional e teoria da Constituição*. 7. ed. Coimbra: Almedina, 2013. p. 379.

[10] SARLET, Ingo Wolfgang; MARINONI, Luiz Guilherme; MITIDIERO, Daniel. *Curso de direito constitucional*. São Paulo: Revista dos Tribunais, 2012. p. 268.

[11] Acerca das capacidades centrais de saúde, *vide* o nosso: GAMEIRO, Ian Pimentel. *O conteúdo constitucional do direito à proteção da saúde*. Dissertação (Mestrado em Direito) – Faculdade de Direito, Universidade de Coimbra, Coimbra, 2015. p. 63-65.

[12] HOLMES, Stephen; SUNSTEIN, Cass R. *The cost of rights*: why liberty depends on taxes. New York: W. W. Norron & Company, 2000. p. 15.

Ei-los, antes com uma brevíssima nota: embora alguns princípios aqui elencados também possam se verificar como vetores jurídico-axiológicos dos subsistemas públicos de saúde tanto do Brasil como de Portugal, a leitura deles que se propõe está remetida à própria norma constitucional. Nestes termos, tenha o leitor em conta que se trata de princípios considerados informadores da própria norma jusfundamental, e não de um seu qualquer aspecto como é a previsão de um serviço de saúde público.

2.1 Universalidade

O conteúdo axiológico-normativo do princípio da universalidade informador do regime geral dos direitos fundamentais diz que, quanto a estas tutelas ou garantias jurídicas, toda pessoa física ou jurídica é sua titular e pode livremente exercê-la nos termos da constituição ou das condições específicas do bem jurídico protegido.

O direito à proteção da saúde, como direito fundamental social que é, também não pode ter sua titularidade recusada a ninguém, a despeito de se permitir o estabelecimento de condições de exercício diferentes conforme o critério "nacionalidade". Assim, nacionais ou estrangeiros, independentemente da condição de regularidade dessa estadia em território brasileiro ou português, são seus titulares.[13]

Isto significa, por exemplo, que o direito à proteção da saúde, não se esgotando no subdireito a receber do Estado determinadas prestações materiais, pode ser perfeitamente exercido por todas as pessoas naturais situadas no território brasileiro ou português para a defesa das suas capacidades centrais de saúde.

A possibilidade hipotética de acionamento das autoridades públicas ou judiciárias para garantia de um consumo de água potável adequada à saúde humana, por exemplo, seja o agressor um particular ou o próprio Poder Público, não depende da condição de legalidade ou regularidade da estadia do estrangeiro. É possível, sim, admitirem-se outras condições para exercício deste subdireito que não as verificadas para os nacionais ou estrangeiros regulares, e desde que isso não implique desproteção ou subproteção.

O mesmo raciocínio vale também para o específico caso do subdireito a receber prestações materiais de saúde, seja para fins de proteção, seja para fins de promoção da saúde. Isto é, o nacional e o estrangeiro, estando ou não em condição regular no território brasileiro ou português, também podem exigir que lhes sejam prestados cuidados de saúde necessários a uma proteção ampla da sua saúde.[14]

É possível, sim, condicionar o acesso ao sistema (cobrando-se taxas de utilização, por exemplo) ou reservar algumas das prestações de saúde previstas somente aos nacionais (garantindo somente cuidados de urgência e emergência aos estrangeiros, por exemplo), contanto que isso não importe em prejuízo, desproteção ou proteção insuficiente da saúde do estrangeiro – neste caso do estrangeiro irregular, em virtude da equiparação geral de estatutos entre estrangeiros e brasileiros e estrangeiros e portugueses.[15]

---

[13] CANOTILHO, José Joaquim Gomes. *Direito constitucional e teoria da Constituição*. 7. ed. Coimbra: Almedina, 2013. p. 416.
[14] Nesse sentido, Cf. BARRA, Tiago Viana. Breves considerações sobre o direito à protecção da saúde. *Revista O Direito*, Lisboa, n. 144, p. 411-445, 2012.
[15] ESTORNINHO, Maria João; MACIERINHA, Tiago. *Direito da saúde*. Lisboa: Universidade Católica, 2014. p. 53.

Conclui-se, portanto, que o princípio da universalidade informa o conteúdo do direito à proteção da saúde para anotar que os subdireitos de defesa, proteção *stricto senso* e promoção nele compreendidos não se diferenciam quanto aos titulares, sendo lícito constitucionalmente diferenciarem-se as condições do seu exercício entre nacionais e estrangeiros, e, quanto aos últimos, somente em relação aos estrangeiros irregulares.

2.2 Generalidade

Se a universalidade é o princípio que conforma o âmbito subjetivo do direito à proteção da saúde para determinar a sua titularidade, a generalidade, a seu turno, remete para o âmbito objetivo do referido direito intencionando moldar a extensão da proteção conferida pela norma, isto é, a amplitude da sua abrangência.

Com efeito, determina o princípio da generalidade que tanto a condição de sanidade quanto a de morbidez devem estar cobertas pela proteção em sentido amplo proporcionada pela referida norma constitucional, e, relativamente à condição de morbidez, nenhuma doença ou enfermidade poderá deixar de receber a devida e adequada tutela jurídica.

Isto é, pelo princípio da generalidade, tanto o indivíduo saudável quanto, principalmente, o indivíduo doente ou enfermo devem receber a respectiva proteção em sentido jurídico amplo proporcionada pela norma constitucional, o que, mais uma vez, não se resume somente ao recebimento de prestações materiais de cuidados, embora para o indivíduo doente ou enfermo este subdireito adquira maior relevância.

Uma nota derradeira, entretanto, merece destaque.

É que considerar que nenhuma condição de saúde ou de morbidez possa estar desprotegida não significa assegurar uma proteção total e absoluta de modo a que a consequência final seja mesmo uma garantia de "vida eterna". A cláusula constitucional em espécie garante uma proteção à saúde, e não a própria saúde ou uma proteção total contra a ocorrência da morbidez.

2.3 Igualdade: sentido geral e sentidos específicos

O fundamentante princípio da igualdade se projeta no conteúdo da norma constitucional de proteção da saúde por meio de três sentidos distintos, sendo um geral e dois específicos. No sentido geral, distinguem-se dois momentos claros de perfazimento ou concretização da igualdade.

O primeiro deles, prévio, é o da consideração da igualdade no momento de criação da lei, que tem no criador do direito seu principal destinatário. Com efeito, é necessário que o legislador, em uma dimensão formal, confira o mesmo tratamento jurídico para todos aqueles que se encontram no mesmo patamar segundo o critério eleito para a produção da igualdade; e que propicie, já em uma dimensão material, a equalização real corretora das distorções verificadas em um contexto dado.[16]

Isto é, sua tarefa é dar o tom formal e material necessário para que a norma, ao menos na perspectiva legal, como manda a boa técnica legislativa, atenda às exigências

---

[16] CANOTILHO, José Joaquim Gomes. *Direito constitucional e teoria da Constituição*. 7. ed. Coimbra: Almedina, 2013. p. 426-430.

de racionalidade da igualdade – trata-se do que se tem denominado por igualdade na lei e igualdade através da lei, respectivamente.

Um segundo momento de concretização da igualdade também é ventilado pela doutrina. Trata-se, agora, do momento de dar efetividade à norma criada, de dar-lhe aplicação. Não por outra razão diz-se que esse momento é o da igualdade na aplicação do direito criado.[17] Em termos simples e diretos, o executor da norma deve aplicá-la sem considerar agora as peculiaridades pessoais e as condicionalidades que atuam sobre a necessidade dos seus destinatários. O momento de ponderar acerca de particularidades individuais e de dar-lhes o tratamento normativo adequado já passou. Ao executor da norma cabe tão somente aplicá-la aos seus destinatários, sem se prender com aspectos relativos às suas individualidades. Trata-se, pois, de conferir à norma igualadora a formalidade posterior necessária para que tenha vida no seio social.

Por outro lado, nos sentidos específicos, a igualdade informa o direito social à proteção da saúde para nele diferenciar dois tipos de igualdade incidentes sobre os subdireitos de caráter prestacional em que se esmiúça.

Principia, pois, com uma igualdade de acesso ao sistema, nomeadamente de acesso ao subsistema público de saúde. Isto significa que a lei ou regulamento, elaborada(o) de modo a garantir idêntico tratamento jurídico a todos os que se encontram no mesmo patamar, e projetada(o) à promoção de uma correção real das distorções verificadas em um contexto dado, deve assegurar que todas as pessoas possam ter acesso igualitário ao sistema público de cuidados conforme condições e critérios diferenciadores legalmente previstos.

Quer dizer, a igualdade de acesso ao sistema de cuidados não significa a possibilidade de busca deste sistema de qualquer maneira. Sendo diferentes as necessidades e as características de cada grupo de pessoas, o acesso também deve verificar-se diferenciado. Não viola o princípio da igualdade, portanto, a lei ou regulamento que estabelece critérios diferenciados de acesso ao sistema público de saúde conforme características particulares de cada grupo de pessoas – basta se pensar, para este efeito, que o acesso de indígenas ao sistema público de saúde no Brasil não se realiza do mesmo modo que os demais.

Depois, desponta também uma igualdade no acesso às prestações de saúde. Isto significa que, dentro de um rol de prestações legalmente previstas, todos têm direito de acessá-las também de acordo com critérios e condições diferenciadas legalmente previstas e, no caso, desde que haja uma recomendação clínica também específica.

Isto é, sendo distintas as necessidades clínicas individuais, e as características do indivíduo tomado como exemplar de uma categoria de pessoas – jovem, criança, neonato etc. –, tem-se que todos têm direito a receber as prestações de saúde previstas em lei, mas o têm conforme os critérios de diferenciação dos grupos e das condições clínicas particulares.

Disto decorre, em primeiro lugar, afora a necessidade de criação de um pacote básico e geral de serviços, a necessidade de criação também de pacotes de serviços de saúde categoriais – o exemplo da saúde indígena permanece bastante ilustrativo. Depois, em segundo lugar, o direito a receber determinada prestação de saúde somente torna-se exigível se, e somente se, houver uma necessidade clínica individual a exigir.

---

[17] CANOTILHO, José Joaquim Gomes. *Direito constitucional e teoria da Constituição*. 7. ed. Coimbra: Almedina, 2013. p. 426-430.

Em outros termos: a igualdade de acesso às prestações de saúde não implica uma igualdade em prestações, ou o estabelecimento de uma métrica terapêutica de modo a considerar-se que um indivíduo deve receber tal prestação porque o seu semelhante a recebeu. Não se trata disso. Este direito a receber exatamente a mesma prestação só desponta se, atendidas às condições de acesso àquele conjunto de prestações conforme se ache o indivíduo inserido no grupo de pessoas por ela abrangido, o sujeito apresentar a mesma necessidade clínica que o seu semelhante.

Tem-se, deste modo, que a igualdade de acesso às prestações de saúde significa uma igualdade na possibilidade de recebê-las, e não uma igualdade em prestações.

2.4 Proporcionalidade

A proporcionalidade funciona no âmbito do sistema constitucional luso-brasileiro ora como um princípio informador da ordem jurídica, ora como postulado de interpretação dos atos do Poder Público e do direito vigente. Seus dois sentidos básicos têm sido tanto o de vedar o excesso e a imoderação, seja pública ou particular, quanto a desproteção ou a proteção deficitária.[18]

Decanta-se em três subprincípios de realização progressiva e concomitante:
a) *adequação, conformidade ou aptidão* – a indicar um juízo de idoneidade técnica acerca da possibilidade de alcançar-se o resultado esperado a partir do meio eleito;
b) *necessidade, exigibilidade ou indispensabilidade* – a indicar um juízo de comparação de medidas destinado a apurar o meio menos gravoso/restritivo e mais eficaz; e
c) *proporcionalidade em sentido estrito* – a indicar um juízo de comparação entre meios e resultados a fim de apurar-se "as desvantagens dos meios em relação às vantagens do fim".[19]

A proporcionalidade se aplica tanto em seu sentido de vedação do excesso, quanto em seu sentido de proibição de proteção deficitária, embora esteja normalmente associada ao primeiro sentido. Assim, também para a interdição de subproteção deverá ser verificado:
1) se a medida adotada ou prevista está mesmo apta a proteger o bem tutelado;
2) se existe meio de proteção mais eficiente e menos interventivo em bens de terceiros; e
3) "se o impacto das ameaças e riscos remanescentes após a efetivação das medidas de proteção é de ser tolerado em face de uma ponderação com a necessidade de preservar outros direitos e bens fundamentais pessoais ou coletivos".[20]

Como informadora do direito à proteção da saúde, afora essa aplicação geral orientadora tanto da análise do excesso quanto da subproteção, a proporcionalidade também implica um sentido específico de sustentabilidade financeira das prestações que decorrem deste conteúdo constitucional. Isto é, também se exige, quanto a este

---

[18] MENDES, Gilmar Ferreira; BRANCO, Paulo Gustavo Gonet. *Curso de direito constitucional*. 9. ed. rev. atual. São Paulo: Saraiva, 2014. p. 270-272.
[19] CANOTILHO, José Joaquim Gomes. *Direito constitucional e teoria da Constituição*. 7. ed. Coimbra: Almedina, 2013. p. 269-270.
[20] SARLET, Ingo Wolfgang; MARINONI, Luiz Guilherme; MITIDIERO, Daniel. *Curso de direito constitucional*. São Paulo: Revista dos Tribunais, 2012. p. 342.

subdireito, uma proporcionalidade entre a exigência das prestações e os gastos com a sua manutenção.

Assim, a despeito de funcionar como um princípio informador da ordem jurídica vigente, e também como um postulado de interpretação dos atos do Poder Público, com o direito à proteção da saúde a proporcionalidade adquire este outro significado: necessidade de compatibilização da quantidade, qualidade e eficiência das prestações de saúde com a exigência de estabilidade financeira do sistema e do Estado.

2.5 Democracia ou participação popular

A democracia ou participação popular, como princípio estruturante e fundamentante dos Estados consolidados do Brasil e de Portugal, radica na ideia segundo a qual "el poder del Estado ha de articularse de tal forma que tanto su organización como su ejercicio deriven siempre de la voluntad del pueblo o puedan ser atribuidos a El".[21]

O princípio da democracia não representa uma alegoria ou adereço qualquer no quadro do constitucionalismo português, como também não o é para o sistema constitucional brasileiro. Antes de mais, traduz um sentido jurídico-constitucional de democratização de diferentes estruturas de poder e diversos segmentos da vida econômica, social e cultural.[22]

Como princípio informador do Estado e da sociedade, a democracia implica para o direito fundamental à proteção da saúde a exigência de participação popular na "organização e funcionamento dos serviços e na definição das políticas do sector".[23] É dizer: a saúde é um processo que já na sua raiz traz uma matriz democrática importante. Assegurar a criação de espaços e momentos de debate acerca da organização, funcionamento e distribuição dos serviços e recursos, promovendo assim a ampliação e intensificação da participação dos personagens envolvidos, é tarefa garantida pelo conteúdo constitucional do direito à proteção da saúde.

3 Sujeitos

Historicamente sempre prevaleceu na doutrina constitucional a ideia segundo a qual o Estado seria o primeiro e único sujeito passivo dos deveres de respeito, proteção e promoção decorrentes dos inúmeros direitos fundamentais consagrados nos sistemas jurídicos que ao longo da história se fizeram vigentes. Por fundadas e justificadas razões, esta concepção permanece válida, embora não mais com este sentido. O Estado permanece constituindo o principal receptor dos comandos derivados das normas de direitos fundamentais, mas não o único.

---

[21] BÖCKENFÖRDE, Ernest Wolfgang. La democracia como principio constitucional. In: BÖCKENFÖRDE, Ernest Wolfgang. *Estudios sobre el Estado de Derecho y la democracia*. Tradução de Rafael Serrano. Madrid: Trotta, 2000. p. 47.

[22] AMARAL, Maria Lúcia. *A forma da república*: uma introdução ao estudo do direito constitucional. Coimbra: Coimbra Editora, 2012. p. 194.

[23] VALE, Luís António Malheiro Meneses do. *Racionamento e racionalização no acesso à saúde*. Contributo para uma perspectiva jurídico-constitucional. Dissertação (Mestrado em Direito) – Faculdade de Direito, Universidade de Coimbra, Coimbra, 2007. p. 445. v. II.

Como decorrência de uma dimensão/racionalidade jurídico-objetiva das normas consagradoras de direitos fundamentais, a comunidade em geral e todos os seus segmentos econômicos, políticos e sociais também integram o polo passivo destes comandos, no que estão obrigados, portanto, a respeitar, proteger e promover a saúde.[24]

Este dever geral de respeito, proteção e promoção aos quais todos estão submetidos não alcança, entretanto, o próprio sujeito individual, a fundar "um dever jurídico de se curar" no caso de adoecimento e a violar um essencial *subdireito à autonomia da vontade*.[25]

Como refere João Loureiro, a "regra é, entre nós, a liberdade de se curar ou não curar, de consentir ou recusar tratamentos médicos", de modo que, excepcionadas "as hipóteses de transmissibilidade da doença, em que, no limite, pode haver um internamento compulsivo de perigo, há um direito a consentir ou a recusar tratamentos".[26] Assim, os sujeitos passivos destinatários dos deveres jurídicos impostos pela norma limitam-se às figuras do Estado e da sociedade, esta a traduzir evidentemente a globalidade de pessoas naturais e jurídicas viventes em seu espaço.

Do lado ativo, o direito à proteção da saúde vocaciona uma titularidade individual ou individualizável. É dizer, o primeiro e imediato interessado na satisfação dos subdireitos em que se esmiúça a proteção da saúde é o próprio sujeito particular, individual. Mas nada exclui a possibilidade de pessoas coletivas também o serem, e isto "independentemente de a sua atribuição se poder fazer em razão da pertença a uma categoria ou a um grupo ou de o seu exercício se poder fazer colectivamente".[27] Em suma, a titularidade do direito à proteção da saúde é individual, embora, em razão de uma evidente instrumentalidade aos indivíduos, não se exclua a possibilidade de também ser coletiva.

4 Racionalidade objetiva e subjetiva

A ideia de que normas instituidoras de direitos fundamentais apresentam, ínsitas a elas mesmas, um comando de proteção que tanto vincula a atividade do Estado quanto obriga-o a impedir que tais direitos sejam vulnerados nas relações privadas já é noção sedimentada, embora relativamente recente. A esta característica das normas consagradoras de direitos fundamentais refere, por exemplo, a Lei Fundamental da República Federal da Alemanha em seu art. 1º, 1 –[28] bem por isso, aliás, é que a histórica

---

[24] Já tivemos oportunidade de refletir sobre o tema em outra oportunidade, pelo que remetemos o leitor para o nosso: GAMEIRO, Ian Pimentel. A eficácia horizontal dos direitos fundamentais na perspectiva do teletrabalho: uma releitura. *Revista Intervenção, Estado e Sociedade*, v. 2, p. 19-33, 2014. Disponível em: <http://www.revista.projuriscursos.com.br/index.php/revista-projuris/article/view/11>. Acesso em: 23 maio 2015.

[25] LOUREIRO, João Carlos Simões. *Constituição e biomedicina*. Contributo para uma teoria dos deveres bioconstitucionais na esfera da genética humana. Dissertação (Doutorado em Direito) – Faculdade de Direito, Universidade de Coimbra, Coimbra, 2003. p. 800. v. II.

[26] LOUREIRO, João Carlos Simões. *Constituição e biomedicina*. Contributo para uma teoria dos deveres bioconstitucionais na esfera da genética humana. Dissertação (Doutorado em Direito) – Faculdade de Direito, Universidade de Coimbra, Coimbra, 2003. p. 799. v. II.

[27] NOVAIS, Jorge Reis. *Direitos sociais*. Teoria jurídica dos direitos sociais enquanto direitos fundamentais. Coimbra: Coimbra Editora, 2010. p. 47.

[28] ALEMANHA. Parlamento Federal Alemão. *Lei Fundamental da República Federal da Alemanha*. Tradução de Assis Mendonça. Berlim: [s.n.], 2011. Disponível em: <https://www.btg-bestellservice.de/pdf/80208000.pdf >. Acesso em: 4 abr. 2016.

decisão prolatada pela Corte Federal Constitucional alemã no caso *Lüth* permanece paradigmática a respeito do tema.[29]

O sentido essencial que marca tal construção gira em torno da percepção segundo a qual os direitos fundamentais constituem princípios básicos da ordem constitucional, um sistema de valores precipitados em normas jurídico-constitucionais cujo efeito mais notório reside na irradiação e vinculação de toda a estrutura do Estado e da sociedade ao comando que carrega.

É dizer: ao significado dos direitos fundamentais como direitos subjetivos acresceu-se seu valor como peça indispensável do ordenamento constitucional em que assenta o Estado Democrático de Direito.[30]

Disto decorre, então, que a racionalidade objetiva dos arts. 6º e 196 da Constituição do Brasil, e 64º da Constituição portuguesa, assenta-se no reconhecimento da intrínseca e axiológica normatividade da proteção da saúde como um valor objetivo fundamental da comunidade luso-brasileira, valor este a ser protegido e prestigiado pelo Estado e por todos os segmentos da sociedade civil.

Esta é uma mudança que projeta desdobramentos. Com efeito, constituindo valor objetivo da comunidade, verdadeiro direito transindividual, a proteção da saúde principia a irradiar por todo o ordenamento os efeitos jurídicos típicos de uma cláusula constitucional de direito fundamental.

Como consequência, tem-se, agora, que o referido direito passa não só a legitimar "restrições aos direitos subjetivos individuais com base no interesse comunitário prevalente", como também a contribuir "para a limitação do conteúdo e do alcance dos direitos fundamentais, ainda que deva sempre ficar preservado o núcleo essencial destes".[31]

Depois, passa a desempenhar também um papel dirigente em relação à atividade do Estado, isto é, a autoridade estadual fica obrigada a proteger permanente e preventivamente a saúde, não só policiando os seus próprios atos, mas também cuidando para que os particulares ou mesmo Estados estrangeiros não o vulnerem.[32]

Por outro lado, da racionalidade objetiva do direito fundamental à proteção da saúde decorre ainda o seu caráter de parâmetro interpretativo para o controle de constitucionalidade das normas e atos do Poder Público. É dizer, ainda que seja de todo óbvio o fato de toda norma constitucional perspectivar-se em parâmetro de controle da Constituição, é na racionalidade objetiva deste direito que se radica tal possibilidade.[33]

Com um sentido específico, a racionalidade jurídico-objetiva do direito à proteção da saúde desdobra-se ainda em uma outra significação para, partindo dela, justificar

---

[29] MENDES, Gilmar Ferreira. *Direitos fundamentais e controle de constitucionalidade*: estudos de direito constitucional. 4. ed. rev. e ampl. São Paulo: Saraiva, 2012. p. 116.

[30] HESSE, Konrad. *Temas fundamentais do direito constitucional*. Tradução de Carlos Almeida, Gilmar Mendes, Inocêncio Coelho. São Paulo: Saraiva, 2009. p. 33.

[31] SARLET, Ingo Wolfgang. *A eficácia dos direitos fundamentais*. Uma teoria geral dos direitos fundamentais na perspectiva constitucional. 11. ed. rev. e atual. Porto Alegre: Livraria do Advogado, 2012. p. 185.

[32] SARLET, Ingo Wolfgang; MARINONI, Luiz Guilherme; MITIDIERO, Daniel. *Curso de direito constitucional*. São Paulo: Revista dos Tribunais, 2012. p. 297.

[33] SARLET, Ingo Wolfgang. *A eficácia dos direitos fundamentais*. Uma teoria geral dos direitos fundamentais na perspectiva constitucional. 11. ed. rev. e atual. Porto Alegre: Livraria do Advogado, 2012.

[...] a imposição de diversos deveres de proteção ao Estado, efetivados não apenas por meio da edição de normas penais, mas também por meio de normas e medidas diversas nas áreas da vigilância sanitária, da tutela do consumidor, da proteção do trabalhador e de outros grupos sociais (v.g., dos idosos e das crianças e dos adolescentes), assim como na esfera ambiental.[34]

Se a racionalidade objetiva constitui um lado desta *moeda*, a racionalidade subjetiva constitui o outro. Com efeito, esta perspectiva subjetiva do direito à proteção da saúde tem sido tema dos mais espinhosos e mais controvertidos para aqueles que se dedicam ao estudo dos direitos sociais.

Isso porque o reconhecimento da proteção da saúde como direito subjetivo, em especial o reconhecimento do subdireito a obter-se do Estado prestações materiais, atrelado a um subsistema público deficitário e a uma falta de determinação de critérios precisos de julgamento em matérias atinentes a este tema, tem propiciado, no Brasil, um alarmante crescimento do fenômeno assim chamado de "judicialização da saúde".

Por essa razão, parte reticente da doutrina passou a questionar a possibilidade de se considerar um direito fundamental social, como o é a proteção da saúde, verdadeiro, efetivo e exigível direito subjetivo. A controvérsia dogmática atual subjaz, então, nestes termos: o direito à proteção da saúde consiste em um direito subjetivo constitucionalmente garantido – a precipitar todas as consequências jurídico-constitucionais próprias de um reconhecimento como este –, ou, ao contrário, se trata apenas de mera expectativa de direito – ante a sua anunciada concretização "mediante políticas sociais e econômicas"?

Um primeiro ponto a se considerar na busca de uma resposta a esta questão tem a ver com a necessidade de se distinguir e determinar o que significa um *enunciado sobre direito* e um *enunciado sobre proteção*, ou, de outra maneira, o sentido necessário de um *direito a algo* e o sentido essencial de um *direito à proteção judicial de algo*.[35]

Como bem referiu Sarlet, o significado corrente de direito subjetivo tem correspondido, no âmbito da dogmática constitucional, à possibilidade de o titular do direito fazer valer judicialmente os poderes, as liberdades ou mesmo o direito à ação ou às ações negativas ou positivas que lhe foram outorgadas pela norma consagradora do direito fundamental em questão.[36]

É dizer, a ideia de *direito à proteção judicial de algo* tem esgotado todo o significado jurídico-constitucional de direito subjetivo, e isto é um equívoco.

Com Alexy tem-se que o significado normativo de se *ter direito à proteção da saúde* ("*a* tem um direito a *G*") é completamente diverso do significado normativo de se *ter direito à proteção judicial do direito à proteção da saúde* ("*a* pode alegar a violação do seu direito a *G* por meio de uma demanda judicial"). E isto pela razão simples de se tratarem de direitos *a algo* diversos.[37]

---

[34] SARLET, Ingo Wolfgang. Comentário ao artigo 196. In: CANOTILHO, José Joaquim Gomes et al. *Comentários à Constituição do Brasil*. São Paulo: Saraiva/Almedina, 2013. p. 4529.

[35] ALEXY, Robert. *Teoria dos direitos fundamentais*. Tradução de Virgílio Afonso da Silva. São Paulo: Malheiros, 2008. p. 184-190.

[36] SARLET, Ingo Wolfgang; MARINONI, Luiz Guilherme; MITIDIERO, Daniel. *Curso de direito constitucional*. São Paulo: Revista dos Tribunais, 2012. p. 295.

[37] ALEXY, Robert. *Teoria dos direitos fundamentais*. Tradução de Virgílio Afonso da Silva. São Paulo: Malheiros, 2008. p. 187.

É dizer: o direito de demandar judicialmente, embora instrumental e indispensável à concretização de outros direitos fundamentais, constitui norma jusfundamental com objeto próprio e existência autônoma; consubstancia exatamente o *direito a provocar* (*direito a algo*) a jurisdição por meio de um processo judicial a fim de alegar a violação de um *direito a algo*.

Por assim ser, a noção de direito subjetivo não se pode esgotar apenas e tão somente num *direito à proteção judicial* que, embora necessário, não satisfaz a finalidade prática de garantia de vantagem, lucro ou utilidade típica de outros direitos subjetivos, como se tem no caso da proteção da saúde.[38] Mas esta não é a única razão.

A este fundamento técnico-normativo acresça-se outro mais, também com Alexy: a interdição de justiciabilidade a determinadas normas instituidoras de direitos fundamentais não acarreta, ou não implica, o desaparecimento destes mesmos direitos fundamentais estatuídos por estas normas.[39] O fato de se ter uma maioria de direitos subjetivos garantidos pelo também direito subjetivo à tutela judicial não significa que todas as normas instituidoras de direitos subjetivos devam assim ser garantidas, e isto não implica a supressão da sua qualidade de direito subjetivo.

Com efeito, é perfeitamente possível que determinado direito subjetivo seja assim reconhecido pelo ordenamento sem que isto implique, à luz do sistema constitucional, no correspondente reconhecimento da sua justiciabilidade. Seja porque esta própria justiciabilidade é incompatível com a sua estrutura normativa e com o papel por si desempenhado, seja porque o ordenamento simplesmente lhe recusa tal garantia.[40]

Não por outra razão é que se reputa ser um equívoco considerar que a anunciada concretização "mediante políticas sociais e econômicas" retiraria do direito à proteção da saúde sua qualidade de direito subjetivo para fazer dele apenas miragem de direito, mera expectativa.

O enunciado normativo da Cláusula Constitucional nº 196 da Constituição brasileira não deixa dúvidas: "A saúde é direito de todos e dever do Estado"; isto é, tem-se a indiscutível determinação do direito de *B* à proteção da saúde em face do Estado e da sociedade em geral.

Tudo isto para, diante deste quadro e longe de se ter pretendido pôr fim à controvérsia dogmática há tempos instaurada, reconhecer no direito à proteção da saúde, como *direito fundamental completo* e abrangente de inúmeros outros subdireitos fundamentais, a categoria dogmática de direito subjetivo.[41]

5 Eficácia e aplicabilidade

Ao tratamento do tópico relativo à eficácia e aplicabilidade dos direitos fundamentais tem procedido a doutrina de maneiras distintas e com diversos modelos

---

[38] ALEXY, Robert. *Teoria dos direitos fundamentais*. Tradução de Virgílio Afonso da Silva. São Paulo: Malheiros, 2008. p. 186.
[39] ALEXY, Robert. *Teoria dos direitos fundamentais*. Tradução de Virgílio Afonso da Silva. São Paulo: Malheiros, 2008. p. 190.
[40] ALEXY, Robert. *Teoria dos direitos fundamentais*. Tradução de Virgílio Afonso da Silva. São Paulo: Malheiros, 2008. p. 190.
[41] ALEXY, Robert. *Teoria dos direitos fundamentais*. Tradução de Virgílio Afonso da Silva. São Paulo: Malheiros, 2008. p. 248.

classificatórios. Existem abordagens baseadas, por exemplo, em *self-executing* e *not self-executing rules*, como concebe Thomas Cooley; em normas de eficácia plena e eficácia limitada, como sugere Vezio Crisafulli; em normas de eficácia direta e indireta, ideia de Zagrebelsky; em normas de eficácia plena, contida ou limitada, clássica proposição de José Afonso da Silva; em normas de organização, definidoras de direito e programáticas, idealização de Luís Roberto Barroso; e muitas outras cuja referência agora se faz impossível.[42]

Entre todos os modelos citados, e outros mais não referenciados, é possível observar que nenhum deles poderia ser aplicado corretamente à norma consagradora do direito à proteção da saúde a ponto de permitir a sua exata taxação como uma norma programática, ou como uma norma *self-executing*, ou, ainda, como uma regra constitucional definidora de direito ou de organização.

Com efeito, já se disse em outras passagens que uma das principais peculiaridades do direito fundamental à proteção da saúde, senão talvez a principal, reside no fato de, não se esgotando somente em um direito ao recebimento de prestações materiais, esmiuçar-se e detalhar-se em distintos outros subdireitos para satisfação total das funções de defesa, proteção ou promoção de si esperadas. Isto significa que, conforme as peculiaridades da situação prática em que invocado, e as características próprias do subdireito em que perspectivado, o direito à proteção da saúde poderá ser reconduzido a uma ou a outra categoria normativa segundo o modelo adotado.

Quer dizer, conforme se ache invocado na situação prática sob a figura de um subdireito de defesa qualquer, ou conforme se ache invocado sob a figura de um subdireito de promoção, tanto poderá ser classificado como uma norma de eficácia plena, ilimitada e aplicabilidade direta e imediata, como não. É de todo sem efeito uma abordagem que intenciona precisar com pretensão de definitividade a eficácia e aplicabilidade do direito à proteção da saúde considerado em sua globalidade.

Uma proposta tecnicamente adequada deve determinar a eficácia e a aplicabilidade do direito à proteção da saúde conforme as situações prático-problemáticas a que é convocado a regular e conforme os subdireitos em que se perspectiva para resolução destas anteriores questões.

6 Justiciabilidade

A justiciabilidade bem poderia enquadrar-se como um subdireito oriundo do conteúdo constitucional do direito à proteção da saúde, como bem pode ser definida e tratada também na forma de uma característica dogmática geral. As razões que conduziram à preferência deste modo de abordagem àquele, ou outro possível, são de fácil intuição: nem todos os subdireitos em que se esmiúça a Cláusula nº 196 da Constituição brasileira são justiciáveis.

Com efeito, restou bem assentado no tópico relativo à racionalidade do direito à proteção da saúde que o seu reconhecimento como um direito subjetivo integral, aí se incluindo obviamente todos os subdireitos em que se discrimina, não precipitava o igual reconhecimento da sua integral justiciabilidade. Era e permanece sendo perfeitamente

---

[42] TAVARES, André Ramos. *Curso de direito constitucional*. 10. ed. rev. atual. São Paulo: Saraiva, 2012. p. 144-122.

possível ter-se a existência e a consagração de direitos subjetivos sem haver uma necessária correspondência com a garantia de justiciabilidade.

Assim, retomando esta conclusão e a desenvolvendo na linha do raciocínio empregada no tópico anterior, tem-se que a determinação de uma justiciabilidade global do direito à proteção da saúde é igualmente equivocada e impossível, pois nem todos os subdireitos em seu conteúdo previstos estão cobertos por esta garantia – o direito à organização de um subsistema público de saúde é exemplo disto.

Isto quer dizer que alguns subdireitos, como o subdireito à informação sobre o próprio estado de saúde, ou o subdireito a receber as prestações materiais de saúde previstas em lei ou regularmente concedidas, são justiciáveis, são exigíveis mediante uma demanda judicial concreta dirigida ao Poder Judiciário, e outros subdireitos, nomeadamente os subdireitos a prestações normativas ou à criação de estruturas, não.

Isto é, na linha da conclusão extraída quanto à eficácia e aplicabilidade, tem-se que a aferição da justiciabilidade do direito à proteção da saúde deve se dar à luz do exame concreto de cada subdireito no qual o seu conteúdo ou as suas intenções normativas podem perspectivar-se.

7 Obrigações gerais do Estado

O direito à proteção da saúde, como direito fundamental social estruturante dos Estados Democráticos de Direito tal como se assumem Brasil e Portugal, não esgota seus efeitos somente na relação jurídica triangular que estabelece entre indivíduo, entidade política e sociedade. Instaura também um vínculo de direito internacional público com a comunidade de Estados soberanos e organismos internacionais.

Isso se deve ao fato de a proteção da saúde estar designada em inúmeros tratados internacionais como um direito humano juridicamente vinculante e obrigatório. Isto significa que estes tratados, como outros documentos jurídicos internacionais voluntariamente ratificados, implicam obrigações legais aos Estados-partes (deveres de respeito, promoção e proteção) e ensejam as suas responsabilizações no caso de vulneração dos direitos que enunciam.[43]

O Pacto Internacional sobre Direitos Econômicos, Sociais e Culturais, produto do processo de "juridicização" da Declaração Universal dos Direitos do Homem, foi ratificado pelo Brasil em 1991, e por Portugal em 1978. Dele decorrem dois deveres gerais para ambos os Estados em relação à proteção da saúde: uma obrigação de realização progressiva e um compromisso com a definição de um nível mínimo de realização.

7.1 Realização progressiva

De fato, a dimensão material que implica o dever do Estado em garantir um conjunto de bens essenciais por meio de prestações juridicamente exigíveis resulta, para os direitos sociais, no seu aspecto normativo mais sobressalente, embora, como já se

---

[43] HUNT, Paul. The right to health: a way forward at the international level. In: HUNT, Paul. *Reclaiming social rights*. International and comparative perspectives. Reprinted. Aldershot: Ashgate Publishing Limited, 1998. p. 131-133.

pôde reforçar, não constitua o único, e não constitua o único com implicações diretas sobre o erário público.

A verdade é que a sua razão de existir, a justificar inclusive o papel principal de si esperado no conjunto da ordem constitucional e internacional, tem sido mesmo a de tornar juridicamente garantido, por meio de um complexo processo de desmercadorização levado a cabo pelo Estado, o acesso e o usufruto de bens essenciais dependentes de recursos econômicos.

Aliás, a peculiaridade dos direitos sociais reside mesmo no fato de tornarem rígidos e inflexíveis, por meio do direito, o acesso e o gozo de bens necessariamente dependentes de condições econômicas favoráveis. Tendo esta peculiaridade em conta, nomeadamente o impacto direto que estas obrigações provocam no orçamento interno dos países, muitas vezes até com a promoção de mudança no perfil dos gastos públicos, manda o Pacto Internacional sobre Direitos Econômicos, Sociais e Culturais que os Estados realizem os direitos sociais em geral e o direito à proteção da saúde, em específico, de maneira progressiva, implementando ao longo do tempo as medidas necessárias à realização prática das suas funções amplas.

Com efeito, a progressividade implicada no núcleo desta obrigação não tem o seu significado jurídico referido a uma mera promessa de realização diluída no tempo e destituída de conteúdo prático efetivo. Não. Até para que isto não ocorra, impõe o Pacto a obrigatoriedade de os Estados "apresentarem relatórios sobre as medidas adotadas e sobre os progressos realizados com o objetivo de assegurar a observância dos direitos econômicos, sociais e culturais".[44]

A progressiva realização significa que o direito à proteção da saúde concretiza-se na medida da evolução técnica, econômica e legislativa do próprio Estado. Isto é, se realiza na proporção do desenvolvimento econômico do país, que suportará os custos imediatos com o financiamento do direito; do desenvolvimento técnico da ciência, que fabricará os meios e métodos de realização do direito (novas tecnologias, novos estudos jurídicos ou sociológicos etc.); e do desenvolvimento legislativo do Estado, que absorverá gradualmente estes meios e métodos de realização e os compatibilizará, em termos legais, às forças do seu orçamento.

Realizar progressivamente o direito à proteção da saúde significa, portanto, adotar em tempo razoável as medidas necessárias e possíveis, de acordo com o nível de desenvolvimento econômico e científico do país, indispensáveis à sua efetiva e prática realização.

7.2 Definição de um nível mínimo de realização

Se o Pacto Internacional sobre Direitos Econômicos, Sociais e Culturais possibilita que os Estados realizem o direito à proteção da saúde de modo paulatino por ter em consideração as já citadas dificuldades de implementação imediata, nem por isso autorizam um total descomprometimento com algum nível de realização.[45] Isto implica que, no quadro de escassez relativa de recursos, o Estado esteja obrigado a considerar as necessidades econômicas oriundas do reconhecimento e incorporação constitucional dos

---

[44] RAMOS, André de Carvalho. *Curso de direitos humanos*. São Paulo: Saraiva, 2014. p. 138.
[45] PIOVESAN, Flávia. *Direitos humanos e o direito constitucional internacional*. 14. ed. São Paulo: Saraiva, 2013. p. 244.

direitos sociais no momento de destinação das verbas públicas, a fim de ver atendidas minimamente algumas das suas exigências.

O Comitê de Direitos Econômicos, Sociais e Culturais tem ainda enfatizado o dever de os Estados-partes assegurar, ao menos, o núcleo essencial mínimo, o *minimum core obligation*, relativamente a cada direito econômico, social e cultural enunciado no Pacto. O dever de observância do mínimo essencial concernente aos direitos econômicos, sociais e culturais tem como fonte o princípio maior da dignidade humana, que é o princípio fundante e nuclear do Direito dos Direitos Humanos, demandado absoluta urgência e prioridade.[46]

Em termos de direito à proteção da saúde, este mínimo envolve, segundo o *Fact Sheet* nº 31 da Organização das Nações Unidas:
1) o direito de acesso aos serviços, aos bens e aos estabelecimentos de saúde sem discriminação, com especial atenção para os grupos vulneráveis;
2) o acesso a alimentos essenciais mínimos aptos ao consumo e suficientes à boa nutrição;
3) o acesso a uma moradia, a serviços de saneamento e abastecimento de água potável adequados;
4) o acesso a medicamentos essenciais; e, por fim,
5) o direito à distribuição equitativa dos estabelecimentos de saúde, dos serviços e bens.[47]

8 Reservas condicionantes do direito à proteção da saúde

Como se sabe, as reservas incidentes sobre determinado dever fundamental estadual variam conforme se trate este de um dever de proteção, defesa ou promoção. Isto é, conforme a função que no caso concreto esteja a cumprir o dever estadual de proteção da saúde, as reservas que o afetarão serão umas ou serão outras, e estas reservas condicionantes estabelecerão o limite e o modo de atuação a ser empregado pelos poderes do Estado quando da sua satisfação.[48] Parece importante, por essa razão, que o leitor encontre neste nosso percurso uma referência brevíssima acerca das reservas jurídico-dogmáticas que afetam o direito à proteção da saúde.

8.1 Reserva geral imanente de ponderação[49]

Entre todas as possíveis limitações a direitos fundamentais não expressamente autorizadas pela Constituição já suscitadas na doutrina constitucional, e entre todas as que ainda hoje dão ensejo a profundas divergências teóricas, está a reserva geral imanente

---

[46] PIOVESAN, Flávia. *Direitos humanos e o direito constitucional internacional*. 14. ed. rev. e atual. São Paulo: Saraiva, 2013. p. 244.
[47] ORGANIZAÇÃO DAS NAÇÕES UNIDAS. *The right to health*. Fact sheet n. 31. Disponível em: <http://www.ohchr.org/Documents/Publications/Factsheet31.pdf>. Acesso em: 4 abr. 2016.
[48] NOVAIS, Jorge Reis. *Direitos sociais*. Teoria jurídica dos direitos sociais enquanto direitos fundamentais. Coimbra: Coimbra Editora, 2010.
[49] Num sentido contrário ao que se segue em todo este tópico, Cf.: CANOTILHO, José Joaquim Gomes. *Direito constitucional e teoria da Constituição*. 7. ed. Coimbra: Almedina, 2013. p. 1279- 1283.

de ponderação. Esta sua centralidade pode ser justificada não só pelo entusiasmo e pela desconfiança gerada em uns e outros com a solução metódica simplificada que prevê para o complexo problema do conflito entre dois bens jusfundamentais, mas, também, pelo fato de constituir uma afetação em cujos próprios modelos de justificação e fundamentação se reconhecem muitas debilidades.

Sem procurar adentrar numa prospecção detida acerca do melhor modelo de fundamentação para afirmá-la, tampouco numa análise perfunctória e contestatória dos argumentos utilizados para rejeitá-la, evitando-se, ainda, propor uma reelaboração do método de solução do conflito entre direitos fundamentais a fim de convencer os reticentes da sua adequabilidade, assumimos e reconhecemos a existência de *uma reserva geral imanente de ponderação*.

Uma reserva geral imanente de ponderação que se mostra constituída por duas ideias principais e cuja articulação confere o sentido normativo que a locução visa expressar. A primeira ideia é esta: todos os direitos fundamentais, pelo menos num plano ideal e abstrato, possuem fronteiras delimitadas ou delimitáveis cuja cedência eventualmente deve ocorrer, quer queira-se quer não, ante a "obrigação de cumprimento de outras normas e princípios constitucionais".[50]

Não se admite uma concepção de direitos fundamentais não assente sobre esta ideia de uma limitação intrinsecamente existente, pressuposto implícito fundante e fundamentante que os acompanha da sua criação à sua extinção – daí a *imanência* capitulada como reserva geral.[51]

A compatibilização entre bens jusfundamentais em colisão somente é possível mediante o procedimento da ponderação – é a segunda ideia. A este sentido de reserva geral como direitos não absolutos, direitos de fronteiras restringíveis, acrescenta-se a "ponderação" como ato ou efeito da prática da *prudentia* na seleção do bem predominante e no teste do juízo adotado.[52] Como refere Reis Novais:

> [...] ao contrário do que se poderia erroneamente inferir desta qualificação, quando os poderes constituídos, fundamentados nessa reserva, procedem à harmonização ou compatibilização de bens, no sentido da solução das colisões entre os interesses de liberdade e os interesses que se lhes opõem ou podem vir a opor nos casos concretos, não procedem à mera *declaração* de limites já existentes, mas determinam, de uma maneira geral constitutivamente, de entre várias hipóteses de solução ao seu dispor, o *se*, o *como* e o *quanto* da eventual cedência (restrição) dos direitos fundamentais.[53]

A reserva geral imanente de ponderação não tem um campo próprio e um nível específico de aplicação. Como a Constituição se impõe a todos os poderes do Estado nos três níveis federativos que os constituem, a sua incidência se dá em qualquer dos planos verticais e em qualquer dos planos horizontais sempre que se necessitar, em

---

[50] NOVAIS, Jorge Reis. *As restrições aos direitos fundamentais não expressamente autorizadas pela Constituição*. 2. ed. Coimbra: Coimbra Editora, 2010. p. 569.
[51] ANDRADE, José Carlos Vieira de. *Os direitos fundamentais na Constituição portuguesa de 1976*. 5. ed. Coimbra: Almedina, 2012. p. 271.
[52] ANDRADE, José Carlos Vieira de. *Os direitos fundamentais na Constituição portuguesa de 1976*. 5. ed. Coimbra: Almedina, 2012. p. 571.
[53] ANDRADE, José Carlos Vieira de. *Os direitos fundamentais na Constituição portuguesa de 1976*. 5. ed. Coimbra: Almedina, 2012. p. 570-571.

razão da prevalência concreta de um bem jusfundamental sobre outro, limitar um direito fundamental.

Com isto, portanto, tem-se que a incidência da reserva não só acontece nos planos legal e processual quando o Poder Legislativo ou o Poder Judiciário, respectivamente, pretendam atuar uma limitação a um direito fundamental; o Poder Executivo, quando defrontado concretamente com um caso de colisão, também tem de operá-la a fim de dar consecução à sua atividade.

Com efeito, a consideração de que nenhum dos poderes do Estado possui o monopólio da operacionalização e aplicação da reserva geral imanente de ponderação, e, por isso, não se pode falar em uma correspondência da sua incidência com um campo próprio e nível específico governamental, também parece fazer sentido quando se trata de correlaciona-la com exclusividade ao dever fundamental estadual de respeito aos direitos fundamentais.

Isto é, consideramos que a reserva imanente de ponderação opera seus efeitos de afetação dos direitos fundamentais independentemente da natureza do dever (defesa, proteção e promoção) que esteja em causa – embora com intensidades distintas –, e independentemente da eventual incidência simultânea de outra reserva condicionante. Nada impede que, no caso concreto posto à apreciação do intérprete, tanto se tenha uma restrição operada em razão da afetação operada pela reserva geral imanente de ponderação e da operada por outra reserva condicionante.

É somente dentro desta leitura que subscrevemos as considerações de Reis Novais, quando considera haver uma correlação necessária entre cada tipo de reserva com cada tipo de função cumprida pelos direitos fundamentais, isto é, uma correlação em razão da *preponderância* que se verifica *ab initio* entre a função cumprida pelo direito fundamental e a reserva que lhe afeta, e não em razão de uma correlação exclusiva e excludente dos demais tipos de afetação.[54]

Com efeito, as razões para considerar-se a reserva geral imanente de ponderação uma condicionante jurídica do direito à proteção da saúde são de todo óbvias: constituindo direito fundamental social, só se pode ter sido fundado em cima deste pressuposto normativo implícito de direito limitado, não absoluto, cuja aplicação eventualmente pode ser afetada em razão da prevalência de outro direito digno de proteção e respeito.

Não existindo uma correlação necessária entre si e um tipo específico de função dos direitos fundamentais (defesa, proteção e promoção), sua incidência pode perfeitamente se dar sobre qualquer um dos subdireitos reconhecidos no tópico precedente, embora reconheçamos uma preponderância da sua aplicação aos direitos negativos de liberdade.

8.2 Reserva do politicamente adequado ou oportuno

Entre todos os direitos fundamentais reconhecidos implícita ou expressamente pela Constituição, há aqueles cujo conteúdo encontra-se já de partida determinado pelo texto constitucional; há aqueles em que o conteúdo, embora ainda não determinado, se

---

[54] NOVAIS, Jorge Reis. *As restrições aos direitos fundamentais não expressamente autorizadas pela Constituição*. 2. ed. Coimbra: Coimbra Editora, 2010. p. 152.

pode determinar a partir do que consta no próprio texto constitucional; e há aqueles em que a tarefa de adensamento ou determinação do conteúdo o constituinte transferiu ou remeteu ao legislador ordinário.

Nestes direitos, cujo adensamento ou determinação do conteúdo cabe prioritariamente ao legislador ordinário, o que se pede ao Estado em geral é que realize determinada atuação "susceptível de concretização numa multiplicidade de ações" e sempre dependente "de uma avaliação de ponderação e concordância prática e concreta entre valores e de juízos de prognose relativamente às medidas a tomar", o que os sujeita a uma designada *reserva do politicamente oportuno ou adequado*.[55]

A reserva do politicamente oportuno ou adequado designa a restrição que pode vir a incidir sobre determinado direito fundamental em razão de a tarefa de determinação do *quando*, do *como* e do *quanto* da sua satisfação estar, em geral, dependente de um juízo político de conveniência e oportunidade.[56]

É dizer, o legislador ordinário, no caso destes direitos cuja determinação do meio/modo, da quantidade, e do momento de satisfação lhe cabe especificar por ordem da Constituição, tanto tem a possibilidade de proceder a um detalhamento profundamente exaustivo e, portanto, mais benéfico, quanto pode modificar ou reduzir alguns aspectos que a legislação anterior tornava mais benéfica, mas que, agora, não mais se justificam por razões políticas de conveniência e oportunidade.[57]

Com efeito, a ausência de conformação ou regulação do conteúdo de um direito ao qual expressa ou implicitamente a Constituição determinou a que o legislador ordinário procedesse constitui, desde logo, uma restrição deste direito fundamental, mas uma restrição inconstitucional e suscetível de sindicalização judicial. A alteração do meio/modo, da quantidade, e do momento de satisfação constitui também uma afetação deste mesmo direito fundamental, mas, ao contrário, uma restrição legitimamente autorizada pela Constituição e insuscetível de sindicalização judicial.

Da mesma maneira como a reserva geral imanente de ponderação, a reserva do politicamente oportuno também se aplica a todos direitos fundamentais, já que todos estes direitos possibilitam um detalhamento ou alargamento de conteúdo maior ou menor. Difere, no entanto, por constituir-se numa reserva a que somente os poderes Legislativo e Executivo podem operar, seja em razão de determinação expressa da Constituição, seja em razão de determinação e remissão implícita.

Assim, a reserva do politicamente oportuno ou adequado tem campo de incidência própria – o processo legislativo –, possibilidade de operacionalização restringida – prioritariamente o Poder Legislativo a operacionaliza, e numa escala menor o Poder Executivo –, e nível governamental de incidência inespecífico, em razão da adoção do citado modelo de Estado federal no Brasil.

Em que medida a reserva do politicamente adequado afeta o direito à proteção da saúde? Em geral, o conteúdo dos direitos fundamentais sociais está positivado no texto constitucional com uma larga medida de indeterminação, indeterminação que somente

---

[55] NOVAIS, Jorge Reis. *As restrições aos direitos fundamentais não expressamente autorizadas pela Constituição*. 2. ed. Coimbra: Coimbra Editora, 2010. p. 132-133.
[56] NOVAIS, Jorge Reis. *As restrições aos direitos fundamentais não expressamente autorizadas pela Constituição*. 2. ed. Coimbra: Coimbra Editora, 2010. p. 150.
[57] NOVAIS, Jorge Reis. *As restrições aos direitos fundamentais não expressamente autorizadas pela Constituição*. 2. ed. Coimbra: Coimbra Editora, 2010. p. 150.

se supera através da atividade conformadora levada a cabo predominantemente pelo Poder Legislativo e, numa menor escala, pelo Poder Executivo.[58]
É dizer:

> [...] quanto aos direitos sociais, pelo menos quando se considera a sua dimensão principal assente na realização de deveres estatais de promoção do acesso individual aos bens sociais jusfundamentalmente protegidos, o seu conteúdo não é, em geral, constitucionalmente determinado ou determinável: a norma constitucional de direito fundamental não cria, ela própria, em termos definitivos, um âmbito delimitado de acesso reconhecido, abrindo, todavia, essa possibilidade e impondo essa obrigação aos competentes órgãos do Estado, designadamente ao legislador democraticamente legitimado.[59]

Isso significa que, à partida, a definição do meio/modo, quantidade, e momento de satisfação deste direito encontra-se submetida a um juízo político de oportunidade e conveniência dos poderes constituídos e, portanto, sujeita a uma reserva do politicamente adequado, quadro que depois vai se alterar e especificar conforme a natureza de cada um dos subdireitos que compõem esse direito.

8.3 Reserva do financeiramente possível

Todos os direitos fundamentais implicam custos, "todos os direitos fazem reivindicações sobre o erário público",[60] é a primeira consideração que deve ser levada a sério em um tópico dedicado à delicada e controvertida *reserva do financeiramente possível*.

Com efeito, vimos no tópico anterior que entre os direitos fundamentais há aqueles em que a tarefa de adensamento ou determinação do conteúdo o constituinte transferiu ou remeteu ao legislador ordinário, e que, portanto, estariam assim sujeitos a uma reserva do politicamente oportuno. Vimos, também, que esta é a maneira como em geral os direitos sociais encontram-se positivados na Constituição, isto é, com certo grau de indeterminação.

Uma das razões dogmáticas, entre tantas outras, utilizadas para justificar este modo de positivação dos direitos sociais está precisamente a que considera essa sua dimensão econômica característica. É que, se os direitos sociais, pelo menos numa dimensão principal, destinam-se a conferir um conjunto de prestações sociais dependentes de alguma disponibilidade econômica, então não tem como o legislador constituinte à partida definir de modo preciso e definitivo os seus conteúdos.

> [...] a não ser que a Constituição expressamente consagre uma pretensão, um direito ou um dever de realizar dada prestação social em termos precisos e definitivos – o que será, todavia, sempre uma excepção –, todos os direitos sociais, na sua dimensão principal, são entendidos como intrinsecamente condicionados por aquela reserva, mesmo que o legislador constituinte não a refira explicitamente. Nenhum legislador constituinte se

---

[58] CANOTILHO, José Joaquim Gomes. *Direito constitucional e teoria da Constituição*. 7. ed. Coimbra: Almedina, 2013. p. 1264.
[59] NOVAIS, Jorge Reis. *As restrições aos direitos fundamentais não expressamente autorizadas pela Constituição*. 2. ed. Coimbra: Coimbra Editora, 2010. p. 151.
[60] HOLMES, Stephen; SUNSTEIN, Cass R. *The cost of rights*: why liberty depends on taxes. New York: W. W. Norron & Company, 2000. p. 15. Tradução livre.

vincularia, à partida, à garantia da realização dos direitos sociais sem essa salvaguarda; ela é tida como um dado natural, implícito, e, de resto, quando os direitos sociais começaram a ser consagrados nos documentos internacionais, a reserva do possível era expressamente citada.[61]

A reserva do financeiramente possível designa, assim, a restrição que pode vir a incidir sobre determinado direito fundamental em razão do despontar ou do agravamento de um quadro de escassez de recursos econômicos.[62]

O legislador ordinário, no caso destes direitos cuja realização pelo menos em uma dimensão principal depende diretamente de certa disponibilidade financeira, tanto pode proceder a um alargamento da prestação concedida dentro de um quadro econômico favorável, tornando-a, portanto, mais benéfica, quanto pode modificar ou reduzir a amplitude desta prestação caso a condição econômica que outrora se verificava deixe de existir, tornando-a mais estrita. A reserva do financeiramente possível constitui, assim, uma espécie de afetação conjuntural, que vai operar conforme os acertos e desacertos da economia estatal.

Por assim ser, a reserva do financeiramente possível só pode ser manipulada pelo Poder Legislativo no âmbito do processo legislativo. Isto é, a diminuição restritiva de determinada prestação social constituinte do conteúdo de um direito fundamental social só pode ser concretizada pelo Poder Legislativo e somente sob as regras específicas do procedimento de modificação das leis, dado o seu caráter relevante para o bem-estar da sociedade.

As razões que tornam esta uma reserva incidente no direito à proteção da saúde também são autoevidentes. É dizer, sendo a área social o domínio em que as exigências e necessidades se tornam cada vez mais elevadas, acentuando-se este quadro de escassez relativa de recursos, certamente as prestações concedidas sofrerão consideráveis prestações.

Considerações finais

Contrariando o que o termo antecipa, não será nossa a intenção de dar um desfecho definitivo ao tema desenvolvido. Não. Este momento derradeiro, encaramo-lo apenas como mais uma oportunidade para voltar a insistir em alguns pontos da nossa reflexão, e quanto a eles caberá voltar a dizer-se o seguinte.

Em primeiro lugar, de uma perspectiva mais geral, esperamos ter deixado suficientemente claro ao leitor que o conteúdo dogmático do direito à proteção da saúde é bastante complexo e não esgota essa sua complexidade normativa apenas nos temas que despontam do subdireito a receber prestações materiais de saúde. É muito mais amplo, e a quantidade de temas tratados ao longo do nosso percurso o comprovam.

Em segundo lugar, e relativamente aos temas da racionalidade subjetiva e justiciabilidade do direito à proteção da saúde, esperamos ter esclarecido que a noção de direito subjetivo não se exaure num direito à proteção judicial e que, no caso da norma

---

[61] NOVAIS, Jorge Reis. *As restrições aos direitos fundamentais não expressamente autorizadas pela Constituição*. 2. ed. Coimbra: Coimbra Editora, 2010. p. 101.
[62] NOVAIS, Jorge Reis. *As restrições aos direitos fundamentais não expressamente autorizadas pela Constituição*. 2. ed. Coimbra: Coimbra Editora, 2010. p. 150.

inscrita no art. 196 da Constituição do Brasil, a justiciabilidade de alguns dos seus subdireitos deve apurar-se topicamente, tendo em conta as suas particulares intenções normativas, os objetos de tutela e a eventual interdição constitucional de justiciabilidade.

O mesmo vale para a eficácia e aplicabilidade, isto é, para nós remanesce que uma proposta tecnicamente adequada deve determinar a eficácia e a aplicabilidade do direito à proteção da saúde conforme as situações prático-problemáticas a que é convocado a regular, e conforme os subdireitos em que se perspectiva para resolução destas anteriores questões, descabendo uma tal indicação para o direito como todo.

Por fim, não estaria completa nossa reflexão se tivéssemos ignorado o tema das suas reservas condicionantes, informações com as quais buscamos prover o leitor a fim de demonstrar como elas influenciam e impactam, nomeadamente quanto às reservas do politicamente oportuno e do economicamente possível, na seleção das prestações materiais de saúde a fornecer. Esta, portanto, a nossa singela e humilde homenagem.

Referências

ALEMANHA. Parlamento Federal Alemão. *Lei Fundamental da República Federal da Alemanha*. Tradução de Assis Mendonça. Berlim: [s.n.], 2011. Disponível em: <https://www.btg-bestellservice.de/pdf/80208000.pdf>. Acesso em: 4 abr. 2016.

ALEXY, Robert. *Teoria dos direitos fundamentais*. Tradução de Virgílio Afonso da Silva. São Paulo: Malheiros, 2008.

AMARAL, Maria Lúcia. *A forma da república*: uma introdução ao estudo do direito constitucional. Coimbra: Coimbra Editora, 2012.

ANDRADE, José Carlos Vieira de. *Os direitos fundamentais na Constituição portuguesa de 1976*. 5. ed. Coimbra: Almedina, 2012.

BARRA, Tiago Viana. Breves considerações sobre o direito à protecção da saúde. *Revista O Direito*, Lisboa, n. 144, p. 411-445, 2012.

BASTIDA, Francisco José. ¿Son los derechos sociales derechos fundamentales? In: MANRIQUE, Ricardo García (Org.). *Robert Alexy*. Derechos sociales y ponderación. 2. ed. Madrid: Fundación Coloquio Jurídico Europeo, 2009.

BÖCKENFÖRDE, Ernest Wolfgang. La democracia como principio constitucional. In: BÖCKENFÖRDE, Ernest Wolfgang. *Estudios sobre el Estado de Derecho y la democracia*. Tradução de Rafael Serrano. Madrid: Trotta, 2000.

CANOTILHO, José Joaquim Gomes. *Direito constitucional e teoria da Constituição*. 7. ed. Coimbra: Almedina, 2013.

DALLARI, Sueli Gandolfi. A construção do direito à saúde no Brasil. *Revista de Direito Sanitário*, São Paulo, v. 9, n. 3, p. 9-34, nov. 2008/fev. 2009. Disponível em: <http://www.revistas.usp.br/rdisan/article/view/13128>. Acesso em: 18 mar. 2014.

ESTORNINHO, Maria João; MACIERINHA, Tiago. *Direito da saúde*. Lisboa: Universidade Católica, 2014.

GAMEIRO, Ian Pimentel. A eficácia horizontal dos direitos fundamentais na perspectiva do teletrabalho: uma releitura. *Revista Intervenção, Estado e Sociedade*, v. 2, p. 19-33, 2014. Disponível em: <http://www.revista.projuriscursos.com.br/index.php/revista-projuris/article/view/11>. Acesso em: 23 maio 2015.

GAMEIRO, Ian Pimentel. O conteúdo constitucional do direito à proteção da saúde no direito luso-brasileiro: subdireitos. *Revista Online Especializada en Derecho de la Comunicación*, v. 19, p. 117-135, 2015. Disponível em: <http://www.derecom.com/secciones/articulos-de-fondo/item/82-o-conteudo-constitucional-do-direito-a-protecao-da-saude>. Acesso em: 21 maio 2016.

GAMEIRO, Ian Pimentel. *O conteúdo constitucional do direito à proteção da saúde*. Dissertação (Mestrado em Direito) – Faculdade de Direito, Universidade de Coimbra, Coimbra, 2015.

HART, Hebert. *The concept of law*. 2. ed. Oxford: Clarendon Press, 1994.

HESSE, Konrad. *Temas fundamentais do direito constitucional*. Tradução de Carlos Almeida, Gilmar Mendes, Inocêncio Coelho. São Paulo: Saraiva, 2009.

HOLMES, Stephen; SUNSTEIN, Cass R. *The cost of rights*: why liberty depends on taxes. New York: W. W. Norron & Company, 2000.

HUNT, Paul. The right to health: a way forward at the international level. In: HUNT, Paul. *Reclaiming social rights*. International and comparative perspectives. Reprinted. Aldershot: Ashgate Publishing Limited, 1998.

LOUREIRO, João Carlos Simões. *Constituição e biomedicina*. Contributo para uma teoria dos deveres bioconstitucionais na esfera da genética humana. Dissertação (Doutorado em Direito) – Faculdade de Direito, Universidade de Coimbra, Coimbra, 2003. v. II.

MENDES, Gilmar Ferreira. *Direitos fundamentais e controle de constitucionalidade*: estudos de direito constitucional. 4. ed. rev. e ampl. São Paulo: Saraiva, 2012.

MENDES, Gilmar Ferreira; BRANCO, Paulo Gustavo Gonet. *Curso de direito constitucional*. 9. ed. rev. atual. São Paulo: Saraiva, 2014.

NOVAIS, Jorge Reis. *As restrições aos direitos fundamentais não expressamente autorizadas pela Constituição*. 2. ed. Coimbra: Coimbra Editora, 2010.

NOVAIS, Jorge Reis. *Direitos sociais*. Teoria jurídica dos direitos sociais enquanto direitos fundamentais. Coimbra: Coimbra Editora, 2010.

ORGANIZAÇÃO DAS NAÇÕES UNIDAS. *The right to health*. Fact sheet n. 31. Disponível em: <http://www.ohchr.org/Documents/Publications/Factsheet31.pdf>. Acesso em: 4 abr. 2016.

PIOVESAN, Flávia. *Direitos humanos e o direito constitucional internacional*. 14. ed. São Paulo: Saraiva, 2013.

RAIMUNDO, Miguel Assis. A administração da saúde em tempos de crise. In: GONÇALVES, Pedro *et al*. *A crise e o direito público*. Encontro de professores portugueses de direito público – 6. Lisboa: Instituto de Ciências Jurídico-Políticas, 2013.

RAMOS, André de Carvalho. *Curso de direitos humanos*. São Paulo: Saraiva, 2014.

SAGÜÉS, Néstor Pedro. *Manual de derecho constitucional*. Buenos Aires: Astrea, 2007.

SARLET, Ingo Wolfgang. *A eficácia dos direitos fundamentais*. Uma teoria geral dos direitos fundamentais na perspectiva constitucional. 11. ed. rev. e atual. Porto Alegre: Livraria do Advogado, 2012.

SARLET, Ingo Wolfgang. Comentário ao artigo 196. In: CANOTILHO, José Joaquim Gomes *et al*. *Comentários à Constituição do Brasil*. São Paulo: Saraiva/Almedina, 2013.

SARLET, Ingo Wolfgang; FIGUEIREDO, Mariana Filchtiner. Reserva do possível, mínimo existencial e direito à saúde: algumas aproximações. In: SARLET, Ingo Wolfgang. *Direitos fundamentais*: orçamento e reserva do possível. Porto Alegre: Livraria do Advogado, 2008.

SARLET, Ingo Wolfgang; MARINONI, Luiz Guilherme; MITIDIERO, Daniel. *Curso de direito constitucional*. São Paulo: Revista dos Tribunais, 2012.

TAVARES, André Ramos. *Curso de direito constitucional*. 10. ed. rev. atual. São Paulo: Saraiva, 2012.

VALE, Luís António Malheiro Meneses do. *Racionamento e racionalização no acesso à saúde*. Contributo para uma perspectiva jurídico-constitucional. Dissertação (Mestrado em Direito) – Faculdade de Direito, Universidade de Coimbra, Coimbra, 2007. v. II.

WILHELMI, Marco Aparicio. Los derechos sociales en la Constitución española: algunas líneas para su emancipación. In: VALIÑO, Vanesa (Org.). *Defender y repensar los derechos sociales en tiempo de crisis*. Barcelona: Observatori Desc, 2009.

Informação bibliográfica deste texto, conforme a NBR 6023:2002 da Associação Brasileira de Normas Técnicas (ABNT):

GAMEIRO, Ian Pimentel. Quadro de uma dogmática do direito à proteção da saúde na Constituição do Brasil: diálogos com a Constituição portuguesa. In: PINTO, Hélio Pinheiro; LIMA NETO, Manoel Cavalcante de; LIMA, Alberto Jorge Correia de Barros; SOTTO-MAYOR, Lorena Carla Santos Vasconcelos; DIAS, Luciana Raposo Josué Lima (Coords.). *Constituição, direitos fundamentais e política*: estudos em homenagem ao professor José Joaquim Gomes Canotilho. Belo Horizonte: Fórum, 2017. p. 77-100. ISBN 978-85-450-0185-0.

A PARTIR DA CONSTITUIÇÃO DIRIGENTE DE J. J. GOMES CANOTILHO

LUIZ EDSON FACHIN *
MIGUEL GUALANO DE GODOY

Consideração introdutória

Revisitando categorias e conceitos centrais da obra de J. J. Gomes Canotilho, especialmente sua compreensão e proposta de Constituição Dirigente, o presente artigo busca apenas apresentar aspectos teóricos e práticos de possíveis sentidos e funções da nossa jurisdição constitucional pátria.

É certo que a gênese da vigência Constituição da República inaugurou uma nova ordem político-jurídica no Brasil. Isso não significa, no entanto, desconsiderar tanto o legado constitucional brasileiro quanto o contexto que se formou em torno de 1988; também não quer dizer que se tenha engessado o futuro e enclausurado, como consequência, todas as suas potencialidades democráticas e dialógicas.

Muito pelo contrário, a Constituição adquiriu a posição de grande marco e norte da narrativa constitucional brasileira, que viu ser colocada em movimento verdadeira virada de compreensão.[1]

Não é por outro motivo que, em sede doutrinária, já se intentou colaborar com a releitura do direito privado, em especial do direito civil, a partir das lentes da centralidade da Constituição e dos direitos fundamentais.[2]

Sintetizar esse deslocamento mais geral – não obstante a facilidade de sua percepção – não é tarefa singela. O que propomos é uma mirada atenta para as perguntas que nós mesmos formulamos sobre a nossa lei fundamental. Retomemos, aqui, esse fio condutor para prestar a justa e merecida homenagem a quem descortinou, no tempo contemporâneo, aspectos teóricos e práticos do papel central da Constituição. Ideias e expressões são aqui recolocadas a partir de uma sistematização singela que enaltece, mediante algumas problematizações, o sentido e o alcance nuclear da Constituição.

---

[1] É possível resgatar o gérmen dessa mudança já nos discursos e embates ocorridos durante o processo constituinte.
[2] Preocupação que se vê em autores como Gustavo Tepedino, Paulo Luiz Neto Lobo, entre outros, e em várias obras como: FACHIN, Luiz Edson. *Teoria crítica do direito civil*. 3. ed. Rio de Janeiro: Renovar, 2012; FACHIN, Luiz Edson. *O estatuto jurídico do patrimônio mínimo*. 2. ed. Rio de Janeiro: Renovar, 2006.

Na atual ambiência histórica, é admissível e legítimo que reiteremos a insuficiência da interpelação "o que é uma Constituição?", que passa a ser substituída pela indagação "o que uma Constituição constitui?", como bem pontuado nas lições de Menelick de Carvalho Netto e Guilherme Scotti.[3] A Constituição de 1988 inaugura uma ordem política e normativa nova, pois ela deixa de ser entendida como mero documento organizador do poder do Estado e passa a ser compreendida como o compromisso fundamental de uma comunidade de pessoas que se reconhecem reciprocamente como livres e iguais.[4]

Como já assentamos,[5] a Constituição não é mais tão somente documento político organizador do Estado em que competências são meramente repartidas e freios ao político estabelecidos, mas verdadeiro projeto de construção nacional, mediante a fórmula não apenas do Estado de Direito, mas do Estado Democrático de Direito, fundado na soberania, na cidadania, na dignidade da pessoa humana, bem como no pluralismo político e nos valores sociais do trabalho e da livre iniciativa (art. 1º).

Esse Estado Democrático, consoante já defendemos,[6] se vê dotado de princípios e objetivos expressamente estampados nos arts. 3º e 4º da Constituição, texto fundamental em que se prevê um extenso rol de direitos e garantias fundamentais (topograficamente concentrado em grande parte nos arts. 5º a 17), redefinindo, com isso, a organização e a separação entre os poderes como um todo.

Trata-se de um compromisso fundamental da comunidade em sua plena potencialidade, constituída por cidadãos cuja igual dignidade é reconhecida em seu momento constituinte como norte ético.

Como já asseveramos em outra oportunidade,[7] os direitos fundamentais, de titularidade de brasileiros e estrangeiros residentes (com a importante extensão de alguns dos direitos fundamentais aos estrangeiros não residentes a partir da interpretação sistemática da Constituição pelo Supremo Tribunal Federal, notadamente o direito de liberdade e a garantia constitucional do *habeas corpus*), apresentam uma plêiade de funções que se ligam diretamente às suas características comuns apontadas pela doutrina.[8]

---

[3] Nas palavras dos autores, "[...] Com este giro [linguístico] a questão deixa de ser 'o que é uma Constituição?' A teoria passa a operar agora a partir da postura de um participante interno que tem como foco central o que ela constitui, ou seja, a comunidade de pessoas que se reconhecem reciprocamente como livres e iguais na concretude de suas vivências cotidianas, considerada sincrônica e diacronicamente" (CARVALHO NETTO, Menelick de; SCOTTI, Guilherme. *Os direitos fundamentais e a (in)certeza do direito*: a produtividade das tensões principiológicas e a superação do sistema de regras. Belo Horizonte: Fórum, 2011. p. 19-20).

[4] CARVALHO NETTO, Menelick de; SCOTTI, Guilherme. *Os direitos fundamentais e a (in)certeza do direito*: a produtividade das tensões principiológicas e a superação do sistema de regras. Belo Horizonte: Fórum, 2011. p. 19-20.

[5] FACHIN, Luiz Edson. A proteção dos direitos fundamentais e as garantias constitucionais. In: CAMBI, Eduardo; MARGRAF, Alencar Frederico (Org.). *Direito e justiça*: estudos em homenagem a Gilberto Giacoia. Curitiba: Ministério Público do Estado do Paraná, 2016.

[6] FACHIN, Luiz Edson. A proteção dos direitos fundamentais e as garantias constitucionais. In: CAMBI, Eduardo; MARGRAF, Alencar Frederico (Org.). *Direito e justiça*: estudos em homenagem a Gilberto Giacoia. Curitiba: Ministério Público do Estado do Paraná, 2016.

[7] FACHIN, Luiz Edson. A proteção dos direitos fundamentais e as garantias constitucionais. In: CAMBI, Eduardo; MARGRAF, Alencar Frederico (Org.). *Direito e justiça*: estudos em homenagem a Gilberto Giacoia. Curitiba: Ministério Público do Estado do Paraná, 2016.

[8] Para uma boa e sintética revisão das características comumente apontadas dos direitos fundamentais, entre elas a relatividade, imprescritibilidade, inalienabilidade, irrenunciabilidade, inviolabilidade, universalidade, efetividade, interdependência, complementaridade, historicidade e maior eficácia, ver: FERNANDES, Bernardo Gonçalves. *Curso de direito constitucional*. 7. ed. Salvador: JusPodivm, 2015. p. 332-336.

Vinculam, como se sabe, todos os poderes públicos e até mesmo os particulares em suas relações privadas (em razão da sua assim chamada eficácia horizontal).

A sustentação última de tais direitos é a dignidade da pessoa humana na condição de fundamento primeiro do Estado Democrático de Direito. No extenso rol de direitos fundamentais da Constituição encontram-se os direitos individuais, coletivos, sociais, aqueles ligados à nacionalidade, os direitos políticos e, ainda, aqueles que permitem a regular organização de agremiações políticas (partidos políticos).

Englobam desde as liberdades (consciência, crença, locomoção, profissão, reunião e associação), os desdobramentos da proteção à dignidade da pessoa na ótica dos direitos da personalidade (propriedade, intimidade, vida privada, honra, imagem, inviolabilidade de domicílio e correspondência), até a segurança jurídica, o devido processo legal, sem deixar de passar pelos direitos sociais (do trabalhador, seguridade social, educação, cultura, meio ambiente ecologicamente equilibrado).

Dentro desse arcabouço, surgiram – no primeiro momento de afirmação do compromisso fundamental – importantes teorias e doutrinas destinadas à valorização da Constituição e de seu potencial. Após essa sucinta recuperação de ideias ora sistematizadas, cumpre dar um passo adiante.

1 O constitucionalismo dirigente de J. J. Gomes Canotilho e sua importância para o constitucionalismo brasileiro

A Constituição de 1988 estabeleceu, conforme visto acima, uma nova forma de se arrostar o direito constitucional, a interpretação e a aplicação das normas constitucionais, especialmente a partir sua caracterização normativa e da centralidade dos direitos fundamentais. A partir dessa nova perspectiva sobre a Constituição e o direito constitucional, o papel do juiz também ganhou relevo, pois este já não mais necessita, obrigatoriamente, da intermediação do legislador para aplicar os princípios e as regras estabelecidos pela Constituição, podendo, pois, aplicá-los diretamente, nos limites da própria Constituição.

José Joaquim Gomes Canotilho foi um dos autores mais representativos a influenciar o direito brasileiro nessa tendência de conferir normatividade à Constituição ao construir a sua teoria da Constituição Dirigente.[9] A expressão "Constituição Dirigente" foi utilizada, quiçá pela primeira vez, em 1961 pelo alemão Peter Lerche (*Dirigierende Verfassung*), ao estabelecer que as constituições modernas se caracterizariam por possuir uma série de diretrizes constitucionais que configurariam imposições permanentes ao legislador.[10] Essas diretrizes seriam justamente o que ele denominou Constituição Dirigente. Se a Constituição estabelece diretrizes permanentes ao legislador, segundo Lerche, é no âmbito da Constituição Dirigente que poderia então ocorrer a discricionariedade do legislador. Vale dizer, a preocupação de Lerche é definir quais normas vinculam o legislador. Identificadas essas normas – as diretrizes permanentes

---

[9] CANOTILHO, José Joaquim Gomes. *Constituição Dirigente e vinculação do legislador*. 2. ed. Coimbra: Coimbra Editora, 2001. *Vide* também: CANOTILHO, José Joaquim Gomes. *Direito constitucional e teoria da Constituição*. 7. ed. Coimbra: Almedina, 2003. p. 1130.

[10] BERCOVICI, Gilberto. A Constituição Dirigente e a constitucionalização de tudo (ou do nada). In: SOUZA NETO, Cláudio Pereira; SARMENTO, Daniel (Org.). *A constitucionalização do direito*: fundamentos teóricos e aplicações específicas. Rio de Janeiro: Lumen Juris, 2007. p. 174.

(Constituição Dirigente) – o legislador então teria discricionariedade material para legislar sobre o tema.[11]

Já a concepção de Canotilho de Constituição Dirigente é muito mais ampla, pois para ele não apenas uma parte da Constituição se caracteriza como dirigente, mas toda ela assim o é.[12] A semelhança entre ambos é a desconfiança do legislador e o desejo de encontrar um meio de vinculá-lo à Constituição. Se foi Lerche quem definiu a característica de certas disposições constitucionais como vinculantes, cunhando, assim, o termo Constituição Dirigente, foi, no entanto, Canotilho quem deu amplitude e profundidade a essa característica. Seu objetivo é a reconstrução da teoria da Constituição por meio de uma teoria material da Constituição, concebida também como teoria social.[13]

Para Canotilho, a Constituição Dirigente busca racionalizar a política, incorporando uma dimensão materialmente legitimadora ao estabelecer um fundamento constitucional para a política.[14] O núcleo da Constituição Dirigente é a proposta de legitimação material da constituição por meio dos fins e tarefas previstos no texto constitucional. Dessa forma, a Constituição estabelece não apenas as normas definidoras do presente, mas também um programa para o futuro.[15] A teoria da Constituição Dirigente busca, portanto, investigar a vinculação do Estado e da sociedade ao programa transformador estabelecido pela constituição.[16] Vale dizer, para Canotilho:

---

[11] BERCOVICI, Gilberto. A Constituição Dirigente e a constitucionalização de tudo (ou do nada). In: SOUZA NETO, Cláudio Pereira; SARMENTO, Daniel (Org.). *A constitucionalização do direito*: fundamentos teóricos e aplicações específicas. Rio de Janeiro: Lumen Juris, 2007. p. 168.

[12] CANOTILHO, José Joaquim Gomes. *Constituição Dirigente e vinculação do legislador*. 2. ed. Coimbra: Coimbra Editora, 2001. p. 224-225; 313 (nota 60). *Vide* também: BERCOVICI, Gilberto. A Constituição Dirigente e a constitucionalização de tudo (ou do nada). In: SOUZA NETO, Cláudio Pereira; SARMENTO, Daniel (Org.). *A constitucionalização do direito*: fundamentos teóricos e aplicações específicas. Rio de Janeiro: Lumen Juris, 2007. p. 168; GODOY, Miguel Gualano de. *Devolver a Constituição ao povo*: crítica à supremacia judicial e diálogos interinstitucionais. 2015. 267 f. Tese (Doutorado em Direito do Estado) – Faculdade de Direito, Universidade Federal do Paraná, Curitiba, 2015.

[13] CANOTILHO, José Joaquim Gomes. *Constituição Dirigente e vinculação do legislador*. 2. ed. Coimbra: Coimbra Editora, 2001. p. 13-14. *Vide* também: BERCOVICI, Gilberto. A Constituição Dirigente e a constitucionalização de tudo (ou do nada). In: SOUZA NETO, Cláudio Pereira; SARMENTO, Daniel (Org.). *A constitucionalização do direito*: fundamentos teóricos e aplicações específicas. Rio de Janeiro: Lumen Juris, 2007. p. 168; GODOY, Miguel Gualano de. *Devolver a Constituição ao povo*: crítica à supremacia judicial e diálogos interinstitucionais. 2015. 267 f. Tese (Doutorado em Direito do Estado) – Faculdade de Direito, Universidade Federal do Paraná, Curitiba, 2015.

[14] CANOTILHO, José Joaquim Gomes. *Constituição Dirigente e vinculação do legislador*. 2. ed. Coimbra: Coimbra Editora, 2001. p. 42-49; 462-471. *Vide* também: BERCOVICI, Gilberto. A Constituição Dirigente e a constitucionalização de tudo (ou do nada). In: SOUZA NETO, Cláudio Pereira; SARMENTO, Daniel (Org.). *A constitucionalização do direito*: fundamentos teóricos e aplicações específicas. Rio de Janeiro: Lumen Juris, 2007. p. 168; GODOY, Miguel Gualano de. *Devolver a Constituição ao povo*: crítica à supremacia judicial e diálogos interinstitucionais. 2015. 267 f. Tese (Doutorado em Direito do Estado) – Faculdade de Direito, Universidade Federal do Paraná, Curitiba, 2015.

[15] CANOTILHO, José Joaquim Gomes. *Constituição Dirigente e vinculação do legislador*. 2. ed. Coimbra: Coimbra Editora, 2001. p. 150-153; 166-169; 453-456. *Vide* também: BERCOVICI, Gilberto. A Constituição Dirigente e a constitucionalização de tudo (ou do nada). In: SOUZA NETO, Cláudio Pereira; SARMENTO, Daniel (Org.). *A constitucionalização do direito*: fundamentos teóricos e aplicações específicas. Rio de Janeiro: Lumen Juris, 2007. p. 169; GODOY, Miguel Gualano de. *Devolver a Constituição ao povo*: crítica à supremacia judicial e diálogos interinstitucionais. 2015. 267 f. Tese (Doutorado em Direito do Estado) – Faculdade de Direito, Universidade Federal do Paraná, Curitiba, 2015.

[16] É importante destacar que, nesse sentido, o exemplo mais expressivo de Constituição Dirigente é a Constituição Portuguesa de 1976, resultado da Revolução dos Cravos e atualmente em vigor. A Constituição Portuguesa de 1976 estabeleceu expressamente em seu texto originário a previsão de transformação do Estado e da sociedade definindo, por exemplo, em seu art. 1º "a transição para o socialismo" e em seu art. art. 2º a criação de uma "sociedade sem classes". Tais previsões, entretanto, foram alteradas pela primeira revisão constitucional, realizada em 1982, alterando-se a previsão do art. 1º para a "construção de uma sociedade livre, justa e solidária"

A teoria da constituição assume-se como teoria da constituição dirigente enquanto problematiza a tendência das leis fundamentais para: (i) se transformarem em estatutos jurídicos do Estado e da sociedade; (ii) se assumirem como norma (garantia) e tarefa (direcção) do processo político social.[17]

Para Canotilho, a Constituição é, assim, norma diretiva fundamental porque estabelece a estruturação do poder, a defesa das liberdades fundamentais e um projeto amplo de desenvolvimento do Estado e da sociedade mediante as normas programáticas nela estabelecidas. A Constituição é dirigente porque conduz o Estado na realização dos compromissos assumidos constitucionalmente, os quais vinculam o legislador.[18]

O legislador estaria vinculado ao programa constitucional, devendo não apenas observar as normas que instituem direitos e procedimentos, mas também aquelas que estabelecem programas de ação.[19] Ou seja, determinadas normas constitucionais finalísticas estabelecem imposições constitucionais, de forma que a edição de lei para a realização de uma finalidade estabelecida na Constituição deixa de ser uma questão meramente política e legislativa e passa a ser então, e também, uma questão jurídica, de cumprimento da Constituição.[20] Assim, a Constituição Dirigente, ao estabelecer uma ação dirigida ao futuro e de transformação do Estado e da sociedade por meio de suas normas programáticas, impõe deveres de legislar ao Poder Legislativo e transfere também ao Poder Judiciário o zelo pela correta execução das normas programáticas.[21]

Na incorporação parcial da teoria da Constituição Dirigente de J. J. Gomes Canotilho pelo direito brasileiro, predominou a compreensão de que, por ser menor a organização e atuação política da sociedade civil, deveria ser aumentada a responsabilidade dos integrantes do Poder Judiciário na concretização e no cumprimento das normas constitucionais.[22] Associada a essa recepção parcial da teoria da Constituição

---

e a do art. art. 2º para "realização da democracia econômica, social e cultural". Tais previsões, sem embargo, estabelecem um caráter dirigente, programático, bastante forte. Vide: SOUZA NETO, Cláudio Pereira de; SARMENTO, Daniel. *Direito constitucional*: teoria, história e métodos de trabalho. Belo Horizonte: Fórum, 2013. p. 195-197; GODOY, Miguel Gualano de. *Devolver a Constituição ao povo*: crítica à supremacia judicial e diálogos interinstitucionais. 2015. 267 f. Tese (Doutorado em Direito do Estado) – Faculdade de Direito, Universidade Federal do Paraná, Curitiba, 2015.

[17] CANOTILHO, José Joaquim Gomes. *Constituição Dirigente e vinculação do legislador*. 2. ed. Coimbra: Coimbra Editora, 2001. p. 169-170.

[18] CANOTILHO, José Joaquim Gomes. *Direito constitucional e teoria da Constituição*. 7. ed. Coimbra: Almedina, 2003. p. 217-218; 1130; 1436-1437.

[19] CANOTILHO, José Joaquim Gomes. *Constituição Dirigente e vinculação do legislador*. 2. ed. Coimbra: Coimbra Editora, 2001. p. 169-170. Vide também: SOUZA NETO, Cláudio Pereira de; SARMENTO, Daniel. *Direito constitucional*: teoria, história e métodos de trabalho. Belo Horizonte: Fórum, 2013. p. 196.

[20] BRANDÃO, Rodrigo. *Supremacia judicial versus diálogos constitucionais*: a quem cabe a última palavra sobre o sentido da Constituição? Rio de Janeiro: Lumen Juris, 2012. p. 136; GODOY, Miguel Gualano de. *Devolver a Constituição ao povo*: crítica à supremacia judicial e diálogos interinstitucionais. 2015. 267 f. Tese (Doutorado em Direito do Estado) – Faculdade de Direito, Universidade Federal do Paraná, Curitiba, 2015.

[21] BRANDÃO, Rodrigo. *Supremacia judicial versus diálogos constitucionais*: a quem cabe a última palavra sobre o sentido da Constituição? Rio de Janeiro: Lumen Juris, 2012. p. 136; GODOY, Miguel Gualano de. *Devolver a Constituição ao povo*: crítica à supremacia judicial e diálogos interinstitucionais. 2015. 267 f. Tese (Doutorado em Direito do Estado) – Faculdade de Direito, Universidade Federal do Paraná, Curitiba, 2015.

[22] KRELL, Andréas. J. Controle judicial dos serviços públicos básicos na base dos direitos fundamentais sociais. In: SARLET, Ingo Wolfgang (Org.). *A Constituição concretizada*: construindo pontes entre o público e o privado. Porto Alegre: Livraria do Advogado, 2000. p. 46-47; KRELL, Andréas. J. *Direitos sociais e controle judicial no Brasil e na Alemanha*: os (des)caminhos de um direito constitucional "comparado". Porto Alegre: Sérgio Antônio Fabris, 2002. p. 93. Vide também: SOUZA NETO, Cláudio Pereira de; SARMENTO, Daniel. *Direito constitucional*: teoria, história e métodos de trabalho. Belo Horizonte: Fórum, 2013. p. 197.

Dirigente pelo constitucionalismo brasileiro, houve também a incorporação da crítica ao positivismo, o que resultou em uma produção acadêmica ampla sobre interpretação e aplicação da Constituição, especialmente a partir da teoria dos princípios, ponderação de valores, teorias da argumentação, proporcionalidade, além da aplicabilidade imediata dos direitos fundamentais, especialmente os direitos fundamentais sociais.[23] Foi um encontro de necessidades com possibilidades hermenêuticas, sem que tenha havido um sobrepujar das segundas sobre as primeiras, eis que se desenvolveram no Brasil diversas formulações com sentido e direção distintos.

No entanto, a Constituição não se limita a suas categorias exclusivamente jurídicas, pois é ela, também, política (e moral). As questões constitucionais são igualmente políticas e percorrem os caminhos da democracia.[24] Diante disso, correta é a pergunta proposta por Gilberto Bercovici: "qual é ainda o sentido de se falar em uma constituição dirigente?"[25]

É possível sustentar que esse viés faz sentido como projeto emancipatório, de integração nacional que, por meio de suas normas, vincula o legislador a atuar e efetivar suas disposições constitucionais a fim de que se cumpra o objetivo nela estabelecido. Vale dizer, a Constituição dirigente ainda faz sentido como denúncia da não realização das tarefas que o povo brasileiro entende como absolutamente necessárias para a superação do subdesenvolvimento, para a conclusão da construção da nação. A Constituição Dirigente ainda faz sentido, portanto, como um projeto nacional compartilhado entre seus cidadãos, o qual deve ser realizado por meio da política democrática.[26]

---

[23] BARCELLOS, Ana Paula de. *A eficácia jurídica dos princípios constitucionais*: o princípio da dignidade da pessoa humana. Rio de Janeiro/São Paulo: Renovar, 2002; BARROSO, Luís Roberto. *O direito constitucional e a efetividade de suas normas*. 6. ed. Rio de Janeiro: Renovar, 2002; BARROSO, Luís Roberto. *Interpretação e aplicação da Constituição*: fundamentos de uma dogmática constitucional transformadora. 6. ed. Rio de Janeiro: Saraiva, 2004; BINENBOJM, Gustavo. *A nova jurisdição constitucional brasileira*: legitimidade democrática e instrumentos de realização. 2. ed. Rio de Janeiro: Renovar, 2004; BRANDÃO, Rodrigo. *Supremacia judicial versus diálogos constitucionais*: a quem cabe a última palavra sobre o sentido da Constituição? Rio de Janeiro: Lumen Juris, 2012. p. 137; KRELL, Andréas. J. *Direitos sociais e controle judicial no Brasil e na Alemanha*: os (des)caminhos de um direito constitucional "comparado". Porto Alegre: Sérgio Antônio Fabris, 2002; MORO, Sérgio Fernando. *Desenvolvimento e efetivação judicial das normas constitucionais*. São Paulo: Max Limonad, 2001; OLSEN, Ana Carolina Lopes. *Direitos fundamentais sociais*: efetividade frente à reserva do possível. Curitiba: Juruá, 2008; SARLET, Ingo Wolfgang. *A eficácia dos direitos fundamentais*. 9. ed. Porto Alegre: Livraria do Advogado, 2008; SARMENTO, Daniel. *A ponderação de interesses na Constituição Federal*. Rio de Janeiro: Lumen Juris, 2002; SILVA, Virgílio Afonso da. *A constitucionalização do direito*: os direitos fundamentais nas relações entre particulares. São Paulo: Malheiros, 2005; TORRES, Ricardo Lobo. O mínimo existencial, os direitos sociais e a reserva do possível. In: NUNES, António José Avelãs; COUTINHO, Jacinto Nelson de Miranda (Org.). *Diálogos constitucionais*: Brasil/Portugal. Rio de Janeiro: Renovar, 2004.

[24] BERCOVICI, Gilberto. Constituição e política: uma relação difícil. *Lua Nova*, n. 61, p. 5-24, 2004. Disponível em: <http://www.scielo.br/pdf/ln/n61/a02n61>. Acesso em: 15 maio 2016; GODOY, Miguel Gualano de. *Devolver a Constituição ao povo*: crítica à supremacia judicial e diálogos interinstitucionais. 2015. 267 f. Tese (Doutorado em Direito do Estado) – Faculdade de Direito, Universidade Federal do Paraná, Curitiba, 2015.

[25] BERCOVICI, Gilberto. A Constituição Dirigente e a constitucionalização de tudo (ou do nada). In: SOUZA NETO, Cláudio Pereira; SARMENTO, Daniel (Org.). *A constitucionalização do direito*: fundamentos teóricos e aplicações específicas. Rio de Janeiro: Lumen Juris, 2007. p. 174.

[26] BERCOVICI, Gilberto. A Constituição Dirigente e a constitucionalização de tudo (ou do nada). In: SOUZA NETO, Cláudio Pereira; SARMENTO, Daniel (Org.). *A constitucionalização do direito*: fundamentos teóricos e aplicações específicas. Rio de Janeiro: Lumen Juris, 2007. p. 174-175. Para uma leitura profunda sobre a compreensão da Constituição da República Federativa do Brasil de 1988 como projeto nacional de superação do subdesenvolvimento e construção da nação, vide: BERCOVICI, Gilberto. *Desigualdades regionais, Estado e Constituição*. São Paulo: Max Limonad, 2003; GODOY, Miguel Gualano de. *Devolver a Constituição ao povo*: crítica à supremacia judicial e diálogos interinstitucionais. 2015. 267 f. Tese (Doutorado em Direito do Estado) – Faculdade de Direito, Universidade Federal do Paraná, Curitiba, 2015.

Aqui, para além de celeumas semânticas, procuraremos evidenciar, a partir de recentes casos paradigmáticos, como a jurisprudência do Supremo Tribunal Federal tem incorporado em parte, do ponto de vista teórico e prático, esse sentido maior da Constituição de 1988 para tutelar direitos fundamentais mediante o exercício da jurisdição, colaborando, assim, ativamente para que a efetivação da Constituição seja produto da relação dialógica entre atuação política e jurisdição constitucional.

Trata-se apenas de demostrar aqui como é possível ter em mente e em mãos a teoria da Constituição Dirigente de J. J. Gomes Canotilho para valorizar o "dever ser", sabendo-se sempre que esse "dever ser" se cumpre não apenas pela tarefa jurisdicional, mas também pela tarefa político-democrática. É, assim, possível dizer que a Constituição Dirigente ainda faz sentido como programa e exigência de atuação. Uma atuação que certamente deve encontrar terreno sempre mais fértil na espacialidade da política, sem embargo do relevante papel da prestação jurisdicional dentro dos limites e das possibilidades do próprio texto constitucional.

Em suma, há permanente diálogo entre a atuação jurisdicional garantidora de direitos e a exigência de atuação político-democrática para a efetiva concretização do projeto constitucional brasileiro.

2 Casuística

A propósito, remetemos o exame para o teor das seguintes decisões no âmbito do STF, em dois casos paradigmáticos:

a) Recurso Extraordinário nº 592.581/RS, julgado pelo Plenário da Corte em 13.8.2015, a respeito do conteúdo normativo do direito à integridade física e moral do preso, consoante o disposto no art. 5º, XLIX, da Constituição da República, bem como aos limites e possibilidades de atuação do Poder Judiciário, em conformidade com o princípio da separação de poderes insculpido no art. 2º do Texto Constitucional; na ocasião se consignou que o conteúdo normativo do art. 5º, XLIX, consiste na proteção e garantia da saúde física e moral do preso. Vale dizer, é dever do Estado garantir que as condições de encarceramento sejam dignas, de tal forma que suas condições de saúde física e moral sejam bem protegidas. Tal previsão é densificada e pormenorizada em normas infraconstitucionais que não são novas e de há muito conhecidas pelos Estados.

Decidiu-se, assim:

> [...] ser possível uma atuação que não fosse cegamente omissa e nem irresponsavelmente ativista, mas que garanta o direito fundamental do preso à sua integridade física e moral durante sua custódia pelo Estado. Uma compreensão sobre a separação de poderes que se atenha ao tradicional entendimento de que ao Poder Judiciário cabe apenas ser deferente às escolhas do Executivo e do Legislativo demonstra uma limitada concepção de democracia, segundo a qual as escolhas majoritárias dos representantes do povo (gestores e legisladores) são inquestionáveis. E essa compreensão rasa de democracia acaba por permitir que direitos fundamentais de minorias, pouco vistas, sejam sistematicamente violados. Uma compreensão robusta de democracia deve, ao contrário, possibilitar que esses grupos minoritários – como o são os encarcerados em geral – tenham suas situações de privação expostas e que diante da violação de seus direitos o Poder Judiciário os garanta.

b) Decisão monocrática, indeferindo pedido cautelar, na Ação Direta de Inconstitucionalidade nº 5.357, que impugnava previsões da Lei Brasileira de Inclusão da Pessoa com Deficiência (Lei nº 13.146/2015), em 18.11.2015, referendada pelo Pleno do Supremo Tribunal Federal e convolada em julgamento definitivo de mérito em 9.6.2016; ali se tratava de ação direta de inconstitucionalidade, com pedido de medida cautelar, proposta pela Confederação Nacional dos Estabelecimentos de Ensino – Confenen, em face do §1º do art. 28 e art. 30, *caput*, da Lei nº 13.146/2015 (Lei Brasileira de Inclusão da Pessoa com Deficiência – Estatuto da Pessoa com Deficiência), especialmente pela presença neles do adjetivo "privadas". A requerente alegou violação aos arts. 5º, *caput*, incs. XXII, XXIII, LIV, 170, incs. II e III, 205, 206, *caput*, incs. II e III, 208, *caput*, inc. III, 209, 227, *caput*, §1º, inc. II, todos da Constituição da República de 1988.

Ali se assentou que:

A atuação do Estado na inclusão das pessoas com deficiência, quer mediante o seu braço Executivo ou Legislativo, pressupõe a maturação do entendimento de que se trata de ação positiva em uma dupla via. Essa atuação não apenas diz respeito à inclusão das pessoas com deficiência, mas também, em perspectiva inversa, refere-se ao direito de todos os demais cidadãos ao acesso a uma arena democrática plural. A pluralidade – de pessoas, credos, ideologias, etc. – é elemento essencial da democracia e da vida democrática em comunidade. Nessa toada, a Constituição Federal prevê em diversos dispositivos a proteção da pessoa com deficiência, conforme se verifica nos artigos 7º, XXXI, 23, II, 24, XIV, 37, VIII, 40, §4º, I, 201, §1º, 203, IV e V, 208, III, 227, §1º, II, e §2º, e 244.

E ainda mais que:

A pluralidade e igualdade são duas faces da mesma moeda. O respeito à pluralidade não prescinde do respeito ao princípio da igualdade. E na atual quadra histórica, uma leitura focada tão somente em seu aspecto formal não satisfaz a completude que exige o princípio. Assim, a igualdade não se esgota com a previsão normativa de acesso igualitário a bens jurídicos, mas engloba também a previsão normativa de medidas que efetivamente possibilitem tal acesso e sua efetivação concreta.

Em suma, constou da decisão que:

Não se pode, assim, pretender entravar a normatividade constitucional sobre o tema com base em leitura dos direitos fundamentais que os convolem em sua negação. Nessa linha, não se acolhe o invocar da função social da propriedade para se negar a cumprir obrigações de funcionalização previstas constitucionalmente, limitando-a à geração de empregos e ao atendimento à legislação trabalhista e tributária, ou, ainda, o invocar da dignidade da pessoa humana na perspectiva de eventual sofrimento psíquico dos educadores e *usuários que não possuem qualquer necessidade especial*. Em suma: à escola não é dado escolher, segregar, separar, mas é seu dever ensinar, incluir, conviver.

Ancorou-se a decisão na lição de Álvaro Ricardo de Souza Cruz e Leonardo Wykrota:

O Mesmo é inacabado, incompleto, imperfeito. O Mesmo precisa do Outro para subsistir. Ele evade em busca de uma eterna impossibilidade: ser! Porque se fôssemos, o tempo deixaria de ser! Não somos, pois não temos uma essência fixa. Estamos sempre a caminho de ser, sem nunca sermos um ser para além de si. A face do Outro, enquanto legítimo estrangeiro diante de nós, sempre nos remete a um compromisso que nos constitui. É bem simples: se evadirmos para o Outro, porquanto somos incompletos, não podemos eliminar essa possibilidade exterminando o Outro! Então: Não Matarás! Logo, um compromisso que em Lévinas não é uma obrigação no sentido tradicional do termo, mas o modo pelo qual nos constituímos como seres humanos. Assim, somente somos livres quando somos responsáveis, e não o contrário.[27]

Nessa mesma linha, em sede doutrinária se percebeu que " [...] conviver com a diferença não é direito dos diferentes apenas; é direito nosso, da maioria, de poder conviver com a minoria; e aprender a desenvolver tolerância e acolhimento".[28]

Ou seja, como dela consta:

> Neste caso, se a Constituição de 1988 estabelece um programa comum aos cidadãos, expressa um dirigismo constitucional voltado à promoção da igualdade, a lei impugnada justamente cumpre esse programa, segue a direção igualitária determinada. Ou seja, no caso em análise a jurisdição constitucional deve ser exercida para afirmar aquilo que a política democrática fez para cumprir o programa constitucional e seguir o dirigismo estabelecido pela Carta Magna.

Considerações finais

As premissas expostas bem como as atuações jurisdicionais explicitadas demonstram que o constitucionalismo dirigente tem sentido quando se apoia no programa estabelecido pela Constituição, funcionando como efetivo vetor para que os poderes constituídos exerçam sua função de bem guardar e realizar tal programa.

O idioma que a Constituição brasileira elegeu em 1988 é a democracia e a justiça. Defender a Constituição corresponde, hoje, à proteção dos direitos fundamentais e garantias do Estado Democrático de Direito. Essa defesa encontra guarida na atuação jurisdicional, é certo. Mas deve também encontrar terreno fértil na espacialidade da política democrática. Apenas uma dimensão dialógica e contida nesse arcabouço emerge da aplicação do texto constitucional como desafio para a realização da justiça, fim buscado pelo alcance do pensamento de José Joaquim Gomes Canotilho, ao menos sobre um dos sentidos que remanesce da expressão em pauta.

Referências

ARAÚJO, Luiz Alberto David. Painel sobre a proteção das pessoas com deficiência no Brasil: A aparente insuficiência da Constituição e uma tentativa de diagnóstico. In: ROMBOLI, Roberto; ARAÚJO, Marcelo Labanca Corrêa de (Org.). *Justiça constitucional e tutela jurisdicional dos direitos fundamentais*. Belo Horizonte: Arraes, 2015.

---

[27] CRUZ, Álvaro Ricardo de Souza; WYKROTA, Leonardo Martins. Nos corredores do direito. In: CRUZ, Álvaro Ricardo de Souza. *(O) outro (e)(o) direito*. Belo Horizonte: Arraes, 2015. p. 27. v. 1.

[28] ARAÚJO, Luiz Alberto David. Painel sobre a proteção das pessoas com deficiência no Brasil: A aparente insuficiência da Constituição e uma tentativa de diagnóstico. In: ROMBOLI, Roberto; ARAÚJO, Marcelo Labanca Corrêa de (Org.). *Justiça constitucional e tutela jurisdicional dos direitos fundamentais*. Belo Horizonte: Arraes, 2015. p. 510.

BARCELLOS, Ana Paula de. *A eficácia jurídica dos princípios constitucionais*: o princípio da dignidade da pessoa humana. Rio de Janeiro/São Paulo: Renovar, 2002.

BARROSO, Luís Roberto. *Interpretação e aplicação da Constituição*: fundamentos de uma dogmática constitucional transformadora. 6. ed. Rio de Janeiro: Saraiva, 2004.

BARROSO, Luís Roberto. *O direito constitucional e a efetividade de suas normas*. 6. ed. Rio de Janeiro: Renovar, 2002.

BERCOVICI, Gilberto. A Constituição Dirigente e a constitucionalização de tudo (ou do nada). In: SOUZA NETO, Cláudio Pereira; SARMENTO, Daniel (Org.). *A constitucionalização do direito*: fundamentos teóricos e aplicações específicas. Rio de Janeiro: Lumen Juris, 2007.

BERCOVICI, Gilberto. Constituição e política: uma relação difícil. *Lua Nova*, n. 61, p. 5-24, 2004. Disponível em: <http://www.scielo.br/pdf/ln/n61/a02n61>. Acesso em: 15 maio 2016.

BERCOVICI, Gilberto. *Desigualdades regionais, Estado e Constituição*. São Paulo: Max Limonad, 2003.

BINENBOJM, Gustavo. *A nova jurisdição constitucional brasileira*: legitimidade democrática e instrumentos de realização. 2. ed. Rio de Janeiro: Renovar, 2004.

BRANDÃO, Rodrigo. *Supremacia judicial versus diálogos constitucionais*: a quem cabe a última palavra sobre o sentido da Constituição? Rio de Janeiro: Lumen Juris, 2012.

CANOTILHO, José Joaquim Gomes. *Constituição Dirigente e vinculação do legislador*. 2. ed. Coimbra: Coimbra Editora, 2001.

CANOTILHO, José Joaquim Gomes. *Direito constitucional e teoria da Constituição*. 7. ed. Coimbra: Almedina, 2003.

CARVALHO NETTO, Menelick de; SCOTTI, Guilherme. *Os direitos fundamentais e a (in)certeza do direito*: a produtividade das tensões principiológicas e a superação do sistema de regras. Belo Horizonte: Fórum, 2011.

CHUEIRI, Vera Karam de; CÂMARA, Heloísa. Direitos humanos em movimento: migração, refúgio, saudade e hospitalidade. *Revista Direito, Estado e Sociedade*, Rio de Janeiro, v. 45, 2014.

CRUZ, Álvaro Ricardo de Souza; WYKROTA, Leonardo Martins. Nos corredores do direito. In: CRUZ, Álvaro Ricardo de Souza. *(O) outro (e)(o) direito*. Belo Horizonte: Arraes, 2015. v. 1.

FACHIN, Luiz Edson. A proteção dos direitos fundamentais e as garantias constitucionais. In: CAMBI, Eduardo; MARGRAF, Alencar Frederico (Org.). *Direito e justiça*: estudos em homenagem a Gilberto Giacoia. Curitiba: Ministério Público do Estado do Paraná, 2016.

FACHIN, Luiz Edson. *O estatuto jurídico do patrimônio mínimo*. 2. ed. Rio de Janeiro: Renovar, 2006.

FACHIN, Luiz Edson. *Teoria crítica do direito civil*. 3. ed. Rio de Janeiro: Renovar, 2012.

FERNANDES, Bernardo Gonçalves. *Curso de direito constitucional*. 7. ed. Salvador: JusPodivm, 2015.

GODOY, Miguel Gualano de. *Constitucionalismo e democracia*: uma leitura a partir de Carlos Santiago Nino e Roberto Gargarella. São Paulo: Saraiva, 2012.

GODOY, Miguel Gualano de. *Devolver a Constituição ao povo*: crítica à supremacia judicial e diálogos interinstitucionais. 2015. 267 f. Tese (Doutorado em Direito do Estado) – Faculdade de Direito, Universidade Federal do Paraná, Curitiba, 2015.

KRELL, Andréas. J. Controle judicial dos serviços públicos básicos na base dos direitos fundamentais sociais. In: SARLET, Ingo Wolfgang (Org.). *A Constituição concretizada*: construindo pontes entre o público e o privado. Porto Alegre: Livraria do Advogado, 2000.

KRELL, Andréas. J. *Direitos sociais e controle judicial no Brasil e na Alemanha*: os (des)caminhos de um direito constitucional "comparado". Porto Alegre: Sérgio Antônio Fabris, 2002.

MORO, Sérgio Fernando. *Desenvolvimento e efetivação judicial das normas constitucionais*. São Paulo: Max Limonad, 2001.

OLSEN, Ana Carolina Lopes. *Direitos fundamentais sociais*: efetividade frente à reserva do possível. Curitiba: Juruá, 2008.

SARLET, Ingo Wolfgang. *A eficácia dos direitos fundamentais*. 9. ed. Porto Alegre: Livraria do Advogado, 2008.

SARMENTO, Daniel. *A ponderação de interesses na Constituição Federal*. Rio de Janeiro: Lumen Juris, 2002.

SILVA, Virgílio Afonso da. *A constitucionalização do direito*: os direitos fundamentais nas relações entre particulares. São Paulo: Malheiros, 2005.

SOUZA NETO, Cláudio Pereira de; SARMENTO, Daniel. *Direito constitucional*: teoria, história e métodos de trabalho. Belo Horizonte: Fórum, 2013.

TORRES, Ricardo Lobo. O mínimo existencial, os direitos sociais e a reserva do possível. In: NUNES, António José Avelãs; COUTINHO, Jacinto Nelson de Miranda (Org.). *Diálogos constitucionais*: Brasil/Portugal. Rio de Janeiro: Renovar, 2004.

Informação bibliográfica deste texto, conforme a NBR 6023:2002 da Associação Brasileira de Normas Técnicas (ABNT):

FACHIN, Luiz Edson; GODOY, Miguel Gualano de. A partir da Constituição Dirigente de J. J. Gomes Canotilho. In: PINTO, Hélio Pinheiro; LIMA NETO, Manoel Cavalcante de; LIMA, Alberto Jorge Correia de Barros; SOTTO-MAYOR, Lorena Carla Santos Vasconcelos; DIAS, Luciana Raposo Josué Lima (Coords.). *Constituição, direitos fundamentais e política*: estudos em homenagem ao professor José Joaquim Gomes Canotilho. Belo Horizonte: Fórum, 2017. p. 101-111. ISBN 978-85-450-0185-0.

EFICÁCIA DAS GARANTIAS CONSTITUCIONAIS NAS RELAÇÕES PRIVADAS: UMA ANÁLISE DA JURISPRUDÊNCIA DO SUPERIOR TRIBUNAL DE JUSTIÇA E DO SUPREMO TRIBUNAL FEDERAL

GILMAR FERREIRA MENDES

Introdução

Os direitos fundamentais são concebidos, originariamente, como direitos subjetivos públicos, isto é, como direitos do cidadão em face do Estado. Se considerar que os direitos fundamentais são *prima facie* direitos contra o Estado, então parece correto concluir que todos os poderes e exercentes de funções públicas estão diretamente vinculados aos preceitos consagrados pelos direitos e garantias fundamentais.

Em outros termos, a exigência de que as normas definidoras dos direitos e garantias fundamentais tenham aplicação imediata traduz a pretensão do constituinte no sentido de instituir uma completa e integral vinculação dos entes estatais aos direitos fundamentais.[1]

Tal como enunciado, os direitos fundamentais obrigam a todos os poderes do Estado, seja o Legislativo, Executivo ou o Judiciário, nos planos federal, estadual e municipal.

Nesse contexto, assume relevo questão relativa ao grau dessa vinculação, especialmente à aplicação desses direitos e garantias fundamentais nas relações privadas. Se o Estado não pode estabelecer qualquer discriminação ou restrição em razão de sexo, idade, raça, concepção religiosa ou filosófica, é lícito indagar em que medida podem as entidades privadas deixar-se influenciar, nas suas relações jurídicas, por esses elementos de distinção ou de discriminação.

Em outras palavras, seria legítimo que uma escola religiosa desse preferência, na contratação, a professores que adotassem aquela religião? Ou, poderia dada instituição

---

[1] No direito alemão, cf. STERN, Klaus. Das *Staatsrechts der Bundesrepublik Deutschland*. München: CH Beck, 1984. p. 1204; 1988. v. 3; DÜRIG. *Kommentar zum Grundgesetz*. [s.l.]: [s.n.], [s.d.]. Art. 1, n. 100.

religiosa de ensino rescindir o contrato de um casal de professores sob a alegação de que eles estão vivendo maritalmente sem a celebração do matrimônio?

Outras indagações são igualmente concebíveis:

a) Em que medida, por exemplo, a liberdade de expressão autorizaria alguém a conclamar o público a um boicote contra dada publicação ou contra dada produção artística (*v.g.*, um livro ou filme)?

b) O princípio da igualdade impediria que, na adoção de critérios para contratação, uma empresa privilegiasse determinada categoria de pessoas, *v.g.*, as adeptas a dada concepção filosófico-social?

c) A administração de uma "cidade privada" (*company-town*) poderia impedir que adeptos das testemunhas de jeová distribuam panfletos nas suas ruas e praças?[2]

d) Os proprietários ou administradores de *shopping centers* poderiam impedir a distribuição de informações sobre temas de interesse público no seu interior sob a alegação de que se cuida de um espaço submetido exclusivamente ao regime de propriedade privada?[3]

e) Quais seriam os limites da responsabilidade do Poder Público pelo fato de alguém, em razão de sua raça ou cor, deixar de ser atendido em um café ou restaurante administrado sob o regime de autorização ou permissão?[4]

As situações são, pois, múltiplas e variadas.

Essas questões têm sido discutidas nos diversos sistemas jurídicos, seja sob a influência da doutrina alemã da *Drittwirkung*, seja sob os influxos da concepção americana da *state action*.

Tanto podem ser relevantes para os direitos fundamentais a proibição contratual de que alguém exerça determinada atividade profissional por período de tempo indefinido ou a exigência de que um contrato de aluguel não seja celebrado com pessoas de cor, quanto a cláusula testamentária que privilegia os herdeiros do sexo masculino, ou, ainda, a exigência de que um sabatista trabalhe aos sábados.[5]

Todas essas indagações contribuem para realçar a importância dos direitos fundamentais nas relações privadas.

É inegável, por outro lado, que a necessária mediação do Poder Público, seja na sua face administrativa ou legislativa, seja na sua face judicial, torna essa questão ainda mais relevante.

Da afirmação sobre a relevância ou não dos direitos fundamentais para dada relação privada dependerá também a verificação sobre o perfil meramente ordinário (legal) ou constitucional de determinada controvérsia, o que pode ter sérias consequências para a própria definição dos órgãos judiciais competentes.[6]

---

[2] Cf. NOWAK, John E.; ROTUNDA, Ronald D. *Constitutional law*. 5. ed. Eagan, Minnesota: West Pub, 1995. p. 479. Ver *case* Marsh v. Alabama, 326 U.S. 501. Marsh v. Alabama (N. 114). Argued: December 6, 1945. Decided: January 7, 1946.

[3] Cf. NOWAK, John E.; ROTUNDA, Ronald D. *Constitutional law*. 5. ed. Eagan, Minnesota: West Pub, 1995. p. 480. Ver *cases* Amalgamated Food Employees Union v. Logan Valley Plaza, 391, U.S. 302. 82. S.Ct. 1601, 20 L.Ed. 2d 603 (1968); Llooyd Corp. Limited v. Tanner, 407 U.S. 551, 92 S. Ct. 2219, 33 L. Ed. 2d 131 (1972), entre outros.

[4] Burton v. Wilmington Parking Authority, 365 U.S. 715 (1961).

[5] Cf. BLECKMANN, Albert. *Staatsrecht II*: Grundrechte. 3. ed. Beck: Colônia, Berlim, Bonn, München, 1989. p. 176.

[6] Assinale-se que, entre nós, a ideia – errônea – de uma absoluta separação entre as questões legais e constitucionais tem levado muitos a sustentar a "irrevisibilidade" dos julgados do Superior Tribunal de Justiça em recurso

1 Eficácia dos direitos fundamentais no âmbito do direito privado: considerações preliminares

A questão relativa à eficácia dos direitos fundamentais no âmbito das relações entre particulares marcou o debate doutrinário dos anos 50 e do início dos anos 60 na Alemanha.[7] Também nos Estados Unidos, sob o rótulo da *state action*, tem-se discutido intensamente a aplicação dos direitos fundamentais às relações privadas.[8]

É fácil ver que a doutrina tradicional dominante do século XIX e mesmo ao tempo da República de Weimar sustenta orientação segundo a qual os direitos fundamentais destinam-se a proteger o indivíduo contra eventuais ações do Estado, não assumindo maior relevância para as relações de caráter privado. Dos dois direitos fundamentais com notória eficácia para os entes privados (art. 118, I, 1º período – liberdade de opinião; art. 159, 2º período – liberdade de coalizão) extraiu-se um *argumentum* e contrário.[9]

Um entendimento segundo o qual os direitos fundamentais atuam de forma unilateral na relação entre o cidadão e o Estado acabaria por legitimar a ideia de que haveria para o cidadão sempre um espaço livre de qualquer ingerência estatal.[10] A adoção dessa orientação suscitaria problemas de difícil solução tanto no plano teórico, como no plano prático. O próprio campo do direito civil está prenhe de conflitos de interesses com repercussão no âmbito dos direitos fundamentais.[11] O benefício concedido a um cidadão configura, não raras vezes, a imposição de restrição a outrem.

Por essa razão, destaca Rüfner que quase todos os direitos privados são referenciáveis a um direito fundamental:

> Os contratos dos cidadãos e sua interpretação, abstraída a jurisprudência do Tribunal Federal do Trabalho, não despertavam grande interesse. O problema da colisão de direitos fundamentais coloca-se também aqui de forma freqüente: a liberdade de contratar integra os direitos fundamentais de desenvolvimento da personalidade (freie Entfaltung der Persönlichkeit) e de propriedade. Por isso, ela deve ser contemplada como elemento constitucional na avaliação jurídica dos contratos. O estabelecimento de vínculos contratuais com base na autonomia privada relaciona-se, pois, com o exercício de direitos fundamentais. Exatamente na assunção de obrigações contratuais reside uma forma de exercício de direitos fundamentais que limita a liberdade para o futuro. A livre escolha de profissão e o seu livre exercício são concretizados dessa forma. O livre exercício do direito de propriedade consiste também em empregar a propriedade para fins livremente

---

especial. Embora o tema demande esclarecimento no prisma estritamente processual (momento de interposição dos recursos, o "prequestionamento", a separação entre simples interpretação do direito ordinário e a violação da Constituição etc.), parece inquestionável que a vinculação aos direitos fundamentais também dos órgãos do Poder Judiciário induz ao reconhecimento dessa possibilidade, pelo menos de uma perspectiva do direito constitucional material.

[7] RÜFNER. Die Subjekte der Grundrechte. In: INSEEE; KIRCHHORF (Org.). *Handbuch des Staatsrechts*. München: C. F. Müller, 2014. p. 485-550.

[8] Cf. NOWAK, John E.; ROTUNDA, Ronald D. *Constitutional law*. 5. ed. Eagan, Minnesota: West Pub, 1995. p. 470 e ss; TRIBE, Laurence H. Refocusing the "State Action" inquiry: separating state acts from state actors. In: TRIBE, Laurence H. *Constitutional choices*. Cambridge: Harvard University Press, 1985. p. 246 e ss.

[9] Cf. ANSCHÜTZ, Gerhard. *Die Verfassung des deutschen Reichs*. Berlin: Gehlen, 1933. p. 549 (art. 117, nota 1); p. 556 (art. 118, nota 5); p. 731 (art. 159, nota 1).

[10] Cf., a propósito, RÜFNER. Die Subjekte der Grundrechte. In: INSEEE; KIRCHHORF (Org.). *Handbuch des Staatsrechts*. München: C. F. Müller, 2014. p. 554.

[11] Acerca da aplicação de princípios constitucionais à solução de controvérsias típicas do direito privado, cf. IPSEN, Jörn. Verfassungsprivatrecht?. *Juristen Zeitung*, 69, p. 175-208, fev. 2014.

escolhidos. A livre manifestação de opinião e a liberdade de imprensa, a liberdade de religião e a liberdade artística não são realizáveis sem a possibilidade de livre assunção de obrigações por parte dos cidadãos. Até mesmo a liberdade de consciência não está isenta de vinculações contratuais.[12]

Também o postulado de igualdade provoca problemas na esfera negocial.

O Estado, que, com os direitos fundamentais, assegura a liberdade do cidadão, não pode retirar essa liberdade com a simples aplicação do princípio da igualdade. O engajamento político e religioso integra o livre exercício do direito de propriedade e o livre exercício do direito de desenvolvimento da personalidade. A liberdade de testar é integrada pela liberdade de diferençar por motivos políticos ou religiosos.

Assim, em face dos negócios jurídicos, coloca-se a indagação sobre a sua própria validade como resultado de eventual afronta ou contrariedade aos direitos fundamentais.[13]

É certo, por outro lado, que na relação entre cidadãos não se pode tentar resolver o conflito com a afirmação – duvidosa já na relação com o Poder Público – de que *in dubio pro libertate*, porque não se cuida do estabelecimento de uma restrição ou limitação em sentido estrito.[14]

Canaris observa que o reconhecimento de que os direitos fundamentais cumprem uma tarefa importante na ordem jurídica não apenas como proibição de intervenção (direito de defesa), mas também como postulados de proteção, contribui para explicitar a influência desses postulados no âmbito do direito privado.[15]

2 A doutrina sobre a eficácia direta dos direitos fundamentais

Sob o império da Lei Fundamental de Bonn engajou-se Hans Carl Nipperdey[16] em favor da aplicação direta dos direitos fundamentais no âmbito das relações privadas, o que acabou por provocar um claro posicionamento do Tribunal Superior do Trabalho em favor dessa orientação (*unmittelbare Drittwirkung*).[17]

O Tribunal do Trabalho assim justificou o seu entendimento:

> Em verdade, nem todos, mas uma série de direitos fundamentais destinam-se não apenas a garantir os direitos de liberdade em face do Estado, mas também a estabelecer as bases essenciais da vida social. Isso significa que disposições relacionadas com os direitos fundamentais devem ter aplicação direta nas relações privadas entre os indivíduos. Assim, os acordos de direito privado, os negócios e atos jurídicos não podem contrariar aquilo que se convencionou chamar ordem básica ou ordem pública.[18]

---

[12] RÜFNER. Die Subjekte der Grundrechte. In: INSESEE; KIRCHHORF (Org.). *Handbuch des Staatsrechts*. München: C. F. Müller, 2014. p. 554 e s.
[13] Cf. RÜFNER. Die Subjekte der Grundrechte. In: INSESEE; KIRCHHORF (Org.). *Handbuch des Staatsrechts*. München: C. F. Müller, 2014. p. 556.
[14] Cf. RÜFNER. Die Subjekte der Grundrechte. In: INSESEE; KIRCHHORF (Org.). *Handbuch des Staatsrechts*. München: C. F. Müller, 2014. p. 555-556.
[15] CANARIS, Claus-Wilhelm. Grundrechtswirkungen und Verhältnsmässigkeitsprinzip in der richterlichen Anwendung und Fortbildung des Privatrechts. *JuS*, n. 161, 1989.
[16] NIPPERDEY, Hans Carl. *Grundrechte und Privatrecht*. Berlin, New York: Walter de Gruyter, 1961. p. 13.
[17] Cf. BAGE 1, 185 (193).
[18] Cf. BAGE 1, 185 (192).

Esse entendimento foi criticado sobretudo pela sua deficiente justificação em face do disposto no art. 1, III, da Lei Fundamental, que previa apenas a expressa vinculação dos poderes estatais aos direitos fundamentais.[19]

Afirmou-se ainda que a eficácia imediata dos direitos fundamentais sobre as relações privadas acabaria por suprimir o princípio da autonomia privada, alterando profundamente o próprio significado do direito privado como um todo.[20]

Ademais, a aplicação direta dos direitos fundamentais às relações privadas encontraria óbice insuperável no fato de que, ao contrário da relação Estado-cidadão, os sujeitos dessas relações merecem e reclamam, em princípio, a mesma proteção.[21]

É claro que o tema prepara algumas dificuldades.

Poder-se-ia argumentar com a disposição constante do art. 1º, da Lei Fundamental, segundo a qual "os direitos humanos configuram o fundamento de toda a sociedade" (*Grundlage jeder Gemeinschaft*).[22] Poder-se-ia aduzir, ainda, que a existência de forças sociais específicas, como os conglomerados econômicos, sindicatos e associações patronais, enfraquece sobremaneira o argumento da igualdade entre os entes privados, exigindo que se reconheça, em determinada medida, a aplicação dos direitos fundamentais também às relações privadas.[23]

Esses dois argumentos carecem, todavia, de força normativa, uma vez que tanto o texto da Lei Fundamental, quanto a própria história do desenvolvimento desses direitos não autorizam a conclusão em favor de uma aplicação direta e imediata dos direitos fundamentais às relações privadas.[24]

Em verdade, até mesmo disposições expressas, como aquela constante do art. 18, n. 1, da Constituição de Portugal, que determina sejam os direitos fundamentais aplicados às entidades privadas, ou do Projeto da Comissão Especial para revisão total da Constituição suíça (art. 25) – legislação e jurisdição devem zelar pela aplicação do direito individuais às relações privadas – *Gesetzgebung und Rechtsprechung sorgen dafür, dass die Grundrechte sinngemäss auch unter Privaten wirksam werden*,[25] não parecem aptas para resolução do problema.[26]

A propósito da fórmula consagrada na Constituição portuguesa, acentua Vieira de Andrade que "se é certo que aí se afirma claramente que os preceitos constitucionais vinculam as entidades privadas, não se diz em que termos se processa essa vinculação e, designadamente, não se estabelece que a vinculação seja idêntica àquela que obriga os poderes públicos".[27]

---

[19] Cf. BATTIS, Ulrich; GUSY, Christoph. *Einführung in das Staatsrecht*. 3. ed. De Gruyter: Heidelberg, 1991. p. 346; PIEROTH; SCHLINK. *Grundrechte*. Staatsrecht II. München: C. F. Müller, 2015. p. 49 e ss.; PIEROTH; SCHLINK. *Direitos fundamentais*. São Paulo: Saraiva, 2012. p. 113.

[20] HESSE, Konrad. *Grundzüge des Verfassungsrechts*. [s.l.]: [s.n.], 1967. p. 142.

[21] HESSE, Konrad. *Grundzüge des Verfassungsrechts*. [s.l.]: [s.n.], 1967. p. 142.

[22] Cf., a propósito: PIEROTH; SCHLINK. *Grundrechte*. Staatsrecht II. München: C. F. Müller, 2015. p. 50; PIEROTH; SCHLINK. *Direitos fundamentais*. São Paulo: Saraiva, 2012. p. 114.

[23] Cf. PIEROTH; SCHLINK. *Grundrechte*. Staatsrecht II. München: C. F. Müller, 2015. p. 50; PIEROTH; SCHLINK. *Direitos fundamentais*. São Paulo: Saraiva, 2012. p. 113.

[24] PIEROTH; SCHLINK. *Grundrechte*. Staatsrecht II. München: C. F. Müller, 2015. p. 50; PIEROTH; SCHLINK. *Direitos fundamentais*. São Paulo: Saraiva, 2012. p. 114.

[25] BLECKMANN, Albert. *Staatsrecht II*: Grundrechte. 3. ed. Beck: Colônia, Berlim, Bonn, München, 1989. p. 176.

[26] Cf. ANDRADE, José Carlos Vieira de. *Os direitos fundamentais e a Constituição portuguesa de 1976*. Coimbra: Almedina, 1987. p. 281.

[27] ANDRADE, José Carlos Vieira de. *Os direitos fundamentais e a Constituição portuguesa de 1976*. Coimbra: Almedina, 1987. p. 281.

Em verdade, ensina Dürig que uma aplicação direta dos direitos fundamentais às relações privadas poderia suprimir ou restringir em demasia o princípio da autonomia privada. Portanto, é o próprio sistema de direitos fundamentais, ensina o notável constitucionalista tedesco, que autoriza e legitima que os indivíduos confiram aos negócios de direito privado conformação não coincidente com tais direitos.[28]

Idêntica orientação é adotada por Konrad Hesse, que destaca serem as relações entre pessoas privadas marcadas, fundamentalmente, pela ideia de igualdade. A vinculação direta dos entes privados aos direitos fundamentais não poderia jamais ser tão profunda, pois, ao contrário da relação Estado-cidadão, os direitos fundamentais operariam a favor e contra os dois partícipes da relação de direito privado.[29]

Não se pode olvidar, por outro lado, que as controvérsias entre particulares com base no direito privado hão de ser decididas pelo Judiciário. Estando a jurisdição vinculada aos direitos fundamentais, parece inevitável que o tema constitucional assuma relevo tanto na decisão dos tribunais ordinários, como no caso de eventual pronunciamento da Corte Constitucional.[30]

3 Direitos fundamentais aplicados às relações privadas na jurisprudência do Supremo Tribunal Federal

No Brasil, a doutrina recente tem se dedicado com afinco ao desenvolvimento do tema. Mencionam-se a propósito os estudos de Daniel Sarmento, Ingo Sarlet, Paulo Gustavo Gonet Branco, Rodrigo de Oliveira Kaufmann, André Rufino do Vale, e Thiago Sombra, os quais também enfatizam o amadurecimento dessa questão no Tribunal.[31]

Conforme já mencionado, o tema tem dado ensejo a uma relevante discussão doutrinária e jurisprudencial na Europa e nos Estados Unidos.

A propósito da *state action*, o assunto tem sido objeto de instigantes estudos e julgamentos nos Estados Unidos, os quais têm reconhecido a aplicação de direitos fundamentais para os casos em que estão envolvidos diretos civis (*The Civil Right Cases*), acordos privados (*Private Agreements*), ou ainda sob a alegação de que a questão decidida demanda um conceito de função pública (*The Public Function Concept*).[32]

Com base nas raras ocasiões em que a Corte se debruçou sobre o tema, é possível delinear os contornos que a aplicação dos direitos fundamentais nas relações privadas pode assumir.

---

[28] DÜRIG. *Kommentar zum Grundgesetz*. [s.l.]: [s.n.], [s.d.]. Art. 1, III, n. 130.

[29] HESSE, Konrad. *Grundzüge des Verfassungsrechts*. [s.l.]: [s.n.], 1967. p. 159.

[30] PIEROTH; SCHLINK. *Grundrechte*. Staatsrecht II. München: C. F. Müller, 2015. p. 50; PIEROTH; SCHLINK. *Direitos fundamentais*. São Paulo: Saraiva, 2012. p. 113.

[31] Cf. SARMENTO, Daniel. *Direitos fundamentais e relações privadas*. Rio de Janeiro: Lumen Juris, 2004; SOMBRA, Thiago. *A eficácia dos direitos fundamentais nas relações jurídico-privadas*: a identificação do contrato como ponto de encontro dos direitos fundamentais. Porto Alegre: Sérgio Antônio Fabris, 2004; VALE, André Rufino do. *Eficácia dos direitos fundamentais nas relações privadas*. Porto Alegre: Sérgio Antônio Fabris, 2004; KAUFMANN, Rodrigo. *Dimensões e perspectivas da eficácia horizontal dos direitos fundamentais*: possibilidades e limites de aplicação no direito constitucional brasileiro. Brasília: [s.n.], 2003; BRANCO, Paulo Gustavo Gonet. Associações, expulsão de sócios e direitos fundamentais. *Direito Público*, Porto Alegre, v. 1, n. 2, p. 170-174, out./dez. 2003; SARLET, Ingo Wolfgang. *A eficácia dos direitos fundamentais*. Porto Alegre: Livraria do Advogado, 1998. Muitos desses estudos desenvolveram-se também a partir dos positivos impulsos decorrentes das decisões proferidas por esta Corte.

[32] NOWAK, John E.; ROTUNDA, Ronald D. *Constitutional law*. 5. ed. Eagan, Minnesota: West Pub, 1995.

No RE nº 160.222/RJ,[33] discutiu-se se cometeria o crime de constrangimento ilegal o gerente que exige das empregadas de certa indústria de *lingeries* o cumprimento de cláusula constante nos contratos individuais de trabalho, segundo a qual elas deveriam se submeter a revistas íntimas, sob ameaça de dispensa. Elucidou a ementa:

> I. Recurso extraordinário: legitimação da ofendida – ainda que equivocadamente arrolada como testemunha –, não habilitada anteriormente, o que, porém, não a inibe de interpor o recurso, nos quinze dias seguintes ao término do prazo do Ministério Público (STF, Súms. 210 e 448). II. Constrangimento ilegal: submissão das operárias de indústria de vestuário a revista íntima, sob ameaça de dispensa; sentença condenatória de primeiro grau fundada na garantia constitucional da intimidade e acórdão absolutório do Tribunal de Justiça, porque o constrangimento questionado a intimidade das trabalhadoras, embora existente, fora admitido por sua adesão ao contrato de trabalho: questão que, malgrado a sua relevância constitucional, já não pode ser solvida neste processo, dada a prescrição superveniente, contada desde a sentença de primeira instância e jamais interrompida, desde então.

Em outro caso, o RE nº 158.215/RS,[34] a Segunda Turma preconizou a incidência direta dos direitos fundamentais sobre relações entre particulares. Tratava-se da hipótese de um membro expulso de cooperativa sem o atendimento da garantia do contraditório e da ampla defesa no âmago do devido processo legal. A ementa explicita tal raciocínio nos seguintes termos:

> Defesa – Devido Processo Legal – Inciso LV do Rol das Garantias Constitucionais – Exame – Legislação Comum.
> A intangibilidade do preceito constitucional assegurador do devido processo legal direciona ao exame da legislação comum. Daí a insubsistência da óptica segundo a qual a violência à Carta Política da República, suficiente a ensejar o conhecimento de extraordinário, há de ser direta e frontal. Caso a caso, compete ao Supremo Tribunal Federal exercer crivo sobre a matéria, distinguindo os recursos protelatórios daqueles em que versada, com procedência, a transgressão a texto constitucional, muito embora torne-se necessário, até mesmo, partir-se do que previsto na legislação comum. Entendimento diverso implica relegar à inocuidade dois princípios básicos em um Estado Democrático de Direito - o da legalidade e do devido processo legal, com a garantia da ampla defesa, sempre a pressuporem a consideração de normas estritamente legais.
> Cooperativa – Exclusão de Associado – Caráter Punitivo – Devido Processo Legal.
> Na hipótese de exclusão de associado decorrente de conduta contrária aos estatutos, impõe-se a observância ao devido processo legal, viabilizado o exercício amplo da defesa. Simples desafio do associado à assembléia geral, no que toca à exclusão, não é de molde a atrair adoção de processo sumário. Observância obrigatória do próprio estatuto da cooperativa.

Paulo Gustavo Gonet Branco analisa as tendências jurisprudenciais do Tribunal a partir desse julgamento:

> A segunda turma do Supremo Tribunal enxergou controvérsia constitucional apta a ensejar o conhecimento e provimento de recurso extraordinário em causa em que se discutia a

---

[33] BRASIL. Supremo Tribunal Federal. Recurso Extraordinário n. 160.222-RJ, Rel. Min. Sepúlveda Pertence. *Diário de Justiça Eletrônico*, 1º set. 1995.
[34] BRASIL. Supremo Tribunal Federal. Recurso Extraordinário n. 158.215/RS, Primeira Turma, Rel. Marco Aurélio, Brasília, 16.08.2011. *Diário de Justiça Eletrônico*, 7 jun. 1996.

legitimidade formal da expulsão de sócios de uma cooperativa, sem a observância dos preceitos estatutários relativos à defesa dos excluídos. O relator, Ministro Marco Aurélio, dirigiu toda a apreciação do caso para o ângulo da garantia constitucional da ampla defesa. Argumentou que "a exaltação de ânimos não é de molde a afastar a incidência do preceito constitucional assegurador da plenitude da defesa nos processos em geral. [...] Incumbia à Cooperativa, uma vez instaurado o processo, dar aos acusados a oportunidade de defenderem-se e não excluí-los sumariamente do quadro de associados [...], sem a abertura de prazo para produção de defesa e feitura de prova".

O acórdão não se deteve em considerações acadêmicas sobre a eficácia dos direitos fundamentais nas relações entre particulares, o que o torna ainda mais sugestivo. A decisão tomou como indiscutível que há normas de direitos fundamentais que incidem diretamente sobre relações entre pessoas privadas. Deixou para os comentadores os adornos doutrinários.[35]

No RE nº 161.243/DF,[36] o Tribunal não admitiu que a invocação do princípio da autonomia fosse argumento legítimo para discriminar nacionais de estrangeiros, no que concerne à percepção de benefícios constantes no estatuto pessoal de determinada empresa. Consignou-se na ementa:

> Constitucional. Trabalho. Princípio da Igualdade. Trabalhador Brasileiro Empregado de Empresa Estrangeira: Estatutos do Pessoal desta: Aplicabilidade ao Trabalhador Estrangeiro e ao Trabalhador Brasileiro. CF, 1967, art. 153, §1º; CF, 1988, art. 5º, caput.
> I. - Ao recorrente, por não ser francês, não obstante trabalhar para a empresa francesa, no Brasil, não foi aplicado o Estatuto do Pessoal da Empresa, que concede vantagens aos empregados, cuja aplicabilidade seria restrita ao empregado de nacionalidade francesa. Ofensa ao princípio da igualdade: C.F., 1967, art. 153, §1º; C.F., 1988, art. 5º, caput). II. - A discriminação que se baseia em atributo, qualidade, nota intrínseca ou extrínseca do indivíduo, como o sexo, a raça, a nacionalidade, o credo religioso, etc., é inconstitucional. Precedente do STF: Ag 110.846(AgRg)-PR, Célio Borja, RTJ 119/465. III. - Fatores que autorizariam a desigualação não ocorrentes no caso. IV. - R.E. conhecido e provido.

No RE 201.819,[37] interposto pela União Brasileira de Compositores – UBC contra acórdão do Tribunal de Justiça do Estado do Rio de Janeiro, que manteve decisão que reintegrara associado excluído do quadro daquela sociedade civil, sob o entendimento de que seu direito de defesa havia sido violado, em virtude de não ter tido a oportunidade de refutar o ato que resultou na sua punição.

Tratou-se de um caso típico de aplicação de direitos fundamentais às relações privadas – assunto que, necessariamente, deve ser apreciado sob a perspectiva de uma jurisdição de perfil constitucional.

O caso apresentava singularidades. A UBC é repassadora do numerário arrecadado pelo Escritório Central de Arrecadação e Distribuição (ECAD). Destarte, a

---

[35] BRANCO, Paulo Gustavo Gonet. Associações, expulsão de sócios e direitos fundamentais. *Direito Público*, Porto Alegre, v. 1, n. 2, p. 170-174, out./dez. 2003.
[36] BRASIL. Supremo Tribunal Federal. Recurso Extraordinário n. 161.243/DF, Segunda Turma, Rel. Min. Carlos Velloso, Brasília, 29.10. 2016. *Diário de Justiça Eletrônico*, 19 dez. 1997.
[37] BRASIL. Supremo Tribunal Federal. *Recurso Extraordinário n. 201.819*. Segunda Turma, Rel. Min. Ellen Gracie, Brasília, 11.10.2005. Disponível em: <http://redir.stf.jus.br/paginadorpub/paginador.jsp?docTP=AC&docID=388784>. Acesso em: 15 maio 2016.

exclusão de sócio do quadro social da UBC, sem qualquer garantia de ampla defesa, do contraditório, ou do devido processo constitucional, onerou-o consideravelmente, já que ficou impossibilitado de perceber os direitos autorais relativos à execução de suas obras.

De outro lado, diante da iminência de expulsão disciplinar, ainda que o recorrido tivesse optado por ingressar em outras entidades congêneres, nacionais ou estrangeiras, o ônus subsistiria em razão da eliminação automática do associado, nos termos do art. 18 do Estatuto Social da ECAD.

Considerando que a União Brasileira de Compositores (UBC) integra a estrutura do ECAD, era incontroverso que, no caso, ao restringir as possibilidades de defesa do recorrido, ela assumia posição privilegiada para determinar, preponderantemente, a extensão do gozo e fruição dos direitos autorais de seu associado. Em outras palavras, tratava-se de entidade que se caracteriza por integrar aquilo que poderíamos denominar como *espaço público* ainda que *não estatal*.

Logo, as penalidades impostas pelo ECAD extrapolavam, em muito, a liberdade do direito de associação e, sobretudo, o de defesa. Conclusivamente, era imperiosa a observância das garantias constitucionais do devido processo legal, do contraditório e da ampla defesa (art. 5º, LIV e LV, da CF).

No caso, porém, ficou verificado que a observância das normas internas da entidade teria assegurado a lisura do procedimento de exclusão do sócio. A relatora do caso, Min. Ellen Gracie, entendeu que a controvérsia resolver-se-ia com esteio no estatuto social da entidade privada e na legislação civil em vigor. No mesmo sentido, destaca-se a fundamentação do voto do Min. Gilmar Mendes:

> [...] Entendo que as associações privadas têm liberdade para se organizar e estabelecer normas de funcionamento e de relacionamento entre os sócios, desde que respeitem a legislação em vigor. Cada indivíduo, ao ingressar numa sociedade, conhece suas regras e seus objetivos, aderindo a eles.
>
> A controvérsia envolvendo a exclusão de um sócio de entidade privada resolve-se a partir das regras do estatuto social e da legislação civil em vigor. Não tem, portanto, o aporte constitucional atribuído pela instância de origem, sendo totalmente descabida a invocação do disposto no art. 5º, LV da Constituição para agasalhar a pretensão do recorrido de reingressar nos quadros da UBC.
>
> Obedecido o procedimento fixado no estatuto da recorrente para a exclusão do recorrido, não há ofensa ao princípio da ampla defesa, cuja aplicação à hipótese dos autos revelou-se equivocada, o que justifica o provimento do recurso.

Na ADI nº 2.591/DF,[38] o Supremo Tribunal Federal analisou a aplicabilidade do Código de Defesa do Consumidor (CDC) aos contratos firmados entre consumidores e instituições financeiras. A questão já havia sido pacificada no âmbito do Superior Tribunal de Justiça com a edição da Súmula nº 297/STJ, a qual dispõe que "O Código de Defesa do Consumidor é aplicável às instituições financeiras".

Na ação ajuizada perante o STF, impugnava-se a constitucionalidade do art. 3º, §2º, do CDC, na parte em que o dispositivo estende o conceito de serviço às atividades de natureza bancária, financeira, de crédito e securitária. Em suma, os defensores da

---

[38] BRASIL. Supremo Tribunal Federal. Ação Direta de Inconstitucionalidade n. 2.591, Tribunal Pleno, Rel. Min. Eros Grau, Brasília, DF, 07.06 2006. *Diário da Justiça*, 29 set. 2006.

inconstitucionalidade argumentavam que o dispositivo do CDC violaria reserva de lei complementar prevista no art. 192, incs. II e IV, da CF/88, na redação anterior à Emenda Constitucional nº 40/2003.

Alegava-se ainda que o próprio texto constitucional teria implicitamente estabelecido uma distinção entre os clientes de instituição financeira e o consumidor comum. Ademais, defendia-se que a lei consumerista teria onerado desproporcionalmente os bancos, o que configuraria uma violação do devido processo legal substantivo (art. 5º, LIV, da CF/88).

Por maioria de votos, o Plenário do STF julgou a demanda improcedente, afirmando que as instituições financeiras estariam alcançadas pela incidência das normas veiculadas no CDC. O voto relator do Min. Carlos Velloso destacou que a proteção ao consumidor tem *status* de princípio constitucional em nosso ordenamento jurídico:

> No Brasil, na linha da expansão do fenômeno mundial do "consumerismo" a defesa do consumidor ganhou status de princípio constitucional: art. 170, V: "A ordem econômica, fundada na valorização do trabalho humano e na livre iniciativa, tem por fim assegurar a todos existência digna, conforme os ditames da justiça social, observados os seguintes princípios: V - defesa do consumidor.
>
> A defesa do consumidor, registram Arruda Alvim, Thereza Alvim, Eduardo Arruda Alvim e James Marins, "pode, então, ser considerada, como afirma Eros Roberto Grau, um 'Princípio constitucional impositivo' (Canotilho), a cumprir dupla função, como instrumento para realização do fim de assegurar a todos existência digna e objetivo particular a ser alcançado. No último sentido, assume a função de diretriz (Dworkin) – norma objetivo – dotada de caráter constitucional conformador, justificando a reivindicação pela realização de políticas públicas.[39]

Reconhecendo a importância constitucional dessa proteção, o Tribunal entendeu que o dispositivo impugnado do CDC não teria violado a reserva de lei complementar estabelecida no art. 192, incs. II e IV, da CF/88, uma vez que tal reserva dizia respeito apenas à regulamentação do Sistema Financeiro Nacional e não ao regime jurídico dos atos negociais praticados pelas instituições financeiras. Nesse sentido, o voto do relator para acórdão Min. Eros Grau pontuou:

> Não há dúvida, de outra parte, quanto à circunstância de a exigência de lei complementar veiculada pelo artigo 192 da Constituição abranger apenas o quanto respeite à regulamentação – permito-me exorcizar o vocábulo "regulação", em razão do tanto de ambiguidade que enseja – regulamentação, dizia, da estrutura do sistema. O sistema haveria de estar a serviço da promoção do desenvolvimento equilibrado do País e dos interesses da coletividade – diz o preceito – e, para tanto, a Constituição impõe sua regulamentação por lei complementar. Mas apenas isso. Os encargos e obrigações impostos pelo Código de Defesa do Consumidor às instituições financeiras, atinentes à prestação de seus serviços a clientes – isto é, atinentes à exploração das atividades dos agentes econômicos que a integram, todas elas, operações bancárias e serviços bancários, na dicção do Ministro Nelson Jobim – esses encargos e obrigações poderiam perfeitamente, como o foram, ser definidos por lei ordinária.

---

[39] ALVIM, Arruda et al. *Código do Consumidor comentado*. 2. ed. São Paulo: RT, 1995. p. 13

Por todos esses argumentos, a Corte assentou a aplicabilidade do Código de Defesa do Consumidor às relações negociais estabelecidas com instituições financeiras.

Na ADPF nº 132/RJ,[40] o Tribunal apreciou a constitucionalidade do art. 1.723 do Código Civil, que reconhece como entidade familiar as uniões estáveis estabelecidas entre homens e mulheres. Os defensores da inconstitucionalidade do dispositivo alegavam que a limitação do regime de união estável aos casais heterossexuais violaria os preceitos fundamentais da igualdade, da liberdade, da segurança jurídica e da dignidade da pessoa humana, todos previstos nos art. 5º, *caput*, e incs. II e IV da CF/88.

O julgamento contou com a participação de grupos organizados da sociedade civil, como associações empenhadas na luta pelos direitos LGBT e entidades religiosas, que contribuíram ativamente na condição *amicus curiae* no processo. O julgamento ostentou notável repercussão na sociedade brasileira, dada a relevância do tema enfrentado.

Nos termos do voto relator do Min. Carlos Britto, considerou-se que o texto constitucional não limitara o conceito de família a casais heteroafetivos nem a qualquer formalidade cartorária ou religiosa. Nesse sentido, entendeu-se que:

> A Constituição Federal não faz a menor diferenciação entre a família formalmente constituída e aquela existente ao rés dos fatos. Como também não distingue entre a família que se forma por sujeitos heteroafetivos e a que se constitui por pessoas de inclinação homoafetiva. Por isso que, sem nenhuma ginástica mental ou alquimia interpretativa, dá para compreender que a nossa Magna Carta não emprestou ao substantivo "família" nenhum significado ortodoxo ou da própria técnica jurídica. Recolheu-o com o sentido coloquial praticamente aberto que sempre portou como realidade do mundo do ser.

No caso, pontuou-se também que a fórmula contida no art. 5º, §2º, da CF/88 deixava clara a possibilidade de se reconhecer outros direitos e garantias individuais não expressamente listados no texto constitucional. Assim, seria plenamente compatível com a Carta Maior o entendimento de que o conceito de família abarca as relações afetivas entre pessoas do mesmo sexo.

Reconhecendo a liberdade sexual como expressão da liberdade e da própria garantia fundamental da dignidade da pessoa humana, o Plenário acolheu os fundamentos do voto condutor, decidindo que o art. 1.723 do Código Civil mereceria interpretação conforme a Constituição, a fim de que fosse excluída dele qualquer interpretação que impedisse o reconhecimento como entidade familiar da união contínua, pública e duradoura entre casais homoafetivos.

A discussão sobre a eficácia horizontal dos direitos fundamentais também foi refletida, ainda que de forma indireta, na apreciação do RE nº 636.331/RJ, cujo julgamento encontra-se suspenso por pedido de vista. No caso, examina-se se tratados internacionais subscritos pelo Brasil, notadamente a Convenção de Varsóvia e alterações posteriores, deveriam prevalecer sobre o Código de Defesa do Consumidor para efeito de limitar a responsabilidade das empresas de transporte aéreo internacional por extravio de bagagem.

---

[40] BRASIL. Supremo Tribunal Federal. Arguição de Descumprimento de Preceito Fundamental n. 132/RJ, Plenário, Rel. Min. Ayres Britto, Brasília, DF, 05.05.2011. *Diário de Justiça Eletrônico*, 13 out. 2011.

A antinomia se estabelece, a princípio, entre o art. 14 do CDC, que impõe ao fornecedor do serviço o dever de reparar os danos causados, e o disposto no art. 22 da Convenção de Varsóvia, introduzida no direito pátrio pelo Decreto nº 20.704, de 24.12.1931, que preestabelece limite máximo para o valor devido pelo transportador, a título de reparação. Na essência, a controvérsia reside em definir se o direito do passageiro à indenização pode ser limitado por legislação internacional especial, devidamente incorporada à ordem jurídica brasileira.

O voto relator do Min. Gilmar Mendes sustentou que a solução dessa celeuma passava pela consideração de, pelo menos, três aspectos: (1) o possível conflito entre o princípio constitucional que impõe a defesa do consumidor e a regra do art. 178 da Constituição Federal; (2) a superação da aparente antinomia entre a regra do art. 14 da Lei nº 8.078/90 e as regras dos arts. 22 da Convenção de Varsóvia e da Convenção para Unificação de Certas Regras Relativas ao Transporte Aéreo Internacional; e (3) o alcance das referidas normas internacionais, no que se refere à natureza jurídica do contrato e do dano causado.

Primeiramente, o voto afastou o argumento de que o princípio constitucional que impõe a defesa do consumidor (art. 5º, XXXII, e art. 170, V, da CF/88) impediria qualquer sorte de derrogação do CDC por norma mais restritiva, ainda que por lei especial. A esse respeito, o relator ressaltou que o próprio texto constitucional, já em redação originária, determinou a observância dos acordos internacionais, quanto à ordenação do transporte aéreo internacional, logo não haveria que se falar em impossibilidade absoluta de derrogação do CDC.

Também se considerou que, no caso, não haveria superioridade hierárquica dos tratados sobre o CDC, já que estes tratados não diziam respeito à disciplina de direitos humanos. Assim, o conflito entre as normas deveria ser solvido pela aplicação dos critérios ordinários, que determinam a prevalência da lei especial em relação à lei geral e da lei posterior em relação à lei anterior. Entendeu-se então que as Convenções internacionais prevaleceriam não apenas porque seriam mais recentes, mas porque seriam especiais em relação ao Código de Defesa do Consumidor.

O voto condutor também esclareceu que as disposições previstas nos acordos internacionais se aplicam apenas aos contratos de transporte internacional de pessoas, estando também excluídos da incidência do art. 22 da Convenção de Varsóvia os casos de reparação por dano moral decorrente de extravio de bagagens.

Atualmente, o julgamento do processo encontra-se suspenso por pedido de vista da Min. Rosa Weber.

Também no julgamento do RE nº 658.312/SC,[41] a Corte decidiu importante matéria relativa à eficácia privada dos direitos fundamentais. No caso, examinava-se se o art. 384 da Consolidação das Leis Trabalhistas (CLT) foi recepcionado pela Constituição Federal de 1988. O dispositivo previa que, em caso de prorrogação do horário normal de trabalho, seria obrigatória a concessão de 15 (quinze) minutos de descanso antes do período extraordinário. Em razão de o dispositivo estar inserido no Capítulo III da CLT (que dispõe sobre a "Proteção do Trabalho da Mulher"), discutia-se se a concessão de tal benefício exclusivamente às mulheres compatibilizava-se com os arts. 5º, inc. I, e 7º, inc. XXX, da CF/88.

---

[41] BRASIL. Supremo Tribunal Federal. Recurso Extraordinário n. 658.312, Plenário, Rel. Min. Dias Toffoli, Brasília, DF, 27.11.2014. *Diário de Justiça Eletrônico*, 10 fev. 2015.

O voto relator do Min. Dias Toffoli considerou que, embora os referidos dispositivos da CF/88 tenham de fato instituído a igualdade formal entre homens e mulheres, a Carta Maior admitia em determinadas hipóteses tratamento diferenciado entre os gêneros, tendo em vista (i) a histórica exclusão da mulher no mercado regular de trabalho; (ii) as diferenças no componente orgânico e biológico entre os sexos ; e (iii) um componente social, consubstanciado no fato de ser comum o acúmulo de atividades pela mulher no lar e no ambiente de trabalho. O relator considerou então que esses três critérios legitimariam um tratamento entre os sexos, desde que a norma instituidora ampliasse direitos fundamentais das mulheres e atendesse ao princípio da proporcionalidade na compensação das diferenças.

Aplicando essa moldura ao caso concreto, o voto condutor considerou que o art. 384 da CLT, embora não retratasse mecanismo de compensação histórica por discriminações socioculturais, vinculava-se aos outros dois critérios de *discrímen*, o biológico e o social. Nesse sentido, afirmou-se que:

> Pela leitura desses dispositivos, podemos concluir que a Constituição Federal veio-a se utilizar de alguns critérios para esse tratamento diferenciado: i) em primeiro lugar, levou em consideração a histórica exclusão da mulher do mercado regular de trabalho e impôs ao Estado a obrigação de implantar políticas públicas, administrativas ou meramente legislativas de natureza protetora no âmbito do direito do trabalho (PITANGUY, Jacqueline; BARSTED, Leila L. (Orgs.). *O Progresso das Mulheres no Brasil*. Brasília: UNIFEM, Fundação Ford e CEPIA, 2006); ii) considerou existir um componente orgânico, biológico, a justificar o tratamento diferenciado, inclusive pela menor resistência física da mulher; e iii) considerou haver, também, um componente social, pelo fato de ser comum o acúmulo de atividades pela mulher no lar e no ambiente de trabalho - o que, de fato, é uma realidade e, portanto, deve ser levado em consideração na interpretação da norma, como propõe a metódica concretista de Friedrich Miiller (cf. Métodos de trabalho do Direito Constitucional. Trad. Peter Naumann: Rio de Janeiro, Renovar, 2005 e O novo paradigma do direito: introdução à teoria e à metódica estruturantes do direito. Trad. Dimitri Dimoulis et. al. São Paulo: Revista dos Tribunais, 2008). Não vislumbro ser a espécie um enunciado normativo que retrate mecanismo de compensação histórica por discriminações socioculturais fundado na doutrina do "impacto desproporcional", tal qual desenvolvida no sistema jurídico norte-americano. *O art. 384 da CLT levou em consideração os outros dois critérios acima elencados.* [...]
> O dispositivo atacado não viola o art. 7º, inciso XXX, da Constituição Federal, na medida em que não diz respeito a tratamento diferenciado quanto ao salário a ser pago a homens e mulheres, a critérios diferenciados de admissão, ou mesmo a exercício de funções diversas entre diversos gêneros. Essa norma, como já salientei, com o devido respeito àqueles que advogam a tese contrária, não gera, no plano de sua eficácia, prejuízos ao mercado de trabalho feminino. Aliás, o intervalo previsto no art. 384 da CLT só tem cabimento quando a trabalhadora labora, ordinariamente, com jornada superior ao limite permitido pela lei e o empregador exige, diante de uma necessidade, que se extrapole esse período. Adotar-se a tese da prejudicialidade nos faria inferir, também, que o salário-maternidade, a licença-maternidade, o prazo reduzido para a aposentadoria, a norma do art. 391 da CLT, que proíbe a despedida da trabalhadora pelo fato de ter contraído matrimónio ou estar grávida, e outros benefícios assistenciais e previdenciários existentes em favor das mulheres acabariam por desvalorizar a mão de obra feminina.
> Portanto, há que se concluir que o art. 384 da CLT foi recepcionado pela atual Constituição, visto que são legítimos os argumentos jurídicos a garantir o direito ao intervalo. O trabalho contínuo impõe à mulher o necessário período de descanso, a fim de que ela possa se recuperar e se manter apta a prosseguir com suas atividades laborais em regulares condições de segurança, ficando protegida, inclusive, contra eventuais riscos de acidentes e

de doenças profissionais. Além disso, o período de descanso contribui para a melhoria do meio ambiente de trabalho, conforme exigências dos arts. 7º, inciso XXII, e 200, incisos II e VIII, da Constituição Federal.

Com base nesses fundamentos, o Plenário, por maioria, acolheu o voto condutor para consignar a recepção do dispositivo da lei trabalhista pelo texto constitucional vigente. O voto vencido do Min. Luiz Fux considerou que esse tratamento diferenciado para as mulheres ofenderia o princípio da isonomia, exceto quando se tratasse de atividades que exigissem esforço físico do empregado. Acompanhando a divergência, o Min. Marco Aurélio defendeu a inconstitucionalidade da norma, por entender que ela seria, em verdade, prejudicial à posição das mulheres no mercado de trabalho.

Já na ADI nº 4.815,[42] o Supremo contemplou a eficácia horizontal do direito de liberdade de expressão ao analisar a constitucionalidade dos arts. 20 e 21 do Código Civil. Os dispositivos estabelecem a proteção dos direitos de personalidade em casos de divulgação de escritos, transmissão da palavra, publicação, exposição ou utilização de imagens de pessoa sem sua autorização.

No caso, a autora da ação Associação Nacional dos Editores de Livros – Anel sustentava que a redação desses artigos não implicaria vedação à publicação de biografias sem anuência prévia do biografado. De acordo com a Associação, a exigência de autorização do biografado violaria as liberdades de manifestação do pensamento, da atividade artística, intelectual, científica e de comunicação (art. 5º, IV e IX da CF/88), além do direito difuso da cidadania à informação (art. 5º, XIV).

Com base nesses argumentos, a autora da ação pleiteou a declaração de inconstitucionalidade parcial, sem redução de textos, dos arts. 20 e 21 do Código Civil, apenas para que fosse afastada a obrigatoriedade de consentimento das pessoas retratadas em obras biográficas, literárias ou audiovisuais.

O Plenário da Corte julgou a ação procedente por unanimidade. O voto da relatora Min. Cármen Lúcia destacou que a imposição de autorização prévia para veiculação de obras biográficas equivaleria à censura prévia particular e comprometeria a liberdade de expressão, bem como o direito de informar e ser informado. O voto acolheu expressamente a doutrina da eficácia horizontal dos direitos fundamentais para referir que:

> Atualmente, doutrina e jurisprudência reconhecem que a eficácia dos direitos fundamentais espraia-se nas relações entre particulares. Diversamente dos primeiros momentos do Estado moderno, no qual, sendo o ente estatal o principal agressor a direitos fundamentais, contra ele se opunham as normas garantidoras desses direitos, hoje não é permitido pensar que somente o Estado é fonte de ofensa ao acervo jurídico essencial de alguém. O particular não pode se substituir ao Estado na condição de deter o poder sobre outro a ponto de cercear ou anular direitos fundamentais.
>
> Quanto mais se amplia o espaço de poder social, mais se tem a possibilidade de ser a liberdade restringida pela ação de particulares contra um indivíduo ou grupo. A proteção dos direitos não se limita à ação estatal, mas estende-se também à ação dos particulares nas relações intersubjetivas.

---

[42] BRASIL. Supremo Tribunal Federal. Ação Direta de Inconstitucionalidade n. 4.815, Rel. Min. Cármem Lúcia. *Diário de Justiça Eletrônico*, 1 fev. 2016.

A sociedade não é composta de pessoas em idênticas condições de força e poder. Essas diferenças podem permitir a determinado indivíduo interferir e sobrepor-se à atuação legítima de outro particular, estabelecendo-se relações de poder privado que podem restringir ou ofender direitos fundamentais.

Por isso a eficácia dos direitos fundamentais é tida como extensiva ao Estado e também aos particulares, que não podem atuar em desrespeito às garantias estabelecidas pelo sistema constitucional.

Os conflitos entre particulares podem atingir direitos fundamentais pela desproporcionalidade do poder exercido por um em relação a outro ou em contrariedade ao interesse público. Nem por ser particular se haverá de desconsiderar ilegítimo tal agir. Apesar de ser mais comum quando exercido pelo Estado, o particular pode também atuar com abuso ou exorbitância de poder em relação a outrem, a tomar o prejudicado legitimado a defender os seus direitos quanto à atuação contrária ao direito.

A relatora ressaltou especificamente a dimensão horizontal do direito à liberdade de expressão, cuja observância afigura-se mandatória não apenas ao Estado, mas também a toda sociedade no âmbito de relações privadas:

> Quanto ao direito à liberdade de expressão, a eficácia dos direitos fundamentais não se limita ao provimento estatal, impõe-se a toda a sociedade, não persistindo o agir isolado ou privado pela só circunstância de não ser estatal. O poder individual não pode se substituir ao poder estatal, nem ser imune às obrigações relativas aos direitos fundamentais. Por exemplo: a conduta discriminatória ou preconceituosa praticada por síndico de condomínio não pode ser mais tolerada que o agir do Estado ao distinguir sem base de legitimidade entre iguais.

No RE nº 673.707,[43] o Tribunal examinou o alcance do *habeas data* enquanto instrumento de satisfação do direito constitucional de acesso à informação. No caso, controvertia-se se os dados de contribuintes arquivados no Sistema de Conta Corrente da Secretaria da Receita Federal do Brasil – Sincor seriam ou não de uso privativo da autoridade tributária. A parte recorrente argumentava que, embora o referido sistema fosse utilizado pelo Fisco, o banco de dados ostentava caráter público, o que tornava possível, pelo menos em tese, a subsunção do art. 1º da Lei nº 9.507/97 ao caso concreto.

No julgamento, o Plenário afastou a tese de que os dados pleiteados estariam acobertados por sigilo fiscal. Nos termos do voto condutor do Min. Luiz Fux, entendeu-se que, conquanto o sistema fosse utilizado em apoio às atividades de arrecadação da Receita Federal, as informações ali consolidadas seriam dados próprios dos contribuintes, devendo ser consideradas públicas em homenagem ao direito à informação expresso no art. 5º, inc. XXXIII da CF/88. Nesse sentido, pontuou-se que:

> O Estado, por meio de seus órgãos ou poderes, ao deter em seus registros ou bancos de dados informações dos contribuintes, seja para que fim for, permanentes ou temporárias, não pode se negar a fornecê-los a quem de direito, sob pena de violar a CRFB/88.
> Deveras, as informações fiscais relativas ao próprio contribuinte, se forem sigilosas, não importa em que grau, devem ser protegidas da sociedade em geral, segundo os termos

---

[43] BRASIL. Supremo Tribunal Federal. Recurso Extraordinário n. 673.707, Plenário, Rel. Min. Luiz Fux, Brasília, 17.06.2016. *Diário de Justiça Eletrônico*, 18 jun. 2015.

da lei ou da constituição, mas não de quem a elas se referem, por força da consagração do direito à informação do art. 52, inciso XXXIII, da Carta Magna, que traz como única ressalva o sigilo imprescindível à segurança da sociedade e do Estado, o que não se aplica no caso sub examine, verbis: [...]

Ora, tratando-se de informação subjetiva, ou seja, de dados pessoais relativos ao próprio requerente, não há como se defender serem comprometedores para a segurança da sociedade ou do Estado e, portanto, não podem ser negadas ao próprio requerente. FILHO, Vicente. *Tutela constitucional das liberdades*. São Paulo: Saraiva, 1989. p. 176; e LIPPMANN, Ernesto. O habeas data visto pela doutrina e interpretado pelos Tribunais. *Revista dos Tribunais*, São Paulo, ano 85, n. 723, p. 117, jan. 1996). Insere-se, aqui, o objeto a que se destina a garantia constitucional do habeas data, ao assegurar o direito fundamental das pessoas de ter ciência de todas as informações subjetivas armazenadas junto às entidades governamentais ou de caráter público.

Em complemento às considerações alinhavadas no voto condutor, o Min. Gilmar Mendes chamou a atenção para o fato de que o art. 5º, inc. LXXII, alínea "a" da CF/88, consagra a proteção do direito à informação dos cidadãos não apenas em face do Estado, mas também em face de terceiros, consolidando-se como um direito fundamental que ostenta eficácia privada. A esse respeito, afirmou que:

> De qualquer sorte, o dispositivo [art. 5º, inciso LXXII, alínea "a" da CF/88], também, traz uma abordagem muito importante, que vem sendo, hoje, anotada por alguns doutrinadores, que é uma ideia de eficácia privada dos direitos fundamentais, ao falar dos bancos de caráter público e, hoje, se entende que são bancos – embora isso não se aplique ao caso – como aqueles que estão aí manejados, geridos por entidades privadas, mas que afetam de maneira muito sensível a vida do cidadão. O nome no SERASA, no SPC, nesses diferentes bancos de dados tem um reflexo enorme na vida das pessoas. E uma informação eventualmente errada tem um impacto significativo. Portanto, aqui, o texto foi avançado e abriu, portanto, ensanchas a uma abordagem que precisa de ser devidamente aprofundada.
>
> Então, a mim, parece-me, digna de nota, desde logo, é exatamente a ideia de que, no plano processual, nós temos o habeas data com o propósito, o intento de tutelar aquilo que entendemos ser uma proteção da autonomia privada nesse âmbito da autodeterminação sobre os dados, que ganha cada vez mais importância, na medida em que temos toda essa ampla evolução tecnológica.

Além dos julgados acima destacados, ressalta-se que o debate acerca da eficácia horizontal de direitos fundamentais encontra-se refletido em processos pendentes de julgamento pelo STF, nos quais inclusive já se reconheceu a existência de repercussão geral. São eles: RE nº 601.580;[44] RE nº 591.874;[45] RE nº 611.639;[46] RE nº 646.721;[47] RE nº 883.168;[48] RE nº 647.885;[49] RE nº 845.779;[50] ARE nº 833.248[51] e RE nº 878.694.[52]

---

[44] Recurso extraordinário em que se discute, à luz do art. 206, I, da Constituição Federal, a possibilidade, ou não, de servidor público militar estadual, transferido *ex officio* e oriundo de estabelecimento particular de ensino superior, ingressar em instituição de natureza pública em razão da inexistência, na localidade de destino, de instituição congênere à de origem.

[45] Recurso extraordinário em que se discute, à luz do art. 37, §6º, da Constituição Federal, se a responsabilidade objetiva nele prevista é, ou não, aplicável aos casos de responsabilidade civil das pessoas jurídicas de direito privado prestadoras de serviço público em relação aos terceiros não usuários do serviço.

[46] Recurso extraordinário em que se discute, à luz dos arts. 37, *caput*, e 236, *caput*, da Constituição Federal, a constitucionalidade, ou não, da parte final do §1º do art. 1.361 do Código Civil, o qual determina que, em se

4 Direitos fundamentais aplicados às relações privadas na jurisprudência do Superior Tribunal de Justiça

Recentemente, o *status* constitucional atribuído à proteção do consumidor e o reconhecimento da eficácia privada dos direitos fundamentais também têm orientado a jurisprudência do Superior Tribunal de Justiça.

No julgamento do REsp nº 1.245.550/MG,[53] analisou-se se seria devido o pagamento de indenização por dano moral a consumidor absolutamente incapaz em cuja conta-corrente efetuaram-se saques comprovadamente indevidos. A decisão recorrida considerara que, diante da diagnosticada demência do consumidor, não seria possível considerar que este tivesse tido ciência do ilícito, logo seria incabível falar em ocorrência de dano moral na hipótese.

Valendo-se das lições de Sergio Cavalieri Filho, o voto relator do Min. Luís Felipe Salomão fundamentou que os direitos de personalidade se afiguram como verdadeiras garantias constitucionais, de sorte que as reparações cabíveis em razão de violações a esses direitos devem ser examinadas a partir de uma ótica constitucional:

> Com efeito, os direitos da personalidade provêm da própria natureza humana e se irradiam no campo do Direito Positivo. No ordenamento jurídico brasileiro, aqueles direitos receberam previsão constitucional, assim como foram apontados em diplomas civis e penais, recebendo a tutela correspondente a cada um.
>
> Nessa linha de ideias, pertinente a doutrina de Sergio Cavalieri Filho, que sintetiza a contento o que se disse até o momento:
>
> Tenho pra mim que todos os conceitos tradicionais de dano moral terão que ser revistos pela ótica da Constituição de 1988. Assim é porque a atual Carta, na trilha das demais Constituições elaboradas após a eclosão da chamada questão social, colocou o Homem no vértice do ordenamento jurídico da Nação, fez dele a primeira e decisiva realidade,

---

tratando de veículos, a propriedade fiduciária constitui-se com o registro do contrato na repartição competente para o licenciamento, devendo-se fazer a anotação no certificado de registro.

[47] Recurso extraordinário em que se discute, à luz dos arts. 1º, III; 5º, I; e 226, §3º, da Constituição Federal, o alcance do direito de sucessão legítima decorrente de união estável homoafetiva.

[48] Recurso extraordinário em que se discute, à luz dos arts. 201, V, e 226, §3º, da Constituição Federal, a possibilidade, ou não, de reconhecimento de direitos previdenciários (pensão por morte) à pessoa que manteve, durante longo período e com aparência familiar, união com outra casada.

[49] Recurso extraordinário em que se discute, à luz do art. 5º, XIII, da Constituição Federal, a constitucionalidade de dispositivos da Lei nº 8.906/1994, que limitam o exercício profissional em virtude da existência de débitos pendentes no órgão representativo de classe (OAB), em face do princípio da liberdade de exercício de qualquer trabalho, ofício ou profissão.

[50] Recurso extraordinário em que se discute, à luz dos arts. 1º, III, 5º, V, X, XXXII, LIV e LV, e 93 da Constituição Federal, se a abordagem de transexual para utilizar banheiro do sexo oposto ao qual se dirigiu configura ou não conduta ofensiva à dignidade da pessoa humana e aos direitos da personalidade, indenizável a título de dano moral.

[51] Recurso extraordinário em que se discute, à luz dos arts. 1º, III, 5º, *caput*, III e X, e 220, §1º, da Constituição Federal, a possibilidade de a vítima ou seus familiares invocarem a aplicação do direito ao esquecimento na esfera civil, considerando a harmonização dos princípios constitucionais da liberdade de expressão e do direito à informação com aqueles que protegem a dignidade da pessoa humana e a inviolabilidade da honra e da intimidade.

[52] Recurso extraordinário em que se discute, à luz dos arts. 5º, I, e 226, §3º, da Constituição Federal, a validade do art. 1.790 do Código Civil, que atribui ao companheiro direitos sucessórios distintos daqueles outorgados ao cônjuge pelo art. 1.829 do mesmo Código.

[53] BRASIL. Superior Tribunal de Justiça. Recurso Especial n. 1.245.550/MG, Quarta Turma, Rel. Min. Luis Felipe Salomão. *Diário de Justiça Eletrônico*, 16 abr. 2015.

transformando os seus direitos no fio condutor de todos os ramos jurídicos. E, ao inserir em seu texto normas que tutelam os valores humanos, a Constituição fez também estrutural transformação no conceito e valores dos direitos individuais e sociais, o suficiente para permitir que a tutela desses direitos seja agora feita por aplicação direta de suas normas. [...] Pois bem, logo no seu primeiro artigo, inciso III, a Constituição Federal consagrou a dignidade humana como um dos fundamentos do nosso Estado Democrático de Direito. Temos hoje o que pode ser chamado de direito subjetivo constitucional à dignidade. Ao assim fazer, a Constituição deu ao dano moral uma nova feição e maior dimensão, porque a dignidade humana nada mais é do que a base de todos os valores morais, a essência de todos os direitos personalíssimos.[54]

Com base nesses fundamentos, a Quarta Turma do Tribunal, por unanimidade, considerou que a condição de incapacidade absoluta do consumidor por si só não prejudicaria a configuração do dano moral, já que a proteção dos direitos de personalidade estaria associada ao princípio da dignidade da pessoa humana. Logo, a preservação desse direito fundamental independeria da condição psíquica do indivíduo.

Nesse sentido, a ementa do acórdão esclareceu que: "a dignidade humana pode ser considerada, assim, um direito constitucional subjetivo, essência de todos os direitos personalíssimos e o ataque àquele direito é o que se convencionou chamar dano moral". Quanto à extensão do dano sofrido pelo consumidor, considerou-se que o dano moral não necessariamente estaria vinculado a alguma reação psíquica da vítima, já que tal dano antecederia os sentidos de aflição e angústia.

No julgamento do REsp nº 1.315.822/RJ,[55] o Tribunal Superior debruçou-se mais uma vez sobre o tema da aplicabilidade de direitos fundamentais no âmbito de relações de consumo.

Na origem, o processo tratava-se de ação civil pública promovida pela Associação Fluminense de Amparo aos Cegos – AFAC contra o Banco do Brasil S/A, na qual se pleiteava que a instituição financeira fosse condenada a confeccionar versões em braile dos contratos de adesão e demais documentos fundamentais para a relação de consumo. Requeria-se também que o banco fosse condenado a enviar, para os clientes com deficiência visual, extratos mensais impressos em linguagem braile. A decisão recorrida havia imposto à instituição financeira as obrigações de fazer pleiteadas pela Associação.

Examinando o recurso interposto pelo Banco do Brasil S/A, o relator do caso Min. Marco Aurélio Bellize destacou que a Lei nº 10.048/2000 e a Convenção Internacional sobre os Direitos das Pessoas com Deficiência já obrigavam as instituições financeiras a conferirem tratamento prioritário e diferenciado aos portadores de deficiência física. O voto considerou também que a utilização do braile nas contratações bancárias seria medida essencial à garantia da dignidade dos consumidores deficientes visuais. Assim, ainda que não existissem leis de proteção aos direitos desse grupo, a adaptação dos contratos ao braile seria mandatória no contexto da ordem constitucional brasileira:

> De plano, releva deixar assente que, ainda que não houvesse, como de fato há, um sistema legal protetivo específico das pessoas portadoras de deficiência, a obrigatoriedade da utilização do método braille nas contratações bancárias estabelecidas com pessoas

---

[54] CAVALIERI FILHO, Sérgio. *Programa de responsabilidade civil*. 8. ed. São Paulo: Atlas, 2008.
[55] BRASIL. Superior Tribunal de Justiça. Recurso Especial n. 1.315.822/RJ, Terceira Turma, Rel. Min. Luis Felipe Salomão. *Diário de Justiça Eletrônico*, 16 abr. 2015.

com deficiência visual encontra lastro, para além da legislação consumerista in totum aplicável à espécie, no próprio princípio da dignidade com consumidores deficientes visuais consubstancia, conforme se demonstrará, o único modo de conferir-lhes, com plenitude, tratamento materialmente isonômico, liberdade de fazer suas próprias escolhas, real acessibilidade à comunicação e à informação essenciais, bem como proteção a sua intimidade. Assim, diversamente do sustentado pela parte ora insurgente, a pretensão expendida na presente ação tem lastro no ordenamento jurídico nacional, cuja normatividade tem assento legal e constitucional. [...]

A utilização do método braille nos ajustes bancários com pessoas portadoras de deficiência visual encontra lastro, ainda, indiscutivelmente, na legislação consumerista, que preconiza ser direito básico do consumidor o fornecimento de informação suficientemente adequada e clara do produto ou serviço oferecido, encargo, é certo, a ser observado não apenas por ocasião da celebração do ajuste, mas também durante toda a contratação.

Com base nesses fundamentos, a Terceira Turma do STJ manteve a condenação imposta à instituição financeira de confeccionar em braile os contratos de adesão aos seus serviços, na forma pleiteada pela parte.

Conclusão

A observância dos direitos fundamentais nas relações entre particulares é tema discutido em diversos sistemas jurídicos. Com bastante influência da doutrina alemã da *Drittwirkung* e do *state action* americano, também no Brasil tem-se admitido tal aplicação a casos específicos, julgados pelo Supremo Tribunal Federal.

O presente artigo elencou os argumentos doutrinários mais relevantes sobre a aplicação dos direitos fundamentais nas relações privadas, apresentando julgados do Tribunal Constitucional Federal alemão para melhor apreciar o tema.

No Brasil, o Supremo Tribunal Federal já se debruçou sobre semelhante controvérsia, consciente de que estaria a decidir, clara e inequivocamente, sobre os limites de aplicação dos direitos fundamentais nas relações privadas. As decisões apresentadas enfatizam o amadurecimento dessa questão no Tribunal e como este está alinhado aos entendimentos de outras Cortes no sentido de proteção aos direitos fundamentais, cumprindo, desse modo, sua função institucional.

Referências

ALVIM, Arruda *et al*. *Código do Consumidor comentado*. 2. ed. São Paulo: RT, 1995.

ANDRADE, José Carlos Vieira de. *Os direitos fundamentais e a Constituição portuguesa de 1976*. Coimbra: Almedina, 1987.

ANSCHÜTZ, Gerhard. *Die Verfassung des deutschen Reichs*. Berlin: Gehlen, 1933.

BATTIS, Ulrich; GUSY, Christoph. *Einführung in das Staatsrecht*. 3. ed. De Gruyter: Heidelberg, 1991.

BLECKMANN, Albert. *Staatsrecht II*: Grundrechte. 3. ed. Beck: Colônia, Berlim, Bonn, München, 1989.

BRANCO, Paulo Gustavo Gonet. Associações, expulsão de sócios e direitos fundamentais. *Direito Público*, Porto Alegre, v. 1, n. 2, p. 170-174, out./dez. 2003.

BRASIL. Superior Tribunal de Justiça. Recurso Especial n. 1.245.550/MG, Quarta Turma, Rel. Min. Luis Felipe Salomão. *Diário de Justiça Eletrônico*, 16 abr. 2015.

BRASIL. Superior Tribunal de Justiça. Recurso Especial n. 1.315.822/RJ, Terceira Turma, Rel. Min. Luis Felipe Salomão. *Diário de Justiça Eletrônico*, 16 abr. 2015.

BRASIL. Supremo Tribunal Federal. Ação Direta de Inconstitucionalidade n. 4.815, Rel. Min. Cármem Lúcia. *Diário de Justiça Eletrônico*, 1 fev. 2016.

BRASIL. Supremo Tribunal Federal. Ação Direta de Inconstitucionalidade n. 2.591, Tribunal Pleno, Rel. Min. Eros Grau, Brasília, DF, 07.06 2006. *Diário da Justiça*, 29 set. 2006.

BRASIL. Supremo Tribunal Federal. Arguição de Descumprimento de Preceito Fundamental n. 132/RJ, Plenário, Rel. Min. Ayres Britto, Brasília, DF, 05.05.2011. *Diário de Justiça Eletrônico*, 13 out. 2011.

BRASIL. Supremo Tribunal Federal. Recurso Extraordinário n. 158.215/RS, Primeira Turma, Rel. Marco Aurélio, Brasília, 16.08.2011. *Diário de Justiça Eletrônico*, 7 jun. 1996.

BRASIL. Supremo Tribunal Federal. Recurso Extraordinário n. 160.222-RJ, Rel. Min. Sepúlveda Pertence. *Diário de Justiça Eletrônico*, 1º set. 1995.

BRASIL. Supremo Tribunal Federal. Recurso Extraordinário n. 161.243/DF, Segunda Turma, Rel. Min. Carlos Velloso, Brasília, 29.10. 2016. *Diário de Justiça Eletrônico*, 19 dez. 1997.

BRASIL. Supremo Tribunal Federal. *Recurso Extraordinário n. 201.819*. Segunda Turma, Rel. Min. Ellen Gracie, Brasília, 11.10.2005. Disponível em: <http://redir.stf.jus.br/paginadorpub/paginador.jsp?docTP=AC&docID=388784>. Acesso em: 15 maio 2016.

BRASIL. Supremo Tribunal Federal. Recurso Extraordinário n. 658.312, Plenário, Rel. Min. Dias Toffoli, Brasília, DF, 27.11.2014. *Diário de Justiça Eletrônico*, 10 fev. 2015.

BRASIL. Supremo Tribunal Federal. Recurso Extraordinário n. 673.707, Plenário, Rel. Min. Luiz Fux, Brasília, 17.06.2016. *Diário de Justiça Eletrônico*, 18 jun. 2015.

CANARIS, Claus-Wilhelm. Grundrechtswirkungen und Verhältnsmässigkeitsprinzip in der richterlichen Anwendung und Fortbildung des Privatrechts. *JuS*, n. 161, 1989.

CAVALIERI FILHO, Sérgio. *Programa de responsabilidade civil*. 8. ed. São Paulo: Atlas, 2008.

DÜRIG. *Kommentar zum Grundgesetz*. [s.l.]: [s.n.], [s.d.].

HESSE, Konrad. *Grundzüge des Verfassungsrechts*. [s.l.]: [s.n.], 1967.

IPSEN, Jörn. Verfassungsprivatrecht?. *Juristen Zeitung*, 69, p. 175-208, fev. 2014.

KAUFMANN, Rodrigo. *Dimensões e perspectivas da eficácia horizontal dos direitos fundamentais*: possibilidades e limites de aplicação no direito constitucional brasileiro. Brasília: [s.n.], 2003.

NIPPERDEY, Hans Carl. *Grundrechte und Privatrecht*. Berlin, New York: Walter de Gruyter, 1961.

NOWAK, John E.; ROTUNDA, Ronald D. *Constitutional law*. 5. ed. Eagan, Minnesota: West Pub, 1995.

PIEROTH; SCHLINK. *Direitos fundamentais*. São Paulo: Saraiva, 2012.

PIEROTH; SCHLINK. *Grundrechte*. Staatsrecht II. München: C. F. Müller, 2015.

RÜFNER. Die Subjekte der Grundrechte. In: INSESEE; KIRCHHORF (Org.). *Handbuch des Staatsrechts*. München: C. F. Müller, 2014.

SARLET, Ingo Wolfgang. *A eficácia dos direitos fundamentais*. Porto Alegre: Livraria do Advogado, 1998.

SARMENTO, Daniel. *Direitos fundamentais e relações privadas*. Rio de Janeiro: Lumen Juris, 2004.

SOMBRA, Thiago. *A eficácia dos direitos fundamentais nas relações jurídico-privadas*: a identificação do contrato como ponto de encontro dos direitos fundamentais. Porto Alegre: Sérgio Antônio Fabris, 2004.

STERN, Klaus. Das *Staatsrechts der Bundesrepublik Deutschland*. München: CH Beck, 1984. v. 3.

TRIBE, Laurence H. *Constitutional choices*. Cambridge: Harvard University Press, 1985.

TRIBE, Laurence H. Refocusing the "State Action" inquiry: separating state acts from state actors. In: TRIBE, Laurence H. *Constitutional choices*. Cambridge: Harvard University Press, 1985.

VALE, André Rufino do. *Eficácia dos direitos fundamentais nas relações privadas*. Porto Alegre: Sérgio Antônio Fabris, 2004.

Informação bibliográfica deste texto, conforme a NBR 6023:2002 da Associação Brasileira de Normas Técnicas (ABNT):

MENDES, Gilmar Ferreira. Eficácia das garantias constitucionais nas relações privadas: uma análise da jurisprudência do Superior Tribunal de Justiça e do Supremo Tribunal Federal. In: PINTO, Hélio Pinheiro; LIMA NETO, Manoel Cavalcante de; LIMA, Alberto Jorge Correia de Barros; SOTTO-MAYOR, Lorena Carla Santos Vasconcelos; DIAS, Luciana Raposo Josué Lima (Coords.). *Constituição, direitos fundamentais e política*: estudos em homenagem ao professor José Joaquim Gomes Canotilho. Belo Horizonte: Fórum, 2017. p. 113-133. ISBN 978-85-450-0185-0.

A EVOLUÇÃO DO PAPEL DO SUPREMO TRIBUNAL FEDERAL NO BRASIL[1]

JOSÉ ANTONIO DIAS TOFFOLI

Introdução

Apesar de o sistema jurídico do Brasil filiar-se à tradição da *civil law*, na qual as leis editadas pelo Poder Legislativo são a fonte essencial do direito, são notórias as proximidades com o sistema jurídico dos Estados Unidos, embora esteja este último fincado na tradição da *common law*. Essas semelhanças remontam às razões pelas quais foram criadas as respectivas Supremas Cortes e, principalmente, às influências históricas do modelo norte-americano no direito brasileiro, as quais contribuíram para a construção de nosso sistema de controle de constitucionalidade.

Tanto nos Estados Unidos como no Brasil, a criação da Suprema Corte passa, inevitavelmente, pela necessidade de se atribuírem a um órgão específico os papéis de guardião da Constituição, de Tribunal da Federação e de moderador dos conflitos políticos e sociais.

Sobressai, ainda, na atualidade, o papel do Supremo Tribunal Federal como Corte Criminal, supervisionando inquéritos e ações penais em face de autoridades federais que detêm foro de prerrogativa de função.

Passo, então, à análise de cada uma dessas funções da Suprema Corte brasileira.

1 O Supremo Tribunal Federal como guardião da Constituição

Foi nos Estados Unidos que surgiram as primeiras constituições escritas e que se desenvolveu a teoria da supremacia constitucional. Essa Constituição tornou-se, a propósito, o paradigma do constitucionalismo contemporâneo.

Conquanto a Constituição dos Estados Unidos, de 1787, não contasse com previsão expressa do controle jurisdicional da constitucionalidade das leis,[2] Alexander

---

[1] Esse artigo é uma versão em português de palestra proferida, em junho de 2016, no Wilson Center em Washington/EUA e no Boston College Law School em Boston/EUA.
[2] O art. VI, item 2, da Constituição dos Estados Unidos de 1787, restringe-se a proclamar o seguinte: "Esta Constituição e as leis complementares e todos os tratados já celebrados ou por celebrar sob a autoridade dos

Hamilton, em *Os artigos federalistas*, já defendia a importância dos tribunais na declaração de nulidade de atos legislativos contrários à Constituição, ao argumento de que nenhum ato legislativo contrário à Constituição poderia ser válido, pois, quando a vontade do legislativo, expressa em suas leis, entra em oposição com a do povo, expressa na Constituição, devem os juízes garantir a supremacia das leis fundamentais.[3]

Esse mesmo raciocínio anos depois, em 1803, foi defendido por John Marshall na decisão proferida pela Suprema Corte norte-americana no caso Marbury *vs.* Madison. Essa decisão entrou para a história como o marco inicial da jurisdição constitucional e do controle difuso de constitucionalidade, posteriormente difundidos por outras partes do mundo.

Note-se que o modelo norte-americano do *judicial review* nasce de uma construção jurisprudencial da Suprema Corte Americana, fundada na noção de que todos os magistrados têm competência para, ao julgar casos concretos, afastar a aplicação de lei conflitante com a Constituição (controle difuso).

O direto brasileiro, por seu turno, em razão da sua colonização essencialmente portuguesa, tem inegável raiz no direito continental europeu, de tradição de *civil law*. Portanto, nosso sistema jurídico privilegia, em detrimento dos precedentes jurisprudenciais e dos costumes, as leis escritas, editadas pelo Poder Legislativo, como fonte essencial do direito.

Essa diferença essencial não impediu, contudo, a influência do modelo constitucional norte-americano no constitucionalismo brasileiro, especialmente com o advento do regime republicano no Brasil. Contudo, diferentemente do *judicial review* norte-americano, a jurisdição constitucional brasileira, até como decorrência do primado da lei, não foi fruto de construção jurisprudencial, mas, sim, de previsão expressa na Constituição.

Com efeito, no Brasil, durante o Império, sob a égide da Carta de 1824, era atribuição do Poder Legislativo fazer as leis, interpretá-las, suspendê-las e revogá-las, velando ainda pela guarda da Constituição (art. 15). Em nome da separação dos poderes e da supremacia do Parlamento, não havia espaço para um sistema de controle judicial de constitucionalidade das leis.

Somente após a proclamação da República – de início, com a criação do Supremo Tribunal Federal pelo Decreto nº 848, em 1890, e, na sequência, com a promulgação da Constituição de 1891, concebida por Rui Barbosa, estudioso do sistema jurídico norte-americano, com nítida inspiração na Constituição dos Estados Unidos da América –, adotou-se no Brasil o modelo difuso de controle de constitucionalidade das leis, mediante previsão expressa na Constituição. Dava-se, a partir de então, início à jurisdição constitucional brasileira.

Todavia, a adoção exclusiva desse modelo, sem o mecanismo do *stare decisis* – instituto típico dos países de tradição de *commom law* – acabou por gerar instabilidade e insegurança jurídica, pois, embora os juízes e os tribunais, tendo o Supremo Tribunal Federal como última instância recursal, pudessem declarar determinada lei

---

Estados Unidos constituirão a lei suprema do país; os juízes de todos os Estados serão sujeitos a ela, ficando sem efeito qualquer disposição em contrário na Constituição ou nas leis de qualquer dos Estados".

[3] MADISON, James; HAMILTON, Alexander; JAY, John. *Os artigos federalistas*. Tradução de Maria Luiza X. de A. Borges. Rio de Janeiro: Nova Fronteira, 1993. p. 480-481.

inconstitucional, os efeitos dessa decisão restringiam-se ao caso concreto, em virtude da ausência de um mecanismo que dotasse essa decisão de efeitos gerais. Na tentativa de corrigir essa deficiência, a Constituição brasileira de 1934 atribuiu ao Senado Federal a competência para suspender, no todo ou em parte, a execução de ato normativo declarado inconstitucional pelo Supremo Tribunal Federal, o que daria efeito geral às declarações de inconstitucionalidade. Essa competência do Senado brasileiro perdura até hoje no Brasil.

O controle de constitucionalidade foi mantido nesses termos, sem grandes alterações, até o advento da Emenda Constitucional nº 16, de 1965, sob a vigência da Constituição de 1946. A partir de então se estabeleceu, no direito brasileiro, o controle abstrato de constitucionalidade de normas, mediante o qual o Supremo Tribunal Federal passava a ter a competência para analisar a constitucionalidade das normas legais de forma abstrata, sem vinculação a um caso concreto, por meio de uma ação específica ajuizada diretamente perante si.

Introduziu-se, assim, no Brasil, o modelo de controle concentrado de constitucionalidade, inspirado no modelo austríaco, formulado por Hans Kelsen, para quem a fiscalização da constitucionalidade das leis deveria ser atribuída, com exclusividade, ao tribunal constitucional, designado especialmente para a guarda da Lei Fundamental e situado fora da organização jurisdicional ordinária.

Esse novo modelo, denominado de controle concentrado de constitucionalidade, passou a coexistir com o sistema difuso de controle, sendo mantido em todas as Constituições brasileiras que se sucederam, inclusive a Constituição de 1988, atual constituição brasileira.

Desse modo, embora o Brasil tenha instituído, inicialmente (início da República), um sistema de controle difuso de constitucionalidade, sob inegável influência do sistema norte-americano de controle judicial de constitucionalidade das leis, o país evoluiu paulatinamente no sentido do controle concentrado austríaco.

Assim, atualmente, nos termos da Constituição Federal de 1988, o país conta com um modelo caracterizado como eclético ou misto, combinando o controle difuso ou incidental (sistema norte-americano), exercido por todos os juízes e tribunais, com o controle concentrado, ou por via principal (sistema austríaco), que é exercido por meio de ações abstratas de competência exclusiva do Supremo Tribunal Federal.

O Brasil acabou combinando, portanto, características dos dois modelos clássicos de controle de constitucionalidade, contando, assim, com uma ampla variedade de instrumentos processuais por meio dos quais os cidadãos e os entes jurídicos e políticos podem exercer a fiscalização da constitucionalidade dos atos do Poder Público e garantir a supremacia da Constituição Federal.

Com a promulgação da atual Constituição de 1988 – após um regime militar que durou mais de 20 anos –, consagrou-se um rol extensivo de direitos e princípios.

Aqui é inevitável comparar a diferença de extensão entre as Constituições do Brasil e dos Estados Unidos. Conquanto sejam inegáveis as semelhanças entre alguns institutos, enquanto a Constituição americana é sintética, contando com sete artigos (cada um com algumas seções), a brasileira é analítica, sendo formada por 250 artigos na parte permanente e por 100 artigos nas disposições transitórias.

É de se destacar, ainda, que a Constituição dos Estados Unidos é a mesma desde 1789, tendo sofrido, até então, 27 emendas. O Brasil, por sua vez, já teve 7 Constituições e a atual, embora seja datada de 1988 – 27 anos de existência –, já sofreu 92 emendas constitucionais.

A verdade é que o nosso texto constitucional buscou definir exaustivamente todas as matérias constitucionais, disciplinando, ainda, várias outras matérias que poderiam ser definidas na legislação infraconstitucional. Essa ampla proclamação de direitos pela Constituição foi acompanhada da criação de instrumentos que fizessem valer judicialmente essas intenções positivas, conferindo-se ao Judiciário e, especificamente, ao Supremo Tribunal Federal papel fundamental na consolidação desse novel Estado Democrático e na salvaguarda dos direitos e garantias fundamentais dos indivíduos e da coletividade.

O controle concentrado, por meio do qual as controvérsias constitucionais podem ser analisadas diretamente pelo Supremo Tribunal Federal, por meio de uma análise em abstrato, pode ser realizado por meio de quatro ações constitucionais:

a) ação direta de inconstitucionalidade (ADI);
b) ação declaratória de constitucionalidade (ADC);
c) ação direta de inconstitucionalidade por omissão (ADO); e
d) arguição de descumprimento de preceito fundamental (ADPF).

A Carta de 1988, além disso, ampliou significativamente a legitimação ativa para a propositura dessas ações, conferindo essa legitimação para além do Procurador-Geral da República, ao Presidente da República, à Mesa do Senado Federal, à Mesa da Câmara dos Deputados, à Mesa da Assembleia Legislativa ou da Câmara Legislativa do Distrito Federal, aos governadores dos estados ou do Distrito Federal, ao Conselho Federal da Ordem dos Advogados do Brasil, aos partidos políticos com representação no Congresso Nacional, às confederações sindicais e às entidades de classe de âmbito nacional.

Ainda como ações constitucionais, temos o mandado de segurança, *o habeas corpus*, *o habeas data*, o mandado de injunção, a ação popular e a ação civil pública.

Na esfera recursal, por meio do recurso extraordinário, cabe ao Supremo Tribunal Federal analisar a existência de violação da Constituição em decisões judiciais proferidas em única ou última instância por parte dos demais órgãos do Poder Judiciário.

Nesse ponto, também encontramos elementos convergentes, dessa vez com relação a tempos mais recentes, entre os modelos brasileiro e norte-americano de controle judicial de constitucionalidade.

A grande quantidade de processos que aportavam no Supremo Tribunal Federal, especialmente os recursos extraordinários, tornava necessária a adoção de mecanismos jurídicos que filtrassem os processos a serem julgados pela Suprema Corte e conferissem eficácia àqueles julgados extensível a casos análogos.

Para exemplificar essa crise numérica, enquanto, em 1988, o Supremo Tribunal brasileiro recebeu em torno de 20 mil processos, em 2006, os processos recebidos chegaram a 127 mil.

Nesse veio, mais recentemente, no âmbito da Reforma do Poder Judiciário realizada em 2004, o recurso extraordinário, instrumento processual típico do controle difuso de constitucionalidade, sofreu profundas alterações, especialmente com as novidades introduzidas pela Emenda Constitucional nº 45/2004.

Inspirado no conceito de *conter part of certiorari*, o conceito de "repercussão geral" – o que, nos Estados Unidos, se chama de *discretionary review* – foi adotado como um requisito para a admissão dos recursos extraordinários pelo Supremo Tribunal

Federal. Os recorrentes, para terem seu recurso examinado pela Suprema Corte, têm que demonstrar a repercussão geral das questões constitucionais discutidas no caso, ou seja, que elas são relevantes do ponto de vista econômico, político, social ou jurídico e ultrapassam os interesses subjetivos manifestos na causa.

Assim, o Tribunal somente se habilita a decidir as controvérsias constitucionais que entende ser relevantes. Desse modo, ao julgar determinado recurso extraordinário com repercussão geral reconhecida, o Supremo Tribunal Federal não só julga o caso concreto, mas também define a linha interpretativa para a questão constitucional controvertida, a qual deve ser aplicada pelos tribunais do país nos processos que versem sobre o mesmo tema.

Sob a mesma inspiração, outra inovação da Emenda Constitucional nº 45, de 2004, foi a autorização para que o Supremo Tribunal Federal aprove as chamadas "súmulas vinculantes", mediante as quais decisões reiteradas do Supremo Tribunal passam a ter efeito vinculante em relação aos demais órgãos do Poder Judiciário e à Administração Pública direta ou indireta, nas esferas federal, estadual e municipal (art. 103-A, CF/88).

Note-se que, no final do ano de 2006, o total de processos em tramitação no Supremo Tribunal Federal era de 153.936. Atualmente, quase dez anos após a regulamentação e a implantação dos sistemas da repercussão geral e da súmula vinculante, o Tribunal diminuiu significativamente seu acervo, contando, atualmente, com 62.038 processos.

Com efeito, ambos os mecanismos (repercussão geral e súmula vinculante) acabaram por moldar o atual sistema misto de controle de constitucionalidade brasileiro (difuso e concentrado), possibilitando uma maior valorização da jurisprudência do Supremo Tribunal Federal, assegurando uma uniformidade jurisprudencial e conferindo força e caráter geral a determinados precedentes jurisprudenciais da Suprema Corte do país.

Em resumo, a Constituição de 1988, ao atribuir ao Supremo Tribunal Federal o papel de protagonista nas tarefas de interpretação e de concretização das normas constitucionais, acabou por conferir um caráter mais ativo à Corte e suas decisões têm demonstrado o forte compromisso da instituição com a defesa dos direitos fundamentais, bem como sua incansável atuação no combate à discriminação e à intolerância, fundamental para toda e qualquer sociedade democrática.

Citarei mais à frente alguns julgados que bem demonstram esse papel da Corte.

2 O Supremo Tribunal Federal como Tribunal da Federação

Já defendia Hans Kelsen que era exatamente nos estados federais que a jurisdição constitucional adquiria a mais considerável importância, pois neles se fazia necessário um tribunal constitucional, uma instância objetiva que decidisse os conflitos entre os entes federativos de modo pacífico, como problemas de ordem jurídica.

Assim, além de serem uma resposta à necessidade de se garantir a supremacia das respectivas leis fundamentais, as Cortes Supremas brasileira e norte-americana são também uma resposta à necessidade de que haja um órgão jurisdicional nacional encarregado de impedir violações dos limites constitucionais das competências dos entes federados.

Charles Durand entende que um verdadeiro federalismo exige que a Constituição se imponha tanto aos estados-membros como aos órgãos federais,[4] sendo necessária a existência de um tribunal neutro que resolva os conflitos entre a federação e os estados-membros, especialmente no que tange às competências constitucionalmente distribuídas aos entes federativos.

Assim como no Brasil, a Suprema Corte norte-americana exerce jurisdição originária nos conflitos entre estados-membros ou entre esses e o governo federal. O art. 102, I, "f", da Constituição brasileira confere ao Supremo Tribunal Federal, na condição de Tribunal da Federação, o poder de dirimir as controvérsias que, irrompendo no seio do Estado Federal, oponham as unidades federadas umas às outras. Compete à Suprema Corte brasileira o dever político-institucional de velar pela intangibilidade do pacto federativo.

Para exemplificar, em 2011, o STF julgou improcedente o pedido formulado na ADI nº 2.650, de minha relatoria, para declarar que, nas hipóteses de desmembramento de estados e municípios, toda a população diretamente interessada, tanto da área que se deseja desmembrar quanto da área remanescente, deve ser ouvida no plebiscito previsto no art. 18, §§3º e 4º, da Constituição Federal.

O julgamento dessa ação teve importante repercussão nos movimentos reivindicatórios de alterações territoriais na Federação brasileira, dificultando os procedimentos de desmembramento de entes federados. Tiveram repercussão direta no primeiro movimento emancipacionista de estado-membro após a Constituição Federal as tentativas de desmembramento do estado do Pará e a criação dos estados de Tapajós e Carajás, as quais foram rejeitadas no plebiscito realizado em 2011.

Este julgamento também pode ser considerado histórico no que se refere à defesa da ideia de federação e dos limites da autodeterminação federativa. Se observarmos o caso da Criméia, da Catalunha ou da Escócia, em perspectiva, teremos a exata noção do que esse julgado representa para o futuro do país e de sua forma de encarar a federação.

Costumo ressaltar, em meus votos na Suprema Corte brasileira, que a história do Brasil – como colônia, império e república – demonstra que muitos dos debates que aportam na Suprema Corte são decorrentes do permanente movimento pendular da Federação brasileira. Que movimento pendular é esse? É aquele que se dá entre conferir maior autoridade às elites locais ou ao Estado nacional; entre atribuir maior legitimidade ou competência aos estados-membros ou à União, ao poder central; entre promover a descentralização em favor dos estados ou a centralização em benefício da Nação.

Esse movimento pendular continua até os dias atuais, basta lembrar os casos julgados pelo STF a respeito da guerra fiscal entre os estados. A Corte, buscando preservar o equilíbrio federativo entre os estados, consolidou o entendimento de que a concessão de isenções e benefícios fiscais relativos ao ICMS (Imposto sobre Circulação de Mercadorias e Serviços), sem a prévia aprovação em convênio celebrado no âmbito do Conselho Nacional de Política Fazendária (Confaz), afronta o art. 155, §2º, inc. XII, "g" da CF/88.[5]

---

[4] DURAND, Charles. El Estado Federal en el derecho positivo. In: BERGER, G. et al. *Federalismo y federalismo europeo*. Madrid: Tecnos, 1965. p. 171-213.

[5] Nesse sentido, podemos citar, entre outros, os seguintes julgados: BRASIL. Supremo Tribunal Federal. Ação Direta de Inconstitucionalidade n. 4.481/PR, Plenário, Rel. Min. Roberto Barroso, Brasília, DF, 11 de março de 2015. *Diário da Justiça Eletrônico*, 19 maio 2015; BRASIL. Supremo Tribunal Federal. Ação Direta de

Como se vê, o Supremo Tribunal Federal atua como árbitro da Federação, resolvendo os eventuais conflitos com base na Constituição. Ora os estados, com o aval da Suprema Corte, desfrutam de uma maior liberdade constitucional; ora essa liberdade é restringida em favor da Federação. Sem dúvida, essas interpretações oscilam entre ampliar a competência federal e defender os direitos dos estados, de acordo com os momentos e os processos históricos.

3 O Supremo Tribunal Federal como poder moderador

O Supremo Tribunal Federal sobressai, ainda, na atualidade, por seu relevante papel na manutenção do equilíbrio constitucional, atuando nos momentos de tensão entre o Executivo e o Legislativo e impedindo que contrariedades políticas conjunturais levem à ruptura do regime constitucional.

O Supremo Tribunal Federal exerce um *poder moderador* nos conflitos políticos e sociais.

Voltando novamente à história do Brasil, ao longo do Império, foi a autoridade do poder moderador (o Imperador), dotado de grande amplitude, que manteve a unidade nacional, as fronteiras da nação brasileira, e que permitiu sua expansão.

O fim da Monarquia e a proclamação da República, por meio do golpe realizado pelo Exército, em aliança com setores da burguesia e da classe média nacional, trouxeram uma nova modelagem constitucional para o Brasil.

Na ausência da figura do Imperador, era necessário definir a última instância para a resolução de conflitos públicos e privados, uma vez que desaparecera com ele aquela função.

Foi também dessa necessidade que surgiu o Supremo Tribunal Federal, sob inspiração da Suprema Corte dos EUA, o qual assumiu muitas das responsabilidades até então atribuídas ao Imperador (Poder Moderador) e ao Conselho de Estado. Mas tratava-se de uma instituição nova com velhos ministros, pois muitos dos que foram nomeados haviam nascido na década da independência.

Na verdade, mesmo com as renovações ocorridas posteriormente, a Corte não deu concretude ao desiderato que governou sua criação.

O Exército, por sua vez, fazia-se presente em todas as crises do início da República, seja nas guerras ou no suporte à unidade nacional. Entretanto, raros foram os desdobramentos processuais junto à Suprema Corte, que não confrontou o resultado fático das disputas militares e políticas do período.

A cultura política da nação, diante do fracasso da proposta da Corte como poder moderador, buscou nas bases e nos oficiais das Forças Armadas a captura do poder.

Assim, esse papel de poder moderador, ao longo de toda a República até a Constituição de 1988, foi exercido pelos militares, os quais assumiram a função de garantidores e mediadores das crises, interferindo constantemente nas estruturas de poder e intervindo direta e periodicamente na Democracia brasileira.

Inconstitucionalidade n. 2.345/SC, Rel. Min. Cezar Peluso, Brasília, DF, 30 de junho de 2011. *Diário da Justiça Eletrônico*, 5 ago. 2011; BRASIL. Supremo Tribunal Federal. Ação Direta de Inconstitucionalidade n. 1.247/PA, Tribunal Pleno, Rel. Min. Dias Toffoli, Brasília, DF, 1 de junho de 2011. *Diário da Justiça Eletrônico*, 17 ago. 2011.

Tal atuação, no entanto, consistiu em verdadeira usurpação do papel de quem deveria atuar precipuamente como ator e mediador dos conflitos, o Poder Judiciário, especialmente por meio da Suprema Corte, de forma semelhante ao que ocorre nos Estados Unidos.

Não há dúvida de que, nos Estados Unidos, a Suprema Corte exerce efetivamente um papel moderador, horizontal e vertical, mediando os grandes temas daquela sociedade, digam eles respeito a sua vida política, econômica, social ou cultural. São exemplos disso os julgamentos relativos ao aborto (Roe *v.* Wade, 1973) e às eleições (Bush *v.* Al Gore, 2000), entre outros.

Atualmente, o STF parece ter começado a assumir o papel originário para si previsto na época da proclamação da República. Como era de se esperar, apareceram também as reclamações acerca de supostos ativismos judiciais e ingerências do Judiciário em outros poderes em temas que seriam da alçada dos representantes eleitos pelo voto.

Vale lembrar, a propósito, momentos recentes desse assim chamado ativismo judicial no Brasil, passando em revista, ainda que rapidamente, importantes julgados da Corte nos últimos anos.

Vide, a título de exemplo, que, em maio de 2011, o Supremo Tribunal Federal reconheceu a união civil para casais do mesmo sexo, os quais passaram a ter os mesmos direitos dos casais heterossexuais (ADI nº 4.277 e ADPF nº 132). A Corte ressaltou que o art. 3º, inc. IV, da Constituição Federal veda qualquer discriminação em virtude de sexo, raça ou cor, não se podendo, portanto, discriminar ou diminuir quem quer que seja em função de sua preferência sexual.

Em 2012, o Supremo Tribunal Federal decidiu pela constitucionalidade da política de ação afirmativa consistente na utilização de critérios sociais e étnico-raciais nas seleções para ingresso nas universidades públicas brasileiras (ADPF nº 186 e RE nº 597.285). No entendimento do STF, os sistemas de cotas estabelecem um ambiente acadêmico plural e diversificado e ajudam a superar distorções sociais historicamente consolidadas.

Na esfera política, em nosso país, a junção de presidencialismo de coalizão com a fragmentação na composição das forças políticas representadas no Congresso, bem como as fragilidades de nosso quadro partidário, também exige um espaço institucionalizado e legítimo de mediação dos conflitos em momentos de crises políticas. Nesse sentido, a Suprema Corte brasileira tem tomado, também, diversas decisões relevantes.

O Tribunal, por exemplo, alterando entendimentos anteriores, em 2007, consagrou o princípio constitucional da fidelidade partidária, entendendo que a troca de partido, sem justa causa, por parlamentar eleito por dada agremiação enseja a esta o direito de reaver o mandato perdido. Em outras palavras, a troca injustificada de legenda por um parlamentar resulta na perda do seu mandato (MS nº 26.602/DF; MS nº 26.603/DF; MS nº 26.604/DF; MS nº 26.890/DF). Essa decisão foi uma resposta da Suprema Corte à prática adotada rotineiramente por parlamentares de mudarem de partido após o pleito eleitoral.

O tema do financiamento político também tem sido objeto de decisão do Supremo Tribunal Federal. Em 2015, o STF declarou a inconstitucionalidade das normas que permitiam doações de empresas privadas para campanhas eleitorais e partidos políticos, uma grande inovação que passará a valer a partir das eleições municipais de 2016.

Também é importante citar o processo de *impeachment* da presidente da República e o fato de a Suprema Corte ter sido chamada a decidir a respeito do rito que deveria ser observado pelo Congresso Nacional no caso (ADPF nº 378). Ao julgar a ação, o Supremo Tribunal Federal, em decisão por maioria, na qual fiquei vencido, assentou que, no rito do processo de *impeachment*, cabe à Câmara dos Deputados, nos crimes de responsabilidade, autorizar ou não a instauração do processo contra o presidente. Compete, ainda, ao Senado Federal receber, pronunciar e julgar a denúncia, somente havendo o afastamento do presidente da República se o Senado decidir pela abertura do processo.

A Corte também indeferiu medida cautelar que buscava anular a tramitação do processo de *impeachment* na Câmara dos Deputados (MS nº 34.131).

Após essas decisões da Suprema Corte, a Câmara dos Deputados autorizou a instauração do processo e, posteriormente, o Senado aprovou sua abertura, afastando a Presidente da República Dilma Rousseff do cargo pelo período máximo de 180 dias.

Ressalte-se, ainda, que, nos termos do art. 52, parágrafo único, da Constituição Federal, assim como ocorre nos Estados Unidos (art. I, Seção 3, inc. 6, da Constituição norte-americana), compete ao presidente do Supremo Tribunal Federal presidir o processo de *impeachment* do presidente da República.

Esses julgamentos são exemplos claros de atuação do Supremo Tribunal Federal como poder moderador, atuando nas tensões entre os poderes Executivo e Legislativo e como mediador de crises institucionais.

4 O Supremo Tribunal Federal como Corte Criminal

Por fim, é importante ressaltar o papel de destaque desempenhado pelo Supremo Tribunal Federal no Brasil, que, inclusive, o distingue de sua fonte de inspiração, a Suprema Corte dos Estados Unidos: a competência criminal originária e o chamado foro por prerrogativa de função. Nesses casos, o Tribunal atua como Corte Criminal, desde a fase de investigação, passando pela instrução e pelo julgamento, até a fase recursal do processo penal.

Nos Estados Unidos, não há foro por prerrogativa de função para crimes comuns, havendo apenas para o Presidente da República a imunidade penal temporária, enquanto perdurar o mandato. Em contrapartida, países como França, Alemanha e Itália têm regras que preservam suas autoridades máximas, conferindo-lhes o direito de serem processados e julgados perante os tribunais superiores.

Nos termos do art. 102, inc. I, alíneas "b" e "c", da Constituição de 1988, compete ao Supremo Tribunal Federal processar e julgar, originariamente, nas infrações penais comuns, o presidente da República, o vice-presidente, os membros do Congresso Nacional, seus próprios ministros e o procurador-geral da República, e nas infrações penais comuns e nos crimes de responsabilidade, os ministros de Estado e os comandantes da Marinha, do Exército e da Aeronáutica, os membros dos tribunais superiores, os do Tribunal de Contas da União e os chefes de missão diplomática de caráter permanente.

A par da existência de uma acirrada controvérsia acerca do instituto, sou favorável às regras de prerrogativa de foro, pois entendo que, em uma federação, quem deve julgar as autoridades máximas da nação brasileira não deve ser o poder local, no caso, os juízes de primeira instância, mas sim um órgão da nação brasileira. A Constituição escolheu o Supremo Tribunal Federal, órgão máximo do Poder Judiciário do país, para desempenhar esse mister.

É importante que se diga que a prerrogativa de foro não tem como objetivo favorecer aqueles que exercem os cargos listados, mas garantir a independência do exercício de suas funções, além de evitar manipulações políticas nos julgamentos e a subversão da hierarquia.

Não se trata de privilégio. Pelo contrário, aquele que detém a prerrogativa tem diminuídos o número de instâncias recursais e a chance de eventual prescrição, uma vez que o julgamento acaba sendo mais célere, já que julgado, no caso do Supremo, em única instância.

A falsa ideia de que a prerrogativa de foro é um privilégio e que os seus detentores são beneficiados pelo foro com a demora no julgamento, resultando em impunidade, decorre, em verdade, da existência, desde a Constituição de 1824 até 2001, da imunidade formal para deputados e senadores, os quais não podiam ser processados criminalmente sem a licença da respectiva Casa Legislativa. Em 2001, a Emenda Constitucional nº 35 alterou essa imunidade formal, não sendo mais necessária a licença, mas apenas a comunicação do recebimento da denúncia pelo Supremo Tribunal Federal à Casa respectiva, que poderá sustar o andamento da ação (art. 53, §3º, CF/88). Ou seja, esse controle deixou de ser prévio e passou a ser posterior.

Após essa reforma constitucional, os inquéritos passaram a tramitar regularmente e as ações penais começaram a ser julgadas, resultando na condenação de vários parlamentares. Cite-se que, desde 1988, tramitaram na Corte 628 ações penais, sendo que 622 foram autuadas após a Emenda Constitucional nº 35/2001.[6]

Caso emblemático do papel do Supremo como Corte Criminal e da figura do foro por prerrogativa de função foi a Ação Penal nº 470/DF, popularmente conhecida como processo do "Mensalão", que envolveu a prática, entre outros, de crimes financeiros e crimes contra a Administração Pública por empresários, membros do parlamento e do governo brasileiros.

Após o recebimento da denúncia contra 40 suspeitos de envolvimento nos crimes apontados, a Ação Penal nº 470 tramitou por 5 (cinco) anos, tempo em que foi devidamente aparelhada para seu julgamento pelo Plenário. Trinta e sete dos denunciados, entre empresários e políticos brasileiros, foram julgados pelo Supremo Tribunal Federal.

É bom ressaltar que nem todos os réus eram detentores do citado foro por prerrogativa de função. Mesmo assim, o processo permaneceu sob a jurisdição do Supremo Tribunal Federal, que processou e julgou todos os réus. Isso se deu em razão de uma ficção jurídica, prevista na legislação processual brasileira, denominada de conexão, que, segundo o art. 76 do Código de Processo Penal, se configura, na maioria dos casos, quando 2 (dois) ou mais crimes houverem sido praticados ao mesmo tempo por várias pessoas reunidas; por várias pessoas em concurso, embora diverso o tempo e o lugar; ou por várias pessoas, umas contra as outras (inc. I).

Além disso, buscou-se evitar uma possível prejudicialidade à compreensão global dos fatos e à busca da verdade real daquele caso, em que se apurou a existência de um

---

[6] Dados de 24.6.2016.

sistema complexo de lavagem e ocultação de valores, do qual teriam participado, de alguma forma, os réus do processo.

Assim agindo, o Supremo Tribunal Federal garantiu, no caso, a isonomia para todos os acusados, com a uniformidade dos procedimentos, bem como obstou o pronunciamento de decisões contraditórias, que, potencialmente, poderiam ocorrer com a separação e a remessa de parte do processo para instâncias judiciais inferiores, competentes para processar e julgar aqueles que não detinham foro na Suprema Corte.

Porém, esse julgamento histórico para a justiça brasileira demandou sensíveis alterações na rotina da Corte, além de ter exigido um grande esforço conjunto por parte de seus membros, a fim de evitar prejuízos para o regular funcionamento do Supremo Tribunal Federal e o exercício das demais funções da Corte.

Para melhor demonstrar os motivos pelos quais foram necessárias as alterações na rotina da Corte, cito alguns dados relevantes que marcaram o julgamento da Ação Penal nº 470/DF e que merecem ser ressaltados, para uma melhor compreensão da dimensão desse *leading case*.

O julgamento do processo, que continha aproximadamente 50.389 (cinquenta mil, trezentos e oitenta e nove) páginas, divididas em 234 (duzentos e trinta e quatro) volumes e 500 (quinhentos) apensos, teve seu início em 2.8.2012 e sua conclusão em 17.12.2012, com a proclamação das penas impostas aos acusados. Ou seja, em pouco mais de 4 (quatro) meses, a Corte dedicou 53 (cinquenta e três) sessões plenárias ao caso, totalizando 203 (duzentas e três) horas e 40 (quarenta) minutos de debates para, ao finalizar o julgamento dos 37 (trinta e sete) acusados, representados por 36 (trina e seis) advogados, proferir 25 (vinte e cinco) condenações e 12 (doze) absolvições dos crimes originariamente apontados pelo Ministério Público Federal em sua denúncia. A soma das penas impostas pelos Ministros do Supremo Tribunal Federal aos 25 condenados superara os 200 anos de prisão.

É importante destacar que, se a Ação Penal nº 470 não fosse da competência do Supremo Tribunal Federal, talvez não tivesse sido julgada até hoje, tendo em vista que outros casos referentes ao mesmo episódio ou a episódios correlatos da Ação Penal nº 470 que foram para a primeira instância só começaram a ser julgados depois da decisão da Suprema Corte.

O julgamento, por outro lado, também trouxe aprendizados e, desde seu fim, a Corte tem constantemente aperfeiçoado a forma de processar e julgar ações penais desse tipo.

A título de exemplo, no que tange ao processamento desses feitos penais, a Corte passou a admitir o chamado "sistema de peticionamento eletrônico", que permite, tanto à acusação quanto à defesa, encaminharem ao Tribunal os documentos de interesse para o processo via internet, por intermédio de *softwares* de alta segurança, homologados e disponibilizados pelo próprio Supremo Tribunal Federal. Vale registrar que alguns desses sistemas foram desenvolvidos por seus próprios servidores.

Esses processos ficam disponíveis simultaneamente para a defesa e acusação, em meio digital e em tempo integral, sendo os sistemas altamente seguros, simplificando, assim, a prática dos atos necessários à instrução e favorecendo seu cumprimento, algumas vezes, em tempo menor do que aquele previsto na legislação de regência.

Do ponto de vista do julgamento dessas ações penais, o Supremo Tribunal Federal, em emenda a seu regimento interno, deslocou a competência para esses julgamentos do colegiado maior, o Tribunal Pleno, composto pelos 11 (onze) membros da Corte, para seus 2 (dois) órgãos fracionários, denominados Primeira Turma e Segunda Turma, cada uma delas composta de 5 (cinco) ministros, ficando de fora o presidente da Corte, que delas não participa por determinação regimental.

O Tribunal Pleno, entretanto, manteve, de forma residual, competência originária para processar e julgar, nos crimes comuns, o presidente da República, o vice-presidente da República, o presidente do Senado Federal, o presidente da Câmara dos Deputados, os ministros da Corte e o procurador-geral da República (art. 5º, inc. I, atualizado pela ER nº 49/2014). Já as demais autoridades brasileiras detentoras do foro na Corte passaram a ser julgadas pelas 2 (duas) turmas do Tribunal.

Ao assim proceder, a Corte reduziu, significativamente, o tempo de espera de julgamento das ações penais.

Além disso, o Supremo Tribunal Federal passou a ser bem mais rígido em relação à manutenção na Corte do julgamento de pessoas que não detêm foro especial, passando a desmembrar os processos penais e a manter no Tribunal apenas os réus com prerrogativa de foro.

Nesse sentido, os processos decorrentes da chamada "Operação Lava Jato", atualmente em tramitação na Corte, estão sendo processados de forma bastante eficiente. Já foram recebidas denúncias contra parlamentares, inclusive duas denúncias contra o presidente da Câmara dos Deputados – o qual foi afastado do mandato parlamentar, por estar atrapalhando as investigações. Já tendo sido, também, determinada a prisão em flagrante de um senador.

Esses exemplos de aperfeiçoamento do processamento e do julgamento dos processos criminais acabaram conferindo ao Supremo Tribunal Federal a expertise necessária para a entrega de uma prestação jurisdicional mais célere e homogênea, que serve de parâmetro para os demais juízes e tribunais do Poder Judiciário brasileiro.

O Supremo Tribunal Federal, portanto, tem se mostrado aparelhado, apto e competente para desempenhar essa função de Corte Criminal e julgar, de forma célere, com independência e imparcialidade, as ações penais que tramitam perante a Corte contra as autoridades máximas da nação brasileira.

Considerações finais

Concluo, salientando que hoje a palavra que identifica a missão do Supremo Tribunal Federal é "desafio".

A Constituição de 1988, ao elencar um extensivo rol de direitos e garantias e ao fixar as competências de nossa Suprema Corte, trouxe para o Judiciário enormes desafios, entre eles podemos acentuar os seguintes:

a) garantir a eficácia dos direitos fundamentais dos cidadãos sob o aspecto não só vertical, mas também horizontal;
b) garantir a adequada solução nos conflitos federativos, resolvendo questões relativas às guerras fiscais existentes entre estados federados e, muitas vezes, aos limites de seu respectivo endividamento;
c) julgamento das ações penais contra determinados políticos, na forma elencada na Constituição da República;
d) ser o "poder moderador" dos poderes instituídos do país;

e) e, por fim, pelas circunstâncias políticas e jurídicas contemporâneas (2016), presidir o processo de *impeachment* da presidente da República, garantindo-lhe todo o devido processo legal.

O fato é que não são poucos os desafios e a Suprema Corte tem buscado vencê-los com justiça, eficiência e transparência. Resguardando a transparência, todos os seus julgamentos são transmitidos ao público pela internet, pelo rádio e pela televisão.

Os desafios que a Constituição Federal impõe ao Supremo Tribunal Federal estão a exigir, sem dúvida, um esforço diário de todos os agentes, não só da Suprema Corte, mas de todo o Sistema de Justiça. O Supremo Tribunal Federal está consciente da importância de sua missão.

Todo esse esforço para cumprir com seus desafios colocou a Suprema Corte no centro das atenções do país. Tanto isso é verdade que, atualmente, os cidadãos brasileiros podem não se lembrar de todos os nomes dos 11 (onze) jogadores da seleção brasileira de futebol, mas certamente conhecem o nome de cada um dos onze (11) ministros da Suprema Corte.

Em suma, deve-se salientar o papel importantíssimo que o Estado de Direito e a Justiça têm hoje na nação brasileira, sendo o Supremo Tribunal Federal o guardião maior deste Estado Democrático de Direito, atuando como instituição fundamental para a estabilidade democrática no Brasil.

Referências

BRASIL. Supremo Tribunal Federal. Ação Direta de Inconstitucionalidade n. 4.481/PR, Plenário, Rel. Min. Roberto Barroso, Brasília, DF, 11 de março de 2015. *Diário da Justiça Eletrônico*, 19 maio 2015.

BRASIL. Supremo Tribunal Federal. Ação Direta de Inconstitucionalidade n. 2.345/SC, Rel. Min. Cezar Peluso, Brasília, DF, 30 de junho de 2011. *Diário da Justiça Eletrônico*, 5 ago. 2011.

BRASIL. Supremo Tribunal Federal. Ação Direta de Inconstitucionalidade n. 1.247/PA, Tribunal Pleno, Rel. Min. Dias Toffoli, Brasília, DF, 1 de junho de 2011. *Diário da Justiça Eletrônico*, 17 ago. 2011.

DURAND, Charles. El Estado Federal en el derecho positivo. In: BERGER, G. et al. *Federalismo y federalismo europeo*. Madrid: Tecnos, 1965.

MADISON, James; HAMILTON, Alexander; JAY, John. *Os artigos federalistas*. Tradução de Maria Luiza X. de A. Borges. Rio de Janeiro: Nova Fronteira, 1993.

Informação bibliográfica deste texto, conforme a NBR 6023:2002 da Associação Brasileira de Normas Técnicas (ABNT):

TOFFOLI, José Antonio Dias. A evolução do papel do Supremo Tribunal Federal no Brasil. In: PINTO, Hélio Pinheiro; LIMA NETO, Manoel Cavalcante de; LIMA, Alberto Jorge Correia de Barros; SOTTO-MAYOR, Lorena Carla Santos Vasconcelos; DIAS, Luciana Raposo Josué Lima (Coords.). *Constituição, direitos fundamentais e política*: estudos em homenagem ao professor José Joaquim Gomes Canotilho. Belo Horizonte: Fórum, 2017. p. 135-147. ISBN 978-85-450-0185-0.

A VAQUEJADA, A INTERPRETAÇÃO CONSTITUCIONAL E O DIREITO FUNDAMENTAL AO MEIO AMBIENTE

MARCO AURÉLIO MELLO

Introdução

O tema "gestão ambiental privada" diz respeito à participação de indivíduos e da sociedade nas ações de proteção e preservação do meio ambiente. É importante definir os instrumentos que devem ser utilizados e as limitações que poderão ser impostas, para que os cidadãos cumpram com o dever de atuar em favor de meio ambiente ecologicamente equilibrado. Como direito de todos, a manutenção do ecossistema é também dever de todos, visando o bem-estar das gerações do presente e do futuro. Há essa ambivalência considerando o indivíduo como titular do direito e, ao mesmo tempo, destinatário dos deveres de proteção.

Apesar de se fazer presente essa via de mão dupla, não há nem deve haver controvérsia. O dever geral de favorecer o meio ambiente é indisputável. A problemática reside em se saber o nível de sacrifício que os indivíduos podem e devem suportar para tornar efetivo o direito: como recurso de coerção voltado à promoção e proteção do meio ambiente, o direito pode restringir outros direitos fundamentais individuais e coletivos? A circunstância de coexistirem direitos e deveres fundamentais é suficiente para legitimar essa possibilidade? A discussão encerra aspecto metodológico dos mais contemporâneos: o conflito de direitos – posições – fundamentais.

Este texto ocupa-se de conflito dessa natureza. Desenvolvo o tema tendo como campo de aplicação a controvérsia sobre a constitucionalidade do tradicional evento da "vaquejada", debatida na Ação Direta de Inconstitucionalidade nº 4.983/CE, de minha relatoria, na qual já proferi voto. Investigo a relação entre o direito-dever fundamental ao meio ambiente sadio e ecologicamente equilibrado e o direito fundamental de certa comunidade a manifestações culturais próprias. Seriam possíveis restrições a essas manifestações como a vaquejada, na qual envolvidos maus-tratos e até o sacrifício de animais, em favor da segurança do meio ambiente? O fato de serem obrigados a participar do projeto constitucional de preservação do meio ambiente e por este serem, ao mesmo tempo, beneficiados exclui dos indivíduos qualquer possibilidade quanto ao exercício de práticas enraizadas na tradição comunitária por colocar em risco a saúde física de animais?

No Estado Constitucional e Democrático de Direito, os poderes públicos devem nortear as ações em busca de soluções para conflitos da espécie. Em sociedade plural, não há respostas prévias absolutas. O Tribunal, por meio da interpretação constitucional metodologicamente adequada e racional, deve garantir esses direitos e justificar as escolhas. Isso é especialmente verdade quando se tem como inequívoca a alta relevância que os direitos fundamentais possuem em nosso momento constitucional, o que vem a ser um dos eixos temáticos sobre os quais versa a presente coletânea, em homenagem ao Professor da Faculdade de Direito da Universidade de Coimbra José Joaquim Gomes Canotilho, consagrado constitucionalista.

Este artigo tem a seguinte estrutura: no tópico seguinte (1), farei uma breve síntese da disciplina constitucional de 1988 sobre os direitos fundamentais; na segunda parte (2), discorro sobre o direito ao meio ambiente; na sequência (3), abordarei alguns aspectos teóricos da interpretação constitucional; no quarto tópico (4), descrevo a visão do Supremo sobre conflitos envolvendo o direito ao meio ambiente e outros direitos fundamentais; depois (5), desenvolvo premissas e fundamentos normativos a respaldar a afirmação de inconstitucionalidade da prática denominada vaquejada, como exigência do dever fundamental de proteção ao meio ambiente. Por fim (6), conclusões.

1 Os direitos fundamentais na Carta da República

O primeiro traço essencial da Constituição de 1988 é o da disciplina dos direitos fundamentais individuais e coletivos, negativos e positivos, veiculados por meio de normas-regras e de normas-princípios. O texto constitucional reflete tendência das constituições pós-regimes nazifascistas: a centralidade dos direitos fundamentais. Nossas constituições "sempre inscreveram uma declaração dos direitos do homem brasileiro e estrangeiro residente no país",[1] mas o sistema de direitos fundamentais vem a ser o ponto alto do texto e do projeto constitucional com a Constituição de 1988.[2]

A Lei Básica da República possui enorme quantidade de dispositivos, uns mais normativamente densos, outros menos, sobre objetivos e posições fundamentais que orientam e, até mesmo, limitam o conteúdo das decisões políticas das maiorias de cada tempo. São princípios e regras medulares, direitos negativos e positivos, de matrizes liberal e social, individuais e coletivos, todos exigindo do Estado o compromisso com o desenvolvimento da pessoa humana em bases livres e igualitárias.

Sem dúvida, com a Constituição Federal de 1988, o Brasil abandonou a tradição de Constituição centrada na estruturação do poder estatal, mais voltada à organização e distribuição dos poderes do Estado, e apresentou modelo de Constituição como norma dirigida especialmente à promoção dos direitos fundamentais e dotada de mecanismos a viabilizar a proteção desses direitos. Esse modelo, aos poucos, transformou não apenas o nosso ordenamento jurídico, mas também as nossas relações institucionais e sociais, além do próprio modo de entender o direito.

---

[1] SILVA, José Afonso da. *Curso de direito constitucional positivo*. 19. ed. São Paulo: Malheiros, 2001. p. 174.
[2] SOUZA NETO, Cláudio Pereira de; SARMENTO, Daniel. *Direito constitucional*: teoria, história e métodos de trabalho. Belo Horizonte: Fórum, 2012. p. 172.

A Lei Maior inicia vinculando o Estado brasileiro à dignidade da pessoa humana e aos valores sociais do trabalho e da livre iniciativa (art. 1º, incs. III e IV), para, em seguida, prescrever serem objetivos fundamentais a construção de sociedade livre, justa e solidária, a erradicação da pobreza e da marginalização, a redução das desigualdades sociais e regionais e a promoção do bem geral, sem quaisquer preconceitos ou discriminações (art. 3º). No título seguinte (II), sob o rótulo de "direitos e garantias fundamentais", o constituinte detalhou inúmeros direitos e deveres individuais e coletivos (art. 5º), direitos sociais[3] (art. 6º), direitos específicos dos trabalhadores urbanos e rurais (art. 7º), inclusive associativos (art. 8º), de greve (art. 9º) e participativos (arts. 10 e 11), direitos da nacionalidade (arts. 12 a 13) e de participação política (arts. 14 a 17).

Muitos desses direitos são de inegável aplicação imediata (art. 5º, §1º) e exigíveis judicialmente. Outros, embora de autoaplicabilidade discutível, dirigem a criação da ordem jurídica brasileira e a definição de políticas públicas, assim como a interpretação dessa mesma ordem, sujeitando os intérpretes a tomarem decisões sempre tendo em vista dimensão objetiva.

Existem diversos outros dispositivos espalhados pelo texto constitucional a disciplinarem direitos fundamentais diretamente, ou a protegê-los por meio da imposição de deveres de conduta responsável aos titulares do Poder Público. A Constituição de 1988 versa uma série de serviços públicos obrigatórios e um verdadeiro estatuto jurídico e moral de atuação da Administração Pública direta e indireta dos diferentes níveis federativos (art. 37). Cuidou também de detalhar os direitos fundamentais dos cidadãos considerados o exercício do poder tributário (arts. 145, §§1º e 2º, 150 a 152), de estabelecer princípios gerais da ordem econômica (art. 170), de regulamentar com mais miudezas diferentes direitos sociais (seguridade social [saúde, previdência social e assistência social], educação, cultura e desporto) (arts. 194 a 217), o direito ao desenvolvimento científico e tecnológico (arts. 218 e 219), a liberdade de imprensa e comunicação em geral (arts. 220 a 224), a proteção do meio ambiente (art. 225), da família, e de grupos vulneráveis como a criança, o adolescente, o jovem, o idoso e os índios (arts. 226 a 232). Há, ainda, cláusula de abertura a outros direitos e garantias "decorrentes do regime e dos princípios por ela adotados, ou dos tratados internacionais" dos quais o Brasil seja signatário (art. 5º, §2º).[4]

Tem-se outra nota importante sobre a disciplina dos direitos fundamentais na Constituição de 1988. Diferentemente de outras experiências, o constituinte brasileiro não se contentou em formular direitos fundamentais apenas mediante fórmulas vagas e imprecisas, carecedoras de preenchimento normativo posterior, mas, em boa parte das vezes, tratou desses direitos por meio de regras claras e detalhadas, reduzindo o campo de conformação legislativa e aumentando a densidade do parâmetro normativo de controle judicial de constitucionalidade.

---

[3] Sobre a discussão em torno da fundamentalidade ou não dos direitos sociais no Brasil, cf. TORRES, Ricardo Lobo. *A jusfundamentalidade dos direitos sociais*: arquivos de direitos humanos. Rio de Janeiro: Renovar, 2003. p. 99-124. n. 5; SARLET, Ingo Wolfgang. *A eficácia dos direitos fundamentais*. 7. ed. Porto Alegre: Livraria do Advogado, 2007. p. 296; KRELL, Andréas Joachim. *Direitos sociais e controle judicial no Brasil e na Alemanha*: os (des)caminhos de um direito constitucional "comparado". Porto Alegre: Safe, 2002.
[4] BRASIL. Supremo Tribunal Federal. *Habeas-Corpus nº 87.585/TO*. Pleno, Relator Ministro Marco Aurélio, Brasília-DF, 3.12.2008. Disponível em: <http://goo.gl/D4cbBr>. Acesso em: 12 jul. 2016.

A Constituição de 1988, máxime em relação aos direitos fundamentais, tem o que Oscar Vilhena qualificou de "enorme pretensão normativa", porquanto vinculou substancialmente a atuação legislativa.[5] Toda a pretensão normativa da Carta em torno dos direitos fundamentais, com grande parcela deles formalizados com forte densidade normativa, dá cores especiais às relações entre o Estado e os indivíduos e atrai a intervenção do Supremo como guardião maior do Texto e do que este possui de mais relevante: os direitos fundamentais.

O Estado passou a ser grande *devedor de direitos* em favor da sociedade como um todo, tanto negativos como positivos, o que representa estrutura formal de oportunidades para os indivíduos avançarem direitos sobre o Estado e requererem a participação ativa do Supremo nessa empreitada, dentro das mais variadas áreas do relacionamento Estado-sociedade. A disciplina dos direitos normativamente densos enseja ao Supremo controle mais rígido das ações do Estado, ao passo que, com os direitos formulados em normas vagas e imprecisas, mas dotados de alta carga axiológica e envolvidos em ambiente difuso de compromissos ideológicos,[6] o Tribunal tem a possibilidade de formalizar entendimentos caracterizados, muitas vezes, por forte justificação moral.

Com a elevação dos direitos fundamentais à categoria de cláusulas pétreas (art. 60, §4º), o Supremo acabou titular do poder incomum de controlar as ações do poder constituinte derivado. Não foram poucas as vezes em que o Supremo atuou nesse sentido. Sem dúvida alguma, a extensão, a profundidade e a força normativa com que os direitos fundamentais foram estabelecidos na Constituição de 1988 impõem a conclusão de que esta representa sistema de grandes oportunidades para a relevância da interpretação constitucional pelo Tribunal no âmbito de enfrentamento do cidadão contra o Estado.

2 O direito-dever fundamental ao meio ambiente equilibrado

Como apontado no tópico anterior, entre outros direitos fundamentais, a Carta Federal, no art. 225, assegura ao cidadão o direito ao meio ambiente sadio e equilibrado. Cuida-se de direito fundamental de terceira geração, fundado a partir dos valores solidariedade e fraternidade, que devem permear as relações entre os povos e indivíduos desta e das gerações vindouras, de caráter coletivo ou difuso, dotado "de altíssimo teor de humanismo e universalidade",[7] que a todos pertence e também a todos obriga, daí porque encerrar verdadeiro *direito-dever fundamental*.[8]

Este ponto é de alta importância: o direito aproveita ao ser humano considerado tanto em individualidade como em coletividade, devendo ser compreendido como bem

---

[5] VIEIRA, Oscar Vilhena. *A Constituição e sua reserva de justiça*: um ensaio sobre os limites materiais ao poder de reforma. São Paulo: Malheiros, 1999. p. 130-131.

[6] O professor Oscar Vilhena Vieira fala em sincretismo entre diversas concepções de direitos, considerada a tentativa do constituinte em "compatibilizar direitos de distintas matrizes históricas e filosóficas". Cf. VIEIRA, Oscar Vilhena. *Direitos fundamentais*: uma leitura da jurisprudência do STF. São Paulo: Malheiros, 2006. p. 11-12; 39.

[7] BONAVIDES, Paulo. *Curso de direito constitucional*. 11. ed. São Paulo: Malheiros, 2001. p. 523.

[8] CRUZ, Branca Martins da. Importância da constitucionalização do direito ao ambiente. In: BONAVIDES, Paulo et al. (Orgs.). *Estudos de direito constitucional em homenagem a Cesar Asfor Rocha*. Rio de Janeiro: Renovar, 2009. p. 202.

maior imprescindível à sobrevivência, valor ético essencial da humanidade, de modo que a proteção não cabe apenas ao Estado, mas a todos.

Como também demonstrado, o direito ao meio ambiente não é o único com o traço de fundamentalidade na Constituição de 1988. Ao contrário, tem-se uma constituição compromissória, na qual consta variedade de propósitos opostos estabelecidos em normas de igual hierarquia. Livre iniciativa e proteção ao meio ambiente, por exemplo, são propósitos constitucionais de hierarquia idêntica que, frequentemente, entram em conflito em situações concretas. Nesse âmbito de antinomias, o intérprete constitucional deve partir da premissa de que cada norma jurídica há de ser interpretada levando em conta todas as demais, e não de forma isolada, presente a busca pela harmonia e integridade sistêmica.

O intérprete deve promover o diálogo entre os elementos tradicionais da interpretação, novas técnicas e as peculiaridades das normas constitucionais, buscando cumprir função harmonizante influenciada, prioritariamente, por princípios como o da "dignidade da pessoa humana, da igualdade, do Estado Democrático de Direito, da República e da Federação".[9] A fim de conseguir compatibilizar as disposições constitucionais, mesmo para dar primazia a esses princípios, a doutrina tem proposto as técnicas da ponderação e da proporcionalidade.[10] Sem dúvida, a interpretação constitucional equilibrada é elemento-chave para a solução adequada dos conflitos que envolvem direitos fundamentais e, particularmente, aquele alusivo ao meio ambiente.

3 Interpretação constitucional

Interpretação jurídica é atividade, inserida em amplo processo hermenêutico, dirigida à realização concreta do direito. O intérprete realiza construção de significados, a partir de enunciados textualmente expressos ou decorrentes do sistema normativo, voltada à eficácia das normas no plano real e concreto. Interpretar vai além de compreender, é aplicar. A discussão do direito pode ocorrer em abstrato. Há discursos descritivos e críticos sobre normas e situações jurídicas, mas interpretação jurídica verifica-se apenas diante de casos concretos e com o objetivo de conformá-los. Nessa conjuntura, os textos normativos serão alvo de *processo unitário de interpretação-aplicação*, do qual as normas serão o resultado.[11]

Conforme ensinou Gadamer, enquanto "compreender é sempre interpretar e, em consequência, a interpretação é a forma explícita da compreensão", devemos "dar um passo mais além da hermenêutica romântica, considerando como um processo unitário não só o da compreensão e interpretação, senão também o da aplicação" – "Uma lei não pode ser entendida historicamente senão que a interpretação deve concretizá-la em sua

---

[9] SOUZA NETO, Cláudio Pereira de; SARMENTO, Daniel. *Direito constitucional*: teoria, história e métodos de trabalho. Belo Horizonte: Fórum, 2012. p. 415-416.

[10] Sobre o desenvolvimento teórico da ponderação e da proporcionalidade, Cf. PEREIRA, Jane Reis Gonçalves. *Interpretação constitucional e direitos fundamentais*. Rio de Janeiro: Renovar, 2006; BARCELLOS, Ana Paula de. *Ponderação, racionalidade e atividade jurisdicional*. Rio de Janeiro: Renovar, 2005; SILVA, Virgílio Afonso da. *Direitos fundamentais*: conteúdo essencial, restrições e eficácia. São Paulo: Malheiros, 2009.

[11] É necessário, como adverte Ricardo Guastini, "distinguir entre os enunciados normativos – as 'disposições', como se costuma dizer – e as normas, entendidas como significados". Como lembra o professor italiano, muitos enunciados normativos são ambíguos, por isso "entre as duas coisas, de fato, não se dá uma correspondência biunívoca". Cf. GUASTINI, Ricardo. *Teoría e ideología de la interpretación constitucional*. Madrid: Trotta, 2008. p. 32.

validade jurídica. [...] Compreender é sempre também aplicar".[12] As pré-compreensões do intérprete cumprem o papel inicial de conhecimento no que o autor chamou de "círculo hermenêutico",[13] porque interpretar é observar textos normativos, os valores e os fatos envolvidos, cada qual com modo e extensão própria, para a solução das controvérsias jurídicas.

Relevante destacar que a interpretação, como atividade de construção normativa, é necessidade constante e inafastável para o tráfego jurídico, afastada qualquer concepção que a delimite aos denominados *casos difíceis*. Essa ideia restritiva parte do pressuposto de que apenas enunciados normativos cujos significados são equívocos exigem interpretação, ao passo que aqueles mais clara e diretamente revelados seriam *aplicados sem necessidade de interpretação*. Trata-se das *máximas interpretativas in claris non fitinterpretatio* e *interpretatiocessat in claris*. Como observa Castanheira Neves, essas máximas – e, portanto, a noção restritiva da importância da interpretação – consistem em teses absolutamente inadmissíveis, "porque é impossível mesmo a nível linguístico, porque é errada a nível exegético, sobretudo porque é inaceitável a nível normativo".[14]

Segundo o autor, a ideia restritiva é impossível, em nível linguístico ou semântico, por ser muito difícil as expressões de uso comum, principalmente quando utilizadas em contextos jurídicos, ostentarem sentido unívoco, mesmo porque quase nunca mantêm, nesse campo, sentido comum. Uma vez inserido em texto dessa natureza, o vocábulo deixa de ser de uso comum, de fazer parte de "uma entidade puramente textual ou [de] um texto puro", e passa a compor "um texto em que se comunica ou manifesta um sentido jurídico". Esse aspecto conduz à segunda objeção do autor, a de nível exegético – se é texto jurídico, então é juridicamente que o vocábulo ou o texto em si deverá ser compreendido. Conforme explica, a "clareza" atribuída a certo texto jurídico nunca é decorrência pura e simples do texto, do sentido comum deste, mas "é ela própria já um resultado de interpretação".[15]

Castanheira Neves diz, por fim, da indispensabilidade da interpretação normativa, ante a exigência de a atividade interpretativa não resultar apenas da obscuridade de muitas leis e da urgência de superação da indeterminação dos significados dos textos legais, ou da distância comunicativa entre esses textos e os correlatos destinatários, mas, principalmente, da indispensabilidade da concreta "realização normativa do direito" diante dos casos-problema a serem solucionados. Surge o principal argumento da necessidade permanente da interpretação – é somente por essa atividade, em contexto controverso, que o direito adquirirá *normatividade*. A interpretação é pressuposto do próprio cumprimento da finalidade do direito e pelo direito.[16]

Com o conjunto dessas ideias, revelada a exigência de interpretação em toda e qualquer atividade de concretização do direito, independentemente do grau de problemática dos casos e do caráter equívoco ou inequívoco dos enunciados normativos aplicáveis, ressalte-se a importância do intérprete judicial. Há implicação institucional:

---

[12] GADAMER, Hans-Georg. *Verdad y método*. 10. ed. Salamanca: Sígueme, 2003. p. 378-380. v. l.
[13] GADAMER, Hans-Georg. *Verdad y método*. 10. ed. Salamanca: Sígueme, 2003. p. 333-338. v. l.
[14] NEVES, Antonio Castanheira. *O actual problema metodológico da interpretação jurídica*. Coimbra: Coimbra, 2003. p. 16.
[15] NEVES, Antonio Castanheira. *O actual problema metodológico da interpretação jurídica*. Coimbra: Editora Coimbra, 2003. p. 16-26.
[16] NEVES, Antonio Castanheira. *O actual problema metodológico da interpretação jurídica*. Coimbra: Editora Coimbra, 2003. p. 27-29.

o juiz será mais ou menos criativo ante a maior ou menor presença de enunciados normativos vagos e imprecisos, mas os textos nunca se aplicam por si sós, devendo sempre ser contextualizados, consideradas as controvérsias apresentadas. Isso é particularmente relevante para o tema da interpretação constitucional e para o espaço institucional do Supremo.

Tudo o que foi dito, no tocante à interpretação jurídica em geral, é verdadeiro para a constitucional, o que inclui, em especial, destacar o papel do intérprete, o Supremo Tribunal Federal, para a realização da Constituição. A interpretação constitucional é espécie de interpretação jurídica – é a que envolve a aplicação da Constituição e da ordem jurídica conforme a ordem constitucional, tendo o Supremo a posição proeminente, mas não exclusiva, de proceder, permanentemente, a essa atividade interpretativa fundamental.[17]

Como disse o homenageado, professor Canotilho:

> Interpretar as normas constitucionais significa (como toda a interpretação de normas jurídicas) compreender, investigar e mediatizar o conteúdo semântico dos enunciados linguísticos que formam o texto constitucional. A *interpretação jurídico-constitucional* reconduz-se, pois, à atribuição de um significado a um ou vários símbolos linguísticos escritos na constituição. Esta interpretação faz-se mediante a utilização de determinados critérios (ou medidas) que se pretendem objectivos, transparentes e científicos (*teoria ou doutrina da hermenêutica*).[18]

Dessa relação gênero-espécie decorre que a interpretação constitucional precisa ser realizada por meio dos elementos tradicionais – gramatical, histórico, teleológico e sistemático –,[19] observadas as particularidades que surgem em função do próprio objeto da interpretação – o texto constitucional. Isso significa que os cânones de interpretação devem governar o processo hermenêutico-constitucional, mas revelarão especificidades e complexidades ante o ambiente em que estão sendo aplicados. Em sucinta análise, o uso desses elementos tradicionais deverá combinar com a natureza política particular de grande parte das matérias objeto de regulação constitucional, com o caráter compromissório das normas constitucionais – às vezes veiculando interesses mesmo contraditórios –, com a presença de número elevado de enunciados que expressam princípios, objetivos e valores,[20] com a supremacia normativa e axiológica e a pretensão de efetividade das normas constitucionais, mormente as que prescrevem os direitos fundamentais.

---

[17] Fala-se em *interpretação constitucional direta* para designar a aplicação imediata dos enunciados constitucionais sobre o caso concreto, e em *interpretação constitucional indireta* para referir-se à aplicação de enunciados infraconstitucionais tendo como parâmetro a Constituição, o que será sempre interpretação da Constituição, embora mediata.
[18] CANOTILHO, José Joaquim Gomes. *Direito constitucional e teoria da Constituição*. 4. ed. Lisboa: Almedina, 2000. p. 1170.
[19] Para defesa forte dessa noção, Cf SILVA, Virgílio Afonso da. Interpretação constitucional e sincretismo metodológico. In: SILVA, Virgílio Afonso da (Org.). *Interpretação constitucional*. 2. ed. São Paulo: Malheiros, 2005. p. 115-143.
[20] Chamando a atenção para o exagero da doutrina quanto a essa característica da Constituição de 1988, fixando a premissa de o texto conter muito mais regras que princípios, cf. ÁVILA, Humberto. "Neoconstitucionalismo": entre a "ciência do direito" e o "direito da ciência". In: SOUZA NETO, Cláudio Pereira de; SARMENTO, Daniel; BINENBOJM, Gustavo (Org.) *Vinte anos da Constituição Federal de 1988*. Rio de Janeiro: Lumen Juris, 2009. p. 187-202.

Com relação ao elemento gramatical, as expressões semânticas do texto constitucional têm sido referências, pontos de partida e também limites de possibilidade criativa em homenagem ao valor de legitimação do Estado de Direito, principalmente, presentes regras claras e bem definidas. Sempre que se deparou com enunciados fluidos, vagos e indeterminados, em especial princípios fundamentais, o Supremo não se furtou de exercer certo grau de criatividade interpretativa quando necessário para a realização de valores constitucionais superiores.

No tocante ao elemento histórico, o Tribunal tem comparado contextos passados para identificar transformações fáticas e sociais que possam justificar interpretação evolutiva da Constituição, ainda mais se verificada dificuldade deliberativa no Parlamento sobre a matéria. Quanto ao elemento teleológico, na medida em que o intérprete aplica as normas constitucionais tendo em conta as finalidades visadas, ganha imensa importância, considerados os direitos fundamentais e a pretensão de efetividade das normas que os veiculam – tais direitos devem ser realizados na maior medida possível. Presente Constituição compromissória como a brasileira, a dificuldade existirá na variedade de propósitos opostos estabelecidos em normas de igual hierarquia. É nesse âmbito de antinomias que o elemento sistemático adquire grande relevância prática. Leva a sério a unidade do sistema constitucional. Nesse ponto, integrados os elementos sistemático e teleológico, a interpretação deve cumprir a função harmonizante e buscar compatibilizar as disposições constitucionais. O esforço hermenêutico, com o uso das técnicas da ponderação e da proporcionalidade, tem sido a tônica da atuação do Supremo, visando concretizar o direito fundamental ao meio ambiente. É por meio da interpretação constitucional, utilizando velhos e novos elementos hermenêuticos, que o Tribunal contribui para tornar realidade a promessa constitucional de meio ambiente sadio e equilibrado para as gerações de hoje e do futuro.

4 O direito fundamental ao meio ambiente equilibrado na jurisprudência do STF

Em diferentes oportunidades, o Supremo enfrentou conflitos atinentes a direitos fundamentais de cujas soluções dependia a efetividade do direito ao meio ambiente, na forma em que previsto na Carta da República. Em todos os casos, promoveu complexa, mas segura, interpretação constitucional.

No julgamento do Mandado de Segurança nº 25.284, de minha relatoria,[21] relativo à criação da "Reserva Extrativista Verde para Sempre", envolvidas desapropriações de inúmeras propriedades rurais, depois de afirmar que "todos têm direito ao meio ambiente ecologicamente equilibrado, bem de uso comum do povo e essencial à sadia qualidade de vida," o qual impõe "ao poder público e à coletividade o dever de defendê-lo e de preservá-lo para as presentes e futuras gerações", apontei que, presente o disposto no art. 225, "conflito entre os interesses individual e coletivo resolve-se a favor deste último". Defendi a possibilidade, no caso, de mitigação do direito de

---

[21] BRASIL. *Mandado de Segurança nº 25.284/DF*. Pleno, Relator Min. Marco Aurélio Mello, Brasília, 17.6.2010. Disponível em: <http://goo.gl/tWzMZE>. Acesso em: 12 jul. 2016.

propriedade, o qual não se revela absoluto.[22] Tal mitigação não afastou o direito de indenização constitucionalmente assegurado aos produtores rurais que tiveram as terras desapropriadas.

Com base nas mesmas premissas, a maioria do Tribunal, na arguição de descumprimento de preceito fundamental nº 101/DF, relatora Ministra Cármen Lúcia, assentou a proibição de importar pneus usados ou remodelados. Votei vencido, não por olvidar a relevância do direito coletivo, mas por entender, ante as dúvidas sobre os efeitos verdadeiramente nocivos da importação questionada e a restrição à livre iniciativa, que a matéria deveria ser definida exclusivamente pelo Congresso Nacional, por meio de edição de lei em sentido formal e material.[23]

No âmbito da ponderação de direitos e valores, fica claro que o Tribunal vem interpretando as normas e os fatos de forma mais favorável à proteção ao meio ambiente, demostrando preocupação com a manutenção das condições ecologicamente equilibradas para ter-se vida mais saudável e segura. Essa orientação também se fez presente quando envolvida controvérsia de natureza análoga à da vaquejada: conflito entre os direitos ao meio ambiente e às manifestações culturais.

O Tribunal enfrentou a problemática, pela primeira vez, no recurso extraordinário nº 153.531/SC, Segunda Turma, de relatoria do Ministro Francisco Rezek, apreciado em 3.6.1997, acórdão por mim redigido, julgado que ficou conhecido como o caso "Farra do Boi". Pretendia-se a proibição, no estado de Santa Catarina, da denominada Festa da Farra do Boi.[24] Aqueles que defenderam a permanência afirmaram ser manifestação popular, de caráter cultural, entranhada na sociedade daquela região. Os que a impugnaram anotaram a crueldade intrínseca exercida contra os bovinos, que eram tratados sob vara durante o espetáculo. O relator consignou a inconstitucionalidade da prática, destacando a maldade a que eram submetidos os animais. Também assim votei, asseverando não se cuidar de uma manifestação cultural a merecer o agasalho da Carta da República, mas de perversidade ímpar, em que pessoas buscam, a todo custo, o próprio sacrifício do animal, ensejando a aplicação do inc. VII do art. 225.

Da mesma maneira, foram declaradas inconstitucionais leis estaduais no que favoreciam o costume popular chamado de "briga de galos". Na Ação Direta de Inconstitucionalidade nº 2.514/SC, de relatoria do Ministro Eros Grau, julgada em 29.6.2005, assentou-se inconstitucional lei do estado de Santa Catarina por autorizar práticas que submetiam os animais à crueldade. Na Ação Direta de Inconstitucionalidade nº 1.856/RJ, de relatoria do Ministro Celso de Mello, apreciada em 26.5.2011, o Tribunal voltou a julgar inconstitucional diploma – Lei nº 2.895/98 – que permitiu a competição galística. Na ocasião, o relator destacou que o Supremo, em tema de violência contra animais, tem advertido, em sucessivos julgamentos, que a realização da prática se mostra frontalmente incompatível com o disposto no art. 225, §1º, inc. VII, da Constituição da República.[25]

---

[22] Essa premissa não afasta a possibilidade de aplicação do princípio da insignificância nos crimes ambientais. Cf. BRASIL. Supremo Tribunal Federal. *Ação Penal nº 439/SP*. Pleno, Relator Min. Marco Aurélio Mello, Brasília, 12.06.2008. Disponível em: <http://goo.gl/gFFoZE>. Acesso em: 12 jul. 2016.

[23] BRASIL. *Ação de Descumprimento de Preceito Fundamental nº 101/DF*. Pleno, Relatora Min. Cármen Lúcia, Brasília, 24.6.2009. Disponível em: <http://goo.gl/Q5lKkn>. Acesso em: 12 jul. 2016.

[24] BRASIL. *Recurso Extraordinário nº 153.531/SC*. Segunda Turma, Relator Min. Francisco Rezek, Brasília, 3.6.1997. Disponível em: <http://goo.gl/b7d6y6>. Acesso em: 12 jul. 2016.

[25] BRASIL. *Lei nº 11.3666/00, do Estado de Santa Catarina*. Ato normativo que autoriza e regulamenta a criação e a exposição de aves de raça e a realização de "Brigas de Galo". Ação Direta de Inconstitucionalidade nº 2.514/SC,

Os precedentes apontam a óptica hermenêutica adotada pelo Tribunal ante o conflito entre normas de direitos fundamentais, mesmo presente manifestação cultural, verificada situação a implicar inequívoca crueldade contra animais. Os ministros têm considerado a necessidade de proteção ao meio ambiente ecologicamente equilibrado. Cabe indagar se esse padrão decisório – padrão de interpretação constitucional – consubstancia o rumo adequado a nortear a solução da controvérsia envolvendo a prática da vaquejada.

5 A inconstitucionalidade da "vaquejada"

Na Ação Direta de Inconstitucionalidade nº 4.983/CE, de minha relatoria, tem-se paradigmático caso de conflito entre direito fundamental ao meio ambiente sadio e à manifestação cultural de determinada comunidade. O procurador-geral da República buscou a declaração de inconstitucionalidade da Lei nº 15.299, de 8.1.2013, do estado do Ceará, por meio da qual foi regulamentada a vaquejada como prática cultural e desportiva.

Os dispositivos impugnados têm a seguinte redação:

> Art. 1º Fica regulamentada a vaquejada como atividade desportiva e cultural no Estado do Ceará.
> Art. 2º Para efeitos desta Lei, considera-se vaquejada todo evento de natureza competitiva, no qual uma dupla de vaqueiro a cavalo persegue animal bovino, objetivando dominá-lo.
> §1º Os competidores são julgados na competição pela destreza e perícia, denominados vaqueiros ou peões de vaquejada, no dominar animal.
> §2º A competição deve ser realizada em espaço físico apropriado, com dimensões e formato que propiciem segurança aos vaqueiros, animais e ao público em geral.
> §3º A pista onde ocorre a competição deve, obrigatoriamente, permanecer isolada por alambrado, não farpado, contendo placas de aviso e sinalização informando os locais apropriados para acomodação do público.
> Art. 3º A vaquejada poderá ser organizada nas modalidades amadora e profissional, mediante inscrição dos vaqueiros em torneio patrocinado por entidade pública ou privada.
> Art. 4º Fica obrigado aos organizadores da vaquejada adotar medidas de proteção à saúde e à integridade física do público, dos vaqueiros e dos animais.
> §1º O transporte, o trato, o manejo e a montaria do animal utilizado na vaquejada devem ser feitos de forma adequada para não prejudicar a saúde do mesmo.
> §2º Na vaquejada profissional, fica obrigatória a presença de uma equipe de paramédicos de plantão no local durante a realização das provas.
> §3º O vaqueiro que, por motivo injustificado, se exceder no trato com o animal, ferindo-o ou maltratando-o de forma intencional, deverá ser excluído da prova.
> Art. 5º Esta Lei entra em vigor na data de sua publicação.
> Art. 6º Revogam-se as disposições em contrário.

O procurador-geral da República sustenta que, no conflito entre normas constitucionais – aquela que assegura o direito ao meio ambiente (art. 225) e a que garante

---

Pleno, Relator Min. Eros Grau, Brasília-DF, 29.6.2005. Disponível em: <http://goo.gl/KEi9NA>. Acesso em: 12 jul. 2016.

o direito às manifestações culturais enquanto expressão da pluralidade (art. 215) –, há de ser dado maior peso à preservação do meio ambiente. Consoante articula, a lei atacada não encontra respaldo no Texto Maior, violando o disposto no art. 225, §1º, inc. VII, dele constante.

Disse ser a vaquejada prática considerada esportiva e cultural no Nordeste do Brasil, em que dupla de vaqueiros, montados em cavalos distintos, busca derrubar o touro, puxando-o pelo rabo dentro de área demarcada. Não refutou o caráter histórico da atividade, ligada à antiga necessidade de os fazendeiros reunirem o gado. Destacou, contudo, a transformação, com o tempo, do evento cultural em espetáculo esportivo altamente lucrativo, movimentando cerca de R$14 milhões por ano.

Ressaltou que, diferentemente do que acontecia no passado, os bovinos são hoje enclausurados, açoitados e instigados. Segundo aduziu, isso faz com que o boi corra quando é aberto o portão, sendo, então, conduzido pela dupla de competidores até determinada área assinalada com cal. O animal é agarrado pelo rabo, que é torcido até ele cair com as quatro patas para cima e, assim, ser finalmente dominado. Indicou laudo técnico, conclusivo, a demonstrar a presença de lesões traumáticas nos animais em fuga, inclusive a possibilidade de a cauda ser arrancada, com consequente comprometimento dos nervos e da medula espinhais, ocasionando dores físicas e sofrimento mental.

Reportou-se a estudo da Universidade Federal de Campina Grande, Paraíba, revelador de lesões e danos irreparáveis sofridos também pelos cavalos utilizados na atividade, considerado percentual relevante de ocorrência de tendinite, tenossinovite, exostose, miopatias focal e por esforço, fraturas e osteoartritetársica. Afirmou, ante os dados empíricos, implicar a vaquejada tratamento cruel e desumano às espécies animais envolvidas.

Fez referência aos precedentes do Supremo nos quais utilizada a técnica da ponderação para resolver conflitos específicos entre manifestações culturais e proteção ao meio ambiente, predominando entendimento a favor de afastar práticas de tratamento inadequado a animais, mesmo dentro de contextos culturais e esportivos. Citou os julgados que mencionei anteriormente, relativos à briga de galos e à farra do boi. Frisou que a solução adotada nesses precedentes, no sentido de prevalência da norma constitucional de preservação do meio ambiente e correspondente imposição de limites jurídicos às manifestações culturais, deve ser observada na espécie, presente a crueldade dispensada aos animais.

O Governo do estado do Ceará defendeu a importância histórica da vaquejada. Argumentou que, ao regulamentar o esporte, teria protegido os bens constitucionais ditos violados, impondo a prática adequada do evento e estabelecendo sanções às condutas de maus-tratos aos bovinos. Afirmou obrigar a lei a adoção de medidas protetivas da integridade física e da saúde dos animais. Sustentou haver sido a vaquejada reconhecida como prova de rodeio pela Lei Federal nº 10.220, de 11.4.2001, e os praticantes do esporte, atletas profissionais. Aduziu cuidar-se de direito cultural, patrimônio histórico do povo nordestino, direito fundamental coletivo previsto nos arts. 215 e 216 da Carta de 1988. Ressaltou a impropriedade da defesa apriorística do meio ambiente natural em detrimento do cultural, devendo tal análise ser realizada diante do caso concreto. Destacou que a legislação questionada atende à exigência de desenvolvimento econômico sustentável. Enfatizou não se confundir a vaquejada com os casos de brigas de galo e farra do boi, pois inexiste crueldade com os animais, como ocorria em tais eventos, declarados inconstitucionais pelo Supremo.

Em meio aos argumentos opostos e ao conflito horizontal de direitos fundamentais, concluí pela inconstitucionalidade da lei por meio da qual regulamentada a prática da vaquejada. Na realidade, considerei inconstitucional a própria prática.

Consoante asseverado na inicial, o objetivo é a derrubada do boi pelos vaqueiros, o que fazem em arrancada, puxando-o pelo rabo. Inicialmente, o animal é enclausurado, açoitado e instigado a sair em disparada quando da abertura do portão do brete. Conduzido pela dupla de vaqueiros competidores, vem a ser agarrado pela cauda, a qual é torcida até que caia com as quatro patas para cima e, assim, fique finalmente dominado.

O autor juntou laudos técnicos que demonstram as consequências nocivas à saúde dos bovinos e cavalos envolvidos na vaquejada.

Ante os dados empíricos evidenciados pelas pesquisas, surgiu indiscutível o tratamento cruel dispensado às espécies animais envolvidas. O ato repentino e violento de tracionar o boi pelo rabo, assim como a verdadeira tortura prévia, inclusive por meio de estocadas de choques elétricos, à qual é submetido o animal, para que saia do estado de mansidão e dispare em fuga a fim de viabilizar a perseguição, consubstanciam atuação a implicar descompasso com o que preconizado no art. 225, §1º, inc. VII, da Carta da República.

O argumento em defesa da constitucionalidade da norma, no sentido de a disciplina da prática permitir seja realizada sem ameaça à saúde dos animais, não subsiste. Tendo em vista a forma como desenvolvida, a intolerável crueldade com os bovinos mostra-se inerente à vaquejada. A atividade de perseguir animal que está em movimento, em alta velocidade, puxá-lo pelo rabo e derrubá-lo, sem a qual não mereceria o rótulo de vaquejada, configura maus-tratos. Inexiste a mínima possibilidade de o boi não sofrer violência física e mental quando submetido a tal tratamento.

Pudesse a vaquejada ser realizada sem a imposição de sofrimento e maus-tratos aos bovinos, ter-se-ia a prevalência da dimensão cultural do direito, ainda que incômodos mínimos tivessem os animais. Contudo, na prática, isso não se revela possível. É da natureza da vaquejada que haja maus-tratos. Caso não ocorressem, estaria descaracterizada a atividade como sendo cultural, "patrimônio histórico do povo nordestino". Outra atividade estaria em discussão, e não a "vaquejada".

A par de questões morais relacionadas ao entretenimento às custas do sofrimento dos animais, bem mais sérias se comparadas às que envolvem experiências científicas e médicas, a crueldade intrínseca à vaquejada não permite a prevalência do valor cultural como resultado desejado pelo sistema de direitos fundamentais da Carta de 1988. O sentido da expressão "crueldade" constante da parte final do inc. VII, do §1º, do art. 225, do Diploma Maior alcança, sem sombra de dúvida, a tortura e os maus-tratos infligidos aos bovinos durante a prática impugnada, revelando-se intolerável, a mais não poder, a conduta humana autorizada pela norma estadual atacada. No âmbito de composição dos interesses fundamentais envolvidos neste processo, sem que se mostre relevante o direito da comunidade às manifestações culturais, há de sobressair a pretensão de proteção ao meio ambiente.

Conclusão

Nosso Diploma Maior não revela unicidade, mas pluralidade de direitos, posições subjetivas e propósitos, que devem coexistir harmonicamente no plano das leis, das práticas administrativas e do comportamento humano. O projeto constitucional de 1988 beneficia e vincula a todos, cada qual com cota própria de direitos e deveres. O meio ambiente saudável e equilibrado é aspiração de envergadura maior, a ponto de cogitar-se de uma "Constituição Ecológica", "Verde". Mas não há nem pode haver direitos absolutos em Cartas construídas sob bases pluralistas. O contrário seria negar a própria essência. Daí a necessidade de o Tribunal, por meio da interpretação constitucional, sopesar os valores e direitos envolvidos. Há a necessidade do confronto, da oposição. A busca deve ser pelo meio-termo entre o dever de contribuir com a preservação do meio ambiente e a garantia de liberdades individuais e de manifestações culturais. Esse tema deve ser levado a sério por meio da justificação racional e ponderada das escolhas que o Supremo faz. No caso concreto, contudo, poucas razões existem – ou nenhuma – a justificar a constitucionalidade da prática da vaquejada. Em um Estado Constitucional e Democrático de Direito, é importante que conclusões da espécie se deem mediante construção interpretativa racional, transparente e metodologicamente controlável.

Referências

ÁVILA, Humberto. "Neoconstitucionalismo": entre a "ciência do direito" e o "direito da ciência". In: SOUZA NETO, Cláudio Pereira de; SARMENTO, Daniel; BINENBOJM, Gustavo (Org.) *Vinte anos da Constituição Federal de 1988*. Rio de Janeiro: Lumen Juris, 2009.

BARCELLOS, Ana Paula de. *Ponderação, racionalidade e atividade jurisdicional*. Rio de Janeiro: Renovar, 2005.

BONAVIDES, Paulo. *Curso de direito constitucional*. 11. ed. São Paulo: Malheiros, 2001.

BRASIL. *Ação de Descumprimento de Preceito Fundamental nº 101/DF*. Pleno, Relatora Min. Cármen Lúcia, Brasília, 24.6.2009. Disponível em: <http://goo.gl/Q5lKkn>. Acesso em: 12 jul. 2016.

BRASIL. *Lei nº 11.3666/00, do Estado de Santa Catarina*. Ato normativo que autoriza e regulamenta a criação e a exposição de aves de raça e a realização de "Brigas de Galo". Ação Direta de Inconstitucionalidade nº 2.514/SC, Pleno, Relator Min. Eros Grau, Brasília-DF, 29.6.2005. Disponível em: <http://goo.gl/KEi9NA>. Acesso em: 12 jul. 2016.

BRASIL. *Mandado de Segurança nº 25.284/DF*. Pleno, Relator Min. Marco Aurélio Mello, Brasília, 17.6.2010. Disponível em: <http://goo.gl/tWzMZE>. Acesso em: 12 jul. 2016.

BRASIL. *Recurso Extraordinário nº 153.531/SC*. Segunda Turma, Relator Min. Francisco Rezek, Brasília, 3.6.1997. Disponível em: <http://goo.gl/b7d6y6>. Acesso em: 12 jul. 2016.

BRASIL. Supremo Tribunal Federal. *Ação Penal nº 439/SP*. Pleno, Relator Min. Marco Aurélio Mello, Brasília, 12.06.2008. Disponível em: <http://goo.gl/gFFoZE>. Acesso em: 12 jul. 2016.

BRASIL. Supremo Tribunal Federal. *Habeas-Corpus nº 87.585/TO*. Pleno, Relator Ministro Marco Aurélio, Brasília-DF, 3.12.2008. Disponível em: <http://goo.gl/D4cbBr>. Acesso em: 12 jul. 2016.

CANOTILHO, José Joaquim Gomes. *Direito constitucional e teoria da Constituição*. 4. ed. Lisboa: Almedina, 2000.

CRUZ, Branca Martins da. Importância da constitucionalização do direito ao ambiente. In: BONAVIDES, Paulo et al. (Orgs.). *Estudos de direito constitucional em homenagem a Cesar Asfor Rocha*. Rio de Janeiro: Renovar, 2009.

GADAMER, Hans-Georg. *Verdad y método*. 10. ed. Salamanca: Sígueme, 2003. v. l.

GUASTINI, Ricardo. *Teoria e ideologia de la interpretación constitucional*. Madrid: Trotta, 2008.

KRELL, Andréas Joachim. *Direitos sociais e controle judicial no Brasil e na Alemanha*: os (des)caminhos de um direito constitucional "comparado". Porto Alegre: Safe, 2002.

NEVES, Antonio Castanheira. *O actual problema metodológico da interpretação jurídica*. Coimbra: Editora Coimbra, 2003.

PEREIRA, Jane Reis Gonçalves. *Interpretação constitucional e direitos fundamentais*. Rio de Janeiro: Renovar, 2006.

SARLET, Ingo Wolfgang. *A eficácia dos direitos fundamentais*. 7. ed. Porto Alegre: Livraria do Advogado, 2007.

SILVA, José Afonso da. *Curso de direito constitucional positivo*. 19. ed. São Paulo: Malheiros, 2001.

SILVA, Virgílio Afonso da. *Direitos fundamentais*: conteúdo essencial, restrições e eficácia. São Paulo: Malheiros, 2009.

SILVA, Virgílio Afonso da. Interpretação constitucional e sincretismo metodológico. In: SILVA, Virgílio Afonso da (Org.). *Interpretação constitucional*. 2. ed. São Paulo: Malheiros, 2005.

SOUZA NETO, Cláudio Pereira de; SARMENTO, Daniel. *Direito constitucional*: teoria, história e métodos de trabalho. Belo Horizonte: Fórum, 2012.

TORRES, Ricardo Lobo. *A jusfundamentalidade dos direitos sociais*: arquivos de direitos humanos. Rio de Janeiro: Renovar, 2003.

VIEIRA, Oscar Vilhena. *A Constituição e sua reserva de justiça*: um ensaio sobre os limites materiais ao poder de reforma. São Paulo: Malheiros, 1999.

VIEIRA, Oscar Vilhena. *Direitos fundamentais*: uma leitura da jurisprudência do STF. São Paulo: Malheiros, 2006.

Informação bibliográfica deste texto, conforme a NBR 6023:2002 da Associação Brasileira de Normas Técnicas (ABNT):

MELLO, Marco Aurélio. A vaquejada, a interpretação constitucional e o direito fundamental ao meio ambiente. In: PINTO, Hélio Pinheiro; LIMA NETO, Manoel Cavalcante de; LIMA, Alberto Jorge Correia de Barros; SOTTO-MAYOR, Lorena Carla Santos Vasconcelos; DIAS, Luciana Raposo Josué Lima (Coords.). *Constituição, direitos fundamentais e política*: estudos em homenagem ao professor José Joaquim Gomes Canotilho. Belo Horizonte: Fórum, 2017. p. 149-162. ISBN 978-85-450-0185-0.

A INFLUÊNCIA DOS DIREITOS FUNDAMENTAIS NO DIREITO PRIVADO: ALGUMAS NOTAS SOBRE A EVOLUÇÃO NO BRASIL[1]

INGO WOLFGANG SARLET

Introdução

A evolução do constitucionalismo contemporâneo, sobretudo em função dos câmbios substanciais (tanto na perspectiva do direito constitucional positivo, quanto da teoria constitucional) operados desde a Segunda Guerra Mundial, tem servido de justificativa para que, já de há algum tempo, se possa efetivamente falar da ocorrência de uma mudança no âmbito do próprio paradigma do Estado Constitucional, de tal sorte que, numa certa perspectiva, é possível falar de um neoconstitucionalismo, ou mesmo – o que parece ser mais apropriado – de um conjunto de neoconstitucionalismos, já que também o assim designado Estado Neoconstitucional pode apresentar uma multiplicidade de dimensões.[2]

Sem que se pretenda aqui aprofundar a questão do neoconstitucionalismo em si mesma (e mesmo discutir a real pertinência de tal rótulo), importa, no entanto, enfatizar que um dos principais fenômenos operados no âmbito justamente dessa evolução constitucional referida é o da constitucionalização, por conta, em especial, da afirmação da supremacia da Constituição e da valorização da força normativa dos princípios e dos valores nela previstos e projetados, de toda a ordem jurídica. Tal fenômeno, embora possa

---

[1] O presente trabalho corresponde – em termos gerais, mas com ajustes especialmente levados a efeito para a presente versão, oferecida para a coletânea que ora se publica em homenagem a J. J. Gomes Canotilho – ao texto que serviu de roteiro para apresentação por ocasião de seminário realizado em agosto de 2006 na Alemanha (nas dependências do Convento situado na Fraueninsel, Chiemsee, Baviera) e coordenado pelo Prof. Dr. Jörg Neuner, Catedrático da Universidade de Augsburg, objeto de publicação na Alemanha: NEUNER, Jörg. *Grundrechte und Privatrecht aus rechtsvergleichender Sicht*. Tübingen: Mohr Siebeck, 2007. p. 81-104. E em Portugal: MONTEIRO, António Pinto; NEUNER, Jörg; SARLET, Ingo Wolfgang. *Direitos fundamentais e direito privado*: uma perspectiva de direito comparado. Coimbra: Almedina, 2007. p. 111-144.

[2] Cf. CARBONELL, Miguel. Nuevos tiempos para el constitucionalismo. In: CARBONELL, Miguel. *Neoconstitucionalismo(s)*. Madrid: Trotta, 2003.

ser observado como sendo mais ou menos relevante em praticamente todos os sistemas jurídico-constitucionais contemporâneos, assume particular relevância no campo da incidência dos direitos fundamentais sobre os diversos ramos do direito, resultando em farta produção doutrinária e jurisprudencial, além de constituir, sem receio de algum exagero, um dos temas centrais da discussão constitucional atual. É evidente, por outro lado, que a atualidade, a relevância e a intensidade do debate não têm sido as mesmas em cada lugar, o que, sem que se possa aqui entrar em detalhes, encontra-se não apenas na dependência dos textos constitucionais, mas de uma multiplicidade de fatores, mesmo que diretamente estranhos ao direito.

Assim, ao passo que na Alemanha (assim como nos demais estados da Europa e mesmo no âmbito do direito internacional) já se vem discutindo há pelo menos meio século – ressalvadas algumas manifestações anteriores – sobre as relações entre os direitos fundamentais e o direito privado, para países como o Brasil cuida-se de um tema ainda relativamente novo. Embora se possam identificar algumas vozes isoladas que já há mais tempo pugnam por uma aplicação dos direitos fundamentais na seara do direito privado, ou, pelo menos, apontam para algumas dimensões desta temática, certo é que o debate propriamente dito, seja na doutrina, seja na jurisprudência, é relativamente recente, coisa de aproximadamente no máximo vinte anos.

Isso se explica, em primeira linha, pelo fato de que apenas com a promulgação da atual Constituição Federal brasileira, em 5.10.1988 (doravante apenas CF), após aproximadamente vinte anos de regime militar, tanto a Constituição quanto os direitos fundamentais passaram a ser novamente levados a sério como fonte primeira e vinculativa do direito, ainda que tal reconhecimento tenha encontrado alguma resistência. A Constituição anterior (1967-69) certamente não poderia ser considerada, já pela sua manifesta ausência de legitimidade democrática,[3] um parâmetro adequado para o restante da ordem jurídica, de tal sorte que a postura então prevalentemente resistente a uma constitucionalização do direito não apenas se revela compreensível, como também merecedora de aplausos, especialmente quando representativa de um ato de resistência à outorga constitucional.

Observando-se, em contrapartida, a evolução mais recente, merece ser sublinhado que os primeiros esforços efetivos para o tratamento do tema no Brasil foram empreendidos basicamente por alguns autores do direito privado. A doutrina constitucionalista, por sua vez, apenas algum tempo depois passou a se ocupar mais detidamente da matéria, colocando as relações entre os direitos fundamentais e o direito privado no centro da discussão, ao passo que a dogmática do direito privado, pelo que se pode avaliar a partir da produção científica prevalente, acabou priorizando, a partir de uma perspectiva mais ampla, um direito civil-constitucional, engendrado no âmbito de uma interpretação conforme a Constituição (aqui tomada também em sentido mais aberto, de uma filtragem constitucional da normativa infraconstitucional), fortemente influenciada por alguns nomes conhecidos da doutrina italiana nesta seara.[4] Os cultores do direito constitucional, por seu turno, especialmente em função

---

[3] Sobre a ilegitimidade já da Constituição de 1967 (mesmo sem considerar a outorga da Emenda Constitucional nº 1 de 1969, que, por assim dizer, decretou o fim de qualquer resquício de legitimidade que a versão inicial, de 1967, pudesse ter) conferir, especialmente: RUSCHEL, Ruy Ruben. *Direito constitucional em tempos de crise*. Porto Alegre: Sagra Luzzatto, 1997.

[4] Entre outros, destaca-se aqui o nome de Pietro Perlingieri, que, por sua vez, influenciou profundamente alguns dos pioneiros da constitucionalização do direito civil no Brasil, como é o caso dos professores Gustavo Tepedino,

da influência da experiência alemã, espanhola e portuguesa, têm tratado do tema no contexto de uma eficácia dos direitos fundamentais no âmbito das relações privadas, entre outros aspectos, explorando a controvérsia em torno de uma eficácia direta ou indireta dos direitos fundamentais, aspecto que os autores oriundos do direito privado, pelo menos em termos gerais e numa fase inicial, pouco levaram em conta, sem que se esteja aqui a emitir qualquer posicionamento a respeito do maior ou menor acerto de cada um dos caminhos trilhados.

De outra parte, convém registrar que a expressiva influência da literatura e jurisprudência estrangeira também nesta seara inexoravelmente tem por consequência que uma investigação sobre a evolução no âmbito das relações entre direitos fundamentais e o direito privado no Brasil acabe refletindo boa parte da discussão promovida em outros lugares (com destaque, no que concerne às fontes mais acessadas para efeitos desta perspectiva, para a Alemanha, Espanha e Portugal), seja na teoria, seja na prática jurisprudencial. Mas também a consideração das peculiaridades da ordem jurídico-constitucional brasileira é cogente, o que nem sempre tem sido suficientemente levado a sério.

Nesse sentido, com inteira razão Claus-Wilhelm Canaris, quando, embora apontando para a circunstância de que o tema de há muito já transpôs as fronteiras das ordens jurídicas nacionais e que não se deve deixar de observar as vantagens de um diálogo cada vez mais aberto a modelos transnacionais e estruturas argumentativas de cunho universal, adverte, todavia, sobre a necessidade de que as soluções para os problemas específicos devem levar em conta as circunstâncias e peculiaridades de cada ordem jurídica.[5]

Na sequência, é nosso propósito discorrer sobre os aspectos nucleares da discussão travada no Brasil (em nível doutrinário e jurisprudencial) sobre as relações entre os direitos fundamentais e o direito privado, renunciando-se a um detalhamento e uma análise crítica mais aprofundada, seja pelo propósito do presente trabalho, seja pelas suas limitações físicas, ainda mais considerando a farta literatura e jurisprudência existente.

É preciso frisar, de outra parte, que se trata aqui essencialmente de uma apresentação da evolução do tema no Brasil e, portanto, de uma abordagem de caráter mais descritivo do que analítico-reflexivo. A jurisprudência colacionada limita-se, em princípio, a algumas decisões representativas do Superior Tribunal de Justiça e do Supremo Tribunal Federal brasileiros, de modo que não levaremos em conta a farta produção dos demais Tribunais.

Com o fito de honrar o nosso propósito, iniciaremos com algumas observações sobre o conteúdo e significado (designadamente jurídico) dos direitos fundamentais na ordem constitucional brasileira, para, num segundo momento, apresentar as condições e fundamentos do reconhecimento, em princípio, de uma eficácia dos direitos fundamentais nas relações privadas no Brasil. Somente então serão desenvolvidos os aspectos mais relevantes da controvérsia em torno do modo pelo qual se dá a influência dos direitos fundamentais na ordem jurídica privada, com destaque para as relações entre atores privados.

Luiz Edson Fachin e Maria Celina Bodin de Moraes, apenas para citar alguns dos nomes mais expressivos e que podem ser considerados fundadores e principais representantes do movimento em prol de um direito civil-constitucional.

[5] Cf. CANARIS, Claus Wilhelm. *Direitos fundamentais e direito privado*. Tradução de Ingo W. Sarlet e Paulo M. Pinto Coimbra: Almedina, 2003.

Antes, contudo, é o caso de registrar que oferecemos o presente texto para integrar oportuna obra coletiva organizada para render homenagem a um dos grandes juristas do nosso tempo, cuja ciência e humanidade ultrapassam as fronteiras do constitucionalismo nacional, designadamente, o também nosso mestre e incentivador, Prof. Dr. José Joaquim Gomes Canotilho, que (também!) no campo da eficácia dos direitos fundamentais nas relações privadas de há muito nos inspira e estimula.

1 Breves notas sobre o conteúdo e significado dos direitos fundamentais na Constituição Federal de 1988

A CF em vigor agasalhou, no seu Título II (Dos Direitos e Garantias Fundamentais), um extenso e diferenciado rol de posições jurídicas expressamente designadas de fundamentais, logo após ter enunciado os princípios e objetivos fundamentais, entre os quais desponta a dignidade da pessoa humana, expressamente guindada à condição de fundamento da República Federativa do Brasil. Sem que se possa aqui adentrar na discussão em torno da qualidade "jusfundamental" de todas as posições jurídicas consagradas (mais de uma centena) no Título II, comunga-se da tendência majoritária no sentido de reconhecer que todos os direitos e garantias lá positivados são fundamentais e que em favor da opção expressa do Constituinte milita uma presunção em prol da fundamentalidade tanto dos assim designados direitos e deveres individuais e coletivos, quanto dos direitos sociais (incluindo extenso elenco de direitos dos trabalhadores), dos direitos de nacionalidade e dos direitos políticos. Não fosse assim – e sem que se vá aqui considerar outros argumentos – os poderes constituídos passariam a ter a prerrogativa de, com base em critérios exclusivamente materiais de fundamentalidade (por exemplo, determinada teoria de base ou orientação ideológica), refutar a condição de direitos fundamentais a alguns (ou mesmo muitos, a depender da concepção de fundo utilizada) dos direitos enunciados pelo Constituinte ou mesmo negar-lhes, no todo ou em parte, seu regime jurídico privilegiado. Que a decisão em favor da fundamentalidade de todos os direitos e garantias como tais consagrados na Constituição (que, de resto, abarcam também direitos previstos em outras partes do texto constitucional)[6] não significa necessariamente um tratamento jurídico equivalente de todos os direitos fundamentais (especialmente no concernente à sua proteção, eficácia e efetividade), há de ser igualmente considerado como pressuposto da nossa análise e também corresponde, na sua essência, ao pensamento dominante hoje no Brasil, o que não equivale a dizer que o regime jurídico dos direitos fundamentais não seja substancialmente o mesmo.

A despeito de algumas críticas encontradas na literatura[7] e sem prejuízo de outros critérios distintivos,[8] a CF também traça a distinção, de modo expresso, entre

---

[6] Aqui, diversamente do que ocorre em relação aos direitos expressamente consagrados como fundamentais no Título II da Constituição, há que justificar a identificação de outros direitos fundamentais a partir de diretrizes materiais extraídas do próprio sistema constitucional, designadamente contidas nos Títulos I e II (princípios e direitos fundamentais). Não é à toa, aliás, que a expressa previsão de uma abertura material do catálogo constitucional dos direitos faz referência a direitos "decorrentes do regime e dos princípios [...]" (art. 5º, §2º). Sobre o tema, para maior desenvolvimento, cf. SARLET, Ingo Wolfgang. *A eficácia dos direitos fundamentais*. 12. ed. Porto Alegre: Livraria do Advogado, 2015.

[7] Por exemplo: BARROS, Sergio Rezende de. *Direitos humanos*: paradoxo da civilização. Belo Horizonte: Del Rey, 2003. p. 29.

[8] Confira-se, por exemplo, a diferenciação proposta por: NEUNER, Jörg. Los derechos humanos sociales. *Anuário Iberoamericano de Justicia Constitucional*, Madrid, n. 9, 2005.

direitos humanos (aqui considerados como posições jurídicas de qualquer pessoa humana, reconhecidas e tuteladas pelo direito positivo internacional) e direitos fundamentais (estes como positivados – expressa ou implicitamente – no âmbito do direito constitucional).[9] Isso, todavia, não leva à exclusão dos direitos humanos contidos nos tratados internacionais, visto que, uma vez incorporados corretamente (de acordo com os parâmetros constitucionais) à ordem jurídica interna, nesta também alcançam vigência e eficácia, a teor do que dispõe o art. 5º, §2º, da CF, de acordo com o qual os direitos e garantias expressos na Constituição não excluem outros decorrentes do regime, dos princípios e dos tratados internacionais de que o Brasil for parte. Que disso não resulta – pelo menos não de forma imune a controvérsias – qual precisamente a hierarquia normativa dos tratados de direitos humanos (e do direito internacional em termos gerais) na ordem jurídico-constitucional brasileira resulta evidente e segue sendo objeto de intensa discussão.

Com efeito, mesmo que a doutrina majoritária (assim como boa parte da jurisprudência) tenha advogado a hierarquia constitucional (e, portanto, a condição de autênticos direitos fundamentais, no que diz com sua vigência na ordem interna) dos direitos previstos nos tratados internacionais de direitos humanos, por serem pelo menos materialmente fundamentais e por força do disposto no já referido art. 5º, §2º,[10] o Supremo Tribunal Federal (STF), após ter, por muito tempo, equiparado todos os tratados às leis ordinárias, acabou por avançar na matéria, chancelando a hierarquia supralegal (mas ainda assim subordinada à Constituição!) dos tratados em matéria de direitos humanos.[11] A exceção é formada pelos tratados aprovados mediante observância do rito estabelecido no §3º do art. 5º da CF, ou seja, votação com maioria de 3/5 nas duas casas do Congresso Nacional em dois turnos de votação, caso em que a hierarquia será equivalente à das emendas constitucionais. Importa sublinhar, contudo, que, embora tal orientação possa ser considerada importante passo à frente, ainda deixa de considerar os direitos humanos oriundos dos tratados internacionais como sendo autênticos direitos fundamentais, visto que submetidos a regime jurídico menos privilegiado.

De qualquer sorte, para efeitos de nossa abordagem, é suficiente observar que os tratados de direitos humanos integram o bloco de constitucionalidade em sentido alargado e que devem (deveriam) ser considerados para a interpretação do alcance dos direitos fundamentais constitucionais no que diz também com a sua eficácia nas relações privadas.

Além disso, assume relevo a circunstância de que a CF agasalhou no seu texto praticamente todos os direitos consagrados no plano internacional, de tal sorte que, em termos práticos, os tratados de direitos humanos acabam por ter uma relevância mais subsidiária, ainda mais em sendo exploradas todas as possibilidades de dedução de posições jusfundamentais implícitas no sistema constitucional ou da identificação de direitos fundamentais dispersos na Constituição. Também por esta razão não se

---

[9] Cf. SARLET, Ingo Wolfgang. *A eficácia dos direitos fundamentais*. 12. ed. Porto Alegre: Livraria do Advogado, 2015. p. 29-35.
[10] Cf. PIOVESAN, Flávia. *Direitos humanos e o direito constitucional internacional*. São Paulo: Saraiva, 2006.
[11] Cf. Recurso Extraordinário nº 466.341-1, relator Cezar Peluso, com destaque para o voto proferido pelo Ministro Gilmar Mendes, que, além de sustentar a hierarquia supralegal dos tratados de direitos humanos, considerou que a imposição da prisão civil nos casos de contratos de arrendamento mercantil seria ofensiva ao princípio da proporcionalidade.

desenvolverá aqui a dimensão internacional da problemática ora versada, em que pese a influência dos direitos humanos e fundamentais sobre o direito privado constituir um complexo temático de considerável relevo e atualidade também no plano do direito internacional.[12]

De todo o exposto, já se constata que os direitos fundamentais formam, também e especialmente na ordem constitucional brasileira, um conjunto complexo e extremamente heterogêneo de posições jurídicas. Além do mais, verifica-se uma aceitação crescente da noção de que os direitos fundamentais possuem uma dupla dimensão objetiva e subjetiva, da qual é possível extrair uma série de funções e efeitos, por exemplo, como ocorre com os deveres de proteção estatais (e a correspondente noção de proibição de insuficiência ou de proteção deficiente, se assim preferirmos) e o reconhecimento de uma dimensão organizatória e procedimental (mas também democrático-participativa, no sentido de um *status activus processualis*, do qual nos fala Peter Häberle) dos direitos fundamentais.[13] Em função disso e da sua assim designada multifuncionalidade, também no Brasil os direitos fundamentais são compreendidos tendo sempre uma dupla dimensão negativa e positiva, portanto, como sendo tanto direitos de defesa quanto direitos a prestações.

A despeito de os direitos de liberdade (assim como os direitos de defesa de um modo geral) terem também uma dimensão positiva, visto que seu exercício e proteção pressupõem uma série de prestações estatais,[14] também é de se reconhecer uma dimensão negativa (defensiva) dos direitos sociais, o que pode ser bem ilustrado nos casos, entre outros, dos direitos à moradia e saúde, pelo menos naquilo em que está em causa a proteção destes bens fundamentais contra intervenções ilegítimas por parte do Estado e mesmo de terceiros. Também no âmbito do extenso elenco de direitos dos trabalhadores expressamente positivados na Constituição (art. 7º e seguintes) encontram-se uma série de direitos de cunho defensivo típico, como é o caso do direito de greve, da liberdade de associação sindical e das proibições de discriminação nas relações de trabalho. Considerando tais peculiaridades da ordem constitucional positiva brasileira, os direitos sociais não podem ser compreendidos como sendo (pelo menos não exclusivamente) típicos direitos a prestações sociais estatais, visto que a concepção mais ampla de direitos sociais agasalhada pelo Constituinte de 1988 também abrange a proteção (negativa) da liberdade e de bens jurídicos de pessoas em posição social e/ou econômica de desvantagem.[15] Em termos comparativos, sempre é bom lembrar que em

---

[12] Cf. CLAPHAM, Andrew. *Human rights in the private sphere*. London: Oxford, 1993; CANARIS, Claus Wilhelm. Drittwirkung der gemeinschaftrechtlichen Grundfreiheiten. In: BAUER, Hartmut et al. (Ed.). *Umwelt, Wirtschaft und Recht*. Tübingen: Mohr Siebeck, 2002. p. 31; COURTIS, Christian. La eficácia de los derechos humanos en las relaciones entre particulares. *Cuadernos Deusto de Derechos Humanos*, Bilbao, n. 42, 2007; MONTEIRO, António Pinto; NEUNER, Jörg; SARLET, Ingo Wolfgang. *Direitos fundamentais e direito privado*: uma perspectiva de direito comparado. Coimbra: Almedina, 2007.

[13] Para maior desenvolvimento, no que diz com o Brasil, cf. o nosso: SARLET, Ingo Wolfgang. *A eficácia dos direitos fundamentais*. 12. ed. Porto Alegre: Livraria do Advogado, 2015. Mas, também: MENDES, Gilmar Ferreira; COELHO, Inocêncio Mártires; BRANCO, Paulo Gustavo Gonet. *Hermenêutica constitucional e direitos fundamentais*. Brasília: Brasília Jurídica, 2000. Bem como, mais recentemente: DIMOULIS, Dimitri; MARTINS, Leonardo. *Teoria geral dos direitos fundamentais*. São Paulo: RT, 2007. Todos inspirados, neste ponto, na obra do nosso homenageado.

[14] Cf. HOLMES, Stephen; SUNSTEIN, Cass. *The costs of rights*: why liberty depends on taxes? New York-London: W.W. Norton & Company, 1999.

[15] Cf. SARLET, Ingo Wolfgang. *A eficácia dos direitos fundamentais*. 12. ed. Porto Alegre: Livraria do Advogado, 2015.

Portugal, onde parte dos direitos dos trabalhadores foi transferida, mediante alteração da Constituição, do capítulo dos direitos sociais, econômicos e culturais para o capítulo dos assim designados direitos, liberdades e garantias, há quem se refira a estes direitos sociais que não são de caráter prestacional como "liberdades sociais".[16]

Essa evidente multifuncionalidade e heterogeneidade dos direitos fundamentais, pelo menos no que corresponde ao entendimento majoritário e para a generalidade dos casos, embora não exclua a dupla fundamentalidade formal e material de todos os direitos,[17] acaba por gerar importantes desafios e controvérsias não apenas no que diz com a concretização e proteção dos direitos fundamentais em geral, mas também para efeitos de sua aplicação na seara do direito privado como um todo, mas em particular também nas relações entre particulares.

2 Observações sobre a eficácia dos direitos fundamentais no âmbito do direito privado

Sem que se vá aqui enfrentar, de modo mais detido, a evolução histórica em termos de constitucionalização da ordem jurídica,[18] é significativo que as relações entre a Constituição (com destaque para os direitos fundamentais!) e o direito privado sempre se revelou como sendo pautada por um relacionamento dialético e dinâmico de influência recíproca.[19] Também por isso a relação entre a Constituição e o direito privado pode ser descrita pelo menos a partir de duas perspectivas: a do direito privado na Constituição e a da Constituição no direito privado.[20]

Em primeiro lugar e ocupando um papel de destaque situa-se a eficácia da Constituição na esfera do direito privado (a Constituição no direito privado), em que se cuida principalmente de uma interpretação conforme a Constituição das normas de direito privado e da incidência da Constituição no âmbito das relações entre sujeitos privados, seja por meio da concretização da Constituição pelos órgãos legislativos, seja pela interpretação e desenvolvimento jurisprudencial. Além disso, importa não esquecer o fenômeno da inserção, na Constituição, de institutos originariamente oriundos do direito privado, em outras palavras, da presença do direito privado

---

[16] Assim, por exemplo: ANDRADE, José Carlos Vieira de. *Os direitos fundamentais na Constituição portuguesa de 1976*. 3. ed. Coimbra: Almedina, 2004. p. 385.

[17] Sobre a dupla fundamentalidade formal e material, cf. as paradigmáticas lições de: ALEXY, Robert. *Theorie der Grundrechte*. Frankfurt: Suhrkamp, 1996. p. 473. Que, todavia, exigem uma adequação aos parâmetros de cada ordem constitucional.

[18] A respeito dos pressupostos e dimensões da constitucionalização da ordem jurídica de um modo geral (e não com ênfase na influência da Constituição na esfera do direito privado), cf., especialmente, entre tantos: SHUPPERT, Gunner Folke; BUNKE, Christian. *Die Konstitutionalisierung der Rechtsordnung*: Überlegungen zum Verhältnis von verfassungsrechtlicher Ausstrahlungswirkung und Eigenständigkeit des "einfachen" Rechts. Baden-Baden: Nomos, 2000. Assim como – embora na perspectiva da Itália: GUASTINI, Roberto. La constitucionalización del ordenamiento jurídico. In: CARBONELL, Miguel. *Neoconstitucionalismo*. Madrid: Trotta, 2003. No Brasil, ver, em caráter meramente exemplificativo, a monumental coletânea que reúne um expressivo número de ensaios gerais e específicos sobre o tema: SOUZA NETO, Cláudio Pereira de; SARMENTO, Daniel. *Constitucionalização do direito*. Rio de Janeiro: Lumen Juris, 2006.

[19] Sobre este tópico cf. as ponderações de: HESSE, Konrad. *Derecho constitucional y derecho privado*. Madrid: Civitas, 1995.

[20] Cf. FACCHINI NETO, Eugênio. Reflexões histórico-evolutivas sobre a constitucionalização do direito privado. In: SARLET, Ingo Wolfgang (Org.). *Constituição, direitos fundamentais e direito privado*. 2. ed. Porto Alegre: Livraria do Advogado, 2006. p. 35.

na Constituição. Justamente nesta hipótese, quando não estamos mais em face de institutos de direito privado propriamente ditos, mas, sim, de disposições e normas constitucionais (que, por sua vez, incidirão na esfera jurídica privada por meio da outra via da constitucionalização!), é que não nos parece a solução mais adequada – pelo menos em termos terminológicos – falar em um direito civil-constitucional ou de um direito privado com *status* ou hierarquia constitucional.

Apenas em caráter ilustrativo, vale referir alguns exemplos extraídos da CF e que apresentam direta relação com o direito privado: o direito à indenização por violação da honra, intimidade e da imagem (art. 5º, inc. X); a função social da propriedade e o direito de propriedade em termos gerais, que abrange também a propriedade intelectual e industrial (art. 5º, incs. XXII-XXIX); o direito à herança (art. XXX-XXXI); a tarefa do Estado no sentido de proteger o consumidor (art. 5º, inc. XXXII); disposições sobre aquisição da propriedade por usucapião especial urbano e rural (arts. 183 e 191); proteção da família, do casamento, das uniões estáveis, assim como a vedação da discriminação entre os cônjuges e dos filhos (arts. 226 e 227), entre tantos outros que poderiam ser colacionados.

Antes mesmo de adentrarmos o exame da possível eficácia dos direitos fundamentais (dos acima colacionados e de outros) no âmbito do direito privado, importa registrar que a problemática ora versada segue constituindo um tema teórico e prático atual e relevante, ainda que as Constituições nacionais estejam gradativamente perdendo em centralidade, bastando aqui breve referência ao fenômeno da internacionalização do direito, que, na Europa, assume feições particularmente relevantes. Soma-se, a isso, a crescente perda da capacidade de regulação e de tutela, mas também da capacidade prestacional do Estado e do direito estatal (também do direito constitucional!) no contexto da sociedade contemporânea ou pós-moderna, como preferem alguns.[21] Todavia, justamente os conhecidos déficits de proteção e regulação verificados numa ambiência marcada pelo incremento dos poderes sociais e econômicos por parte de atores não estatais acabam, mesmo que de modo diferenciado, influenciando o debate sobre a vinculação dos particulares aos direitos fundamentais, o que também alcança os direitos sociais, notadamente no que diz respeito à privatização das funções e tarefas estatais, como ocorre, por exemplo, nos setores de fornecimento de energia, água, serviços de saneamento básico, telecomunicações, entre tantos outros.

Em função das crescentes ameaças aos direitos fundamentais – se não geradas pelo menos acirradas no contexto ora sumariamente delineado – houve mesmo quem chegasse a apontar para a necessidade de uma espécie de "privatização dos direitos fundamentais", no sentido precisamente do reconhecimento da eficácia desses direitos na esfera das relações privadas.[22] Nesta quadra, sublinha-se que o Estado Democrático

---

[21] Sobre a influência da globalização sobre as ordens jurídicas, cf., na literatura brasileira, especialmente: FARIA, José Eduardo. *O direito na economia globalizada*. São Paulo: Malheiros, 1999. Analisando a questão já mais voltada ao impacto na esfera das relações entre a Constituição e o direito privado, vale conferir, entre outros e a despeito de algumas divergências de opinião que aqui não serão desenvolvidas, as contribuições de: TEUBNER, Gunter. Globale Zivilverfassungen: Alternativen zur staatszentrierten Verfassungstheorie. *Zeitschrift für ausländisches öffentliches Recht und Völkerrecht*, Munchen, n. 63, p. 1-28, 2003. Bem como, embora priorizando um enfoque centrado na perspectiva europeia: GERSTENBERG, Oliver. Private law and the new european constitutional settlement. *European Law Journal*, United Kingdom, v. 10, n. 6, p. 766-786, 2004.

[22] Cf. CLAPHAM, Andrew. *Human rights in the private sphere*. London: Oxford, 1993. p. 9.

de Direito, que por definição é "amigo" dos direitos fundamentais,[23] continua comprometido com a proteção efetiva dos direitos fundamentais também nos casos de violações e ameaças de violações oriundas de atores privados, não sendo à toa que a teoria dos deveres de proteção estatais e os seus diversos desdobramentos tenham alcançado tanta importância também para o debate a respeito do tema versado neste ensaio.

Como ponto de partida para a discussão, será possível assumir como correta a premissa de que os direitos fundamentais são constantemente (e no caso de países periféricos como o Brasil, marcados por grandes contrastes econômicos, sociais e mesmo culturais, ainda com maior intensidade) violados e ameaçados na esfera das relações privadas. Assim, relativamente ao "se" de uma eficácia dos direitos fundamentais na esfera das relações entre particulares não se verificam objeções significativas, notadamente quando se compreende que esta eficácia não se restringe à problemática da vinculação dos particulares, abrangendo a influência da Constituição sobre os atos normativos infraconstitucionais de direito privado e sua aplicação judicial.[24]

De outra parte, anunciamos desde logo que a concepção ora assumida como correta – para espancar qualquer dúvida a respeito – alcança igualmente os direitos sociais, também (mas não só!) pelo fato de não poderem ser reduzidos à noção de direitos a prestações estatais. Além disso, há de ser considerado que na sua dimensão prestacional os direitos sociais (e outros direitos a prestações, tomando-se o conceito em seu sentido mais amplo) possuem, em regra, um vínculo mais ou menos intenso com a dignidade da pessoa humana, especialmente onde se cuida da garantia de um mínimo existencial para uma vida digna, que, de resto, encontra reconhecimento mesmo no âmbito de determinadas concepções liberais de justiça social. Sem que se esteja aqui a considerar as necessárias diferenciações, a eficácia dos direitos fundamentais no direito privado (incluindo as relações entre particulares) pelo menos em princípio não é de ser refutada, ainda mais levando em conta o grande comprometimento da ordem constitucional brasileira com os direitos sociais e com a justiça social, que, importa destacar, constitui princípio informador da ordem constitucional econômica.

Em caráter complementar convém referir que no caso de direitos fundamentais cujo destinatário direto e principal é o Estado (como no caso da nacionalidade, dos direitos políticos e das garantias contra extradição, entre outros) uma eficácia na esfera das relações entre particulares resulta, em princípio, afastada, o que não significa que também nestes casos não se possa falar em uma eficácia mediata (indireta), aspecto que, todavia, não será desenvolvido neste ensaio.

Soma-se ao exposto que o próprio modo e a intensidade – em outras palavras, o "como" – e não apenas o "se" de uma eficácia dos direitos fundamentais no direito privado encontra-se também na dependência da concepção vigente da ordem constitucional concreta e do respectivo conteúdo e significado dos direitos fundamentais.[25] No caso do Brasil, a despeito das constantes e significativas reformas

---

[23] Neste sentido, entre outros, cf.: ANDRADE, José Carlos Vieira de. *Os direitos fundamentais na Constituição portuguesa de 1976*. 3. ed. Coimbra: Almedina, 2004.

[24] Em Canaris, as principais constelações foram exemplarmente apresentadas: a) normas de direito privado; b) aplicação e desenvolvimento jurisdicional; c) comportamentos de sujeitos privados (CANARIS, Claus Wilhelm. *Grundrechte und Privatrecht*. Berlin: Walter de Gruyter, 1999. p. 11).

[25] No Brasil, na esteira do que na Alemanha já havia corretamente apontado Klaus Stern, tal entendimento foi recentemente recepcionado por: SILVA, Virgílio Afonso da. *A constitucionalização do direito*. São Paulo: Malheiros, 2005. p. 107.

constitucionais levadas a efeito, que atenuaram em muito o caráter prevalentemente estatizante, interventivo e nacionalista do texto originalmente aprovado pelo Constituinte, a CF segue correspondendo mais a um modelo constitucional dirigente do que a uma Constituição do tipo "quadro" ou "moldura", o que indubitavelmente implica limites mais acentuados à liberdade de conformação do legislador e da Administração Pública, bem como reforça a possibilidade de controle jurisdicional (o que também decorre das competências e instrumentos colocados à disposição do Poder Judiciário) dos atos legislativos e administrativos.[26] Nessa perspectiva, resulta no mínimo questionável a adoção, designadamente para efeitos das possibilidades e limites da constitucionalização do direito no Brasil (especialmente no que concerne às relações entre particulares), do modelo de uma Constituição do tipo quadro (ou moldura), mesmo que não privilegiando uma concepção eminentemente liberal.[27] De qualquer sorte, não é nosso propósito – considerando o objetivo e limites do trabalho – explorar todo o potencial desta discussão, mas apenas apontar para alguns dos seus pontos problemáticos.

3 A defesa de uma eficácia direta *prima facie* dos direitos fundamentais na esfera das relações privadas: alguns pressupostos

Já na seara terminológica registra-se uma confusão não propriamente irrelevante. Assim, com o escopo de esclarecer o sentido adotado, observa-se que sob o rótulo genérico de uma eficácia "privada" ou de uma eficácia dos direitos fundamentais nas relações privadas, compreendemos, em primeira linha, a possibilidade de extração de efeitos jurídicos das normas de direitos fundamentais, de tal sorte que a eficácia jurídica sempre pressupõe um efeito vinculativo. Evidentemente que com isso estamos a assumir que quando se fala genericamente em uma eficácia privada esta não está sendo limitada à problemática da eficácia dos direitos fundamentais nas relações entre atores privados, mas alcança também a influência da normativa constitucional sobre os atos dos agentes estatais.

Com efeito, é por isso que se deve renunciar ao uso de expressões relativamente habituais (embora imprecisas) como "eficácia horizontal" ou a conhecida *Drittwirkung* (eficácia externa ou em relação a terceiros), o que cada vez mais tem sido objeto de reconhecimento no direito constitucional comparado, inclusive na própria Alemanha. Ainda neste contexto, acompanhamos, em princípio, a distinção traçada por Canaris relativamente às noções de validade e eficácia dos direitos fundamentais nas relações entre particulares,[28] sem que se possa também quanto a este ponto desenvolver a discussão.

---

[26] Bem explorando a questão e demonstrando o caráter substancialmente dirigente da Constituição de 1988, cf., especialmente: BERCOVICI, Gilberto. A problemática da constituição dirigente: algumas considerações sobre o caso brasileiro. *Revista de Informação Legislativa*, Brasília, n. 142, p. 35-51, abr./jun. 1999. E em: STRECK, Lenio Luiz. *Jurisdição constitucional e hermenêutica*: uma nova crítica do direito. Porto Alegre: Forense Jurídica, 2002. Promovendo um debate com o nosso homenageado José Joaquim Gomes Canotilho, confira-se a coletânea: COUTINHO, Jacinto Nelson Miranda. *Canotilho e a Constituição Dirigente*. Rio de Janeiro: Renovar, 2002.

[27] Também por esta razão – embora se possa endossar a posição do autor no que diz com a consideração da relevância do modelo constitucional em si – há que manifestar certa reserva em relação à tese advogada por: SILVA, Virgílio Afonso da. *A constitucionalização do direito*. São Paulo: Malheiros, 2005.

[28] Cf. CANARIS, Claus Wilhelm. *Grundrechte und Privatrecht*. Berlin: Walter de Gruyter, 1999. p. 35.

Também a íntima relação entre a dimensão processual e material da problemática e o reconhecimento da relevância da perspectiva processual do tema para o modo pelo qual se manifesta na prática a constitucionalização do direito privado e a incidência dos direitos fundamentais nas relações privadas será assumida aqui como um pressuposto da análise ora empreendida. A despeito da evidente interdependência, cuida-se de aspectos passíveis de tratamento (em função de um corte metodológico) distinto, de tal sorte que na presente abordagem será privilegiada a perspectiva material, pois em pauta está essencialmente a discussão em torno do "se" e do "como" de uma eficácia privada dos direitos fundamentais e não propriamente os aspectos procedimentais que lhe são afetos, designadamente no que diz respeito à implementação jurisdicional. Por outro lado, o fato de que a estrutura, as competências e os instrumentos da assim designada justiça constitucional exercem uma forte influência também neste contexto (da eficácia privada dos direitos fundamentais) não deveria ser negligenciado e conduz a diferenças muitas vezes relevantes para a discussão também sobre a dimensão substancial do problema entre as diversas ordens jurídicas.[29]

De outra parte, verifica-se a existência de uma confluência entre o que se tem convencionado designar de uma eficácia horizontal (mais precisamente, da eficácia na esfera das relações entre atores privados) e vertical (em relação aos agentes estatais) dos direitos fundamentais. Por um lado, as relações entre particulares são cada vez mais marcadas pelo exercício de poder econômico e social, portanto, não afastam situações de evidente desequilíbrio de poder entre os atores sociais e uma verticalidade similar e por vezes até mesmo mais evidente do que a encontrada nas relações entre os particulares e o Estado. De outra parte, a aplicação efetiva dos direitos fundamentais acaba sendo habitualmente implementada por meio de um agente estatal e, portanto, guarda conexão com uma ação estatal, o que ocorre mesmo no âmbito da assim designada eficácia direta dos direitos fundamentais nas relações entre particulares, em que cabe ao Poder Judiciário a solução da controvérsia.

Assim, embora se possa questionar parte de suas premissas e conclusões, resulta evidente que a concepção dogmática elaborada pelo autor referido com base na teoria dos deveres de proteção do Estado guarda relação direta com as observações precedentes. Com efeito, estando vinculado (diretamente) pelos deveres de proteção, o juiz, aplicando os direitos fundamentais e cumprindo, portanto, com seu dever de tutela – no sentido de proteger os particulares uns contra os outros – estará assegurando a sua incidência na esfera das relações privadas, razão pela qual – segundo Canaris e, de resto (embora por razões nem sempre idênticas) para os demais partidários de uma eficácia (em regra!) apenas mediata – os particulares encontram-se apenas indiretamente vinculados pelos direitos fundamentais.

Mesmo que se possa concordar com a tese de que são os órgãos estatais os destinatários diretos dos deveres de proteção estatais (o que não afasta a existência de deveres fundamentais por parte dos atores privados, inclusive de cunho protetivo), isto, no nosso sentir, não conduz inexoravelmente à correção da tese acima exposta, designadamente

---

[29] Sobre este aspecto, cf., especialmente, no âmbito de uma perspectiva juscomparativa: TUSHNET, Mark. The relationship between judicial review of legislation and the interpretation of non-constitutional law, with reference to Third Party Effect. In: SAJÓ, András; UITZ, Renata (Ed.). *The Constitution in private relations*: expanding constitutionalism. Utrecht: Eleven International Pub, 2005. p. 167-182.

naquilo em que se refuta uma eficácia direta dos direitos fundamentais nas relações entre atores privados, o que, por sua vez, ainda será objeto de maior desenvolvimento.

Nesta altura, registra-se que a concepção aqui adotada, no sentido de uma de certo modo simultânea e interdependente eficácia dos direitos fundamentais em relação aos agentes estatais e comportamentos dos sujeitos privados, não elide as diferenças existentes entre ambas as esferas de influência nem afasta em princípio a distinção entre uma eficácia direta e indireta dos direitos fundamentais no âmbito das relações privadas. O que se pretende, em primeiro plano, é reconhecer a necessária abertura em relação a uma compreensão da problemática da eficácia dos direitos fundamentais na seara do direito privado como constituindo um processo complexo, dialético e dinâmico, o que assume particular relevância justamente no que diz com o modo pelo qual se verifica concretamente esta eficácia.

Exatamente em função da complementariedade e influência recíproca entre a eficácia dos direitos fundamentais em relação a atos emanados de agentes estatais e atos de atores privados (em outras palavras, aquilo que habitualmente tem sido designado de uma eficácia vertical e horizontal), é possível partir da premissa de que uma estrita distinção entre ambas as manifestações da eficácia dos direitos fundamentais (tendo como critério o destinatário) não parece ser a melhor solução. Nunca é demais lembrar que na maior parte dos casos o legislador já editou alguma norma aplicável ao caso concreto, de tal sorte que a regulamentação legal ou se encontra (presentes os pressupostos) sujeita a uma interpretação conforme a Constituição ou eventualmente haverá de ser declarada inconstitucional, não sendo, neste caso, sequer aplicada. Talvez isso explique o porquê de – pelo menos até pouco tempo atrás – a maior parte dos autores nacionais comprometidos com a constitucionalização do direito privado não terem considerado os aspectos específicos vinculados à distinção (mas não ausência de contato) entre a vinculação dos órgãos estatais e dos particulares aos direitos fundamentais.

Por outro lado, é preciso insistir que o reconhecimento da conexão entre a vinculação do Estado (de modo especial no que diz com a concretização dos imperativos de tutela constitucionais), por um lado, e dos particulares, por outro, aos direitos fundamentais (inclusive no que diz com a circunstância de que, em geral, existe uma regulação legal a ser aplicada) não afasta a possibilidade de uma defesa da tese de que, em princípio, as normas de direitos fundamentais possuem uma eficácia direta também na esfera das relações entre particulares, o que justamente será objeto de análise no próximo segmento.

4 Argumentos contrários a uma eficácia apenas indireta e em prol de uma eficácia direta *prima facie*

A CF expressamente dispôs (art. 5º, §1º) que as normas definidoras de direitos a garantias fundamentais têm aplicação imediata. Isso tem sido considerado, pela doutrina majoritária, como uma inequívoca decisão em favor de uma eficácia direta das normas de direitos fundamentais, no sentido de que todos os órgãos estatais estão obrigados a assegurar a maior efetividade e proteção possível aos direitos fundamentais.[30]

---

[30] Cf. SARLET, Ingo Wolfgang. *A eficácia dos direitos fundamentais*. 12. ed. Porto Alegre: Livraria do Advogado, 2015. p. 269.

Tal obrigação, por sua vez, abrange a garantia da eficácia e efetividade dos direitos fundamentais em todos os setores da ordem jurídica e da vida social de um modo geral.

Nesse contexto, relembra-se a conhecida lição de Jean Rivero, ao sustentar já há algumas décadas que mediante o reconhecimento de uma eficácia dos direitos fundamentais também na esfera das relações entre particulares estar-se-á evitando a instauração de uma espécie de dupla ética social.[31] Embora a formulação adotada pela Constituição brasileira não seja idêntica ao texto da Constituição portuguesa de 1976, que, no seu art. 18, além de afirmar a aplicabilidade direta das normas de direitos fundamentais, expressamente inclui as entidades privadas no rol dos destinatários dos direitos, liberdades e garantias, a doutrina dominante no Brasil, assim como o próprio STF, tem aceito a eficácia na modalidade direta. Todavia, isso não afasta a possibilidade de contestação dessa tese, sendo possível lançar mão das conhecidas objeções em relação a uma eficácia e vinculação direta dos direitos fundamentais nas relações privadas.

Nesse contexto, voltamos a recorrer à construção dogmática elaborada por Claus-Wilhelm Canaris e fundada substancialmente na teoria dos deveres de proteção estatais, que, sem renunciar a uma eficácia dos direitos fundamentais nas relações entre particulares, sustenta a existência (salvo previsão constitucional direta e nas hipóteses de discriminações ofensivas à dignidade humana)[32] de uma eficácia em geral indireta.[33] Ainda que não seja possível aprofundar aqui os nossos argumentos, parece perfeitamente legítimo sustentar que uma vinculação direta dos órgãos estatais no âmbito dos deveres de proteção decorrentes dos direitos fundamentais não exclui a possibilidade – como já ventilado – de os particulares também estarem vinculados por determinados deveres de proteção, ainda que evidentemente não estatais, e que na esfera das relações entre particulares não exista pelo menos um dever de respeito e tolerância em relação aos direitos fundamentais dos demais sujeitos de direitos,[34] sem prejuízo dos deveres fundamentais do cidadão que não serão objeto de nossa atenção.

Além disso, pelo que se pode observar, nem mesmo em Portugal existe um consenso a respeito da tese de uma eficácia imediata, já que, a teor de expressiva doutrina, a constatação de que os direitos fundamentais vinculam as entidades privadas não responde necessariamente à pergunta de se esta eficácia irá ocorrer de modo direto ou indireto.[35] Já a fórmula textual adotada na Lei Fundamental da Alemanha (art. 1º, III) acaba por sugerir (ainda mais a partir de uma exegese literal) uma eficácia em princípio indireta dos direitos fundamentais no que diz com as relações entre particulares, já que expressamente estabelece uma vinculação dos órgãos estatais e a não referência aos particulares no texto do dispositivo ora mencionado tem sido considerada como

---

[31] Cf. RIVERO, Jean. La protection des droit's de l'homme dans lês rapports entre personnes privées. In: CASSIN, René. *Amicorum Discipolorumque Líber*. Paris: Editions A. Pedone, 1971. v. 3.

[32] Cf. CANARIS, Claus Wilhelm. Considerações a respeito da posição de proibições de discriminação no sistema do direito privado. *Direitos Fundamentais & Justiça*, Porto Alegre, ano 7, n. 22, jan./mar. 2013. Note-se que a admissão de hipóteses de uma eficácia direta tendo como parâmetro a dignidade humana na esfera das proibições de discriminação corresponde a uma relativamente recente correção da posição anterior mais restritiva adotada pelo autor, divulgada pela primeira vez por ocasião de conferência proferida em setembro de 2012 na Pontifícia Universidade Católica do Rio Grande do Sul, Porto Alegre.

[33] Cf. CANARIS, Claus Wilhelm. *Grundrechte und Privatrecht*. Berlin: Walter de Gruyter, 1999. p. 51.

[34] Neste sentido, cf MIRANDA, Jorge; MEDEIROS, Rui. *Constituição portuguesa anotada*. Coimbra: Coimbra Editora, 2005. v. 1.

[35] Cf. ANDRADE, José Carlos Vieira de. *Os direitos fundamentais na Constituição portuguesa de 1976*. 3. ed. Coimbra: Almedina, 2004.

excludente da possibilidade de uma vinculação direta dos agentes privados. Importante é, considerando apenas os exemplos citados, que as peculiaridades de cada ordem constitucional concreta e os seus respectivos limites textuais sejam suficientemente considerados para efeitos também do debate ora travado, que não pode dispensar um olhar sobre o direito comparado.

Em que pese a existência de outros argumentos, importa fique consignado que a tese da eficácia direta dos direitos fundamentais nas relações entre particulares – embora alguma resistência –[36] tem sido acolhida, em termos gerais e consideradas variações de maior ou menor monta, tanto em sede doutrinária quanto em sede jurisprudencial. Também o STF, na esteira de algumas decisões anteriores,[37] acabou por adotar, pelo menos de acordo com a tendência ora registrada, a tese de uma eficácia direta dos direitos fundamentais nas relações entre particulares. Nesse caso, que de fato assume a condição de *leading case* para a matéria, a decisão versou sobre a aplicação da garantia constitucional do devido processo legal (especialmente da ampla defesa e do contraditório) na hipótese do afastamento de um sócio de uma sociedade civil, portanto, de uma entidade privada.[38]

A tese de que os direitos fundamentais geram efeitos diretos na esfera das relações entre particulares também encontra, como é do conhecimento geral, aceitação significativa em outras ordens jurídicas, ainda que importantes as variações em termos doutrinários e jurisprudenciais. Nesse sentido, constituem exemplos emblemáticos a Espanha e Portugal (muito embora neste caso a expressiva cisão na doutrina e o sabidamente pequeno número de decisões do Tribunal Constitucional sobre o tema), mas também a Argentina e a Colômbia, para citarmos outros casos de países periféricos, isso sem falar na doutrina e jurisprudência internacional, com destaque para o plano europeu. Que o reconhecimento da eficácia direta das normas de direitos fundamentais nas relações entre particulares exige uma pauta de soluções diferenciada, também tem sido de modo geral aceito pelos seus partidários. A diversidade de efeitos jurídicos já resulta da circunstância de que os direitos fundamentais formam um conjunto complexo e heterogêneo de posições jurídicas, seja no que diz com seu objeto e âmbito de proteção, seja no que concerne à sua estrutura normativa.[39]

---

[36] No Brasil, como exemplo de representantes relativamente isolados da tese divergente, no sentido de que a eficácia dos direitos fundamentais nas relações entre particulares é indireta, podem ser citados: DIMOULIS, Dimitri; MARTINS, Leonardo. *Teoria geral dos direitos fundamentais*. São Paulo: RT, 2007. p. 104. No direito lusitano, a defesa mais forte (em termos de ênfase) e mais consistente da refutação de uma eficácia direta foi promovida por: NOVAIS, Jorge Reis. *Direitos fundamentais*: trunfos contra a maioria. Coimbra: Coimbra Editora, 2006.

[37] Assim, por exemplo, as decisões no Recurso Extraordinário Nº 158.215-4/RS, relator Ministro Marco Aurélio, e no Recurso Extraordinário nº 161.243-6/DF, relator Ministro Carlos Mario Velloso, ambas do ano de 1996, nas quais se discutiu, respectivamente, a aplicação da garantia da ampla defesa e do contraditório em caso de exclusão de sócio de cooperativa, e a aplicação do princípio da igualdade às relações trabalhistas no caso de empresa estrangeira que discriminava empregados brasileiros de estrangeiros. Embora no bojo de ambas as decisões não se tenham discutido com mais vagar os aspectos dogmáticos envolvidos (nem mesmo a distinção entre uma eficácia direta e indireta) e a despeito das diversas críticas que já foram endereçadas ao Tribunal, acabou sendo privilegiada a tese da eficácia direta.

[38] Cf. Recurso Extraordinário nº 201.818/RJ, relator para o acórdão Ministro Gilmar Mendes, que, no seu alentado voto, sustentou a tese da eficácia direta dos direitos fundamentais nas relações privadas.

[39] CANARIS, Claus Wilhelm. *Direitos fundamentais e direito privado*. Tradução de Ingo W. Sarlet e Paulo M. Pinto Coimbra: Almedina, 2003.

Nesse contexto, retomando a evolução brasileira, marcante a influência do pensamento do nosso homenageado, José Joaquim Gomes Canotilho, no sentido de que a garantia de uma eficácia social dos direitos fundamentais, como fenômeno complexo, exige a consideração coordenada de uma multiplicidade de aspectos fáticos e técnico-jurídicos, de tal sorte que somente uma metódica suficientemente diferenciada se revela apta a dar conta das diversas facetas do problema.[40] Diante deste pano de fundo e partindo do pressuposto da existência tanto de uma convivência dialógica entre a vinculação dos órgãos estatais e dos particulares, quanto entre uma eficácia direta e indireta, seguimos sustentando que a resposta constitucionalmente adequada no caso do Brasil é no sentido de reconhecer uma eficácia direta *prima facie* dos direitos fundamentais também na esfera das relações privadas.

A circunstância de que em primeira linha há de ser considerada a opção do legislador, que (assim como o juiz que controla a legitimidade constitucional desta opção), ao regular os casos concretos, presumidamente o faz em princípio levando a sério o seu dever de proteção dos direitos fundamentais e sua incidência nas relações privadas, não exclui, como advoga importante doutrina, a possibilidade de efeitos diretos e, portanto, também de uma vinculação direta dos sujeitos privados. A correta invocação dos deveres de proteção estatais neste contexto igualmente não conduz necessariamente – como já adiantado – a uma exclusão da eficácia direta, pois não afasta a possibilidade de se argumentar de modo diverso. Com efeito, é possível argumentar que justamente pelo fato de os direitos fundamentais estarem sujeitos a violações oriundas de direitos uns dos outros (no mínimo é possível partir de um dever – juridicamente vinculativo – de respeito e não violação por parte dos sujeitos privados) é que o Estado, por estar vedado ao particular cuidar ele próprio da tutela dos seus direitos (salvo em casos excepcionais), possui um dever de proteção.

A tese alternativa, de acordo com a qual apenas o conteúdo em dignidade humana dos direitos fundamentais ou mesmo o seu núcleo essencial (já que o conteúdo em dignidade nem sempre corresponde, em toda sua extensão, ao núcleo essencial dos direitos) vinculam diretamente também os particulares,[41] embora atrativa e recentemente parcialmente assumida – consoante já adiantado – pelo próprio Claus-Wilhem Canaris no campo das proibições de discriminação, embora em princípio compatível com o direito constitucional da Alemanha (notadamente em função do disposto no já referido art. 1º, III, da Lei Fundamental), não se revela a melhor para o caso do Brasil, ao menos não como critério exclusivo.

Uma primeira objeção já poderia ser esgrimida em se considerando que uma eficácia direta pode decorrer expressamente do texto constitucional e abranger hipóteses em que não esteja em causa a garantia da dignidade da pessoa humana. De qualquer sorte, diversamente do que dispõe a Lei Fundamental da Alemanha, a CF, como já destacado, afirma expressamente a aplicabilidade imediata das normas de direitos fundamentais, o que, somado às demais razões já ventiladas, não recomenda a adoção da tese mais restritiva de que apenas o núcleo essencial e/ou o conteúdo em dignidade humana vinculam diretamente os particulares.

---

[40] Cf. CANOTILHO, José Joaquim Gomes. *Direito constitucional e teoria da Constituição*. Coimbra: Almedina, 1993. p. 1293.
[41] Assim, paradigmaticamente – para a Alemanha: NEUNER, Jörg. *Grundrechte und Privatrecht aus rechtsvergleichender Sicht*. Tübingen: Mohr Siebeck, 2007.

Além disso, outra crítica que poderia ser endereçada a tal concepção é a de que a noção de dignidade humana é fluida e permite interpretação mais ou menos restritiva, ainda que possa (e deva) ser um importante critério para a ponderação no caso concreto. Um exemplo de no mínimo polêmica exegese restritiva calha citar a mais recente posição de Claus-Wilhelm Canaris, para quem as desigualdades de gênero não se situariam na esfera daquelas hipóteses nas quais ele próprio passou a aceitar uma eficácia direta a partir e com base no critério da dignidade humana.

A concepção adotada, no sentido de uma eficácia direta *prima facie* dos direitos fundamentais na esfera das relações entre particulares, significa, em termos gerais, que, em princípio, podem e devem ser extraídos efeitos jurídicos diretamente das normas de direitos fundamentais também em relação aos atores privados, não resultando obstaculizada pela falta ou insuficiência de regulação legal. Que somente as circunstâncias de cada caso concreto, as peculiaridades de cada direito fundamental e do seu âmbito de proteção, as disposições legais vigentes e a observância dos métodos de interpretação e solução de conflitos entre direitos fundamentais (como é o caso da proporcionalidade e da concordância prática) podem assegurar uma solução constitucionalmente adequada, resulta evidente e não está em contradição com a concepção aqui sustentada e, ainda que com alguma variação, majoritariamente defendida e praticada no Brasil. Por outro lado, ao se afirmar uma eficácia direta *prima facie* não se está a sustentar uma eficácia necessariamente forte ou mesmo absoluta, mas uma eficácia e vinculação flexível e gradual.[42] Nesse contexto a ressalvados outros argumentos que poderiam ser colacionados, convém aduzir que o próprio dever de conferir a máxima eficácia e efetividade às normas de direitos fundamentais há de ser compreendido, s.m.j., no sentido de um mandado de otimização, vez que a eficácia e efetividade dos direitos fundamentais de um modo geral (e não apenas na esfera das relações entre particulares) não se encontram sujeitas, em princípio, a uma lógica do tipo "tudo ou nada".[43]

Se observarmos a evolução no âmbito da doutrina brasileira e se aceitarmos (pelo menos *ad argumentandum*) a tese de uma tendencial equivalência entre as teses da eficácia direta e indireta dos direitos fundamentais nas relações privadas, verifica-se que o que efetivamente importa em primeira linha é que se obtenha uma solução sistemicamente adequada e que guarde compatibilidade com os princípios e regras da Constituição, portanto, seja com o núcleo essencial da autonomia privada e da liberdade contratual, seja com os demais direitos fundamentais, correspondendo, de resto, tanto às exigências da proibição de excesso quanto às da vedação da proteção insuficiente.

---

[42] Cf. STEINMETZ, Wilson Antonio. Direitos fundamentais e relações entre particulares: anotações sobre a teoria dos imperativos de tutela. *Revista Brasileira de Direito Constitucional*, São Paulo, n. 5, 2005. Aproximando-se do modelo de três níveis preconizado por Alexy e sustentando uma eficácia gradual, com base na distinção entre princípios e regras, temos: SILVA, Virgílio Afonso da. *A constitucionalização do direito*. São Paulo: Malheiros, 2005. Vale aduzir que em Portugal a concepção por nós advogada desde 2000 foi recentemente adotada por: SILVA, Benedita Ferreira; CRORIE, Mac. *A vinculação dos particulares aos direitos fundamentais*. Coimbra: Almedina, 2005. p. 86.

[43] Cf. SARLET, Ingo Wolfgang. *A eficácia dos direitos fundamentais*. 12. ed. Porto Alegre: Livraria do Advogado, 2015. p. 278. No que diz com a problemática ora versada, o nosso igualmente já referido ensaio: SARLET, Ingo Wolfgang. Direitos fundamentais sociais, mínimo existencial e direito privado. *Revista de Direito do Consumidor*, São Paulo, n. 61, 2007.

5 Concretização: a identificação e desenvolvimento de algumas pautas de solução e a apresentação de alguns exemplos

Assumindo a premissa de que, em regra, também a eficácia dos direitos fundamentais no direito privado de um modo geral – já que o controle da correção das opções legislativas envolve também uma fiscalização de ponderações levadas a efeito pelo legislador ao regular as relações privadas –, mas especialmente no que diz com a incidência da normativa constitucional na esfera das relações entre particulares, gravita em torno de problemas ligados à colisão de direitos fundamentais, implicando juízos de ponderação e "concordância prática", também a doutrina brasileira – fortemente influenciada pela evolução no plano do direito comparado – vem tentando identificar e desenvolver alguns critérios para viabilizar a implementação da tese da eficácia direta, no âmbito da já apontada metódica diferenciada que deve pautar a busca da solução constitucionalmente adequada.

Além da já de há muito praticada aplicação das exigências da proporcionalidade (pelo menos concebida como impeditiva de excessos, já que a proibição de insuficiência, embora já conhecida e discutida no Brasil, ainda não tem sido aplicada pelos Tribunais na seara do direito privado) e da própria razoabilidade, certamente os principais vetores interpretativos têm sido construídos em torno do maior ou menor poder social e econômico (a assimetria das relações entre os atores privados), a salvaguarda da dignidade da pessoa humana e a proteção do núcleo essencial dos direitos fundamentais em causa. Desde logo, especialmente no que concerne à evolução jurisprudencial, tais figuras, embora a relativamente farta produção doutrinária, ainda não foram suficientemente sistematizadas, o que dificulta significativamente a própria compreensão e análise das decisões judiciais, que, em muitos casos, ou não aplicam explicitamente tais critérios ou não justificam satisfatoriamente a sua aplicação, ainda que em muitos casos haja substancial reconhecimento quanto ao acerto do resultado final da decisão.

Com relação ao exercício de poder social, por exemplo, verifica-se a assimilação, por parte da doutrina brasileira, da tese de que a assimetria das relações gerada pela presença de um ator social (privado) poderoso não constitui critério (por si só!) determinante da eficácia direta dos direitos fundamentais. O maior ou menor desequilíbrio objetivamente aferível nas relações entre particulares serve em geral como critério justificador da maior ou menor necessidade de efetivar os deveres de proteção do Estado, viabilizando eventual restrição (sempre proporcional!) da autonomia privada do ator social "poderoso" em benefício da parte mais frágil da relação, com o escopo de assegurar a manutenção (não meramente formal) do equilíbrio entre as partes, quando efetivamente rompido ou ameaçado.[44]

Cumpre anotar que embora a autonomia privada e a liberdade contratual não estejam explicitamente previstas no texto constitucional brasileiro, cuida-se de direitos fundamentais implicitamente consagradas e que, a despeito de sua possível e necessária relativização, representam limites importantes para as intervenções na esfera das

---

[44] Neste sentido, na esteira de autores como Klaus Stern, Claus-Wilhelm Canaris e tantos outros, o nosso ensaio: SARLET, Ingo Wolfgang. Direitos fundamentais e direitos privados: algumas considerações em torno da vinculação dos particulares aos direitos fundamentais. *Boletim Científico*, Brasília, 2000. Mais recentemente: SARMENTO, Daniel. *Direitos fundamentais e relações privadas*. Rio de Janeiro: Lumen Juris, 2003.

relações entre particulares, sem que tal circunstância seja tida como um obstáculo à eficácia direta dos direitos fundamentais nesta seara.[45]

Nessa perspectiva, calha referir a paradigmática decisão proferida pelo STF ao reconhecer a aplicação, na esfera das relações privadas, do princípio-garantia da ampla defesa (e do correlato contraditório).[46] Na hipótese em exame, recuperando a orientação já traçada em julgados anteriores, mas desenvolvendo de modo significativo a argumentação em prol de uma eficácia direta dos direitos fundamentais nas relações privadas, a exclusão de associado da União Brasileira de Compositores sem a observância das exigências essenciais da ampla defesa e do contraditório foi tida como constitucionalmente ilegítima, ainda mais – como enfatizado na argumentação deduzida na decisão, em especial no alentado voto do ministro relator, Gilmar Mendes – quando se trata de associações privadas que exercem função preponderante em determinado âmbito econômico e/ou social, mantendo seus associados em relações de dependência econômica e/ou social, de tal sorte que tais associações integram o espaço público não estatal.

Como prestigiada diretriz material para a solução dos casos concretos envolvendo também as relações entre particulares e a alegação da violação de direitos fundamentais, a doutrina e a jurisprudência majoritárias costumam invocar a fórmula *in dubio pro dignitate*, sem, todavia, reduzir uma eficácia direta ao conteúdo em dignidade dos direitos fundamentais ou mesmo à própria dignidade da pessoa humana autonomamente considerada, como, de resto, já frisado.[47] Isso não significa que não se possa (e deva) controverter o uso muitas vezes quase que meramente retórico e até mesmo panfletário da dignidade da pessoa humana (aspecto que diz respeito aos princípios de um modo geral), o que, contudo, extrapola os limites do presente estudo.[48]

No que diz com a jurisprudência, assume posição de destaque, na condição de autêntico *leading case*, a decisão do STF, que, reformando decisão judicial de instância

---

[45] Confira-se, entre outros e apenas considerando a literatura brasileira, as contribuições (todas admitindo uma eficácia direta – embora não linear e absoluta – dos direitos fundamentais nas relações entre particulares) de: SARLET, Ingo Wolfgang. Direitos fundamentais e direitos privados: algumas considerações em torno da vinculação dos particulares aos direitos fundamentais. *Boletim Científico*, Brasília, 2000. p. 154; MENDES, Gilmar Ferreira; COELHO, Inocêncio Mártires; BRANCO, Paulo Gustavo Gonet. *Hermenêutica constitucional e direitos fundamentais*. Brasília: Brasília Jurídica, 2000; SARMENTO, Daniel. *Direitos fundamentais e relações privadas*. Rio de Janeiro: Lumen Juris, 2003. p. 297; SOMBRA, Thiago Luís Santos. *A eficácia dos direitos fundamentais nas relações jurídico-privadas*. Porto Alegre: Safe, 2004. p. 123; VALE, André Rufino do. *Eficácia dos direitos fundamentais nas relações privadas*. Porto Alegre: Safe, 2004. p. 139. Adotando também um modelo diferenciado em termos de níveis de eficácia: STEINMETZ, Wilson Antonio. *Vinculação dos particulares a direitos fundamentais*. São Paulo: Malheiros, 2005. p. 181. SILVA, Virgílio Afonso da. *A constitucionalização do direito*. São Paulo: Malheiros, 2005. p. 133. PEREIRA, Jane Reis Gonçalves. *Interpretação constitucional e direitos fundamentais*. Rio de Janeiro: Renovar, 2006. p. 486; BARROSO, Luís Roberto. *Neoconstitucionalismo e constitucionalização do direito*: o triunfo tardio do direito constitucional no Brasil. In: SOUZA NETO, Cláudio Pereira de; SARMENTO, Daniel (Coords.). A constitucionalização do direito: fundamentos teóricos e aplicações específicas. Rio de Janeiro: Lumen Juris, 2007. p. 203-251; MOREIRA, Eduardo Ribeiro. *Obtenção dos direitos fundamentais nas relações entre particulares*. Rio de Janeiro: Lumen Juris, 2007.

[46] Cf. BRASIL. Supremo Tribunal Federal. *Recurso Extraordinário n. 201.819-RJ*. Segunda Turma, Rel. Min. Ellen Gracie, Brasília, DF, 11.10.2005. Disponível em: <http://redir.stf.jus.br/paginadorpub/paginador.jsp?docTP=AC&docID=388784>. Acesso em: 15 maio 2016.

[47] Assim, por exemplo, destaca: SARMENTO, Daniel. *Direitos fundamentais e relações privadas*. Rio de Janeiro: Lumen Juris, 2003.

[48] Sobre o conceito e conteúdo do princípio da dignidade da pessoa humana remetemos, no que diz com a produção monográfica, entre outros, ao nosso já referido: SARLET, Ingo Wolfgang. *Dignidade da pessoa humana e os direitos fundamentais na Constituição Federal de 1998*. 10. ed. Porto Alegre: Livraria do Advogado, 2010.

inferior, proibiu a condução compulsória e submissão igualmente cogente de requerido em processo de investigação de paternidade promovido por menor a exame de coleta de sangue para fins de determinação da paternidade, argumentando que tal procedimento, além de violar as exigências da proporcionalidade também representaria violação da dignidade pessoal do investigado. Entendeu o Tribunal que para a proteção efetiva dos interesses do menor e de seu direito ao conhecimento da paternidade, bem como a determinação das consequências ligadas a este reconhecimento (pensão alimentícia, uso do nome, direitos hereditários etc.) existiriam meios menos gravosos, como a inversão do ônus da prova e o estabelecimento de uma presunção (relativa) em prol do reconhecimento da paternidade.[49] Sem que se vá aqui adentrar todos os argumentos esgrimidos pelas partes e pelos diversos magistrados que atuaram ao longo do processo, ou mesmo rastrear a ampla discussão gerada na doutrina, cuida-se de exemplo importante pelo seu impacto sobre a jurisprudência posterior.

Também a aplicação do princípio da igualdade às relações privadas já foi objeto de reconhecimento pelo Supremo Tribunal Federal. Com efeito, no Recurso Extraordinário nº 161.243-6/DF, de 1996, relatado pelo Ministro Carlos Mario Velloso, o Tribunal decidiu em favor na necessária equiparação (para efeitos de regime de trabalho) entre funcionários estrangeiros de uma conhecida empresa multinacional (no caso, a Air France) e os funcionários brasileiros, antes sujeitos, de acordo com as normas internas da empresa, a condições diferenciadas, no sentido de menos favoráveis. Embora a correção do resultado, de modo geral, tenha sido acatada pela doutrina, a decisão foi objeto de uma série de críticas no que diz com a sua fundamentação, notadamente no que diz com a ausência de apreciação das indispensáveis diferenciações incidentes quando da aplicação do princípio isonômico.[50]

Como, de resto, já anunciado, também os direitos fundamentais sociais, que ocupam uma posição relevante na arquitetura constitucional brasileira, têm representado um atual e polêmico foco de discussões no contexto da constitucionalização do direito privado. Especialmente no que diz com a função defensiva dos direitos sociais é possível identificar uma série de exemplos, que em várias hipóteses guardam conexão com a dignidade da pessoa humana e a garantia de um mínimo existencial.[51] A maioria dos casos diz com a aplicação do direito à moradia e o conteúdo existencial (assim como a função social de um modo geral) da posse e da propriedade, designadamente no que diz com a proteção do direito à moradia contra intervenções oriundas do legislador e de sujeitos privados. Embora nas hipóteses a seguir referidas se cuide, em primeira linha, mais propriamente de uma eficácia indireta, não deixaremos aqui de apresentar duas decisões proferidas pelo Supremo Tribunal Federal, pela sua atualidade e repercussão, mas acima de tudo pelos diversos aspectos que suscita.

Na primeira decisão (monocrática) o prolator acompanhou a tendência majoritária verificada nas demais instâncias judiciárias (inclusive no âmbito já de parte dos integrantes do Superior Tribunal de Justiça) no sentido de reconhecer a inconstitucionalidade da exceção legal à regra geral da impenhorabilidade do assim designado bem

---

[49] BRASIL. Supremo Tribunal Federal. *Habeas Corpus n. 71.373-4-RS*. Plenário, Rel. Min. Marco Aurélio, Brasília, DF, 10.11.1994. Disponível em: <http://stf.jusbrasil.com.br/jurisprudencia/14704990/habeas-corpus-hc-71373-rs>. Acesso em: 15 maio 2016.
[50] SILVA, Virgílio Afonso da. *A constitucionalização do direito*. São Paulo: Malheiros, 2005.
[51] Sobre o tema, cf. SARLET, Ingo Wolfgang. Direitos fundamentais sociais, mínimo existencial e direito privado. *Revista de Direito do Consumidor*, São Paulo, n. 61, 2007.

de família, em outras palavras, da propriedade que serve de moradia ao devedor (e sua família) em demanda judicial. Além do fato de que o próprio conceito de bem de família já vinha sendo ampliado (por exemplo, incluindo-se a moradia do devedor solteiro no seu âmbito de proteção),[52] de modo geral já vinha prevalecendo a tese de que a penhora do imóvel residencial do fiador em contrato de locação, ainda que permitida por lei, seria ilegítima especialmente a contar da inserção do direito à moradia no elenco dos direitos sociais da CF (art. 6º).[53]

Sem que se vá aqui discutir os fundamentos desta decisão em particular ou mesmo das demais que já julgavam neste sentido, registra-se que, em fevereiro de 2006, sobreveio nova manifestação (desta vez colegiada) do STF no sentido de ter como constitucionalmente legítima a penhora do imóvel residencial do fiador, visto que a maioria dos julgadores entendeu não constituir a penhora uma violação do direito à moradia. Importa consignar que o Tribunal – cujos principais argumentos vão aqui expostos em apertada síntese – não deixou de reconhecer a fundamentalidade do direito à moradia em si (embora inserido na Constituição por emenda constitucional), mas sim, que a própria possibilidade de penhorar o imóvel do fiador, além de ter sido previamente autorizada pelo próprio, visto que voluntariamente deu seu imóvel em garantia, acaba por assegurar o direito à moradia em sua dimensão não estritamente individual. Com efeito, para a maioria dos julgadores, a impossibilidade da penhora e a ausência de garantias confiáveis dos contratos de locação têm por consequência uma redução da oferta de imóveis para locação e, portanto, resulta em prejuízo do próprio direito à moradia, que, segundo o Tribunal, não pode ser confundido com o direito de propriedade, de tal sorte que a opção legislativa de, nestes casos, estabelecer uma exceção à regra da impenhorabilidade do bem de família constituiria uma forma legítima de assegurar o direito à moradia numa escala mais ampla.[54]

Embora também aqui não se possa aprofundar a discussão, um exame mais detido da decisão (fato apontado nos votos divergentes) revela que o Tribunal não considerou, especialmente por falta de análise do caso concreto e do impacto efetivo da penhora sobre o devedor e sua família (por exemplo, a existência de alternativas efetivas de acesso a uma moradia digna), a dimensão defensiva do direito à moradia como direito individual e, a depender das circunstâncias, sua evidente vinculação com a garantia do mínimo existencial.

Não se pode olvidar que a dignidade concreta do fiador e de sua família pode estar em causa e que no mínimo tal aspecto deveria ser suficientemente aferido, pena de se

---

[52] Neste ponto, embora se deva concordar com a tutela da moradia do devedor solteiro, merece pelo menos uma nota crítica o fato de que o conceito de família foi evidentemente dilatado de modo arbitrário e, de resto, sem necessidade, visto que ao invés de aplicar ao caso um instituto legal (legislação protetiva do bem de família) poderia ter o Superior Tribunal de Justiça aplicado diretamente a Constituição, naquilo em que reconhece o direito à moradia em geral e para todos e não apenas na esfera da tutela legal do bem de família. O recurso às cláusulas gerais da legislação infraconstitucional e aos conceitos legais não pode, no nosso sentir, levar a interpretações conflitantes com o sentido mínimo e razoável do instituto em causa, quando então não somente é possível, como inclusive é cogente – ainda mais no contexto de uma eficácia direta *prima facie* – aplicar diretamente a Constituição.

[53] Cf. BRASIL. Supremo Tribunal Federal. Recurso Extraordinário n. 352.940/SP. Ministro Carlos Velloso Brasília, DF, 25.4.2005. *Diário de Justiça*, 9 maio 2016.

[54] Cf. BRASIL. Supremo Tribunal Federal. *Recurso Extraordinário n. 407.688-SP*. Tribunal Pleno, Rel. Min. Cezar Peluso, Brasília, DF, 8.2.2006. Disponível em: <http://redir.stf.jus.br/paginadorpub/paginador.jsp?docTP=AC&docID=261768>. Acesso em: 15 maio 2016.

correr o risco de um déficit de proteção. Também as diversas questões relacionadas com o problema da renúncia aos direitos fundamentais e os seus limites (notadamente no que diz com a prevalência da autonomia privada), embora referidos com propriedade, não foram suficientemente discutidos, ainda mais quando a livre (?) opção do fiador em dar em garantia o seu imóvel pode resultar em privação da moradia para terceiros, inclusive menores, sem que se esteja a considerar aqui outras variáveis da questão a desafiarem reflexão mais aprofundada.[55]

Com base nos exemplos selecionados, todos relativos a decisões proferidas em sede de controle concreto e incidental de constitucionalidade, já é possível perceber o quanto a discussão em torno da eficácia dos direitos fundamentais (inclusive e possivelmente com ainda maior ênfase na esfera dos direitos sociais) já na sua dimensão defensiva (ou negativa) no direito privado é atual e demanda um desenvolvimento também no que diz com o seu tratamento dogmático. Também aqui a experiência acumulada no direito comparado poderia ser mais aproveitada, notadamente quanto à aplicação metodologicamente adequada do princípio da proporcionalidade (como proibição tanto de excessos quanto de insuficiências) e da própria interpretação conforme a Constituição, esta mais propriamente nas hipóteses em que está em causa o controle das opções legislativas.

De outra parte, verifica-se que uma distinção substancial entre a dimensão negativa dos direitos de liberdade mais tradicionais e a dimensão defensiva dos direitos sociais não se revela como correta, especialmente (mas não exclusivamente!) quando e onde estiver em causa a dignidade da pessoa humana. Acima de tudo é preciso refutar qualquer tentativa de – em virtude de eventuais diferenças entre os direitos sociais e os demais direitos fundamentais – atribuir àqueles uma eficácia e efetividade em regra menor também na esfera das relações privadas.

A questão da eficácia da dimensão positiva (prestacional) dos direitos fundamentais na esfera das relações privadas, especialmente dos direitos a prestações sociais, ainda não foi muito explorada na doutrina brasileira, embora a existência já de alguns estudos sobre o tema. Para um adequado equacionamento do problema é preciso relembrar que os direitos sociais mesmo como direitos a prestações não podem, pelo menos no Brasil, serem reduzidos à noção de direitos a prestações estatais, já que pelo menos os direitos dos trabalhadores (que também envolvem prestações, como é o caso do salário-mínimo, adicionais de insalubridade e periculosidade, entre outros) vinculam expressa e diretamente particulares. Ainda que seja correto afirmar que os particulares não estão obrigados, em princípio e com base nas normas de direitos fundamentais sociais, a edificar escolas e hospitais, fornecer medicamentos ou outras prestações sociais típicas,[56] isto não leva inexoravelmente à conclusão de que os direitos sociais não alcançam eficácia direta alguma na esfera das relações entre particulares.[57] O fato de que, em se tratando de direitos sociais a prestações, seja recomendável uma

---

[55] Cf. PELUSO, Cezar. Supremo Tribunal Federal, o direito à moradia e a discussão em torno na penhora do imóvel do fiador. *Revista da AJURIS*, Porto Alegre, n. 107, p. 123-144, 2007.

[56] De resto (no que divergimos frontalmente) sustenta que os direitos fundamentais sociais não podem vincular diretamente atores privados pelo fato (aqui o autor adota o conceito de direitos a prestações em sentido estrito de Alexy) de se resumirem a direitos a prestações estatais. Cf. STEINMETZ, Wilson Antonio. *Vinculação dos particulares a direitos fundamentais*. São Paulo: Malheiros, 2005. p. 278-79,

[57] Remetemos aqui ao nosso já referido ensaio sobre o tema (ver nota 52 *supra*).

maior cautela e mesmo uma postura mais comedida,[58] ao mesmo tempo em que não constitui óbice absoluto ao reconhecimento de uma eficácia direta, segue harmonizando com a direta aplicabilidade e a necessidade de maximização da eficácia e efetividade de todas as normas de direitos fundamentais afirmadas no art. 5º, §1º, da CF.

A definição concreta do objeto dos direitos a prestações e da sua possível vinculação (direta e/ou indireta) na esfera das relações privadas exige em primeira linha uma ponderação entre a proteção da dignidade da pessoa humana e do mínimo existencial (ou do núcleo essencial, quando não idêntico ao conteúdo em dignidade) dos direitos a prestações, por um lado, e da autonomia privada ou outros bens fundamentais, por outro. Também o princípio da solidariedade (que, notadamente naquilo que implica deveres de solidariedade decorrentes da própria dignidade da pessoa) tem sido utilizado como pauta argumentativa a justificar uma eficácia de direitos a prestações fáticas em relação a particulares.[59] Também aqui – embora se possa aceitar o reforço argumentativo sugerido. Como um importante fundamento adicional, recomenda-se extrema cautela, já que também em homenagem ao bom nome da solidariedade é sempre possível justificar uma limitação excessiva da dimensão individual e subjetiva dos direitos fundamentais.

Já a partir do exposto, verifica-se que uma avaliação mesmo sumária da evolução do tema a partir da prática jurisprudencial no Brasil facilmente leva à identificação de uma série de exemplos no que diz com uma influência dos direitos sociais a prestações no direito privado. Um dos casos dignos de nota refere-se ao reconhecimento por parte dos Tribunais da obrigação de empresas gestoras de planos de saúde privados de arcarem com o pagamento de tratamentos não previstos nas cláusulas do contrato. Outro exemplo é oriundo do Tribunal de Justiça do Rio de Janeiro, e diz com a necessidade de o empregador cobrir despesas de tratamento de um trabalhador suspenso justamente em virtude do seu problema de saúde.[60]

Além dos exemplos relacionados aos direitos à saúde e moradia, em que além da pletora de casos já discutidos também a conexão com o direito à vida e a garantia do mínimo existencial são, em geral, mais evidentes, também podem ser colacionadas diversas hipóteses envolvendo o direito à educação, como dão conta, entre tantos outros, julgados que impedem o cancelamento da matrícula de estudantes inadimplentes, pelo menos durante o curso do semestre ou ano letivo. Outro terreno fértil (igualmente vinculado ao mínimo existencial) encontra-se nos casos nos quais a interrupção do fornecimento de água e energia elétrica por falta de pagamento (e comprovada a necessidade) foi cassada por decisões judiciais, mesmo em se tratando de empresas privadas, embora concessionárias do Poder Público.[61]

Se os casos aqui referidos o foram apenas em caráter ilustrativo e já demonstram a riqueza e complexidade das questões que estão a desafiar maior reflexão, a situação se agudiza cada vez mais quando em causa os desafios resultantes do impacto da tecnologia

---

[58] Nesse sentido, com propriedade, SARMENTO, Daniel. *Direitos fundamentais e relações privadas*. Rio de Janeiro: Lumen Juris, 2003. p. 343.

[59] Sarmento também refere um dever (subsidiário) da sociedade no que diz com a garantia de proteção social dos indivíduos. Cf. SARMENTO, Daniel. *Direitos fundamentais e relações privadas*. Rio de Janeiro: Lumen Juris, 2003. p. 337.

[60] RIO DE JANEIRO (Estado). Tribunal de Justiça do Rio de Janeiro. Apelação nº 9.845. Rel. Des. Raul Celso Lins e Silva, Rio de Janeiro, 30.3.2016. *Diário da Justiça do Rio de Janeiro*, 24 mar. 1999.

[61] Confira-se aqui, dentre tantos: BRASIL. Supremo Tribunal Federal. Agravo de Instrumento n. 478.911-RJ. Rel. Min. Luiz Fux, Brasília, DF, 6.5.2003. *Diário de Justiça*, 19 maio 2003.

sobre os direitos fundamentais, como dão conta, também em caráter exemplificativo, os problemas da proteção da personalidade na internet – basta aqui lembrar do assim chamado direito ao esquecimento –, mas em especial as dificuldades de fazer valer os direitos fundamentais em relação aos grandes e poderosos atores transnacionais, como se verifica no caso do Google e do Facebook, aspectos que, aqui, todavia, não iremos desenvolver dado o enfoque mais "doméstico" da abordagem, mas que indicam que também a dogmática dos direitos fundamentais no que diz com a sua eficácia nas relações privadas precisa avançar, consoante, aliás, já têm apontado autores do porte de um Gunter Teubner, já referido.

Considerações finais

Com base em todos os argumentos colacionados, é possível afirmar que os direitos fundamentais, pelo menos de acordo com o entendimento prevalente na ordem jurídico-constitucional brasileira, geram efeitos diretos *prima facie* no âmbito das relações privadas, o que, além de pressupor uma metódica diferenciada, também implica o reconhecimento de uma relação de complementariedade entre a vinculação dos órgãos estatais e a vinculação dos atores privados aos direitos fundamentais, que também se verifica em relação ao modo pelo qual se opera esta eficácia. Nesse contexto, importa relembrar aqui as sempre atuais lições de Vasco Pereira da Silva, no sentido de que independentemente do modo pelo qual se dá, em concreto, a eficácia dos direitos fundamentais nas relações privadas, entre as normas constitucionais e o direito privado, o que se verifica não é um abismo, mas uma relação pautada por um contínuo fluir,[62] o que apenas reforça a tese da necessidade de uma metódica diferenciada, amplamente adotada no Brasil, em que pesem algumas variações de autor para autor e na seara jurisprudencial.

A despeito disso e mesmo assumindo como constitucionalmente adequada a posição aqui sustentada, é de fato possível constatar que, notadamente (mas não exclusivamente) em virtude da insuficiente consideração das estruturas argumentativas e dos métodos e princípios de interpretação mais adequados ao direito constitucional positivo, especialmente no que diz com o correto manejo dos critérios da proporcionalidade e das diretrizes que presidem a solução das colisões entre direitos fundamentais de um modo geral, seguidamente ocorrem certos abusos também na seara da assim designada constitucionalização do direito privado, com particular ênfase na aplicação dos direitos fundamentais às relações privadas. Não é sem razão, portanto, que mesmo adeptos insuspeitos de uma eficácia dos direitos fundamentais também na esfera das relações privadas têm pugnado por uma postura mais cautelosa, destacando, por exemplo, que um dos efeitos colaterais indesejáveis decorrentes de uma hipertrofia da constitucionalização da ordem jurídica acaba por ser uma por vezes excessiva e problemática judicialização das relações sociais.[63]

---

[62] Cf. SILVA, Vasco Manuel Pascoal Dias Pereira da. Vinculação das entidades privadas pelos direitos, liberdades e garantias. *Revista de Direito Público*, Londrina, n. 82, p. 43-46, 1987.

[63] Nesse sentido cf. BARROSO, Luís Roberto. *Neoconstitucionalismo e constitucionalização do direito*: o triunfo tardio do direito constitucional no Brasil. In: SOUZA NETO, Cláudio Pereira de; SARMENTO, Daniel (Coords.). A constitucionalização do direito: fundamentos teóricos e aplicações específicas. Rio de Janeiro: Lumen Juris, 2007.

Cientes disso, não há como deixar de enfatizar, por outro lado, que o pleito em prol de uma eficácia direta *prima facie* dos direitos fundamentais nas relações privadas não se justifica apenas por razões de ordem dogmática, mas também em função da necessidade evidente de limitação do poder social e como resposta às persistentes desigualdades sociais, culturais e econômicas, ainda mais acentuadas em sociedades periféricas como a do Brasil.

Certamente o modelo de constitucionalização do direito privado também deve ser compatível com os desafios concretos de determinado ambiente social, econômico, político-institucional e mesmo cultural. Acima de tudo, resulta importante destacar que entre os possíveis extremos (oportuna e argutamente lembrados pelo nosso homenageado) de uma "civilização do direito constitucional e uma constitucionalização do direito civil",[64] seja possível trilhar um caminho intermediário, no sentido da já lembrada e prudencial "metódica diferenciada" proposta pelo nosso homenageado José Joaquim Gomes Canotilho, pautado também (mas não só) pela proporcionalidade e razoabilidade, evitando-se aqui os efeitos nefastos de uma leitura fundamentalista da Constituição, mas especialmente dos princípios e dos direitos fundamentais.[65] Caso isto seja alcançado (e nos parece ser uma meta perfeitamente atingível) também será viável contornar os – em parte justificados! – receios de um Konrad Hesse[66] ao se pronunciar em relação a uma eficácia direta dos direitos fundamentais nas relações privadas. Com efeito, seguimos convictos de que tanto a Constituição e os direitos fundamentais, quanto o direito privado nada têm a perder, mas somente a ganhar com uma adequada constitucionalização da ordem jurídica.

Referências

ALEXY, Robert. *Theorie der Grundrechte*. Frankfurt: Suhrkamp, 1996.

ANDRADE, José Carlos Vieira de. *Os direitos fundamentais na Constituição portuguesa de 1976*. 3. ed. Coimbra: Almedina, 2004.

BARROS, Sergio Rezende de. *Direitos humanos*: paradoxo da civilização. Belo Horizonte: Del Rey, 2003.

BARROSO, Luís Roberto. *Neoconstitucionalismo e constitucionalização do direito*: o triunfo tardio do direito constitucional no Brasil. In: SOUZA NETO, Cláudio Pereira de; SARMENTO, Daniel (Coords.). A constitucionalização do direito: fundamentos teóricos e aplicações específicas. Rio de Janeiro: Lumen Juris, 2007.

BERCOVICI, Gilberto. A problemática da constituição dirigente: algumas considerações sobre o caso brasileiro. *Revista de Informação Legislativa*, Brasília, n. 142, p. 35-51, abr./jun. 1999.

BRASIL. Supremo Tribunal Federal. Recurso Extraordinário n. 352.940/SP. Ministro Carlos Velloso Brasília, DF, 25.4.2005. *Diário de Justiça*, 9 maio 2016.

---

[64] Cf. CANOTILHO, José Joaquim Gomes. Civilização do direito constitucional ou constitucionalização do direito civil?. In: GRAU, Eros Roberto; GUERRA FILHO, Willis Santiago (Org.). *Direito constitucional*: estudos em homenagem a Paulo Bonavides. São Paulo: Malheiros, 2001.

[65] Nesse sentido, a recente lembrança de: SCHIER, Paulo Ricardo. Novos desafios da filtragem constitucional no momento do neoconstitucionalismo. In: SOUZA NETO, Cláudio Pereira de; SARMENTO, Daniel (Coord.). *A constitucionalização do direito*: fundamentos teóricos e aplicações específicas. Rio de Janeiro: Lumen Juris, 2007. p. 259.

[66] De acordo com Kornrad Hesse, mediante um reconhecimento generalizado de uma eficácia direta dos direitos fundamentais nas relações entre particulares, o direito privado pouco teria a ganhar e os direitos fundamentais muito teriam a perder (HESSE, Konrad. *Derecho constitucional y derecho privado*. Madrid: Civitas, 1995. p. 67).

BRASIL. Supremo Tribunal Federal. Agravo de Instrumento n. 478.911-RJ. Rel. Min. Luiz Fux, Brasília, DF, 6.5.2003. *Diário de Justiça*, 19 maio 2003.

BRASIL. Supremo Tribunal Federal. *Habeas Corpus n. 71.373-4-RS*. Plenário, Rel. Min. Marco Aurélio, Brasília, DF, 10.11.1994. Disponível em: <http://stf.jusbrasil.com.br/jurisprudencia/14704990/habeas-corpus-hc-71373-rs>. Acesso em: 15 maio 2016.

BRASIL. Supremo Tribunal Federal. *Recurso Extraordinário n. 201.819-RJ*. Segunda Turma, Rel. Min. Ellen Gracie, Brasília, DF, 11.10.2005. Disponível em: <http://redir.stf.jus.br/paginadorpub/paginador.jsp?docTP=AC&docID =388784>. Acesso em: 15 maio 2016.

BRASIL. Supremo Tribunal Federal. *Recurso Extraordinário n. 407.688-SP*. Tribunal Pleno, Rel. Min. Cezar Peluso, Brasília, DF, 8.2.2006. Disponível em: <http://redir.stf.jus.br/paginadorpub/paginador.jsp?docTP=AC&docID =261768>. Acesso em: 15 maio 2016.

CANARIS, Claus Wilhelm. Considerações a respeito da posição de proibições de discriminação no sistema do direito privado. *Direitos Fundamentais & Justiça*, Porto Alegre, ano 7, n. 22, jan./mar. 2013.

CANARIS, Claus Wilhelm. *Direitos fundamentais e direito privado*. Tradução de Ingo W. Sarlet e Paulo M. Pinto Coimbra: Almedina, 2003.

CANARIS, Claus Wilhelm. Drittwirkung der gemeinschaftrechtlichen Grundfreiheiten. In: BAUER, Hartmut et al. (Ed.). *Umwelt, Wirtschaft und Recht*. Tübingen: Mohr Siebeck, 2002.

CANARIS, Claus Wilhelm. *Grundrechte und Privatrecht*. Berlin: Walter de Gruyter, 1999.

CANOTILHO, José Joaquim Gomes. Civilização do direito constitucional ou constitucionalização do direito civil?. In: GRAU, Eros Roberto; GUERRA FILHO, Willis Santiago (Org.). *Direito constitucional*: estudos em homenagem a Paulo Bonavides. São Paulo: Malheiros, 2001.

CANOTILHO, José Joaquim Gomes. *Direito constitucional e teoria da Constituição*. Coimbra: Almedina, 1993.

CARBONELL, Miguel. Nuevos tiempos para el constitucionalismo. In: CARBONELL, Miguel. *Neoconstitucionalismo(s)*. Madrid: Trotta, 2003.

CLAPHAM, Andrew. *Human rights in the private sphere*. London: Oxford, 1993.

COURTIS, Christian. La eficácia de los derechos humanos en las relaciones entre particulares. *Cuadernos Deusto de Derechos Humanos*, Bilbao, n. 42, 2007.

COUTINHO, Jacinto Nelson Miranda. *Canotilho e a Constituição Dirigente*. Rio de Janeiro: Renovar, 2002.

DIMOULIS, Dimitri; MARTINS, Leonardo. *Teoria geral dos direitos fundamentais*. São Paulo: RT, 2007.

FACCHINI NETO, Eugênio. Reflexões histórico-evolutivas sobre a constitucionalização do direito privado. In: SARLET, Ingo Wolfgang (Org.). *Constituição, direitos fundamentais e direito privado*. 2. ed. Porto Alegre: Livraria do Advogado, 2006.

FARIA, José Eduardo. *O direito na economia globalizada*. São Paulo: Malheiros, 1999.

GERSTENBERG, Oliver. Private law and the new european constitutional settlement. *European Law Journal*, United Kingdom, v. 10, n. 6, p. 766-786, 2004.

GUASTINI, Roberto. La constitucionalización del ordenamiento jurídico. In: CARBONELL, Miguel. *Neoconstitucionalismo*. Madrid: Trotta, 2003.

HESSE, Konrad. *Derecho constitucional y derecho privado*. Madrid: Civitas, 1995.

HOLMES, Stephen; SUNSTEIN, Cass. *The costs of rights*: why liberty depends on taxes? New York-London: W.W. Norton & Company, 1999.

MENDES, Gilmar Ferreira; COELHO, Inocêncio Mártires; BRANCO, Paulo Gustavo Gonet. *Hermenêutica constitucional e direitos fundamentais*. Brasília: Brasília Juridica, 2000.

MIRANDA, Jorge; MEDEIROS, Rui. *Constituição portuguesa anotada*. Coimbra: Coimbra Editora, 2005. v. 1.

MONTEIRO, António Pinto; NEUNER, Jörg; SARLET, Ingo Wolfgang. *Direitos fundamentais e direito privado*: uma perspectiva de direito comparado. Coimbra: Almedina, 2007.

MOREIRA, Eduardo Ribeiro. *Obtenção dos direitos fundamentais nas relações entre particulares*. Rio de Janeiro: Lumen Juris, 2007.

NEUNER, Jörg. *Grundrechte und Privatrecht aus rechtsvergleichender Sicht*. Tübingen: Mohr Siebeck, 2007.

NEUNER, Jörg. Los derechos humanos sociales. *Anuário Iberoamericano de Justicia Constitucional*, Madrid, n. 9, 2005.

NEUNER, Jörg. *Privatrecht und Sozialstaat*. München: C.H. Beck, 1998.

NOVAIS, Jorge Reis. *Direitos fundamentais*: trunfos contra a maioria. Coimbra: Coimbra Editora, 2006.

PELUSO, Cezar. Supremo Tribunal Federal, o direito à moradia e a discussão em torno na penhora do imóvel do fiador. *Revista da AJURIS*, Porto Alegre, n. 107, p. 123-144, 2007.

PEREIRA, Jane Reis Gonçalves. *Interpretação constitucional e direitos fundamentais*. Rio de Janeiro: Renovar, 2006.

PIOVESAN, Flávia. *Direitos humanos e o direito constitucional internacional*. São Paulo: Saraiva, 2006.

RIO DE JANEIRO (Estado). Tribunal de Justiça do Rio de Janeiro. Apelação nº 9.845. Rel. Des. Raul Celso Lins e Silva, Rio de Janeiro, 30.3.2016. *Diário da Justiça do Rio de Janeiro*, 24 mar. 1999.

RIVERO, Jean. La protection des droit's de l'homme dans lês rapports entre personnes privées. In: CASSIN, René. *Amicorum Discipolorumque Líber*. Paris: Editions A. Pedone, 1971. v. 3.

RUSCHEL, Ruy Ruben. *Direito constitucional em tempos de crise*. Porto Alegre: Sagra Luzzatto, 1997.

SARLET, Ingo Wolfgang. *A eficácia dos direitos fundamentais*. 12. ed. Porto Alegre: Livraria do Advogado, 2015.

SARLET, Ingo Wolfgang. *Dignidade da pessoa humana e os direitos fundamentais na Constituição Federal de 1998*. 10. ed. Porto Alegre: Livraria do Advogado, 2010.

SARLET, Ingo Wolfgang. Direitos fundamentais e direitos privados: algumas considerações em torno da vinculação dos particulares aos direitos fundamentais. *Boletim Científico*, Brasília, 2000.

SARLET, Ingo Wolfgang. Direitos fundamentais sociais, mínimo existencial e direito privado. *Revista de Direito do Consumidor*, São Paulo, n. 61, 2007.

SARMENTO, Daniel. *Direitos fundamentais e relações privadas*. Rio de Janeiro: Lumen Juris, 2003.

SCHIER, Paulo Ricardo. Novos desafios da filtragem constitucional no momento do neoconstitucionalismo. In: SOUZA NETO, Cláudio Pereira de; SARMENTO, Daniel (Coord.). *A constitucionalização do direito*: fundamentos teóricos e aplicações específicas. Rio de Janeiro: Lumen Juris, 2007.

SHUPPERT, Gunner Folke; BUNKE, Christian. *Die Konstitutionalisierung der Rechtsordnung*: Überlegungen zum Verhältnis von verfassungsrechtlicher Ausstrahlungswirkung und Eigenständigkeit des "einfachen" Rechts. Baden-Baden: Nomos, 2000.

SILVA, Benedita Ferreira; CRORIE, Mac. *A vinculação dos particulares aos direitos fundamentais*. Coimbra: Almedina, 2005.

SILVA, Vasco Manuel Pascoal Dias Pereira da. Vinculação das entidades privadas pelos direitos, liberdades e garantias. *Revista de Direito Público*, Londrina, n. 82, p. 43-46, 1987.

SILVA, Virgílio Afonso da. *A constitucionalização do direito*. São Paulo: Malheiros, 2005.

SOMBRA, Thiago Luís Santos. *A eficácia dos direitos fundamentais nas relações jurídico-privadas*. Porto Alegre: Safe, 2004.

SOUZA NETO, Cláudio Pereira de; SARMENTO, Daniel. *Constitucionalização do direito*. Rio de Janeiro: Lumen Juris, 2006.

STEINMETZ, Wilson Antonio. Direitos fundamentais e relações entre particulares: anotações sobre a teoria dos imperativos de tutela. *Revista Brasileira de Direito Constitucional*, São Paulo, n. 5, 2005.

STEINMETZ, Wilson Antonio. *Vinculação dos particulares a direitos fundamentais*. São Paulo: Malheiros, 2005.

STRECK, Lenio Luiz. *Jurisdição constitucional e hermenêutica*: uma nova crítica do direito. Porto Alegre: Forense Jurídica, 2002.

TEUBNER, Gunter. Globale Zivilverfassungen: Alternativen zur staatszentrierten Verfassungstheorie. *Zeitschrift für ausländisches öffentliches Recht und Völkerrecht*, Munchen, n. 63, p. 1-28, 2003.

TUSHNET, Mark. The relationship between judicial review of legislation and the interpretation of non-constitutional law, with reference to Third Party Effect. In: SAJÓ, András; UITZ, Renata (Ed.). *The Constitution in private relations*: expanding constitutionalism. Utrecht: Eleven International Pub, 2005.

VALE, André Rufino do. *Eficácia dos direitos fundamentais nas relações privadas*. Porto Alegre: Safe, 2004.

Informação bibliográfica deste texto, conforme a NBR 6023:2002 da Associação Brasileira de Normas Técnicas (ABNT):

SARLET, Ingo Wolfgang. A influência dos direitos fundamentais no direito privado: algumas notas sobre a evolução no Brasil. In: PINTO, Hélio Pinheiro; LIMA NETO, Manoel Cavalcante de; LIMA, Alberto Jorge Correia de Barros; SOTTO-MAYOR, Lorena Carla Santos Vasconcelos; DIAS, Luciana Raposo Josué Lima (Coords.). *Constituição, direitos fundamentais e política*: estudos em homenagem ao professor José Joaquim Gomes Canotilho. Belo Horizonte: Fórum, 2017. p. 163-189. ISBN 978-85-450-0185-0.

O *IMPEACHMENT* DA PRESIDENTA DILMA E A CONSTITUIÇÃO DA REPÚBLICA: O PODER JUDICIÁRIO BRASILEIRO, A QUE SERÁ QUE SE DESTINA?

TUTMÉS AIRAN DE ALBUQUERQUE MELO

A guerra política instaurada no Brasil, que pode levar ao *impeachment* da Presidenta Dilma, tem vários ingredientes. Nenhum deles, talvez, nem mesmo a atuação da mídia, tem despertado mais polêmica do que as decisões judiciais que brotam do conflito. A ideia deste texto é, a partir da análise de algumas dessas decisões, tentar entender o porquê da polêmica e, entendendo o porquê, refletir sobre as suas consequências em relação à própria existência do Poder Judiciário e à sua capacidade de ser, numa crise desse tamanho, um mediador para o conflito.

Vamos a elas.

1 1ª decisão

A *Revista Veja*, ano 48, edição nº 44, com circulação no mês de novembro de 2015, em sua capa, estampou uma foto do ex-Presidente Lula com trajes de presidiário, atrás das grades. Sentindo-se ofendido em sua honra e imagem, propôs ação de indenização por dano moral contra a Editora Abril S/A, processo distribuído para a juíza Luciana Bassi de Melo, titular da 5ª Vara Cível do Foro Regional XI de Pinheiros, Comarca de São Paulo.

Julgando o conflito, inclusive de forma antecipada, sua excelência decidiu que o ex-Presidente Lula não tinha razão, dizendo assim:

> A capa aproveitou as manifestações populares e as informações que estão sendo obtidas pela operação Lava-Jato e noticiadas por vários veículos de imprensa, em tom irônico, com certeza, chamando a atenção da população para as atitudes de algumas pessoas públicas sem, contudo, adentrar a particularidade da vida de cada uma delas [...]. A capa da revista aqui discutida diz respeito à crítica aos políticos do país. Não se constata alusão à vida pessoal do autor e, é fato, que houve a criação do boneco "Pixuleco" representando o autor como prisioneiro [...]. Com efeito, a capa da revista resume os fatos ventilados

na matéria principal da publicação com *animus narrandi*, não existindo a intenção de ofender e, também, sem ultrapassar os limites impostos pelo ordenamento jurídico, não houve invenção, não houve deturpação ou distorção de notícias a seu respeito [...]. No caso, é evidente o interesse social da notícia, haja vista que de pessoas ligadas e próximas ao requerente estão realizado (sic) seus depoimentos e muitos se comprometendo com a delação premiada, sendo levantada a possibilidade pela revista que tais declarações pudessem eventualmente envolver o autor (sic). Assim, justificada a capa da revista para chamar a atenção para tais fatos [...] existindo interesse público na notícia [...].

É certo, como sustenta Kelsen,[1] que decidir é um ato de escolha entre alternativas possíveis. Isso não quer dizer ou sugerir que o Estado dê um cheque em branco para o juiz decidir como quiser. É que, não obstante tenha uma margem considerável de poder para construir a sua decisão, todo juiz sabe ou pelo menos intui que há interpretações-limite sobre o sentido e alcance dos textos normativos, a partir das quais tudo o mais não passa de uma tentativa autoritária de fazer prevalecer a vontade pessoal em detrimento dos limites impostos pela legalidade.

No caso em análise, embora tenha procurado ancorar a decisão em precedentes jurisprudenciais, para fazer prevalecer a sua vontade a juíza não hesitou, inclusive, em falsear a realidade, porque somente a falseando poderia decidir como decidiu.

Vejamos.

Chama a atenção uma passagem da sentença na qual, enfaticamente, sua excelência, em mau português, disse que a capa da revista *não havia inventado nada, deturpado ou distorcido notícias a respeito do autor*. Como não?! Colocá-lo na capa de uma revista de circulação nacional vestido de presidiário, e atrás das grades, é absolutamente incompatível com o fato de que até hoje o ex-Presidente Lula não tem contra si nenhum processo penal em tramitação e muito menos condenação, mesmo não transitada em julgado, capaz de sugerir ou indicar que ele poderia ser eventualmente colocado, em consequência de um processo ou de uma condenação, na condição de prisioneiro.

A toda evidência, pois, *a capa da revista não se limitou a narrar ou criticar um fato real*. Antes, criou um fato conveniente aos seus interesses na perspectiva clara de desconstruir a imagem de um homem que, até que se prove o contrário, é inocente e como tal deve ser, por imperativo constitucional, tratado.

Ao não reconhecer o óbvio – a ofensa à honra e à imagem do ex-Presidente Lula – sua excelência fez imperar uma espécie de justiça particular, ferindo de morte um dos pilares mais importantes do devido processo legal, segundo o qual as decisões judiciais devem obediência a regras prévias e democraticamente postas, limitadoras do poder de qualquer juiz.

A subversão da cláusula constitucional do devido processo legal não parou por aí. Note-se que, por mais de uma vez, sua excelência justifica e legitima a capa da *Revista Veja*, como se ela traduzisse as manifestações populares, no seio das quais, inclusive, teria havido a criação do boneco "Pixuleco", "representando o autor como prisioneiro".

São conhecidas as relações entre o direito e as avaliações morais que os homens fazem sobre suas condutas. Uma delas, a que interessa neste instante, é a de que, através das normas jurídicas que produz e garante, o Estado deve proteger as pessoas contra

---

[1] KELSEN, Hans. *Teoria pura do direito*. Tradução de João Baptista Machado. São Paulo: Martins Fontes, 1999.

os linchamentos e execrações produzidas pela moralidade média. Ao não enxergar na atitude da revista qualquer excesso, e ao ancorar a sua argumentação exatamente naquilo que ela tinha o dever de evitar ou combater, sua excelência descurou de um compromisso fundante do devido processo, segundo o qual as pessoas não podem ficar à mercê do juízo moral e de suas consequências devastadoras. A propósito, bastaria um simples exercício mental para perceber isso. Um bom juiz deve se colocar no lugar do outro. Será que sua excelência gostaria de ter a sua imagem veiculada nas mesmas condições em que a revista retratou o ex-Presidente Lula?

2 2ª e 3ª decisões

Sexta-feira, dia 4.3.2016, o Brasil amanheceu em polvorosa: agentes da Polícia Federal levaram o ex-Presidente Lula. De início se imaginou tratar de uma prisão anunciada. Logo depois, no entanto, constatou tratar-se de uma condução coercitiva que, enquanto tal, teria que ocorrer caso fosse verificada a hipótese prevista no art. 260 do Código de Processo Penal, *in verbis*:

> Art. 260. Se o acusado não atender à intimação para o interrogatório, reconhecimento ou qualquer outro ato que, sem ele, não possa ser realizado, a autoridade poderá mandar conduzi-lo à sua presença [...].

Como se vê, não se pode conduzir uma pessoa para depor coercitivamente sem que ela tenha sido *previamente* convidada para tal e, em consequência desse convite, se recusado a fazê-lo. Aqui, por mais que se queira dar asas à imaginação, não cabe outra interpretação: ir depor sob "vara" pressupõe resistência injustificada a um chamamento da justiça.

Eis que logo se descobriu que o ex-Presidente Lula não tinha sido previamente convidado a depor, não se podendo obviamente dizê-lo resistente a um convite que não houve. O que, então, justificaria a condução coercitiva?

Segundo sua excelência, tratou-se de uma medida destinada a "evitar tumultos e confrontos entre manifestantes políticos favoráveis e desfavoráveis ao ex-presidente"[2] (trecho da decisão que autorizou a condução coercitiva). Acontece que sua excelência, ao lançar mão da prerrogativa contida no art. 260 do Código de Processo Penal, o fez de forma absolutamente divorciada de sua hipótese legal legitimadora, exorbitando, no caso, consciente e deliberadamente, de seu poder, desprezando, tal como na decisão anterior, os marcos normativos pública e democraticamente estabelecidos, para, autoritariamente, fazer prevalecer a sua vontade. Como disse o Ministro do Supremo Tribunal Federal Marco Aurélio Mello, comentando a decisão de condução coercitiva, o juiz estabeleceu "o critério dele, de plantão".[3]

---

[2] BRASIL. Justiça Federal do Paraná. 13ª Vara Federal de Curitiba. *Decisão na Petição n. 5007401-06.2016.4.04.7000/PR*. Curitiba, 29.2.2016. Disponível em: <http://s.conjur.com.br/dl/pf-violou-lei-penal-ordem-moro-conduzir.pdf>. Acesso em: 28 jul. 2016.

[3] BERGAMO, Mônica. Ministro do STF diz que decisão de Moro foi 'ato de força' que atropela regras. *Jornal Folha de S.Paulo*, São Paulo, 4 mar. 2016. Disponível em: <http://www1.folha.uol.com.br/colunas/monicabergamo/2016/03/1746433-ministro-do-stf-diz-que-decisao-de-moro-foi-ato-de-forca-que-atropela-regras.shtml>. Acesso em: 28 jul. 2016.

Por melhores que sejam os propósitos, um juiz não pode decidir contra o sentido unívoco da lei, ou seja, quando a mensagem não deixa margem a qualquer dúvida. Como disse o referido ministro, "não se avança atropelando regras básicas".[4] Afinal, mais dia menos dia, "o chicote muda de mão",[5] e também de alvo.

Sua excelência, portanto, negou submissão às regras do jogo, agindo fora dos limites estabelecidos pelo ordenamento jurídico, afrontando, assim como na decisão anterior, regra basilar do devido processo legal.

Como se isso não bastasse, e em nova afronta ao devido processo legal, expôs de modo desnecessário e vexatório o ex-presidente, quando seria do seu dever protegê-lo contra a execração pública e midiática.

Com efeito, ao que tudo indica sua excelência queria exatamente isto: que o ex-presidente Lula fosse execrado pública e midiaticamente. E por quê? Porque, violando o que estabelecem os arts. 8º e 9º da Lei nº 9.296/1996,[6] que regulamenta o procedimento de interceptação telefônica, permitiu que conversas ao telefone feitas pelo ex-Presidente Lula viessem a público, inclusive algumas estritamente privadas que não interessavam à investigação, bem como uma conversa havida entre o Lula e a Presidenta Dilma, cuja divulgação somente poderia ser excepcionalmente autorizada pelo Supremo Tribunal Federal, dada a prerrogativa de foro da presidenta.

É de se imaginar que sua excelência sabia dessas proibições/limitações a ele impostas pelo ordenamento jurídico, mesmo porque parece ser dotado de bom preparo técnico. Não obstante, apesar delas e contra elas, resolveu decidir como decidiu, nesse caso *criminosamente*. Veja-se o que diz o art. 10 da lei acima citada:

> Art. 10. Constitui crime realizar interceptação de comunicações telefônicas, de informática ou telemática, ou quebrar segredo da Justiça, sem autorização judicial ou com objetivos não autorizados em lei.
> Pena: reclusão, de dois a quatro anos, e multa.

É que o diálogo entre a Presidenta Dilma e o ex-Presidente Lula foi captado num momento em que a interceptação, por decisão do próprio Moro, já não poderia mais

---

[4] BERGAMO, Mônica. Ministro do STF diz que decisão de Moro foi 'ato de força' que atropela regras. *Jornal Folha de S.Paulo*, São Paulo, 4 mar. 2016. Disponível em: <http://www1.folha.uol.com.br/colunas/monicabergamo/2016/03/1746433-ministro-do-stf-diz-que-decisao-de-moro-foi-ato-de-forca-que-atropela-regras.shtml>. Acesso em: 28 jul. 2016.

[5] BERGAMO, Mônica. Ministro do STF diz que decisão de Moro foi 'ato de força' que atropela regras. *Jornal Folha de S.Paulo*, São Paulo, 4 mar. 2016. Disponível em: <http://www1.folha.uol.com.br/colunas/monicabergamo/2016/03/1746433-ministro-do-stf-diz-que-decisao-de-moro-foi-ato-de-forca-que-atropela-regras.shtml>. Acesso em: 28 jul. 2016.

[6] "Art. 8º A interceptação de comunicação telefônica, de qualquer natureza, ocorrerá em autos apartados, apensados aos autos do inquérito policial ou do processo criminal, preservando-se o sigilo das diligências, gravações e transcrições respectivas.
Parágrafo único. A apensação somente poderá ser realizada imediatamente antes do relatório da autoridade, quando se tratar de inquérito policial (Código de Processo Penal, art. 10, §1º) ou na conclusão do processo ao juiz para o despacho decorrente do disposto nos arts. 407, 502 ou 538 do Código de Processo Penal.
Art. 9º A gravação que não interessar à prova será inutilizada por decisão judicial, durante o inquérito, a instrução processual ou após esta, em virtude de requerimento do Ministério Público ou da parte interessada.
Parágrafo único. O incidente de inutilização será assistido pelo Ministério Público, sendo facultada a presença do acusado ou de seu representante legal" (BRASIL. *Lei nº 9.296/1996*. Regulamenta o inciso XII, parte final, do art. 5º da Constituição Federal. Presidência da República. Disponível em: <http://www.planalto.gov.br/ccivil_03/leis/L9296.htm>. Acesso em: 15 jul. 2016).

ser feita. Contrariando a sua própria decisão, sua excelência não somente trouxe para o inquérito o referido diálogo como permitiu a sua divulgação. Ao agir assim, parece ter cometido o crime previsto no art. 10 acima referenciado, expondo-se a um risco que racionalmente só se explica se o juiz tiver objetivos que transcendem o simples ato de dizer e aplicar o direito na vida das pessoas, objetivos de resto não autorizados em lei.

E quais seriam esses objetivos?

O primeiro parece ter sido o de indispor o ex-Presidente Lula com altas autoridades da República e instituições respeitáveis, a exemplo do Supremo Tribunal Federal e da Ordem dos Advogados do Brasil. Veja-se, para ilustrar, o teor dos diálogos interceptados e revelados:

> – Nós temos *uma Suprema Corte totalmente acovardada*, nós temos uma Superior Tribunal de Justiça totalmente acovardado, um Parlamento totalmente acovardado, somente nos últimos tempos é que o PT e o PC do B é que acordaram e começaram a brigar. Nós temos um presidente da Câmara fodido, um presidente do Senado fodido, não sei quantos parlamentares ameaçados, e fica todo mundo no compasso de que vai acontecer um milagre e que vai todo mundo se salvar. Eu, sinceramente, tô assustado com a "República de Curitiba". Porque a partir de um juiz de 1ª Instância, tudo pode acontecer nesse país [...]. (Conversa entre Lula e a Presidenta Dilma)[7]

> – Eu acho que não é só isso, não. Eu acho que estão querendo criar clima, só falam de renúncia, para o dia 13. Eu disse ontem, quando saiu a matéria da Istoé. Amanhã eles vão fazer alguma putaria com o Lula. *Terça-feira o filha da puta da OAB* vai botar aqui dizendo que o Conselho da OAB acha que nesse caso... É uma palhaçada. Porque o Delcídio, porra, que eu não imaginei que era tão canalha, ele fala de Pasadena, por exemplo, que já foi arquivada pela PGR. Fala que você mandou isso, mandou aquilo. Porra, tem prova de alguma coisa? Ah, vai tomar no cu. Não achei que ele fosse tão escroto.[8] (Fala atribuída ao Ministro Jacques Wagner em conversa com o Lula)

Porque as altas autoridades são humanas e as instituições são compostas por homens que se ressentem e se ofendem, sua excelência parece ter conseguido o seu intento, tanto assim que a OAB nacional, que até então se posicionava contra o *impeachment* da Presidenta Dilma, mudou de posição.

A consciência da ilegalidade da decisão que tomou e os riscos daí decorrentes parecem ter valido a pena: o ex-Presidente Lula e, por tabela, a Presidenta Dilma, a toda evidência, saíram enfraquecidos desse episódio.

O segundo objetivo também parece ter sido plenamente alcançado: a produção de um massacre midiático no qual diálogos foram manipulados para dar a eles a serventia que era conveniente, no caso, tentar convencer parte da população de que o ex-Presidente Lula havia aceitado o cargo de ministro chefe da Casa Civil para, ganhando foro privilegiado, livrar-se de uma prisão iminente e inevitável, de Sérgio Moro.

---

[7] FERREIRA, Flávio. Lula diz em grampo que tribunais e Congresso estão 'acovardados'. *Folha de S.Paulo*, São Paulo, 16 mar. 2016. Disponível em: <http://www1.folha.uol.com.br/poder/2016/03/1750796-lula-diz-em-grampo-que-tribunais-e-congresso-estao-acovardados.shtml>. Acesso em: 28 jul. 2016.

[8] VASCONCELLOS, Marcos de. Grampo mostra Jaques Wagner reclamando da OAB, e Lamachia rebate. *Consultor Jurídico*, 16 mar. 2016. Disponível em: <http://www.conjur.com.br/2016-mar-16/grampo-mostra-jaques-wagner-reclamando-oab-lamachia-rebate>. Acesso em: 28 jul. 2016.

Novamente, arriscar-se ao ponto de agir criminosamente parece ter valido a pena: uma parcela da população se convenceu de que o Lula quis ser ministro para evitar a prisão.

3 4ª decisão

Inteiramente contaminado por essa perspectiva, um outro juiz entra em cena e, instado a decidir liminarmente, em sede de ação popular, o Dr. Itagiba Catta Preta Neto resolveu suspender a nomeação e posse do ex-Presidente Lula na Casa Civil.

À parte a discussão sobre a verossimilhança dos argumentos utilizados, o fato é que graças à atuação fiscalizadora de alguns bons jornalistas se descobriram dois escândalos.

Na noite anterior à decisão, sua excelência deixou-se flagrar em pleno Facebook participando alegre e entusiasticamente de um ato político em Brasília contra a Presidenta Dilma e a favor do seu *impeachment*. Na postagem que colocou, além de sua fotografia na companhia possivelmente da família, sua excelência ridiculariza a Presidenta Dilma, associando-a à imagem de uma bruxa, e, lá para as tantas, diz que é preciso derrubar a presidenta para que o dólar baixe e possibilite que pessoas como ele voltem a viajar.

Descoberto, apagou o perfil de sua conta no Facebook, num esforço envergonhado e tardio de diminuir o vexame.

Uma outra descoberta desnudou sua excelência de vez. Analisando o percurso da ação popular no sistema de automação da Justiça Federal do Distrito Federal, percebeu-se que, entre o peticionamento e a decisão, transcorreram 28 (vinte e oito) segundos. Quer dizer, em 28 segundos o juiz recebeu o processo, analisou o argumento da parte e decidiu!

Como isto não é humanamente possível, e até por sua declarada opção político-ideológica, o fato é que a decisão de proibir o ex-Presidente Lula de assumir o Ministério parece ter sido produzida *antes de sua excelência conhecer do processo*, como se tivesse sido encomendada.[9]

Essas circunstâncias denunciam que sua excelência não tinha, face à sua opção política, nenhuma condição para decidir a ação popular. Ao fazê-lo, violou regras elementares que tratam da atividade do juiz, sobretudo aquelas que impõem o dever de imparcialidade e que disciplinam as hipóteses de suspeição.

Uma pergunta permanece no ar: se sua excelência se sabia suspeito, por que não se reconheceu enquanto tal? A resposta, tão inquietante quanto óbvia, sugere tratar-se, uma vez mais, de um juiz que, para fazer prevalecer as suas escolhas e a *sua* justiça, opta conscientemente por desprezar regras elementares do seu mister, desbordando dos limites impostos ao exercício de seu poder.

E daí?

É da essência do devido processo legal a ideia motriz de que ele impõe, no dizer do Ministro do Supremo Tribunal Federal Celso de Mello, "restrições de caráter

---

[9] Essa suspeita aumenta porque, em artigo publicado em alguns *sites* jornalísticos, mostramos que a decisão foi colocada no sistema 4 minutos e 19 segundos antes de o processo chegar ao juiz.

ritual à atuação do Poder Público", devendo ser também um instrumento a serviço da "necessidade de proteger os direitos e as liberdades das pessoas [...]".[10]

Daí decorrem algumas características que lhe são essenciais.

A primeira consiste no compromisso de resolver os conflitos humanos à base de regras impessoais e democraticamente postas, como já dito, que funcionam, em relação à autoridade responsável por resolvê-los, como nortes e limites à sua atuação. Depois, também, é da essência do devido processo legal o compromisso de evitar que a sociedade substitua o juiz no julgamento das pessoas, fazendo prevalecer juízos morais apressados por sobre os juízos jurídicos, os quais devem ser fruto de um processo dialético no qual as versões são contrapostas para, enfim, se chegar a alguma conclusão. Por fim, o compromisso de o juiz estar disposto, se as provas assim o indicarem, a chegar a uma conclusão diferente da compreensão inicial que tinha da realidade, fugindo à tentação de pré-julgar.

Pois bem. Pelos exemplos dados acima, parece que os juízes fizeram a clara opção de decidir fora dos marcos da legalidade porque o devido processo legal e seus pilares, caso obedecidos, atrapalhariam suas excelências de transformar o processo judicial num "procedimento de guerra", como diria Günther Jakobs,[11] contra a corrupção, dentro do qual não há espaços para garantismos humanistas.

O combate à corrupção, assim, foi erigido em razão do Estado, e os corruptos, em seus inimigos. Simbolicamente, as decisões até aqui analisadas são produtos dessa guerra na qual ao inimigo, demonizado e estereotipado, devem ser negados direitos e garantias elementares através da subversão da cláusula do devido processo legal.

Como bom soldado nessa guerra, dr. Moro, por exemplo, fez esmaecer, perigosamente, as fronteiras entre o ato de julgar e o ato de policiar e investigar. Essa prática, com efeito, pode ser ilustrada pelo uso que ele deu às prisões preventivas. Transformadas em instrumento de chantagem, na maioria, não serviram ou servem para prevenir, senão para materializar condenações penais antecipadas, num contexto em que o processo tem função meramente ornamental, ou, então, para coagir, pelo sofrimento, as vítimas às delações premiadas, cujo conteúdo, divulgado seletivamente[12] pela imprensa, visava sempre enfraquecer o governo e as forças políticas que lhe davam sustentação.

Sobre isso, nunca é demais lembrar as advertências do Ministro Gilmar Mendes no HC nº 95.518, cuja autoridade coatora foi exatamente sua excelência, dr. Moro: "[...] o juiz é órgão de controle no processo criminal. Tem uma função específica. Ele não é sócio do Ministério Público e, muito menos, membro da Polícia Federal, do órgão

---

[10] BANDEIRA DE MELLO, Celso Antônio. *A Constituição na visão dos tribunais*. São Paulo: Saraiva, 1997. p. 114-115.

[11] JAKOBS, Günther. Direito penal do cidadão e direito penal do inimigo. In: JAKOBS, Günther; MELIÁ, Manuel Cancio. *Direito penal do inimigo*: noções e críticas. Tradução de André Luis Callegari e Nereu José Giacomolli. Porto Alegre: Livraria do Advogado, 2007. p. 40.

[12] Sobre isso, é esclarecedora a posição da força-tarefa do Ministério Público Federal em torno da proposta de delação premiada em negociação com as construtoras OAS e Odebrecht. Segundo o jornal *Folha de S.Paulo*, a delação do ex-presidente da OAS Léo Pinheiro tende a não ser aceita porque, para os procuradores, a sua versão "é pouco crível e tenta preservar o ex-presidente Lula". Em outras palavras, isto quer dizer que a delação só valeria se incriminasse o ex-presidente Lula, que, a toda evidência, parece ser o alvo final da investigação, investigação que, curiosamente, não atinge qualquer governo anterior aos do Partido dos Trabalhadores (CARVALHO, Mario Cesar; MEGALE, Bela. Delação de sócio da OAS trava após ele inocentar Lula. *Folha de S.Paulo*, São Paulo, 1º jun. 2016. Disponível em: <http://www1.folha.uol.com.br/poder/2016/06/1776913-delacao-de-socio-da-oas-trava-apos-ele-inocentar-lula.shtml>. Acesso em: 27 jul. 2016).

investigador, no desfecho da investigação [...]". Finalizando, e citando o Ministro aposentado Eros Grau, arremata:

> [...] a independência do juiz criminal impõe sua cabal desvinculação da atividade investigatória e do combate ativo do crime, na teoria e na prática. O resultado dessa perversa vinculação não tarda a mostrar-se, a partir dela, a pretexto de implantar-se a ordem, instalando-se pura anarquia. Dada a suposta violação da lei, nenhuma outra lei poderia ser invocada para regrar o comportamento do Estado na repressão dessa violação. Contra "bandidos" o Estado e seus agentes atuam como se bandidos fossem, à margem da lei, fazendo mossa da Constituição. E tudo com a participação do juiz, ante a crença generalizada de que qualquer violência é legítima se praticada em decorrência de uma ordem judicial. Juízes que se pretendem versados na teoria e na prática do combate ao crime, juízes que arrogam a si a responsabilidade por operações policiais transformam a Constituição em um punhado de palavras bonitas rabiscadas em um pedaço de papel sem utilidade prática, como diz Ferrajoli. Ou em papel pintado com tinta; uma coisa que está indistinta a distinção entre nada e coisa nenhuma, qual nos versos de Fernando Pessoa.

Seja como for, a divulgação seletiva acabou por alimentar o ódio e a intolerância contra os "petistas", afetando, profundamente, as bases democráticas de convivência na sociedade brasileira, em cuja essência está o dever de respeitar o outro mesmo que tenha em relação a ele profundas diferenças. Dois exemplos são reveladores:[13]

Adriano Avelino @AdrianoAvelino1 1d
A punição para Dilma e Lula e seus apoiadores é a guilhotina!!! Mas antes tem que cortar a língua para pararem de latir.

Daniela Diniz
7 h

Como um vagabundo desses tem direito a continuar vivo? Você vai apodrecer na cadeia com toda sua turma, e quem te defende não ficará diferente de você!

Como um mafioso, Lula diz que tem 200 deputados no bolso para barrar o impeachment
Reveja, também: quem votar...

---

[13] Adriano Avelino é advogado brasileiro radicado no estado de Alagoas e Daniela Diniz é esposa de desembargador do Tribunal de Justiça do Estado de São Paulo.

Esse estado de ânimo, além de alimentar o apoio de parte da sociedade à relativização de direitos e garantias das pessoas tidas como corruptas e de identificar a luta por esses direitos e essas garantias com a tentativa de impunidade, afetou também a função pacificadora do processo judicial.

Em nota explicativa sobre a decisão de conduzir coercitivamente o ex-Presidente Lula a depor, sua excelência, dr. Moro, assim se pronunciou:

> A pedido do Ministério Público Federal, este juiz autorizou a realização de buscas e apreensões e condução coercitiva do ex-presidente Luiz Inácio Lula da Silva para prestar depoimento. Como consignado na decisão, essas medidas investigatórias visam apenas o esclarecimento da verdade e não significam antecipação de culpa do ex-presidente. Cuidados foram tomados para preservar, durante a diligência, a imagem do ex-presidente. Lamenta-se que as diligências tenham levado a pontuais confrontos em manifestação políticas inflamadas, com agressões a inocentes, exatamente o que se pretendia evitar. Repudia este julgador, sem prejuízo da liberdade de expressão e de manifestação política, atos de violência de qualquer natureza, origem e direcionamento, bem como a incitação à prática de violência, ofensas ou ameaças a quem quer que seja, a investigados, a partidos políticos, a instituições constituídas ou a qualquer pessoa. A democracia em uma sociedade livre reclama tolerância em relação a opiniões divergentes, respeito à lei e às instituições constituídas e compreensão em relação ao outro.

Ocorre que a preocupação, de Sérgio Moro, com atos de violência política e sua conclamação a que as pessoas envolvidas no conflito se tolerem e se comportem civilizadamente, não tem eco porque as decisões de sua excelência aqui analisadas, bem com as de seus colegas de toga, são combustíveis para a convulsão social. Que o diga o Ministro Marco Aurélio Mello, do Supremo Tribunal Federal, em entrevista ao *Jornal do Comércio*:[14]

> *JC – Qual foi o momento mais agudo dessa crise recente?*
> *Mello* – A fogueira já estava com a chama muito alta e aí jogaram mais lenha com o vazamento da delação do senador Delcídio e depois a divulgação da nefasta conversa (Lula e Dilma).[15] Aí se incendiou o País.

A consequência disso tudo é que as forças políticas que se sentem à mercê de juízes que, para prejudicá-las, decidem como querem ou imaginam, não enxergam neles quaisquer credenciais para mediar o conflito político em que estão envolvidos. Nesse sentido, se é verdade que o Poder Judiciário nasceu para arbitrar conflitos, pelas mãos de suas excelências, negou a si mesmo, na medida em que se pôs claramente a serviço do *impeachment*.

---

[14] MARINHO, Dorivan. 'Me preocupa muito o dia seguinte', diz Marco Aurélio Mello sobre eventual impeachment. *Jornal do Comércio*, Recife, 4 abr. 2016. Disponível em: <http://jcrs.uol.com.br/_conteudo/2016/04/politica/491460-me-preocupa-muito-o-dia-seguinte--diz-marco-aurelio-mello-do-stf-sobre-eventual-impeachment.html?cmpid=fb-uolnot>. Acesso em: 27 jul. 2016.

[15] Essa divulgação foi severamente repreendida pelo Ministro Teori Zavascki, do Supremo Tribunal Federal. Em decisão o referido ministro, além de retirar da conversa qualquer validade probatória, forçou o dr. Moro a pedir desculpas públicas sobre o seu vazamento.

4 5ª decisão: a decisão que se (des)espera

Em sessão realizada no dia 17.4.2016, a Câmara dos Deputados autorizou o Senado Federal a instaurar processo contra a presidenta da República referente à acusação da prática de crime de responsabilidade, cabendo ao Senado, já autorizado, e tendo admitido a denúncia, processá-la e julgá-la.

Como se percebe, em sede de impedimento presidencial, a Constituição consagra um julgamento, a um só tempo, político e jurídico. Trata-se de um julgamento político porque os juízes são deputados federais e, numa etapa seguinte, senadores da República, cuja atividade judicante pode conduzir à aplicação de sanções políticas como o impedimento à continuidade do exercício do mandato presidencial; é, no entanto, um julgamento jurídico porque autorizar a abertura do processo, processar a acusação e condenar alguém por uma possível prática criminosa significa atestar a existência e a autoria de um crime, o que envolve, necessariamente, a reflexão em torno do que caracteriza um crime, enquanto *categoria essencialmente jurídica*.

Tal reflexão, por óbvio, começa no juízo de autorização para a instauração do processo feito pela Câmara dos Deputados. Em outras palavras, isto quer dizer, em síntese, que o processo de impedimento presidencial se constitui, desde a autorização para sua abertura, num julgamento político *condicionado* por razões jurídicas, o que implica a obrigatoriedade de se constatar, já no juízo de autorização, a possível existência de crime de responsabilidade dolosamente praticado, capaz de legitimar o processamento da acusação.

Longe de cumprir com essa constatação, os deputados-juízes que votaram pela autorização para o processamento, em sua maioria, justificaram suas posições à base de argumentos que oscilaram entre a leviandade e a torpeza, como se se tratasse de um ato desprovido de qualquer importância. Assim, a autorização foi concedida em nome da família, de Deus, da paz em Jerusalém ou, até mesmo, fazendo-se um elogio à prática da tortura, regozijando-se com o sofrimento e a dor que vitimaram a presidenta em determinado momento de sua história.

Sobre a discussão que interessava, poucas palavras foram ditas. Uma jovem colegial, percebendo isto, tuitou:

Daniela Flor
@danielaflor

Se votação do impeachment fosse redação do Enem, 90% dessa galera teria sido eliminado por fuga do tema

É certo que os deputados, assim como os senadores, na condição de juízes-leigos, não têm o dever da fundamentação/motivação de suas decisões. Todavia, o que se viu foi que a motivação formalmente alegada para autorizar o processamento não veio ao caso, como diria Sérgio Moro. Isto, na verdade, pouco importava. O que importava mesmo era processar, por razões que, na verdade, iam da antipatia à presidenta até a fatia que cada um receberia na divisão do butim proveniente dessa guerra política.

Nesse contexto, o desprezo com que trataram questão tão relevante revela que os deputados-juízes não tinham nenhuma disposição para se deixarem influenciar pelas razões de defesa, porque, na verdade, independentemente delas, já estavam convencidos que deveriam autorizar o processamento do *impeachment*. Para que, então, defender-se? Para que serviu todo o esforço da defesa?

Em situações como esta, o Supremo Tribunal Federal costumava alertar:

> [...] 1. *O contraditório, na sua hodierna concepção, refere-se ao direito de participação e de influência nos rumos do processo* (CABRAL, Antônio do Passo. Il principio del contradditorio come diritto d'influenza e dovere di dibattito. *Rivista di Diritto Processuale*, Padova, Cedam, 2005. E: OLIVEIRA, Carlos Alberto. O juiz e o princípio do contraditório. *Revista do advogado*, n. 40, p. 35-38, jul. 1993.) superando a visão que a restringia à trilateralidade de instância, concebendo o processo como actus minus trium personarum. [...].[16] (Grifo nosso)

Os deputados-juízes, pois, protagonizaram uma farsa na qual se verificou o completo divórcio entre a motivação real e a motivação que serviu de pretexto à autorização. Bastante ilustrativo desse divórcio foi o voto dado pelo deputado Adail Carneiro (PP-CE). Depois de decidir por autorizar o processamento, disse, quando entrevistado pela imprensa, o seguinte: "Para ser muito franco, eu eximo a responsabilidade que foi colocada como motivo para instalar o impeachment da presidente Dilma. Eu tive oportunidade de ler o processo e discordo do parecer do relator. Lamentavelmente, tive que votar contra". E arrematou: "Quero garantir que só resolvi votar a favor do impeachment depois das 17h, por consequência da 5ª reunião da executiva nacional do partido, fui assediado pelo partido [...]. Eles acabaram me convencendo de que eu seria prejudicado dentro do partido [...]".[17]

À motivação-pretexto soma-se um outro vício insanável, uma espécie de pecado original de todo o procedimento que pode levar ao impedimento da Presidenta Dilma. Trata-se de um escandaloso desvio de finalidade no qual, ao invés de expressar a justa preocupação em processar e eventualmente punir um presidente criminoso, a autorização do processamento é fruto – e isto é fato público e notório e, como tal, independe de prova – da chantagem de um deputado-juiz, o então presidente da Câmara, Eduardo Cunha, que, diante da recusa da bancada do PT que compõe o Conselho de Ética da Câmara em lhe ajudar a evitar um processo que pode culminar em sua cassação,[18] resolveu se vingar.

Em síntese, o processo de autorização para o impedimento presidencial nasceu como uma resposta do deputado contra uma presidenta que não se dispôs a ajudá-lo ou a protegê-lo: desprotegido e talvez se sentindo traído, retaliou.

Isto é definitivamente imoral. O direito pode curvar-se diante dessa imoralidade?

Esses motivos já seriam mais do que suficientes para que o Supremo Tribunal Federal, provocado, pudesse intervir, anulando a autorização dada pela Câmara para

---

[16] BRASIL. Superior Tribunal Federal. Mandado de Segurança n. 26.849 AgR. Tribunal Pleno, Rel. Min. Luiz Fux, Brasília, DF, 10.4.2014. *Diário da Justiça Eletrônico*, 21 maio 2014.

[17] O áudio da entrevista pode ser ouvido em ADAIL Carneiro admite ter votado por pressão do PP – Jornalistas Livres. *YouTube*, 19 abr. 2016. Disponível em: <https://www.youtube.com/watch?v=Esxo40RdTYA>.

[18] Contra o referido deputado pesa a acusação de quebra de decoro parlamentar por mentir, numa CPI, sobre contas bancárias existentes no exterior que serviriam para guardar propinas obtidas por ele em troca da facilitação de negócios escusos, apurados pela Operação Lava-Jato, no seio da Petrobras.

o processamento do *impeachment* e até reconhecendo, desde logo, a falta de justa causa para a instauração do processo de impedimento.

Às vésperas da decisão do Senado Federal que, autorizado pela Câmara, instaurou o processo e, em consequência, afastou a presidenta do exercício do mandato por 180 dias, a Advocacia-Geral da União manejou a medida cautelar em Mandado de Segurança nº 34.193/DF, na qual pediu a suspensão da validade da autorização:

> concedida pela Câmara dos Deputados para a instauração de processo de crime de responsabilidade contra a Impetrante e a consequente suspensão de todos os atos relacionados à Denúncia nº 1, no Senado Federal, até o julgamento do mérito do presente mandado de segurança.

Respondendo ao pedido, o Ministro Teori Zavascki negou a liminar sob o argumento central de que:

> [...] não há base constitucional para qualquer intervenção do Poder Judiciário que, direta ou indiretamente, importe juízo de mérito sobre a ocorrência ou não dos fatos ou sobre a procedência ou não da acusação. O juiz constitucional dessa matéria é o Senado Federal, que, previamente autorizado pela Câmara dos Deputados, assume o papel de tribunal de instância definitiva, cuja decisão de mérito é insuscetível de reexame, mesmo pelo Supremo Tribunal Federal.

Com efeito, as razões dessa decisão não resistem a uma análise mais aguda.

Para Teori, a decisão pelo processamento ou não do *impeachment* seria ato soberano do Senado.

Acontece que não há como se falar em soberania que atenta contra a Constituição, permitindo que um poder que nasce dela – o poder de autorizar a abertura do processo de *impeachment* e de afastar a presidenta – acabe se voltando contra ela.

Para evitar isso, é necessário que o poder, embora soberano, tenha limites. Um bom exemplo dessa lógica é o tribunal do júri. *Explicitamente,*[19] a Constituição assegura a soberania dos seus veredictos (art. 5º, XXXVIII, *c*). Todavia, os juízes leigos não podem tudo. E tanto é assim que os tribunais estaduais, embora reconheçam a soberania do que eles decidem, ordenam a realização de novo julgamento quando, entre outros equívocos, a decisão é contrária à prova dos autos.

A vontade e o espírito constitucional, pois, exigem controles.

É por tal razão que os tribunais, no caso, o Supremo Tribunal Federal, não podem e não devem se contentar com simplesmente estabelecer o rito do *impeachment*, como se tudo o mais fosse uma questão insuscetível de controle. Que o diga J. J. Gomes Canotilho:

> Em primeiro lugar, não deve admitir-se uma *recusa de justiça ou declinação de competência* do Tribunal Constitucional só porque a questão é política e deve ser decidida por instâncias políticas. Em segundo lugar, como já se disse, o *problema não reside em, através do controlo jurisdicional, se fazer política, mas sim em apreciar, de acordo com os parâmetros jurídico-materiais*

---

[19] A soberania reconhecida ao tribunal do júri não é, como no caso do processo do *impeachment*, uma construção interpretativa. Sendo explícita, tem inclusive maior densidade constitucional do que aquela que é reconhecida a deputados e senadores, e ainda assim é passível de controles. Por que, então, dar a eles um poder ilimitado?

da constituição, a constitucionalidade da política. A jurisdição constitucional tem, em larga medida, como objecto, apreciar a constitucionalidade do <<político>>. Não significa isto, como é óbvio, que ela se transforme em simples <<jurisdição política>>, pois tem sempre de decidir de acordo com os parâmetros materiais fixados nas normas e princípios da constituição. *Consequentemente, só quando existem parâmetros jurídico-constitucionais para o comportamento político pode o TC apreciar a violação desses parâmetros.*[20] (Grifos nossos)

É precisamente a hipótese que aqui se cuida: o comportamento político da Câmara dos Deputados e, posteriormente, do Senado Federal tem um parâmetro jurídico-constitucional básico, qual seja, a prática dolosa de crime de responsabilidade.

Por isso, o tribunal constitucional, no caso brasileiro o Supremo Tribunal Federal, guardião da Constituição, não pode e não deve, sob pena de negar a si mesmo, recusar-se à tarefa de, para além de disciplinar *como* os juízes, deputados e senadores, devem proceder para impedir a continuidade do mandato presidencial, decidir se o *impeachment* tem motivação e finalidade idôneas capazes de legitimá-lo constitucionalmente. Assim, o Supremo Tribunal Federal tem a obrigação de responder se o que se pretende é, de fato e de direito, afastar do exercício do mandato uma presidenta criminosa que, exatamente por ser criminosa, perdeu o direito de governar.

É preciso, pois, lançar um olhar sobre os *porquês* do *impeachment*, operando uma distinção fundamental entre comportamentos políticos isentos de controle pelo Poder Judiciário e comportamentos políticos que devem ser, necessariamente, controlados. Foi exatamente o que fez a Suprema Corte americana no caso *Marbury v. Madison*, que, já em 1803, estabeleceu que existem atos políticos praticados pelos demais poderes que se submetem à revisão judicial – *judicial review* – quando há contornos constitucionais a serem observados.[21] Assim, em regra:

[...] *os juízes devem autolimitar-se à decisão de questões jurisdicionais e negar a justiciabilidade das questões políticas.* O princípio foi definido pelo juiz Marshall como significando haver certas <<questões políticas>> [...], em relação às quais não pode haver controle jurisdicional. *No entanto, como acentua a própria doutrina americana, a doutrina das questões políticas não pode significar a existência de questões constitucionais isentas de controle.*[22] (Grifos nossos)

E esse controle, no caso, é absolutamente necessário. É que, embora o papel da Câmara dos Deputados no procedimento do *impeachment* se limite, como disse o

---

[20] CANOTILHO, José Joaquim Gomes. *Direito constitucional e teoria da Constituição.* 7. ed. Coimbra: Almedina, 2003. p. 1309.

[21] O Ministro do Supremo Tribunal Federal Luís Roberto Barroso explica com precisão a importância do referido precedente histórico, relatado pelo *chief justice* John Marshall, ocasião em que foram elencadas as três bases do controle judicial de constitucionalidade: "Em primeiro lugar, a *supremacia da Constituição*: 'Todos aqueles que elaboraram constituições escritas encararam-na como a lei fundamental e suprema da nação'. Em segundo lugar, e como consequência natural da premissa estabelecida, afirmou a *nulidade da lei que contrarie a Constituição*: 'Um ato do Poder Legislativo contrário à Constituição é nulo'. E, por fim, o ponto mais controvertido de sua decisão, ao afirmar que *é o Poder Judiciário o intérprete final da Constituição*: 'É enfaticamente da competência do Poder Judiciário dizer o Direito, o sentido das leis. Se a lei estiver em oposição à constituição a corte terá de determinar qual dessas normas conflitantes regerá a hipótese. E se a constituição é superior a qualquer ato ordinário emanado do legislativo, a constituição, e não o ato ordinário, deve reger o caso ao qual ambos se aplicam'" (grifos no original) (BARROSO, Luís Roberto. *O controle de constitucionalidade no direito brasileiro*: exposição sistemática da doutrina e análise crítica da jurisprudência. 6. ed. São Paulo: Saraiva, 2012. p. 30).

[22] CANOTILHO, José Joaquim Gomes. *Direito constitucional e teoria da Constituição.* 7. ed. Coimbra: Almedina, 2003. p. 1309.

ministro Celso de Mello, "a partir de uma avaliação eminentemente discricionária, a conceder ou não autorização",[23] não há como, na dicção de Celso Antônio Bandeira de Mello, confundir-se *discricionariedade* com *arbitrariedade*, confusão que, a toda evidência, parece ter marcado a sessão que deliberou pela sua concessão. Assim, "ao agir arbitrariamente o agente estará agredindo a ordem jurídica, pois terá se comportado fora do que lhe permite a lei. Seu ato, em consequência, é ilícito e por isso mesmo corrigível judicialmente",[24] sobretudo quando, no caso, agride dois dos maiores compromissos constitucionais, quais sejam, a democracia e os direitos fundamentais daí decorrentes.

Que direitos? Inicialmente, o direito, de todos e de cada um, de ver respeitadas as regras do jogo, no dizer de Norberto Bobbio.[25] Depois, o direito da presidenta de concluir o mandato para a qual foi eleita, que somente lhe pode ser subtraído se – e somente se – ela, rompendo com o dever de se comportar como manda a Constituição e a lei que disciplina a matéria, cometer crime de responsabilidade. Finalmente, o direito de quem a escolheu de vê-la concluir o mandato, garantindo-se a soberania do voto popular.

Ora, se há direitos violados ou ameaçados de violação, por força do mandamento constitucional contido no inc. XXXV do art. 5º, ao Poder Judiciário cabe conhecer e decidir sobre a matéria, mesmo que essa matéria se relacione a razões políticas dotadas de uma margem significativa de discricionariedade.

Afinal, a Constituição de 1988, ao proclamar que "a lei não excluirá da apreciação do Poder Judiciário lesão ou ameaça a direito", não excetuou desse controle os atos políticos. Se não excetuou, então este não foi o desejo constitucional, como, aliás, fizeram as Constituições de 1934 e 1937, as quais proclamavam, respectivamente, em seus arts. 68 e 94, o seguinte: "É vedado ao Poder Judiciário conhecer de questões exclusivamente políticas".[26]

Daí resulta que, como observa Canotilho, "[...] não há actos de governo concebidos como actos fora do direito ou da Constituição: a política e a Constituição não são categorias antinômicas [...]".[27]

É que, ainda de acordo com Canotilho, "a força dirigente dos direitos fundamentais impõe-se mesmo perante os tradicionais atos de governo praticados no exercício de uma função política [...]".[28] E isto, com efeito, requer que quem os titulariza tenha o direito de exigir do Estado que coloque à sua disposição meios eficazes de tutela dos direitos violados ou ameaçados de violação, o direito à proteção judicial, de que fala Canotilho.[29]

---

[23] BRASIL. Supremo Tribunal Federal. *Arguição de Descumprimento de Preceito Fundamental n. 378*. Voto do Min. Luís Roberto Barroso. Disponível em: <http://s.conjur.com.br/dl/adpf-378-ementa-voto-barroso.pdf>. Acesso em: 15 jul. 2016.

[24] BANDEIRA DE MELLO, Celso Antônio. *Curso de direito administrativo*. 20. ed. São Paulo: Malheiros, 2006. p. 403.

[25] O respeito às regras do jogo, segundo Norberto Bobbio, é que caracteriza o democrata e a democracia (BOBBIO, Norberto. *O futuro da democracia*: uma defesa das regras do jogo. Tradução de Marco Aurélio Nogueira. 6. ed. São Paulo: Paz e Terra, 1986).

[26] Curiosamente, ainda que a Constituição de 1988 reproduzisse os dispositivos constitucionais acima citados, não seria o caso de isentar do controle jurídico o processo de *impeachment* porque, definitivamente, não se trata de uma questão *exclusivamente* política.

[27] CANOTILHO, José Joaquim Gomes. *Direito constitucional e teoria da Constituição*. 7. ed. Coimbra: Almedina, 2003. p. 649.

[28] CANOTILHO, José Joaquim Gomes. *Direito constitucional e teoria da Constituição*. 7. ed. Coimbra: Almedina, 2003. p. 445.

[29] CANOTILHO, José Joaquim Gomes. *Direito constitucional e teoria da Constituição*. 7. ed. Coimbra: Almedina, 2003. p. 496.

Para isso, e por imposição lógica, ainda que a Câmara dos Deputados e o Senado Federal possam dizer "uma palavra de direito" decidindo pelo *impeachment*, esta palavra é, apenas, uma primeira palavra, cabendo aos tribunais, no caso ao Supremo Tribunal Federal, com diria Canotilho, *dar a última palavra*,[30] uma vez provocado, mesmo porque o caso envolve, como já dissemos, decidir sobre crime, sua existência e autoria, o que requer reflexão sobre uma *categoria jurídica*, estranha ao mundo dos juízos políticos. Assim, em última e definitiva análise, a presidenta, como mais uma vez ensina Canotilho, *tem direito a uma decisão fundada no direito*,[31] porque somente o direito, enquanto técnica social específica, é qualificado para isso. Afinal, trata-se de responder à questão decisiva: a presidenta cometeu ou não crime de responsabilidade?

Em síntese, sobre a presidenta pairam duas acusações, ambas decorrentes da indicação de rejeição das contas da presidência pelo Tribunal de Contas da União.

A primeira delas consiste na prática dissimulada de empréstimos a bancos públicos para o pagamento de programas sociais, notadamente o custeio do plano Safra, e o atraso na devolução, pelo Tesouro Nacional, do dinheiro "emprestado", naquilo que ficou batizado por "pedaladas fiscais". Veja-se sobre isso o que disse o Tribunal de Contas da União:

> O relatório demonstra, de forma cabal, o uso contínuo e reiterado de bancos estatais como "financiadores" de políticas públicas, contrariando vedação expressa da LRF. Com isso, foram postergados, injustificadamente, por arbítrio do Poder Executivo, o pagamento de despesas obrigatórias pela União. Tais operações de crédito ocultas, proibidas pela LRF – exceto no caso da relação entre União e FGTS acerca do Programa Minha Casa Minha Vida –, distorceram a realidade orçamentário-financeira e o resultado fiscal do ano. Facultaram também, em contrapartida, maior margem de manobra governamental no que se refere ao limite de despesas discricionárias.[32] [...]
>
> Em suma, entendi, em oposição a esse raciocínio, que os atrasos se enquadram no conceito de operação de crédito estabelecido pela LRF; que, para tal enquadramento, não se exige contrato bancário típico, específico, firmado com instituição financeira com vistas à entrega de numerários; que *as operações em questão são assemelhadas* às do rol do art. 29, inciso III, da LRF, mais especificamente à hipótese de abertura de crédito.[33] (Grifos nossos)

E o que diz o art. 29, inc. III, da LRF?

> Art. 29. Para os efeitos desta Lei Complementar, são adotadas as seguintes definições: [...]
> III - operação de crédito: compromisso financeiro assumido em razão de mútuo, abertura de crédito, emissão e aceite de título, aquisição financiada de bens, recebimento antecipado de valores provenientes da venda a termo de bens e serviços, arrendamento mercantil e outras operações assemelhadas, inclusive com o uso de derivativos financeiros.

---

[30] CANOTILHO, José Joaquim Gomes. *Direito constitucional e teoria da Constituição*. 7. ed. Coimbra: Almedina, 2003. p. 668-669.

[31] CANOTILHO, José Joaquim Gomes. *Direito constitucional e teoria da Constituição*. 7. ed. Coimbra: Almedina, 2003. p. 498.

[32] BRASIL. Tribunal de Contas da União. *Processo n. 5.335/2015-9*. Plenário, Voto do Min. Rel. João Augusto Ribeiro Nardes, Acórdão 2461/2015, Brasília, DF, 7.10.2015. p. 45-46. Disponível em: <portal.tcu.gov.br/lumis/portal/file/fileDownload.jsp?fileId...>. Acesso em: 15 jul. 2016.

[33] BRASIL. Tribunal de Contas da União. *Processo n. 5.335/2015-9*. Plenário, Voto do Min. Rel. João Augusto Ribeiro Nardes, Acórdão 2461/2015, Brasília, DF, 7.10.2015. p. 46. Disponível em: <portal.tcu.gov.br/lumis/portal/file/fileDownload.jsp?fileId...>. Acesso em: 15 jul. 2016.

Na opinião do TCU, pois, a presidenta teria realizado, enfim, operações de crédito, ainda que "ocultas", e sem "contrato bancário", nos termos definidos no art. 29, inc. III, da Lei de Responsabilidade Fiscal.

Pois bem. Num olhar mais atento, percebe-se que o TCU se esforçou, fazendo uma verdadeira "pedalada" hermenêutica, para sustentar que a presidenta, quando financiou programas sociais com dinheiro dos bancos públicos, realizou uma operação de crédito, ainda que *atípica*, porque *assemelhada* àquelas descritas na LRF.

Esse esforço, com efeito, acabou servindo para que a denúncia enquadrasse a presidenta no art. 10, item 9, da Lei nº 1079/1950, imputando a ela, no rol de crimes de responsabilidade, crime contra a lei orçamentária, consistente no ato de

> ordenar ou autorizar, em desacordo com a lei, a realização de operação de crédito com qualquer um dos demais entes da Federação, inclusive suas entidades da administração indireta, ainda que na forma de novação, refinanciamento ou postergação de dívida contraída anteriormente.

Acontece, entretanto, que, ainda que se admitisse que as operações realizadas pela Presidência seriam operações de crédito ou empréstimo, o fato é que, se tais operações ocorreram, as partes envolvidas foram a União (Tesouro Nacional) e bancos estatais. Porém, o que a lei proíbe, a ponto de criminalizar a conduta, são operações de crédito havidas entre a União (Tesouro Nacional) e *os demais entes da Federação*, leia-se, estados, municípios e Distrito Federal, ou operações de crédito havidas entre a União (Tesouro Nacional) e as entidades da administração indireta *de algum desses entes*.

Salta aos olhos, portanto, que não há adequação ou correspondência entre a conduta real e a conduta prevista em lei como criminosa, exatamente o primeiro dos requisitos que o ordenamento jurídico exige para que se configure um crime.

Noutras palavras, não há o que a ciência penal denomina de tipicidade. Consagrada na fórmula segundo a qual "não há crime sem lei anterior que o defina", a tipicidade foi uma garantia que a civilização ocidental construiu no sentido de evitar que um *querer criminalizante* transforme num criminoso o inimigo político (que não se conseguiu vencer nas urnas), como, convenientemente, faziam os nazistas, por exemplo:

> Será castigado aquele que cometa um fato que a lei declara punível ou que mereça sê-lo com base no pensamento fundamental de uma lei ou de acordo com o são sentir do povo. Se não é aplicável a lei ao ato de modo imediato, será castigado com fulcro na lei cujo pensamento fundamental seja o mais adequado a dito ato. (Lei de 28.6.1935, III Reich)

À moda nazista, à presidenta foi imputado um crime que, embora inexistente, *mereceu sê-lo*. Afinal, o *são sentir do povo* que foi às ruas a favor do *impeachment* assim o exigiu, exigência que, enfim, não se deu, em absoluto, pela suposta prática de crime de responsabilidade, mas pelas denúncias, amplificadas ao máximo por parte da imprensa, de envolvimento de membros do governo com crimes de corrupção apurados pela Operação Lava Jato.

A segunda acusação diz respeito à abertura de crédito suplementar por decretos sem a autorização legislativa, que provocaria aumento de despesa superior ao limite estabelecido como meta fiscal.

Sobre isso, é preciso fazer algumas considerações. Os créditos suplementares têm como objetivo aumentar a dotação orçamentária para cobrir determinadas despesas já previstas na Lei Orçamentária Anual (LOA). Como o orçamento é um instrumento de previsão, isto é, feito no passado para ser aplicado a situações futuras, a realidade vigente durante sua execução pode exigir alguns ajustes, modificações necessárias para se adequar a fatos que não havia previsto.

É por tal razão que o Congresso Nacional, ao elaborar a Lei Orçamentária Anual (LOA), já permite que a Presidência da República edite decretos de abertura de crédito suplementar, estabelecendo limites e condições para isso.

A esse respeito, a tese da denúncia é a de que o crime de responsabilidade se configurou quando a presidenta editou decretos sem que, supostamente, tivesse observado como condição os limites da meta de superávit primário indicados na Lei de Diretrizes Orçamentárias. Ou seja, a presidenta até poderia ter aberto por decreto os tais créditos suplementares, mas desde que dentro do limite da meta fiscal, o que não teria ocorrido.

Acontece que, durante o ano de 2015, em razão da crise econômica e da perda de arrecadação, as metas fiscais previstas na LDO foram alteradas, pois o Congresso Nacional aprovou o PLN nº 5/2015, que deu origem à Lei nº 13.199, de 3.12.2015, reduzindo a meta do resultado primário do superávit.

Isso quer dizer que, muito embora a presidenta tenha aberto créditos suplementares em desacordo com a meta fiscal inicialmente prevista, o fato é que os próprios deputados e senadores, inclusive os algozes de seu processo de *impeachment*, promoveram a alteração dos limites para a abertura de crédito suplementar antes do final do exercício financeiro.

Assim, com a aprovação da lei que alterou a meta de resultado primário, os limites para a abertura de crédito suplementar foram revistos e, por conta disso, todos os decretos editados pela presidenta passaram a se adequar aos novos limites, já que a nova lei lhes conferiu validade.

Tecnicamente falando, o Congresso Nacional acabou convalidando a conduta presidencial, retirando dela qualquer possibilidade de ofensa à ordem jurídica, já que alterou o limite da meta fiscal durante o cumprimento da própria meta.

Como se isso não bastasse, o fato é que a conduta atribuída à presidenta, historicamente, também teria sido praticada pelos governos anteriores com o aval do próprio Tribunal de Contas da União. Chamado à atenção pela defesa da presidenta quanto a isto, eis o que sustentou o ministro relator:

> Outra tese central de defesa que permeia praticamente todas as irregularidades tratadas neste processo diz respeito a possível violação dos princípios da segurança jurídica e da proteção da confiança por parte deste TCU na hipótese de concluir pela emissão de parecer adverso.
> Nesse particular, também em consonância com a análise da Semag, reputei que as decisões do TCU, por falta de disposição legal ou constitucional que o autorizem a assim proceder, não conferem salvaguarda à continuidade da prática de ato ilegal não abordado ou detectado por ocasião da análise fático-jurídica resultante de suas manifestações anteriores.[34]

---

[34] BRASIL. Tribunal de Contas da União. *Processo n. 5.335/2015-9*. Plenário, Voto do Min. Rel. João Augusto Ribeiro Nardes, Acórdão 2461/2015, Brasília, DF, 7.10.2015. p. 47. Disponível em: <portal.tcu.gov.br/lumis/portal/file/fileDownload.jsp?fileId...>. Acesso em: 15 jul. 2016.

Vê-se, pois, que o próprio TCU admitiu que a conduta da presidenta era a continuação de algo que se fazia antes ou que sempre se fez. Até então, em torno dessa prática, o TCU se limitava "a apontar a necessidade de aperfeiçoamentos no planejamento ou execução orçamentária, conforme vem recomendando este Tribunal em seus relatórios sobre as contas governamentais dos últimos exercícios", conclusão a que chegou pelo menos nas análises dos exercícios financeiros de 2000 (p. 81 do parecer prévio publicado em 21.6.2001), 2001 (p. 100 do parecer prévio publicado em 11.6.2002) e 2002 (p. 73 do parecer prévio publicado em 12.6.2003).

As regras do jogo, pois, indicavam que as condutas tidas como criminosas eram toleradas, tratadas como se fossem meras irregularidades a sugerir, pedagogicamente, recomendações de aperfeiçoamento na execução orçamentária.

Eis que, mudando as regras, o que era mera irregularidade acabou, de uma hora para outra, transformando-se numa conduta grave, passível de ser criminalizada: por obra e graça de um *querer criminalizante* a permissividade ou a tolerância deram lugar ao crime!

Acontece, entretanto, que a presidenta só agiu como agiu acreditando, lógica e evidentemente, que não estava a cometer crime algum, como, aliás, até então sugeria o TCU. Em outras palavras isto quer dizer que, se a presidenta soubesse ou pelo menos desconfiasse que o TCU iria mudar bruscamente de opinião e alimentar com essa mudança a versão acusatória, certamente não teria feito o que fez.

E assim o é porque as pessoas, em qualquer sociedade, projetam suas ações considerando o que, razoavelmente, podem esperar da ação dos outros com quem convivem. O melhor exemplo disso talvez seja o semáforo que controla o trânsito. O que faz com que um motorista avance com tranquilidade o cruzamento de vias não é propriamente a autorização que recebem para fazê-lo através do sinal verde, senão a certeza ou pelo menos a confiança de que os motoristas que estão no sentido contrário obedecerão ao sinal vermelho e pararão os seus automóveis.

Trazendo essa regra básica de convivência para o caso da presidenta, é possível afirmar que o comportamento do TCU, de longos anos, provocou nela a certeza ou pelo menos a expectativa razoável de que agia nos limites suportados pela ordem jurídica vigente.

Esse cenário sugere dois desdobramentos.

Por um lado, empresta à conduta da presidenta um escasso grau de reprovabilidade ou censurabilidade, mesmo porque, além de ser um comportamento largamente disseminado na Administração Pública brasileira, não causou senão, no máximo, desorganização momentânea na execução orçamentária, não havendo que se falar em dano ao erário nem muito menos enriquecimento ilícito praticado pela presidenta.

Se a lei orçamentária e seus objetivos não são um fim em si mesmo, parece profundamente desproporcional subtrair o mandato presidencial com esse fundamento, mesmo porque, como disse o Ministro Luís Roberto Barroso:

> O impeachment depende de crime de responsabilidade. Mas, no presidencialismo brasileiro, se você procurar com lupa, é quase impossível não encontrar algum tipo de infração pelo menos de natureza orçamentária. Portanto, o impeachment acaba sendo, na verdade, a invocação do crime de responsabilidade, que você sempre vai achar, mais a perda de sustentação política.[35]

---

[35] OMS, Carolina. Barroso: Perda de apoio político é estado indispensável a impeachment. *Jornal Valor Econômico*, Recife, 9 jun. 2016. Disponível em: <http://www.valor.com.br/politica/4595387/barroso-perda-de-apoio-politico-e-estado-indispensavel-impeachment>. Acesso em: 15 jun. 2016.

O insuspeito Joaquim Barbosa, ex-ministro do Supremo Tribunal Federal e algoz do PT no julgamento do "Mensalão",[36] em evento recente, sobre isso, disse:

> O impeachment é a punição máxima a um presidente que cometeu um deslize funcional gravíssimo. Trata-se de um mecanismo extremo, traumático, que pode abalar o sistema político como um todo, pode provocar ódio e rancores e tornar a população ainda mais refratária ao próprio sistema político. [...]
> Temos um problema sério de proporcionalidade, pois a irresponsabilidade fiscal é o comportamento mais comum entre nossos governantes em todas as esferas. Vejam a penúria financeira dos nossos Estados, o que é isso senão fruto da irresponsabilidade orçamentária dos governadores.[37]

Retira, por outro lado, da conduta incriminada qualquer vestígio de dolo, elemento que, até pela gravidade das consequências do crime de responsabilidade, é essencial à sua caracterização. Por definição, age com dolo quem, deliberadamente, deseja praticar um crime. Este querer criminoso, por imposição lógica, pressupõe, antes de qualquer outro requisito, que o agente tenha ciência prévia de que a conduta desejada constitui crime e, ainda assim, não desista de praticá-la. Ora, se a presidenta, como se viu, tinha fundadas razões para acreditar que agia nos limites do que a ordem jurídica permitia ou tolerava, outra não é a conclusão senão a de que, além de jamais pretender cometer crime algum, ela foi, a partir do giro jurisprudencial operado pelo TCU, traiçoeira e surpreendentemente criminalizada.

E isto só foi possível porque tal giro jurisprudencial traiu um princípio básico do Estado de Direito segundo o qual deve-se garantir, no dizer de Canotilho, "um mínimo de certeza nos direitos das pessoas e nas suas expectativas juridicamente criadas e, consequentemente, a confiança dos cidadãos e da comunidade na tutela jurídica",[38] impondo a "exigência de certeza e calculabilidade, por parte dos cidadãos, em relação aos efeitos jurídicos dos atos normativos".[39]

Exatamente para combater essa traição é que os ordenamentos jurídicos de inspiração democrática caminham para dar à jurisprudência o mesmo tratamento dispensado à lei, isto é, tendem a proibir que o entendimento dos tribunais, inclusive dos tribunais administrativos, possa retroagir para atingir comportamentos que, antes da mudança jurisprudencial, eram permitidos ou tolerados. Essa proibição, com efeito, é extremamente saudável considerando que a jurisprudência é a lei no caso concreto, na medida em que a lei assume o sentido e o alcance de quem a aplica no mundo real.

Nessa perspectiva, a Constituição teria sido uma vez mais violada porque a interpretação que se deu à lei e que acabou servindo como instrumento para criminalizar a conduta da presidenta retroagiu para prejudicá-la, conduta proibida pelo inc. XL do art. 5º do texto constitucional.

---

[36] Nome pelo qual ficou conhecida a Ação Penal nº 470, da qual o ex-ministro foi relator, e que acabou levando importantes dirigentes do Partido dos Trabalhadores à prisão.

[37] MICHEL Temer não tem legitimidade para conduzir o Brasil, diz Joaquim Barbosa. *Época Negócios*, 12 maio 2016. Disponível em: <http://epocanegocios.globo.com/Brasil/noticia/2016/05/epoca-negocios-michel-temer-nao-tem-legitimidade-para-conduzir-o-brasil-diz-joaquim-barbosa.html>. Acesso em: 31 maio 2016.

[38] CANOTILHO, José Joaquim Gomes. *Direito constitucional e teoria da Constituição*. 7. ed. Coimbra: Almedina, 2003. p. 261.

[39] CANOTILHO, José Joaquim Gomes. *Direito constitucional e teoria da Constituição*. 7. ed. Coimbra: Almedina, 2003. p. 264.

Como assistir passivamente a tantas e tamanhas violações constitucionais?

Curiosamente, o mesmo Teori que, sob o argumento de que é preciso respeitar decisões soberanas dos senadores, recusou-se a prestar jurisdição, pronunciando-se sobre pedido da Procuradoria-Geral da República, formulado na Ação Cautelar nº 4.070/DF, criando um precedente histórico, não somente afastou o deputado Eduardo Cunha do exercício do mandato de presidente da Câmara dos Deputados, como também do exercício do próprio mandato parlamentar, o fazendo para tentar garantir a higidez dos processos de apuração das acusações de quebra do decoro parlamentar e da prática de condutas criminosas – em tramitação na Câmara dos Deputados e no Supremo Tribunal Federal –, e evitar que os métodos pouco republicanos do investigado colocassem em risco a eficácia dos mecanismos de controle, político e jurídico, sobre o seu comportamento.

Na oportunidade, assim se manifestou:

> [...] além de representar risco para as investigações penais sediadas neste Supremo Tribunal Federal, é um pejorativo que conspira contra a própria dignidade da instituição por ele liderada. Nada, absolutamente nada, se pode extrair da Constituição que possa, minimamente, justificar a sua permanência no exercício dessas elevadas funções públicas. Pelo contrário, o que se extrai de um contexto constitucional sistêmico, é que o exercício do cargo, nas circunstâncias indicadas, *compromete a vontade da Constituição*, sobretudo a que está manifestada nos princípios de probidade e moralidade que devem governar o comportamento dos agentes políticos. Poderes são politicamente livres para se administrarem, para se policiarem e se governarem, mas não para se abandonarem ao descaso para com a Constituição [...] (porque) *são todos eles geneticamente instituídos pela mesma Constituição, e por isso estarão sempre comprometidos com o seu espírito. Os poderes da República são independentes entre si, mas jamais poderão ser independentes da Constituição.* (Grifos nossos)

Embora não houvesse "previsão específica, com assento constitucional", para tanto, como admitiu o próprio ministro, o Supremo Tribunal Federal decidiu intervir sob o argumento central de que era preciso respeitar a vontade da Constituição e subordinar os poderes da República ao seu espírito.

Por que, no caso do *impeachment* da presidenta, transferir para o Senado a responsabilidade, exclusiva, de decidir sobre uma situação cuja controvérsia passa, necessariamente, por dizer de sua compatibilidade ou não com a Constituição, razão da existência do próprio Supremo Tribunal Federal? Por que, enfim, num caso, fazer prevalecer a Constituição e, em outro, não?

Essa pergunta, com efeito, merece resposta tanto mais quanto se sabe que a presidenta afastada não parece, definitivamente, ter cometido crime de responsabilidade algum, fato reconhecido, agora, por peritos nomeados pelo Senado da República.

Segundo o *Jornal Folha de S.Paulo*, o laudo produzido pelos técnicos designados não identificou ação de Dilma no episódio das pedaladas no Plano Safra: "Pela análise dos dados, dos documentos e das informações relativos ao Plano Safra, não foi identificado ato comissivo da Exma. Sra. Presidente da República que tenha contribuído direta ou imediatamente para que ocorressem os atrasos nos pagamentos".[40]

---

[40] COLON, Leandro; HAUBERT, Mariana. Dilma liberou créditos, mas não agiu em pedaladas, diz perícia do Senado. *Folha de S.Paulo*, São Paulo, 27 jun. 2016. Disponível em: <http://www1.folha.uol.com.br/

Mas, enfim, por que o governo foi afastado? Esclarecendo, a líder do governo interino no Congresso Nacional foi absolutamente sincera:

> Por que o governo saiu? Na minha tese, não teve esse negócio de pedalada. Eu estudo isso, faço parte da Comissão de Orçamento. O que teve foi um país paralisado, sem direção e sem base nenhuma para administrar. A população não queria mais e o Congresso não dava a ela os votos necessários para tocar nenhuma matéria. E o país não podia ficar parado.[41]

Mais do que uma resposta à suposta paralisia do governo afastado, o processo de *impeachment* teria outras razões. É o que se percebe da divulgação de trechos de um diálogo entre o Senador Romero Jucá e o ex-Presidente da Transpetro (subsidiária da Petrobras) Sérgio Machado. Gravado há poucos dias da sessão que autorizou o Senado a processar o impedimento da presidenta, revelou, sem disfarces, porque o impedimento da presidenta, para uma parcela expressiva de deputados e senadores, se impunha:

> SÉRGIO MACHADO – Tem que ter um impeachment.
> ROMERO JUCÁ – Tem que ter impeachment. Não tem saída. [...]
> ROMERO JUCÁ – [...] Tem que resolver essa porra... Tem que mudar o governo para estancar essa sangria. [...]
> ROMERO JUCÁ – Conversei ontem com alguns ministros do Supremo. Os caras dizem 'ó, só tem condições de [inaudível] sem ela [Dilma]. Enquanto ela estiver ali, a imprensa, os caras querem tirar ela, essa porra não vai parar nunca'. Entendeu? Então... Estou conversando com os generais, comandantes militares. Está tudo tranquilo, os caras dizem que vão garantir. Estão monitorando o MST, não sei o quê, para não perturbar. [...]
> SÉRGIO MACHADO – Mas viu, Romero, então eu acho a situação gravíssima.
> ROMERO JUCÁ – Eu ontem fui muito claro. [...] Eu só acho o seguinte: com Dilma não dá, com a situação que está. [...]
> MACHADO – É um acordo, botar o Michel, num grande acordo nacional.
> JUCÁ – Com o Supremo, com tudo.
> MACHADO – Com tudo, aí parava tudo.
> JUCÁ – É. Delimitava onde está, pronto. [...]
> MACHADO – Eu acho o seguinte, a saída [para Dilma] é ou licença ou renúncia. A licença é mais suave. O Michel forma um governo de união nacional, faz um grande acordo, protege o Lula, protege todo mundo. Esse país volta à calma, ninguém aguenta mais. Essa cagada desses procuradores de São Paulo ajudou muito [referência possível ao pedido de prisão de Lula pelo Ministério Público de SP e à condução coercitiva ele para depor no caso da Lava jato] [...].[42]

O temor à Operação Lava Jato e às suas consequências "recomendava" a deposição da presidenta via processo de *impeachment*. Afinal, precisava-se de alguém que tivesse

---

poder/2016/06/1786059-dilma-agiu-para-liberar-credito-mas-nao-em-pedaladas-diz-pericia-do-senado.shtml>. Acesso em: 28 jul. 2016.

[41] Entrevista concedida à Rádio Itatiaia em 25.6.2016 (LÍDER do PMDB no Congresso admite que pedaladas foram desculpa para tirar Dilma. *Itatiaia – 610 am 95,7 fm*, 25 jun. 2016. Disponível em: <http://www.itatiaia.com.br/noticia/lider-do-pmdb-no-congresso-admite-que-pedaladas-foram-desculpa-para-tirar-dilma>. Acesso em: 28 jul. 2016).

[42] VALENTE, Rubens. Em diálogos gravados, Jucá fala em pacto para deter avanço da Lava Jato. *Folha de S.Paulo*, São Paulo, 23 maio 2016. Disponível em: <http://www1.folha.uol.com.br/poder/2016/05/1774018-em-dialogos-gravados-juca-fala-em-pacto-para-deter-avanco-da-lava-jato.shtml>. Acesso em: 1º jun. de 2016.

a capacidade de "proteger todo mundo" da justiça de Sergio Moro. A presidenta, definitivamente, não servia para isso.

Conclusivamente, a presidenta foi afastada – afastamento que pode se tornar definitivo – por ter cometido o "crime" de perda de apoio parlamentar. Acontece que a continuidade e o desfecho do processo – qualquer que seja ele – infelizmente parece não ser, como sustentou o Ministro Luís Roberto Barroso, uma "questão de certo ou errado e passa a ser uma questão de escolhas políticas [...]", não cabendo ao "Supremo fazer escolhas políticas".[43]

É assim que decidirá o Supremo Tribunal Federal quando provocado pela defesa da Presidenta Dilma na hipótese de seu afastamento definitivo?

Referências

ADAIL Carneiro admite ter votado por pressão do PP – Jornalistas Livres. *YouTube*, 19 abr. 2016. Disponível em: <https://www.youtube.com/watch?v=Esxo40RdTYA>.

BANDEIRA DE MELLO, Celso Antônio. *A Constituição na visão dos tribunais*. São Paulo: Saraiva, 1997.

BANDEIRA DE MELLO, Celso Antônio. *Curso de direito administrativo*. 20. ed. São Paulo: Malheiros, 2006.

BARROSO, Luís Roberto. *O controle de constitucionalidade no direito brasileiro*: exposição sistemática da doutrina e análise crítica da jurisprudência. 6. ed. São Paulo: Saraiva, 2012.

BERGAMO, Mônica. Ministro do STF diz que decisão de Moro foi 'ato de força' que atropela regras. *Jornal Folha de S.Paulo*, São Paulo, 4 mar. 2016. Disponível em: <http://www1.folha.uol.com.br/colunas/monicabergamo/2016/03/1746433-ministro-do-stf-diz-que-decisao-de-moro-foi-ato-de-forca-que-atropela-regras.shtml>. Acesso em: 28 jul. 2016.

BOBBIO, Norberto. *O futuro da democracia*: uma defesa das regras do jogo. Tradução de Marco Aurélio Nogueira. 6. ed. São Paulo: Paz e Terra, 1986.

BRASIL. Justiça Federal do Paraná. 13ª Vara Federal de Curitiba. *Decisão na Petição n. 5007401-06.2016.4.04.7000/PR*. Curitiba, 29.2.2016. Disponível em: <http://s.conjur.com.br/dl/pf-violou-lei-penal-ordem-moro-conduzir.pdf>. Acesso em: 28 jul. 2016.

BRASIL. *Lei nº 9.296/1996*. Regulamenta o inciso XII, parte final, do art. 5º da Constituição Federal. Presidência da República. Disponível em: <http://www.planalto.gov.br/ccivil_03/leis/L9296.htm>. Acesso em: 15 jul. 2016.

BRASIL. Superior Tribunal Federal. Mandado de Segurança n. 26.849 AgR. Tribunal Pleno, Rel. Min. Luiz Fux, Brasília, DF, 10.4.2014. *Diário da Justiça Eletrônico*, 21 maio 2014.

BRASIL. Supremo Tribunal Federal. *Arguição de Descumprimento de Preceito Fundamental n. 378*. Voto do Min. Luís Roberto Barroso. Disponível em: <http://s.conjur.com.br/dl/adpf-378-ementa-voto-barroso.pdf>. Acesso em: 15 jul. 2016.

BRASIL. Tribunal de Contas da União. *Processo n. 5.335/2015-9*. Plenário, Voto do Min. Rel. João Augusto Ribeiro Nardes, Acórdão 2461/2015, Brasília, DF, 7.10.2015. Disponível em: <portal.tcu.gov.br/lumis/portal/file/fileDownload.jsp?fileId...>. Acesso em: 15 jul. 2016.

CABRAL, Antônio do Passo. Il principio del contradditorio come diritto d'influenza e dovere di dibattito. *Rivista di Diritto Processuale*, Padova, 2005.

CANOTILHO, José Joaquim Gomes. *Direito constitucional e teoria da Constituição*. 7. ed. Coimbra: Almedina, 2003.

---

[43] OMS, Carolina. Barroso: Perda de apoio político é estado indispensável a impeachment. *Jornal Valor Econômico*, Recife, 9 jun. 2016. Disponível em: <http://www.valor.com.br/politica/4595387/barroso-perda-de-apoio-politico-e-estado-indispensavel-impeachment>. Acesso em: 15 jun. 2016.

CARVALHO, Mario Cesar; MEGALE, Bela. Delação de sócio da OAS trava após ele inocentar Lula. *Folha de S.Paulo*, São Paulo, 1º jun. 2016. Disponível em: <http://www1.folha.uol.com.br/poder/2016/06/1776913-delacao-de-socio-da-oas-trava-apos-ele-inocentar-lula.shtml>. Acesso em: 27 jul. 2016.

COLON, Leandro; HAUBERT, Mariana. Dilma liberou créditos, mas não agiu em pedaladas, diz perícia do Senado. *Folha de S.Paulo*, São Paulo, 27 jun. 2016. Disponível em: <http://www1.folha.uol.com.br/poder/2016/06/1786059-dilma-agiu-para-liberar-credito-mas-nao-em-pedaladas-diz-pericia-do-senado.shtml>. Acesso em: 28 jul. 2016.

FERREIRA, Flávio. Lula diz em grampo que tribunais e Congresso estão 'acovardados'. *Folha de S.Paulo*, São Paulo, 16 mar. 2016. Disponível em: <http://www1.folha.uol.com.br/poder/2016/03/1750796-lula-diz-em-grampo-que-tribunais-e-congresso-estao-acovardados.shtml>. Acesso em: 28 jul. 2016.

JAKOBS, Günther. Direito penal do cidadão e direito penal do inimigo. In: JAKOBS, Günther; MELIÁ, Manuel Cancio. *Direito penal do inimigo*: noções e críticas. Tradução de André Luis Callegari e Nereu José Giacomolli. Porto Alegre: Livraria do Advogado, 2007.

KELSEN, Hans. *Teoria pura do direito*. Tradução de João Baptista Machado. São Paulo: Martins Fontes, 1999.

LÍDER do PMDB no Congresso admite que pedaladas foram desculpa para tirar Dilma. *Itatiaia – 610 am 95,7 fm*, 25 jun. 2016. Disponível em: <http://www.itatiaia.com.br/noticia/lider-do-pmdb-no-congresso-admite-que-pedaladas-foram-desculpa-para-tirar-dilma>. Acesso em: 28 jul. 2016.

MARINHO, Dorivan. 'Me preocupa muito o dia seguinte', diz Marco Aurélio Mello sobre eventual impeachment. *Jornal do Comércio*, Recife, 4 abr. 2016. Disponível em: <http://jcrs.uol.com.br/_conteudo/2016/04/politica/491460-me-preocupa-muito-o-dia-seguinte--diz-marco-aurelio-mello-do-stf-sobre-eventual-impeachment.html?cmpid=fb-uolnot>. Acesso em: 27 jul. 2016.

MELIÁ, Manuel Cancio. *Direito penal do inimigo*: noções e críticas. Tradução de André Luis Callegari e Nereu José Giacomolli. Porto Alegre: Livraria do Advogado, 2007.

MICHEL Temer não tem legitimidade para conduzir o Brasil, diz Joaquim Barbosa. *Época Negócios*, 12 maio 2016. Disponível em: <http://epocanegocios.globo.com/Brasil/noticia/2016/05/epoca-negocios-michel-temer-nao-tem-legitimidade-para-conduzir-o-brasil-diz-joaquim-barbosa.html>. Acesso em: 31 maio 2016.

OLIVEIRA, Carlos Alberto. O juiz e o princípio do contraditório. *Revista do Advogado*, n. 40, p. 35-38, jul. 1993.

OMS, Carolina. Barroso: Perda de apoio político é estado indispensável a impeachment. *Jornal Valor Econômico*, Recife, 9 jun. 2016. Disponível em: <http://www.valor.com.br/politica/4595387/barroso-perda-de-apoio-politico-e-estado-indispensavel-impeachment>. Acesso em: 15 jun. 2016.

VALENTE, Rubens. Em diálogos gravados, Jucá fala em pacto para deter avanço da Lava Jato. *Folha de S.Paulo*, São Paulo, 23 maio 2016. Disponível em: <http://www1.folha.uol.com.br/poder/2016/05/1774018-em-dialogos-gravados-juca-fala-em-pacto-para-deter-avanco-da-lava-jato.shtml>. Acesso em: 1º jun. de 2016.

VASCONCELLOS, Marcos de. Grampo mostra Jaques Wagner reclamando da OAB, e Lamachia rebate. *Consultor Jurídico*, 16 mar. 2016. Disponível em: <http://www.conjur.com.br/2016-mar-16/grampo-mostra-jaques-wagner-reclamando-oab-lamachia-rebate>. Acesso em: 28 jul. 2016.

Informação bibliográfica deste texto, conforme a NBR 6023:2002 da Associação Brasileira de Normas Técnicas (ABNT):

MELO, Tutmés Airan de Albuquerque. O impeachment da Presidenta Dilma e a Constituição da República: o Poder Judiciário brasileiro, a que será que se destina?. In: PINTO, Hélio Pinheiro; LIMA NETO, Manoel Cavalcante de; LIMA, Alberto Jorge Correia de Barros; SOTTO-MAYOR, Lorena Carla Santos Vasconcelos; DIAS, Luciana Raposo Josué Lima (Coords.). *Constituição, direitos fundamentais e política*: estudos em homenagem ao professor José Joaquim Gomes Canotilho. Belo Horizonte: Fórum, 2017. p. 191-213. ISBN 978-85-450-0185-0.

TRIBUTAÇÃO E CIDADANIA

MANOEL CAVALCANTE DE LIMA NETO

Introdução

O presente artigo expressa uma reflexão sobre tributação e cidadania, tema que tem sido muito pouco enfocado, mas que ganha um novo aporte na medida em que se evidenciam pesquisas e estudos sobre os custos dos direitos no país. É que o custeio dos direitos e dos gastos em geral num Estado Fiscal, em sua mais expressiva parte, são suportados pela instituição e cobrança de tributos.

Daí a estreita relação dos atributos da cidadania, os direitos, os deveres e a participação com a tributação que serve de lastro para a concessão de direitos e ao mesmo tempo é extraída do próprio cidadão, direta ou indiretamente, do exercício das atividades econômicas e profissionais que refletem o dever de pagar tributos.

1 A necessidade de criação de tributos pelo Estado: o Estado Fiscal

O exercício das finalidades do Estado que visam ao bem comum e se abre para proteção de direitos os mais variados e de direitos fundamentais, num modelo do que se denomina Estado fiscal, faz com que as atividades que se operam por meio de serviços públicos pelos poderes legislativo, executivo e judiciário dependam de recursos financeiros que se extraem pela via da tributação.

O Estado Fiscal é aquele em que as suas necessidades básicas são cobertas essencialmente pelas receitas advindas do pagamento de impostos, tendo sido a regra no Estado Moderno, numa evolução que se pode aferir de um Estado Liberal Fiscal para um Estado Social Fiscal.[1] O Estado Liberal Fiscal com a pretensão de estado mínimo, baseado numa tributação limitada apenas para fazer face às despesas da máquina administrativa e o Estado Social Fiscal preocupado com o funcionamento da sociedade como um todo e da economia, tendo por fundamento uma tributação mais ampla, coerente com o seu elevado grau de intervenção.

---

[1] ABAIS, José Casalta. *O dever fundamental de pagar impostos*. Coimbra: Almedina, 1998. p. 192-194.

O conceito de Estado Fiscal exige um respeito à propriedade privada e a livre iniciativa, ficando o Estado nesse espectro com um papel subsidiário. É que a tributação é exercida por excelência sobre a propriedade privada, o exercício das profissões e o patrimônio. A separação das funções da sociedade e do Estado, que não é estanque, serve não só para justificar a instituição de tributos sobre a atuação do particular em fatos que revelem capacidade contributiva, mas também para demonstrar uma faceta muito menos destacada dos tributos que é a de vê-lo como garante da própria liberdade.

No instante em que o Estado assegura o livre exercício da atividade econômica para o particular e sai desse campo como agente direto, permite a liberdade e parte dela é cobrada pelo pagamento do tributo. Daí dizer-se que o "tributo é o preço pago pela liberdade, eis que o indivíduo se distancia do Estado na medida em que a prestação fiscal substitui os deveres pessoais e alivia as proibições jurídicas".[2]

O Brasil é um Estado Fiscal com configuração implícita na Constituição Federal pela consagração de direitos, garantia de livre exercício de atividades econômicas e de profissões e atribuição das satisfações das necessidades financeiras públicas pela tributação.[3] A tributação é o principal suporte financeiro do Estado por meio das receitas derivadas,[4] sendo as receitas originárias que importam em atividade direta do Estado, de menor significação.

2 A forma como o estado institui os tributos: o poder de tributar

A criação do tributo perfaz-se pelo exercício do poder de tributar do Estado uma das mais relevantes manifestações do poder político público. É o instrumento que viabiliza a fonte de financiamento mais volumosa do Estado contemporâneo para o desenvolvimento de suas funções, o que lhe concede um lugar especial dentro da categoria do poder político público.[5]

Cuida-se de um poder juridicamente limitado em face do analítico regramento constitucional brasileiro sobre a matéria, com destaque para a instituição pelos entes políticos e as limitações constitucionais ao exercício do poder de tributar.

---

[2] TORRES, Ricardo Lobo. *A ideia de liberdade no estado patrimonial e no estado fiscal*. Rio de Janeiro: Renovar, 1991. p. 37. "Nesse sentido, o imposto é o preço da liberdade, para Kirchhof. Se o Estado de Direito dá a iniciativa privada os fatores de produção, capital e trabalho, por meio da garantia de liberdade de exercício de profissão e liberdade de propriedade, renuncia o Estado, pois, estruturalmente, a atuar empresarialmente. Então, ele precisa financiar-se por impostos, isso é, por uma participação no resultado da economia privada" (SCHOUERI, Luis Eduardo. Tributação e liberdade. In: PIRES, Adilson Rodrigues; TÔRRES, Heleno Taveira. *Princípios de direito financeiro e tributário*. Rio de Janeiro: Renovar, 2006. p. 453).

[3] "A consagração constitucional de direitos, como o de propriedade privada, o de livre exercício da iniciativa privada, indica a rejeição de um estado monopolista ou hegemônico da economia, cabendo ao Estado uma função de regulação e coordenação da economia. Demais, a Constituição, ao imputar a satisfação das necessidades financeiras públicas ao conjunto de impostos, no instante em que promove uma exclusão do Estado Patrimonialista, faz afirmar-se como Estado Fiscal" (LIMA NETO, Manoel Cavalcante. *Direitos fundamentais dos contribuintes*: limitações constitucionais ao poder de tributar. Recife: Nossa Livraria, 2005. p. 122).

[4] No orçamento da União para 2016, as receitas de impostos, taxas, contribuições de melhoria e contribuições ultrapassam um trilhão e duzentos milhões de reais, enquanto as receitas originárias em torno de duzentos e trinta milhões de reais (BRASIL. *Lei nº 13.255, de 14/01/2016*. Estima a receita e fixa a despesa da União para o exercício financeiro de 2016. Presidência da República. Disponível em: <http://www.planalto.gov.br/ccivil_03/_Ato2015-2018/2016/Lei/L13255.htm>. Acesso em: 15 jul. 2016).

[5] CAZORLA PRIETO, Luis Maria. *El poder tributario en el estado contemporáneo*: un estudio. Madrid: Instituto de Estudios Fiscales, 1981. p. 89.

A materialização do poder de tributar aparece pela atribuição de competência tributária para criação dos tributos por comando constitucional para a União, os estados, o Distrito Federal e os municípios que compartilham o federalismo fiscal, sendo as espécies tributárias definidas também na Constituição, quais sejam, os impostos, as taxas, a contribuição de melhoria, os empréstimos compulsórios e a as contribuições.[6]

3 A destinação da exigência dos tributos – a materialidade do tributo e o contribuinte

O tributo é exigido da atividade privada forjada na atividade econômica, no exercício das profissões e sobre a propriedade. A base econômica da incidência tributária é a renda, a industrialização de produtos, a circulação de mercadorias, a prestação de serviços, as operações financeiras, a propriedade de bem móvel ou imóvel, o faturamento, o lucro, a folha de salários, a importação e exportação de mercadorias etc. Desse modo, a propriedade privada é o parâmetro para a exigência tributária.

Com efeito, as materialidades apontadas na Constituição para definição pela lei dos fatos geradores dos tributos dizem respeito a situações relacionadas com o cidadão/contribuinte seja quando autor do fato previsto, ou seja, aquele que adquiriu disponibilidade econômica ou jurídica para o imposto sobre a renda – IRPJ ou o proprietário do imóvel urbano para o imposto predial e territorial urbano – IPTU e que assume a condição de contribuinte direto do tributo, seja quando indiretamente sofre o encargo do tributo como o adquirente do produto industrializado para o imposto sobre produtos industrializados – o IPI ou da mercadoria objeto de circulação pela venda para o imposto sobre circulação de mercadorias e serviços – o ICMS.[7]

Registra-se, portanto, que a "a tributação constitui o suporte financeiro do Estado Fiscal, modelo incorporado no Estado Brasileiro cuja incidência ocorre sobre a atividade econômica, o exercício das profissões, a renda e a propriedade, de forma geral, alcançando direta ou indiretamente o cidadão contribuinte".

4 Cidadania: os direitos e os deveres

A cidadania aponta para uma condição do indivíduo que é titular de direitos e deveres perante o Estado e que tem a faculdade de participar de suas decisões, segundo o modelo traçado no sistema normativo.

O Estado brasileiro assegura os direitos fundamentais, outros direitos de ordem constitucional e ainda os mais diversos direitos previstos pela legislação infraconstitucional. A quantidade de direitos é elevada, embora muitos ainda não receberam a concretização adequada para sua satisfação pelo cidadão destinatário. Inobstante isso, a necessidade clama por uma sempre crescente e acentuada defesa de direitos.

---

[6] Arts. 145, 148 e 149, da Constituição Federal.
[7] Ressalvam-se os denominados tributos vinculados, as taxas e a contribuição de melhoria, cujo fato gerador refere-se a uma atuação estatal. Mesmo assim, o contribuinte é quem provoca ou se beneficia do serviço ou tem seu imóvel valorizado. De qualquer sorte, os valores de tais tributos serão atribuídos para o contribuinte em razão de uma atividade exercitada pelo ente tributante. Em relação à contribuição de melhoria a menção é feita mesmo considerando a definição do fato gerador como sendo a valorização do imóvel decorrente de obra pública.

Como um corolário da cidadania, a titularidade de *direitos* constitui a face que é mais enaltecida, já que parte essencial desses direitos reproduz um campo de defesa do cidadão perante o Estado, uma forma de exigência de não intervenção. A proteção do cidadão diante do Estado é prevalecente. No entanto, ao avançar os modelos de Estado, outras exigências de teor prestacional e positivo passam também a ganhar relevância e constituir pontos de vindicação e de reconhecimento, como os direitos sociais.

Ocorre, no entanto, que apesar de indispensável à aferição de matiz tributária, ou seja, a correlação da tributação com os direitos, esta não figura nos debates políticos e por incrível que possa parecer até mesmo no debate entre juristas. É como se fosse possível num Estado Fiscal falar em direitos sem a análise de seus custos. Tem-se mencionado, com procedência, que todos os direitos possuem custos, os indiretos dos direitos de defesa ou diretos dos direitos prestacionais.[8]

Assim, é preciso que seja enfatizada a relação de interdependência que existe entre a concessão de direitos e os seus custos e, de consequência, entre a garantia dos direitos e a tributação que é de onde advém o suporte financeiro que viabiliza a concretização dos direitos. Nesse ponto é que se pode falar da tributação como garantia dos direitos. De regra, os recursos dos impostos por não terem destinação específica sustentam os custos dos direitos de defesa e os recursos das contribuições os custos dos direitos sociais.

A outra face da cidadania é a que se reporta aos *deveres*, os quais, embora façam parte da constituição do cidadão como contraponto dos direitos, o seu esquecimento é patente. Há certo temor em falar de deveres como se fosse estabelecer um quadro em que estes prevalecessem sobre os direitos. No Estado Democrático de Direito a tônica está nos direitos,[9] mas não é adequado subtrair os deveres do cidadão, como parece ser lugar comum no Brasil.

Importante registro doutrinário, no entanto, tem procurado chamar a atenção para o dever e com destaque para o que denomina de dever fundamental de pagar impostos que tem a sua disciplina traçada ao nível constitucional e integra a "constituição do indivíduo".[10] O dever de contribuir representa, portanto, "uma sujeição dos cidadãos ao comando constitucional e ao mesmo tempo implica o reconhecimento de um poder para exigência do dever que se exercita, com observância dos limites constitucionais formais e materiais".[11]

Tal dever acha-se reconhecido de forma implícita na Constituição Federal pelos aspectos analíticos do Sistema Tributário Nacional e das normas que estruturam também implicitamente o Estado Fiscal brasileiro. Nesse sentido, o Supremo Tribunal Federal concedeu importante interpretação fundada no dever de solidariedade para justificar

---

[8] "Na verdade, todos os direitos têm custos comunitários, ou seja, custos financeiros públicos. Têm, portanto, custos públicos não só os modernos direitos sociais, aos quais toda a gente facilmente aponta esses custos, mas também têm custos públicos os clássicos direitos e liberdades, em relação aos quais, por via de regra, tais custos tendem a ficar na sombra ou mesmo no esquecimento" (NABAIS, José Casalta. A face oculta dos direitos fundamentais: os deveres e os custos dos direitos. In: NABAIS, José Casalta. *Por um Estado fiscal suportável*: estudos de direito fiscal. Coimbra: Almedina, 2005. p. 21).

[9] "Vale aqui o princípio da assinalagmatividade ou da assimetria entre direitos e deveres uma condição necessária de um 'estado de liberdade'" (CANOTILHO, José Joaquim Gomes. *Direito constitucional e teoria da Constituição*. 4. ed. Coimbra: Almedina, 1997. p. 519).

[10] NABAIS, José Casalta. *O dever fundamental de pagar impostos*. Coimbra: Almedina, 1998. p. 185.

[11] LIMA NETO, Manoel Cavalcante. *Direitos fundamentais dos contribuintes*: limitações constitucionais ao poder de tributar. Recife: Nossa Livraria, 2005. p. 32-33.

o pagamento da contribuição de inativos por servidores aposentados e pensionistas,[12] construindo o que denominou de princípio estrutural da solidariedade.

Acentua-se, então, que a cidadania é a qualidade atribuída aos indivíduos que enquanto membros de uma comunidade política (Brasil) possuem a titularidade de direitos que são assegurados pelo Estado, cujos custos são suportados pelo pagamento de tributos, o que remete para uma conexão inevitável entre direitos e tributação e entre direitos e o dever de pagar tributos.

5 A cidadania fiscal

A cidadania fiscal[13] aponta para várias vertentes, todas de acentuada relevância. A primeira condiz com os direitos dos cidadãos exercitados perante o Estado e que são custeados pelas receitas tributárias. A segunda voltada para a justificação da tributação que tem seu foco na garantia da liberdade e na retirada de parcela da riqueza privada com a finalidade de manutenção do Estado e que importa num dever específico do cidadão, o dever de pagar tributos. A terceira condiz com a participação do cidadão no processo de instituição, administração e fiscalização dos tributos. Desse modo, a "cidadania em sua expressão moderna tem, entre os seus desdobramentos, a de ser *cidadania fiscal*".[14]

5.1 Os direitos dos contribuintes

Como projeção da cidadania fiscal, a face dos direitos pode ser visualizada pelos direitos dos contribuintes que limitam o poder de tributar.[15]

A construção dos direitos dos contribuintes advém da positivação na Constituição Federal de normas que estão inseridas nas limitações constitucionais ao poder de tributar, com a menção expressa de que representam garantias dos contribuintes.[16]

O aporte mais recente procura estabelecer a vinculação dos direitos dos contribuintes com os direitos fundamentais. Em decisão paradigmática, o Supremo Tribunal Federal classificou o princípio da anterioridade dentro da categoria dos direitos

---

[12] BRASIL. Superior Tribunal Federal. *Ação Direta de Inconstitucionalidade* n. 3.105-8/DF. Tribunal Pleno, Rel. Min. Cezar Peluso, Brasília, DF, 18.8.2004. Disponível em: <http://www.sbdp.org.br/arquivos/material/141_ADI_3105.pdf>. Acesso em: 15 jul. 2016.

[13] "Mas, o estado fiscal, encarado a partir dos indivíduos e suas organizações, destinatários do poder tributário, permite-nos falar de cidadania, mais especificamente de cidadania fiscal. Uma cidadania que implica, designadamente, que todos os membros da comunidade suportem o estado, ou seja, que todos os membros da comunidade tenham a qualidade de destinatários do dever fundamental de pagar impostos na medida da respectiva capacidade contributiva" (NABAIS, José Casalta. A face oculta dos direitos fundamentais: os deveres e os custos dos direitos. In: NABAIS, José Casalta. *Por um Estado fiscal suportável*: estudos de direito fiscal. Coimbra: Almedina, 2005. p. 33-34).

[14] TORRES, Ricardo Lobo. *Os direitos humanos e a tributação*: imunidades e isonomia. Rio de Janeiro: Renovar, 1999. p. 32. v. 3. O mesmo autor aponta para outros aspectos da cidadania fiscal: dimensão temporal, dimensão espacial, dimensão bilateral e dimensão processual para concluir ser ela multidimensional (TORRES, Ricardo Lobo. *O orçamento na Constituição*. 3. ed. Rio de Janeiro: Renovar, 2008. p. 238-248. v. 5).

[15] "Os princípios constitucionais tributários e as imunidades são formas de limitação impostas ao Estado no exercício do poder de tributar, razão pela qual são reconhecidos como direitos individuais da pessoa humana contra a atividade tributária arbitrária do Poder Público" (GRUPENMACHER, Betina Treiger. Tributação e direitos fundamentais. In: FISCHER, Octávio Campos (Coord.). *Tributos e direitos fundamentais*. São Paulo: Dialética, 2004. p. 9).

[16] Arts. 150 a 152, da Constituição Federal.

fundamentais pelo espaço de abertura do art. 5º, §2º, justificando a sua inclusão nas cláusulas pétreas,[17] postura interpretativa que remete para um conceito de direitos fundamentais no sentido material.

Como os direitos dos contribuintes estão fora do catálogo constitucional específico, para uma classificação como direitos fundamentais eles devem guardar semelhança com os constantes do rol, de forma a preencher o princípio da *equivalência*[18] e guardar similaridade pela importância que possuem para a sociedade (critério de relevância) e pelo conteúdo que se afere dos elementos comuns (critério de substância). No conjunto de direitos e garantias constantes do texto da Constituição Federal e que estão fora do rol dos direitos fundamentais, identifica-se os direitos previstos nas limitações ao poder de tributar.

Nesse sentido, já registrei noutro trabalho a incorporação dos direitos dos contribuintes como fundamentais:

> Os direitos dos contribuintes, num quadro semelhante ao atual, já fazem parte da Constituição desde 1967 (relevância), alcançando o ápice na Constituição de cunho democrático e social de 1988, sendo certo que esses *valores* que indicam a necessidade de proteção estão devidamente arraigados na sociedade. É que a luta por proteção perante o poder de tributar possui raízes históricas que resultaram na positivação de direitos de teor limitativo. [...] Na condição de *elementos comuns* entre os direitos dos contribuintes assegurados nos art. 150 a 152 e os direitos individuais e coletivos do art. 5º, todos da Constituição Federal, acentua-se a semelhança de finalidade. De regra, ambos exercem *função defensiva*, pois congregam direitos que exigem uma abstenção do Estado, é dizer, uma postura de não-interferência. Até estruturalmente ambos se assemelham por denotarem uma *relação de limites* a serem observados pelo Estado; o primeiro conjunto de direitos destinados de modo geral para todos os cidadãos e o segundo convergindo para um grupo mais restrito, aquele dos cidadãos contribuintes.
>
> Num outro plano ressalta-se a similitude dos direitos dos contribuintes com os constantes do catálogo dos direitos fundamentais, tornando possível uma proposta de classificação identificada com o objeto de proteção que a Constituição precisou, a saber: vida, liberdade, igualdade, segurança e propriedade, o que permite uma classificação constitucionalmente adequada, sobre a qual faremos uma proposta na sequencia deste trabalho.[19]

A percepção dos direitos dos contribuintes como limitação ao poder de tributar também pode ser ampliada para a limitação da administração tributária relativa às atividades referentes à arrecadação e fiscalização dos tributos efetivamente criados que serve de parâmetro para o controle de atos administrativos.[20]

---

[17] BRASIL. Superior Tribunal Federal. *Ação Direta de Inconstitucionalidade n. 939/DF*. Tribunal Pleno, Rel. Min. Cezar Peluso, Brasília, DF, 15.12.1993. Disponível em: <http://goo.gl/WOYjAE>. Acesso em: 15 jul. 2016.

[18] SARLET, Ingo Wolfgang. *A eficácia dos direitos fundamentais*. 3. ed. Porto Alegre: Livraria dos Advogados, 2003. p. 98.

[19] LIMA NETO, Manoel Cavalcante. *Direitos fundamentais dos contribuintes*: limitações constitucionais ao poder de tributar. Recife: Nossa Livraria, 2005. p. 128-131.

[20] O Supremo Tribunal Federal do Brasil editou algumas súmulas que demonstram o controle judicial de atos da administração tributária – Súmula nº 70: "É inadmissível a interdição de estabelecimento como meio coercitivo para cobrança de tributo". Súmula nº 323: "É inadmissível a apreensão de mercadorias como meio coercitivo para pagamento de tributo". Súmula nº 547: "Não é lícito à autoridade proibir que o contribuinte em débito adquira estampilhas, despache mercadorias nas alfândegas e exerça suas atividades profissionais".

Cabe destacar, num primeiro estágio, que o próprio poder de tributar já representa uma restrição à propriedade e à liberdade do exercício da atividade econômica dos contribuintes, na medida em que os tributos são extraídos de tais atividades. O poder de administrar e fiscalizar, num segundo estágio, impõe aos contribuintes algumas restrições complementares que tencionam assegurar o recebimento de forma adequada dos tributos. Do mesmo modo que os direitos fundamentais dos contribuintes limitam o poder de tributar, com contornos diferenciados, também limitam o poder de administrar e fiscalizar.

No plano prático, o que segmento da doutrina chama de poder de polícia fiscal[21] se revela nos mais diversos atos da administração tributária, a exemplo da apreensão de mercadorias, interdição de estabelecimentos, indeferimento de inscrição estadual etc. Com frequência o Poder Judiciário é provocado a fazer o controle de constitucionalidade e legalidade de tais atos, sendo expressivo o volume de ações e decisões judiciais nos fóruns, mas parcos os estudos doutrinários diretos sobre o tema ou até mesmo uma espécie de sistematização da jurisprudência nessa área.

Significa, portanto, que os direitos dos contribuintes limitam a criação e a definição dos elementos essenciais do tributo no plano legislativo e a sua exigência no plano administrativo.

5.2 Proteções positivas para assegurar direitos sociais

Outro aspecto da cidadania fiscal desponta com a tributação como garante dos direitos. Não se trata aqui de mostrar os direitos dos contribuintes limitando o poder tributário, legislativo e administrativo, mas de identificar precisamente a tributação como forma de instrumentalizar a concessão de direitos e notadamente dos direitos fundamentais.

Embora a tributação sirva de fonte de custeio para os direitos em geral, o reflexo mais específico dessa função se revela, por exemplo, com as contribuições destinadas à seguridade social para sustentáculo dos direitos sociais.

A evolução operada na configuração do Estado de Direito em sua concepção liberal originária para o Estado Social, que continua a ser de direito, mas com uma função ampliada visando atender a critérios de justiça material com integração da sociedade, também se firmou na vertente do Estado visto pelo ângulo fiscal. "Assim como o Estado de Direito está para o Estado Fiscal Formal, o Estado Social de Direito está para o Estado Social Fiscal".[22]

A aplicação de recursos em empreendimentos sociais, a informar caráter redistributivo de riquezas que conforma o Estado Social Fiscal, só se torna possível mediante a utilização da via tributária que fornece o sustentáculo financeiro dessas políticas públicas. As contribuições sociais custeiam as políticas públicas específicas nas áreas da previdência, assistência e saúde, ao configurar instrumento de atuação da União na ordem social, possuindo "validação finalística", na medida em que as leis instituidoras

---

[21] Cabe mencionar trabalho em que se desenvolvem as atribuições da administração tributária em comparação com medidas similares no direito administrativo (BATISTA JÚNIOR, Onofre Alves. *O poder de polícia fiscal*. Belo Horizonte: Mandamentos, 2001).

[22] TORRES, Ricardo Lobo. *Sistemas constitucionais tributários*. Rio de Janeiro: Forense, 1986. p. 78-79.

só estão em consonância com a Constituição se respeitarem as finalidades indicadas na área de atuação.[23]

Assim, os direitos fundamentais assegurados constitucionalmente passam a justificar o tributo pelo viés da finalidade e destinação. As contribuições para a Seguridade Social configuram um grande exemplo dessa intervenção estatal.[24] Diversamente dos direitos fundamentais de primeira geração que, quando invocados na relação de tributação, aparecem na condição de elementos de proteção e limitação da intervenção do Estado na esfera particular, na feição do *status negativus*, de liberdade negativa; a relação de tributação decorrente dos direitos de segunda geração assume a sua própria justificação nos direitos que visa proteger pela centralização no componente finalístico,[25] que é exatamente o atendimento a prestações positivas, *status ativus*, que recebe a sustentação financeira, o custeio, pela imposição de tais tributos.

Desse modo, sem os tributos canalizados especialmente para o cumprimento das prestações positivas, os direitos fundamentais possuem remota possibilidade de concretização. O componente indispensável para a efetivação das prestações positivas vem da tributação que constitui a sua fonte de custeio.

A importância cada vez maior de debate entre direitos e suas bases de sustentação se vê demonstrada no que se denomina de crise do Estado ou questiona a sustentabilidade do modelo social implantado pelo Estado, em que se inclui o Brasil. A esse respeito, Canotilho registra que os direitos sociais são caros e que a efetivação desses direitos deve ser feita pelo Poder Público de gratuita ou tendencialmente gratuita e, portanto, acentua a necessidade de um sistema fiscal eficiente de captação tributária e de um orçamento equilibrado para controle das despesas.[26] De outra face, revela o mencionado autor que uma das mais persistentes críticas ao Estado Social é a de que eles estão estruturados em expectativas normativas que não mais possuem condições de se garantir. Daí que aponta para uma *reinvenção do Estado Social* ao dizer que os "direitos sociais e os princípios socialmente conformadores significam, no actual contexto, a legitimação de medidas públicas destinadas a garantir a inclusão do indivíduo nos esquemas prestacionais dos sistemas sociais funcionalmente diferenciados".[27] Nessa perspectiva, destaca que se a lógica dirigente está hoje posta em causa, defende que "é possível manter tendencialmente a ideia de direcção: Comando dirigido à conformação, regulação, alteração intencional e finalística de situações políticas, económicas, sociais e culturais por meio de instrumentos jurídicos".[28] No conceito de direção estão inseridos

---

[23] GRECO, Marco Aurélio. *Contribuições*: uma figura "sui generis". São Paulo: Dialética, 2000. p. 135.
[24] Art. 195, I, II, III, da Constituição Federal.
[25] Assemelha-se à fundamentação da extrafiscalidade nos impostos, seja para agravar ou minorar as alíquotas ou ainda para conceder benefícios fiscais.
[26] CANOTILHO, José Joaquim Gomes. O direito constitucional como ciência de direção – o núcleo essencial de prestações sociais ou a localidade incerta da socialibilidade: contributo para a reabilitação da força normativa da "constituição social". In: CANOTILHO, José Joaquim Gomes; CORREIA, Marcus Orione Gonçalves; CORREIA, Érica Paula Barcha (Coord.). *Direitos fundamentais sociais*. 2. ed. São Paulo: Saraiva, 2015. p. 19-20.
[27] CANOTILHO, José Joaquim Gomes. O direito constitucional como ciência de direção – o núcleo essencial de prestações sociais ou a localidade incerta da socialibilidade: contributo para a reabilitação da força normativa da "constituição social". In: CANOTILHO, José Joaquim Gomes; CORREIA, Marcus Orione Gonçalves; CORREIA, Érica Paula Barcha (Coord.). *Direitos fundamentais sociais*. 2. ed. São Paulo: Saraiva, 2015. p. 21.
[28] CANOTILHO, José Joaquim Gomes. O direito constitucional como ciência de direção – o núcleo essencial de prestações sociais ou a localidade incerta da socialibilidade: contributo para a reabilitação da força normativa da "constituição social". In: CANOTILHO, José Joaquim Gomes; CORREIA, Marcus Orione Gonçalves; CORREIA, Érica Paula Barcha (Coord.). *Direitos fundamentais sociais*. 2. ed. São Paulo: Saraiva, 2015. p. 24.

vários meios de direção ao lado do direito, como o mercador, finanças, organização,[29] sendo importante diante da pressão dos custos que a garantia dos direitos "não é a subsunção positivo-constitucional, mas a de recortar o núcleo duro da subjectivação dos direitos sociais".[30]

A garantia que seja de um núcleo essencial de direitos sociais vai implicar custos para o Estado e suporte tributário para o cidadão contribuinte, o que pode gerar é uma eventual diminuição do conjunto de despesas. No contexto de crise do Estado Fiscal, chega-se a admitir que se baixem "os níveis de prestações essenciais para manter o núcleo essencial do próprio direito social"[31] e também, o que se alia a essa temática, a imposição de limites para as despesas públicas e pelo lado do contribuinte, limites ao aumento da carga fiscal.[32]

5.3 A tributação utilizada diretamente para fins de satisfação de direitos

O sistema jurídico-tributário também aporta um modelo de direcionamento da tributação para satisfazer direitos relacionados com a proteção da dignidade da pessoa humana, a exemplo da pobreza, doença, idade avançada e deficiência física,[33] por meio dos incentivos fiscais que instituem tratamentos diferenciados e mais favoráveis para proteger direitos.

Cuida-se da função extrafiscal dos tributos que não se reporta à arrecadação, mas se direciona a uma finalidade intervencionista tanto sobre a ordem econômica como na ordem social.[34] Na espécie, à proteção de direitos pela redução da carga tributária ou, de outro modo, pelo direcionamento específico de recursos como nos fins constitucionais de combate à pobreza.[35]

---

[29] CANOTILHO, José Joaquim Gomes. O direito constitucional como ciência de direção – o núcleo essencial de prestações sociais ou a localidade incerta da socialibilidade: contributo para a reabilitação da força normativa da "constituição social". In: CANOTILHO, José Joaquim Gomes; CORREIA, Marcus Orione Gonçalves; CORREIA, Érica Paula Barcha (Coord.). *Direitos fundamentais sociais*. 2. ed. São Paulo: Saraiva, 2015. p. 24.

[30] CANOTILHO, José Joaquim Gomes. O direito constitucional como ciência de direção – o núcleo essencial de prestações sociais ou a localidade incerta da socialibilidade: contributo para a reabilitação da força normativa da "constituição social". In: CANOTILHO, José Joaquim Gomes; CORREIA, Marcus Orione Gonçalves; CORREIA, Érica Paula Barcha (Coord.). *Direitos fundamentais sociais*. 2. ed. São Paulo: Saraiva, 2015. p. 28.

[31] CANOTILHO, José Joaquim Gomes. O direito constitucional como ciência de direção – o núcleo essencial de prestações sociais ou a localidade incerta da socialibilidade: contributo para a reabilitação da força normativa da "constituição social". In: CANOTILHO, José Joaquim Gomes; CORREIA, Marcus Orione Gonçalves; CORREIA, Érica Paula Barcha (Coord.). *Direitos fundamentais sociais*. 2. ed. São Paulo: Saraiva, 2015. p. 30.

[32] NABAIS, José Casalta. Da sustentabilidade do Estado Fiscal. In: NABAIS, José Casalta; SILVA, Suzana Tavares da (Coord.). *Sustentabilidade em tempos de crise*. Coimbra: Almedina, 2011. p. 30-31.

[33] A extrafiscalidade com finalidade de proteção aos direitos: a) saúde – benefícios fiscais. Ex.: isenção de IR para portadores de determinadas doenças; b) deficiência física – isenção de IPI (Lei Federal nº 8.989/95) e de ICMS (Decreto nº 3.611/2007) na aquisição de automóveis para portadores de deficiências e também de IPVA (art. 6º, IV, da Lei nº 6.555/2004), entre outras.

[34] Segundo Raimundo Bezerra Falcão, "por extrafiscalidade, entender-se-á a atividade financeira que o Estado exercita sem o fim precípuo de obter recursos para o seu erário, para o fisco, mas sim com vistas a ordenar ou reordenar a economia e as relações sociais, intervindo, portanto, por exemplo, no mercado, na redistribuição de riquezas, nas tendências demográficas, no planejamento familiar" (FALCÃO, Raimundo Bezerra. *Tributação e mudança social*. Rio de Janeiro: Forense, 1981. p. 46).

[35] Art. 82, do ADCT, da Constituição Federal.

5.4 O dever na cidadania fiscal e a participação

A parte do dever que decorre da cidadania fiscal emerge no nível constitucional com o dever de pagar tributos e a caracterização da sujeição do cidadão ao seu cumprimento, que se concretiza no plano infraconstitucional pela ocorrência do fato gerador previsto em lei e que instaura a obrigação tributária, em que o Estado ocupa o polo ativo e o contribuinte o polo passivo.

O dever de pagar tributo tem o seu regramento disciplinado na Constituição Federal com contraponto com os direitos que ela assegura, sendo certo que para atingir os objetivos delineados no texto maior é imperativo que haja a captação de recursos que se exige dos cidadãos, notadamente daqueles que possuem capacidade contributiva. É certo, portanto, que não existe como se enfatizar direitos "sem examinar os equivalentes deveres, dentre os quais, o dever de ratear o custo do Estado querido pela sociedade".[36] No Brasil o dever de pagar imposto não encontra preceito expresso, como dito, mas extrai-se implicitamente dos aspectos analíticos do Sistema Tributário Nacional e dos demais contornos que delimitam o Estado Fiscal.[37]

O dever é estendido para as obrigações acessórias ou deveres instrumentais que formam um conjunto de exigências direcionadas a assegurar, por regra, o cumprimento da obrigação principal que é a de adimplir com a prestação pecuniária para o erário.

Apenas como referência para um desenvolvimento posterior, uma terceira perspectiva da cidadania se coloca pela via da participação processual do cidadão/contribuinte.

> Os processos administrativos, legislativos e judiciais regulam não só o *status negativus* e *positivus* dos direitos, como também se irradiam para as diversas dimensões espaciais, inclusive a internacional. A cidadania fiscal, em sua dimensão política e processual, não pode deixar de ser cidadania participativa e cidadania pública.[38]

Nessa perspectiva, o cidadão controla as fontes normativas e executivas da tributação.[39]

Nesse terceiro momento descerra-se que a cidadania fiscal se projeta pelos direitos e garantias dos contribuintes como limitação ao poder de tributar, de fiscalizar e administrar os tributos e ainda pelas proteções positivas viabilizadas nos incentivos fiscais para proteção de segmentos diferenciados de contribuintes, como o menor de idade, o idoso, o doente e o deficiente físico, entre outros.

---

[36] GRECO, Marco Aurélio. Solidariedade social e tributação. In: GRECO, Marco Aurélio; GODOI, Marciano Seabra de (Coord.). *Solidariedade social e tributação*. São Paulo: Dialética, 2005. p. 182.

[37] Na Constituição de Portugal, o dever de pagar impostos também não se apresenta de forma expressa. Já na Constituição espanhola existe referência precisa no art. 31.1 ao definir que todos contribuirão para o sustento dos gastos públicos, de acordo com sua capacidade econômica e mediante um sistema tributário justo, inspirado nos princípios de igualdade e progressividade que em nenhum caso terá alcance confiscatório.

[38] TORRES, Ricardo Lobo. *Os direitos humanos e a tributação*: imunidades e isonomia. Rio de Janeiro: Renovar, 1999. p. 35. v. 3.

[39] TORRES, Ricardo Lobo. *O orçamento na Constituição*. 3. ed. Rio de Janeiro: Renovar, 2008. p. 247. v. 5.

Conclusão

A título de conclusão registra-se que a tributação constitui o suporte financeiro do Estado Fiscal, modelo incorporado no Estado brasileiro cuja incidência ocorre sobre a atividade econômica, o exercício das profissões, a renda e a propriedade, de forma geral, alcançando direta ou indiretamente o cidadão contribuinte.

Acentua-se, ademais, que a cidadania é a qualidade atribuída aos indivíduos que enquanto membros de uma comunidade política possuem a titularidade de direitos que são assegurados pelo Estado cujos custos são suportados pelo pagamento de tributos, o que remete para uma conexão inevitável entre direitos e tributação e entre direitos e o dever de pagar tributos.

A cidadania fiscal, em arremate, projeta-se pelos direitos e garantias dos contribuintes como limitação ao poder de tributar, de fiscalizar e administrar os tributos e ainda pelas proteções positivas viabilizadas pela tributação como meio direto para satisfação de direitos, bem como para proteção de segmentos diferenciados de contribuintes pelos incentivos fiscais.

Referências

BATISTA JÚNIOR, Onofre Alves. *O poder de polícia fiscal*. Belo Horizonte: Mandamentos, 2001.

BRASIL. *Lei nº 13.255, de 14/01/2016*. Estima a receita e fixa a despesa da União para o exercício financeiro de 2016. Presidência da República. Disponível em: <http://www.planalto.gov.br/ccivil_03/_Ato2015-2018/2016/Lei/L13255.htm>. Acesso em: 15 jul. 2016.

BRASIL. Superior Tribunal Federal. *Ação Direta de Inconstitucionalidade n. 3.105-8/DF*. Tribunal Pleno, Rel. Min. Cezar Peluso, Brasília, DF, 18.8.2004. Disponível em: <http://www.sbdp.org.br/arquivos/material/141_ADI_3105.pdf>. Acesso em: 15 jul. 2016.

BRASIL. Superior Tribunal Federal. *Ação Direta de Inconstitucionalidade n. 939/DF*. Tribunal Pleno, Rel. Min. Cezar Peluso, Brasília, DF, 15.12.1993. Disponível em: <http://goo.gl/WOYjAE>. Acesso em: 15 jul. 2016.

CANOTILHO, José Joaquim Gomes. *Direito constitucional e teoria da Constituição*. 4. ed. Coimbra: Almedina, 1997.

CANOTILHO, José Joaquim Gomes. O direito constitucional como ciência de direção – o núcleo essencial de prestações sociais ou a localidade incerta da sociabilidade: contributo para a reabilitação da força normativa da "constituição social". In: CANOTILHO, José Joaquim Gomes; CORREIA, Marcus Orione Gonçalves; CORREIA, Érica Paula Barcha (Coord.). *Direitos fundamentais sociais*. 2. ed. São Paulo: Saraiva, 2015.

CAZORLA PRIETO, Luis Maria. *El poder tributario en el estado contemporáneo*: un estudio. Madrid: Instituto de Estudios Fiscales, 1981.

FALCÃO, Raimundo Bezerra. *Tributação e mudança social*. Rio de Janeiro: Forense, 1981.

FISCHER, Octávio Campos (Coord.). *Tributos e direitos fundamentais*. São Paulo: Dialética, 2004.

GRECO, Marco Aurélio. *Contribuições*: uma figura "sui generis". São Paulo: Dialética. 2000.

GRECO, Marco Aurélio. Solidariedade social e tributação. In: GRECO, Marco Aurélio; GODOI, Marciano Seabra de (Coord.). *Solidariedade social e tributação*. São Paulo: Dialética, 2005.

GRUPENMACHER, Betina Treiger. Tributação e direitos fundamentais. In: FISCHER, Octávio Campos (Coord.). *Tributos e direitos fundamentais*. São Paulo: Dialética, 2004.

LIMA NETO, Manoel Cavalcante. *Direitos fundamentais dos contribuintes*: limitações constitucionais ao poder de tributar. Recife: Nossa Livraria, 2005.

NABAIS, José Casalta. A face oculta dos direitos fundamentais: os deveres e os custos dos direitos. In: NABAIS, José Casalta. *Por um Estado fiscal suportável*: estudos de direito fiscal. Coimbra: Almedina, 2005.

NABAIS, José Casalta. Da sustentabilidade do Estado Fiscal. In: NABAIS, José Casalta; SILVA, Suzana Tavares da (Coord.). *Sustentabilidade em tempos de crise*. Coimbra: Almedina, 2011.

NABAIS, José Casalta. *O dever fundamental de pagar impostos*. Coimbra: Almedina, 1998.

PIRES, Adilson Rodrigues; TÔRRES, Heleno Taveira. *Princípios de direito financeiro e tributário*. Rio de Janeiro: Renovar, 2006.

SARLET, Ingo Wolfgang. *A eficácia dos direitos fundamentais*. 3. ed. Porto Alegre: Livraria dos Advogados, 2003.

SCHOUERI, Luis Eduardo. Tributação e liberdade. In: PIRES, Adilson Rodrigues; TÔRRES, Heleno Taveira. *Princípios de direito financeiro e tributário*. Rio de Janeiro: Renovar, 2006.

TORRES, Ricardo Lobo. *A ideia de liberdade no estado patrimonial e no estado fiscal*. Rio de Janeiro: Renovar, 1991.

TORRES, Ricardo Lobo. *O orçamento na Constituição*. 3. ed. Rio de Janeiro: Renovar, 2008. v. 5. Tratado de Direito Constitucional Financeiro e Tributário.

TORRES, Ricardo Lobo. *Os direitos humanos e a tributação*: imunidades e isonomia. Rio de Janeiro: Renovar, 1999. v. 3. Tratado de Direito Constitucional Financeiro e Tributário.

TORRES, Ricardo Lobo. *Sistemas constitucionais tributários*. Rio de Janeiro: Forense, 1986.

Informação bibliográfica deste texto, conforme a NBR 6023:2002 da Associação Brasileira de Normas Técnicas (ABNT):

LIMA NETO, Manoel Cavalcante de. Tributação e cidadania. In: PINTO, Hélio Pinheiro; LIMA NETO, Manoel Cavalcante de; LIMA, Alberto Jorge Correia de Barros; SOTTO-MAYOR, Lorena Carla Santos Vasconcelos; DIAS, Luciana Raposo Josué Lima (Coords.). *Constituição, direitos fundamentais e política*: estudos em homenagem ao professor José Joaquim Gomes Canotilho. Belo Horizonte: Fórum, 2017. p. 215-226. ISBN 978-85-450-0185-0.

IGUALDADE E IMUNIDADES PARLAMENTARES NO ESTADO DEMOCRÁTICO DE DIREITO

ALBERTO JORGE CORREIA DE BARROS LIMA

1 As dificuldades no conceito de igualdade

A palavra igualdade deriva do latim *aequalitas*, de *aequãles*,[1] que significa igual ou semelhante, e sinaliza semelhança de caracteres ou elementos. Para Silva, é a certeza de coisas de mesma natureza, similares ou idênticas, de forma que, apresentando os mesmos requisitos e elementos, "uma se apresenta como semelhança da outra".[2]

Explica o autor que, não obstante a ideia de igualdade embutir, em seu conteúdo, a noção de identidade, a uniformidade entre coisas que são entendidas como iguais não quer significar que se confundem numa só. Ao contrário, "distinguem-se de per si".[3]

Prossegue dizendo, ainda, que a igualdade, quando desprezado o seu absoluto rigor, pode se manifestar sem que as coisas, então identificadas como semelhantes, se revelem materialmente iguais.

Abbagnano[4] afirma que dois termos podem ser entendidos como iguais quando um possa substituir o outro, sem, no entanto, alterar a substância do próprio contexto em que empregados. Tal assertiva, defende, serve para que se possa compreender tanto as correlações meramente formais, quanto as morais, políticas e jurídicas, que se entendam como igualdade.

Neste diapasão, a igualdade das pessoas perante a lei pode ser reduzida à verificação da possibilidade de as pessoas serem substituídas em situações previstas pela lei, sem, entretanto, mudar "o processo da própria lei".[5]

Pontes de Miranda[6] frisa que o conceito de igualdade é sempre relativo. E isto é explicado, exatamente, em razão de dois fatores: o primeiro circunscreve a ideia de que

---

[1] CUNHA, Antônio Geraldo da. *Dicionário etimológico Nova Fronteira da língua portuguesa*. Rio de Janeiro: Nova Fronteira, 1987. p. 423.
[2] SILVA, de Plácido e. *Vocabulário jurídico*. Rio de Janeiro: Forense, 1975. p. 779. v. 2.
[3] SILVA, de Plácido e. *Vocabulário jurídico*. Rio de Janeiro: Forense, 1975. p. 779. v. 2.
[4] ABBAGNANO, Nicola. *Dicionário de filosofia*. São Paulo: Mestre Jou, 1982. p. 508.
[5] ABBAGNANO, Nicola. *Dicionário de filosofia*. São Paulo: Mestre Jou, 1982. p. 508.
[6] MIRANDA, F. Cavalcanti Pontes de. *Comentários à Constituição de 1967*. Rio de Janeiro: Forense, 1967. p. 667. t. 4.

os homens não são aritmeticamente iguais, o segundo, que a igualdade não é "coisa realizada, mas a ser realizada".

Bobbio,[7] ao apreciar a matéria, alerta que não faz sentido dizer-se que todos os homens são iguais, uma vez que o único atributo comum a todas as pessoas é, exatamente, a condição de entes humanos. Embora faça a ressalva de que tal assertiva é tautológica, prossegue concluindo que igualdade e desigualdade são conceitos meramente descritivos – e, portanto, não normativos –, muitas vezes chamados de juízos distintivos de valores.[8]

Igualdade e justiça, não obstante tenham sentidos diversos, apresentam em comum o atributo de que somente podem ser sustentadas por regras que determinam a forma como certos benefícios ou ônus podem ser atribuídos ou negados a alguém, a depender das relações de pertença que dada pessoa possa ter com certa característica. Nesta trilha, ensina o autor peninsular que há alguns critérios tradicionais utilizados para verificar se determinada regra de distribuição é igualitária ou não.[9]

O primeiro, conhecido como "partes iguais para todos", tem como pressuposto que um sistema jurídico é igualitário quando os benefícios e ônus forem distribuídos a todos em partes iguais, sem que haja qualquer distinção. Após afirmar que esse critério se fundamenta no princípio aristotélico da igualdade numérica, Bobbio conclui por sua imprestabilidade, pois, na prática, em sendo conferidas partes iguais para todos, teríamos sim uma verdadeira desigualdade.[10]

O critério denominado de "partes iguais para os iguais", que remonta a Aristóteles,[11] traduz a noção de que partes iguais devem ser distribuídas aos iguais em alguma característica específica. Corolário desse entendimento é a ideia de que uma regra é não igualitária quando fornece partes iguais aos desiguais e vice-versa.

Estando a regra de distribuição vinculada a certa classe de pessoas que devem ser tratadas de forma igual, o critério das "partes iguais a um grupo relativamente grande" tem como premissa que uma regra é mais igualitária que outra quando confere, a um maior número de pessoas, um tratamento semelhante em certas circunstâncias.[12]

Sendo o "igualitarismo" compreendido como igualdade proporcional, como o é por muitos, a atribuição de benefícios será compatível com a igualdade sempre que realizada em vista das necessidades. Por esse entendimento, as regras não somente atribuem partes iguais aos iguais, partes desiguais aos não iguais, mas também atribuem proporcionalmente às desigualdades verificadas.[13]

A versão mais utilizada da igualdade proporcional é aquela que entende ser igualitária a regra de distribuição sempre que a diferença na distribuição corresponda a uma diferença relevante das características pessoais em relação ao gênero de benefícios ou encargos a serem distribuídos. Corolário desse entendimento é aquele que reconhece "inigualitária" a regra que tratar de modo desigual pessoas que apresentem, em comum,

---

[7] BOBBIO, Norberto. *Dicionário de política*. Brasília: UNB, 1995. p. 597. v. 1.
[8] BOBBIO, Norberto. *Dicionário de política*. Brasília: UNB, 1995. p. 598. v. 1.
[9] BOBBIO, Norberto. *Dicionário de política*. Brasília: UNB, 1995. p. 598. v. 1.
[10] BOBBIO, Norberto. *Dicionário de política*. Brasília: UNB, 1995. p. 599. v. 1.
[11] ARISTÓTELES. *Ética a Nicômacos*. 4. ed. Brasília: Universidade de Brasília, 2001. p. 95-96.
[12] BOBBIO, Norberto. *Dicionário de política*. Brasília: UNB, 1995. p. 599. v. 1.
[13] BOBBIO, Norberto. *Dicionário de política*. Brasília: UNB, 1995. p. 600. v. 1.

a mesma característica tomada como relevante, e igualitárias as concessões desiguais dadas a pessoas diferentes no que diz respeito aos aspectos relevantes.[14]

De outro modo, a igualdade pode ser definida como sendo um princípio que obriga uma equivalência jurídica de condições para aqueles que, possuindo os mesmos direitos e deveres, e, portanto, sem qualquer distinção, fazem parte de determinada sociedade.[15]

Mas o direito, dada sua própria natureza dinâmica, não impõe uma igualdade absoluta, mas a circunscreve na proteção de todos, de modo que a igualdade deve ser fornecida a tudo quanto se apresente igual, ao passo que deve, ainda, proscrever todo e qualquer privilégio que se traduza em desigualdade.[16]

Bonavides, ao comentar sobre o tema, esclarece que o princípio da igualdade, para além de estar abraçado ao nascimento dos direitos de 2ª dimensão (direitos sociais, culturais e econômicos, como, também, os direitos coletivos ou da coletividade), apresenta-se como verdadeiro fundamento que os ampara e os estimula.[17]

Na linha deste entendimento, Canotilho assevera que o princípio da igualdade acaba atuando como princípio informador de toda a ordem jurídica constitucional, exigindo, de um lado, a igualdade na aplicação do direito, e, de outro, que a lei trate por igual todos os cidadãos.[18]

Acrescenta, ainda, o constitucionalista homenageado, que, na seara jurídica constitucional, o princípio da igualdade ganha especial importância quando traduz igualdade de oportunidade e condições reais de vida. Tal igualdade relaciona-se com uma política de concretização dos direitos fundamentais – e, por isso mesmo, é considerado como dos princípios estruturantes do regime geral dos direitos fundamentais –, e é inerente à própria ideia de igual dignidade da pessoa humana, motivo por que funciona como um verdadeiro fundamento antropológico e axiológico contra discriminações, e, também, como princípio que obriga compensação em face de discriminações.[19]

A criação de um direito "igualitário" deve equivaler à exigência de igualdade material através da própria lei, que sinaliza um tratamento igualador àquilo que é igual e díspar àquilo que é desigual.

O grande problema desta assertiva é saber precisar, no caso concreto, o que vem a ser igual ou desigual, uma vez que igualdade pressupõe um juízo e um critério de valoração. Canotilho ressalva que as medidas jurídico-materiais de aferição da igualdade ou desigualdade devem ser encontradas, em primeiro plano, nas normas esculpidas na Constituição.[20]

Para além, transpondo a questão das normas, o referido autor remete a resposta à proibição geral do arbítrio. Por esta via, há observância à igualdade quando pessoas ou circunstâncias iguais não são tratadas, arbitrariamente, como desiguais.[21]

---

[14] BOBBIO, Norberto. *Dicionário de política*. Brasília: UNB, 1995. p. 601. v. 1.
[15] NUNES, Pedro. *Dicionário de tecnologia jurídica*. Rio de Janeiro: Freitas Bastos, 1956. p. 61. v. 2.
[16] SILVA, de Plácido e. *Vocabulário jurídico*. Rio de Janeiro: Forense, 1975. p. 780. v. 2.
[17] BONAVIDES, Paulo. *Curso de direito constitucional*. São Paulo: Malheiros, 1996. p. 518.
[18] CANOTILHO, José Joaquim Gomes. *Direito constitucional*. Coimbra: Almedina, 1996. p. 562.
[19] CANOTILHO, José Joaquim Gomes. *Direito constitucional*. Coimbra: Almedina, 1996. p. 566.
[20] CANOTILHO, José Joaquim Gomes. *Direito constitucional*. Coimbra: Almedina, 1996. p. 570.
[21] CANOTILHO, José Joaquim Gomes. *Direito constitucional*. Coimbra: Almedina, 1996. p. 565.

Entretanto, a proibição do arbítrio, implicitamente presente na exigência de fundamentação legítima, implica, mais uma vez, no problema de qualificar – e, portanto, um problema de valoração –, aquilo que venha a ser razoável.

Canotilho esclarece que a teoria da proibição do arbítrio não é um elemento estruturante do conteúdo do princípio da igualdade, mas, antes, significa limite, inclusive à competência do controle judicial, sendo, pois, um critério essencialmente negativo que consagra, somente, os casos de insuportável desigualdade.[22]

Pontes de Miranda, com sua cognição fundada nos "eventos", adverte que o juízo de valor, por vezes utilizado para mensurar o igual e o desigual, serve, na verdade, para volver privilégios e discriminações, uma vez que a igualdade deve ser verificada *em uma situação de fato*.[23]

Consolidando seu entendimento, explica que a evolução do direito, no sentido de combate às desigualdades, se dá através da realização de políticas que visem a atenuar as diferenças entre os julgamentos de valor, os quais, se possível, devem ser abolidos, e aumentar o número de julgamentos de fato concernentes à igualdade entre e dos homens.[24]

2 A igualdade no ordenamento jurídico

Pode-se dizer que, no ordenamento jurídico, não devem coexistir normas incompatíveis, já que, exatamente por coexistirem, umas enleiam outras, o que acaba gerando a exclusão de quaisquer incompatibilidades.

Em sendo assim, as normas que compõem a Constituição não podem ser interpretadas separadamente, pois umas controlam as outras e se influenciam mutuamente, não se podendo proceder com a interpretação de umas, olvidando-se de considerar a significação das demais, tendo em conta a necessidade de conceder coerência e unidade ao *sistema* pela conexão recíproca de significados.[25]

Os princípios, aqui compreendidos como núcleos fundamentais do sistema, sustentam toda construção normativa do ordenamento jurídico servindo-lhe, por esta mesma razão, de diretriz, uma vez que, por se irradiarem sobre as demais normas, compõem-lhes o espírito e servem de critério interpretativo.[26]

Há autores[27] que distinguem – e o fazem corretamente – os princípios constitucionais penais dos princípios constitucionais pertinentes à matéria penal, afirmando que os primeiros fazem parte diretamente do subsistema penal, em face do seu próprio conteúdo, ao passo que os segundos têm conteúdo heterogêneo, traçando linhas específicas (*v.g.* família, economia, administração pública), mas, também, é preciso registrar linhas gerais, por exemplo, como o princípio constitucional da igualdade e todos os

---

[22] CANOTILHO, José Joaquim Gomes. *Direito constitucional*. Coimbra: Almedina, 1996. p. 570.
[23] MIRANDA, F. Cavalcanti Pontes de. *Comentários à Constituição de 1967*. Rio de Janeiro: Forense, 1967. p. 668. t. 4.
[24] MIRANDA, F. Cavalcanti Pontes de. *Comentários à Constituição de 1967*. Rio de Janeiro: Forense, 1967. p. 668. t. 4.
[25] LIMA, Alberto Jorge C. de Barros. *Direito penal constitucional*: a imposição dos princípios constitucionais penais. São Paulo: Saraiva, 2012. p. 52-53.
[26] LIMA, Alberto Jorge C. de Barros. *Direito penal constitucional*: a imposição dos princípios constitucionais penais. São Paulo: Saraiva, 2012. p. 52-53.
[27] PALAZZO, Francesco C. *Valores constitucionais e direito penal*. Tradução de Gerson dos Santos. Porto Alegre: Fabris, 1989. p. 22-23.

seus desdobramentos, vinculando tanto o legislador civil, administrativo, tributário, quanto o legislador penal que intervier na respectiva matéria.

Luigi Ferrajoli[28] aclama que o direito, por funcionar como um sistema de garantias tanto das formas como do conteúdo da democracia, acaba por encerrar a ideia de sujeição ao direito da produção do próprio direito, por força do qual é programado, nos seus conteúdos, por princípios constitucionais que limitam e vinculam os poderes normativos, dirigindo-os ao respeito e à satisfação dos direitos fundamentais.[29]

Por força de tal limitação, a qual se encontra absorvida pelo princípio da igualdade e incorporada pelos textos normativos vigentes, pode-se dizer que o destinatário do princípio constitucional da isonomia jurídica – que tem como corolário natural não só a igualdade perante a lei, mas, sobretudo, a igualdade na lei –, é o legislador e, consequentemente, a legislação, porquanto, por ser um instrumento regulador da vida social, necessita dar tratamento equitativo a todos os cidadãos.

Ocorre que, não obstante essa tal obrigação de igualdade na própria lei, as leis, até mesmo por uma questão funcional, discriminam situações, a todo tempo, para submetê-las às regras pertinentes. Nessa trilha, é necessário identificar um critério legitimamente "manipulável" que autorize distinguir pessoas e situações para fins de tratamentos jurídicos diversos. É identificar, em outras palavras, que conteúdo é capaz de rubricar alguns sob a tônica de iguais, e, outros, sob a de desiguais.[30]

Isso porque, servindo, o princípio da isonomia, como elemento estruturante de todo o ordenamento jurídico, funcionando, pois, como um autêntico limite aos poderes públicos, na seara do Poder Legislativo, o reportado princípio impõe-lhe a proscrição de privilégios indevidos, o que implica a obrigação de comprovar, de logo, a razão apta a justificar desigualdades introduzidas por uma lei, e, após, verificar se essas diferenças, trazidas pela própria lei, são proporcionais às finalidades perseguidas pelo legislador.[31]

Para que as discriminações sejam compatíveis com a cláusula igualitária, esclarece Bandeira de Mello, é necessário que haja um vínculo de correlação lógica entre a peculiaridade diferencial residente no objeto diferençável e a desigualdade de tratamento em função dela verificada, e, para além da correlação lógica entre o fator diferencial e o tratamento desigual, que guarde, ainda, consonância com os objetivos perseguidos pela Constituição.[32]

Realizadas tais premissas, faz-se necessário salientar que o critério diferencial, o qual deve ser erigido, sempre, em razão da própria pessoa, de coisa ou de situação, não pode singularizar no presente e de forma definitiva, e, portanto, de maneira absoluta, aquele sujeito então alcançado pelo sistema diferenciado.[33]

---

[28] FERRAJOLI, Luigi. O Estado Constitucional de Direito hoje: o modelo e a sua discrepância com a realidade. *Revista do Ministério Público*, Lisboa, n. 61, 2000. p. 5.
[29] FERRAJOLI, Luigi. O Estado Constitucional de Direito hoje: o modelo e a sua discrepância com a realidade. *Revista do Ministério Público*, Lisboa, n. 61, 2000. p. 6.
[30] BANDEIRA DE MELLO, Celso Antônio. *O conteúdo jurídico do princípio da igualdade*. São Paulo: Revista dos Tribunais, 1984. p. 20.
[31] TORON, Alberto Zacharias. *Inviolabilidade penal dos vereadores*. São Paulo: Saraiva, 2004. p. 81.
[32] BANDEIRA DE MELLO, Celso Antônio. *O conteúdo jurídico do princípio da igualdade*. São Paulo: Revista dos Tribunais, 1984. p. 28.
[33] BANDEIRA DE MELLO, Celso Antônio. *O conteúdo jurídico do princípio da igualdade*. São Paulo: Revista dos Tribunais, 1984. p. 35.

Isso porque o princípio da igualdade, muito mais do que exigir tratamento equânime às pessoas que se encontram em iguais situações jurídicas, pretende, de um lado, propiciar garantia individual contra perseguições, *e, de outro, embargar favoritismos*.

É bem por isso que, não raras vezes, podem-se vislumbrar situações que, embora compatíveis com a letra do preceito isonômico – consonância formal –, contrariam sua substância, entendida como o espírito da própria norma, ou, ainda, o "ditame implícito da lei, que é tanto parte de seu conteúdo como o que nela vem expresso".[34] E é por tal premissa que se costuma falar que o princípio da igualdade, para se materializar, deve apresentar duas facetas: a formal, que traduz a igualdade perante a lei, e a material, que quer significar igualdade na lei.

3 Imunidades parlamentares e Sistema Penal

As imunidades parlamentares, consoante Mommsen,[35] já eram conhecidas pelo direito romano como as prerrogativas de que gozavam senadores e magistrados, embora tenham ganhado desenvolvimento e prestígio com a revolução francesa, máxime por conta da confiança depositada no parlamento. É que, diferente da revolução patrocinada pelas colônias americanas insurretas, os revolucionários franceses, mesmo aquém das principais aspirações burguesas, insurgiram-se, também, contra a magistratura do velho regime, magistratura essa que, na verdade, não passava de uma *longa manus* do príncipe, patrocinando sua vontade contra todos os interesses contrários. Não é à toa que a queda da Bastilha, a prisão que representava o poder absoluto do rei, para além do marco inicial, tornou-se um símbolo da revolução.[36]

É inegável a importância, na atual quadra do Estado Democrático de Direito, do exercício de representação popular em que se configura o parlamento. Um parlamento proativo não só espera as propostas legais advindas do Executivo, mas, antes, deve ouvir os setores sociais interessados, as comunidades, as organizações sociais, as universidades, os cientistas políticos etc., para formulação de leis que atendam, o quanto possível, às solicitações de uma sociedade complexa. Demais, o parlamento tem função essencial de fiscalização da coisa pública, mormente no Brasil presidencialista, onde a vigilância parlamentar atua sobre os membros do Poder Executivo. O parlamento, não há dúvidas, constitui um dos fortes pilares de todo e qualquer regime que se diga democrático.

Somente pelo que foi agora relatado é possível concluir que, para o exercício livre da atuação parlamentar, certas garantias carecem ser conferidas aos agentes políticos representantes do povo, garantias essas que a doutrina, correntemente, denomina de *imunidades parlamentares*.

Não obstante a outorga destas garantias aos membros do parlamento, assegurando-lhes liberdade no *múnus* público, parece evidente que elas não são, de modo algum, absolutas, e, por força do princípio constitucional da igualdade, somente

---

[34] BANDEIRA DE MELLO, Celso Antônio. *O conteúdo jurídico do princípio da igualdade*. São Paulo: Revista dos Tribunais, 1984. p. 31.

[35] MOMMSEN, Teodoro. *El derecho penal romano*. Madrid: España Moderna, [s.d.].

[36] FELIZARDO, Joaquim. *A Revolução Francesa*: da Queda da Bastilha ao 9 de Thermidor. Porto Alegre: L&PM, 1985. p. 11-15.

se aplicam observado o nexo causal entre a conduta do agente político e a atividade parlamentar, sobretudo na seara do direito penal em que pesa a proteção aos direitos da vítima e, principalmente, ao abrigo dos valores mais caros à coexistência.

No Brasil, talvez em virtude do longo período ditatorial, a Carta Constitucional de 1988 alargou em demasia as imunidades parlamentares e a Emenda nº 35, de 20.12.2001, não passou de uma tentativa eufemística de tentar diminuir o que podemos, sem medo, com as interpretações ampliativas dadas às imunidades, chamar de *privilégios* conferidos aos parlamentares.

No entanto, parece-nos que o pior é a interpretação que, em certa medida e para algumas prerrogativas processuais, têm dado os tribunais em decisões criminais envolvendo a questão. É que, ainda de *lege lata*, é possível, observado o ordenamento jurídico como sistema, um tratamento para as imunidades que respeite as diretrizes e condicionantes do princípio da igualdade, diminuindo o alcance das imunidades parlamentares na esfera penal, livrando o sistema de justiça criminal de impunidades, as quais têm revelado, com o beneplácito dos pretórios, uma estranha manifestação de "direito penal do *autor*", no qual este é o *privilegiado*.

4 As imunidades parlamentares como garantias institucionais

As imunidades parlamentares podem ser entendidas como um conjunto de garantias específicas dos membros do Congresso Nacional, das Assembleias Legislativas das entidades federativas e, apenas quanto à indenidade, dos membros das Câmaras de Vereadores, cuja razão encontra-se na necessidade de assegurar o livre exercício do ofício parlamentar. Logo, justificam-se pela necessidade de satisfação do interesse público, e, por essa razão, são indisponíveis.

A doutrina, em geral, costuma enfatizar que não se trata de um direito subjetivo cujo exercício dependa do alvedrio do parlamentar, mas, ao se postarem como instrumento que viabiliza a garantia de independência do poder Legislativo, as imunidades parlamentares não podem ser traduzidas como privilégios pessoais dos parlamentares.[37]

É por esta razão que se divisa mais adequada à utilização da expressão "garantias institucionais" ou mesmo "garantias parlamentares" para designar o instituto das imunidades parlamentares, uma vez que "privilégios" sugerem, como bem precisou Pizzorusso, um sentido de "rompimento com o princípio da igualdade".[38]

As imunidades parlamentares, porque o Estado Democrático de Direito não se harmoniza com a ideia de privilégios ou regalias, uma vez que tem, na igualdade entre os cidadãos, uma de suas vigas mestras de sustentação, podem ser apontadas como uma exceção ao regime comum, que se legitima sempre, e somente desta forma, quando relacionada ao exercício da função parlamentar.[39]

---

[37] Por todos, ver: BITENCOURT, Cesar Roberto. *Tratado de direito penal*: parte geral. São Paulo: Saraiva, 2007. p. 182.
[38] PIZZORUSSO, Alesandro. Dissonanze ed incompresioni tra la concezione penalistica e al concezione costituzionalistica delle immunità parlamentari. *Rivista Italiana di Diritto e Procedura Penale*, Milão, v. 1, 1984. p. 567.
[39] BITENCOURT, Cesar Roberto. *Tratado de direito penal*: parte geral. São Paulo: Saraiva, 2007. p. 182.

As garantias concedidas aos membros do Congresso Nacional vêm dispostas, entre nós, no art. 53 e seus parágrafos da Constituição Federal. Entre elas, destacaremos aqui a indenidade (imunidade material), a qual traduz inviolabilidade, e as imunidades formais ou, mais precisamente, as prerrogativas processuais, no tocante aos aspectos penais, como veremos a seguir.

5 As imunidades material e formal: diferenças e precisão terminológica

As imunidades substancial e formal não se confundem. Com efeito, a denominada imunidade formal, em sentido estrito, tem natureza eminentemente processual, encontrando limite temporal na vigência do mandato. Isso significa que, depois de transcorrido o tempo de duração do mandato parlamentar, a ação penal, eventualmente sustada sob o manto da imunidade, por exemplo, poderá ter continuidade se presentes os pressupostos dela autorizadores.

A indenidade, também denominada, no Brasil, de inviolabilidade, tem natureza substantiva, uma vez que retira a possibilidade de, para além do marco temporal que corresponde à vigência do mandato, o parlamentar responder por suas ações. Diz-se, por essa razão, que seus efeitos são permanentes ou perpétuos.[40]

Não obstante ser extreme de dúvidas que o parlamentar alcançado pelo sistema peculiar da indenidade responda por suas ações, a doutrina diverge quanto à sua natureza. Com efeito, para Zaffaroni, a imunidade material, tendo em vista que não cessa, ainda quando extinto o mandato, para os fatos ocorridos durante este, tem natureza de gerar atipicidade da conduta, sendo, pois, uma causa impeditiva da aplicação da lei ou mesmo paralisadora de sua eficácia.[41] Já para Nelson Hungria[42] ela é uma causa excludente da punibilidade.

Neste mesmo sentido, é, ainda, a posição de Aníbal Bruno,[43] para o qual o mandato parlamentar é causa pessoal – funcional – de isenção de pena, porquanto a ação, eventualmente cometida pelo parlamentar, que se mostrar contrária ao ordenamento jurídico, permanece ilícita, sendo, por essa razão, possível punir os coautores de qualquer natureza que não gozem da imunidade.

Embora persista a divergência apontada, não nos deteremos em aprofundá-la, uma vez que tal discussão apenas encontra importância nos casos em que configurada a participação de terceiros – os coautores e/ou partícipes –, no evento tido como delituoso. No entanto, para nós, a indenidade consubstancia-se em *escusa absolutória*, causa pessoal de isenção da pena, taxativa e expressamente consignada no texto constitucional, *inerente ao agente* e sempre presente *antes da prática da conduta*, não se comunicando aos demais participantes do crime.

Por fim, embora alguns autores utilizem as expressões *absoluta* e *relativa* para designar, respectivamente, as imunidades material e formal, apenas porque a primeira

---

[40] FALCÃO, Alcino Pinto. *Da imunidade parlamentar*. Rio de Janeiro: Forense, 1955. p. 119.
[41] ZAFFARONI, Eugênio Raul; PIERANGELI, José Henrique. *Manual de direito penal brasileiro*: parte geral. São Paulo: RT, 1997. p. 237.
[42] HUNGRIA, Nelson; FRAGOSO, Heleno. *Comentários ao Código Penal*. Rio de Janeiro: Forense, 1977. p. 189. v. 1. t. 1.
[43] BRUNO, Anibal. *Direito penal*: parte geral. Rio de Janeiro: Forense, 1978. p. 250. t. 1.

é substantiva e a segunda, processual – o que se constitui num equívoco, uma vez que a imunidade material apenas pode ser invocada quando as ações do parlamentar guardem relação com o seu ofício, e, por isso, são também relativas –, a imunidade processual, segundo ensinamento de Toron,[44] pode ser caracterizada como relativa no sentido de que é a Casa Legislativa a que pertence o parlamentar quem vai deliberar acerca de sua incidência. Por outro lado, a imunidade material é absoluta, não por ser substancial, mas porque, verificados os requisitos autorizadores para a sua incidência, sua aplicação não se encontra submetida ao alvedrio do parlamentar, que a ela não pode renunciar.

Outro aspecto que merece importância é aquele relativo à precisão terminológica, já que, no direito comparado e até entre nós, são diversas as terminologias utilizadas para designar o instituto das imunidades.

Com efeito, os portugueses, franceses e italianos denominam *irresponsabilidade*, *irresponsabilité*, *irresponsabilità* ou *insindacabilità* para designar o que, no Brasil, é conhecido como inviolabilidade ou indenidade (imunidade material), e que, para os alemães, é chamado de *indemnität*.[45]

De outro lado, o que se concebe como "imunidade formal" no Brasil os portugueses denominam *inviolabilidade*; os italianos de *inviolabiltà* ou *immunità*; os alemães de *immunitä* e os franceses de *inviolabilité*.[46]

Os ingleses adotam somente a indenidade indicada como *privilege* ou *freedom*. Os americanos adotam os dois tipos de imunidade: *the arrest clause* e *the speech*.

No Brasil, a Constituição Federal de 1988[47] disciplina as imunidades parlamentares no art. 53 e nos seus parágrafos. Muitos autores pátrios classificam as imunidades parlamentares em: i) materiais e ii) formais. Porém, nos parece mais correto dividi-las em: i) *indenidade*,[48] correspondente à imunidade material; e ii) *prerrogativas processuais*, correspondentes às imunidades formais.

A indenidade não é outra coisa senão a inviolabilidade, penal e civil, do parlamentar, senadores, deputados federais e estaduais e vereadores, no exercício do mandato, por suas opiniões, palavras e votos (CF, arts. 53, *caput*, 27, §1º e 29, VIII). Curioso e desproposital é que a indenidade para o vereador se limita à circunscrição territorial (CF, art. 29, VIII).

Já as prerrogativas processuais são assim chamadas porque constituem determinadas garantias em direito processual, fundamentadas na importância da função pública de poder exercida pela pessoa. As prerrogativas processuais aplicáveis aos senadores, deputados federais e até aos deputados estaduais (CF, art. 27, §1º) em todo território nacional são relativas:

    a) *ao foro*: lugar onde devem ser julgados (CF, art. 53, §1º);
    b) à *prisão*: os parlamentares somente poderão ser presos, desde a expedição do diploma, em flagrante delito por crime inafiançável (CF, art. 53, §2º);

---

[44] TORON, Alberto Zacharias. *Inviolabilidade penal dos vereadores*. São Paulo: Saraiva, 2004. p. 210.
[45] TORON, Alberto Zacharias. *Inviolabilidade penal dos vereadores*. São Paulo: Saraiva, 2004. p. 210.
[46] TORON, Alberto Zacharias. *Inviolabilidade penal dos vereadores*. São Paulo: Saraiva, 2004. p. 210.
[47] BRASIL. *Constituição (1988)*. Disponível em: <http://www.planalto.gov.br/ccivil_03/Constituicao/Constituicao.htm >. Acesso em: 23 dez. 2015.
[48] ZAFFARONI, Eugênio Raul; PIERANGELI, José Henrique. *Manual de direito penal brasileiro*: parte geral. São Paulo: RT, 1997. p. 236.

c) *ao processo ou ao andamento processual*: a Casa respectiva pode, por maioria dos votos de seus membros, obstar o andamento do feito para crimes ocorridos após a diplomação (CF, art. 53, §§3º, 4º e 5º);

d *ao testemunho*: os deputados e senadores não são obrigados a testemunhar sobre informações recebidas ou prestadas em razão do exercício do mandato, nem sobre pessoas que lhes confiaram ou deles receberam informações (CF, art. 53, §6º). As prerrogativas processuais, como se sabe, não se aplicam aos vereadores.

Há autores que *não* tratam a prerrogativa de foro como imunidade formal,[49] e ainda que isto não seja importante aqui, acompanhamos o entendimento daqueles que a encartam como imunidade,[50] embora a chamando por prerrogativa processual, o que nos parece mais consentâneo. Entrementes, o texto constitucional não deixa de colocar essa prerrogativa, topologicamente, como imunidade, além de se reportar, no §8º do art. 53, a todas as garantias dos parágrafos anteriores como imunidades.[51]

6 Imunidades e espaço público no Estado Democrático de Direito

É bem verdade que as garantias deferidas a determinado poder devem ser realizadas em consonância com a evolução das instituições que se busca proteger e, ainda, com o nível em que se encontra a educação política de um povo. Não é à toa que já se previu a possibilidade do término das imunidades parlamentares quando o grau de amadurecimento político da sociedade evoluir a tal ponto que se vislumbre desnecessária a manutenção do referido instituto.[52]

Em tempos de operação "Lava Jato" e escândalos crescentes no parlamento, há a preocupação com a controvérsia encontrada acerca da legitimidade das imunidades, já havendo, de há muito, quem pensava em estreitá-las ou mesmo suprimi-las.[53]

Com efeito, inexistindo, na atual quadra, o poder do rei ou mesmo de um presidente capaz de manipular o Judiciário e instigar a liberdade do parlamentar, que, antes, se via limitado para exercer suas funções em face da constante ameaça de tolhimento de sua liberdade, parece que o regime das imunidades se transmuda em privilégios e, como defendido por muitos, em impunidade.[54]

Defendia Hannah Arendt a necessidade vital da afirmação do espaço político nas sociedades modernas, sociedades em que a condição humana revelou-se mais individual e econômica do que política e coletiva. Para ela, o mundo só pode ser compreendido como aquele no qual "pertencemos enquanto somos no plural".[55] Seguindo seus passos é possível entender os limites da modernidade que apenas avançou para uma democracia *representativa* e não até uma democracia *participativa*. De todo modo, é

---

[49] FRAGOSO, Heleno. *Lições de direito penal*. 16. ed. Rio de Janeiro: Forense, 2004. p. 156.
[50] BITENCOURT, Cesar Roberto. *Tratado de direito penal*: parte geral. São Paulo: Saraiva, 2007. p. 183.
[51] BRASIL. *Constituição (1988)*. Disponível em: <http://www.planalto.gov.br/ccivil_03/Constituicao/Constituiçao.htm >. Acesso em: 23 dez. 2015.
[52] SOUTO, Cláudio. *As imunidades parlamentares*. Recife: Imprensa Universitária, 1962. p. 133.
[53] BARBALHO, João. *Constituição Federal brasileira*: comentários. 2. ed. Rio de Janeiro: F. Briguiet, 1924. p. 93.
[54] PIOVESAN, Flávia. Prerrogativa ou privilégio? *Folha de S.Paulo*, São Paulo, p. A-3, 4 jun. 2001.
[55] Ver: ARENDT, Hannah. *A condição humana*. Tradução de Roberto Raposo. Rio de Janeiro: Forense Universitária, 2007.

inegável a importância das democracias atuais e a correspondente atuação dos nossos representantes para a preservação da organização política e contra a ameaça do totalitarismo, tão rechaçado na obra arendtiana.

Ninguém questiona o valor dos parlamentos na construção permanente das democracias, bem como parece incontestável a necessidade de certas garantias para o livre exercício da atuação parlamentar. Essas garantias, hoje chamadas, genericamente, de imunidades parlamentares, foram gestadas, como vimos, no processo revolucionário francês, de onde se difundiram, ao longo dos anos, por toda a Europa. Embora mantidas, na atualidade, por países de forte tradição democrática, seu delineamento é exclusivamente restrito aos limites da atuação de senadores e deputados e, portanto, bem diferenciado daquele havido na Constituição brasileira e nas respectivas interpretações aqui produzidas.

Com um Judiciário independente, sem qualquer subordinação ao Executivo, consoante se afigura com o aprimoramento do sistema de separação de poderes, perde sentido o apego às imunidades conforme geradas na França revolucionária por receio dos juízes vinculados ao príncipe. Só para exemplificar, na França dos nossos dias, as imunidades parlamentares são restritas às opiniões ou votos emitidos pelos parlamentares, os quais, fora das sessões do parlamento, podem ser presos como qualquer cidadão. Nos Estados Unidos os congressistas respondem pelos crimes comuns perante os juízes de primeiro grau, sem nenhum tipo de privilégio.

No Brasil, as indenidades, não obstante a posição do Supremo Tribunal Federal, vão muito além da necessária proteção aos votos e às opiniões relativas à ação parlamentar de senadores, deputados e vereadores. Elas se estendem, ainda, indevidamente, para manifestações privadas, completamente desvinculadas da função de fiscalização da coisa pública. Entrementes, a 1ª Turma do Supremo Tribunal Federal, não obstante o voto contrário do Ministro Marco Aurélio, recebeu, recentemente, denúncia e queixa-crime contra o Deputado Federal Jair Bolsonaro por incitação ao crime (estupro) e manifestação discriminatória de gênero (injúria), condutas as quais ainda que praticadas no espaço do parlamento, não guardavam liame com a atividade pública. As decisões, mesmo que interlocutórias, sinalizam para manutenção de posições pretéritas da Corte e encaminham a indenidade para o âmbito de proteção eminentemente público e funcional, nas palavras do relator, Ministro Luiz Fux, "o conteúdo não guarda qualquer relação com a função de deputado, portanto não incide a imunidade prevista na Constituição Federal".[56]

Já as prerrogativas, da maneira como são correntemente compreendidas, chegam ao cúmulo de impedir, por exemplo, a prisão de um parlamentar determinada pela Justiça por conta de um estupro, ou qualquer outro delito comum; autorizam as Casas dos parlamentares processados a suspender, desde que decidido por maioria, a tramitação de um processo criminal por homicídio; determinam que todos os deputados e os senadores e até autoridades dos poderes Executivo e Judiciário sejam julgados por juízes diferentes daqueles que julgam o povo.

---

[56] *Vide* SUPREMO TRIBUNAL FEDERAL. *STF recebe denúncia contra deputado Jair Bolsonaro por incitação ao crime de estupro.* Disponível em: <http://www.stf.jus.br/portal/cms/verNoticiaDetalhe.asp?idConteudo=319431&caixaBusca=N> Acesso em: 22 jun. 2016.

Não é sem motivos, pois, que construção da sistemática das imunidades, entre nós, levou, no decorrer dos anos, a uma impunidade escancarada de membros do parlamento federal e estadual, denunciada abertamente pela imprensa e por muitos juristas. Do modo como vêm sendo produzidas e interpretadas, constituem-se, sem quaisquer exageros, em uma licença para o crime, em uma autorização para delinquir, notadamente nas variadas formas de corrupção que assaltam o Brasil de maneira endêmica.[57]

No Estado Democrático de Direito, as imunidades somente podem vingar como prerrogativa que objetiva garantir, exclusivamente, o livre exercício da função parlamentar. E, mesmo diante de um sistema constitucional que precisa *de urgente modificação*, só encontram significado quando o crime cometido pelo parlamentar estiver estritamente vinculado à sua atuação prevista em lei. Seria ofender, abertamente, o princípio constitucional da igualdade, reconhecido pela Constituição como direito fundamental, admitir a utilização dessa técnica para afiançar os crimes comuns praticados pelos parlamentares.

Referências

ABBAGNANO, Nicola. *Dicionário de filosofia*. São Paulo: Mestre Jou, 1982.

ARENDT, Hannah. *A condição humana*. Tradução de Roberto Raposo. Rio de Janeiro: Forense Universitária, 2007.

ARISTÓTELES. *Ética a Nicômacos*. 4. ed. Brasília: Universidade de Brasília, 2001.

BANDEIRA DE MELLO, Celso Antônio. *O conteúdo jurídico do princípio da igualdade*. São Paulo: Revista dos Tribunais, 1984.

BARBALHO, João. *Constituição Federal brasileira*: comentários. 2. ed. Rio de Janeiro: F. Briguiet, 1924.

BITENCOURT, Cesar Roberto. *Tratado de direito penal*: parte geral. São Paulo: Saraiva, 2007.

BOBBIO, Norberto. *Dicionário de política*. Brasília: UNB, 1995. v. 1.

BONAVIDES, Paulo. *Curso de direito constitucional*. São Paulo: Malheiros, 1996.

BRASIL. *Constituição (1988)*. Disponível em: <http://www.planalto.gov.br/ccivil_03/Constituicao/Constituiçao. htm >. Acesso em: 23 dez. 2015.

BRUNO, Anibal. *Direito penal*: parte geral. Rio de Janeiro: Forense, 1978. t. 1.

CANOTILHO, José Joaquim Gomes. *Direito constitucional*. Coimbra: Almedina, 1996.

CUNHA, Antônio Geraldo da. *Dicionário etimológico Nova Fronteira da língua portuguesa*. Rio de Janeiro: Nova Fronteira, 1987.

FALCÃO, Alcino Pinto. *Da imunidade parlamentar*. Rio de Janeiro: Forense, 1955.

FELIZARDO, Joaquim. *A Revolução Francesa*: da Queda da Bastilha ao 9 de Thermidor. Porto Alegre: L&PM, 1985.

FERRAJOLI, Luigi. O Estado Constitucional de Direito hoje: o modelo e a sua discrepância com a realidade. *Revista do Ministério Público*, Lisboa, n. 61, 2000.

---

[57] A Transparência Internacional, referência mundial na análise da corrupção, demonstrou, em relatório produzido em 2015, que o Brasil foi o país que mais caiu entre os 168 pesquisados, figurando atualmente na 76ª colocação. A organização destaca, entre outros motivos, a descoberta dos esquemas criminosos na Petrobras para a deterioração do Brasil no *ranking*. Vide TRANSPARENCY INTERNATIONAL. *Corruption Perceptions Index 2015*. Disponível em: <http://www.transparency.org/cpi2015>. Acesso em: 1º jun. 2016.

FRAGOSO, Heleno. *Lições de direito penal*. 16. ed. Rio de Janeiro: Forense, 2004.

HUNGRIA, Nelson; FRAGOSO, Heleno. *Comentários ao Código Penal*. Rio de Janeiro: Forense, 1977. v. 1. t. 1.

LIMA, Alberto Jorge C. de Barros. *Direito penal constitucional*: a imposição dos princípios constitucionais penais. São Paulo: Saraiva, 2012.

MIRANDA, F. Cavalcanti Pontes de. *Comentários à Constituição de 1967*. Rio de Janeiro: Forense, 1967. t. 4.

MOMMSEN, Teodoro. *El derecho penal romano*. Madrid: España Moderna, [s.d.].

NUNES, Pedro. *Dicionário de tecnologia jurídica*. Rio de Janeiro: Freitas Bastos, 1956. v. 2.

PALAZZO, Francesco C. *Valores constitucionais e direito penal*. Tradução de Gerson dos Santos. Porto Alegre: Fabris, 1989.

PIOVESAN, Flávia. Prerrogativa ou privilégio? *Folha de S.Paulo*, São Paulo, p. A-3, 4 jun. 2001.

PIZZORUSSO, Alesandro. Dissonanze ed incompresioni tra la concezione penalistica e al concezione costituzionalistica delle immunità parlamentari. *Rivista Italiana di Diritto e Procedura Penale*, Milão, v. 1, 1984.

SILVA, de Plácido e. *Vocabulário jurídico*. Rio de Janeiro: Forense, 1975. v. 2.

SOUTO, Cláudio. *As imunidades parlamentares*. Recife: Imprensa Universitária, 1962.

SUPREMO TRIBUNAL FEDERAL. *STF recebe denúncia contra deputado Jair Bolsonaro por incitação ao crime de estupro*. Disponível em: <http://www.stf.jus.br/portal/cms/verNoticiaDetalhe.asp?idConteudo=319431&caixaBusca=N> Acesso em: 22 jun. 2016.

TORON, Alberto Zacharias. *Inviolabilidade penal dos vereadores*. São Paulo: Saraiva, 2004.

TRANSPARENCY INTERNATIONAL. *Corruption Perceptions Index 2015*. Disponível em: <http://www.transparency.org/cpi2015>. Acesso em: 1º jun. 2016.

ZAFFARONI, Eugênio Raul; PIERANGELI, José Henrique. *Manual de direito penal brasileiro*: parte geral. São Paulo: RT, 1997.

Informação bibliográfica deste texto, conforme a NBR 6023:2002 da Associação Brasileira de Normas Técnicas (ABNT):

LIMA, Alberto Jorge Correia de Barros. Igualdade e imunidades parlamentares no Estado Democrático de Direito. In: PINTO, Hélio Pinheiro; LIMA NETO, Manoel Cavalcante de; LIMA, Alberto Jorge Correia de Barros; SOTTO-MAYOR, Lorena Carla Santos Vasconcelos; DIAS, Luciana Raposo Josué Lima (Coords.). *Constituição, direitos fundamentais e política*: estudos em homenagem ao professor José Joaquim Gomes Canotilho. Belo Horizonte: Fórum, 2017. p. 227-239. ISBN 978-85-450-0185-0.

OS POSTULADOS GARANTISTAS E AS IMPOSIÇÕES CONSTITUCIONAIS CRIMINALIZADORAS NOS JULGADOS DO TRIBUNAL DE JUSTIÇA DO ESTADO DE ALAGOAS E NO SUPREMO TRIBUNAL FEDERAL

LORENA CARLA SANTOS VASCONCELOS SOTTO-MAYOR

Introdução

Examinando o conteúdo de decisões judiciais do Tribunal de Justiça do Estado de Alagoas e mesmo do Supremo Tribunal Federal, não é difícil encontrar, naquelas de cunho criminal, alusões a princípios e garantias constitucionais que protegem direitos fundamentais do acusado, de forma a deter ou conter a atividade punitiva estatal em detrimento da preservação da ordem pública e para a salvaguarda das liberdades individuais.

Mais difícil é encontrar, em tais decisões, referências às imposições constitucionais criminalizadoras. Trata-se de normas de dignidade constitucional que relegam ao direito penal o trato de determinadas lesões a bens jurídicos constitucionalmente sobrelevados, bem como ao direito fundamental individual à segurança.

Igualmente, comandos de eficiência da ação penal são de tímida referência na atuação dos tribunais, quando do julgamento das lides penais.

Este estudo revisita conceitos doutrinários sobre normas constitucionais e questiona a recepção aparentemente acrítica da teoria do garantismo no Brasil. E a seguir, com base em tais reflexões, indaga sobre a razão do aparente desequilíbrio que recomenda a pungente aplicação de princípios de limitação da atuação estatal na seara penal em contraposição às escassas e assistemáticas alusões às imposições criminalizadoras. Diante da imperatividade da aplicação de princípios constitucionais por parte dos juízes (de todos os graus de jurisdição, ou ainda de tribunais superiores), busca realçar a necessidade de revisão de tal postura, à vista da necessidade de conferir-se efetividade ao modelo cunhado pelo legislador constituinte.

1 Normas constitucionais: regras e princípios – a preocupação com o decisionismo

Hodiernamente, é corrente a conceituação de norma como realidade apartada do texto. As normas não são textos nem o conjunto deles, mas os sentidos construídos a partir da interpretação sistemática de textos normativos. Enquanto os dispositivos normativos são o objeto da interpretação, as normas são seu resultado.[1] Não se trata de algo incorporado ao conteúdo das palavras, mas dependente de seu uso e interpretação.[2] Tampouco a interpretação se caracteriza como um ato de descrição de um significado previamente dado; é ela um ato de decisão que constitui a significação e os sentidos de um texto.[3] Interpretar é construir a partir de algo, e por consectário, reconstruir.[4]

Há um grande esforço doutrinário para categorizar as normas como regras ou como princípios, havendo ainda quem crie uma terceira categoria, (como Humberto Ávila,[5] que menciona, a par das regras e dos princípios, os postulados normativos). Doutrinadores vêm elegendo critérios de diferenciação os mais diversos, tanto na doutrina nacional quanto internacional, na busca de uma marca ontológica que permita diferenciar, com segurança, o que é regra, o que é princípio. Dobrando-se sobre os estudos desenvolvidos pelos doutrinadores mais expressivos, Ávila[6] nota que, entre princípios e regras, há distinções fracas (Esser, Larenz, Canaris) e fortes (Dworkin, Alexy). As distinções fortes ou fracas são também identificadas por Marcelo Neves.[7] Os critérios usualmente empregados para a distinção são o caráter hipotético-condicional, que se fundamenta no fato de que as regras possuem uma hipótese e uma consequência que predeterminam a decisão, sendo aplicadas ao modo "se, então", enquanto os princípios apenas indicam o fundamento a ser utilizado pelo aplicador para futuramente encontrar a regras para o caso concreto. Tal critério seria impreciso, vez que essa distinção não fornece o que seria um primeiro passo, e ainda contribui para que o aplicador compreenda a regra como o último passo, o que não é verdade, pois este é a própria decisão interpretativa.

Outro critério é o modo final de aplicação,[8] o qual se sustenta no fato de as regras serem aplicadas de modo "tudo ou nada", ao passo que os princípios são aplicados de modo "mais ou menos". Há de considerar-se que há normas cujo conteúdo normativo preliminar estabelece limites objetivos, cujo descumprimento aparenta impor, de modo

---

[1] ÁVILA, Humberto. *Teoria dos princípios*: da definição à aplicação dos princípios jurídicos. 11. ed. São Paulo: Malheiros, 2010. p. 30.
[2] ÁVILA, Humberto. *Teoria dos princípios*: da definição à aplicação dos princípios jurídicos. 11. ed. São Paulo: Malheiros, 2010. p. 31.
[3] ÁVILA, Humberto. *Teoria dos princípios*: da definição à aplicação dos princípios jurídicos. 11. ed. São Paulo: Malheiros, 2010. p. 31-32.
[4] ÁVILA, Humberto. *Teoria dos princípios*: da definição à aplicação dos princípios jurídicos. 11. ed. São Paulo: Malheiros, 2010. p. 33.
[5] ÁVILA, Humberto. *Teoria dos princípios*: da definição à aplicação dos princípios jurídicos. 11. ed. São Paulo: Malheiros, 2010. *Passim*.
[6] ÁVILA, Humberto. *Teoria dos princípios*: da definição à aplicação dos princípios jurídicos. 11. ed. São Paulo: Malheiros, 2010. p. 39.
[7] NEVES, Marcelo. *Entre Hidra e Hércules*: princípios e regras constitucionais. São Paulo: WMF Martins Fontes, 2013.
[8] ÁVILA, Humberto. *Teoria dos princípios*: da definição à aplicação dos princípios jurídicos. 11. ed. São Paulo: Malheiros, 2010. p. 39.

absoluto, a implementação da consequência. Essa obrigação, dita absoluta, não impede, todavia, que outras razões contrárias venham a se sobrepor em determinados casos.[9]

Ávila ainda alude a outros critérios, advertindo que a ponderação não é método privativo de aplicação dos princípios, já que em alguns casos as regras entram em conflito sem que percam a sua validade, e a solução para o conflito (concreto) depende da atribuição de peso maior a uma delas.[10] Assim, conclui, tanto nas regras quanto nos princípios há sopesamento de razões e de contrarrazões; o tipo de ponderação é que é diverso.[11]

A proposta conceitual de Ávila, de acordo com tais considerações, é a que segue:
a) Princípios: são normas imediatamente finalísticas, primariamente prospectivas e com pretensão de complementariedade e de parcialidade, para cuja aplicação se demanda uma avaliação da correlação entre o estado de coisas a ser promovido e os efeitos decorrentes da conduta havida como necessária à sua promoção.[12]
b) Regras: são normas imediatamente descritivas, primariamente retrospectivas e com pretensão de decidibilidade e abrangência, para cuja aplicação se exige a avaliação da correspondência, sempre centrada na finalidade que lhes dá suporte ou nos princípios que lhes são axiologicamente sobrejacentes, entre a construção conceitual da descrição normativa e a construção dos fatos.[13]

Ao aviso de Marcelo Neves,[14] o caráter predominantemente finalístico dos princípios não implica um critério preciso para diferenciação de uma e outra espécie normativa. Para isso, seria necessário definir a corrente filosófica que dá suporte aos fins supostamente abarcados pelos princípios. Estes são, na verdade, resultantes de conquistas do Estado constitucional moderno. De outro lado, há princípios que não são finalísticos, a exemplo do princípio da dignidade da pessoa humana, ao passo que há regras que são finalísticas.

A adoção de critérios para a categorização das normas constitucionais como regras ou como princípios importa, na medida em que fornece ao intérprete balizamentos mínimos de interpretação. Partindo da premissa de que determinada norma é regra ou princípio, o alcance a ser dado a seu comando poderia ser maior ou menor, mais ou menos preciso. Nada obstante, Marcelo Neves[15] defende que é insustentável a ilação de que princípios seriam mais imprecisos que regras, já que muitas destas são semanticamente imprecisas e muitos daqueles, semanticamente precisos. O critério quantitativo não pode ser tomado como decisivo, portanto.

---

[9] ÁVILA, Humberto. *Teoria dos princípios*: da definição à aplicação dos princípios jurídicos. 11. ed. São Paulo: Malheiros, 2010. p. 45.

[10] ÁVILA, Humberto. *Teoria dos princípios*: da definição à aplicação dos princípios jurídicos. 11. ed. São Paulo: Malheiros, 2010. p. 45

[11] ÁVILA, Humberto. *Teoria dos princípios*: da definição à aplicação dos princípios jurídicos. 11. ed. São Paulo: Malheiros, 2010. p. 56-59.

[12] ÁVILA, Humberto. *Teoria dos princípios*: da definição à aplicação dos princípios jurídicos. 11. ed. São Paulo: Malheiros, 2010. p. 78-79.

[13] ÁVILA, Humberto. *Teoria dos princípios*: da definição à aplicação dos princípios jurídicos. 11. ed. São Paulo: Malheiros, 2010. p. 78.

[14] NEVES, Marcelo. *Entre Hidra e Hércules*: princípios e regras constitucionais. São Paulo: WMF Martins Fontes, 2013. *Passim*.

[15] NEVES, Marcelo. *Entre Hidra e Hércules*: princípios e regras constitucionais. São Paulo: WMF Martins Fontes, 2013. *Passim*.

Neves[16] adere ao critério distintivo proposto por Robert Alexy, esclarecendo que:

> Com base nesses pressupostos, Alexy chega à distinção entre regras e princípios que se apresenta como a que mais se coaduna, no resultado, com o presente trabalho: "Princípios são sempre razões prima facie e regras são, se não houver o estabelecimento de alguma exceção, razões definitivas." Nesse sentido, regras e princípios são apresentados como razões ou fundamentos para normas, sejam essas universais (gerais-abstratas) ou individuais (juízos concretos de dever-ser), só indiretamente razões ou fundamentos para ações.

Da análise de tudo o que foi dito até aqui, pode-se perceber o quão complexa e carente de critérios precisos é a questão da distinção entre princípios e regras, principalmente quando se pretende fazer uma distinção tida como forte, é dizer, quando se deseja extremar com linhas bem marcadas uma categoria da outra.

De fato, como ressaltado em outros momentos deste estudo, Ferrajoli é contrário à categorização das normas como regras e princípios,[17] o que, a seu sentir, contribui para o enfraquecimento dos comandos constitucionais. Todas as normas constitucionais, para Ferrajoli, são regras. Os princípios, de outro lado, significariam a internalização da moral pelo direito, rompendo a dicotomia tão cara ao garantismo, razão porque Ferrajoli é assumidamente refratário ao chamado neoconstitucionalismo.

Naturalmente, no atual cenário constitucionalista ocidental brasileiro e internacional, o acatamento da categorização normativa como regras e princípios parece grassar cada vez mais adeptos entre os juristas. Contudo, parece que o mais importante é que, ao aplicar determinada regra ou princípio, o intérprete esteja ciente de que lhe é defeso olvidar comandos normativos expressos em prol de um (imaginado?) princípio *a* ou *b*. O risco do decisionismo se exacerba – e nisso, há razão com Ferrajoli –, quando não há aplicação responsável das teorias dos princípios.

Já não é incomum deparar-se com decisões que, sob a alegativa de aplicar este ou aquele princípio, suprimem completamente o conteúdo impositivo de determinada regra.

No HC nº 104.339, cujo relator é o Min. Gilmar Mendes, julgado em 10.5.2012, houve total supressão de uma regra, insculpida no art. 44 da Lei nº 11.343/2006, em prol do princípio de presunção de inocência. A regra em questão – art. 44 da Lei nº 11.343/2006 – veda a concessão de fiança, *sursis*, graça, indulto, anistia e liberdade provisória aos crimes de tráfico de drogas e tipos assemelhados, bem como aos crimes previstos junto aos arts. 34 a 37 daquela lei. Na espécie, assim se decidiu:

> [...] essa vedação apriorística de concessão de liberdade provisória (Lei 11.343/2006, art. 44) é incompatível com o princípio constitucional da presunção de inocência, do devido processo legal, entre outros. É que a Lei de Drogas, ao afastar a concessão da liberdade provisória de forma apriorística e genérica, retira do juiz competente a oportunidade de, no caso concreto, analisar os pressupostos da necessidade do cárcere cautelar, em

---

[16] NEVES, Marcelo. *Entre Hidra e Hércules*: princípios e regras constitucionais. São Paulo: WMF Martins Fontes, 2013. p. 68.
[17] FERRAJOLI, Luigi. Constitucionalismo principialista e constitucionalismo garantista. In: FERRAJOLI, Luigi; STRECK, Lênio Luis; TRINDADE, André Karam. *Garantismo, hermenêutica e (neo)constitucionalismo*: um debate com Luigi Ferrajoli. Porto Alegre: Livraria do Advogado, 2012. p. 8-68; 17-19.

inequívoca antecipação de pena, indo de encontro a diversos dispositivos constitucionais. [...] a segregação cautelar – mesmo nos crimes atinentes ao tráfico ilícito de entorpecentes – deve ser analisada tal quais as prisões decretadas nos casos dos demais delitos previstos no ordenamento jurídico, o que conduz à necessidade de serem apreciados os fundamentos da decisão que denegou a liberdade provisória ao ora paciente, no intuito de verificar se estão presentes os requisitos do art. 312 do CPP que rege a matéria. [...] Ante o exposto, declaro, incidenter tantum, a inconstitucionalidade da vedação à liberdade provisória imposta pelo art. 44 da Lei 11.343/2006.

Quanto ao teor deste julgado, voltar-se-á mais à frente. Por hora, cabe somente externar alguma preocupação. Afastar uma regra que goza de presunção de constitucionalidade com base na interpretação do alcance de determinado princípio constitucional é algo que deve ser feito com imensa cautela.

A indeterminação creditada aos princípios pode significar a burla a todo o sistema normativo. Ao aviso de Alexy,[18] os direitos fundamentais admitem restrições, que podem advir da própria constituição. De fato, disposições constitucionais há que resultam na mitigação de direitos fundamentais. Diante disso, há um portentoso ônus de justificação, sempre que se pretende suprimir uma regra com esteio em um princípio constitucional, sendo insatisfatória uma simples alusão ao princípio da presunção de inocência ou qualquer outro.

A prática não prudente da aplicação de princípios constitucionais em detrimento de regras ou mesmo de outros princípios, constitucionais ou infraconstitucionais, foi alvo da análise desenvolvida por Marcelo Neves,[19] que alerta:

> [...] a prática inconsistente rejeita as regras. Estas podem chegar a um ponto definitividade que torna manifesto o desvio. Os princípios, ao contrário, [...] podem ser mais facilmente articulados para encobrir soluções que minam a consistência da ordem jurídico a favor de interesses particularista que pressionam a solução do caso. Ou seja, os princípios são mais apropriados a abusos no processo de concretização. [...]

2 Os postulados julgados do Tribunal de Justiça do Estado de Alagoas

Quando o julgador não se desincumbe do ônus de justificar adequadamente a superação de uma regra infraconstitucional com esteio em um princípio constitucional, ou mesmo de uma norma constitucional em detrimento de outra, decisões antagônicas podem ter lugar.

No *Habeas Corpus* nº 2010.001762-8,[20] o Tribunal de Justiça do Estado de Alagoas analisou o pedido de concessão da ordem com esteio no excesso prazal. O paciente fora preso em 28.12.2009. A denúncia, contudo, só foi oferecida em 3.5.2010, ou cinco meses depois da prisão. O acórdão transcreve o parecer da Procuradoria-Geral de Justiça, o qual alude à grande quantidade de droga encontrada em poder do paciente

---

[18] ALEXY, Robert. *Teoria dos direitos fundamentais*. São Paulo: Malheiros, 2008. p. 286
[19] NEVES, Marcelo. *Entre Hidra e Hércules*: princípios e regras constitucionais. São Paulo: WMF Martins Fontes, 2013. p. 190.
[20] BRASIL. Tribunal de Justiça do Estado de Alagoas. *Habeas Corpus nº 2010.001762-8*. Pleno, Rel. Orlando Monteiro Cavalcante Manso, Maceió, AL, 5.10.2010.

e à razoabilidade no prazo para oferecimento da denúncia. O fundamento da decisão, além da impossibilidade de comprovação da inocência do paciente através do remédio, é que o oferecimento e o recebimento da denúncia afastam o excesso prazal. Denegou-se a ordem, sob o entendimento de que o oferecimento da denúncia sanaria o constrangimento ilegal. Veja-se trecho do fundamento:

> Finalmente, quanto ao fundamento de excesso de prazo para o oferecimento da denúncia, o mesmo resta prejudicado, posto que as informações dos Magistrados impetrados nos dão conta de que a denúncia já foi oferecida em 03.05.2010 e recebida em 05.05.2010. Ora, se por algum motivo ocorreu demora a mesma já é fato pretérito.

Esta decisão excepciona a garantia constitucional do devido processo legal, em prol do direito à segurança pública e, também, ao tratamento mais gravoso dispensado aos crimes ligados ao tráfico de entorpecentes. Mas isso não pode ser inferido de sua fundamentação, senão indiretamente. Em outras palavras, não há no acórdão ou no voto do relator qualquer alusão a tais normas constitucionais. A fundamentação é sucinta. Diz-se que a inocência do paciente não pode por hora ser certificada e que, se houve excesso de prazo, já não há mais. É no relatório que há descrição do crime. Daí a inferência de que a gravidade e a natureza do crime são sobrelevadas em detrimento do direito individual ao devido processo legal, mas, como já assinalado, isso não é explorado diretamente na decisão.

O conteúdo desse *Habeas Corpus* nº 2010.001762-8 é diverso daquele do *Habeas Corpus* nº 2009.001253-8.[21] Neste, deu-se a concessão da ordem por excesso de prazo (cem dias, desde a prisão, para o oferecimento da denúncia), sem alusão à periculosidade ou dados insubsumíveis à falseabilidade, embora se trate de prisão em flagrante por tráfico de entorpecentes. No voto vista, contudo, alvitra-se a enorme quantidade de entorpecentes encontrada com o paciente (46kg de maconha e 3kg de *crack*) e a superação do excesso de prazo pelo oferecimento da denúncia. Mas a ordem é concedida, tal como postulada.

Então, na segunda decisão, que é cronologicamente anterior à primeira, privilegia-se o direito individual ao devido processo legal em detrimento do direito social à segurança pública e ao tratamento mais rigoroso dispensado pela Constituição ao crime de tráfico de entorpecentes.

Qual a razão de proferirem-se decisões tão díspares, mesmo contrárias? Porque no primeiro caso os direitos sociais são protegidos e, no segundo, os individuais? Nenhuma das decisões bem o explicita.

Aí a já aludida carência quanto à justificação da aplicação dos princípios constitucionais na exceção de normas infraconstitucionais e até mesmo constitucionais. Na esfera penal e processual penal, a discussão se intensifica, na medida em que, ao lado de princípios e regras protetivas de direitos individuais e limitadores da atividade estatal punitiva alocados na própria Constituição, há comandos de cariz punitivista, os quais se põem ao lado da atividade repressora do Estado e protegendo também direito individual fundamental, que é o direito à segurança, erigindo o direito penal ao patamar

---

[21] BRASIL. Tribunal de Justiça do Estado de Alagoas. *Habeas Corpus nº 2009.001253-8*. Pleno, Rel. Otávio Leão Praxedes, Maceió, AL, 13.10.2009.

de instrumento de salvaguarda de direitos sociais e individuais, como a segurança. Trata-se das chamadas imposições constitucionais criminalizadoras.

3 Imposições constitucionais criminalizadoras nas decisões do Tribunal de Justiça do Estado de Alagoas

Nenhuma decisão do Tribunal de Justiça do Estado de Alagoas alude às imposições constitucionais criminalizadoras explicitamente e como tais. A Constituição da República de 1988, justamente no Título II – Dos Direitos e Garantias Fundamentais, contém diversos comandos que podem ser caracterizados como imposições constitucionais criminalizadoras.

Ao aviso de Alberto Jorge Correia de Barros Lima,

> Os mandamentos constitucionais criminalizadores [...] traduzem comandos de uma Constituição que, exaltando determinados valores e apostando nas possibilidades que tem o Estado de transformação social, apontam o Direito Penal como um dos instrumentos possíveis de proteção daqueles, uma ferramenta na longa tarefa de alcançar a transformação pretendida.[22]

A Constituição da República, no título destinado aos direitos e garantias fundamentais, albergou em seu texto comandos restritivos e limitadores da atividade punitiva do Estado, estabelecendo limites internos e externos a esta última. Mas, em paralelo, estabeleceu determinações de incremento, de propulsão, de intensificação desta mesma atividade punitiva. É como se o legislador constituinte originário dissesse que, dentro das fronteiras traçadas pelas normas limitadoras, o Estado deveria agir com rigor. Tal impressão é confirmada por Baratta,[23] quando alvitra que o Estado Democrático de Direito tem como diretriz a proteção integral dos direitos. Assim, não é errônea a conclusão de que a Constituição credita ao direito penal o caráter de instrumento de otimização do direito fundamental individual à segurança e do social à segurança pública e, por ser assim, contém comandos nitidamente punitivistas.

A Constituição da República, ao emitir imperativos de recrudescimento do direito penal, estabelece mandamentos criminalizadores de duas ordens:

> Os mandamentos constitucionais criminalizadores são, tivemos a oportunidade de assinalar, uma imposição constitucional de conteúdo que tanto restringe os processos e descriminalização como determina criminalizações e/ou recrudescem o tratamento penal.[24]

O mais aberto mandamento constitucional criminalizador é aquele alojado no art. 5º, XLI, da Constituição da República, do qual cabe uma transcrição literal: "a lei

---

[22] LIMA, Alberto Jorge Correia de Barros. *Direito penal constitucional*. A imposição dos princípios constitucionais penais. São Paulo: Saraiva, 2012. p. 141.
[23] BARATTA, Alessandro. La politica Criminal y el Derecho Penal de la Constitución: Nuevas reflexiones sobre el modelo integrado de las Ciencias Penales. Revista de la Facultad de Derecho de la Universidad de Granada, n. 2, p. 110, 1999.
[24] LIMA, Alberto Jorge Correia de Barros. *Direito penal constitucional*. A imposição dos princípios constitucionais penais. São Paulo: Saraiva, 2012. p. 142.

punirá qualquer discriminação atentatória dos direitos e liberdades fundamentais". É dizer: segundo o sistema constitucional posto, há condutas que devem, necessariamente, ser tipificadas como crimes. No dizer de tal mandamento de criminalização, o legislador infraconstitucional tem por dever criminalizar as condutas atentatórias aos bens jurídicos mais caros à conformação da dignidade da pessoa humana. Por consectário, parece lógica a sequente conclusão de que o intérprete do direito não pode permitir qualquer análise que culmine na não responsabilização criminal de condutas atentatórias aos direitos fundamentais. Aliás, como anota Barros Lima:

> No Brasil, a Constituição, densificando determinados bens jurídicos, considerados, axiologicamente, os mais relevantes, impede, em um primeiro momento, que o legislador, instituindo leis descriminalizadoras (*abollitio criminis*), retire deles, quanto às ofensas mais significativas, a proteção penal. A tal imposição chamaremos de imposição constitucional criminalizadora de conteúdo impeditivo.[25]

Imperioso reconhecer que, se de um lado, o legislador constituinte limitou a atividade punitiva, também de outro limitou qualquer iniciativa abolicionista, no que concerne à retirada da natureza criminosa de atos atentatórios aos bens jurídicos erigidos ao patamar de direitos e liberdades fundamentais. Condutas assim consideradas hão de ser tipificadas e julgadas como crimes, e seus praticantes, punidos como criminosos. Assim, ao apreciar julgados em que se analisem graves ataques aos direitos e liberdades individuais, o jurista deve atentar para o fato de que o legislador constituinte teve a preocupação de exigir sua punição em seara penal. A análise destes casos, portanto, deve necessariamente se guiar pelo comando constitucional que determina a responsabilização penal de seus autores. Não por outra razão, Streck[26] alerta contra a proliferação da afirmação de que o constituinte de 1988 albergou a tese da intervenção mínima do direito penal. Ao contrário, ao positivar comandos criminalizadores, a Carta de 1988 provocou uma drástica mudança no trato dos bens jurídico-penais, proibindo, inclusive, a concessão de favores legais aos crimes e criminosos inseridos nas previsões constitucionais criminalizantes.

Há uma segunda ordem de normas constitucionais criminalizadoras, que são as que conferem tratamento penal mais rigoroso no trato de determinados crimes. Barros Lima,[27] num esforço em prol da sistematização das normas constitucionais de cunho punitivo, faz-lhes menção no trecho que a seguir se transcreve:

> Em um segundo instante, a Constituição, traçando uma série de ordenações criminalizadoras, determina, expressamente, a proteção penal para alguns comportamentos lesivos a esses bens ou estabelece tratamento mais gravoso para crimes já existentes. Tal imposição, chamada de cláusulas constitucionais de criminalização, denominaremos imposição constitucional criminalizadora de conteúdo prescritivo.

---

[25] LIMA, Alberto Jorge Correia de Barros. *Direito penal constitucional*. A imposição dos princípios constitucionais penais. São Paulo: Saraiva, 2012. p. 142.
[26] STRECK, Lenio Luiz. O dever de proteção do Estado (Schutzpflicht). O lado esquecido dos direitos fundamentais ou qual a semelhança entre os crimes de furto privilegiado e o tráfico de entorpecentes? *Jus Navigandi*, Teresina, ano 13, n. 1840, 15 jul. 2008. Disponível em <http://jus.com.br/artigos/11493>. Acesso em: 13 abr. 2014.
[27] LIMA, Alberto Jorge Correia de Barros. *Direito penal constitucional*. A imposição dos princípios constitucionais penais. São Paulo: Saraiva, 2012. p. 142.

Enquanto em um momento o legislador constituinte originário impediu o legislador e o intérprete de se despojar do direito penal do trato de questões alusivas à malferição de direitos e liberdades individuais, em outro, ordenou-lhes que dispensasse tratamento penal mais severo em relação a determinados crimes. A tortura, o tráfico ilícito de entorpecentes e drogas afins, o terrorismo e os definidos como crimes hediondos, *v.g.*, devem ser tratados com rigor maior que os demais.

Interessa anotar que a disposição contida no art. 5º, XLI, da Constituição da República, ("a lei punirá qualquer discriminação atentatória dos direitos e liberdades fundamentais"), segundo as definições colhidas na obra de Ávila, transcritas alhures, se amolda harmoniosamente ao conceito de princípio. Outras prescrições constitucionais de caráter impositivo criminalizador parecem ter natureza jurídica de regras, a exemplo do art. 5º, XLII, o qual determina que a prática de racismo será criminalizada, e o crime de racismo será inafiançável e imprescritível, além de ser punido com reclusão. Também o art. 5º, XLIII ("a lei considerará crimes inafiançáveis e insuscetíveis de graça ou anistia a prática da tortura, o tráfico ilícito de entorpecentes e drogas afins, o terrorismo e os definidos como crimes hediondos, por eles respondendo os mandantes, os executores e os que, podendo evitá-los, se omitirem") tem, ao que tudo indica, natureza jurídica de regra, e como tal deve ser aplicada na conformidade de uma avaliação de correspondência (por exemplo, quando um crime hediondo, aí a inafiançabilidade).

Portanto, os mandamentos constitucionais em destaque, mais ainda quando adotantes do cariz normativo de regras, devem ser observados de forma devotada pelo intérprete.

No *Habeas Corpus* nº 2010.006762-3,[28] o Tribunal de Justiça de Alagoas aplicou o art. 44 da Lei nº 11.343/2006, o qual decorre do art. 5º, XLIII da Constituição da República.

Tratou-se de crime de associação para o tráfico de drogas. A impetração alegou excesso de prazo, bem como falta de fundamento da decisão constritiva. A prisão em flagrante ocorrera em 30.7.2010, quando, ao atender à denúncia anônima, guarnição da Polícia Militar encontrou na residência onde estava o acusado e mais três indivíduos 2,042kg de pasta de cocaína, 61,2g de *crack*, 103g de cocaína, uma balança de precisão, um rifle calibre 357, uma caderneta de anotações e a quantia de R$1.033,00 (um mil e trinta e três reais). Foi dada vista ao Ministério Público em 30.8.2010. Recebeu-se a denúncia em 14.9.2010.

Ao prestar as informações, a autoridade apontada como coatora descreveu a tramitação do feito e classificou-a como regular. A Procuradoria-Geral de Justiça opinou pela denegação da ordem.

Em seu voto, o relator destacou que o feito seguiu curso regular, e a dilação do prazo para formação da culpa mostrou-se necessária, à vista da complexidade do feito, que envolveu quatro réus, patrocinados por advogados distintos, e mais de uma imputação.

Após, aludiu ao conteúdo do art. 44 da Lei nº 11.343/2006, mas acrescentou que, no caso concreto, entende presentes todos os pressupostos e fundamentos da prisão preventiva.

---

[28] BRASIL, Tribunal de Justiça do Estado de Alagoas. *Habeas Corpus nº 2010.006762-3*. Rel. Sebastião Costa Filho Maceió, AL, 26.1.2011.

Portanto, neste julgado, ainda que de maneira indireta, aplicou-se o comando criminalizador contido na Constituição, junto ao art. 5º, inc. XLIII.

Anote-se que a jurisprudência tomada em ambiência nacional demonstra, ao contrário,[29] uma superfetação da proteção aos direitos e garantias individuais, em detrimento do direito social à segurança pública, assim como do direito individual à segurança pessoal, de forma a sobrepujar os comandos constitucionais imperativos de criminalização, nomeadamente os ditos de conteúdo prescritivo.

Essa tendência de aplicação parcial das normas constitucionais, com intensa alusão a regras e princípios limitadores da atividade punitiva estatal em detrimento das liberdades individuais, emparelhada ao silêncio acerca dos comandos constitucionais criminalizadores, foi catapultada pelo garantismo.

4 Garantismo e imposições constitucionais criminalizadoras

Causa impressão a maneira acrítica pela qual os doutrinadores brasileiros receberam o garantismo, ignorando, na interpretação de seus postulados, as imposições constitucionais criminalizadoras que peculiarizam a Constituição Federal de 1988. Diversas obras doutrinárias e citações jurisprudenciais remetem ao ideário garantista, algumas vezes de maneira a revelar o desconhecimento dos remetentes em relação ao que realmente apregoa o garantismo.

O garantismo não é a interpretação das normas infraconstitucionais de acordo com as constitucionais, simplesmente. Não é uma vertente do neoconstitucionalismo (inclusive, Ferrajoli é um crítico do que normalmente se denomina "neoconstitucionalismo",[30] ao rejeitar enfaticamente a internalização da moral pelo direito e o desdobramento das normas constitucionais em regras e princípios). É, antes e acima de tudo, um sistema de maximização de liberdades individuais em detrimento do poder estatal.

O garantismo parece ser nada mais que uma nova roupagem do liberalismo clássico, de cunho marcada e notadamente formalista e positivista na forma mais exegética, que, antagonicamente, o neoconstitucionalismo buscou e busca superar.

O formalismo somado ao positivismo estrito, hermético, proposto por Ferrajoli, fica bem aparente na análise da primeira parte de sua obra mais importante, *Direito e razão*. Ali, o jurista italiano afirma que "o que confere relevância penal a um fenômeno não é a verdade, a justiça, a moral, nem a natureza, mas somente o que, com autoridade, diz a lei".[31]

---

[29] Confiram-se os julgados *Habeas Corpus* nº 101.758, Primeira Turma, Rel. Min. Marco Aurélio, Brasília, DF, 16.10.2012; *Habeas Corpus* nº 105.915, Primeira Turma, Rel. Min. Dias Toffoli, Brasília, DF, 5.6.2012; *Habeas Corpus* nº 109.528, Primeira Turma, Rel. Min. Rosa Weber, Brasília, DF, 5.6.2012; *Habeas Corpus* nº 106.963, Segunda Turma, Rel. Min. Ayres Britto, Brasília, DF, 27.9.2011; *Habeas Corpus* nº 100.185, Segunda Turma, Rel. Min. Gilmar Mendes, Brasília, DF, 8.6.2010; *Habeas Corpus* nº 101.055, Segunda Turma, Rel. Min. Cezar Peluso, Brasília, DF, 3.11.2009; *Habeas Corpus* nº 100.742, Segunda Turma, Rel. Min. Celso de Mello, Brasília, DF, 3.11.2009. Em sentido contrário: *Habeas Corpus* nº 97.059, Primeira Turma, Brasília, DF, Rel. Min. Ayres Britto, Brasília, DF, 19.5.2009; *Habeas Corpus* nº 95.539, Segunda Turma, Rel. Min. Eros Grau, Brasília, DF, 25.11.2008. *Habeas Corpus* nº 92.495, Segunda Turma, Rel. Min. Ellen Gracie, Brasília, DF, 27.5.2008. *Habeas Corpus* nº 93.940, Primeira Turma, Rel. Min. Ricardo Lewandowski, Brasília, DF, 6.5.2008. *Vide*: *Habeas Corpus* nº 99.717, Primeira Turma, Rel. Min. Ricardo Lewandowski, Brasília, DF. *Habeas Corpus* nº 101.719, Segunda Turma, Rel. Min. Eros Grau, Brasília, DF, 9.3.2010.

[30] FERRAJOLI, Luigi. Constitucionalismo principialista e constitucionalismo garantista. In: FERRAJOLI, Luigi; STRECK, Lênio Luis; TRINDADE, André Karam. *Garantismo, hermenêutica e (neo)constitucionalismo*: um debate com Luigi Ferrajoli. Porto Alegre: Livraria do Advogado, 2012. p. 8-68.

[31] FERRAJOLI, Luigi. *Direito e razão*: teoria do garantismo penal. 2. ed. São Paulo: Revista dos Tribunais, 2006. p. 39.

Ferrajoli se apressa em desfazer a impressão puramente formalista e positivista a que seu sistema garantista pode induzir, para dizer que ele admite temperamentos de índole axiológica sob determinadas circunstâncias fáticas. Não é ele – o sistema garantista – absolutamente incompatível com a presença de momentos valorativos, se e somente se estes estiverem voltados à exclusão de responsabilidades dos réus ou à atenuação de penas.[32]

O perfil positivista e formalista do garantismo é imediatamente denunciado por seus críticos. Letizia Gianformaggio[33] aponta Ferrajoli como vinculado ao positivismo analítico italiano das décadas de 60 e 70, vez que é marcante em sua obra o esforço de separação entre direito e moral, entre ser e dever ser. Mas, ao mesmo tempo, o caráter crítico que Ferrajoli propõe ao positivismo arrefece a própria feição positivista de sua teoria, aproximando-a do antipositivismo.

Ora, da leitura da passagem acima aludida, não é difícil distinguir que, no pensamento de Ferrajoli, há proposição de puro positivismo formalista quando se trate da atuação estatal, e antipositivismo, se tal for necessário para beneficiar a atenuação de responsabilidades e de penas.

Aí um antagonismo difícil de justificar, quando se tem em mente que Ferrajoli se propõe a criar um sistema.

Uma indagação metateórica – "relativa ao caráter epistemológico do papel pragmático conferido à teoria jurídica" –[34] há de ser levantada, pois o sistema traçado por Ferrajoli pretende dar influxo a considerações metajurídicas em benefício dos indivíduos, mas não em benefício do Estado. Assim, a pergunta é se, na experiência brasileira, em que a Constituição contém princípios punitivos e garantistas, só estes é que devem viger, quando da interpretação das normas infraconstitucionais de acordo com os axiomas detentores de dignidade constitucional.

Do ponto de vista científico, como se pode justificar que normas constitucionais de igual dignidade e força normativa, todas elas localizadas, topograficamente, no art. 5º da Constituição da República, incidam com graus de intensidade diferentes conforme se destinem a um ou outro sujeito? Aí um novo antagonismo, pois, para Ferrajoli, a ciência jurídica é, em si mesma, uma garantia.[35] Como ciência, deve se firmar em sólidas premissas minimamente lógicas, calcadas na verificabilidade de suas conclusões de acordo com os pressupostos para tanto adotados.

Assim, é de causar estranheza que um sistema advogue vivamente a aplicação da norma, apartada da moral e dos valores, de maneira a conferir pureza científica à sua atuação e, ao mesmo tempo, se valha da moral e dos valores para abrandar responsabilidades e penas – e apenas estas.

---

[32] FERRAJOLI, Luigi. *Direito e razão*: teoria do garantismo penal. 2. ed. São Paulo: Revista dos Tribunais, 2006. p. 43.
[33] GIANFORMAGGIO, Letizia. Diritto e ragione tra essere e dover essere. In: GIANFORMAGGIO, Letizia (in cura di). *Le ragioni del garantismo*: discutendo com Luigi Ferrajoli. Torino: Giappichelli, 1993. p. 34.
[34] TRINDADE, André Karam. Revisitando o garantismo de Luigi Ferrajoli: uma discussão sobre metateoria, teoria do direito e filosofia política. *Revista Eletrônica da Faculdade de Direito de Franca*. Disponível em: <www.revista.direitofranca.br/index.php/refdf/article/download/156/98>. Acesso em: 28 jul. 2013.
[35] FERRAJOLI, Luigi. *Direito e razão*: teoria do garantismo penal. 2. ed. São Paulo: Revista dos Tribunais, 2006. p. 785-832.

Aqui cabe remissão à observação de Guastini[36] acerca do pensamento de Ferrajoli. A ciência jurídica, ao modo de todas as outras, deve lançar mão de um discurso avalorativo em relação ao seu objeto de conhecimento. É defeso ao cientista, enquanto queira manter-se como tal, adotar uma postura diante de seu objeto de conhecimento; eleger um prisma através do qual irá observar seu destinatário. Ao defender o contrário, é dizer, que a ciência jurídica deve avaliar e criticar seu objeto de conhecimento, Ferrajoli, ao aviso de Guastini, culmina por enveredar por uma senda anticientífica. É bem verdade que este estudo tende a concordar apenas parcialmente com tal observação de Guastini, pois parece que o problema maior do garantismo, ainda mais quando trazido para o ordenamento brasileiro, é de (in)coerência, e não de absenteísmo.

Embora os juristas costumem desenvolver juízos de validade, não se há de confundir tais temperamentos com juízos de valor. A crítica interna do direito, proposta por Ferrajoli, é regularmente desenvolvida pelos aplicadores do direito, mas, ao fazê-lo, não se está a desenvolver atividade científica, senão política. Assim, o jurista não está – nem deve estar – impedido de criticar internamente o direito. Contudo, há de se distinguir discurso científico de discurso político. De outro lado, se se pode criticar o direito em favor de direitos e garantias individuais negativos, também pode e deve fazê-lo em obséquio de direitos sociais, como segurança pública e direitos individuais não estritamente demandantes de abstenções estatais, como o direito à segurança pessoal, permitindo a discussão acerca do alcance da atividade punitiva estatal.

Não é despiciendo lembrar que a doutrina de Ferrajoli é baseada nas peculiaridades da Constituição italiana. Não há menção, em sua obra, de dispositivos constitucionais impositivos de criminalização naquela carta maior. Daí a necessidade de o jurista brasileiro redobrar os cuidados na aplicação irrefletida de uma teoria que foi construída à revelia das peculiaridades da Constituição da República de 1988 (já que fulcrada na caracteriologia do direito italiano) e que, em si, comporta grandes indagações quanto à sua fiabilidade, vez que assentada em premissas colidentes, que comportam diretrizes erráticas, em que ponderações axiológicas são permitidas ou proscritas conforme se esteja a favor ou contra a proteção de uma liberdade individual.

5 Decisões do Supremo Tribunal Federal e alusões aos princípios limitadores da atividade punitiva estatal ou aos princípios propulsores da atividade punitiva estatal

O Supremo Tribunal Federal já afirmou que o modelo normativo brasileiro é garantista, por estabelecer um sistema protetivo de direitos e garantias individuais. A afirmação pode ser tida como verdadeira, vez que o próprio autor da teoria do garantismo, Luigi Ferrajoli,[37] diz que o modelo garantista é um modelo limite, irrealizável, utópico, podendo-se falar apenas em graus de garantismo, conforme haja maior ou menor devoção aos seus postulados. A asserção foi feita nos seguintes termos:[38]

---

[36] GUASTINI, Riccardo. I fondamenti teorici e filosofici del garantismo. In: GIANFORMAGGIO, Letizia (in cura di). *Le ragioni del garantismo*: discutendo com Luigi Ferrajoli. Torino: Giappichelli, 1993. p. 62-63.

[37] FERRAJOLI, Luigi. *Direito e razão*: teoria do garantismo penal. 2. ed. São Paulo: Revista dos Tribunais, 2006. p. 786.

[38] BRASIL. Supremo Tribunal Federal. *Agravo de Instrumento nº 529.733*. Segunda Turma. Rel. Min. Gilmar Mendes, Brasília, DF, 17.10. 2006.

O princípio do devido processo legal, que lastreia todo o leque de garantias constitucionais voltadas para a efetividade dos processos jurisdicionais e administrativos, assegura que todo julgamento seja realizado com a observância das regras procedimentais previamente estabelecidas, e, além disso, representa uma exigência de *fair trial*, no sentido de garantir a participação equânime, justa, leal, enfim, sempre imbuída pela boa-fé e pela ética dos sujeitos processuais. A máxima do *fair trial* é uma das faces do princípio do devido processo legal positivado na Constituição de 1988, a qual assegura um modelo garantista de jurisdição, voltado para a proteção efetiva dos direitos individuais e coletivos, e que depende, para seu pleno funcionamento, da boa-fé e lealdade dos sujeitos que dele participam, condição indispensável para a correção e legitimidade do conjunto de atos, relações e processos jurisdicionais e administrativos. Nesse sentido, tal princípio possui um âmbito de proteção alargado, que exige o *fair trial* não apenas dentre aqueles que fazem parte da relação processual, ou que atuam diretamente no processo, mas de todo o aparato jurisdicional, o que abrange todos os sujeitos, instituições e órgãos, públicos e privados, que exercem, direta ou indiretamente, funções qualificadas constitucionalmente como essenciais à Justiça.

Ao que parece, contudo, a colocação da atividade jurisdicional brasileira como "garantista", pelo Supremo Tribunal Federal, não está a permitir as distinções propaladas na obra de Ferrajoli. É dizer, os julgados do Supremo Tribunal Federal, pelo menos de maneira expressa, não concedem ao intérprete a liberdade de lançar mão de juízos advindos da moral apenas em apanágio às liberdades e garantias individuais. Recente julgado do Supremo Tribunal Federal faz verdadeiro alerta quanto a qualquer exagero garantista. Temperamentos garantistas, segundo tal recente julgado, devem ser feitos de maneira parcimoniosa, de forma a evitar a subversão do sistema jurídico posto, ao custo de desfigurar-se o estrutural normativo penal, sob a condenável premissa de que toda restrição à liberdade ofende direitos fundamentais individuais. A prudência na recepção do ideário garantista fica expressa no julgamento do Recurso Extraordinário nº 453.000, de relatoria do Min. Marco Aurélio, com julgamento em 4.4.2013. O julgamento foi proferido pelo Plenário da Corte e divulgado no Informativo n. 700, com cláusula de repercussão geral.

Ali, discutia-se sobre a possibilidade de reconhecer condenações anteriores do indivíduo como causas de agravamento das penas (art. 61, I, do Código Penal brasileiro). Argumentou a parte recorrente que a consideração da reincidência, para fins de recrudescimento da reprimenda penal, ofendia ao princípio constitucional que proíbe levar-se em consideração por mais de uma vez determinado fato, em prejuízo do réu (princípio do *ne bis in idem*). A consideração da reincidência, para fins de agravamento e, consequentemente, elevação da pena, ofenderia também o princípio da proporcionalidade e da individuação da pena, segundo a parte recorrente.

No corpo do julgado, o Supremo Tribunal Federal fez considerações valorativas em prol da atividade repressiva estatal, distanciando-se das determinações garantistas puristas. Ali foi considerado que a reincidência "comporia consagrado sistema de política criminal de combate a delinquência".

O informativo de jurisprudência divulgou o julgamento da forma a seguir transcrita:

> Considerou-se que a reincidência comporia consagrado sistema de política criminal de combate a delinquência e que eventual inconstitucionalidade do instituto alcançaria todas as normas acima declinadas. Asseverou-se que sua aplicação não significaria

duplicidade, porquanto não alcançaria delito pretérito, mas novo ilícito, que ocorrera sem que ultrapassado o interregno do art. 64 do CP. Asseverou-se que o julgador deveria ter parâmetros para estabelecer a pena adequada ao caso concreto. Nesse contexto, a reincidência significaria o cometimento de novo fato antijurídico, além do anterior. Reputou-se razoável o fator de discriminação, considerado o perfil do réu, merecedor de maior repreensão porque voltara a delinquir a despeito da condenação havida, que deveria ter sido tomada como advertência no que tange à necessidade de adoção de postura própria ao homem médio. Explicou-se que os tipos penais preveriam limites mínimo e máximo de apenação, somente alijados se verificada causa de diminuição ou de aumento da reprimenda. A definição da pena adequada levaria em conta particularidades da situação, inclusive se o agente voltara a claudicar. Estaria respaldado, então, o instituto constitucional da individualização da pena, na medida em que se evitaria colocar o reincidente e o agente episódico no mesmo patamar. Frisou-se que a jurisprudência da Corte filiar-se-ia, predominantemente, à corrente doutrinária segundo a qual o instituto encontraria fundamento constitucional, porquanto atenderia ao princípio da individualização da pena. Assinalou-se que não se poderia, a partir da exacerbação do garantismo penal, desmantelar o sistema no ponto consagrador da cabível distinção, ao se tratar os desiguais de forma igual. A regência da matéria, harmônica com a Constituição, denotaria razoável política normativa criminal. O min. Luiz Fux acresceu não se poder saber o motivo de o agente ter voltado a delinquir depois de punido – se isso decorreria de eventual falibilidade do sistema carcerário, da personalidade do indivíduo ou de outros fatores. Diferenciou reincidência de reiteração criminosa e sublinhou que nesta dar-se-ia ao acusado o denominado período de probation, para que refletisse sobre sua atitude e não voltasse a cometer o delito. O min. Gilmar Mendes aludiu a índices que indicariam que a reincidência decorreria da falência do modelo prisional, que não disporia de condições adequadas para a ressocialização. Colacionou medidas positivas para reverter o quadro, como formação profissional e educacional de condenados e indicou a importância do debate crítico acerca do modelo punitivo existente. Por fim, determinou-se aplicar, ao caso, o regime da repercussão geral reconhecida nos autos do RE 591.563/RS (DJE de 24-10-2008). Além disso, por maioria, permitiu-se que os ministros decidam monocraticamente casos idênticos.

Fazendo remissão ao art. 5º, inc. XLI, o Plenário, por maioria, julgou procedente Ação Direta nº 4.424, de relatoria do Min. Marco Aurélio, proposta pelo procurador-geral da República, atribuindo interpretação conforme a Constituição aos arts. 12, I; 16 e 41, todos da Lei nº 11.340/2006. Na oportunidade, alvitrou-se a natureza incondicionada da ação penal em caso de crime de lesão corporal, praticado mediante violência doméstica e familiar contra a mulher. Incursionando em dados estatísticos sobre a violência contra a mulher, e, portanto, lançando mão de argumentos metajurídicos, o Supremo Tribunal Federal aludiu expressamente à necessidade de dar azo à atividade repressora do Estado, à vista do dever de afastar práticas discriminatórias dos direitos e garantias fundamentais:

> Preliminarmente, afastou-se alegação do Senado da República segundo a qual a ação direta seria imprópria, visto que a Constituição não versaria a natureza da ação penal – se pública incondicionada ou pública subordinada à representação da vítima. Haveria, conforme sustentado, violência reflexa, uma vez que a disciplina do tema estaria em normas infraconstitucionais. O Colegiado explicitou que a Constituição seria dotada de princípios implícitos e explícitos, e que caberia à Suprema Corte definir se a previsão normativa a submeter crime de lesão corporal leve praticado contra a mulher, em ambiente doméstico, ensejaria tratamento igualitário, consideradas as lesões provocadas em geral, bem como a necessidade de representação. [...] No mérito, evidenciou-se que os dados estatísticos

no tocante à violência doméstica seriam alarmantes, visto que, na maioria dos casos em que perpetrada lesão corporal de natureza leve, a mulher acabaria por não representar ou por afastar a representação anteriormente formalizada. A respeito, o Min. Ricardo Lewandowski advertiu que o fato ocorreria, estatisticamente, por vício de vontade da parte dela. Apontou-se que o agente, por sua vez, passaria a reiterar seu comportamento ou a agir de forma mais agressiva. Afirmou-se que, sob o ponto de vista feminino, a ameaça e as agressões físicas surgiriam, na maioria dos casos, em ambiente doméstico. Seriam eventos decorrentes de dinâmicas privadas, o que aprofundaria o problema, já que acirraria a situação de invisibilidade social. Registrou-se a necessidade de intervenção estatal acerca do problema, baseada na dignidade da pessoa humana (CF, art. 1º, III), na igualdade (CF, art. 5º, I) e na vedação a qualquer discriminação atentatória dos direitos e liberdades fundamentais (CF, art. 5º, XLI). Reputou-se que a legislação ordinária protetiva estaria em sintonia com a Convenção sobre a Eliminação de Todas as Formas de Violência contra a Mulher e com a Convenção de Belém do Pará. Sob o ângulo constitucional, ressaltou-se o dever do Estado de assegurar a assistência à família e de criar mecanismos para coibir a violência no âmbito de suas relações. Não seria razoável ou proporcional, assim, deixar a atuação estatal a critério da vítima. A proteção à mulher esvaziar-se-ia, portanto, no que admitido que, verificada a agressão com lesão corporal leve, pudesse ela, depois de acionada a autoridade policial, recuar e retratar-se em audiência especificamente designada com essa finalidade, fazendo-o antes de recebida a denúncia. Dessumiu-se que deixar a mulher – autora da representação – decidir sobre o início da persecução penal significaria desconsiderar a assimetria de poder decorrente de relações histórico-culturais, bem como outros fatores, tudo a contribuir para a diminuição de sua proteção e a prorrogar o quadro de violência, discriminação e ofensa à dignidade humana. Implicaria relevar os graves impactos emocionais impostos à vítima, impedindo-a de romper com o estado de submissão. Entendeu-se não ser aplicável aos crimes glosados pela lei discutida o que disposto na Lei 9.099/1995, de maneira que, em se tratando de lesões corporais, mesmo que de natureza leve ou culposa, praticadas contra a mulher em âmbito doméstico, a ação penal cabível seria pública incondicionada. Acentuou-se, entretanto, permanecer a necessidade de representação para crimes dispostos em leis diversas da 9.099/1995, como o de ameaça e os cometidos contra a dignidade sexual. Consignou-se que o Tribunal, ao julgar o HC 106.212/MS (DJE de 13-6-2011), declarara, em processo subjetivo, a constitucionalidade do art. 41 da Lei 11.340/2006, no que afastaria a aplicação da Lei dos Juizados Especiais relativamente aos crimes cometidos com violência doméstica e familiar contra a mulher, independentemente da pena prevista. (Plenário. ADI nº 4.424. Rel. Min. Marco Aurélio. Julg. 9.2.2012. *Informativo* nº 654)

Note-se que o julgado, contudo, não faz menção expressa à necessidade de repressão criminal das condutas atentatórias aos direitos das mulheres vítimas de violência doméstica, ressaltando somente a necessidade de intervenção do Estado no afastamento de práticas atentatórias aos direitos fundamentais. Nada obstante, culmina por concluir, ainda que tacitamente, pela imprescindibilidade do encabeçamento das ações penais que versem sobre violência doméstica contra a mulher pelo Ministério Público, à vista dos vícios de vontade aos quais as ofendidas estão sujeitas.

O julgado é relativamente recente. Termina por reconhecer a necessidade de intervenção punitiva estatal diante de determinadas hipóteses, dando concretude ao comando constitucional contido no art. 5º, XLI, da Constituição da República.

Contudo, em julgados mais antigos, o Supremo Tribunal Federal, analisando a aplicabilidade do art. 5º, XLII, da Constituição ("a prática do racismo constitui crime inafiançável e imprescritível, sujeito à pena de reclusão, nos termos da lei"), entendeu pela possibilidade de restringir-se o direito à liberdade de expressão em casos nos quais os escritos, edições, divulgações e comercialização de livros façam apologia de ideias preconceituosas e discriminatórias.[39] No caso, o sujeito passivo do crime seria a comunidade judaica. Mas admitiu que crimes contra judeus poderiam ser atingidos pela causa de extinção de punibilidade denominada prescrição, ao entendimento de que, se os judeus não são uma raça (embora sejam uma etnia!), segue-se que contra eles não pode haver discriminação capaz de ensejar a exceção constitucional de imprescritibilidade.

Alguns anos mais tarde, o Supremo Tribunal Federal[40] entabulou que a Constituição da República não proíbe a suspensão da prescrição, por prazo indeterminado, na hipótese do art. 366 do CPP (o artigo em referência determina que fique suspensa a prescrição quando o acusado, citado por edital, não constituir advogado ou não comparecer diante do juízo. A suspensão não tem prazo definido). A indeterminação do prazo da suspensão não constituiria, no entender do STF, hipótese de imprescritibilidade, vez que não estaria obstada a retomada do curso da prescrição, mas apenas a condiciona a um evento futuro e incerto. Tal situação seria substancialmente diversa da imprescritibilidade. Foi dada interpretação segundo a qual, quando a CF enumera causas de imprescritibilidade no art. 5º, XLII e XLIV, não proíbe, em tese, que a legislação ordinária crie outras hipóteses.

Nesse caso, o Supremo Tribunal Federal reconheceu a possibilidade de crescimento do espectro de afastamento da prescrição, mitigando a imobilização da atuação punitiva estatal pelo decurso do tempo. Trata-se de um posicionamento que conflui com o escopo estatal de punição de crimes como instrumento de promoção do direito social à segurança pública, bem como da proteção à segurança dos indivíduos. Orientação em sentido oposto foi adotada no julgamento do HC nº 80.949,[41] também de relatoria do Ministro Sepúlveda Pertence. Ali se entendeu que a Constituição reservou a determinados crimes particular severidade repressiva (art. 5º, XLIII e XLIV), tratando-se de hipóteses taxativas, delas, não se podendo inferir exceções à garantia constitucional da vedação da prova ilícita, em função da gravidade do crime investigado. Veja-se que, no primeiro caso, as hipóteses de imprescritibilidade não precisariam estar adstritas às previstas na Constituição; no segundo, as imposições constitucionais criminalizadoras não teriam o condão de autorizar o que o próprio texto constitucional não fizera expressamente.

Percebe-se, portanto, que os julgados do Supremo Tribunal Federal aplicam as normas jacentes nas chamadas imposições constitucionais criminalizadoras apartados de sistematização. Qual o alcance dessas normas? Até onde elas autorizam o Estado a prosseguir em sua atividade persecutória? Os julgados do Supremo Tribunal Federal, na hipótese, mais confundem que elucidam.

A confusão fica explícita no julgamento, em plenário, do HC nº 104.339, cujo relator foi o Min. Gilmar Mendes, quando se abraçou o entendimento de que a vedação apriorística de concessão de liberdade provisória, pelo art. 44 da Lei nº 11.343/2006,

---

[39] BRASIL. Supremo Tribunal Federal. *Habeas Corpus nº 82.424*. Plenário, Rel. Min. Maurício Corrêa, Brasília, DF, 17.9.2003.
[40] BRASIL. Supremo Tribunal Federal. *Recurso Especial nº 460.971*. Primeira Turma, Rel. Min. Sepúlveda Pertence, Brasília, DF, 13.2.2007.
[41] BRASIL. Supremo Tribunal Federal. *Habeas Corpus nº 80.949*. Primeira Turma, Rel. Min. Sepúlveda Pertence, Brasília, DF, 30.10.2001.

apelidada de Lei de Drogas, é incompatível com o princípio constitucional da presunção de inocência, do devido processo legal, "entre outros". A Lei de Drogas, ao afastar a concessão da liberdade provisória de forma apriorística e genérica, retiraria do juiz competente a oportunidade de, no caso concreto, analisar os pressupostos da necessidade do cárcere cautelar, em inequívoca antecipação de pena, indo de encontro a diversos dispositivos constitucionais. No julgado, entendeu-se que a segregação cautelar, nos crimes de tráfico ilícito de entorpecentes ou outros previstos na lei em comento, deve ser imposta segundo os mesmos pressupostos e fundamentos dos demais delitos previstos no ordenamento jurídico. Portanto, na hipótese não se reconheceu a possibilidade de o legislador infraconstitucional vedar a liberdade provisória sem fiança, tendo em conta que o legislador constitucional o fez quanto à liberdade provisória com fiança. Aqui fica sobejamente retratada a aplicação desarrazoada dos princípios garantistas, com limitações de normas constitucionais (presunção de inocência) sobre outras normas constitucionais (imposição criminalizadora contida no inc. XLIII do art. 5º da Constituição), sem que haja a explicitação de quaisquer critérios para que as primeiras se sobreponham às ultimas.

O raciocínio seria lógico: se o constituinte originário vedou a liberdade provisória com fiança, certamente aí estaria incluída a liberdade provisória sem fiança, pois a primeira vedação conteria a segunda, já que a fiança é um dificultador da consecução da liberdade. Ora, se até esta está vedada, aquela (sem fiança), por logicidade comezinha, também estaria. Mas esta questão não é enfrentada pelo decisório em vértice. Sequer há o cuidado de distinguir quais princípios constitucionais estariam a coimar o art. 44 da Lei de Drogas, fazendo-se a preguiçosa remissão ao princípio constitucional da presunção de inocência, ao do devido processo legal, "entre outros". Pior é constatar que a decisão encerrada no HC nº 104.339 se contrapõe à atingida no HC nº 93.940, cujo relator foi o Min. Ricardo Lewandowski.[42] Ali se vislumbra o entendimento de que a vedação à concessão de liberdade provisória com fiança significa, por dedução lógica insuperável, a proibição da liberdade provisória com fiança. O dispositivo constitucional em análise é o mesmo que serviu do paradigma para o HC nº 104.339. Ocorre que, no HC nº 93.940, a conclusão foi outra:

> Homicídio duplamente qualificado. Crime hediondo. Liberdade provisória. Inadmissibilidade. Vedação constitucional. Delitos inafiançáveis. [...] Sentença de pronúncia adequadamente fundamentada. Eventual nulidade da prisão em flagrante superada. Precedentes do STF. A vedação à liberdade provisória para crimes hediondos e assemelhados que provém da própria Constituição, a qual prevê a sua inafiançabilidade [...]. *Inconstitucional seria a legislação ordinária que viesse a conceder liberdade provisória a delitos com relação aos quais a Carta Magna veda a concessão de fiança.* Decisão monocrática que não apenas menciona a fuga do réu após a prática do homicídio, como também denega a liberdade provisória por tratar-se de crime hediondo. Pronúncia que constitui novo título para a segregação processual, superando eventual nulidade da prisão em flagrante. (Grifos nossos)

---

[42] BRASIL. Supremo Tribunal Federal. *Habeas Corpus nº 93.940*. Primeira Turma, Rel. Min. Ricardo Lewandowski, Brasília, DF, 6.5.2008.

6 O dever de aplicar as imposições constitucionais criminalizadoras

Ao aviso de Ávila, o Poder Judiciário não se deve ater ao exercício da função de legislador negativo, para compreender que ele concretiza o ordenamento jurídico diante do caso concreto. Não pode se apartar completamente, contudo, da realização de fins, preservação de valores, e a manutenção ou busca de determinados bens jurídicos essenciais à realização daqueles fins e valores.[43]

Assim, parece que os mandamentos constitucionais criminalizadores não se dirigem somente ao legislador, proibindo-o de deixar de lançar mão do direito penal na salvaguarda de determinados bens jurídicos, mas também ao juiz, ao aplicar a legislação penal, constitucional ou infraconstitucional.

Não é suficiente, entretanto, a remissão lacônica a dispositivos constitucionais. A aplicação assistemática das normas constitucionais significa, na prática, a negação de vigência aos dispositivos da Constituição.

Não há, n'outra vertente, nenhuma justificativa racional para o fato de os postulados que tutelam os direitos e liberdades individuais servirem como argumento de negação de vigência das imposições constitucionais criminalizadoras, visto que se trata de normas de idêntica dignidade constitucional e, inclusive, contidas no mesmo ponto topográfico do texto da Constituição da República. Demais, estas últimas normas se prestam ao prestigioso papel de instrumentos de salvaguarda da segurança individual e coletiva dos jurisdicionados.

Parece necessária a adoção de maior cuidado, no que se refere à recepção do ideário garantista. Sua compreensão não pode ignorar as impropriedades lógicas de sua pretensão científica. Maior cuidado ainda deve haver na aplicação de postulados oriundos de tal teoria, sob pena de falhar-se ruinosamente na missão de zelar pela guarda da Constituição, para promover somente uma parte da Carta Maior, achanando outra.

A coerência na prolação de decisões é um imperativo da garantia constitucional da segurança jurídica, alvo da preocupação de juristas como Bentham, no já longínquo séc. XIX.[44] O *venire contra factum proprium* é defeso também à Administração e ao Judiciário,[45] pois viola princípios como o da solidariedade, da legalidade, da moralidade.

Referências

ALEXY, Robert. *Teoria dos direitos fundamentais*. São Paulo: Malheiros, 2008.

ATAÍDE JÚNIOR, Jaldemiro Rodrigues de. Uma proposta de sistematização da eficácia temporal dos precedentes diante do projeto de Novo CPC. In: DIDIER JÚNIOR, Fredie; BASTOS, Antonio Adonias Aguiar (Coord.). *O projeto do Novo Código de Processo Civil*: estudos em homenagem ao professor José Joaquim Calmon de Passos. Salvador: JusPodivm, 2012.

---

[43] ÁVILA, Humberto. *Teoria dos princípios*: da definição à aplicação dos princípios jurídicos. 11. ed. São Paulo: Malheiros, 2010. p. 35.

[44] ATAÍDE JÚNIOR, Jaldemiro Rodrigues de. Uma proposta de sistematização da eficácia temporal dos precedentes diante do projeto de Novo CPC. In: DIDIER JÚNIOR, Fredie; BASTOS, Antonio Adonias Aguiar (Coord.). *O projeto do Novo Código de Processo Civil*: estudos em homenagem ao professor José Joaquim Calmon de Passos. Salvador: JusPodivm, 2012. p. 363-365.

[45] ATAÍDE JÚNIOR, Jaldemiro Rodrigues de. Uma proposta de sistematização da eficácia temporal dos precedentes diante do projeto de Novo CPC. In: DIDIER JÚNIOR, Fredie; BASTOS, Antonio Adonias Aguiar (Coord.). *O projeto do Novo Código de Processo Civil*: estudos em homenagem ao professor José Joaquim Calmon de Passos. Salvador: JusPodivm, 2012. p. 365-366.

ÁVILA, Humberto. *Teoria dos princípios*: da definição à aplicação dos princípios jurídicos. 11. ed. São Paulo: Malheiros, 2010.

BARATTA, Alessandro. La politica criminal y el derecho penal de la Constitución: nuevas reflexiones sobre el modelo integrado de las ciencias penales. *Revista de la Faculdad de Derecho de la Universidad de Granada*, n. 2, 1999.

BRASIL, Tribunal de Justiça do Estado de Alagoas. *Habeas Corpus nº 2010.006762-3*. Rel. Sebastião Costa Filho Maceió, AL, 26.1.2011.

BRASIL. Supremo Tribunal Federal. *Agravo de Instrumento nº 529.733*. Segunda Turma. Rel. Min. Gilmar Mendes, Brasília, DF, 17.10. 2006.

BRASIL. Supremo Tribunal Federal. *Habeas Corpus nº 80.949*. Primeira Turma, Rel. Min. Sepúlveda Pertence, Brasília, DF, 30.10.2001.

BRASIL. Supremo Tribunal Federal. *Habeas Corpus nº 82.424*. Plenário, Rel. Min. Maurício Corrêa, Brasília, DF, 17.9.2003.

BRASIL. Supremo Tribunal Federal. *Habeas Corpus nº 93.940*. Primeira Turma, Rel. Min. Ricardo Lewandowski, Brasília, DF, 6.5.2008.

BRASIL. Supremo Tribunal Federal. *Recurso Especial nº 460.971*. Primeira Turma, Rel. Min. Sepúlveda Pertence, Brasília, DF, 13.2.2007.

BRASIL. Tribunal de Justiça do Estado de Alagoas. *Habeas Corpus nº 2010.001762-8*. Pleno, Rel. Orlando Monteiro Cavalcante Manso, Maceió, AL, 5.10.2010.

BRASIL. Tribunal de Justiça do Estado de Alagoas. *Habeas Corpus nº 2009.001253-8*. Pleno, Rel. Otávio Leão Praxedes, Maceió, AL, 13.10.2009.

FERRAJOLI, Luigi. Constitucionalismo principialista e constitucionalismo garantista. In: FERRAJOLI, Luigi; STRECK, Lênio Luis; TRINDADE, André Karam. *Garantismo, hermenêutica e (neo)constitucionalismo*: um debate com Luigi Ferrajoli. Porto Alegre: Livraria do Advogado, 2012.

FERRAJOLI, Luigi. *Direito e razão*: teoria do garantismo penal. 2. ed. São Paulo: Revista dos Tribunais, 2006.

GIANFORMAGGIO, Letizia. Diritto e ragione tra essere e dover essere. In: GIANFORMAGGIO, Letizia (in cura di). *Le ragioni del garantismo*: discutendo com Luigi Ferrajoli. Torino: Giappichelli, 1993.

GUASTINI, Riccardo. I fondamenti teorici e filosofici del garantismo. In: GIANFORMAGGIO, Letizia (in cura di). *Le ragioni del garantismo*: discutendo com Luigi Ferrajoli. Torino: Giappichelli, 1993.

LIMA, Alberto Jorge Correia de Barros. *Direito penal constitucional*. A imposição dos princípios constitucionais penais. São Paulo: Saraiva, 2012.

NEVES, Marcelo. *Entre Hidra e Hércules*: princípios e regras constitucionais. São Paulo: WMF Martins Fontes, 2013.

STRECK, Lenio Luiz. O dever de proteção do Estado (Schutzpflicht). O lado esquecido dos direitos fundamentais ou qual a semelhança entre os crimes de furto privilegiado e o tráfico de entorpecentes? *Jus Navigandi*, Teresina, ano 13, n. 1840, 15 jul. 2008. Disponível em <http://jus.com.br/artigos/11493>. Acesso em: 13 abr. 2014.

TRINDADE, André Karam. Revisitando o garantismo de Luigi Ferrajoli: uma discussão sobre metateoria, teoria do direito e filosofia política. *Revista Eletrônica da Faculdade de Direito de Franca*. Disponível em: <www.revista.direitofranca.br/index.php/refdf/article/download/156/98>. Acesso em: 28 jul. 2013.

Informação bibliográfica deste texto, conforme a NBR 6023:2002 da Associação Brasileira de Normas Técnicas (ABNT):

SOTTO-MAYOR, Lorena Carla Santos Vasconcelos. Os postulados garantistas e as imposições constitucionais criminalizadoras nos julgados do Tribunal de Justiça do Estado de Alagoas e no Supremo Tribunal Federal. In: PINTO, Hélio Pinheiro; LIMA NETO, Manoel Cavalcante de; LIMA, Alberto Jorge Correia de Barros; SOTTO-MAYOR, Lorena Carla Santos Vasconcelos; DIAS, Luciana Raposo Josué Lima (Coords.). *Constituição, direitos fundamentais e política*: estudos em homenagem ao professor José Joaquim Gomes Canotilho. Belo Horizonte: Fórum, 2017. p. 241-259. ISBN 978-85-450-0185-0.

A DECADÊNCIA DA DEMOCRACIA REPRESENTATIVA NO BRASIL[1]

PAULO BONAVIDES

Assim como D. João VI criou no Brasil um reino sem nação, criou-se depois no mesmo país uma república sem povo; ali por inexistir nação, cá por indiferença e abstenção do povo.

Com efeito, em seu Decreto nº 1, a ditadura do golpe de Estado de 15.11.1889, ao fundar a república, legislou o plebiscito de sua legitimidade, o qual nunca se levou a cabo.

Essa ausência de participação em ato de tamanha gravidade que mudou a face monárquica do regime e introduziu a forma republicana trouxe de volta, com a ditadura dos marechais, sobretudo a de Floriano, o fantasma da crise constituinte, a mesma que pela espada e voz do Imperador D. Pedro I decretou a dissolução da primeira Assembleia Constituinte do Brasil.

A partir daí, o vulcão dessa crise, depois de adormecido algum tempo, entrou novamente em erupção e com o presidencialismo constitucional de 1891 se instalou no país desde o "berço" da república. Teve suas recidivas mais graves ao longo do século XX, pontilhado de sublevações, movimentos armados, conspiração nos quartéis, golpes de estado, intervenções federais, tramas de bastidores, decretações de estados de sítio, ditaduras e fraudes eleitorais, produzindo a instabilidade nas bases do sistema representativo, à qual, a nosso ver, só se dará apropriado remédio se o sistema político receber a corrente elétrica de alta voltagem cifrada na legitimidade da democracia participativa. Anos horizontes do século XXI, ela já fez antever por supérfluo o modelo decadente e alienante das formas clássicas de representação. Há cerca de três séculos, este modelo fora já condenado por Rousseau, o filósofo do contrato social, da vontade geral e da soberania popular.

---

[1] O presente artigo, de Paulo Bonavides, apareceu primeiro no livro de homenagem que a Faculdade de Direito da Universidade de Coimbra dedicou, em 2012, a J. J. Gomes Canotilho, ao ensejo de sua jubilação na cátedra de direito constitucional. Nós o incorporamos agora a esta obra em que o Brasil, mais uma vez, homenageia tão insigne catedrático.

Rousseau fez, porém, na doutrina, sem querer, a profecia dos modelos que no interior da sociedade nova em gestação se sucederiam no espaço dos séculos porvindouros. A igualdade foi o eixo dessa intuição genial e o berço das revoluções ideológicas das épocas porvindouras que a história tem corroborado. Mas o mundo está em crise, em ebulição, na efervescência das mudanças e das globalizações.

A legitimidade para vencer essa crise somente pode vir do povo, jamais dos que a provocaram na circunferência da política, a saber, os elementos do corpo representativo, de reputação abalada. Portanto nem os representantes do povo nem os partidos políticos, na atmosfera moral que respiram, são bastantemente idôneos para legislar e exercitar o poder perante a crise que o país ora atravessa.

A legitimação há que ser buscada – conforme acima declaramos – na fonte primária da soberania; esta é o povo, porquanto no universo político da democracia contemporânea não há outra. Quanto mais as elites dele se distanciam nas Casas do Congresso, mais tormentosa e insolúvel se afigura a questão da governabilidade democrática no Brasil.

Em termos simples e claros, urge quanto antes estabelecer, mediante uma revolução institucional, lenta, pacífica e silenciosa, porém eficaz e fecunda, a preponderância da democracia participativa sobre o exaurido modelo da democracia representativa.

Sem instrumentos populares de intervenção governativa, ou seja, privado de mecanismos da qualidade democrática do referendo, do plebiscito, da iniciativa popular e do direito de revogação, o sistema partidário de sustentação da forma representativa entra em manifesta fase de decadência por perda de legitimidade, descrédito e corrupção de seus quadros, sendo de todo impotente para restaurar a normalidade do sistema e dar-lhe o grau de estabilidade e a força de amparo indispensáveis ao legítimo funcionamento das instituições.

Por fidelidade a uma democracia material, efetiva – e não apenas abstrata ou formal – mas vinculada ao exercício da cidadania ativa e concretizadora da vontade geral, a saber, da soberania, é que professamos desde muito um constitucionalismo de luta e resistência. Tem ele por uma de suas virtudes propagar a verdade moral dos princípios na consciência do cidadão, fortalecendo a legitimidade normativa dos sistemas constitucionais coevos. A legitimidade principiológica é apanágio da democracia participativa. E o constitucionalismo de luta e resistência se aquartela nessa legitimidade em que a devoção aos valores e às crenças constrói o alicerce sobre o qual se levanta o edifício das Constituições que, na *práxis*, não atraiçoam o compromisso com a democracia e a liberdade.

Não desejamos com a democracia participativa caminhar para a dissolução das formas representativas de governo, desferindo-lhes um golpe mortal, o que fora de todo inconstitucional, porquanto nos colocara na *cohorte* dos golpistas, a saber, dos desafetos irregeneráveis da Constituição.

Em verdade, o que ardorosamente desejamos é acabar com a preponderância representativa, banindo dos costumes políticos e do exercício do Poder Executivo e Legislativo a corrupção, que é o câncer da governabilidade.

Em substituição daquela preponderância, a porta se abre, pois, à democracia participativa que estabelece uma nova hegemonia: a do cidadão participativo. Esta tem sua legitimidade fundada principiologicamente no art. 1º da Constituição, aquele artigo tão fraudado em sua letra, em seu espírito, em sua inviolabilidade, em sua inteireza pelos quebrantadores contumazes da Carta Magna, aos quais se lhes afigura inadmissível a progressão consciente, consentânea, resoluta, inarredável e, sobretudo, absolutamente legítima e constitucional rumo à supremacia governante do povo, da nação e da cidadania.

É esta a plataforma da democracia participativa na contemporaneidade nacional, na vida das nossas instituições de governo, na extensão existencial do país livre, do país constitucional, do país republicano que queremos construir e de logo preservar com ânimo e devoção: realizando o sonho de todos os missionários da liberdade no Império e na República, de Rui Barbosa a Juscelino Kubitschek, de Joaquim Nabuco a Goffredo Telles Júnior, de Castro Alves a Ulysses Guimarães. Tais personalidades estão no santuário das lutas constitucionais por uma nação e um regime edificados sobre os alicerces da dignidade da pessoa humana, coroando a democracia e os direitos fundamentais em toda a sua plenitude.

Informação bibliográfica deste texto, conforme a NBR 6023:2002 da Associação Brasileira de Normas Técnicas (ABNT):

BONAVIDES, Paulo. A decadência da democracia representativa no Brasil. In: PINTO, Hélio Pinheiro; LIMA NETO, Manoel Cavalcante de; LIMA, Alberto Jorge Correia de Barros; SOTTO-MAYOR, Lorena Carla Santos Vasconcelos; DIAS, Luciana Raposo Josué Lima (Coords.). *Constituição, direitos fundamentais e política*: estudos em homenagem ao professor José Joaquim Gomes Canotilho. Belo Horizonte: Fórum, 2017. p. 261-263. ISBN 978-85-450-0185-0.

DIREITO À AMPLA DEFESA NA LEI SUPREMA BRASILEIRA

IVES GANDRA DA SILVA MARTINS

Conheço, há longos anos, o Professor José Joaquim Gomes Canotilho, tendo com ele participado de Congressos no Brasil e em Portugal, escrito livros em conjunto e sendo, minha mulher e eu, brindados com sua amizade e de sua esposa, de há muito.[1]

Minha admiração pela sua contribuição aos estudos do direito constitucional no Brasil e em Portugal – sou também cidadão português e ostento a cátedra Lloyd Braga da Universidade do Minho – não tem fronteiras, sendo, sem qualquer dúvida, daqueles nomes que ficarão, pelos séculos, entre os grandes constitucionalistas do mundo lusíada. É, portanto, com particular alegria que aceitei o honroso convite para escrever um breve estudo para o livro ora publicado em sua homenagem.

O Brasil vive, no momento em que escrevo este artigo, período depurador de seus costumes políticos, com o Juiz Federal Sérgio Moro conduzindo inúmeras investigações dos crimes de corrupção e concussão, que assolaram o país nos últimos 13 anos.[2]

Muito embora seja favorável à forma célere e segura com que o referido magistrado está conduzindo o processo de desventramento da corrupção nos porões do poder, alguns aspectos de direito constitucional mereceriam melhor reflexão, à luz do mais sagrado direito, depois do direito à vida, consagrado em nossa Lei Suprema, que é o direito de defesa.

---

[1] Escrevemos juntos o livro em homenagem a Manoel Gonçalves Ferreira Filho, intitulado *As vertentes do direito constitucional contemporâneo* (MARTINS, Ives Gandra da Silva (Coord.). *As vertentes do direito constitucional contemporâneo*. Rio de Janeiro: América Jurídica, 2002).

[2] Publicou o jornal *Estadão* entrevista minha, em que o editor assim principia o enunciado: "Para o jurista Ives Gandra Martins, os acordos de leniência são fundamentais para preservar corporações, empregos e tecnologia" a seguir: "Um dos mais renomados juristas do País, Ives Gandra Martins elaborou um parecer para a Odebrecht, favorável à MP 703, que legisla sobre os acordos de leniência. A construtora, como se sabe, é uma das principais investigadas na Operação Lava Jato e poderá continuar prestando serviços para o governo caso consiga um acordo desse tipo. Gandra impôs; porém, algumas condições antes de escrever o parecer: manteria todas as críticas ao governo Dilma, bem como seu apoio explícito à Lava Jato e ao trabalho da Polícia Federal e do Ministério Público, com algumas ressalvas. 'Do mesmo modo que a delação premiada traz um benefício social, que é a continuidade das investigações, o acordo de leniência também o faz, com a manutenção de empregos e empresas', diz ele, que explicou sua posição a seguir [...]" (MARTINS, Ives Gandra da Silva. A empresa transcende seus donos: entrevista. São Paulo, *Estadão*, 25 fev. 2016).

Sobre tal direito falarei.

Quando o presidente Sarney decidiu convocar uma Assembleia Nacional Constituinte, a meu ver, apenas "derivada", pois um poder constituído não pode convocar uma Constituinte "originária", sempre decorrente de ruptura institucional, estando suas forças limitadas, portanto, a alterar o que não fosse imutável, no texto supremo, vinha o país de um regime de exceção, e, para o retorno à democracia, o papel da Ordem dos Advogados do Brasil foi dos mais relevantes.[3]

Fui conselheiro da entidade, no período de exceção e, durante a convocação, presidi o Instituto dos Advogados de São Paulo.

Na época, em que a censura impedia a imprensa de revelar o que não agradasse aos detentores do poder, sendo obrigada a publicar, nos espaços censurados, receitas culinárias ou poemas de grandes escritores – ao menos neste aspecto com algum benefício cultural –, coube à OAB e aos Institutos de Advogados do Brasil serem os pulmões da sociedade, abrindo os espaços necessários para o retorno não traumático ao regime democrático.

A convocação da Constituinte pela EC nº 26/86 foi, portanto, decorrência necessária desta mobilização nacional para que tivesse o Brasil uma nova lei suprema amplamente discutida pelo povo.[4]

Este anseio por uma nova ordem constitucional levou os constituintes a, durante aproximadamente três meses, não trabalharem na formulação de um texto, mas apenas ouvirem representantes da sociedade, de acordo com sua especialização, em audiências públicas, os quais mantiveram contatos permanentes com os presidentes e relatores das oito Comissões temáticas, divididas, cada uma delas, em três Subcomissões, assim como com aqueles que presidiam a Comissão de Sistematização e o próprio presidente e relator da Constituinte.

Pessoalmente participei de duas audiências públicas (ordem econômica e sistema tributário), tendo algumas de minhas sugestões sido incorporadas no sistema

---

[3] A EC nº 26/85, em seus três primeiros artigos, estava assim redigida:
"EMENDA CONSTITUCIONAL Nº 26, DE 27 DE NOVEMBRO DE 1985.
Convoca Assembléia Nacional Constituinte e dá outras providências.
AS MESAS DA CÂMARA DOS DEPUTADOS E DO SENADO FEDERAL, nos termos do art. 49 da Constituição Federal, promulgam a seguinte Emenda ao texto constitucional:
Art. 1º Os Membros da Câmara dos Deputados e do Senado Federal reunir-se-ão, unicameralmente, em Assembléia Nacional Constituinte, livre e soberana, no dia 1º de fevereiro de 1987, na sede do Congresso Nacional.
Art. 2º O Presidente do Supremo Tribunal Federal instalará a Assembléia Nacional Constituinte e dirigirá a sessão de eleição do seu Presidente.
Art. 3º A Constituição será promulgada depois da aprovação de seu texto, em dois turnos de discussão e votação, pela maioria absoluta dos Membros da Assembléia Nacional Constituinte [...]" (BRASIL. *Emenda Constitucional nº 26, de 27 de novembro de 1985*. Disponível em: <http://www.planalto.gov.br/ccivil_03/Constituicao/Emendas/Emc_anterior1988/emc26-85.htm>. Acesso em: 12 jul. 2016).

[4] Celso Bastos divergia de mim, pois entendia que estávamos perante uma autêntica Assembleia Constituinte. Após dizer sobre o preâmbulo que: "Parece ser efetivamente este o papel dos preâmbulos: facilitar o processo de absorção da Constituição pela comunidade; e é evidente que, na medida em que os Textos brotem de autênticas Assembléias Constituintes, reunidas sob a estrita observância dos cânones democráticos, mais elas podem ser dispensadoras de qualquer reforço de legitimação", declara: "O Texto ora sob comento, o preâmbulo desta Constituição, também não discrepa da lei que acima formulamos. Parece que ele não foi tão enxuto e sucinto quanto uma autêntica Assembléia Constituinte o seria. De qualquer forma, o Texto está longe de se confundir com aqueles que antecedem as Constituições de 1824 e 1937", conclui: "O que poderia em seu abono ser dito é que parece seguir a trilha de Constituições modernas, como a alemã e a espanhola, que também não resistiram à tentação de enunciar princípios da sorte daqueles encontrados em nosso Texto" (BASTOS, Celso Ribeiro; MARTINS, Ives Gandra. *Comentários à Constituição do Brasil*. 2. ed. São Paulo: Saraiva, 2001. p. 454. v. 1).

tributário, como exemplo, a divisão quinquipartida dos tributos, a tríplice função da lei complementar e a transformação do rol das matérias a serem veiculadas como normas gerais por leis complementares, de taxativo em exemplificativo, além de outros, sobre analisar diversas sugestões com o Deputado Ulisses Guimarães e o Senador Bernardo Cabral e, mais tarde, Roberto Cardoso Alves, quando este organizou o denominado Grupo Centrão.[5]

Destes permanentes contatos, surgiu inclusive e ideia da elaboração dos comentários à Lei Suprema, que, com Celso Bastos, em 15 volumes, pela Editora Saraiva, escrevi.[6]

Ora, o aspecto mais relevante, nas diversas discussões com os parlamentares, girava em torno da necessidade de se garantir um amplo direito de defesa às pessoas, para evitar que houvesse o retorno a um regime de força, visto que, em tais regimes, o direito de defesa não existe ou é reduzido à sua expressão quase nenhuma.

Assim é que, no mais fundamental artigo da Lei Suprema, ou seja, aquele que cuida de essenciais direitos e garantias individuais, art. 5º, praticamente metade dele é dedicada à proteção da pessoa contra abusos, injustiças e violências, como acentuou em palestra, à época, o saudoso jusfilósofo Miguel Reale, no Centro de Extensão Universitária – CEU. Tal dispositivo oferta ao cidadão, residente e não residente, no país, a certeza de que a ordem constitucional foi criada para dar-lhe segurança jurídica, aliás, um dos cinco principais princípios estatuídos no *caput* do art. 5º, ao lado dos direitos à vida, liberdade, igualdade e propriedade, princípios estes explicitados de forma nunca vista nos textos anteriores, em setenta e sete incisos – hoje, setenta e oito – além de em outras normas espalhadas pela Lei Maior.[7]

---

[5] Assim se referiram os parlamentares da Subcomissão à colaboração dos juristas que a assessoraram no primeiro anteprojeto: "Atendendo à sugestão do Constituinte Mussa Demis, vou apenas registrar notável esforço que esta Subcomissão de Tributos, Participação e Distribuição das Receitas realizou, ao longo das últimas 3 semanas, no sentido de ouvir e receber subsídios e sugestões de todos os segmentos da sociedade brasileira interessada em um novo desenho do Capítulo sobre o Sistema Tributário Nacional.
Cumprindo prazo regimental, apresentamos proposta de anteprojeto ao texto da futura Carta Constitucional que, não tendo a pretensão de ser algo perfeito e acabado, deverá sofrer aprimoramentos através das emendas que os membros desta Subcomissão certamente haverão de apresentar.
Necessário se faz assinalar a valiosa contribuição oferecida a esta Subcomissão pelas autoridades e entidades aqui recebidas em audiência pública: os Profs. e Técnicos Fernando Rezende, Alcides Jorge Costa, Geraldo Ataliba, Carlos Alberto Longo, Pedro Jorge Viana, Hugo Machado, Orlando Caliman, Ives Gandra da Silva Martins, Edvaldo Brito, Souto Maior Borges, Romero Patury Accioly, Nelson Madalena, Luís Alberto Brasil de Souza, Osiris de Azevedo Lopes Filho; o Secretário da Receita Federal, Dr. Guilherme Quintanilha; os Secretários da Fazenda dos Estados, que antes de aqui comparecerem promoveram, sob os estímulos desta Subcomissão, os encontros de Manaus e Porto Alegre; os Secretários de Finanças das Capitais, o DIEESE, a Organização das Cooperativas Brasileiras, o Instituto Brasileiro de Mineração; a Organização Nacional das Entidades de Deficientes Físicos; as associações dos funcionários fazendários, a Unafisco e a Fafite, as entidades representativas do municipalismo brasileiro – a Frente Municipalista, a Associação Brasileira dos Municípios, a Confederação Nacional dos Municípios e o Ibam. Tenham todos a certeza de que a discussão aqui ocorrida em torno das propostas e sugestões apresentadas será decisiva para o posicionamento dos membros desta Subcomissão em relação à definição do Capítulo Tributário, que desperta enorme interesse na sociedade brasileira" (DIÁRIO da Assembleia Nacional Constituinte, 19 jun. 1987. p. 139).

[6] Os *Comentários à Constituição do Brasil*, em 15 volumes e aproximadamente 12.000 páginas, foram editados de 1988 a 1998.

[7] O saudoso Mestre Pinto Ferreira lembra que: "DIREITOS FUNDAMENTAIS NA CONSTITUIÇÃO:
A ordem constitucional brasileira assegura a inviolabilidade de cinco direitos fundamentais: a) direito à vida; b) direito à liberdade; c) direito à igualdade; d) direito à segurança; e) direito à propriedade.
A garantia da inviolabilidade ainda se estende aos estrangeiros residentes no País, conforme se verifica do texto constitucional vigente. Mas tal garantia ainda se amplia aos estrangeiros não-residentes no Brasil, pois a declaração de direitos possui caráter universal. O sentido da expressão 'estrangeiro residente' deve ser interpretado

Em verdade, tais garantias de *segurança e liberdade* decorreram de não pretenderem, os constituintes, o retorno a um regime autoritário, colocando, pois, a pessoa humana como a verdadeira destinatária da ordem social, para quem as instituições deveriam estar voltadas.[8]

Mais do que isto, alargaram o elenco de cláusulas pétreas – apenas duas, na lei anterior (república e federação) – para um número maior. Estão, como cláusulas imodificáveis, os direitos e garantias do art. 5º, além de outros disseminados pelo texto supremo, como preceitua o art. 60, §4º, assim redigido:

Art. 60. A Constituição poderá ser emendada mediante proposta: [...]
§4º Não será objeto de deliberação a proposta de emenda tendente a abolir:
I - a forma federativa de Estado;
II - o voto direto, secreto, universal e periódico;
III - a separação dos Poderes;
IV - os direitos e garantias individuais.

Tal comando maior determina, pois, que todos os direitos individuais existentes à época *não poderiam mais ser reduzidos por legislação infraconstitucional, nem mesmo por emendas à Carta Magna.*

Ora, entre tais comandos que se dirigem às autoridades públicas encontra-se extensiva e fantástica lista de disposições impeditivas de desfiguração da pessoa, violação a seus direitos fundamentais e de sua dignidade humana, destacando-se entre

---

para significar que a validade e a fruição legal dos direitos fundamentais se exercem dentro do Território brasileiro (RTJ, 3: 556-8). Nesse sentido opinam Cláudio Pacheco e José Celso de Mello Filho. Assim sendo, os estrangeiros não-residentes no Brasil possuem igualmente acesso às ações, como o mandado de segurança e demais remédios processuais (RF, 192:122; RT, 312:36; RDA, 39: 326 e 55: 192. Contra: RDA, 63: 199).
O regime jurídico das liberdades públicas protege tanto as pessoas naturais como as pessoas jurídicas, pois têm direito à existência, à segurança, à propriedade, à proteção tributária e aos remédios constitucionais. 'Pessoa jurídica, mesmo de direito público, tem legitimidade para impetrar mandado de segurança' (RF, 226:81)", concluindo: "Os direitos fundamentais assegurados nas constituições formam as chamadas liberdades públicas, que limitam o poder dos entes estatais. São elas: a) as liberdades clássicas ou civis; b) a liberdade política ou liberdade-participação; c) as liberdades concretas, bipartindo-se em liberdades econômicas e sociais" (FERREIRA, Luiz Pinto. *Comentários à Constituição brasileira*. São Paulo: Saraiva, 1989. p. 59-60. v. 1).

[8] Sobre a evolução do constitucionalismo moderno manifestei-me em palestra:
"E por fim, entramos na terceira globalização. O início da terceira globalização, para mim, começa em 1492, como diz Thomas Friedman. Só que, na visão – que exponho nessas duas trilogias, das quais a primeira está sendo republicada, agora, pela Lex – ela vai até 1776, com a Revolução Americana. Trata-se do período que leva ao aparecimento da primeira Constituição moderna (a americana de 1787). Chamo esta era de globalização, de era da universalização geográfica, porque o mundo, a partir de 1492, se estende em todas as dimensões. Conquista-se o globo pelas grandes navegações, pelo engenho dos portugueses, navegadores formados na Escola de Sagres, se é que realmente houve uma "Escola" de Sagres. Estende-se das monarquias absolutas à Revolução Americana, que gera a primeira grande Constituição moderna, depois da experiência de um constitucionalismo diferente e mitigado surgido na Inglaterra em 1215. Da Constituição americana, de 1787, vamos à Constituição francesa, de 1791, após a revolução que, destinada a promover a fraternidade, a igualdade e a liberdade, gerou o maior banho de sangue da história francesa. Entramos no que chamo de "quarta era da globalização", que é a era do constitucionalismo, em que, efetivamente, o mundo passa a se reger pelas Constituições. Surge, na França, apesar da Revolução Francesa, nos Estados Unidos e todos os países vão começando a elaborar o seu texto supremo. Inclusive isso ocorreu também no Brasil, quando Dom Pedro I, depois de destituir, de dissolver a constituinte, promulgou uma Constituição que, apesar de imposta, era uma boa Constituição para a época. Na verdade, essa Constituição de 1824 foi a mais estável de todas as nossas Constituições, até hoje. Sua vigência se deu, no período de 25 de março de 1824 até 1889, com algumas modificações, servindo de sustentação ao Império" (MARTINS, Ives Gandra da Silva. *O Estado de Direito e o direito do Estado*. São Paulo: Lex, 2006. p. 8).

eles os previstos nos seguintes incisos: III, X, XXXV, XLI, XLIX, LIV, LV, LVI, LVII, LX, LXI, LXVI, LXVIII, LXXV, LXXVIII, cujos textos transcrevo:

> Art. 5º Todos são iguais perante a lei, sem distinção de qualquer natureza, garantindo-se aos brasileiros e aos estrangeiros residentes no País a inviolabilidade do direito à vida, à liberdade, à igualdade, à segurança e à propriedade, nos termos seguintes: [...]
> III - ninguém será submetido a tortura nem a tratamento desumano ou degradante; [...]
> X - são invioláveis a intimidade, a vida privada, a honra e a imagem das pessoas, assegurado o direito a indenização pelo dano material ou moral decorrente de sua violação; [...]
> XXXV - a lei não excluirá da apreciação do Poder Judiciário lesão ou ameaça a direito; [...]
> XLI - a lei punirá qualquer discriminação atentatória dos direitos e liberdades fundamentais; [...]
> XLIX - é assegurado aos presos o respeito à integridade física e moral; [...]
> LIV - ninguém será privado da liberdade ou de seus bens sem o devido processo legal;
> LV - aos litigantes, em processo judicial ou administrativo, e aos acusados em geral são assegurados o contraditório e ampla defesa, com os meios e recursos a ela inerentes;
> LVI - são inadmissíveis, no processo, as provas obtidas por meios ilícitos;
> LVII - ninguém será considerado culpado até o trânsito em julgado de sentença penal condenatória; [...]
> LX - a lei só poderá restringir a publicidade dos atos processuais quando a defesa da intimidade ou o interesse social o exigirem;
> LXI - ninguém será preso senão em flagrante delito ou por ordem escrita e fundamentada de autoridade judiciária competente, salvo nos casos de transgressão militar ou crime propriamente militar, definidos em lei; [...]
> LXVI - ninguém será levado à prisão ou nela mantido, quando a lei admitir a liberdade provisória, com ou sem fiança; [...]
> LXVIII - conceder-se-á habeas corpus sempre que alguém sofrer ou se achar ameaçado de sofrer violência ou coação em sua liberdade de locomoção, por ilegalidade ou abuso de poder; [...]
> LXXV - o Estado indenizará o condenado por erro judiciário, assim como o que ficar preso além do tempo fixado na sentença; [...]
> LXXVIII a todos, no âmbito judicial e administrativo, são assegurados a razoável duração do processo e os meios que garantam a celeridade de sua tramitação. (Incluído pela Emenda Constitucional nº 45, de 2004) [...].

Destes poucos dispositivos, entre os muitos que cuidam da dignidade da pessoa humana na Lei Maior – *direitos da cidadania que, desde 5.10.1988, não podem ser de forma alguma, em nenhum ponto, reduzidos* – é de se destacar alguns importantes aspectos, a saber: a dignidade humana é o que de mais relevante o constituinte procurou acentuar, determinando que o tratamento desumano e degradante seja vedado por parte das autoridades de repressão (inc. III),[9] *sendo invioláveis a intimidade, a vida privada, a honra,*

---

[9] José Afonso da Silva sobre o inc. III escreve:
"Não bastou simplesmente abolir. Precisou vedar expressamente. Nem assim se *tem evitado a prática de tais formas de tortura e crueldade, não raro sem que os agentes sofram qualquer punição pelo crime que, com isso, cometem.* Agora, a Constituição vai mais longe, além de garantir a dignidade da pessoa humana e o respeito à integridade física (e moral), de presos, declara que 'ninguém será submetido a tortura nem a tratamento desumano ou degradante' – norma que revela triste recordação dos 'porões do regime militar'" (SILVA, José Afonso da. *Comentário contextual à Constituição*. 7. ed. São Paulo: Malheiros, 2010. p. 89) (grifos nossos).

a imagem (inc. X)[10] de qualquer pessoa até o *trânsito em julgado de decisão condenatória* (inc. LVII).[11]

Vale dizer sempre que, por ocasião das prisões preventivas, espetáculos cinematográficos sejam montados para que toda a população passe a saber que esta ou aquela pessoa é acusada de presumível crime – já se criando antecipadamente uma cena "spielberguiana" de tribunal popular para uma possível condenação – os incs. III, X e LVII do art. 5º da Lei Suprema são pisoteados, pois a dignidade daqueles presumíveis culpados e sua honra já passaram a sofrer a condenação popular antes de qualquer julgamento, à semelhança das Cortes robespierrianas, na Era do Terror da Revolução Francesa (1792/94).[12] Infelizmente, o Supremo Tribunal Federal, auto-outorgando-se poderes constituintes que não tem, revogou a expressão "trânsito em julgado" do inc. LVII do art. 5º da CF.

A destruição da imagem da pessoa sem prévio julgamento, apenas por meras suspeitas, a título de averiguação, fere profundamente o texto constitucional, que garante:

a) o devido processo legal (LIV);[13]
b) a ampla defesa (LV);[14]

---

[10] Manoel Gonçalves Ferreira Filho sobre a honra e imagem da pessoa pública escreve:
"Honra e imagem. A honra é o respeito devido a cada um pela comunidade. Assim, o direito da inviolabilidade da honra se traduz na proibição de manifestações ou alusões que tendam a privar o indivíduo desse valor. A honra veste a imagem de cada um. *Esta – a imagem – é, antes, a visão social a respeito de um indivíduo determinado.* A Constituição em vigor já se preocupou anteriormente com a imagem no inc. V deste mesmo artigo" (FERREIRA FILHO, Manoel Gonçalves. *Comentários à Constituição brasileira de 1988.* 3. ed. São Paulo: Saraiva, 2000. p. 35. v. 1) (grifos nossos).

[11] Celso Ribeiro Bastos lembra que: "A presunção de inocência é uma constante no Estado de Direito. Ela chega mesmo a tangenciar a obviedade. Seria um fardo pesado para o cidadão o poder ver-se colhido por uma situação em que fosse tido liminarmente por culpado, cabendo-lhe, se o conseguisse, fazer demonstração da sua inocência. Tal ordem de coisas levaria ao império do arbítrio e da injustiça. A regra, pois, da qual todos se beneficiam é de serem tidos por inocentes até prova em contrário" (BASTOS, Celso Ribeiro; MARTINS, Ives Gandra. *Comentários à Constituição do Brasil.* São Paulo: Saraiva, 2004. p. 299. v. 2).

[12] René Sédillot mostra o banho de sangue do período, em que até Guillotin e Lavoisier pagaram com suas vidas em tais julgamentos sem defesa (SÉDILLOT, René. *Le coût de La terreur.* Paris: Perrim, 1990).

[13] Uadi Lammêgo Bulos lembra que:
"– Esse mandamento foi fruto dos trabalhos da Comissão Provisória de Estudos Constitucionais – a chamada 'Comissão Afonso Arinos' – por uma proposta do Deputado Vivaldo Barbosa, do Partido Democrático Trabalhista (RJ).
– *Pouco difundida no Brasil e aplicada no direito anglo-saxão há séculos, a garantia do due process of law ou do justo processo só a partir de 5 de outubro de 1988 veio a consagrar-se explicitamente no ordenamento constitucional brasileiro.*
– Instituto pouco difundido no Brasil, o devido processo legal tem sido aplicado no direito anglo-saxão há séculos, inclusive antes mesmo de vir estatuído na Magna Carta de 1215.
– As constituições passadas trataram da matéria de modo implícito, sem qualquer referência direta a esta cláusula que logra enorme relevo entre os norte-americanos" (BULOS, Uadi Lamego. *Constituição Federal anotada.* 5. ed. São Paulo: Saraiva, 2003. p. 279) (grifo nosso).

[14] Luís Roberto Barroso elenca a doutrina a respeito da ampla defesa:
"95. DOUT: O direito de defesa na Constituição de 1988, por Jessé Torres Pereira Junior; O direito à defesa na Constituição, por Edgard Silveira Bueno Filho; A relação entre o princípio da isonomia e o contraditório no processo civil, por Alexandre Augusto da Silva Caballero (RP 521225); O juiz e o princípio do contraditório, por Carlos Alberto Álvaro de Oliveira (RF 323/55; RP 73/7); O dever constitucional do magistrado: a garantia do contraditório e da ampla defesa, por Nagib Slaibi Filho (ADV, dez. 92, n. 21); Do direito de defesa em inquérito administrativo, por Ada Pellegrini Grinover (RDA 183/9); Contradita e o contraditório, por Mário Salvador de Toledo Piza (RT 6381250); A proteção jurisdicional das liberdades públicas contra atos da Administração Pública em face da nova Constituição, por José Guilherme de Souza (RT 6461228); Garantias constitucionais processuais, por José Agrícola Barbi (RT 659n); 0 processo civil e a Constituição de 1988, por Paulo Furtado (RT 669133); Interrogatório judicial e o contraditório, por Fernando Yukio Fukassawa (RT 6761403); Direito de ampla defesa e processo administrativo, por José Carlos Feres de Souza e Leidi Odete Campos Izumida

c) o respeito à sua inocência, até o trânsito em julgado de qualquer decisão condenatória (LVIII).[15]

Em outras palavras, os efeitos "hollywoodianos" que pretendem as autoridades, ao expor e prender para meras averiguações, objetivando com a extensa e intensa divulgação midiática de seus atos obter, previamente, a pior das condenações, que é a condenação popular, antes de qualquer julgamento, ferem letalmente o principal

---

de Almeida (RT 695/78); A supremacia dos princípios nas garantias processuais do cidadão, por José Augusto Delgado (RT 696140); Princípio constitucional da ampla defesa e meios e recursos a ela inerentes (art. 52, LV, da CF), por Ailton Stropa Garcia (RT 701/426); Razoabilidade punitiva e a garantia do devido processo legal, por Alberto Zacharias Toron (RT 702/441); Os termos da Lei 8.542, de 23.12.92, e sua relação com o princípio constitucional da ampla defesa - art. 52, LV - da Carta Magna, por Antonio Carlos Amaral Leão (RT 7031239); O sagrado direito de defesa, por Carlos Biasot (RT 712/510); Ampla defesa, contraditório e defesa efetiva, por Maurício Antonio Ribeiro Lopes (RT 725/459); O contraditório e a indispensabilidade do advogado no processo judicial, por Antonio Carlos Facioli Chedid (LTr 53-1/300); O acusado e seu defensor - a garantia da ampla defesa e os recursos a ela inerentes, por Inocêncio Mártires Coelho (RILSF 1221103); Princípios constitucionais do processo, por Angélica Arruda Alvim (RI? 74120); Garantias constitucionais na investigação criminal, por Fauzi Hassan Choukr; Direito de defesa em sindicância, por Mauro Roberto Gomes de Mattos (RDA 211/179); Breves anotações sobre o direito ao contraditório, por Cláudio Henrique de Castro (RP 85/311); O direito de defesa no processo penal e a renúncia ao recurso, por Afranio Silva Jardim (RF 344/471); O princípio da ampla defesa e a 'competência' dos tribunais administrativos para apreciarem matéria constitucional, por Dalton Luiz Dallazem (RT-CDCCP 231118); O princípio constitucional do contraditório e da ampla defesa nas licitações, por Edgar Antônio Chiuratto Guimarães (RTDP 171190); A garantia do contraditório, por Carlos Alberto Álvaro de Oliveira (RF 346/9)" (BARROSO, Luís Roberto. *Constituição da República Federativa do Brasil anotada*. 3. ed. São Paulo: Saraiva, 2001. p. 58-59).

[15] Alexandre de Moraes lembra:
"Princípio da Presunção de Inocência.
A Constituição Federal estabelece que ninguém será considerado culpado até o trânsito em julgado de sentença penal condenatória, consagrando à presunção de inocência, um dos princípios basilares do Estado de Direito como garantia processual penal, visando à tutela da liberdade pessoal.
Dessa forma, há a necessidade de o Estado comprovar a culpabilidade do indivíduo, que é constitucionalmente presumido inocente, sob pena de voltarmos ao total arbítrio estatal.
A presunção de inocência é uma presunção 'juris tantum', que exige para ser afastada a existência de um mínimo necessário de provas produzidas por meio de um devido processo legal e com a garantia da ampla defesa. Essa garantia já era prevista no art. 9º da Declaração francesa dos Direitos do Homem e do Cidadão, promulgada em 26-8-1789 ('Todo acusado se presume inocente até ser declarado culpado').
O direito de ser presumido inocente, consagrado constitucionalmente pelo art. 5º, LVII, possui quatro básicas funções:
• limitação à atividade legislativa;
• critério condicionador das interpretações das normas vigentes;
• critério de tratamento extraprocessual em todos os seus aspectos (inocente);
• obrigatoriedade de o ônus da prova da prática de um fato delituoso ser sempre do acusador.
Dessa forma, a presunção de inocência condiciona toda condenação a uma atividade probatória produzida pela acusação e veda taxativamente a condenação, inexistindo as necessárias provas.
O princípio da presunção de inocência consubstancia-se, portanto, no direito de não ser declarado culpado senão mediante sentença judicial com trânsito em julgado, ao término do devido processo legal ('due process of law'), em que o acusado pôde utilizar-se de todos os meios de prova pertinentes para sua defesa (ampla defesa) e para a destruição da credibilidade das provas apresentadas pela acusação (contraditório). Em virtude disso, podemos apontar três exigências decorrentes da previsão constitucional da presunção de inocência:
a) o ônus da prova dos fatos constitutivos da pretensão penal pertence com exclusividade à acusação, sem que se possa exigir a produção por parte da defesa de provas referentes a fatos negativos (provas diabólicas);
b) *necessidade de colheita de provas ou de repetição de provas já obtidas perante o órgão judicial competente, mediante o devido processo legal, contraditório e ampla defesa;*
c) absoluta independência funcional do magistrado na valoração livre das provas.
A existência de interligação entre os princípios da presunção de inocência, juiz natural, devido processo legal, ampla defesa e contraditório é, portanto, ínsita ao Estado democrático de Direito, *uma vez que somente por meio de uma sequência de atos processuais, realizados perante a autoridade judicial competente, poder-se-ão obter provas lícitas produzidas com a integral participação e controle da defesa pessoal e técnica do acusado, a fim de obter-se uma decisão condenatória, afastando-se, portanto, a presunção constitucional de inocência"* (MORAES, Alexandre. *Constituição do Brasil interpretada e legislação constitucional*. São Paulo: Atlas, 2013. p. 336-337) (grifos nossos).

intento constitucional, de assegurar, na democracia, o respeito à dignidade das pessoas e principalmente aos acusados. Por essa razão, o constituinte utilizou-se de um adjetivo de fantástica densidade ôntica para garantir o direito de defesa, ou seja, que ao acusado seja assegurada não apenas a defesa, mas sim a *ampla defesa*.

Ora, quando o efeito cinematográfico, desfigurador da imagem de qualquer pessoa, é o primeiro objetivo do agir da autoridade pública – já que a mídia está sempre informada desses eventos, chegando alguns a afirmar que são as próprias autoridades que divulgam essas informações à imprensa, antecipadamente –, e os detentos são retratados antes mesmo de chegarem aos estabelecimentos penais nos quais a ordem judicial determinou seu encarceramento, já se obteve a condenação popular. Tais eventos são sempre primeira página de todos os jornais, a notícia mais relevante das emissoras e da televisão, com imagens repetidas à exaustão. Aqueles, portanto, que querem uma condenação antes do julgamento, à luz apenas de suspeitas levantadas ou mesmo de provas obtidas, embora ainda não contestadas, já conseguem a *desfiguração* do encarcerado *por anos*, o que não é apagado nem mesmo quando absolvido, prevalecendo a marca indelével daquela exibição digna de regimes ditatoriais.[16]

Pessoalmente, sei o que isto representa, pois, no dia 13.2.1969, por estar defendendo empresa que o governo militar acionava na Justiça e por ter declarado os honorários recebidos, tive um pedido de confisco de meus bens e abertura de um inquérito policial militar (IPM), que, à época, era o mais temido processo, com prisões semelhantes às que atualmente são feitas, mas com desaparecimento, muitas vezes, do detento. Entendiam as autoridades que os honorários haviam sido pagos com o produto da presumida sonegação praticada pelo cliente.

Apesar de terem sido arquivados, no Ministério da Justiça, ambos os pedidos do Ministério da Fazenda, a divulgação imediata pelos principais jornais do Brasil daquele pedido prejudicou por muitos anos minha advocacia, em face do receio que tinham eventuais clientes de consultar um causídico que fora acionado por um governo de exceção.

O Ministro da Justiça da época, que fora meu professor, Ministro Gama e Silva, após comunicar o arquivamento dos dois processos, fez questão de telefonar-me, desculpando-se, mostrando que a iniciativa não partira de seu Ministério, responsável pelos IPMs, mas da Fazenda. A condenação midiática, entretanto, por anos, foi sentida, pois tal forma de agir é própria de regimes ditatoriais.[17]

Ora, as prisões preventivas que têm sido decretadas ao longo da operação Lava Jato ferem, inclusive, o sentido do processo penal, que é garantir o direito de defesa ao acusado, mais do que aquele de atender à vontade popular – quando a sociedade faz justiça com as próprias mãos, os linchamentos físicos e morais são a consequência – pois parecem objetivar, claramente, o apoio popular para determinado tipo de sentença, adotando-se a tese de que os fins justificam os meios.

---

[16] Lembra Maria Helena Diniz, citando Luiz Alberto David Araújo que a imagem no direito civil é, de rigor: "IMAGEM-ATRIBUTO. Direito Civil. É a imagem social, ou seja, o conjunto de caracteres que uma pessoa apresenta *em seu conceito social como profissional, como político, como pai de família etc.*" (DINIZ, Maria Helena. *Dicionário jurídico*. 2. ed. São Paulo: Saraiva, 1998. p. 761. v. 2) (grifos nossos).

[17] Meu escritório defendia a tese de que o IPI cobrado por fora não poderia incidir sobre o ICM que integrava o preço da mercadoria, devendo tal parcela não servir de base de cálculo do IPI. Em São Paulo, a *Folha* e o *Estado* anunciaram a matéria na primeira página dos jornais. E, apesar da pressão governamental sobre clientes e advogados, o STF manteve a liberdade obtida dos diretores da empresa, por decisão judicial de 1ª instância, por cinco votos a três (caso Sudam).

Como um velho e octogenário operador do direito, entendo que a exibição pública, cinematográfica, spielberguiana, daqueles que são detidos preventivamente, representa violação do inc. LVI, pois é uma forma ilícita, atentatória à dignidade humana, a ampla exposição midiática com esta conotação de prévia condenação popular.[18]

Há diversas formas de tortura (inc. III). Uma delas é a tortura moral, esta sofisticadamente imposta aos presos preventivos, em que a busca de sua confissão premiada leva o Poder Judiciário a mantê-los encarcerados por tanto tempo quanto for necessário para derrubar sua resistência psíquica, sendo a confissão e a delação premiada o caminho para sair das prolongadas prisões decretadas.

É de se lembrar que o risco de fuga dos acusados, nestas operações, inexiste, pois os que não se encontram no momento do mandado de prisão, ao saberem da notícia, têm-se entregado. Por outro lado, com as conexões entre as diversas polícias de todos os países, é praticamente impossível alguém fugir e esconder-se permanentemente.

Este fundamento não subsiste, portanto, para justificar a manutenção da prisão preventiva.

O mesmo se diga da destruição de documentos. Têm, hoje, as autoridades públicas mais informações sobre qualquer cidadão do que o próprio cidadão, por um sofisticado sistema de controle (Receita Federal, COAF, PF, MP, Serviços de Informações e os computadores que monitoram a vida de cada brasileiro ou residente), além da troca de dados entre os órgãos de inteligência das polícias de todo o mundo.

Por fim, a justificativa da manutenção da prisão para que essas pessoas não ponham em risco a ordem pública é absolutamente não razoável, tendo em conta todos os holofotes midiáticos e instrumentos governamentais de sempre (PF, MP e PJ) voltados para a empresa e o detentor.[19]

Resta, por fim, a denominada teoria do domínio do fato de Claus Roxin – de rigor é de Hans Welzel – que tem sido mal aplicada no Brasil.[20] Em palestra, na Universidade

---

[18] Repito: está o art. 5º, inc. LVI, da CF assim redigido:
"LVI - são inadmissíveis, no processo, as provas obtidas por meios ilícitos; [...]".

[19] Para meus alunos da Universidade Mackenzie, escrevi, na década de 80, um decálogo do advogado. Transcrevo os pontos VII a X do texto:
"VII. Quando os governos violentam o Direito, não tenhas receio de denunciá-los, mesmo que perseguições decorram de tua postura e os pusilânimes te critiquem pela acusação. A história da humanidade lembrase apenas dos corajosos que não tiveram medo de enfrentar os mais fortes, se justa a causa, esquecendo ou estigmatizando os covardes e os carreiristas.
VIII. Não percas a esperança quando o arbítrio prevalece. Sua vitória é temporária. Enquanto, fores advogado e lutares para recompor o Direito e a Justiça, cumprirás teu papel e a posteridade será grata à legião de pequenos e grandes heróis, que não cederam às tentações do desânimo.
IX. O ideal da Justiça é a própria razão de ser do Direito. Não há direito formal sem Justiça, mas apenas corrupção do Direito. Há direitos fundamentais inatos ao ser humano que não podem ser desrespeitados sem que sofra toda a sociedade. Que o ideal de Justiça seja a bússola permanente de tua ação, advogado. Por isto estuda sempre, todos os dias, a fim de que possas distinguir o que é justo do que apenas aparenta ser justo.
X. Tua paixão pela advocacia deve ser tanta que nunca admitas deixar de advogar. E se o fizeres, temporariamente, continua a aspirar o retorno à profissão. Só assim poderás, dizer, à hora da morte: 'Cumpri minha tarefa na vida. Restei fiel à minha vocação. Fui advogado'" (MARTINS, Ives Gandra da Silva. Decálogo do advogado. *OAB – Conselho Federal*, 17 out. 2013. Disponível em: <http://www.oab.org.br/noticia/26235/decalogo-do-advogado-por-ives-gandra>. Acesso em: 12 jul. 2016).

[20] Leia-se: "A teoria foi criada por Hans Welzel em 1939, e desenvolvida pelo jurista Claus Roxin, em sua obra Taterschafi und Tatherrschafi de 1963, fazendo com que ganhasse a projeção na Europa e na América Latina. Na Argentina, a teoria foi utilizada para julgar a Junta Militar, considerando os comandantes da junta culpados pelos desaparecimentos de várias pessoas durante a Ditadura Militar. Também foi utilizada pela Suprema Corte do Peru ao culpar Alberto Fujimori pelos crimes ocorridos durante seu governo, provando que ele controlou

Mackenzie, no ano passado, em que Claus recebeu homenagem da instituição, cabendo ao Professor Claudio Lembo e a mim saudá-lo – realçou que a sua concepção restava distorcida, na interpretação que se apresentava no Brasil.[21]

Tal teoria, na adaptação brasileira, implica dizer que quem tem comando é sempre responsável por aqueles que são seus subordinados, *mesmo que não pratique qualquer ato*, pois teria o domínio do fato. Sempre repudiei publicamente tal interpretação, pois um dos pressupostos do direito constitucional brasileiro, com este monumental elenco de direitos e garantias individuais ao acusado, é *a tipicidade fechada da lei penal, a estrita legalidade e a reserva absoluta da lei formal*, com o que, no direito brasileiro, à luz da Constituição, ainda prevalece o princípio de que *in dubio pro reo*. As presunções relativas, *jus tantum*, são inadmissíveis à luz do direito constitucional, apenas prevalecendo as absolutas *juris et de jure*.

Por ser o Brasil uma democracia, assegura, a Lei Suprema, o *amplo direito de defesa*, que não existe nas ditaduras, nas quais as pressões para obter confissões, sob tortura física ou mental, é a praxe.[22]

Esta é a razão pela qual, à luz do direito constitucional, dos princípios e garantias fundamentais de ampla defesa, do direito de não sofrer tortura mental, tais prisões preventivas de duração infinita me parecem *inconstitucionais*.

Referências

BARROSO, Luís Roberto. *Constituição da República Federativa do Brasil anotada*. 3. ed. São Paulo: Saraiva, 2001.

BASTOS, Celso Ribeiro; MARTINS, Ives Gandra. *Comentários à Constituição do Brasil*. 2. ed. São Paulo: Saraiva, 2001. v. 1.

---

sequestros e homicídios. Foi também utilizada em um tribunal equivalente ao Superior Tribunal de Justiça na Alemanha, para julgar crimes cometidos na Alemanha Oriental" (TEORIA do domínio do fato. *Wikipédia*. Disponível em: <https://pt.wikipedia.org/wiki/Teoria_do_dom%C3%ADnio_do_fato>. Acesso em: 12 jul. 2016).

[21] O *Consultor Jurídico* assim noticiou: "O jurista alemão Claus Roxin, criador da teoria do domínio do fato, criticou, nesta segunda-feira (10/9), em São Paulo, a aplicação que tem sido dada à sua tese. O professor reclamou da interpretação de que a teoria teria sido desenvolvida para tornar mais severas as penas das pessoas que comandam as estruturas políticas. A real proposta, diz Roxin, é punir os responsáveis pelas ordens e as pessoas que as executam em uma estrutura hierarquizada que atue fora da lei", concluindo: "O congresso foi organizado também pelos professores José Francisco Siqueira Neto, Alexis Couto de Brito, Gianpaolo Poggio Smanio e contou ainda com a participação dos juristas e professores, Ives Gandra Martins e Claudio Lembo" (SCOCUGLIA, Livia. Claus Roxin critica aplicação atual da teoria do domínio do fato. *Consultor Jurídico*, 1 set. 2014. Disponível em: <http://www.conjur.com.br/2014-set-01/claus-roxin-critica-aplicacao-atual-teoria-dominio-fato>. Acesso em: 12 jul. 2016).

[22] No referido evento, o Ministro Lewandowski declarou: "Em sua participação no evento desta segunda-feira, o Ministro Ricardo Lewandowski afirmou que a punição no Direito Penal não pode servir como vingança. 'Pune-se para proteger bens jurídicos'. Segundo Lewandowski, a pena no Direito Criminal não é uma retribuição que a sociedade faz a alguém que 'produziu o mal'. A pena deve ser sempre preventiva, ela deve buscar evitar o crime, mas sempre 'no limite da culpabilidade do agente'.
O ministro citou a teoria de Roxin segundo a qual a pena só pode ser aplicada contra as pessoas que lesionam bens jurídicos. O pensamento impossibilita a utilização do Direito Penal para punições de caráter moral e religioso, que, segundo o jurista, não são problemas da área penal.
Lewandowski falou ainda sobre a aplicação da teoria do domínio do fato: 'A teoria só pode ser utilizada num momento de exceção ou para organizações criminosas que atuem à margem da ordem jurídica, não basta supor que alguém tinha ciência do delito cometido'" (SCOCUGLIA, Livia. Claus Roxin critica aplicação atual da teoria do domínio do fato. *Consultor Jurídico*, 1 set. 2014. Disponível em: <http://www.conjur.com.br/2014-set-01/claus-roxin-critica-aplicacao-atual-teoria-dominio-fato>. Acesso em: 12 jul. 2016).

BASTOS, Celso Ribeiro; MARTINS, Ives Gandra. *Comentários à Constituição do Brasil*. São Paulo: Saraiva, 2004. v. 2.

BRASIL. *Emenda Constitucional nº 26, de 27 de novembro de 1985*. Disponível em: <http://www.planalto.gov.br/ccivil_03/Constituicao/Emendas/Emc_anterior1988/emc26-85.htm>. Acesso em: 12 jul. 2016.

BULOS, Uadi Lamego. *Constituição Federal anotada*. 5. ed. São Paulo: Saraiva, 2003.

DIÁRIO da Assembleia Nacional Constituinte, 19 jun. 1987.

DINIZ, Maria Helena. *Dicionário jurídico*. 2. ed. São Paulo: Saraiva, 1998. v. 2.

FERREIRA FILHO, Manoel Gonçalves. *Comentários à Constituição brasileira de 1988*. 3. ed. São Paulo: Saraiva, 2000. v. 1.

FERREIRA, Luiz Pinto. *Comentários à Constituição brasileira*. São Paulo: Saraiva, 1989. v. 1.

MARTINS, Ives Gandra da Silva (Coord.). *As vertentes do direito constitucional contemporâneo*. Rio de Janeiro: América Jurídica, 2002.

MARTINS, Ives Gandra da Silva. A empresa transcende seus donos: entrevista. São Paulo, *Estadão*, 25 fev. 2016.

MARTINS, Ives Gandra da Silva. Decálogo do advogado. *OAB – Conselho Federal*, 17 out. 2013. Disponível em: <http://www.oab.org.br/noticia/26235/decalogo-do-advogado-por-ives-gandra>. Acesso em: 12 jul. 2016.

MARTINS, Ives Gandra da Silva. *O Estado de Direito e o direito do Estado*. São Paulo: Lex, 2006.

MORAES, Alexandre. *Constituição do Brasil interpretada e legislação constitucional*. São Paulo: Atlas, 2013.

SCOCUGLIA, Livia. Claus Roxin critica aplicação atual da teoria do domínio do fato. *Consultor Jurídico*, 1 set. 2014. Disponível em: <http://www.conjur.com.br/2014-set-01/claus-roxin-critica-aplicacao-atual-teoria-dominio-fato>. Acesso em: 12 jul. 2016.

SÉDILLOT, René. *Le côut de La terreur*. Paris: Perrim, 1990.

SILVA, José Afonso da. *Comentário contextual à Constituição*. 7. ed. São Paulo: Malheiros, 2010.

TEORIA do domínio do fato. *Wikipédia*. Disponível em: <https://pt.wikipedia.org/wiki/Teoria_do_dom%C3%ADnio_do_fato>. Acesso em: 12 jul. 2016.

Informação bibliográfica deste texto, conforme a NBR 6023:2002 da Associação Brasileira de Normas Técnicas (ABNT):

MARTINS, Ives Gandra da Silva. Direito à ampla defesa na Lei Suprema brasileira. In: PINTO, Hélio Pinheiro; LIMA NETO, Manoel Cavalcante de; LIMA, Alberto Jorge Correia de Barros; SOTTO-MAYOR, Lorena Carla Santos Vasconcelos; DIAS, Luciana Raposo Josué Lima (Coords.). *Constituição, direitos fundamentais e política*: estudos em homenagem ao professor José Joaquim Gomes Canotilho. Belo Horizonte: Fórum, 2017. p. 265-275. ISBN 978-85-450-0185-0.

COMUNIDADE POLÍTICA EUROPEIA E RAZÃO PÚBLICA: DA CRISE DO EURO À CRISE DO VÉU, O MUNDO DE ONTEM?

ALESSANDRA SILVEIRA

Dos mestres e discípulos

Nenhuma palavra ou gesto de agradecimento seria suficiente numa obra em homenagem a Gomes Canotilho. Devo-lhe a minha forma de conceber o mundo e exercer o meu ofício. Por isso, nesta homenagem, exercitei humildemente aquilo que de mais genuíno me foi legado pelo meu Mestre: o respeito pela inquietação do discípulo. O texto que se segue é inspirado nas perplexidades de um jovem mestrando brasileiro em terras lusas, empenhado nos desafios da comunidade política europeia e sua razão pública, que tenho tido a honra e o gosto de orientar – Sérgio Maia Tavares Marques. Porque a história se repete.

1 Do mundo de ontem, bruxas e fantasmas

Diante das adversidades que temos enfrentado na Europa nos últimos tempos – especulação financeira, explosão migratória, terrorismo, euroceticismo, populismo etc. – por vezes nos parece que não pode ser pior. Uma espécie de "tempestade perfeita", como se costuma dizer. Ocorre que sempre pode ser pior. De resto, já foi bastante pior. E quem quiser desvendar este pior, basta ler as memórias de Stefan Zweig, na belíssima obra *O mundo de ontem: recordações de um europeu*",[1] na qual o autor nos fornece um retrato nostálgico de um mundo desaparecido, o da Europa anterior a 1914, que se contrapõe ao período tenebroso de duas guerras mundiais, intercaladas por uma curta época de paz e esperança no renascimento da Europa. Foi no exílio em Inglaterra, e depois no Brasil, que este judeu austríaco escreveu as suas memórias – e também o emblemático ensaio *Brasil país do futuro*, em profunda gratidão à pátria que o acolheu. Mas por que razão este "mundo de ontem", descrito por um refugiado de guerra nos finais da década

---

[1] ZWEIG, Stefan. *O mundo de ontem*: recordações de um europeu. Porto: Assírio & Alvim, 2014.

de 1930, releva para o tema que pretendemos perscrutar? Porque ainda há espaço para uma abordagem normativa e prospectiva do processo de integração europeia, tendente a gizar soluções que ajudem a neutralizar as forças de fragmentação com que a União está confrontada, e mobilizar as suas forças de coesão.

Como explica Stefan Zweig nas suas memórias, o idealismo liberal do século XIX olhava com desdém para as épocas passadas, com as suas guerras, fomes e revoltas, como para um tempo em que a humanidade ainda era menor e insuficientemente esclarecida. Acreditava-se tão pouco em retrocessos bárbaros como em bruxas ou fantasmas. Mas, infelizmente, a Europa não estava livre de uma erupção de bestialidade coletiva. A sua cultura e civilização, como explicava Freud, são como uma fina camada sempre em risco de ser perfurada, a qualquer momento, pelas forças destrutivas do mundo subterrâneo.[2] Os europeus vivem juntos desde o império romano, quase sempre numa relação de "violência doméstica", à exceção do período de integração europeia – que, de resto, não foi capaz de evitar a guerra às portas de casa, como seja o conflito étnico que dilacerou os Balcãs durante a década de 1990 ou o recente conflito ucraniano que deixou em estado de alerta os países bálticos pertencentes à União Europeia (UE). A turbulência da crise faz-nos esquecer que a integração europeia, apesar das suas imperfeições, tem conquistas extraordinárias a apresentar – e a maior delas foi a de transformar inimigos em vizinhos na sequência de duas guerras mundiais. Como explicava Ulrich Beck, muitas das conquistas da UE tornaram-se tão óbvias que só repararíamos nelas se deixassem de existir – e talvez por isso alguns europeus estejam a abdicar delas de forma tão leviana, com consequências nefastas para as gerações europeias presentes e vindouras, mas também, e irresponsavelmente, para o resto do mundo.[3]

2 Da constitucionalização dos tratados à comunidade política europeia

Numa obra intitulada *Um ensaio sobre a Constituição da Europa*,[4] Jürgen Habermas explica que no início da integração europeia a força civilizadora desta inovação manifestou-se sobretudo na pacificação de um continente ensanguentado. Mas nos dias que correm, tal força civilizadora manifesta-se na luta pela construção de capacidades de ação política diante dos constrangimentos sistémicos de uma sociedade globalizada. O acolhimento da cidadania europeia, a referência expressa a um interesse geral europeu, assim como o reconhecimento de personalidade jurídica própria à UE a partir do Tratado de Lisboa (TL), tudo isso confirma a ideia (desenvolvida pelo Tribunal de Justiça da União Europeia (TJUE) em diálogo com os tribunais nacionais) de que os tratados constitutivos da UE correspondem à base jurídica de uma comunidade política europeia (*EUpolity*).

Nesse sentido, Habermas distingue três elementos basilares que têm de encontrar expressão em qualquer comunidade política democrática: I) a constituição de uma comunidade de pessoas jurídicas, numa associação de cidadãos livres e iguais em direitos; II) a repartição de competências no âmbito de uma organização que garanta, através de meios administrativos, a capacidade de ação coletiva dos cidadãos associados; III) um

---

[2] ZWEIG, Stefan. *O mundo de ontem*: recordações de um europeu. Porto: Assírio & Alvim, 2014. p. 22.
[3] Sobre o tema cf. BECK, Ulrich. *A Europa alemã* – de Maquiavel a "Merkievel": estratégias de poder na crise do euro. Lisboa: Edições 70, 2013.
[4] HABERMAS, Jürgen. *Um ensaio sobre a Constituição da Europa*. Lisboa: Edições 70, 2012.

horizonte de vida partilhado, no qual se pode formar, comunicativamente, uma vontade coletiva. As duas primeiras componentes dizem respeito aos direitos fundamentais e à organização jurídico-constitucional do poder – enquanto a terceira corresponderia a um contexto político-cultural necessário, em termos funcionais, para a formação de opinião e vontade democráticas e a legitimação do exercício do poder.

É este contexto político-cultural que está a ser forjado atualmente na Europa – sobretudo porque as soluções de *economic governance* adotadas para fazer frente à crise originariamente financeira têm fortes elementos de ação política. Alguém poderia imaginar, há alguns anos, que os orçamentos democraticamente aprovados pelos parlamentos nacionais dos Estados-membros da UE teriam de ser previamente submetidos às instituições europeias para fins de apreciação e acomodação à vontade igualmente legítima das restantes democracias europeias? Tem sido assim desde a introdução do chamado Semestre Europeu.

Nesta medida, o aprofundamento da integração económica por conta da crise financeira conduz à convergência política na UE – ou seja, ao desenvolvimento de uma União política – e questiona a relação entre a política nacional e a política europeia, provocando uma alteração na balança de poderes federativos na UE. Tal problemática deve ser equacionada em termos jurídico-políticos numa nova perspectiva. E demanda um esforço teórico no sentido de delinear um caminho para tal União política, pois se não for o caminho que conseguirmos consensualizar, será aquele que a força bruta nos impuser – como ensinava Jean Monnet –, e que nos tempos que correm correspondem às ditas matrizes comunicativas anónimas (de que tem falado Gomes Canotilho a partir dos trabalhos de Gunter Teubner) que se esconden atrás de nomes como mercados financeiros, comunicação social, movimentos religiosos, risco etc.

E é aqui onde a teoria da interconstitucionalidade pode dar o seu contributo, quer na definição da identidade do constitucionalismo europeu, quer na atualização da teoria do constitucionalismo em geral. Tal teoria se ocupa da convivência de normas constitucionais em rede no mesmo espaço político – o da UE – e emerge nos dias que correm como uma teoria do pluralismo constitucional europeu (ou a mais bem-sucedida hipótese teórica sobre a natureza do seu constitucionalismo). Já não apenas como um remédio para a solução de conflitos constitucionais de autoridade – ou uma teoria sobre a natureza das relações entre a ordem constitucional da União e outras ordens constitucionais, nacionais e internacional. Originariamente a interconstitucionalidade serviu para isso, mas pode e deve fazer mais.[5] Assim, a teoria que nos ocupa está antes focada na legitimidade do constitucionalismo europeu e no seu modelo de organização do poder – ou, noutras palavras, na própria natureza da UE enquanto comunidade jurídico-política.[6]

---

[5] Sobre a teoria da interconstitucionalidade, cf. CANOTILHO, José Joaquim Gomes. *"Brancosos" e a interconstitucionalidade*: itinerários dos discursos sobre a historicidade constitucional. Coimbra: Almedina, 2006; RANGEL, Paulo. Transconstitucionalismo versus interconstitucionalidade: uma leitura crítica do pensamento 'transconstitucional' de Marcelo Neves. In: COSTA, Rui Moura Ramos Carlos et al. *Tribunal Constitucional*: 35º aniversário da Constituição de 1976. Coimbra: Coimbra Editora, 2012. v. 1; VALE, Luís Meneses do. The theories of interconstitutionality and transconstitutionalism: preliminary insights from a jus-cultural perspective (with a view to transnational social justice). *UNIO – EU Law Journal*, n. 1, jul. 2015. Disponível em: <http://www.unio.cedu.direito.uminho.pt/>. Acesso em: 12 jul. 2016.

[6] Cf. MADURO, Miguel Poiares. Constitutional pluralism as the theory of European constitutionalism. In: CORREIA, Fernando Alves; MACHADO, Jónatas; LOUREIRO, João (Coord.). *Estudos em homenagem ao Prof. Doutor José Joaquim Gomes Canotilho*. Coimbra: Coimbra Editora, 2012. p. 450-451. v. 3.

Diferentemente das Constituições nacionais dos séculos XVIII e XIX, a Constituição da UE não é obra de cidadãos revolucionários que se uniram para derrubar antigos regimes, mas obra de Estados, enquanto atores coletivos, que se juntaram para interagir em áreas políticas delimitadas – razão pela qual a Constituição da UE é obra de elites políticas e peritos altamente especializados, sobretudo juristas. Entretanto, e apesar deste papel ativo dos atores estatais, ao longo do processo de integração houve uma alteração dos equilíbrios que resultou a favor dos cidadãos europeus, razão pela qual a estrutura da UE acolhe hoje os princípios democráticos nos arts. 9º a 12º do Tratado da União Europeia (TUE) e inclusivamente uma cidadania europeia que acresce à cidadania nacional e não a substitui (arts. 18º a 25º do Tratado sobre o Funcionamento da União Europeia (TFUE)).

Nos primeiros tempos, a unidade a decantar foi só a de uma cultura jurídica e constitucional comum europeia – explicava Lucas Pires no rasto de Peter Häberle –, demandando uma adequada correlação entre as várias Constituições.[7] Ou seja, consolidou-se o património comum adquirido – como o dos direitos fundamentais, da democracia, do Estado de Direito – e decantaram-se os princípios comuns emergentes. A jurisprudência do TJUE – e depois os próprios tratados constitutivos – passou a remeter para as "tradições constitucionais comuns aos Estados-membros" como fonte de direito constitucional da (então) Comunidade Europeia no domínio dos direitos fundamentais, desenvolvendo o que se convencionou chamar de processo de constitucionalização dos tratados. Tomou-se como ponto de partida os ideais constitucionais que precederam o modelo constitucional estadual e avançou-se no sentido de um direito (constitucional) sem Estado – que, como ensinava Lucas Pires no início da década de 1990, poderia mesmo ser visto como a última destilação do Estado de direito.[8]

Já não mais a Constituição do Estado, mas a Constituição da comunidade política. Uma Constituição muito particular, original, complexa e inacabada ou em devir, porque não tem atrás de si um "soberano" e mesmo uma fonte de poder soberano ou um poder constituinte próprio.[9] A falta de um genuíno poder constituinte resulta de na UE todo o poder ser débil – quer como sanção de normas, quer como autoria delas. As normas europeias refletem um acerto consensual ou consentido – que corresponde, em certa medida, ao próprio desígnio do constitucionalismo, qual seja: um poder mais débil e uma liberdade mais forte. O poder constituinte operava no Estado nacional a passagem do Estado pré-constitucional ao constitucional, o que exigia uma considerável concentração de energia. Mas no contexto da integração europeia tal passagem não foi um ato de tipo revolucionário, como se o constitucionalismo ainda precisasse de um fórceps. Ora, prescindir da força e do poder para a sua própria génese como Constituição pode ser visto como um ganho na contabilidade do direito.[10]

Assim, no contexto da integração europeia, foi o TJUE, provocado por litigantes e tribunais nacionais, quem originariamente "fez falar" a carta constitucional de base a que correspondem os tratados constitutivos, destes deduzindo uma arquitetura constitucional fundada na principiologia do direito da União, *maxime* no princípio da

---

[7] Cf. PIRES, Francisco Lucas. *Introdução ao direito constitucional europeu*. Coimbra: Almedina, 1997. p. 18.
[8] Cf. PIRES, Francisco Lucas. *Introdução ao direito constitucional europeu*. Coimbra: Almedina, 1997. p. 77.
[9] PIRES, Francisco Lucas. *Introdução ao direito constitucional europeu*. Coimbra: Almedina, 1997. p. 139.
[10] Cf. PIRES, Francisco Lucas. *Introdução ao direito constitucional europeu*. Coimbra: Almedina, 1997. p. 76.

União de direito, que funciona como I) um limite à atuação das instituições europeias e Estados-membros quando aplicam o direito da União, e II) uma garantia dos direitos dos particulares afetados pelas disposições europeias. Ou nas palavras do TJUE no acórdão *Verdes* de 1986, que estabeleceu as coordenadas de vertebração de tal princípio, a Comunidade Económica Europeia é uma comunidade de direito, na medida em que nem os seus Estados-membros nem as suas instituições estão isentos da fiscalização da conformidade dos seus actos com a carta constitucional de base que é o Tratado.[11]

Todavia, uma União de direito concebida nos termos de um tal controlo formal de juridicidade já não basta, pois a emergência de uma cidadania de direitos implica a sua densificação material. O momento é, pois, de releitura e relançamento dos fundamentos, das estruturas e da operacionalidade da ideia de União de direito. O constitucionalismo europeu desde sempre consubstanciou um conjunto de instrumentos jurídicos voltados à resolução de conflitos de poder entre Comunidade e Estados-membros e à limitação do exercício de tais poderes – mas não pretendia ser a expressão de uma comunidade política europeia. Vai daí que o chamado défice democrático seja o problema constitucional mais acentuado nos debates da UE, porque a confronta com o desafio da articulação entre constitucionalismo e comunidade política.[12] Isto nos leva a indagar sobre a razão pública desta União de direito, ou seja, que razão pública orienta (ou deve orientar) o agir político da *polity* europeia nos dias que correm?

3 Da cidadania de direitos à razão pública europeia

John Rawls ensinava que a democracia constitucional deve dar resposta ao problema central do liberalismo político, qual seja: como é possível a existência ao longo do tempo de uma sociedade justa e estável de cidadãos livres e iguais que se mantêm profundamente divididos por doutrinas razoáveis, sejam filosóficas, religiosas ou morais? Quais os fundamentos da tolerância atendendo ao facto de que o pluralismo razoável é o resultado inevitável do funcionamento de instituições livres? Será a partir de tais perplexidades que Rawls lançará os fundamentos de uma sociedade bem ordenada, isto é, aquela regulada por uma concepção política de justiça. Assim, uma sociedade poderá ser bem ordenada por uma concepção política de justiça desde que que os cidadãos que afirmam doutrinas razoáveis opostas pertençam a um consenso de sobreposição – ou seja, desde que partilhem uma concepção de justiça que informe o conteúdo dos seus juízos políticos sobre as instituições básicas.[13]

Além disso, é preciso que as doutrinas não razoáveis (Rawls supõe que nunca sejam eliminadas) não obtenham um apreço suficiente para minarem a justiça essencial da sociedade. Essas condições não impõem o requisito irrealista de que todos os cidadãos afirmem a mesma doutrina abrangente, mas apenas a mesma concepção pública de justiça. Assim, tal concepção de justiça pode soçobrar se não cativar o apoio de um consenso de sobreposição razoável. A necessidade de tal consenso assenta na ideia de

---

[11] Cf. Acórdão Partido ecologista Os Verdes contra Parlamento europeu. De 23.4.1986, Proc. 294/83, considerando 23.

[12] Cf. MADURO, Miguel Poiares. *A constituição plural*: constitucionalismo e União Europeia. Cascais: Principia, 2006. p. 348.

[13] Sobre o sentido de razão pública que adotamos neste texto, cf. RAWLS, John. *O liberalismo político*. Lisboa: Presença, 1997.

que a cultura política de uma sociedade democrática se caracteriza pela diversidade de doutrinas religiosas, filosóficas e morais razoáveis – eis o produto inevitável do exercício livre da razão humana. Num regime democrático duradouro e estável, a concepção política de justiça deve ser livremente apoiada por pelo menos uma maioria substancial dos seus cidadãos politicamente ativos.

Assim, para que uma concepção política de justiça sirva de base pública de justificação de um regime constitucional, há de ser subscrita por doutrinas razoáveis acentuadamente diferentes e opostas entre si. Nenhuma doutrina abrangente razoável é capaz de assegurar os fundamentos da unidade social, assim como não pode prover o conteúdo da razão pública nas questões políticas fundamentais. Por conseguinte, uma sociedade bem ordenada só consegue preservar a unidade e a estabilidade através do consenso de sobreposição de doutrinas abrangentes razoáveis.

Nesta medida, seriam três as condições aparentemente suficientes para que a sociedade seja um sistema equitativo e estável de cooperação entre cidadãos livres e iguais que estão profundamente divididos pelas doutrinas razoáveis que afirmam: I) que a estrutura da sociedade seja regulada por uma concepção política de justiça; II) que essa concepção política seja o foco de um consenso de sobreposição de doutrinas abrangentes razoáveis; III) que quando se arbitram os elementos constitucionais essenciais e as questões de justiça básica, a discussão pública seja conduzida nos termos da concepção política de justiça.

Não é difícil perceber que a proposta *rawlsiana* é fundada numa perspectiva de justiça como equidade que procura responder à questão fundamental do liberalismo político – aquela que se prende com os justos termos da cooperação e da tolerância entre os cidadãos. Só uma concepção política de justiça com a qual todos os cidadãos concordem e apoiem pode constituir a base da razão e justificação públicas. Todas as questões referentes aos elementos constitucionais essenciais, às estruturas básicas, às políticas públicas devem apresentar-se como justificadas a todos os cidadãos – eis a exigência da legitimidade político-pública.

Assim, em uma sociedade democrática a razão pública será a razão dos cidadãos livres e iguais que, como corpo coletivo, exercem poder político uns sobre os outros, por intermédio da produção legislativa corrente e do melhoramento da sua Constituição. O conteúdo da razão pública é fornecido pela concepção política de justiça. Mas por que motivo os cidadãos hão de respeitar os limites da razão pública no decurso dos seus debates fundamentais? Rawls apela ao dever de civilidade, que inclui a disponibilidade para ouvir as razões de outrem e o espírito de lealdade e equidade quando se trata de promover ajustamentos integradores das perspectivas alheias. Os cidadãos devem estar prontos para explicar uns aos outros os fundamentos das suas ações, de modo que cada qual possa razoavelmente esperar que os outros as subscrevam. Assimilar a conduta adequada de um cidadão democrático inclui a compreensão de um ideal de razão pública – segundo o qual os cidadãos orientam e governam a si próprios a partir de preceitos que cada qual acredita serem passíveis de aceitação pelos demais.

O sentido ideal da razão pública seria, portanto, duplo: por um lado, que os cidadãos regulem e conduzam os seus debates fundamentais nos termos daquilo que entendam como uma concepção política de justiça minimamente partilhada por todos; por outro lado, que cada cidadão esteja preparado para defender a sua concepção, ouvir as opiniões alheias, e aceitar os ajustamentos ou alterações razoáveis à sua própria perspectiva. Duas seriam, portanto, as inovações trazidas pela concepção de razão pública em Rawls: a primeira prende-se com a defesa do dever de civilidade como um ideal de democracia; a segunda prende-se com a exigência de que o conteúdo da razão pública seja obtido a partir dos valores políticos e parâmetros de orientação de uma concepção política de justiça.

Diante do exposto – e no que diz respeito à comunidade política europeia –, a parametrização do agir político de uma União de direito materialmente considerada (instituições europeias e Estados-membros) seria fornecida pelo robustecimento de uma emergente cidadania de direitos (enquanto "direito a ter direitos", no sentido de Hannah Arendt). Temos defendido que a cidadania europeia está orientada à criação de um sentido de pertença dos indivíduos à União (e, nesta senda, de uma genuína identidade europeia)[14] por via da proteção de direitos. Assim, a cidadania europeia não pressupõe a comunidade da qual o cidadão é membro: ela cria esta mesma comunidade – que é essencialmente uma comunidade de direitos.[15] Nessa medida a cidadania europeia é construída e desenvolve-se através do exercício de direitos, tendo-se convertido numa via de acesso aos direitos fundamentais e à sua proteção mais elevada.[16]

Como explica J. Cunha Rodrigues, ex-juiz português no TJUE, estabeleceu-se desde sempre uma interação entre cidadania europeia e direitos fundamentais cujo efeito mais sensível e bem observado pela doutrina é a aplicação do direito da União a situações que, até aí, eram tendencialmente consideradas puramente internas. O número de decisões em que, por aplicação do estatuto de cidadão europeu, foram reconhecidos direitos fundamentais é significativo, em matérias tão diferentes como as do direito de circular e residir, de proteção da vida familiar, do direito ao nome, ou do acesso ao ensino.[17] É, pois, defensável que a essência/substância da cidadania europeia resida precisamente na proteção de direitos fundamentais.[18] Assim, mais que um *estatuto* numa

---

[14] Cf. EUROPEAN COMMISSION. *Third Report on Union Citizenship de 07.09.2001*. Document COM (2001) 506 final. p. 7. Disponível em: <http://ec.europa.eu/justice/citizen/files/com_2001_506_en.pdf>. Acesso em 2 set. 2016, do qual se lê: "Citizenship of the Union is both a source of legitimation of the process of European integration, by reinforcing the participation of citizens, and a fundamental factor in the creation among citizens of a sense of belonging to the European Union and of having a genuine European identity".

[15] Cf. POPTCHEVA, Eva-Maria. *Multilevel citizenship*: the right to consular protection of EU citizens abroad. Bruxelles; New York: Peter Lang, 2014. p. 86-88; e SILVEIRA, Alessandra; CANOTILHO, Mariana; FROUFE, Pedro. The multilevel context of Union citizenship. The right to consular protection as a case in point title. In: SILVEIRA, Alessandra. *Citizenship and solidarity in the European Union*: from the Charter of Fundamental Rights to the crisis, the state of the art. Bruxelles; New York: Peter Lang, 2013. p. 257, do qual se lê: "the Union citizenship status gives rise not only to the establishment of rights of Union citizens (subjective dimension) but serves also as a constitutional principle or value for the entire multilevel legal order (objective dimension), which function is herself inherent to fundamental rights established by national constitutions".

[16] Sobre o princípio do nível de proteção mais elevado que orienta a interpretação e aplicação dos direitos fundamentais na EU, cf. CANOTILHO, Mariana. Comentário ao artigo 53. In: SILVEIRA, Alessandra; CANOTILHO, Mariana (Coord.). *Carta dos Direitos Fundamentais da União Europeia comentada*. Coimbra: Almedina, 2013.

[17] Cfr. RODRIGUES, José Cunha. Sobre a abundância de direitos em tempo de crise. *Revista de Finanças Públicas e Direito Fiscal*, ano 5, n. 3, p. 18-19, 2012.

[18] Neste sentido cf. SHARPSTON, Eleanor. Citizenship and fundamental rights: Pandora's box or a natural step towards maturity? In: CORDONNEL, Parcal; ROSAS, Allan; WAHL, Nils (Eds.). *Constitutionalising the EU judicial system*: essays in honour of Pernilla Lindh. Oxford: Hart Publishing, 2012. p. 267, do qual se lê: "Whilst a civilized society extends the protection afforded by fundamental rights guarantees to all those who are present on their territory, this does not alter the fact that the people who (par excellence) have rights – including, of course, fundamental rights – are citizens [...] Viewed in that light, it becomes clear that it would be unthinkable for the Court to interpret the scope and content of the citizenship provisions of the Treaty without recourse to fundamental rights".

perspectiva estática, a cidadania europeia pode ser percecionada enquanto um *processo* de dimensão jurídico-constitucional –[19] razão pela qual os doutrinadores encontram dificuldades em captá-la em termos dogmáticos.

4 Do "desvelar" da interculturalidade constitucional

Concretizemos a ideia de razão pública no contexto da UE a partir de um exemplo que envolve a proibição do uso do véu islâmico. E por que motivo o fazemos a partir de uma dimensão cultural? Porque o direito é cultura e produz cultura, porque a cultura tem efeitos jurídicos, porque a cultura fundamenta e constitui o direito (Peter Häberle), mas sobretudo porque, como explica Gomes Canotilho, a definição de intercultura faz realçar uma ideia básica: a de partilha de cultura, ou de ideias e formas de encarar o mundo e os outros.[20] Nessa medida, a teoria da interconstitucionalidade é também uma teoria da interculturalidade constitucional.[21] O processo de integração europeia diz cada vez mais respeito à condição humana, identidade, cultura. Há uma ideia amplamente partilhada de que existe um conjunto de valores específicos que caracterizam e definem o espaço europeu – a matriz greco-latina e/ou hebraico-cristã – que permite as suas expressões singulares segundo o lema unidos na diversidade. Ora, um dos traços mais característicos desta matriz cultural comum seria a capacidade de a Europa colocar-se em questão, de interrogar-se criticamente por oposição a outras latitudes, reinventando progressivamente a síntese entre os seus valores e interesses.[22]

Por isso importa esclarecer as condições da intercompreensão normativa e identificar os termos de uma fundamentação intersubjetiva de normas jurídicas no presente estágio de desenvolvimento da integração europeia. Como explica Habermas, o processo de integração europeia sugere uma nova forma de se conceber a identidade coletiva: já não mais a partir de um dado substrato histórico-cultural, mas a partir da partilha de entendimento possível. Por isso o paradigma normativo da integração europeia tem de ser aquele da intersubjetividade, segundo o qual só se consegue um acordo normativo quanto àquilo que é do igual interesse de todos, se cada qual se dispuser a adotar o ponto de vista do outro. Isto é, se cada qual vir o que o outro vê, através da progressiva descentração da compreensão egocêntrica e etnocêntrica que tem de

---

Para uma abordagem mais ampla do tema da cidadania europeia, cf. SILVEIRA, Alessandra. Cidadania e direitos fundamentais. In: SILVEIRA, Alessandra; CANOTILHO, Mariana; FROUFE, Pedro (Coord.). *Direito da União Europeia*: elementos de direito e políticas da União. Coimbra: Almedina, 2016.

[19] Sobre o tema, cf. SHUIBHNE, Niamh Nic; SHAW, Jo. General report. Union citizenship: development, impact and challenges. In: THE FIDE CONGRESS IN COPENHAGEN, 26, 2014, *Congress Publications*... Conpenhagen, 2014. p. 66, do qual se lê: "As both a status and an ideal, Union citizenship stands at the interface of integration and constitutionalism, and is a barometer for key trends and influences at the current crossroads between the Member States and the European Union".

[20] CANOTILHO, José Joaquim Gomes. *"Brancosos" e a interconstitucionalidade*: itinerários dos discursos sobre a historicidade constitucional. Coimbra: Almedina, 2006. p. 271.

[21] Sobre o tema cf. VALE, Luís Meneses do. Breves apontamentos sobre o direito constitucional da República da Turquia: Contributo para uma recompreensão inter- e transcultural da jusconstitucionalidade contemporânea? *Boletim da Faculdade de Direito da Universidade de Coimbra*, v. LXXXVIII, t. II, 2012.

[22] Sobre a matriz cultural comum europeia, conferir o capítulo "Unidos na diversidade?" que transcreve o debate entre Vasco Graça Moura e Eduardo Prado Coelho (MOURA, Vasco Graça; COELHO, Eduardo Prado. Unidos na diversidade? In: PINHEIRO, Paula Moura (Coord.). *Portugal no futuro da Europa*. Lisboa: Gabinete em Portugal do Parlamento Europeu e Representação da Comissão Europeia em Portugal, 2006).

si mesmo e do mundo, a partir do confronto discursivo com as posições dos outros.[23] De resto, já aprendemos com Lévinas que a consciência de si mesmo nasce justamente da experiência pessoal da presença de um outro, não tanto porque partilhamos com ele o mundo, mas porque a compreensão de nós mesmos depende da compreensão daquilo que não somos. Como diria Gadamer, não é o outro que é questionado, mas nós mesmos através do outro.[24]

Nesse pressuposto, o exemplo da proibição do uso do lenço islâmico pode contribuir ao desenvolvimento de uma metódica da interconstitucionalidade enquanto interculturalidade constitucional – sobretudo porque será a primeira vez que o TJUE se vai debruçar sobre a questão. Está pendente no TJUE um processo de reenvio prejudicial apresentado por um tribunal belga em 3.4.2015 a propósito da proibição do uso de um lenço de cabeça – não do véu integral – proc. C-157/15, Samira Achbita.[25] O TJUE é chamado a interpretar disposições europeias relacionadas com a liberdade religiosa e terá de fazê-lo nos termos da interconstitucionalidade. Ou seja, terá de decidir tendo em conta a coexistência de distintas normas e padrões de proteção relativos à liberdade religiosa, resultantes da Carta dos Direitos Fundamentais da União Europeia (CDFUE), da Convenção Europeia dos Direitos do Homem (CEDH), e da Constituição belga.

Quanto à descrição (sucinta) dos factos que estão na base do reenvio prejudicial, está em causa o despedimento de uma senhora muçulmana devido à sua intenção de uso de um lenço de cabeça. Ou seja, o TJUE é confrontado com a proibição de exibir-se símbolos religiosos, políticos ou filosóficos imposta por uma empresa belga que presta serviços de recepção a clientes dos sectores público e privado. Quando foi contratada como recepcionista vigorava na empresa a regra, inicialmente não escrita, de que os trabalhadores não podiam ostentar símbolos religiosos, políticos ou filosóficos. A trabalhadora já era muçulmana naquela época, mas começou por usar o lenço de cabeça apenas fora das horas de trabalho, sem protesto, o que fez durante mais de três anos. A partir de então informou a empresa que tencionava usar o lenço de cabeça durante as horas de trabalho e foi alertada para o facto de que isto seria contrário à neutralidade pretendida pelo empregador. Diante da insistência da trabalhadora, o conselho da empresa aprovou uma alteração ao seu regulamento interno, segundo a qual os trabalhadores ficavam proibidos de exibir sinais visíveis das suas convicções políticas, filosóficas, religiosas, ou praticar qualquer ritual decorrente de tais convicções no local de trabalho. A trabalhadora foi então despedida em virtude do uso do lenço de cabeça enquanto muçulmana e recebeu uma indemnização por despedimento.

Os tribunais belgas de primeira e segunda instância negaram provimento ao pedido de indemnização por despedimento ilícito – fundada, tal pretensão, na violação da lei belga antidiscriminação que transpõe a Diretiva nº 2000/78 (que estabelece um quadro geral de igualdade de tratamento no emprego e atividade profissional) e no direito fundamental à liberdade religiosa. E o negaram por entender que o despedimento não podia ser considerado manifestamente desproporcionado. Desta decisão foi interposto recurso e o tribunal belga que decide em última instância submeteu uma

---

[23] Sobre a proposta de reestruturação intersubjetiva da racionalidade cf. HABERMAS, Jürgen. *A ética da discussão e a questão da verdade*. São Paulo: Martins Fontes, 2004. p. 67.
[24] Cf. GADAMER, Hans-Georg. *Herança e futuro da Europa*. Lisboa: Edições 70, 2009. p. 24-25.
[25] Cf. *Jornal Oficial da União Europeia* C 205/17, de 22.6.2015.

questão prejudicial ao TJUE (art. 267º, §3º, do TFUE) enquanto intérprete máximo das disposições europeias (art. 19º, nº 1, do TUE). Com a sua questão prejudicial o tribunal belga pretende saber se as disposições da Diretiva nº 2000/78 devem ser interpretadas no sentido de que a proibição de uso de um lenço de cabeça no local de trabalho por uma trabalhadora muçulmana não constitui uma discriminação injustificada quando a regra vigente nas instalações do empregador proíbe todos os trabalhadores de exibirem sinais exteriores das suas convicções políticas, religiosas e filosóficas. Ora, da pergunta do tribunal nacional se depreende que o juiz belga tende a compreender que não há discriminação proibida pelo direito da UE, pois a jurisprudência do TJUE adota o critério da comparabilidade para aferir da existência de uma discriminação injustificada.

Ou seja, quando um empregador dá a um trabalhador um tratamento menos favorável do que deu, dá ou daria a outro trabalhador numa situação comparável, tal tratamento é contrário à proibição de discriminação constante da diretiva – salvo se houver uma justificação objetiva e razoável para o efeito, exigindo-se a prossecução de um objetivo legítimo e que a medida seja proporcionada a tal objetivo. Mas no caso em apreço, como todos os trabalhadores estariam proibidos de exibir símbolos/sinais das suas convicções (e não apenas daquelas religiosas), a discriminação reclamada poderia não existir – eis a dúvida do tribunal do reenvio. De qualquer forma, como os atos jurídicos europeus devem respeitar os direitos fundamentais tal como a UE os consagra, importa aferir se tal interpretação da diretiva estaria ou não em conformidade com a liberdade religiosa prevista nos arts. 9º da CEDH e 10º da CDFUE.[26] E, neste caso, havendo jurisprudência do Tribunal Europeu dos Direitos do Homem (TEDH) sobre a matéria, o TJUE entabula um diálogo jusfundamental entre jurisdições, e por isso importa recordar a jurisprudência do TEDH a propósito da proibição do uso do véu islâmico.

Como é conhecido, o TEDH tem considerado admissíveis as restrições à liberdade de indumentária religiosa por razões de segurança e ordem pública, em função, sobretudo, da necessidade de reconhecimento/identificação do rosto das mulheres muçulmanas. Assim, a proibição do uso do véu integral em público não seria contrária à CEDH, no entendimento do TEDH, tendo em conta o objetivo legítimo prosseguido e a ampla margem de apreciação deixada às autoridades dos Estados signatários da Convenção nesta matéria. A restrição ao exercício da liberdade religiosa é, pois, considerada justificada à luz dos princípios da laicidade e da igualdade de género. E, nesta medida, o TEDH tem reconhecido uma ingerência permanente no exercício da liberdade religiosa quando esteja em causa o uso do véu integral em público – e dificilmente o TJUE discordaria do TEDH quanto a isso.[27]

---

[26] O art. 9º da CEDH prevê: "1. Qualquer pessoa tem direito à liberdade de pensamento, de consciência e de religião; este direito implica a liberdade de mudar de religião ou de crença, assim como a liberdade de manifestar a sua religião ou a sua crença, individual ou coletivamente, em público e em privado, por meio do culto, do ensino, de práticas e da celebração de ritos. 2. A liberdade de manifestar a sua religião ou convicções, individual ou coletivamente, não pode ser objeto de outras restrições senão as que, previstas na lei, constituírem disposições necessárias, numa sociedade democrática, à segurança pública, à proteção da ordem, da saúde e moral públicas, ou à proteção dos direitos e liberdades de outrem". Por sua vez, o art. 10º da CDFUE prevê: "Todas as pessoas têm direito à liberdade de pensamento, de consciência e de religião. Este direito implica a liberdade de mudar de religião ou de convicção, bem como a liberdade de manifestar a sua religião ou a sua convicção, individual ou coletivamente, em público e em privado, através do culto, do ensino, de práticas e da celebração de ritos".

[27] Cf. Acórdão Leyla Sahin contra Turquia (2005), Processo nº 44.774/98 e acórdão Dogru c. França (2009), Processo nº 27.058/05.

Mais controversa, à luz do direito da União, seria a proibição do uso de símbolos ou sinais de identificação religiosa (incluindo o vestuário, no caso, o lenço de cabeça) nos estabelecimentos públicos. Aqui importa distinguir entre a proibição que incide sobre os funcionários e agentes públicos – que poderia encontrar justificativa na necessidade de preservar a neutralidade religiosa do Estado e prevenir pressões indevidas sobre a liberdade religiosa dos utentes dos serviços públicos – e a proibição que incide sobre os utentes dos serviços públicos, como seria o caso da proibição do lenço islâmico aplicada a estudantes universitárias na Turquia e a alunas de escolas básicas e secundárias em França que, como se sabe, o TEDH considerou compatível com a CEDH.[28]

Todavia, no caso do reenvio prejudicial em comento o litígio nem sequer envolve estabelecimentos públicos – trata-se de um litígio entre privados, o que pode levar o TJUE a afastar-se da jurisprudência do TEDH sobre a proibição do uso do lenço de cabeça. Contudo, o caso suscita o problema da vinculação dos particulares aos direitos fundamentais protegidos pela UE – ou seja, a sua eficácia horizontal, que não é pacífica no ordenamento interno de vários Estados-membros, ainda que através da regulação infraconstitucional de certas relações privadas os direitos fundamentais venham a adquirir efeito horizontal nalguns domínios. Ademais, a CDFUE apenas prevê a eficácia vertical das suas disposições no art. 51º, nº 1 – ou seja, a sua relevância para as relações entre os sujeitos que exercem o poder público e os particulares –, excluindo a sua aplicabilidade às relações entre privados, sejam indivíduos ou pessoas coletivas. De qualquer forma, a eficácia horizontal dos direitos fundamentais protegidos pela ordem jurídica europeia pode ser um falso problema porque da jurisprudência do TJUE decorre que as liberdades económicas, agora formalmente reconhecidas como direitos fundamentais pela CDFUE (art. 15º, nº 2), gozam de efeito direto horizontal.[29]

Ora, na medida em que a proteção dos direitos fundamentais na UE nelas repousa e a partir delas evoluiu – inclusive no que diz respeito ao reconhecimento de direitos sociais aos indivíduos que estivessem a exercê-las –, a qualidade jusfundamental das liberdades económicas e a sua horizontalidade se repercutem nos direitos fundamentais reconhecidos para dar-lhes concretização. Importa recordar que o reconhecimento de uma cidadania europeia atendeu ao objetivo (originário) de conceder um conjunto de direitos civis, políticos e sociais ao nacional de um Estado-membro que estivesse a exercer liberdades económicas noutro Estado-membro, a fim de colocá-lo em pé de igualdade com os nacionais do Estado-membro de acolhimento.

De qualquer forma, ultrapassada a questão da aplicação direta da CDFUE aos litígios entre particulares, a proporcionalidade será o critério decisivo para a conciliação dos interesses juridicamente relevantes neste caso do lenço islâmico. Se compararmos o conteúdo do art. 9º da CEDH com o art. 10º da CDFUE constatamos que, diferentemente do primeiro, o segundo parece omisso quanto à admissibilidade de restrições ao exercício da liberdade religiosa. Isto nos conduz à problemática da restrição do exercício de direitos fundamentais na ordem jurídica europeia. O art. 52º, nº 1, da CDFUE prevê uma cláusula geral de restrição do exercício de direitos fundamentais – e

---

[28] Nesse sentido, cf. MOREIRA, Vital. Comentário ao artigo 10º. In: SILVEIRA, Alessandra; CANOTILHO, Mariana (Coord.). *Carta dos Direitos Fundamentais da União Europeia comentada*. Coimbra: Almedina, 2013. p. 153.

[29] Sobre o tema cf. SCHEPEL, Harm. Constitutionalising the market, marketising the Constitution, and to tell the difference: on the horizontal application of the free movement provisions in the EU Law. *European Law Journal*, v. 18, n. 2, mar. 2012.

os três parágrafos subsequentes adaptam aquela cláusula geral às restrições ao exercício de direitos previstas nos tratados constitutivos, na CEDH e resultantes das tradições constitucionais comuns aos Estados-membros.

A necessidade de garantir a coerência entre os respetivos regimes de restrição advém do facto de que a CDFUE não adotou a técnica de restrição de direitos prevista na CEDH e em várias Constituições dos Estados-membros – que preveem restrições específicas para cada direito. É o caso da Constituição portuguesa: apesar de o seu art. 18º prever um conjunto de pressupostos materiais de legitimidade das restrições ao exercício de direitos e liberdades, a primeira delas é precisamente a exigência de previsão constitucional expressa da respetiva restrição, ou seja, toda a restrição tem de estar expressamente credenciada no texto constitucional.[30]

Assim, diferentemente do que se passa com a Constituição portuguesa, a cláusula limitativa geral prevista no art. 52º, nº 1, da CDFUE aplica-se a todos os direitos e liberdades nela previstos. Nessa medida, qualquer restrição ao exercício de direitos reconhecidos pela CDFUE deve:

I) ser prevista por lei;
II) respeitar o conteúdo essencial daqueles direitos;
III) respeitar o princípio da proporcionalidade; e
IV) ser necessária à prossecução dos objetivos de interesse geral reconhecidos pela União ou à proteção de direitos e liberdades de terceiros. Nesse sentido, a referida disposição acolhe a jurisprudência assente do TJUE a propósito da restrição do exercício de direitos/liberdades e do princípio da proporcionalidade que a orienta: a restrição é admissível desde que corresponda a objetivos de interesse geral prosseguidos pela União e não constitua, face a tais objetivos, uma intervenção desproporcionada e intolerável, suscetível de atentar contra a própria essência dos direitos.

Não é propriamente árduo perceber, neste contexto, a necessidade de normas que compatibilizem os distintos regimes de restrição de direitos de correntes da CDFUE, dos tratados, da CEDH e das Constituições nacionais. Não é por outra razão que do art. 52º da CDFUE decorre que o regime de restrição admitido por cada um dos referidos níveis de proteção não admite recuos – ou seja, o nível de proteção conferido pela Carta não deve ser inferior ao nível garantido pelos tratados, pela CEDH e pelas tradições constitucionais –, sendo expressamente permitido ao direito da União que confira uma proteção mais ampla. Ora, numa situação de concorrência entre distintos níveis de proteção, será aplicável a norma que garanta a proteção mais elevada. A fórmula adotada para transmitir essa ideia foi assegurar que o nível de proteção conferido pela Carta, no que respeita às restrições admissíveis, nunca seja inferior ao garantido pelos restantes. Daqui decorre que será aplicável o regime jurídico que permita a menor restrição possível ao direito fundamental em causa – desde que isto seja suportável para a ordem jurídica da União e não comprometa a efetividade do seu direito, o que demanda um diálogo entre os tribunais nacionais e o TJUE, através do reenvio prejudicial, para se chegar a tal conclusão. Foi o que aconteceu relativamente ao caso do lenço islâmico em comento.

---

[30] Neste sentido, cf. CANOTILHO, José Joaquim Gomes; MOREIRA, Vital. *Constituição da República portuguesa anotada*. Coimbra: Coimbra Editora, 2007. p. 391. v. 1.

De qualquer forma, é preciso ter em conta que as decisões do TJUE proferidas em sede de reenvio prejudicial ajudam o tribunal nacional a resolver o litígio principal, mas também produzem um efeito *erga omnes* de ato interpretado. Ou seja, os acórdãos interpretativos do TJUE impõem-se a todos os litígios em que a disposição interpretada vier a ser aplicada. Assim o é para garantir a uniformidade aplicativa – ou pelo menos a homogeneidade – do direito da UE nos distintos Estados-membros. E deste modo assegurar, em última análise, a igualdade jurídica dos cidadãos europeus – que estaria comprometida se as normas europeias não fossem aplicadas da mesma forma, ao mesmo tempo, e com idênticos efeitos em todo o espaço da UE, sem que os Estados-membros lhes possam impor qualquer obstáculo. Nessa medida, as decisões do TJUE prosseguem a justiça do caso concreto mas se lhes exige, simultaneamente, um grau de abstração relativamente elevado.

Não será propriamente simples garantir a unidade aplicativa do direito da UE num domínio material tão propício à divergência como é aquele da liberdade religiosa –basta recordar a questão da presença de crucifixos nos espaços onde se exerce o poder público, que seriam inadmissíveis em Portugal ou França por conta da laicidade do Estado, mas porventura admissíveis em Itália ou Polónia por conta do peso da religião na própria cultura. A isto acresce a associação demagógica, alimentada por alguns sectores da opinião pública europeia, entre a religião islâmica e os ataques terroristas de que os belgas foram recentemente vítimas. Não é difícil antever a repercussão de uma decisão judicial desta natureza quando quase tudo se joga no tabuleiro jurídico-político da integração.

Considerações finais

Se há um elemento determinante para o juízo positivo da democracia dos modernos, este elemento é certamente o reconhecimento dos direitos fundamentais. A ideia da igualdade dos seres humanos fundamenta a democracia moderna. Não será por acaso que na base das democracias modernas estão as declarações de direitos do homem e do cidadão – desconhecidas da democracia dos antigos –, pois a democracia moderna repousa sobre a concepção individualista da sociedade que é própria das revoluções liberais. O indivíduo livre e igual em direitos corresponde ao fundamento ético da democracia ocidental. Por esta razão Norberto Bobbio entendia a democracia como um conjunto de regras tendentes a assegurar um conteúdo político mínimo, qual seja, a tutela dos direitos de liberdade. Assim, a garantia das liberdades fundamentais – de expressão, de reunião, de associação etc. – seria a condição indispensável da democracia. Por conseguinte, para Bobbio, o sistema democrático coincide substancialmente com o Estado de Direito, ou seja, com a garantia do exercício seguro de direitos e liberdades.[31]

Por isso se diz que o grande problema do direito constitucional atual – e muito especialmente do direito constitucional da UE – anda às voltas das concepções de democracia.[32] Por um lado, a democracia material/substancial (que é, no fundo, a visão da democracia como *rule of law* no sentido *bobbiano* supradescrito), mais ligada à afirmação

---

[31] Sobre o tema cf. BOBBIO, Norberto. *O futuro da democracia*. Lisboa: Publicações Dom Quixote, 1988.
[32] Sobre o tema das duas concepções de democracia, cf. RANGEL, Paulo. *O estado do Estado*: ensaios de política constitucional sobre justiça e democracia. Alfragide: Dom Quixote, 2009.

de um núcleo de direitos e liberdades vigente para além das maiorias conjunturais; e, por outro lado, a democracia formal/processual (com clara inspiração nas teses da soberania do voto popular e do parlamento), mais apegada ao direito ao voto e à vontade das maiorias que o voto pode formar. Se ambas as concepções consubstanciam dimensões irrecusáveis dos modelos democráticos, o certo é que as transformações que estamos a vivenciar privilegiam a vertente material da democracia, sobretudo através do papel dos tribunais na garantia do exercício dos direitos fundamentais.

Não é tarefa simples equacionar a democracia num ambiente pós-estatal, sobretudo diante do fenómeno da desterritorialização do poder que é próprio da globalização em curso – e que aprofunda o desfasamento entre a expressão livre das preferências políticas e a real capacidade de esta expressão se repercutir nos processos decisórios que afetam o quotidiano dos eleitores.[33] A isto acresce a fragilidade dos mecanismos democráticos já testados e esgotados a nível nacional – que não se compadecem com uma nova forma de organização do poder político como é a UE –, além da inaceitável resistência organizativa e programática das elites partidárias nacionais à transnacionalidade da política europeia.

Mas se perspectivarmos a democracia como um sistema em que há valores que devem ser preservados independentemente das maiorias contingentes – dignidade humana, liberdade, igualdade, não discriminação, pluralismo, justiça, solidariedade, Estado de Direito, direitos fundamentais etc. – não há dúvidas de que a UE os realiza como nenhuma outra comunidade política no mundo. E que tem meios administrativos e judiciais para assegurar o conteúdo da sua razão pública, fornecido por uma particular concepção política de justiça. Enquanto um *processo* que efetivamente é, a integração europeia avança há mais de sessenta anos num equilíbrio instável entre forças centrífugas e centrípetas, ao longo dos quais tem sido capaz de forjar uma identidade política enquanto semântica do futuro, articulada a partir das tarefas hercúleas a ultrapassar para lá chegar.

Referências

BECK, Ulrich. *A Europa alemã* – de Maquiavel a "Merkievel": estratégias de poder na crise do euro. Lisboa: Edições 70, 2013.

BOBBIO, Norberto. *O futuro da democracia*. Lisboa: Publicações Dom Quixote, 1988.

CANOTILHO, José Joaquim Gomes. *"Brancosos" e a interconstitucionalidade*: itinerários dos discursos sobre a historicidade constitucional. Coimbra: Almedina, 2006.

CANOTILHO, José Joaquim Gomes; MOREIRA, Vital. *Constituição da República portuguesa anotada*. Coimbra: Coimbra Editora, 2007. v. 1.

CANOTILHO, Mariana. Comentário ao artigo 53. In: SILVEIRA, Alessandra; CANOTILHO, Mariana (Coord.). *Carta dos Direitos Fundamentais da União Europeia comentada*. Coimbra: Almedina, 2013.

EUROPEAN COMMISSION. *Third Report on Union Citizenship de 07.09.2001*. Document COM (2001) 506 final. Disponível em: <http://ec.europa.eu/justice/citizen/files/com_2001_506_en.pdf>. Acesso em 2 set. 2016.

GADAMER, Hans-Georg. *Herança e futuro da Europa*. Lisboa: Edições 70, 2009.

HABERMAS, Jürgen. *A ética da discussão e a questão da verdade*. São Paulo: Martins Fontes, 2004.

---

[33] Sobre o tema da desterritorialização do poder cf. ZAGREBELSKY, Gustavo. *Ildirittomite*. Torino: Einaudi, 1992.

HABERMAS, Jürgen. *Um ensaio sobre a Constituição da Europa*. Lisboa: Edições 70, 2012.

MADURO, Miguel Poiares. *A constituição plural*: constitucionalismo e União Europeia. Cascais: Principia, 2006.

MADURO, Miguel Poiares. Constitutional pluralism as the theory of European constitutionalism. In: CORREIA, Fernando Alves; MACHADO, Jónatas; LOUREIRO, João (Coord.). *Estudos em homenagem ao Prof. Doutor José Joaquim Gomes Canotilho*. Coimbra: Coimbra Editora, 2012. v. 3.

MOREIRA, Vital. Comentário ao artigo 10º. In: SILVEIRA, Alessandra; CANOTILHO, Mariana (Coord.). *Carta dos Direitos Fundamentais da União Europeia comentada*. Coimbra: Almedina, 2013.

MOURA, Vasco Graça; COELHO, Eduardo Prado. Unidos na diversidade? In: PINHEIRO, Paula Moura (Coord.). *Portugal no futuro da Europa*. Lisboa: Gabinete em Portugal do Parlamento Europeu e Representação da Comissão Europeia em Portugal, 2006.

PIRES, Francisco Lucas. *Introdução ao direito constitucional europeu*. Coimbra: Almedina, 1997.

POPTCHEVA, Eva-Maria. *Multilevel citizenship*: the right to consular protection of EU citizens abroad. Bruxelles; New York: Peter Lang, 2014.

RANGEL, Paulo. *O estado do Estado*: ensaios de política constitucional sobre justiça e democracia. Alfragide: Dom Quixote, 2009.

RANGEL, Paulo. Transconstitucionalismo versus interconstitucionalidade: uma leitura crítica do pensamento 'transconstitucional' de Marcelo Neves. In: COSTA, Rui Moura Ramos Carlos *et al*. *Tribunal Constitucional*: 35º aniversário da Constituição de 1976. Coimbra: Coimbra Editora, 2012. v. 1.

RAWLS, John. *O liberalismo político*. Lisboa: Presença, 1997.

RODRIGUES, José Cunha. Sobre a abundância de direitos em tempo de crise. *Revista de Finanças Públicas e Direito Fiscal*, ano 5, n. 3, p. 18-19, 2012.

SCHEPEL, Harm. Constitutionalising the market, marketising the Constitution, and to tell the difference: on the horizontal application of the free movement provisions in the EU Law. *European Law Journal*, v. 18, n. 2, mar. 2012.

SHARPSTON, Eleanor. Citizenship and fundamental rights: Pandora's box or a natural step towards maturity? In: CORDONNEL, Parcal; ROSAS, Allan; WAHL, Nils (Eds.). *Constitutionalising the EU judicial system*: essays in honour of Pernilla Lindh. Oxford: Hart Publishing, 2012.

SHUIBHNE, Niamh Nic; SHAW, Jo. General report. Union citizenship: development, impact and challenges. In: THE FIDE CONGRESS IN COPENHAGEN, 26, 2014, *Congress Publications*... Conpenhagen, 2014.

SILVEIRA, Alessandra. Cidadania e direitos fundamentais. In: SILVEIRA, Alessandra; CANOTILHO, Mariana; FROUFE, Pedro (Coord.). *Direito da União Europeia*: elementos de direito e políticas da União. Coimbra: Almedina, 2016.

SILVEIRA, Alessandra; CANOTILHO, Mariana; FROUFE, Pedro. The multilevel context of Union citizenship. The right to consular protection as a case in point title. In: SILVEIRA, Alessandra. *Citizenship and solidarity in the European Union*: from the Charter of Fundamental Rights to the crisis, the state of the art. Bruxelles; New York: Peter Lang, 2013.

VALE, Luís Meneses do. Breves apontamentos sobre o direito constitucional da República da Turquia: Contributo para uma recompreensão inter- e transcultural da jusconstitucionalidade contemporânea? *Boletim da Faculdade de Direito da Universidade de Coimbra*, v. LXXXVIII, t. II, 2012.

VALE, Luís Meneses do. The theories of interconstitutionality and transconstitutionalism: preliminary insights from a jus-cultural perspective (with a view to transnational social justice). *UNIO – EU Law Journal*, n. 1, jul. 2015. Disponível em: <http://www.unio.cedu.direito.uminho.pt/>. Acesso em: 12 jul. 2016.

ZAGREBELSKY, Gustavo. *Ildirittomite*. Torino: Einaudi, 1992.

ZWEIG, Stefan. *O mundo de ontem*: recordações de um europeu. Porto: Assírio & Alvim, 2014.

Informação bibliográfica deste texto, conforme a NBR 6023:2002 da Associação Brasileira de Normas Técnicas (ABNT):

SILVEIRA, Alessandra. Comunidade Política Europeia e razão pública: da Crise do Euro à Crise do Véu, o mundo de ontem?. In: PINTO, Hélio Pinheiro; LIMA NETO, Manoel Cavalcante de; LIMA, Alberto Jorge Correia de Barros; SOTTO-MAYOR, Lorena Carla Santos Vasconcelos; DIAS, Luciana Raposo Josué Lima (Coords.). *Constituição, direitos fundamentais e política*: estudos em homenagem ao professor José Joaquim Gomes Canotilho. Belo Horizonte: Fórum, 2017. p. 277-292. ISBN 978-85-450-0185-0.

NOS QUARENTA ANOS DA CONSTITUIÇÃO PORTUGUESA: CERTEZAS E PERPLEXIDADES[1]

ANTÓNIO MANUEL HESPANHA

Introdução

Nestes dois séculos de constitucionalismo, Portugal teve quatro constituições feitas pelo Parlamento: a de 1822, a de 1838, a de 1911 e a de 1976. Em contrapartida, duas nasceram de outro modo. Na de 1826, o rei atribuiu-se poderes constituintes e "doou" ao reino uma carta constitucional, em que o elemento parlamentar também era relativamente secundarizado. Na de 1933, dispensou-se a intervenção parlamentar no processo constituinte, encobrindo-se com o simulacro de um referendo a origem autoritária da Constituição. Nas três constituições de feitura parlamentar, os "representantes do povo", especificamente eleitos para isso, elaboraram, discutiram e aprovaram os textos das respetivas leis fundamentais. "Representantes do povo" esteve longe de ser a mesma coisa, neste arco de mais de 200 anos. Mas a expressão remeteu sempre para a ideia comum de que a representação passava por um mandato atribuído pelo voto dos cidadãos.

Apesar de, no processo político que se seguiu à Revolução de Abril, terem sido aventados outros processos constituintes, a promessa do Movimento das Forças Armadas de dar ao país uma Constituição saída da vontade do povo foi cumprida. Nas eleições mais concorridas da sua história democrática, os portugueses elegeram os seus deputados constituintes. Em debates parlamentares longos, acalorados e exaustivamente seguidos pela comunicação social e pela opinião pública, estes discutiram os projetos constitucionais dos vários partidos. Ao final, a Constituição foi aprovada por um consenso muito vasto. As sucessivas revisões constitucionais foram também decididas no parlamento e sempre aprovadas por expressivas maiorias.

A Constituição de 1976 representa por isso a vontade constituinte do povo português, expressa de forma livre, refletida e sustentada no tempo, pelos seus mais legítimos representantes.

---

[1] Agradeço aos colegas Maria Inácia Rezola e Ivo Veiga a leitura crítica do texto e, especialmente, ao último, a ajuda na ilustração gráfica.

Respondendo a preocupações comuns perante as insuficiências dos regimes representativos, a Constituição previu múltiplas formas de melhorar a comunicação entre o povo e a governação, multiplicando as formas de auscultação dos interesses, incorporando no processo de decisão política a opinião de especialistas, fomentando a ponderação de pontos de vista divergentes, forçando a refletir mais de modo a encontrar consensos mais inclusivos. Com isto se tem, nestes quarenta anos, procurado enriquecer, nomeadamente pela complexificação do diálogo, o processo de decisão política.

Este aprofundamento do elemento democrático da Constituição não dispensa, porém, uma contínua reflexão crítica sobre ela. A intenção deste texto é, justamente, a de evocar uns quantos temas fundamentais de debate, sempre presentes por detrás das discussões políticas de todos os dias.

1 A Constituição nas comunidades políticas da era pós-estadual

As autorrepresentações das comunidades políticas estão a evoluir rapidamente e, com isso, a introduzir mudanças cruciais no modo como vimos a comunidade, a sua representação política, o seu bom governo.

Hoje não mais vemos a comunidade como um universo de cidadãos isolados e indiferenciados, vivendo num espaço "nacional" bem delimitado, sujeitos a uma regra geral de convivência. Mas antes como uma rede complexa de pessoas, também de grupos e redes sociais, com interesses contraditórios, que se exprimem politicamente de forma diversa, no interior, mas também para além dos espaços dos Estados nacionais.

Ao lado dos interesses individuais, aparecem, assim, interesses coletivos, interesses ditos sem sujeito e mesmo interesses de coisas. De comunidades de cidadãos indiferenciados (com interesses apenas individuais) passamos para comunidades de grupos, com interesses coletivos partilhados. E de todos estes interesses, sobrepostos e eventualmente incoerentes, tem o bom governo de cuidar.

De comunidades que se manifestavam politicamente quase exclusivamente pelo voto, passamos para comunidades que exprimem interesses, opiniões e, até, estados de espírito, de formas variadas e coletivas. Ouvir a comunidade pressupõe hoje uma atenção estereofónica a uma polifonia de vozes que nos chegam de muitos lados, envolvidas em diferentes suportes e mecanismos de comunicação.

Aparentemente, à intensidade do uso das novas formas de comunicação corresponde uma intensificação da participação política:

Gráfico 1 – Utilização da internet e tipo de práticas de acção colectiva (%)

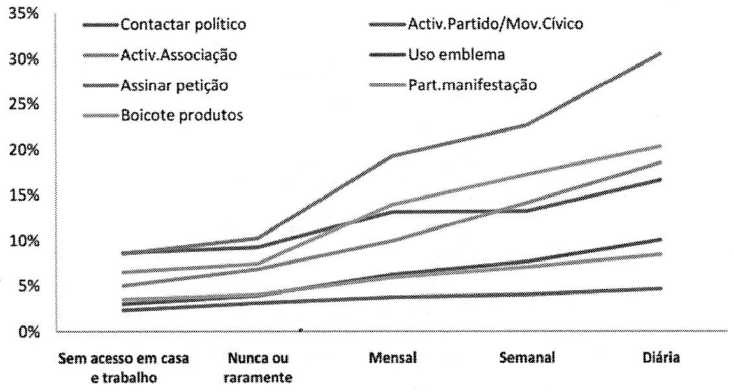

Fonte: NUNES, Nuno Filipe Pombo Soares. *Desigualdades sociais e acção colectiva na Europa*. Tese (Doutorado) – ISCTE-IUL, Lisboa, 2011. Disponível em <http://hdl.handle.net/10071/8687>. Acesso em: 12 jul. 2016.

Há quem relacione a impessoalidade, abstração e fixidez da comunicação política no modelo estadual – para muitos, a sua pobreza – com o estabelecimento da escrita como meio dominante de comunicação política. A escrita – que se tornou na linguagem clássica do poder – desconectaria entre si os sujeitos da comunicação e criaria mensagens impessoais, invariáveis, abstratas e infinitamente repetíveis. Nela, o ambiente personalizado, afetivo ou emotivo da mensagem perder-se-ia, os dois polos da comunicação tornar-se-iam entidades abstratas, a virtualidade de comunicação limitar-se-ia aos conteúdos que se podem comunicar assim, por escrito. A eficácia da comunicação teria ganho em âmbito e repetibilidade, mas teria perdido em densidade e profundidade humanas. Por outras palavras, o homem político ter-se-ia simplificado e a política teria empobrecido.

Hoje, assistimos à progressiva superação da comunicação política centrada na escrita por um nível de comunicação mais dinâmica, exprimindo vários níveis da sensibilidade, multidirecional e iterativa, baseada na utilização de novos meios de comunicação, que incorporam a capacidade de interagir e de multiplicar os níveis da expressão (grafismo, som, imagens em movimento, contextualização, hiper-realidade).

Da comunicação política típica do Estado representativo clássico (a "esfera pública" liberal clássica) – sufrágio, mediação pelos partidos, comunicação pelos meios de comunicação institucionalizados (jornais, rádio, televisão) – passamos, assim, para o uso político dos novos meios de comunicação social – internet, redes sociais, *flash mobs*, redes de conversação por internet, com os seus *twits*, *posts* e *likes* – que permitem fluxos comunicacionais mais diversificados, mais ricos, mais expressivos, mais céleres, eventualmente mais acessíveis, mas também com novos níveis de exclusão (como se passa com os que supõem o uso da internet).

A internet é a mais visível dessas novas formas de comunicar e de participar no governo e na política. Vota-se por meio dela, declaram-se e pagam-se os impostos, contatam-se os serviços públicos, pedem-se documentos, exprimem-se pontos de vista sobre o governo, decide-se sobre o uso dos dinheiros públicos.

Operários, pequenos trabalhadores independentes e empregados executantes usam muito menos a internet e, por isso, são frequentemente excluídos destas novas formas de comunicação política.

Gráfico 2 – Classe social e utilização da internet

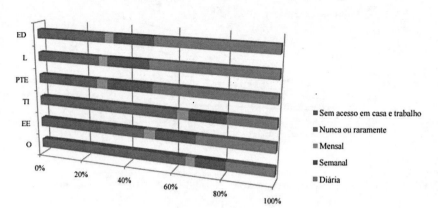

Legenda: ED – Empresários, dirigentes; L – Profissionais liberais; PTE – Profissionais técnicos e de enquadramento; TI – Trabalhadores independentes; EE – Empregados executantes; O – Operários

Fonte: NUNES, Nuno Filipe Pombo Soares. *Desigualdades sociais e acção colectiva na Europa*. Tese (Doutorado) – ISCTE-IUL, Lisboa, 2011. Disponível em <http://hdl.handle.net/10071/8687>. Acesso em: 12 jul. 2016.

A comunicação eletrónica facilita, para alguns, o contacto com o poder. E, por isso, é cada vez mais utilizada para várias formas de comunicação política – desde a assinatura de uma petição eletrónica à convocação de uma manifestação. Porém, o governo e administração eletrónicos não estão igualmente ao alcance de todos. Para alguns, eles representam mais um nível de exclusão, que, normalmente, se acrescenta a outros. Os mais fracos e mais pobres são também os mais excluídos pela comunicação informática. Um governo democrático tem que ter isto muito em conta.

No conjunto dos países europeus, Portugal ocupa uma posição muito modesta, quer quanto ao uso da internet, quer quanto à mobilização política. Uma coisa relaciona-se com a outra. Na zona inferior esquerda do gráfico encontram-se os países com menor uso da internet e, ao mesmo tempo, com maior passividade política. Todas as democracias mais desenvolvidas se encontram no polo oposto (zona superior direita).

Gráfico 3 – Utilização diária da internet e práticas de acção colectiva nos países europeus

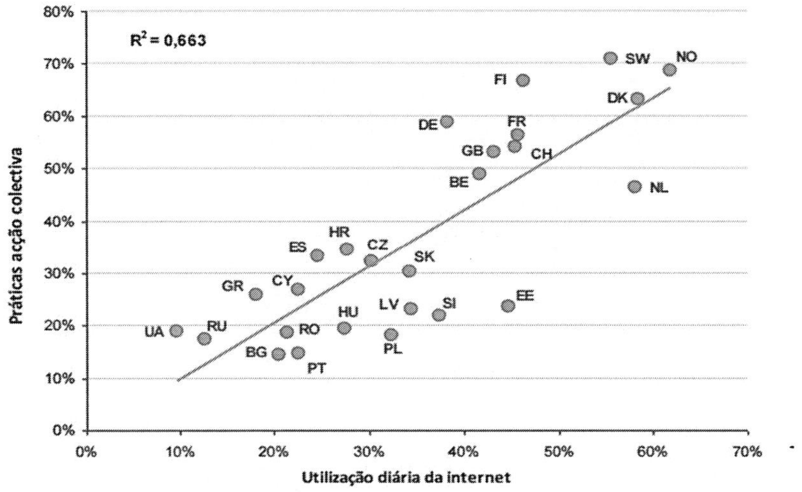

Fonte: NUNES, Nuno Filipe Pombo Soares. *Desigualdades sociais e acção colectiva na Europa*. Tese (Doutorado) – ISCTE-IUL, Lisboa, 2011. Disponível em <http://hdl.handle.net/10071/8687>. Acesso em: 12 jul. 2016.

Por outro lado, mais do que em comunidades políticas "nacionais", a política passou a desenvolver-se em comunidades políticas transnacionais e infranacionais. A "Nação" integrou-se em comunidades mais vastas e, no interior, pulverizou-se em comunidades setoriais (regionais, religiosas, étnico-culturais, de idade e de género) com reivindicação de identidade política (direito a ser ouvidas, tidas em conta, salvaguardadas e defendidas).

A questão que se põe, em face destas mudanças estruturais da comunicação política – quanto aos sujeitos, quanto aos conteúdos e quanto aos meios de comunicação – é a seguinte: corresponderá a flexibilidade da Constituição a esta nova complexidade e dinamismo da comunidade política?

O dinamismo da Constituição decorre dos seus mecanismos de incorporação da dinâmica da vida. A um nível formal, a constituição incorpora as transformações da sociedade pelo processo de revisão constitucional (arts. 284 e ss.). As sete revisões constitucionais afetaram (suprimiram, modificaram, acrescentaram) 270 artigos da Constituição. Hoje, apenas menos de 10% dos seus artigos correspondem ao texto original da Constituição de 1976.

Gráfico 4 – Número de artigos cujo texto foi alterado em cada revisão

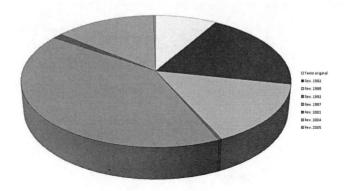

Fonte: Elaboração própria.

Quadro 1 – Origem do texto de cada um dos artigos atuais – Apenas 10% dos artigos mantêm o seu texto original (OR)

Nº arts.	0	1	2	3	4	5	6	7	8	9	10	11	12	13	14	15	16	17	18	19
1-19	OR	89	97	97	OR	89	97	04	04	97	97	01	OR	04		01	82	82	82	89
20-39	97	82	82	89	82	89	04	97	97	82	97	97	97	04	01	97	97	97	97	04
40-59	04	82	OR	97	OR	OR	97	82	82	82	89	97	04	82	97	97	97	89	97	97
60-79	97	97	89	97	97	04	97	04	97	97	97	97	97	97	97	97	89	89	82	97	89
80-99	97	04	97	97	89	97	97	97	89	89	97	97	97	97	89	89	82	97	89	89
100-119	89	89	97	97	97	97	89	89	OR	97	82	OR	04	97	04	04	82	97	04	04
120-139	82	97	OR	82	82	97	97	82	OR	82	82	82	97	04	97	82	97	82	97	89
140-159	89	82	82	82	82	89	82	OR	97	97	OR	97	97	82	97	97	97	97	97	OR
160-179	97	04	97	04	04	97	97	04	97	04	97	82	82	97	97	97	97	04	97
180-199	97	OR	82	OR	OR	82	82	82	82	OR	82	82	97	OR	OR	82	97	97	82	97
200-219	97	82	89	82	82	97	89	97	OR	97	97	97	89	97	97	82	97	89	89	97
220-239	97	89	97	97	97	82	04	04	04	04	04	04	04	04	04	OR	82	97	97	97
240-259	97	82	97	97	OR	97	97	97	89	82	89	97	97	97	97	89	97	89	97	89
260-279	89	97	97	89	89	89	97	97	97	82	01	89	82	89	97	97	97	82	04	04
280-296	04	04	82	04	92	82	82	OR	89	OR	89	89	04	04	04	82	05		OR	OR	OR

Legenda:

Rev. 1982		Rev. 1989		Rev. 1992	
Rev. 1997		Rev. 2001		Rev. 2004	
Rev. 2005					

Porém, a Constituição contém mecanismos mais difusos de incorporação da dinâmica social, pois também é continuamente alterada pelos processos de interpretação constitucional, seja pelo Tribunal Constitucional, seja pela doutrina constitucional.

Entre 1983 e 2014, o Tribunal Constitucional proferiu centenas de acórdãos sobre o sentido dos preceitos constitucionais, uma parte das quais (4%) com eficácia geral.

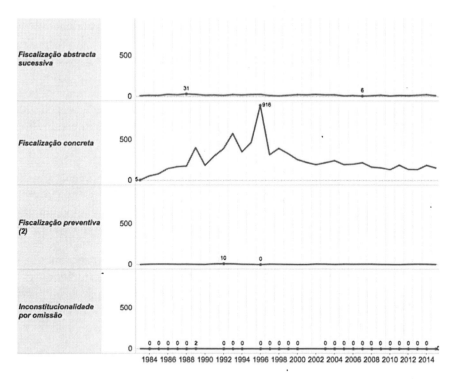

Fonte: ESTATÍSTICAS. *Tribunal Constitucional Portugal*. Disponível em: <http://www.tribunalconstitucional.pt/tc/tribunal-estatisticas.html>.

O dinamismo constitucional decorre também de contínuos processos de hibridização constitucional, por influência de outras ordens normativas concorrentes (*transconstitucionalismo*), umas de organizações inter-estaduais, outras provindas de entidades não estaduais, às quais a prática doutrinal e judicial portuguesa tem atribuído um estatuto normativo idêntico ao da Constituição. Independentemente dos debates doutrinais a este propósito, este contexto constitucional vai influenciando fortemente o alcance das normas da Constituição. Para evocar apenas a regulação no âmbito da UE, uma complexa rede de instituições produz um vasto corpo de normas sobre um conjunto vasto de matérias.

Porém, se a Constituição se adaptar continuamente às mudanças que ocorrem no campo da política – se a sua interpretação for contínua e ilimitadamente contextualizada – onde residirá a sua natureza de decisão e mandato do povo, formalmente expressos, sobre os princípios básicos de convivência?

Parece, portanto, que a Constituição tem que gozar de certa estabilidade. Ela corresponde a um mandato do povo, proferido de forma enfática, em momentos especialmente previstos, com a intenção de moldar duradouramente a vida política com base em valores considerados permanentes. Nesse sentido, a estabilidade da Constituição contrasta com a mobilidade das conjunturas políticas. Uma das caraterísticas do poder constituinte é, portanto, a sua vocação de permanência. Desprovida dessa permanência, a Constituição perderia a sua dimensão normativa e, com ela, a sua identidade conceitual, política e institucional.

Uma outra interrogação acerca da constituição é a da sede do poder constituinte.

As autorrepresentações das comunidades políticas estão a evoluir rapidamente e, com isso, a introduzir mudanças cruciais no modo como vimos a sociedade, a sua representação política, o seu bom governo.

Já se disse que, hoje, não vemos mais as comunidades como universos de cidadãos isolados e indiferenciados vivendo "soltos" num espaço "nacional", mas como redes complexas de grupos sociais, comunicando entre si, com interesses diferenciados, que se exprimem politicamente de forma diversa.

Por isso, numa comunidade pós-estatal, podem identificar-se vários níveis constituintes, correspondentes aos vários planos em que a sociedade estabelece normas estruturais de organização. Há quem fale, então, de uma Constituição com vários níveis: ao lado do nível da vida política estadual, o nível da vida económica, o da vida cultural, os das práticas profissionais, os das normas técnicas ou de normalização; ou então o da regulação global, o da regulação nacional e o da regulação infranacional.

Como se articulam estes vários níveis constitucionais e, nomeadamente, como se salvaguarda – perante esta pluralidade de esferas jurídico-constitucionais geradas autonomamente por diversos planos da vida social, alguns deles sem qualquer referência à comunidade cidadã – o princípio democrático de que a Constituição é um mandato supremo do povo?

Como se compatibiliza o dirigismo da Constituição, como norma suprema de convívio, com a autonomia das diversas lógicas sociais setoriais e das normas que elas engendram? Como se justifica que um direito sem uma linhagem (*pedigree*) democrática possa valer contra o direito do Estado Democrático?

Tais são os atuais desafios de uma teoria constitucional dos Estados Democráticos.

Tudo era mais claro na conceção tradicional do Estado Nação, em que a "soberania nacional" detinha o exclusivo do poder de estabelecer o direito. Em 1934, Manuel Rodrigues, Ministro da Justiça (1932-1940) de Salazar, escrevia, na sua obra *Política, direito e justiça*:[2]

> A soberania pertence ao Estado. Quere dizer: não há poder transcendente, o poder pertence à Nação organizada. Daqui resulta que ao Estado pertence criar a norma da sua existência e dos elementos que a constituem... O Estado é a fonte de toda a regra normativa... O cidadão não pode recorrer a um princípio estranho ao seu país, nem mesmo invocar as regras da humanidade [...].

Neste caso, a ideia de uma "nação una" suportava a realidade política e institucional de um Estado autoritário. Porém, realçar o predomínio do direito do Estado pode também querer enfatizar o respeito pela vontade do povo, expressa nas urnas, ou a vontade dos seus representantes eleitos, expressa nas votações parlamentares. Os regimes democráticos do século XX sempre se celebraram como a encarnação da nação e da vontade popular, corporizada na figura coletiva da República ou do povo. Nesta tradição republicana, a forte ênfase na unidade da nação e do Estado prejudica o reconhecimento das diferenças e das especificidades que se manifestam na sociedade e, ainda mais, a aceitação de ordens jurídicas particularistas.

---

[2] RODRIGUES, Manuel. *Política, direito e justiça*. Lisboa: Empresa Jurídica, 1934. p. 41.

Hoje, correntes teóricas de genealogias muito diversas põem em causa esta centralidade do Estado. Mas, sobretudo, as práticas de governo parecem confirmar este descentramento da regulação estadual.

Porém, a devolução da regulação e do controlo político para instâncias não estaduais tem estado sujeita a uma forte controvérsia, pois faltam mecanismos de avaliação e de garantia de controlo democrático do poder nestas instâncias políticas dispersas. Neste sentido, a imagem de um pluralismo jurídico inevitavelmente democratizador e inclusivo tem-se defrontado com a realidade do cerco do direito democrático dos Estados Democráticos pelas pretensões hegemónicas de ordens normativas oligárquicas ou sem qualquer legitimidade democrática.

Um exemplo atual de controvérsias deste tipo refere-se aos conflitos entre as ordens jurídicas nacionais e a regulação de entidades "privadas" supranacionais – como exemplo, os intervenientes dos mercados financeiros, os agentes da economia globalizada, os reguladores do desporto federado – quando estes impõem normas que contrariam os preceitos constitucionais ou legais dos Estados (por exemplo, em domínios como o regime jurídico do trabalho, a igualdade de género, a proteção do consumidor, o regime fiscal ou, em geral, as políticas públicas democraticamente estabelecidas e reguladas).

A mesma discussão existe em relação a constelações normativas regulando a atividade económica internacional. É o caso da polémica em curso acerca do Projeto de Parceria para o Comércio e Investimento Transatlântico. Para uns, essa parceria não é mais do que a tradução jurídica de uma situação de facto: a da existência de um pujante comércio entre as duas margens da bacia atlântica. Para outros, porém, os termos previstos dessa parceria submetem de forma inadmissível os Estados – que ainda são, por ora, as unidades políticas com maior controlo democrático – a interesses económicos obscuros ou claramente corporativos.

Perante isto, há quem se interrogue – com maior ou menor dramatismo – acerca da sobrevivência do princípio democrático numa era pós-estatal. Ou quem proponha redefinições do conceito de democracia consistentes com a pluralidade de esferas de poder.

2 Conteúdos constitucionais

Perante a pluralidade de ordens normativas com pretensões constitucionais, terão os nossos constituintes exagerado nas suas pretensões de estabelecer normas para a vida coletiva? Ou seja, será a Constituição portuguesa hiper-reguladora?

Regulada, a sociedade sempre o é. Incorporar em grau maior ou menor essa regulação na Constituição estadual significa, então, escolher entre modelos diferentes de distribuição social da regulação. Basicamente, atribuí-la aos mandatários escolhidos pelo povo ou deixá-la ao cuidado de outros polos sociais de normação.

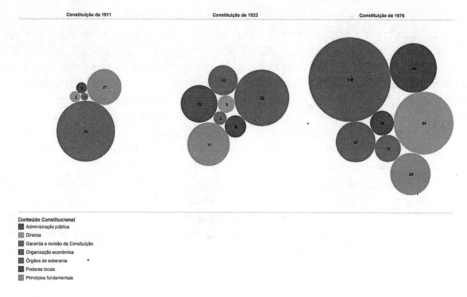

Fonte: Elaboração própria.

Se tomarmos as constituições portuguesas do séc. XX, verificamos que elas tinham pretensões distintas de regular a vida social. Contando o número de artigos dedicados a cada tema, elas deixam-se traduzir neste gráfico. A Constituição de 1911 é típica de um Estado Liberal, limitando-se a organizar o Estado, estabelecendo certos princípios, garantindo sucintamente os direitos e deixando a sociedade entregue às suas dinâmicas autónomas. A Constituição de 1933, em contrapartida, traduz a matriz de um Estado "ético", mais atento a princípios, "corporativo", reconhecendo teoricamente alguns corpos autárquicos, e "interventor" na esfera da economia, por meio de um aparelho administrativo detalhadamente regulado. A Constituição de 1976 expande e detalha a proteção dos direitos, ocupa-se mais amplamente das autarquias e amplia a regulação da economia, de acordo com os modelos de Estado "de Direitos" e de Estado "Social".

Então, a pergunta sobre a intensidade da regulação constitucional converte-se nesta outra: quem tem a possibilidade efetiva e a legitimidade democrática para estabelecer os padrões estruturais da vida em comum? O povo, por meio dos seus mandatários formalmente designados, ou a vida, pelos seus mecanismos anónimos e, por vezes, pouco decifráveis?

3 A antropologia implícita da Constituição

As tarefas atribuídas ao Estado dependem das imagens do homem e da sociedade implícitas na cultura constitucional.

Apesar da imagem constitucional de cidadãos livres e iguais, os portugueses não são, nem igualmente ricos, nem igualmente mobilizados para a política, nem igualmente felizes. Na verdade, em matéria de igualdade (medida pelo coeficiente de Gini), Portugal está na cauda dos países que pertencem ao nosso padrão civilizacional.

Gráfico 5 – Rácio entre o rendimento detido pelos 10% mais ricos, face aos 10% mais pobres (S90/S10), nos países da OCDE, em 2013 ou último ano disponível

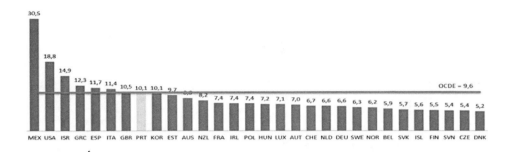

Fonte: PAÍSES da OCDE mais pobres e desiguais. *Observatório das desigualdades*, 22 maio 2015. Disponível em: <http://observatorio-das-desigualdades.com/2015/05/22/paises-da-ocde-mais-pobres-e-desiguais/>.

Que imaginário sobre o homem subjaz ao desenho do sistema político? Um homem capaz de se gerir e de conseguir, por si só, a felicidade, num mundo que se equilibra espontaneamente? Ou um homem fraco e limitado, carente de apoios externos para se realizar, num mundo dominado por uma competição em que os mais fortes prevalecem sobre os mais fracos?

No primeiro caso, a ação artificial do Estado é um empecilho. No segundo caso, as medidas políticas estaduais (políticas públicas) podem ser o elemento determinante do bem-estar individual e coletivo.

De acordo com a estratégia apontada na Constituição, o Estado português procura compensar, por meio de políticas públicas, as desigualdades sociais. Mas a ação do Estado está ainda enredada no imaginário do Estado Liberal acerca das "tarefas do Estado", que estariam reduzidas à defesa externa, segurança interna e justiça. Por isso, a atividade do Estado, medida pela afetação de recursos, mostra enviesamentos caraterísticos, desfavoráveis às políticas de compensação das desigualdades.

Nos tempos de crise (e de agravamento das desigualdades), enquanto que a "mão direita" (modelo do Estado Liberal clássico) tende a ser um pouco menos generosa, a "mão esquerda" (modelo do Estado Social) tende a mostrar-se cada vez mais avara.

Gráfico 6 – Despesas do Estado: uma perspectiva comparativa das duas mãos
(preços constantes em 2011)

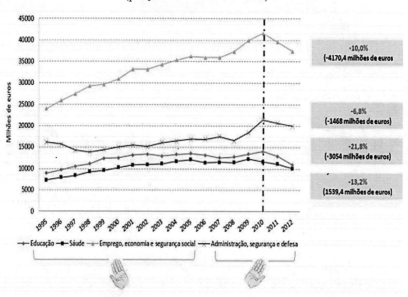

Fonte: MAURITTI, Rosário *et al*. A austeridade na educação. *Observatório das Desigualdades*, e-Working Paper n. 3/2015. Disponível em: <https://observatoriodasdesigualdade.files.wordpress.com/2014/11/a-austeridade-na-educac3a7c3a3o_rosc3a1rio-mauritti-et-al_e-working-paper-n-c2ba3_2015_.pdf>.

Mesmo na disponibilização de serviços tão clássicos das suas funções como a garantia da justiça, o Estado é muito desigual, discriminando em função da riqueza, do género, da etnia, como sucessivos relatórios de entidades não governamentais têm mostrado.

Terá, porém, o Estado democrático que se preocupar com as desigualdades? Não serão estas naturais ou mesmo benéficas?

Independentemente de questões de justiça e das consequências na vida das pessoas, as desigualdades sociais corroem o princípio democrático, pois também influenciam os níveis de participação política. Os países com maiores desigualdades sociais são os que apresentam índices mais baixos de interesse pela política e de participação nela. Operários e empregados executantes – que outros estudos mostram serem os grupos de menores rendimentos e mais penalizados em termos de condições de vida (escolares, sanitárias, culturais) – são os que intervêm menos ativamente na ação política. Neste sentido, uma sociedade desigual tende a excluir o dissenso. No conjunto dos cidadãos europeus, os portugueses caraterizam-se tanto por um baixíssimo nível de mobilização política como por um grau modesto de satisfação com a vida coletiva.

Gráfico 7 – Interesse pela política na Europa, por país

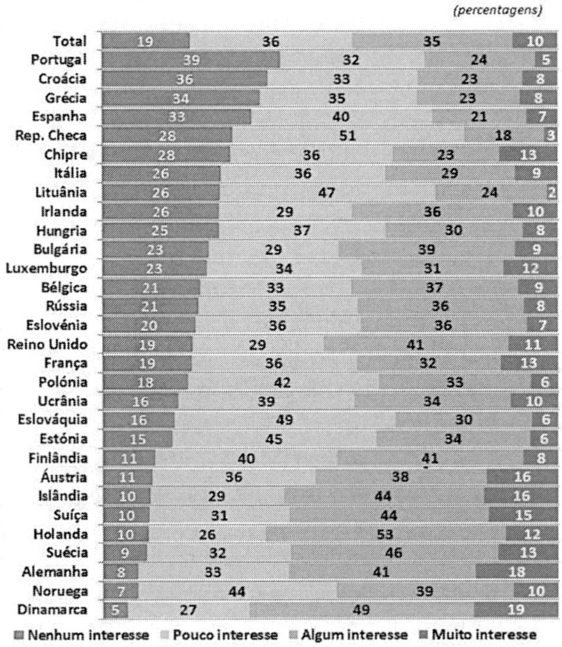

(percentagens)
Total 19 36 35 10
Portugal 39 32 24 5
Croácia 36 33 23 8
Grécia 34 35 23 8
Espanha 33 40 21 7
Rep. Checa 28 51 18 3
Chipre 28 36 23 13
Itália 26 36 29 9
Lituânia 26 47 24 2
Irlanda 26 29 36 10
Hungria 25 37 30 8
Bulgária 23 29 39 9
Luxemburgo 23 34 31 12
Bélgica 21 33 37 9
Rússia 21 35 36 8
Eslovénia 20 36 36 7
Reino Unido 19 29 41 11
França 19 36 32 13
Polónia 18 42 33 6
Ucrânia 16 39 34 10
Eslováquia 16 49 30 6
Estónia 15 45 34 6
Finlândia 11 40 41 8
Áustria 11 36 38 16
Islândia 10 29 44 16
Suíça 10 31 44 15
Holanda 10 26 53 12
Suécia 9 32 46 13
Alemanha 8 33 41 18
Noruega 7 44 39 10
Dinamarca 5 27 49 19
Nenhum interesse
Pouco interesse
Algum interesse
Muito interesse

Fonte: European Social Survey, base acumulada, 2002-2012.

Para além disso, por muito diversas que possam ser as pré-compreensões existentes, na academia ou no senso comum, quanto à natureza do homem e da sociedade, a antropologia implícita na Constituição – e que continua a ser ratificada pela observação dos sentimentos políticos dos portugueses – deve valer como um consenso profundo na nossa sociedade no sentido da promoção da igualdade social, consenso capaz de guiar a interpretação estratégica da Constituição. Porque, em última análise, foi isso que o povo "ordenou e estabeleceu".

Dos povos europeus, os portugueses mostram ser dos mais categóricos quanto à necessidade de políticas públicas que corrijam as desigualdades.

Gráfico 8 – Concordância com a necessidade da intervenção do governo na redução das diferenças de rendimentos, nos países europeus (%)

100%
90%
80%
70%
60%
50%
40%
30%
20%
10%
0%
Grécia
Portugal
Eslovénia
Húngria
Letónia
Espanha
Chipre
Croácia
Roménia
Bulgária
França
Polónia
Finlândia
Ucrânia
Bélgica
F.Russa
Estónia
Eslováquia
Suíça
Alemanha
Suécia
Noruega
Reino Unido
Holanda
Rep.Checa
Dinamarca

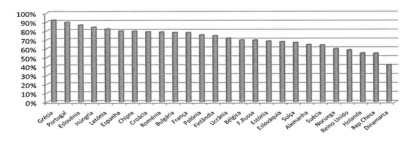

Fonte: NUNES, Nuno Filipe Pombo Soares. *Desigualdades sociais e acção colectiva na Europa*. Tese (Doutorado) – ISCTE-IUL, Lisboa, 2011. Disponível em <http://hdl.handle.net/10071/8687>. Acesso em: 12 jul. 2016.

4 Ainda há lugar para escolhas constitucionais?

Não será a constituição uma inutilidade ou uma ilusão perante o que hoje sabemos das duras leis da "realidade"? Sobretudo nos momentos de crise, em que os constrangimentos dos factos parecem desabar inexoravelmente sobre os povos, são muitos os que denunciam como "doutrinárias", "ideológicas", "irrealistas", as pretensões dos povos de estabelecer normas para a vida em comum. Este "realismo" – desencantado ou agressivamente militante – invoca a ciência, insiste na inevitabilidade ("não há alternativa") exprime-se em fórmulas enfáticas, algumas de cunho popular ("não há dinheiro!", "a Constituição não dá de comer a ninguém").

Vale então a pena ousar escolher? É sensato manter a Constituição como moldura da política? Tem sentido sujeitar as políticas económicas e financeiras à apreciação de instâncias leigas em economia, como os tribunais, nomeadamente, o Tribunal Constitucional? Foi em torno dessa perplexidade que girou, em Portugal, a grande discussão política nos últimos anos.

Uma nota de epistemologia. O conhecimento social – na verdade, todo o conhecimento científico – não é uma cópia da realidade; é uma criação da prática científica, *construída* pelos métodos e instrumentos de investigação, pelo imaginário espontâneo do observador, pelos contextos da sua comunicação na sociedade. Apesar disto, elites especializadas e autoconfiantes tendem frequentemente a apresentar os seus conhecimentos como sendo a "verdade" e, assim, a única base para o desenho da política. A economia, o direito, a ciência política, são usados por vezes como saberes definitivos, portadores de respostas sobre o modo de organizarmos a vida em comum que tornariam inúteis – ou muito inconvenientes – as escolhas políticas.

Nota-se hoje uma tendência para promover a economia a uma ciência global da sociedade, impondo o valor da utilidade, medida em termos económicos (*i.e.*, o aumento do valor), como o critério supremo de organização política e dando origem àquilo que alguns têm chamado um "novo monoteísmo".[3] A Constituição, como um conjunto de escolhas fundamentais do povo acerca da sua vida em comum, deveria ceder perante as leis necessárias da economia.

Porém, a política, pelo contrário, é um saber baseado apenas na probabilidade (de que uma solução, entre as várias abstratamente possíveis, sirva aos objetivos tidos como bons para a comunidade). A escolha é um elemento essencial do seu específico processo cognitivo. Por isso, a justiça também tem sido caraterizada pela sua natureza essencialmente contraditória, dialógica, prudencial, tudo isto sugerido pela imagem da balança.

Daí que não se possa desconhecer que, nas escolhas políticas, há muitos elementos aleatórios e imprevisíveis. A política não é o produto de escolhas "racionais", que conduzam a resultados uniformes e universais. Porque a suposta escolha "racional" é orientada por preconceitos (pré-compreensões, pré-juízos) emocionais ou existenciais.

Por isso é que a imposição de soluções pretensamente científicas ("racionais"), que menorizam os sensos comuns sobre o bom governo, pode ser uma das grandes ameaças que impendem sobre o modelo político democrático, cancelando a ideia de

---

[3] TEUBNER, Gunther. *Constitutional fragments*: societal constitutionalism and globalization. Oxford: Oxford University Press, 2012.

que, antes de tudo, a Constituição é um mandato do povo, baseado numa sua escolha relativa à vida coletiva.

5 Como construir uma unidade política em sociedades complexas

Se não podemos contar com a ciência para traçar um regime para a república, como construir normas constitucionais que possam ser geralmente aceites numa sociedade?

A ideia de "vontade geral" assentava no imaginário de um ente constituído por uma comunidade natural de indivíduos portadores de um mesmo "espírito" ou "génio", irmanados nos mesmos valores (*idem sentire*) que entre si concelebravam um pacto de associação, dando origem a uma entidade política que os representava a todos – o Estado –, um grande sujeito coletivo, portador de valores comuns e capaz de uma vontade geral que se substituía à cacofonia das vontades egoístas das pessoas concretas.

Esta construção de um Estado Nacional, síntese racional de uma nação, foi o cimento dos regimes autoritários nacionalistas. Mas também o foi de regimes democráticos jacobinos, assentes no modelo "republicano", que construía o governo da república sobre a imagem de uma cidadania "igual", "unitária" e "abstrata".

Gráfico 9 – Classe social e valores de igualdade (%)

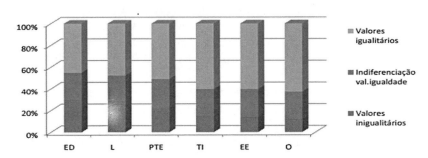

Legenda: ED – Empresários, dirigentes; L – Profissionais liberais; PTE – Profissionais técnicos e de enquadramento; TI – Trabalhadores independentes; EE – Empregados executantes; O – Operários.

Fonte: NUNES, Nuno Filipe Pombo Soares. *Desigualdades sociais e acção colectiva na Europa*. Tese (Doutorado) – ISCTE-IUL, Lisboa, 2011. Disponível em <http://hdl.handle.net/10071/8687>. Acesso em: 12 jul. 2016.

Estes pressupostos da unidade da nação e do Estado estão hoje em crise, por se considerar que a sociedade é muito complexa, quer quanto a sentimentos de pertença, quer quanto a comunidades de valores. Mesmo não considerando o multiculturalismo que hoje carateriza a sociedade portuguesa, observa-se, por exemplo, que são muito diversos tanto os valores políticos como os modelos de comportamento das pessoas, consoante a sua pertença a diversos grupos sociais.

Gráfico 10 – Valores (in)igualitários e adesão a práticas de acção colectiva das classes sociais (%)

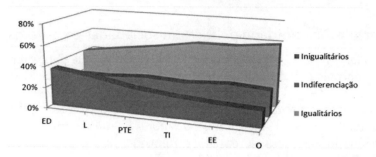

Legenda: ED – Empresários, dirigentes; L – Profissionais liberais; PTE – Profissionais técnicos e de enquadramento; TI – Trabalhadores independentes; EE – Empregados executantes; O – Operários.

Fonte: NUNES, Nuno Filipe Pombo Soares. *Desigualdades sociais e acção colectiva na Europa*. Tese (Doutorado) – ISCTE-IUL, Lisboa, 2011. Disponível em <http://hdl.handle.net/10071/8687>. Acesso em: 12 jul. 2016.

Daí que à ideia de uma representação de cidadãos indiferenciados se substitua hoje a de representação de uma rede complexa de redes de sociabilidade. Ideia que, no fim de contas, não está tão longe da velha ideia de que a sociedade era como um corpo, um agregado organizado (orgânico) de sistemas de vida relativamente independentes.

O grande problema é, portanto, o de como identificar sensibilidades comuns que possam orientar o bom governo, sem obliterar a autonomia e diversidade dos projetos políticos existentes na sociedade. Mas sem perder, também, a ideia estratégica de um controlo democrático do todo

Como se vai fazer a síntese dos diferentes, contraditórios e desnivelados pontos de vista que existem na sociedade quanto ao bom governo e transformá-los em princípios constitucionais válidos para todos?

Mas, ainda, como se vai fazer isso sem perder de vista a ideia de que o bom governo é o governo democrático, correspondente a ideais transversais e partilhados de oportunidade e de justiça?

Os saberes e as experiências sobre a sociedade e sobre a política dão-nos alguns ensinamentos práticos, embora não nos facultem uma resposta teoricamente consistente.

Tivemos as experiências de regimes políticos baseados na representação autónoma dos grupos. Porém, não era fácil identificar os grupos relevantes e os depositários da sua representação. Esses regimes acabaram por sacrificar as formas mais tangíveis de liberdade individual sem conseguirem realizar a proclamada harmonia orgânica da nação. Ao encarregar o Estado de selecionar os grupos a serem ouvidos, de escolher os seus representantes e de definir o que era a harmonia entre os interesses particulares, estes regimes produziram sistemas políticos estatalistas e de recorte totalitário.

Foram propostos outros regimes, em que a arbitragem entre interesses sociais opostos era entregue a especialistas ou a alegados técnicos da ponderação de interesses, como seriam os juristas. Nenhuma destas repúblicas de sábios teve realização prática, embora o regime de governo europeu – a que alguns chamam de "comitologia", o governo de comités hegemonizados por técnicos – se aproxime dessa tecnocracia. A experiência europeia tem justamente revelado como este sistema de governo hierarquiza arbitrariamente grupos e interesses e aumenta drasticamente a distância entre as pessoas concretas e as decisões que afetam as suas vidas.

Perante esses fracassos e as perplexidades, no centro da teoria democrática contemporânea está a preocupação de multiplicar os processos de auscultação da sociedade, de modo a responder à estrutura complexa e diversificada que ela apresenta. Para além disso, insiste-se no mecanismo dos *checks and balances* para dificultar as decisões unilaterais e pouco refletidas, para obrigar a ouvir todos os interessados, para introduzir processos políticos redundantes e reiterativos que testem a informação e obriguem a verificar de novo a consensualidade da decisão.

Essas experiências e ensinamentos apontam todos para os riscos de abandonar um modelo de governo das sociedades nacionais que prescindam da referência à vontade dos cidadãos formada pelos processos tradicionais do sufrágio e da representação parlamentar. Por isso, Constituição formal e as leis continuam a ser o melhor critério para definir o bom governo, para estabelecer os princípios superiores da política e para os detalhar em normas de aplicação transversal. O que nós sabemos acerca dos défices teóricos e práticos do modelo do Estado representativo aponta, decerto, para o seu enriquecimento e sua complexificação, com dispositivos que incentivem a reflexão e que fomentem a participação política. Mas não autoriza a substituição do paradigma democrático por outro que prescinda dessa referência fundadora à "vontade do povo português, tendo em vista a construção de um país mais livre, mais justo e mais fraterno", como se lê no preâmbulo da Constituição Portuguesa de 1976.

Referências

CANOTILHO, José Joaquim Gomes. *Direito constitucional e teoria da Constituição*. 7. ed. Coimbra: Almedina, 2008.

ESTATÍSTICAS. *Tribunal Constitucional Portugal*. Disponível em: <http://www.tribunalconstitucional.pt/tc/tribunal-estatisticas.html>.

FOUCAULT, Michel. *Il faut défendre la société*. Paris: Gallimard, 1997.

GLENDON, Mary Ann. *Rights talk*: the impoverishment of political discourse. New York: Free Press, 1991.

HESPANHA, António Manuel. *Pluralismo jurídico e direito democrático*. São Paulo: Annablume, 2013.

LADEUR, Karl-Heinz. Globalization and the conversion of democracy to polycentric networks: can democracy survive the end of the Nation-State?. In: LAUDER, Karl-Heinz (Ed.). *Public governance in the age of globalization*. Aldershot, Hants, England, and Burlington: Ashgate Publishing, 2004.

MAURITTI, Rosário et al. A austeridade na educação. *Observatório das Desigualdades*, e-Working Paper n. 3/2015. Disponível em: <https://observatoriodasdesigualdade.files.wordpress.com/2014/11/a-austeridade-na-educac3a7c3a3o_rosc3a1rio-mauritti-et-al_e-working-paper-n-c2ba3_2015_.pdf>.

NEVES, Marcelo. *Transconstitucionalismo*. São Paulo: Martins Fontes, 2009.

NUNES, Nuno Filipe Pombo Soares. *Desigualdades sociais e acção colectiva na Europa*. Tese (Doutorado) – ISCTE-IUL, Lisboa, 2011. Disponível em <http://hdl.handle.net/10071/8687>. Acesso em: 12 jul. 2016.

PAÍSES da OCDE mais pobres e desiguais. *Observatório das desigualdades*, 22 maio 2015. Disponível em: <http://observatorio-das-desigualdades.com/2015/05/22/paises-da-ocde-mais-pobres-e-desiguais/>.

RODRIGUES, Manuel. *Política, direito e justiça*. Lisboa: Empresa Jurídica, 1934.

TEUBNER, Gunther. Altera pars audiatur: Law in the Collision of Discourses. In: RAULINGS, Richard (Ed.). *Law, society and economy*. Oxford: Oxford University Press, 1997.

TEUBNER, Gunther. *Constitutional fragments*: societal constitutionalism and globalization. Oxford: Oxford University Press, 2012.

VESTING, Thomas. *Die Medien des Rechts*: Schrift. Frankfurt: Velbrück, 2011.

Informação bibliográfica deste texto, conforme a NBR 6023:2002 da Associação Brasileira de Normas Técnicas (ABNT):

HESPANHA, António Manuel. Nos quarenta anos da Constituição portuguesa: certezas e perplexidades. In: PINTO, Hélio Pinheiro; LIMA NETO, Manoel Cavalcante de; LIMA, Alberto Jorge Correia de Barros; SOTTO-MAYOR, Lorena Carla Santos Vasconcelos; DIAS, Luciana Raposo Josué Lima (Coords.). *Constituição, direitos fundamentais e política*: estudos em homenagem ao professor José Joaquim Gomes Canotilho. Belo Horizonte: Fórum, 2017. p. 293-310. ISBN 978-85-450-0185-0.

LA CORRUPCIÓN ¿UN PROBLEMA JURÍDICO O UN ESTADIO SOCIOLÓGICO-MORAL?

ELOY GARCÍA

1 Los falsos amigos y de la necesidad e importancia en ciencias sociales de construir un lenguaje neutral en tiempos de cambio

Vivimos tiempos de cambio, y el cambio implica siempre romper con referencias comunes generalmente aceptadas. Y cuando el cambio se desencadena, los significantes se distancian a un ritmo de vértigo de las significaciones que tradicionalmente portaban y se abren rápidamente a nuevos contenidos dando lugar a numerosas confusiones porque las palabras ya no se identifican con lo que hasta hacía muy poco representaban. Es el momento de la perplejidad, en que las cosas no son lo que según su envoltura y forma externa aparentan ser. Es el momento en que las innovaciones y préstamos lingüísticos dan vida a las realidades gramaticales nuevas. Es el momento en que los términos y conceptos no quieren decir lo mismo en todo lugar y tiempo, en que la única manera posible de no incurrir en ese fenómeno de confusión y de manipulación más o menos encubierta – que los estudiosos de la lengua denominan "falsos amigos" –, pasa por esforzarse en insertar las categorías en la atmósfera en que han surgido.

A este respecto, conviene recordar que los conceptos y las categorías políticas, sociológicas y jurídicas, como las expresiones del lenguaje corriente, únicamente alcanzan un sentido semántico coherente con las realidades que teóricamente enuncian, es decir, se comportan como entidades portadoras de contenidos lingüísticos no distorsionados, en el escenario sistemático en que se originaron y desarrollan su existencia. Fuera de él, tal vez pueden conservar su forma, su apariencia, pero significando algo muy distinto. Así pues, la sola manera honesta en ciencias sociales de disponer de un lenguaje compartido y neutral que nos permita entendernos, es contextualizar, esto es, procurar utilizar las categorías y conceptos dentro del ámbito real concreto en el que recibieron una significación comúnmente aceptada. De no hacerlo así, lo que corresponde es advertir que estamos procediendo a un uso impropio o promoviendo un préstamo lingüístico de aquellos que en tiempos de cambio suelen abundar en los ámbitos más dinámicos del pensamiento y de la acción social colectiva.

Y todo esto tiene bastante que ver con la corrupción y la transparencia, por dos razones muy diferentes: primera, porque como enseña John Pocock,[1] el cambio en Política, cuando adviene, adquiere una fuerza de ruptura de las situaciones preexistentes de un calado y envergadura tales, que a menudo sobrepasa la capacidad de los hombres – y de los lenguajes – para tomar conciencia y dar forma expresiva a los hechos que están sucediendo. Segundo, porque como los fenómenos de corrupción históricamente siempre han venido asociadas a procesos de mutación en el léxico político (un hecho o situación que guarda gran relación con lo que etimológicamente significa la propia noción de corrupción: del latín *corruptio*, alteración de una sustancia orgánica por descomposición), nada puede haber de extraño en que en nuestro actual "momento" político de transformación nos veamos sumidos en un extendido estado de confusión, en el que las palabras y los conceptos no significan ya lo que a tenor de los diccionarios y gramáticas políticos tendrían que significar, puesto que el desgaste y la desvirtuación de las palabras, acompaña y como apuntaba un clarividente Benjamín Constant, a menudo previenen a la corrupción entendida como cambio no como patología (aunque también expresen la patología y sus consecuencias:

> Les formes perpétuenl'esprit et bien qu'elles puissent êtres horriblement perverties, elles ressemblent à ces arbresqu'ilest fácil de plier, mais dont l'élasticité les redresse, lorsqu'on cesse de les comprimer [de manera que] Lorsque de certains idées se sontassociés à de certains mots, l'on a beau répéter et démontrer que cette association est abusive, c'est mots reproduits rapellent longtemps les mêmes idées.[2]

Lo que indica que para reflexionar en relación a este problema, se imponen la exigencia de precisar con exactitud de qué se quiere hablar y de clarificar materialmente a qué nos estamos refiriendo.

Pero ello acudiré a dos ejemplos:

a) Resulta casi una obviedad decir que los países musulmanes poseen una cultura política muy diferente a la moderna. La cultura política moderna es el resultado del proceso de secularización del pensamiento cristiano que se transmuta en un conjunto de valores cívicos articulados en torno al laicismo, y que a partir de la Ilustración alumbrará una serie de categorías como el tiempo, la moral, el derecho vinculado a la legalidad, el hombre como ser subjetivo... Michel Baker, François Furet, Mona Ozouf y Colin Lucas,[3] en un trabajo de enorme impacto han establecido con precisión los supuestos que integraban el paradigma político moderno construido por obra de la Revolución. Esos supuestos son justamente, los que hoy conforma y regulan nuestras vidas como si se trataran de un imperativo cultural que va mucho más allá de las obligaciones que impone el derecho o la Constitución.

Sin embargo, estos postulados, sociológicos, morales, psicológicos, y también jurídicos, no rigen en absoluto para países, tan cercanos a nosotros en términos

---

[1] POCOCK, John G. A. *El momento maquiavélico*: el pensamiento político florentino y la tradición republicana atlántica. Madrid: Tecnos, 2002.

[2] CONSTANT, Benjamin. *De la force du gouvernement actuel de la France*. Paris: Flammarion, 1796; CONSTANT, Benjamín. *Principes de politique*. Paris: Hachette, 1810.

[3] BAKER, Michel *et al*. *The French Revolution and the creation of modern political culture*. Oxford: Pergamon, 1989.

geográficos y en cambio tan distantes en clave intelectual, como las naciones que hacen del Islán principio de su existencia y de su cultura política. En el mundo islámico no sólo impera otro calendario, si no que nuestro concepto de tiempo como marco lineal por el que discurre el quehacer humano, no tiene cabida; en el mundo musulmán nuestra creencia moral en la verdad como deber incondicionado que nos prohíbe tajantemente mentir, no ocupa lugar; en el mundo islámico la política, el derecho, la economía la moral y tantas otros supuestos, entendidos como realidades autónomas de la religión, carecen de cualquier sentido. El Corán es mucho más que un libro sagrado, es el Código que condensa el conjunto de verdades sobre las que asienta el universo cultural y, también, claro está, la política en los países islámicos. Un Código que establece la poligamia, que hace de la religión guardiana de la política, que equipara las prácticas financieras bancarias entre creyentes a la usura, y que no considera reprobable moralmente, ni prohíbe legalmente, la entrega de dádivas, regalos o aquello que nosotros llamamos comisiones en las transacciones económicas internacionales. El gobernante de la península Arábiga que satisfaga comisiones a un mandatario europeo o norteamericano por su intermediación en una transacción entre naciones, no habrá incurrido en un ilícito moral o jurídico en su propio país según su legislación vigente, porque su cultura política basada en una idea religiosa y patrimonialista del poder y la política, no ven en esa práctica más que la justa retribución a un amigo; cosa que no sucede, por ejemplo, con quien presta dinero a un fiel de su misma religión a cambio de una modesta tasa del 5% anual. Como explicaba el Marx,[4] la contemporaneidad histórica no quiere decir, ni equivale a contemporaneidad mental, cultural o de conciencia política. Así pues, tratar de equiparar la conducta ilícita de un gobernante occidental que acepta pagos por sus servicios en una transacción internacional en contra del interés o del patrimonio de su nación, con la que al respecto guía la acción de un gobernante que se mueve en las pautas de la cultura política islámica, representa simplemente un dislate. No cabe incluir en una misma categoría dos conductas que responden a realidades diferentes, que en el lenguaje de la política son exponentes o corresponden a realidades distintas. Estaríamos ente un supuesto evidente de falsos amigos.

b) Cambiando de escenario y situándonos en España, asistimos en este país a un desagraciado espectáculo de degradación de la conducta de responsables de algunos órganos públicos que en concomitancia con sujetos privados no han dudado en beneficiarse de fondos públicos para enriquecerse a costa de lo que es de todos. En medio del estupor de una opinión aturdida, la palabra "corrupción" ha pasado a formar parte del lenguaje cotidiano y según las encuestas ocupa el cuarto lugar entre las grandes preocupaciones de los españoles.

Pero más allá del escándalo político – entendido en el sentido que le confiere John Thompson,[5] nadie parece haber reparado sobre si existen o no grietas o vericuetos legales que hacen posible semejante situación, y sí desde el punto de vista de la más estricta juridicidad, tales conductas se adecúan a las exigencias de nuestro derecho positivo, y, si son susceptibles de represión y castigo. ¿El uso inadecuado de un instrumento

---

[4] MARX, Karl. *Crítica de la filosofía del derecho de Hegel*. Buenos Aires: Del Signo, 2004.
[5] THOMPSON, John. *El escándalo político, poder y visibilidad en la era de los medios de comunicación*. Barcelona: Paidós, 2001.

jurídico lícito puede derivar como resultado en una conducta ilícita en términos de legitimidad pero irreprochable en la lógica de la legalidad?

Entre esos pocos autores, el profesor Fernández Farreres,[6] en cuyo haber obra un importante libro sobre la subvención, en el que se disecciona con precisión los perfiles de una figura jurídico-administrativa de transcendencia fundamental y que, sin quererlo, está en la clave de muchos de los escándalos de corrupción que en estos días agita a la prensa en nuestro país. En una reciente comunicación al Congreso de la Asociación Española de Profesores de Derecho Administrativo, el Dr. Germán Fernández Farreras, pone de manifiesto las disfuncionalidades que en el ejercicio de la actividad subvencional de las diferentes Administraciones Públicas está desempeñando la figura jurídica del convenio. El convenio o contrato en régimen administrativo es susceptible de excepcionar a las reglas de publicidad, competencia y contratación propias del principio de legalidad y de la igualdad ante el Estado, importantes partidas presupuestarias que en virtud de ese mecanismo son asignadas de manera poco menos que discrecional y al margen de la mayoría de los controles que impone nuestro actual régimen jurídico a los actos de la administración.

No hace al caso insistir en que la figura del convenio ha venido extendiendo últimamente sus dominios en terrenos de acción administrativa que van más allá de la subvención y afectan sin ir más lejos a la planificación urbanística. ¿Cuántas situaciones irregulares se han producido en fechas recientes en nuestros Ayuntamientos como consecuencia del uso de este instrumento jurídico? Un instrumento jurídico por lo demás perfectamente legal y nacido de la voluntad del creador de la norma, el Parlamento nuestras Cortes Generales.[7] Y la pregunta parece estar clara ¿Su forma de empleo ha sido correcta?

Sin embargo, no es este el tema que ahora nos ocupa. Por el momento, sólo nos interesa recordar que el convenio entre administraciones o entre poderes públicos y sujetos privados, es en nuestra legislación positiva un recurso perfectamente lícito, cuyo empleo en ciertos ocasiones puede ser reprobable o no en términos morales, pero que en ningún caso debería en principio dar lugar a sanción jurídica, salvo que se hubieran vulnerado los principios y reglas que él mismo exige, lo que en la mayoría de los casos no se ha producido.

Esto explica o puede explicar que en un futuro no muy lejano algunos presuntos *affaires* de corrupción que hoy conmueven a la opinión española, puedan concluir en nada cuando sean conducidos ante la justicia, y se terminen convirtiendo finalmente en lo que el referido libro de Thompson[8] llama "escándalo político": un episodio ocasional que, como las tormentas, cuando escampa no deja detrás ninguna sanción de responsabilidad, es decir de nada sirve al objeto de determinar la *accountability* de las acciones de gobierno.

Y es que el lícito legal no siempre significa legítimo en términos de ética o moral pública, y cuando se produce un *decalage*, una disonancia manifiesta entre legalidad y legitimidad, cuando la legalidad no es legítima o siéndolo resulta susceptible de ser

---

[6] FARRERES, Fernández. *La subvención*: concepto y régimen jurídico. Madrid: IEF, 1983.
[7] Sobre el derecho urbanístico español, cf. BAÑO LEÓN, José María. *Derecho urbanístico común*. Madrid: Iustel, 2009.
[8] THOMPSON, John. *El escándalo político, poder y visibilidad en la era de los medios de comunicación*. Barcelona: Paidós, 2001.

utilizada de manera ilegítima[9] algo quiebra, y esa quiebra abre un espacio a lo que los cásicos llamaban corrupción, que no es exactamente lo mismo que nosotros hoy llamamos en términos jurídicos corrupción.

Pero no se trata de ir más allá. Por encima de los hechos narrados dos son las consecuencias que se obtienen:

- a) Que cuando se enjuicia una realidad concreta hay que tener presente la cultura política en la que cada realidad se halla inmersa, y que, por consiguiente, es arriesgado establecer rankings globales y patrones comunes extensibles a todo el mundo. La globalización muchas veces no es otra cosa que una sucedáneo de las viejas ideologías.
- b) Que lo legal no siempre es legítimo, y que, en consecuencia, al hablar de corrupción conviene establecer una diferenciación entre realidades morales y realidades jurídicas que aunque a menudo se presentan juntas en la acción, conceptualmente responden a lógicas y razones de muy distintas.

2 La corrupción como problema jurídico o como estadio sociológico-moral

Habitualmente se alude a la corrupción como un problema de tipo jurídico, el resultado de una serie de episodios de abuso de poder protagonizados por unos gobernantes que no tienen empacho en violar la ley, y a los que un estado generalizado de laxitud social consiente dejar impunes sus crímenes.[10] No es esa exactamente la tesis que defenderemos aquí, que parte de establecer una tajante diferenciación conceptual entre supuestos sociológico-morales y jurídicos, sin que ello implique renunciar a reconocer la existencia de una estrecha conexión entre cierto género de corrupción y determinada clase de cultura política, la propia del Estado Constitucional, que aspira a combatir la corrupción presentándola como un problema jurídico de naturaleza penal tipificado en códigos y normas vigilados por jueces.

Corresponde a Maquiavelo el haber llegado a estipular la primera definición de corrupción en clave de modernidad política; una forma de conceptualización definitiva para la mayoría de los autores que vendrán detrás, y que forma parte del *background* instrumental que normalmente se viene manejando a este efecto. Una definición – en puridad, redefinición – que hace posible que un vocablo que anteriormente respondía a un contenido o concepto gestado en el ámbito de la filosofía por los Antiguos –y especialmente por Aristóteles –, haya pasado a convertirse a partir de entonces, en una categoría sociológica-moral plenamente vigente en la *weltanschauung* de los Modernos.

Maquiavelo[11] advierte:

> Se consigue fama pública ganado batallas, conquistando fortalezas, desempeñando embajadas con celo y con prudencia o proporcionando a la República sabios y eficaces consejos… ese modo de proceder es beneficioso ya que se funda en el bien común y no en el provecho particular [...] Se consigue fama privadamente haciendo favores a éste o aquél

---

[9] SCHMITT, Carl. *Legalidad y legitimidad*. Granada: Comares, 2006.
[10] DIEZ PICAZO, Luis María. *La criminalidad de los gobernantes*. Barcelona: Critica, 1996.
[11] MAQUIAVELO, Nicolas. *Historia de Florencia*. México: Fondo de Cultura Económica, 2006.

otro ciudadano, defendiéndolos contra la arbitrariedad de los magistrados, socorriéndolos económicamente, concediéndoles honores no merecidos y ganándose a la plebe con festejos y dádivas públicas. Este modo de pensar origina la <sètte> y los partidismos.

Esto último, fue exactamente lo que persiguieron los Medici en su afán por adueñarse de la *Signoria de Florencia*: otorgar desde el Estado *favores privados* a quienes les sostenían públicamente y se mostraran dispuestos a comportarse políticamente como "clientela" particular suya. El proceder de aquellos hombres que, sin repudiar formal y expresamente su "citadinanza fiorentina", obraban y se sentían, servidores de unos *grandes* que en pago a su sumisión les entregaban privadamente dádivas públicas, había traído la corrupción de la *libertad* política en Florencia, y, a la postre, había provocado la muerte de la República, de la *commune*, de la amada patria de Maquiavelo.

La corrupción en Maquiavelo pasa de la categoría moral que construyera Aristóteles, y que a partir de su *Política* permitiría a Polybio y a tantos otros, explicar la degeneración de un alma que olvidando su fin universal se preocupa únicamente de ambicionar el objetivo de lo particular, a convertirse en una realidad sociológico-real que mina la moral de una comunidad hasta romper el principio ideal y la idea ética que inspira su sistemática y su estructura morfológica. Hay corrupción cuando en una determinada sociedad la mayoría sabe que aquél que deja lo que está haciendo por lo que debiera hacer, corre a la ruina en lugar de beneficiarse; se perjudica en lugar de obtener un beneficio. La corrupción surge cuando coexisten dos conductas enfrentadas, la que oficial y formalmente se propugna y proclama digna de encomio, y aquella otra que en la realidad de las cosas practican los que operan en la vida social.

Hay corrupción en suma, cuando los gobernantes no obedecen, ellos mismos, las reglas que exigen e imponen a los gobernados, y cuando los gobernados no condenan moralmente esas conductas sino que buscan ansiosamente los medios para también ellos poder llevarlas a cabo de manera impune. La corrupción es, por consiguiente, un estadio social en el que la sociedad en su conjunto (gobernantes y gobernados), desconocen las pautas de conducta moral que se proclaman como imperantes, y se vinculan, más o menos vergonzosamente, a otras reglas que forman parte de una moralidad nueva, al menos por el momento públicamente inconfesable.

No se trata en este caso de ilícitos penales individuales, de violaciones subjetivas de la ley. Por el contrario, la actuación de una colección de sujetos individuales que se comportan al margen de la ley y la contradicen y violan, no significa, en ningún caso, que el conjunto de la sociedad desconozca la legalidad, ni que posea otra moralidad, ni que se encuentre deseosa de acogerse a otras pautas de comportamiento. Una cosa es la corrupción y otra la violación de la ley penal.

La primera se explica en términos sociológicos-morales, la segunda en términos jurídicos y judiciales. La primera se enmarca en el cuadro de la degeneración y la decadencia, del declive de las sociedades, de la ruptura de los patrones y valores morales por prácticas sociales que se van generalizando y poco a poco fuerzan las normas establecidas; la segunda en el ámbito de la delincuencia, la criminalidad y la Justicia penal. Es cierto que la generalización de la segunda puede desembocar con el tiempo en un estado que da pie a la primera. Pero también lo es que, en la lógica de la Política, una cosa es la "cleptocracia"[12] y otra un régimen Ilegítimo. Y es que la corrupción no

---

[12] BREZSINSKY, Z. *The grand chessboard*. Nueva York: Basic Books, 1997.

es más que un estadio de ilegitimidad, una manifestación de aquello que Guglielmo Ferrero denominaba "el Gobierno de la mentira"[13] una forma temporal de estructurar el Poder que anuncia un cambio y por tanto inexorablemente llamada a perecer. Esta conceptualización de Maquiavelo que en sí misma representa toda una sociología de la corrupción, tendrá enorme éxito en las construcciones posteriores de autores como Montesquieu, Rousseau, Gibbon o más recientemente gaetano Mosca. Y las Revoluciones Constitucionales del XVIII se harán al grito de la lucha contra la corrupción, tanto en Inglaterra, como en Francia.

Bernard Bailyn[14] enseña que el discurso contra la corrupción inglesa fue el germen que dio vida a la Revolución Americana, y el humus sobre el que se construyó el edificio Constitucional que dura hasta nuestros días. Y es que la corrupción de un principio de legitimidad, lejos de desembocar en el vacío, genera un ámbito, una zona gris, que lentamente va abocando a una regeneración o dando pie y, colando poco a poco otro nuevo principio alternativo. Eso fue lo que sucedió tanto en América como en Europa en la segunda mitad del XVIII, las críticas a la venalidad de la corona (que disponía de los cargos públicos y las magistraturas como si se tratarán de sinecuras privadas al sólo afán de recaudar fiscalmente), a la degeneración de la representación de los *rottenborough* ingleses (que se vendían mediante contratos jurídicos que obligaban a los *Mp's* a votar de forma preestablecida en la Cámara), a los Parlamentos anuales o a la financiación de los ejércitos, a la Bolsa y a la especulación asociada a la política (el *affaire* Burbuja de los mares del Sur o el escándalo Law), generaron en la opinión condiciones que acompañaron y – muy posiblemente – indujeron a los hombres a romper con un mundo que consideraban viejo, falsario, hipócrita, agotado, vació y en definitiva, acontemporáneo y constituido sólo en beneficio de unos pocos, y a buscar sustituirlo por otro nuevo, legitimado en ideas como libertad, Constitución, la idea de legalidad (y de ahí el prestigio de nociones como Estado de Derecho o principio de legalidad) y el equilibrio de poderes.

No es este el momento de entrar en profundidades acerca de cómo se configura el modelo de legitimidad del Estado Constitucional y en qué medida la opinión pública representa la garantía última frente a cualquier tentación de corrupción que amenace con socavar las raíces más profundas de este sistema. Interesa sólo señalar que desde principios del siglo XIX, empiezan a percibirse dos modos diferentes de exigir responsabilidad y de hacer frente a los ilícitos penales de los gobernantes, el continental europeo y el anglosajón. Uno basado en un complejo distingo entre responsabilidad política y jurídica que atribuye la primera al cuerpo electoral y la segunda a la magistratura, y cuya construcción se debe a Benjamin Constant.[15]

Otro articulado desde las idea de transparencia y publicidad que arraiga en el mudo de la cultura política anglosajona, en el que la virtud pública es una exigencia que sólo compete reclamar a la voluntad popular que otorga la confianza, algo que tiene mucho que ver con la importante noción de *trust* del derecho anglosajón. Ambos tienen en común la creencia en que la legalidad es una forma de legitimidad (lo que

---

[13] FERRERO, Guglielmo. *Poder: los genios invisibles de la ciudad*. Madrid: Tecnos, 1998.
[14] BAILYN, Bernard. *Los orígenes intelectuales de la Revolución Americana*. Madrid: [s.n.], 2012.
[15] CONSTANT, Benjamin. *De la responsabilité des ministres*. Paris: H. Nicolle, 1817.

Max Weber[16] llamaba legitimidad racional-normativa), pero se diferencian en el modo de protegerla: un omnipresente derecho hijo de la ilustración en el mundo continental, la omnipotente sociedad (*Governement by Society*) en el anglosajón.

Pero, no es el momento de extenderse en consideraciones acerca de las diferencias que separan uno y otro modelo. Basta sólo, traer a colación un ejemplo. Mientras los sistemas democráticos continentales llenan sus leyes y reglamentos administrativos y parlamentarios de incompatibilidades y figuras afines, los anglosajones desconocen, poco más o menos, la institución y se refugian en el deber de transparencia como obligación incondicional de sus representantes. Tanto uno como otro sistema viven estos días episodios complicados, en los que asoma constantemente la acusación de corrupción.

Y es que mientras en los países continentales se insiste en la dificultad – que en ocasiones raya una imposibilidad práctica – de separar en la representación política el interés lícito del ilícito en términos jurídicos,[17] lo que lleva a transferir a la judicatura una responsabilidad imposible de residenciar en términos efectivos el ámbito de la opinión política, por su parte en el mundo anglosajón la transparencia no ha podido evitar que por primera vez en muchos años el más antiguo Parlamento del mundo se halla visto manchado por conductas ilícitas que trascienden al comportamiento individual de un parlamentario.

Así las cosas, parece obvio que nos situamos ante una elección difícil ¿Los supuestos de violación del derecho a qué en España, como por lo demás en el resto de países europeos, venimos asistiendo, son ejemplos individuales de ilícitos penales represibles por la judicatura al amparo en el Código Penal, o por sus características colectivas y generalizadas entran dentro de lo que desde Maquiavelo se conoce como corrupción o declive de una determinada forma de legitimidad política? Que la respuesta sea una u otra, importa no sólo para clarificar conceptualmente la situación en que nos encontramos, sino también para extraer consecuencias de cierto signo, en la medida en que en el primer caso la invocación al derecho y a los jueces, es el remedio, y en el segundo, no hay más solución que la regeneración – el *ridurre ai principii* – sí que ello puede ser practicado.

3 Corrupción y cambio político

Resulta altamente indicativo que uno de los autores más relevantes de la doctrina constitucional de los años 30 del pasado siglo, Carl Schmitt, para el que los factores de legitimidad confluyen y se confunden con los supuestos de normatividad, haya hecho de la crisis de legitimidad del Estado Burgués de Derecho el hilo conductor de la parte más substancial de su obra jurídica-constitucional. Y es que, el núcleo argumental de Schmitt, pasa por diseccionar las contradicciones entre los postulados ideológico-morales que conforman el modelo jurídico-constitucional forjado en el siglo XIX y su incompatibilidad radical con la sociedad – democrática o no democrática – surgida en el siglo XX.

---

[16] WEBER, Max. *Economía y sociedad*. México: Fondo de Cultura Económica, 1944.
[17] ZAGREBELSKY, Gustavo. *Inmunitá parlamentare*. Turin: Einaudi, 1979.

Es cierto que los hechos posteriores, aparentar quitar la razón a Schmitt am favor de su principal detractor, Hans Kelsen: el Estado Constitucional ha sido capaz de ser a la vez Estado de Derecho, Democrático y Social. Pero lo que en realidad nos interesa de la contradicción señalada por el controvertido autor alemán, es su condición de paradigma de conflicto entre dos modelos, de ejemplo de choque entre dos supuestos, entre dos tipos ético-ideales de Política que se enfrentan en la historia de los años treinta europea. En ese momento, al esquema liberal elitista se opone el arquetipo democrático de masas, la igualdad más radical, aquella que no admite diferencias y en la que la deferencia no es más que pura retórica. Y en semejante confrontación, lo liberal se muestra como algo atávico, decadente, antiguo, siempre amenazado por la pujante eclosión de una nueva racionalidad, más justa, más coherente internamente y más *agiornata* a los tiempos, y progresista.

En tal contexto, no queda espacio alguno para el ilícito penal, y sí, en cambio, para el declive, la corrupción, y el cambio. La democracia de masas se presenta como la alternativa que se ofrecerá a un modelo decadente y que inspirará tanto los modelos democráticos- occidentales como los totalitarismos marxistas; las dos grandes alternativas que se abrirán al hombre moderno en los años veinte y treinta del pasado siglo XX. Dos opciones alternativas que sobre el papel se comportarían de muy distintas maneras en relación al cambio y al modo de proceder seguido para atajar la corrupción, ya que en tanto que en el marxismo, lo nuevo habría barrido por completo a lo viejo, triunfando lo que se presenta como alternativa revolucionaria y radicalmente novedosa; en el Estado Constitucional-Democrático, lo nuevo no sería más que un injerto que incorporado en lo ya existente, permitiría regenerar el pasado y darle vida nueva. En este caso se habría operado una crisis que permitiría la continuidad histórica del pasado en el presente; en el otro ejemplo, la revolución (una suerte de segunda Ilustración) habría dado vida a una realidad nueva y genealógicamente sin precedentes.

Esta dicotomía resulta extraordinariamente útil para encuadrar las alternativas a la situación actual, en la que – por mucho que las apariencias se empeñen en negarlo – no vivimos en una crisis (en el sentido que Koselleck[18] confiere al término en su tesis doctoral), sino en un instante de declive, de decadencia y, por ende de corrupción, de unas instituciones políticas y jurídicas que no tienen enfrente ninguna alternativa que se las oponga. No estamos en crisis porque, como decía el poeta, ya no hay *Barbaros* que amenacen a las puertas de la Ciudad para construir una nueva civilización como solución.[19] No hay alternativas al pensamiento constitucional porque en la cultura occidental las ideologías han evidenciado un más que clamoroso fracaso. Esa crisis de las ideologías entendidas como sistemas holísticos totalizadores de ideas, ha arrastrado el bloque del Este pero también ha terminado cuestionando nuestro modelo de legitimidad en razón a que parte de su propio fundamento descansaba en la maldad del sistema contrario.

Justamente por eso, en este momento los sistemas constitucionales se encuentran sumidos en una situación harto compleja. Erosionado los fundamentos de su legitimidad en la medida que la realidad del funcionamiento de la democracia constitucional choca, en numerosas ocasiones, con los principios que lo inspiran, una ola de desapego hacia

---

[18] KOSELLECK, Reinhart. *Crítica y crisis del mundo burgués*. Madrid: Rialp, 1959.
[19] KAVAFIS, Constantino. *Esperando a los bárbaros*. [s.l.]: [s.n.], 1903.

los mecanismos y prácticas políticas que algunos llaman "desafección", invade las más asentadas y sólidas democracias.[20] En semejante contexto, se multiplican los episodios individuales de violación de las reglas de conducta de los gobernantes en un tiempo en el que la perdida de ideología de los partidos, convierte a la vida política en una lucha por el botín del poder. Corrupción, declive, decadencia, ilícito penal, delincuencia política, se confunden y aparentan ser todo lo mismo a los ojos de una opinión desconcertada. No obstante, no es lo mismo la degradación de una sociedad que no cree ni admite las reglas que oficialmente proclama[21] que la acción criminal en la política.[22]

El primero es un problema político, el segundo jurídico. El primero supone la destrucción de una ética colectiva, el segundo su violación individual. El primero es un hecho político-sociológico, el segundo una conducta tipificada por el código Penal. El primero se expresa en el lenguaje de la legitimidad, el segundo habla sólo la lengua del derecho.

¿Dónde nos situamos? ¿En qué punto nos encontramos pues en estos días? La respuesta tiene importancia sobre todo a efectos de procurar soluciones. Si democracia es regenerable, bastará volver a los principios; si no lo es, habrá que construir un modelo nuevo.

Ridurre i Principi Recobrar, recuperar, regenerar, volver a los principios (*back to back*! – como decía el conocido eslogan de los *torys* británicos de los noventa), significa recuperar lo que todavía está vivo de nuestro sistema de legitimidad y servirse de ello para recobrar los valores de la democracia mediante el expediente de podar lo que está muerto. Buen Gobierno, transparencia, regeneración democrática... son términos y fórmulas que intentan favorecer esta opción. Esforzarse por buscar algo nuevo es lo que muy posiblemente se propongan aquellas personas que en estos últimos tiempos comienzan a llenar plazas y calles de las capitales Europeas, clamando su indignación contra el poder y los poderosos. ¿Quién sabe?, tal vez sean la correcta expresión de algo nuevo que muchos no terminamos de entender bien. Pero lo cierto es que nadie puede decir, al menos por el momento, en qué consiste esa forma diferente de entender la Política.

Solo la voluble e indescifrable *Fortuna* podría aclararnos sí a principios del siglo XXI, asistimos a los temblores que acompañan el fin de una forma de legitimidad agotada y vencida por el peso de los años, o estamos ante un momento de cambio en el que los nuevos y prodigiosos factores e inventos técnicos, aplicados a la vida social y a nuestro propio espíritu, ayudaran decisivamente a recomponer la democracia.

Referencias

BAILYN, Bernard. *Los orígenes intelectuales de la Revolución Americana*. Madrid: [s.n.], 2012.

BAKER, Michel et al. *The French Revolution and the creation of modern political culture*. Oxford: Pergamon, 1989.

BAÑO LEÓN, José María. *Derecho urbanístico común*. Madrid: Iustel, 2009.

---

[20] RAMÓN MONTERO, José; GUNTHER, Richard; TORCAL, Mariano. Democracy in Spain: legitimacy, discontent and disaffection. *Studies in Comparative International Development*, n. 32, p. 124-160, 1997.
[21] NIETO, Alejandro. *La organización del desgobierno 1984*. Barcelona: Ariel, 1984; NIETO, Alejandro. *Corrupción en la España democrática*. Barcelona: Ariel, 1997.
[22] BEAUD, Olivier. *La corruption de la Republique*. Paris: Fayard, 1992.

BEAUD, Olivier. *La corruption de la Republique*. Paris: Fayard, 1992.

BREZSINSKY, Z. *The grand chessboard*. Nueva York: Basic Books, 1997.

CONSTANT, Benjamin. *De la force du gouvernement actuel de la France*. Paris: Flammarion, 1796.

CONSTANT, Benjamin. *De la responsabilité des ministres*. Paris: H. Nicolle, 1817.

CONSTANT, Benjamín. *Principes de politique*. Paris: Hachette, 1810.

DIEZ PICAZO, Luis María. *La criminalidad de los gobernantes*. Barcelona: Critica, 1996.

FARRERES, Fernández. *La subvención*: concepto y régimen jurídico. Madrid: IEF, 1983.

FERRERO, Guglielmo. *Poder*: los genios invisibles de la ciudad. Madrid: Tecnos, 1998.

KAVAFIS, Constantino. *Esperando a los bárbaros*. [s.l.]: [s.n.], 1903.

KOSELLECK, Reinhart. *Crítica y crisis del mundo burgués*. Madrid: Rialp, 1959.

MAQUIAVELO, Nicolas. *Historia de Florencia*. México: Fondo de Cultura Económica, 2006.

MARX, Karl. *Crítica de la filosofía del derecho de Hegel*. Buenos Aires: Del Signo, 2004.

NIETO, Alejandro. *Corrupción en la España democrática*. Barcelona: Ariel, 1997.

NIETO, Alejandro. *La organización del desgobierno 1984*. Barcelona: Ariel, 1984.

POCOCK, John G. A. *El momento maquiavélico*: el pensamiento político florentino y la tradición republicana atlántica. Madrid: Tecnos, 2002.

RAMÓN MONTERO, José; GUNTHER, Richard; TORCAL, Mariano. Democracy in Spain: legitimacy, discontent and disaffection. *Studies in Comparative International Development*, n. 32, p. 124-160, 1997.

SCHMITT, Carl. *Legalidad y legitimidad*. Granada: Comares, 2006.

THOMPSON, John. *El escándalo político, poder y visibilidad en la era de los medios de comunicación*. Barcelona: Paidós, 2001.

WEBER, Max. *Economía y sociedad*. México: Fondo de Cultura Económica, 1944.

ZAGREBELSKY, Gustavo. *Inmunitá parlamentare*. Turin: Einaudi, 1979.

Informação bibliográfica deste texto, conforme a NBR 6023:2002 da Associação Brasileira de Normas Técnicas (ABNT):

GARCÍA, Eloy. La corrupción ¿Un problema jurídico o un estadio sociológico-moral?. In: PINTO, Hélio Pinheiro; LIMA NETO, Manoel Cavalcante de; LIMA, Alberto Jorge Correia de Barros; SOTTO-MAYOR, Lorena Carla Santos Vasconcelos; DIAS, Luciana Raposo Josué Lima (Coords.). *Constituição, direitos fundamentais e política*: estudos em homenagem ao professor José Joaquim Gomes Canotilho. Belo Horizonte: Fórum, 2017. p. 311-321. ISBN 978-85-450-0185-0.

GATOS NAS CIDADES: MAIS UM TESTE À VALORAÇÃO DE SERVIÇOS ECOSSISTÉMICOS COMO NOVO INSTRUMENTO DE JUSTIÇA AMBIENTAL

ALEXANDRA ARAGÃO

1 Gatos urbanos, gatos baldios

O presente estudo gira em torno dos gatos que existem em meio urbano.[1] Gatos que não são apropriados por ninguém, que não foram abandonados, que nasceram na rua – apesar de não serem selvagens –[2] e que coexistem connosco nas cidades.

Os gatos urbanos[3] não são animais de raça pura, com valor económico elevado. Não são animais de companhia, com direito à proteção legal contra maus tratos. Não são animais em vias de extinção. Não são espécies exóticas.

Se os consideramos animais sem relevância social, sem expressão económica, sem funções ambientais, sem repercussões éticas e sem dignidade jurídica, poderíamos dizer que, para o direito, são animais *no limbo*.

Aparentemente, defender um estatuto jurídico para os gatos urbanos seria defender o indefensável.

No entanto, e tomando desde já posição quanto ao seu estatuto jurídico, entendemos que estes gatos não são uma *resnullius*, um objeto que possa ser apropriado por quem quiser, como a água da chuva, uma pedra ou um fruto silvestre.

---

[1] Este estudo vem também na sequência da audição parlamentar conjunta na qual participámos, a convite da Comissão de Assuntos Constitucionais, Direitos, Liberdades e Garantias, para apreciação das sete iniciativas legislativas apresentadas pelos grupos parlamentares do Partido Socialista, do Partido Pessoas-Animais-Natureza, do Partido Social Democrata e do Bloco de Esquerda. Quatro projetos de lei destinam-se a alterar o Código Civil, estabelecendo um estatuto jurídico para os animais como seres sensíveis. Três outros projetos de lei visam alterar o Código Penal, revendo o regime sancionatório aplicável aos crimes contra animais.

[2] Os gatos urbanos (*Felis catus*) são uma subespécie dos gatos selvagens, ou gatos bravos (*Felis silvestris*).

[3] Pelas suas especificidades trataremos apenas de gatos e não de outros animais que também existem em meio urbano, como cães, esquilos, ratos, ouriços-cacheiros, toupeiras, musaranhos, morcegos, cobras, lagartos, sapos, rãs, salamandras, insetos e uma enorme variedade de aves (pombos, gaivotas, pardais, melros, andorinhas, chapins, chamarizes, verdilhões, pintassilgos, peneireiros etc.).

Pelo contrário, são *res comune somnium* –[4] bens de toda a comunidade, que devem ser mantidos no meio onde naturalmente deambulam, que é o seu *habitat* natural... embora urbano.

Ressalvadas as devidas distâncias, consideramos que os gatos urbanos são como os baldios: *terrenos possuídos e geridos por comunidades locais,*[5] *que constituem, em regra, logradouro comum, designadamente para efeitos de apascentação de gados, de recolha de lenhas ou de matos, de culturas e de outros aproveitamentos dos recursos dos respetivos espaços rurais.*[6]

A posse comunitária dos baldios, nascida na economia feudal da Idade Média,[7] não só não desapareceu como ganhou redobrada relevância social com consagração na Constituição de 1976,[8] com existência atual de legislação específica, datando da década de 90, mas sucessivamente atualizada, e com a criação, em 1995, da Federação Nacional dos Baldios.[9]

Ora, tal como os baldios, consideramos que os gatos urbanos são bens integrantes do património natural das cidades, destinados a uma fruição comum sem apropriação. Para além de a apropriação ser incompatível como o que julgamos ser o seu estatuto jurídico, também do ponto de vista do bem-estar animal a apropriação de *gatos baldios* é indesejável. A rua é o seu *habitat*, e o melhor local para, em liberdade, desempenhar as suas funções biológicas.[10]

E não julguemos que as preocupações relativas ao bem-estar animal só se colocam relativamente aos animais criados para alimentação humana ou aqueles usados para experimentação laboratorial. O espírito do tempo aponta para uma relevância mais geral do bem-estar, alargada a todos os seres vivos do reino animal.[11] Veremos indícios destes ventos de mudança nos pontos seguintes.

Demarcando-nos, portanto, de uma visão dicotómica animais domésticos/animais selvagens, defendemos que os gatos urbanos são a demonstração animal de que há um *tertium genus*.

Tal como os conservacionistas criticam o esquecimento ao qual foi votada a chamada natureza *vulgar* (do francês *nature ordinaire*),[12] ou natureza comum (do inglês

---

[4] KISS, Alexandre. The common heritage of human kind: utopia or reality? *International Journal*, v. 40, n. 3, p. 423-441, 1985.

[5] Art. 1º, nº 1 da Lei nº 68/93, de 4 de setembro, alterada pela Lei nº 89/97, de 30 de julho e pela Lei nº 72/2014, de 2 de setembro e retificada em 29.10.2014 (Retificação nº 46/2014).

[6] Art. 3º da mesma lei.

[7] COSTA, Adalberto. *O contrato de arrendamento rural*. Porto: Vida Económica, 2013. p. 103-104.

[8] O art. 82, nº 4, inc. "b", sobre setores de propriedade dos meios de produção, a par do setor público e do setor privado, alude aos "meios de produção comunitários, possuídos e geridos por comunidades locais", integrados no setor cooperativo e social.

[9] FEDERAÇÃO Nacional dos Baldios. Disponível em: <http://www.baladi.pt/>. Acesso em: 15 maio 2016.

[10] Apesar dos riscos que correm, como atropelamentos, quedas, doenças, ataques de cães, maus-tratos humanos etc.

[11] Pedro Delgado Alves chama a atenção para a situação pouco clara dos animais errantes (ALVES, Pedro Delgado. Desenvolvimentos recentes da legislação sobre animais em Portugal: uma breve crónica legislativa. In: ANIMAIS: DEVERES E DIREITOS – CONFERÊNCIA PROMOVIDA PELO ICJP, 1, 2014, Lisboa, Portugal. *Anais Eletrônicos*... Lisboa, Portugal, 2015. p. 26. Disponível em: <http://www.icjp.pt/sites/default/files/publicacoes/files/ebook_animais_deveres_direitos_2015.pdf>. Acesso em: 15 maio 2016).

Carla Amado Gomes por sua vez considera censurável a ausência de protecção legal da categoria "residual" de animais selvagens, mas também não domésticos (GOMES, Carla Amado. Direito dos animais: um ramo emergente? In: ANIMAIS: DEVERES E DIREITOS – CONFERÊNCIA PROMOVIDA PELO ICJP, 1, 2014, Lisboa, Portugal. *Anais Eletrônicos*... Lisboa, Portugal, 2015. p. 63. Disponível em: <http://www.icjp.pt/sites/default/files/publicacoes/files/ebook_animais_deveres_direitos_2015.pdf>. Acesso em: 15 maio 2016).

[12] Veja-se o artigo: GODET, Laurent. La 'nature ordinaire' dans le monde ocidental. *L'Espace géographique*, v. 39, p. 295-308, 2010. Disponível em: <https://www.cairn.info/revue-espace-geographique-2010-4-page-295.htm>. Acesso em: 15 maio 2016.

commun nature)[13] por comparação com a natureza *extraordinária* ou *elitista*, à qual toda a atenção é dedicada, pensamos que os gatos de rua são animais *vulgares* ou *comuns*, mas igualmente merecedores de proteção legal, apesar da sua *invisibilidade* perante a lei. Se, do ponto de vista dos ecossistemas, há quem defenda que a natureza *vulgar* assume uma relevância por vezes maior do que a da natureza *extraordinária* selvagem, rara ou em perigo de extinção, também os gatos urbanos, enquanto animais *vulgares*, são merecedores de proteção jurídica pelos serviços ecossistémicos que prestam.

Claro que defender a coexistência entre pessoas e gatos *baldios* nas cidades é susceptível de gerar conflitos na medida em que, além do espaço público (ruas, passeios, jardins, parques, praças, monumentos, telhados de edifícios públicos) também o espaço privado pode ser ocupado por gatos que fazem dos logradouros, jardins, telhados de habitações, varandas e vãos de escada, o seu *habitat*.

Reconhecer as cidades como *habitat* dos gatos urbanos implica não só aceitar a coexistência e tolerar a presença, mas estar ciente dos riscos inerentes (risco de zoonoses, risco de ataques, riscos para a salubridade urbana e até risco de hibridização com gatos selvagens)[14] e da necessidade de gerir a população de gatos, vigiando a sua saúde e controlando a natalidade para evitar explosões populacionais.[15]

Estas são algumas das razões pelas quais o tema não é pacífico e exige uma reflexão sobre o regime jurídico dos gatos *baldios*.

2 *Rationes legis* da proteção dos animais

Antes de avançar mais, não podemos ignorar todo o enquadramento normativo de proteção dos animais. A reflexão jurídica sobre os gatos urbanos não surge no vazio. Mais: com a entrada no novo século estão reunidas as condições para a concretização de novos avanços substanciais na proteção dos direitos dos animais. Não deixa de ser surpreendente, apesar da crise económico-financeira e dos mercados, apesar da crise social do desemprego e do sobre-endividamento, apesar da crise humanitária dos refugiados e da emigração, apesar da crise mundial e da ameaça terrorista global, apesar da crise da política europeia com o Grexit e o Brexit,[16] que se verifique uma conjugação

---

[13] JULLIARD, Romain; JIGUET, Frédéric; COUVET, Denis. Common birds facing global changes: what makes a species at risk? *Global Change Biology*, v. 10, n. 1, p. 148-154, 2004. Disponível em: <http://onlinelibrary.wiley.com/doi/10.1111/j.1365-2486.2003.00723.x/abstract;jsessionid=75B83CBFFDFA85F9B85DAA0349B5AF62.f03t04>. Acesso em: 15 maio 2016.

[14] Devido ao elevado risco de hibridização com o gato selvagem, os especialistas consideram que "não sendo uma espécie propriamente invasora, é uma espécie com efeito nocivo" (FELIS catus. *Naturdata – Biodiversidade online*. Disponível em: <http://naturdata.com/Felis-catus-38042.htm>. Acesso em: 15 maio 2016).

[15] Os cálculos da progressão populacional a partir de um casal de gatos, considerando que tem duas crias por ano com 2 a 8 filhotes por cria, dão 12 filhotes ao final do ano, 66 no segundo ano, 382 no terceiro ano, 2.201 no quarto ano, 12.680 no quinto ano, 73.041 no sexto ano, 420.715 no sétimo, 2.423.316 no oitavo, 13.968.290 no nono, 80.399.780 no décimo e assim sucessivamente. A única "compensação" é a mortalidade, que entre gatos de rua é bastante elevada.

[16] Curiosamente houve um gato envolvido na discussão pública sobre a retirada britânica da União Europeia. Com a saída de David Cameron da residência oficial do Primeiro Ministro, em julho de 2016, colocou-se a questão de saber se o gato de rua, adoptado em 2011 com o propósito expresso de caçar ratos no número 10 de Downing Street, deveria acompanhar os Cameron como família de acolhimento ou deveria manter-se no "cargo". Prevaleceu a segunda opção, dando origem a trocadilhos impregnados de humor britânico (RUCK, Joanna. Larry the cat votes remain. *The Guardian*, 12 jul. 2016. Disponível em: <http://www.theguardian.com/politics/gallery/2016/jul/12/larry-the-cat-votes-remain-in-pictures>. Acesso em: 16 jul. 2016).

de vontades que tem permitido, gradualmente, mas com firmeza, progressos no edifício jurídico que os protege. Finalmente, parece ter chegado a "hora do direito dos animais".[17]

Vamos percorrer os principais instrumentos jurídicos de proteção dos animais[18] aplicáveis em Portugal, organizando-os em função das razões de fundo que justificam a sua proteção jurídica.

2.1 *Ratio*: prevenção do risco de extinção de uma espécie

Este objetivo aplica-se essencialmente à biodiversidade selvagem (espécies da fauna europeia protegida), mas também à biodiversidade doméstica (variedades pecuárias que, por não terem valorização comercial, correm o risco de se extinguir).[19] O objetivo é prevenir a extinção ou o agravamento do estado de conservação desfavorável da espécie.

Vejamos alguns exemplos:
– A convenção que proíbe o Comércio Internacional de Espécies da Fauna e da Flora Selvagem Ameaçadas de Extinção.[20]
– A Convenção sobre a Diversidade Biológica, que visa à conservação e uso sustentável e à partilha justa e equitativa de benefícios da biodiversidade.[21]
– A lei que criminaliza a eliminação, destruição ou captura de exemplares de espécies protegidas da fauna (ou da flora) selvagens ou a eliminação de exemplares de fauna (ou flora) em número significativo.[22]
– O decreto-lei que protege a fauna selvagem visando assegurar um estado de conservação favorável tanto das espécies como dos *habitats*.[23]

---

[17] Título da marcante obra de Fernando Araújo sobre direito dos animais (ARAÚJO, Fernando. *A hora dos direitos dos animais*. Coimbra: Almedina, 2003).

[18] Além das leis que visam à proteção expressa dos animais, também outras leis refletem, de forma indireta, maior consideração por outras formas de vida não humana. É o caso da Lei de Bases da Proteção Civil (Lei nº 27/2006, de 3 julho, alterada e republicada pela Lei nº 80/2015 de 3 de agosto) que, na sua redação atual, considera como "acidente grave" "um acontecimento inusitado com efeitos relativamente limitados no tempo e no espaço, susceptível de atingir as pessoas e outros seres vivos, os bens ou o ambiente". Trata-se de uma evolução significativa sabendo que a versão anterior da Lei de Bases de Proteção Civil (Lei nº 113/91, de 29 de agosto, alterada pela Lei nº 25/96, de 31 de julho), incluía apenas "as pessoas, os bens ou o ambiente".

[19] Além dos animais de raça azinina, alguns exemplos de raças autóctones ameaçadas de extinção são os bovinos (de raça jarmelista ou cachena), os ovinos (de raça churra badana ou mondegueira), os caprinos (de raça preta de montesinho); os suínos (de raça malhada de alcobaça) e as galinhas (pretas lusitânicas). Todas estas espécies e raças autóctones são elegíveis para financiamento europeu destinado a apoiar a sua recuperação e reverter o risco de extinção.

[20] Convenção de Washington de 1973, aprovada em Portugal pelo Decreto nº 50/80, de 23 de julho.

[21] Convenção das Nações Unidas, adotada em 1992 e aprovada pelo Decreto nº 21/93, de 21 de junho.

[22] Código Penal, sucessivamente alterado pela Lei nº 59/2007, de 4 de setembro, pela Lei nº 56/2011, de 15 de novembro, e pela Lei nº 81/2015, de 3 de agosto.

[23] Decreto-Lei nº 49/2005 de 24 de fevereiro, que altera e republica o Decreto-Lei nº 140/99, de 24 de abril, e que transpõe a diretiva europeia que instituiu a Rede Natura 2000 (Diretiva "aves", nº 79/409, de 2 de abril, na redação que lhe foi dada pelas diretivas nºs 85/411, de 25 de junho, 91/244, de 6 de março, 94/24, de 8 de junho, e 97/49, de 29 de julho, e Diretiva "habitats", nº 92/43, de 21 de maio, na redação que lhe foi dada pela Diretiva nº 97/62, de 27 de outubro).

2.2 *Ratio*: proibição de usos fúteis dos animais

Atualmente os animais ainda têm o estatuto de coisas[24] que podem ser utilizadas, fruídas e dispostas pelos seus proprietários.[25] O objetivo das leis que identificamos em seguida é limitar práticas desnecessárias e desproporcionais em relação a animais, evitando usos considerados abusivos dos animais.

Temos como exemplos:
- A lei relativa à proteção aos animais, que proíbe a violência injustificada contra animais.[26]
- O decreto-lei que proíbe meios insidiosos da caça de espécies cinegéticas (venenos, armadilhas, explosivos, dispositivos de iluminação de alvos, armas automáticas, dispositivos de reprodução de som etc.).[27]
- O decreto-lei que proíbe lutas de animais.[28]
- O regulamento europeu que estabelece restrições ao uso de animais em espetáculos.[29]
- O regulamento europeu que proíbe a caça de focas no Ártico e a comercialização de produtos derivados da foca.[30]

2.3 *Ratio*: promoção do bem-estar animal

O valor jurídico do bem-estar animal é determinante desde 2009, quando, com o Tratado de Lisboa, ele assumiu dignidade constitucional na União Europeia. Atualmente, o bem-estar animal consta expressamente do art. 13 do Tratado sobre o Funcionamento da União Europeia[31] como uma disposição de aplicação geral[32] e uma obrigação comum à União e aos estados-membros:

---

[24] Sobre o estatuto jurídico do animal veja-se: RAMOS, José Luis Bonifácio. O animal: coisa ou tertiumgenus? *O Direito*, n. 141, p. 1071-1104, 2009.

[25] Art. nº 1.305 do Código Civil, sobre o conteúdo do direito de propriedade. Este é precisamente a principal norma do Código Civil que virá a ser alterada na sequência da aprovação, na Assembleia da República, das propostas legislativas em curso.

[26] Lei nº 92/95, de 12 de setembro, alterada pela Lei nº 19/2002, de 31 de julho e pela Lei nº 69/2014, de 29 de agosto.

[27] Todos referidos no Anexo VI, Decreto-Lei nº 49/2005, de 24 de fevereiro, que altera e republica o Decreto-Lei nº 140/99, de 24 de abril, e que transpõe a diretiva europeia que institui a Rede Natura 2000 (Diretiva "aves", nº 79/409, de 2 de abril, na redação que lhe foi dada pelas diretivas nºs 85/411, de 25 de junho, 91/244, de 6 de março, 94/24, de 8 de junho, e 97/49, de 29 de julho, e Diretiva "habitats", nº 92/43, de 21 de maio, na redação que lhe foi dada pela Diretiva nº 97/62, de 27 de outubro).

[28] Decreto-Lei nº 312/2003, de 17 de dezembro, no caso dos cães.

[29] Regulamento nº 1.739/2005, de 21 de outubro.

[30] Regulamento nº 1.007/2009, de 16 de setembro. Decorre claramente do regulamento que não é pelo risco de extinção que as focas são protegidas "A caça à foca tem levado à manifestação de sérias preocupações por parte de cidadãos e de entidades governamentais sensíveis a considerações relacionadas com o bem-estar dos animais, devido à dor, à angústia, ao medo e a outras formas de sofrimento que o abate e a esfola das focas, dada a forma por que mais frequentemente são levados a cabo, causam a estes animais" (§4º do Regulamento).

[31] Sobre a força jurídica do art. 13º como base jurídica e como fonte de obrigações, ver: DUARTE, Maria Luisa. Direito da União Europeia e estatuto jurídico dos animais: uma grande ilusão? In: ANIMAIS: DEVERES E DIREITOS, ICJP, FDUL, 2015. *Anais...* Lisboa, 2015. p. 39-40.

[32] O Título II contém todas as disposições de aplicação geral, no qual se encontram também normas sobre a igualdade entre homens e mulheres, a promoção do emprego, a proteção social, a luta contra a exclusão social, a educação, a proteção da saúde humana, a discriminação em razão do sexo, raça ou origem étnica, religião ou crença, deficiência, idade ou orientação sexual, a proteção do ambiente, o desenvolvimento sustentável, a defesa dos consumidores, os serviços de interesse económico geral, a boa governação, a participação da sociedade civil, os princípios da abertura e da transparência ou a proteção de dados pessoais.

Na definição e aplicação das políticas da União nos domínios da agricultura, da pesca, dos transportes, do mercado interno, da investigação e desenvolvimento tecnológico e do espaço, a União e os Estados-Membros terão plenamente em conta as exigências em matéria de bem-estar dos animais, enquanto seres sensíveis, respeitando simultaneamente as disposições legislativas e administrativas e os costumes dos Estados-Membros, nomeadamente em matéria de ritos religiosos, tradições culturais e património regional.[33]

Sabendo que o bem-estar animal é o estado de equilíbrio fisiológico e etológico de um animal,[34] o objetivo destas leis é reduzir a dor, o sofrimento, a perturbação ou o *stress*, mesmo nos usos admissíveis de animais. O que está em causa é o processo, a forma como a utilização do animal é levada a cabo e não os objetivos do uso em si, que é considerado legítimo.

Alguns exemplos são:
- A convenção para a protecção dos animais de companhia.[35]
- O decreto-lei que protege o bem-estar dos animais para produção de alimentos em explorações pecuárias.[36]
- O decreto-lei que regulamenta a detenção de animais em zoológicos.[37]
- O decreto legislativo regional sobre observação de cetáceos em estado selvagem e na natureza.[38]
- O regulamento europeu que protege o bem-estar dos animais aquando do transporte.[39]
- O regulamento europeu que protege os animais no momento do abate.[40]
- O decreto-lei que põe limites e condições à utilização de animais para fins de experimentação científica.[41]
- A lei que criminaliza os maus-tratos a animais de companhia.[42]

O percurso inicial que fizemos pela legislação principal – olhando menos para as árvores e mais para a *floresta* – permitiu-nos ter uma visão global da legislação, que procurámos organizar recorrendo a um critério lógico de "arrumação". Mas este

---

[33] Rigorosamente o bem-estar animal já existia no direito primário europeu desde 1999, não nos tratados, mas num protocolo anexo ao Tratado de Amesterdã. Quando a norma sobre bem-estar animal foi promovida do protocolo para o Tratado sobre o Funcionamento da União Europeia houve apenas uma ligeira, mas significativa, mudança. A justificação ética profunda, de caráter não antropocêntrico, para a proteção do bem-estar animal, ínsita na expressão "enquanto seres sensíveis", deixou de figurar no preâmbulo do protocolo e passou a figurar no corpo da norma, como oração subordinada explicativa.

[34] Definição constante do art. 2º do Decreto-Lei nº 276/2001, de 17 de outubro, alterado pelos decretos-lei nºs 315/2003, de 17 de dezembro, e 265/2007, de 24 de julho, pela Lei nº 49/2007, de 31 de agosto e pelos decretos-lei nºs 255/2009, de 24 de setembro, e 260/2012, de 12 de dezembro. Estabelecem as normas legais tendentes a pôr em aplicação em Portugal a Convenção Europeia para a Proteção dos Animais de Companhia.

[35] Convenção do Conselho da Europa de 1987, aprovada em Portugal pelo Decreto nº 13/93, de 13 de abril.

[36] Decretos-lei nºs 64/2000, de 22 de abril, e 48/2001, de 10 de fevereiro, que transpõem a Diretiva nº 98/58, de 20 de julho.

[37] Decreto-Lei nº 59/2003, de 1 de abril, que transpõe a Diretiva Europeia nº 1999/22, de 29 de março.

[38] Decreto Legislativo Regional nº 9/99/A, de 22 de março, alterado pelo Decreto Legislativo Regional nº 10/2003/A, de 22 de março, e pelo Decreto Legislativo Regional nº 13/2004/A, de 23 de março.

[39] Regulamento nº 1/2005, de 22.12.2004.

[40] Regulamento nº 1.099/2009, de 24 de setembro.

[41] Decreto-Lei nº 113/2013, de 7 de agosto, que transpõe a Diretiva nº 2010/63, de 22 de setembro.

[42] Lei nº 69/2014, de 29 de agosto, que altera o Código Penal, aditando o Título VI – *Dos crimes contra animais de companhia* correspondente aos arts. 387, 388 e 389.

percurso permitiu-nos também, por exclusão de partes, identificar especialmente duas árvores legislativas – a primeira relativa à proteção aos animais em geral, e a segunda aos animais de companhia em particular – cujas disposições possam *abrigar* os gatos urbanos. Elas serão o nosso ponto de partida.

Veremos, após a análise da legislação, que a identificação das *rationes legis* que fizemos (perigo de extinção, usos fúteis e bem-estar) está incompleta e que as três *gavetas* de arrumação não esgotam, afinal, as *rationes legis* de proteção legal dos gatos urbanos.

3 Lei de Proteção dos Animais

A primeira lei sobre a proteção aos animais data de 1995 e foi atualizada duas vezes, a última das quais em 2014.[43] Tem um âmbito de aplicação geral, referindo-se a todos os animais.

O seu objetivo é estabelecer um *standard* mínimo de proteção dos animais. Relativamente aos animais em perigo de extinção, remete para legislação específica. Relativamente aos animais restantes, proíbe atos de violência injustificada, utilizações que causem excessiva dor ou sofrimento,[44] confrontos mortais de animais,[45] esforços excessivos, e ainda o abandono. Estabelece ainda deveres de socorro de animais doentes, feridos ou em perigo.[46]

A nível de definições inclui apenas a definição de "animais de companhia": "para efeitos da presente lei considera-se animal de companhia qualquer animal detido ou destinado a ser detido por seres humanos, designadamente no seu lar, para seu entretenimento e companhia".[47] Claramente, os gatos urbanos não se enquadram nesta definição legal, se forem entendidos – como nós o fazemos – como gatos *baldios*, não destinados à "detenção" humana.

Curiosamente a lei regula, sem definir, outra categoria de animais aparentemente adequada à realidade dos gatos (e outros animais) não detidos por humanos, em meio urbano: a categoria de animais errantes. De cunho marcadamente pejorativo, a *errância* dos animais pode ser, como veremos já a seguir, motivo justificativo da morte deliberada do animal.

É neste ponto que o regime legal encerra uma profunda contradição. Se por um lado, o propósito expresso da lei é a proteção dos animais, proibindo especialmente "violências injustificadas contra animais",[48] por outro, ela inclui todo um capítulo dedicado à "eliminação e identificação de animais pelas câmaras municipais".[49] Este capítulo aplica-se a animais errantes. Deste modo, as Câmaras Municipais estão legitimadas a "reduzir o número" de animais errantes, mediante duas condições:

---

[43] Lei nº 92/95, de 12 de setembro, alterada pela Lei nº 19/2002, de 31 de julho, e pela Lei nº 69/2014, de 29 de agosto.
[44] Com excepção de experiências científicas.
[45] Com excepção da caça.
[46] Embora sem especificar concretamente sobre quem impendem tais deveres.
[47] Art. 8º da lei.
[48] Cabendo às associações zoófilas legalmente constituídas a "legitimidade para requerer a todas as autoridades e tribunais as medidas preventivas e urgentes necessárias e adequadas para evitar violações em curso ou iminentes da presente lei" (art. 9º da lei).
[49] Capítulo III, arts. 5º a 8º, em que eliminação (primeiro) e identificação (depois) surgem pela ordem indicada.

- primeiro, se "o número dos animais errantes constituir um problema";
- segundo, desde que as Câmaras Municipais "o façam segundo métodos que não causem dores ou sofrimentos evitáveis".[50]

A contradição reside então em proibir a violência, por um lado, e autorizar o animalicídio, por outro.

Se olharmos mais atentamente veremos que a lei define "violências" como "os actos consistentes em, sem necessidade, se infligir a morte, o sofrimento cruel e prolongado ou graves lesões a um animal".[51] É certo que todo o procedimento de eliminação de animais – envolvendo a captura, a detenção e a morte – dever ser feito "em conformidade com métodos não cruéis".[52] Mas, de acordo com a definição legal, a morte só não é violência, se for justificada. E, da leitura crítica do regime legal, a questão que impõe é: estará suficientemente justificada a necessidade de infligir a morte *em massa* aos animais *sobrantes*, pela razão de serem excessivamente numerosos? Se os animais são mortos porque o número de animais representa um problema, forçosamente é porque são *muitos* ou, pelo menos, *demasiados* para o que se considera ser aceitável. E poderá infligir-se a morte aos animais, simplesmente por existirem?

Não ignoramos que a lei também alude à redução da "reprodução não planificada".[53] Em palavras mais simples, a esterilização de animais. Mas a esterilização aplica-se apenas aos animais de companhia, e apenas como um ónus (e não um dever) dos proprietários. Com efeito, determina a lei que as Câmaras Municipais deverão "aconselhar os donos dos animais a reduzir a reprodução não planificada de cães e gatos, promovendo a sua esterilização quando tal se revele aconselhável".[54] Já relativamente aos animais errantes, não existe um dever de levar a cabo a tarefa de controlo populacional preventivo, de forma sistemática nem proativa, pelas Câmaras Municipais. Com efeito, a lei limita-se a prever como papel das Câmaras Municipais "encorajar as pessoas que encontrem cães ou gatos errantes a assinalá-los aos serviços municipais".[55] Assinalar para quê? Embora a norma não avance, o propósito da *sinalização* decorre logicamente da epígrafe do artigo que será para permitir a "reprodução planificada".[56] Desse modo, a atuação das Câmaras Municipais é apenas reativa e depende do alerta aleatoriamente lançado pelos cidadãos e não de uma política estruturada e sistemática de controlo populacional estratégico.

O resultado, mais do que previsível, do *aconselhamento* e do *encorajamento*, é uma explosão indesejada do número de animais e, portanto, a necessidade de, mais uma vez, capturar os animais (evidentemente, "com o mínimo de sofrimento físico ou psíquico")[57] e simplesmente matá-los (embora, "em conformidade com métodos não cruéis").[58]

---

[50] Art. 5º, nº 1 da lei.
[51] Art. 1º, nº 1 da lei.
[52] Art. 5º, nº 2 da lei.
[53] Art. 6º, da lei.
[54] Art. 6º, nº 1.
[55] Art. 6º, nº 2.
[56] Para os animais de companhia os donos são *aconselhados* "a reduzir a reprodução não planificada de cães e gatos, promovendo a sua esterilização quando tal se revele aconselhável" (art. 5º, a) da lei).
[57] Art. 5º, nº 2.
[58] Art. 5º, nº 2 *in fine*.

Ora, uma lei que se baseia numa dicotomia entre animais de companhia (que devem ser protegidos e não podem ser alvo de "violências injustificadas"), e animais errantes (leia-se: perdidos, desnorteados, sem rumo) que devem ser mortos; uma lei que não prevê nem a subsidiariedade da morte, nem a prioridade a uma política de controlo populacional, é uma lei incoerente com o imperativo de defesa da vida – não apenas vida humana, mas vida em geral; é uma lei que usa mal os escassos recursos financeiros municipais – desrespeitando o princípio da eficiência orçamental; é uma lei que, em última instância, não respeita o dever legal de prevenir a produção de resíduos – neste caso, as carcaças dos animais.[59]

O que nos leva a perguntar se não terá sido o legislador, neste ponto, mais *errante* do que os próprios animais.

Felizmente os tempos são de mudança e o legislador foi obrigado a *emendar a mão* ao aprovar, em 9.6.2016, um projeto de lei que proíbe o abate indiscriminado de animais pelas Câmaras Municipais, institui uma política de controlo das populações de animais errantes e estabelece condições adicionais para criação e venda de animais de companhia.[60] O projeto de lei, da autoria do Partido Comunista Português e aprovado por unanimidade na generalidade e na especialidade na Assembleia da República, proíbe expressamente o abate de animais por motivo de sobrepopulação, sobrelotação, incapacidade económica ou outra, excecionando apenas os motivos de saúde ou de comportamento animal.[61]

4 Lei dos Animais de Companhia

A lei que dá cumprimento, em Portugal, à Convenção Europeia para a Proteção dos Animais de Companhia,[62] tem como finalidade primordial a regulação do exercício da atividade de alojamento e venda de animais de companhia.[63] Apesar de anunciar um âmbito relativamente limitado, na prática a lei inclui ainda normas gerais sobre detenção, alojamento, maneio, intervenções cirúrgicas, captura e abate, que se aplicam também a animais vadios ou errantes. Nesta medida, a lei sobre animais de companhia acaba por revelar uma visão mais abrangente do que a anterior lei, ao assentar sobre uma tipologia zoológica tripartida: animais de companhia, animais selvagens e animais vadios ou errantes.

Voltando a analisar as definições, temos que animal de companhia é "qualquer animal[64] detido ou destinado a ser detido pelo homem, designadamente no seu lar, para seu entretenimento e companhia". Animais selvagens são "todos os espécimenes

---

[59] É aplicável o Regulamento nº 1069/2009, de 21 de outubro, que define regras sanitárias relativas a subprodutos animais e produtos derivados não destinados ao consumo humano.
[60] Projeto de Lei nº 976/XII.
[61] Art. 3º, nº 4.
[62] Decreto-Lei nº 276/2001, de 17 de outubro, alterado pelos decretos-lei nºs 315/2003, de 17 de dezembro, e 265/2007, de 24 de julho, pela Lei nº 49/2007, de 31 de agosto, e pelos decretos-lei nºs 255/2009, de 24 de setembro, e 260/2012, de 12 de dezembro.
[63] Art. 1º.
[64] Rigorosamente não é "qualquer animal" pois existem animais que não são destinados a ser detidos. A lista de espécies de cujos espécimenes vivos, bem como dos híbridos deles resultantes, é proibida a detenção, em conformidade com a convenção CITES, encontra-se na Portaria nº 1.226/2009, de 12 de outubro, e abrange todas as espécies de *Felidae* (família dos felídeos), exceto *Felis catus* (gato doméstico).

das espécies da fauna selvagem autóctone e exótica e seus descendentes criados em cativeiro". Animal vadio[65] ou errante é "qualquer animal que seja encontrado na via pública ou outros lugares públicos fora do controlo e guarda dos respetivos detentores ou relativamente ao qual existam fortes indícios de que foi abandonado ou não tem detentor e não esteja identificado".[66]

É curioso verificar que a categoria que mais nos interessa, para efeito do presente estudo – animal vadio ou errante –, não só não coincide exactamente com a norma respectiva da Convenção europeia como tem uma designação ambígua.

Primeiro, segundo a Convenção, "entende-se por animal vadio[67] qualquer animal de companhia que não tenha lar ou se encontre fora dos limites do lar do seu proprietário ou detentor e não esteja sob controlo ou vigilância directa de qualquer proprietário ou detentor".

Segundo, na realidade, a junção de "vadios" com "errantes" através da conjunção "ou" (a qual pode ter uma função coordenativa ou explicativa) tanto pode revelar uma hesitação do legislador quanto à designação mais correta, como pode significar uma relação de oposição entre dois conceitos diferentes, como pode ainda traduzir uma ideia de sinonímia, destinada a aclarar o conceito.

Analisando com atenção a definição legal de animal vadio ou errante verificamos que afinal são três as hipóteses previstas na mesma norma. Das três, apenas uma parece aplicar-se com propriedade aos animais de rua, que coexistem com o homem em contexto urbano. As outras duas situações referem-se simplesmente a ex-animais domésticos.

Com efeito, a primeira hipótese ("qualquer animal que seja encontrado na via pública ou outros lugares públicos fora do controlo e guarda dos respetivos detentores") abrange apenas os animais de companhia que estão ocasionalmente fora do controlo efetivo dos detentores – tipicamente os animais em fuga ou os animais perdidos.

A segunda hipótese ("qualquer animal que seja encontrado na via pública ou outros lugares públicos [...] relativamente ao qual existam fortes indícios de que foi abandonado") trata dos animais de companhia que já tiveram um detentor, mas que foram rejeitados ou negligenciados.

A terceira hipótese cobre os animais que não têm nem nunca tiveram um detentor. Relativamente a estes, a falta de identificação – seja por *microchip*, seja por reconhecimento fisionómico do animal – é um indício legal que reforça a presunção de que se trata de um animal sem dono.

Sendo assim, pensamos que a designação mais ajustada às duas primeiras situações é a de animais *errantes* (animais desnorteados, sem destino, mas receptivos à detenção humana) e para a terceira situação será preferível a designação de animais *vadios* (animais desocupados, sem relação próxima com seres humanos, e que provavelmente oferecerão resistência à detenção humana).

À falta de melhor, é na categoria de *animais vadios* que entram os gatos urbanos.

Vejamos qual o regime que lhes é aplicável.

---

[65] Etimologicamente provém do latim *vagativu*, significando que vagueia ou deambula.
[66] Art. 1º, a), b) e c) da Lei dos Animais de Companhia.
[67] *Stray animal*, na versão inglesa da Convenção, *animal errant* na versão francesa.

5 Regime jurídico dos animais vadios

Desde logo, em termos de bem-estar animal, os animais vadios não devem ser objeto de detenção na medida em que não se adaptem ao cativeiro.[68] É provável que esta inadaptação seja particularmente forte no caso dos animais vadios e menor ou inexistente no caso dos animais errantes (que, por terem sido detidos anteriormente estão habituados ao contacto humano).

Depois, tal como qualquer animal, também estes são protegidos contra violência, que na presente lei abrange "os atos consistentes em, sem necessidade, se infligir a morte, o sofrimento ou lesões a um animal".[69] Deste modo verificamos que esta lei representou uma evolução *civilizacional* na medida em que, comparando a presente lei dos animais de companhia com a anterior, mas ainda vigente, Lei de Proteção dos Animais, podemos notar que a violência proibida assume agora relevância jurídica mesmo que o animal não seja sujeito a práticas muito *cruéis*, mesmo que o sofrimento provocado seja *breve* e mesmo que as lesões causadas não sejam graves. Pelo contrário, como já tivemos oportunidade de referir, na lei de 1995 só seria juridicamente relevante a violência que causasse "sofrimento cruel e prolongado" ou que provocasse "graves lesões" ao animal.

Em seguida, encontramos disposições relativas ao "controlo da reprodução pelas câmaras municipais".[70] As regras aplicáveis não são aqui muito diferentes, reconhecendo-se, mais uma vez, às Câmaras Municipais o poder de:

> sempre que necessário e sob a responsabilidade do médico veterinário municipal, incentivar e promover o controlo da reprodução de animais de companhia, nomeadamente de cães e gatos vadios ou errantes, o qual deve ser efetuado por métodos contracetivos que garantam o mínimo sofrimento dos animais.[71]

Esta norma suscita diversas reflexões:
a) primeiro, pelo facto de o controlo populacional ser um *poder* e não um *dever* dos municípios;
b) depois, pela exigência de confirmação científica prévia, por um médico veterinário, da necessidade de intervir sobre a população de animais vadios ou errantes, antes de adotar quaisquer medidas de controlo;
c) em seguida, pela preocupação com o bem-estar animal mesmo na escolha dos métodos anticoncepcionais;
d) finalmente, pela aparente consideração dos animais vadios e errantes como subcategorias dos animais de companhia. Esta sobreposição de conceitos poderia ser sanada mediante interpretação corretiva, que reduzisse o âmbito da norma, de forma a abranger apenas os animais errantes que são, esses, sim, animais de companhia fugidos, perdidos ou abandonados e que, por isso,

---

[68] Sob a epígrafe "Princípios básicos para o bem-estar dos animais", determina o art. 7º, nº 2 que "Nenhum animal deve ser detido como animal de companhia se não estiverem asseguradas as condições referidas no número anterior ou se não se adaptar ao cativeiro".
[69] Art. 7º, nº 3, norma simétrica do art. 1º, nº 1 da Lei de Proteção dos Animais, anteriormente referida.
[70] Art. 21º.
[71] Art. 21º, nº 1.

estão transitoriamente sem dono.[72] Porém, se assim fosse, *quid iuris* quanto aos animais vadios? Não seriam eles alvo de controlo da reprodução pelos serviços veterinários municipais?

Se analisarmos, por último, as normas e as competências camarárias para recolha, captura e abate compulsivo de animais, aperceberno-nos de que elas se referem apenas aos animais de companhia, o que é surpreendente, sabendo que estes animais estão a cargo de um detentor que tem o dever de assegurar a *gestão* dos animais incluindo a criação, a manutenção, a acomodação, a utilização e, naturalmente, o controlo da reprodução.

> Compete às câmaras municipais a recolha, a captura e o abate compulsivo de animais de companhia, sempre que seja indispensável, muito em especial por razões de saúde pública, de segurança e de tranquilidade de pessoas e de outros animais, e, ainda, de segurança de bens, sem prejuízo das competências e das determinações emanadas da DGV nessa matéria.[73]

Se considerarmos que animais de companhia, por um lado, e animais vadios ou errantes, por outro, são categorias separadas, então, atendendo apenas à letra da lei, o abate compulsivo seria exclusivamente aplicável aos animais de companhia, ou seja, aqueles que têm um detentor que exerce um controlo efetivo sobre eles (pois se não exercesse, seria um animal errante).

Em conclusão, chegamos a um resultado mais lógico se pensarmos que afinal o legislador consagrou mesmo os animais vadios (e errantes) como subcategorias de animais de companhia. Neste caso, se os animais que não têm um detentor que cuide deles, não é tão improvável a ocorrência de situações que conduzam ao abate por "razões de saúde pública, de segurança e de tranquilidade de pessoas e de outros animais, e, ainda, de segurança de bens".

Voltando agora a nossa atenção para os próprios motivos que justificam o abate de animais, podemos afirmar que estamos perante mais um pequeno avanço *civilizacional*. Com efeito, agora já não se trata de animais pacíficos, saudáveis e autónomos, pouco sociáveis e esquivos ao contacto humano, que serão mortos simplesmente por serem numerosos; mas são antes animais doentes, com comportamentos agressivos e de interferência permanente com as pessoas, que se tornam perigosos, incómodos ou prejudiciais na coexistência humana, que serão sacrificados em prol de valores reputados como mais elevados.

Mesmo assim, tratando-se de uma norma excecional – pois a regra é a poupança da vida dos animais – deverá obrigatoriamente ser objeto de interpretação restritiva.

Ora, se razões de saúde pública e segurança das pessoas parecem ser motivos atendíveis para justificar matar animais, já a segurança dos bens – mesmo que se trate de património classificado, de interesse público – deveria ser assegurada de outra forma, que não pelo extermínio dos animais.[74]

---

[72] Sabendo que o detentor é a pessoa responsável, nos termos do art. 1º, v), "pela reprodução, criação, manutenção, acomodação ou utilização, com ou sem fins comerciais".

[73] Art. 21º.

[74] Já é prática nos centros históricos instalar no topo dos monumentos discretos dispositivos eletrificados que impedem a aproximação de aves.

Mais duvidoso é o valor da tranquilidade humana e, ainda pior, a tranquilidade animal. Em que medida é que o facto de um animal ficar ansioso, agitado, exaltado ou irado pela proximidade de um outro animal (seja de companhia, seja vadio ou errante) legitima o abate de outro? Só em situações muito extremas poderíamos imaginar uma tal situação. Aliás, a Convenção Europeia para Proteção de Animais de Companhia,[75] parece permitir o abate apenas para combater doenças[76] ou quando "o número de animais vadios constitui [...] um problema" [77]e não para preservar a tranquilidade dos animais.

Atentando agora no procedimento aplicável antes da decisão de abate, verificamos que a lei já prevê, de certa forma, a subsidiariedade da occisão do animal. Com efeito, depois de recolhidos ou capturados, os animais errantes poderão ser reclamados pelos seus donos. Já quanto aos animais vadios, que por definição não têm detentor nem serão reclamados, poderão ser alienados mediante cedência gratuita da Câmara Municipal, após parecer do médico veterinário municipal, quer a particulares quer a instituições zoófilas devidamente legalizadas.[78] Com que finalidade? Não para restituir os animais a um ambiente de liberdade, mas antes com a finalidade de apropriação privada. Para o efeito, os interessados deverão provar "possuir condições adequadas para o alojamento e maneio dos animais".[79] Ou seja: pretende-se transformar animais vadios em animais domésticos, o que pode não ser fácil, pois, como já vimos anteriormente, a lei prevê que a inadaptação do animal ao cativeiro seja motivo para recusar a sua "domesticação".[80] E este é um princípio básico de bem-estar animal.

O que vem mostrar, mais uma vez, a necessidade de um regime legal intermédio, para que animais possam coexistir com o homem em espaço urbano. Tal coexistência exige alguma manutenção das colónias, consistindo em medidas de controlo populacional por esterilização, vacinação, prevenção e tratamento de doenças e zoonoses, socorro em caso de acidentes (*maxime*, atropelamentos rodoviários, um dos acidentes mais frequentes em meio urbano) etc.

6 Especismo legislativo?

A par dos animais selvagens, protegidos por instrumentos nacionais ou internacionais, os regimes legais vigentes, corretamente interpretados, já conferem uma proteção razoável (pelo menos em teoria) aos animais detidos por seres humanos. De fora continuam os animais selvagens urbanos, o que revela algum especismo legislativo. O especismo legislativo manifesta-se de duas formas: especismo na relação entre seres humanos e animais (ou especismo antropocentrista) e especismo no tratamento de diferentes animais (especismo seletivo).

Uma abordagem não antropocentricamente especista é aquela que não discrimina as espécies animais a ponto de tratar os animais como objetos, nem a ponto de

---
[75] Convenção do Conselho da Europa de 1987, aprovada em Portugal pelo Decreto nº 13/93, de 13 de abril.
[76] Art. 13 da Convenção.
[77] Art. 12 da Convenção.
[78] Art. 21, nº 4 da lei.
[79] Art. 21, nº 4 *in fine*, da lei.
[80] Art. 7º da lei.

permitir animalicídios institucionalizados em massa, nem a ponto de tolerar a instrumentalização e exploração dos animais para satisfação de fúteis interesses humanos, económicos ou não.

Já uma abordagem não seletivamente especista é aquela que atende à verdadeira natureza dos animais sem os fazer entrar à força em categorias predeterminadas que não se adequam bem ao estilo de vida do animal, nem têm em consideração a adequação do *habitat* para esse estilo de vida. Isto não significa tratar todos os animais igualmente, mas sim proteger todos os animais carecidos de proteção, desde logo quando coexistem com o homem e sejam vítimas de abusos humanos. A dificuldade reside no facto de a coexistência não significar forçosamente detenção, muito menos detenção "no seu lar", ou detenção "para seu entretenimento e companhia", como refere o atual art. 389 do Código Penal, desde as alterações introduzidas em 2014.[81]

Ou seja, a proteção legal conferida aos animais de companhia, por mais forte que seja – e é-o, na medida em que é uma proteção de natureza penal – é incompleta na medida em que deixa de fora os animais que coexistem com o homem, não tão intensamente como um animal de companhia, mas com a intensidade de... um gato urbano.

E é esta realidade que não encontra reflexo na legislação vigente, que continua ancorada numa dicotomia entre animais puramente selvagens em zonas classificadas (reservas, parques naturais etc.) e animais detidos por seres humanos para fins económicos ou outros.

Ignora que certos animais como pombos, pardais ou gatos, nascem, vivem e subsistem autonomamente, realizando as suas funções vitais em meio urbano, um *habitat* que partilha com o homem. São animais que coexistem com seres humanos, mas em liberdade.

Trata-se de animais que têm reconhecimento legal noutros ordenamentos jurídicos, como a Catalunha,[82] mas em relação aos quais a lei portuguesa tem revelado uma estranha cegueira.

Por outras palavras, são animais juridicamente invisíveis, que só surgem quando são "sinalizados" por serem considerados excessivos e, portanto, alvo de medidas drásticas, desumanas, ineficazes e antieconómicas, de *controlo* populacional sucessivo e não preventivo: a morte nos canis ou gatis.

Apesar de não ser impossível defender o enquadramento dos animais *baldios* na legislação protetora dos animais de companhia contra os maus-tratos, esta extensão do regime acaba por resultar na "rotulagem" dos animais urbanos como animais abandonados ou errantes quando na realidade são apenas animais... livres.

Vamos procurar argumentos que justifiquem proteção dos gatos em liberdade, ou seja, proteção dos gatos urbanos no seu *habitat* natural (que é urbano).

---

[81] Art. 389 da Lei nº 69/2014, de 29 de agosto, sobre o conceito de animal de companhia: "Para efeitos do disposto neste título, entende-se por animal de companhia qualquer animal detido ou destinado a ser detido por seres humanos, designadamente no seu lar, para seu entretenimento e companhia".

[82] No Decreto Legislativo Catalão nº 2/2008, de 15 de abril, Lei de Proteção dos Animais (vigente até 4.8.2017), animal selvagem urbano é um animal selvagem que vive compartilhando o território geográfico com as pessoas, referido ao núcleo urbano de cidades e outras localidades, e que pertence às seguintes espécies: pomba brava (*Columba livia*), gaivota de patas amarelas (*Laruscachinnans*), estorninho (*Sturnus unicolor* e *S. vulgaris*), espécies de fauna selvagem não autóctone e outras que se determinarão por via regulamentar (tradução nossa).

7 Proteção dos gatos urbanos para lá do direito à vida e ao bem-estar animal

Na União Europeia, o reconhecimento da especial relação que, na cultura ocidental da Europa, se estabeleceu entre o homem e certos animais, justifica uma proteção legal acrescida aos animais de companhia.

Foi assim que um regulamento europeu interditou a utilização de carcaças ou partes de animais[83] de companhia para alimentação do gado em instalações pecuárias.[84] Nas próprias palavras do regulamento:

> é adequado esclarecer no presente regulamento quais os animais que devem ser classificados como animais de companhia, de forma a que os subprodutos derivados de tais animais não sejam utilizados em alimentos para animais de criação. Nomeadamente, os animais criados para fins não agrícolas, tais como os animais de estimação, deverão ser classificados como animais de companhia.[85]

Apesar de este diploma europeu fazer parte de um pacote legislativo relativo à segurança alimentar,[86] não são razões de segurança alimentar, mas sim razões puramente éticas, ligadas ao especial valor atribuído aos animais de companhia, que ditaram esta proibição.

Algo idêntico se passa, de forma ainda mais clara, com o regulamento europeu que disciplina os aditivos destinados à alimentação animal:[87]

> por forma a proteger a saúde humana e animal e o ambiente, deve proceder-se a uma avaliação da segurança dos aditivos para a alimentação animal, através de um procedimento comunitário, antes da sua colocação no mercado, utilização ou transformação na Comunidade. *Dado que os alimentos para animais de estimação não fazem parte da cadeia alimentar humana e não têm qualquer impacto ambiental nos terrenos agrícolas, são necessárias disposições específicas para os aditivos presentes nos alimentos para animais de estimação.*[88]

Note-se que a definição de animal de companhia usada pela União nos parece mais adequada do que a utilizada em Portugal. Animal de companhia é "qualquer animal que pertença a espécies normalmente nutridas e mantidas, mas não consumidas,

---

[83] Designados, na terminologia própria do direito dos resíduos, subprodutos animais.
[84] É o Regulamento nº 1.069/2009, de 21 de outubro, que define regras sanitárias relativas a subprodutos animais e produtos derivados não destinados ao consumo humano. O que significa, mais uma vez, que os animais abatidos nos centros veterinários municipais não podem ser tratados senão como resíduos, devendo ser eliminados em conformidade com as exigências legais relativas à gestão de resíduos.
[85] Parágrafo 16 do preâmbulo do Regulamento.
[86] O preâmbulo do Regulamento é claro quanto à motivação que conduziu à sua adoção: "as crises passadas relacionadas com os surtos de febre aftosa, a propagação das encefalopatias espongiformes transmissíveis, tais como a encefalopatia espongiforme bovina (EEB), e a ocorrência de dioxinas em alimentos para animais mostraram as consequências da utilização imprópria de certos subprodutos animais para a saúde pública e animal, para a segurança da cadeia alimentar humana e animal e para a confiança dos consumidores" (parágrafo 1).
[87] Regulamento nº 1.831/2003, de 22 de setembro.
[88] Parágrafo 4 do preâmbulo do Regulamento (grifos nossos).

por seres humanos para fins diferentes da pecuária".[89] O único exemplo fornecido pela lei é o dos animais de estimação.[90]

Diferentemente de Portugal, a União optou por uma aproximação ao conceito que é abstrata ou categorial e não concreta ou individual. Ou seja: a proibição de alimentar o gado com animais de estimação aplica-se a certas categorias de animais – as espécies normalmente mantidas por seres humanos – e não é necessário verificar se os indivíduos são em concreto objeto de nutrição ou manutenção por seres humanos.

Por outro lado, foi precisamente o reconhecimento da especial empatia entre os cães, os gatos e os seres humanos, que levou a União Europeia a criar um regime especial, só para estes animais, no que respeita à utilização das suas peles.

Em 2007, a União Europeia simplesmente proibiu a comercialização de peles de cão ou gato.[91] A justificação foi clara:

> para os cidadãos da União Europeia, os gatos e os cães são animais de estimação, pelo que não é aceitável usar as suas peles nem produtos que as contenham. Existem indícios da presença na Comunidade de peles não rotuladas de gato e de cão e de produtos que as contêm.[92]

Mas este regulamento europeu não surge do nada. Já em 2003 o Parlamento europeu tinha aprovado uma declaração em que exprimia a sua inquietação a respeito do comércio dessas peles e produtos e solicitava que se lhe pusesse termo a fim de restabelecer a confiança dos consumidores e dos comerciantes da União Europeia.[93] O regulamento europeu foi, deste modo, uma resposta às preocupações dos consumidores, em função das quais vários Estados-membros já tinham anteriormente aprovado legislação destinada a impedir a produção e a comercialização de peles de gato e de cão.

Se alguma dúvida houvesse sobre os propósitos não instrumentais da proteção conferida pela União (legislando através do seu instrumento jurídico mais forte, o regulamento), ela seria dissipada pela análise que acabámos de fazer da legislação que nos permitiu verificar que são razões altruístas – de apreço pelos animais de estimação – e não razões egoístas – de proteção da saúde humana – que levam a União a regular a utilização de aditivos alimentares[94] mesmo na alimentação dos animais não destinados a consumo humano, como são os animais de estimação. O mesmo poderia dizer-se relativamente à proibição do uso de peles ou relativamente à interdição de utilizar os seus cadáveres para alimentar o gado. Não são razões de bem-estar animal que subjazem ao regime europeu, pois os animais podem até ter morrido de morte natural e, mesmo assim, as suas peles não podem ser aproveitadas nem comercializadas seja para que fim for.

---

[89] Art. 3º, nº 8 do Regulamento nº 1.069/2009, de 21 de outubro, sobre subprodutos animais.
[90] Tal como referido no já citado parágrafo 16 do Preâmbulo do Regulamento nº 1.069/2009, de 21 de outubro.
[91] É o Regulamento nº 1.523/2007, de 11 de dezembro, que proíbe a colocação no mercado e a importação e exportação comunitárias de peles de gato e de cão e de produtos que as contenham.
[92] Parágrafo 1 do preâmbulo do Regulamento.
[93] Publicada no *Jornal Oficial* C 91E, de 15.4.2004, p. 695.
[94] O regulamento esclarece que os aditivos podem desempenhar diversas funções: conservantes, antioxidantes, emulsionantes, estabilizantes, espessantes, gelificantes, aglutinantes, antiaglomerantes, reguladores de acidez, desnaturantes, corantes, aromatizantes, vitaminas, aminoácidos etc. (a lista completa com explicações consta do Anexo I do Regulamento nº 1.831/2003, de 22 de setembro).

Dessa forma, estamos em condições de complementar o catálogo de *rationes legis* cuja construção iniciámos na parte 2, com a identificação da *ratio legis* inerente à proteção de certas categorias de animais *especiais*. Às três razões anteriormente identificadas (prevenção do risco de extinção de uma espécie, proibição de usos fúteis e promoção do bem-estar animal) devemos agora acrescentar mais uma: a afinidade e empatia entre os seres humanos e certos animais que são, por isso mesmo, "de estimação". Ora, o ponto que queremos defender é que é possível estimar um animal sem o deter, na aceção clássica do termo.

8 A questão do *habitat* dos gatos urbanos

De nada adianta protegermos as espécies se não protegermos o seu *habitat*. Os animais dependem do *habitat* para o desempenho de funções existenciais como alimentação, abrigo, deslocação, reprodução.

No caso dos gatos urbanos levantam-se questões jurídicas com alguma complexidade porque o seu *habitat* é simultaneamente o nosso *habitat*: as cidades.

Note-se que *habitat* não pode ser confundido com o alojamento. Alojamento é "qualquer instalação, edifício, grupo de edifícios ou outro local, podendo incluir zona não completamente fechada, onde os animais de companhia se encontram mantidos".[95] Ora, é a esta ideia de confinamento humano, inerente ao alojamento, que muitos animais urbanos em estado de liberdade são especialmente avessos. E o núcleo duro do conceito de *habitat* é precisamente a ideia de não confinamento. Um *habitat* pode ser selvagem ou humanizado, pode localizar-se em zona rural ou urbana,[96] pode estar em estado natural ou transformado, mas será sempre um local onde as espécies "ocorrem" naturalmente e não um local onde são colocadas, alojadas, mantidas ou confinadas. No contexto das espécies selvagens, a "ocorrência"[97] de espécies é a expressão usada na lei para transmitir uma ideia de *aparição espontânea* de uma espécie em determinado local. Essa aparição espontânea só acontece se o local reunir certas caraterísticas adequadas ao suporte da espécie. A essas caraterísticas chamamos estado de conservação do *habitat*, o qual pode ser favorável[98] ou desfavorável.

O reconhecimento do dever de tolerar os gatos no *habitat* urbano onde eles *ocorrem* implica não só a presença de gatos nos espaços públicos como parques, jardins, passeios, avenidas, terreiros, largos, rossios, praças, adros e rotundas, mas também em espaços privados não vedados, como logradouros, quintais, pátios, hortas, pomares etc.

---

[95] Art. 2º, n) da Lei dos Animais de Companhia de 2001, anteriormente analisada. Na mesma linha, hospedagem é "o alojamento, permanente ou temporário, de um animal de companhia" (alínea o) do mesmo artigo).

[96] São bem conhecidos três Sítios Natura 2000, situados na região de Bruxelas (um dos quais se localiza na zona mais densamente povoada dessa cidade – Molenbeek – e se tornou tristemente célebre desde 2015 pela associação ao terrorismo islâmico).

[97] Segundo o Decreto-Lei nº 49/2005, de 24 de fevereiro, que altera e republica o Decreto-Lei nº 140/99, de 24 de abril, que transpõe para o ordenamento jurídico português as diretivas Aves e *Habitats*, o *habitat* de uma espécie é "o meio definido pelos factores abióticos e bióticos próprios onde essa espécie ocorre em qualquer das fases do seu ciclo biológico" (art. 3º, nº 1, b) e c)). Já *habitats naturais* são "áreas terrestres ou aquáticas naturais ou seminaturais que se distinguem por características geográficas abióticas e bióticas" (art. 3º, nº 1, b)).

[98] O mesmo diploma legal define estado de conservação de um *habitat* natural como "a situação do habitat em causa em função do conjunto das influências que actuam sobre o mesmo, bem como sobre as espécies típicas que nele vivem, susceptível de afectar a longo prazo a sua distribuição natural, a sua estrutura e as suas funções, bem como a sobrevivência a longo prazo das suas espécies típicas" (art. 3º, nº 1, f)).

E, com efeito, pelas suas caraterísticas de mobilidade e agilidade os gatos têm um *habitat* especialmente vasto. Os obstáculos físicos e barreiras verticais, que normalmente são usadas para delimitar a propriedade privada, não constituem impedimento à extensão do *habitat* dos gatos. O seu *habitat* é tridimensional. Em termos de mobilidade, o comportamento urbano dos gatos quase é mais parecido com aves do que com cães, na medida em que têm acesso a locais normalmente inacessíveis a cães (e a pessoas). Árvores, telhados, carros, estátuas, monumentos podem ser facilmente escalados por estes ágeis felinos.

Em termos de porte são menores que os cães, e são menos gregários que cães, não se deslocando em matilhas. Em termos de atitude para com o homem, têm uma postura de maior distância e menor interação do que os cães, nomeadamente na defesa do território, o que faz com que a sua presença seja mais facilmente tolerada.

A comprovar que se justifica uma diferença no tratamento jurídico, o já referido Projeto de Lei do Partido Comunista Português,[99] aprovado em 9 de junho na Assembleia da República e ainda não publicado, consagra o dever de o Estado assegurar "por intermédio dos Centros de Recolha Oficial de Animais, a captura, vacinação e esterilização dos animais errantes sempre que necessário, assim como a concretização de *programas Captura, Esterilização, Devolução (CED) para gatos*".

O que significa o reconhecimento legal de um dever de "devolução" dos gatos? A "devolução" é, nada mais e nada menos, que o dever de *manter os gatos no seu habitat*. Camuflado atrás das ponderosas razões de saúde pública que justificam a vacinação, o Parlamento contribuiu para a consagração, de forma quase impercetível, do direito à coexistência entre seres humanos e gatos nas cidades.

Analisemos os seus fundamentos.

9 Argumentos a favor dos gatos urbanos nas cidades

Antes mesmo de olhar para o problema a partir da ótica dos serviços ecossistémicos vamos aflorar, muito brevemente, quatro argumentos a favor de um regime diferenciado para os gatos urbanos, enquanto património vivo da cidade: um argumento em *bola de neve*, um argumento social, um argumento internacional e um argumento analógico.

A primeira linha argumentativa consistiria em utilizar um raciocínio de tipo *bola de neve* para demonstrar o absurdo do resultado. Partimos da constatação de que, apesar de poderem coexistir com o homem mais facilmente do que os cães em situação de liberdade nas cidades, mesmo assim, não podemos deixar de reconhecer que os gatos comportam incómodos de salubridade,[100] riscos sanitários e até riscos para a biodiversidade.[101]

---

[99] Projeto de Lei nº 976/XII.

[100] Uma abordagem mais tecnológica foi adotada em Nápoles, em 2013, quando foi aprovada uma postura municipal sobre cães que obriga à identificação destes animais domésticos através do ADN, de forma a permitir a autuação dos proprietários num valor oscilando entre os €25,82 e os €154,94, sempre que se encontrem excrementos desses animais na rua (PREVENZIONE della fecalizzazione canina sul territorio metropolitano. *Comuna di Napoli*. Disponível em: <http://www.comune.napoli.it/flex/cm/pages/ServeBLOB.php/L/IT/IDPagina/23485>. Acesso em: 15 maio 2016).

[101] A bibliografia sobre os impactos dos gatos urbanos sobre a biodiversidade selvagem é abundante. Veja-se por exemplo: LOSS, Scott R.; WILL, Tom; MARRA, Peter P. The impact of free-ranging domestic cats on wildlife of

Assim, argumentos higienistas poderiam ser esgrimidos para legitimar o extermínio total de gatos em meio urbano. Ora, levando o higienismo ao extremo, por absurdo, diríamos então que por causa do risco de incêndio, deveríamos cortar as florestas; por causa do risco de gripe das aves, deveríamos exterminar os pombos; por causa do risco de raiva, deveríamos aniquilar os morcegos; por causa do risco de alergias, deveríamos dizimar as andorinhas. No final acabaríamos com uma primavera silenciosa, para a qual já alertava Rachel Carson.[102]

Aliás, a alusão às andorinhas traz à colação um célebre acórdão proferido pelo Supremo Tribunal de Justiça no ano 2000,[103] que mostra que a coexistência não é inédita no nosso ordenamento jurídico. Na sua decisão, o Supremo Tribunal proibiu a remoção dos ninhos de andorinhas dos beirais dos telhados, em Nisa. Entre outras razões, reconheceu os serviços que tais aves proporcionavam à sociedade, destacando muito especialmente o facto de se alimentarem de insetos precursores de doenças e incomodidades e ainda o simbolismo que, no imaginário popular, se associa às andorinhas: a chegada da primavera.

Apesar do forte argumentário dos queixosos ("400 ninhos de andorinha colocam em causa os direitos dos trabalhadores e utentes do Tribunal, designadamente, o direito à saúde, uma vez que os dejectos, o pó e os parasitas aparecem ligados à nidificação"), o Tribunal foi veemente ao decretar:

> [...] o requerido deve retirar das paredes do Palácio da Justiça de Nisa todo e qualquer instrumento (nomeadamente redes e espigões de arame) que impeça a nidificação nas paredes desse Palácio da Justiça das andorinhas e ainda que não impeça, seja por que meio for, a nidificação nas paredes desse edifício das andorinhas.

A segunda linha argumentativa prende-se com a evolução da consciência axiológico-jurídica. Para além dos exemplos que já demos, e que mostram uma explosão legislativa abrangendo diferentes aspetos da relação entre seres humanos e animais, se pensarmos em movimentos sociais ainda sem reflexo legislativo, vemos que apesar da profundidade da crise económica, apesar da tentacularidade do terrorismo, apesar da importância das iniquidades sociais, o tempo é de preocupação com os animais.

Destacamos, a título de exemplo, o movimento a favor da extinção total da criação de animais para produção de peles,[104] o movimento pela erradicação das touradas,[105] o movimento contra as atividades cinegéticas direcionadas à avifauna.[106] Para o efeito

---

the United States. *Nature Communications*, jan. 2013. Disponível em: <http://www.nature.com/ncomms/journal/v4/n1/full/ncomms2380.html>. Acesso em: 15 maio 2016.
Agradecemos ao Doutor Rubens Heleno, do Centro de Ecologia Funcional da Universidade de Coimbra, pelas elucidativas explicações acerca dos riscos dos gatos para a biodiversidade selvagem, muito particularmente em ilhas, bem como pelas indicações bibliográficas a esse propósito.

[102] CARLSON, Rachel. *Silent spring*. Minnesota: Fawcett, 1962.
[103] Acórdão do Supremo Tribunal de Justiça no Processo nº 413/00, de 27.6.2000.
[104] PHASING out fur farming in Europe. *European Green Party*. Disponível em: <https://europeangreens.eu/content/phasing-out-fur-farming-europe>. Acesso em: 15 maio 2016.
[105] HOME. *Le Comité Radicalement Anti Corrida (CRAC)*. Disponível em: <http://www.anticorrida.com/>. Acesso em: 15 maio 2016.
[106] WELCOME to the Committee Against Bird Slaughter (CABS). *Committee Against Bird Slaughter (CABS)*. Disponível em: <http://www.komitee.de/en/homepage>. Acesso em: 15 maio 2016.

que nos interessa, chamamos muito particularmente a atenção para os movimentos de proteção dos gatos em Portugal[107] e noutros países.[108]

Em Portugal, os movimentos em prol da defesa dos animais já tiveram o condão de desencadear iniciativas legislativas. Foi o caso da iniciativa desencadeada pela Associação Animal, que redundou numa petição apresentada à Assembleia da República[109] e que veio a reforçar, em 2014, o fenómeno de neocriminalização ambiental, pela tipificação penal dos maus tratos a animais de companhia.[110]

O terceiro argumento é decorrente da interpretação dos objetivos de desenvolvimento sustentável das Nações Unidas,[111] adotados em setembro de 2015, que entraram em vigor em janeiro de 2016 e que vigorarão até 2030.

Dos 17 objetivos, cobrindo as dimensões ambientais, sociais e económicas do desenvolvimento sustentável, o objetivo 11, sobre "cidades e comunidades sustentáveis", estabelece a ambição de "até 2030, proporcionar o acesso universal a espaços públicos seguros, inclusivos, acessíveis e verdes, particularmente para as mulheres e crianças, pessoas idosas e pessoas com deficiência". Ora, espaços urbanos *verdes* não podem significar apenas espaços com vegetação. As cidades só serão verdes se forem também *azuis*, ou seja, se tiverem cursos de água saudável e limpa.[112] E as cidades só serão verdadeiramente *verdes*, se os espaços azuis e verdes albergarem vida, se tiverem condições de alojar biodiversidade, que é biodiversidade urbana. Como os gatos, por exemplo.

Por fim, um simples argumento de natureza analógica. Se já temos uma lei que regula especificamente uma única espécie (a Lei do Lobo)[113] e que conseguiu, através de mecanismos inovadores (*maxime*, a responsabilidade objetiva do Estado),[114] garantir a coexistência entre o homem e o lobo, porque não uma Lei do Gato?

10 Por que a abordagem ecossistémica dos gatos urbanos?

Finalmente chegamos ao momento de mostrar como a valoração dos serviços ecossistémicos pode lançar luz sobre o tema, apesar de tudo complexo, dos gatos

---

[107] Na cidade do Porto é a Associação Animais de Rua (<http://www.animaisderua.org/>). Em Coimbra, é o Grupo Gatos Urbanos (<https://www.facebook.com/GrupoGatosUrbanos>), a quem agradecemos, na pessoa do seu Presidente, Dr. Jorge Gouveia Monteiro, primeiro, pelas preciosas informações que nos permitiram ter uma percepção da dimensão do problema, e, depois, pelo convite para participar no 4º Encontro de Protetores de Animais subordinado ao tema "o direito do animal a viver no seu *habitat*", em abril de 2016.

[108] CITY Cats. *Facebook*. Disponível em: <https://www.facebook.com/City-Cats-1633211433572321/>. Acesso em: 15 maio 2016; HOME. *Cats Protection*. Disponível em: <http://www.cats.org.uk/>. Acesso em: 15 maio 2016; HOME. *SOS Chats*. Disponível em: <http://www.sos-chats.ch/>. Acesso em: 15 maio 2016.

[109] Petição nº 173/XII, apresentada em 4.10.2012, e assinada por 41.511 apoiantes.

[110] Através da Lei nº 69/2014, de 29 de agosto, que procede à trigésima terceira alteração ao Código Penal, criminalizando os maus tratos a animais de companhia e à segunda alteração à Lei nº 92/95, de 12 de setembro, sobre proteção aos animais, alargando os direitos das associações zoófilas.

[111] Os 17 objetivos são apresentados em SUSTAINABLE Development Goals. *Sustainable Development – Knowledge Platform*. Disponível em: <https://sustainabledevelopment.un.org/?menu=1300>. Acesso em: 15 maio 2016.

[112] Em França existe, desde 2007, uma "rede verde e azul" que engloba o conjunto de reservatórios de biodiversidade, zonas tampão e corredores ecológicos (HOME. *Trame Verte et Bleue*. Disponível em: <http://www.trameverteetbleue.fr/>. Acesso em: 15 maio 2016).

[113] Lei nº 90/88, de 13 de agosto, sobre a protecção, conservação e fomento do lobo ibérico (*Canis Lupus Signatus Cabrera*).

[114] Art. 6º/1 da Lei do Lobo: "o Estado assume a responsabilidade de indemnizar os cidadãos que venham a ser considerados como directamente prejudicados pela acção do lobo".

urbanos. Esta reflexão servirá de pretexto para testar a utilidade do conceito de serviços ecossistémicos como ferramenta de análise e de decisão, contribuindo para a realização da justiça e para a garantia da paz social.

Antes de mais, impõe-se uma explicação sobre a escolha dos gatos urbanos, como caso de estudo neste contexto.

São essencialmente três razões:
- Primeiro, por ser um tema pouco estudado e em relação ao qual não existe regulamentação jurídica específica nem adequada.
- Segundo, por ser um objeto de análise sociojurídica com relação ao qual não existem fortes ideias preconcebidas e que não gera paixões. Não sendo um tema socialmente fraturante,[115] não deixa de estar na origem de posições moderadamente divergentes.
- Terceiro, para mostrar que os serviços ecossistémicos podem ser usados como uma ferramenta auxiliar de ponderação jurídica em contextos não naturais, como os contextos urbanos, em situações que vão para além da valoração de espécies da fauna e da flora selvagens, ou que não se reconduzem à proteção de biótopos emblemáticos, ou à conservação de *habitats* naturais virgens.

Além disso, com este exercício pretendemos mostrar também que a questão dos gatos urbanos tem dignidade e merece tratamento jurídico; que os serviços ecossistémicos são um método de análise jurídica útil e eficaz para revelar as múltiplas dimensões, contornos ou nuances de questões aparentemente pouco relevantes, mas com verdadeira importância social nos tempos atuais.

Em suma, os gatos urbanos são o caso de estudo perfeito para testar a nova ferramenta do direito ambiental, que é a valoração dos serviços ecossistémicos.

Antes, porém, a relativa novidade do tema exige um breve enquadramento prévio que sirva de introdução e explicação sobre o conceito de serviços ecossistémicos.

11 Introdução ao conceito de serviços ecossistémicos

Compreender a entrada do conceito de serviços ecossistémicos no direito implica ter presente que o direito ambiental sempre foi um ramo do direito particularmente permeável a influências de outras ciências e, muito particularmente, das ciências exatas. Cada vez mais, o direito não pode ficar indiferente a novos conceitos desenvolvidos

---

[115] Alguns exemplos de polémicas ambientais mais acesas, fortemente mobilizadoras da sociedade e suscetíveis de gerar profundas clivagens sociais são as opções técnicas relativas à co-incineração de resíduos industriais perigosos. Veja-se: NUNES, João Arriscado; MATIAS, Marisa. Controvérsia científica e conflitos ambientais em Portugal: o caso da co-incineração de resíduos industriais perigosos, *Revista Crítica de Ciências Sociais*, n. 65, p. 129-150, maio 2003.
A autorização ou interdição da actividade de produção agrícola de organismos geneticamente modificados em 2007 gerou polémica à iniciativa da associação ambientalista Verde Eufémia de destruição de um campo de milho geneticamente modificado em Silves. Ver: ACTIVISTAS destroem um hectare de milho transgénico em Silves. *Público*, 17 ago. 2007. Disponível em: <https://www.publico.pt/local/noticia/activistas-destroem-um-hectare-de-milho-transgenico-em-silves-1302474>. Acesso em: 15 maio 2016.
Ou ainda grandes modificações dos ecossistemas, como exemplo os megaempreendimentos denominados aproveitamentos de elevado potencial hidroelétrico, que geraram movimentos sociais como exemplo a Plataforma Salvar o Tua (<http://www.salvarotua.org/pt/>), Plataforma Sabor Livre (<http://naturlink.pt/article.aspx?menuid=20&cid=2423&bl=1>). Ou o Movimento Cota 139 (<https://www.researchgate.net/publication/266467525_Alqueva_alegrias_e_frustracoes_da_mais_emblematica_obra_publica_portuguesa_do_sec_XX>).

em outras áreas do saber e que possam contribuir para o avanço da ciência jurídica, nem se limitar a consagrá-los nominalmente sem retirar deles todas as consequências possíveis e desejáveis.

Conceitos legais como *limiar*[116] ou *zona húmida*,[117] são exemplos de conceitos consagrados na lei e que são mais do que meros termos científicos. Pelo contrário, são conceitos que desencadeiam consequências jurídicas e cujo sentido interpretativo, mais restrito ou mais amplo, pode gerar diferentes efeitos na vida real.

Outros exemplos poderiam ser os conceitos de *resiliência*,[118] *endemismo*,[119] *espécies invasoras*[120] etc.

O conceito de *serviços ecossistémicos* existe no ordenamento jurídico nacional desde 2008, introduzido pela lei portuguesa da conservação da natureza e biodiversidade,[121] que define os serviços dos ecossistemas como "os benefícios que as pessoas obtêm, direta ou indiretamente, dos ecossistemas".[122]

Recuando um pouco, verificamos que, apesar de ter nascido fora do berço do direito,[123] este conceito teve uma entrada triunfal no domínio jurídico, desde o discurso do secretário-geral das Nações Unidas perante a Assembleia Geral, num momento tão simbólico como a Cimeira do Milénio:

> o ambiente natural realiza para nós, gratuitamente, serviços básicos, sem os quais a nossa espécie não poderia sobreviver. A camada de ozono filtra os raios ultravioleta do sol que causam danos a pessoas, animais e plantas. Os ecossistemas ajudam a purificar o ar que

---

[116] Uma interessante análise sobre o risco do uso de limiares de direito do ambiente é feita por: MAKOWIAK, Jessica. Leseuilendroit de l'environnement. In: BORN, Charles-Hubert; JONGEN, François (Org.). *D'urbanismeet d'environnement*: Liber Amicorum Francis Haumont. Bruxeles: Bruylant, 2015. p. 695-710. A autora chama a atenção para a automaticidade aparente da aplicação de limiares.

[117] Fazemos nossas as palavras de Edward Schiappa a propósito da controversa definição de "zonas húmidas": "contra a teoria tradicional de definições 'reais' – que sugere que devemos 'encontrar' a verdadeira essência das coisas – eu defendo que disputas sobre se novas definições são uma questão de decidir que género de mundo nós desejamos 'fazer'. A minha teoria é que *todas* as definições são 'políticas' em dois sentidos: primeiro, as definições funcionam sempre para servir interesses particulares; segundo, as únicas definições com consequência são as que foram empossadas através de persuasão ou coerção". E ainda: "defender que uma definição é superior à outra porque captura o que é 'realmente e verdadeiramente' uma zona húmida simplesmente evita a questão pragmática sobre o que deveria contar como zona húmida para efeitos de regulamentação federal. [...] Em vez de invocar as dicotomias de 'verdadeiras' *versus* 'falsas' zonas húmidas ou de definições 'científicas' *versus* 'políticas', uma discussão mais produtiva centrar-se-ia nos custos e benefícios relativos de proteger as terras incluídas no *Manual de 1989* e excluídas pela redefinição proposta" (SCHIAPPA, Edward. Towards a pragmatic approach to definition: "wetlands" and the politics of meaning. In: LIGHT, Andrew; KATZ, Eric. *Environmental pragmatism*. London; New York: Routledge, 1996. p. 210 e ss.).

[118] Conceito frequentemente mencionado nos planos de gestão dos riscos de inundação, e nos planos municipais de defesa da floresta contra incêndios.

[119] Conceito típico da legislação sobre a conservação da natureza e biodiversidade.

[120] Conceito também caraterístico da legislação sobre conservação da natureza e biodiversidade e atualmente regulado ao nível europeu com o Regulamento (UE) nº 1.143/2014 do Parlamento Europeu e do Conselho, de 22 de outubro, relativo à prevenção e gestão da introdução e propagação de espécies exóticas invasoras.

[121] Data da aprovação da atual Lei da Conservação da Natureza e Biodiversidade pelo Decreto-Lei nº 142/2008, de 24 de julho.

[122] Art. 3, q), do Decreto-Lei nº 142/2008, de 24 de julho, modificado pelo Decreto-Lei nº 242/2015, de 15 de outubro.

[123] Dando concretização à proposta teórica de Pavan Sukdev – fundador da iniciativa denominada TEEB (TEEB Study Leader. *The Economics of Ecosystems & Biodiversity*. Disponível em: <http://www.teebweb.org/about/teeb-study-leader>. Acesso em: 15 maio 2016) – a primeira apresentação de um cálculo científico do valor global dos serviços ecossistémicos foi apresentado em 1997 pelo economista Robert Costanza e outros especialistas provenientes sobretudo da área da ecologia num artigo publicado na *Revista Nature* (COSTANZA, Robert et al. The value of the world's ecosystem services and natural capital. *Nature*, v. 387, p. 253-260, 1997).

respiramos e a água que bebemos. Eles convertem resíduos em recursos e reduzem os níveis de carbono atmosférico que de outra forma contribuiriam para o aquecimento global. A biodiversidade fornece uma abundante reserva de medicamentos e produtos alimentares, e mantém a variedade genética que reduz a vulnerabilidade a pragas e doenças. Mas estamos a degradar, e em alguns casos a destruir, a capacidade do meio ambiente para continuar a prestar-nos estes serviços de suporte de vida.[124]

As palavras dramáticas do secretário-geral atraíram a atenção mundial para o problema e tiveram, como efeito mais visível, a elaboração de um relatório, apoiado pelo Programa das Nações Unidas para o Ambiente e Desenvolvimento, destinado a produzir informação científica sobre a relação entre as mudanças nos ecossistemas e o bem-estar humano, fornecendo dados objetivos aos decisores políticos.[125] O relatório, intitulado *Avaliação do Milénio dos Ecossistemas*, veio a responder a questões complexas[126] mas cruciais para a definição do *futuro que queremos*.[127]

A partir daí o conceito de serviços ecossistémicos começou a entrar na legislação e a ganhar visibilidade no direito,[128] embora o seu potencial como ferramenta jurídica[129] de realização da justiça esteja muito longe de ser explorado.[130]

12 O procedimento de valoração dos serviços ecossistémicos em três passos

O procedimento lógico de utilização do conceito jurídico-económico de valoração dos serviços ecossistémicos consiste, primeiro, em identificar os serviços envolvidos, reconduzindo-os às categorias aplicáveis, dentro da tipologia quadripartida das Nações Unidas; em seguida passa por valorar os serviços envolvidos designadamente monetarizando serviços sucedâneos ou alternativos; por fim reconduz-se à análise, na perspetiva da justiça, *maxime*, distributiva, dos resultados aos quais cada uma das

---

[124] ANNAN, Kofi. Sustaining our future. In: ONU. *We the peoples*: the role of the United Nations in the 21st Century. Disponível em: <http://www.un.org/en/events/pastevents/pdfs/We_The_Peoples.pdf>. Acesso em: 15 maio 2016.

[125] Toda a informação relativa a este extenso relatório está disponível no portal <www.millenniumassessment.org>.

[126] As questões são: quais são as condições e tendências de evolução atuais dos ecossistemas e do bem-estar humano? Quais são as mudanças futuras plausíveis nos ecossistemas e na provisão e procura de serviços dos ecossistemas e subsequentes mudanças na saúde, no sustento, na segurança e nos outros componentes do bem-estar? Quais são as descobertas mais robustas e as incertezas mais importantes sobre os serviços de ecossistema e outras decisões de administração e formulação de políticas? Que ferramentas e metodologias podem fortalecer a capacidade para avaliar ecossistemas, os serviços por eles fornecidos, o seu impacto no bem-estar, e as implicações das opções de resposta?

[127] Este foi também o título da Declaração Final da Conferência das Nações Unidas sobre Desenvolvimento Sustentável (Rio + 20), em 2012.

[128] O artigo de Kathleen Mertens, dá diversos exemplos de questões de investigação jurídica muito pertinentes a propósito dos serviços ecossistémicos, nomeadamente na aplicação do conceito ao planeamento e autorização de actividades impactantes (MERTENS, Kathleen. An Cliquet and Bernard Vanheusden, ecosystem services: what's in it for a lawyer? *European Energy and Environmental Law Review*, p. 31-40, fev. 2012).

[129] Sobre a convergência entre instrumentos jurídicos e científicos escrevemos em 2003: ARAGÃO, Alexandra. Instrumentos científicos e instrumentos jurídicos: perspectivas de convergência rumo à sustentabilidade no direito comunitário do ambiente. *Revista Jurídica do Urbanismo e do Ambiente*, n. 20, p. 11-24, 2003.

[130] Sobre o contributo dos serviços ecossistémicos para a realização de diferentes tipos de justiça escrevemos um artigo com Sander Jacobs e An Cliquet intitulado: *What's law got to do with it? Why environmental justice is essential to ecosystem service valuation* (no prelo).

soluções possíveis permite chegar. A solução adotada deve ser aquela que permite alcançar a mais justa distribuição de vantagens e encargos.

Esse procedimento em três passos é válido para simples decisões sobre colónias de gatos, como para complexas decisões sobre construção de empreendimentos hidroelétricos, sobre fraturação hidráulica para obtenção de gás de xisto, sobre extração de petróleo abaixo da camada do pré-sal, sobre transposição ou transvase de rios, sobre desflorestação, sobre mineração etc.

12.1 Primeiro passo: identificação dos serviços ecossistémicos

Vamos tentar identificar os serviços ecossistémicos que decorrem da presença de gatos *baldios* nas cidades. Recordamos que a tipologia quadripartida dos serviços ecossistémicos[131] inclui:

a) serviços de produção: entendidos como os bens produzidos ou aprovisionados pelos ecossistemas, nomeadamente alimentos, água doce, lenha, fibra, bioquímicos ou recursos genéticos, entre outros;

b) serviços de regulação: entendidos como os benefícios obtidos da regulação dos processos de ecossistema, nomeadamente a regulação do clima, de doenças, de cheias ou a destoxificação, entre outros;

c) serviços culturais: entendidos como os benefícios não materiais obtidos dos ecossistemas, nomeadamente ao nível espiritual, recreativo, estético ou educativo, entre outros;

d) serviços de suporte: entendidos como os serviços necessários para a produção de todos os outros serviços, nomeadamente a formação do solo, os ciclos dos nutrientes ou a produtividade primária, entre outros.

Ora, olhando para animais isolados atuando num meio pouco ou nada natural, esperaríamos encontrar um elemento biológico da fauna urbana sem qualquer interesse ecológico relevante ou serviço ecossistémico digno de proteção ou sequer de nota.

Quando muito, poderíamos apontar alguns serviços de regulação em virtude do caráter de caçador exímio, situado no topo da cadeia trófica, que poderia contribuir para controlar pragas de ratos existentes em zonas urbanas. No imaginário popular, os gatos têm a função típica de caçar ratos, evitando a sua proliferação, o que é um benefício considerável para o homem. Em contrapartida, os gatos têm também outros *alvos* da sua voracidade, a saber, morcegos e aves, que são vítimas da sua eficácia predatória.

São, todavia, os serviços ecossistémicos culturais que estão sobretudo em causa quando falamos de gatos urbanos. Vejamos algumas das principais funções culturais dos gatos urbanos:

a) funções educativas, ao permitir às crianças em meio urbano ter contacto com animais numa vivência que é tão natural no meio rural, mas que é cada vez menos frequente nas cidades. Permitir às crianças acompanhar o ciclo de vida de um animal com benefícios de educação para a vida, para o respeito, para a tolerância, a integração e a recusa do especismo;

---

[131] Constante inicialmente do Millenium Ecossystem Assessment e recebida pela legislação portuguesa através da Lei da Conservação da Natureza e Biodiversidade, o já citado Decreto-Lei nº 142/2008, de 24 de julho, modificado pelo Decreto-Lei nº 242/2015, de 15 de outubro.

b) funções de companhia, preenchendo a existência e preservando a saúde mental de pessoas idosas que vivem sós. Complementarmente, como a esperança média de vida das mulheres continua a ser superior à dos homens, revelam-se aqui dimensões de género implícitas nas funções de companhia. Ou seja: considerando que há mais mulheres do que homens de idade avançada a residir sozinhas, os gatos são mais úteis para as senhoras idosas do que para os homens;
c) funções estéticas e paisagísticas, de embelezamento das zonas urbanas em fotogénicas poses de elegância e aprumo;
d) funções turísticas e de entretenimento de visitantes de zonas históricas, reforçando a atratividade dos locais;
e) funções de relaxamento e recreação de moradores e transeuntes;
f) funções de realização da igualdade social, permitindo, a quem não tem condições económicas para ter animais de companhia no seu lar (ou até para quem não tiver lar...), que possa, mesmo assim, ter os benefícios do convívio animal;
g) funções artísticas, contribuindo para a beleza cénica e inspirando as artes visuais;
h) funções de imagem e identificação local, em zonas onde os gatos quase parecem fazer parte da paisagem e fazem parte integrante da identidade viva do local;
i) funções histórico-culturais de manutenção da biodiversidade urbana tradicional etc.

12.2 Segundo passo: valoração dos serviços ecossistémicos

Mas usar os serviços ecossistémicos como ferramenta jurídica não passa só pela identificação. Com efeito, descrever e enumerar, de forma sistemática, todos os serviços que possam ser identificados, têm a vantagem de dar visibilidade a benefícios, muitas vezes esquecidos, do elemento natural que está a ser objeto de consideração. Neste caso, os gatos urbanos.

Porém, a ferramenta dos serviços ecossistémicos só cumpre as suas funções jurídicas se se atribuir efetivamente aos serviços identificados um *valor*, uma importância relativa, um *rótulo* de maior ou menor essencialidade para a vida ou de maior ou menor relevância para o bem-estar.

Só assim a valoração dos serviços ecossistémicos se torna uma ferramenta de apoio à decisão – decisão judicial mas também decisão administrativa, empresarial e, em última instância, individual.

Ora, uma das formas possíveis, embora não a única, de valoração é a monetarização.

Cientes das fortes críticas dirigidas às abusivas, e muitas vezes contraproducentes, análises de custo-benefício que permitem, nas palavras de Frank Ackerman e Lisa Heinzerling,[132] saber o preço de tudo e o valor de nada, pensamos que a monetarização não deve ser totalmente descartada. De facto, reduzir funções da vida a dinheiro (isto

---

[132] Na obra: ACKERMAN, Frank. *Priceless*: on knowing the price of everything and the value of nothing. New York: The New Press, 2004.

é, monetarizar os serviços ecossistémicos) tem, pelo menos (e talvez tenha *apenas*) a vantagem de mostrar, na linguagem clara, pronta e acabada dos números, a dificuldade de recuperar aquilo que perderíamos se não protegêssemos. Tal como a liberdade, da qual só sentimos falta quando a perdemos, e à qual só damos o valor quando não a temos, a identificação e avaliação quantitativa dos serviços ecossistémicos, convertidos em dinheiro, permitem uma *visualização* dos montantes envolvidos se pretendêssemos recuperar os serviços perdidos, através de outras formas alternativas, quando existam. Estas alternativas passam muitas vezes por caricatos *sucedâneos tecnológicos* dos processos naturais. Naturalmente isto não significa que, mesmo que seja possível encontrar substitutos quase perfeitos para todas as funções identificadas, esse passo deva ser dado. Ou seja: a monetarização serve apenas para tornar ainda mais evidentes as vantagens de manter e preservar o capital natural que suporta os serviços ecossistémicos, que proporcionam gratuitamente elevadíssimos benefícios, frequentemente insubstituíveis, e dos quais muitas vezes não temos sequer plena consciência.

Caricaturando, para tornar mais clara a nossa ideia, diríamos que é possível substituir uma árvore por uma pequena fábrica de oxigénio, mais um dispositivo de injeção de CO_2 no solo (para compensar as principais funções de regulação das árvores), mais um toldo (função de produção de sombra ou proteção contra as intempéries), mais uma plataforma elevada (para nidificação de aves), mais uma pintura a tapar os equipamentos (função paisagística ou estética). Se a árvore tivesse funções simbólicas,[133] míticas[134] ou religiosas[135] haveria que acrescentar ainda uma estátua, um cartaz explicativo, uma imagem ou um ícone alusivo ao evento sagrado.

Toda esta parafernália somada daria o valor de alguns dos principais serviços de uma árvore. Naturalmente, o resultado final não seria nem de perto, nem de longe, comparável a uma árvore. Até porque a grande dificuldade reside em monetarizar serviços ou benefícios que são sobretudo culturais.[136]

Vamos então ensaiar breves hipóteses de valoração monetária dos serviços ecossistémicos dos felinos urbanos.

No caso das funções de regulação, como a predação dos ratos, a monetarização consistiria em calcular o custo do controlo de ratos, toupeiras e outros roedores.[137]

---

[133] Como algumas árvores com 2000 anos, que são apresentadas como sendo contemporâneas de Jesus Cristo, ou outras mais recentes, com mais de 1000 anos, das quais se diz terem assistido à reconquista cristã da Península Ibérica e ao nascimento da nacionalidade portuguesa. Veja-se a explicação sobre novos processos de datação de árvores, eficazes e não invasivos, desenvolvidos na Universidade de Trás-os-Montes e Alto Douro: LOUZADA, José Luis. Datar sem destruir. *Agrotec – Revista Técnico-Científica Agrícola*, n. 7, 2013. Disponível em: <https://digitalis-dsp.uc.pt/bitstream/10316.2/29925/1/Agrotec7_artigo22.pdf?ln=pt-pt>. Acesso em: 15 maio 2016.

[134] Como as várias lendas desenvolvidas em torno de um imponente freixo existente no norte de Portugal, na localidade justamente designada Freixo de Espada à Cinta (LENDAS e tradições. *Câmara Municipal de Freixo de Espada à Cinta*. Disponível em: <http://cm-freixoespadacinta.pt/index.php?option=com_content&task=view&id=45&Itemid=112>. Acesso em: 15 maio 2016).

[135] Como a azinheira associada aos milagres ocorridos em Fátima em 1917, local de grande importância para o turismo religioso em Portugal (FÁTIMA: com o mundo a seus pés. *Turismo de Portugal*. Disponível em: <http://www.visitcentrodeportugal.com.pt/pt/fatima-com-o-mundo-a-seus-pes/>. Acesso em: 15 maio 2016).

[136] Sobre os desafios da tomada em consideração dos valores culturais numa ótica ecossistémica ver o texto: CHAN, Terre Satterfield; GOLDSTEIN, Joshua. Rethinking ecosystem services to better address and navigate cultural values. *Ecological Economics*, n. 74, p. 8-18, 2012.

[137] Incluindo o preço das ratoeiras, dos raticidas, da deslocação de exterminadores autorizados, o descarte de resíduos químicos sobrantes, os expedientes de redução de riscos de contaminação humana ou animal, como luvas, máscaras, óculos e outros dispositivos de proteção.

No caso dos serviços culturais, deveríamos procurar o valor de um outro serviço sucedâneo, de forma a manter o tipo e o nível de serviço prestado.

Tal exigiria, no tocante ao serviço cultural educativo proporcionado pelos gatos, organizar cursos de formação (usando animais domésticos ou não) para crianças e jovens em meio citadino para transmitir às gerações mais jovens os valores da compaixão pelos animais, da solidariedade, da empatia, da ajuda, da partilha. Depois bastaria calcular o custo da hora (incluindo materiais, local de realização etc.) e multiplicar pelo número de pessoas envolvidas e pelo número de horas necessárias.

Se a alternativa passasse por dotar cada família de um animal de companhia, deveríamos calcular os custos de manter, vacinar, alimentar, tratar etc. o animal.

Já no que respeita ao acompanhamento de idosos, bastaria calcular o custo de serviços de apoio geriátrico domiciliar, incluindo uma vertente de distração, animação, nomeadamente, mas não obrigatoriamente, pelo contacto com animais domésticos, e um incentivo à mobilidade e manutenção de uma vida ativa.

Quanto às funções estéticas e paisagísticas urbanas, o sucedâneo poderia ser composto por elementos decorativos pontuais, como peças de arte espalhadas pelas cidades, dando uma nota de cuidado visual e aumentando a valorização da estética urbana. Naturalmente, seria necessário calcular os custos destas iniciativas *decorativas*.

Relativamente às funções turísticas, diversos serviços de entretenimento de turistas (em grupos ou isolados) em zonas históricas poderiam ser idealizados e os seus custos, mais uma vez, tidos em conta.

Passando às funções de descompressão, recreio e lazer de moradores e transeuntes, deveriam procurar-se pretextos de convívio, elementos visuais de distração, passatempo e diversão. No final, contabilizar-se os custos de instalação e funcionamento.

No que concerne à promoção da igualdade social, seria possível instituir um *subsídio de animal doméstico*, complementar ao subsídio de desemprego ou de outras prestações sociais, que permitisse aos cidadãos e às famílias mais carenciadas suportar os custos inerentes à detenção de um animal de companhia (designadamente alimentação, higiene, vacinação, desparasitação, cuidados médicos, controlo anticonceptivo, identificação por *microchip* etc.).

Também as funções artísticas poderiam ser substituídas por outras fontes de inspiração ligada à natureza, como árvores imponentes e belas (que deveriam ser transplantadas para os centros urbanos), cursos de água limpa e serpenteante (se não existissem seria necessário intervir nos cursos de água existentes, requalificando-os e meandrizando-os), bordeados por cercaduras de vegetação exuberante etc. O que, naturalmente, comporta custos.

Até as funções de imagem e identificação das comunidades poderiam ser suplantadas por projetos envolvendo levantamento de histórias antigas da comunidade, lendas, relatos heroicos ou jocosos, que reforcem a coesão dos membros. Poderia também consistir na organização de eventos competitivos que reforçariam o conhecimento e a entreajuda entre os membros do grupo. A monetarização consistiria em calcular os custos de montar os projetos e os eventos.

Por fim, funções histórico-culturais de manutenção da biodiversidade urbana tradicional poderiam passar por estratégias de conservação da biodiversidade, não *in situ*, mas *ex situ*, em santuários, zoológicos e até museus, cada um deles com os respetivos custos de funcionamento.

12.3 Terceiro passo: ponderação dos resultados das alternativas em análise

O exercício desenvolvido nos passos anteriores mostrou que manter colónias saudáveis e controladas de gatos urbanos tem vantagens, mas também tem custos. No contexto de uma futura regulamentação jurídica do tema, a análise que fizemos, a partir da identificação e valoração dos serviços ecossistémicos envolvidos, ajudará a responder às questões que se colocam:

- Serão os custos sociais superiores às vantagens sociais?
- Serão os custos económicos superiores às vantagens económicas?
- Quem são os onerados com as externalidades ambientais, sociais ou económicas negativas?
- Quem são os beneficiários das externalidades ambientais, sociais ou económicas positivas?
- A atual repartição de vantagens e encargos é justa?
- Que medidas de minimização poderão ser adotadas para reduzir ou neutralizar as externalidades?
- Que medidas compensatórias poderão ser adotadas para contrabalançar as externalidades?
- Finalmente, havendo alteração do regime jurídico, quem deve suportar os custos sociais? E os económicos? O Estado? Os municípios? As associações zoófilas?

Não vamos sequer ensaiar uma resposta às questões colocadas porque o nosso propósito neste momento é apenas mostrar que este tipo de ponderação baseada na ponderação de serviços ecossistémicos facilita a fundamentação de decisões complexas e de opções sensíveis na delineação de novos regimes jurídicos.

Conclusão

Terminamos como começámos. Com a justificação da densidade jurídica de um tema de relevância aparentemente duvidosa.

A prova de que o tema assume relevância social é a existência de mais de duzentas pessoas com funções de "protetores" que são membros da Associação denominada "Grupo Gatos Urbanos", só na zona de Coimbra. Estes "protetores" dedicam fatias importantes do seu tempo livre a cuidar gratuitamente de gatos urbanos.

O sinal da relevância económica é o número de serviços veterinários prestados por conta do "Grupo Gatos Urbanos" (mais de 800 idas ao veterinário por ano).

A prova da relevância jurídica é a existência de conflitos de vizinhança (os moradores que contestam a presença dos gatos), conflitos com entidades fiscalizadoras (que consideram os cuidados e alimentação de gatos na via pública como uma infracção das regras de higiene e salubridade pública), conflitos com as autoridades veterinárias municipais (que pretendem aplicar a legislação aos gatos vadios e errantes não reclamados), que mostram que o tema carece de pacificação social e que essa pacificação pode ser conseguida pela regulamentação. Uma regulamentação que equilibre os valores, os direitos, os interesses, os benefícios, mas também as preocupações em causa. Uma conciliação – que não é fácil – de interesses públicos e privados; valores da vida e do bem-estar; direitos dos protetores por um lado, e das pessoas com alergia a gatos ou gatofobia por outro; preocupações com a saúde pública, a salubridade pública e a higiene urbana.

Com este ensaio não pretendemos revisitar os dilemas da ética animal,[138] mas apenas recortar um novo problema social que está a surgir dentro do espírito do tempo, o *zeitgeist* da mudança da relação entre homem e animal.

A abordagem da questão dos gatos *baldios* a partir de uma análise ecossistémica servirá para demonstrar a capacidade clarificadora do conceito de serviços ecossistémicos aplicada ao direito e as vantagens da sua utilização como instrumento de apoio à decisão e de realização da justiça ambiental.[139]

O propósito deste estudo não é defender que os gatos sejam titulares de direitos subjetivos. Inversamente, o objetivo é defender que os seres humanos é que têm deveres para com os animais, todos os animais, e não apenas alguns. Defender ainda que as políticas municipais para os animais "vadios ou errantes" não podem ter como objetivo, expresso nem tácito, o extermínio total dos gatos em zonas urbanas. Pelo contrário, ainda que a gestão populacional e a vigilância sanitária das colónias de gatos urbanos comportem alguns custos (custos das vacinações, das esterilizações, dos tratamentos necessários em caso de doença ou acidente etc.), esses custos são justificados pelos serviços ecossistémicos – essencialmente culturais – que decorrem da coexistência entre pessoas e animais.

Escrever um texto sobre gatos num livro de homenagem a alguém com a estatura intelectual do Professor Doutor Gomes Canotilho pode parecer displicente, diletante ou até provocatório. No entanto, esforçámo-nos por demonstrar que o tema tem dignidade jurídica e relevância social e que, havendo uma lacuna identificada no ordenamento jurídico, o desafio agora é colmatá-la. E o sentido da colmatação deverá ser o que resultar da ponderação do seu valor ecossistémico.

Referências

ACKERMAN, Frank. *Priceless*: on knowing the price of everything and the value of nothing. New York: The New Press, 2004.

ACTIVISTAS destroem um hectare de milho transgénico em Silves. *Público*, 17 ago. 2007. Disponível em: <https://www.publico.pt/local/noticia/activistas-destroem-um-hectare-de-milho-transgenico-em-silves-1302474>. Acesso em: 15 maio 2016.

ALVES, Pedro Delgado. Desenvolvimentos recentes da legislação sobre animais em Portugal: uma breve crónica legislativa. In: ANIMAIS: DEVERES E DIREITOS – CONFERÊNCIA PROMOVIDA PELO ICJP, 1, 2014, Lisboa, Portugal. *Anais Eletrônicos...* Lisboa, Portugal, 2015. Disponível em: <http://www.icjp.pt/sites/default/files/publicacoes/files/ebook_animais_deveres_direitos_2015.pdf>. Acesso em: 15 maio 2016.

ANNAN, Kofi. Sustaining our future. In: ONU. *We the peoples*: the role of the United Nations in the 21st Century. Disponível em: <http://www.un.org/en/events/pastevents/pdfs/We_The_Peoples.pdf>. Acesso em: 15 maio 2016.

---

[138] A este propósito veja-se a já mencionada obra de referência: ARAÚJO, Fernando. *A hora dos direitos dos animais*. Coimbra: Almedina, 2003.

[139] Em geral, olhando para os serviços ecossistémicos na ótica da justiça, ver a obra: SIKOR, Thomas. *The justices and injustices of ecosystem services*. New York: Earthscan, 2013.

ARAGÃO, Alexandra. Instrumentos científicos e instrumentos jurídicos: perspectivas de convergência rumo à sustentabilidade no direito comunitário do ambiente. *Revista Jurídica do Urbanismo e do Ambiente*, n. 20, p. 11-24, 2003.

ARAÚJO, Fernando. *A hora dos direitos dos animais*. Coimbra: Almedina, 2003.

CARLSON, Rachel. *Silent spring*. Minnesota: Fawcett, 1962.

CHAN, Terre Satterfield; GOLDSTEIN, Joshua. Rethinking ecosystem services to better address and navigate cultural values. *Ecological Economics*, n. 74, p. 8-18, 2012.

CITY Cats. *Facebook*. Disponível em: <https://www.facebook.com/City-Cats-1633211433572321/>. Acesso em: 15 maio 2016.

COSTA, Adalberto. *O contrato de arrendamento rural*. Porto: Vida Económica, 2013.

COSTANZA, Robert et al. The value of the world's ecosystem services and natural capital. *Nature*, v. 387, p. 253-260, 1997.

DUARTE, Maria Luisa. Direito da União Europeia e estatuto jurídico dos animais: uma grande ilusão? In: ANIMAIS: DEVERES E DIREITOS, ICJP, FDUL, 2015. *Anais...* Lisboa, 2015.

FÁTIMA: com o mundo a seus pés. *Turismo de Portugal*. Disponível em: <http://www.visitcentrodeportugal.com.pt/pt/fatima-com-o-mundo-a-seus-pes/>. Acesso em: 15 maio 2016.

FELIS catus. *Naturdata – Biodiversidade online*. Disponível em: <http://naturdata.com/Felis-catus-38042.htm>. Acesso em: 15 maio 2016.

GODET, Laurent. La 'nature ordinaire' dans le monde ocidental. *L'Espace géographique*, v. 39, p. 295-308, 2010. Disponível em: <https://www.cairn.info/revue-espace-geographique-2010-4-page-295.htm>. Acesso em: 15 maio 2016.

GOMES, Carla Amado. Direito dos animais: um ramo emergente? In: ANIMAIS: DEVERES E DIREITOS – CONFERÊNCIA PROMOVIDA PELO ICJP, 1, 2014, Lisboa, Portugal. *Anais Eletrônicos...* Lisboa, Portugal, 2015. Disponível em: <http://www.icjp.pt/sites/default/files/publicacoes/files/ebook_animais_deveres_direitos_2015.pdf>. Acesso em: 15 maio 2016.

HOME. *Cats Protection*. Disponível em: <http://www.cats.org.uk/>. Acesso em: 15 maio 2016.

HOME. *Le Comité Radicalement Anti Corrida (CRAC)*. Disponível em: <http://www.anticorrida.com/>. Acesso em: 15 maio 2016.

HOME. *SOS Chats*. Disponível em: <http://www.sos-chats.ch/>. Acesso em: 15 maio 2016.

HOME. *Trame Verte et Bleue*. Disponível em: <http://www.trameverteetbleue.fr/>. Acesso em: 15 maio 2016.

JULLIARD, Romain; JIGUET, Frédéric; COUVET, Denis. Common birds facing global changes: what makes a species at risk? *Global Change Biology*, v. 10, n. 1, p. 148-154, 2004. Disponível em: <http://onlinelibrary.wiley.com/doi/10.1111/j.1365-2486.2003.00723.x/abstract;jsessionid=75B83CBFFDFA85F9B85DAA0349B5AF62.f03t04>. Acesso em: 15 maio 2016.

KISS, Alexandre. The common heritage of human kind: utopia or reality? *International Journal*, v. 40, n. 3, p. 423-441, 1985.

LENDAS e tradições. *Câmara Municipal de Freixo de Espada à Cinta*. Disponível em: <http://cm-freixoespadacinta.pt/index.php?option=com_content&task=view&id=45&Itemid=112>. Acesso em: 15 maio 2016.

LOSS, Scott R.; WILL, Tom; MARRA, Peter P. The impact of free-ranging domestic cats on wildlife of the United States. *Nature Communications*, jan. 2013. Disponível em: <http://www.nature.com/ncomms/journal/v4/n1/full/ncomms2380.html>. Acesso em: 15 maio 2016.

LOUZADA, José Luis. Datar sem destruir. *Agrotec – Revista Técnico-Científica Agrícola*, n. 7, 2013. Disponível em: <https://digitalis-dsp.uc.pt/bitstream/10316.2/29925/1/Agrotec7_artigo22.pdf?ln=pt-pt>. Acesso em: 15 maio 2016.

MAKOWIAK, Jessica. Leseuilendroit de l'environnement. In: BORN, Charles-Hubert; JONGEN, François (Org.). *D'urbanismeet d'environnement*: Liber Amicorum Francis Haumont. Bruxeles: Bruylant, 2015.

MERTENS, Kathleen. An Cliquet and Bernard Vanheusden, ecosystem services: what's in it for a lawyer? *European Energy and Environmental Law Review*, p. 31-40, fev. 2012.

NUNES, João Arriscado; MATIAS, Marisa. Controvérsia científica e conflitos ambientais em Portugal: o caso da co-incineração de resíduos industriais perigosos, *Revista Crítica de Ciências Sociais*, n. 65, p. 129-150, maio 2003.

PHASING out fur farming in Europe. *European Green Party*. Disponível em: <https://europeangreens.eu/content/phasing-out-fur-farming-europe>. Acesso em: 15 maio 2016.

PREVENZIONE della fecalizzazione canina sul territorio metropolitano. *Comuna di Napoli*. Disponível em: <http://www.comune.napoli.it/flex/cm/pages/ServeBLOB.php/L/IT/IDPagina/23485>. Acesso em: 15 maio 2016.

RAMOS, José Luis Bonifácio. O animal: coisa ou tertiumgenus? *O Direito*, n. 141, p. 1071-1104, 2009.

RUCK, Joanna. Larry the cat votes remain. *The Guardian*, 12 jul. 2016. Disponível em: <http://www.theguardian.com/politics/gallery/2016/jul/12/larry-the-cat-votes-remain-in-pictures>. Acesso em: 16 jul. 2016.

SCHIAPPA, Edward. Towards a pragmatic approach to definition: "wetlands" and the politics of meaning. In: LIGHT, Andrew; KATZ, Eric. *Environmental pragmatism*. London; New York: Routledge, 1996.

SIKOR, Thomas. *The justices and injustices of ecosystem services*. New York: Earthscan, 2013.

SUSTAINABLE Development Goals. *Sustainable Development – Knowledge Platform*. Disponível em: <https://sustainabledevelopment.un.org/?menu=1300>. Acesso em: 15 maio 2016.

TEEB Study Leader. *The Economics of Ecosystems & Biodiversity*. Disponível em: <http://www.teebweb.org/about/teeb-study-leader>. Acesso em: 15 maio 2016

WELCOME to the Committee Against Bird Slaughter (CABS). *Committee Against Bird Slaughter (CABS)*. Disponível em: <http://www.komitee.de/en/homepage>. Acesso em: 15 maio 2016.

Informação bibliográfica deste texto, conforme a NBR 6023:2002 da Associação Brasileira de Normas Técnicas (ABNT):

ARAGÃO, Alexandra. Gatos nas cidades: mais um teste à valoração de serviços ecossistémicos como novo instrumento de justiça ambiental. In: PINTO, Hélio Pinheiro; LIMA NETO, Manoel Cavalcante de; LIMA, Alberto Jorge Correia de Barros; SOTTO-MAYOR, Lorena Carla Santos Vasconcelos; DIAS, Luciana Raposo Josué Lima (Coords.). *Constituição, direitos fundamentais e política*: estudos em homenagem ao professor José Joaquim Gomes Canotilho. Belo Horizonte: Fórum, 2017. p. 323-353. ISBN 978-85-450-0185-0.

OS PRINCÍPIOS ESTRUTURAIS DA CONSTITUIÇÃO BRASILEIRA ENTRE PRETENSÃO NORMATIVA E REALIDADE SOCIAL: ESTADO DEMOCRÁTICO DE DIREITO (ESTADO SOCIAL – ESTADO FEDERATIVO – ESTADO AMBIENTAL)

ANDREAS J. KRELL

Introdução

O modelo do "Estado periférico latino-americano" não pode ser definido – e muito menos reconstruído – apenas na base das categorias políticas e tradições culturais da Europa e da América do Norte. Na verdade, o Estado assumiu diversas formas durante a história do Brasil: burocrático-patrimonial nos tempos coloniais, oligárquico durante o Império e a República Velha (até 1930), corporativista com o *Estado Novo*, populista nos anos 40 e 50 do século passado e nitidamente tecnocrata a partir do golpe militar de 1964.

Essas diferentes características se deixam melhor encaixar nos moldes de um Estado tendencialmente bastante *intervencionista*.[1] Nos tempos de governo autoritário, os adeptos de um "elitismo democrático" defenderam que o povo teria de ser educado primeiro para que pudesse exercer a democracia, sendo imprescindível o alcance de certo nível básico nas áreas da educação, saúde, cultura e padrão de vida material. Todavia, já o ponto de partida teórico era equivocado, visto que os fins de um Estado Democrático e Social de Direito não podem ser transformados para formar as suas próprias condições.[2]

Sem dúvida, uma parte considerável das normas da Constituição brasileira está situada além de sua possível efetivação a curto e médio prazo, e serve mais como ponto de referência e de integração para os grupos sociais que reivindicam a sua realização no embate político. Mesmo assim, muitos consideram as estruturas jurídicas do Estado como apenas secundárias, enfatizando a importância das condições complementares

---

[1] WOLKMER, Antônio C. *Elementos para uma crítica do Estado*. Porto Alegre: Safe, 1990. p. 48-58.
[2] SILVA, José Afonso da. *Curso de direito constitucional positivo*. 22. ed. São Paulo: Malheiros, 2003. p. 127.

para o (ainda emperrado) funcionamento das instituições democráticas: a escandalosa distribuição de renda, o espírito cívico tradicionalmente pouco desenvolvido e a participação política insuficiente, a qual, por sua vez, se deve à exclusão social de boa parte dos brasileiros que, até hoje, vivem no limite do mínimo existencial. Por isso, é lícito perguntar se a ideia do Estado de Direito não pode prosperar e funcionar somente acima de certo limite de justiça social.[3]

Ainda que seja justificada uma saudável desconfiança perante os órgãos oficiais do Estado brasileiro, não se pode esquecer que as condições sociopolíticas mudaram bastante desde o retorno do país à democracia nos anos 80. Além disso, perante a situação global alterada, parece ser uma atitude pouco realista querer colocar o reconhecimento de um sistema estatal democrático, que é assegurado por normas constitucionais e que funciona (pelo menos razoavelmente), na dependência da existência de um bem-estar generalizado, de uma justa distribuição de renda ou até de uma concordância ética de amplas partes da população sobre o valor da democracia, porquanto tais condições podem ser encontradas apenas em poucos países do mundo.

O estágio ainda rudimentar de uma cultura cívica em grandes partes do Brasil não fala de maneira alguma contra a introdução, a ampliação e a defesa das instituições e dos instrumentos jurídicos que foram socialmente bem-sucedidos em vários países durante os últimos dois séculos. Antes, estes devem ser considerados, em virtude das experiências universais, como condições indispensáveis para o desenvolvimento político e social. A implementação – primeiro formal e, depois, crescentemente material – do Estado de Direito, deste "conjunto de instituições, procedimentos e estruturas normativas", que pode ser chamado "a maior e talvez mais bem sucedida peça de aprendizagem na história da sociedade humana", certamente é condição para que se forme uma sociedade civil operante que seja capaz de assumir, a partir de determinado estágio de desenvolvimento, a função de canalizar os conflitos sociais e de garantir a formação de consensos.[4]

Diversos fatores da identidade histórica, socioeconômica, cultural e, evidentemente, também jurídica do país devem ser integrados, num processo dinâmico, a um conceito inovador de Estado de Direito, um modelo idealista e realista da operacionalidade constitucional e política, sem recair num idealismo moralista.

1 Formação do Estado de Direito e Constitucional no Brasil

Nas suas origens, a ideia do Estado de Direito visava, sobretudo, à prevenção contra a extensão totalitária e o exercício autoritário do poder estatal, cuja contenção devia ser alcançada através do império de leis formais, elaboradas por representantes eleitos do povo. Um Estado de Direito, no fundo, já existe onde os detentores do poder são vinculados por regras gerais, ainda que eles mesmos as promulguem. Em qualquer decisão dos órgãos públicos sobre casos individuais, a respectiva fundamentação não pode dar espaço para a suposição de que os atores estatais agiram sem uma referência racional a normas geralmente vigentes, as quais representam fins impessoais do bem

---

[3] RIBEIRO, Renato J. *A sociedade contra o social*. São Paulo: Companhia das Letras, 2000. p. 156.
[4] ZACHER, Hans F. Was kann der Rechtsstaat leisten? In: BURMEISTER, J. *et al.* (Ed.). *Verfassungsstaatlichkeit*: FS für Klaus Stern zum 65. Geburtstag. München: Beck, 1997. p. 394-403.

comum.[5] Mesmo assim, o Estado de Direito não constitui um "modelo ideal único" do Ocidente, capaz de ser simplesmente importado por democracias jovens para garantir o desenvolvimento socioeconômico e o bem-estar geral.[6] Já a ambivalência da própria expressão Estado de Direito exige, no caso de cada país, uma melhor qualificação de seu conteúdo material, sendo insuficiente uma restrição a um Estado Legislativo no sentido de Hans Kelsen.[7]

Já o preâmbulo da Carta de 1988 coloca a "instituição de um Estado democrático" em relação direta com a "garantia do exercício dos direitos sociais e individuais". O art. 1º destaca como fundamentos do Estado Democrático de Direito do Brasil a soberania, a cidadania, a dignidade da pessoa humana, os valores sociais do trabalho e da livre-iniciativa bem como o pluralismo político. Em seguida, o art. 3º fixa os princípios fundamentais do Estado: construção de uma sociedade livre, justa e solidária; garantia do desenvolvimento nacional; erradicação da pobreza e diminuição das diferenças sociais e regionais; promoção do bem de todos, sem preconceito referente a origem, raça, sexo, cor, idade e de todas outras formas da discriminação. Estes princípios possuem uma função importante para a construção e a manutenção de uma ética social; tanto a sua presença quanto a sua simples negação estavam e estão permanentemente presentes na vida diária do país.[8]

Dispondo, assim, o texto de 1988, pela primeira vez na história constitucional do país, afirmou expressamente a natureza do Estado. Já no século XIX, o movimento político do constitucionalismo liberal identificou-se com a teoria do Estado de Direito, ainda que não tenha adotado diretamente este termo.[9] A cultura jurídica brasileira recepcionou desde o início o conceito germânico do Estado de Direito (*Rechtsstaat*), o qual (ao contrário do *Rule of Law* anglo-saxão)[10] é caracterizado pela prevalência nítida do Legislativo em relação ao Executivo e ao Judiciário. O entendimento de uma legalidade meramente formal, que predominou durante muito tempo, foi substituído, a partir de 1988, cada vez mais pelo modelo teórico do Estado de Direito material que encontra a sua base não apenas na correta elaboração e promulgação das leis, mas na legitimidade substancial de suas normas, o que traz para a discussão aspectos adicionais como a proporcionalidade, a razoabilidade e a eficiência.[11]

Essa concepção não deve ser entendida apenas no sentido de uma determinação dos meios para a realização de diretrizes políticas, mas estatui através dos direitos fundamentais um direcionamento material e uma vinculação axiológica de todo poder estatal. Isto significa que, no Brasil, o princípio do Estado de Direito, com as suas regras concretizadoras, não representa tão só determinada ordem jurídica, mas estabelece

---

[5] UNGER, Roberto M. *O direito e o futuro da democracia*. São Paulo: Boitempo, 2004. p. 86.
[6] Cf. TRUBEK, David M. O "império do direito" na ajuda ao desenvolvimento: passado, presente e futuro. In: RODRIGUES, José R. (Org.). *O novo direito e desenvolvimento*. São Paulo: Saraiva, 2009. p. 214.
[7] Cf. BERCOVICI, Gilberto. *Constituição e Estado de exceção permanente*. Rio de Janeiro: Azougue, 2004. p. 168.
[8] DERANI, Cristiane. *Direito ambiental econômico*. São Paulo: Max Limonad, 1997. p. 146.
[9] SALDANHA, Nelson. *Formação da teoria constitucional*. Rio de Janeiro: Forense, 1983. p. 188.
[10] Sobre a diferença entre os dois conceitos, cf. KIRSTE, Stephan. Philosophical foundations of the Principle of the Legal State (Rechtsstaat) and the Rule of Law. In: SILKENAT, James A. et al. (Ed.). *The Legal Doctrines of the Rule of Law and the Legal State (Rechtsstaat)*. New York: Springer, 2014. p. 29.
[11] MOREIRA NETO, Diogo de F. Juridicidade, pluralidade normativa, democracia e controle social. In: ÁVILA, H. (Org.). *Fundamentos do Estado de Direito*. São Paulo: Malheiros, 2005. p. 65-92.

uma tarefa para o próprio Estado.[12] Assim, a ideia do Estado de Direito extrai a sua legitimidade dos procedimentos formalmente válidos no Legislativo e no Judiciário, cuja racionalidade garante imparcialidade e os quais geram um padrão crítico para a avaliação da realidade constitucional.[13]

No texto constitucional de 1988, esse ideário também encontra expressão imediata na inserção do "princípio da legalidade" no âmbito da Administração Pública (art. 37). Este fato ganha importância em face da tendência de legitimar o poder estatal, sobretudo na base de regras técnicas eficientes, o que fez a ordem jurídica brasileira como um todo assumir cada vez mais traços administrativos.[14] Hoje, consideram-se as normas constitucionais fonte direta para a fundamentação e a legitimação das decisões administrativas.[15] Praticamente todos os subprincípios reconhecidos no Estado de Direito, que lhe atribuem forma e validade, têm sido abordados e discutidos pela literatura brasileira nas últimas duas décadas: a garantia dos direitos fundamentais, a separação dos poderes, a constitucionalização da ordem jurídica, a reserva da lei, os direitos adquiridos e a proteção da confiança legítima, o controle da Administração Pública por tribunais independentes e o princípio da proporcionalidade etc.[16]

2 Estado de Direito, Constituição e democracia

> A experiência histórica ensina que a democracia constitucional tem uma chance somente nos Estados cujas massas adquiriram certo padrão de vida e nível de educação, que lhes permitem a compreender o valor do autogoverno e a lidar com as técnicas para a sua realização.[17]

Esta afirmação lapidar de Karl Loewenstein continua bastante atual no Brasil de hoje. Estado de Direito, Constituição e direitos fundamentais são formas históricas de expressão da limitação do poder soberano; os seus conteúdos estão intimamente ligados entre si e se caracterizam pela dependência mútua.

Seguindo o modelo norte-americano, os textos constitucionais do Brasil, desde o século XIX, fixaram a respectiva forma de Estado, organizaram o sistema de governo mediante definição das competências correspondentes e programaram, de maneira mais ou menos efetiva, o exercício do poder estatal através da garantia de direitos fundamentais, os quais aqui também devem ser vistos como *conditio sine qua non* do Estado Constitucional. No contexto latino-americano, como já foi mencionado, o conceito do Estado de Direito não deve ser entendido de modo meramente formal, como se fosse a quintessência da legalidade, mas também como fundamento de uma legitimidade

---

[12] CALLIESS, Christian. *Rechtsstaat und Umweltstaat*. Tübingen: Mohr Siebeck, 2001. p. 38-51.
[13] HABERMAS, Jürgen. *Faktizität und Geltung*. Frankfurt: Suhrkamp, 1998. p. 598.
[14] FARIA, José Eduardo. *A crise constitucional e a restauração da legitimidade*. Porto Alegre: Safe, 1985. p. 25.
[15] BINENBOJM, Gustavo. *Uma teoria do direito administrativo*. Rio de Janeiro: Renovar, 2006. p. 131-143.
[16] Cf. BARROSO, Luís Roberto. *Curso de direito constitucional contemporâneo*. 2. ed. São Paulo: Saraiva, 2010. p. 352; ÁVILA, Humberto. *Teoria da segurança jurídica*. 3. ed. São Paulo: Saraiva, 2014; RODRIGUES, Itiberê. Fundamentos dogmático-jurídicos da história do princípio da legalidade administrativa no Brasil. In: ÁVILA, Humberto. *Fundamentos do Estado de Direito*. São Paulo: Malheiros, 2005. p. 69.
[17] LOEWENSTEIN, Karl. *Verfassungslehre*. 4. ed. Tübingen: Mohr Siebeck, 2000. p. 484.

material.[18] Questiona-se, porém, se ele, ante a realidade constitucional da região, não está sendo forçado na sua interpretação quando se adota a versão extensiva de uma "ordem liberal da comunidade política" (H.-P. Schneider).

A Constituição de 1988 é a primeira na história brasileira que posicionou, de forma demonstrativa, o capítulo sobre direitos fundamentais no seu início, enquanto todos os textos anteriores determinaram primeiro a organização estatal em todos os seus detalhes. Esta agora aparece como instrumento para a proteção dos direitos fundamentais,[19] os quais são contemplados de maneira abrangente pelo texto constitucional, inclusive as garantias processuais para a sua realização.

Certamente será preciso aguardar mais um bom tempo até que possam ser encontradas no Brasil as condições sociais para uma política deliberativamente orientada. Um olhar retroativo ao desenvolvimento social do país não permite falar de uma valorização coletiva firmemente arraigada da democracia. Se o típico *homo civicus* de feição anglo-saxônica ou o "cidadão ativo" republicano dificilmente podem ser encontrados, tampouco é razoável a alegação de que a população socialmente subintegrada tem uma atitude simplesmente indiferente em relação à forma democrática do Estado. Ainda que os direitos políticos constitucionalmente consagrados e as liberdades públicas, em face da luta de sobrevivência de muitas pessoas, de longe não se mostram suficientes para legitimar o poder estatal em si, eles cumprem a relevante função de expressar insatisfações e de canalizar protestos, o que acaba por desonerar os procedimentos oficiais como as eleições periódicas e as ações judiciais.[20]

Nas últimas décadas, uma considerável parte dos direitos civis de cidadania foi transformada em posições jurídicas, tendo o Estado assumido cada vez mais o papel ativo de garantidor. Assim, o sistema jurídico brasileiro, hoje, prevê possibilidades abrangentes de participação e de controle referentes às decisões políticas e administrativas sobre instrumentos formal-processuais, embora estas, até agora, somente sejam utilizadas por uma pequena parte dos formalmente legitimados.[21] Historicamente, o Estado de Direito deve ser equiparado com a fixação constitucional da autoridade do Executivo na base do princípio da legalidade, ainda que esta não inclua a concessão de direitos individuais políticos. Também nos países da Europa, a introdução formal do Estado de Direito e, posteriormente, dos direitos de cidadania, antecedeu bastante, em termos temporais, o alcance de relações sociais razoavelmente justas, no sentido da igualdade material. O lado jurídico do Estado, contudo, permeia e forma numa medida considerável a própria sociedade, cujas múltiplas relações e condições são tornadas previsíveis e, com isso, mais estáveis.[22]

A transição formal para estruturas estatais democraticamente constituídas nem garante uma efetiva democratização das condições de vida sociais, nem gera ou garante um acesso suficiente a formas de vida estruturadas de acordo com o Estado

---

[18] SARLET, Ingo W. *A eficácia dos direitos fundamentais*. 10. ed. Porto Alegre: Livraria do Advogado, 2009. p. 49.
[19] SILVA, José Afonso da. Princípios constitucionais fundamentais. In: SILVA, José Afonso da. *20 anos da Constituição Cidadã*. Rio de Janeiro: Konrad Adenauer, 2008. p. 18.
[20] ADEODATO, João M. *Ética e retórica*. São Paulo: Saraiva, 2002. p. 110.
[21] CARVALHO, Maria A. Rezende de. Cultura política, capital social e a questão do déficit democrático no Brasil. In: VIANNA, L. W. (Org.). *A democracia e os três poderes no Brasil*. Belo Horizonte: UFMG, 2003. p. 307.
[22] O'DONNELL, Guillermo. *Dissonances*: democratic critiques of democracy. Notre Dame: University of Notre Dame Press, 2007. p. 118.

de Direito. Não são idênticos o Estado Constitucional e o Estado de Direito, sendo estes aqui entendidos como postulados político-jurídicos e conquistas normativo-institucionais do direito moderno, que são socialmente estabelecidos e apoiados por estruturas organizacionais.[23] Ainda que se considerem todas as diferenças entre Estado de Direito Liberal e Estado Social, que sempre são enfatizadas no Brasil, não deve ser ignorado que os princípios do primeiro são condição imprescindível para a instalação e a consolidação do último.[24]

Por isso, O'Donnell entende que o tradicional controle democrático do poder estatal, exercido mediante eleições, deve ser necessariamente complementado por instituições que sejam munidas de poder estatal pela ordem jurídica e, ao mesmo tempo, tenham vontade e capacidade de controlar os outros órgãos e repartições, impondo, inclusive, as sanções previstas quando estes cometem atos ilegais ou se omitem. Este tipo de supervisão deve ocorrer dentro de estruturas institucionais sólidas e, além disso, tem de ser assegurado na ponta por parte de tribunais independentes e atuantes. Esta forma de *"accountability* horizontal" ganha especial significância onde não está funcionando bem o controle vertical através de eleições livres, como sói acontecer no Brasil em virtude de diversas razões.[25]

Sem dúvida, a democracia não deve ser entendida apenas como uma forma de domínio político, mas como um modo especial de relação entre Estado e cidadãos, e entre estes mesmos. A capacidade democrática de um Estado não pode ser vista independentemente do contexto social geral. Outra questão diretamente ligada a esta é o grau de efetividade com que o sistema jurídico ordena as relações sociais. Como quase todos os Estados da América Latina, o Brasil tem uma longa tradição de desrespeito ao direito. Além do mais, inúmeros dos seus habitantes somente podem ser considerados "cidadãos" em relação aos direitos políticos, mas não no que diz respeito a seus direitos civis e sociais.

A validade da própria cidadania, portanto, é decisivamente influenciada pela efetividade geral do sistema jurídico. Todavia, apenas o Estado de Direito garante a aplicação das regras normativas para a instalação e a manutenção de um regime democrático, uma vez que os direitos políticos juridicamente positivados formam a plataforma a partir da qual podem ser conquistadas outras posições jurídicas civis e sociais; somente uma propagação do Estado de Direito formal cria as condições para o fortalecimento da sociedade civil. Por isso, parece ser pouco útil a tentativa de intercalar e misturar a definição do conceito *democracia* com uma elevada dose de justiça social ou igualdade, já porque isso pode levar a uma desvalorização das estruturas democráticas já alcançadas.[26]

---

[23] KRAWIETZ, Werner. Autokratie, Demokratie und Rechtsstaat in iberoamerikanischen Rechtssystemen. In: KRAWIETZ, Werner. *Politische Herrschaftsstrukturen und Neuer Konstitutionalismus.* Berlin: Duncker & Humblot, 2000. p. 23.
[24] ZIPPELIUS, Reinhold. *Teoria geral do Estado.* 3. ed. Lisboa: Fundação C. Gulbenkian, 1997. p. 383.
[25] O'DONNELL, Guillermo. *Dissonances:* democratic critiques of democracy. Notre Dame: University of Notre Dame Press, 2007. p. 60-90.
[26] O'DONNELL, Guillermo. *Dissonances:* democratic critiques of democracy. Notre Dame: University of Notre Dame Press, 2007. p. 60-90; 30-128.

3 Natureza e formatação do Estado Social

Embora fortemente influenciado pelo modelo europeu, o Estado Social assumiu uma configuração própria na América Latina. Quem analisa a sua estrutura mais aprofundadamente no Brasil pode ter dúvidas se o país realmente merece o atributo "Estado Social". Caso o conceito seja entendido no sentido de um *Welfare State* com sistemas abrangentes de seguridade social, a resposta deve ser necessariamente, negativa, ainda que tenha havido, sem dúvida, melhoramentos significativos desde 1988. Quem, no entanto, vê o Estado Social como sinônimo de um Estado intervencionista, não terá dificuldade alguma para assinalar o Brasil como tal.

Desde os anos 30 do século passado foi formado, especialmente na época do governo de Vargas, um Estado *desenvolvimentista*, que posteriormente caracterizou-se pelas intervenções maciças no cenário econômico do país, em favor da industrialização.[27] A estrutura deste Estado Social, contudo, tem permanecido heterogênea até os dias de hoje, já que nunca se conseguiu implantar um verdadeiro Estado de Bem-Estar em favor das camadas sociais mais amplas. Além disso, a Administração Pública – em nítida contradição aos princípios estatuídos na Constituição – promoveu e incentivou muito pouco o desenvolvimento econômico e social do Brasil. Neste contexto, a questão da coordenação dos diversos setores administrativos tem se mostrado menos um problema técnico de gerenciamento eficiente que um assunto eminentemente político.[28] Mormente em tempos de domínio autoritário, a intervenção estatal serviu menos à implementação de metas sociais do que ao enriquecimento de uma parte relativamente pequena da população.

Um Estado Social, que intervém ativamente na vida social e econômica em prol das condições de vida da maioria do povo e que teria de ser reduzido no seu tamanho, no Brasil nunca passou de um simulacro, visto que o Poder Público jamais conseguiu cumprir efetivamente as "promessas da modernidade" materiais para a maior parte de sua população. A Constituição de 1988 reconhece este fato e tenta implantar o programa de um moderno *Welfare State* por meio de um programa normativo dirigente.[29]

Nesse contexto, teve grande impacto no Brasil a concepção de uma Constituição *dirigente*, desenvolvida pelo constitucionalista português Canotilho, a partir de 1982.[30] Segundo este modelo, a Lei Maior não deve estabelecer apenas limites para a intervenção estatal ou regras processuais para a atividade política, mas também definir fins e objetivos para o Estado e a sociedade, determinando, inclusive, a realização e o conteúdo de várias políticas públicas. No final dos anos 90, Canotilho alterou a sua posição, alegando o "descrédito de utopias" e a "falência dos códigos dirigentes", que teriam de ceder espaço para "modelos regulativos típicos da subsidiariedade" e da

---

[27] BERCOVICI, Gilberto. *Desigualdades regionais, Estado e Constituição*. São Paulo: Max Limonad, 2003. p. 54.
[28] BERCOVICI, Gilberto. Planejamento e políticas públicas: por uma nova compreensão do papel do Estado. In: BUCCI, M. P. Dallari (Org.). *Políticas públicas*: reflexões sobre o conceito jurídico. São Paulo: Saraiva, 2006. p. 15-147.
[29] MORAES, J. L. Bolzan de; STRECK, Lenio. *Ciência política & teoria do Estado*. 5. ed. Porto Alegre: Livraria do Advogado, 2006. p. 81-104. Entre os membros da Assembleia Nacional Constituinte (1986-88) essa teoria era a doutrina constitucional mais bem aceita.
[30] CANOTILHO, José Joaquim Gomes. *Constituição Dirigente e vinculação do legislador*. Coimbra: Coimbra Editora, 1982. p. 149.

"autodireção social estatalmente garantida",[31] passando a negar, inclusive, a geração de direitos subjetivos na base de direitos constitucionais sociais.[32] Em seguida, contudo, Canotilho deixou claro que a Constituição dirigente "não morreu", mas apenas perdeu o seu viés revolucionário-socialista, em virtude do avanço econômico e político de Portugal após o ingresso na União Europeia.[33] Em relação às "angústias dos autores de países de modernidade tardia" como o Brasil, ele assegurou que "a constituição dirigente desempenhará uma função de compreensão incontornável relativamente às *tarefas do Estado*" (como o Estado Social e o Ecológico), além de recortar "os *instrumentos* (e os métodos!) para a prossecução destas tarefas (políticas públicas de ensino, trabalho, saúde, segurança social".[34]

Influenciada pela Carta alemã de Weimar, a Carta brasileira de 1934 declarou – certamente de forma antecipada – o Estado Social. Este programa normativo-constitucional, perante os fatores de poder econômico e político daquela época, tinha caráter em grande parte utópico; no entanto, ele marcou um importante ponto de partida para uma modernização da ordem jurídica. Pontes de Miranda, já nos anos 30, exigia a inclusão dos direitos fundamentais sociais no texto constitucional na forma de direitos subjetivos públicos, uma vez que eles, no caso de uma inserção como posições jurídicas meramente objetivas, perderiam toda sua eficiência e degenerariam para "letra morta, enfeite doutrinal" e "aforismos de intuitos ilusionistas".[35]

O avanço decisivo da Carta de 1988 em direção a um efetivo Estado Social de Direito se deu pela extensão de um sistema abrangente de garantias processuais para a implementação judicial dos direitos fundamentais.[36] Ao passo que a lei se tornou instrumento de transformação das condições sociais, houve uma redistribuição dos papéis tradicionais nas ações dos poderes estatais que valorizou o Judiciário. Por isso, não há assunto que esteja sendo discutido atualmente com mais ênfase do que a crescente "judicialização" da política. Este fenômeno, na América Latina, foi no passado também expressão de uma manobra para o esvaziamento do debate democrático, através da qual temas socialmente sensíveis foram retirados da discussão pública e repassados a uma elite especializada de *experts*.[37] A referida tendência de judicialização, porém, não deveria ser reduzida a este aspecto negativo.

Na sociedade brasileira, ainda não foi construída uma "esfera pública" autônoma no sentido de Habermas,[38] já que nunca houve por aqui uma institucionalização geral dos direitos fundamentais de cidadania, o que se deve à realização deficiente ou inexistente

---

[31] CANOTILHO, José Joaquim Gomes. Rever ou romper com a Constituição Dirigente?. *Cadernos de Direito Constitucional e Ciência Política*, São Paulo, n. 15, 1998. p. 8.
[32] *Vide* a nossa crítica em KRELL, Andreas J. *Direitos sociais e controle judicial no Brasil e na Alemanha*. Porto Alegre: Safe, 2002.
[33] COUTINHO, Jacinto. *Canotilho e a Constituição Dirigente*. Rio de Janeiro: Renovar, 2003. p. 34.
[34] CANOTILHO, José Joaquim Gomes. Estado pós-moderno e Constituição sem sujeito. In: CANOTILHO, José Joaquim Gomes. *"Brancosos" e interconstitucionalidade*. Coimbra: Almedina, 2006. p. 131-138.
[35] MIRANDA, Francisco C. Pontes de. *Comentários à Constituição de 1967, com a Emenda n. 1 de 196*. 3. ed. Rio de Janeiro: Forense, 1987. p. 134. t. I.
[36] BONAVIDES, Paulo. *Curso de direito constitucional*. 18. ed. São Paulo: Malheiros, 2006. p. 368-373.
[37] TRUBEK, David M. Para uma teoria social do direito: um ensaio sobre o estudo de direito e desenvolvimento. In: RODRIGUES, José R. (Org.). *O novo direito e desenvolvimento*. São Paulo: Saraiva, 2009. p. 104 ss.
[38] ESPINOZA, Danielle S. E. *Entre substancialismo e procedimentalismo*: elementos para uma teoria constitucional brasileira adequada. Maceió: Edufal, 2009. p. 59.

dos direitos sociais e às estruturas profundamente arraigadas de desigualdade social. À adoção do "modelo textual" constitucional europeu e norte-americano do Estado de Direito Democrático não tem correspondido um desenvolvimento adequado em nível de concretização, visto que o Estado, até hoje, "permanece sendo amplamente bloqueado pela sociedade envolvente".[39]

4 O federalismo brasileiro entre cooperação, competição e controle da União

O Brasil possui, atualmente, 26 estados federados e cerca de 5.600 municípios: desde 2000, a própria Constituição (art. 29-A) prescreve limites ao número e à remuneração dos vereadores locais. A adoção da estrutura federativa pela Carta de 1891 era uma consequência necessária da fundação da República.[40] Entretanto, desde o início os pontos fracos da organização federativa levaram os estados a depender financeira e politicamente do governo central, fato que causou na década de 1930 o desmoronamento do federalismo no país.[41] A Constituição de 1988 é a única do mundo que declara os municípios autênticos membros da Federação (arts. 1º e 18); sua elevação formal para o terceiro nível do Estado federativo reflete uma situação que já existia durante décadas. Uma consequência importante da posição constitucional forte do município como parte emancipada desta "trilogia federativa" é o fato de que União e estados não podem dar ordens administrativas ou impor deveres aos entes locais, exceto aqueles que têm a sua base diretamente no texto da Carta federal.

Essa posição juridicamente forte somente pode ser explicada a partir da história do país desde a sua colonização, quando, no seu território vasto e pouco habitado, apenas os municípios representavam efetivamente o poder estatal. Isso fez com que muitos governos locais, no decorrer do tempo, desenvolvessem uma posição praticamente autônoma perante as instâncias regionais e centrais. O próprio poder político, até meados do século XX, era exercido longe da legitimação democrática por elites locais, as quais se arranjaram para este fim com os respectivos governadores estaduais.[42] Mesmo assim, o constituinte não se afastou da ideia de uma autonomia municipal bastante abrangente (quase "autárquica")[43] e deixou de introduzir mecanismos para um controle mais intenso dos órgãos locais.

A influência direta de União e dos estados em relação aos municípios limitou-se nas décadas seguintes cada vez mais à área financeira. Do ponto de vista jurídico, estes se tornaram, paradoxalmente, cada vez mais "livres", isto é, eles não podiam ser obrigados a cumprir determinadas tarefas ou a cooperar com municípios vizinhos ou instâncias superiores, ainda que o desenvolvimento econômico do país tenha gerado a

---

[39] NEVES, Marcelo. *Entre Têmis e Leviatã*: uma relação difícil. São Paulo: Martins Fontes, 2006. p. 240-245.
[40] ATALIBA, Geraldo. *República e Constituição*. 2. ed. São Paulo: Malheiros, 2004. p. 36-43.
[41] CAVALCANTI, Themístocles B. Os estados na Federação. In: BONAVIDES, Paulo et al. *As tendências atuais do direito público*. Rio de Janeiro: Forense, 1976. p. 68.
[42] PAUPÉRIO, A. Machado. *O município e seu regime jurídico no Brasil*. Rio de Janeiro: Forense, 1973. p. 32.
[43] ABRÚCIO, Fernando. A coordenação federativa no Brasil: a experiência do período FHC e os desafios do governo Lula. *Revista de Sociologia Política*, n. 24, 2005. Disponível em: <http://dx.doi.org/10.1590/S0104-44782005000100005>. Acesso em: 15 maio 2016.

necessidade de uma crescente colaboração de todos os níveis estatais.[44] Há muito tempo, uma reforma federativa está na agenda política do governo brasileiro; esta, porém, dificilmente avança. Os governos estaduais sempre condicionaram a sua cooperação a reivindicações financeiras, com poucos sinais de solidariedade dos estados mais ricos para com os menos desenvolvidos.

Assim, a exigência de uma profunda renovação do pacto federativo brasileiro normalmente está focalizada, sobretudo, em uma redistribuição das rendas tributárias. A afirmação implícita de que o aumento das receitas nos níveis estatais regional e local iria causar uma sensível melhoria na prestação dos serviços públicos em geral pode ser questionada em face da onipresença da corrupção, da má gestão e do desperdício de recursos. Desde a reforma administrativa incisiva, por emenda constitucional de 1998, o país aposta cada vez mais no federalismo cooperativo,[45] o qual, contudo, ainda se acha demasiadamente concentrado nas competências legislativas, enquanto as atribuições administrativas não são suficientemente analisadas. Os maiores problemas, porém, surgem justamente no âmbito executivo, e podem ser caracterizados com os conceitos do déficit de execução, da falta de *accountability* bem como da interligação das estruturas de poder político e econômico.[46]

Embora o termo federalismo cooperativo em outros países já seja alvo de críticas em virtude de sua tendência a gerar demasiados "entrelaçamentos" políticos, estas experiências fornecem apenas poucos argumentos contra o emprego crescente de instrumentos para uma efetiva cooperação entre os diferentes níveis de governo no Brasil. Aqui, o modelo oposto de um federalismo competitivo parece pouco adequado, visto que levaria, provavelmente, a assimetrias e distorções das decisões políticas ainda maiores.[47] Entre as esferas estatais ainda não prosperou uma cultura da cooperação produtiva; antes, são o isolamento e a disputa que dominam o cenário. Nas ações conjuntas entre os diferentes níveis de governo ainda não há uma tradição cooperativa em termos de "fidelidade federativa" ou "solidariedade funcional".[48] Neste ponto, não parece ser exagero falar de um "*laisser-faire* da União" em relação à autonomia de estados e municípios e de uma "luta hobbesiana" entre estes.[49]

Também pode ser observado um aumento irreversível das competências federais, pois cada vez mais políticas públicas dependem do planejamento, da organização e do financiamento centralizados, que atingem todo o país. Com isso, o reconhecido princípio da subsidiariedade teve de ceder espaço para a necessidade de uma maior

---

[44] Sobre o tema, cf. KRELL, Andreas J. *Direito e Administração Pública municipal no Brasil*: um estudo comparativo com o sistema alemão. São Paulo: Oficina Municipal, 2003.

[45] Decisiva foi a inserção do art. 241 CF, que reza: "A União, os Estados, o Distrito Federal e os Municípios disciplinarão por meio de lei os consórcios públicos e os convênios de cooperação entre os entes federados, autorizando a gestão associada de serviços públicos, bem como a transferência total ou parcial de encargos, serviços, pessoal e bens essenciais à continuidade dos serviços transferidos".

[46] Cf. KRELL, Andreas J. A necessária mudança de foco na implantação do federalismo cooperativo no Brasil: da definição das competências legislativas para o desenho de formas conjuntas de execução administrativa. In: SOUZA NETO, Cláudio Pereira et al. (Org.). *Vinte anos da Constituição Federal de 1988*. Rio de Janeiro: Lumen Juris, 2009. p. 656.

[47] SILVEIRA, Alessandra. *Cooperação e compromisso constitucional nos Estados compostos*. Coimbra: Almedina, 2007. p. 222.

[48] BERCOVICI, Gilberto. *Constituição e superação das desigualdades regionais*. São Paulo: Max Limonad, 2001. p. 77.

[49] NEVES, Marcelo. *Grenzen der demokratischen Rechtsstaatlichkeit und des Föderalismus in Brasilien*. Basel: Helbig & Lichtenhahn, 2000. p. 37-46.

homogeneidade das estruturas político-administrativas.[50] Conquanto o fortalecimento dos governos subnacionais sem dúvida tenha contribuído para a consolidação da democracia, não pode ser esquecido que, em muitas regiões do país, são justamente nos municípios (e também alguns estados) onde mais prosperam o clientelismo, a corrupção e a ineficiência administrativa, fato que teve, inclusive, efeitos muito negativos para o processo da consolidação das finanças públicas.[51]

Desde a Carta de 1988, aumentou o número dos chamados "sistemas nacionais", criados por lei federal na esfera do Executivo e que servem para integrar os governos e órgãos administrativos dos estados e municípios na implementação das políticas públicas setoriais.[52] O funcionamento desses sistemas é problemático, uma vez que no Brasil (ao contrário de países como a Alemanha) existe um sistema administrativo de separação – ou de "execução imediata" das leis de cada esfera –, que prevê o funcionamento simultâneo das máquinas administrativas de todos os três níveis federativos, as quais, a princípio, são independentes entre si. Além disso, ainda não há formas institucionalizadas de "administração por encomenda" ou "empréstimo de órgãos" entre as diferentes esferas de governo.

As inúmeras subdivisões da Administração Pública brasileira (cada órgão representa diferentes forças e interesses políticos) desde sempre geraram sérios empecilhos para uma execução bem-sucedida das prescrições legais. Neste cenário de fragmentação institucional o governo federal, muitas vezes, tem aparecido como a única instância minimamente ordenadora.[53] No entanto, os inegáveis avanços do país em direção a uma Administração Pública que age de forma racional e eficiente não conseguem esconder o fato de que a União, no passado, também tem desvirtuado frequentemente a transferência de recursos financeiros (e outros) para servir de meio de adestramento político ou até de chantagem.

Especialmente desde o início do governo do Presidente Lula, em 2003, aumentaram as "políticas nacionais" na área social, o que exige uma coordenação por parte do nível central. Este deve garantir, através do uso de medidas estritas, que os recursos disponibilizados para os estados e municípios sejam aplicados de maneira correta. Por outro lado, cresce o número daqueles que destacam as vantagens da descentralização das competências políticas e administrativas no sentido do princípio da subsidiariedade, já que o imenso território do país apresenta acentuadas diferenças nas áreas do desenvolvimento social, da estrutura econômica, do nível educacional e dos recursos naturais.

Os consórcios públicos, criados pela Lei nº 11.107, de 2005, e os convênios entre os diferentes níveis de governo somente podem ser celebrados na base voluntária. Por isso, a participação ativa nestes arranjos institucionais deve ser promovida mediante a oferta de recursos humanos, técnicos e financeiros aos municípios e estados, por meio de programas e fundos. O notório déficit de execução da legislação social brasileira sempre encontrou um dos seus principais motivos na falta de clareza em relação à

---

[50] KRELL, Andreas J. *Leis de normas gerais, regulamentação do Poder Executivo e cooperação intergovernamental em tempos de reforma federativa*. Belo Horizonte: Fórum, 2008. p. 60.
[51] Um passo decisivo nesta direção foi a promulgação da Lei de Responsabilidade Fiscal (LC nº 101/2000), que delimitou minuciosamente a administração financeira e os gastos dos governos de todos os níveis da Federação.
[52] Há sistemas nacionais nas áreas: meio ambiente (Sisnama, 1981), saúde (SUS, 1990), recursos hídricos (SNGRH, 1997), trânsito (1997), vigilância sanitária (1999), armas (2003) e segurança alimentar (Sisan, 2006).
[53] BERCOVICI, Gilberto. *Dilemas do Estado federal brasileiro*. Porto Alegre: Livraria do Advogado, 2004. p. 56.

responsabilidade jurídica (e também política) pela prestação de diversos serviços públicos, o que tem causado a superposição das ações estatais e o desperdício dos parcos recursos. A Constituição de 1988, contudo, não definiu mais nitidamente os limites destas competências; em vez disso, estatuiu no seu art. 23, sob o título "competências comuns", cerca de 30 áreas funcionais administrativas para todos os três níveis estatais de governo. Assim, não estabeleceu uma hierarquia interna, mas deixou a concretização mais detalhada para leis complementares, das quais, até hoje, foi promulgada apenas uma para a área da proteção do meio ambiente (LC nº 140/2011).

Entretanto, no Brasil também se manifesta o fenômeno internacional do crescente entrelaçamento entre diferentes competências federativas em estados de tendência intervencionista. A dependência mútua cada vez maior dos órgãos estatais obriga os atores a perseguir uma atuação política e administrativa em comum através do uso de mecanismos de articulação e de negociação. Uma delimitação nítida das áreas de competência da União, dos estados e dos municípios, como ela existe em outros países, aqui não pode ser alcançada nem seria recomendável. A alta demanda de investimentos estatais na área social apaga as linhas divisórias entre as competências individuais, exigindo uma divisão de trabalho flexível e uma melhor coordenação do Poder Público.

O futuro mostrará se a formação dos consórcios públicos será suficiente para compensar a ausência de um nível estatal de intervenção institucionalizado, situado entre os estados e os municípios. Este problema também causa efeitos negativos nas regiões metropolitanas, visto que nos grandes centros urbanos brasileiros os municípios originais nunca foram rebaixados em distritos para garantir uma administração comum dessas regiões. A fragmentação dos órgãos políticos nestes espaços metropolitanos dificulta bastante o planejamento e a execução necessariamente integrados das medidas de infraestrutura e a prestação de serviços públicos (saneamento básico, trânsito, zoneamento, proteção ambiental etc.). Por essas razões, a definição da melhor esfera de intervenção e a instalação de instâncias para a mediação de uma atuação conjunta nas áreas mais importantes de políticas públicas continuam sendo um dos maiores desafios do federalismo brasileiro. O recente Estatuto da Metrópole (Lei nº 13.089, de 12.1.2015) estabelece diretrizes gerais para o planejamento, a gestão e a execução das funções públicas de interesse comum em regiões metropolitanas e em aglomerações urbanas instituídas pelos estados.[54]

5 O "Estado Ambiental": *fata morgana* ou modelo viável para o Brasil?

Riscos difusos e latentes como a energia nuclear, a pesquisa genética e as mudanças climáticas são capazes de levantar dúvidas sobre o próprio funcionamento dos instrumentos representativo-democráticos do moderno Estado de Direito. Quando a discussão gira em torno de assuntos como a ameaça das bases da existência humana, a insegurança sobre as consequências da introdução de determinadas tecnologias, a distribuição justa das vantagens e onerações referentes a estas ou até o fim de seu uso,

---

[54] O Estatuto determina que todas as regiões devam possuir um "plano de desenvolvimento urbano integrado", a ser aprovado mediante lei estadual. Além disso, poderão ser formulados "planos setoriais interfederativos" para determinadas políticas públicas (art. 10). Conceito central da lei é a "governança interfederativa", definida como o "compartilhamento de responsabilidades e ações entre entes da Federação em termos de organização, planejamento e execução de funções públicas de interesse comum" (art. 2º, IV).

surge a necessidade de reformar as estruturas institucionais tradicionais para aumentar o nível de aceitação das respectivas decisões políticas junto à população. Por isso, o estabelecimento de um "Estado constitucional ecológico", que não possua um caráter apenas simbólico, deve incluir a criação de instituições que garantam o seu efetivo funcionamento.[55]

Como o Estado Ambiental (ou Ecológico), no dizer de Canotilho, também "aponta para novas formas de participação política sugestivamente condensadas na expressão democracia sustentada",[56] ainda é difícil imaginar a implantação de tais medidas no Brasil, onde a maioria da população não tem o costume de reivindicar e exercer os seus direitos de participar na elaboração de planos diretores ou leis de zoneamento, de frequentar audiências públicas sobre estudos de impacto ambiental de projetos que envolvem os seus interesses ou de direcionar o seu voto em favor de propostas políticas mais sustentáveis.

Nos países centrais, o maior desafio do constitucionalismo contemporâneo não está mais concentrado na questão social, mas na proteção preventiva dos cidadãos contra as consequências negativas do avanço tecnológico ("prevenção de riscos").[57] De forma diferente, no Brasil, o conceito do Estado Ambiental ainda possui uma conotação, sobretudo acadêmica, já que não se pode afirmar que o Estado tenha adotado a proteção ambiental como "relevante meta e parâmetro para as suas decisões"[58] ou que tenha havido uma "mudança de paradigmas em direção a um Estado de Direito preventivo". A legitimação do Estado brasileiro junto aos cidadãos ainda não depende da questão de se ele cumpre efetivamente a tarefa constitucional da proteção ambiental.[59] No fundo, é questionável a própria pretensão de liderança do Estado na área da defesa do meio ambiente, visto que o seu desempenho administrativo deixa muito a desejar em setores tradicionais como a educação, a saúde e a segurança pública.[60]

Sem dúvida, a ordem jurídica contemporânea obriga os diferentes níveis de governo a considerar mais intensamente os aspectos ecológicos na realização de projetos. Para este fim, eles mantêm órgãos especializados para controle e supervisão de atividades potencialmente degradadoras do meio ambiente, os quais atuam com base nas numerosas leis sobre o assunto. Boa parte dessas normas, contudo, pode ser qualificada como legislação simbólica, na qual o poder estatal finge que algo acontece em favor do meio ambiente, mas, ao mesmo tempo, acena em direção aos agentes econômicos diretamente atingidos, para que eles entendam que essa pretensa intenção, na verdade, também não é "tão séria assim".[61]

A Constituição federal de 1988, no seu capítulo sobre o meio ambiente (art. 225), garantiu a este uma posição formal de destaque, atribuindo a todos o direito ao meio

---

[55] STEINBERG, Rudolf. *Der ökologische Verfassungsstaat*. Frankfurt: Suhrkamp, 1998. p. 336.
[56] CANOTILHO, José Joaquim Gomes. Estado Constitucional ecológico e democracia sustentada. In: FERREIRA, H. S.; LEITE, J. R. M. (Org.). *Estado de Direito ambiental*. Rio de Janeiro: Forense Universitária, 2004. p. 3.
[57] GRIMM, Dieter. Ursprung und Wandel der Verfassung. In: ISENSEE, J.; KIRCHHOF, P. *Handbuch des Staatsrechts der Bundesrepublik Deutschland*. 3. ed. Heidelberg: Müller, 2003. p. 28.
[58] KLOEPFER, Michael. *Umweltrecht*. 2. ed. München: Beck, 1998. p. 132.
[59] CALLIESS, Christian. *Rechtsstaat und Umweltstaat*. Tübingen: Mohr Siebeck, 2001. p. 30-99.
[60] SPECK, Bruno. *Strömungen politisch-sozialen Denkens im Brasilien des 20. Jahrhunderts*. Freiburg: ABI, 1995. p. 253.
[61] SENDLER, Horst. Rechtsstaat um Defizit? In: SENDLER, Horst. *Recht – Gerechtigkeit – Rechtsstaat*: Beiträge zwischen 1964 und 2005. Köln: Carl Heymanns, 2006. p. 118.

ambiente ecologicamente equilibrado, estabelecendo, ao mesmo tempo, o dever do Poder Público e da coletividade de "defendê-lo e preservá-lo para as presentes e futuras gerações".[62] As chances para o efetivo cumprimento dos dispositivos do art. 225 dependem diretamente da realização das normas sobre a ordem econômica do país (art. 170),[63] que deve ser orientada não apenas pelos princípios da livre concorrência, do pleno emprego e da propriedade privada, mas também pela defesa do consumidor, da função social da propriedade e da "defesa do meio ambiente, inclusive mediante tratamento diferenciado conforme o impacto ambiental dos produtos e serviços e de seus processos de elaboração e prestação" (art. 170, VII).

A formatação concreta de um Estado Ambiental ainda não foi discutida de maneira aprofundada no Brasil.[64] A questão decisiva parece ser em que medida a tradição burocrática e institucional-política do país permite a adoção deste conceito alterado de Estado. Assim, é duvidoso até que ponto seria viável uma orientação dos órgãos estatais no sentido de uma maior proteção e prevenção em relação a riscos ecológicos ante a realidade de eleitores bastante passivos, da participação política pouco desenvolvida de boa parte da população e da permanência de uma casta de burocratas e tecnocratas que exerce efetivamente o poder estatal, mas cuja atuação, na realidade, está fora dos limites do controle democrático.

O temido *Leviathan*, que nos países industrializados do Ocidente já se transformou em um "animal doméstico bastante útil" (Schulze-Fielitz) para a área ambiental, não pode ser encontrado no Brasil, seja na sua forma original ou domesticada. Isto se deve também ao fato de que a maior parte das disputas realmente decisivas, até hoje, acontece longe do palco parlamentar constitucionalmente previsto "nos quartos de fundo do complexo burocrático-econômico-técnico".[65] Ao mesmo tempo, não é recomendável etiquetar os dispositivos do art. 225, CF, como normas meramente "utópicas" ou "simbólico-ideológicas", já que qualquer Constituição, de forma mais ou menos acentuada, mantém distância em relação à realidade social, justamente para poder servir de padrão de comportamento e de avaliação da política.

Neste cenário, a constituição normativa e a empírica exercem um efeito mútuo: a pretensão normativa somente pode ser cumprida na medida em que são realizados determinados fatores extrajurídicos.[66] Pelas mesmas razões, parece ser exagerado chamar o texto constitucional brasileiro de "Constituição ecológica" ou "Constituição ambiental"; para justificar tal titulação, a distância entre mandado constitucional e realidade político-administrativa simplesmente (ainda) é grande demais. Outros sugerem que o Estado Ambiental, no Brasil, deveria ser compreendido como "'meta' ou 'parâmetro' a ser atingido, trazendo à tona uma série de discussões que otimizam

---

[62] O art. 225 prevê uma reserva legal para alteração ou supressão de unidades de conservação (§1º, IV), a obrigatoriedade do estudo prévio de impacto ambiental (§1º, IV), a vedação da crueldade contra animais (§1º, VII) e a coexistência das responsabilidades civil, administrativa e penal por degradação ambiental (§3º), entre outras medidas.

[63] DERANI, Cristiane. *Direito ambiental econômico*. São Paulo: Max Limonad, 1997. p. 187.

[64] A maioria das publicações sobre o tema se restringe à descrição das teorias ao redor da "sociedade de risco" e reproduz as teses de autores como Ulrich Beck ou Niklas Luhmann.

[65] Cf. STEINBERG, Rudolf. *Der ökologische Verfassungsstaat*. Frankfurt: Suhrkamp, 1998. p. 384-388.

[66] GRIMM, Dieter. Ursprung und Wandel der Verfassung. In: ISENSEE, J.; KIRCHHOF, P. *Handbuch des Staatsrechts der Bundesrepublik Deutschland*. 3. ed. Heidelberg: Müller, 2003. p. 21.

processos de realização de aproximação do Estado ficto".[67] Neste sentido, Perez-Luño tem razão quando afirma que a inegável dimensão utópica, sempre inerente aos ramos inovadores do direito, "estimula os poderes públicos e serve de incentivo para opinião pública para o desenvolvimento daquelas metas ainda não alcançadas e que contrastam com as realidades que se desejam superar".[68]

Ao contrário da Alemanha, no Brasil nunca se problematizou a possível "sobrecarga" do direito constitucional causada pela inclusão do meio ambiente nas garantias constitucionais.[69] Seguindo o exemplo da Carta portuguesa de 1976, o texto de 1988 prevê a proteção ambiental como direito fundamental individual, sem que tivesse sido discutida uma positivação menos densa, como na forma de uma "norma fim-de-Estado". As possibilidades para um maior controle democrático direto de decisões sobre o meio ambiente através de plebiscitos, referendos, conselhos de defesa ambiental etc. dificilmente são questionadas em nível justeórico. Ao mesmo tempo, a importância prática destes instrumentos da democracia (semi)direta tem sido bastante reduzida.

No âmbito da legislação ambiental, até hoje se prestou pouca atenção ao mandamento da determinação legal; em vez disso, prevalece um acentuado déficit de regulamentação normativa, que provoca uma programação legislativa fraca. Assim, em face das consequências abrangentes das decisões sobre o uso de certas tecnologias, deveria haver também uma atuação legislativa mais intensa dos parlamentos brasileiros, para melhor dar conta das dimensões de risco, da complexidade e dos efeitos futuros destes processos. O Legislativo, porém, normalmente deixa de fixar os limites para a emissão de elementos nocivos e se omite quanto à criação de padrões normativos para conduzir os órgãos administrativos em direção a um adequado enquadramento das situações ecologicamente relevantes. Neste ponto, deve ser enfatizado que a ponderação das consequências de riscos na área ambiental não pode ser tratada como assunto meramente técnico-burocrático, porquanto representa quase sempre uma questão política.[70]

Nas condições brasileiras parece ser mais adequado o modelo do "Estado Socioambiental", visto que considera a necessidade de uma orientação simultânea às metas do bem-estar público até hoje pouco realizado e da proteção ambiental, também negligenciada. O desafio está justamente na convergência das agendas social e ecológica para um projeto jurídico-político unificado em direção ao desenvolvimento humano sustentável.[71] Já o Estado Ambiental *procedimental*, idealizado em outros países, merece ser tratado com bastante cuidado no contexto social brasileiro, caracterizado pelos direitos de cidadania debilmente exercidos. Ainda que as soluções de conflito consensuais e a promoção do agir responsável dos poluidores potenciais também sejam imprescindíveis por aqui, deve ficar claro que as repartições estatais somente são capazes de "negociar" com os atores privados, numa maneira produtiva e benéfica para o bem-

---

[67] LEITE, J. R. Morato. Sociedade de risco e Estado. In: CANOTILHO, J. J. G.; LEITE, J. R. M. (Org.). *Direito constitucional ambiental brasileiro*. São Paulo: Saraiva, 2007. p. 151.

[68] PÉREZ LUÑO, Antônio Henrique. *Perspectivas e tendências atuais do Estado Constitucional*. Porto Alegre: Livraria do Advogado, 2012. p. 61.

[69] STEINBERG, Rudolf. *Der ökologische Verfassungsstaat*. Frankfurt: Suhrkamp, 1998. p. 377.

[70] STEINBERG, Rudolf. *Der ökologische Verfassungsstaat*. Frankfurt: Suhrkamp, 1998. p. 189 e ss.; 193; 200; 207 e ss.

[71] FENSTERSEIFER, Tiago. *Direitos fundamentais e proteção do meio ambiente*. Porto Alegre: Livraria do Advogado, 2008. p. 93.

estar comum, a partir de uma posição institucional fortalecida. Caso eles não ocupem tal lugar privilegiado, sempre se encontrarão numa dependência dos representantes de interesses particulares.

Um sistema funcionando de proteção jurídica por meio de tribunais independentes contra qualquer tipo de medidas estatais é considerado por muitos o coroamento do Estado de Direito. O sistema do direito brasileiro prevê na área da defesa ambiental possibilidades abrangentes de controle judicial de atos normativos e administrativos. Os chamados direitos *difusos* são atribuídos a grupos de pessoas não quantificáveis e podem ser reivindicados por meio da ação civil pública (Lei nº 7.347/85); nesse contexto, o Ministério Público ocupa uma posição extremamente importante. Objeto de proteção são, entre outros, o meio ambiente, a ordem urbanística, assim como bens de valor artístico, estético, histórico, turístico e paisagístico. Já a ação popular (Lei nº 4.717/65) possibilita que qualquer cidadão pleiteie proteção judicial contra danos referentes a bens comuns, inclusive o meio ambiente.

O Supremo Tribunal Federal (STF) teve papel central no processo de mudança de atitude do Poder Público em relação aos direitos sociais e ao meio ambiente. Depois de ter reconhecido, em 1995, o direito ao ambiente sadio como um autêntico direito fundamental e destacado a importância de sua implementação por meio da ordem jurídica vigente,[72] o STF, dez anos depois, manifestou-se no sentido de que a tensão permanente entre os aspectos do desenvolvimento nacional e da proteção ambiental, deste "antagonismo, que opõe valores constitucionais relevantes", somente poderia ser superada pela "ponderação concreta, em cada caso ocorrente, dos interesses e direitos postos em situação de conflito, em ordem a harmonizá-los". Neste processo, a interpretação, para conciliar as exigências da economia e da ecologia, deve ser norteada pelo princípio do desenvolvimento sustentável, desde que isso "não importe em esvaziamento do conteúdo essencial dos direitos fundamentais, dentre os quais avulta, por sua significativa importância, o direito à preservação do meio ambiente".[73]

Apesar do conteúdo bastante promissor desta jurisprudência suprema, ainda não ficou claro quais serão os efeitos concretos que ela provocará nas decisões dos tribunais do país nas lides que envolvem aspectos de direito ambiental.

Conclusões e perspectivas

A garantia do Estado Democrático de Direito contida na Carta de 1988 representa um importante progresso em comparação com as estruturas estatais autoritárias anteriores. Uma teoria da Constituição democrática não pode adotar uma imagem pessimista do cidadão, e menos ainda da própria sociedade. Em vez de "capitular, desde logo, perante de uma realidade deficiente", ela deve, a partir de uma constituição concreta, formular perguntas que vão além dela e não desembocam nem em utopias

---

[72] BRASIL, Superior Tribunal Federal. *Ação Direta de Inconstitucionalidade nº 3.540-1/DF*. Tribunal Pleno, Rel. Min. Celso de Mello, Brasília, DF, 1.9.2005. Disponível em: <http://redir.stf.jus.br/paginadorpub/paginador.jsp?docTP=AC&docID=387260>. Acesso em: 15 jul. 2016.

[73] BRASIL. Supremo Tribunal Federal. *Medida Cautelar em Ação Direta de Inconstitucionalidade n. 3.540-1/DF*. Tribunal Pleno, Rel. Min. Celso de Mello, Brasília, DF, 1.9.2005. Disponível em: <http://redir.stf.jus.br/paginadorpub/paginador.jsp?docTP=AC&docID=387260>. Acesso em: 15 jul. 2016.

forçadamente trazidas para o presente, nem aceitam, de forma resignada, a realidade como algo dado que dificilmente pode ser reformado.[74]

Muitos fatores indicam que o Estado, em sociedades "periféricas" como a brasileira, também no futuro terá de assumir um papel ativo e proeminente, especialmente porque aqui, em virtude do avanço da globalização, se pode falar de um "estado de exceção econômico permanente".[75] Neste ponto, até hoje se mostra acertada a exigência de Loewenstein de que haja sempre um "árbitro supremo", que "crie ordem e mantenha o equilíbrio entre as forças políticas concorrentes, que dominam o processo de poder, e os indivíduos que correm risco de se afogar nos emaranhamentos pluralistas, e este não pode ser ninguém senão o Estado".[76]

A combinação entre uma regulamentação constitucional densa de questões detalhadas e a previsão de diversas ações processuais levou à situação atual, em que só dificilmente se pode imaginar uma decisão política relevante que não possa ser sindicada pelo Judiciário.[77] No entanto, o tamanho do desafio dos tribunais para a solução de questões sociais e técnicas extremamente complexas (ainda) está numa relação nitidamente desproporcional aos efetivos conhecimentos extrajurídicos e interdisciplinares da magistratura nacional.[78]

A médio prazo, contudo, o país terá grandes dificuldades de chegar, sem a colaboração ativa dos tribunais, a uma formação de consciência na sociedade civil e a um fortalecimento da participação cívica. Justamente no âmbito da proteção ambiental e das políticas públicas sociais, aqueles que criticam o Terceiro Poder por uma pretensa usurpação das funções dos parlamentos e do Executivo não conseguem esclarecer onde houve concretamente uma tutela indevida dos órgãos democraticamente eleitos por parte de juízes "pretensiosos".

Nas referidas áreas, os direitos individuais e coletivos já foram exaustivamente positivados, o que faz com que as ações judiciais se tornem instrumentos de participação política. Onde os cidadãos, nos procedimentos administrativos e através de seus representantes políticos eleitos, em virtude de poderosos interesses econômicos, não conseguem exercer uma efetiva participação, eles recebem uma nova chance para a interação social com os tribunais. Estes se transformam em "arenas de discussão", nas quais os participantes dos respectivos processos podem chegar a uma racionalização de seus argumentos. A "judicialização da política", portanto, parece neste contexto ser menos um descaminho em direção a um Estado Jurisdicional do que uma etapa necessária para a democratização material da sociedade.[79] Por fim, deve-se constatar que o Brasil está apostando acertadamente no modelo bem-sucedido do constitucionalismo democrático para superar a sua tradição autoritária e, ao mesmo tempo, alcançar o equilíbrio entre os polos do mercado e da política, do privado e do público, dos interesses

---

[74] HÄBERLE, Peter. *Verfassung als öffentlicher Prozess*. Berlin: Duncker & Humblot, 1978. p. 256.
[75] LIMA, Martônio Mont'Alverne B. Idealismo e efetivação constitucional: a impossibilidade da realização da Constituição sem a política. In: COUTINHO, J.; LIMA, M. (Org.). *Diálogos constitucionais*. Rio de Janeiro: Renovar, 2006. p. 376-383.
[76] LOEWENSTEIN, Karl. *Verfassungslehre*. 4. ed. Tübingen: Mohr Siebeck, 2000. p. 415.
[77] SARMENTO, Daniel. *Por um constitucionalismo inclusivo*. Rio de Janeiro: Lumen Juris, 2010. p. 108.
[78] SARMENTO, Daniel. Interpretação constitucional, pré-compreensão e capacidades institucionais do intérprete. In: SOUZA NETO, C. P. et al. (Org.). *Vinte anos da Constituição Federal de 1988*. Rio de Janeiro: Lumen Juris, 2009. p. 319.
[79] LOPES, José Reinaldo de Lima. *Direitos sociais*: teoria e prática. São Paulo: Método, 2006. p. 180.

individuais e do bem comum.[80] A envergadura deste desafio ainda atrairá e ocupará gerações de juristas e cientistas sociais.

Referências

ABRÚCIO, Fernando. A coordenação federativa no Brasil: a experiência do período FHC e os desafios do governo Lula. *Revista de Sociologia Política*, n. 24, 2005. Disponível em: <http://dx.doi.org/10.1590/S0104-44782005000100005>. Acesso em: 15 maio 2016.

ADEODATO, João M. *Ética e retórica*. São Paulo: Saraiva, 2002.

ATALIBA, Geraldo. *República e Constituição*. 2. ed. São Paulo: Malheiros, 2004.

ÁVILA, Humberto. *Teoria da segurança jurídica*. 3. ed. São Paulo: Saraiva, 2014.

BARROSO, Luís Roberto. 20 anos da Constituição de 1988: a reconstrução da democracia do Brasil. In: SIQUEIRA, J. et al. *Uma homenagem aos 20 anos da Constituição brasileira*. Florianópolis: Boiteux, 2008.

BARROSO, Luís Roberto. *Curso de direito constitucional contemporâneo*. 2. ed. São Paulo: Saraiva, 2010.

BERCOVICI, Gilberto. *Constituição e Estado de exceção permanente*. Rio de Janeiro: Azougue, 2004.

BERCOVICI, Gilberto. *Constituição e superação das desigualdades regionais*. São Paulo: Max Limonad, 2001.

BERCOVICI, Gilberto. *Desigualdades regionais, Estado e Constituição*. São Paulo: Max Limonad, 2003.

BERCOVICI, Gilberto. *Dilemas do Estado federal brasileiro*. Porto Alegre: Livraria do Advogado, 2004.

BERCOVICI, Gilberto. Planejamento e políticas públicas: por uma nova compreensão do papel do Estado. In: BUCCI, M. P. Dallari (Org.). *Políticas públicas*: reflexões sobre o conceito jurídico. São Paulo: Saraiva, 2006.

BINENBOJM, Gustavo. *Uma teoria do direito administrativo*. Rio de Janeiro: Renovar, 2006.

BONAVIDES, Paulo. *Curso de direito constitucional*. 18. ed. São Paulo: Malheiros, 2006.

BRASIL, Superior Tribunal Federal. *Ação Direta de Inconstitucionalidade nº 3.540-1/DF*. Tribunal Pleno, Rel. Min. Celso de Mello, Brasília, DF, 1.9.2005. Disponível em: <http://redir.stf.jus.br/paginadorpub/paginador.jsp?docTP=AC&docID=387260>. Acesso em: 15 jul. 2016.

BRASIL. Supremo Tribunal Federal. *Medida Cautelar em Ação Direta de Inconstitucionalidade n. 3.540-1/DF*. Tribunal Pleno, Rel. Min. Celso de Mello, Brasília, DF, 1.9.2005. Disponível em: <http://redir.stf.jus.br/paginadorpub/paginador.jsp?docTP=AC&docID=387260>. Acesso em: 15 jul. 2016.

CALLIESS, Christian. *Rechtsstaat und Umweltstaat*. Tübingen: Mohr Siebeck, 2001.

CANOTILHO, José Joaquim Gomes. *Constituição Dirigente e vinculação do legislador*. Coimbra: Coimbra Editora, 1982.

CANOTILHO, José Joaquim Gomes. Estado Constitucional ecológico e democracia sustentada. In: FERREIRA, H. S.; LEITE, J. R. M. (Org.). *Estado de Direito ambiental*. Rio de Janeiro: Forense Universitária, 2004.

CANOTILHO, José Joaquim Gomes. Estado pós-moderno e Constituição sem sujeito. In: CANOTILHO, José Joaquim Gomes. *"Brancosos" e interconstitucionalidade*. Coimbra: Almedina, 2006.

CANOTILHO, José Joaquim Gomes. Rever ou romper com a Constituição Dirigente?. *Cadernos de Direito Constitucional e Ciência Política*, São Paulo, n. 15, 1998.

CARVALHO, Maria A. Rezende de. Cultura política, capital social e a questão do déficit democrático no Brasil. In: VIANNA, L. W. (Org.). *A democracia e os três poderes no Brasil*. Belo Horizonte: UFMG, 2003.

CAVALCANTI, Themístocles B. Os estados na Federação. In: BONAVIDES, Paulo et al. *As tendências atuais do direito público*. Rio de Janeiro: Forense, 1976.

---

[80] BARROSO, Luís Roberto. 20 anos da Constituição de 1988: a reconstrução da democracia do Brasil. In: SIQUEIRA, J. et al. *Uma homenagem aos 20 anos da Constituição brasileira*. Florianópolis: Boiteux, 2008. p. 48.

COUTINHO, Jacinto. *Canotilho e a Constituição Dirigente*. Rio de Janeiro: Renovar, 2003.

DERANI, Cristiane. *Direito ambiental econômico*. São Paulo: Max Limonad, 1997.

ESPINOZA, Danielle S. E. *Entre substancialismo e procedimentalismo*: elementos para uma teoria constitucional brasileira adequada. Maceió: Edufal, 2009.

FARIA, José Eduardo. *A crise constitucional e a restauração da legitimidade*. Porto Alegre: Safe, 1985.

FENSTERSEIFER, Tiago. *Direitos fundamentais e proteção do meio ambiente*. Porto Alegre: Livraria do Advogado, 2008.

GRIMM, Dieter. Ursprung und Wandel der Verfassung. In: ISENSEE, J.; KIRCHHOF, P. *Handbuch des Staatsrechts der Bundesrepublik Deutschland*. 3. ed. Heidelberg: Müller, 2003.

HÄBERLE, Peter. *Verfassung als öffentlicher Prozess*. Berlin: Duncker & Humblot, 1978.

HABERMAS, Jürgen. *Faktizität und Geltung*. Frankfurt: Suhrkamp, 1998.

KIRSTE, Stephan. Philosophical foundations of the Principle of the Legal State (Rechtsstaat) and the Rule of Law. In: SILKENAT, James A. et al. (Ed.). *The Legal Doctrines of the Rule of Law and the Legal State (Rechtsstaat)*. New York: Springer, 2014.

KLOEPFER, Michael. *Umweltrecht*. 2. ed. München: Beck, 1998.

KRAWIETZ, Werner. Autokratie, Demokratie und Rechtsstaat in iberoamerikanischen Rechtssystemen. In: KRAWIETZ, Werner. *Politische Herrschaftsstrukturen und Neuer Konstitutionalismus*. Berlin: Duncker & Humblot, 2000.

KRELL, Andreas J. A necessária mudança de foco na implantação do federalismo cooperativo no Brasil: da definição das competências legislativas para o desenho de formas conjuntas de execução administrativa. In: SOUZA NETO, Cláudio Pereira et al. (Org.). *Vinte anos da Constituição Federal de 1988*. Rio de Janeiro: Lumen Juris, 2009.

KRELL, Andreas J. *Direito e Administração Pública municipal no Brasil*: um estudo comparativo com o sistema alemão. São Paulo: Oficina Municipal, 2003.

KRELL, Andreas J. *Direitos sociais e controle judicial no Brasil e na Alemanha*. Porto Alegre: Safe, 2002.

KRELL, Andreas J. *Leis de normas gerais, regulamentação do Poder Executivo e cooperação intergovernamental em tempos de reforma federativa*. Belo Horizonte: Fórum, 2008.

LEITE, J. R. Morato. Sociedade de risco e Estado. In: CANOTILHO, J. J. G.; LEITE, J. R. M. (Org.). *Direito constitucional ambiental brasileiro*. São Paulo: Saraiva, 2007.

LIMA, Martônio Mont'Alverne B. Idealismo e efetivação constitucional: a impossibilidade da realização da Constituição sem a política. In: COUTINHO, J.; LIMA, M. (Org.) *Diálogos constitucionais*. Rio de Janeiro: Renovar, 2006.

LOEWENSTEIN, Karl. *Verfassungslehre*. 4. ed. Tübingen: Mohr Siebeck, 2000.

LOPES, José Reinaldo de Lima. *Direitos sociais*: teoria e prática. São Paulo: Método, 2006.

MIRANDA, Francisco C. Pontes de. *Comentários à Constituição de 1967, com a Emenda n. 1 de 196*. 3. ed. Rio de Janeiro: Forense, 1987. t. I.

MORAES, J. L. Bolzan de; STRECK, Lenio. *Ciência política & teoria do Estado*. 5. ed. Porto Alegre: Livraria do Advogado, 2006.

MOREIRA NETO, Diogo de F. Juridicidade, pluralidade normativa, democracia e controle social. In: ÁVILA, H. (Org.). *Fundamentos do Estado de Direito*. São Paulo: Malheiros, 2005.

NEVES, Marcelo. *Entre Têmis e Leviatã*: uma relação difícil. São Paulo: Martins Fontes, 2006.

NEVES, Marcelo. *Grenzen der demokratischen Rechtsstaatlichkeit und des Föderalismus in Brasilien*. Basel: Helbig & Lichtenhahn, 2000.

O'DONNELL, Guillermo. *Dissonances*: democratic critiques of democracy. Notre Dame: University of Notre Dame Press, 2007.

PAUPÉRIO, A. Machado. *O município e seu regime jurídico no Brasil*. Rio de Janeiro: Forense, 1973.

PÉREZ LUÑO, Antônio Henrique. *Perspectivas e tendências atuais do Estado Constitucional*. Porto Alegre: Livraria do Advogado, 2012.

RIBEIRO, Renato J. *A sociedade contra o social*. São Paulo: Companhia das Letras, 2000.

RODRIGUES, Itiberê. Fundamentos dogmático-jurídicos da história do princípio da legalidade administrativa no Brasil. In: ÁVILA, Humberto. *Fundamentos do Estado de Direito*. São Paulo: Malheiros, 2005.

SALDANHA, Nelson. *Formação da teoria constitucional*. Rio de Janeiro: Forense, 1983.

SARLET, Ingo W. *A eficácia dos direitos fundamentais*. 10. ed. Porto Alegre: Livraria do Advogado, 2009.

SARMENTO, Daniel. Interpretação constitucional, pré-compreensão e capacidades institucionais do intérprete. In: SOUZA NETO, C. P. *et al*. (Org.). *Vinte anos da Constituição Federal de 1988*. Rio de Janeiro: Lumen Juris, 2009.

SARMENTO, Daniel. *Por um constitucionalismo inclusivo*. Rio de Janeiro: Lumen Juris, 2010.

SENDLER, Horst. Rechtsstaat um Defizit? In: SENDLER, Horst. *Recht – Gerechtigkeit – Rechtsstaat*: Beiträge zwischen 1964 und 2005. Köln: Carl Heymanns, 2006.

SILVA, José Afonso da. *Curso de direito constitucional positivo*. 22. ed. São Paulo: Malheiros, 2003.

SILVA, José Afonso da. Princípios constitucionais fundamentais. In: SILVA, José Afonso da. *20 anos da Constituição Cidadã*. Rio de Janeiro: Konrad Adenauer, 2008.

SILVEIRA, Alessandra. *Cooperação e compromisso constitucional nos Estados compostos*. Coimbra: Almedina, 2007.

SPECK, Bruno. *Strömungen politisch-sozialen Denkens im Brasilien des 20*. Jahrhunderts. Freiburg: ABI, 1995.

STEINBERG, Rudolf. *Der ökologische Verfassungsstaat*. Frankfurt: Suhrkamp, 1998.

TRUBEK, David M. O "império do direito" na ajuda ao desenvolvimento: passado, presente e futuro. In: RODRIGUES, José R. (Org.). *O novo direito e desenvolvimento*. São Paulo: Saraiva, 2009.

TRUBEK, David M. Para uma teoria social do direito: um ensaio sobre o estudo de direito e desenvolvimento. In: RODRIGUES, José R. (Org.). *O novo direito e desenvolvimento*. São Paulo: Saraiva, 2009.

UNGER, Roberto M. *O direito e o futuro da democracia*. São Paulo: Boitempo, 2004.

WOLKMER, Antônio C. *Elementos para uma crítica do Estado*. Porto Alegre: Safe, 1990.

ZACHER, Hans F. Was kann der Rechtsstaat leisten? In: BURMEISTER, J. *et al*. (Ed.). *Verfassungsstaatlichkeit*: FS für Klaus Stern zum 65. Geburtstag. München: Beck, 1997.

ZIPPELIUS, Reinhold. *Teoria geral do Estado*. 3. ed. Lisboa: Fundação C. Gulbenkian, 1997.

Informação bibliográfica deste texto, conforme a NBR 6023:2002 da Associação Brasileira de Normas Técnicas (ABNT):

KRELL, Andreas J. Os princípios estruturais da Constituição brasileira entre pretensão normativa e realidade social: estado democrático de direito (Estado Social – Estado Federativo – Estado Ambiental). In: PINTO, Hélio Pinheiro; LIMA NETO, Manoel Cavalcante de; LIMA, Alberto Jorge Correia de Barros; SOTTO-MAYOR, Lorena Carla Santos Vasconcelos; DIAS, Luciana Raposo Josué Lima (Coords.). *Constituição, direitos fundamentais e política*: estudos em homenagem ao professor José Joaquim Gomes Canotilho. Belo Horizonte: Fórum, 2017. p. 355-374. ISBN 978-85-450-0185-0.

ESTREITOS CAMINHOS ENTRE O CONSTITUCIONALMENTE ADMISSÍVEL E O EXCESSO: O INSTITUTO DA COLABORAÇÃO PREMIADA E OS PRINCÍPIOS CONSTITUCIONAIS POSTOS À PROVA – ESTUDO COM FOCO NO DELITO DE CORRUPÇÃO

KARLA PADILHA REBELO MARQUES

Introdução

O presente estudo é dedicado ao Senhor Professor Doutor José Joaquim Gomes Canotilho, ilustre personalidade das letras jurídicas lusitanas, com notório reconhecimento em nível mundial em face de seu valoroso contributo à construção de uma doutrina constitucional sólida e juridicamente madura. Ouso aqui discutir o tema da colaboração premiada, navegando entre a seara do direito constitucional e a teoria geral do processo, com foco no processo penal.

Trata-se de um tema assaz instigante, atualmente objeto de acirradas discussões jurídicas, ao ensejo de recentes ações penais em curso no Brasil, em que referido instituto restou utilizado com frequência significativa e, salvo melhor juízo, contribuiu decisivamente para a construção do arcabouço probatório, em diversos episódios envolvendo corrupção, lavagem de dinheiro, organização criminosa e outros crimes associados ao desvio de dinheiro público.

Para além de uma análise sumária da matéria, tentarei, sob inspiração na doutrina constitucional do ilustre Mestre Canotilho e de outros juristas de escol, analisar a compatibilidade ou não do referido instituto com alguns princípios consagrados constitucionalmente em *terra brasilis* e alhures, como o direito à não autoincriminação e o princípio da obrigatoriedade da ação penal pública. Construir um texto ao ensejo de homenagear um ícone do direito como José Joaquim Gomes Canotilho não se revela tarefa de fácil alcance, sobretudo porquanto para mim, na condição de doutoranda da Universidade de Coimbra, onde o referido mestre conduziu grande parte de sua vida de docência e produção acadêmica, sinônimo de jurista exemplar para inúmeras gerações de estudantes da secular Faculdade de Direito daquela instituição universitária, Doutor Canotilho sempre foi um mito. Mas como a ousadia é inerente à essência humana, desde já aceito o desafio e espero dele desincumbir-me sem causar grandes embaraços ao insigne homenageado.

Canotilho se refere a um mal-estar cívico e político[1] que estaria a afetar a credibilidade das "tábuas da lei", mesmo no campo mais sólido dos direitos individuais fundamentais. Atribui esse mal-estar aos fenômenos da corrupção, do clientelismo e do tráfico de influência no universo político-social, motivando uma verdadeira "crise de representação" do Estado de partidos, da política e, finalmente, dos próprios políticos. Indo mais além, aponta para o fenômeno recente em que problemas políticos ou econômicos são transmutados em imbróglios jurídico-constitucionais,[2] no sentido de que a esfera privada dos direitos fundamentais sofre ameaças em face de crises de outra ordem, imersas em subsistemas distintos, como o econômico, por exemplo.

1 Diplomas internacionais: a corrupção e a colaboração premiada

Dispõe a Convenção das Nações Unidas contra a Corrupção (Convenção de Mérida) acerca de atividades que implicam a cooperação com as autoridades encarregadas do cumprimento da lei. Especificamente em seu art. 37, é definido que cada Estado-parte deverá adotar as medidas cabíveis com o fito de "restabelecer" as pessoas que participem ou hajam participado dos delitos previstos na citada Convenção – em especial, o crime de corrupção – desde que elas colaborem com tais autoridades, fornecendo informações úteis à elucidação delitiva, de modo a contribuir para a perda, pelos criminosos, do produto do crime e, ademais, visando à recuperação de tal vantagem. Para atingir tal desiderato, referida Convenção, assinada pelo Brasil em 9.12.2003, objeto do Decreto Presidencial nº 5.687/2006, autoriza ainda que cada Estado-parte considere a possibilidade de concessão de benefícios penais a tais "colaboradores" acusados que prestem informações de conteúdo substancial ao deslindamento dos crimes enunciados pela referida Convenção.

É certo que referido pacto internacional ressalva a necessidade de que tais instrumentos se revelem compatíveis com os princípios fundamentais que norteiam o sistema jurídico pátrio, suscitando, inclusive, a possibilidade de concessão de verdadeira "imunidade judicial" aos colaboradores. Reafirma também a importância de que os cooperantes possam gozar das garantias e do sistema de proteção outorgado a testemunhas, peritos e vítimas, preconizado no art. 32 do mesmo tratado internacional, a fim de que se sintam albergados pelo aparato estatal, de modo a não sofrerem em face de eventuais atos de represália ou intimidação.

De forma global, o que se depreende da referida convenção, inserida no sistema jurídico brasileiro na condição de norma supralegislativa e infraconstitucional,[3] nos termos das mais recentes produções doutrinárias e jurisprudenciais pátrias sobre a matéria, é que com ela se intenta suplantar, através de medidas que impliquem maior eficácia prática nas apurações delitivas[4] do crime de corrupção pública, sejam elas de

---

[1] CANOTILHO, José Joaquim Gomes. *Estudos sobre direitos fundamentais*. Coimbra: Coimbra Editora, 2004. p. 122.
[2] CANOTILHO, José Joaquim Gomes. *Estudos sobre direitos fundamentais*. Coimbra: Coimbra Editora, 2004. p. 133.
[3] Com a ressalva do §3º do art. 5º, da Constituição Federal.
[4] "Artigo 9. 1). Para além das medidas enunciadas no Artigo 8 da presente Convenção, cada Estado Parte, na medida em que seja procedente e conforme ao seu ordenamento jurídico, adotará medidas eficazes de ordem legislativa, administrativa ou outra para promover a integridade e prevenir, detectar e punir a corrupção dos agentes públicos. 2). Cada Estado Parte tomará medidas no sentido de se assegurar de que as suas autoridades atuam eficazmente em matéria de prevenção, detecção e repressão da corrupção de agentes públicos,

cunho legislativo, administrativo ou de ordem diversa, o desafio de extirpar o clima de impunidade que costumava preponderar, em face do *modus operandi* típico da corrupção e do seu poder de interferência nas instituições,[5] em relação aos agentes que a praticam.

Impende igualmente tecer alguma análise acerca da Convenção das Nações Unidas contra o Crime Organizado Transnacional,[6] que empresta especial ênfase ao delito de corrupção em seu art. 8, tendo-se em conta sua danosidade social e os efeitos nefastos que espraia sobre todos os estratos sociais da nação em que é praticada, sobretudo aqueles que comportam os economicamente hipossuficientes. Note-se que muitos são os dispositivos que integram referido tratado supranacional, com foco principal na cooperação internacional voltada ao combate ao crime que ultrapassa as fronteiras de um país, através do desenvolvimento de inúmeros mecanismos idôneos a tal objetivo.

Entretanto, cuida-se de atentar e ressaltar o não cabimento de qualquer medida investigativa, ainda que útil sob o ponto de vista de obtenção de resultados, mas em descompasso com os conceitos básicos que norteiam a Carta de Direitos Humanos Fundamentais, razão pela qual, em seu art. 23, refere-se à necessidade de criminalização e repressão de eventuais tentativas de obtenção de falsos testemunhos mediante o uso de força física, ameaças ou intimidação. Também no mesmo dispositivo se fortalece a necessidade de criminalização de atitudes que igualmente se prestem aos fins ilícitos acima enunciados, agora com o uso de promessas, ofertas ou concessões de benefícios indevidos, em relação aos delitos tratados na mesma convenção.

Em seguida, já no seu art. 26, surge dispositivo que vai ao encontro de norma de similar conteúdo descrita na convenção inicialmente analisada, consistente na necessidade de adoção de medidas, pelos Estados signatários, voltadas à intensificação da cooperação com as autoridades competentes, no sentido de:

> 1. [...] Encorajar as pessoas que participem ou tenham participado em grupos criminosos organizados:
> a) A fornecerem informações úteis às autoridades competentes para efeitos de investigação e produção de provas, nomeadamente
> i) A identidade, natureza, composição, estrutura, localização ou atividades dos grupos criminosos organizados;
> ii) As conexões, inclusive conexões internacionais, com outros grupos criminosos organizados;
> iii) As infrações que os grupos criminosos organizados praticaram ou poderão vir a praticar;
> b) A prestarem ajuda efetiva e concreta às autoridades competentes, susceptível de contribuir para privar os grupos criminosos organizados dos seus recursos ou do produto do crime.

Referida norma legal vai mais além, quando preconiza que cada Estado-parte deve ter em conta a possibilidade de proceder à redução de pena a que estaria sujeito o

---

inclusivamente conferindo a essas autoridades independência suficiente para impedir qualquer influência indevida sobre a sua atuação".

[5] Além dos consabidos efeitos deletérios que a criminalidade organizada é capaz de produzir, incluindo-se aí a corrupção pública, na sociedade em geral e no desenvolvimento sustentável em particular, *ex vi* do art. 30, nº 1, da referida Convenção Internacional.

[6] Promulgada no Brasil através do Decreto nº 5.015, de 12.3.2004, conhecida como "Convenção de Palermo".

arguido, na hipótese de sua cooperação substancial na investigação ou no julgamento dos outros autores de um dos crimes elencados no citado tratado, referindo-se, inclusive, à possibilidade de concessão de imunidade a quem coopere substancialmente com a investigação ou julgamento, acrescentando ainda o benefício da concessão de instrumentos de proteção destinados à salvaguarda da incolumidade de tais colaboradores. Como sói concluir em análise a tal convenção, seu texto encontra-se imbuído de uma ideia de colaboração entre nações, inclusive no que se refere à possibilidade de que os delatores de um país possam prestar depoimentos no âmbito de outros Estados-parte, através da celebração de acordos de cooperação internacionais.[7]

2 Dos princípios constitucionais postos em xeque (parte I)

Suplantada a constatação de que se dispõe atualmente de uma tendência internacional ao uso da colaboração premial enquanto medida possível e juridicamente legítima para auxílio na luta contra a parcela da criminalidade que maiores danos causa à humanidade, resta abordarmos agora o mesmo instituto sob o prisma do direito interno, através da análise dos princípios constitucionais supostamente aviltados, em relação ao tema. As maiores críticas e resistências ao referido instituto encontram-se calcadas nos seguintes princípios constitucionais:

1) *Nemo tenetur se detegere*. Também conhecido como *Nemo tenetur se ipsum accusare* ou, ainda, *Nemo tenetur se ipsum prodere*, refere-se a direito fundamental insculpido tanto em normativas internacionais quanto na própria Carta Constitucional que, em seu art. 5º, inc. LXIII, afirma que o preso deverá ser informado de seus direitos, entre os quais o de permanecer calado. No mais, com as alterações introduzidas pela Lei nº 10.792/2003, o art. 186 do código de processo penal brasileiro prevê que o silêncio[8] do acusado não poderá ser interpretado em seu desfavor, não implicando, portanto, confissão e, ademais, que o arguido, nesse sentido, dispõe do direito de permanecer calado e de não responder às perguntas que lhe forem formuladas, devendo ser previamente cientificado de tal prerrogativa. Por outro lado, apesar do silêncio do acusado não importar confissão, reza o art. 198[9] do mesmo CPP brasileiro que tal silêncio poderá constituir elemento para a formação do convencimento da autoridade julgadora.

Observe-se que ambos os dispositivos se referem a direito do acusado, mas não há qualquer referência à (im)possibilidade de renúncia a esse direito. Ora, todo o tratamento emprestado em favor do arguido, dentro do espírito dialético que norteia o sistema penal acusatório, baseia-se na preservação das garantias e prerrogativas que

---

[7] Conf. art. 25, nº 5, da Convenção das Nações Unidas contra o Crime Organizado Transnacional.

[8] Que é apenas uma faceta do direito à não autoincriminação, o qual possui uma conotação muito mais ampla (LIMA, Marcellos Polastri. *O processo acusatório e a vedação probatória perante as realidades alemã e brasileira*. Porto Alegre: Livraria do Advogado, 2009. p. 179).

[9] Apesar de inúmeros juristas arguirem a incompatibilidade de tal dispositivo com o texto constitucional, notadamente com seu art. 5º, inc. LXIII. Por outro lado, se esse direito a permanecer em silêncio for substituído pelo relato de fatos mentirosos idôneos a provocar repercussões fora da esfera individual do interrogado, há de se ter como plausível a identificação de postura eticamente reprovável por parte do acusado, passível de aferição como circunstância negativa sobre sua personalidade, a teor do art. 59 do CP, já que pode levar a erro judiciário e a outros imbróglios na condução do processo criminal penal.

lhe são outorgadas, no sentido de se opor à pretensão punitiva do Estado, ainda que para tanto abdique de seu direito, enquanto acusado, de silenciar ou de faltar com a verdade.[10] Ao final, o objetivo é que se mantenha incólume à punição quando houver dúvidas sobre sua responsabilidade penal, sendo que o ônus da acusação incumbe a quem alega, ou seja, ao *dominus litis, in casu* e em regra, ao Órgão Ministerial. Conclui-se, nessa mesma linha, que o *direito* a não produzir prova contra si mesmo não se pode confundir com o *dever* de não a produzir, se assim o desejar e lhe parecer oportuno e processualmente conveniente.

Ora, não se está a fugir de tal raciocínio de proteção do réu quando ele mesmo, no seu mais legítimo interesse, qual seja, de ver reduzida sua pena ou, até, de ter abolida a possibilidade de eventual processo criminal em seu desfavor, esteja agindo em descompasso com o seu direito ao silêncio,[11] mas de forma espontânea ou apenas voluntária – neste último caso, em decorrência de provocação emanada de outro agente do processo criminal.[12] Ademais, a confissão não é vedada no bojo do processo penal. É permitida, inclusive, que seja feita fora do momento do interrogatório.[13] O Pacto de San Jose da Costa Rica (Convenção Americana de Direitos Humanos)[14] prevê o direito de não ser obrigado a depor contra si mesmo nem a declarar-se culpado, prevendo ainda que a confissão do acusado só é válida se feita sem coação de nenhuma natureza.[15]

O que se tem é que o depoimento do colaborador há de ser confrontado com as demais provas do processo,[16] a fim de que se apure a sua verossimilhança ou, por outra, se verifique acerca da possibilidade de eventual conduta de autoincriminação falaciosa, punível nos moldes do art. 341 do CP ou de "denunciação caluniosa" ou "falso testemunho"[17] sobre a estrutura de organização criminosa, com sancionamento específico já previsto no próprio art. 19 da Lei nº 12.850/2013. Tanto é assim que se admite textualmente a retratação em relação ao que haja sido dito a título de confissão,[18] tudo sem prejuízo da necessidade de que o magistrado a tome em conta confrontando-a com as demais provas do processo. Além disso, não se pode identificar na confissão uma

---

[10] Afinal, está-se diante de um *agreement*, que exige confiança de ambas as partes (ainda que não se possa aquilatar o "conteúdo ético" embutido nas intenções do arguido) e não dizer a verdade implica um pacto infiel, que desnatura a ideia de justiça colaborativa.

[11] Observe-se que o direito ao silêncio não se confunde com o direito de mentir. O que se tem é que essa mentira, quando utilizada pelo réu em seu próprio interesse, não é criminalizada, salvo se resultar na subsunção a fato típico, como a autoacusação falsa (art. 341, CP) ou a falsa inculpação de terceiros, quando causa a investigação de qualquer natureza (art. 339, CP), ou, ainda, nas hipóteses dos arts. 340 e 348, por exemplo.

[12] O direito ao silêncio também protege a liberdade de escolha da melhor estratégia defensiva, com base na qual se pode entender útil apenas a autoconfissão, sem menção a eventuais cúmplices, talvez para evitar sua implicação em outros crimes, diversos daquele em relação ao qual está sendo processado (UBERTIS, Giulio. *Verso un "giusto processo" penale*. Torino: G. Giappichelli, 1997. p. 68).

[13] Deverá, nesse caso, ser tomada por termo nos autos, conforme art. 199, CPP.

[14] Promulgada no Brasil pelo Decreto nº 678/92.

[15] Art. 8, nº 2. g., e nº 3. Verifique-se que, em relação a outras garantias igualmente listadas no mesmo dispositivo legal, prevê-se o caráter *irrenunciável* do direito, a exemplo do item nº 2. e., o que não se observa em relação aos outros dispositivos supracitados.

[16] Art. 197, *caput*, CPP: "O valor da confissão se aferirá pelos critérios adotados para os outros elementos de prova, e para a sua apreciação o juiz deverá confrontá-la com as demais provas do processo, verificando se entre ela e estas existe compatibilidade ou concordância".

[17] Ressalte-se que, em verdade, o colaborador não é testemunha, mas o termo foi utilizado em razão da natureza mesma das informações prestadas, nessa hipótese específica.

[18] Art. 200, CPP. Também o §10 do art. 4º da Lei nº 12.850/2013 prevê a retratação em relação à proposta de colaboração premiada, estabelecendo quais os efeitos que dela defluem.

atitude reprovável aos olhos do legislador penal e, igualmente, do sistema jurídico-penal como um todo, na medida em que se constitui circunstância enquadrada como atenuante genérica,[19] quando ela tem como escopo a confissão da autoria delitiva e se operacionaliza de modo espontâneo, perante a autoridade competente.

Em termos de processo penal português, a confissão recebe um tratamento mais privilegiado, no sentido de poder ser admitida como prova por si mesma, quando feita de modo espontâneo, integral e sem reservas, resultando na redução da pena do confidente, *ex vi* do art. 344º do CPP português, que trata de hipótese de acordo sobre a sentença, atualmente inadmitido, em face de decisão do Supremo Tribunal de Justiça.[20] Nessa perspectiva legislativa, renuncia-se à produção de provas relativas aos fatos imputados e se procede à sua admissão como provados.[21] Mas aqui a questão se expande para outra seara. Ora, se a autoacusação se revela legítima, na medida em que não seja objeto de coação ou de qualquer outro impulso ilícito, resta analisar os meandros de sua repercussão processual, quando se está a falar da tão debatida colaboração premiada.

Trata-se, aqui, de mecanismo capaz de atenuar os efeitos da mão do Estado sobre o delator investigado ou acusado e, por outro lado, de instrumento que se presta a facilitar a elucidação de crimes dos quais o referido "colaborador" haja participado,[22] podendo resultar na efetiva punição de seus comparsas ou coautores. Conceitos como conduta antiética ou a inconveniência de se fomentarem movimentos de barganha[23] entre o Estado e o criminoso se reduzem ao campo da moral, não possuindo, salvo melhor juízo, o condão de deslegitimar referido instituto ou de descredenciar a possibilidade de seu uso, com escora em algum argumento jurídico. Ora, os sistemas jurídicos típicos de *civil law* têm apresentado tendência à absorção de alguns elementos construídos no direito de *common law*, com as adequações e ajustes necessários, de forma a não serem desnaturadas as distinções essenciais entre os arcabouços fundantes de ambos os sistemas.

3 Alguma doutrina sobre o tema

Giulio Ubertis[24] alerta para o fato de que, em homenagem à dialética imanente ao modelo acusatório tradicional, não se deve, *a priori*, apreciar positivamente a

---

[19] Art. 65, III, d), Código Penal brasileiro.
[20] Processo nº 224/06.7 GAVZL.C1.S1, de 10.4.2013.
[21] Uma mais detalhada abordagem do tema encontra-se em *paper* por nós elaborado para cumprimento de créditos da disciplina Direito Processual Penal e Constituição, do curso de doutoramento da Faculdade de Direito da Universidade de Coimbra, intitulado: "Ensaio sobre a possibilidade de métodos de otimização do resultado do processo penal, no âmbito da criminalidade econômico-financeira. Testando o acordo sobre a sentença, sem comprometer o sentido do devido processo legal e outras garantias do arguido", ainda não publicado.
[22] Ademais, na prática, não como uma escolha propriamente "premial", mas muito mais como consequência de um particular desenvolvimento da instrução processual penal, surge para o que confessa um tratamento diferenciado em relação àquele que se omite e permanece calado (UBERTIS, Giulio. *Verso un "giusto processo" penale*. Torino: G. Giappichelli, 1997. p. 66).
[23] Davide Tassinari fala de uma verdadeira "troca" entre o Estado e o réu, que se concentra não somente na admissão do fato próprio, mas também num convite para a denúncia de outros sujeitos. Aduz ainda que a delação premial se coloca fora dos principais parâmetros constitucionais de quantificação da pena, ou seja, a culpa e a finalidade ressocializadora (TASSINARI, Davide. *Nemo Tenetur se Detegere*: La libertà dalle autoincriminazioni nella struttura del reato. Bologna: Bononia University Press, 2012. p. 350).
[24] CANOTILHO, José Joaquim Gomes de. *Estudos sobre direitos fundamentais*. Coimbra: Coimbra Editora, 2004. p. 66.

iniciativa de confissão do arguido em relação a fato criminoso que lhe é atribuído. Isso porquanto julgar de modo favorável a autoacusação de qualquer modo feita, ao menos implicitamente, pressupõe que o acusado seja culpado, negando-se eficácia ao método litigioso, contrariando a presunção de inocência[25] e, ainda, corrompendo o valor do confronto retórico[26] do processo. Entretanto, o que se propõe com o uso de instrumentos como a colaboração premiada é uma movimentação no sentido de se chegar a uma estrutura de conteúdo balanceado, em que se flexibilizam alguns elementos do processo acusatório tradicional baseado na contradição a qualquer custo e se perscrutam caminhos de consenso e de acordos, no interesse de ambas as partes – defesa e acusação, além da vítima, quando couber – a fim de que se possa abreviar o rito processual no que for razoável, pelos excessos e expedientes verificados na prática como juridicamente despiciendos, sem se comprometer a sua essência, atingindo-se com isso outros objetivos e princípios igualmente prestigiados no texto Constitucional brasileiro, como o princípio da defesa da paz,[27] o direito a julgamento em prazo razoável[28] e, ainda, por exemplo, o direito a uma administração eficiente e proba,[29] além do direito social à segurança pública.[30]

Claus Roxin[31] contesta a ideia aceita majoritariamente na jurisprudência alemã, que reconhece como legítima a autoincriminação induzida pelo Estado (interrogatório por ardil). Para tanto, escora-se, sobretudo, no princípio da lealdade que deve inspirar os atos emanados dos poderes públicos. Para o autor, trata-se de estratégia de eludir a lei ou dela se esquivar, na medida em que se utiliza um caminho não defeso expressamente em dispositivo legal, mas que leva a um resultado desaprovado pelo sistema jurídico. Considera, inclusive, tal entendimento contraditório, quando a mesma jurisprudência tedesca, à unanimidade, rechaça a validade de qualquer depoimento prestado perante a autoridade policial quando não houve a prévia comunicação do direito ao silêncio a que faria jus o suspeito.

Para a jurisprudência alemã, entretanto, a gravidade do fato criminoso sob investigação poderá justificar tal medida excepcional, desde que não haja o uso da coação,

---

[25] Discute-se se a essência de tal princípio reflete uma presunção de não culpabilidade, no sentido de que o sujeito não pode ser considerado nem inocente, tampouco culpado até a condenação definitiva ou se, por outra, trata-se de verdadeira presunção de inocência no sentido de que o sujeito deva ser tido como inocente até sentença penal condenatória transitada em julgado (SABATINI, Giuseppe. *Principii costituzionali del proceso penale*. Napoli: Casa Editrice Dott. Eugenio Jovene, 1976. p. 48). Pela dicção da Constituição Federal brasileira, em seu art. 5º, LVII, parece-nos que a primeira hipótese se revela mais adequada. Ao encontro de tal entendimento, veja-se recente decisão do Supremo Tribunal Federal, no sentido de ser possível a execução da pena antes desse trânsito em julgado da sentença condenatória, quando já há decisão condenatória de órgão jurisdicional colegiado de segundo grau.
[26] Em verdade, o autor fala em "valor dialético do processo", mas entendi associar a ideia a um confronto mesmo retórico, que de fato é o que se verifica na prática tradicional do processo penal.
[27] Art. 4º, inc. VI (BRASIL. Constituição (1988). *Constituição da República Federativa do Brasil*. Brasília, DF: Senado, 1988).
[28] Art. 5º, inc. LXXVIII (BRASIL. Constituição (1988). *Constituição da República Federativa do Brasil*. Brasília, DF: Senado, 1988).
[29] Art. 37, *caput* (BRASIL. Constituição (1988). *Constituição da República Federativa do Brasil*. Brasília, DF: Senado, 1988).
[30] Arts. 6º, *caput* e 144 (BRASIL. Constituição (1988). *Constituição da República Federativa do Brasil*. Brasília, DF: Senado, 1988).
[31] ROXIN, Claus. *La prohibición de autoincriminación y de las escuchas domiciliarias*. Buenos Aires: Editorial Hammurabi, 2008. p. 63-67.

por aplicação do princípio da proporcionalidade ou da ponderação de interesses,[32] que não há de ser utilizado somente em favor do réu, mas também *pro societate*,[33] quando a apuração dos crimes por outros meios se revela demasiado complexa e menos promissora. Segundo Maria Cecília Pontes Carnaúba,[34] a propósito, não se revela plausível excluir a aplicação do princípio constitucional implícito da proporcionalidade (ou que deflui do enunciado do §2º do art. 5º da Constituição Federal) quando se está a falar na interpretação da inadmissibilidade de provas ilícitas no processo em hipóteses que cuidam da apuração do crime de tráfico ilegal de entorpecentes ou daqueles delitos que causam lesão ao erário, em que a corrupção pública figura como protótipo, os quais inspiram relevância superior, dentro da hierarquia de bens e valores tutelados constitucionalmente, quando confrontados com a defesa de direitos e garantias individuais.

4 Renúncia e restrição a direitos

Outra questão que merece discussão se cinge à possibilidade de renúncia, restrições ou até supressões de direitos garantidos, ainda que constitucionalmente. Mesmo o direito à vida, que nos parece o mais fundamental de todos e, *a priori*, impassível de abdicação ou cerceamento, pode vir a sofrer contenções, naquela hipótese de guerra declarada, prevista no art. 5º, XLVII, da Constituição Federal, ou até mesmo em casos de conflito entre bens igualmente fundamentais, como na hipótese de se estar diante de perigo iminente e simultâneo para a vida da gestante e de seu filho, quando se há de optar pela sobrevivência da mãe, sem qualquer risco de implicação em responsabilização criminal ou de qualquer outra espécie.[35] Por outro lado, a possibilidade de renúncia a direitos parece apontar, numa primeira análise, para a outorga de prerrogativa ao seu detentor no sentido de analisar qual a situação que lhe é mais favorável em termos materiais e processuais, orientado, por certo, por profissional habilitado a auxiliá-lo tecnicamente por ocasião de tal avaliação.

Nesse sentido, somente se poderia falar em prova ilícita ou obtida por meios ilícitos se, na hipótese concreta, houvesse indicativo de que o investigado ou arguido teria aceitado ou optado pela colaboração premiada mediante coação, artifício ou ardil ou, por outra, fosse possível verificar que ele fora induzido a erro, o que implicaria vulneração à sua autonomia de vontade. Destaque-se, por mero reforço ao tema, que haveriam de se considerar inservíveis ao processo penal inclusive quaisquer provas que pudessem ter sido derivadas daquelas eivadas de vício – salvo na hipótese de possibilidade de obtenção da mesma prova por meio absolutamente independente daquele maculado pela nulidade, ou seja, através de fonte independente ou sem nexo de causalidade com as provas contaminadas, *ex vi* do art. 157 do CPP brasileiro, combinado com o art. 5º, inc. LVI da Constituição Federal. Afora tais circunstâncias, não há

---

[32] Ou *Abwägungslehre*.
[33] LIMA, Marcellos Polastri. *O processo acusatório e a vedação probatória perante as realidades alemã e brasileira*. Porto Alegre: Livraria do Advogado, 2009. p. 185.
[34] CARNAÚBA, Maria Cecília Pontes. *Prova ilícita*. São Paulo: Saraiva, 2000. p. 100.
[35] Art. 128, inc. I (BRASIL. Presidência da República. *Código de Processo Penal*. Disponível em: <http://www.planalto.gov.br/ccivil_03/decreto-lei/Del3689.htm>. Acesso em: 12 abr. 2016).

se arguir invalidade ou inutilidade da prova por esse meio produzida, quer a título de autoconfissão, quer incriminadora de coautores e reveladora de fatos que interessam à elucidação delitiva.

5 Legislação brasileira e a colaboração premiada

No Brasil, o que de mais recente consta sobre a matéria se encontra na Lei nº 12.850/13, a qual, em seu art. 3º, inc. I, prevê o instituto da colaboração premiada. O detalhamento do assunto vem em seguida, no art. 4º do mesmo diploma legal, valendo destaque para a renúncia[36] que deverá fazer o colaborador, na presença de seu defensor, ao direito ao silêncio, estando, portanto, sujeito ao compromisso legal de dizer a verdade. Por razões óbvias, a delação só há de se operar em relação a crimes perpetrados em concurso de agentes, razão pela qual sua utilidade se opera, justamente, no bojo de apurações que envolvem organizações criminosas. Caso contrário, estar-se-ia falando em simples autoconfissão. Igual ênfase há de ser emprestada ao §16 do mesmo dispositivo, que veda a prolação de sentença condenatória com fundamento apenas nas declarações de agente colaborador,[37] as quais devem incluir a sua confissão e a delação[38] em relação a seus comparsas.[39] O acordo de delação premiada, portanto, constitui um modo de obtenção de prova, ou meio de pesquisa ou investigação, com o escopo de captação de novos elementos materiais para a formação da convicção do juiz.[40] Os dados probatórios colhidos, ressalte-se, dificilmente seriam obtidos de outra forma, posto que a colaboração premial implica informações relatadas de dentro para fora do ambiente em que se deu a prática criminosa, consistentes em declarações intestinas, não raro presencialmente obtidas, dos fatos ilícitos sob investigação.

Está-se mais diante de um fenômeno de justiça colaborativa do que de justiça consensuada, já que esta última pressupõe, nos moldes puros do *plea bargain* anglo-saxônico

---

[36] Art. 4º, §14, da mesma Lei nº 12.850/13.

[37] Tal restrição, nas palavras de Giulio Ubertis, prende-se ao fato de que a confissão e a delação hão de ser sempre tidas como eventos excepcionais, na medida em que contrastam com a estrutura do processo, que se funda na consideração de que unicamente do confronto de opiniões é que se pode obter a mais segura verificação e avaliação dos fatos (UBERTIS, Giulio. *Verso un "giusto processo" penale*. Torino: G. Giappichelli, 1997. p. 66).

[38] Note-se que, a rigor, de acordo com o art. 4º, inc. II *usque* V da Lei nº 12.850/13, pode-se falar em colaboração premiada sem que isso implique delação de coautores, como a que tiver por conteúdo a revelação da estrutura hierárquica da organização criminosa, a viabilização da prevenção de crimes, aquela que se preste a recuperar o proveito do crime e, finalmente, a que possibilite a localização de vítima, com sua integridade preservada.

[39] Contrariando essa lógica, a jurisprudência portuguesa, no caso de produção de prova contra si mesmo consistente na submissão coercitiva do condutor de trânsito ao teste de alcoolemia, tem admitido condenações baseadas unicamente nesse teste, o que implica submissão ao sancionamento penal com espeque, tão somente, em conduta não espontânea ou voluntária (ainda que sem uso da força), emanada do próprio suspeito/investigado, ou seja, que, apesar de não demandar intervenção corporal, depende da cooperação ativa do acusado (LIMA, Marcellos Polastri. *O processo acusatório e a vedação probatória perante as realidades alemã e brasileira*. Porto Alegre: Livraria do Advogado, 2009. p. 182).

[40] "Enquanto o acordo de colaboração é meio de obtenção de prova, os depoimentos propriamente ditos do colaborador constituem meio de prova, que somente se mostrarão hábeis à formação do convencimento judicial se vierem a ser corroborados por outros meios idôneos de prova" (HC nº 127.483/PR. Rel. Min. Dias Toffoli). No mesmo sentido da necessidade do cotejo do conteúdo da delação com outras provas: HC nº 75.226/MS. Segunda Turma. Rel. Min. Marco Aurélio. *DJ*, 19 set. 1997; HC nº 81.618. Rel. Min. Ellen Gracie. *DJ*, 28 jun. 2002; HC nº 90.708/BA. Primeira Turma. Rel. Min. Sepúlveda Pertence. *DJ*, 13 abr. 2007; AP nº 465/DF. Pleno. Rel. Min. Cármen Lúcia Dantas. *DJ*, 30 out. 2014. Aliás, somente assim se poderá exercer controle sobre o conteúdo da delação e sobre sua compatibilidade com a verdade.

ou do *patteggiamento* italiano,[41] a possibilidade de uma verdadeira "negociação" entre as partes, que pode se afastar da verdade, mas que põe termo à instrução probatória através da aceitação de uma "versão" para o delito que, em última análise, possa parecer favorável tanto para a defesa quanto para a acusação, ambas renunciando parcialmente a suas pretensões ou prerrogativas, com ulterior homologação pelo magistrado, o qual, em homenagem à vontade consensuada dos acordantes, não efetua juízo de valor sobre o conteúdo do quanto fora acordado, considerando-se que não se está a falar de compromisso com a apuração da verdade dos fatos.

Na colaboração, deve-se buscar atingir a verdade processual ou judicial, na medida em que a verdade real aparece mais como escopo, menos como elemento concretamente alcançável, quando se trata de pensar em termos de provas coligidas aos autos e que, somente elas, poderão subsidiar a condenação, estando todo o resto alheio ao universo apto a inspirar o convencimento da autoridade julgadora e a motivar o conteúdo do dispositivo ou decisão, por ocasião da prolação de sentença criminal. É certo que na justiça colaborativa enquanto gênero, em que a delação premiada é espécie, o juiz atua como homologador do acordo, mas não se está diante de um processo de partes horizontalizado, na medida em que remanesce um compromisso judicial e processual com a busca da verdade.

Tanto é assim que o conteúdo da delação ou colaboração não deve ser acolhido acrítica e passivamente pela autoridade judiciária, havendo que ser cotejado com os outros elementos de prova compilados ao longo de toda a instrução penal, aferindo-se sua compatibilidade e verossimilhança.[42] Impende seja observado que a colaboração no sentido de se autoacusar e delatar fatos e coautores há de se inserir no espectro do princípio da autonomia da vontade e da liberdade de expressão,[43] igualmente garantidos constitucionalmente, desde que se vede o anonimato.

Para além de obter punições em desfavor de eventuais culpados, o efeito prático mais importante que pode advir da colaboração consiste na restituição dos valores desviados ilicitamente, sobretudo quando se está a falar de processos que apuram o crime de corrupção pública[44] e outros correlatos, um dos focos da lei brasileira atualmente em vigor. Mais um fator relatado como positivo e que também deflui do manejo

---

[41] Na modalidade italiana, cabe ao juiz, tão somente, verificar a correção da qualificação jurídica dos fatos e considerar a adequação do *quantum* da pena proposta pelas partes acordantes (ANGELI, Roberto. A negociação das penas no direito italiano: o chamado patteggiamento. *Revista Julgar*, Coimbra, n. 19, jan./abr. 2013. p. 224).

[42] O Juiz Sérgio Moro, na Ação Penal nº 5045241-84.2015.4.04.7000/PR, prolatou sentença datada de 17.5.2006, em que rejeita os termos da colaboração premiada celebrada entre réu específico e o Ministério Público Federal, nos seguintes termos: "No caso presente, as idas e vindas dos depoimentos de Fernando Antônio Guimarães Hourneaux de Moura, impactaram de forma irrecuperável a sua credibilidade...Ainda que as declarações incriminatórias contra José Dirceu de Oliveira e Silva encontrem prova de corroboração [...] os depoimentos a esse respeito de Fernando Antônio Guimarães Hourneaux de Moura devem ser descartados como elemento probatório a ser considerado, em vista da falta de credibilidade do acusado em razão da alteração significativa de seus depoimentos em Juízo e sem justificativa [...] Considero os seus depoimentos, portanto, apenas como uma confissão da prática de crimes por ele mesmo [...] Reconheço a atenuante da confissão, nos termos do art. 65, III, 'd', do CP, uma vez que, apesar das idas e vindas do condenado em seus depoimentos, ele reconheceu a sua responsabilidade criminal com clareza no último depoimento, motivo pelo qual reduzo a pena [...]".

[43] Art. 5º, inc. II e IV, CF: "ninguém será obrigado a fazer ou deixar de fazer alguma coisa senão em virtude de lei"; "é livre a manifestação do pensamento, sendo vedado o anonimato".

[44] A Lei nº 12.850/2015 institui como causa de aumento de pena para o crime de participação ou financiamento de organização criminosa o concurso de funcionário público para a prática de crimes (art. 2º, §4º, II), o que reforça seu foco no combate à corrupção, responsável por grande parte dos delitos que envolvem severos prejuízos ao erário.

da colaboração premiada, composta tanto da autoconfissão do colaborador quanto da indicação de seus cúmplices ou de outros fatos que deslindam a estrutura delitógena, consistiria, quando menos, na rescisão dos laços desse colaborador com o ambiente que teria favorecido ou permitido a perpetração do(s) delito(s).[45]

6 Ainda sobre direitos fundamentais

Tratando-se de direitos fundamentais, também se deve falar de sua relativização, a partir do exercício de mecanismos de concordância prática entre direitos e interesses igualmente relevantes e inseridos na mesma Carta Constitucional, quando, no caso concreto, encontram-se em colisão.[46] No direito português, como já visto, a propósito, pode-se falar, mesmo no direito sancionatório – típico terreno para o exercício do direito à não autoinculpação – no dever de o condutor se sujeitar à colheita de ar expirado ou de sangue.[47] Deflui-se, com tal exemplo, que a autoincriminação não há de decorrer tão somente de declarações orais ou escritas do investigado ou arguido, mas também pode compreender qualquer hipótese de formação probatória lícita que proporcione efeito semelhante. Ou seja, o princípio do *nemo detegere* inclui o direito ao silêncio e à não realização de provas que dependam da cooperação do acusado para a sua produção. No caso das provas previstas no Código de Estrada português, tem-se conduta invasiva da esfera íntima do indivíduo determinada por autoridade estatal, idônea a representar elemento capaz de gerar sua eventuação condenação penal.Chega-se a afirmar, inclusive, que, em hipóteses que tais, transmuta-se o investigado em verdadeiro objeto de prova,[48] passível de produzir evidências contra si mesmo, sob ameaça de sanção.

Não é correto elaborar uma acrítica afirmação de que direitos ou interesses de conteúdo social ou comunitário sempre prevalecem, invariavelmente e em qualquer medida, sobre direitos individuais, os quais haveriam de suportar mitigações ou até supressões, ao argumento da superioridade de normas de interesse público difuso em detrimento de valores privatísticos, de cunho individual liberal. Nada obstante, tal hipótese igualmente não há de merecer proscrição imediata. Decerto que em relação aos crimes mais graves, considerando-se seu potencial lesivo, sobretudo quando apontam para estruturas criminosas organizadas que lançam mão de complexos mecanismos voltados à ocultação delitiva, tanto no que se refere aos seus autores (especialmente os situados nas escalas superiores da hierarquia estrutural criminosa), quanto às vantagens auferidas com as práticas ilícitas, justifica-se com mais ênfase o uso de instrumentos de produção de prova como o que aqui ora se estuda.

---

[45] UBERTIS, Giulio. *Verso un "giusto processo" penale*. Torino: G. Giappichelli Editore, 1997. p. 66.
[46] Referindo-se às ideias de Dworkin e Alexy nesse sentido (DIAS, Augusto Silva *et al*. *O direito à não auto-inculpação*: nemo tenetur se ipsum accusare no processo penal e contra-ordenacional português. Coimbra: Coimbra Editora, 2009. p. 21-22).
[47] Arts. 152º e 153º do Código de Estrada. Vale destacar que, de acordo com o nº 3 do mesmo art. 152º, a recusa de submissão às provas para detecção do estado alcoólico ou por uso de outras substâncias psicotrópicas em eventos de trânsito implicará a incidência de punição pelo crime de desobediência
[48] DIAS, Augusto Silva *et al*. *O direito à não auto-inculpação*: nemo tenetur se ipsum accusare no processo penal e contra-ordenacional português. Coimbra: Coimbra Editora, 2009. p. 24-25. Acresça-se, no mesmo caso, a hipótese de restrições a outros direitos, como o direito à presunção de inocência, à integridade pessoal (física e moral), à privacidade, à liberdade, à intimidade e à autodeterminação, em suma, o direito à dignidade humana.

Na Itália, a pretexto de se lograr algum êxito no combate ao terrorismo e às máfias lá existentes, adotaram-se medidas normativas destinadas a incentivar a delação e, por outro lado, a proteger o delator. Nesse sentido, Gian Carlo Caselli e Antonio Ingroia[49] observam que a legislação premial foi construída como solução emergencial, sendo possível reconhecer seu grande impacto, no que diz respeito ao encorajamento de contribuições por parte dos "arrependidos" com a justiça, confrontando as organizações criminais calcadas no sigilo e na confidencialidade.[50] Reportam-se ainda a um movimento de expansão daqueles outrora integrantes das organizações mafiosas que optaram pela delação. Entretanto, apesar de reconhecerem o abalo de graves proporções sofrido pela "Cosa Nostra", atribuem-no a diversas concausas, uma delas – reconhecem – a legislação que incentiva a delação dos acusados em processos da máfia e que teria sido elaborada tardiamente, quando a força mafiosa italiana, inclusive em termos econômicos e políticos, já havia atingido proporções avassaladoras. No Brasil, a realidade da corrupção parece sinalizar para a premente necessidade de utilização de tal instituto, com base em critérios de razoabilidade e proporcionalidade.

7 Críticas ao instituto da colaboração premiada

Aliando-me à crítica formulada por Lênio Streck em relação à lei brasileira que trata do tema, no que concerne à ausência de critérios mais precisos para a prolação de decisão acerca do benefício a ser concedido ao agente colaborador e em que proporções, entendo oportuna a colmatação de tais lacunas, no sentido de serem melhor definidos os parâmetros e a(s) possibilidade(s) de sua aplicabilidade caso a caso, malgrado se preserve a discricionariedade da autoridade judiciária. Afinal, como bem observam Gian Carlo Caselli e Antonio Ingroia,[51] quando constatam semelhante imperfeição na legislação correlata italiana, não há como se ocultar a lógica utilitarista de tal instrumento, o que faz com que o delator seja tão mais encorajado a colaborar quanto maior for o grau de previsibilidade e certeza quanto ao "prêmio" que poderá obter, em cada caso, em decorrência de sua postura colaborativa.

De fato, a homologação a ser feita pelo magistrado acerca do acordo de colaboração celebrado, quer no âmbito da polícia judiciária (com a anuência do *Parquet*), quer do Ministério Público, há de reclamar uma fundamentação judicial, a qual restaria largamente facilitada mediante padrões explicitamente postos, idôneos a indicar com certa segurança alguns parâmetros e, assim, favorecer a construção do raciocínio lógico

---

[49] CASELLI, Gian Carlo *et al*. Normativa premiale e strumenti di protezione per i collaboratori della giustizia: tra inerzia legislativa e soluzioni d'emergenza. In: CASELLI, Gian Carlo *et al*. *Processo penale e criminalità organizatta*. Roma: Editori Laterza, 1993. p. 225-226.

[50] Com o uso de tal instituto, intenta-se superar a contumaz linha de absolvições decorrentes da insuficiência de provas para a condenação, tratando-se de crimes de difícil elucidação e complexa estruturação, como é o caso da corrupção de grande porte. Sem o uso de instrumentos tipicamente vocacionados para a criminalidade organizada, estar-se-á diante de índices elevados de impunidade, com escora no princípio da presunção de não culpabilidade, quando não há provas para condenar acima de qualquer dúvida razoável. Sobre a impossibilidade de o juiz exercitar o *non liquet*, subtraindo-se ao seu dever de exprimir certeza para condenar ou dúvida para absolver: SABATINI, Giuseppe. *Principii costituzionali del proceso penale*. Napoli: Casa Editrice Dott. Eugenio Jovene, 1976. p. 50.

[51] CASELLI, Gian Carlo *et al*. Normativa premiale e strumenti di protezione per i collaboratori della giustizia: tra inerzia legislativa e soluzioni d'emergenza. In: CASELLI, Gian Carlo *et al*. *Processo penale e criminalità organizatta*. Roma: Editori Laterza, 1993. p. 226.

a ser utilizado pelo magistrado para decidir por esse ou aquele prêmio em benefício do delator, possibilitando, por outro lado, o controle da legitimidade[52] do ato judicial,[53] ainda que não se trate de decisão meritória, nos estritos e tradicionais moldes em que se utiliza tal termo.

Não se pode também deixar de observar que o teor da delação pode sim ser objeto de contraditoriedade por parte dos delatados, inclusive no que se refere à autoacusação do colaborador. É certo que o rito não segue o padrão convencional do contraditório, mas tais elementos trazidos aos autos não gozam de presunção *juris et de jure* de veracidade. Hão de ser cotejados e confrontados com o "conjunto da obra", de modo que se possa aquilatar sua credibilidade e verossimilhança. Com a delação, não se furta o Órgão Ministerial do seu papel de titular da ação penal e do seu ônus de comprovar o alegado, de atuar como parte acusadora, até porque não se pode obter qualquer condenação com base apenas nas informações colhidas por conduto de colaborações premiadas, por mais que elas se mostrem relevantes ao deslinde probatório. Ademais, não é possível afirmar de modo indefectível que o procedimento contraditório tradicionalmente produzido poderia levar, sem o uso de instrumentos de colaboração que tendem a abreviar a instrução probatória, a uma verdade mais próxima da real, que é o desiderato do sistema de justiça criminal.

8 Dos princípios constitucionais postos em xeque (parte II)

2) Princípio da *indisponibilidade* da ação penal, aliado ao princípio da *obrigatoriedade*.[54] Tais princípios, a propósito, tencionam evitar o arbítrio, por parte dos órgãos estatais. O poder-dever de punir do Estado está a merecer uma análise para além da pura leitura normativa ou dogmática. O adimplemento insatisfatório desse papel desafiador, sobretudo em países com uma inflação legislativa penal exacerbada, como é o caso do Brasil, acaba por produzir, na realidade das estatísticas processuais e no imaginário popular, a ideia de que a impunidade vence o crime, de que o Estado é incapaz de cumprir seu papel, de que muitos delitos são cometidos à margem das instâncias formais de controle, de que há insuficiência quantitativa e qualitativa de profissionais no exercício da atividade investigatória estatal. Pura verdade.

O princípio da indisponibilidade, a rigor, encontra-se capitulado no art. 42 do Código Penal brasileiro, quando afirma que o Ministério Público não poderá desistir

---

[52] SABATINI, Giuseppe. *Principii costituzionali del proceso penale*. Napoli: Casa Editrice Dott. Eugenio Jovene, 1976. p. 49, 50.

[53] Afrânio Silva Jardim conceitua tal homologação com ato de jurisdição voluntária, ou seja, uma decisão judicial, mas não jurisdicional, já que não se está a falar de pretensão, tampouco de lide, que seria a resistência à pretensão (JARDIM, Afrânio Silva. Poder Judiciário não deve ser refém de acordos de delação premiada do MP. *Conjur*, 18 out. 2015. Disponível em: <ttp://www.conjur.com.br/2015-out-18/afranio-jardim-judiciario-nao-refem-acordos-delacao-premiada?imprimir=1>. Acesso em: 25 abr. 2016).

[54] Referido princípio, igualmente erigido como princípio fundamental da Carta Constituinte italiana, teria decorrido da necessidade premente de superação de um regime fascista, em que o Ministério Público sofria fortes influências de outros poderes – notadamente do Poder Executivo. Com a concessão de *status* constitucional a tal princípio, solidificou-se a independência do Ministério Público e a sua imunidade a quaisquer gestões ilegítimas que pudessem comprometer a igualdade de tratamento a ser emprestada a qualquer pessoa que houvesse praticado idêntico delito (MONTAGNA, Mariangela. l'obbligatorietà dell'azione penale. In: MONTAGNA, Mariangela. *Fisionomia constitutionale del processo penale*. Torino: G. Giappichelli, 2007. p. 231).

da ação penal. Já a Constituição Federal, em seu art. 129, inc. I, aduz que é confiada ao Órgão Ministerial a tarefa de promover, privativamente, a ação penal pública. Por sua vez, não há se falar em princípio da indivisibilidade em relação a tal tipo de ação, já que o Código de Processo Penal reservou apenas àquela de iniciativa privada tal caráter, indicando que a renúncia à acusação de um corréu implicará, tacitamente, a desistência de formulação de queixa-crime em relação aos demais.[55] Já a obrigatoriedade, confiada ao MP, como já dito, vem sofrendo mitigações, no sentido de ser eventualmente substituída pela oportunidade.

E o Estado para que serve, senão para atender aos anseios da sociedade, dotando-a de condições mínimas essenciais à promoção de uma vida digna, livre e pacífica a seus concidadãos, na qual cada um possa exercitar suas potencialidades e atingir seus lícitos objetivos? O direito penal, nesse universo mais amplo, assume o papel de *ultima ratio*, com aplicação excepcional e extraordinária, mas inafastável da realidade cotidiana, em face da expansão dos movimentos de criminalidade que se aperfeiçoam e intentam, inclusive, contaminar as estruturas de poder, pelo uso do domínio econômico.

Com a busca de evolução e o aperfeiçoamento das estratégias elaboradas em sede de políticas criminais, no sentido de que logrem tornar o sistema jurídico mais consentâneo com as demandas sociais, vêm sendo desenvolvidos novos elementos estruturais, inclusive na seara penal, como aqueles que flexibilizam o caráter da indisponibilidade da ação penal ou da sua obrigatoriedade.[56] Fala-se em caminhos sem retorno possível em direção ao consenso, à justiça restaurativa ou colaborativa, às mediações, a fim de se abreviar o processo e torná-lo racionalmente mais adequado ao que sinalizam os tempos hodiernos. Nada disso pode ser processado, é certo, com violação ao Texto Constitucional que sustenta todo o edifício legislativo pátrio, o que implica a preservação das garantias individuais, apesar de já se haver dito, alhures, acerca da possibilidade de sua justificada mitigação.

A ação penal, instrumento matriz a ser inaugurado com o oferecimento de peça acusatória pelo Ministério Público, não se instaura de forma discricionária, mas vinculada, apesar da independência funcional[57] de cada Órgão Ministerial, consistente na prerrogativa de atuar de acordo com o seu convencimento. O princípio da obrigatoriedade da ação penal ou *nec delicta maneant impunita*[58] já se revela distante do mundo prático, quer em razão das vicissitudes acima delineadas, quer em decorrência de institutos outrora inaugurados inclusive no sistema jurídico brasileiro, como aqueles da transação penal e da suspensão condicional do processo – é certo que apenas para crimes de reduzido potencial ofensivo.[59] Fala-se, aqui, da implementação, no sistema jurídico brasileiro – a

---

[55] BRASIL. Presidência da República. *Código de Processo Penal*. Disponível em: <http://www.planalto.gov.br/ccivil_03/decreto-lei/Del3689.htm>. Acesso em: 12 abr. 2016.

[56] Também no sistema jurídico italiano, a Suprema Corte teria admitido a plausibilidade de que, entre a notícia de um crime e o dever do Ministério Público de agir, não se proceda mediante um rígido automatismo, podendo serem tomadas em conta determinadas valorações voltadas à tutela do interesse público (MONTAGNA, Mariangela. l'obbligatorietà dell'azione penale. In: MONTAGNA, Mariangela. *Fisionomia constituzionale del processo penale*. Torino: G. Giappichelli, 2007. p. 252).

[57] Art. 127, §1º, da Constituição Federal com o art. 28 do Código de Processo Penal.

[58] "Nenhum crime deve permanecer impune".

[59] BRASIL. Presidência da República. *Lei 9.099 de 26 de setembro de 1995*. Dispõe sobre os Juizados Especiais Cíveis e Criminais e dá outras providências. Disponível em: <http://www.planalto.gov.br/ccivil_03/leis/L9099.htm>. Acesso em: 12 abr. 2016.

exemplo de diversas outras nações que igualmente desfrutam da condição de Estados Democráticos de Direito – do princípio da *oportunidade* ou *conveniência*.

9 Princípios constitucionais em relevo

Ad argumentandum tantum, pode-se também afirmar que a violação ao princípio da obrigatoriedade estaria a ameaçar igualmente o princípio da igualdade, constitucionalmente assegurado, na medida em que se permitiria, em havendo os mesmos indícios de autoria e materialidade, punir uns, absolver outros ou, ainda, atenuar a força da lei em relação a outros mais, sem qualquer medida que pudesse de fato ser compatibilizada com o princípio da proporcionalidade das penas, de acordo com o grau de lesividade do crime perpetrado. Entretanto, o correto seria pensar na prerrogativa de o Ministério Público agir facultativamente, transigir em relação ao destino a ser emprestado ao corréu colaborador no processo penal, mas não de modo arbitrário, na medida em que estaria escudado, ao fim e ao cabo, em elementos trazidos aos autos, no bojo de uma formal e eficaz colaboração emanada de um acusado, que teria proporcionado resultados exitosos à elucidação delitiva. O magistrado, igualmente, estaria autorizado a infligir penas distintas a corréus com igual participação no mesmo crime, mas que ostentaram comportamentos distintos dentro do processo. Para os colaboradores, o prêmio da atenuação ou exclusão da responsabilização, através de modulação das circunstâncias específicas constantes dos autos; para os demais, nenhuma interpretação prejudicial, mas o estrito rigor da lei,[60] a partir da aferição individualizada dos critérios enunciados no art. 59[61] do diploma penal material.[62] Haveria, portanto, uma flexibilização na incidência do princípio da proporcionalidade da pena, que sofreria temperamentos e relativização, em face perfil colaborativo individualizado de cada agente, durante as investigações ou no curso do processo.

A propósito, o princípio da publicidade ou da transparência também não se vê violado, na medida em que o sigilo em relação ao teor da delação é temporário, ou seja, somente se mantém até o recebimento da denúncia,[63] a fim de se garantir o êxito de investigações em curso, após o qual tal sigilo será levantado, até para que os corréus eventualmente citados na colaboração ofertada possam ter acesso às provas contra eles produzidas, em sua inteireza. Trata-se, *in casu*, de hipótese de contraditório diferido, apenas em relação ao teor dos depoimentos prestados em sede de colaboração premiada.

---

[60] Afinal, pelo princípio de teoria geral do processo da autorresponsabilidade das partes, cada sujeito processual suporta as consequências de suas decisões, de sua inércia, de negligências eventualmente cometidas, de erros e irracionalidades, ainda que, no processo penal tradicional, o ônus de provar, como é consabido, pertence à esteira de obrigações do órgão acusador.

[61] Observe-se, a propósito, enunciado similar que estatui circunstâncias judiciais no §1º, art. 4º, da Lei nº 12.850/2013.

[62] Davide Tassinari atenta, em homenagem ao princípio do *nemo tenetur*, para a necessidade de que a escolha do imputado de não contribuir para a própria autoincriminação e, portanto, de não confessar o fato cometido, não produza repercussão negativa de qualquer gênero sobre a valoração de sua responsabilidade, sobre a quantificação de sua pena e, até, sobre o tratamento penitenciário a que irá fazer jus, inclusive em relação às suas possibilidades de reaquisição da liberdade (TASSINARI, Davide. *Nemo Tenetur se Detegere*: La libertà dalle autoincriminazioni nella struttura del reato. Bologna: Bononia University Press, 2012. p. 233).

[63] Art. 7º, §3º, Lei nº 12.850/2013, com as restrições insculpidas no art. 5º da mesma lei, que se prestam a preservar a segurança, a identidade e a integridade física do colaborador.

10 Benefícios da Lei nº 12.850/2013 para o colaborador

De fato, consoante dispõe a Lei nº 12.850/2013, as benesses a serem conferidas ao colaborador podem emanar do Ministério Público, hipótese em que deixará de ofertar denúncia,[64] se presente uma das hipóteses previstas no §4º do seu art. 4º, combinada com algum dos itens descritos no *caput* deste mesmo dispositivo legal. Se já proferida denúncia criminal, aí as hipóteses de benefícios para o delator ficarão a cargo do magistrado, já que o promotor de justiça não mais pode dispor da matéria, a não ser a título de proposta de homologação de acordo, nos moldes capitulados no §6º e seguintes do mesmo artigo ou mediante proposição do perdão judicial,[65] a qualquer tempo. Observe-se que diversos outros dispositivos presentes no sistema jurídico brasileiro, com base em critérios de política criminal e sem compromisso com o grau de lesividade da conduta, têm relativizado a obrigatoriedade da ação penal pública, ainda que por vias transversas. Senão vejamos: reza a Lei nº 9.430/96, em seu art. 83, de acordo com a redação que lhe foi recentemente conferida pela Lei nº 12.382/2011, que:

> §2º É suspensa a pretensão punitiva do Estado referente aos crimes previstos no *caput*, durante o período em que a pessoa física ou a pessoa jurídica relacionada com o agente dos aludidos crimes estiver incluída no parcelamento, desde que o pedido de parcelamento tenha sido formalizado antes do recebimento da denúncia criminal. [...]
> §4º Extingue-se a punibilidade dos crimes referidos no *caput* quando a pessoa física ou a pessoa jurídica relacionada com o agente efetuar o pagamento integral dos débitos oriundos de tributos, inclusive acessórios, que tiverem sido objeto de concessão de parcelamento.

Ora, o Estado, com nítidos fins arrecadatórios, utilizando-se da "ameaça penal" como mecanismo de coação, malgrado se esteja diante de crimes que implicam violação a bens relevantes, juridicamente tutelados, admite a extinção da punibilidade, após a consumação plena de delitos contra a ordem tributária. Nessas hipóteses, subtrai-se do crivo do Poder Judiciário e do poder-dever do Ministério Público de persecução criminal aqueles que, de forma voluntária, mas não espontânea – posto que, em regra, trata-se de processo penal já iniciado – recolhem ao erário débitos tributários.

Ainda mais recentemente, através da Lei nº 13.254/16, concede-se prazo de 210 dias para que pessoas físicas ou jurídicas com bens ou haveres no exterior não declarados busquem fazê-lo, com a consequência de extinção da punibilidade dos crimes de lavagem de ativos, evasão de divisas, crimes contra a ordem tributária, sonegação fiscal e de contribuição previdenciária, além de falsidade documental e ideológica e uso de documento falso, no que concerne aos bens não declarados.[66] Mais uma vez, está-se diante da máxima *pecunia non olet*, ou seja, para o fisco pouco importa se os rendimentos a serem tributados decorrem de origem ilícita.

Tais circunstâncias desarrazoadas, sob o aspecto dos princípios da legalidade estrita e da obrigatoriedade que deveriam inspirar invariavelmente o sistema jurídico-criminal de forma global, fazem-nos concluir que, mais do que se manter inflexível à

---

[64] Ressalvado o que dispõe o art. 28, CPP.
[65] §2º, art. 4º, da Lei nº 12.850/2013.
[66] É certo que se exige, formalmente, que tais bens possuam origem lícita, mas a declaração há de ser feita pelo agente, estando protegida, em diversos dispositivos legais, pelo sigilo bancário e fiscal, sendo vedado o seu compartilhamento inclusive com órgãos públicos e sendo defesa a sua utilização como único elemento para instauração de procedimento investigatório criminal ou de qualquer outra espécie.

indisponibilidade da ação penal pública enquanto critério formal e técnico-burocrático, há de se buscar preservar a indisponibilidade do interesse público subjacente a toda produção legislativa e a toda conduta a ser perpetrada por membros das instâncias formais de controle, dentro das estruturas de poder do país.

11 Da colaboração em espécie: prerrogativa ou possibilidade?

Dúvidas exsurgem quanto à natureza do instituto da colaboração premiada em relação ao corréu, se acaso seria direito subjetivo seu ou, por outra, prerrogativa discricionária do órgão investigador ou acusador. Nesse aspecto, parece razoável admitir o direito do corréu a participar de acordo de delação, desde que a hipótese se enquadre perfeitamente no que dispõe a Lei nº 12.850/2013, restando necessário avaliar se há elementos probatórios novos que o agente pretende trazer à colação e se tais fatos possuem o condão de efetivamente auxiliar na elucidação dos delitos investigados, no sentido de identificar outros autores envolvidos na mesma trama criminosa ou na concreção de qualquer dos outros incisos capitulados no art. 4º do referido diploma legal, já referidos alhures. Assim, eventual recusa nesse sentido há de se operar de modo fundamentado, com espeque na inadequação das circunstâncias fáticas às hipóteses autorizativas legalmente previstas.

Entretanto, em qualquer situação, impende se atue com responsabilidade, no sentido de se evitar a banalização no uso da colaboração premiada, somente passível de admissibilidade para os crimes que mais danos impõem ao contexto social e coletivo, entre os quais – com o destaque merecido – o delito de corrupção. O que se deve rechaçar são condutas dos órgãos estatais que defluam de motivos outros que não aqueles expressamente previstos em lei e que impliquem a flexibilização do instituto da obrigatoriedade da ação penal e, na mesma esteira de pensamento, da proporcionalidade das penas.

12 Proibição do excesso e da proteção deficiente

O princípio da proibição do excesso por parte do Estado no que concerne à restrição dos direitos individuais, o qual não deve agir para além do estritamente necessário ao atingimento de seus fins constitucionais, há de ser acompanhado de perto pelo princípio da proibição da proteção deficiente, no sentido de que a esse mesmo Estado não é dado atuar aquém das exigências gerais de promoção do bem comum e da segurança de todos, o que perpassa por uma gestão funcionalmente adequada, eficiente, atempada e otimizada no desempenho de suas tarefas atinentes à persecução penal, sobretudo quando se constata a efetividade da colaboração, em muitas hipóteses, no estancamento de práticas criminosas profundamente danosas ao corpo social, o que revela o interesse público no seu emprego, no âmbito das instâncias formais de controle.

Nesse particular, impende seja observado que a mesma Lei nº 12.850/2013, objeto de inflamados debates sobretudo no que tange ao instituto da colaboração premiada, prevê diversos outros instrumentos tipicamente invasivos e restritivos de direitos fundamentais do cidadão – notadamente a intimidade e a privacidade – a exemplo da escuta ambiental, interceptação telefônica, quebra dos sigilos bancário e fiscal, entre outros, mas que parecem merecer um acolhimento mais pacificado na seara dos institutos de exceção juridicamente autorizáveis para fins de investigação criminal, talvez porquanto já encontrem terreno mais sólido no histórico doutrinário e jurisprudencial do sistema jurídico brasileiro.

Nas palavras do ilustre homenageado, que tão bem conhece o valor e o peso que se impõem ao cumprimento da Carta Constitucional, o direito há de atuar como instrumento de conformação social, no sentido de que, através do princípio da democracia econômica e social, seja o legislador democrático autorizado a adotar as medidas necessárias à evolução da ordem constitucional, "sob a óptica de uma 'justiça constitucional' nas vestes de uma 'justiça social'". Indo mais além, afirma com maestria referido constitucionalista que o princípio da democracia econômica e social impõe ao Estado tarefas de conformação, transformação e modernização das estruturas econômicas e sociais, de forma a promover a igualdade real de todos.[67]

Se igualdade só se constrói com a adequada preservação do erário e com sua utilização racional em benefício do bem-comum, resta reconhecer no instituto da colaboração premiada mecanismo capaz de coibir práticas que tendem a dilapidar o patrimônio público, sobretudo quando cometidas por organizações criminosas, aplaudindo-se seu uso de forma regrada e parcimoniosa, após superados todos os questionamentos acima expendidos, reconhecendo-se sua compatibilidade com o Texto Constitucional vigente e com os seus objetivos fundamentais[68] de garantir o desenvolvimento nacional, erradicar e pobreza e a marginalização, além de reduzir as desigualdades sociais e regionais e promover o bem de todos.

O que se deve ter em mente é que o magistrado não pode ter subtraída a sua prerrogativa de decidir a causa, ainda que lhe venham formuladas propostas que impliquem o favorecimento do acusado, dentro de parâmetros prévios, legalmente delimitados. O sistema de *civil law* não se compatibiliza com a celebração de acordos que possam significar a adoção de um sistema acusatório puro ou adversarial ou que conduzam a uma visão privatista do processo, sobretudo sob a perspectiva penal. Em qualquer hipótese, quando se está a falar de práticas criminosas, cabe ao juiz a individualização da pena. Se houver prévio acordo celebrado entre acusação e suspeito ou réu, este deverá ser invariavelmente submetido ao crivo do Poder Judiciário, que há de aferir sua regularidade, legalidade e voluntariedade.[69] Não é sem razão que a lei brasileira, que de pronto já restringe o uso do instituto aos casos que envolvem organizações criminosas, ou seja, estruturas compostas por quatro ou mais pessoas, hierarquicamente organizadas, formal ou informalmente, com o fito de cometer crimes, refere-se à possibilidade,[70] a requerimento das partes, de o juiz conceder o perdão judicial, reduzir a pena ou substituí-la por uma restritiva de direitos.

Traz ainda a mesma legislação alguns parâmetros auxiliares[71] à atividade do magistrado, quando estatui que a eficácia da colaboração e a gravidade ou repercussão

---

[67] CANOTILHO, José Joaquim Gomes. *Direito constitucional e teoria da Constituição*. 4. ed. Coimbra: Almedina, 1997. p. 332.

[68] Art. 3º (BRASIL. Constituição (1988). *Constituição da República Federativa do Brasil*. Brasília, DF: Senado, 1988).

[69] Art. 4º, §7º, Lei nº 12.850/2013. Tanto é assim que, em decisões recentes, o Ministro do STF Teori Zavascki, por ocasião da análise de acordos de delação premiada propostos, excluiu os itens que implicavam renúncia, por parte do colaborador, ao direito de recorrer e de impetrar ações impugnativas, por configurarem afastamento da jurisdicionalidade ou do direito de acesso à justiça, em homenagem ao art. 5º, inc. XXXIV, a), e XXXV, CF.

[70] BRASIL. Presidência da República. *Lei nº 12.850, de 2 de agosto de 2013*. Art. 4º, caput. Disponível em: <http://www.planalto.gov.br/ccivil_03/_ato2011-2014/2013/lei/l12850.htm>. Acesso em: 12 abr. 2016.

[71] BRASIL. Presidência da República. *Lei nº 12.850, de 2 de agosto de 2013*. Art. 4º, caput. Disponível em: <http://www.planalto.gov.br/ccivil_03/_ato2011-2014/2013/lei/l12850.htm>. Acesso em: 12 abr. 2016.

social do crime, por exemplo, são elementos a serem aferidos por ocasião da gradação da vantagem a ser outorgada ao colaborador, pelo magistrado. Finalmente, no escólio do Ministro Teori Zavascki, do STF, que tem atuado na análise das propostas de acordo de delação premiada dos colaboradores da operação sob a alcunha de "Lava Jato", o mais adequado seria falar não em renúncia ao direito ao silêncio ou à não autoincriminação,[72] mas em renúncia ao exercício[73] desse direito, no âmbito do acordo celebrado e para seus fins específicos. Tal exegese conforme a Constituição parece melhor tutelar o espectro dos direitos e garantias individuais estatuídos na Carta Federal e, por outra, em nada compromete a eficácia que se pretende extrair do debatido instituto.

13 Em busca de conclusões propositivas

Os excessos hão de ser extirpados e a própria história de outros países nessa seara assim o demonstra. Na Alemanha, por exemplo, durante longos 20 anos, a maioria esmagadora dos processos se encerrava mediante acordos informais entre as partes, muitas vezes sob sugestão do próprio magistrado – em geral sob protesto da doutrina mais abalizada – até que lei recente[74] cuidou de disciplinar a matéria, exigindo e estabelecendo critérios para tais acordos, inclusive com preservação de sua formalização e publicidade.

De toda ordem, os princípios da prevenção geral e especial ínsitos à justiça criminal não podem ser olvidados, tampouco pode ser subtraída da autoridade judiciária a competência para decidir, no mérito, sobre a pena a ser aplicada, ainda que sob influência de novos elementos de colheita de provas inseridos no sistema processual penal, como o acordo de colaboração premiada, já tão utilizado em outras nações, por razões que perpassam quer pelas dificuldades probatórias inerentes ao caso, quer por princípios de economia processual, quer pela necessidade de punições mais efetivas e céleres, quer, ainda, por questões mais pragmáticas, como a sobrecarga experimentada pelo Poder Judiciário em razão do excesso de processos em pauta, comprometendo, nesse sentido, a qualidade da prestação jurisdicional a ser fornecida pelo estado, em relação à prevenção e combate ao crime.

Tomando por empréstimo a novel legislação germânica que tratou de sanar problemas concretos vivenciados com a aplicação excessiva e desregulamentada de acordo entre partes, dentro de um sistema processual penal permeado pela contraditoriedade, como é o caso brasileiro, sugere-se, *de lege ferenda*, que possa haver aperfeiçoamentos no disciplinamento legislativo em matéria de colaboração premiada, no sentido de que o acordo possa ir até a propositura da fixação de nova moldura penal para os limites sancionatórios *in abstrato*, em face da colaboração formulada, deixando-se, contudo, ao magistrado a fixação, dentro dessa margem, do *quantum* deverá ao final fixar. Ademais, que tudo seja inspirado no interesse de busca da verdade, com iniciativa inclusive da própria autoridade judiciária, na esteira do que autoriza o art. 156, II do próprio CPP brasileiro, o que denota que o magistrado, apesar de não ser sujeito ativo

---

[72] *Privilege against self-incrimination.*
[73] BRASIL. Supremo Tribunal Federal. *Petição nº 5.952.* Relator Min. Teori Zavascki, Brasília, DF, 14.4.2016. Disponível em: <http://goo.gl/eUox9v>. Acesso em: 12 abr. 2016.
[74] Referida lei, datada de agosto de 2009, alterou a redação do art. 257C do Código de Processo Penal germânico.

do contraditório, como as partes, possui parcela de ação e intervenção, sobretudo com vistas a reduzir a desigualdade entre elas e a suprir eventuais deficiências na defesa. Tudo com a ressalva de que não pode a autoridade julgadora se encontrar refém de proposta de acordo formulada, ainda que de comum interesse das partes, quando, em razão da gravidade da ofensa ou de critérios relacionados à culpa mesma do agente colaborador, entenda que a medida conciliatória proposta não se revela adequada e suficiente.

O direito não pode ser mais do que instrumento de transformação, que chega a reboque dos fatos, mas que pretende tornar a convivência humana mais pacífica e menos conflituosa, dando a cada um o que é seu. Nem sempre a melhor saída está no dissenso e no conflito. A racionalidade humana é que deve perscrutar a mais adequada e mais justa alternativa, quando o problema se põe à sua frente. No sistema jurídico-criminal, não se pode abrir mão da busca da verdade, de uma atmosfera garantista, mas se podem abolir os instrumentos meramente procrastinatórios e que não representam o exercício de uma legítima contraditoriedade, gerando frustração na obtenção de resultados em tempo hábil pelos sujeitos de um processo penal, através de uma autoridade imparcial. Para além, impõe-se a superação da descrença social na eficácia dos métodos processuais utilizados pelo estado, quando subtraiu das partes o poder de decisão das lides envolvendo ilícitos criminais, caminhando-se para a eficaz e legítima resolução de conflitos, sem rupturas com o texto da Carta Maior Constitucional.

A ideia do direito ao devido processo legal remete-nos ao direito a um processo justo. Por outro lado, a busca por um resultado ótimo ou razoável do processo penal não pode ser obtido a qualquer preço, com o desprezo aos mais caros direitos fundamentais do cidadão, resumidos no princípio da dignidade da pessoa humana. Assim é que Kai Ambos[75] fala do dilema de uma dupla função estabilizadora da norma, não só através de uma efetiva persecução penal, mas também por meio da garantia dos direitos e interesses dos investigados ou imputados, ambos em um mesmo plano. Referida garantia dos direitos dá-se, justamente, mediante a vedação ou utilização de provas, quando violados direitos individuais. A liberdade de decisão individual contextualizada na realidade prática de uma investigação ou de um processo criminal, com ênfase ao seu papel de sujeito e não de objeto, parece não impor quaisquer máculas probatórias às declarações prestadas por um colaborador, nos termos que ora se analisa.

Em verdade, trata a colaboração premiada não de restrição a qualquer direito – até porque as restrições são, em regra, impostas pelo estado à revelia do investigado ou acusado, no interesse da apuração delitiva. Está-se, aqui, diante do exercício do direito de renúncia espontânea ou voluntária ao silêncio, por interesse do próprio colaborador – que em alguma medida coincide com o interesse das instâncias formais persecutórias, na medida em que tal renúncia não se revela vedada em lei. Exige-se, *in concreto*, um atuar ativo, consciente, consentido, inserido na esfera das liberdades de qualquer pessoa e que, em princípio, não representa prejuízos para o seu utente, sobretudo porquanto integralmente monitorado por profissional incumbido de aferir os ônus e bônus de tal conduta colaborativa, antes e durante sua concreção.

---

[75] AMBOS, Kai. *O processo acusatório e a vedação probatória perante as realidades alemã e brasileira*. Porto Alegre: Livraria do Advogado, 2009. p. 83.

O que se deve prestigiar, de acordo com a melhor doutrina, é a aplicação de critérios de ponderação no sentido de se afastar qualquer aparência de arbitrariedade, ao ensejo de toda a instrução probatória.[76] Na matéria em discussão, resta concluir pela possibilidade de admissão do acordo de colaboração premial no rol dos meios lícitos de obtenção de provas em processo penal, por sua aliança com o sistema jurídico brasileiro e seus princípios basilares, sem que se possa prescindir de uma acurada análise, caso a caso, acerca dos moldes e formato em que conduzida tal colaboração, a fim de que não se exacerbem os estritos termos que se situam sob o influxo da legalidade e do Texto Constitucional, por ocasião de sua operacionalização.

Referências

AMBOS, Kai. *O processo acusatório e a vedação probatória perante as realidades alemã e brasileira*. Porto Alegre: Livraria do Advogado, 2009.

ANGELI, Roberto. A negociação das penas no direito italiano: o chamado patteggiamento. *Revista Julgar*, Coimbra, n. 19, jan./abr. 2013.

BRASIL. Constituição (1988). *Constituição da República Federativa do Brasil*. Brasília, DF: Senado, 1988.

BRASIL. Presidência da República. *Código de Processo Penal*. Disponível em: <http://www.planalto.gov.br/ccivil_03/decreto-lei/Del3689.htm>. Acesso em: 12 abr. 2016.

BRASIL. Presidência da República. *Lei 9.099 de 26 de setembro de 1995*. Dispõe sobre os Juizados Especiais Cíveis e Criminais e dá outras providências. Disponível em: <http://www.planalto.gov.br/ccivil_03/leis/L9099.htm>. Acesso em: 12 abr. 2016.

BRASIL. Presidência da República. *Lei nº 12.850, de 2 de agosto de 2013*. Art. 4º, caput. Disponível em: <http://www.planalto.gov.br/ccivil_03/_ato2011-2014/2013/lei/l12850.htm>. Acesso em: 12 abr. 2016.

BRASIL. Supremo Tribunal Federal. *Petição nº 5.952*. Relator Min. Teori Zavascki, Brasília, DF, 14.4.2016. Disponível em: <http://goo.gl/eUox9v>. Acesso em: 12 abr. 2016.

CANOTILHO, José Joaquim Gomes. *Direito constitucional e teoria da Constituição*. 4. ed. Coimbra: Almedina, 1997.

CANOTILHO, José Joaquim Gomes. *Estudos sobre direitos fundamentais*. Coimbra: Coimbra Editora, 2004.

CARNAÚBA, Maria Cecília Pontes. *Prova ilícita*. São Paulo: Saraiva, 2000.

CASELLI, Gian Carlo et al. Normativa premiale e strumenti di protezione per i collaboratori della giustizia: tra inerzia legislativa e soluzioni d'emergenza. In: CASELLI, Gian Carlo et al. *Processo penale e criminalità organizatta*. Roma: Editori Laterza, 1993.

DIAS, Augusto Silva et al. *O direito à não auto-inculpação*: nemo tenetur se ipsum accusare no processo penal e contra-ordenacional português. Coimbra: Coimbra Editora, 2009.

JARDIM, Afrânio Silva. Poder Judiciário não deve ser refém de acordos de delação premiada do MP. *Conjur*, 18 out. 2015. Disponível em: <ttp://www.conjur.com.br/2015-out-18/afranio-jardim-judiciario-nao-refem-acordos-delacao-premiada?imprimir=1>. Acesso em: 25 abr. 2016.

LIMA, Marcellos Polastri. *O processo acusatório e a vedação probatória perante as realidades alemã e brasileira*. Porto Alegre: Livraria do Advogado, 2009.

MONTAGNA, Mariangela. l'obbligatorietà dell'azione penale. In: MONTAGNA, Mariangela. *Fisionomia constituzionale del processo penale*. Torino: G. Giappichelli, 2007.

---

[76] AMBOS, Kai. *O processo acusatório e a vedação probatória perante as realidades alemã e brasileira*. Porto Alegre: Livraria do Advogado, 2009. p. 107.

ROXIN, Claus. *La prohibición de autoincriminación y de las escuchas domiciliarias*. Buenos Aires: Editorial Hammurabi, 2008.

SABATINI, Giuseppe. *Principii costituzionali del proceso penale*. Napoli: Casa Editrice Dott. Eugenio Jovene, 1976.

TASSINARI, Davide. *Nemo Tenetur se Detegere*: La libertà dalle autoincriminazioni nella struttura del reato. Bologna: Bononia University Press, 2012.

UBERTIS, Giulio. *Verso un "giusto processo" penale*. Torino: G. Giappichelli, 1997.

Informação bibliográfica deste texto, conforme a NBR 6023:2002 da Associação Brasileira de Normas Técnicas (ABNT):

MARQUES, Karla Padilha Rebelo. Estreitos caminhos entre o constitucionalmente admissível e o excesso: o instituto da colaboração premiada e os princípios constitucionais postos à prova – Estudo com foco no delito de corrupção. In: PINTO, Hélio Pinheiro; LIMA NETO, Manoel Cavalcante de; LIMA, Alberto Jorge Correia de Barros; SOTTO-MAYOR, Lorena Carla Santos Vasconcelos; DIAS, Luciana Raposo Josué Lima (Coords.). *Constituição, direitos fundamentais e política*: estudos em homenagem ao professor José Joaquim Gomes Canotilho. Belo Horizonte: Fórum, 2017. p. 375-396. ISBN 978-85-450-0185-0.

GOVERNANÇA EM TEMPOS DE CRISE: CONSTITUIR A SOCIEDADE PODE SER O REMÉDIO CONSTITUCIONAL PARA OS DIREITOS SOCIAIS

AMÉLIA CAMPELO

Introdução

Inobstante a certeza de que a evolução do homem é, ao mesmo tempo, o farol e o norte do caminho a ser percorrido rumo ao futuro, não podemos olvidar que as inúmeras desigualdades e as constantes instabilidades socioeconômicas e políticas do nosso tempo consubstanciam-se ainda hoje em verdadeiros óbices ao asseguramento do princípio da dignidade da pessoa humana[1] e, por conseguinte, aos direitos fundamentais dela decorrentes.

Assim, o presente trabalho nasce da confrontação entre a força normativa da constituição e a concretização dos direitos sociais, seu sistema de garantias constitucionais e a real efetividade destes direitos. O que está em causa é refletir se a existência do sistema de garantias constitucionais dos direitos sociais é suficiente para assegurar o pleno desenvolvimento do ser humano, do ser político e do ser social.[2]

Partindo da premissa de que o problema dos direitos fundamentais hoje não é o de justificá-los, mas o de protegê-los,[3] e ainda que a positivação dos direitos fundamentais os coloque no lugar cimeiro das fontes do direito: as normas constitucionais,[4] a questão

---

[1] Sobre o princípio da dignidade da pessoa humana as lições de: SARLET, Ingo W. *Dignidade da pessoa humana e direitos fundamentais na Constituição de 88*. 3. ed. Porto Alegre: Livraria do Advogado, 2004. p. 60.
E também Marques, que afirma que o homem é o "vértice e o centro de tudo que existe, constituindo-se último fundamento de todo o ordenamento jurídico" (MARQUES, Mario Reis. *Introdução ao direito*. 2. ed. Coimbra: Almedina, 2012. p. 230).
Vieira de Andrade afirma que "naquele núcleo irrestringível de direitos, diretamente decorrentes da dignidade humana, revela-se uma dimensão fundamental dos direitos individuais" (ANDRADE, José Carlos Vieira. *Os direitos fundamentais na Constituição portuguesa de 1976*. 5. ed. Coimbra: Almedina, 2012. p. 19).

[2] Sobre os problemas de universalização da Constituição, Canotilho afirma que "sobrepor o discurso jurídico-constitucional, aos discursos reais emergentes, é um dos paradoxos fundamentais do discurso constitucional" (CANOTILHO, José Joaquim Gomes. *Direito constitucional e teoria da Constituição*. 6. ed. Coimbra: Almedina, 1993. p. 1348-1349).

[3] BOBBIO, Norberto. *A era dos direitos*. Rio de Janeiro: Elsevier, 2004. p. 23. O autor diz ser este não um problema jurídico, mas político.

[4] CANOTILHO, José Joaquim Gomes. *Direito constitucional e teoria da Constituição*. 6. ed. Coimbra: Almedina, 1993. p. 377.

é de se saber se o direito enquanto norma é instrumento suficiente para a efetivação dos direitos sociais, se o Estado enquanto criador, organizador e aplicador destas mesmas normas constitui-se em um fim em si mesmo e ainda como o homem, enquanto titular e destinatário destes direitos, pode e deve contribuir e responsabilizar-se pelas decisões que afetam sua vida, suas relações com os outros e seu compromisso com as gerações futuras.[5]

A participação popular na identificação dos problemas que afetam a vida em sociedade e sua contribuição nas definições das providências para a solução destes mesmos problemas constitui-se (ou, ao menos, não deveria se constituir) no maior fundamento da legitimidade democrática?[6]

O exercício do poder político, através do voto, assegura aos representantes deste mesmo poder político a decisão última sobre os caminhos a serem trilhados, como um "verdadeiro cheque em branco", no dizer de Vieira de Andrade. Este agir, além de ser uma legitimidade formal, não se constitui em uma fuga às responsabilidades dos titulares do poder originário? A legitimação ao poder político antes de conferida não deveria ser compartilhada?[7]

A crise econômico-financeira que hoje assola o Velho (e grande) Mundo e que sempre esteve marcadamente presente em outros tantos mundos, e que ainda foi pano de fundo para as revoluções ao longo da história, volta a pôr em causa o sistema de organização social, política e jurídica do Estado. Este mesmo Estado, que num e noutro tempo está no centro da roda da história, alijado quando desnecessário, requisitado quando as dificuldades lhe batem à porta.[8]

Em tempos conturbados e turvos, tende-se a identificar um responsável único. Ao Estado refletido, nas decisões do homem político, é garantida legitimidade, para

---

[5] Vieira de Andrade, discorrendo sobre os direitos de solidariedade, afirma que numa perspectiva histórica "são direitos circulares, com uma horizontalidade característica e uma dimensão objetiva fortíssima, que protegem bens, que embora possam ser individualmente atribuídos e gozados, são, ao mesmo tempo, bens comunitários, que respeitam a todos – e aliás, não só a todos os vivos, mais ainda aos elementos das gerações futuras, na medida em que esteja em causa a sobrevivência da sociedade" (ANDRADE, José Carlos Vieira. *Os direitos fundamentais na Constituição portuguesa de 1976*. 5. ed. Coimbra: Almedina, 2012. p. 64).

[6] Sobre o princípio da participação, Canotilho refere que o problema da participação política está intimamente ligado com a democratização da sociedade: "*democratizar a democracia através da participação significa, em termos gerais, intensificar a optimização da participação direta e activa de homens e mulheres* (CRP, art. 109) *no processo de decisão. Trata-se, pois, de acentuar o que em ciência política se chama orientação de input*" (CANOTILHO, José Joaquim Gomes. *Direito constitucional e teoria da Constituição*. 6. ed. Coimbra: Almedina, 1993. p. 301) (grifos no original).
Sobre exemplos de participação popular em processos decisórios em um passado recente, citamos, no Brasil, o processo de *impeachment* do Presidente Collor de Melo, no qual a juventude "cara-pintada" foi às ruas em todo o país. Cf. CARAS-pintadas. *Wikipedia*. Disponível em: <https://pt.wikipedia.org/wiki/Caras-pintadas>. Acesso em: 6 mar. 2013.
Em Portugal, os movimentos em favor da redução de cortes para a educação têm mobilizado milhares de pessoas em Lisboa e nas principais cidades do país, em defesa da escola pública portuguesa (Disponível em: <http://www.dn.pt/inicio/portugal/interior.aspx?content_id=3017600>. Acesso em: 6 mar. 2013).

[7] Maria da Gloria Garcia afirma que o poder de delineamento das políticas públicas não é inteiramente assumido pelo Estado. Deve antes de tudo ser "partilhado entre o Estado (poder representativo) e a sociedade (poder originário) e, logo, um poder que não se legitima somente pelo voto democrático (democracia representativa)" (GARCIA, Maria da Glória F. P. D. *Direito das políticas públicas*. Coimbra: Almedina, 2009. p. 45).

[8] Sobre a intervenção do Estado na economia, sob a ótica neoliberal, cf. ROSA, Alexandre Morais. O giro econômico do direito ou o novo e sofisticado caminho da servidão: para uma nova gramática do direito democrático no século XXI. In: CONFERÊNCIA INTERNACIONAL DE LISBOA SOBRE JUSTIÇA INTERGERACIONAL: O DIREITO DO FUTURO E O FUTURO DO DIREITO, 2008, Coimbra. *Anais...* Coimbra: Almedina, 2008. p. 223-234. Sobre a crise mundial cf. LOUREIRO, João Carlos. *Adeus ao Estado Social?* Coimbra: Almedina, 2010. p. 16. Nesta obra o autor refere-se ao chamamento do Estado a intervir nos mercados, como "instância salvífica e milagreira dos mercados".

agir em seu nome. Este Estado (e todos os seus poderes) segue posto em causa: as políticas públicas eleitas pelo Estado administrativo são questionadas, os tribunais são acusados de tomarem decisões mais políticas que jurídicas, o legislativo nacional limita-se a reproduzir ideias de outras realidades ou que sirvam a outros interesses que não os dos nacionais.

Então a que serve tudo isto? Ao menos servirá como oportunidade de repensar o caminho trilhado e o caminho a ser percorrido, com a certeza de que somos, todos, parcela deste mesmo estado de coisas.[9]

É neste ambiente de muitas dúvidas e poucas certezas que surge a ideia de pensar a governança, não como solução, mas como possibilidade. Possibilidade de pensar o homem como agente de sua própria história, instrumento condutor da aquisição de capacidades buscadas e realizadas pelo próprio homem, em respeito ao dever de responsabilidade para consigo e para com as gerações futuras, tendo em mente que a garantia de igualdade de direitos (tanto políticos quanto sociais) é condição para o fortalecimento da democracia.

Este fortalecimento individual do homem que se espraie no ambiente coletivo leva a dois pensamentos indissociáveis: o primeiro, de que as grandes aspirações de um mundo sem fronteiras e de uma sociedade cosmopolita não se sustentam sem o fortalecimento do homem fincado em bases sólidas.[10] O segundo é o de que é indubitável que o Estado, em suas mais diversas roupagens, não pode ser o repositório de todas as necessidades humanas.[11]

Que Estado(s) temos agora? O(s) Estado(s) que temos é (são) o(s) Estado(s) que somos, refletido(s) em suas mais variadas formas e graus de organização e de evolução coletiva.

Assim é que, de início, faremos uma abordagem sobre a problemática atual dos diretos sociais, notadamente sobre os aspectos da escassez de recursos e da globalização, numa dimensão que nos leve a refletir sobre as dificuldades e as possibilidades de asseguramento de direitos constitucionalizados num mundo de profundas transformações.

No primeiro aspecto, abordaremos os efeitos jurídicos da crise econômico-financeira em países de democracia já consolidada e com direitos sociais satisfatoriamente garantidos, como é o caso de Portugal. E também, qual o impacto de uma crise permanente em países cujo desenvolvimento democrático (e a garantia de direitos)

---

[9] Sobre as causas para além da dimensão econômico-financeira da crise, Loureiro afirma que "Um estado (situação) de mal-estar não significa que o Estado de bem-estar tenha se transformado em um estado de mal-estar. Numa perspectiva dos atores, o mal-estar é apenas o culminar de um processo em que a própria instituição estatal fora confrontada pelos desafios da ingovernabilidade, num quadro de multiplicação metafísica de reivindicações que o Estado, marcado pela 'crise fiscal' se revelou incapaz de satisfazer. Acresce que também em sociedades com outras tradições e culturas políticas se viram confrontadas com práticas como a corrupção e o clientelismo, tradicionalmente consideradas apanágios de países do Sul (da Europa e do mundo). A crise é, na verdade, uma súmula de crises, e é curto e míope reduzi-la a uma dimensão econômico financeira" (LOUREIRO, João Carlos. *Adeus ao Estado Social?* Coimbra: Almedina, 2010. p. 18).

[10] HABERMAS, Jurgen. *Um ensaio sobre a Constituição da Europa*. Lisboa: Edições 70, 2012. p. 119. O autor, discorrendo sobre o objetivo de uma Constituição democrática da sociedade mundial, defende a constituição de uma comunidade de cidadãos do mundo.

[11] LOUREIRO, João Carlos. *Adeus ao Estado Social?* Coimbra: Almedina, 2010. p. 30. O autor, discorrendo sobre vitimização e (des)responsabilização, assevera: "No entanto, em contraste com as verdadeiras vítimas, mergulhamos numa cultura de vitimização que promove uma insustentável espiral de reivindicações, no quadro de uma menorização da pessoa. Na impossibilidade de acionar Deus ou a natureza, o Estado é agora destinatário por excelência de um conjunto de reivindicações, não raro juridicamente".

ainda está em vias de se consolidar, caso do Brasil. Tanto em um, quanto em outro, a força normativa da Constituição sofre abalos constantes.

No segundo aspecto, no que toca ao fenômeno da globalização, a abordagem será feita no âmbito do Estado de Direito que estamos a modificar ou remodelar. Para isto, faremos uma breve abordagem sobre a evolução do Estado da época moderna até os dias atuais, Estado este firmado e conceituado como democrático de direito, consciente de que as concepções de Estado e de garantias de direitos são, em alguma medida, reflexo de um contexto histórico social e político no qual está inserido o homem concretamente considerado.

Finalmente, abordaremos a ideia da governança, como uma forma de governar em um mundo sem fronteiras, cujas ligações são conduzidas pelo fio condutor do interesse e da responsabilidade do homem para consigo e para com seu semelhante, questionando se a construção deste homem ativamente político é condição necessária para a melhoria das instituições que o representam.

1 Os direitos sociais e sua sustentabilidade

A gênese de surgimento ou modificação do sistema jurídico é sempre uma crise. E é uma crise aliada à ausência de garantia tanto política, quanto jurídica, de dignidade do homem em suas mais variadas dimensões.[12]

É certo que os movimentos da vida em sociedade têm reflexos na ordem jurídica, confirmando seus preceitos ou conduzindo à suas modificações, sempre na busca da tão sonhada quanto intangível paz social, todavia o ordenamento jurídico está sempre a procurar respostas, a fundamentar condutas, num movimento cíclico de ir e vir, cada mais vez mais distante de seu desiderato. É assim que a história se apresenta.

1.1 Direitos sociais e crise econômica

A afirmação de que a concretização dos direitos sociais[13] está atrelada à economia e às finanças públicas[14] nos leva, em épocas de crises, à séria preocupação de que a

---

[12] LOUREIRO, João Carlos. *Adeus ao Estado Social?* Coimbra: Almedina, 2010. p. 49. O autor, citando Lucas Pires afirma: "[...] socorreu-se de nossa matriz cultural para lembrar que o princípio fundante é o da dignidade da pessoa humana". E mais: "É esta uma verdade em função da qual será o Estado a ter de humanizar-se – não o homem a ter de se estadualizar [...]" (PIRES, Francisco Lucas. *Uma Constituição para Portugal*. Coimbra: Coimbra Editora, 1975. p. 75).

[13] Sobre direitos sociais, cf. BARROSO, Luís Roberto. Da falta de efetividade à judicialização excessiva: direito à saúde, fornecimento gratuito de medicamentos e parâmetros para a atuação judicial. *Conjur*. p. 13. Disponível em: <http://www.conjur.com.br/dl/estudobarroso.pdf>. Acesso em: 15 jul. 2016. O autor afirma que: "Direitos sociais são comumente identificados como aqueles que envolvem prestações positivas por parte do Estado, razão pela qual demandariam investimento de recursos, nem sempre disponíveis. Esses direitos, também referidos como prestacionais, se materializam com a entrega de determinadas utilidades concretas, como educação e saúde. É certo, todavia, que já não prevalece hoje a ideia de que os direitos liberais – como os políticos e os individuais – realizam-se por mera abstenção do Estado, com um simples *non facere*. Pelo contrário, produziu-se já razoável consenso de que também eles consomem recursos públicos. Por exemplo: a realização de eleições e a organização da Justiça Eleitoral consomem gastos vultosos, a exemplo da manutenção da polícia, do corpo de bombeiros e do próprio Judiciário, instituições importantes na proteção da propriedade".
Sobre o tema, veja-se ainda: BARCELLOS, Ana Paula. *A eficácia jurídica dos princípios constitucionais*: o princípio da dignidade da pessoa humana. Rio de Janeiro: Renovar, 2002.

[14] SILVA, Suzana Tavares. *Direitos fundamentais na arena global*. Coimbra: Almedina, 2011. p. 101. A autora, citando Habermas, afirma que "não estranha por isso que Habermas se refira ao 'fim do compromisso social do estado'

ordem jurídica consagrada para garantir direitos, pela via do fio condutor do direito constitucional, está indubitavelmente ameaçada.[15]

Em épocas de escassez de recursos e de má distribuição de riqueza, em uma lógica perversa de exclusão e de políticas econômicas catastróficas, não é difícil perceber que o Estado garantidor dos direitos sociais agoniza. É clara sua impossibilidade de financiar as garantias constitucionais há muito conquistadas, seja por impossibilidade material de recursos, seja por inabilidade administrativa, ou, ainda, pelas constantes aspirações das pessoas como destinatários de direitos constitucionalmente tutelados.[16]

Hodiernamente, o Estado de Direito, no ambiente europeu, conferiu às sociedades do pós-guerra um longo período de prosperidade, até que o surgimento de grave crise econômica iniciada nos EUA em 2008 afetou a realidade dos europeus, pondo em causa a sobrevivência das garantias constitucionais, há muito conquistadas.[17]

No caso europeu, aquela crise se somou a uma crise identitária, advinda de problemas políticos e administrativos que não foram bem resolvidos até então. O movimento integrador, que culminou na atual União Europeia, construiu algo que persiste incerto, que instituiu um Tribunal de Justiça a harmonizar a legislação e parte da jurisprudência, mas que tem um Parlamento com funções limitadas.

Uma formação que não possui uma unificação política, mas que apostou em uma União econômica e monetária. Uma União que não representa um Estado, mas que tem um Banco Central, responsável pela condução de muitas das políticas afeitas a um governo.

Enfim, uma entidade que ora assume funções meramente subsidiárias em relação às funções nacionais dos Estados-membros, mas que ora pretende determinar a atuação das nações e de seus governos, conduzindo seus desígnios, nomeadamente através do Tratado de Lisboa, que por vezes se apresenta como uma Supraconstituição.

Assim, os governos europeus se deparam com uma diversidade de questões que necessitam de tratamento especial e urgente, até mesmo em face dos graves problemas financeiros e de seus efeitos dramáticos sobre a coletividade, com flagrantes afrontas a direitos constitucionalmente reconhecidos.

Tais circunstâncias foram vivenciadas em diversos países. Contudo, a título meramente exemplificativo e pontual, faremos um breve paralelo entre as realidades atuais de Brasil e Portugal, com o propósito de demonstrar que mesmo em realidades diferentes, em crises absolutamente diferentes, o caminho pode ser trilhado a partir de um mesmo ponto: o homem real.

Ressalte-se que muitos povos, em outros cantos do globo, não viveram e ainda não vivem a tão sonhada e propagada efetividade de direitos constitucionais, notadamente os

---

em razão da escassez de recursos financeiros estaduais e da mudança de paradigma da socialidade imposta pela OCDE".

[15] Sobre a crise dos direitos sociais e segurança jurídica, ver: SARLET, Ingo W. Princípio do retrocesso social, pessoa humana e direitos sociais. *Boletim da Faculdade de Direito*, v. 83, p. 254-255, 2007.

[16] SILVA, Suzana Tavares. *Direitos fundamentais na arena global*. Coimbra: Almedina, 2011. p. 100. A autora portuguesa refere a "incapacidade financeira do estado para sustentar o atual sistema legal que substantifica o modelo de Estado Social pretensamente consagrado na nossa constituição".

[17] SILVA, Suzana Tavares. *Direitos fundamentais na arena global*. Coimbra: Almedina, 2011. p. 10. Também: LOUREIRO, João Carlos. *Adeus ao estado social?* Coimbra: Almedina, 2010. p. 55. Sobre este aspecto, o autor citando a "sociedade da abundância", afirma que em Portugal, "Só a revolução e a Constituição de 1976 permitiram impulsos decisivos, aliás, tardios em relação aos ritmos europeus, sendo o déficit do Estado social, atenuado por mecanismos familiares e, em geral, da sociedade civil".

direitos sociais, em que pese a promulgação de constituições enormemente garantísticas. Assim é o caso da Carta Magna brasileira de 1988. Estes povos fazem agora coro aos mais prósperos, num grito uníssono da possibilidade de um longo caminhar, em que pesem as diferentes realidades e as diferentes crises.

As dificuldades financeiras encontradas hoje em muitos países da União Europeia (a exemplo de Grécia, Espanha, Irlanda e Portugal), com sérios reflexos nas garantias dos direitos sociais, são as dificuldades há muito encontradas e mantidas em países como o Brasil. Não se discutem aqui as opções políticas e as prioridades escolhidas por um e outro país na condução de vida de seu povo, mas tão somente a repercussão que o conceito de crise provoca num e noutro, na dimensão das garantias dos direitos sociais e das políticas públicas que estão ao entorno destes direitos.

Como demonstração do impacto da crise econômica de 2012 sobre a realidade europeia, citamos alguns dados sobre a evolução recente dos PIB. O grupo dos 27 países que compõe a União Europeia teve o resultado mais evidentemente negativo em 2009, quando houve um crescimento negativo de 4,6%. Contudo, os anos seguintes também não foram melhores. No início de 2013 a maioria destes países sequer recuperou os PIB que possuíam em 2008.

Em Portugal, a exemplo do resultado conjunto da Europa, os números em 2013 eram inferiores aos registrados em 2008. Houve contração do PIB em 2008 (0,1%), em 2009 (3%), em 2011 (1,8%) e em 2012 (3,2%), contra um aumento em 2010 (1,4%).[18] As expectativas para 2013, segundo a Comissão Europeia, também não foram nada animadoras, pois havia, naquele ano, a estimativa de queda de 1,9%. Ademais, quando analisamos a situação de outros países, identificamos situações ainda mais dramáticas. A Grécia, o caso mais evidente, registrou uma queda superior a 15% (considerando os valores acumulados a partir de 2009).

Estes indicadores da economia têm repercussões muito graves sobre a qualidade de vida dos europeus. Falando especificamente dos portugueses, verificou-se que a política de tentativa de equilibrar o orçamento público promovida pela Troika teve efeitos manifestamente recessivos, agravando a situação das empresas (que vendem menos) e dos trabalhadores, que acumulam dívidas e redução do poder aquisitivo (reduções de salários e de benefícios sociais, aumentos de impostos diretos e indiretos).

Tornou se cada vez mais elevado o número de trabalhadores que foram demitidos e não conseguiram realocação no mercado (o índice de desemprego atingiu 15,7% em 2012, sendo estimado aumento para 17,5% ao final de 2013). No tocante ao funcionalismo público, este também amargou severos cortes em seus direitos e perdas reais em seus rendimentos.[19]

Assim, inúmeras famílias tornaram-se inadimplentes. Tornou-se habitual que elas fossem despejadas de suas casas, enquanto os imóveis também acumularam significativas desvalorizações (enquanto, contraditoriamente, os valores dos tributos sobre imóveis acumulam sucessivos aumentos).

Mesmo com todo este quadro apontado (o estado de crise), a situação na Europa ainda é bem diferente da de outros continentes. Portugal, um dos países mais afetados

---

[18] Informações adicionais podem ser obtidas em: <http://www.pordata.pt>.
[19] Conforme reportagem: ARRIAGA E CUNHA, Isabel. Economia contrai este ano 1,9% e desemprego sobe para 17,5%. *Público*, 22 fev. 2013. Disponível em: <http://www.publico.pt/economia/noticia/economia-portuguesa-contrai-este-ano-19-e-desemprego-sobe-para-175-1585391>. Acesso em: 15 jul. 2016.

pela fase negativa, possuía em 2012 média de US$22.413 de PIB *per capita*, o que ainda o coloca em 36º no mundo, neste quesito. Estes números significam uma renda 75% superior à renda brasileira que, com média de US$12.789, ocupa o 54º lugar entre 181 países (a renda mais alta, em Luxemburgo, se situa acima dos US$110 mil).[20]

A realidade no Brasil, mesmo que com esta acentuada tendência de melhoria verificada nos últimos anos, ainda aponta dados bastante negativos. Senão, vejamos: ao referenciar o índice de desenvolvimento humano, verificamos que os resultados são bem piores no Brasil. Dados do PNUD de 2011 apontam IDH brasileiro em 0,718, que o coloca em 84º colocado, entre 187 países, situado em uma faixa intermediária, pouco acima da média mundial (0,63), bem abaixo da líder Noruega, que ostenta índice de 0,943 (Portugal se situa na faixa de 0,809, na 41ª colocação).

Uma das explicações parece residir na distribuição de renda existente no país, pois o Brasil é um país historicamente marcado por elevada concentração, ainda que tenha testemunhado um importante avanço nos últimos anos, ainda se verifica uma ampla desigualdade. Conforme dados de 2008, o país apresentava índice de concentração de renda (Gini) de 0,544, contra um índice que se situava na faixa de 0,60 há cerca de 10 anos. Para efeito de comparação, a Noruega – país melhor classificado neste quesito – possui índice de 0,25 (Portugal tem 0,385). Em 2012 o Brasil apresentou índice em torno de 0,52, ainda bem distante de valores satisfatórios.[21]

Assim, a realidade é diversa. Apesar da crise mundial, o país obteve bons resultados nos últimos anos. E em que pese a crise econômica mundial, a economia cresceu, a desigualdade diminuiu, uma parcela da população deixou a pobreza extrema, enquanto uma expressiva parcela atingiu a classe média.

Contudo, ao considerar Brasil e Portugal, os pontos de partida a serem utilizados como parâmetro comparativo são bastante distintos, haja vista a diferença de realidades sociais e modos de vida nos dois países. Além dos indicadores citados, se formos analisar os indicadores de expectativa de vida, mortalidade infantil, analfabetismo, violência, entre outros, veremos que estamos comparando realidades ainda muitíssimo desiguais. Isto significa dizer que, apesar de movimentos contrários, há expressiva distância entre as realidades, em favor dos portugueses, quando se fez uma análise dos impactos da crise econômica entre 2008 e 2013 e seus reflexos na garantia e efetivação dos direitos sociais de portugueses e brasileiros.

É certo que, atualmente, a mais recente crise econômica enfrentada pelo Brasil coloca novamente em evidência a ausência de garantias dos direitos sociais, mormente quando há retrocesso em áreas sensíveis que caminhavam para uma discreta melhoria. Observe-se que a taxa de desemprego atingiu patamares alarmantes, atingindo, em 2016, o percentual de 10 por cento. O certo é que em tempos de crise econômica os direitos sociais sofrem alargada crise em razão da impossibilidade material de assegurar sua efetividade.

---

[20] Dados do Fundo Monetário Internacional, com base no ano de 2011.
[21] A Constituição da República Federativa do Brasil, em seu art. 3º, III, elenca erradicar a pobreza e a marginalização e reduzir as desigualdades sociais e regionais como um de seus objetivos fundamentais. O Brasil é signatário do Pacto de Direitos humanos Sociais e Culturais, firmado em São José da Costa Rica, ratificado em 1992 (Convenção Americana de Direitos Humanos).

1.2 Crise social: ausência de participação popular e seus reflexos nos direitos sociais

É certo que a democracia exige equilíbrio entre liberdade e igualdade de direitos.[22] Um dos motivos do desequilíbrio entre tais direitos, e, por conseguinte, um dos grandes entraves ao fortalecimento da democracia é a ausência de participação popular nas discussões e decisões políticas.

O que se verifica é que as sociedades, de um modo geral, se mostram apáticas e distantes das decisões políticas que resvalam em seu cotidiano, em que pese o princípio democrático seja considerado como norma jurídica constitucionalmente positivada.[23]

Não há dúvida que o voto seja uma fundamental expressão da legitimidade democrática. Contudo, a participação política está longe de apenas ser a escolha de representantes em dias de eleições.[24] De qualquer sorte, esta é a forma mais fidedigna de medir o nível de interesse de um povo pelos destinos de seu país. Isto vale em lugares onde o voto é uma faculdade, como em Portugal, assim como em outros onde ele é uma obrigação cidadã, como é no Brasil.

Registre-se ainda que o nível de desenvolvimento educacional também não traz correlação direta com o nível de participação política (eleitoral). Há sociedades que combinam altos níveis de educação com elevadas taxas de abstenção e outras em que as eleições contam com elevados comparecimentos, apesar de baixa evolução dos índices de ensino.

· Entretanto, podemos afirmar que as dificuldades em se obter a participação política dos cidadãos, entre outras causas, podem ser encontradas na ausência de conhecimento, ponto que desenvolveremos de seguida, ou por outro modo, na presença da ignorância, mesmo em sociedades diferentes e com diferentes níveis de desenvolvimento social.

Partindo da premissa de que não podemos imaginar e planejar o futuro sem termos ideia do que acontece no presente, é que a ausência do conhecimento impede o "alicerçar evidências" e "sustentar a lei", de modo que os cidadãos da sociedade do conhecimento têm muito a desempenhar como forma de contribuição neste desenvolvimento.[25]

Para além disto, outras ações ou omissões impedem a motivação ou o interesse dos cidadãos em participar politicamente dos destinos de seu país. Independentemente do nível de desenvolvimento econômico e social, a quebra do princípio da confiança no Estado[26] parece ser umas das razões fundamentais da ausência das pessoas nas discussões que envolvem seus próprios destinos.[27]

---

[22] BEURLEN, Alexandra. *Direito humano à alimentação adequada no Brasil*. Curitiba: Juruá, 2008. p. 125.
[23] BOBBIO, Norberto. *A era dos direitos*. Rio de Janeiro: Elsevier, 2004. p. 139.
[24] Ver: NOVAES, Jorge Reis. *Direitos fundamentais e justiça constitucional em Estado de Direito Democrático*. Coimbra: Coimbra Editora, 2013. p. 62.
[25] GARCIA, Maria da Glória F. P. D. *Direito das políticas públicas*. Coimbra: Almedina, 2009. p. 46.
[26] Sobre o princípio da segurança jurídica, ver: SARLET, Ingo W. Princípio do retrocesso social, pessoa humana e direitos sociais. *Boletim da Faculdade de Direito*, v. 83, p. 254-255, 2007.
[27] Sobre o princípio da democracia participativa, ver: ARAGÃO, Alexandra. A governância na Constituição Européia uma oportunidade pedida? *Boletim da Faculdade de Direito*, Coimbra, n. 84. p. 137. A autora refere que o princípio da democracia participativa, inserido no I-47 da Constituição Europeia, é a sua verdadeira inovação. Tal inovação resultou do fato de os cidadãos europeus considerarem que no mais das vezes "tudo é combinado às suas costas e desejarem um maior controlo democrático".

O conformismo e a apatia frente às mudanças do mundo também são marcantes para demonstrar a ausência de participação popular. No Brasil, por sua vez, permanece a ideia de que o estado de coisas não se altera e de que os representantes serão sempre mais do mesmo, uma prolongada sensação de *déjà vu*. Assim, observa-se que este conformismo adquire facetas diferentes em diferentes realidades.

Há também que se registrar que, no caso do Brasil, a formação colonial do povo brasileiro também contribuiu para as dificuldades de associativismo e corporativismo, dado o desenvolvimento social ter por base o grande domínio rural, o colonialismo e o escravismo.

Por outro lado, a herança portuguesa da cordialidade produziu uma sociedade fundada em relações pessoalizadas, afetivas, particularistas e clientelistas.[28] Ideia também refletida nas relações com o Estado que deve ter obrigações paternalistas e deve também atender a todos os anseios e necessidades do povo.

Visto por outro ângulo, em países que atingiram um nível de desenvolvimento social satisfatório, como em Portugal, esta ausência de participação pode estar atrelada a um fechar-se em si mesmo, refletida no mundo egoísta das satisfações meramente materiais. Outra preocupação é a manutenção de um padrão de vida já conquistado, e a defesa contra as consequências da exclusão social que apavora.

Já em países como o Brasil este conformismo está ligado tanto à ideia de descrença/incapacidade em suas próprias potencialidades, quanto à ideia de desorganização, aqui dita como impossibilidade de gerir a própria vida e da família, por lhes faltarem as básicas condições de vida que lhe permitam a dignidade cidadã.

O direito, como expressão política e social de um povo, certamente não estaria imune a todas estas dificuldades. Assim é que o reflexo das crises econômicas e sociais ganha máxima amplitude, especialmente na lei das leis, a Constituição. Apesar de tudo, a Constituição é, ainda, a fonte de poder e de direção de um povo.

É neste contexto que a discussão sobre o sentido do direito de Castanheira Neves ganha maiores contornos.[29] E mais, tão importante quanto buscar o sentido do direito, é a questão é de se buscar respostas para a inefetividade das normas jurídicas dentro de um contexto real e não através de teorias jurídicas justificadoras de sua própria inefetividade.

1.3 A experiência brasileira: a centralização excessiva e a falta de planejamento como fatores de entrave ao desenvolvimento

No caso do Brasil, há outros fatores que também dificultam a participação das comunidades para o desenvolvimento local. Entre eles, destacamos a forma centralizada de exercício do poder administrativo, obedecendo a uma lógica de desenvolvimento verticalizado e imposto de cima para baixo, que desconhece as díspares realidades verificadas em tão grandes extensões territoriais. Assim é que políticas públicas são criadas em gabinetes de "ilustres" (ou, muitas das vezes, de políticos medíocres), sem que se valorize adequadamente o conhecimento da realidade local.

---

[28] GOMES, Ângela de Castro. A experiência colonial e as raízes do pensamento social brasileiro. *Revista Portuguesa de História*, Coimbra, n. 41, p. 290-303, 2010.

[29] NEVES, A. Castanheira. *O direito hoje e com que sentido?* O problema atual da autonomia do direito. 2. ed. Lisboa: Instituto Piaget, 2002.

Por vezes, trata-se de políticas públicas até bem pensadas, que podem alcançar êxito em determinadas comunidades, mas que serão um fragoroso fracasso em outras, uma vez que não foram consideradas importantes variáveis. Assim, sem grande aplicabilidade, representarão desperdício de escassos recursos públicos e ineficiência da gestão.

Em muitos programas, também se verifica o excesso de improviso, em que as condicionalidades não são respeitadas, os meios são constantemente modificados e até mesmo os objetivos são alterados no decorrer da execução. Sendo as alterações tão constantes, há grande dificuldade no acompanhamento do cumprimento das metas e dos objetivos a serem alcançados.

A respeito desta característica brasileira – o improviso, há que se referir que é característica que, bem gerida, deve acrescer qualidade ao desenvolvimento coletivo, e é mesmo elogiável (versatilidade e criatividade), dada a importância da capacidade de adaptação. Contudo, em demasia, é muito mais expressão de uma falta ou deficiência de planejamento.

Ou seja, se tantas mudanças foram aplicadas, sem que isto se dê em face de fatores externos ou excepcionais, é correto afirmar que, ou não se planejou a ação, ou as partes envolvidas não opinaram no devido momento, quando do planejamento. E esta falta de manifestação tempestiva impede que muitas barreiras previsíveis não sejam visualizadas. Assim, o resultado também será desperdício. Além do que reflete uma absoluta e inaceitável discricionariedade, que reflete a ausência de construção conjunta, entre o órgão propulsor da política pública e seus destinatários.

Ademais, trata-se de uma máquina administrativa cuja gestão é comandada por uma grande quantidade de cargos ocupados mediante livre nomeação e exoneração. Em ambientes assim, promove-se grande descontinuidade do serviço, algo que é ainda mais potencializado pela alternância do poder. Inexistindo compromisso com trabalhos e projetos já encaminhados por outros grupos ou representantes, execuções de programas são interrompidas antes que os resultados pudessem ocorrer. Programas serão, assim, taxados de inadequados e, por conseguinte, extintos, sem que realmente o devessem ser.

Tudo isso reduz a capacidade técnico-operacional do Estado, que acaba não correspondendo às expectativas de cumprimento das obrigações ao seu encargo. Este incumprimento também produz desconfiança e desânimo nos cidadãos.

1.4 Crise constitucional: as soluções jurídico-constitucionais e a realidade como se apresenta

Não retrocesso social. Políticas afirmativas e princípio da não discriminação. Partindo da ideia de que apogeu e declínio sempre fizeram parte da história do homem, bem assim como sua capacidade de reinventar-se sempre esteve atrelada ao conceito de crise, de necessidade e de superação, resta indagar se a ordem jurídica já consolidada também está condicionada ao sabor dos ventos.

A história sempre nos dá as pistas. Como será desenvolvido no tópico de evolução do Estado e reflexos na proteção do homem, bem agora, no contexto atual, citaremos exemplos de teorias jurídico-constitucionais que, em última medida, tentam diminuir a distância entre o direito e a realidade, mas podem contribuir para o estado de insegurança jurídica tão presente nos dias atuais, se não devidamente aplicadas.[30]

É o caso do princípio do não retrocesso social, utilizado em democracias de direitos sociais já consolidados e, em um contraponto, a utilização das políticas afirmativas, em democracias emergentes, como exemplo o Brasil.[31]

Não é recente a discussão sobre a efetividade dos direitos sociais e a sustentabilidade do Estado de Direito e da própria Constituição. As discussões doutrinárias sobre a jusfundamentalidade dos direitos sociais também não o são.[32]

No caso da Constituição brasileira, a opção do legislador constituinte foi erigir os direitos sociais à categoria de direitos fundamentais, situados no capítulo II, do título II da referida Constituição, nomeado Dos Direitos e Garantias Fundamentais. No caso da Constituição portuguesa, os direitos e deveres econômicos, sociais e culturais estão situados no título III da primeira parte, e, portanto, separados dos direitos de liberdades e garantias (título II) e dos princípios gerais (título I).[33]

Tanto na Constituição do Brasil, quanto na Constituição de Portugal, mormente em época de crise econômica, apesar das discussões doutrinárias sobre a jusfundamentalidade dos direitos sociais, as previsões constitucionais não evitam os inúmeros

---

[30] Como exemplo dos efeitos da crise e de medidas de "agravamento fiscal", com visíveis inconstitucionalidades, ver: SILVA, Suzana Tavares. *Sustentabilidade em tempos de crise*. Coimbra: Almedina, 2011. p. 72-73. No texto a autora alerta para "os parâmetros normativos aplicáveis a medidas restritivas de direitos, liberdades e garantias" as quais, por serem adotadas em situações de excepcionalidade e não de "normalidade" deveriam obedecer um critério de universalidade e afetação em igual medida, no tocante às decisões que implicam retrocesso social.

[31] Sobre o princípio do não retrocesso social, ver: SILVA, Suzana Tavares. *Direitos fundamentais na arena global*. Coimbra: Almedina, 2011. A autora refere que teorias aparentemente mais garantísticas dos direitos subjetivos dos indivíduos podem constituir um fenômeno de injustiça social ainda maior.

[32] Sobre os modelos de positivação dos direitos sociais, ver: CANOTILHO, José Joaquim Gomes. *Direito constitucional e teoria da Constituição*. 6. ed. Coimbra: Almedina, 1993. p. 475-476. O autor descreve as quatro teorias doutrinárias sobre a conformação jurídica dos direitos sociais, econômicos e culturais: seriam normas programáticas, seriam normas de organização, seriam garantias institucionais, ou, ainda, em uma quarta vertente, seriam direitos subjetivos públicos. O autor ainda explica que a "inequívoca" dimensão subjetiva dos direitos sociais, objetivamente conduzem a duas situações: imposições legiferantes e fornecimento de prestações aos cidadãos.
Sobre o reconhecimento jusfundamental dos direitos sociais, ver: NOVAES, Jorge Reis. *Direitos fundamentais e justiça constitucional em Estado de Direito Democrático*. Coimbra: Coimbra Editora, 2013. p. 10-12. O autor refere que a "opção pela ausência dos direitos sociais na Lei Fundamental de Bona, na segunda metade do século XX, marcando o neoconstitucionalismo europeu, afetou decisivamente a sorte dos direitos sociais enquanto direitos fundamentais. Entretanto, o princípio do não retrocesso social tem sido questionado na doutrina portuguesa em razão das drásticas medidas do governo, notadamente no âmbito da segurança social, da saúde pública, da educação e dos subsídios de férias e de natal dos trabalhadores portugueses, em perspectiva discussão da respectiva viabilidade, eliminação, conservação ou reconfiguração". Para o autor os direitos sociais são direitos fundamentais, embora não estejam consagrados no mesmo título da Constituição portuguesa.
No Brasil, ver a classificação de José Afonso da Silva, na qual o autor assevera que as normas que conferem direitos econômicos, sociais e culturais têm eficácia limitada e conteúdo programático e, portanto, dependentes da implementação de políticas públicas pela administração ou, ainda, pela elaboração de leis pelo legislador (SILVA, José Afonso da. *Aplicabilidade das normas constitucionais*. São Paulo: Malheiros, 2012. p. 136-142; 150-155). Contra esta posição Paulo Bonavides afirma que "O Estado de direito do constitucionalismo social precisa absorver a programaticidade das normas constitucionais" (BONAVIDES, Paulo. *Curso de direito constitucional*. São Paulo: Malheiros, 2009. p. 211).
Também contra cf. SARLET, Ingo W. *A eficácia dos direitos fundamentais*. Porto Alegre: Livraria do Advogado, 1998. p. 230.

[33] Ver: NOVAES, Jorge Reis. *Direitos sociais*: teoria jurídica dos direitos sociais enquanto direitos Fundamentais. Coimbra: Coimbra Editora, 2010. p. 17-35. O autor discorre sobre os direitos sociais como problema jurídico e como problema político.
Sobre os direitos sociais como posições jurídicas subjetivas ver: ANDRADE, José Carlos Vieira. *Os direitos fundamentais na Constituição portuguesa de 1976*. 5. ed. Coimbra: Almedina, 2012. p. 358-363.

problemas de inefetividade de direitos e de reais confrontações sociojurídicas. No caso da Constituição brasileira, a grande normativização dos direitos sociais levou Habermas a exemplificar tal situação como "brasilianização de direitos".[34]

Para Canotilho, o princípio do não retrocesso social é corolário do princípio da democracia econômica e social e fundamenta-se na conservação temporal de direitos sociais constitucionalmente conquistados, os quais atingidos um grau de realização "passam a constituir simultaneamente uma garantia institucional e um direito subjetivo".

O que o autor defende é a garantia constitucional do núcleo essencial de tais direitos, devendo, sendo, como é evidente, inconstitucionais quaisquer medidas legislativas ou administrativas que os restrinjam, sem que existam adequações legais que os compatibilizem, com este núcleo essencial de manutenção.

Em um contraponto, no caso do Brasil, onde os direitos sociais ainda não fazem parte das "conquistas constitucionais", as chamadas políticas afirmativas de inclusão social e de resgate de desigualdades sociais praticadas ao longo do tempo são conferidas no âmbito da função de não discriminação dos direitos fundamentais – que abrange todos os direitos, inclusive os sociais, a partir de um critério de liberdade igual aos cidadãos.[35]

Jorge Reis Novaes, ampliando a teoria de Dworkin, de direitos como trunfos, defende que, interpretada a teoria à luz do princípio da dignidade da pessoa humana, não se limita aos direitos políticos, mas se estende aos direitos fundamentais sociais (para os países que fizeram esta opção), defendendo inclusive que é um instrumento adequado para a defesa de direitos de grupos marginalizados, excluídos e, portanto, em posição de vulnerabilidade à discriminação.[36]

No Brasil, as políticas afirmativas mais discutidas são as que garantem cotas para negros nas universidades. Entretanto, há outras: resgatar o indivíduo da exclusão social,

---

[34] SILVA, Suzana Tavares. Sustentabilidade e solidariedade em tempos de crise. In: NABAIS, José Casalta; SILVA, Suzana Tavares da (Coord.). *Sustentabilidade fiscal em tempos de crise*. Coimbra: Almedina, 2011. p. 84. A autora, refletindo a preocupação com a duração do estado de "emergência econômico-financeira" em Portugal, sugere como imprescindível um programa de "ação social que não seja um mero manifesto assistencialista, mas que seja um programa estruturado capaz de refrear o impulso de brasilianização social a que inevitavelmente se tenderá a assistir".
O país tinha uma ambiciosa proposta de erradicação da fome e da desnutrição até o ano de 2007, que não obteve tal êxito, mas provocou uma grande redução no enorme contingente sobre o princípio do não retrocesso social, ver: CORREIA, Fernando Alves. A concretização dos direitos sociais pelo Tribunal Constitucional. *Separata da Revista da Faculdade de Direito da Universidade do Porto*, Porto, jan. 2011. p. 38. Aqui o autor refere que "não há na Jurisprudência do Tribunal Constitucional uma afirmação inequívoca de sua aceitação como princípio autônomo, densificador ou densificador dos direitos sociais".
Ver acórdãos nºs 509/2002, 148/94, 330/89 e 731/95.
Sobre o princípio do não retrocesso social, ver: NOVAES, Jorge Reis. *Direitos sociais*: teoria jurídica dos direitos sociais enquanto direitos Fundamentais. Coimbra: Coimbra Editora, 2010. p. 246. O autor "não compreende a vantagem, o interesse dogmático, a justificação e a utilidade do princípio em ordens jurídicas em que os direitos sociais são constitucionalmente consagrados na qualidade de direitos fundamentais".

[35] Sobre a função de não discriminação, ver: CANOTILHO, José Joaquim Gomes. *Direito constitucional e teoria da Constituição*. 6. ed. Coimbra: Almedina, 1993. p. 410.
Ver, ainda: URBANO, Maria Benedita. Globalização: os direitos fundamentais sob stress. In: DIAS, Jorge de Figueiredo; ANTUNES, Maria João; SOUSA, Susana Aires de (Org.). *Estudos em homenagem ao professor Jorge de Figueiredo Dias*. Coimbra: Coimbra Editora, 2009. p. 1034. Aqui a autora refere a necessidade de "arquitetar uma nova dimensão do princípio da igualdade, a ideia de igualdade como aceitação" e ainda a "função de não discriminação pode ser cumprida pelos, ou por alguns dos direitos econômicos sociais e culturais, por exemplo, nos cuidados de acesso à saúde educação, etc.".

[36] NOVAES, Jorge Reis. *Direitos fundamentais e justiça constitucional em Estado de Direito Democrático*. Coimbra: Coimbra Editora, 2013. p. 62.

através da erradicação da pobreza (uma opção constitucional) é, também, por exemplo, uma forma de desenvolver ação afirmativa de acesso aos direitos sociais, e portanto, de acesso à igualdade de oportunidades. É neste sentido que vislumbramos esta escolha de erradicação da pobreza posta em prática no país na última década.

Assim, o programa Bolsa Família[37] trata-se de um importante programa de transferência direta de renda para famílias situadas abaixo da faixa de rendimento mínimo,[38] que tem atraído a atenção e admiração da mídia internacional e de outros governos (sendo reproduzida na América Latina, África e Ásia), inclusive por ser uma política associada ao incentivo à educação, investindo no capital humano com o objetivo de romper o ciclo intergeracional de pobreza.

Apesar da relativa imprecisão dos números, estima-se que neste período tenha ocorrido uma recuperação de cerca de trinta milhões de pessoas, que deixaram as classes D e E (pobreza e extrema pobreza).[39]

Atualmente, esta bem-sucedida opção política tem continuado, inclusive com programas como o Brasil sem Miséria, que se destina a atender à promessa de extinção da pobreza extrema durante o atual governo.

É certo que há falhas nas condicionalidades do programa.[40] Em troca da renda recebida, a contrapartida da família é que evite a evasão escolar ou que não permita o trabalho infantil. Contudo, até mesmo em face das dificuldades de operacionalização e de fiscalização do programa, garantir que haja uma efetiva frequência escolar não é tão simples, requerendo aprimoramentos. Contudo, apesar da supracitada melhoria dos índices, parte da opinião pública não comemora os avanços, entendendo que o Estado brasileiro estaria meramente realizando políticas assistencialistas e paternalistas.

Não é objeto deste estudo, mas cabe registrar a percepção de que a visão contrária e unilateral do referido programa pode, por vezes, demonstrar uma discriminação à pobreza e uma contraposição à possibilidade de resgate social. Resgatar cidadãos que vivem à margem da sociedade é dever do Estado e da sociedade. É, portanto, de todos.

2 Concepções do Estado de Direito: do Estado Liberal Formal ao Estado Democrático de Direito

Fixando-nos na sua construção moderna do Estado (a partir da Paz de Westefália em 1648) e chegando até os dias atuais, verificamos que houve grandes modificações no tratamento dado aos cidadãos, a depender do contexto jurídico-político predominante em cada época. Entretanto, há um ponto coincidente: é a visão periférica do homem político, colocado à margem dos processos decisórios.

Ao buscar um paralelo entre a "vontade geral" e o interesse público, faremos um breve contexto histórico-evolutivo do Estado e os reflexos na proteção do homem através

---

[37] O programa foi criado durante o governo Lula (2003-2010), resultante de uma ampliação e unificação de programa do governo anterior (FHC).
[38] Em 2010 o programa representou 0,38% do PIB, tendo alcançado 0,46% em 2012.
[39] BANDEIRA DE MELO, Celso Antônio. *Curso de direito administrativo*. São Paulo: Malheiros, 2015. p. 50.
[40] Apesar dos avanços verificados, há muitas questões a enfrentar, tais como a qualidade do ensino básico, que está sob a responsabilidade do Poder Público municipal (sendo complementado por recursos do Fundeb). Este ensino, sendo condicionado pela capacidade financeira de investimento na educação por parte dos municípios (e também por diferenças de qualidade de gestão), apresenta grandes disparidades.

do direito, demonstrando, sempre que possível, a relação entre o conceito de interesse público e o tratamento dado pelo Estado a seus cidadãos enquanto legitimadores de uma ordem política sobreposta e enquanto destinatários de proteção pela ordem jurídica.

É a percepção de que o exercício do poder sempre esteve plasmado e representado por grupos de interesses dominantes e associado à ideia de ordem, de sobreposição. Há quem mande, há quem obedeça. Esta forma de exercício de poder reflete duas forças que se antagonizam: os senhores e os vassalos; os monarcas e os súditos; os patrões e os empregados; os administradores e os administrados.[41]

Tal ideia está tão arraigada na história da humanidade, que o mundo se acostumou a obedecê-la. Não é tão somente uma obediência servil entre fracos e fortes, mas é uma obediência apática, conformada, inquestionavelmente conduzida pelos interesses dos que se sobrepõem.[42]

É claro que agora essa obediência é formalmente legitimada na ordem jurídica. No Estado de Direito podemos "escolher" quem dará as ordens. A ideia embrionária, entretanto, é a mesma: a forma de governar consiste em um poder imposto, determinado como verdade única sob a justificativa de melhor interesse público.[43]

Desde já, ressalve-se que tais modelos não são universais, não estão nem estiveram presentes simultaneamente nas variadas manifestações de organismos estatais. Em verdade, nem mesmo se pode afirmar a existência dos tipos puros a seguir descritos, posto que eles não tenham existido de forma absoluta em determinada sociedade.

Antes, seria mais correto tratar de modelos que foram predominantes em determinada realidade, ainda que coadjuvando com outras organizações internas, que também tinham relevância na evolução dos fatos daquele Estado (o que não lhes negava a essência). Além disto, dada a evolução das sociedades em ritmos e realidades desiguais, é óbvio que, numa mesma época, alguns Estados convivam com outros organizados de maneiras muito distintas. Assim, não se trata de uma história de realidades com fases estanques, mas penetradas por variados matizes.

Ao realizar esse contexto histórico, buscamos demonstrar que o ideal de justiça social através da concretização dos direitos sociais passa pelo desenvolvimento do homem enquanto ser dotado de potencialidades e capacidades que, em justa medida, poderão dar a tônica da abrangência (garantias) e dos limites (restrições) dos seus próprios direitos.

---

[41] Sobre as bases do direito administrativo, a análise de Raffaella Gherardi refere-se à primeira fase da administração pública, citando Sabino Cassese e a realização do interesse público através do esquema clássico da administração, o bipolar "paradigma". Nesta fase, os sujeitos a quem é dirigida a ação administrativa estão em uma posição subordinada passiva (GHERARDI, Raffaella. Il cittadino e lo Stato: dallo Stato di diritto allo Stato regolatore. *Scienza & Politica*, 33, 2005. Disponível em: <https://scienzaepolitica.unibo.it/article/viewFile/2819/2216>. Acesso em: 15 jul. 2016).

[42] ANDRADE, José Carlos Vieira. Grupos de interesse, pluralismo e unidade política. *Boletim da Faculdade de Direito da Universidade de Coimbra*, Coimbra, supl. 20, 1977.

[43] Contra o poder autoritário do Estado frente aos administrados, Celso Antônio de Melo Bandeira afirma que o poder no moderno direito público só tem lugar como instrumento indispensável para o cumprimento do dever de atingir a finalidade legal (BANDEIRA DE MELO, Celso Antônio. *Curso de direito administrativo*. São Paulo: Malheiros, 2015. p. 46).

2.1 O Estado Liberal dos administrados

O ideal de liberdade humana, impondo limites ao exercício do poder e garantindo liberdades individuais foi abrigado pelo movimento constitucional moderno que encontrou seu marco histórico na Declaração Universal dos Direitos do Homem e do Cidadão.

Estamos diante da consagração dos chamados direitos de primeira geração, de garantias das liberdades individuais, ocorridas ainda no século XVIII, como fruto das grandes revoluções liberais, americana e francesa.

Surge o Estado de direito e com ele a ideia de "vontade geral" bem como as bases do direito administrativo, fundado nas premissas de Rousseau e de Montesquieu, quais sejam o princípio da igualdade e, como decorrência, a soberania popular e a separação de poderes.[44]

A limitação do poder soberano encontra na superposição da legalidade outro caminho para o exercício do poder: as leis exprimiam a "vontade geral"[45] através do Parlamento e garantiam os direitos de liberdade dos cidadãos frente ao Estado, refletindo não mais o império do poder monárquico, mas, agora, o império do poder econômico da época liberal, quando os interesses da burguesia revolucionária apenas coincidiam com o interesse geral e com as necessidades das massas, expressas na Revolução Francesa.[46]

É a época das liberdades e garantias individuais, do Estado mínimo, do nascimento do constitucionalismo e da positivação das normas jurídicas. Durante todo o século XIX, as concepções ideológicas das revoluções, consubstanciadas no Estado Liberal, transforma-se em garantias formais do legislador (sob o primado da legalidade), expressas no Estado de Direito formal, no qual os direitos fundamentais eram meras proclamações jurídicas.[47]

2.2 O Estado Social dos protegidos

Os temas centrais do constitucionalismo moderno, a fundamentação e legitimação do poder político, a constitucionalização das liberdades[48] e a distância entre o Estado e as pessoas ("Estado guarda-noturno") não impediram o surgimento de crises ainda maiores. Observa-se que, no plano do poder político, as ideias do liberalismo econômico

---

[44] BANDEIRA DE MELO, Celso Antônio. *Curso de direito administrativo*. São Paulo: Malheiros, 2015. p. 48.
[45] Sobre a *volonté generale*, ver: NOVAES, Jorge Reis. Contributo para uma teoria do Estado. *Boletim da Faculdade de Direito da Universidade de Coimbra*, Coimbra, supl. 29, 1982. p. 336 O autor, citando Castanheira Neves, conclui que "vontade geral e lei são apenas duas faces da mesma realidade – a face política e a face jurídica do povo soberano".
[46] Sobre o surgimento do direito administrativo, José Carlos Vieira de Andrade enumera "as marcas de nascença do Direito Administrativo, quais sejam a separação entre o Estado e a sociedade; uma administração de autoridade, com intervenção mínima nas relações econômicas e na vida social; a inimizade com o poder executivo; a lei como garantia dos direitos e liberdades dos cidadãos perante os atos da administração pública; e a supremacia da lei perante a administração" (ANDRADE, José Carlos Vieira. *Lições de direito administrativo*. Coimbra: Almedina, 2014. p. 19).
Sobre o princípio da igualdade expresso nos ideários da Revolução Francesa, ver: BANDEIRA DE MELO, Celso Antônio. *Curso de direito administrativo*. São Paulo: Malheiros, 2015. p. 50.
[47] NOVAES, Jorge Reis. *Direitos fundamentais e justiça constitucional em Estado de Direito Democrático*. Coimbra: Coimbra Editora, 2013. p. 189.
[48] CANOTILHO, José Joaquim Gomes. *Direito constitucional e teoria da Constituição*. 6. ed. Coimbra: Almedina, 1993. p. 51.

e do Estado mínimo conduziram a uma realidade bem diferente, marcada por grandes lutas de classes e movimentos sociais. Os questionamentos existentes giravam em torno da existência formal de garantias individuais, em uma realidade de misérias, de abusos e de inefetividades de direitos.

As maiores consequências deste período, notadamente marcado pela revolução industrial (especialmente na sua 1ª fase, situada entre o final do século XVIII até meados do séc. XIX), foram o aumento desenfreado da população e as dramáticas condições de trabalho, incluindo, por exemplo, trabalho infantil e média semanal de 80 horas, reduzida gradualmente, mas ainda superior a 60 horas em meados do século XIX. A iniciativa privada (o atual "mercado") não era filtrada por ideologias que tratassem de ofertar condições mínimas às pessoas do seu tempo – fossem adultos ou crianças, mas concentrada na sua missão de uma exploração intensa e cruel do homem coisificado.

Sendo péssimas as condições de vida social (vivia-se mal, morria-se muito cedo), percebeu-se que esta herança deixada pelo Estado mínimo do liberalismo necessitava ser alterada. O Estado – inimigo e distante do povo – precisava dele se reaproximar.

Assim, as pazes foram sendo gradualmente seladas com a criação e aperfeiçoamento do Estado do Bem-Estar Social, que primava pela expansão das garantias dos direitos sociais e consolidava a segunda dimensão de direitos fundamentais constitucionalmente consagrados. Seus marcos históricos são a Constituição mexicana de 1917 e a Constituição de Weimar (Alemanha, em 1919). Surgem os conceitos de Estado Social, de Constituição Dirigente e Programática.[49]

A esfera de proteção do indivíduo enquanto ser social surge com a construção do Estado Social, quando aquela lacuna do Estado mínimo é substituída pela administração baseada na prestação de serviços públicos, na qual o poder público é substituído pelo serviço público, através de intervenções ativas e intensas.[50]

Neste período, o Estado cresce, em funções e em atuações, através de orçamentos paulatinamente mais expressivos, visando atender à progressividade das normas garantidoras. Afinal, ele assume para si a obrigação de fornecer condições materiais condizentes com uma existência digna, conceito relativamente inédito para a humanidade. Sua fundamentação jurídica encontra sua máxima expressividade na teoria dos direitos sociais.

A administração é forçada a construir o próprio interesse público, entretanto carece de outros atores que participem e intervenham neste processo. É neste passo que, mormente em épocas de crise econômica, as garantias se fragilizam. Afinal, o Estado Social, sob uma perspectiva neoliberalista, é visto como ineficiente e as políticas redistributivas são vistas como ameaça à liberdade.[51]

2.3 O Estado regulador dos clientes

Seguindo no curso da história, o positivismo jurídico, que equiparou o direito à lei e fortaleceu o Estado legislativo, quedou inerte. O mundo assistiu aos horrores

---

[49] Conforme lembrado por João Carlos Loureiro, o Estado Social também é denominado de Estado Providência, uma fórmula utilizada para "captar uma versão patológica do Estado social" (LOUREIRO, João Carlos. *Adeus ao Estado Social?* Coimbra: Almedina, 2010. p. 72).
[50] ANDRADE, José Carlos Vieira. *Lições de direito administrativo*. Coimbra: Almedina, 2014. p. 20.
[51] LOUREIRO, João Carlos. *Adeus ao Estado Social?* Coimbra: Almedina, 2010. p. 86-87.

do nazismo na Alemanha e do fascismo na Itália, que promoveram a barbárie sob a proteção da legalidade.

Nas sociedades vanguardistas, a distância entre o dizer o direito e a realidade conduz a um novo movimento chamado neoconstitucionalismo, que traz as bases do Estado Constitucional de Direito, fundado na supremacia da Constituição e na dignidade da pessoa humana.[52] São os direitos da fraternidade, erigidos da sociedade do pós-guerra[53] e que refletem, na Europa, a época da já citada paz e prosperidade social, conhecidos como direitos de terceira dimensão.

Enquanto isto, o planeta ainda se mantinha marcado por tanta desigualdade entre as nações (muitos ainda lutando por independência – contra seus colonizadores ou ainda por democracia – contra regimes ditatoriais). Nesse ambiente de tanta disparidade econômica e social, a nível interno e/ou internacional, em outros mundos (a exemplo do Brasil), persistia (ou até se agravava) a expressiva distância entre ricos e pobres. As importadas ideias neoconstitucionalistas já estavam, consequentemente, muito distantes da realidade.

Como dissemos, o mundo, vivendo tantas transformações em ritmos tão distintos, viu surgir mais um novo conceito de Estado, agora denominado Estado garantidor ou de garantia.[54] Alguns entendem que ele representa um retrocesso, outros apontam que ele representou uma evolução/superação do Estado Social. Autores vão, assim, divergindo entre si e mesmo se realinhando ao longo do tempo. Perante este novo conceito, a satisfação do bem comum (asseguramento dos direitos sociais) se dará através da iniciativa privada, não mais através de serviços prestados diretamente pelo Estado.

O modelo se baseia na ideia de que a iniciativa privada possui melhor infraestrutura e que o instrumento da concorrência promove o bom funcionamento dos serviços prestados. São argumentos que se alinham com o pensamento das vantagens da liberação das regras econômicas do mercado, em que o Estado atua fundamentalmente visando garantir a lealdade na concorrência.

As principais transformações são as mudanças na realização das tarefas públicas, as reformas nos quadros do Estado-Administração. Fica a ideia de garantia das prestações que o Estado deixa ao encargo de terceiros, as grandes privatizações (também copiadas em democracias emergentes como Brasil e Argentina), entre outros, o que leva Canotilho a afirmar que "O 'Estado-garantidor' tem alma de 'Estado Social' e corpo de empresa".[55]

Naturalmente, há também severas críticas, apontando que as políticas neoliberais são a gênese do Estado regulador, que é analisado como um Estado que deixa de prestar serviços essenciais à população, delegando (ou abandonando) esta responsabilidade ao mercado.

---

[52] BOBBIO, Norberto. *A era dos direitos*. Rio de Janeiro: Elsevier, 2004.
[53] Sobre os direitos de terceira geração, Paulo Bonavides, citando a teoria de Vasak, elenca os cinco direitos de fraternidade, da terceira geração de direitos: o direito ao desenvolvimento, o direito à paz, o direito ao meio ambiente, o direito ao patrimônio comum da humanidade, e o direito de comunicação (BONAVIDES, Paulo. *Curso de direito constitucional*. São Paulo: Malheiros, 2009. p. 523).
[54] GONÇALVES, Pedro. *Entidades privadas com poderes públicos*: o exercício de poderes públicos de autoridade por entidades privadas com funções administrativas. Coimbra: Coimbra Editora, 2005. p. 22-24.
[55] CANOTILHO, José Joaquim Gomes. O Estado Garantidor: claros-escuros de um conceito. In: CONFERÊNCIA INTERNACIONAL DE LISBOA SOBRE JUSTIÇA INTERGERACIONAL: O DIREITO DO FUTURO E O FUTURO DO DIREITO, 2008, Coimbra. *Anais...* Coimbra: Almedina, 2008. p. 571-576.

2.4 O Estado da boa governança dos cidadãos: o Estado ativador e a globalização

Sobre o tema da *good governance*, muito se questiona: que Estado seria capaz de assegurar (sustentar) aspirações políticas e sociais de um povo cujo desenvolvimento pudesse ser justo, sustentável, igualitário, solidário, eficiente e preocupado com as futuras gerações?

A globalização tornou-se o fenômeno mundial e paradoxal de aproximação e afastamento dos povos. Some-se a isso o desenvolvimento tecnológico que permitiu acesso rápido às informações e articulação entre os povos.

Mais ainda, foi a "'globalização econômica' a responsável pela drástica redução das receitas fiscais do Estado, levando à crise do constitucionalismo".[56] Talvez por isso as questões que gravitam em torno de uma nova forma de governar sejam tão prementes. Canotilho afirma que há quem defenda que *good governance* constitui um novo enquadramento transnacional da estatalidade (Dolzer). Afirma ainda que há quem defenda uma teoria do Estado dentro da teoria da Constituição.[57]

Neste período, foram lançadas as bases para uma sociedade do conhecimento. Entretanto, ela se encontra exposta a riscos inimagináveis e aparentemente despreparada para se prevenir dos efeitos das mudanças, tão rápidas quanto incríveis. Dentro deste quadro, o Estado apresenta-se como Estado ativador. É a ideia de se apresentar ao cidadão[58] os deveres associados aos direitos, numa tentativa de retirar este mesmo cidadão de um processo letárgico de dependência e de passividade. João Carlos Loureiro refere-se à doutrina alemã que denomina a ativação de "uma ajuda para autoajuda".[59]

É por esta razão que os princípios da governança democrática buscam no desenvolvimento humano "a principal fonte de valor agregado, as pessoas, as equipes profissionais e a organização em rede das empresas atingem a sua máxima relevância".

A tecnologia – e, em especial, as tecnologias da informação – se converte no suporte necessário para que as pessoas e equipes produzam conhecimentos. Ao centrar nas pessoas, o desenvolvimento e a visão que se tem dele se aproximam mais das múltiplas dimensões de suas necessidades e, portanto, se tornam mais amplos. É neste contexto que governança surge como o modo de governar próprio do governo relacional, que é o adequado à nova sociedade em rede.[60]

Entretanto, tais ideias e conceitos estão distantes de uma unidade de consenso. Alexandre Moraes da Rosa, por exemplo, vê no significado de governança (citando Pierre Boudieu), "um dos numerosos neologismos que produzidos por *think thank* e outros

---

[56] SILVA, Suzana Tavares. *Direitos fundamentais na arena global*. Coimbra: Almedina, 2011. p. 16.
[57] CANOTILHO, José Joaquim Gomes. *Brancosos e interconstitucionalidade*. Coimbra: Almedina, 2009. p. 332.
[58] Canotilho cita novos conceitos de cidadania: "cidadania centrada na pessoa humana – cidadania que pressupõe *accountability* (dever de cuidado e dever de prestar contas) – *responsibeness* (sintonia dos poderes públicos com as aspirações dos cidadãos – cidadania ativa e participativa – cidadania cosmopolita e cidadania grupal" (CANOTILHO, José Joaquim Gomes. *Brancosos e interconstitucionalidade*. Coimbra: Almedina, 2009. p. 334).
[59] LOUREIRO, João Carlos. *Adeus ao Estado Social?* Coimbra: Almedina, 2010. p. 97. Aqui o autor, ao citar, Ulrich Beck, refere-se ao processo de ativação com base em três princípios: "a formação, no quadro de uma teoria do capital humano; a imputação como corolário de uma auto responsabilização do indivíduo; e a reintegração no mercado de trabalho".
[60] ANDRADE, José Carlos Vieira de. *Lições de direito administrativo*. Coimbra: Almedina, 2014. p. 24.

círculos tecnocráticos e veiculados por jornalistas e intelectuais da moda, contribuem para a mundialização da linguagem e dos cérebros".[61]

O autor ainda entende ser a forma mais adequada aquela "que se nega a participar de pseudo-manifestações de resistência, dos diálogos performáticos, de simulacros democráticos inseridos no campo do discurso social". O autor afirma, ao final do texto, que o único discurso a se dialogar é o critério do sistema. Assim, considerando que as ideias aqui defendidas estão centradas no fortalecimento do homem, entendo que nossas ideias não são assim tão díspares.

3 Estado Democrático de Direito

Partindo da ideia de povo real[62] como sendo aquele que, em uma sociedade dinâmica e ativa, tem o "poder de conformação da ordem político social", podemos afirmar que é a partir de sua vontade e atuação que encontramos as bases edificantes do Estado Democrático de Direito.

Assente a premissa de vinculação do Estado ao Direito, segundo a qual não é possível imaginar-se uma comunidade política, sem ordem jurídica, nem uma ordem jurídica que não estruture a organização do poder,[63] ainda podemos afirmar que é através do surgimento das normas e dos princípios constitucionais que conseguimos atingir um modelo estruturado de organização social e política. E, bem assim, com poderes conferidos para administrar os interesses comuns da sociedade, criar limites à atuação deste poder e, principalmente, reconhecer, respeitar e garantir os direitos fundamentais.

Tem-se que o que gerou a necessidade de criação deste sistema de normas e princípios constitucionais – ao mesmo tempo conformador e garantidor da soberania popular, foi o pacto firmado entre povo – enquanto legitimante, e Estado – enquanto legitimado de um poder-dever de organização e estruturação da sociedade.

3.1 Democracia e soberania

O Estado (que tenha a democracia como princípio), encontra na expressão da vontade popular a legitimação de seu poder. É o que modernamente reconhecemos como um Estado com duas características fundamentais: de direito – porque submetido à lei (com as limitações ao seu poder de atuar) e democrático – porque originário de um poder fundante nascido da força que brota do homem que o instituiu e criou.[64]

É assim que no pacto social firmado entre a sociedade e o Estado que surge o homem como o motivo e a razão da existência do próprio Estado (ou, ao menos deveria ser). É o homem enquanto sujeito e não apenas destinatário de direitos, senhor e definidor de sua existência que consolida a expressão maior das liberdades individuais.

---

[61] ROSA, Alexandre Morais. O giro econômico do direito ou o novo e sofisticado caminho da servidão: para uma nova gramática do direito democrático no século XXI. In: CONFERÊNCIA INTERNACIONAL DE LISBOA SOBRE JUSTIÇA INTERGERACIONAL: O DIREITO DO FUTURO E O FUTURO DO DIREITO, 2008, Coimbra. Anais... Coimbra: Almedina, 2008. p. 233-234.
[62] CANOTILHO, José Joaquim Gomes. *Direito constitucional e teoria da Constituição*. 6. ed. Coimbra: Almedina, 1993. p. 76.
[63] MARQUES, Mario Reis. *Introdução ao direito*. 2. ed. Coimbra: Almedina, 2012.
[64] CANOTILHO, José Joaquim Gomes. *Direito constitucional e teoria da Constituição*. 6. ed. Coimbra: Almedina, 1993. p. 9.

Aqui há a definição de possibilidade de realização jurídica de direitos do homem,[65] tão claramente expressos nas já citadas revoluções industrial e francesa.

Todavia, em que pese o sistema jurídico de regras, é correto afirmar que este modelo já não consegue atender às necessidades de limites ao poder conferido ao Estado, limites assim considerados como legitimação para agir, como a criação, a organização e a tutela de interesses comuns.

A soberania popular, elemento fundante e constituinte do sistema de regras jurídicas, ao tempo em que legitima o poder, insurge-se contra ele, numa clara percepção de divergências entre o pacto social outrora estabelecido e que já não atende aos seus reclamos, máxime em uma sociedade que cresceu e se desenvolveu para além de suas fronteiras, em uma sociedade na qual o homem ensimesmou-se em seus próprios anseios e aspirações, em que o Estado passou de defensor a novamente predador de direitos e liberdades, em um sistema cíclico de avanços e recuos ao longo da história.[66]

Mesmo em tais épocas, ainda estão consolidadas as ideias de que as normas constitucionais traduzem a expressão maior do estado democrático de direito de uma sociedade que pretender ser justa e solidária, e de que o homem que surge do moderno direito constitucional não é apenas o homem indivíduo, mas o homem cidadão.

Assim, faz-se necessário refletir em que medida a manifestação ativa do homem enquanto ser cidadão pode influir na maior ou menor efetividade dos direitos fundamentais, notadamente os direitos sociais, através da participação na formulação e execução de políticas públicas e, por conseguinte, do fortalecimento de suas liberdades e garantias.

Sem adentrarmos no estudo sobre as teorias da democracia,[67] temos que o princípio democrático constitucionalmente consagrado é o "impulso dirigente de uma sociedade".[68] Citemos como exemplos as previsões jurídico-constitucionais nas Constituições portuguesa e brasileira.

De início, já em seu art. 1º, a Constituição da República portuguesa afirma ser a vontade popular um dos alicerces da construção de uma sociedade livre, justa e solidária. Em seu art. 2º afirma ser a soberania popular uma das bases do Estado de Direito Democrático, com vistas à realização da democracia econômica, social e cultural e ao aprofundamento da democracia participativa. Traz ainda em seu art. 9º como uma das tarefas fundamentais do Estado defender a democracia política e assegurar e incentivar a participação democrática dos cidadãos na resolução dos problemas nacionais. Já o art. 10º consagra o exercício do poder político através do voto.[69]

---

[65] ANDRADE, José Carlos Vieira de. *Lições de direito administrativo*. Coimbra: Almedina, 2014. p. 18.

[66] RODRIGUES, Marta. Um estudo sobre a democracia constitucional e as instituições políticas: política distributiva e democracia no Brasil pós transição. In: BORGES FILHO, Nilson; FILGUEIRAS, Fernando (Org.). *Estado, direito e ética*. Juiz de Fora: Granbery, 2007. p. 51.
A autora refere que as próprias regras institucionais serviram de incentivo para que os políticos se engajassem em práticas clientelistas, em política de patronagem, em corrupção e num comportamento individualista.

[67] Canotilho refere que existe "continuidade quanto à discussão das qualidades essenciais da democracia: representação (Mill), participação (Rousseau), freios e contrapesos (Madison), concorrência de elites (Schumpeter), descentralização (Tocqueville), igualdade (Max), liberdade (Hayek), discussão (Habermas), justiça (Rawls)" (CANOTILHO, José Joaquim Gomes. *Direito constitucional e teoria da Constituição*. 6. ed. Coimbra: Almedina, 1993. p. 1414).

[68] CANOTILHO, José Joaquim Gomes. *Direito constitucional e teoria da Constituição*. 6. ed. Coimbra: Almedina, 1993. p. 288.

[69] Sobre a história do constitucionalismo português, ver: HESPANA, Antônio Manuel. *Guiando a mão invisível*: direitos, estado e lei no liberalismo monárquico português. Coimbra: Almedina, 2004.

A Constituição da República Federativa do Brasil, em seu art. 1º, ao declarar-se como um Estado Democrático de Direito, traz como fundamentos a soberania e a cidadania e, no parágrafo único do mesmo artigo, o princípio da soberania, bem como em seu art. 14 consagra o exercício do poder político através do voto.[70]

Temos então que ambas as constituições refletem o princípio democrático em suas duas dimensões: tanto na dimensão representativa, quanto na dimensão participativa. Se é assim, então por que razão é tão difícil a consolidação da democracia?

A concretização dos direitos sociais é o necessário caminho para o aprimoramento da democracia, não na perspectiva de uma democracia representativa igual (um homem, um voto), mas em uma perspectiva de que, através da ampliação de uma democracia participativa, adquira instrumentos possibilitadores de inserção no meio social, com reais oportunidades de discussão e opinião, o que sem dúvida reflete-se na aquisição de condições de vida dignas e no exercício dos direitos consagrados.

Assim, a democracia representativa, modelo adotado em Portugal e no Brasil, necessita da ampliação e do fortalecimento da democracia participativa, como forma de consolidação do próprio sistema. Esse aprimoramento encontra seu pressuposto no conhecimento e, na responsabilidade ética do cidadão, sua consequência.

3.2 Cidadania e participação popular

Sobre cidadania, recordemos que o conceito de cidadão está ligado à capacidade do homem de exercer seus direitos, tanto política quanto socialmente. Esse conceito, nascido ainda das ideias liberais e que retirou do homem a condição de vassalo, o elegeu ao *status* de cidadão.

Assim, sendo cidadão, podia participar e decidir sobre os problemas da comunidade na qual estava inserido. Para isso tinha que ser "letrado". Deveria ter "educação" e posses e, por isso, neste contexto do século XVIII, ter cidadania significava, nos moldes dos ideais de liberdade e igualdade, ter assente a ideia de ser pessoa. *Status* de cidadão era, portanto, *status* de dignidade. Surge também o sentido de pertença ao local e de necessidade de proteção deste mesmo local. "No ideário liberal, o cidadão de uma nação defendia sua pátria".[71]

Entretanto, mais modernamente, o modelo de cidadania sob a ótica do republicanismo cívico é o que considera a cidadania como prática, em que o cidadão possui deveres, apreende as práticas socialmente impostas e vive em observância de regras e limites dentro de uma responsabilidade partilhada pela identidade com sua comunidade.

Segundo Paula Veiga, citando Max Bovens, essa responsabilidade partilhada traduz-se em responsabilidade passiva (*accountabillity* ou dever de prestar contas) e responsabilidade ativa, segundo a qual figura a responsabilidade cívica, a lealdade e o compromisso com os outros cidadãos dentro de um Estado Democrático de Direito.

É este cidadão leal, virtuoso, responsável e talvez ideal que pode ampliar o conceito de cidadania, em um modelo de participação política ampliada. Entender que

---

[70] Sobre a história do constitucionalismo brasileiro, ver: BONAVIDES, Paulo; ANDRADE, Paes. *História constitucional do Brasil*. São Paulo: OAB, 2002.

[71] VEIGA, Paula. Cidadania: cambiante de um conceito e suas incidências político constitucionais. *Boletim da Faculdade de Direito da Universidade de Coimbra*, Coimbra, v. 82, 2006. p. 395.

participar da vida social exige uma ética de responsabilidade que além de motivar o querer fazer, envolve o cidadão em um movimento de construção da vida que o interliga com seu semelhante.

Quiçá assim possamos ver um dia a sociedade cosmopolita e o patriotismo constitucional de Habermas.

3.3 Liberdade e escolha – dois reversos da mesma moeda fundidos no mesmo fogo: o conhecimento

Desde as ideias de Benjamin Constant até os dias atuais, é clara a preocupação em compatibilizar as consequências dos movimentos sociais, seus reflexos no sistema jurídico e a realidade como se apresenta. Assim foi e é com a liberdade. Para o francês Constant era preciso adaptar a sociedade pós-Revolução Francesa (e as abstrações de seus filósofos) com o novo modelo de governo.

Era a ideia de que a "liberdade dos antigos" não podia servir de modelo à "liberdade dos modernos"[72] e assim o conceito de liberdade, bem como os conceitos de participação popular, de cidadania foram moldados como evidentes tentativas de limitação ao poder do povo, tão amplamente aspirados nos ideais revolucionários.

Surgem, então, as ideias de liberdade como resistência e não como participação, de cidadania ativa e passiva, mandato representativo, centralização política, entre outros. Os critérios que as pessoas deveriam possuir para fazer parte deste mundo político eram as luzes (educação) e a propriedade (renda).

Atualmente é a liberdade democrática um dos maiores objetivos das cartas constitucionais. Não há dúvidas de que sua utilização reforça o asseguramento da justiça social. Segundo Amartya Sen, este, entretanto, não é um processo automático,[73] necessitando de um ativismo dos cidadãos que estejam dispostos a empenhar-se na vida política.

Nesta sociedade multifacetada e em constantes modificações, a aquisição do conhecimento constitui-se de vital importância para a liberdade do cidadão. Liberdade aqui considerada como libertação das amarras da ignorância que mascara e deixa turva a realidade. A escolha daquele que o faz sem conhecer resta comprometida. O saber querer exige necessariamente o aprendizado de como descobrir o que se quer. E o caminho para esta descoberta é o conhecimento.

Não é à toa que se consideram insuficientes os níveis básicos da educação formal, os quais já não atendem aos reclamos da nova ordem social, sendo o aperfeiçoamento ao longo da vida a tônica da atualidade,[74] bem assim, o acesso ao que se denomina capital cultural, como a capacidade social de se produzir conhecimento a partir do acesso à informação.[75]

---

[72] HESPANA, Antônio Manuel. *Guiando a mão invisível*: direitos, estado e lei no liberalismo monárquico português. Coimbra: Almedina, 2004. p. 162-175.

[73] SEN, Amartya. *A ideia de justiça*. São Paulo: Companhia das Letras, 2011. p. 463.

[74] Sobre o tema, inclusive citando o "tempo do terceiro capitalismo", ver: LOUREIRO, João Carlos. *Adeus ao Estado Social?* Coimbra: Almedina, 2010. p. 57.

[75] Sobre capital cultural nas lições de Esteve: "Na cidade da informação, o acesso ao capital cultural está se constituindo no principal fator gerador da desigualdade social, ainda que não o único. Nela, o fundamental é a capacidade de transformar a informação em conhecimento. Este é o principal gerador de valor agregado. O capital

Assim, não mais se discute que a educação, como conhecimento, assente sob a iniciativa do Estado e do indivíduo, promove elementos essenciais para uma visão crítica da realidade, que fornece ao homem a faculdade de "conhecer o mundo". É esta faculdade que possibilita uma atuação crítica na escolha que o homem fará segundo os interesses gerais/coletivos, uma inserção real na sociedade da qual faz parte e uma contribuição efetiva na construção de valores da sociedade que se aspira como ideais.[76]

4 Governança: uma forma de governar

Os modelos de Estados anteriormente citados não atenderam completamente às aspirações humanas. Além disto, o homem está constantemente a se reinventar. Da mesma forma, suas construções coletivas. Além das questões não resolvidas que vão se acumulando, novos desafios são rotineiramente colocados na ordem do dia.

Atualmente, a crise econômica ameaça a humanidade (ao menos, parte dela) de sofrer fortes retrocessos. O desafio é, assim, encontrar soluções que reorganizem os esqueletos e, por conseguinte, superem tais tendências. É certo que, sendo um mundo multifacetado, não haverá solução única, assim como não são idênticos os estágios de desenvolvimento dos povos (aliás, são bem diversificados). Ainda assim, as linhas gerais a seguir expostas podem (devem) trazer alguma luz ao tema, sendo tratada como governança.

4.1 Origem, significado e princípios

Há ao menos duas dificuldades que necessitam ser ultrapassadas para que o termo governança possa ser delimitado como objeto de estudo no âmbito do presente trabalho.

Em primeiro lugar, a ideia não é propriamente nova. A utilização do termo governança remonta mesmo à Idade Média, como sendo uma forma de governar sem governo, baseada em experiências das corporações medievais de exercício do poder local.[77] Nesta forma de convivência, o exercício do poder era pulverizado nos diversos feudos, cada um com leis e organizações próprias.[78]

---

cultural não são conhecimentos concretos sobre arte e ciências. Capital cultural é a capacidade socialmente adquirida de produzir conhecimento partindo do acesso universal à informação. Capital cultural é proporcionado pelo domínio da linguagem, do conhecimento de conceitos, das técnicas de raciocínio, da faculdade de criar e imaginar; é conhecimento e é atitude positiva em relação à inovação e à aprendizagem constante durante toda a vida. O capital cultural é fruto de uma educação em sentido amplo, que acontece na família, na escola, nas interações sociais. Depende da intencionalidade educativa que se atribua aos processos de socialização primária e secundária que acontecem na cidade. Nem a igualdade de oportunidades nem a redução da pobreza podem ser alcançadas através da garantia de acesso aos serviços básicos e níveis de renda mínima. Isto será uma condição necessária, mas não suficiente. Para garantir habilidades sociais, educacionais e culturais básicas, será preciso desenvolver uma ação social global. Só assim poderão ser dadas oportunidades à equidade na sociedade do conhecimento. A criação de conhecimento vem sendo o primeiro fator gerador de renda, e o domínio social e empresarial se consolidam por esta via, como já observado por sociólogos e economistas como J. K. Galbraith, A. Gouldner, N. Bentham e A. Touraine. São os novos intelectuais, a inteligência, ou uma nova classe dirigente, cujos instrumentos de poder são a capacidade de criar e gerir conhecimento" (ESTEVE, José Maria Pascual. *Governança democrática*: construção coletiva para o desenvolvimento das cidades. Juiz de Fora: UFJF, 2009. p. 40).

[76] Sobre a ideia de integração social, ver: CANOTILHO, José Joaquim Gomes. *Direito constitucional e teoria da Constituição*. 6. ed. Coimbra: Almedina, 1993. p. 1454. Para o autor, neste contexto, "a constituição é uma gramática aleatória fornecedora de regras mínimas garantidoras da própria integridade dos sistemas sociais interativos e de uma dimensão de justiça no seio da complexidade social".

[77] GARCIA, Maria da Glória F. P. D. *Direito das políticas públicas*. Coimbra: Almedina, 2009. p. 46.

[78] ANDRADE, José Carlos Vieira de. *Lições de direito administrativo*. Coimbra: Almedina, 2014. p. 14.

Em segundo lugar, podemos apontar dificuldades acerca da imprecisão terminológica do termo governança, o qual é empregado em diversas ciências e em diferentes contextos e pode levar a uma interpretação minimalista do que o real sentido do termo pretende alcançar.

Assim, temos como exemplo a governança corporativa, amplamente utilizada na administração de empresas; a governança como instituição de patrões e empregados unidos na busca do interesse coletivo; a governança vista através do enfoque da ciência política, das ciências sociais, entre outras.

Em que pese a contribuição dada pelos diversos estudos sobre tema, o fato é que o recorte teórico que se pretende avaliar é a importância da governança para o direito constitucional e a influência que esta forma de governar exerce ou pode exercer na efetividade dos direitos sociais, através de políticas públicas construídas a partir de uma clara divisão de repartição entre os poderes do Estado e dos cidadãos exercidos através da cidadania ativa.

A ideia ultrapassa a assinatura do cheque em branco dado ao Estado para confluir na construção de uma administração democrática, em que o interesse de um seja expresso na vontade de todos. Para Alexandra Aragão, a governância busca novas alternativas de prossecução do interesse público, baseadas em menos hierarquia, menos formalismo, menos autoritarismo, com vistas a conseguir mais legitimidade, mais eficácia e mais responsabilidade.[79]

Assim, tem-se na governança a importância da partilha da autoridade do Estado, cujas tarefas são discutidas e decididas em ambiente de rede.[80] Dito isso, partimos da ideia de que a governança é a capacidade do governo de planejar, formular, implementar políticas e cumprir funções, fortalecendo o poder local através das relações entre os cidadãos.[81]

No ambiente da União Europeia, foi a partir da construção do chamado Livro Branco[82] pela Comissão das Comunidades Europeia, em 2001, que a proposta de reformulação da governança passou a ser vista como uma possibilidade de governo sem fronteiras, em que a união dos países europeus pudesse construir uma Europa de todos, através da reforma do Estado e da modernização do direito administrativo.

---

[79] ARAGÃO, Alexandra. A governância na Constituição Européia uma oportunidade pedida? *Boletim da Faculdade de Direito*, Coimbra, n. 84. p. 110.

[80] Para Maria da Glória Garcia "a governance estadual surge como poder a lado de múltiplos centros de poder social com o intuito de lhes conferir unidade e coerência" (GARCIA, Maria da Glória F. P. D. *Direito das políticas públicas*. Coimbra: Almedina, 2009. p. 23).

[81] Para Pascual Esteve "governança é a nova arte de governar que tem na gestão das interdependências entre os atores seu principal instrumento de governo. A governança gere as relações entre os atores para tomar decisões sobre a cidade e desenvolver projetos complexos com a colaboração interinstitucional, público-privada ou envolvimento dos cidadãos" (ESTEVE, José Maria Pascual. *Governança democrática*: construção coletiva para o desenvolvimento das cidades. Juiz de Fora: UFJF, 2009).

[82] Sobre o conceito de governança no Livro Branco da União Europeia temos que "governança" designa o conjunto de regras, processos e práticas que dizem respeito à qualidade do exercício do poder a nível europeu, essencialmente no que se refere à responsabilidade, transparência, coerência, eficiência e eficácia. Sobre os princípios da boa governança constantes do Livro Branco: "São cinco os princípios em que se baseia a boa governança e as alterações propostas no presente Livro Branco: abertura, participação, responsabilização, eficácia e coerência. Cada um destes princípios é fundamental para a instauração de uma governança mais democrática. São eles que constituem a base da democracia e do Estado de direito nos Estados-Membros, mas aplicam-se a todos os níveis de governo – global, europeu, nacional, regional e local. São particularmente importantes para que a União possa dar resposta aos desafios salientados no capítulo anterior".

Observe-se que, pela ocasião da publicação do Livro Branco da Governança Europeia, propõe-se um debate sobre a governança global. "A União deverá tentar aplicar os princípios da boa governança às suas responsabilidades a nível mundial", com a percepção de que a efetividade e a legitimidade de um governo democrático são tanto maiores quanto maiores for o círculo de participação e decisão entre as diversas organizações sociais e os diversos níveis do governo. Especialmente quando se pensa em uma Europa transnacional, com objetivos, anseios e aspirações comuns.[83]

Em um contexto mundial de problemas e desafios comuns, as soluções isoladas, dissociadas e não partilhadas constituem um dos maiores percalços na otimização da resolutividade de questões atinentes a toda a coletividade. Daí é que a proposta de um governo centrado da governança pressupõe um trabalho em rede, cujo principal objetivo é o desenvolvimento humano.[84]

Para as Nações Unidas, o desenvolvimento humano compreende não somente o desenvolvimento econômico, mas também a redução das desigualdades sociais, a sustentabilidade ambiental e o fortalecimento da democracia. É ideia de geração de "tecido organizafivo empresarial e social" para finalidades relacionadas com o bem comum. Para Pascual, o desenvolvimento humano se apoia em um quadrilátero virtuoso: econômico, social, territorial – sustentável e democrático.[85]

O exercício da governança é o primado da legitimidade da participação. Mais pela aquisição da vontade e da responsabilidade, e, portanto, da capacidade de gerir e de contribuir do cidadão inserto em uma comunidade, do que pela imposição através do exercício da autoridade é que a governança encontra suas bases.

A confiança no sucesso da política a ser desenvolvida, bem assim, a confiança na existência de mecanismos solucionadores de conflitos, aproxima o cidadão da administração e otimiza o processo de resolutividade dos problemas.

Entretanto, acreditar que os conflitos seriam resolvidos apenas com base em uma relação de confiança seria por demais simplista e é interessante registrar que, mesmo na governança, há situações em que a coerção é necessária para a implantação de determinada política que é interessante para muitos, mas desagrada poucos.[86] O sentido mais importante é o da intervenção estatal para incentivar, orientar, estimular, somente utilizando a imposição e a proibição, como última alternativa.

---

[83] PRATS, J. Gobernabilidad democrática para el desarrollo humano: marco conceptual y analítico. *Instituciones y Desarrollo*, n. 10, p. 103-148, 2001.

[84] Para Pascual Esteve, o movimento de cidades e regiões denominado AERYC (América – Europa de Regiões e Cidades), que promove a governança democrática como sendo o modo de governar cidades mais adequado à sociedade contemporânea, a define como "uma nova arte de governar os territórios (o modo de governar próprio do governo relacional), cujo objeto é a capacidade de organização e ação da sociedade, através da gestão relacional ou de redes, tendo como finalidade o desenvolvimento humano" (Disponível em: <www.aeryc.org>). Para o referido autor a governança democrática implica a observância das seguintes características: "o envolvimento da cidadania na solução dos desafios sociais, o fortalecimento dos valores cívicos e público, a revalorização da política democrática e do papel do governo representativo, a construção compartilhada do fortalecimento do interesse geral, a transparência e a prestação de contas" (ESTEVE, José Maria Pascual. *Governança democrática*: construção coletiva para o desenvolvimento das cidades. Juiz de Fora: UFJF, 2009. p. 20).

[85] ESTEVE, José Maria Pascual. *Governança democrática*: construção coletiva para o desenvolvimento das cidades. Juiz de Fora: UFJF, 2009. p. 62.

[86] Ver: ARAGÃO, Alexandra. A governância na Constituição Européia uma oportunidade pedida? *Boletim da Faculdade de Direito*, Coimbra, n. 84. p. 110. A autora diz que "Deivid Held distingue seis razões para obedecer a um comando: coerção, tradição, apatia, aquiescência pragmática, acordo condicional e acordo normativo ideal".

Assim é que os princípios da governança se apresentam como vitais para o desenvolvimento de uma relação de confiança, de troca e de aperfeiçoamento das instituições e do próprio Poder Público. Os princípios constitucionais da governança europeia são: o princípio da transparência, o princípio da coerência, o princípio da abertura, o princípio da eficácia e o princípio da democracia participativa.

É neste conceito de governar que o Estado-Administração, através de uma administração racional e persuasiva, envolve o exercício da cidadania para a solução conjunta dos desafios sociais.

No tocante aos princípios da governança, de indispensável observância para desenvolvimento deste conceito de governar, podemos citar, entre outros, o princípio da definição clara de objetivos, o princípio da transparência, o princípio da precaução, o princípio da gestão prudente de recursos, o princípio da informação acessível, o princípio da participação dos cidadãos, o princípio da colaboração interinstitucional, o princípio da eficiência, o princípio da coerência, o princípio da confiança, o princípio da sustentabilidade e o princípio da responsabilidade.[87]

4.2 Políticas públicas: uma garantia constitucional

Para o Banco Mundial a governança no setor público é definida como sendo "o exercício da autoridade, controle, gerenciamento e poder de governo". É a maneira pela qual o poder é exercido no gerenciamento dos recursos econômicos e sociais para o desenvolvimento do país.

Esse gerenciamento é refletido na implementação e execução das políticas públicas. Entretanto, no contexto do exercício do poder político, a escolha da política pública muitas das vezes não reflete a real necessidade/prioridade da coletividade.

A finalidade da governança através da política pública tem que necessariamente abranger o conjunto de ações articuladas entre o Poder Público e a sociedade, visando primeiramente e antes de tudo alcançar justiça social, sem a qual não há concretização de direitos fundamentais sociais.

Foi a distância entre o que é interesse público, o que é vontade/necessidade do corpo social e o que é, de fato, estabelecimento de prioridades, que motivou o surgimento da ideia de governança, como sendo uma forma de governar sem impor, como sendo uma forma de administrar compartilhando experiências, discutindo possibilidades, socializando informações. Tudo isto com a intenção de obter melhores resultados através do aproveitamento de aptidões, planejamento e acompanhamento de tarefas, e divisão de responsabilidades.[88]

A concretização dos direitos fundamentais sociais perpassa necessariamente pela discussão, implementação e execução das políticas públicas voltadas à sua consecução e efetividade. Nesse sentido é que a dimensão constitucional das políticas públicas é ao mesmo tempo uma garantia para os cidadãos e uma vinculação para a administração.

Assim, havemos de considerar, por um lado, a autossuficiência das pessoas, a proliferação cada vez maior da incerteza dos fenômenos sociais e o compartilhamento

---

[87] GARCIA, Maria da Glória F. P. D. *Direito das políticas públicas*. Coimbra: Almedina, 2009. p. 147.
[88] SEN, Amartya. *A ideia de justiça*. São Paulo: Companhia das Letras, 2011. p. 10.

de informações em velocidade e quantidade alarmantes. E, por outro, a incapacidade/impossibilidade do Estado em responder aos reclamos sociais cada vez mais urgentes e especiais.

Assim, há que se considerar que todo esse movimento requer necessariamente uma estreita conexão entre Estado e sociedade, para que a definição das políticas públicas deva refletir o "mosaico" de interesses dos destinatários potenciais da política.[89]

É claro que não queremos com isso dizer que está em causa a autoridade do poder constituído. A imposição de limites através da lei é uma premissa que não mais pode ser abandonada. O que se discute é a imposição de ineficientes políticas públicas e serviços pela organização estatal, as quais eventualmente representam desperdícios e podem produzir reflexos bastante negativos na vida de muitos.

Um sistema de compartilhamento de ideias e aproveitamento de capacidades pretende evitar tais ocorrências, modificando (melhor qualificando) a atuação do poder público (e conjuntamente com este poder). Tal compartilhamento, refletido na percepção e identificação de problemas, na discussão e ponderação de soluções, no planejamento da execução e no acompanhamento dos resultados.

Somente avaliando é possível ajustar, comparar, reformular com a finalidade de atingir o máximo de efetividade na aplicação da política, a qual deve encontrar na sociedade civil o termômetro de sua aplicação. Para isto, as técnicas de avaliação contribuem enormemente na percepção do alcance da política pública implementada, ao tempo em que se constitui em um instrumento essencial de transparência da Administração Pública perante os cidadãos.

E, tendo em conta que as ferramentas estão todas ao fácil alcance, a questão substancial é repensar a atitude. Esta nova atitude implica uma divisão de responsabilidades, não apenas como direito a participar das decisões que nos afetam, mas como um poder-dever, assim tal como o direito de estar no mundo e o poder-dever de fazer o mundo.

Nesse ponto, no caso do Brasil, a Constituição de 1988 determinou que Administração Pública incorporasse a atuação dos conselhos de controle social, tais como os conselhos da saúde, da educação, da assistência social, da alimentação escolar. Eles possuem ampla regulamentação, que lhes confere poderes substanciais, mediante composição em geral paritária entre representantes da sociedade civil constituída e do poder público tradicional.

Trata-se de um modelo com capacidade de assumir grande relevância, posto possuir instrumentos para produzir convergências entre posicionamentos do governante e do público-alvo mais próximo das respectivas políticas públicas em questão. É possível, assim, construir-se uma sintonia mais fina entre as partes.

Esta potencialidade tem sido subutilizada, pois nem toda a sociedade se apercebeu de sua relevância. Ressalte-se, entretanto, que nas últimas duas décadas os conselhos de controle social desempenharam no Brasil uma posição fundamental de diálogo e de cobranças, que redundaram em muitas conquistas no âmbito dos direitos sociais e avanços e melhorias em políticas públicas, especialmente nas localidades em que houve mais abertura, proatividade e protagonismo cidadão.

---

[89] GARCIA, Maria da Glória F. P. D. *Direito das políticas públicas*. Coimbra: Almedina, 2009. p. 171.

Considerações finais

Os diplomas constitucionais consagram e garantem que é na forma de divisão de poderes, nas garantias fundamentais, na organização do Estado, nos princípios democráticos e na dignidade da pessoa humana que residem o caminhar para um futuro alentador. Se é assim, onde buscar a real efetividade dos direitos fundamentais sociais?

À guisa de conclusão, citando Castanheira Neves: "que o homem não se compreenda apenas como destinatário do direito e titular de direitos, mas autenticamente como sujeito do próprio direito e assim não apenas beneficiário dele, mas comprometido com ele".[90]

O que está em causa é perceber que neste contexto de insustentabilidade orgânica da sociedade, a ordem jurídica expressa no Estado democrático de direito tem, sim, bases para manter-se firme e seguir andando. Solidificar estas estruturas é o desafio.

Ao deitar os olhos sobre a realidade tal como ela se apresenta, talvez possamos não mudar o rumo, mas procurar um atalho: buscar na sociedade que legitimou o Estado, a ponte, a forma para que passemos a um Estado persuasivo, dotado de instrumentos capazes de realizar uma organização compartilhada e com divisão de responsabilidades, com vistas ao desenvolvimento humano como principal prioridade. Este mesmo Estado deverá possibilitar ao homem a oportunidade (igual) de se permitir possuir dignidade.

Entretanto, essa sociedade é formada de homens com tais aspirações? Existem homens dotados de vontade e responsabilidade para assumir as tarefas condizentes com o exercício de uma cidadania ativa? E onde adquirir essas potencialidades? Este homem é resultado de um processo de construção?

Frederico Costa[91] se mostra deveras pessimista. Afirma que homens dotados dessas características são poucos. Acredita que os homens não aspiram a liberdade, mas o conforto. Diz que somente pela fome faz-se uma revolução.

Para nós, entretanto, o homem resultado de uma democracia participativa é o homem construído a partir do exercício desta mesma democracia. Aprender através do autoconhecimento, descobrir possibilidades através das tentativas e dos erros, socializar experiências, parece ser um caminho árduo, é verdade. Mas é este caminho, a ser trilhado por um número cada vez maior de pessoas cidadãs, que transforma o homem autômato em um homem verdadeiramente livre.

Referências

ANDRADE, José Carlos Vieira. Grupos de interesse, pluralismo e unidade política. *Boletim da Faculdade de Direito da Universidade de Coimbra*, Coimbra, supl. 20, 1977.

ANDRADE, José Carlos Vieira. *Lições de direito administrativo*. Coimbra: Almedina, 2014.

ANDRADE, José Carlos Vieira. *Os direitos fundamentais na Constituição portuguesa de 1976*. 5. ed. Coimbra: Almedina, 2012.

ARAGÃO, Alexandra. A governância na Constituição Européia uma oportunidade pedida? *Boletim da Faculdade de Direito*, Coimbra, n. 84.

---

[90] NEVES, A. Castanheira. *O direito hoje e com que sentido? O problema atual da autonomia do direito*. 2. ed. Lisboa: Instituto Piaget, 2002.

[91] COSTA, Frederico Carlos de Sá. O mundo dos autômatos. In: BORGES FILHO, Nilson; FILGUEIRAS, Fernando (Org.). *Estado, direito e ética*. Juiz de Fora: Granbery, 2007. p. 72.

ARRIAGA E CUNHA, Isabel. Economia contrai este ano 1,9% e desemprego sobe para 17,5%. *Público*, 22 fev. 2013. Disponível em: <http://www.publico.pt/economia/noticia/economia-portuguesa-contrai-este-ano-19-e-desemprego-sobe-para-175-1585391>. Acesso em: 15 jul. 2016.

BANDEIRA DE MELO, Celso Antônio. *Curso de direito administrativo*. São Paulo: Malheiros, 2015.

BARCELLOS, Ana Paula. *A eficácia jurídica dos princípios constitucionais*: o princípio da dignidade da pessoa humana. Rio de Janeiro: Renovar, 2002.

BARROSO, Luís Roberto. Da falta de efetividade à judicialização excessiva: direito à saúde, fornecimento gratuito de medicamentos e parâmetros para a atuação judicial. *Conjur*. Disponível em: <http://www.conjur.com.br/dl/estudobarroso.pdf>. Acesso em: 15 jul. 2016.

BEURLEN, Alexandra. *Direito humano à alimentação adequada no Brasil*. Curitiba: Juruá, 2008.

BOBBIO, Norberto. *A era dos direitos*. Rio de Janeiro: Elsevier, 2004.

BONAVIDES, Paulo. *Curso de direito constitucional*. São Paulo: Malheiros, 2009.

BONAVIDES, Paulo; ANDRADE, Paes. *História constitucional do Brasil*. São Paulo: OAB, 2002.

CANOTILHO, José Joaquim Gomes. *Brancosos e interconstitucionalidade*. Coimbra: Almedina, 2009.

CANOTILHO, José Joaquim Gomes. *Direito constitucional e teoria da Constituição*. 6. ed. Coimbra: Almedina, 1993.

CANOTILHO, José Joaquim Gomes. O Estado Garantidor: claros-escuros de um conceito. In: CONFERÊNCIA INTERNACIONAL DE LISBOA SOBRE JUSTIÇA INTERGERACIONAL: O DIREITO DO FUTURO E O FUTURO DO DIREITO, 2008, Coimbra. *Anais*... Coimbra: Almedina, 2008.

COMISSÃO DAS COMUNIDADES EUROPEIAS. *Governança Européia*: um livro branco. Bruxelas: Comissão das Comunidades Europeias, 2001.

CORREIA, Fernando Alves. A concretização dos direitos sociais pelo Tribunal Constitucional. *Separata da Revista da Faculdade de Direito da Universidade do Porto*, Porto, jan. 2011.

COSTA, Frederico Carlos de Sá. O mundo dos autômatos. In: BORGES FILHO, Nilson; FILGUEIRAS, Fernando (Org.). *Estado, direito e ética*. Juiz de Fora: Granbery, 2007.

DWORKIN, Ronald. *Justiça para ouriços*. Coimbra: Almedina, 2012.

ESTEVE, José Maria Pascual. *Governança democrática*: construção coletiva para o desenvolvimento das cidades. Juiz de Fora: UFJF, 2009.

GARCIA, Maria da Glória F. P. D. *Direito das políticas públicas*. Coimbra: Almedina, 2009.

GHERARDI, Raffaella. Il cittadino e lo Stato: dallo Stato di diritto allo Stato regolatore. *Scienza & Politica*, 33, 2005. Disponível em: <https://scienzaepolitica.unibo.it/article/viewFile/2819/2216>. Acesso em: 15 jul. 2016.

GOMES, Ângela de Castro. A experiência colonial e as raízes do pensamento social brasileiro. *Revista Portuguesa de História*, Coimbra, n. 41, p. 290-303, 2010.

GONÇALVES, Pedro. *Entidades privadas com poderes públicos*: o exercício de poderes públicos de autoridade por entidades privadas com funções administrativas. Coimbra: Coimbra Editora, 2005.

HABERMAS, Jurgen. *Um ensaio sobre a Constituição da Europa*. Lisboa: Edições 70, 2012.

HESPANA, Antônio Manuel. *Guiando a mão invisível*: direitos, estado e lei no liberalismo monárquico português. Coimbra: Almedina, 2004.

LOUREIRO, João Carlos. *Adeus ao Estado Social?* Coimbra: Almedina, 2010.

MARQUES, Mario Reis. *Introdução ao direito*. 2. ed. Coimbra: Almedina, 2012.

NEVES, A. Castanheira. *O direito hoje e com que sentido?* O problema atual da autonomia do direito. 2. ed. Lisboa: Instituto Piaget, 2002.

NOVAES, Jorge Reis. Contributo para uma teoria do Estado. *Boletim da Faculdade de Direito da Universidade de Coimbra*, Coimbra, supl. 29, 1982.

NOVAES, Jorge Reis. *Direitos fundamentais e justiça constitucional em Estado de Direito Democrático*. Coimbra: Coimbra Editora, 2013.

NOVAES, Jorge Reis. *Direitos sociais*: teoria jurídica dos direitos sociais enquanto direitos Fundamentais. Coimbra: Coimbra Editora, 2010.

PORTUGAL. Tribunal Constitucional. *Acórdão 353/2012*. Disponível em: <http://www.tribunalconstitucional.pt/tc/acordaos/20120353.html>. Acesso em: 15 jan. 2015.

PRATS, J. Gobernabilidad democrática para el desarrollo humano: marco conceptual y analítico. *Instituciones y Desarrollo*, n. 10, p. 103-148, 2001.

RODRIGUES, Marta. Um estudo sobre a democracia constitucional e as instituições políticas: política distributiva e democracia no Brasil pós transição. In: BORGES FILHO, Nilson; FILGUEIRAS, Fernando (Org.). *Estado, direito e ética*. Juiz de Fora: Granbery, 2007.

ROSA, Alexandre Morais. O giro econômico do direito ou o novo e sofisticado caminho da servidão: para uma nova gramática do direito democrático no século XXI. In: CONFERÊNCIA INTERNACIONAL DE LISBOA SOBRE JUSTIÇA INTERGERACIONAL: O DIREITO DO FUTURO E O FUTURO DO DIREITO, 2008, Coimbra. *Anais...* Coimbra: Almedina, 2008.

SARLET, Ingo W. *A eficácia dos direitos fundamentais*. Porto Alegre: Livraria do Advogado, 1998.

SARLET, Ingo W. *Dignidade da pessoa humana e direitos fundamentais na Constituição de 88*. 3. ed. Porto Alegre: Livraria do Advogado, 2004.

SARLET, Ingo W. Princípio do retrocesso social, pessoa humana e direitos sociais. *Boletim da Faculdade de Direito*, v. 83, p. 254-255, 2007.

SEN, Amartya. *A ideia de justiça*. São Paulo: Companhia das Letras, 2011.

SILVA, José Afonso da. *Aplicabilidade das normas constitucionais*. São Paulo: Malheiros, 2012.

SILVA, Suzana Tavares. *Direitos fundamentais na arena global*. Coimbra: Almedina, 2011.

SILVA, Suzana Tavares. Sustentabilidade e solidariedade em tempos de crise. In: NABAIS, José Casalta; SILVA, Suzana Tavares da (Coord.). *Sustentabilidade fiscal em tempos de crise*. Coimbra: Almedina, 2011.

SILVA, Suzana Tavares. *Sustentabilidade em tempos de crise*. Coimbra: Almedina, 2011.

URBANO, Maria Benedita. Globalização: os direitos fundamentais sob stress. In: DIAS, Jorge de Figueiredo; ANTUNES, Maria João; SOUSA, Susana Aires de (Org.). *Estudos em homenagem ao professor Jorge de Figueiredo Dias*. Coimbra: Coimbra Editora, 2009.

VEIGA, Paula. Cidadania: cambiante de um conceito e suas incidências político constitucionais. *Boletim da Faculdade de Direito da Universidade de Coimbra*, Coimbra, v. 82, 2006.

Informação bibliográfica deste texto, conforme a NBR 6023:2002 da Associação Brasileira de Normas Técnicas (ABNT):

CAMPELO, Amélia. Governança em tempos de crise: constituir a sociedade pode ser o remédio constitucional para os direitos sociais. In: PINTO, Hélio Pinheiro; LIMA NETO, Manoel Cavalcante de; LIMA, Alberto Jorge Correia de Barros; SOTTO-MAYOR, Lorena Carla Santos Vasconcelos; DIAS, Luciana Raposo Josué Lima (Coords.). *Constituição, direitos fundamentais e política*: estudos em homenagem ao professor José Joaquim Gomes Canotilho. Belo Horizonte: Fórum, 2017. p. 397-426. ISBN 978-85-450-0185-0.

PRINCÍPIOS POLÍTICOS CONSTITUCIONAIS ESTRUTURANTES DA LIBERDADE RELIGIOSA NO ESTADO BRASILEIRO

MAGNO ALEXANDRE F. MOURA

Introdução

A relação do Estado com a religião, desde os primórdios até os nossos dias, tem passado por constantes transformações. Inicialmente, o poder político se confundia com o religioso; posteriormente, se mostraram distintos; entretanto, se uniram e, ulteriormente, essa relação ficou marcada pela separação com o advento do Estado Liberal que rompeu de vez com o modelo de união entre Estado e Igreja; e foi no constitucionalismo que ficou assente o princípio da separação entre o poder político e as confissões religiosas.[1] Toda essa relação foi permeada pela força da religião, com sua capacidade de "mover montanhas", que, ao longo da história, tem tirado tantas vidas e conferido, ao mesmo tempo, sentido a tantas outras.[2] Tem marcado a vida de nações e dividido Estados,[3] unindo indivíduos em uma força incomensurável, partindo da autonomia de suas vontades a aderir a uma *verdade superior*.

---

[1] A laicização liberal conforme explica Adriano Moreira ocorreu: "dentro de um contexto ocidental, com soberanias cristãs, mesmo protestantes, prestando tributo a um sistema cultural comum. Mas a questão mudou radicalmente a partir da Revolução Atlântica, expressão com a qual abrangemos convencionalmente a independência dos Estados Unidos da América e dos territórios da América do Sul, a Revolução Francesa de 1789 e a perda do poder temporal do papa em vista da unificação da Itália. A experiência da Igreja vai decorrer agora de um quadro inteiramente diferente daquele em que se processou a experiência vivida desde Constantino". Cf. MOREIRA, Adriano. *Ciência política*. Coimbra: Almedina, 2003. p. 272.

[2] GUERREIRO, Sara. *As fronteiras da tolerância*: liberdade religiosa e proselitismo na Convenção Europeia dos Direitos do Homem. Coimbra: Almedina, 2005. p. 19.

[3] A Reforma Protestante do século XVI trouxe a quebra da hegemonia católica, ou seja, da unidade religiosa, e por conseguinte fez surgir diversos grupos religiosos com a ambição comum de conduzir o cristianismo a níveis mais elevados de pureza moral e doutrinária. Cf. MACHADO, Jónatas Eduardo Mendes. Pré-compreensões na disciplina jurídica do fenômeno religioso. *Boletim da Faculdade de Direito*, Coimbra, n. 68, p. 165-180, 1992. O surgimento de vertentes religiosas, mais ou menos radicais, fez surgir implicações jurídicas e políticas, que no contexto europeu foi a luta dos príncipes contra o imperador e o papa, e, no contexto americano, a luta republicana contra o monarca inglês. Nestas circunstâncias a heterodoxia religiosa era entendida como heterodoxia política.

Há quem veja na religião um instrumento de dominação e alienação; porém, outros afirmam a importância da religião na sociedade política como promotora dos valores humanos de herança judaico-cristã, tais como o da dignidade da pessoa humana, incorporados como valores constitucionais de uma comunidade política.[4] Contudo, não se pode negar que "a religião é uma realidade inerente à natureza do Homem e tem assumido extrema importância ao longo de todas as temporadas históricas, nas mais distintas áreas do saber",[5] sendo curioso notar que nunca houve Estado que não fosse fundado sem que a religião lhe servisse de base.[6] "A Religião é tão antiga na vida das sociedades humanas como a própria pessoa, sua origem e razão de ser".[7] Os achados arqueológicos de culto identificam como humanos os restos encontrados pelas escavações.[8]

Desse modo, percebemos que o direito não pode prescindir da análise do fenômeno religioso, que tem sido um tema tão globalizado e tão dissolvente no indivíduo: desde priscas eras, tem-se apresentado em maior ou menor escala, mas sempre presente, seja nas sociedades primitivas, clássicas, modernas e pós-modernas.[9]

Na modernidade são identificados os princípios políticos constitucionais estruturantes da relação Estado-Igreja, exatamente com o advento do Estado Liberal que trouxe luzes aos princípios republicano e democrático, princípios constitucionais gerais do sistema jurídico, com função aplicativo-integradora,[10] que possibilitam, no âmbito da liberdade religiosa, preponderar uma linguagem jurídico-constitucional em superação à teológico-confessional, tornando-se a base teorética de proteção às minorias, ou seja, eles iluminam a ideia de que o Estado reconhece à pessoa humana a liberdade de escolher suas crenças e de conformar sua vida de acordo com elas, impedindo-o de intervir nos domínios mais íntimos e pessoais dos indivíduos. É inegável a importância desses princípios para o enfrentamento do direito da religião. Eles ocupam lugar cimeiro na interpretação jurídica e são sustentação à liberdade das religiões, da relação entre o Estado e as Igrejas. Neles, os demais princípios do direito da religião conectam-se e ganham influxo, a saber: o da própria liberdade religiosa, o da igualdade religiosa, o da cooperação do Estado com as confissões religiosas e o da laicidade do Estado.[11] Sobre

---

[4] MACHADO, Jónatas Eduardo Mendes. *Estado Constitucional e neutralidade religiosa*: entre o teísmo e o (neo)ateísmo. Porto Alegre: Livraria do Advogado, 2013. p. 14-17.

[5] PRATAS, Cláudia Alves. *O direito da religião*: a proteção das minorias protestantes. Lisboa: Chiado, 2014. p. 22.

[6] ROUSSEAU, Jean-Jacques. *O contrato social*. Tradução de Leonardo Manuel Pereira Brum. Mira-Sintra: Europa-América, 2003. p. 132.

[7] ADRAGÃO, Paulo Pulido. *A liberdade religiosa e o Estado*. Coimbra: Almedina, 2002. p. 13.

[8] CANOTILHO, José Joaquim Gomes. Positividade do fenómeno religioso nas comunidades humanas: anotação ao Acórdão n. 174/93, do Tribunal Constitucional. *Revista de Legislação e Jurisprudência*, Coimbra, ano 126, n. 3832-3834, 1994. p. 272.

[9] Há identificação nos movimentos religiosos de cariz fundamentalista as tendências hiperdiferenciadoras da pós-modernização. Estes movimentos são descritos como "forma de ação coletiva, de base valorativa, desdiferenciadora e antimoderna e um movimento sociocultural que pretende reorganizar todos os aspectos da vida de acordo com um conjunto particular de valores absolutos". Com o contributo da globalização que concorreu para o desenvolvimento do fundamentalismo em todo o mundo. Cf. WATERS, Malcolm. *Globalização*. Tradução de Magnólia Costa e Ana Bela Rocha. Oeiras: Celta, 1999. p. 124.

[10] AMARAL, Maria Lúcia. *A forma da República*: uma introdução ao estudo do direito constitucional. Coimbra: Coimbra Editora, 2005. p. 122-124. No mesmo sentido, *vide* BARTOLE, Sérgio. Principi del diritto. *Enciclopédia del Diritto*, Milano, v. 35, 1995. p. 509.

[11] Estes princípios são basilares da liberdade religiosa, o que pode ser conforme VILADRICH, Pedro Juan; FERER ORTIZ, Javier. *Los principios informadores del derecho eclesiástico español*. 3. ed. Pamplona: EUNSA, 1993. p. 165-263.

estes, não consiste o objetivo do tema que discorremos, mas devo abordar o princípio da laicidade do Estado, em razão das confusões que se faz em torno do assunto e, também, para se compreender a hermenêutica da liberdade religiosa conforme a Constituição brasileira, para a extração do grau de laicidade que se infere do texto constitucional, sem descurar a necessária conexão com os princípios republicano e democrático, que inspiraram o processo de secularização da sociedade, mas também o fermento necessário à liberdade religiosa.

1 A República como forma de governo ideal ao desenvolvimento da liberdade religiosa no Brasil

A República foi decisiva para a separação entre Igreja e Estado no Brasil. Sob sua égide, não houve mais lugar para tratamento privilegiado de uma certa religião pelo governo,[12] em decorrência do surgimento do discurso jurídico-constitucional emancipatório de uma confissão religiosa e a inclusão das confissões religiosas em geral.[13]

O caráter essencial do republicanismo cívico trouxe a consagração da liberdade religiosa nas constituições que o Estado brasileiro já promulgou. Os valores que dela podem ser extraídos servem como luzes ao Estado laico, bem como para todo o sistema constitucional, porque ilumina, com conteúdo axiológico, o ser humano, tanto na sua dimensão individual como coletiva, e também revela o humanismo cívico de um Estado limitado por leis, sendo o substrato do contrato social a proclamação da igualdade e da liberdade de todos.[14]

As religiões no Brasil encontraram um campo fértil para florescer na forma de governo republicana porque também a República encontrou na religião uma fonte crucial de virtudes que alimentam a responsabilidade cívica que deve existir numa comunidade política, ou seja, a religião tanto ajuda aos fins do republicanismo quanto o republicanismo serve de fundamento para a consagração constitucional da liberdade religiosa, pregando a separação entre a Igreja e o Estado. Referido argumento reforça-se com os pontos a seguir:

    1) a virtude dos cidadãos é importante para a saúde do sistema político;
    2) a religião serve para inculcar essa virtude;
    3) a religião desempenha aí um papel especial ou, por qualquer outro motivo, merece uma proteção constitucional qualificada;

---

[12] Uma característica essencial do princípio republicano é a noção de "antiprivilégio", relacionada com a evolução histórica da república como oposição à monarquia. A vedação ao privilégio se estende a todos os princípios e critérios ordenadores do acesso à função pública e aos cargos públicos em geral. Cf. CANOTILHO, José Joaquim Gomes. *Direito constitucional e teoria da Constituição*. 7. ed. Coimbra: Almedina, 2003. p. 229.

[13] Rui Barbosa, um dos principais juristas e líder do movimento republicano no Brasil na época, defendeu: "[...] que as igrejas, essas associações resultantes da identidade de crenças, vivam livres na adoração do seu Deus, na propagação de sua fé, na difusão de suas doutrinas, que elas, independentemente de qualquer poder estranho, possam elevar-se à adoração do eterno princípio de todos os seres; que, por seu lado, o Estado, único poder nas sociedades livres, gire independentemente na órbita de sua ação, e não queira comprimir os cultos senão quando eles ofendem a paz das sociedades: eis o nosso desideratum. Queremos, em suma, de um lado a perfeita liberdade para o Estado; do outro a perfeita liberdade para a consciência, ou, na frase de Lamartine, a liberdade para Deus". Cf. GALDINO, Elza. *Estado sem Deus*. Belo Horizonte: Del Rey, 2006. p. 5.

[14] ROUSSEAU, Jean-Jacques. *O contrato social*. Tradução de Leonardo Manuel Pereira Brum. Mira-Sintra: Europa-América, 2003.

4) a garantia da liberdade religiosa serve para reforçar a capacidade da religião no desenvolvimento de ideias e estruturas de prossecução do bem comum.[15]

No republicanismo antigo, a virtude consistia numa característica indissociável,[16] que permanece no republicanismo moderno,[17] acrescido da legitimação eletiva e temporária do chefe de Estado na busca pelo bem comum.

De certo modo, a Constituição republicana revela valores, certas virtudes que são os fundamentos do viver republicano e servem de influxo para o governo e para os governados.

Na Constituição republicana, os bens jurídicos são resultados do pacto político, da proteção dos valores que se quer preservar, das virtudes que devem ser praticadas, dos princípios que devem ser aplicados.

É bem verdade que as constituições não precisam ser catálogos exaustivos de condutas éticas, porque a ética faz parte do princípio republicano, do modo republicano de governo, do modo de proceder das instituições, da maneira correta de se lhe dar, na prestação dos cuidados que se devem ter na condução do interesse público, sendo da Constituição que se interpreta "uma certa forma de governar",[18] revelando o modo republicano. Certo que esta forma de governar é fundada sobre as virtudes dos cidadãos e sobre o amor pela pátria, que são os traços caracterizadores da forma republicana de governar e que são os valores demonstrados no trato dos assuntos dentro do espaço público. Daí o princípio republicano ser um elã,[19] uma inspiração, uma disposição que transporta a ascese moral e os fins revolucionários da *liberté*, égalité et fraternité. A tríade da revolução francesa representa os valores republicanos maiores; sendo também conteúdo do princípio republicano, de suma importância, o princípio da laicidade,[20] e o da cidadania.[21]

---

[15] Os argumentos acima referidos são usados por: MACHADO, Jónatas Eduardo Mendes. *Liberdade religiosa numa comunidade constitucional inclusiva*: dos direitos da verdade aos direitos dos cidadãos. Coimbra: Coimbra Editora, 1996. p. 137.

[16] Aqueles que eram considerados cidadãos entre os gregos e romanos exerciam a cidadania pela prática de virtude cívica, a qual era ligada a um conjunto de deveres sociocomunitários de devoção à pátria e de buscar o bem comum, conforme: MADEIRA, Vinícius de Carvalho. *República, democracia e reeleições*: o princípio republicano da renovação. Porto Alegre: Sérgio António Fabris, 2013. p. 47-48; ALVES, Pedro Delgado. O princípio republicano. *Revista da Faculdade de Direito da Universidade de Lisboa*, Coimbra, v. 48, n. 1-2, p. 181-182, 2007; URBANO, Maria Benedita. Cidadania para uma democracia ética. *Boletim da Faculdade de Direito*, Coimbra, v. 83, p. 524-525, 2007.

[17] CUNHA, Paulo Ferreira da. *Raízes da república*: introdução histórica ao direito constitucional. Coimbra: Almedina, 2006. p. 348.

[18] CUNHA, Paulo Ferreira da. República, virtudes e busca da felicidade. *Polis – Revista de Estudos Jurídico-Políticos*, Lisboa, n. 3, p. 33-76, 2007.

[19] CANOTILHO, José Joaquim Gomes. *Direito constitucional*. 6. ed. Coimbra: Almedina, 1993. p. 487.

[20] O da laicidade como corolário do valor liberdade e igualdade, envolvendo a liberdade religiosa plena, positiva, negativa e neutra, revelando a neutralidade e igualdade de tratamento de todos, sem acepção de ideias religiosas. Sendo dentro da República onde mais se discute e amplia o posicionamento das pessoas sobre a fé que desejam professar.

[21] A cidadania é a efetivação da liberdade, assim como a convivência do pluralismo político. É dentro da sociedade, na luta política, que na República se permite falar de direitos humanos, cidadania, laicidade, pluralismo político, democracia, que podem assumir diversas faces diante dos valores revolucionários advindos da França.

2 A importância das virtudes republicanas em busca da felicidade e seu influxo na liberdade religiosa

As virtudes republicanas são aquelas esperadas por todos, imaginadas pela comunidade como condutoras dos negócios públicos em todas as esferas de poder. "Dir-se-ia que as virtudes republicanas são os hábitos políticos positivos que decorrem da vivência quotidiana dos valores constitucionais modernos".[22] São os sentimentos imbuídos da forma republicana de governar, de proceder, daí o princípio republicano traduzir o modelo de ser da comunidade política, sendo a viga mestra dos modelos constitucionais republicanos.

É o estado de espírito coletivo que, "transcendendo todos os antagonismos e tensões existentes, político-partidárias, econômico-sociais, religiosas ou de outro tipo, integra os detentores e destinatários do poder num marco de uma ordem comunitária obrigatória".[23]

No contexto do princípio republicano, os destinatários das prestações civilizatórias devem entender que não são apenas sujeitos de direitos, mas também de obrigações e deveres em face da coletividade, tais como o dever de preservação dos bens públicos, de consciência do pagamento do tributo, de participação na formulação de políticas públicas e, no processo eleitoral, da escolha dos melhores para a governança, ou seja, a força imperativa do princípio republicano será maior na medida em que maior seja o grau de maturidade cívica dos cidadãos,[24] o que traduz a consciência da necessidade e responsabilidade de participação política. Isso porque, no plano político, a garantia de concretização dos valores republicanos são as virtudes republicanas, e, num plano individual, trata-se das qualidades da pessoa.[25] Diz respeito aos seus hábitos, suas ações, capazes de pôr em prática os valores éticos republicanos, "numa repetição que é muitas vezes quase inconsciente, muitas vezes por simples imitação dos que o rodeiam, progressivamente, por decisão autônoma de um sujeito que assim se torna moral".[26]

Na República, o homem busca a sua felicidade,[27] pode realizar seus projetos de vida, exercer a sua cidadania, se engajar para a realização dos direitos humanos, exercer

---

[22] CUNHA, Paulo Ferreira da. República, virtudes e busca da felicidade. *Polis – Revista de Estudos Jurídico-Políticos*, Lisboa, n. 3, p. 33-76, 2007.
[23] LOEWENSTEIN, Karl. *Teoría de la Constitución*. 2. ed. Barcelona: Ariel, 1976. p. 200.
[24] LEWANDOWSKI, Enrique Ricardo. Reflexões em torno do princípio republicano. *Revista da Faculdade de Direito da Universidade de São Paulo*, São Paulo, v. 100, p. 189-200, 2005.
[25] Certamente, quando falamos de comportamentos e valores dentro de uma República, não estamos esperando pessoas perfeitas, impecáveis em suas condutas, não se tem a pretensão de convencer toda a gente de que é melhor viver de certa maneira. Seria bom se atingíssemos a cidade perfeita, no entanto, os comportamentos que são esperados ajudam a manter e constituir um lado bom e funcional da sociedade, o que ao mesmo tempo dar-se o influxo em ajudar aqueloutros a fixar objetivos em sua vida e o seu próprio aperfeiçoamento como ser humano numa comunidade, já atingiria os objetivos republicanos, porque é difícil afirmar que todos numa sociedade não tenham um sentido moral, o que revela determinada gradação de valores e comportamentos éticos, revelando virtudes. Mas, a busca de um núcleo comum de condutas virtuosas pode não ser fácil de elencar, mas se pode tentar fazer que determinados comportamentos potencializem para o bem, o que vai surgindo naturalmente, para uma melhor maneira de se viver e, desta forma, podem ser repetidos dentro da coletividade.
[26] FIGUEREDO, Maria José Marques de. *A universalidade do bem e as particularidades da liberdade*: um estudo de ética e filosofia política no pensamento de Aristóteles. 2004. Tese (Doutorado em História da Filosofia Antiga) – Universidade de Lisboa, Lisboa, 2004. p. 17.
[27] A busca da felicidade na Declaração da Independência dos EUA, de 4.7.1776, segundo parágrafo: "We hold truths to be sel-evident, that all men are created equal, that they are endowed by their Creator with certain unalienable Rights, that among these are life, Liberty and the pursuit of Happiness" (THE Declaration of Independence. *UShistory.org*. Disponível em: <http://www.ushistory.org/declaration/document/>. Acesso em: 11 maio 2016).

seu arbítrio, podendo plenamente viver com a liberdade de escolhas, em que as virtudes são praticadas, as de atenção e de solidariedade inclusive.

A República tem o grande desafio de implementar um Estado solidário, sobre o qual os extremos do liberalismo (liberdade) e do socialismo (igualdade) podem encontrar o ponto de equilíbrio na fraternidade,[28] outro valor da República, no que, para a liberdade religiosa, é o melhor ambiente para prosperar.

A República, no sentido amplo, material, não pode ser confundida com chefia do Estado não coroado.[29] Tal confusão que alguns fazem levam Estados a se denominarem Repúblicas, mas estão revestidos numa forma apenas,[30] e não em seu conteúdo representativo, que exprime, em sua essência, condutas baseadas no lema *igualdade, liberdade e fraternidade*, em que há esforço pessoal à procura da felicidade; não uma felicidade que hoje está distorcida, sendo enxergada de um ponto de vista hedonista e consumista, o que pouco tem a ver com a felicidade autêntica, uma felicidade que inclua o outro, o próximo, o vizinho, o cidadão da *polis*. A felicidade que permite a convivência com o pluralismo religioso, do respeito ao próximo. Aristóteles já dizia que o melhor governo é aquele em que cada um melhor encontra aquilo de que necessita para viver feliz.[31]

A República respeita a dignidade da pessoa humana[32] em face do governo das virtudes, da inclusão, da preservação do bem comum, do respeito às minorias e às diferenças, da criação de possibilidades de ascensão pelo mérito, respeito aos aspectos étnicos, culturais, linguísticos e religiosos. É na República que os homens criam condições adequadas para que possam expressar, preservar e desenvolver suas identidades, que se estimula o debate público prévio sobre futuras decisões políticas, o que vem a desempenhar uma função racionalizadora e legitimadora da decisão a ser tomada.

É na República que se vive uma sociedade aberta e ativa, com liberdade de participação, no processo político, e se encontra respeito pelos direitos fundamentais.[33] A

---

[28] Ayres de Britto, afirma: "Não por coincidência, a Fraternidade é o ponto de unidade a que se chega pela conciliação possível entre os extremos de Liberdade, de um lado, e, de outro, da Igualdade. A comprovação de que, também nos domínios do Direito e da Política, a virtude está sempre no meio (medius in virtus). Com a plena compreensão, todavia, de que se não chega à unidade sem antes passar pelas dualidades". Cf. BRITTO, Carlos Ayres de. *Teoria da Constituição*. Rio de Janeiro: Forense, 2003. p. 218.

[29] CUNHA, Paulo Ferreira da. *Para uma ética republicana*. Lisboa: Coisas de Ler, 2010. p. 211.

[30] No aspecto formal, até as piores das ditaduras contemporâneas podem ser consideradas repúblicas, porque o princípio republicano como uma maneira de governar tem encontrado guarida em governos monárquicos, como os existentes na Europa. São todas tão, ou mais, democráticas do que algumas repúblicas. "São monarquias constitucionais em que o rei só tem poderes simbólicos e as aristocracias desapareceram ou estão em vias disso, em função da igualdade de todos os cidadãos perante a lei" (SOARES, Mário. *Elogio da política*. Lisboa: Sextante, 2009. p. 43-44).

[31] ARISTÓTELES. *Tratado da política*. 2. ed. Tradução de M. de Campos. Lisboa: Livro de Bolso, 2000. p. 45.

[32] A dignidade da pessoa humana constitui o principal fundamento de valor da República no Brasil. É um fenômeno recente: sua inserção ao texto constitucional é de 1988; e na quadra atual da trajetória do constitucionalismo brasileiro, a dignidade da pessoa humana juntamente com os direitos humanos, direitos fundamentais e a própria democracia, passam a ser eixos estruturantes do Estado Constitucional no Brasil. Maiores esclarecimentos sobre o assunto, confira em: SARLET, Ingo Wolfgang. Dignidade da pessoa humana e direitos fundamentais na Constituição brasileira de 1988: algumas notas com destaque para a jurisprudência do Supremo Tribunal Federal. In: OTERO, Paulo; QUADROS, Fausto de; SOUSA, Marcelo Rebelo de (Coord.). *Estudos de homenagem ao prof. doutor Jorge Miranda*. Coimbra: Coimbra Editora, 2012. p. 941-971. v. 1.

[33] CANOTILHO, José Joaquim Gomes. *Direito constitucional e teoria da Constituição*. 7. ed. Coimbra: Almedina, 2003. p. 1416.

liberdade religiosa, dentro do princípio republicano, é respeitada, sendo resultado de valores republicanos de convivência com o diferente, gerando uma sociedade cosmopolita[34] ou inclusiva,[35] na qual existe o exercício da cidadania, uma vez que o princípio republicano permite o diálogo, a abertura política, a participação na construção do bem comum. A nós parece que, dentro desta visão comunitária, procura-se consolidar a construção de uma sociedade pluralista.

3 República, democracia e religião

Na República, além da primazia do interesse público, tem-se a ideia de governo justo, controle do poder, prevalência do Estado de Direito e, contemporaneamente, passou a ser Estado de Direito Democrático em razão da conexão com o princípio democrático.[36]

A República é uma democracia ética,[37] não somente técnica. Está mais relacionada com o conteúdo do que com a forma da democracia, sendo este o processo para se chegar àquele, porque o conteúdo da democracia diz respeito à forma republicana de ser de um Estado, que pode ter como forma de governo uma República, uma vez que o conteúdo material diz respeito ao bem comum, à substância de toda forma de administrar voltada ao interesse público, este identificado e estabelecido por um debate, diálogo, compromisso, pacto, deliberações entre governantes e governados (sujeitos de direitos e obrigações), que seja de forma direta ou indireta, ou seja, possibilita a participação política.

Para o republicanismo cívico, a ideia máxima de virtude consiste numa identidade individual integralmente formada pelos compromissos assumidos para com a comunidade. Nesse contexto, a religião consiste numa fonte crucial de virtude e responsabilidade cívica,[38] que ensina os cidadãos a desenvolverem uma correta ponderação dos interesses públicos e privados que atenue os perigos de utilização indevida dos órgãos de poder e constitua um remédio contra o *individualismo* e o *materialismo*.[39]

A República é um elemento vertebral da ordem constitucional democrática.[40] Daí ser o princípio republicano a substância que qualifica e ilumina a democracia, ultrapassando um jurídico Estado de Direito de uma democracia reduzida aos aspectos formais[41] para se tornar efetivamente um vetor em busca da realização e da felicidade do homem em sociedade.

---

[34] KANT, Immanuel. *A paz perpétua e outros opúsculos*. Tradução de Artur Morão. Lisboa: Edições 70, 2009. p. 137. Kant preconiza uma sociedade cosmopolita, para existir uma paz perpétua, considerando os homens, e os Estados em suas relações externas de influência recíproca, como cidadãos de um Estado universal da humanidade.

[35] VEIGA, Paula Margarida Cabral dos Santos. Alguns dilemas da emancipação da cidadania na era cosmopolita. In: ANDRADE, Manuel da Costa; ANTUNES, Maria João; SOUSA, Susana de Aires. *Estudos em homenagem ao prof. doutor Jorge de Figueiredo Dias*. Coimbra: Coimbra Editora, 2010. p. 1107-1123.

[36] CANOTILHO, José Joaquim Gomes. *Estado de Direito*. Lisboa: Gradiva, 1999. p. 27-36.

[37] CUNHA, Paulo Ferreira da. *Para uma ética republicana*. Lisboa: Coisas de Ler, 2010. p. 29.

[38] MACHIAVEL, Nicolas. *Discours sur la premièr décade de Tite-Live*. Paris: Gallimard, 2004.

[39] MACHADO, Jónatas Eduardo Mendes. *Liberdade religiosa numa comunidade constitucional inclusiva*: dos direitos da verdade aos direitos dos cidadãos. Coimbra: Coimbra Editora, 1996. p. 136-137.

[40] CANOTILHO, José Joaquim Gomes. *Direito constitucional*. 6. ed. Coimbra: Almedina, 1993. p. 481.

[41] PINTO, Ricardo Leite. *Neo-republicanismo, democracia e Constituição*. Lisboa: Universidade Lusíada, 2006. p. 57. Coleção Ensaios.

A religião em muito contribuiu para o surgimento da democracia moderna. Foi com a Reforma Protestante que se lançaram as sementes que mais tarde viriam a produzir a democracia,[42] uma vez que fazia parte da doutrina protestante a leitura individual da Bíblia para fortalecer o relacionamento do indivíduo com Deus. O protestantismo favorecia o debate e a discussão do que foi lido na Bíblia; na sua essência, representa a democracia, a participação e a discussão de assuntos de interesse de todos da comunidade religiosa.

Esta abordagem democrática teria efeitos surpreendentes principalmente com os imigrantes protestantes que foram para os Estados Unidos. O modo de administrar a Igreja e escolher seus sacerdotes por comitês administrativos influenciou o modo de lidar com as questões de natureza pública.

As mudanças religiosas promoveram também a educação e a criação de universidades, o que contribuiu para o surgimento da democracia popular, na segunda metade do século XIX, que dependeu muito da disseminação do conhecimento.

Percebe-se, assim, com a reforma protestante, que se abriram portas ao pluralismo religioso, o que fez surgir a diversidade de Igrejas e o surgimento de minorias religiosas, ou seja, foram lançadas as sementes para o florescimento da liberdade religiosa como fator determinante no desenvolvimento das tendências globalizantes ocidentais.[43] Sendo assim, germinaram as sementes da democracia com o movimento constitucionalista norte-americano de 1776,[44] estando a secularização assentada na Constituição estadunidense de 1787, que se insere na luta contra a intolerância religiosa e interage *recursivamente* com o discurso jurídico constitucional.[45] Nele há duas cláusulas importantes à democracia moderna em matéria de liberdade religiosa: a primeira, que assegura o direito à liberdade religiosa (*free exercise clause*); e a segunda, que consagra o princípio da separação das confissões religiosas do Estado (*establishment clause*).

Foi neste enquadramento constitucional que se impôs a institucionalização de um estado secular e se afastou a oficialização de qualquer religião, o que assegurou a liberdade de expressão em matéria de liberdade religiosa.

4 A luta democrática de separação entre a Igreja e o Estado

As conquistas históricas nem sempre se apresentam de forma linear. Ainda nos dias de hoje, há Estados que estabelecem uma religião como oficial.[46] Em razão disto,

---

[42] BLAINEY, Geoffrey. *Uma breve história do cristianismo*. São Paulo: Fundamento Educacional, 2012. p. 210.
[43] WATERS, Malcolm. *Globalização*. Tradução de Magnólia Costa e Ana Bela Rocha. Oeiras: Celta, 1999. p. 122.
[44] Há de se entender que, no início das discussões com os *Founding Fathers*, boa parte desejava a edificação de uma república cristã, teocrática e fundamentalista, constitucionalmente subordinada à palavra de Deus, revelada nas escrituras sagradas, sem qualquer margem, no plano dos princípios, para o pluralismo religioso. Nas vésperas da revolução americana, a maior parte das colônias mantinha uma religião oficial. Cf. MACHADO, Jónatas Eduardo Mendes. *Liberdade religiosa numa comunidade constitucional inclusiva*: dos direitos da verdade aos direitos dos cidadãos. Coimbra: Coimbra Editora, 1996. p. 78-79.
[45] WEINGARTNER NETO, Jayme. *Liberdade religiosa na Constituição*: fundamentalismo, crenças, cultos. Porto Alegre: Livraria do Advogado, 2007. p. 35.
[46] No ano 2000, um estudo identificou, entre 188 países do mundo, 75 países que estabeleceram uma religião como oficial, ou seja, mantinham religião de Estado. Países como Costa Rica (Católica Romana); Dinamarca (Luterana); Grécia (Ortodoxa); Marrocos (islamismo); Tailândia (budismo); Reino Unido (Anglicana na Inglaterra e Presbiteriana na Escócia), entre outros. Desse modo, a doutrina do "não estabelecimento" tem sido reafirmada como fundamental para a proteção dos direitos de liberdade religiosa, uma vez que religiões

tem sido um desafio constante, dentro de um Estado democrático, a luta para que não aconteçam alianças políticas entre a religião e o Estado, nem demonstrações de que o Estado tem preferência religiosa, mas que o espaço público possa existir para todos, sem privilégios, nem predileções.

A religião pode morrer ou, no mínimo, ficar desacreditada, se dispuser a serviço do interesse político. A religião, servindo aos interesses do governante, não deixa de ser um agente político do Estado; e ela, vista assim, estará sujeita a ser execrada como a mais detestável de todas as instituições humanas, transformando-se numa religião política e, muitas vezes, servindo ao governo e ajudando a oprimir os homens, em vez de prepará-los para a liberdade.[47]

Teóricos liberais sempre pregaram contra as religiões de Estado, reservando-as à dimensão privada da vida dos cidadãos, na qual caberia muito bem o culto religioso. Nem o legislador, nem o poder político deveriam obrigar ou interditar; eles têm, tão somente, a obrigação de facilitar a livre prática da religião, para que ela possa ser uma grande influência moral no domínio público.[48]

O anticlericalismo desmedido que dominou a Revolução Francesa se deu, em grande parte, pela união entre o poder religioso e o poder político durante o Antigo Regime. A confusão entre convicções religiosas e as convicções políticas trouxeram muitos dissabores na Europa do final do século XVIII. As convicções em matéria religiosa pareciam mortas e muitos tornaram-se descrentes:

> Os não-crentes da Europa perseguiam os cristãos mais como inimigos políticos do que como adversários religiosos: odeiam a fé muito mais como se se tratasse da opinião de um partido do que como uma crença errada e aquilo que rejeitam no padre é mais a sua amizade pelo poder do que o representante de Deus.[49]

A mistura entre política e religião é adversa à própria religião e prejudicial à liberdade política. É na dimensão de aspiração natural do homem pelo divino, pelo sagrado, que se criam os hábitos e os costumes que são favoráveis à liberdade em seu uso moderado: é quando se fala minimamente de política que a religião ensina melhor aos cidadãos a arte de serem livres.[50]

A união entre política e religião traz muitos perigos *nefastos*, porém, mais sérios ainda são os perigos decorrentes de eventual erradicação das crenças religiosas das modernas sociedades democráticas.

Por isto, o Estado não pode tomar partido de religião alguma, para não deixar enfraquecer a própria religião. As religiões podem lutar dentro da própria democracia,

---

estatais violam normas internacionais de direitos humanos. Cf. ERNST, Julia L. Rethinking the validity of state religions: is antiestablishmentarianism a fundamental prerequisite for the protection of religious rights under International Human Rights Law? *Northen Illinois University Law Review*, Illinois, n. 34, p. 333-390, 2014.

[47] TOCQUEVILLE, Alexis de. Écrits et discours politiques. Euvres complètes. Paris: Éditions, 1985. p. 493-49. t. 3.
[48] CONSTANT, Benjamin. *Principes de politique*. Paris: Gallimard, 1997. p. 17. Cf. CONSTANT, Benjamin. Écrits politiques. Folio essais. Paris: Gallimard, 1997. p. 461-482.
[49] TOCQUEVILLE, Alexis de. *Da democracia na América*. Tradução de Carlos Monteiro de Oliveira. Cascais: Princípia, 2004. p. 351.
[50] TOCQUEVILLE, Alexis de. *Da democracia na América*. Tradução de Carlos Monteiro de Oliveira. Cascais: Princípia, 2004. p. 341.

desde que não entrem em confronto com ela, a não ser quando seus dogmas se choquem com a opinião pública, caso em que podem se mobilizar para defender aquilo em que acreditam.

As religiões podem movimentar-se através de seus fiéis em campanhas contra aquilo que acreditam ser contra a fé que professam. Um exemplo disto é o caso do aborto, do casamento de pessoas do mesmo sexo e de outras questões polêmicas da modernidade. Porém, ocorrendo este confronto, o melhor é deixar seguir o Estado laico, resolvendo os problemas e desafios da própria democracia, e a religião deve seguir em frente em matéria de fé, sem coação alguma por parte do Estado, para aceitar ou deixar de aceitar no espaço que é reserva de crenças religiosas, somente reconhecendo limite nos direitos e garantias fundamentais instituídos na Constituição.

5 Democracia e secularização

O surgimento do discurso jurídico-constitucional do Estado Liberal trouxe consigo uma mudança de paradigma em pensar e trabalhar as instituições e, por corolário, refletiu na vida social um processo de secularização, no qual não mais haveria um domínio, ou ao menos uma predominância do discurso teológico-confessional. A sociedade afasta-se do controle da Igreja,[51] de forma que a ciência, a educação, a arte e a política ficaram livres da conformidade com dogmas religiosos e da sujeição das hierarquias eclesiásticas.[52]

A religião, com a secularização, tornou-se mais um dos processos de adaptação social e tem sido relegada à esfera privada dos indivíduos, diminuindo sua influência na esfera pública. Por consequência, o Estado se torna laico nas sociedades democráticas.

A secularização tem sido vista como inimiga a ser abatida pelas confissões religiosas, a culpada pelo declínio moral da sociedade, pala indiferença e pelo enfraquecimento das confissões religiosas, com a privatização do fenômeno religioso.[53] Entretanto, a ideia de secularização não é incompatível nem com o discurso jurídico-constitucional da liberdade religiosa, nem com as exigências constitucionais do princípio democrático, que traz em si a natureza dialógica.

A manutenção do princípio democrático consagra em si uma pluralidade de vida social, com o desafio de mantê-la unida, pois a secularização não significa o declínio do fenômeno religioso, que influencia intensamente a sociedade moderna; porém, tanto o princípio republicano como o princípio democrático garantem a convivência desta base comum da modernidade com o fenômeno religioso, ou seja, com os direitos dos cidadãos de crer ou não crer, vale dizer, de uma igual liberdade de todos os cidadãos.

Sem dúvida, o processo de secularização ajudou por demais a implantação da democracia, que foi se sedimentando aos poucos e incrementou-se mais após a II Guerra

---

[51] Vários fatores apontam para este processo contido na modernidade, designadamente, a comercialização, a industrialização, maior mobilidade social, difusão da cultura, maior índice de alfabetização, intensificação dos meios de comunicação, o pluralismo e a participação da vida política, entre outros (OLIVEIRA, Arilson. *Secularization and religious market in Peter Berger*. Disponível em: <http://www.rbhcs.com/index_arquivos/Artigo. Secularizacaoemercadoreligioso.pdf>. Acesso em: 11 maio 2016).

[52] SCHMITT, Carl. *Théologie politique*. Tradução de Jean-Louis Schlegel. Paris: Gallimard, 1988. p. 12.

[53] MACHADO, Jónatas Eduardo Mendes. *Liberdade religiosa numa comunidade constitucional inclusiva*: dos direitos da verdade aos direitos dos cidadãos. Coimbra: Coimbra Editora, 1996. p. 97.

Mundial, com mudanças sociais e políticas, com mudanças econômicas e o incremento do pluralismo, no que ocorreu um decréscimo das atitudes discriminatórias e a crescente aceitação, pelos cidadãos em geral, de diferentes orientações ideológicas e estilos de vida. Houve uma mudança de valores políticos nas sociedades democráticas, o que se deve às gerações mais novas, com níveis de instrução mais elevados, que aceitam com maior facilidade os diferentes estilos de vida. Na verdade, é com o reconhecimento de que vivemos numa sociedade plural e mais global que crescem as relações de interdependência; de que todas estas transformações criam condições para a implantação e consolidação das normas e dos valores democráticos.[54]

6 A democracia e o direito à liberdade religiosa no Brasil

A democracia liberal trouxe uma importante contribuição na afirmação do cidadão em sentir-se livre e igual, dotado de competência e autonomia de vontade, o que leva o Estado a tratá-lo com consideração e respeito dentro da comunidade política.[55] Quando este equilíbrio é quebrado ante os conflitos inerentes ao regime democrático, devido ao choque de interesses que ocorre, decorrente da visão de cidadãos livres e iguais, justifica-se a jurisdição constitucional, para revelar os direitos fundamentais sobre o objeto de controvérsia em conflito. Deste modo, ocorrerá uma densificação de valores e princípios constitucionais em face da colisão que possa ocorrer entre direitos fundamentais ou entre estes e outros bens do Estado ou da comunidade, quando se devem considerar os princípios, de acordo com a ideia de ponderação entre os diferentes direitos em colisão, para se revelar um adequado esquema de liberdades básicas. Este esquema liberal revela uma estrutura justa e adequada a um regime democrático.

Nessa herança liberal, a democracia leva em consideração um conjunto de prerrogativas humanas da personalidade, conhecidos como direitos fundamentais. É curioso notar que, no constitucionalismo brasileiro, somente a Constituição de 1988, diversamente de todas as anteriores constituições, ocupa-se dos direitos fundamentais com prioridade em relação aos demais direitos, no que se percebe diante de forte expressão de prioridade e urgência na efetividade desses direitos, com mecanismo de aplicabilidade imediata para concretizá-los.[56]

Este marco divisor no constitucionalismo brasileiro é um paradigma importantíssimo para a liberdade religiosa, porque, olhando para o constitucionalismo anterior por ausência da própria democracia, o direito constitucional sempre fora um direito de organização estatal, e não um direito constitucional dos direitos fundamentais. É importante salientar esta perspectiva, porque o Brasil sempre teve forte religiosidade popular.

Vale ressaltar que o constitucionalismo do Brasil-Império, no texto constitucional, inseriu a oficialização de uma religião por parte do Estado, já o constitucionalismo sob a égide da República inaugurou no Brasil, ao menos, a separação formal entre a

---

[54] VIEGAS, José Manuel Leite. *Democracia, novos desafios e novos horizontes*. Oeiras: Celta, 2004. p. 99-102.
[55] Vital Moreira afirma que a liberdade de expressão, de pensamento, de consciência e de religião são partes do núcleo duro da moderna democracia liberal. Cf. MOREIRA, Vital. *"Respublica" europeia*: estudos de direito constitucional da União Europeia. Coimbra: Coimbra Editora, 2014. p. 252.
[56] A Emenda Constitucional nº 45 trouxe inovação em considerar que os tratados internacionais sobre direitos humanos que foram aprovados, em cada casa do Congresso Nacional, em dois turnos, por três quintos de votos dos respectivos membros, serão equivalentes às emendas constitucionais (§3º do art. 5º).

Igreja e o Estado, como consequência da pluralidade religiosa crescente, de tal modo que os ditames de uma liberdade religiosa levada mais a sério somente ocorreu com a implantação de um Estado Democrático de Direito. Há afirmações de que o princípio da liberdade religiosa passou a ser um dos sustentáculos da democracia brasileira, tendo em vista tutelar a consciência religiosa de se ter ou não uma crença, protegendo aqueles indivíduos que praticam uma religião minoritária, como também aqueles que são fiéis aos mandamentos de credos religiosos majoritários e, inclusive, aqueles que não possuem uma religião, sejam ateus ou agnósticos.[57]

Na década de 1980, o momento subjacente era de um despertar religioso na sociedade. O povo brasileiro buscava uma afirmação espiritual nos novos movimentos religiosos que surgiam, fenômeno este que ocorreu em todas as classes sociais. Os evangélicos floresciam com a ramificação pentecostal de suas Igrejas e se infiltravam na política, enquanto os católicos reduziram seu envolvimento político[58] com um novo foco na valorização dos direitos humanos e da religião, trazendo uma contribuição pública de grande alcance social, com as campanhas da fraternidade e as denúncias contra as injustiças sociais.

Este novo panorama, com a crescente pluralidade de crenças, trouxe à tona as discussões sobre liberdade religiosa, uma vez que os conflitos também foram surgindo; contudo, a participação política das confissões religiosas foi importante na construção de uma sociedade civil mais aberta e democrática, no que as igrejas passaram a ter grande confiança da sociedade.

7 O princípio da laicidade como princípio dos Estados modernos

O princípio do Estado laico é adotado na maioria das democracias ocidentais contemporâneas, inclusive no Brasil. Significa a separação entre todas as confissões religiosas (as Igrejas) e o Estado. Este se mantém neutro em matéria religiosa, em assuntos religiosos – nem adota uma religião como oficial, nem beneficia uma em detrimento das demais religiões. A laicidade é:

> [...] um regime social de convivência cujas instituições políticas estão legitimadas principalmente pela soberania popular e já não mais por elementos religiosos. É dizer, há um momento na história do Ocidente que o Poder político deixa de ser legitimado pelo sagrado e a soberania já não reside em uma pessoa (o monarca).[59]

A extensão desse princípio ainda é maior porque envolve um benefício de mão dupla, tanto para as religiões como para o próprio Estado, porque traduz a secularização do Estado e a desestatização das corporações religiosas.[60] Ambas as instituições passam

---

[57] MORAIS, Márcio Eduardo Pedrosa. Religião e direitos fundamentais: o princípio da liberdade religiosa no Estado Constitucional Democrático brasileiro. *Revista Brasileira de Direito Constitucional*, São Paulo, n. 18, p. 225-242, jul./dez. 2011.

[58] CLEARY, Edward. The Brazilian Catholic Church and church state relations: Nation Building. *Journal of Church and State*, Texas, v. 39, n. 2, p. 261-266, 1997.

[59] BALANCARTE, Roberto. O porquê de um estado laico. In: LOREA, Roberto Arriada (Coord.). *Em defesa das liberdades laicas*. Porto Alegre: Livraria do Advogado, 2008. p. 19.

[60] FERNANDEZ, Llamazares. Liberdade religiosa, a confesionalidade, laicismo. In: JORNADAS DE LA ASSOCIACIÓN DE LETRADOS DEL TRIBUNAL CONSTITUCIONAL, 13, 2007, Leon. *Estado y religión em la*

a se desenvolver a partir dos fins que lhes são próprios, estabelecendo-se completa independência do Poder Público e de seu ordenamento jurídico em relação às questões e normas pertinentes às instituições religiosas.

O princípio da laicidade salvaguarda as religiões contra a intervenção do Estado, deixando-as livres para o trato das questões internas, como a escolha de valores e doutrinas professadas, a forma de culto, a seleção de seus líderes eclesiásticos, e dos dirigentes sacerdotais, a seleção de seus membros e a tomadas de decisões administrativas. Evita-se assim a ingerência estatal e abusos de seus agentes contra a religião.

O princípio da laicidade significa que o Estado não pode proibir religiões (salvo nas práticas incompatíveis com a dignidade humana), nem impor a ninguém qualquer religião, nem impedir ninguém de professar uma religião. Isto revela a liberdade religiosa na forma de defesa contra o Estado.[61]

A laicidade também traz benefícios para o Estado, protege-o de influências provenientes do campo religioso, no que impede todo tipo de confusão entre o poder secular e qualquer confissão religiosa, inclusive a majoritária. A religião não deve interferir nas questões políticas do Estado.

Quando o Brasil era um Estado confessional, antes da proclamação da República, já havia insatisfações no meio político e eclesiástico da época. Já se pensava que a separação completa entre a Igreja e o Estado, com a independência absoluta do poder político para gerir a economia e o governo como um todo; e a liberdade das religiões para dirigirem as suas igrejas e os seus cultos, seriam o único meio de tornar satisfatórias as relações dos poderes civis e eclesiásticos. Ademais, se acreditava na liberdade religiosa como direito inalienável, sendo toda a restrição ao homem no exercício deste direito e toda a intervenção coativa no cumprimento desta obrigação um constrangimento à consciência e, por consequência, um atentado contra a prerrogativa reservada e privativa de Deus sobre o homem.[62] Inclusive, já se apontava, naquela época, o modelo político estadunidense como ideal de convivência entre a Igreja e o Estado, porque a união só trazia efeitos danosos e destrutivos, designadamente, brigas, intrigas político-eclesiásticas, atraso material e moral, ignorância, corrupção, desânimo, e, o que é pior, a escravidão do espírito.[63]

Dados os efeitos maléficos do monismo, a separação entre o poder espiritual e o poder temporal é reconhecido pelos historiadores como um traço de modernidade na estrutura política do Estado,[64] que deixa um quadro aberto a mundividências díspares.

A República, como forma de governo, permitiu essa novidade num panorama de necessidade de independência mútua, em razão da doutrina política sobre esse regime. Numa República o princípio do Estado laico assegura que o próprio Estado se manterá neutro e equidistante dos temas religiosos. Em respeito à liberdade religiosa

---

Europa del siglo XXI: actas de las XIII Jornadas de la Asociación de Letrados del Tribunal Constitucional. Madrid: Centro de Estudos Políticos y Constitucionales, 2008. p. 15-81.

[61] CANOTILHO, José Joaquim Gomes; MOREIRA, Vital. *Constituição da República Portuguesa anotada*. 4. ed. Coimbra: Coimbra Editora, 2014. p. 610. v. 1.

[62] MELASPOROS. *A liberdade religiosa demonstrando ser a separação entre a Igreja e o Estado uma medida de direito absoluto e de summa utilidade*. Rio de Janeiro: Laemmert, 1866. p. 26.

[63] SORIANO, Aldir Guedes. *Liberdade religiosa no direito constitucional e internacional*. São Paulo: Juarez Oliveira, 2002. p. 78.

[64] PINTO, Sérgio Ribeiro. *Separação religiosa como modernidade*: Decreto-Lei de 20 de abril de 1911 e modelos alternativos. Lisboa: Centro de Estudos de História Religiosa, 2011. p. 30.

e coletiva, ele não tomará o partido de qualquer confissão religiosa. O Estado neutro defende um espaço público plural, multirreligioso, que, nessa matéria, buscará defender princípios de Justiça.[65]

A laicidade é uma técnica constitucional moderna, é um modelo de visão, de ideia e de definição do Estado sobre o fenômeno religioso, que o protege e o garante de interferências políticas, como também assegura, como princípio constitucional, a liberdade religiosa, sem que caiba ao Estado qualquer sugestão ou promoção com intuito de privilegiar determinada doutrina religiosa, que, como sistema vital à sociedade, o Estado não sugestiona, não promove, nem se intromete em doutrinas religiosas, reservando aos cidadãos a decisão de adotar a confissão que desejarem, por não ser tal decisão um ato político, e sim religioso.

O Estado reconhece o espaço público das religiões, porém, sem adotar um credo oficial, restando às Igrejas e aos templos religiosos cumprirem as leis do país onde se encontram, quanto aos regulamentos para o seu funcionamento. Desse modo a liberdade religiosa recebe um tratamento constitucional pelo Estado por reconhecer sua particular importância nos tempos atuais.[66]

8 Distinção entre laicidade e laicismo

As expressões laicismo e laicidade não são sinônimas. Na doutrina jurídica, alguns as tomam como se iguais significados apresentassem.

O Estado brasileiro não pratica o laicismo, o que seria um tratamento antirreligioso por parte do Estado ao fenômeno de fé confessional existente no meio social.

Laicismo significa menosprezo às confissões religiosas, menoscabo aos cultos e símbolos religiosos. É uma atitude dos poderes públicos consistente em ignorar, por completo, o fenômeno religioso, tendo-o como algo de menor relevo e importância e, muitas das vezes, apresentando hostilidade e indiferença. Há um patrulhamento em desfavor da religião e das instituições religiosas. Sim, este comportamento pode refletir no conceito de Estado laico, porque vem negar a liberdade religiosa, numa atitude racionalista que luta pela eliminação das crenças confessionais em geral, com o discurso de que o poder político deve tomar conta das consciências dos indivíduos através da doutrina racionalista e governar a sociedade, o que seria uma nova forma de cesaropapismo, agora, secularizado.[67] O laicismo geralmente é totalitário, a exemplo de Estados que o praticaram ou praticam; são comunistas ou nacionais socialistas.

Laicidade, como já delineada, significa uma atitude crítica e separadora da interferência da religião organizada na vida pública das sociedades contemporâneas. A laicidade mostra uma atitude de respeito para com as religiões, tratando-as igualmente,

---

[65] GONÇALVES, Rogério Magnus Varela. *Direito constitucional da religião*: análise dogmático-constitucional da liberdade religiosa em Portugal e no Brasil. Coimbra: Coimbra Editora, 2010. p. 383.

[66] CANOTILHO, José Joaquim Gomes. A liberdade religiosa entre o juspositivismo constitucional e a judiciarização dos conflitos religiosos. In: FACULDADE DE DIREITO DA UNIVERSIDADE DE COIMBRA. *Nos 20 anos do Código das Sociedades Comerciais de Coimbra*: homenagem aos profs. doutores A. Ferrer Correia, Orlando de Carvalho e Vasco Lobo Xavier. Coimbra: Coimbra Editora, 2007. p. 779-787. v. 2.

[67] MICHEL, Schooyans. Tolerancia e inquisición laica. In: MICHEL, Schooyans. *Lexicón*: términos ambíguos y discutidos sobre família, vida y cuestiones éticas. Madrid: Palavra do Conselho Pontifício para a Família, 2004. p. 1091-1092.

de forma a garantir a liberdade religiosa, possibilitando que haja a escolha dos cidadãos acerca das suas crenças religiosas.

A laicidade é um princípio político e jurídico. Como princípio político, pode-se dividir os Estados em Estados laicos e não laicos, sendo que, nos primeiros, a religião não interfere diretamente na política, como é o caso dos países ocidentais em geral. Países não laicos são teocráticos, e a religião tem papel ativo na política e até mesmo na Constituição, como é o caso de Israel, Irã e Vaticano, entre outros. Como princípio jurídico, a laicidade é composta pelos seguintes elementos essenciais:

    a) a separação orgânica e funcional, assim como a autonomia administrativa recíproca entre os agrupamentos religiosos e o Estado;

    b) o fundamento secular da legitimidade e dos princípios e valores primordiais do Estado e do governo;

    c) a inspiração secular das normas legais e das políticas públicas estatais;

    d) a neutralidade ou imparcialidade diante das diferentes cosmovisões ideológicas, filosóficas e religiosas existentes na sociedade (neutralidade que não significa ausência de valores, mas, sim, imparcialidade perante as diferentes crenças);

    e) a espontânea abstenção estatal em manifestações de fé ou convicção ideológica junto aos indivíduos.[68]

9 A laicidade negativa e a positiva

A laicidade sempre terá uma interligação com a evolução cultural, social e religiosa dos povos, e tal princípio está para o constitucionalismo moderno como um dos princípios mais relevantes ao lado da democracia, da igualdade, da liberdade, da soberania e da jurisdição, o que não tem recebido uma abordagem mais aprofundada pelos teóricos do direito constitucional.[69] O que é interessante notar é que a Corte Constitucional italiana chegou a classificar o princípio da laicidade como um princípio constitucional supremo.[70]

O Estado laico tem uma dimensão negativa e positiva. Na dimensão negativa, o princípio da laicidade revela a existência do princípio da liberdade religiosa[71] sobrepondo-se à ideia de que a fé é livre do controle do Estado,[72] ou seja, o Estado reconhece e respeita as diversas religiões existentes em seu espaço territorial, não interfere nelas, não se inspira em dada manifestação religiosa em particular, nem permite interferências religiosas na estruturação, manutenção e funcionamento da máquina administrativa pública. Por outro lado, o ente estatal não faz ingerências em questões de funcionamento dos grupos religiosos quanto à sua administração interna ou quanto aos

---

[68] HUACO, Marco. A laicidade como princípio constitucional do Estado de Direito. In: LOREA, Roberto Arriada (Org.). *Em defesa das liberdades laicas*. Porto Alegre: Livraria do Advogado, 2008. p. 42.

[69] TEDESCHI, M. Quale laicità? Fattore religioso e principi constituzionali. *Scritti di Diritto Ecclesiastico*, Milano, 1994. p. 55.

[70] FUSARO, Carlo. Pluralismo e laicità. Lo Stato non può ridurre la fede a cultura, né costruire sul fatto religioso identità partigiane. In: BIN, Roberto et al. *La laicità crocifissa? Il nodo costituzionale dei simboli religiosi nei luoghi pubblici*. Torino: G. Giappichelli, 2004. p. 147-153. v. 2.

[71] MARTINEZ BLANCO, Antonio. *Derecho eclesiástico del Estado*. Madrid: Tecnos, 1993. p. 83. v. 2.

[72] VILADRICH, Pedro Juan; FERER ORTIZ, Javier. *Los principios informadores del derecho eclesiástico español*. 3. ed. Pamplona: EUNSA, 1993. p. 215.

dogmas que professam. Não se trata de imunidade civil, mas de separação e autonomia de funcionamento e gestão, como expressão maior de liberdade que o Estado respeita.

O modelo norte-americano é um exemplo de laicidade na dimensão negativa, denominado de separação. O Estado, de um lado, e a religião, de outro, não são inimigos, mas não se misturam. Cada esfera, espiritual e temporal, cuida de sua dimensão e assuntos. Há abstenção e distanciamento.

Quanto à dimensão positiva, os poderes públicos deverão criar as condições mais favoráveis para que o exercício das mais distintas opções religiosas, individuais ou coletivas, possam se desenvolver de forma livre e igual, sem interferências de qualquer espécie. São as condições criadas para que o indivíduo religioso possa exercer seu direito fundamental à prática, aprendizagem e cumprimento de seus deveres para com sua fé. Neste caso, o Estado não deixa de ser neutro, porém, incorpora uma atitude proativa, de atenção e consideração com as crenças religiosas dos cidadãos, e com isto coopera com suas expressões coletivas de índole confessional,[73] porque se extrai da Constituição a religião (seja maioritária ou minoritária) como uma expressão do livre desenvolvimento da personalidade.[74]

Existindo recursos por parte do Estado, ele coopera para o evento religioso, na educação,[75] na cultura e no ensino. Esta é uma visão mais atual, mais moderna, sobre o princípio da laicidade com interligação com o princípio da liberdade religiosa. Tem-se o alcance e a extensão dessa visão mais concreta, ou seja, da fruição desse bem fundamental, porque o princípio da laicidade é garantia da liberdade religiosa, e não o contrário.[76]

O Estado transmite e garante a segurança jurídica necessária para cada cidadão como praticante da fé religiosa, que ele abraçou com a liberdade de adoração e a proteção de seus locais de culto e de suas manifestações externas, disponibilizando os meios necessários para tais consecuções. Trata-se de carga positiva em matéria de liberdade religiosa.[77]

No Brasil, o direito fundamental à liberdade religiosa não se mostra um direito individual absoluto, tal como não o são os direitos fundamentais, quando da questão do conflito entre a crença do indivíduo e a cláusula constitucional de barreira ao fundamentalismo. Há limites quanto ao exercício da liberdade religiosa, e podem ocorrer momentos em que o Estado terá de intervir para ponderar princípios e direitos, para fazer uma opção que assegure outros bens constitucionais de igual ou superior importância.

---

[73] OLLERO, Andrés. ¿Un Estado laico?: la libertad religiosa en perspectiva constitucional. Navarra: Aranzadi, 2005. p. 50-51.

[74] SILVA, Suzana Tavares da. Do fanatismo à tolerância?: necessidade de um princípio básico de pluralismo religioso. In: CANOTILHO, José Joaquim Gomes (Coord.). *Direitos humanos, estrangeiros, comunidades migrantes e minorias*. Oeiras: Celta, 2000. p. 72.

[75] O Tribunal Constitucional português declarou que o ensino religioso em escolas públicas pode ser confessional conforme: CANOTILHO, José Joaquim Gomes. Anotação ao Acórdão 174/93 do Tribunal Constitucional. *Revista de Legislação e Jurisprudência*, Coimbra, ano 126, n. 3832-3834, 1994.

[76] CANOTILHO, José Joaquim Gomes. Anotação ao Acórdão 174/93 do Tribunal Constitucional. *Revista de Legislação e Jurisprudência*, Coimbra, ano 126, n. 3832-3834, 1994.

[77] ROBERT, Jacques. La liberté religieuse. *Revue Internationale de Droit Comparé*, ano 46, n. 2, p. 629-644, 1994.

10 Distorções sobre Estado laico: o ateísmo, o Estado multirreligioso e o secularismo

O Estado não se confunde com o ateísmo, ou com o Estado pluriconfessional, ou com o secularismo, o Estado laico é distinto do *Estado ateu*, pois, como já ressaltado, o Estado laico não é indiferente ao fenômeno religioso, enquanto o Estado ateu desqualifica a religião totalmente, opondo-se a ela, pregando que as religiões são alienadas e alienantes.

Apesar de o ateísmo não ser uma religião, trata-se de uma atitude de não se ter religião, de não se acreditar em figuras sobrenaturais ou divinas.

No Estado ateu, dentro de seu território, é proibida qualquer manifestação religiosa, seja na forma de proselitismo ou na forma de locais de culto. Exemplo de Estado ateu ocorreu na Albânia comunista com Enver Hoxha, que chegou a proibir oficialmente a prática de qualquer religião.

O ateísmo de Estado geralmente está associado aos governos autointitulados comunistas, que seguem a ideologia do materialismo dialético marxista,[78] tais como a antiga União Soviética, a China comunista, o Afeganistão comunista, a Coreia do Norte e a Mongólia comunista. O ateísmo nesses países envolveu uma oposição ativa para com a religião.

O Estado laico também *não deve* ser entendido como *Estado multirreligioso* ou pluriconfessional, porque o Estado laico não apoia nenhuma religião, embora não dificulte a difusão das ideias religiosas pelas igrejas. Então, os órgãos de Estado devem se manter imparciais em matéria de religião. Isto é importante, até porque, no Brasil, como no resto do mundo, o campo religioso não é harmônico; e falar de religião muitas vezes é falar de conflito, de disputa e até de violência.[79]

O Estado laico *não se confunde* com o *secularismo*. Torna-se comum tomar estas expressões como se fossem sinônimos. O secularismo designa o processo de mudança pelo qual a cultura passa dentro do Estado, deixando de lado a influência religiosa tradicional para se tornar cada vez mais desprendida de valores religiosos, fazendo-se profana (que, neste caso, se diz secular) e assente na individualidade, na racionalidade e na especificidade.

A secularização é um processo sociológico, sendo mais amplo e precedente ao processo político da laicização,[80] por se tratar da perda da influência dos valores

---

[78] A ideologia marxista-leninista tem a religião como ópio do povo, sendo este lema a pedra angular de toda a ideologia do marxismo sobre religião e que as religiões são consideradas instrumentos de dominação e exploração da classe trabalhadora, utilizada pela burguesia. Cf. CRAIG, William Lane. A matança dos cananitas conflita com a bondade de Deus?. *Em Defesa do Design Inteligente*, 16 dez. 2011. Disponível em: <https://jephmeuspensamentos.wordpress.com/2011/12/>. Acesso em: 2 jul. 2016.

[79] No dia 7.1.2015, fundamentalistas islâmicos atiraram e mataram 12 e feriram 20 pessoas em ataque classificado como terrorista contra o jornal satírico francês *Charlie Hebdo*, em Paris, porque publicavam charges com piadas sobre líderes muçulmanos e sobre o profeta Maomé. Depois do ataque, os atiradores gritavam; "vingamos o profeta". Este é um dos fatos mais recentes que envolve o conflito entre liberdade de expressão e respeito à liberdade religiosa. Confira a notícia em: LOVE, Brian; VINOCUR, Nicholas. Terrorismo na França: 12 mortos em ataque a jornal. *Brasil 247*, 7 jan. 2015. Disponível em: <http://www.brasil247.com/pt/247/mundo/165802/Terrorismo-na-Fran%C3%A7a-12-mortos-em-ataque-a-jornal.htm>. Acesso em: 4 jul. 2016. STILWELL, Peter *et al. Religião e violência*. Lisboa: Paulus, 2002. p. 24.

[80] LACERDA, Gustavo Biscaia de. Sobre as relações entre Igreja e Estado: conceituando a laicidade. In: CONSELHO NACIONAL DO MINISTÉRIO PÚBLICO. *Ministério Público em defesa do Estado laico*: coletânea de artigos. Brasília: CNMP, 2014. p. 181.

estritamente religiosos na vida social, cultural e artística da sociedade. A secularização criou condições para o surgimento da laicização do Estado.[81]

Esse fenômeno da secularização tem sido considerado mais abrangente do que o da laicização do Estado, com relativa independência entre eles, sendo que um pode ir mais longe que o outro, e vice-versa. Exemplo disto é a Dinamarca e a Grã-Bretanha, onde há religião de Estado devido ao estreito relacionamento entre a Igreja e o Estado. Contudo, o processo de secularização[82] avançou muito, e a cultura ficou à margem das influências religiosas.

Por outro lado, há Estados nos quais o processo de laicização é mais intenso. Entretanto, as instituições estão permeadas pelo influxo religioso, como os Estados Unidos e a Índia, enquanto em outros, como a Argélia e a Turquia, o Estado laico sofre fortes pressões para fundir-se com o islamismo dominante na sociedade e assumir as prescrições corânicas para o campo político, inclusive no direito. Já no Brasil e na Itália, a secularização da cultura avança enquanto a laicidade do Estado está freada[83] com discussões em alguns setores nos quais a laicidade tem avançado mais celeremente; a exemplo da legislação sobre direitos sexuais e reprodutivos. Contudo, em matéria de ensino em escolas públicas, segue permeada pela presença religiosa, principalmente católica.

Conclusão

O aparecimento da República, sob a égide de um Estado liberal, trouxe um marco dos mais significativos à liberdade religiosa no Brasil; o pórtico do Estado laico, sem religião oficial, representando o rompimento institucional entre o poder político e religioso.

O princípio republicano em conexão com o princípio democrático na Constituição de 1988 promove uma maior consideração ao fenômeno religioso. Com tais princípios se deve interpretar o direito fundamental à liberdade religiosa, pois o Estado brasileiro não nega, nem renega a religião, porém não se trata de direito absoluto. Ocorrendo colisão autêntica de direitos fundamentais[84] o Estado terá que sopesar entre a liberdade individual e o interesse público.

O tratamento constitucional às questões que apareçam, de conflitos intersubjetivos, devem ser tratadas pelos operadores do direito com vistas ao princípio do Estado laico, que respeita a pluralidade de credos e fomenta o diálogo crítico interconfessional

---

[81] LOREA, Roberto Arriada (Coord.). *Em defesa das liberdades laicas*. Porto Alegre: Livraria do Advogado, 2008. p. 36.

[82] Casanova explica que os processos sociais da expressão *secularização* distinguem três sentidos, a saber: (1) decadência das práticas e crenças teológicas, em favor de práticas e crenças não sobrenaturais; (2) privatização da religião, no sentido de que as manifestações públicas da religião deixam de ser aceitas e tornam-se propriamente questão do foro íntimo (privado); (3) autonomização de esferas sociais (aí incluída a política) em relação à religião, de tal modo que cada uma das esferas autonomizadas operaria de acordo com suas próprias regras. Cf. CASANOVA, José. Rethinking secularization: a global comparative perspective. *The Hedgehog Review*, v. 8, n. 1-2, p. 7-22, Spring/Summer.

[83] CUNHA, Luiz Antôni; OLIVA, Carlos Eduardo. Sete teses equivocadas sobre o estado laico. In: CONSELHO NACIONAL DO MINISTÉRIO PÚBLICO. *Ministério Público em defesa do Estado laico*: coletânea de artigos. Brasília: CNMP, 2014. p. 214.

[84] CANOTILHO, José Joaquim Gomes. *Direito constitucional*. 6. ed. Coimbra: Almedina, 1993.

franco e aberto, porém respeitoso, porque valoriza e preserva a diversidade existente na sociedade brasileira.

O princípio constitucional do Estado laico está estampado no inc. I, do art. 19 da CF/88, que leva em consideração o sentimento de igualdade e dignidade entre os cidadãos, em decorrência, como dito, dos princípios republicano e democrático, porque o indivíduo, a pessoa, o homem é titular de direitos fundamentais, assegurados pelo processo de fundamentalização, constitucionalização e positivação de direitos,[85] contudo, podem ocorrer algumas delimitações no âmbito de reconhecimentos, porém, em matéria de liberdade religiosa, a atual Constituição brasileira não faz distinção se nacionais ou estrangeiros possam usufruir deste direito, assegurado pelo princípio constitucional de interpretação de incidência, da universalidade e da igualdade de que todos os indivíduos têm direito ao reconhecimento de direito fundamental de se autodeterminarem de acordo com sua consciência e crença, em outras palavras, sua liberdade religiosa deve ser respeitada, é oponível ao *alter* (a comunidade) e passível de exigência junto ao Poder Público.

O direito constitucional reconhece a importância da religião na vida dos indivíduos, não se pode negar, sobretudo, o interesse público de que se reveste a expressão da religião, tanto no Brasil, como na agenda política de diversos países.[86] A falta de respeito às crenças e a liberdade de consciência podem levar a choques de culturas e gerar conflitos de grupos e até entre indivíduos, porque não podemos olvidar que no conceito de liberdade religiosa, albergado pelo Estado laico, encontra-se contemplado o direito de não crer, protegendo assim os ateus e agnósticos que se reservam em não acreditarem, nem professarem religião alguma, respectivamente. Não restam dúvidas de que a liberdade religiosa é um direito fundamental protegido pelo valor constitucional da dignidade do ser humano sob a égide do princípio republicano e democrático.

Referências

ADRAGÃO, Paulo Pulido. *A liberdade religiosa e o Estado*. Coimbra: Almedina, 2002.

ALVES, Pedro Delgado. O princípio republicano. *Revista da Faculdade de Direito da Universidade de Lisboa*, Coimbra, v. 48, n. 1-2, p. 181-182, 2007.

AMARAL, Maria Lúcia. *A forma da República*: uma introdução ao estudo do direito constitucional. Coimbra: Coimbra Editora, 2005.

ARISTÓTELES. *Tratado da política*. 2. ed. Tradução de M. de Campos. Lisboa: Livro de Bolso, 2000.

BALANCARTE, Roberto. O porquê de um estado laico. In: LOREA, Roberto Arriada (Coord.). *Em defesa das liberdades laicas*. Porto Alegre: Livraria do Advogado, 2008.

---

[85] CANOTILHO, José Joaquim Gomes. *Direito constitucional*. 6. ed. Coimbra: Almedina, 1993. p. 554-555.

[86] Seja para a gestão pública do pluralismo religioso, como ocorre com a criação no Brasil do Comitê Nacional de Respeito à Diversidade Religiosa da Secretaria de Direitos Humanos da Presidência da República, ou em razão do terrorismo praticado pelo Estado Islâmico, que deseja implantar um governo baseado na Sharia, lei religiosa islâmica, e para isto tem praticado uma barbárie contra não muçulmanos, recrutado dentro da Europa seguidores, o que sentem os países europeus e o próprio Estados Unidos a necessidade de discutir a questão da segurança interna, e evitar o recrutamento destes simpatizantes ou até mesmo porque o extremismo religioso tem conflituado com a liberdade de expressão, como é o caso da França, com o ataque do jornal *Charlie Hebdo*, onde 12 foram mortos e 20 feridos, devido à publicação de charges contra o profeta Maomé.

BARTOLE, Sérgio. Principi del diritto. *Enciclopédia del Diritto*, Milano, v. 35, 1995.

BLAINEY, Geoffrey. *Uma breve história do cristianismo*. São Paulo: Fundamento Educacional, 2012.

BRITTO, Carlos Ayres de. *Teoria da Constituição*. Rio de Janeiro: Forense, 2003.

CANOTILHO, José Joaquim Gomes. A liberdade religiosa entre o juspositivismo constitucional e a judiciarização dos conflitos religiosos. In: FACULDADE DE DIREITO DA UNIVERSIDADE DE COIMBRA. *Nos 20 anos do Código das Sociedades Comerciais de Coimbra*: homenagem aos profs. doutores A. Ferrer Correia, Orlando de Carvalho e Vasco Lobo Xavier. Coimbra: Coimbra Editora, 2007. v. 2.

CANOTILHO, José Joaquim Gomes. Anotação ao Acórdão 174/93 do Tribunal Constitucional. *Revista de Legislação e Jurisprudência*, Coimbra, ano 126, n. 3832-3834, 1994.

CANOTILHO, José Joaquim Gomes. *Direito constitucional e teoria da Constituição*. 7. ed. Coimbra: Almedina, 2003.

CANOTILHO, José Joaquim Gomes. *Direito constitucional*. 6. ed. Coimbra: Almedina, 1993.

CANOTILHO, José Joaquim Gomes. *Estado de Direito*. Lisboa: Gradiva, 1999.

CANOTILHO, José Joaquim Gomes. Positividade do fenómeno religioso nas comunidades humanas: anotação ao Acórdão n. 174/93, do Tribunal Constitucional. *Revista de Legislação e Jurisprudência*, Coimbra, ano 126, n. 3832-3834, 1994.

CANOTILHO, José Joaquim Gomes; MOREIRA, Vital. *Constituição da República Portuguesa anotada*. 4. ed. Coimbra: Coimbra Editora, 2014. v. 1.

CASANOVA, José. Rethinking secularization: a global comparative perspective. *The Hedgehog Review*, v. 8, n. 1-2, p. 7-22, Spring/Summer.

CLEARY, Edward. The Brazilian Catholic Church and church state relations: Nation Building. *Journal of Church and State*, Texas, v. 39, n. 2, p. 261-266, 1997.

CONSTANT, Benjamin. Écrits politiques. Folio essais. Paris: Gallimard, 1997.

CONSTANT, Benjamin. *Principes de politique*. Paris: Gallimard, 1997.

CRAIG, William Lane. A matança dos cananitas conflita com a bondade de Deus?. *Em Defesa do Design Inteligente*, 16 dez. 2011. Disponível em: <https://jephmeuspensamentos.wordpress.com/2011/12/>. Acesso em: 2 jul. 2016.

CUNHA, Luiz Antôni; OLIVA, Carlos Eduardo. Sete teses equivocadas sobre o estado laico. In: CONSELHO NACIONAL DO MINISTÉRIO PÚBLICO. *Ministério Público em defesa do Estado laico*: coletânea de artigos. Brasília: CNMP, 2014.

CUNHA, Paulo Ferreira da. *Para uma ética republicana*. Lisboa: Coisas de Ler, 2010.

CUNHA, Paulo Ferreira da. *Raízes da república*: introdução histórica ao direito constitucional. Coimbra: Almedina, 2006.

CUNHA, Paulo Ferreira da. República, virtudes e busca da felicidade. *Polis – Revista de Estudos Jurídico-Políticos*, Lisboa, n. 3, p. 33-76, 2007.

ERNST, Julia L. Rethinking the validity of state religions: is antiestablishmentarianism a fundamental prerequisite for the protection of religious rights under International Human Rights Law? *Northen Illinois University Law Review*, Illinois, n. 34, p. 333-390, 2014.

FARIAS, José Jacinto Ferreira de et al. *Religião e violência*. Lisboa: Paulus, 2002.

FERNANDEZ, Llamazares. Liberdade religiosa, a confesionalidade, laicismo. In: JORNADAS DE LA ASSOCIACIÓN DE LETRADOS DEL TRIBUNAL CONSTITUCIONAL, 13, 2007, Leon. *Estado y religión em la Europa del siglo XXI*: actas de las XIII Jornadas de la Asociación de Letrados del Tribunal Constitucional. Madrid: Centro de Estudos Políticos y Constitucionales, 2008.

FIGUEREDO, Maria José Marques de. *A universalidade do bem e as particularidades da liberdade*: um estudo de ética e filosofia política no pensamento de Aristóteles. 2004. Tese (Doutorado em História da Filosofia Antiga) – Universidade de Lisboa, Lisboa, 2004.

FUSARO, Carlo. Pluralismo e laicità. Lo Stato non può ridurre la fede a cultura, né costruire sul fatto religioso identità partigiane. In: BIN, Roberto et al. *La laicità crocifissa?* Il nodo costituzionale dei simboli religiosi nei luogui pubblici. Torino: G. Giappichelli, 2004. v. 2.

GALDINO, Elza. *Estado sem Deus*. Belo Horizonte: Del Rey, 2006.

GONÇALVES, Rogério Magnus Varela. *Direito constitucional da religião*: análise dogmático-constitucional da liberdade religiosa em Portugal e no Brasil. Coimbra: Coimbra Editora, 2010.

GUERREIRO, Sara. *As fronteiras da tolerância*: liberdade religiosa e proselitismo na Convenção Europeia dos Direitos do Homem. Coimbra: Almedina, 2005.

HUACO, Marco. A laicidade como princípio constitucional do Estado de Direito. In: LOREA, Roberto Arriada (Org.). *Em defesa das liberdades laicas*. Porto Alegre: Livraria do Advogado, 2008.

KANT, Immanuel. *A paz perpétua e outros opúsculos*. Tradução de Artur Morão. Lisboa: Edições 70, 2009.

LACERDA, Gustavo Biscaia de. Sobre as relações entre Igreja e Estado: conceituando a laicidade. In: CONSELHO NACIONAL DO MINISTÉRIO PÚBLICO. *Ministério Público em defesa do Estado laico*: coletânea de artigos. Brasília: CNMP, 2014.

LEWANDOWSKI, Enrique Ricardo. Reflexões em torno do princípio republicano. *Revista da Faculdade de Direito da Universidade de São Paulo*, São Paulo, v. 100, p. 189-200, 2005.

LOEWENSTEIN, Karl. *Teoría de la Constitución*. 2. ed. Barcelona: Ariel, 1976.

LOREA, Roberto Arriada (Coord.). *Em defesa das liberdades laicas*. Porto Alegre: Livraria do Advogado, 2008.

LOVE, Brian; VINOCUR, Nicholas. Terrorismo na França: 12 mortos em ataque a jornal. *Brasil 247*, 7 jan. 2015. Disponível em: <http://www.brasil247.com/pt/247/mundo/165802/Terrorismo-na-Fran%C3%A7a-12-mortos-em-ataque-a-jornal.htm>. Acesso em: 4 jul. 2016.

MACHADO, Jónatas Eduardo Mendes. *Estado Constitucional e neutralidade religiosa*: entre o teísmo e o (neo) ateísmo. Porto Alegre: Livraria do Advogado, 2013.

MACHADO, Jónatas Eduardo Mendes. *Liberdade religiosa numa comunidade constitucional inclusiva*: dos direitos da verdade aos direitos dos cidadãos. Coimbra: Coimbra Editora, 1996.

MACHADO, Jónatas Eduardo Mendes. Pré-compreensões na disciplina jurídica do fenômeno religioso. *Boletim da Faculdade de Direito*, Coimbra, n. 68, p. 165-180, 1992.

MACHIAVEL, Nicolas. *Discours sur la premièr décade de Tite-Live*. Paris: Gallimard, 2004.

MADEIRA, Vinícius de Carvalho. *República, democracia e reeleições*: o princípio republicano da renovação. Porto Alegre: Sérgio António Fabris, 2013.

MARTINEZ BLANCO, Antonio. *Derecho eclesiástico del Estado*. Madrid: Tecnos, 1993. v. 2.

MELASPOROS. *A liberdade religiosa demonstrando ser a separação entre a Igreja e o Estado uma medida de direito absoluto e de summa utilidade*. Rio de Janeiro: Laemmert, 1866.

MICHEL, Schooyans. Tolerancia e inquisición laica. In: MICHEL, Schooyans. *Lexicón*: términos ambíguos y discutidos sobre família, vida y cuestiones éticas. Madrid: Palavra do Conselho Pontifício para a Família, 2004.

MORAIS, Márcio Eduardo Pedrosa. Religião e direitos fundamentais: o princípio da liberdade religiosa no Estado Constitucional Democrático brasileiro. *Revista Brasileira de Direito Constitucional*, São Paulo, n. 18, p. 225-242, jul./dez. 2011.

MOREIRA, Adriano. *Ciência política*. Coimbra: Almedina, 2003.

MOREIRA, Vital. *"Respublica" europeia*: estudos de direito constitucional da União Europeia. Coimbra: Coimbra Editora, 2014.

OLIVEIRA, Arilson. *Secularization and religious market in Peter Berger*. Disponível em: <http://www.rbhcs.com/index_arquivos/Artigo.Secularizacaoemercadoreligioso.pdf>. Acesso em: 11 maio 2016.

OLLERO, Andrés. *¿Un Estado laico?*: la libertad religiosa en perspectiva constitucional. Navarra: Aranzadi, 2005.

PINTO, Ricardo Leite. *Neo-republicanismo, democracia e Constituição*. Lisboa: Universidade Lusíada, 2006. Coleção Ensaios.

PINTO, Sérgio Ribeiro. *Separação religiosa como modernidade*: Decreto-Lei de 20 de abril de 1911 e modelos alternativos. Lisboa: Centro de Estudos de História Religiosa, 2011.

PRATAS, Cláudia Alves. *O direito da religião*: a proteção das minorias protestantes. Lisboa: Chiado, 2014.

ROBERT, Jacques. La liberté religieuse. *Revue Internationale de Droit Comparé*, ano 46, n. 2, p. 629-644, 1994.

ROUSSEAU, Jean-Jacques. *O contrato social*. Tradução de Leonardo Manuel Pereira Brum. Mira-Sintra: Europa-América, 2003.

SARLET, Ingo Wolfgang. Dignidade da pessoa humana e direitos fundamentais na Constituição brasileira de 1988: algumas notas com destaque para a jurisprudência do Supremo Tribunal Federal. In: OTERO, Paulo; QUADROS, Fausto de; SOUSA, Marcelo Rebelo de (Coord.). *Estudos de homenagem ao prof. doutor Jorge Miranda*. Coimbra: Coimbra Editora, 2012. v. 1.

SCHMITT, Carl. *Théologie politique*. Tradução de Jean-Louis Schlegel. Paris: Gallimard, 1988.

SILVA, Suzana Tavares da. Do fanatismo à tolerância?: necessidade de um princípio básico de pluralismo religioso. In: CANOTILHO, José Joaquim Gomes (Coord.). *Direitos humanos, estrangeiros, comunidades migrantes e minorias*. Oeiras: Celta, 2000.

SOARES, Mário. *Elogio da política*. Lisboa: Sextante, 2009.

SORIANO, Aldir Guedes. *Liberdade religiosa no direito constitucional e internacional*. São Paulo: Juarez Oliveira, 2002.

STILWELL, Peter et al. *Religião e violência*. Lisboa: Paulus, 2002.

TEDESCHI, M. Quale laicitá? Fattore religioso e principi constituzionali. *Scritti di Diritto Ecclesiastico*, Milano, 1994.

TOCQUEVILLE, Alexis de. *Da democracia na América*. Tradução de Carlos Monteiro de Oliveira. Cascais: Princípia, 2004.

TOCQUEVILLE, Alexis de. Écrits et discours politiques. Euvres complètes. Paris: Éditions, 1985. t. 3.

URBANO, Maria Benedita. Cidadania para uma democracia ética. *Boletim da Faculdade de Direito*, Coimbra, v. 83, p. 524-525, 2007.

VEIGA, Paula Margarida Cabral dos Santos. Alguns dilemas da emancipação da cidadania na era cosmopolita. In: ANDRADE, Manuel da Costa; ANTUNES, Maria João; SOUSA, Susana de Aires. *Estudos em homenagem ao prof. doutor Jorge de Figueiredo Dias*. Coimbra: Coimbra Editora, 2010.

VIEGAS, José Manuel Leite. *Democracia, novos desafios e novos horizontes*. Oeiras: Celta, 2004.

VILADRICH, Pedro Juan; FERER ORTIZ, Javier. *Los principios informadores del derecho eclesiástico español*. 3. ed. Pamplona: EUNSA, 1993.

WATERS, Malcolm. *Globalização*. Tradução de Magnólia Costa e Ana Bela Rocha. Oeiras: Celta, 1999.

WEINGARTNER NETO, Jayme. *Liberdade religiosa na Constituição*: fundamentalismo, crenças, cultos. Porto Alegre: Livraria do Advogado, 2007.

Informação bibliográfica deste texto, conforme a NBR 6023:2002 da Associação Brasileira de Normas Técnicas (ABNT):

MOURA, Magno Alexandre F. Princípios políticos constitucionais estruturantes da liberdade religiosa no Estado brasileiro. In: PINTO, Hélio Pinheiro; LIMA NETO, Manoel Cavalcante de; LIMA, Alberto Jorge Correia de Barros; SOTTO-MAYOR, Lorena Carla Santos Vasconcelos; DIAS, Luciana Raposo Josué Lima (Coords.). *Constituição, direitos fundamentais e política*: estudos em homenagem ao professor José Joaquim Gomes Canotilho. Belo Horizonte: Fórum, 2017. p. 427-448. ISBN 978-85-450-0185-0.

A *WEAK-FORM JUDICIAL REVIEW* NO CANADÁ E O DIÁLOGO INSTITUCIONAL JUDICIÁRIO-LEGISLATIVO NA PROMOÇÃO DOS DIREITOS FUNDAMENTAIS

ANDERSON SANTOS DOS PASSOS

Introdução

O presente trabalho objetiva estudar, em poucas linhas, o sistema de controle de constitucionalidade instituído no Canadá a partir da entrada em vigor da *Canadian Charter of Rights and Freedoms* de 1982, com destaque para os instrumentos inovadores que deram origem ao que a doutrina hoje denomina de *weak-form judicial review*. Nesse sentido, o texto buscará identificar as características de tais mecanismos e questionar se o atual sistema de controle de constitucionalidade canadense apresenta um novo elemento de legitimação democrática para a *judicial review*, baseado no diálogo institucional entre o Poder Judiciário e o Legislativo.

1 A *Canadian Charter of Rights and Freedoms* de 1982

No ano de 1982, através do *Constitution Act*, promoveu-se no Canadá aquilo que a doutrina denominou de "repatriação" da Constituição, através de um complexo processo político que promoveu a desvinculação do texto constitucional em relação ao Parlamento britânico.

Nesse importante processo, destacou-se a figura do então primeiro-ministro Pierre Trudeau, o qual objetivava a instituição, no Canadá, de uma *carta de direitos* com *status* plenamente constitucional, à semelhança do modelo norte-americano. Entretanto, uma forte oposição formou-se, composta, sobretudo, por vários primeiros-ministros provinciais, os quais se opuseram fortemente às pretensões de Trudeau, rejeitando o abandono da tradicional doutrina da soberania parlamentar, bem como a submissão das províncias a direitos nacionalizados.[1]

---

[1] GARDBAUM, S. The New Commonwealth model of constitutionalism. *Social Science Research Network*, 15 mar. 2002. p. 176.

Neste contexto de verdadeiro impasse, a solução política encontrada para conciliar os interesses em conflito foi a inclusão expressa no texto da *Canadian Charter of Rights and Freedoms* de cláusulas de equilíbrio, que restam inseridas na Seção 1 (a qual pode ser chamada de cláusula "relativizadora") e na Seção 33 (denominada cláusula *notwithstanding*).

O resultado foi a criação de um modelo original, que se situa numa posição intermediária entre os sistemas de *judicial review* clássicos (norte-americano ou germânico-austríaco) e os sistemas de soberania parlamentar, apresentando características distintas e resultados bastante interessantes.

Os estudiosos do direito constitucional comparado, sobretudo no Canadá e nos Estados Unidos, vêm denominando este novo modelo intermediário de controle de constitucionalidade sob a alcunha de *weak-form judicial review* (algo como "controle de constitucionalidade fraco"), sendo este um gênero que inclui, atualmente, além do Canadá, os sistemas de revisão judicial presentes na Nova Zelândia (a partir do *New Zealand Bill of Rights Act* de 1990) e no Reino Unido (após o *United Kingdom's Human Rights Act*, de 1990 e a reforma constitucional de 2010).

O ponto central distintivo entre os sistemas clássicos de controle de constitucionalidade forte (*strong form judicial review*) instalados na maioria dos países ocidentais e os novos modelos de *weak-form judicial review* é o fato de que, nestes últimos, as decisões declaratórias de inconstitucionalidade produzidas pelo Poder Judiciário podem ser revistas pelo Legislativo através de um procedimento não muito diferente daquele utilizado para alterar a legislação ordinária. Como bem afirma Mark Tushnet:[2]

> [...] *Weak-form judicial review* são sistemas de revisão judicial, garantindo-se, assim, que as ordens constitucionais em que são incorporados satisfaçam os requisitos do constitucionalismo contemporâneo. Mas, nestes sistemas fracos, a interpretação judicial das disposições constitucionais pode ser revista, em prazo relativamente curto, pelo Poder Legislativo, fazendo uso de uma regra de decisão não muito diferente daquela utilizada no processo legislativo ordinário.

No caso canadense, como referido, a *weak-form judicial review* foi instituída por força de duas disposições previstas na *Canadian Charter of Rights and Freedoms* de 1982 (CCORF): a primeira presente na Seção 1 e a segunda na Seção 33, conforme adiante será detalhado.

1.1 O abandono da supremacia do Parlamento

O que se percebe é que a CCORF introduziu no sistema jurídico do Canadá um distanciamento profundo da antiga teoria da supremacia parlamentar (até então vigente) e uma relativa aproximação do modelo norte-americano. Isso fica evidente ao se observar que a CCORF ingressou no sistema jurídico canadense como parte da Constituição (e não como uma lei ordinária) e com superioridade hierárquica em relação às demais normas jurídicas, dispondo que qualquer lei com ela incompatível

---

[2] TUSHNET, M. V. *Weak courts, strong rights*: judicial review and social welfare rights in comparative constitutional law. Princeton: Princeton University Press, 2008. p. 24.

não teria força nem produziria efeitos. Nesse sentido, a Seção 52 do *Constitution Act* de 1982 diz que "the Constitution of Canada is the supreme law of Canada, and any law that is inconsistent with the provisions of the Constitution is, to the extent of the inconsistency, of no force or effect".

Em segundo lugar, o texto prevê um procedimento diferenciado e mais rígido para a modificação das suas cláusulas escritas. Como bem explana Gardbaum,[3] "a Constituição Canadense está fortificada (*entrenched*) e só poderá ser emendada se observado o procedimento previsto na Seção 38-49 do *Constitution Act*". A fórmula geral requer o consentimento de ambas as casas do Parlamento federal e, ao final, aprovação de dois terços das províncias, contendo, no mínimo, cinquenta por cento da população de todas elas.

A partir disto, com a "ascensão" da Constituição a um patamar jurídico superior, o Poder Judiciário recebeu um papel muito importante, qual seja, controlar a compatibilidade da legislação com os direitos constitucionalizados, inclusive tornando a legislação, no que for incompatível, sem efeitos jurídicos. Não obstante a ausência de disposição expressa neste sentido, a interpretação conjunta da Seção 52 já referida e da Seção 24 (1) comprova que a Suprema Corte possui efetivamente o poder de afastar leis incongruentes com os direitos e liberdades fundamentais previstos na CCORF.

Como se vê, estas características adotadas apontam inicialmente para um modelo semelhante ao constitucionalismo norte-americano, com "(1) direitos fundamentais alçados ao *status* de lei superior; (2) fortificados contra emendas ou revogações por maiorias legislativas ordinárias; e (3) protegidos / aplicados pelas Cortes com poderes de *judicial review*".

1.2 A rejeição da soberania judicial

Contudo, conforme já referido, a proposta de instituição de um modelo semelhante ao norte-americano (ou seja, uma *strong-form judicial review*) não agradou à maioria dos políticos provinciais canadenses, os quais resistiram ao completo abandono do princípio da soberania parlamentar. Neste contexto, o primeiro passo para flexibilizar o sistema recém-criado foi a inclusão da já citada cláusula relativizadora prevista na Seção 1 da CCORF.

Essa norma prescreve que os direitos garantidos pela Carta podem ser sujeitos às limitações que se apresentarem justificadas numa livre e democrática sociedade. Assim, a própria CCORF previu a possibilidade jurídica de limitação dos direitos fundamentais nela contemplados, em situações específicas, nas quais o Legislativo consiga evidenciar uma necessidade concreta de fazê-lo. Tal dispositivo relativiza a força da Carta, permitindo restrições aos direitos, com o objetivo de conferir certo grau de liberdade ao Parlamento.

Com o uso da Seção 1 da CCORF, o legislador pode responder a uma decisão judicial de inconstitucionalidade, demonstrando que há uma melhor justificação para a lei do que aquela pensada pelo Judiciário. Nesse sentido, pode o Parlamento basicamente reeditar a lei invalidada, mas inserindo no preâmbulo da norma uma

---

[3] GARDBAUM, S. The New Commonwealth model of constitutionalism. *Social Science Research Network*, 15 mar. 2002. p. 722.

justificação para o dissentimento com o Judiciário, que pode, por exemplo, ser apoiado no entendimento dos juízes que foram vencidos no julgamento da Corte. Tal atuação, ou seja, reedição (com base na Seção 1) de uma nova lei com o mesmo conteúdo de uma outra já declarada inconstitucional pela Corte é o que a doutrina canadense denomina de "in-your-face response".[4]

Já a cláusula *notwithstanding* restou inserida na Seção 33 da CCORF. Segundo os termos ali contidos, o Parlamento federal ou os Parlamentos provinciais podem declarar que uma disposição normativa irá operar e produzir efeitos jurídicos, não obstante eventual conflito com direitos previstos na Seção 2 ou 7 a 15 da CCORF. Ou seja, ainda que o Judiciário entenda que uma legislação agride os direitos previstos nas referidas seções da CCORF, o legislador poderá suplantar a decisão judicial. Esta declaração deverá ser expressa, aprovada ao menos por maioria simples e estar contida num ato do legislativo federal ou provincial, conforme o caso.

Os efeitos desta declaração "imunizadora" cessam no prazo de cinco anos ou em período menor, se assim for definido no ato normativo (item "C" da Seção 33). Entretanto, o item "D" permite a reedição da medida por até mais cinco anos.

A legislação não prevê limitação quantitativa para novas reedições de uma cláusula *notwithstanding*, de modo que o Parlamento pode "reavivar" a medida imunizadora inúmeras vezes, sempre que o seu período de duração se esvair. Cabe observar que o prazo de cinco anos não foi escolhido aleatoriamente, tendo, na verdade, uma significação política especial. Isso se dá porque no Canadá as eleições gerais (federais, provinciais e territoriais) ocorrem a cada quinquênio. Assim, uma cláusula *notwithstanding* aprovada por uma composição legislativa anterior será necessariamente submetida à apreciação dos novos componentes do Parlamento, os quais podem optar por deixar o prazo da medida imunizadora esvair-se ou reinstituir a cláusula *notwithstanding*, assumindo, desta feita, sua própria responsabilidade política pelo ato.

Como se vê, a Seção 33 da CCORF deferiu efetivamente ao Parlamento canadense poderes para aprovar normas que sejam incongruentes com os direitos fundamentais constitucionalizados previstos na própria CCORF, exigindo, no entanto, para que isto possa ocorrer, a aprovação de uma expressa cláusula *notwithstanding*.

Assim, diferentemente do sistema norte-americano (no qual a Suprema Corte decide, em última instância, se uma legislação é ou não compatível com a Constituição Federal, podendo, em caso de inconstitucionalidade, retirar a norma do ordenamento jurídico, não havendo opções "factíveis" para o Poder Legislativo ordinário superar a decisão judicial), no modelo canadense há mecanismos que permitem ao legislador suplantar (*override*) o pronunciamento da Corte de forma relativamente simples. Ou seja, como pretendido por aqueles que insistiram em sua inclusão como preço para o consentimento em relação à constitucionalização dos direitos da Carta, a cláusula de *override* pôde preservar, ao menos, o essencial e central elemento da soberania do Parlamento, que é a concessão aos legisladores (ao invés das cortes) do poder final para determinar se uma norma é ou não "the law of the land".[5]

---

[4] TUSHNET, M. V. *Weak courts, strong rights*: judicial review and social welfare rights in comparative constitutional law. Princeton: Princeton University Press, 2008. p. 44.

[5] GARDBAUM, S. The New Commonwealth model of constitutionalism. *Social Science Research Network*, 15 mar. 2002. p. 724.

Neste sentido, o modelo canadense é uma terceira via (intermediária) entre a soberania parlamentar e a soberania judicial, propondo um sistema com direitos e deveres constitucionalizados e de hierarquia superior, mas com limites formais ao poder dos Tribunais de proferir a última palavra em termos de controle de constitucionalidade. Do ponto de vista institucional, a ideia é criar mecanismos de diálogo entre o Poder Legislativo e o Poder Judiciário, com benefícios claros para a democracia. Neste ponto, Gardbaum[6] explica:

> [...] enquanto os direitos constitucionalizados são presumivelmente prevalentes no que conflitem com uma provisão legislativa, esta presunção pode ser expressamente refutada pela maioria ordinária da legislatura, criando, desta forma, um papel para ambos (Corte e representantes eleitos), no sentido de equilibrar os direitos em face de outras reivindicações sociais.

Além do mais, politicamente, o Legislativo necessita de um maior diálogo com a sociedade (em comparação ao anterior sistema de soberania parlamentar) para instituir limitações aos direitos previstos na Carta, sobretudo diante da necessidade da cláusula *notwithstanding* ser empregada expressamente pelo Parlamento, o que, certamente, chama a atenção dos indivíduos para os interesses em discussão.

Desse modo, é esperado que o uso da Seção 33 seja politicamente custoso para o legislador, forçando uma discussão profunda sobre direitos fundamentais e sobre as razões para a introdução de limitações legislativas aos direitos previstos na CCORF, promovendo-se, desta forma, um diálogo entre as cortes, o legislador e os indivíduos cujos direitos fundamentais possam ser atingidos pela atuação do Parlamento. Sobre isto, Gardbaum[7] diz:

> [...] era esperado que o uso da Seção 33 por uma legislatura seria algo politicamente mais custoso do que a rotina, forçando a discussão de princípios e justificação sobre o mérito antes de que eleitores alertados pudessem aceitar limitações sobre seus direitos. Neste caminho, um diálogo benéfico entre Cortes e legisladores poderia substituir o modelo norte-americano de monólogo judicial. Pesos e contrapesos seriam importados para a própria função de proteção de direitos.

Ou seja, o caminho encontrado foi o da dupla negação: por um lado, a negação expressa de um modelo de controle de constitucionalidade forte (*strong-form judicial review*), tal como o presente na maioria das nações ocidentais, mas, por outro lado, a igual negação de um sistema de pura e incontrolável liberdade legislativa do Parlamento. A ideia é substituir os monólogos (seja judicial ou legislativo) pelo diálogo institucional.

Em resumo, pode-se dizer que as características que separam os modelos de *weak-form judicial review* dos demais sistemas são as seguintes:

a) existência de uma Carta de direitos "fortificada";
b) previsão de mecanismos diversos que conferem poder às Cortes para, de algum modo, compatibilizar a legislação e os direitos previstos na Carta de direitos; e

---

[6] GARDBAUM, S. The New Commonwealth model of constitutionalism. *Social Science Research Network*, 15 mar. 2002. p. 724.

[7] GARDBAUM, S. The New Commonwealth model of constitutionalism. *Social Science Research Network*, 15 mar. 2002. p. 724.

c) a prevalência de mecanismos formais que conferem ao Legislativo o poder de ter a última palavra sobre o que é o direito, através do voto da maioria ordinária do Parlamento. As duas primeiras características gerais afastam a *weak-form judicial review* da supremacia do Parlamento, ao passo em que a última característica a afasta da supremacia judicial.[8]

2 A *judicial review* como instrumento de diálogo entre o legislador e a Corte

Diante de intensas discussões desenvolvidas pela doutrina sobre o problema da legitimidade (ou ilegitimidade) democrática da *judicial review*, há um aspecto que parecer estar ainda pouco explorado, qual seja, o papel da *judicial review* como um instrumento de diálogo entre juízes e legisladores. Sob esta perspectiva, vê-se o controle de constitucionalidade das leis como um mecanismo que serve para estabelecer uma espécie de partilha de tarefas e trocas argumentativas entre o legislador e o Judiciário, com benefícios para ambos.

Quanto ao Legislativo, o benefício da inserção de um argumento jurídico ao processo de formação das leis é evidente, em razão de a argumentação jurídica voltada à preservação de direitos fundamentais ser necessária para a manutenção do equilíbrio entre os interesses de diversos grupos sociais, bem como por manter (ou alertar para a necessidade de manutenção) valores jurídicos consolidados em determinada comunidade.

Por outro lado, o Judiciário também se beneficia desta visão dialógica da *judicial review*, seja por funcionar como um ente colaborador do processo de criação das normas jurídicas, mas sem substituir o legislador nesta função, seja por encontrar um ponto de equilíbrio que possa fundamentar a existência da própria *judicial review* numa sociedade democrática, afastando, por exemplo, a ideia de governo dos juízes e o risco que isso gera para a própria "existência" do Poder Judiciário.

Desta forma, como a decisão judicial está aberta a ser revertida, modificada ou anulada pelo legislativo, pode-se dizer que há uma espécie de diálogo entre as instituições, no qual o pronunciamento judicial prévio causa um debate público através da devida consideração jurídica dos valores previstos na CCORF, mas restando ao Legislativo a competência para responder levando em consideração aspectos sociais e econômicos que a decisão judicial é impedida de fazê-lo.[9]

Assim, sob a visão que aqui se defende, a *judicial review* deve comportar-se como um instrumento catalisador de uma discussão institucional sobre direitos. Este fenômeno – não obstante também ocorre em menor grau nos sistemas de *strong-form judicial review* (através, por exemplo, de emendas constitucionais) – é instituído de modo essencial, mais eficiente e com a possibilidade de ocorrer com maior frequência nos sistemas de *weak-form judicial review*. Há a transformação do monólogo judicial em um diálogo interinstitucional sobre direitos constitucionais.

---

[8] GARDBAUM, Stephen. Reassessing the new commonwealth model of constitutionalism. *Social Science Research Network*, 2010. p. 169.
[9] HOGG, Peter; BUSHELL, Allison A. The charter dialogue between courts and legislatures (or perhaps the charter of rights isn't such a bad thing after all). *Osgoode Hall Law Journal*, v. 35, n. 1, p. 75-124, jan. 1997. p. 79.

A ideia de diálogo é, para o ponto de vista que se defende neste trabalho, um elemento central, pois funcionaria como um instrumento de aprimoramento da legitimidade da atuação da jurisdição constitucional e de diminuição da tensão entre proteção dos direitos fundamentais e democracia. Assim como afirma Roach, "a ideia de diálogo deve ser vista como um meio de reconciliação da *judicial review* com a democracia".[10]

Cabe ressaltar que o termo diálogo é aqui utilizado como uma metáfora, que não representa, obviamente, uma conversa ampla e sincera entre dois amigos, mas sim um instrumento de trocas argumentativas entre instituições. Neste diapasão, toda vez que uma decisão judicial sobre a inconstitucionalidade de uma norma ficar aberta a uma superação legislativa, este "diálogo" se instaura, justamente porque o Legislativo poderá analisar a conveniência e oportunidade de superar (ou não) o entendimento formulado pela Corte após ter sido inserido um argumento jurídico na discussão. Este argumento jurídico será considerando pelo legislador, o qual poderá, ao final, concordar com ele e manter a decisão exarada ou poderá inserir um novo argumento próprio na discussão sobre o que é o direito constitucional e, em consequência, afastar (ao menos temporariamente) o pronunciamento judicial. Esta interação argumentativa é o que se chama de "diálogo" neste trabalho.

Dentro da lógica clássica da *strong-form judicial review*, o Judiciário possui o monopólio de dizer o que é o direito constitucional. Para ilustrar, basta apenas lembrar a frase de Oliver Wendell Homes (então juiz da Suprema Corte norte-americana), o qual disse que "the law is what the courts say it is".[11] Tal concepção faz com que o Judiciário bloqueie tentativas do Legislativo de participar do processo de interpretação constitucional, entendendo que qualquer interferência do Parlamento neste sentido seria uma invasão da competência e das prerrogativas exclusivas do Poder Judiciário.

O Parlamento, neste contexto, tende a perder importância e a se afastar das questões constitucionais mais complexas (o mesmo fenômeno tende a ser verificado em relação ao próprio povo), justamente por não ter a responsabilidade final quanto às questões de direito constitucional, como já relatado nos Estados Unidos por Thayer e citado neste trabalho. No entanto, esta concepção encontra um caminho para superação justamente nos sistemas de *weak-form judicial review*, posto que, concedendo ao Parlamento a possibilidade de "enfrentar" uma decisão judicial através de mecanismos como acima expostos, ele passa a fazer parte de um emaranhado processo de deliberação do sentido constitucional, que não mais se restringe ao Judiciário, mas sim a um diálogo entre o próprio Legislativo e a Corte, na medida em que o exame pelos Tribunais deixa de ser necessariamente a palavra final do sentido constitucional. Como bem leciona Mark Tushnet,[12] "a *weak-form review* incentiva repetidas interações entre legisladores e Cortes sobre o sentido constitucional, com o objetivo de revigorar a participação legislativa e, em última instância, a participação popular".

A expectativa é que esta atuação do Legislativo não seja rotineira (a superação rotineira e frequente de todas as decisões judiciais de inconstitucionalidade desnaturaria

---

[10] ROACH, K. Dialogue or defiance: legislative reversals of Supreme Court decisions in Canada and the United States. *International Journal of Constitutional Law*, v. 4, n. 2, p. 347-370, abr. 2006. p. 348.

[11] WALD, Patricia. One nation indivisible, with liberty and justice for all: lessons from the american experience for new democracies. *Fordham Law Review*, v. 59, n. 2, p. 283, 1 jan. 1990.

[12] TUSHNET, M. V. *Weak courts, strong rights*: judicial review and social welfare rights in comparative constitutional law. Princeton: Princeton University Press, 2008. p. 66.

o sistema de *weak-form judicial review* e o transformaria em puro sistema de soberania parlamentar), mas sim uma atuação consciente e mediante a realização de um amplo debate político. A realidade do Canadá, da Nova Zelândia e do Reino Unido comprova que o custo político da atuação parlamentar, após uma decisão judicial que reconheceu a inadequação da lei em face de normas com caráter constitucional, é muito grande, não sendo utilizado de forma banal pelo legislador. Contudo, a simples existência desta possibilidade recoloca o Legislativo e a opinião pública dentro do sistema de "interpretação constitucional", seja pelos debates posteriores à decisão judicial sobre a conveniência ou não da superação desta através dos mecanismos próprio da *weak-form judicial review*, seja pela preocupação do próprio Poder Judiciário no momento da fundamentação da decisão de modo a torná-la legítima e compreensível ao legislador.

É importante ressaltar este ponto. Nos sistemas de *strong-form judicial review*, a manifestação judicial é o ponto final próximo da discussão sobre os direitos. Assim, o Judiciário não necessita desenvolver exaustivamente a fundamentação da decisão judicial de inconstitucionalidade, em razão de não haver necessidade de "convencer" argumentativamente um outro poder. O que importa é muito mais a decisão em si do que a fundamentação. Por outro lado, nos sistemas de *weak-form judicial review*, a fundamentação exaustiva e ampla é fundamental, em razão da necessidade de convencer o outro Poder (o Legislativo) do acerto da decisão exarada e da desnecessidade da sua superação. É, como se vê, uma ampliação do jogo dialético e de diálogo, que tem, claramente, a possibilidade de gerar resultados positivos.

Note-se que neste contexto as decisões judiciais ganham em legitimidade. A simples possibilidade de poderem ser superadas pelo legislador cria um equilíbrio maior no sistema de "freios e contrapesos", ainda que tal prerrogativa seja raramente utilizada (como no Canadá). Ademais, a não utilização do poder de superação da decisão judicial também confere maior legitimidade à própria decisão, por se entender, ainda que implicitamente, que houve uma homologação da opinião judicial pelo órgão representativo do povo, sendo também uma forma de diálogo entre o Judiciário e o Legislativo, com reflexos no fortalecimento democrático e de legitimidade da atuação da jurisdição constitucional como um todo. Em suma, como bem afirma Gardbaum:

> Há um óbvio benefício teórico no sistema desenvolvido no Canadá que é a solução direta para o problema da legitimidade democrática associada à *judicial review*, conferindo ao poder majoritário de governo (o Legislativo), e não mais aos Tribunais, a palavra final. O papel dos Tribunais torna-se o de alertar plenamente o povo, chamando a atenção para leis potencialmente inconstitucionais, de modo que o Legislativo possa responder completamente por elas, após informado do ponto de vista jurídico.[13]

Esse diálogo leva a uma divisão de trabalhos entre os Tribunais e o Legislativo que é, sob o ponto de vista democrático, mais apropriada e com melhores resultados do que o tradicional sistema de supremacia judicial. "A substituição do monopólio e do monólogo judicial pelo diálogo interinstitucional tende a melhorar a qualidade e a

---

[13] GARDBAUM, S. The New Commonwealth model of constitutionalism. *Social Science Research Network*, 15 mar. 2002. p. 755.

dimensão da análise constitucional"[14] a partir da construção de modelos que propõem uma nova forma de solucionar o velho problema da dificuldade contramajoritária, através de um procedimento dialógico que permite a conciliação entre a *judicial review* e a democracia.

2.1 O diálogo sequencial canadense

No caso específico do modelo canadense, pode-se dizer que o sistema de diálogo foi oficializado e facilitado a partir da *Canadian Charter of Rights and Freedoms* de 1982, a qual provocou uma efetiva mudança no constitucionalismo canadense, com o reposicionamento do Judiciário na estrutura estatal, a ascensão de direitos fundamentais ao nível constitucional (ou quase constitucional) e a instituição oficial de mecanismos de diálogo entre o Judiciário e o Legislativo.

Como já ressaltado, o diálogo legislativo-judicial no modelo canadense (que, neste trabalho, é denominado de *diálogo sequencial*) produz-se através da existência de mecanismos legais eficientes (respostas legislativas) que podem ser utilizados após um pronunciamento judicial de inconstitucionalidade que retirou a validade de uma norma jurídica. Assim, a partir do momento em que uma decisão proferida pela Suprema Corte canadense está aberta a ser modificada (ou aceita) posteriormente pelo Poder Legislativo, resta claro que existe um canal de diálogo (sequencial) democrático entre estas duas instituições. Nas palavras de Hogg e Bushell,[15] onde "uma decisão judicial é aberta a uma reversão, modificação ou anulação legislativa, é significante considerar a relação entre as Cortes e o competente corpo legislativo como um diálogo".

Nesse sentido, no ano de 1997, Peter Hogg e Alison Bushell fizeram publicar um importante artigo denominado *The charter dialogue between courts and legislatures (or perhaps the charter of rights isn't such a bad thing after all)* que foi responsável pela instauração do importante debate sobre o "diálogo" entre o Judiciário e o Legislativo com base nos mecanismos criados pela *Canadian Charter of Rights and Freedoms*. O estudo se deu mediante o levantamento e análise de todos os casos em que, em 15 anos, a Corte Suprema do Canadá chegou a declarar a inconstitucionalidade de uma lei. A partir disto, verificaram se houve ou não algum tipo de reação do legislador em face da decisão exarada pela Corte e, em caso positivo, qual foi esta reação.

A conclusão a que Hogg e Bushell chegaram foi no sentido de que os casos de declaração de inconstitucionalidade quase sempre são seguidos por uma nova legislação que contém os mesmos objetivos que eram perseguidos pelo legislador na lei que fora afastada pelo Judiciário. O efeito da CCORF raramente foi bloquear um objetivo do legislador, mas sim influenciar o *design* e a forma de implementação da norma. A Carta causou um debate público no qual os direitos fundamentais protegidos tiveram uma relevância maior do que teriam se não houvesse uma decisão judicial. E este processo seria efetivamente um diálogo entre as Cortes e os legisladores.[16]

---

[14] GARDBAUM, S. The New Commonwealth model of constitutionalism. *Social Science Research Network*, 15 mar. 2002. p. 746.

[15] HOGG, Peter; BUSHELL, Allison A. The charter dialogue between courts and legislatures (or perhaps the charter of rights isn't such a bad thing after all). *Osgoode Hall Law Journal*, v. 35, n. 1, p. 75-124, jan. 1997. p. 79.

[16] HOGG, Peter; BUSHELL, Allison A. The charter dialogue between courts and legislatures (or perhaps the charter of rights isn't such a bad thing after all). *Osgoode Hall Law Journal*, v. 35, n. 1, p. 75-124, jan. 1997. p. 75.

Hogg e Bushel[17] entendem que o fato de as decisões judiciais de inconstitucionalidade no Canadá poderem ser revertidas, modificadas ou evitadas por uma nova lei faz com que a oposição à legitimidade democrática da *judicial review* seja fortemente diminuída. Isto é bem verdade porque a existência de uma válvula para a prevalência da opinião do legislador retiraria o perigo da formação de um "governo de juízes" e da manutenção da vontade isolada de um grupo de magistrados em descompasso total com a realidade. Isso, por exemplo, afastaria a oposição à *judicial review* formulada por Waldron[18] no sentido da ilegitimidade política desta por privilegiar os votos de uma minoria (juízes) em desfavor dos votos da maioria (representados pelo Parlamento), o que, ao final, atacaria o princípio do "one man, one vote". A partir do momento em que há um mecanismo para restabelecer o "equilíbrio numérico" dos votos, caso seja necessário, a objeção está superada.

Mas Hogg e Bushell também destacam que o papel da Suprema Corte passa a ser o de forçar a discussão de um tema na agenda legislativa, sobre o qual o Poder Legislativo poderia não estar disposto a apreciar. Isso é muito claro em várias situações sobre temas "não populares". No caso dos Estados Unidos, por exemplo, pode-se citar o processo *Roe v. Wade* sobre a legalidade do aborto. O Poder Legislativo não havia demonstrado interesse em pronunciar-se sobre o assunto até então, estando as discussões sobre a questão simplesmente "enterradas". Depois da decisão da Suprema Corte, o tema foi excessivamente debatido nos EUA (claro que com menos "utilidade" em função das ínfimas possibilidades de modificação do entendimento da Corte em razão da inexistência de instrumentos de "superação rápida" próprios da *weak-form judicial review*). Contudo, em um sistema de *judicial review* fraca como no Canadá, o Judiciário tem a clara possibilidade de "pôr as questões na mesa do Legislativo", a partir do momento em que afasta a validade de uma lei, instaurando, em consequência, uma espécie de procedimento de diálogo institucional com o legislador. E este diálogo democrático existirá na medida em que o Legislativo ordinário tem a possibilidade de livremente concordar ou não com o entendimento judicial exarado na decisão. Nas palavras de Hogg e Bushell[19] "o diálogo que culmina numa decisão democrática só pode ter lugar se a decisão judicial que 'derruba' uma lei puder ser revertida, modificada ou anulada pelo processo legislativo ordinário"

Além deste aspecto, é fácil encontrar situações nas quais o Judiciário "indica um caminho" ou faz uma sugestão de como a lei poderia ser modificada pelo legislador para se adaptar aos termos da Constituição. No caso do Canadá, Hogg e Bushell[20] dizem que:

> frequentemente os legisladores seguem a *sugestão judicial* de como a lei poderia ser modificada para superar os problemas constitucionais encontrados pela Corte, promulgando uma outra lei que supera as barreiras constitucionais, mas que, em essência, mantém os propósitos Legislativos originais.

---

[17] HOGG, Peter; BUSHELL, Allison A. The charter dialogue between courts and legislatures (or perhaps the charter of rights isn't such a bad thing after all). *Osgoode Hall Law Journal*, v. 35, n. 1, p. 75-124, jan. 1997. p. 80.
[18] WALDRON, J. The core of the case against judicial review. *The Yale Law Journal*, v. 115, n. 6, p. 1346-1406, abr. 2006.
[19] HOGG, Peter; BUSHELL, Allison A. The charter dialogue between courts and legislatures (or perhaps the charter of rights isn't such a bad thing after all). *Osgoode Hall Law Journal*, v. 35, n. 1, p. 75-124, jan. 1997. p. 80.
[20] HOGG, Peter; BUSHELL, Allison A. The charter dialogue between courts and legislatures (or perhaps the charter of rights isn't such a bad thing after all). *Osgoode Hall Law Journal*, v. 35, n. 1, p. 75-124, jan. 1997. p. 80.

Ou seja, existe uma dialética entre os dois poderes que, ao final, acaba por respeitar o interesse da maioria representada no Poder Legislativo, mas com igual consideração dos direitos fundamentais previstos na *Bill of Rights*.

Este debate instaurado após uma decisão judicial sobre a constitucionalidade de um diploma legislativo possui um novo elemento: os argumentos de direito inseridos pelo Tribunal. Estes argumentos (que não estariam necessariamente presentes no primeiro debate legislativo) passam a fazer parte da dialética do problema enfrentado. Tem-se aí que o discurso (antes com uma visão predominantemente político-legislativa) é qualificado pela argumentação jurídica fornecida pela Corte. Esta argumentação, longe de ser o ponto definitivo, é mais um elemento do diálogo institucional que será instaurado entre o Judiciário e o Legislativo, podendo este, por último, considerar todos os elementos presentes (jurídicos e não jurídicos) para chegar a um entendimento "final". É óbvio que a geração deste debate mais plural e qualificado por elementos jurídicos (fornecidos pelo Tribunal após a decisão judicial de inconstitucionalidade) é salutar e benéfica ao ambiente democrático e põe o juiz e o legislador em novas tarefas que são diversas daquelas pensadas nos sistemas de *strong-form judicial review*.

Hoog e Bushell dizem que na pesquisa que realizaram, e que compreendeu sessenta e cinco casos em que a legislação foi invalidada por violar a CCORF, em quarenta e cinco deles (dois terços), o Poder Legislativo competente emendou a lei impugnada. Na maioria dos casos, apenas alterações relativamente pequenas foram necessárias a fim de respeitar a *Bill of Rights*, sem comprometer efetivamente o objetivo e o sentido original da legislação. Foram raras as situações em que os "defeitos constitucionais" não haviam como ser remediados. Assim, eles entendem que a Carta pode funcionar como um catalisador de duas vias para trocas entre o Legislativo e o Judiciário em temas de direitos humanos e liberdades, mas sem impedir de forma absoluta os desejos das instituições democráticas.[21] Esta análise é muito feliz, posto que compreende o papel do Poder Judiciário, num sistema de *weak-form judicial review*, como um ator governamental de suma importância, participante do diálogo institucional, propondo "caminhos" para que os legisladores possam exercer a sua função constitucional de legislar, além de orientá-los quanto ao respeito dos direitos fundamentais e das liberdades civis. Nesse contexto, o Judiciário atua como um cooperador, e não como um poder autoritário e impositivo. A ideia de "guardião da constituição" é vista sob uma perspectiva diversa, de coordenação e não de imposição.

Um exemplo marcante de como este diálogo pode funcionar é o caso *Ford v. Quebec*. Conforme acima já explicado, no referido processo a Corte Suprema do Canadá entendeu que uma lei da província de Quebec (a qual proibia o uso de sinalizações comerciais em outras línguas que não fosse o francês) era inconstitucional em face do direito de liberdade de expressão garantido na *Canadian Charter of Rights and Freedoms* de 1982. A Corte disse que a ideia de proteção da língua francesa na província de Quebec é um propósito legítimo e isto, inclusive, permitiria a existência de certas limitações ao direito de liberdade de expressão. Contudo, uma proibição absoluta do uso de outras línguas (sobretudo a língua inglesa) em sinalizações comerciais externas atingiria de modo muito forte o direito à liberdade de expressão da minoria (no caso, anglófona),

---

[21] HOGG, Peter; BUSHELL, Allison A. The charter dialogue between courts and legislatures (or perhaps the charter of rights isn't such a bad thing after all). *Osgoode Hall Law Journal*, v. 35, n. 1, p. 75-124, jan. 1997. p. 81.

indo além do necessário para a proteção da língua francesa. Segundo a Corte, se a legislação determinasse que o uso da língua francesa fosse predominante (mas não exclusivo) ter-se-ia alcançado um equilíbrio legítimo entre a liberdade de expressão e o propósito de proteção francófono.

Como já se sabe, o poder Legislativo da província de Quebec respondeu à decisão judicial da Corte Suprema com a reativação da *language-of-signs law*, mas agora protegida por uma cláusula de *notwithstanding*, o que fez com que a lei voltasse a produzir efeitos, não obstante a decisão proferida pela Suprema Corte. Teve-se aí uma primeira fase de diálogo, na qual o Judiciário anulou a lei por entendê-la incompatível com os direitos previstos na *Bill of Rights*, inserindo argumentos jurídicos na discussão e traçando caminhos que poderiam ser adotados pelo Legislativo para compatibilizar a norma com o direito de liberdade de expressão. No entanto, neste primeiro momento, o Poder Legislativo competente entendeu por bem manter a sua visão e opinião, reativando integralmente a lei e protegendo-a da censurabilidade judicial com base na Seção 33.

No entanto, o diálogo não acabou por aí. Como já explanado, a cláusula *notwithstanding* tem um prazo de "imunização" limitado a cinco anos. Findo este prazo, o Legislativo competente poderá reeditar a cláusula (mantendo a lei afastada do crivo judicial) ou deixá-la caducar, permitindo que a norma possa ser sindicada pelo Judiciário. No caso específico da *language-of-signs law*, passado o período de cinco anos, o poder Legislativo de Quebec não só abdicou de reeditar a cláusula *notwithstanding*, como aprovou uma nova lei que permitiu o uso de outras línguas que não o francês nas sinalizações comerciais externas, desde que o francês seja a língua predominante, conforme a argumentação formulada pela Corte cinco anos antes. O interessante de tudo isso é que não houve uma mudança do Governo neste período em Quebec, de modo que os responsáveis pela aprovação da primeira lei e pelo uso da Seção 33 foram os mesmos que não reeditaram a cláusula *notwithstanding* e que depois elaboraram uma nova legislação adaptada ao pronunciamento judicial contrário. E como isto se explica?

O que se pode inferir de todo o relato é o provável efeito do diálogo institucional Judiciário-Legislativo. Se em um primeiro momento o Legislativo de Quebec não se sentiu convencido dos argumentos jurídicos apresentados pelo Judiciário, pôde fazer uso do seu poder democrático e aprovar uma lei contrária ao pronunciamento judicial. Contudo, após um tempo de reflexão, do amadurecimento do debate político iniciado pela declaração de inconstitucionalidade formulada pela Corte e diante dos argumentos de direito apresentados pelo Judiciário, passou ao cabo a concordar com a opinião da Corte e, de forma democrática, editou uma nova lei que seguiu os parâmetros dantes sugeridos pelo Tribunal. Assim, vê-se que o Judiciário não atuou como um poder ilimitado, impositor ou autoritário, não substituiu o Legislativo na tarefa própria de criar a lei, mas sim atuou como um interlocutor, como o responsável pela inserção de um argumento jurídico no debate político, tendo, ao final, o respectivo entendimento prevalecido de comum acordo com o Legislativo, através de uma interação democrática. Nesse sentido, nota-se a força do diálogo institucional a funcionar.

Um outro exemplo ilustrativo é *RJR-MacDonald Inc. v. Canada*. Neste caso, a Suprema Corte canadense invalidou uma lei federal que proibia a publicidade do tabaco por entender que a norma restringia o direito à liberdade de expressão. Na decisão, a Corte deixou claro que não entenderia a lei inconstitucional se ela proibisse apenas publicidades voltadas ao estilo de vida (*lifestyle advertising*) ou que de alguma forma atingissem crianças. Dois anos após a decisão, o Legislativo federal aprovou um novo diploma legal sobre o tema (*Tobacco Act*). A nova lei permitiu a publicidade das empresas de tabaco que tenham como alvo adultos fumantes, mas proibiu a publicidade direcionada ao estilo de vida (*lifestyle advertising*) e restringiu a publicidade de tabaco apenas a meios de comunicação direcionados aos adultos.[22]

Mais uma vez, vê-se que o Legislativo teria a possibilidade de simplesmente impor o seu entendimento, fazendo uso dos mecanismos próprios previstos na legislação, contudo, o diálogo institucional projetou os argumentos jurídicos formulados pela Corte, o que culminou na concordância expressa do Legislativo com a decisão judicial e a promulgação de uma nova lei considerando os contornos formulados pelo Poder Judiciário. A invalidação da lei pelo controle de constitucionalidade permitiu a edição de uma nova norma que melhor respeitou os direitos fundamentais previstos na *Bill of Rights*. Neste caso, o processo democrático foi influenciado pela Corte, mas esta não se comportou como a detentora da última palavra. Coube sim ao Parlamento (órgão democraticamente eleito) levar em conta o peso da argumentação judicial e decidir se a acolheria ou não. Nas palavras de Hoog e Bushell "*diálogo* parece uma boa descrição da relação entre Cortes e órgãos legislativos". Certamente, é difícil arrogar que um Tribunal não eleito frustre os desejos do povo. Em cada caso, o processo democrático é influenciado pela Corte de revisão, mas não tem sido neutralizado.

No Canadá, o diálogo também pode ser visto eficientemente em decisões sobre direito à igualdade. Isso ocorreu em alguns casos em que uma lei concedeu um benefício a uma categoria ou grupo de pessoas, mas a norma foi entendida como inconstitucional pelo Judiciário por não estender semelhante benefício a outro grupo/categoria que também deveria recebê-lo, sob pena de se configurar uma discriminação não admissível. Um exemplo marcante disto foi o litígio *Phillips v. Social Assistance Appeal Board (1986)*. Neste processo, a Suprema Corte de Nova Scotia e a Corte de Apelação entenderam que a legislação que concedia benefícios a mães solteiras e não concedia semelhantes benefícios a pais solteiros atingiria o direito à igualdade previsto na Seção 15 da CCORF. Em razão desta decisão, os legisladores de Nova Scotia entenderam que os benefícios eram suficientemente importantes de modo que o programa deveria ser estendido, e não eliminado. Assim, foi aprovada uma nova legislação, que passou a conceder os benefícios de família tanto para mães solteiras quanto para pais solteiros.

Em situações como a descrita, nas quais a lei é menos abrangente do que deveria ser, o legislador pode optar (para manter íntegro o direito à igualdade) por ampliar o benefício para todos que estão em situação semelhante ou, alternativamente, excluir todos do benefício. É possível também que o legislador opte por reduzir o valor do benefício (quando se tratar de benefício financeiro, claro) para que possa ser possível abranger todos os que deveriam ser beneficiários. As três situações são aceitáveis sob a perspectiva do direito à igualdade. Contudo, o importante é que em todas estas situações a Carta leva o legislador canadense (e não o Judiciário) a escolher entre diversas opções legislativas, que são democráticas na medida em que os corpos legislativos são ainda responsáveis por definir as próprias prioridades (sobretudo orçamentárias em razão da ampliação de direitos), de forma que não discriminem grupos minoritários. Tem-se,

---

[22] HOGG, Peter; BUSHELL, Allison A. The charter dialogue between courts and legislatures (or perhaps the charter of rights isn't such a bad thing after all). *Osgoode Hall Law Journal*, v. 35, n. 1, p. 75-124, jan. 1997. p. 87.

assim, com base na Seção 15, mais uma porta aberta ao diálogo entre o Judiciário e o Legislativo.[23]

É importante destacar que, diante do conceito de que aqui se faz uso, o diálogo existe em qualquer forma de resposta legislativa, ainda que esta seja a edição de uma nova lei com as modificações sugeridas pelo Judiciário em *obter dictum* nas respectivas decisões que declararam a inconstitucionalidade de uma norma com base na CCORF. Isso porque não se pode desconsiderar que a aprovação de uma lei nestes termos representa uma anuência expressa (um acordo) entre o Legislativo e o Judiciário depois de expostas as razões deste último, sobretudo considerando que o Legislativo teria mecanismos para suplantar integralmente o entendimento judicial. E este diálogo é bem efetivo no âmbito da jurisdição canadense, como comprovam os dados colhidos por Hoog e Bushell, os quais atestam que em 80% dos casos estudados houve algum tipo de resposta legislativa.

É importante notar que o diálogo institucional também pode ser exprimido pelo que Hogg e Bushell chamam de *charter-speak*. Isso se configura na adoção, pelo legislador, de uma linguagem própria nas leis elaboradas em resposta a uma decisão judicial, por meio da qual o legislador fundamenta a nova norma com base nos princípios e direitos previstos na CCORF. Isto pode ser notado especialmente no preâmbulo e nas cláusulas de propósitos das "leis-resposta", o que indica que o legislador está engajado de forma autoconsciente no diálogo com o Judiciário.

Um exemplo útil disto é *R. v Daviault* (1994) 3 S.C.R. 63.[24] O caso trata, resumidamente, de um réu, reconhecidamente alcoólatra crônico, que foi acusado criminalmente de ter praticado um delito de violação (*sexual assault*). Em defesa, o acusado alegou que, ao realizar a conduta a ele imputada, estaria sob um estado de automatismo em razão da intoxicação por álcool. No processo, foi ouvida uma testemunha especialista em farmacologia, a qual concordou com a tese da defesa, argumentando que, provavelmente, em decorrência do excessivo consumo de álcool, o acusado não teria formado uma "intenção geral" para cometer o crime e não possuía pleno conhecimento de suas ações. Em julgamento no primeiro grau, o juiz acolheu as afirmações da defesa e absolveu o réu por ele não ter ele consciência de estar cometendo um crime no momento dos fatos (*mens rea*). Desconsiderando alguns detalhes próprios de direito penal que não interessam ao presente trabalho, o que ocorreu em sequência foi que o Tribunal de Recursos de Quebec anulou a decisão de primeiro grau por entender que a intoxicação provocada pelo álcool (e que teria supostamente levado o agressor a um ponto de automatismo) não poderia ser usada como argumento de defesa para afastar a consciência do cometimento do crime (*mens rea*) nos delitos de intenção geral. Isso se baseou na existência de uma regra de *common law* que prescreveria que a defesa não poderia utilizar a embriaguez como argumento de inocência para uma pessoa acusada de crimes classificados como de intenção geral (*general intente*), tais como abusos sexuais.

Entretanto, ao analisar o caso, a Suprema Corte do Canadá entendeu que a extrema embriaguez poderia, sim, ser um argumento de defesa, acolhendo as alegações

---

[23] HOGG, Peter; BUSHELL, Allison A. The charter dialogue between courts and legislatures (or perhaps the charter of rights isn't such a bad thing after all). *Osgoode Hall Law Journal*, v. 35, n. 1, p. 75-124, jan. 1997. p. 97.
[24] CANADÁ. Supreme Court of Judgments. *R. v. Daviault, [1994] 3 S.C.R. 63*. Disponível em: <http://scc-csc.lexum.com/scc-csc/scc-csc/en/item/1172/index.do>. Acesso em: 9 mar. 2015.

de defesa e determinando um novo julgamento. Tal decisão causou um significativo debate, sobretudo por parte de grupos de vítimas e defensores de direitos das mulheres.

Neste sentido, o Parlamento respondeu à decisão da Suprema Corte com a aprovação de uma legislação (a qual adicionou o art. 33.1 ao Código Criminal do Canadá) dizendo que a autoindução a um estado de intoxicação não poderia ser uma defesa válida para crimes envolvendo uma agressão ou qualquer outra interferência por uma pessoa à integridade física de outrem. Na fundamentação, a legislação explanou que a responsabilidade criminal persistiria quando um indivíduo cometesse violentos crimes de intenção geral (*general intent*), ainda que sob estado de intoxicação autoinduzida, sendo isto um traço do padrão de razoabilidade geralmente reconhecido na sociedade canadense.[25] O interessante nesta legislação foi que o Parlamento simplesmente respondeu à decisão da Suprema Corte com a aprovação de uma lei que foi contrária ao entendimento formulado pela Corte Suprema. O preâmbulo da lei está acompanhado de uma longa justificativa e fundamentação em uma "linguagem da Carta", o que demonstra, claramente, que o Parlamento entrou em diálogo com o Tribunal, manifestando os motivos da reedição de uma lei contrária a um pronunciamento judicial prévio, apropriando-se de um discurso de direitos inserido pelo Judiciário, mas chegando a uma conclusão diversa. Esta *charter-speak* demonstra que a resposta formulada pelo Parlamento foi autoconsciente e levou em conta os fundamentos atribuídos pela Corte, seja para eventualmente concordar, seja para os repelir (como foi neste caso).

O diálogo promovido pela Carta pode ocorrer mesmo nos casos em que o Tribunal não entende a lei inconstitucional, mantendo-a plenamente em vigor. Isto ocorre porque há situações em que o próprio debate levantado pela submissão do tema à apreciação judicial e a consequente discussão pública podem provocar a geração de um ambiente político que incentive o legislador a modificar a lei (ainda que o Judiciário não entenda que a norma ofende a *Bill of Rights*). Como o legislador tem a consciência de deter a palavra final, sabe que pode alterar (ou manter) a lei independentemente da posição adotada pelo Poder Judiciário e que também não precisa necessariamente aguardar e/ou seguir o pronunciamento judicial para analisar os argumentos de direito apresentados na discussão.

Como afirmam mais uma vez Hogg e Bushell:[26]

> os legisladores canadenses não são indiferentes às preocupações referentes à igualdade e às liberdades civis que são levantadas nos *Charter cases*, e nem sempre esperam um Tribunal *forçá-los* para emendar suas leis se eles consideram uma outra norma mais justa, menos restritiva ou mais inclusiva. A influência da Carta estende-se muito além das fronteiras que os juízes definem como compulsórias. O diálogo da Carta pode continuar fora das Cortes, ainda quando os Tribunais digam que não há problema para ser enfrentado em face da Carta.

Enfim, o que se pode perceber no modelo canadense é que o sistema de *weak-form judicial review* inserido pela CCORF permitiu a produção de um rico diálogo

---

[25] HOGG, Peter; BUSHELL, Allison A. The charter dialogue between courts and legislatures (or perhaps the charter of rights isn't such a bad thing after all). *Osgoode Hall Law Journal*, v. 35, n. 1, p. 75-124, jan. 1997. p. 104.

[26] HOGG, Peter; BUSHELL, Allison A. The charter dialogue between courts and legislatures (or perhaps the charter of rights isn't such a bad thing after all). *Osgoode Hall Law Journal*, v. 35, n. 1, p. 75-124, jan. 1997. p. 105.

institucional entre o Judiciário e o Legislativo, com uma clara intensificação das "trocas argumentativas". Esta "conversa" ocorre de modo sequencial, por meio de seguidas manifestações judiciais e legislativas (por isto, entendeu-se por denominar neste trabalho o fenômeno como "diálogo sequencial"). Estas interações dialógicas passaram a ser a regra no referido sistema, posto que na maioria dos casos há uma resposta legislativa (em regra rápida) a um pronunciamento judicial que declara a inconstitucionalidade de uma lei por desconformidade com os direitos previstos na *Bill of Rights*.

Como acima foi demonstrado, o diálogo sequencial ocorre tanto quando o Poder Legislativo supera o entendimento judicial manifestado na decisão, quanto quando há aquiescência ao posicionamento da Corte, isto porque esta escolha é feita de forma consciente e levando em consideração os argumentos de direito inseridos pelo Tribunal. É importante destacar que a própria essência do diálogo pressupõe a possibilidade de convencimento e aquiescência. Se o Legislativo, após conhecer os argumentos da Corte, preferir concordar com eles (mesmo tendo a possibilidade de não o fazer), não há como entender que não houve uma espécie de diálogo nesta situação. Isto está na própria essência dos sistemas de *weak-form judicial review*. Assim, se o exercício do controle de constitucionalidade pelos Tribunais deixa em aberto a possibilidade de uma atuação legislativa sequencial do legislador ordinário, sendo possível uma resposta de anuência ou discordância em um espaço de tempo relativamente curto e sem obstáculos procedimentais extraordinários, é óbvio que se tem um saudável diálogo entre os poderes, com um grande ganho de legitimidade democrática.

Neste cenário, a *judicial review* "não é um veto, mas o começo de uma comunicação interinstitucional a respeito de como conciliar direitos individuais com os objetivos de políticas econômicas e sociais".[27] Neste sentido, como bem afirma Kent Roach,[28]

> a experiência canadense sugere que a mais democrática forma de diálogo entre as Cortes e o Parlamento ocorre justamente quando o Judiciário tem o poder de declarar uma lei incompatível com os direitos da Convenção, e o Parlamento pode, caso deseje, ter a oportunidade de criar uma legislação corretiva na forma que lhe agrada.

A Corte funcionaria como um instrumento catalisador (uma Corte catalítica) do debate público, sobretudo acerca da proteção de direitos de grupos socialmente desfavorecidos. Esta função de catálise é sabidamente importante diante dos temas tendencialmente impopulares em determinada sociedade. O Legislativo, como poder eleito, tem uma predisposição natural de se afastar ou ao menos trivializar temas que possam causar repercussões negativas em termos de popularidade (imagine-se, por exemplo, quanto à proteção de direitos de pessoas acusadas de crime de terrorismo), justamente porque o apoio popular majoritário é necessário para a manutenção dos respectivos membros no poder. Por outro lado, a Corte tem liberdade para encampar a proteção destes direitos de forma mais efetiva e livre de pressões populares diretas. No entanto, numa análise dialógica, a decisão judicial que afastar a constitucionalidade de uma lei que, por exemplo, infringir direitos dos acusados de terrorismo, voltaria à

---

[27] MENDES, Conrado Hübner. *Direitos fundamentais, separação de poderes e deliberação*. São Paulo: Universidade de São Paulo, 2008. p. 146.
[28] ROACH, K. *The Supreme Court on trial*: judicial activism or democratic dialogue. Toronto: Irwin Law, 2001. p. 64.

pauta legislativa, reabrindo a discussão. Entretanto, este novo *round* teria características diferentes. Os argumentos jurídicos inseridos pelo Judiciário no debate agora estariam na mesa, e o legislador estaria mais consciente dos problemas constitucionais relativos ao tema, bem como mais seguro e "protegido" do clamor popular em razão da força retórica do argumento judicial. Neste quadro, o legislador poderia tomar uma decisão, concordando ou superando o entendimento da Corte, de modo mais independente e menos suscetível às pressões populares diretas.

2.2 Os resultados

A junção dos mecanismos da Seção 1, da Seção 33 e a *suspensão da declaração de invalidade* conseguiu criar um importante conjunto de ferramentas constitucionais que promove e facilita o diálogo institucional entre o Judiciário e o Legislativo no sistema canadense.[29] Contudo, o mais interessante é que as ideias de diálogo foram difundidas de forma tão forte pela doutrina (além de incentivadas pelos institutos presentes na Carta) que a própria Suprema Corte canadense e os demais juízes passaram a "se enxergar como interlocutores no diálogo",[30] havendo não apenas uma mudança procedimental, mais sim "cultural" na forma de se fazer direito constitucional no Canadá. Assim, pode-se dizer que a *judicial review* é hoje entendida no Canadá como parte de um diálogo institucional entre juízes e legisladores.[31]

Como bem afirma Kent Roach, "um construtivo e democrático diálogo entre Cortes e legislaturas, sob os auspícios de uma moderna carta de direitos, consegue melhorar o desempenho de ambas as instituições".[32] Um modelo de *weak-form judicial review*, tal como o instituído no Canadá, permite que a democracia assuma uma postura autoconsciente, autocrítica e real quando são evitados os extremos da supremacia judicial e da supremacia parlamentar. O Judiciário e o Legislativo passam, assim, a autocompletar, atuando em conjunto e dando respostas recíprocas às respectivas limitações.

Por fim, Kent Roach[33] lembra que os mecanismos de diálogo não são a resposta para casos difíceis de interpretação, mas permitem a formação de um processo no qual a busca pela resposta não é um monólogo judicial ou legislativo. A Corte não impede que o Parlamento faça prevalecer a sua opinião, se quiser, mas o induz a apresentar justificativas mais elaboradas quando da restrição de direitos e liberdades, bem como a assumir plena responsabilidade política pelas respectivas ações.

---

[29] ROACH, K. Sharpening the dialogue debate: the next decade of scholarship. *Osgoode Hall Law Journal*, v. 45, n. 1, p. 169-191, jan. 2007.
[30] MENDES, Conrado Hübner. *Direitos fundamentais, separação de poderes e deliberação*. São Paulo: Universidade de São Paulo, 2008. p. 147.
[31] HOGG, Peter; BUSHELL, Allison A. The charter dialogue between courts and legislatures (or perhaps the charter of rights isn't such a bad thing after all). *Osgoode Hall Law Journal*, v. 35, n. 1, p. 75-124, jan. 1997. p. 79.
[32] ROACH, K. Dialogue or defiance: legislative reversals of Supreme Court decisions in Canada and the United States. *International Journal of Constitutional Law*, v. 4, n. 2, p. 347-370, abr. 2006.
[33] ROACH, K. Dialogue or defiance: legislative reversals of Supreme Court decisions in Canada and the United States. *International Journal of Constitutional Law*, v. 4, n. 2, p. 347-370, abr. 2006.

Conclusão

Diante do que fora brevemente estudado neste trabalho, conclui-se que o sistema de *weak-form judicial review* instituído no Canadá a partir da *Canadian Charter of Rights and Freedoms* representa um grande avanço em termos de *design* constitucional, conferindo ao Poder Judiciário e ao Poder Legislativo papéis diferentes daqueles ordinariamente atribuídos nos modelos clássicos de controle de constitucionalidade.

Vê-se que, no Canadá, o Poder Judiciário é o responsável por identificar e reconhecer a inconstitucionalidade das normas produzidas pelo Poder Público por agressão aos direitos fundamentais previstos na Carta, contudo, ao Parlamento é reservada a possibilidade de superar uma decisão judicial através do uso de instrumentos inovadores, tais como a Seção 1 e a Seção 33 da CCORF. Isto permite a produção de um rico diálogo institucional entre a Corte e os legisladores, com intensificação das "trocas argumentativas" entre ambos e a melhora do desempenho destas instituições na definição do direito constitucional, conforme demonstrado.

Mais do que isso, a *weak-form judicial review* pode ser um elemento essencial para a legitimidade da atuação do Poder Judiciário no século XXI, compatibilizando a proteção dos direitos fundamentais por um órgão jurisdicional, com o princípio democrático, através da retomada de importância do Poder Legislativo, sem, com isto, desconsiderar o papel central do Poder Judiciário.

Referências

AMOS, M. Standing to seek a remedy for a violation of human rights law: a new model for a New Bill of Rights? *Social Science Research Network*, 13 abr. 2012.

ANDRADE, José Carlos Vieira de. *Os direitos fundamentais na Constituição portuguesa de 1976*. 5. ed. Coimbra: Almedina, 2012.

BATEUP, Christine. Reassessing the dialogic possibilities of weak-Form Bill of Rights. *Hastings International and Comparative Law Review*, v. 32, n. 2, p. 527-599, 2009.

BICKEL, Alexander. M. *The least dangerous branch*: The Supreme Court at the Bar of Politics. 2. ed. New Haven: Yale University Press, 1986.

BRADLEY, Anthony W.; PINELLI, Cesare. Parliamentarism. In: SAJÓ, András; ROSENFELD, Michel (Ed.). *The Oxford handbook of comparative constitutional law*. Oxford: Oxford University Press, 2012.

CAMERON, Jamie. Dialogue and hierarchy in charter interpretation: a comment on R. V. Mills. *Alberta Law Review*, v. 38, n. 4, p. 1051-1068, 2001.

CANADÁ. Supreme Court of Judgments. *R. v. Daviault*, [1994] 3 S.C.R. 63. Disponível em: <http://scc-csc.lexum.com/scc-csc/scc-csc/en/item/1172/index.do>. Acesso em: 9 mar. 2015.

CANOTILHO, José Joaquim Gomes. *Direito constitucional e teoria da Constituição*. Coimbra: Almedina, 2003.

CANOTILHO, José Joaquim Gomes; MOREIRA, V. *Constituição da República portuguesa anotada*. 4. ed. Coimbra: Coimbra Editora, 2007. v. 1.

CARROZZA, Paolo; DI GIOVINE, Alfonso; FERRARI, Giuseppe F. *Diritto costituzionale comparato*. Roma: GLF Editori Laterza, 2014.

CRAIG, Paul. The common law, shared power and judicial review. *Oxford Journal of Legal Studies*, v. 24, n. 2, p. 237-258, 2004.

DIXON, Rosalind. The Supreme Court of Canada, Charter dialogue and deference, *Social Science Research Network*, 8 dez. 2009. Disponível em: <http://papers.ssrn.com/abstract=1520789>. Acesso em: 9 mar. 2015.

FRIEDMAN, Barry. Dialogue and judicial review. *Michigan Law Review*, v. 91, n. 4, p. 577-682, fev. 1993.

GABIN, Sanford Byron. Judicial review, James Bradley Thayer, and the reasonable doudt test. *Hastings Constitutional Law Quarterly*, v. 3, n. 4, p. 961-1014, 1976.

GARDBAUM, S. The New Commonwealth model of constitutionalism. *Social Science Research Network*, 15 mar. 2002.

GARDBAUM, Stephen. Reassessing the new commonwealth model of constitutionalism. *Social Science Research Network*, 2010.

HOGG, Peter. Discovering dialogue. In: HUSCROFT, Grant; BRODIE, Ian. *Constitutionalism in the Charter Era*. Toronto: LexisNexis-Butterworths, 2004. v. 23.

HOGG, Peter; BUSHELL, Allison A. The charter dialogue between courts and legislatures (or perhaps the charter of rights isn't such a bad thing after all). *Osgoode Hall Law Journal*, v. 35, n. 1, p. 75-124, jan. 1997.

HOGG, Peter; THORNTON, A.; WRIGHT, W. Charter dialogue revisited: or "Much a do about metaphors". *Osgoode Hall Law Journal*, v. 45, n. 1, p. 1-65, jan. 2007.

JACKSON, Vicki. Constitutional change and living trees. *Jotwell: The Journal of Things We Like (Lots)*, v. 2011, 3 out. 2011.

LEVER, Annabelle. Democracy and judicial review: are they really incompatible? *Perspectives on Politics*, v. 7, n. 4, p. 805-822, 2009.

MANFREDI, C.; KELLY, J. Six degrees of dialogue: a response to Hogg and Bushell. *Osgoode Hall Law Journal*, v. 37, n. 3, p. 513-527, jul. 1999.

MCCONNELL, W. H. Canadian bill of rights. In: THE CANADIAN ENCYCLOPEDIA. 2. ed. Edmonton: Hurtig Publishers, 1988. v. 1.

MCWHINNEY, Edward. El constitucionalismo federal en Canada. In: FIX ZAMUDIO, Héctor (Ed.). *El federalismo en el continente americano*. México: [s.n.], 1971.

MENDES, Conrado Hübner. *Direitos fundamentais, separação de poderes e deliberação*. São Paulo: Universidade de São Paulo, 2008.

MENDES, Conrado Hübner. Not the last word, but dialogue: deliberative separation of powers 2. *Social Science Research Network*, nov. 2009.

MICHELMAN, Frank. I. Living with judicial supremacy. *Wake Forest Law Review*, 2003.

NINO, Carlos Santiago. *The constitution of deliberative democracy*. New Haven: Yale University Press, 1998.

PASSOS, Anderson Santos dos. A modulação de efeitos nas decisões de inconstitucionalidade: a produção de efeitos jurídicos de normas inconstitucionais e o sistema de controle de constitucionalidade brasileiro. *Revista Âmbito Jurídico*, v. 13, n. 74, 2010.

PETTER, Andrew. Legitimizing sexual inequality: three early charter cases. *Mc Gill Law Journal*, v. 34, n. 2, p. 358-389, 1988.

PETTER, Andrew. *The politics of the charter*: the illusive promise of constitutional rights. Toronto: University of Toronto Press, 2010.

ROACH, K. Dialogue or defiance: legislative reversals of Supreme Court decisions in Canada and the United States. *International Journal of Constitutional Law*, v. 4, n. 2, p. 347-370, abr. 2006.

ROACH, K. Sharpening the dialogue debate: the next decade of scholarship. *Osgoode Hall Law Journal*, v. 45, n. 1, p. 169-191, jan. 2007.

ROACH, K. *The Supreme Court on trial*: judicial activism or democratic dialogue. Toronto: Irwin Law, 2001.

ROSENFELD, Michel; SAJÓ, Andras (Eds.). *The Oxford handbook of comparative constitutional law*. Oxford: Oxford University Press, 2012.

ROSTOW, Eugene. The democratic character of judicial review. *Harvard Law Review*, v. 66, 1952.

SILVA, Suzana Tavares da. *Direitos fundamentais na arena global*. 2. ed. Coimbra: Imprensa da Universidade de Coimbra, 2014.

SINNOTT-ARMSTRONG, Walter. Weak and strong judicial review. *Law and Philosophy*, v. 22, p. 381-392, 2003.

THAYER, James B. *The origin and scope of the American Doctrine of Constitutional Law*. Bonston: Little, Brown and Company, 1893.

TUSHNET, M. V. *Weak courts, strong rights*: judicial review and social welfare rights in comparative constitutional law. Princeton: Princeton University Press, 2008.

TUSHNET, Mark V. Alternative forms of judicial review. *Georgetown Law Faculty Publications and Other Works*, jan. 2003a.

TUSHNET, Mark V. Comparative constitutional law. In: ZIMMERMANN, Reinhard; REIMANN, Mathias (Ed.). *The Oxford handbook of comparative law*. Oxford: Oxford University Press, 2006.

TUSHNET, Mark V. Democracy versus judicial review: is it time to amend the constitution? *Dissent*, v. 52, n. 2, p. 59-63, 2005.

TUSHNET, Mark V. Marbury v. Madison around the world. *Georgetown Law Faculty Publications and Other Works*, jan. 2004.

TUSHNET, Mark V. New forms of judicial review and the persistence of rights: and democracy-based worries. *Georgtown Law Faculty Publications and Other Works*, 2003b.

TUSHNET, Mark V. *New forms of judicial review and the persistence of rights*. Weak courts, strong rights: judicial review and social welfare rights in comparative constitutional law. Princeton: Princeton University Press, 2008.

TUSHNET, Mark V. Weak-form judicial review and core civil liberties. *Harvard Civil Rights-Civil Liberties Law Review*, v. 41, n. 1, p. 1-22, 2006.

VERGOTTINI, Giuseppe de. *Diritto costituzionale comparato*. 7. ed. Padova: Cedam, 2007. v. 1.

WALD, Patricia. One nation indivisible, with liberty and justice for all: lessons from the american experience for new democracies. *Fordham Law Review*, v. 59, n. 2, p. 283, 1 jan. 1990.

WALDRON, J. The core of the case against judicial review. *The Yale Law Journal*, v. 115, n. 6, p. 1346-1406, abr. 2006.

Informação bibliográfica deste texto, conforme a NBR 6023:2002 da Associação Brasileira de Normas Técnicas (ABNT):

PASSOS, Anderson Santos dos. A *weak-form judicial review* no Canadá e o diálogo institucional judiciário-legislativo na promoção dos direitos fundamentais. In: PINTO, Hélio Pinheiro; LIMA NETO, Manoel Cavalcante de; LIMA, Alberto Jorge Correia de Barros; SOTTO-MAYOR, Lorena Carla Santos Vasconcelos; DIAS, Luciana Raposo Josué Lima (Coords.). *Constituição, direitos fundamentais e política*: estudos em homenagem ao professor José Joaquim Gomes Canotilho. Belo Horizonte: Fórum, 2017. p. 449-468. ISBN 978-85-450-0185-0.

O NEOCONSTITUCIONALISMO E O CONTROLE EXPANSIVO DA ADMINISTRAÇÃO PÚBLICA: PARÂMETROS PARA A FISCALIZAÇÃO DE SEUS ATOS

CARLOS ALEY SANTOS DE MELO

Introdução

A história constitucional moderna, com início no final do século XVIII, como arremate do período revolucionário, desenvolve-se a partir de um constitucionalismo meramente formal, tendo a Constituição como instrumento de garantia das leis e não de si própria, para um constitucionalismo de feições mais substanciais, especialmente com a implementação do Estado Social de Direito na maioria dos países ocidentais, ou ao menos a implementação de elementos socializantes nas constituições até então de orientação preponderantemente liberais, o que ocorre enfaticamente no início do século XX, mas que sofre um novo revés após a Segunda Guerra Mundial e um forte retorno das ideias liberais no final do mesmo século.

Nesse contexto, o constitucionalismo surgido no último período de seu desenvolvimento encampa um conjunto de teorias ainda não muito bem solidificadas na literatura jurídica e na jurisprudência dos tribunais, especialmente com a ascensão da Constituição ao centro do ordenamento jurídico, passando a ter força normativa própria, com especial ênfase na garantia dos direitos fundamentais, com foco na dignidade da pessoa humana.

Os fenômenos decorrentes dessa virada constitucional variam do mais absoluto ceticismo ao maior dos entusiasmos, sendo que estes últimos poderiam ser considerados os neoconstitucionalistas, que acreditam em um constitucionalismo contemporâneo capaz de garantir os direitos fundamentais dos eventuais percalços da política cotidiana, contando com um texto constitucional de textura aberta, permitindo ao seu aplicador uma margem mais ampla de apreciação hermenêutica, com fundamento em visões principiológicas nele estabelecidos.

Paralelamente à discussão sobre a própria existência de um neoconstitucionalismo, há ainda debates internos entre positivistas e pós-positivistas, sendo estes últimos aqueles que aceitam a penetração de valores éticos e morais no direito constitucional e nos mecanismos de sua aplicação, daí decorrendo diversas matizes teóricas, muitas vezes conflitantes, sobre a maneira de interpretar e aplicar a Constituição contemporânea.

Por outro lado, umas das principais críticas ao neoconstitucionalismo é a que afirma ser essa corrente teórica instrumento de manutenção do *status quo*, substituindo o constitucionalismo formal, quando as classes dominantes já não foram mais capazes de controlar a produção legislativa, por terem perdido o domínio dos parlamentos para as classes populares.

É com base nesse debate crítico que se pretende desenvolver o presente trabalho, analisando até que ponto as teorias neoconstitucionalistas podem ser utilizadas como instrumento de dominação da Administração Pública para garantir os interesses das classes dominantes ou se, ao revés, pode ser manuseado como importante mecanismo de instrumentalização da máquina pública para a garantia e implementação dos direitos fundamentais, que em uma Constituição pluralista e com amplas garantias sociais redunda em salvaguarda dos interesses das minorias e das classes menos favorecidas e com pouco acesso às instâncias decisórias de poder.

Para tanto será analisado o surgimento, o desenvolvimento e a implementação do neoconstitucionalismo no Brasil, o sistema de controle judicial da Administração Pública e a aplicação da teoria em debate como meio de ampliação da sindicabilidade judicial dos atos administrativos e a sua potencialidade de manutenção dos interesses das classes dominantes ou de implemento progressista em defesa daqueles que historicamente estiveram alijados de partilhar dos benefícios do Poder Público.

1 O neoconstitucionalismo no Brasil

Antes de adentrar na discussão sobre o neoconstitucionalismo, faz-se necessário imiscuir-se na própria dimensão do constitucionalismo, pois, como parece evidente pela nomenclatura utilizada, não seria possível falar-se no primeiro, o novo, sem a existência do antigo.

Segundo J. J. Gomes Canotilho,[1] não é possível referir-se a um constitucionalismo, mas a vários constitucionalismos, uma vez que não se trata de termo unívoco e utilizado da mesma forma pelos diversos movimentos constitucionais, especialmente a díade: modelo histórico e modelo individualista. Na verdade, nessa mesma linha de raciocínio, Uadi Lammêgo Bulos[2] vai afirmar a própria inexistência histórica do termo constitucionalismo, ao prelecionar tratar-se de um termo novo para ideias antigas, existentes desde os povos primitivos, pois os ideais de liberdade, democracia e justiça sempre foram os reclamos contra os processos de dominação das coletividades. Na verdade, toda a ideia de constituição encontra-se ligada à garantia de direitos dos mais fracos contra os mais fortes, independentemente de onde provenha o poder desses últimos.

O mesmo autor[3] divide a evolução do constitucionalismo em primitivo, antigo, medieval, moderno e contemporâneo, afirmando, portanto, a sua existência desde

---

[1] CANOTILHO, José Joaquim Gomes. *Direito constitucional e teoria da Constituição*. 7. ed. Coimbra: Almedina, 2003. p. 51.

[2] BULOS, Uadi Lammêgo. *Constituição Federal anotada*. 7. ed. São Paulo: Saraiva, 2007. p. 7.

[3] BULOS, Uadi Lammêgo. *Constituição Federal anotada*. 7. ed. São Paulo: Saraiva, 2007. p. 9.

longínquos períodos, nas mais singelas organizações sociais humanas, independentemente de forma escrita e longe da dicotomia constituição formal e constituição material, tão cara à teoria constitucional moderna, plasmada nos movimentos político, social, jurídico e ideológico do século XVIII, com o fortalecimento de certos princípios que passaram a ser adotados pela maioria dos Estados, sob a forma de declaração de direitos e garantias fundamentais.[4] Canotilho afirma que:

> Constitucionalismo é a teoria (ou ideologia) que ergue o princípio do governo limitado indispensável à garantia dos direitos em dimensão estruturante da organização político-social de uma comunidade. Neste sentido, o constitucionalismo moderno representará uma técnica específica de limitação do poder com fins garantísticos. O conceito de constitucionalismo transporta, assim, um claro juízo de valor. É, no fundo, uma teoria normativa da política, tal como a teoria da democracia ou a teoria do liberalismo.[5]

O constitucionalismo moderno tem uma vertente histórica e outra revolucionária, sendo a primeira oriunda do *British Constitution* e a segunda de matriz francesa, também com embasamento teórico nos *faundim fathers* norte-americanos.[6]

Esses dois modelos vão deitar profunda influência no constitucionalismo do mundo ocidental, inclusive na América Latina, especialmente aquele de orientação fractal, estabelecendo uma ruptura com o *ancien regime*, criando a figura do poder constituinte,[7] inexistente no sistema inglês, baseado na sedimentação dos costumes e práticas constitucionais.

O poder constituinte de matriz continental europeia seria um regime de garantia de um sistema constitucional, limitativo e conformador do exercício do poder, já não mais nas mãos de um soberano absolutista, entretanto sem a garantia normativa de limitação do poder político por um instrumento com força superior à lei, na medida em que o constitucionalismo oitocentista continental europeu concebeu uma Constituição que, paradoxalmente, determinava o cumprimento da lei.[8]

Diferente foi o caminho trilhado pelo constitucionalismo norte-americano, que instituiu um modelo de Constituição assentado na ideia de limitação normativa do poder político, em um instrumento condensador dos princípios e garantias fundamentais da comunidade política e dos direitos dos particulares. Nesse sentido, Gilberto Bercovici[9] afirma que, nos Estados Unidos da América, a partir de 1780, passou-se a distinguir a lei fundamental da lei ordinária, como consequência da insatisfação de boa parte da elite americana com a atuação legislativa das assembleias, marcada por um enorme ativismo econômico. Ainda segundo Bercovici,[10] Thomas Jefferson entendia "[...] a constituição

---

[4] BULOS, Uadi Lammêgo. *Constituição Federal anotada*. 7. ed. São Paulo: Saraiva, 2007. p. 13.
[5] CANOTILHO, José Joaquim Gomes. *Direito constitucional e teoria da Constituição*. 7. ed. Coimbra: Almedina, 2003. p. 51.
[6] CANOTILHO, José Joaquim Gomes. *Direito constitucional e teoria da Constituição*. 7. ed. Coimbra: Almedina, 2003. p. 55-56.
[7] BARROSO, Luís Roberto. *Curso de direito constitucional contemporâneo*. 4. ed. São Paulo: Saraiva, 2013. p. 117-126.
[8] MATOS, Andre Salgado de. *A fiscalização administrativa da constitucionalidade*. Coimbra: Almedina, 2004. p. 99.
[9] BERCOVICI, Gilberto. *Soberania e Constituição*: para uma crítica do constitucionalismo. 2. ed. São Paulo: Quartier Latin, 2013. p. 121.
[10] BERCOVICI, Gilberto. *Soberania e Constituição*: para uma crítica do constitucionalismo. 2. ed. São Paulo: Quartier Latin, 2013. p. 122.

como lei fundamental que define e limita os poderes da legislatura ordinária e que não pode ser alterado pelo legislador ordinário". A isso, com base em Bruce Ackerman, Canotilho chama de democracia dualista, na qual *"Existem decisões – raras – tomadas pelo povo; existem decisões – frequentes – tomadas pelo governo (government)"*.[11]

O sistema constitucional de matriz norte-americana, nesse sentido, teria experimentado três momentos constitucionais de tomada de decisão pelo povo. O primeiro, na independência; o segundo, na guerra civil; e o terceiro, na implantação do *new deal*, todos eles marcando profundas mudanças no perfil da corte constitucional, na medida em que mantêm até os dias atuais a mesma constituição da fundação da pátria.

Para Riccardo Gaustini, a filosofia política utiliza o termo constituição em seu sentido originário, como uma garantia de liberdade dos cidadãos em suas relações com o Estado, protegidas mediante técnicas de limitação do poder, pois "La Constitución es concebida aquí como limite al poder político".[12]

Ocorre que ao final do século XIX, a enorme desigualdade social franqueada pela igualdade formal, o *laissez faire, laissez passer* do liberalismo burguês, associada à própria derrocada da economia capitalista de matriz eminentemente individualista, promove uma revisão no padrão constitucional até então vigente, demandando uma reaproximação do Estado com a sociedade, seja para reimpulsionar a roda da economia, ou para garantir direitos às classes menos favorecidas, com a utilização de instrumentos de intervenção nas relações econômicas e sociais, visando equalizar as desigualdades e impedir o exercício arbitrário dos poderes privados, funcionalizando institutos clássicos do modelo privatístico oitocentista.[13]

Isso leva a um retorno à própria origem do constitucionalismo moderno,[14] como instrumento de limitação do poder, que via nas mãos do Estado a garantia dos direitos dos mais fracos contra os mais fortes, com a ideia hobbesiana[15] de saída do Estado da Natureza para o Estado Civil, que garantiria a paz em detrimento da guerra, e que para Locke[16] seria também o fiador dos direitos naturais, não passando despercebido à Rousseau[17] também essa função estatal, como garantia da soberania popular, sufragada na vontade geral.

Luigi Ferrajoli afirma que o constitucionalismo não é somente uma conquista do passado, mas sim o maior legado do século XX, devendo, portanto, ter uma dupla garantia, a dos direitos de liberdade e a dos direitos sociais, "[...] no sólo frente a los poderes públicos sino también frente a los poderes privados [...]", arrematando com a necessidade de proteção na órbita interna e internacional.[18]

---

[11] CANOTILHO, José Joaquim Gomes. *Direito constitucional e teoria da Constituição*. 7. ed. Coimbra: Almedina, 2003. p. 58-59.
[12] CARBONEL, Miguel. *Teoría del neoconstitucionalismo*. Madrid: Trota, 2007. p. 16.
[13] BONAVIDES, Paulo. *Do Estado Liberal ao Estado Social*. 7. ed. São Paulo: Malheiros, 2004. p. 188.
[14] SARMENTO, Daniel. *Direitos fundamentais e relações privadas*. 2. ed. 3. tir. Rio de Janeiro: Lumen Juris, 2010. p. 129.
[15] BOBBIO, Noberto. *A era dos direitos*. Rio de Janeiro: Campus, 1991. p. 33.
[16] LOCKE, John. *Segundo tratado sobre o governo civil*. São Paulo: Edipro, 2014. p. 38.
[17] OTERO, Paulo. *Legalidade e administração pública*: o sentido da vinculação administrativa à juridicidade. Coimbra: Almedina, 2003. p. 59.
[18] OTERO, Paulo. *Legalidade e administração pública*: o sentido da vinculação administrativa à juridicidade. Coimbra: Almedina, 2003. p. 73.

A conquista dos direitos sociais é o segundo *ethos* do constitucionalismo, também chamado de direitos de segunda dimensão, a consagrar o segundo lema da Revolução França: a igualdade, neste caso, de amplitude material, influindo nos direitos econômicos, sociais e culturais, conforme esclarece Ingo Sarlet,[19] sobre a atribuição de comportamentos ativos do Estado na realização da justiça social.

Mas paralelamente a isso há um agigantamento do Estado, que passa a influir e mesmo dominar várias áreas da vida social,[20] gerando preocupações para o limite de sua intervenção na autonomia pública e privada do cidadão, especialmente por conta do apogeu do positivismo normativo, que via na lei o instrumento legitimador do exercício da soberania que portanto tudo podia, diante da ausência de limites materiais concretos de controle, na medida em que o sistema constitucional até então desenvolvido garantia a limitação do poder por meio da lei.

Essa sistemática contribuiu para o surgimento de Estados totalitários e para o sufocamento de determinadas categorias sociais minoritárias no jogo político, abrindo espaço para uma ditadura das maiorias, pois, com Paulo Otero, descobre-se que por detrás da vontade geral de orientação rousseauniana, esconde-se a obediência ilimitada da minoria a uma maioria que nunca se engana, a traduzir "[...] o alicerce de um modelo de democracia totalitária".[21] É por isso que Carlos Santiago Nino faz uma defesa enfática dos direitos humanos na avaliação das leis, ao prelecionar que "[...] um sistema normativo que não reconheça os direitos humanos não é lei – que os nazistas, por exemplo, dispõem de um conjunto de prescrições que regulou o seu aparato coercitivo, mas não têm propriamente um sistema legal".[22]

Para além, o positivismo normativo – que não se confunde com o exegético – no qual não cabe ao intérprete ser apenas a boca da lei, mas permite-lhe agir com um juízo de vontade, complementando os espaços deixados pela moldura legal,[23] contribuiu para que o direito fosse utilizado como um instrumento para infringir os direitos fundamentais com um verniz de legitimidade, na esteira da ideologia do século XVIII, que via na lei um instrumento libertário, por ter significado a limitação do poder do Estado.

A elevação dessa ideologia à máxima potência permitiu que atrocidades fossem cometidas em nome do direito, tendo a sua face mais perversa no Estado soviético e no nazista, pois, conforme a preciosa lição de Carlos Santiago Nino:

> O sistema normativo imposto pela Alemanha nazista choca pela injustiça tão radical, precisamente por ter sido um sistema jurídico, ou seja, um sistema que compartilhava certas propriedades fáticas comuns com outros sistemas jurídicos, como o argentino ou o norte-americano. Em contrapartida, se o víssemos não como um sistema jurídico, mas como a ordem normativa de uma organização delituosa – como a máfia – continuaríamos considerando-o aberrante, porém deixaríamos de perceber com clareza a horrenda iniquidade envolvida na implantação de um sistema, respaldado pelo monopólio da força em um certo território, constituído por leis e aplicados por juízes e servidores da justiça,

---

[19] SARLET, Ingo Wolfgang. *A eficácia dos direitos fundamentais*. 12. ed. Porto Alegre: Livraria do Advogado, 2015. p. 47.
[20] MARRARA, Thiago (Org.). *Princípios de direito administrativo*. São Paulo: Atlas, 2012. p. 52.
[21] OTERO, Paulo. *Legalidade e administração pública*: o sentido da vinculação administrativa à juridicidade. Coimbra: Almedina, 2003. p. 62.
[22] NINO, Carlos Santiago. *Ética e direitos humanos*. São Leopoldo: Unisinos, 2011. p. 27.
[23] STRECK, Lenio Luiz. *Hermenêutica jurídica e(m) crise*. 8. ed. Porto Alegre: Livraria do Advogado, 2009. p. 241-244.

mas que, ao contrário de outros sistemas que reúnem essas mesmas propriedades, não se destinava a garantir condições de vida razoavelmente seguras para toda a população, e, sim, a assegurar o domínio de certa raça, eliminando os "seres inferiores" e os dissidentes.[24]

Após esses acontecimentos, o direito passa por uma crise, com parte dos teóricos defendendo um retorno ao jusnaturalismo, sob a acusação de que o direito dado pelo Estado pode levar a qualquer conteúdo, inclusive aqueles radicalmente injustos;[25] tese rejeitada por outra corrente doutrinária, que resgata a velha crítica ao direito natural, a de que ele não foi historicamente capaz de garantir os direitos mínimos da humanidade.[26]

O embate tem como consequência o desenvolvimento de uma ideia da necessidade de ter-se um instrumento garantidor dos direitos fundamentais que não estivesse à disposição da política ordinária, especialmente da manipulação propagandística e das maiorias eventuais, sustentado em bases valorativas fundantes de cada sociedade, sem que isso importasse, entretanto, de valer-se de conceitos teológicos ou racionais para a garantia dos direitos, próprios das doutrinas jusnaturalistas. Como adverte Daniel Sarmento "[...] na medida em que as constituições contemporâneas entronizam com prodigalidade os valores morais [...]", o debate entre positivistas e pós-positivistas perde bastante em importância, em virtude da "[...] penetração da moral no tecido jurídico, sobretudo pela via dos princípios constitucionais".[27] Esse instrumento qualificado foi a própria Constituição, que, de mero documento de proclamação política garantidora do respeito à lei, passou a ser o centro de irradiação e garantia dos direitos fundamentais,[28] conformando a própria legalidade aos seus termos, inclusive com a expansão do controle de constitucionalidade material, nos moldes conhecidos pelo constitucionalismo norte-americano desde o início do século XIX.[29]

As constituições europeias surgidas após a Segunda Guerra Mundial asseguraram a sua própria força normativa direta, independente e superior à lei, fenômeno que chegou ao Brasil com a Constituição Federal de 1988,[30] pois, apesar de as constituições anteriores preverem o controle de constitucionalidade material desde a Constituição Republicana de 1891, a sua força normativa pouco era sentida na realidade social, diante dos limites impostos a esse controle e da cultura jurídica prevalente que não valorizava a Constituição,[31] na contramão da história, ainda fortemente influenciada pelo individualismo-burguês e focada nas relações privadas regulamentada pelo Código Civil.[32]

---

[24] NINO, Carlos Santiago. *Introdução à análise do direito*. Tradução de Elza Maria Gasparotto. São Paulo: Martins Fontes, 2015. p. 48.
[25] SARMENTO, Daniel. *O neoconstitucionalismo no Brasil*: riscos e possibilidades. Disponível em: <http://www.editoraforum.com.br/sist/conteudo/lista_conteudo.asp?FIDT_CONTEUDO=56993>. Acesso em: 20 ago. 2015.
[26] BARROSO, Luís Roberto (Org.). *A nova interpretação constitucional*. Rio de Janeiro: Renovar, 2008. p. 23.
[27] BARROSO, Luís Roberto (Org.). *A nova interpretação constitucional*. Rio de Janeiro: Renovar, 2008. p. 23.
[28] MATOS, André Salgado de. *A fiscalização administrativa da constitucionalidade*. Coimbra: Almedina, 2004. p. 100-103.
[29] BARROSO, Luís Roberto (Org.). *A nova interpretação constitucional*. Rio de Janeiro: Renovar, 2008. p. 108.
[30] BARROSO, Luís Roberto (Org.). *A nova interpretação constitucional*. Rio de Janeiro: Renovar, 2008. p. 108.
[31] SARMENTO, Daniel. *O neoconstitucionalismo no Brasil*: riscos e possibilidades. Disponível em: <http://www.editoraforum.com.br/sist/conteudo/lista_conteudo.asp?FIDT_CONTEUDO=56993>. Acesso em: 20 ago. 2015.
[32] BARROSO, Luís Roberto (Org.). *A nova interpretação constitucional*. Rio de Janeiro: Renovar, 2008. p. 23.

Essa nova configuração do constitucionalismo da contemporaneidade que vem sendo denominada por uma forte corrente doutrinária como neoconstitucionalismo é um fenômeno relativamente novo, mas conta, a cada dia, com mais adeptos, especialmente na Itália, Espanha e diversos países da América Latina, tendo ao menos três distintos níveis de análise, conforme assegurado por Miguel Carbonell, ao referir-se aos textos constitucionais, às práticas jurisprudenciais e ao desenvolvimento teórico.[33]

De forma bastante reduzida, Carbonell afirma que o neoconstitucionalismo começa a surgir depois da Segunda Guerra Mundial, especialmente a partir dos anos setenta, por meio de constituições que não se limitam a estabelecer competências e separar os poderes públicos, mas contém altos níveis de normas materiais que condicionam a ação do Estado, citando, expressamente como exemplo, "[...] la brasileria de 1988 [...]".[34] Com relação às práticas jurisprudenciais, aponta uma relevante mudança, com a utilização de parâmetros interpretativos novos, permitindo uma racionalidade judicial mais completa, com a aplicação de técnicas interpretativas próprias dos princípios constitucionais, "[...] la ponderación, la proporcionalidad, la razoabilidad, la maximización de los efectos normativos de los derechos fundamentales, el efecto irradiación, la proyección horizontal de los derechos [...]".[35] Finalmente, refere-se à forte influência que as cortes constitucionais têm recebido dos novos desenvolvimentos teóricos, capazes de influenciar decisivamente em suas deliberações.[36]

2 Os caminhos sinuosos da legalidade

A formação do Estado Moderno, conforme as doutrinas contratualistas sociais inspiradoras do período pré-revolucionário, partiu da ideia de que a concentração de poder nas mãos do Estado, especialmente perante o poder soberano, garantiria a segurança individual em face do arbítrio, sendo preferível, segundo Hobbes, abrir mão da liberdade para garantir a paz,[37] saindo-se do Estado de Guerra para o Estado Civil, em que todos deveriam obedecer ao poder soberano. Essas ideias são partilhadas, em parte, por Locke e Rousseau, apesar das diferenças de conteúdo com o primeiro e de origem com o segundo.[38]

Em todo caso, a busca era por uma segurança em face do arbítrio, que naquele momento não era necessariamente exercido pelo Estado, mas especialmente pelos poderes privados.[39] Daí poder-se falar que a gênese da ideia de limitação do poder buscou pôr limites ao mais forte, por meio do Estado, cuja preocupação com a limitação do seu próprio poder somente veio em um segundo estágio, quando a sociedade passou

---

[33] CARBONELL, Miguel (Org.). *Teoría del neoconstitucionalismo*. Madrid: Trota, 2007. p. 09.
[34] CARBONELL, Miguel (Org.). *Teoría del neoconstitucionalismo*. Madrid: Trota, 2007. p. 10.
[35] CARBONELL, Miguel (Org.). *Teoría del neoconstitucionalismo*. Madrid: Trota, 2007. p. 10.
[36] CARBONELL, Miguel (Org.). *Teoría del neoconstitucionalismo*. Madrid: Trota, 2007. p. 11.
[37] BOBBIO, Noberto. *A era dos direitos*. Rio de Janeiro: Campus, 1991. p. 34.
[38] BOBBIO, Noberto. *Direito e Estado no pensamento de Emanuel Kant*. 3. ed. Brasília: Universidade de Brasília, 1995. p. 46.
[39] SARMENTO, Daniel. *O neoconstitucionalismo no Brasil*: riscos e possibilidades. p. 129. Disponível em: <http://www.editoraforum.com.br/sist/conteudo/lista_conteudo.asp?FIDT_CONTEUDO=56993>. Acesso em: 20 ago. 2015.

a não mais aceitar a ausência de limites do monarca absoluto e os abusos que levaram ao arbítrio estatal.[40]

Nesse momento, eclodem as revoluções constitucionalistas do século XIX, que passaram a demandar do Estado a erosão de um sistema baseado na concentração de todos os poderes e direitos no rei soberano, em detrimento do indivíduo, considerado mero súdito, com todos os deveres e sem nenhum direito, conforme adverte Bonavides:

> Daí por que a perspectiva histórica daqueles tempos nos mostra com mais evidência o prestígio da ideologia que amparou os direitos naturais do Homem perante o Estado do que aquela outra, que, oriunda de um teólogo como Bossouet ou um filósofo como Hobbes, apregoava o direito natural do Estado, encarnado na opressão da realeza absoluta.[41]

Portanto, a luta pela limitação de poder, em sua gênese, não está ligada à imposição de peias aos poderes estatais. A horizontalidade dos direitos fundamentais, que só vem a ser dogmaticamente desenvolvida pela doutrina e jurisprudência constitucionais no século XX, já estava presente desde os primórdios do desenvolvimento das teorias que levaram ao constitucionalismo, pois, com Juan María Bilbao Ubilos,[42] vê-se que as teorias contratualistas da comunidade política foram o resultado de um pacto entre indivíduos igualmente livres, que, renunciando à sua liberdade natural, estariam assegurando a garantia recíproca de seus direitos, por meio do Estado, frente ao ataque dos demais, com o uso da força, se necessário fosse.

Ocorre que o verdadeiro vencedor da revolução constitucionalista não foi o povo, mas a elite dominante,[43] que se utilizou das massas apenas enquanto elas foram necessárias para engrossar o caldo revolucionário. A burguesia, no momento que se apoderou do controle político da sociedade, já não se interessou em manter, na prática, a universalidade dos princípios libertários da revolução, implantando uma ideologia de classe, a classe burguesa.[44]

A desconfiança sempre imperou diante do receio de que os não proprietários buscassem galgar poder para partilhar a propriedade de seus detentores, sendo necessária a criação de instrumentos que garantissem plenamente a liberdade individual e a propriedade, e isso não era apenas uma preocupação da Europa continental, mas também refletia a inspiração do constitucionalismo norte-americano, pois, com Bercovici, observa-se que a formação dos Estados Unidos da América passa por um período de preocupação da elite dominante com leis estaduais que interviam na liberdade econômica e ameaçavam o direito de liberdade, levando a uma reação, por "[...] entender que o povo, em sua anarquia e licenciosidade, estava pervertendo a sua liberdade.".[45] O medo da maioria fez a elite norte-americana buscar instrumentos para assegurar a

---

[40] BONAVIDES, Paulo. *Do Estado Liberal ao Estado Social*. 7. ed. São Paulo: Malheiros, 2004. p. 40.
[41] BONAVIDES, Paulo. *Do Estado Liberal ao Estado Social*. 7. ed. São Paulo: Malheiros, 2004. p. 42.
[42] TEPEDINO, Gustavo (Org.). *Direito civil contemporâneo*: novos problemas à luz da legalidade constitucional. São Paulo: Atlas, 2008. p. 219.
[43] BONAVIDES, Paulo. *Do Estado Liberal ao Estado Social*. 7. ed. São Paulo: Malheiros, 2004. p. 42.
[44] BONAVIDES, Paulo. *Do Estado Liberal ao Estado Social*. 7. ed. São Paulo: Malheiros, 2004. p. 42.
[45] BERCOVICI, Gilberto. *Soberania e Constituição*: para uma crítica do constitucionalismo. 2. ed. São Paulo: Quartier Latin, 2013. p. 125.

liberdade e a propriedade, ao rever tendências democráticas e reforçar o poder dos magistrados, em detrimento do legislativo.[46]

Por outro lado, no modelo continental europeu, a lei assumiu a centralidade do ordenamento jurídico, conforme já afirmado, não passando a Constituição de um instrumento para assegurar o seu cumprimento e determinar a forma de sua produção.[47]

A par da ideia libertária de lei, entretanto, observa-se que a sua produção, desde o princípio, não acompanhou, na mesma toada, as ideias de liberdade, igualdade e fraternidade da Revolução Francesa, assegurando, se tanto, o seu primeiro lema.

Na verdade, segundo Gilberto Bercovici, o constitucionalismo europeu da primeira metade do século XIX é marcado por uma estrutura dualista e balanceada entre o rei e o parlamento, limitando o poder real pela Constituição, sem que isso importe, entretanto, pela deliberação em assembleia constituinte.[48]

A lei era um produto do parlamento, composto por representantes do povo, mas apenas de uma pequena parcela desse povo. As mulheres estavam apartadas do processo político e o voto era franqueado apenas àqueles que detinham propriedade. O voto censitário foi largamente utilizado pelo liberalismo burguês como instrumento deliberado para impedir que os não proprietários tivessem a capacidade de influenciar na tomada de decisão política, atrapalhando, de alguma forma, o direito de propriedade e a ampla liberdade negocial, inspirada pela sacralidade da autonomia da vontade.[49]

Diante desse quadro, não é difícil concluir-se que a soberania popular estava muito distante do povo – seu verdadeiro detentor, de modo a sobrar amplos espaços para o arbítrio dos poderes privados, quadro que só incorrerá nas primeiras mudanças ao final do século XIX, com a expansão do constitucionalismo social e a busca pela igualdade material.

O século XX viu desenvolverem-se espaços mais igualitários de disputa política, com o fim do voto censitário, o direito de participação política feminina e, por fim, sufrágio universal,[50] entregando, com quase 200 anos de atraso, a soberania popular ao seu verdadeiro dono: o povo.

Tudo isso vai ser superdimensionado a partir da segunda metade do século XX, com a queda dos regimes totalitários e a expansão da democracia, não somente pelo direito ao voto, mas também pela abertura da participação e importância política de diversos grupos sociais, especialmente daqueles historicamente apartados do processo de decisão política, cuja a atividade passou a deter capacidade de influência.[51]

Essas preocupações evidentemente vão gradativamente influenciar no conteúdo da lei, retirando-o, na mesma proporção, do domínio das elites dominantes, que passaram a ver-se submetidas, muitas vezes, à vontade das massas populares, daí a importância de se observar uma das mais severas críticas ao neoconstitucionalismo, exatamente

---

[46] BERCOVICI, Gilberto. *Soberania e Constituição*: para uma crítica do constitucionalismo. 2. ed. São Paulo: Quartier Latin, 2013. p. 126.
[47] MATOS, André Salgado de. *A fiscalização administrativa da constitucionalidade*. Coimbra: Almedina, 2004. p. 99.
[48] BERCOVICI, Gilberto. *Soberania e Constituição*: para uma crítica do constitucionalismo. 2. ed. São Paulo: Quartier Latin, 2013. p. 165.
[49] BERCOVICI, Gilberto. *Soberania e Constituição*: para uma crítica do constitucionalismo. 2. ed. São Paulo: Quartier Latin, 2013. p. 165.
[50] BONAVIDES, Paulo. *Do Estado Liberal ao Estado Social*. 7. ed. São Paulo: Malheiros, 2004. p. 188-189.
[51] BONAVIDES, Paulo. *Do Estado Liberal ao Estado Social*. 7. ed. São Paulo: Malheiros, 2004. p. 189.

o engessamento da disputa política, conforme adverte Juan Antonio Garcia Amado, ao criticar a transferência da última palavra do legislador para o juiz.[52] Na esteira ainda dessa crítica, no momento em que a soberania popular passou a ser plenamente exercida, as teorias neoconstitucionalistas serviram como salvaguarda dogmática da manutenção dos direitos das classes dominantes, infensas ao arbítrio popular, o que leva Bercovici[53] a afirmar que: "De guardião do poder constituinte, o tribunal constitucional se pretende seu substituto, usurpando o poder constituinte do povo". No Brasil, é Daniel Sarmento quem aprofunda essa crítica de que o neoconstitucionalismo "[...] teria como pano de fundo uma tentativa das elites econômicas e culturais, que perderam espaço na política majoritária, de manterem o seu poder, reforçando no arranjo institucional do Estado o peso do Judiciário, no qual elas ainda têm hegemonia".[54]

O neoconstitucionalismo, ao impedir a deliberação popular de uma significativa quantidade de matérias colocadas nos textos constitucionais, especialmente com a expansão do poder das cortes constitucionais, estaria a assegurar os privilégios das classes dominantes.

No caso brasileiro e dentro da proposta deste trabalho, pretende-se aferir até que ponto todo esse arcabouço teórico tende a ser utilizado como instrumento de conservação de direitos no âmbito do regime jurídico de direito administrativo ou se, ao revés, pode ser considerado progressista no sentido de expandir o controle interno e externo da Administração Pública.

3 O neoconstitucionalismo e o controle dos atos do Poder Público no Brasil

Tradicionalmente, no direito administrativo brasileiro, a dogmática jurídica a ele aplicável desenvolveu um sistema de controle interno e externo dos atos da gestão pública baseado no próprio regime jurídico de direito público. Diferentemente do direito privado, alicerçado, conforme Paulo Lôbo,[55] na liberdade negocial, na igualdade formal, no contrato e na propriedade, tendo como pedra de toque a autonomia privada, o regime jurídico de direito administrativo desenvolveu-se tendo como pilares a legalidade positiva, e os princípios da supremacia e indisponibilidade do interesse público, além da intangibilidade do ato administrativo.[56]

A legalidade administrativa, como reverso da moeda da legalidade aplicada aos particulares, passou a demandar a necessidade da existência de uma lei para justificar a ação da Administração Pública,[57] consagrada na clássica lição de Hely Lopes Meirelles, quando afirma que ao particular é dado o direito de fazer tudo o que não esteja vedado

---

[52] CARBONELL, Miguel (Org.). *Teoría del neoconstitucionalismo*. Madrid: Trota, 2007. p. 251.
[53] BERCOVICI, Gilberto. *Soberania e Constituição*: para uma crítica do constitucionalismo. 2. ed. São Paulo: Quartier Latin, 2013. p. 324.
[54] SARMENTO, Daniel. *O neoconstitucionalismo no Brasil*: riscos e possibilidades. Disponível em: <http://www.editoraforum.com.br/sist/conteudo/lista_conteudo.asp?FIDT_CONTEUDO=56993>. Acesso em: 20 ago. 2015.
[55] FARIAS, Cristiano Chaves de. *Leituras complementares de direito civil*: o direito-civil constitucional em concreto. Salvador: JusPodivm, 2007. p. 27.
[56] BINENBOJM, Gustavo. *Uma teoria do direito administrativo*. 3. ed. Rio de Janeiro: Renovar, 2014. p. 23-24.
[57] DI PIETRO, Maria Silvia Zanella (Org.). *Supremacia do interesse público e outros temas relevantes do direito administrativo*. São Paulo: Atlas, 2010. p. 203.

na lei; já ao gestor público somente é permitido fazer aquilo que esteja previsto em lei.[58] Esse raciocínio, desenvolvido por quase todo o século XX, encontrou no positivismo normativo o campo fértil para o desenvolvimento de espaços de conformação legal, de decisões nos espaços permitidos pela lei, dentro do poder discricionário,[59] que deu margem ao apartamento das estruturas dogmático-jurídicas entre os atos vinculados e os atos discricionários, estes últimos livres ao prudente arbítrio da autoridade pública e imune à fiscalização judicial, numa porta aberta em convite ao arbítrio.[60] Não à toa a jurisprudência dos tribunais pátrios até hoje tem dificuldade em lidar com a revisão judicial do ato discricionário.

O positivismo normativo não limita o aplicador do direito à mera boca da lei, mas abre-lhe espaço para participar da formação da decisão com ato de vontade legitimada em sua própria autoridade,[61] sem fiar-se a nenhum valor moral ou questão filosófica, dificultando a controlabilidade do ato. É o que Santiago Nino chama de positivismo metodológico ou conceitual, afirmando que "[...] a escolha entre essa posição e a do jusnaturalismo não implica a tomada de posição numa questão filosófica profunda, e, sim, numa simples questão verbal".[62]

Portanto, em que pese a legalidade administrativa tenha parecido um instrumento de limitação do agente público, na verdade foi utilizada como espaço de expansão de sua autonomia, permitindo que fosse utilizada muitas vezes de forma arbitrária, até porque, paralelamente a ela, foram aplicados os princípios da supremacia e indisponibilidade do interesse público, de matriz francesa, cujo desenvolvimento ocorreu à margem da Constituição, da lei e do controle judicial, por meio do Conselho de Estado francês, conforme conta Paulo Otero.[63]

A supremacia do interesse público também vem sendo entendida pela doutrina e os tribunais pátrios como um mecanismo que coloca, sempre e em todos os casos, o cidadão em uma situação de sujeição à Administração Pública, que teria sempre os seus interesses superiores aos do indivíduo, mero servidor do Estado, subvertendo a ideia de que este último é quem deve servir ao primeiro.

Na verdade, os regimes totalitários, inclusive os brasileiros, apropriaram-se da supremacia do interesse público e construíram uma história de um direito administrativo autoritário, planificando a felicidade das pessoas, como se houvesse um ideal de vida boa a cargo das escolhas do Estado, deixando de levar em consideração os interesses individuais, como se não fosse por meio da satisfação individual que se atingisse o melhor interesse público.[64]

Ademais, a indisponibilidade do interesse público marca a nota mais aguda da separação entre os regimes público e privado.[65] Apesar de essa diferença existir desde

---

[58] MEIRELLES, Hely Lopes. *Direito administrativo brasileiro*. 26. ed. São Paulo: Malheiros, 2001. p. 82.
[59] DI PIETRO, Maria Silvia Zanella (Org.). *Supremacia do interesse público e outros temas relevantes do direito administrativo*. São Paulo: Atlas, 2010. p. 204.
[60] BINENBOJM, Gustavo. *Uma teoria do direito administrativo*. 3. ed. Rio de Janeiro: Renovar, 2014. p. 39-41.
[61] STRECK, Lenio Luiz. *O que é isto*: decido conforme minha consciência? Porto Alegre: Livraria do Advogado, 2010. p. 81.
[62] NINO, Carlos Santiago. *Introdução à análise do direito*. Tradução de Elza Maria Gasparotto. São Paulo: Martins Fontes, 2015. p. 49.
[63] OTERO, Paulo. *Legalidade e administração pública*: o sentido da vinculação administrativa à juridicidade. Coimbra: Almedina, 2003.
[64] BINENBOJM, Gustavo. *Uma teoria do direito administrativo*. 3. ed. Rio de Janeiro: Renovar, 2014. p. 30-31.
[65] BARROSO, Luís Roberto. *Curso de direito constitucional contemporâneo*. 4. ed. São Paulo: Saraiva, 2013. p. 87.

o direito romano, é na fundação do constitucionalismo moderno que eles seguem caminhos diametralmente opostos, orientados pelo liberalismo burguês oitocentista[66] e pela burocratização da administração pública para afastá-la do patrimonialismo reinante no período pré-absolutista.

Por outro lado, a ascensão da força normativa das constituições e o neoconstitucionalismo, com suas três bases – densidade relativamente aberta dos textos constitucionais, expansão do poder das cortes constitucionais e adoção de teorias que fortalecem a aplicação substancial dos direitos fundamentais –,[67] têm permitido uma revisão dos institutos clássicos do regime jurídico de direito administrativo.

A legalidade já não é mais vista como o único instrumento a legitimar a ação do agente público, como também já não lhe basta o cumprimento da lei para legitimar a sua ação, se a sua aplicação não considerar os princípios constitucionais incidentes, de modo que a vinculação positiva da Administração Pública, hodiernamente, conforme adverte Germanda Moraes,[68] deve dar-se em relação à constituição e às leis, consagrando o princípio da juridicidade, o que, segundo Binenbojm,[69] acaba com o chamado poder discricionário, permitindo ao gestor público, quando muito, a possibilidade de encontrar a alternativa adequada dentro de um quadro de juridicidade que lhe foi franqueada para decisão.

Ainda com um viés neoconstitucionalista, ao elevar a importância dos princípios constitucionais e a centralidade na dignidade da pessoa humana, pedras de toque do constitucionalismo contemporâneo construído após a Segunda Guerra Mundial, o princípio da supremacia do interesse público já não pode mais colocar a Administração Pública em posição de superioridade, *a priori*, em relação ao indivíduo, que tem seus direitos assegurados com a mesma dignidade constitucional.[70]

Acresça-se a grande dificuldade conceitual de definir o conteúdo do interesse público, em uma sociedade constitucionalmente protegida pelo pluralismo, pela democracia e a garantia aos direitos fundamentais. O primeiro impediria a planificação dos interesses da sociedade para garantir a sua qualificação como interesse público, não cabendo ao Estado dirigir os interesses dos indivíduos,[71] até como garantia da autonomia existencial consagrada na dignidade da pessoa humana, como adverte Barroso,[72] não sendo possível uma ideia única de felicidade geral. No segundo caso, a democracia substancial,[73] não se pode identificar o interesse público como os interesses do Estado, muito menos do Governo. Nem mesmo os interesses da maioria poderiam ser equiparados ao interesse público, por desconhecer a natureza garantística dos direitos fundamentais em face das maiorias, a fim de evitar a formação de Estados totalitários legitimadores de desrespeitos das categorias sociais com menor espaço de representação política e capacidade de influência.

---

[66] BARROSO, Luís Roberto. *Curso de direito constitucional contemporâneo*. 4. ed. São Paulo: Saraiva, 2013. p. 81.
[67] ABBOUD, Jorge. *Discricionariedade administrativa e judicial*. São Paulo: Revista dos Tribunais, 2015. p. 85.
[68] MORAES, Germana de Oliveira. *Controle jurisdicional da Administração Pública*. 2. ed. São Paulo: Dialética, 2004. p. 49-50.
[69] BINENBOJM, Gustavo. *Uma teoria do direito administrativo*. 3. ed. Rio de Janeiro: Renovar, 2014. p. 221-222.
[70] BINENBOJM, Gustavo. *Uma teoria do direito administrativo*. 3. ed. Rio de Janeiro: Renovar, 2014. p. 106-107.
[71] FURTADO, Lucas Rocha. *Curso de direito administrativo*. 4. ed. Belo Horizonte: Fórum, 2013. p. 71-72.
[72] BARROSO, Luís Roberto. *A dignidade da pessoa humana no direito constitucional contemporâneo*. Belo Horizonte: Fórum, 2013. p. 81-87.
[73] BIELSCHOWSKY, Raoni Macedo. *Democracia constitucional*. São Paulo: Saraiva, 2013. p. 86-87.

Ademais, o gigantismo estatal fez surgir como consequência um crescimento do aparelhamento do Estado, em um inchaço da máquina administrativa burocrática que, para garantir o seu funcionamento separadamente do patrimônio do gestor, criou instrumentos formalistas para a sua atuação totalmente desvinculados de seus objetivos e do controle de resultados, no que se chamou de administração burocrática, preocupada excessivamente em garantir que os atos administrativos todos fossem realizados conforme as regras estabelecidas, numa pretensão de garantir uma total desvinculação do patrimônio público e particular, supostamente impedindo a apropriação privada da coisa pública.[74]

Corolário do princípio da indisponibilidade do interesse público, que tinha como função, nas palavras de Celso Antônio Bandeira de Mello:

> [...] encarecer que na administração os bens e os interesses não se acham entregues à livre disposição da vontade do administrador. Antes, para este, coloca-se a obrigação, o dever de curá-los nos termos da finalidade a eu estão adstritos. É a ordem legal que dispões sobre ela.[75]

Na verdade, esse princípio, no seu paradigma clássico, impedia qualquer disposição do interesse público, numa visão de apartá-lo de uma administração público-patrimonialista, em que a confusão entre o público e o privado naturalmente permitia espaços de disponibilidade não franqueados ao burocrata.

Ao analisar-se a nova configuração do direito administrativo, observar-se-á que ele tem total relação epistemológica com o neoconstitucionalismo, pois incorpora os direitos fundamentais, com ênfase na dignidade da pessoa humana, e a implementação concreta da democracia como objetivos a serem implementados e respeitados,[76] conformando a sua atuação aos ditames legais e constitucionais, mesmo os de densidade fluída, permitindo a ampliação da jurisdição constitucional como mecanismo de controle dos atos da Administração Pública, com o acolhimento de novos desenvolvimentos teóricos ligados à contemporaneidade.

Mas a mera constatação de que o neoconstitucionalismo está conectado com o novo regime de direito administrativo não é suficiente para concluir-se quanto à sua influência no avanço ou retrocesso do controle da Administração Pública.

Na verdade, ao se lançar um olhar mais acurado no comportamento e no controle da Administração Pública após a constitucionalização do direito administrativo, observar-se-á que os espaços de atuação discricionária do gestor público foram significativamente reduzidos, sobretudo com a utilização dos princípios constitucionais como parâmetro de atuação administrativa, impedindo ou ao menos limitando o espaço de atuação da autoridade dentro da moldura legal.

No caso brasileiro e pelo menos do ponto de vista específico do direito administrativo, praticamente toda a doutrina moderna reconhece o princípio da juridicidade administrativa como superação da legalidade formal.

---

[74] MIRAGEM, Bruno. *A nova Administração Pública e o direito administrativo*. 2. ed. São Paulo: Revista dos Tribunais, 2013. p. 36.
[75] BANDEIRA DE MELLO, Celso Antônio. *Curso de direito administrativo*. 25. ed. São Paulo: Malheiros, 2008. p. 74.
[76] JUSTEN FILHO, Marçal. *Curso de direito administrativo*. 10. ed. São Paulo: Revista dos Tribunais, 2014. p. 92.

Na jurisprudência também se encontram diversos casos que poderiam ilustrar a limitação do gestor público por princípios constitucionais.

Mas um caso específico talvez seja paradigmático para demonstrar a influência do neoconstitucionalismo na prática administrativa pública brasileira, por romper, a um só tempo, com a legalidade formal, com a insindicabilidade dos atos administrativos discricionários pelo Poder Judiciário – alargando, nesse sentido, o papel das cortes constitucionais –, e com o patrimonialismo histórico a serviço das classes dominantes, tradicionalmente apropriadas privatisticamente dos espaços públicos.

No dia 20.8.2008, o Supremo Tribunal Federal julgou a ADC nº 12/2008-DF,[77] o qual se debruçou sobre a constitucionalidade de uma resolução do Conselho Nacional de Justiça que havia proibido a contratação de parentes até o terceiro grau na linha reta e colateral, por consanguinidade ou por afinidade de magistrados e outros servidores de direção superior no âmbito de todo o Poder Judiciário Nacional. Na oportunidade, na tribuna da casa, postulando pelo reconhecimento da constitucionalidade da resolução, estava o então advogado, hoje ministro do próprio tribunal, Luís Roberto Barroso, que iniciou a sua sustentação oral comparando o combate ao nepotismo no Brasil à Revolta da Vacina ocorrida na então capital federal no início do século XX. Segundo o eminente constitucionalista, estava-se diante de uma mudança de paradigma, cuja resistência inicial tenderia à aceitação natural da medida, tamanho o seu benefício para a moralidade administrativa e o respeito aos direitos fundamentais, a igualdade e a dignidade humana.[78]

No julgamento, a jurisdição constitucional enfrentou várias questões jurídicas relevantes, mas o que importa especialmente para o presente trabalho foi o reconhecimento de que seria possível conformar o comportamento da Administração Pública, por meio da aplicação direta de princípios constitucionais, independentemente da existência de lei formal. Além disso, o Tribunal extraiu de um texto de densidade fluida uma norma concreta de vedação ao nepotismo, entendendo que a igualdade, a impessoalidade e a moralidade, expressamente previstas na Constituição com *status* de fundamentalidade, não poderiam conviver com contratações realizadas no âmbito administrativo motivadas por razões puramente pessoais, como laços de parentesco e amizade.

Como se pode observar, a atuação da Suprema Corte brasileira foi ao encontro de um dos pilares característicos do neoconstitucionalismo defendido por Miguel Carbonell, ao defender uma modificação nas práticas jurisprudenciais, em que:

> [...] los jueces se las tienen que ver con la dificultad de trabajar con valores que están constitucionalizados y que requieren una tarea hermenéutica que sea capaz de aplicarlos a los casos concretos de forma justificada y razonable, dotándolos de esa manera de contenidos normativos concretos. Y todo ello sin que, tomando como base tales valores constitucionalizados, el juez constitucional pueda disfrazar como decisión del poder constituyente, lo que en realidad es una decisión más o menos libre del propio juzgador.[79]

---

[77] BRASIL. Supremo Tribunal Federal. *Ação Declaratória de Constitucionalidade nº 12/2008-DF*. Tribunal Pleno, Rel. Min. Ayres Brito. Brasília, DF, 20.8.2008. Disponível em: <http://redir.stf.jus.br/paginadorpub/paginador.jsp?docTP=AC&docID=606840>. Acesso em: 5 jan. 2016.

[78] BARROSO, Luís Roberto. A derrota do nepotismo. *O Globo*, 3 mar. 2006. Disponível em: <http://noblat.oglobo.globo.com/artigos/noticia/2006/03/a-derrota-do-nepotismo-33961.html>. Acesso em: 5 jan. 2016.

[79] CARBONELL, Miguel (Org.). *Teoría del neoconstitucionalismo*. Madrid: Trota, 2007. p. 10.

Não se pode descurar também que para chegar a essa decisão foi necessário recorrer a novos desenvolvimentos teóricos que vão muito além do paradigma jurídico tradicionalmente adotado pela jurisprudência brasileira, especialmente no respeitante às novas técnicas de interpretação que buscam concretizar o texto constitucional, razão pela qual, ainda que se discorde do neoconstitucionalismo, pelo menos no âmbito do controle da Administração Pública brasileira, a sua aplicação tem contribuído para expandir o espaço de sindicabilidade dos atos administrativos praticados por uma gestão pública tradicionalmente conservadora e patrimonialista, não se prestando, portanto, à manutenção do *status quo*.

Conclusão

Apesar de suas ideias existirem desde os tempos mais primitivos, o constitucionalismo, como movimento político e social organizado, é um produto do século XVIII, como resultado da efervescência cultural do renascimento e do iluminismo, bem como da luta da humanidade por liberdade, democracia e justiça, buscando impedir a dominação do mais fraco pelo mais forte.

Ainda que decorrente da formação dos Estados como mecanismo para garantir a segurança da sociedade e do indivíduo, é na busca pela limitação do poder absoluto decorrente de engrenagens estatais fortes e soberanas que o constitucionalismo tem a sua face mais visível, seja aquele de matriz revolucionária ou mesmo a sua corrente histórica inglesa, cuja limitação do poder do rei deu-se gradualmente, sem rupturas institucionais abruptas, como aconteceu essencialmente na Revolução Francesa.

Mais, o resultado desse movimento durante o século XIX e boa parte do século XX não passou de uma limitação do poder do Estado por meio da lei, cujos mecanismos de produção foram tomados pela burguesia, como classe ascendente e verdadeira vitoriosa do período revolucionário, sendo implantado um sistema eminentemente liberal, que buscava garantir basicamente a propriedade e a liberdade negocial, mesmo que isso importasse no afastamento das classes menos favorecidas da disputa política.

Evidentemente esse sistema entra em crise após a utilização da lei como rótulo para qualquer conteúdo, inclusive normas radicalmente injustas, como aquelas produzidas pelos regimes totalitários, levando a uma revisão das ideias constitucionalistas, na busca de um instrumento que possa garantir os direitos fundamentais independentemente da lei, sendo a Constituição escolhida para a sua positivação, com especial ênfase na dignidade humana, com o estabelecimento da sua força normativa.

Herdeiro dessas ideias, nasce o movimento denominado neoconstitucionalista, baseado na textura aberta dos princípios constitucionais, em novas teorias para a sua aplicação e em atitudes mais ousadas da jurisdição constitucional, que no Brasil se revelam como importante instrumento de controle dos atos da Administração Pública, permitindo um rompimento com a legalidade formal e a discricionariedade insindicável, bem como na equalização entre os direitos fundamentais e os clássicos princípios da supremacia e indisponibilidade do interesse público, a impedir que estes últimos prevaleçam sempre e *a priori* em face dos indivíduos, legitimando qualquer tipo de atitude da Administração Pública, de modo a restringir a liberdade do gestor na prática de atos tradicionalmente orientados pelo patrimonialismo.

Referências

ABBOUD, Jorge. *Discricionariedade administrativa e judicial*. São Paulo: Revista dos Tribunais, 2015.

BANDEIRA DE MELLO, Celso Antônio. *Curso de direito administrativo*. 25. ed. São Paulo: Malheiros, 2008.

BARROSO, Luís Roberto (Org.). *A nova interpretação constitucional*. Rio de Janeiro: Renovar, 2008.

BARROSO, Luís Roberto. A derrota do nepotismo. *O Globo*, 3 mar. 2006. Disponível em: <http://noblat.oglobo.globo.com/artigos/noticia/2006/03/a-derrota-do-nepotismo-33961.html>. Acesso em: 5 jan. 2016.

BARROSO, Luís Roberto. *A dignidade da pessoa humana no direito constitucional contemporâneo*. Belo Horizonte: Fórum, 2013.

BARROSO, Luís Roberto. *Curso de direito constitucional contemporâneo*. 4. ed. São Paulo: Saraiva, 2013.

BERCOVICI, Gilberto. *Soberania e Constituição*: para uma crítica do constitucionalismo. 2. ed. São Paulo: Quartier Latin, 2013.

BIELSCHOWSKY, Raoni Macedo. *Democracia constitucional*. São Paulo: Saraiva, 2013.

BINENBOJM, Gustavo. *Uma teoria do direito administrativo*. 3. ed. Rio de Janeiro: Renovar, 2014.

BOBBIO, Noberto. *A era dos direitos*. Rio de Janeiro: Campus, 1991.

BOBBIO, Noberto. *Direito e Estado no pensamento de Emanuel Kant*. 3. ed. Brasília: Universidade de Brasília, 1995.

BONAVIDES, Paulo. *Curso de direito constitucional*. 22. ed. São Paulo: Malheiros, 2008.

BONAVIDES, Paulo. *Do Estado Liberal ao Estado Social*. 7. ed. São Paulo: Malheiros, 2004.

BRASIL. Supremo Tribunal Federal. *Ação Declaratória de Constitucionalidade nº 12/2008-DF*. Tribunal Pleno, Rel. Min. Ayres Brito. Brasília, DF, 20.8.2008. Disponível em: <http://redir.stf.jus.br/paginadorpub/paginador.jsp?docTP=AC&docID=606840>. Acesso em: 5 jan. 2016.

BULOS, Uadi Lammêgo. *Constituição Federal anotada*. 7. ed. São Paulo: Saraiva, 2007.

CANOTILHO, José Joaquim Gomes. *Direito constitucional e teoria da Constituição*. 7. ed. Coimbra: Almedina, 2003.

CARBONELL, Miguel (Org.). *Teoría del neoconstitucionalismo*. Madrid: Trota, 2007.

DI PIETRO, Maria Silvia Zanella (Org.). *Supremacia do interesse público e outros temas relevantes do direito administrativo*. São Paulo: Atlas, 2010.

FARIAS, Cristiano Chaves de. *Leituras complementares de direito civil*: o direito-civil constitucional em concreto. Salvador: JusPodivm, 2007.

FURTADO, Lucas Rocha. *Curso de direito administrativo*. 4. ed. Belo Horizonte: Fórum, 2013.

JUSTEN FILHO, Marçal. *Curso de direito administrativo*. 10. ed. São Paulo: Revista dos Tribunais, 2014.

LOCKE, John. *Segundo tratado sobre o governo civil*. São Paulo: Edipro, 2014.

MARRARA, Thiago (Org.). *Princípios de direito administrativo*. São Paulo: Atlas, 2012.

MATOS, André Salgado de. *A fiscalização administrativa da constitucionalidade*. Coimbra: Almedina, 2004.

MEIRELLES, Hely Lopes. *Direito administrativo brasileiro*. 26. ed. São Paulo: Malheiros, 2001.

MIRAGEM, Bruno. *A nova Administração Pública e o direito administrativo*. 2. ed. São Paulo: Revista dos Tribunais, 2013.

MORAES, Germana de Oliveira. *Controle jurisdicional da Administração Pública*. 2. ed. São Paulo: Dialética, 2004.

NINO, Carlos Santiago. *Ética e direitos humanos*. São Leopoldo: Unisinos, 2011.

NINO, Carlos Santiago. *Introdução à análise do direito*. Tradução de Elza Maria Gasparotto. São Paulo: Martins Fontes, 2015.

OTERO, Paulo. *Legalidade e administração pública*: o sentido da vinculação administrativa à juridicidade. Coimbra: Almedina, 2003.

SARLET, Ingo Wolfgang. *A eficácia dos direitos fundamentais*. 12. ed. Porto Alegre: Livraria do Advogado, 2015.

SARMENTO, Daniel. *Direitos fundamentais e relações privadas*. 2. ed. 3. tir. Rio de Janeiro: Lumen Juris, 2010.

SARMENTO, Daniel. *O neoconstitucionalismo no Brasil*: riscos e possibilidades. Disponível em: <http://www.editoraforum.com.br/sist/conteudo/lista_conteudo.asp?FIDT_CONTEUDO=56993>. Acesso em: 20 ago. 2015.

STRECK, Lenio Luiz. *Hermenêutica jurídica e(m) crise*. 8. ed. Porto Alegre: Livraria do Advogado, 2009.

STRECK, Lenio Luiz. *O que é isto*: decido conforme minha consciência? Porto Alegre: Livraria do Advogado, 2010.

TEPEDINO, Gustavo (Org.). *Direito civil contemporâneo*: novos problemas à luz da legalidade constitucional. São Paulo: Atlas, 2008.

Informação bibliográfica deste texto, conforme a NBR 6023:2002 da Associação Brasileira de Normas Técnicas (ABNT):

MELO, Carlos Aley Santos de. O neoconstitucionalismo e o controle expansivo da Administração Pública: parâmetros para a fiscalização de seus atos. In: PINTO, Hélio Pinheiro; LIMA NETO, Manoel Cavalcante de; LIMA, Alberto Jorge Correia de Barros; SOTTO-MAYOR, Lorena Carla Santos Vasconcelos; DIAS, Luciana Raposo Josué Lima (Coords.). *Constituição, direitos fundamentais e política*: estudos em homenagem ao professor José Joaquim Gomes Canotilho. Belo Horizonte: Fórum, 2017. p. 469-485. ISBN 978-85-450-0185-0.

UMA REFLEXÃO SOBRE O FUNDAMENTO ÚLTIMO OU FUNDAMENTO DOS DIREITOS HUMANOS

LEONARDO DE FARIAS DUARTE

1 Direitos naturais, direitos humanos e direitos fundamentais

Um critério imperfeito, mas objetivo e capaz de didaticamente diferenciar direitos naturais, direitos humanos e direitos fundamentais é o da positivação.

Segundo esse critério, os direitos naturais seriam aqueles não positivados, ao passo que os direitos humanos estariam positivados em documentos internacionais. Já os direitos fundamentais se achariam "expressos na ordem constitucional de um determinado Estado, normalmente abrigados no próprio texto constitucional".[1] Donde a assertiva de que não há direitos fundamentais sem Constituição.[2]

Nessa perspectiva, os direitos fundamentais,[3] positivados interna ou constitucionalmente, constituiriam "a feição constitucionalizada (embora não exatamente coincidente)" dos direitos humanos, positivados externamente.[4]

Embora essa distinção não seja estanque, dada a íntima ligação e relativa sobreposição entre as três categorias, a diferenciação delas, para além do seu didatismo, serve para destacar que este trabalho se assenta sobre a categoria dos direitos humanos.

2 Problemas relacionados ao fundamento (absoluto) dos direitos humanos

As várias corrente sobre os fundamentos dos direitos humanos podem ser reunidas em dois grandes grupos: (1) "fundamentalistas", a sustentarem, de modo

---

[1] Cf. DUARTE, Leonardo de Farias. *Obstáculos econômicos à efetivação dos direitos fundamentais sociais*. Rio de Janeiro: Renovar, 2011. p. 11-12. Apoiado, entre outros, em: PÉREZ LUÑO, Antonio-Enrique. *Los derechos fundamentales*. 5. ed. Madrid: Tecnos, 1993. p. 43-51; e SARLET, Ingo Wolfgang. *A eficácia dos direitos fundamentais*. 5. ed. Porto Alegre: Livraria do Advogado, 2005. p. 34-41.

[2] Cf. CRUZ VILLALON, Pedro. Formación y evolución de los derechos fundamentales. *Revista Española de Derecho Constitucional*, n. 25, 1989. p. 41.

[3] Para um breve histórico sobre os direitos fundamentais, ver, por exemplo: DUARTE, Leonardo de Farias. *Obstáculos econômicos à efetivação dos direitos fundamentais sociais*. Rio de Janeiro: Renovar, 2011. p. 14-22.

[4] Cf. DUARTE, Leonardo de Farias. *Obstáculos econômicos à efetivação dos direitos fundamentais sociais*. Rio de Janeiro: Renovar, 2011. p. 13.

geral, a noção de que, "como os seres humanos são iguais, racionais e agentes morais autônomos, eles são titulares de certos direitos e liberdades que realizam esses valores fundamentais";[5] e (2) "antifundamentalistas", grupo formado por aqueles que se opõem à "argumentação fundamentalista para as normas éticas ou políticas, chegando ao ponto de, como fazem alguns, negarem a existência dos direitos humanos",[6] embora concordem com os seus objetivos, recusando agressões desmotivadas, à semelhança dos que creem em um fundamento absoluto para os direitos humanos.

O pós-modernismo,[7] por exemplo, em linhas gerais, recusa a concepção de que "os seres humanos têm alguns direitos pelo simples fato de serem seres humanos". Para muitos pós-modernistas, "os direitos humanos não são nem a expressão de uma verdade universal, nem a negação desta".[8] Isso não significa que o pós-modernismo seja contrário à ideia que anima os direitos humanos, mas sim àqueles que defendem a existência de um fundamento absoluto e universal para essa categoria de direitos. No limite, tanto o liberalismo político quanto ao menos parte (ou uma extensão) do pós-modernismo assentem, mesmo que sob premissas diversas, que é necessária "uma plural e tolerante regra de conduta sob a qual os indivíduos vivam sem tentar assassinar uns aos outros", ou seja, buscam "estabelecer um alicerce sociopolítico em que os valores mais altos das pessoas possam pacificamente viver lado a lado".[9]

Já Bobbio pondera acerca da possibilidade ou não de um fundamento absoluto para os direitos humanos, bem como se um fundamento absoluto, além de possível, é desejável (ou útil), entendendo-se como tal um fundamento que assegure satisfatoriamente a efetivação dos direitos humanos. De acordo com o filósofo italiano, uma das razões para o insucesso do esforço para a identificação de um fundamento absoluto é a dificuldade em definir-se a expressão "direitos do homem", dada a sua fluidez conceitual. Ademais, a categoria dos direitos humanos é demasiado variável e heterogênea, chegando a contemplar espécies antinômicas de direitos, como aqueles de feição individual e os de natureza social, o que faz com que fique ainda mais difícil apontar um mesmo fundamento para espécies diversas de direitos. Aliado a isso, o reconhecimento de um fundamento absoluto, por si só, não é garantia de realização prática dos direitos humanos.[10]

---

[5] *Vide* nota 3.

[6] Cf. DUARTE, Leonardo de Farias. *Obstáculos econômicos à efetivação dos direitos fundamentais sociais*. Rio de Janeiro: Renovar, 2011. p. 39. Fazendo referência a: ARSLAN, Zühtü. Taking rights less seriously: postmodernism and human rights. *Res Publica*, v. 5, n. 2, 1999; e MACINTYRE, Alasdair. *After virtue*. 2. ed. Notre Dame: University of Notre Dame Press, 1984. p. 69-70.

[7] Apesar de o pós-modernismo constituir uma ideia ambígua, fugidia e multifacetária, a dificultar uma uniformidade quanto ao entendimento da expressão, sustenta-se ser ele aparentemente incompatível com o conceito de direitos humanos, dada a sua rejeição à noção de autonomia subjetiva e universalidade. Apesar disso, os pós-modernistas não subestimam (ao contrário, enfatizam) a relevância dos direitos humanos. Cf. DUARTE, Leonardo de Farias. *Obstáculos econômicos à efetivação dos direitos fundamentais sociais*. Rio de Janeiro: Renovar, 2011. p. 39 (nota 87); ARSLAN, Zühtü. Taking rights less seriously: postmodernism and human rights. *Res Publica*, v. 5, n. 2, 1999.

[8] Cf. DUARTE, Leonardo de Farias. *Obstáculos econômicos à efetivação dos direitos fundamentais sociais*. Rio de Janeiro: Renovar, 2011. p. 39; GAETE, Rolando. Postmodernism and human rights: some insidious questions. *Law and critique*, Liverpool, v. 2, n. 2, 1991.

[9] Cf. DUARTE, Leonardo de Farias. *Obstáculos econômicos à efetivação dos direitos fundamentais sociais*. Rio de Janeiro: Renovar, 2011. p. 39-40. Citando: ARSLAN, Zühtü. Taking rights less seriously: postmodernism and human rights. *Res Publica*, v. 5, n. 2, 1999. p. 211.

[10] Cf. BOBBIO, Norberto. *A era dos direitos*. Tradução de Carlos Nelson Coutinho. Rio de Janeiro: Elsevier, 2004. p. 37-44.

Outro problema relacionado à busca por um fundamento absoluto para os direitos humanos é a sua pretensa universalidade, ou seja, a ideia de que eles, por serem elementares, inerentes às pessoas, devem ser reconhecidos em qualquer lugar. Tal concepção, como é de supor-se, é objeto de críticas. Argumenta-se, por exemplo, que "os direitos humanos seriam derivados de ideais ocidentais liberais", tendo "suas origens históricas no relacionamento entre a burguesia e a teoria dos direitos durante a revolução francesa e após esta".[11]

Contrária à concepção universalista dos direitos humanos, Patrícia Jerónimo acentua que eles "– pelo seu sustento jusfilosófico como pelas suas traduções normativas – só têm verdadeiro sentido para o Ocidente".[12]

Na mesma linha, Bobbio destaca a dificuldade em aceitar que os direitos humanos sejam inerentes à natureza humana, e não à civilização humana. Como direitos históricos, não há como negar a sua mutabilidade, a sua suscetibilidade de "transformação e de ampliação".[13]

3 Fundamentos (possíveis) dos direitos humanos

3.1 Um fundamento formal ou histórico

Ante tantos entraves ao reconhecimento de um fundamento absoluto, Bobbio invoca um fundamento formal, histórico, consubstanciado na Declaração Universal dos Direitos do Homem (de 1948), dado o grande consenso internacional que ela representa, derivado do fato de um mesmo "sistema de valores" ser formal e livremente subscrito pelos representantes de expressiva quantidade de países. Essa Declaração evidenciaria a "consciência histórica que a humanidade tem dos próprios valores fundamentais", resumindo uma trajetória principiada com a "universalidade abstrata dos direitos naturais", que evolui para a territorialidade ou "particularidade concreta dos direitos positivos", com a previsão dos direitos humanos em um texto constitucional, alcançando a universalidade concreta com a Declaração Universal.[14]

Com isso, ainda de acordo com Bobbio, o problema da busca por um fundamento absoluto dos direitos humanos teria perdido parte da sua importância, devendo os esforços se concentrarem mais em encontrar uma forma de efetivar, na prática, os direitos humanos já consensualmente reconhecidos, contentando-se com a busca, "em cada caso concreto", dos *"vários fundamentos possíveis"*[15] (grifos nossos).

---

[11] Cf. DUARTE, Leonardo de Farias. *Obstáculos econômicos à efetivação dos direitos fundamentais sociais*. Rio de Janeiro: Renovar, 2011. p. 42. Reportando-se a: ARSLAN, Zühtü. Taking rights less seriously: postmodernism and human rights. Res Publica, v. 5, n. 2, 1999. p. 195; 201; 209.

[12] Cf. JERÓNIMO, Patrícia. *Os direitos do homem à escala das civilizações*: proposta de análise a partir do confronto dos modelos ocidental e islâmico. Coimbra: Almedina, 2001. p. 259-260.

[13] Cf. BOBBIO, Norberto. *A era dos direitos*. Tradução de Carlos Nelson Coutinho. Rio de Janeiro: Elsevier, 2004. p. 52.

[14] Cf. DUARTE, Leonardo de Farias. *Obstáculos econômicos à efetivação dos direitos fundamentais sociais*. Rio de Janeiro: Renovar, 2011. p. 40-44, fazendo referência a: BOBBIO, Norberto. *A era dos direitos*. Tradução de Carlos Nelson Coutinho. Rio de Janeiro: Elsevier, 2004. p. 42-53.

[15] Cf. BOBBIO, Norberto. *A era dos direitos*. Tradução de Carlos Nelson Coutinho. Rio de Janeiro: Elsevier, 2004. p. 23.

3.2 Um fundamento material: a dignidade da pessoa humana

Um fundamento material possível para os direitos humanos seria a dignidade da pessoa humana.[16]

Desde a Grécia antiga, procura-se "um princípio último – um substrato comum para todas as coisas, um elemento integrador subjacente à diversidade". Modernamente, a dignidade da pessoa humana afigura-se como um dos mais consistentes conceitos capazes de servir de base e de estar na essência de tudo, podendo, por conseguinte, ser "caracterizada como um valor fundamental que está na origem dos direitos humanos".[17]

A noção de dignidade da pessoa humana aqui apresentada é a exposta por Kant, para quem ela seria inerente à pessoa humana, pelo simples fato de ser pessoa e, portanto, única, insubstituível e não objeto de instrumentalização, constituindo, em última análise, um fim em si mesma, diverso de uma coisa, que é suscetível de troca.[18]

Fundado nessa concepção kantiana, Sarlet oferece um conceito jurídico de dignidade da pessoa humana, que a coloca como:

> A qualidade intrínseca e distintiva reconhecida em cada ser humano que o faz merecedor do mesmo respeito e consideração por parte do Estado e da comunidade, implicando, neste sentido, um complexo de direitos e deveres fundamentais que asseguram a pessoa tanto contra todo e qualquer ato de cunho degradante e desumano, como venham a lhe garantir as condições existenciais mínimas para uma vida saudável, além de propiciar e promover sua participação ativa e co-responsável nos destinos da própria existência e da vida em comunhão com os demais seres humanos.[19]

A dignidade da pessoa humana seria, então, o fundamento dos direitos humanos, que, por sua vez, fundamentariam toda a ordem jurídica positiva,[20] a vincular até mesmo o poder constituinte,[21] de modo a distanciar-se tanto do "formalismo normativista, de que é expressão o positivismo jurídico", quanto do "instrumentalismo utilitarista, em suas várias manifestações", a assegurar, assim, um sentido material ao direito, bem como a sua autonomia.[22]

Porém, na medida em que não basta afirmar que a dignidade da pessoa humana é inerente à pessoa humana pelo simples fato de ser pessoa, permanece em aberto a questão acerca do fundamento da própria dignidade da pessoa humana.

---

[16] Embora divagações acerca da origem, evolução, conteúdo, sentido e alcance da dignidade da pessoa humana escapem ao escopo deste trabalho, é relevante ao menos a apresentação de alguns conceitos desse princípio, tendo em vista a sua corrente utilização como fundamento (material) dos direitos humanos.

[17] Cf. BARROSO, Luís Roberto. *A dignidade da pessoa humana no direito constitucional contemporâneo*: a construção de um conceito jurídico à luz da jurisprudência mundial. Belo Horizonte: Fórum, 2012. p. 111.

[18] Cf. KANT, Immanuel. *Fundamentação da metafísica dos costumes*. Tradução de Paulo Quintela. Lisboa: Edições 70, 2005. p. 69; 77.

[19] SARLET, Ingo Wolfgang. *Dignidade da pessoa humana e direitos fundamentais na Constituição Federal de 1988*. 4. ed. Porto Alegre: Livraria do Advogado, 2006. p. 60.

[20] Cf. QUEIROZ, Cristina. *Direitos fundamentais sociais*. Funções, âmbito, conteúdo, questões interpretativas e problemas de justiciabilidade. Coimbra: Coimbra, 2006. p. 16.

[21] Cf. CANOTILHO, José Joaquim Gomes. *Direito constitucional e teoria da Constituição*. 7. ed. Coimbra: Almedina, 2003. p. 1404-1405. Referindo-se a: HABERMAS, Jürgen. *Direito e democracia*: entre facticidade e validade. Tradução de Flávio Breno Siebeneichler. Rio de Janeiro: Tempo Brasileiro, 1997. p. 155 e ss. v. 1.

[22] Cf. DUARTE, Leonardo de Farias. *Direitos e princípios no contexto da crise do positivismo jurídico*. Paper apresentado na disciplina de Filosofia do Direito do curso de Mestrado em Ciências Jurídico-Políticas II da Universidade de Coimbra, no ano letivo de 2005-2006. Para um brevíssimo resumo acerca das várias acepções de jusnaturalismos, juspositivismos e pós-positivismos, ver item 6.

4 A falta de fundamento dos direitos humanos

Do que foi exposto, já é possível antever que os vários fundamentos possíveis dos direitos humanos – sejam os de cunho formal ou histórico, sejam os de feição material – não têm fundamento.

Admitir-se que uma declaração firmada por vários países serviria de fundamento (possível) para os direitos humanos é, a rigor, o mesmo que dizer que, antes dela, não havia direitos humanos, assim como também não haverá depois dela.

Da mesma forma, sustentar um fundamento como a dignidade da pessoa humana também não resolve o problema, uma vez que, como exposto, faltaria esclarecer qual seria o fundamento da própria dignidade da pessoa humana.

Em suma, há vários fundamentos possíveis para os direitos humanos, alguns até calcados em algum outro fundamento e assim sucessivamente. Porém, essa sequência de fundamentos é finita. E, em regra, não passa de dois ou três níveis. Com efeito, uma incursão nas vigas de sustentação desse edifício de fundamentos vai necessariamente levar à conclusão de que o último fundamento dos demais fundamentos carece de fundamento.

Noutras palavras, não há como *provar* a existência de um fundamento último ou de um fundamento dos fundamentos dos direitos humanos.

5 A necessidade de um fundamento último ou fundamento dos fundamentos dos direitos humanos

A despeito do exposto no tópico anterior, e das fundadas objeções de Bobbio à ideia de fundamento absoluto dos direitos humanos – especialmente acerca da possibilidade ou não de um fundamento absoluto, bem como do fato de, em sendo possível um fundamento absoluto, se ele seria desejável ou útil –, o fato é que, sem um fundamento último para os direitos humanos, a rigor, nada impede que, no limite, ou ao menos em tese, os indivíduos, por exemplo, matem uns aos outros sem qualquer razão sustentável, assim como nada impede que qualquer outra atrocidade venha (ou volte) a acontecer.

Como evitar, por exemplo, violações de toda ordem como as verificadas na Segunda Guerra Mundial, muitas apoiadas em direito positivo pretensamente fundado?

Se os vários fundamentos possíveis são apenas históricos, uma mera construção social datada e territorialmente localizada, é de rigor concluir que, antes de eles serem histórica e socialmente construídos (ou depois da sua inevitável desconstrução; sim, porque toda construção histórica e social tende a mudar, acabar ou ser substituída por outra), não se teria nenhuma razão fundada para evitar-se que as pessoas, sem motivo sustentável, cometam os maiores atos de desumanidade contra outros indivíduos. Ou seja, se tal não pode ser evitado por um fundamento perene e universal, haveria, por coerência, de admitir-se como aceitável a prática de qualquer atrocidade humana.

Daí a necessidade de um fundamento último ou fundamento dos fundamentos dos direitos humanos.

6 Jusnaturalismos, juspositivismos e algumas correntes ditas pós-positivistas

Antes de evoluir para uma síntese conclusiva das premissas até então levantadas, é importante ao menos uma brevíssima apresentação das principais linhas de força do direito natural, do direito positivo e de algumas correntes que se fortaleceram com a crise do positivismo jurídico, especialmente após a Segunda Grande Guerra, a fim de facilitar a compreensão da proposta aqui oferecida.

A despeito da complexidade em explicar, com rigor, as múltiplas nuances do chamado direito natural, é possível dizer que, em última análise, a sua "força motora" é a noção de justiça, sintetizada por Ulpiano como a "constante e perpétua vontade – *constans et perpetua voluntas*". Em uma maior aproximação, pode dizer-se também que o direito natural "não é estático, abstracto e dedutível apenas de um princípio racional".[23]

Mais do que isso, o direto natural, em um sentido amplo, é sinônimo de pluralismo jurídico (diversamente do monismo jurídico), abarcando todas as perspectivas contrárias à completude e autossubsistência do direito positivo, encarando "uma qualquer instância de transcendência para o Direito". Em sentido estrito, o direito natural abrange os adeptos de uma acepção "jurídica de pleno direito, superior e fundante do Direito positivo".[24]

Cronologicamente, a primeira linhagem do direito natural foi o realismo clássico, também conhecido como escola clássica do direito natural. Esta "parece ter sido a concepção filosófica originária do direito", tanto em Aristóteles quanto para os romanos, vindo posteriormente a ser revisitada por São Tomás de Aquino. O denominado realismo clássico buscava "o direito nas coisas e nas relações sociais axiologicamente correctas". Concebia o direito "com o sentido do devido, da coisa devida".[25]

Já o direito natural positivista passou a restringir "a fórmulas positivadas os direitos originários e decorrentes da natureza humana", associando aquilo que é inerente à humanidade (o natural) com o poder derivado da política e da riqueza (o social). Limitava, enfim, os "direitos naturais ao devido por contrato, testamento, lei, costumes, etc. (com exclusão do título jurídico que é a própria natureza humana)".[26]

O direito natural racionalista, finalmente, a despeito dos poucos dados disponíveis para um estudo sereno e isento, não pode, por um lado, ser simplesmente tratado como "um mero anúncio do positivismo". Conforme Paulo Ferreira da Cunha, foi, por vezes, "um realismo de cabeleira empoada, na sua versão decadente"; noutras passagens, anunciou "ventos de despotismo esclarecido"; chegando, em alguns casos, a apresentar "hinos de liberdade".[27]

Além das várias correntes do direito natural, é de notar-se também a diferença entre direito natural e jusnaturalismo. O primeiro "é concebido pelos jusnaturalistas com uma realidade, uma dimensão da realidade jurídica (a par das outras, como o direito positivo, desde logo)". Já o jusnaturalismo mostra-se como a "interpretação ou a doutrina sobre a realidade".[28]

---

[23] Cf. CUNHA, Paulo Ferreira da. *Filosofia do direito*. Coimbra: Almedina, 2006. p. 303.
[24] Cf. CUNHA, Paulo Ferreira da. *Filosofia do direito*. Coimbra: Almedina, 2006. p. 321-322.
[25] Cf. CUNHA, Paulo Ferreira da. *Filosofia do direito*. Coimbra: Almedina, 2006. p. 322-323.
[26] Cf. CUNHA, Paulo Ferreira da. *Filosofia do direito*. Coimbra: Almedina, 2006. p. 324.
[27] Cf. CUNHA, Paulo Ferreira da. *Filosofia do direito*. Coimbra: Almedina, 2006. p. 325.
[28] Cf. CUNHA, Paulo Ferreira da. *Filosofia do direito*. Coimbra: Almedina, 2006. p. 304.

Direito positivo, por sua vez, é aquele efetivamente criado pelos homens "a partir dos princípios, dos métodos, do legado do direito natural". O positivismo jurídico pode ser classicamente dividido em historicista, sociologista e legalista. Importa mais, para o fim aqui proposto, o positivismo legalista, segundo o qual o "direito é aquilo que o poder manda". O legalista "acredita na lei, e apenas no que ela diga". Prefere o legalista, no limite, nem mesmo interpretá-la. Essa observância desmedida à lei, mesmo quando flagrantemente injusta, foi juridicamente questionada "pelos tribunais dos vencedores da II Guerra Mundial" (Nuremberg e Tóquio), sendo os vencidos julgados justamente "por não terem desobedecido a ordens iníquas", não se rebelando contra leis manifestamente injustas.[29]

Ademais, segundo Paulo Ferreira da Cunha, à semelhança do que ocorre entre o direito natural e o jusnaturalismo, o direito positivo e o juspositivismo também seriam diferentes, consistindo este na "teoria jurídica que considera apenas existir direito positivo, com exclusão de qualquer outra dimensão".[30]

A rigor, não há contrariedade entre o direito natural e o direito positivo, funcionando o último como uma "concretização [do primeiro] para os casos específicos, pontuais". Donde ser equivocado sustentar que o direito natural prescinde do direito positivo e vice-versa. O direito natural apenas não considera uma lei injusta como lei, tampouco como direito. Ou seja, enquanto o direito positivo pode ser injusto, o direito natural nunca o poderia ser, não só "por definição, mas sobretudo por natureza". O direito natural, assim, não se presta para o mesmo objetivo do direito positivo, não apresentando uma dimensão tão concreta, o que apenas o direito positivo, "atento às realidades concretas, e inspirado pelas grandes linhas do Direito natural pode, em cada tempo e lugar, determinar o que é mais adequado".[31]

As várias correntes do direito natural constituem "pluralismos jurídicos" (levando em conta "a existência simultânea de um direito natural e um direito positivo, por ele julgado e nele fundado"), ao passo que as diversas vertentes do direito positivo, em linhas gerais, negam "esse outro direito", representando, portanto, "uma posição monista".[32]

Sumariadas as principais aproximações e distanciamentos entre o direito natural e o direito positivo, importa expor algumas notas sobre a crise do positivismo jurídico e o que se sucedeu após ela. Há, na verdade, uma multiplicidade de causas para essa crise, algumas mais alinhadas à alteração do contexto histórico-cultural e político-social;[33] já outras, de caráter essencialmente jurídico, que são as que mais interessam para o fim aqui perseguido.

As causas jurídicas da crise do positivismo jurídico foram sentidas já no final do século XIX,[34] podendo ser mencionadas (1) a "superação do juridicismo formal por uma

---

[29] Cf. CUNHA, Paulo Ferreira da. *Filosofia do direito*. Coimbra: Almedina, 2006. p. 304; 316-318. Para um resumo acerca do chamado positivismo historicista e do positivismo sociologista, v., entre outros, o mesmo autor, na mesma obra, p. 316-317.
[30] Cf. CUNHA, Paulo Ferreira da. *Filosofia do direito*. Coimbra: Almedina, 2006. p. 305.
[31] Cf. CUNHA, Paulo Ferreira da. *Filosofia do direito*. Coimbra: Almedina, 2006. p. 305; 318-319.
[32] Cf. CUNHA, Paulo Ferreira da. *Filosofia do direito*. Coimbra: Almedina, 2006. p. 315.
[33] Para uma leitura mais detida dessas causas, ver, por exemplo: BRONZE, Fernando José. *Lições de introdução ao direito*. Coimbra: Coimbra, 2006. p. 378-399. v. 2.
[34] Cf. KAUFMANN, Arthur. A problemática da filosofia do direito ao longo da história. In: KAUFMANN, Arthur; HASSEMER, Winfried. *Introdução à filosofia do direito e à teoria do direito contemporâneas*. Tradução de Marcos Keel e Manuel Seca de Oliveira. Lisboa: Fundação Calouste Gulbenkian, 2002. p. 121.

intenção jurídica material"; (2) a "alteração do sentido do 'princípio da igualdade'" e o destaque para "os princípios normativos trans-legais"; (3) o "carácter lacunoso do direito constituído e a constituição do direito na sua problemático-concreta realização judicativo-decisória"; (4) o "direito a distinguir-se da lei"; e (5) a "evolução do Estado-de-Direito (formal) de mera legalidade para o Estado-de-Direito (material) – o 'Estado de Jurisdição'".[35]

A crise do positivismo jurídico se intensificou após a Segunda Guerra Mundial, o que impulsionou diversas correntes ditas pós-positivistas, termo demasiado abrangente e de difícil definição. A concepção de que o direito, embora compreenda a lei, é mais amplo que esta; a reaproximação do direito com a moral; a preocupação com o excesso de discricionariedade ou decisionismo judicial, especialmente nos casos para os quais a lei não dá uma resposta adequada; e a exigência de parâmetros controláveis para a decisão judicial são alguns temas comuns entre as várias vertentes desse movimento denominado pós-positivismo.

Dois autores muito citados no ambiente luso-brasileiro são Ronald Dworkin e Robert Alexy.

Obviamente que, tendo em vista o limite de páginas imposto a este trabalho, não há como desenvolver um resumo adequado acerca do pensamento desses autores. Todavia, dada a sua influência no cenário ibérico e brasileiro, faz-se necessária ao menos uma rápida abordagem sobre o cerne de suas teorias, ainda que correndo o risco de uma apresentação caricata, remetendo desde logo o leitor para as obras adiante citadas.

A teoria do direito de Dworkin foi desenvolvida com base sobretudo em três obras: *Taking rights seriously*, de 1978; *A matter of principle*, de 1985; e *Law's empire*, de 1986.[36]

Como se sabe, na primeira delas, a bastante conhecida *Levando os direitos a sério*, Dworkin faz uma fundada e forte crítica ao positivismo jurídico, especialmente àquele preconizado por H. L. A. Hart.

Observa-se um esforço em ultrapassar o direito natural e o direito positivo. Dworkin questiona a maneira de decidir dos juízes naquilo que denomina *hard cases*, identificando um problema de interpretação. Ele defende que, "para cada caso, só deve existir *uma* solução correcta", sendo necessário, para a identificação de uma "única solução correcta", um juiz "com capacidades sobrehumanas", um "Hércules", que não dispõe de "espaço de discricionariedade".[37]

Dworkin também diferencia regras, princípios e política.[38]

---

[35] Para um resumo acerca de cada uma das causas apontadas, ver por exemplo: DUARTE, Leonardo de Farias. *Obstáculos econômicos à efetivação dos direitos fundamentais sociais*. Rio de Janeiro: Renovar, 2011; BRONZE, Fernando José. *Lições de introdução ao direito*. Coimbra: Coimbra, 2006. p. 399-457. v. 2; KAUFMANN, Arthur. A problemática da filosofia do direito ao longo da história. In: KAUFMANN, Arthur; HASSEMER, Winfried. *Introdução à filosofia do direito e à teoria do direito contemporâneas*. Tradução de Marcos Keel e Manuel Seca de Oliveira. Lisboa: Fundação Calouste Gulbenkian, 2002. p. 121-159.

[36] Cf. KAUFMANN, Arthur. A problemática da filosofia do direito ao longo da história. In: KAUFMANN, Arthur; HASSEMER, Winfried. *Introdução à filosofia do direito e à teoria do direito contemporâneas*. Tradução de Marcos Keel e Manuel Seca de Oliveira. Lisboa: Fundação Calouste Gulbenkian, 2002. p. 157.

[37] Cf. DUARTE, Leonardo de Farias. *Obstáculos econômicos à efetivação dos direitos fundamentais sociais*. Rio de Janeiro: Renovar, 2011. Fazendo referência a: KAUFMANN, Arthur. A problemática da filosofia do direito ao longo da história. In: KAUFMANN, Arthur; HASSEMER, Winfried. *Introdução à filosofia do direito e à teoria do direito contemporâneas*. Tradução de Marcos Keel e Manuel Seca de Oliveira. Lisboa: Fundação Calouste Gulbenkian, 2002. p. 157-158.

[38] Apesar dessa diferenciação, Dworkin busca esclarecer que não defende que o direito abrange "um número fixo de padrões, alguns dos quais são regras e outros, princípios". Na verdade, seu objetivo é destacar que – se se

Política seria o padrão que descreve "um objetivo a ser alcançado", na maioria das vezes "uma melhoria em algum aspecto econômico, político ou social da comunidade".[39]

Já princípio seria o padrão a ser observado por "uma exigência de justiça ou eqüidade ou alguma outra dimensão da moralidade". Os princípios jurídicos parecem incidir mais fortemente nos assim chamados *hard cases*, exercendo um forte papel na argumentação que dá sustentação às decisões sobre direitos e obrigações jurídicas privadas. Depois da decisão, eles (os princípios) constituem uma "regra particular" para o caso, que não havia antes da decisão.[40]

Ao tratar das regras jurídicas, Dworkin enfatiza que a diferença entre elas e os princípios jurídicos é de ordem lógica. As regras incidem "à maneira do tudo-ou-nada", sendo consideradas válidas ou não conforme os fatos apresentados estejam ou não nelas previstos. Havendo conflitos entre duas regras, "uma delas não será válida". Os princípios jurídicos, por outro lado, carregam uma dimensão de peso ou importância que não há nas regras, devendo o juiz, ao verificar uma colisão de princípios, levar em conta "a força relativa de cada um".[41]

Dworkin propõe uma "tese dos direitos" em que haveria um aspecto descritivo, o qual "explica a estrutura atual da instituição da decisão judicial", e um aspecto normativo, que oferece "uma justificação política para essa estrutura". Mesmo nos casos não regulados por nenhuma regra, uma das partes continua a "ter o direito de ganhar a causa", devendo o juiz, mesmo nesses *hard cases*, "descobrir quais são os direitos das partes", e "não inventar novos direitos retroativamente". Entretanto, não existe "nenhum procedimento mecânico para demonstrar quais são os direitos das partes nos casos difíceis". A tese dos direitos não traz nada de novo acerca do que os juízes fazem, oferecendo somente uma nova forma de descrever o que todos sabem que eles fazem. Portanto, "as virtudes dessa nova descrição não são empíricas, mas sim políticas e filosóficas".[42]

A tese dos direitos, em suma, "segundo a qual as decisões judiciais tornam efetivos direitos políticos existentes", procura estabelecer a diferença entre "argumentos de política" e "argumentos de princípios". Os primeiros "justificam uma decisão política, mostrando que a decisão fomenta ou protege algum objetivo coletivo da comunidade como um todo", ao passo que os argumentos de princípios dão suporte a "uma decisão política, mostrando que a decisão respeita ou garante um direito de um indivíduo ou de um grupo".[43]

---

proceder a um estudo dos "fundamentos que devem ser levados em conta na decisão de um determinado caso sobre direitos e deveres jurídicos" – haverá "proposições com a forma e a força de princípios". Cf. DUARTE, Leonardo de Farias. Ponderações sobre a ponderação: o §2º do art. 489 do Novo Código de Processo Civil. In: SAMPAIO JÚNIOR, José Herval; CARVALHO, Antônio (Org.). *Os juízes e o Novo CPC*. Salvador: JusPodivm. No prelo. p. 119.

[39] Cf. DUARTE, Leonardo de Farias. Ponderações sobre a ponderação: o §2º do art. 489 do Novo Código de Processo Civil. In: SAMPAIO JÚNIOR, José Herval; CARVALHO, Antônio (Org.). *Os juízes e o Novo CPC*. Salvador: JusPodivm. No prelo.

[40] DUARTE, Leonardo de Farias. Ponderações sobre a ponderação: o §2º do art. 489 do Novo Código de Processo Civil. In: SAMPAIO JÚNIOR, José Herval; CARVALHO, Antônio (Org.). *Os juízes e o Novo CPC*. Salvador: JusPodivm. No prelo.

[41] DUARTE, Leonardo de Farias. Ponderações sobre a ponderação: o §2º do art. 489 do Novo Código de Processo Civil. In: SAMPAIO JÚNIOR, José Herval; CARVALHO, Antônio (Org.). *Os juízes e o Novo CPC*. Salvador: JusPodivm. No prelo.

[42] Cf. DUARTE, Leonardo de Farias. *Obstáculos econômicos à efetivação dos direitos fundamentais sociais*. Rio de Janeiro: Renovar, 2011.

[43] DUARTE, Leonardo de Farias. *Obstáculos econômicos à efetivação dos direitos fundamentais sociais*. Rio de Janeiro: Renovar, 2011.

Ainda segundo a tese dos direitos, as tradições políticas ou a história institucional compõem o juízo político dos juízes, uma vez que fazem "parte do pano de fundo que qualquer juízo plausível sobre os direitos de um indivíduo deve levar em consideração". A responsabilidade política a que estão sujeitos os juízes impõe que suas decisões, para além de parecerem certas isoladamente, devem fazer "parte de uma teoria abrangente dos princípios e das políticas gerais que seja compatível com outras decisões igualmente consideradas certas". Há de existir, portanto, coerência "na aplicação do princípio que se tomou por base, e não apenas na aplicação da regra específica anunciada em nome desse princípio".[44]

Diversamente de Dworkin, Alexy afirma que os princípios podem abarcar tanto direitos individuais quanto interesses coletivos.[45]

Conforme pontua Habermas, o jurista americano também entende os direitos fundamentais como "princípios deontológicos" do direito, enquanto que Alexy concebe-os como "bens otimizáveis" do direito.[46]

Como se sabe, Alexy também distingue regras de princípios.[47] Chega a dizer que essa distinção seria a base da teoria da fundamentação dos direitos fundamentais, configurando "a estrutura de uma teoria normativo-material" desses direitos.[48]

Para ele, as regras são espécies normativas que são satisfeitas ou não, de modo que, havendo uma regra válida, há de fazer-se "exatamente aquilo que ela exige".[49]

Princípios, de acordo com Alexy, também constituem "razões para juízos concretos de dever-ser", embora de espécie distinta das regras. Ambos (regras e princípios) constituem espécies do gênero norma. A diferença entre regras e princípios seria, então, de ordem "qualitativa, e não uma distinção de grau", ou seja, os princípios são "normas que ordenam que algo seja realizado na maior medida possível dentro das possibilidades jurídicas e fáticas existentes", constituindo, dessa forma, "*mandamentos de otimização*" (grifos do original). Sua nota caracterizadora é a possibilidade de incidir em diferentes graus, conforme as possibilidades fáticas e jurídicas.[50]

---

[44] DUARTE, Leonardo de Farias. *Obstáculos econômicos à efetivação dos direitos fundamentais sociais*. Rio de Janeiro: Renovar, 2011.

[45] DUARTE, Leonardo de Farias. *Obstáculos econômicos à efetivação dos direitos fundamentais sociais*. Rio de Janeiro: Renovar, 2011. Seguindo: ALEXY, Robert. *Teoria dos direitos fundamentais*. Tradução de Virgílio Afonso da Silva. São Paulo: Malheiros, 2008. p. 114-116; 136; 144.

[46] Cf. HABERMAS, Jürgen. *Direito e democracia*: entre facticidade e validade. Tradução de Flávio Breno Siebeneichler. Rio de Janeiro: Tempo Brasileiro, 1997. p. 317-318. v. 1.

[47] Vale registrar a existência de certa controvérsia sobre a "aplicação do esquema tudo ou nada aos princípios" e "a possibilidade de também as regras serem ponderadas". Isso porque, para alguns, "determinados princípios – como o princípio da dignidade da pessoa humana e outros – apresentam um núcleo de sentido ao qual se atribui natureza de regra". Ademais, há hipóteses em que uma regra, malgrado válida, pode dar ensejo incorrer em "inconstitucionalidade ao incidir em determinado ambiente", da mesma forma que é também possível a ocorrência de situações em que a observância do "comportamento descrito pela regra" se choca com o objeto que ela busca realizar. Cf. BARROSO, Luís Roberto. *A dignidade da pessoa humana no direito constitucional contemporâneo*: a construção de um conceito jurídico à luz da jurisprudência mundial. Belo Horizonte: Fórum, 2012. p. 152.

[48] Cf. DUARTE, Leonardo de Farias. Ponderações sobre a ponderação: o §2º do art. 489 do Novo Código de Processo Civil. In: SAMPAIO JÚNIOR, José Herval; CARVALHO, Antônio (Org.). *Os juízes e o Novo CPC*. Salvador: JusPodivm. No prelo. Com suporte em: ALEXY, Robert. *Teoria dos direitos fundamentais*. Tradução de Virgílio Afonso da Silva. São Paulo: Malheiros, 2008. p. 85.

[49] DUARTE, Leonardo de Farias. Ponderações sobre a ponderação: o §2º do art. 489 do Novo Código de Processo Civil. In: SAMPAIO JÚNIOR, José Herval; CARVALHO, Antônio (Org.). *Os juízes e o Novo CPC*. Salvador: JusPodivm. No prelo. Com suporte em: ALEXY, Robert. *Teoria dos direitos fundamentais*. Tradução de Virgílio Afonso da Silva. São Paulo: Malheiros, 2008. p. 91.

[50] DUARTE, Leonardo de Farias. Ponderações sobre a ponderação: o §2º do art. 489 do Novo Código de Processo Civil. In: SAMPAIO JÚNIOR, José Herval; CARVALHO, Antônio (Org.). *Os juízes e o Novo CPC*. Salvador:

Além disso, Alexy fala também em valores, os quais guardariam estreita ligação com os princípios, sendo "possível falar de colisão ou ponderação (sopesamento) de princípios ou de valores".[51]

De acordo com Alexy, verificando-se um conflito de regras, abrem-se duas possibilidades:

a) uma delas deve ser considerada como não válida; ou

b) deve ser introduzida uma "cláusula de exceção que elimine o conflito". Por outro lado, havendo colisão de princípios, um deles será afetado ou não satisfeito; conforme as condições, um princípio terá preferência sobre o outro. Ou seja, a solução alexyana para a colisão de princípios reside em "uma relação de precedência condicionada entre os princípios", fundada nas "circunstâncias do caso concreto". Alexy fala em uma lei de colisão, que seria a base da sua teoria dos princípios. Segundo ela, os "enunciados de preferências condicionadas" dão origem a regras que, diante de certas condições, conferem "a conseqüência jurídica do princípio prevalente". Assim, por meio de uma acertada ponderação, seria possível elaborar "uma norma de direito fundamental atribuída, que tem estrutura de uma regra e à qual o caso pode ser subsumido".[52]

Essa ponderação ou sopesamento[53] está relacionada à teoria dos princípios de Alexy e abrange três máximas parciais: adequação,[54] necessidade[55] e proporcionalidade em sentido estrito.[56] A rigor, a chamada máxima da proporcionalidade não é um

---

JusPodivm. No prelo. Com suporte em: ALEXY, Robert. *Teoria dos direitos fundamentais*. Tradução de Virgílio Afonso da Silva. São Paulo: Malheiros, 2008. p. 87; 90-91.

[51] DUARTE, Leonardo de Farias. Ponderações sobre a ponderação: o §2º do art. 489 do Novo Código de Processo Civil. In: SAMPAIO JÚNIOR, José Herval; CARVALHO, Antônio (Org.). *Os juízes e o Novo CPC*. Salvador: JusPodivm. No prelo. Com suporte em: ALEXY, Robert. *Teoria dos direitos fundamentais*. Tradução de Virgílio Afonso da Silva. São Paulo: Malheiros, 2008. p. 144.

[52] Cf. DUARTE, Leonardo de Farias. Ponderações sobre a ponderação: o §2º do art. 489 do Novo Código de Processo Civil. In: SAMPAIO JÚNIOR, José Herval; CARVALHO, Antônio (Org.). *Os juízes e o Novo CPC*. Salvador: JusPodivm. No prelo. Com suporte em: ALEXY, Robert. *Teoria dos direitos fundamentais*. Tradução de Virgílio Afonso da Silva. São Paulo: Malheiros, 2008. p. 92-93; 96; 99; 102; 165. Uma abordagem acerca da colisão de direitos pode ser vista, em: CANOTILHO, José Joaquim Gomes. *Direito constitucional e teoria da Constituição*. 7. ed. Coimbra: Almedina, 2003. p. 1.270-1.275; ANDRADE, José Carlos Vieira de. *Os direitos fundamentais na Constituição portuguesa de 1976*. 6. ed. Coimbra: Almedina, 2006. p. 320-330.

[53] Note-se que, não obstante a concepção atual de ponderação ocupar, em razão da teoria dos princípios, posição de relevo nos últimos anos, trata-se de "uma ideia que vem de longe". Cf. BARROSO, Luís Roberto. *A dignidade da pessoa humana no direito constitucional contemporâneo*: a construção de um conceito jurídico à luz da jurisprudência mundial. Belo Horizonte: Fórum, 2012. p. 157.

[54] "Adequado é o meio que fomente ou realize um objetivo. [...] Tal máxima constitui, a rigor, um parâmetro negativo, que afasta meios inadequados. Embora não determine tudo, é um critério que elimina algumas possibilidades" (DUARTE, Leonardo de Farias. Ponderações sobre a ponderação: o §2º do art. 489 do Novo Código de Processo Civil. In: SAMPAIO JÚNIOR, José Herval; CARVALHO, Antônio (Org.). *Os juízes e o Novo CPC*. Salvador: JusPodivm. No prelo. Referindo-se a: ALEXY, Robert. *Teoria dos direitos fundamentais*. Tradução de Virgílio Afonso da Silva. São Paulo: Malheiros, 2008. p. 590).

[55] A necessidade foi apresentada pelo Tribunal Constitucional Federal da Alemanha como a exigência de que "o objetivo não possa ser igualmente realizado por meio de outra medida, menos gravosa ao indivíduo". Sua satisfação demanda a eleição do "meio que intervenha de maneira menos intensa dentre os 'meios aproximadamente adequados'". Cf. DUARTE, Leonardo de Farias. Ponderações sobre a ponderação: o §2º do art. 489 do Novo Código de Processo Civil. In: SAMPAIO JÚNIOR, José Herval; CARVALHO, Antônio (Org.). *Os juízes e o Novo CPC*. Salvador: JusPodivm. No prelo. Referindo-se a: ALEXY, Robert. *Teoria dos direitos fundamentais*. Tradução de Virgílio Afonso da Silva. São Paulo: Malheiros, 2008. p. 119; 590.

[56] A máxima parcial da proporcionalidade em sentido estrito é a "exigência de ponderação (ou sopesamento), que advém da relativização diante das possibilidades jurídicas". Na hipótese de "uma norma da espécie princípio colidir com um princípio contrário, a possibilidade jurídica para a satisfação dessa norma passa a

princípio, mas sim uma regra, uma vez que não há que se ponderar contra algo a adequação, a necessidade ou a proporcionalidade em sentido estrito. Na verdade, essas três máximas parciais devem ser satisfeitas ou não, verificando-se, caso não satisfeitas, uma contrariedade ao direito.[57]

Alexy chama atenção para uma "lei do sopesamento", de acordo com a qual "[q]uanto maior for o grau de não-satisfação ou de afetação de um princípio, tanto maior terá que ser a importância da satisfação do outro". Ou seja, "a medida permitida de não-satisfação ou de afetação de um princípio depende do grau de importância da satisfação do outro".[58]

Além disso, divide essa lei do sopesamento em três etapas: (1) exame do "grau de não-satisfação ou afetação de um dos princípios"; (2) análise da "importância da satisfação do princípio colidente"; e (3) verificação da relevância da satisfação do princípio colidente, para decidir se ele justifica a "afetação ou a não-afetação do outro princípio".[59]

Contra as críticas de que a ponderação não seria um procedimento racional, consistindo num "modelo *decisionista*", Alexy propõe um "modelo *fundamentado*" (grifos do original), segundo o qual "o processo psíquico" que conduz a um enunciado de preferência seria diverso da sua fundamentação. Dessa forma, seria possível "ligar o postulado da racionalidade do sopesamento à fundamentação do enunciado de preferência", de maneira que uma ponderação possa ser considerada racional todas as vezes em que o enunciado de preferência, ao qual esse sopesamento conduz, possa ser fundamentado de forma racional.[60]

Embora não seja possível, segundo Alexy, "teorias morais *substanciais* que forneçam a cada questão moral uma única resposta com certeza intersubjetiva conclusiva", há a possibilidade de "teorias morais *procedimentais*" (grifos do original) que estabeleçam "as regras e as condições da argumentação e da decisão racional prática". A teoria do discurso prático racional seria, assim, "um caminho viável para uma teoria moral procedimental, uma vez que 'suas regras, enquanto regras da argumentação prática

---

depender do princípio colidente. A decisão do caso, então, demandará um sopesamento". Noutras palavras, "a proporcionalidade em sentido estrito dá significado à 'otimização em relação aos princípios colidentes'. Ela coincide com aquilo que Alexy chama de 'lei do sopesamento', segundo a qual '[q]uanto maior for o grau de não-satisfação ou de afetação de um princípio, tanto maior terá que ser a importância da satisfação do outro'". Cf. DUARTE, Leonardo de Farias. Ponderações sobre a ponderação: o §2º do art. 489 do Novo Código de Processo Civil. In: SAMPAIO JÚNIOR, José Herval; CARVALHO, Antônio (Org.). *Os juízes e o Novo CPC*. Salvador: JusPodivm. No prelo. Referindo-se a: ALEXY, Robert. *Teoria dos direitos fundamentais*. Tradução de Virgílio Afonso da Silva. São Paulo: Malheiros, 2008. p. 117; 593.

[57] Cf. DUARTE, Leonardo de Farias. Ponderações sobre a ponderação: o §2º do art. 489 do Novo Código de Processo Civil. In: SAMPAIO JÚNIOR, José Herval; CARVALHO, Antônio (Org.). *Os juízes e o Novo CPC*. Salvador: JusPodivm. No prelo. Referindo-se a: ALEXY, Robert. *Teoria dos direitos fundamentais*. Tradução de Virgílio Afonso da Silva. São Paulo: Malheiros, 2008. p. 116-117.

[58] DUARTE, Leonardo de Farias. Ponderações sobre a ponderação: o §2º do art. 489 do Novo Código de Processo Civil. In: SAMPAIO JÚNIOR, José Herval; CARVALHO, Antônio (Org.). *Os juízes e o Novo CPC*. Salvador: JusPodivm. No prelo. Referindo-se a: ALEXY, Robert. *Teoria dos direitos fundamentais*. Tradução de Virgílio Afonso da Silva. São Paulo: Malheiros, 2008. p. 167.

[59] DUARTE, Leonardo de Farias. Ponderações sobre a ponderação: o §2º do art. 489 do Novo Código de Processo Civil. In: SAMPAIO JÚNIOR, José Herval; CARVALHO, Antônio (Org.). *Os juízes e o Novo CPC*. Salvador: JusPodivm. No prelo. Referindo-se a: ALEXY, Robert. *Teoria dos direitos fundamentais*. Tradução de Virgílio Afonso da Silva. São Paulo: Malheiros, 2008. p. 594.

[60] DUARTE, Leonardo de Farias. Ponderações sobre a ponderação: o §2º do art. 489 do Novo Código de Processo Civil. In: SAMPAIO JÚNIOR, José Herval; CARVALHO, Antônio (Org.). *Os juízes e o Novo CPC*. Salvador: JusPodivm. No prelo. Referindo-se a: ALEXY, Robert. *Teoria dos direitos fundamentais*. Tradução de Virgílio Afonso da Silva. São Paulo: Malheiros, 2008. p. 165-166.

racional', mostram-se menos difíceis de fundamentar que as 'regras morais materiais'". Segundo Alexy, ao serem apresentadas razões sustentáveis, plausíveis para dar fundamento às "suposições que subjazem aos juízos" sobre o nível de afetação ou não satisfação de um princípio e o grau de relevância da realização do outro princípio, não se pode afirmar a existência de arbitrariedade.[61]

Por fim, vale notar que, provavelmente, a principal diferença entre Dworkin e Alexy seja o fato de que o primeiro apresenta uma teoria segundo a qual há uma "única resposta correta para todo e qualquer caso", ao passo que, para Alexy, não há como admitir-se uma teoria perfeita para o direito, com "uma única resposta para cada caso".[62]

Esboçados alguns contornos básicos acerca das várias correntes do direito natural, do direito positivo e de duas conhecidas vertentes tidas como pós-positivistas, necessárias para a compreensão da ideia central que dá suporte à reflexão aqui apresentada, segue, no item seguinte, um fecho que busca resumidamente expor essa ideia.

7 Reflexão sobre a (im?)possibilidade e necessidade de um fundamento último ou fundamento dos fundamentos dos direitos humanos

Até então, foram assentadas essencialmente duas premissas: (1) a de que não é possível *provar* a existência de um fundamento último ou de um fundamento dos fundamentos dos direitos humanos; e, (2) a da *necessidade* de um fundamento último ou fundamento dos fundamentos dos direitos humanos.

Como visto, embora existam muitos fundamentos possíveis para os direitos humanos, ainda não se logrou demonstrar, de forma efetiva e incontroversa, a existência de um fundamento último, um fundamento dos fundamentos, e não uma mera construção histórico-sociológica datada e geograficamente localizada.

A admitir-se que os fundamentos (possíveis) do direito à vida (para ficar num exemplo expressivo), sejam eles formais ou materiais, são uma mera construção do pensamento humano de determinada época, em dado lugar, deve também ser aceito, por conseguinte e por *coerência*, que, antes dessa construção histórico-social chamada direitos humanos, ou depois dela (porque toda construção histórico-social, pelo menos em tese, tende a passar), seria possível matar uns aos outros (para permanecer no mesmo exemplo).

Porém, somos levados a *sentir*, ao menos intuitivamente, que é errado matar uns aos outros sem motivo, de maneira banal.

Logo, para que se possa evitar comportamentos humanos que degradem a própria humanidade, é *necessário* um fundamento último ou um fundamento dos fundamentos que dê suporte atemporal e universal aos direitos humanos.

Mas como conciliar a impossibilidade de se *provar* que há um fundamento último com a *necessidade* da existência desse fundamento dos fundamentos?

---

[61] DUARTE, Leonardo de Farias. Ponderações sobre a ponderação: o §2º do art. 489 do Novo Código de Processo Civil. In: SAMPAIO JÚNIOR, José Herval; CARVALHO, Antônio (Org.). *Os juízes e o Novo CPC*. Salvador: JusPodivm. No prelo. Referindo-se a: ALEXY, Robert. *Teoria dos direitos fundamentais*. Tradução de Virgílio Afonso da Silva. São Paulo: Malheiros, 2008. p. 173-174; 549; 599.

[62] DUARTE, Leonardo de Farias. Ponderações sobre a ponderação: o §2º do art. 489 do Novo Código de Processo Civil. In: SAMPAIO JÚNIOR, José Herval; CARVALHO, Antônio (Org.). *Os juízes e o Novo CPC*. Salvador: JusPodivm. No prelo. Referindo-se a: ALEXY, Robert. *Teoria dos direitos fundamentais*. Tradução de Virgílio Afonso da Silva. São Paulo: Malheiros, 2008. p. 571.

Uma resposta possível é o reconhecimento da transcendência desse fundamento. Mais do que isso: o reconhecimento de que há uma *relação* entre o fundamento último dos direitos humanos e a existência de Deus.

Assim, para aqueles que acreditam que haveria limites à atuação humana, resguardando certos direitos havidos como elementares, independentemente de qualquer construção histórico-social, uma alternativa possível seria o reconhecimento da transcendência do fundamento dos fundamentos, dada a impossibilidade de provar-se, por um método científico, a existência de um fundamento último, mesmo sendo ele necessário.[63] Por outro lado, para os que não creem nessa relação, seria preciso aceitar, por coerência, que tudo, ao menos teoricamente, estaria permitido, desde que os parâmetros civilizatórios (ou seja, as construções histórico-sociais acerca dos direitos humanos então vigentes) mudem.

Noutras palavras, havendo tal relação, pode afirmar-se que a crença em um fundamento último está *relacionada* à crença no divino e, por conseguinte, em tudo aquilo que isso representa, o que, no limite, pode ser apenas *sentido*, mas não provado.

A percepção do derradeiro e mais profundo fundamento dos direitos humanos, portanto, estaria relacionada, em última instância, à postura do intérprete perante a existência ou não de Deus, isto é, à aceitação ou não daquilo que não pode ser explicado, apenas sentido.

Note-se que não se busca aqui discutir a existência (ou não) de Deus, mas sim demonstrar a existência de uma *relação* entre (1) aqueles que defendem a ideia de direitos humanos perenes e universais, não sujeitos às intempéries da história ou de um grupo social, e, por conseguinte, a necessária concepção de que há um fundamento último ou fundamento dos fundamentos dos direitos humanos e (2) a conclusão de que esse fundamento só pode ser transcendental e concernente àquilo que pode ser apenas *sentido* em decorrência da crença em Deus, dada a impossibilidade de um fundamento dessa natureza ser demonstrado.

Note-se, ademais, que a ideia de que um fundamento último dos direitos humanos está relacionada à existência divina não conduz necessariamente a um retorno ao realismo clássico, mas, talvez, a uma espécie de conciliação entre as várias correntes reunidas sob a vaga e demasiado abrangente expressão pós-positivismo(s) e o pluralismo jurídico, que considera o direito positivo a sua necessidade para a solução de casos concretos, mas sem se descurar nem da incompletude deste para os chamados *hard cases*, nem da ideia de justiça, de modo a destacar o fato de que, a rigor, não há contrariedade entre o direito natural, o direito positivo e os tais pós-positivismos, mas um sistema complexo, em que um não prescinde do outro.[64]

---

[63] Embora num contexto diferente, Paulo Ferreira da Cunha observa que o "Homem religioso e o Homem de fé têm com o mundo uma relação diferente, porquanto animados por uma crença transcendente" (CUNHA, Paulo Ferreira da. *Filosofia do direito*. Coimbra: Almedina, 2006. p. 77).

[64] Em uma outra temática, Paulo Cunha destaca que "ou o Direito é mera correia de transmissão do subjectivismo da Política e, portanto, ou da democracia ou da força – e assim deriva, no limite, de posições insusceptíveis de explicação racional; ou o Direito é autónomo e decorre de uma certa ideia de Justiça, independente ou não do Direito Natural ou de outra fórmula ou princípio, mas é também, assim, insusceptível de justificação racional" (CUNHA, Paulo Ferreira da. *Filosofia do direito*. Coimbra: Almedina, 2006. p. 208).

Conclusão

Para alguns, os indivíduos são todos iguais, racionais e seres morais autônomos, titularizando, portanto, alguns direitos e liberdades que satisfazem esses valores fundamentais. Para outros, não há como sustentar essa argumentação fundamentalista para normas éticas ou políticas. Mas, mesmo assim, estes concordam com os propósitos centrais dos direitos humanos, não aceitando agressões desmotivadas aos seres humanos.

Um fundamento formal ou histórico dos direitos humanos, invocado por Bobbio, é a Declaração Universal dos Direitos do Homem, de 1948, tendo em vista o grande consenso internacional que ela representa, consenso esse fundado em um mesmo sistema de valores.

Contudo, ao procurar-se um fundamento material possível para os direitos humanos, é comum mobilizar-se a dignidade da pessoa humana, normalmente apresentada à maneira kantiana, para quem ela seria inerente à pessoa humana, pelo simples fato de ser pessoa e, portanto, única, insubstituível e não objeto de instrumentalização, constituindo um fim em si mesma, diverso de uma coisa, que é suscetível de troca.[65] Mas qual seria o fundamento da própria dignidade da pessoa humana?

A resposta (se é que existe) não é fácil. Aliás, é de reconhecer-se que os diversos fundamentos possíveis dos direitos humanos, em última análise, não têm fundamento; pelo menos não um fundamento último, que fundamente todos os demais.

Não obstante, sem um fundamento último para os direitos humanos, a rigor, nada impede que, ao menos teoricamente, as pessoas possam, por exemplo, matar umas às outras, sem motivo. Daí por que é necessário um fundamento último ou fundamento dos fundamentos dos direitos humanos.

Em suma, apesar de não ser possível *provar* a existência de um fundamento último ou fundamento dos fundamentos dos direitos humanos, há a *necessidade* de um fundamento último ou fundamento dos fundamentos dos direitos humanos.

Pode sustentar-se que, ao menos para a maioria das pessoas, é possível *sentir* ou *intuir* que não se deve matar uns aos outros de maneira banal (para ficar no mesmo exemplo).

Mas como harmonizar a impossibilidade de provar-se a existência de um fundamento último com a *necessidade* da existência de um derradeiro fundamento?

O reconhecimento de que esse fundamento último é transcendental e de que há uma *relação* entre esse fundamento e a existência de Deus apresenta-se como uma resposta possível.

Veem-se, então, duas possibilidades:
a) a aceitação de que, quando não mais vigorarem as construções histórico-sociais que resguardam os direitos humanos, *tudo* (absolutamente, qualquer atrocidade), por uma questão de coerência, *seria permitido*; e
b) o reconhecimento da transcendência do fundamento último dos direitos humanos e a crença de que há uma *relação* entre esse fundamento e a existência de Deus (com tudo aquilo que essa crença representa, o que, em última análise, pode ser apenas *sentido*, mas não provado), tendo em vista, de um

---

[65] Cf. KANT, Immanuel. *Fundamentação da metafísica dos costumes*. Tradução de Paulo Quintela. Lisboa: Edições 70, 2005. p. 69-77.

lado, a impossibilidade de provar-se, por um método científico, a existência de um fundamento dos fundamentos e, por outro lado, a necessidade de um fundamento último para os direitos humanos, que imponha limites à atuação humana, resguardando certos direitos havidos como elementares, independentemente de qualquer construção histórico-social.

Para evitar confusões decorrentes de uma leitura apressada, é relevante esclarecer que não se procura neste trabalho demonstrar a existência ou a inexistência de Deus. O objetivo é simplesmente expor a *relação* que há entre os que sustentam uma perspectiva atemporal e universal de direitos humanos e a concepção de que há a *necessidade* de existir um fundamento último ou fundamento dos fundamentos dos direitos humanos. Além disso, o propósito é também evidenciar a conclusão de que esse fundamento último, considerando a impossibilidade de ele ser provado, só pode ser transcendental e relativo a uma crença que, embora muito traga, somente pode ser *sentida*.

Por fim, e numa conclusão ainda mais arriscada, é importante destacar que essa relação entre a existência de um necessário fundamento último e a existência de Deus não constitui um automático e hermético retorno ao direito natural clássico. Na verdade, a esperança é que se possa estabelecer uma ponte conciliatória amenizadora da (ainda alimentada) tensão entre as diversas vertentes do direito natural, do direito positivo e do assim chamado pós-positivismo, levando em conta o pluralismo e a noção de justiça do primeiro, a necessidade prática do segundo para a resolução de casos concretos e o esforço do último para apresentar uma resposta não positivista para os casos cuja complexidade dificulta o seu adequado enquadramento em uma regra. Busca-se, ademais, ressaltar que, no limite, inexiste contrariedade direta entre o direito natural, o direito positivo e os pós-positivismos, havendo, no fundo, um sistema amplo que, olhado em partes, se mostra insuficiente, de maneira a exigir uma abordagem abrangente, que não prescinda das contribuições de cada subsistema.

Referências

ALEXY, Robert. *Teoria dos direitos fundamentais*. Tradução de Virgílio Afonso da Silva. São Paulo: Malheiros, 2008.

ANDRADE, José Carlos Vieira de. *Os direitos fundamentais na Constituição portuguesa de 1976*. 6. ed. Coimbra: Almedina, 2006.

ARSLAN, Zühtü. Taking rights less seriously: postmodernism and human rights. *Res Publica*, v. 5, n. 2, 1999.

BARROSO, Luís Roberto. *A dignidade da pessoa humana no direito constitucional contemporâneo*: a construção de um conceito jurídico à luz da jurisprudência mundial. Belo Horizonte: Fórum, 2012.

BARROSO, Luís Roberto. *O novo direito constitucional brasileiro*: contribuições para a construção teórica e prática da jurisdição constitucional no Brasil. Belo Horizonte: Fórum, 2012.

BOBBIO, Norberto. *A era dos direitos*. Tradução de Carlos Nelson Coutinho. Rio de Janeiro: Elsevier, 2004.

BRONZE, Fernando José. *Lições de introdução ao direito*. Coimbra: Coimbra, 2006. v. 2.

CANOTILHO, José Joaquim Gomes. *Direito constitucional e teoria da Constituição*. 7. ed. Coimbra: Almedina, 2003.

CRUZ VILLALON, Pedro. Formación y evolución de los derechos fundamentales. *Revista Española de Derecho Constitucional*, n. 25, 1989.

CUNHA, Paulo Ferreira da. *Filosofia do direito*. Coimbra: Almedina, 2006.

DUARTE, Leonardo de Farias. *Direitos e princípios no contexto da crise do positivismo jurídico*. Paper apresentado na disciplina de Filosofia do Direito do curso de Mestrado em Ciências Jurídico-Políticas II da Universidade de Coimbra, no ano letivo de 2005-2006.

DUARTE, Leonardo de Farias. *Obstáculos econômicos à efetivação dos direitos fundamentais sociais*. Rio de Janeiro: Renovar, 2011.

DUARTE, Leonardo de Farias. Ponderações sobre a ponderação: o §2º do art. 489 do Novo Código de Processo Civil. In: SAMPAIO JÚNIOR, José Herval; CARVALHO, Antônio (Org.). *Os juízes e o Novo CPC*. Salvador: JusPodivm. No prelo.

GAETE, Rolando. Postmodernism and human rights: some insidious questions. *Law and critique*, Liverpool, v. 2, n. 2, 1991.

HABERMAS, Jürgen. *Direito e democracia*: entre facticidade e validade. Tradução de Flávio Breno Siebeneichler. Rio de Janeiro: Tempo Brasileiro, 1997. v. 1.

JERÓNIMO, Patrícia. *Os direitos do homem à escala das civilizações*: proposta de análise a partir do confronto dos modelos ocidental e islâmico. Coimbra: Almedina, 2001.

KANT, Immanuel. *Fundamentação da metafísica dos costumes*. Tradução de Paulo Quintela. Lisboa: Edições 70, 2005.

KAUFMANN, Arthur. A problemática da filosofia do direito ao longo da história. In: KAUFMANN, Arthur; HASSEMER, Winfried. *Introdução à filosofia do direito e à teoria do direito contemporâneas*. Tradução de Marcos Keel e Manuel Seca de Oliveira. Lisboa: Fundação Calouste Gulbenkian, 2002.

MACINTYRE, Alasdair. *After virtue*. 2. ed. Notre Dame: University of Notre Dame Press, 1984.

PÉREZ LUÑO, Antonio-Enrique. *Los derechos fundamentales*. 5. ed. Madrid: Tecnos, 1993.

QUEIROZ, Cristina. *Direitos fundamentais sociais*. Funções, âmbito, conteúdo, questões interpretativas e problemas de justiciabilidade. Coimbra: Coimbra, 2006.

SARLET, Ingo Wolfgang. *A eficácia dos direitos fundamentais*. 5. ed. Porto Alegre: Livraria do Advogado, 2005.

SARLET, Ingo Wolfgang. *Dignidade da pessoa humana e direitos fundamentais na Constituição Federal de 1988*. 4. ed. Porto Alegre: Livraria do Advogado, 2006.

Informação bibliográfica deste texto, conforme a NBR 6023:2002 da Associação Brasileira de Normas Técnicas (ABNT):

DUARTE, Leonardo de Farias. Uma reflexão sobre o fundamento último ou fundamento dos direitos humanos. In: PINTO, Hélio Pinheiro; LIMA NETO, Manoel Cavalcante de; LIMA, Alberto Jorge Correia de Barros; SOTTO-MAYOR, Lorena Carla Santos Vasconcelos; DIAS, Luciana Raposo Josué Lima (Coords.). *Constituição, direitos fundamentais e política*: estudos em homenagem ao professor José Joaquim Gomes Canotilho. Belo Horizonte: Fórum, 2017. p. 487-503. ISBN 978-85-450-0185-0.

A GUARDA COMPARTILHADA: UM MODELO A IMPOR?

ANA FLORINDA MENDONÇA DA SILVA DANTAS

Introdução

Quando entrou em vigor no Brasil, em 24.12.2014, a Lei nº 13.058/2014,[1] de 22 de dezembro, que alterou os arts. 1.583, 1.584, 1.585 e 1.634 do Código Civil, ela foi recebida com muitas ressalvas e críticas, sendo a principal delas a de que, na prática, este modelo de guarda não deveria ser imposto como solução para todas as situações, embora o art. 1.584, §2º, CC, previsse a possibilidade de o juiz, diante do dissenso entre o pai e mãe, aplicar a guarda compartilhada, estabelecendo assim hipóteses de inaplicabilidade de forma taxativa,[2] e, consequentemente, tornasse a guarda compartilhada modelo obrigatório no nosso direito de família.

A nova lei viera mais uma vez modificar o Código Civil brasileiro no quesito guarda compartilhada, que somente passara a ser alvo de referências expressas a partir da Lei nº 11.698/08, que alterou seus arts. 1.583 e 1.584. Efusivamente saudada por muitos, aos poucos se mostrou de pouca efetividade, uma vez que esse modelo de guarda era aplicado quase que exclusivamente quando havia acordo entre os pais, pois embora o *caput* do art. 1.583 previsse que a guarda poderia ser unilateral ou compartilhada, previa que, no inc. II, na falta de acordo entre os pais, ela poderia ser decretada pelo juiz sempre que possível, ressalva que passou a ser interpretada como a verificação de inexistência de litigiosidade relevante entre eles.

Na ocasião em que o projeto da nova lei era discutido, tornando a guarda compartilhada obrigatória, alertavam entre outros, Santos e Martins:[3] "É claro que esse

---

[1] BRASIL. Presidência da República. *Lei nº 13.058/2014, de 24 de dezembro de 2014*. Altera os arts. 1.583, 1.584, 1.585 e 1.634 da Lei nº 10.406, de 10 de janeiro de 2002 (Código Civil), para estabelecer o significado da expressão "guarda compartilhada" e dispor sobre sua aplicação. Disponível em: <http://www.planalto.gov.br/ccivil_03/_ato2011-2014/2014/Lei/L13058.htm>. Acesso em: 22 abr. 2016.

[2] Essas hipóteses seriam as do art. 2º, §2º, ou seja, quando o próprio pai declarasse que não desejava a guarda compartilhada do filho, ou quando reconhecida pelo juiz sua incapacidade de exercê-la.

[3] SANTOS, Renata Rivelli; MARTINS, Fabiane Parente Teixeira. Guarda compartilhada não pode ser imposta judicialmente. *ConJur*, 1 maio 2013. Disponível em: <http://www.conjur.com.br/2013-mai-01/guarda-compartilhada-nao-imposta-judicialmente-solucao>. Acesso em: 22 abr. 2016.

modelo coercitivo de guarda compartilhada não protege os interesses do filho menor". Sustentavam, portanto, que a guarda compartilhada apenas seria indicada quando houvesse interesse dos pais e fosse conveniente para os filhos, ao invés de ser adotada obrigatoriamente, com ressalva apenas das exceções que a lei contemplava.

Outros foram mais além, como Cochlar,[4] para quem a guarda compartilhada, se imposta, suprimiria o direito dos filhos, no sentido de inverter a lógica da proteção constitucional do direito das crianças, ao gerar problemas na noção de casa e de lhes acarretar transtornos emocionais.

Para a maioria dos estudiosos do tema, no entanto, a alteração que se anunciava traria diversas vantagens para o filho, salientando Rosa[5] que a decisão conjunta sobre as questões da vida da prole, embora necessária, não seria um fator desfavorável ao regime compartilhado, assim como a regulamentação da rotina de convivência induziria a uma melhor organização para todos os envolvidos.

Reação semelhante já havia despertado em Portugal, quando entrou em vigor, em dezembro de 2008, a Lei nº 61/2008 de 31 de outubro (Lei do Divórcio), que estabeleceu a guarda conjunta (compartilhada) como modelo preferencial de regulamentação de convivência dos filhos no divórcio e em outras situações em que não havia coabitação entre os pais, e que serviu, inclusive, de referência ao legislador brasileiro.

Naquela oportunidade, quando acompanhei diversos debates realizados sobre o assunto, no Brasil e em Portugal, pude verificar que advogados, magistrados e doutrinadores em geral revelaram dúvidas quanto à sua aplicação, e até mesmo o autor do projeto, Guilherme Oliveira, Professor Catedrático da Faculdade de Direito da Universidade de Coimbra, em evento realizado no Centro de Estudos Judiciários de Lisboa, admitiu que ela continha *errozitos* (expressão utilizada pelo professor), que poderiam ser superados, uma vez que "princípio é bom e que, por vezes, é preciso ser a lei a impor".[6]

A convicção de um dos maiores juristas voltado aos estudos do direito da família da atualidade, ao assegurar que se estava diante de um modelo a impor surpreendeu-me, em parte porque sempre acreditei ser mais próprio do direito de família buscar na realidade social a experiência como inspiração para a política legislativa. A situação mostrava que, em sentido contrário, por meio de uma norma do direito de família, se pretendia mudar a realidade, impondo um modelo de vivência familiar que não era do costume português, mas que deveria ser mesmo imposta, se preciso, por se tratar de uma medida que se presumia favorável para todos, e, de forma muito especial, para o filho.

As discussões centravam-se, especialmente, na imposição contida no art. 1.906, de ser estabelecida a guarda compartilhada, mesmo quando um dos pais quisesse abdicar desse direito, situação que foi vista como prejudicial para os filhos, sendo inclusive antecipado que haveria um aumento de processos judiciais para decidir sobre questões do dia a dia da família, sempre que não houvesse acordo.

---

[4] COCHLAR, Isabel. Pais e filhos. Direito do menor é suprimido em guarda compartilhada. *ConJur*, jul. 2012. Disponível em: <http://www.conjur.com.br/2012-jul-14/isabel-cochlar-direito-menor-suprimido-guarda-compartilhada>. Acesso em: 22 abr. 2016.
[5] CONRADO, Paulino da Rosa. *Nova Lei da Guarda Compartilhada*. São Paulo: Saraiva, 2015. p. 124.
[6] Informação verbal recebida de Guilherme Oliveira, em evento realizado no Centro de Estudos Judiciários, Lisboa, 21 jan. 2009.

Para doutrinadores como Sottomayor,[7] a lei trazia uma intromissão excessiva do Estado na família, e não satisfazia nem aos pais nem às mães. Mas o que preocupava de modo especial os juízes era o desafio de avaliar em que situações as decisões sobre a vida dos filhos caberiam aos pais ou aos tribunais, e alguns juízes dos Tribunais de Família e Menores garantiam que não aplicariam a guarda conjunta se "os pais não quiserem e tiverem um acordo a conceder a guarda a um deles", por entender que o papel do tribunal era o de ajudar a resolver conflitos e não o de alimentá-los.[8]

Por outro lado, a nova lei parecia desafiar a necessidade de uma maior estrutura que possibilitasse sua aplicação, uma vez que, segundo Canotilho e Moreira,[9] o direito à maternidade e paternidade conscientes impunha ao Estado a divulgação dos conhecimentos necessários e a criação das estruturas jurídicas e técnicas pertinentes, pois as tarefas públicas que visam à família deveriam ser conjugadas no quadro de uma política de família com caráter global e integrado, o que parecia ausente àquela altura.

As reações pareciam se justificar, embora ocorressem com menor ênfase que em Portugal, onde as estatísticas, segundo Sottomayor,[10] pouco antes da aprovação da lei, apontavam que cerca de 90% das crianças eram confiadas à mãe, seja por meio de acordo dos pais ou de sentença reguladora.

No Brasil a situação não era muito diferente, pois estudo do IBGE, em 2013, apontava que, em 86% dos divórcios, a guarda dos filhos fora atribuída às mães, como guarda única, e que somente 6,8% das guardas foram compartilhadas, num ligeiro avanço em relação a 2011, quando o índice fora de 5,4%.[11]

Decorrido pouco mais de um ano da entrada em vigor da nova legislação, nos propomos a examinar, ainda que sucintamente, algumas questões relativas à guarda compartilhada, a partir das razões apresentadas para sua adoção no Brasil, e das principais dúvidas suscitadas pelo modelo proposto.

1 Antecedentes históricos da guarda compartilhada

Os antecedentes da guarda compartilhada, como vista na contemporaneidade, remontam à Inglaterra, na década de 60, e sua trajetória se relaciona a diversos aspectos evolutivos da família, evidenciando a influência que sobre ela exercem diferentes fatores econômicos, políticos e sociais, que têm determinado sua dinâmica.

Desse modo, se observada a criança hoje situada no espaço social como um sujeito de direitos, diferente do adulto e com demandas próprias, descortina-se um

---

[7] FERREIRA, Ana Bela. Juízes alertam para o perigo da guarda compartilhada. *Diário de Notícias*, Lisboa, 22 jan. 2009. Disponível em: <http://www.dn.pt/arquivo/2009/interior/juizes-alertam-para-perigo-da-guarda-partilhada-1139401.html >. Acesso em: 29 mar. 2016.

[8] FERREIRA, Ana Bela. Juízes alertam para o perigo da guarda compartilhada. *Diário de Notícias*, Lisboa, 22 jan. 2009. Disponível em: <http://www.dn.pt/arquivo/2009/interior/juizes-alertam-para-perigo-da-guarda-partilhada-1139401.html >. Acesso em: 29 mar. 2016.

[9] CANOTILHO, José Joaquim Gomes; MOREIRA, Vital. *Constituição da República portuguesa anotada*. São Paulo: RT; Coimbra: Coimbra, 2007. p. 858. v. 1.

[10] SOTTOMAYOR, Maria Clara. *Exercício do poder paternal relativamente à pessoa do filho após o divórcio ou a separação de pessoas e bens*. 2. ed. Porto: Publicações Universidade Católica, 2003. p. 527.

[11] IBGE – Instituto Brasileiro de Geografia e Estatística. *Estatísticas do registro civil*: 2013. Disponível em: <http://www.ibge.gov.br/home/presidencia/noticias/imprensa/pdf>. Acesso em: 29 mar. 2016.

contexto de infância extremamente diverso do que havia há bem pouco tempo, quando o sentimento da infância ou a consciência dessa distinção não existia com tal clareza.[12]

De acordo com Ariès,[13] as crianças eram vistas nos séculos XIV, XV e XVI como um adulto em miniatura, e tanto menos abastada fosse a sua família, elas entravam no mundo adulto mais cedo e não dependiam mais dos pais. De modo oposto, eram os pais que dependiam dos filhos, pois eram braços a mais para trabalhar. Consequentemente, mesmo nos meados do século XVIII, os filhos eram considerados pertencentes ao pai, noção que predominava no sistema da *common law*, de sorte que, nas hipóteses de conflito, sempre a ele cabia a decisão a respeito do destino do filho.

Não se pode, contudo, minimizar a influência do iluminismo, como movimento filosófico e político, que contribuiu para solidificar a noção de infância, que, com a crítica à exploração da criança como mão de obra barata, também introduziu a ideia de que a educação na família não seria suficiente para formar o caráter do cidadão, introduzindo, segundo Ghiraldelli,[14] a figura da escola como elemento fundamental para educar as crianças e desenvolver o seu potencial para a vida e para o trabalho.

A Revolução Industrial é apontada como a causa econômica que determinou uma profunda alteração das relações familiares, pois a migração em massa das populações do campo para as cidades afastou o homem do cotidiano familiar, passando a mulher a ficar encarregada dos assuntos domésticos relacionados à criação e educação dos filhos, até que ela mesma foi obrigada a buscar seu lugar no mercado de trabalho. No entanto, àquela altura, já era vista como a guardiã ideal para o filho, não só diante da presunção de que poderia dedicar-lhe maior tempo e atenção, mas também de fatores que, aliados à progressiva valorização da mulher, constituíam a sua luta pela igualdade de direitos, buscando fundamentar a ideia de identidade do sujeito feminino.

Até a década de 60, na Inglaterra, como em muitas outras sociedades do Ocidente, essa referência feminina da guardiã natural e preferencial parecia consolidada, até que diversas outras causas determinaram a necessidade da distribuição das responsabilidades de cuidar dos filhos entre os pais, pois a guarda exclusiva não atendia mais aos reclamos de uma família muito transformada, e também porque o homem já estava também buscando consolidar seus direitos no espaço doméstico, ele que tivera muito a ceder à mulher no espaço público.

É preciso também lembrar que, na mesma década de 60, a Inglaterra, como boa parte do mundo, protagonizava uma completa revolução cultural e comportamental, na qual os mais diversos grupos reivindicavam direitos feministas, das crianças, dos homossexuais e, nesse caudal, dos pais inconformados com a presunção de custódia materna, propondo-se novos comportamentos masculinos mais participativos e colaborativos quanto aos cuidados com os filhos.

---

[12] Basta recordar que o primeiro instrumento normativo internacional que acolhe referência expressa a direitos da criança remonta a 1924, quando da adoção da Declaração dos Direitos da Criança pela Assembleia das Nações Unidas (CONVENÇÃO sobre os Direitos da Criança. *UNICEF – Brasil*. Disponível em: <http://www.unicef.org/brazil/pt/resources_10120.htm>).

[13] ARIÈS, Philippe. *História social da criança e da família*. Tradução de Dora Flaskman. Rio de Janeiro: LTC – Livros Técnicos e Científicos, 1981. p. 20-29.

[14] GHIRALDELLI JÚNIOR, Paulo. As concepções de infância e as teorias educacionais modernas e contemporâneas. *Revista do Programa Alfabetização Solidária*, São Paulo, v. 1, n. 1, p. 77-92, jul./dez. 2001.

Leite[15] é insuperável na narrativa do desenvolvimento desse processo, quando explica que, para minorar os efeitos da perda do direito de guarda exclusiva, os tribunais começaram a expedir uma ordem de fracionamento (*split order*) do exercício desse direito entre ambos os genitores, possibilitando que o genitor não guardião recuperasse poderes sobre questões do interesse do filho (*custody*), em igualdade com o genitor guardião, além de encarregar-se de cuidados de seu cotidiano (*care and control*):

> A manifestação inequívoca desta possibilidade por um Tribunal inglês só ocorreu em 1964, no caso Clissold, que demarca o início de uma tendência que fará escola na jurisprudência inglesa. Em 1972, a *Court d'Appel* da Inglaterra, na decisão Jussa x Jussa, reconheceu o valor da guarda conjunta, quando os pais estão dispostos a cooperar e, em 1980 a *Court d'Appel* da Inglaterra denunciou, rigorosamente, a teoria da concentração da autoridade parental nas mãos de um só guardião da criança. No célebre caso Dipper x Dipper, o juiz Ormrod, daquela Corte, promulgou uma sentença que, praticamente, encerrou a atribuição da guarda isolada na história jurídica inglesa.[16]

No entanto, segundo Grisar Filho,[17] esta ideia foi ganhando força, uma vez que a solução atendia a muitas demandas sociais e econômicas, passando a ser adotada na França, a partir da alteração do Código Civil em 1987, daí se estendendo ao Canadá e aos Estados Unidos, aprovando a Califórnia, em 1980, uma legislação sobre a matéria que foi rapidamente reproduzida por outros Estados. Atualmente a guarda compartilhada é adotada em outros países da Europa como Portugal, Espanha e França, e também na América Latina, a exemplo da Argentina e Uruguai, além do Brasil.[18]

Curiosamente, como salienta Martins,[19] não há na Inglaterra uma legislação que adote a guarda compartilhada como modelo preferencial, não obstante muitas organizações como o *Shared Parenting* e o *Parenting Equal* venham trabalhando para torná-la realidade, seus legisladores vêm reiteradamente rejeitando a ideia de alterar a legislação para tornar a guarda compartilhada (*shared custody*) um modelo impositivo, preferindo deixar a cargo dos juízes uma permissão para que sejam flexíveis, afastando as presunções em favor deste modelo.

Na atualidade, contudo, segundo Barreto,[20] o direito inglês busca distribuir a responsabilidade de forma igualitária entre os genitores, a partir da avaliação do melhor interesse do filho em cada caso, sendo que geralmente à mãe tocam os cuidados diários, os chamados *care and control*, cabendo ao pai o poder de dirigir conjuntamente a vida dos filhos, achando-se em vigor o *Children Act* de 1989[21] com poucas alterações, tratando

---

[15] LEITE, Eduardo de Oliveira. *Famílias monoparentais*. São Paulo: Revista dos Tribunais, 1997. p. 266.
[16] LEITE, Eduardo de Oliveira. *Famílias monoparentais*. São Paulo: Revista dos Tribunais, 1997. p. 266.
[17] GRISAR FILHO, Waldir. *Guarda compartilhada*: um novo modelo de responsabilidade parental. 5. ed. São Paulo: Revista dos Tribunais, 2010. p. 129.
[18] DALTRO FILHO, Hildeberto Forte. Guarda compartilhada: realidade contemporânea para proteção dos Interesses dos filhos. *Revista Jurídica da Universidade de Cuiabá e Escola da Magistratura Mato-Grossense*, Cuiabá, n. 2, p. 117-133, 2015.
[19] MARTINS, Rosa. Deciding on sole or joint custody rights in the child's best interests. In: BOELE-WOELKI, Katharina (Coord.). *European family law in action*. Oxford: Intersentia, 2005. p. 225-238. v. 3.
[20] BARRETO, Lucas Hayne Dantas. Considerações sobre a guarda compartilhada. *Jus Navigandi*. Disponível em: <http://jus2.uol.com.br/doutrina>. Acesso em: 2 abr. 2008.
[21] UNITED KINGDOM. Department for Education. *The Children Act 1989 guidance and regulations*. Volume 2: care planning, placement and case review, jun. 2015. Disponível em: <https://www.gov.uk/government/uploads/.../Children_Act_Guidance_2015.pdf>. Acesso em: 4 jun. 2016.

as orientações e regulamentos (*Guidance and Regulations*) da sua aplicação dentro das novas realidades.

2 A guarda compartilhada e as principais razões apontadas para justificar sua aplicação impositiva

Com especificidades próprias de cada sistema jurídico, os países que adotam a guarda compartilhada acolhem, como justificativas, argumentos de diversos matizes, jurídicos e extrajurídicos, mas, de forma especial, consolidam a crença de que esta é a opção que melhor atende ao interesse do filho, notadamente quando criança e adolescente, princípio alicerçado na Convenção Sobre os Direitos da Criança, assinada em Nova Iorque em 26.1.1990.[22]

Entre as principais vantagens apontadas para a guarda compartilhada, são mencionadas, com mais ênfase, a de possibilitar a convivência dos filhos com os seus dois genitores, evitando que ele fique sem contato efetivo com aquele que não detém a guarda; propiciar melhor proteção para o filho decorrente da assistência mais presente prestada por ambos os pais; permitir maior cooperação entre os pais, levando a um decréscimo significativo dos conflitos; evitar a possibilidade de que a vida do filho não venha a sofrer alterações bruscas na convivência com os pais; tornar desnecessária a opção por um dos genitores, ao qual é atribuída a guarda unilateral.

Para que se aceite como válido o argumento de que ter a companhia do pai e da mãe é a melhor opção para a os filhos, na maioria dos casos, é preciso partir do pressuposto de que ambos os genitores têm a mesma importância para a sua formação pessoal, e pela aceitação da igual importância das figuras materna e paterna na vida do filho.

A avaliação de que a presença do pai na vida do filho tem tanta importância quanto à da mãe reproduz a noção jurídica da paridade de direitos e deveres entre os pais, reforçando a ideia de que a figura paterna influencia de forma significativa a educação e o desenvolvimento da criança, com importantes interferências na formação da sua personalidade, tornando-a indispensável na criação do filho.

Essa ideia foi, por algum tempo, minimizada em prol da prevalência materna na guarda dos filhos, posição que passou a ser contestada pela busca da valorização da figura do pai no espaço familiar, contrapondo-se à noção subjacente de que era a mãe a figura imprescindível, enquanto o pai seria dispensável na criação dos filhos. Segundo Rosa:

> Houve um tempo em que o bem-estar dos filhos coincidia com a guarda materna. As concepções jurídicas e culturais se misturavam. Por força da divisão sexual do trabalho, consagrada por séculos em nossa sociedade, a mulher foi relegada aos limites do lar, ao passo que ao homem foi dado desempenhar o papel de provedor. Por isso, o papel de criação dos filhos estava intrinsecamente vinculado à figura materna. Nos últimos tempos muito se avançou para a mudança desse quadro. Contudo, reiteradamente a ideia subjacente parece ser a de que a mãe é figura imprescindível, enquanto o pai é dispensável

---

[22] BRASIL. Presidência da República. *Declaração Sobre os Direitos da Criança*: 1990. Disponível em: <www.planalto.gov.br/ccivil_03/decreto/1990-1994/D99710.htm>. Acesso em: 7 maio 2016.

na criação dos filhos. No entanto, podemos dizer que um dos determinantes do ajustamento da criança à separação dos pais e à vida em geral é o envolvimento ininterrupto dela com ambos os genitores.[23]

Para Clemente e Silva,[24] o exercício, pelos pais, das funções de proteção materna e paterna, também é primordial para que o filho desenvolva adequadamente suas relações afetivas, biológicas, educacionais e emocionais, e para que tenha um desenvolvimento sadio, por serem estes os adultos que se relacionam mais intimamente com a criança.

As autoras distinguem ainda as participações maternas das paternas, alinhando características próprias da função do pai, que consistiria em auxiliar em alguns cuidados com o filho, sem limitar seu papel ao de provedor, constituindo-se em uma figura extremamente importante dentro do núcleo familiar, como símbolo e referência de autoridade, assim como modelo de orientação masculina, haja vista que em sua formação a criança dependeria de referencial, tanto masculina quanto feminina.

Peluso,[25] do mesmo modo, sustenta que a presença deficiente ou precária das figuras materna ou paterna na vida e na educação do filho produz efeitos emocionais e afetivos adversos, conduzindo a desajustamentos inclusive na área da sexualidade, pois acredita que é na convivência da criança com pessoas de ambos os sexos, sejam seus pais biológicos ou não, que se encontra o gérmen da identidade sexual e do relacionamento com o sexo oposto. Para o autor, a presença de ambos os genitores, ou de quem cumpra essa função, é indispensável no decorrer do desenvolvimento até que a criança seja adulta. Logo, é decisiva, mesmo que não seja contínua, pois será muito difícil que uma só pessoa possa desempenhar plenamente funções materna e paterna que, em certos momentos, pode se configurar em tomadas de posições diametralmente opostas.

Lôbo[26] complementa, salientando que a guarda compartilhada permite que, mesmo separados, os pais exerçam em plenitude a autoridade parental, evitando que se tornem "pais de fins de semana" ou de "mães de feriados".

Tais posicionamentos doutrinários têm encontrado variado suporte interdisciplinar, especialmente da psicologia e da sociologia, uma vez que pesquisas realizadas em diversos países apontam nas funções maternas e paternas características específicas que favorecem a adoção da guarda compartilhada.

No mesmo sentido são conhecidos os estudos realizados no Canadá por Dallaire,[27] que concluiu ser a função materna, primariamente, uma matriz de fonte nutritiva e receptáculo de vida e retenção, representando a mãe segurança e proteção, carinho, afeto, fusão, enquanto estaria reservado ao pai um papel fundamental no seu amadurecimento, na expulsão do útero, gerando distinção e diferenciação, educando no sentido etimológico da palavra *educare*: fazer para fora, permitindo que a criança desenvolva sua

---

[23] ROSA, Conrado Paulino da. *Nova Lei da Guarda Compartilhada*. São Paulo: Saraiva, 2015. p. 50.
[24] CLEMENTE, Maria Luzia; SILVA, Vilma Regina da. A guarda de filhos como suporte para que os laços de união sejam mantidos? Direito de família e ciências humanas. *Cadernos de Estudos Brasileiros*, São Paulo, n. 3, p. 115-132, 2002.
[25] PELUSO, Antonio Cezar. *O menor na separação, direito de família, repertório de doutrina e jurisprudência*. São Paulo: RT, 1991. p. 30.
[26] LÔBO, Paulo Luiz Netto. *Direito civil*: famílias. 4. ed. São Paulo: Saraiva, 2011. p. 77.
[27] DALLAIRE, Yvon. La réelle function dupère. *Psycho Textes*. Disponível em: <http://www.psycho-ressources.com/bibli/fonction-pere.html>. Acesso em: 30 maio 2016.

personalidade fora de simbiose materna, apontando-lhe limites, fronteiras e separação psicológica.

Nos Estados Unidos, inúmeros estudos também apontam para o fato de os pais desempenharem um papel extremamente importante no bem-estar e sucesso de uma criança, havendo incontáveis pesquisas, tão ao gosto dos norte-americanos, mostrando que crianças com pais são menos propensos a viver na pobreza,[28] possuem melhor desempenho escolar,[29] são menos tendentes à delinquência,[30] abusam menos de drogas e de álcool[31] ou são menos predispostos a ser precocemente ativos sexualmente na adolescência, obesos, ou até que apresentam vocabulário mais completo.[32]

De acordo com Raeburn,[33] as últimas descobertas científicas, com base na investigação de neurocientistas, geneticistas e psicólogos do desenvolvimento, têm revelado as profundas conexões fisiológicas entre as crianças e seus pais, mostrando que esta relação muito valiosa foi deveras negligenciada por muito tempo, quando os estudos sobre a criança eram centrados no papel materno. No mesmo sentido, Baker e Vernon-Feagans[34] coordenaram estudo para medir a influência dos pais no desenvolvimento verbal da primeira infância, sendo que o resultado surpreendente deste estudo foi que os pais tinham muito mais influência na proficiência verbal de uma criança que as mães.

Não obstante, não é certo que a importância do pai no desenvolvimento da criança seja objeto de uma crença universal, o que pode funcionar como um obstáculo ao compartilhamento da guarda, uma vez que muitas mães resistem ao novo modelo proposto, mesmo diante das fortes evidências de que a guarda única sobrecarrega o

---

[28] Segundo o US Census Bureau, 44% das crianças em famílias só de mãe viviam na pobreza, em comparação com apenas 12% das crianças que vivem numa família encabeçada por um casal. O Departamento de Saúde dos EUA informou estatísticas semelhantes que ligam pais ausentes com a pobreza. Em um relatório de 2012, eles apontaram que as crianças que vivem em famílias chefiadas por mulheres sem cônjuge presentes tiveram uma taxa de pobreza de 47,6%, mais de 4 vezes a taxa de famílias de casais casados (MCKAY, Brett; MCKAY, Kate. The importance of fathers (according to science). *The Art of Manliness*, 19 jun. 2015. Disponível em: <http://www.artofmanliness.com/2015/06/19/t>. Acesso em: 30 maio 2016).

[29] Estudo realizado em 2001 pelo Departamento Nacional de Educação mostrou que os estudantes cujos pais eram envolvidos com a escola eram 43% mais propensos a ter notas mais altas. Isto era verdade para os pais em famílias de pais biológicos, para padrastos, e para os pais que dirigiam as famílias monoparentais. Por outro lado, os alunos que viviam em lares com pais ausentes mostraram-se duas vezes mais propensos à repetência escolar (NORDAND, Christine Winquist; WEST, Jerry. Fathers' and mothers' involvement in their children's schools by family type and resident status. *Statistical Analysis Report*, Washington, DC, maio 2001. Disponível em: <http://nces.ed.gov/pubs2001/2001032.pdf>. Acesso em: 30 maio 2016).

[30] Pesquisa do Departamento de Justiça norte-americano revelou que jovens com diferentes níveis de renda, em famílias com pais ausentes, tinham maior probabilidade de se envolver em atos ilícitos e serem presos, probabilidade que aumentava entre jovens que *nunca* tiveram um pai na casa. Entre 7.000 entrevistados presos em 2002, 39% deles viviam em uma casa só de mãe, e entre 14.000 reclusas mais da metade havia sido criada somente pela mãe (JAMES, Doris J. Profile of jail inmates, 2002. *Bureau of Justice Statistics: Special Reports*, Washington, jul. 2004. Disponível em: <http://www.bjs.gov/content/pub/pdf/pji02.pdf>. Acesso em: 30 maio 2016).

[31] De acordo com relatório publicado no *Journal of Marriage and Family*, há significativamente mais uso de drogas entre crianças que vivem em lares de pais ausentes (HOFFMANN, John P. The Community context of family structure and adolescent drug use. *Journal of Marriage and Family*, v. 64, n. 2, 2002. Disponível em: <http://onlinelibrary.wiley.com/doi/10.1111/j.1741-3737.2002.00314.x/abstract>. Acesso em: 30 maio 2016).

[32] MCKAY, Brett; MCKAY, Kate. The importance of fathers (according to science). *The Art of Manliness*, 19 jun. 2015. Disponível em: <http://www.artofmanliness.com/2015/06/19/t>. Acesso em: 30 maio 2016.

[33] RAEBURN, Paul. *Do fathers matter?* What science is telling us about the parent we've overlooked. New York: Scientific American/Farrar, Strausand Girou, 2014. p. 23-29.

[34] BAKER, Claire; VERNON-FEAGANS, Lynne. The family life project key investigators. Fathers' language input during shared book activities: Links to children's kindergarten achievement. *Journal of Applied Developmental Psychology*, North Carolina, p. 53-59, 2015.

guardião, como observa Pratas,[35] para quem a guarda compartilhada se mostra como uma opção que pode resolver o problema desta sobrecarga, assim como a do progenitor que fica longe dos filhos, tornando-se assim uma solução justa para ambos.

Os estudos interdisciplinares demonstram, ainda, a existência de consenso sobre o fato de que hoje, em diferentes partes do mundo, muitos pais mostram-se dispostos a ser muito mais que um provedor, tornando-se mais ativamente envolvidos no cuidado e educação das crianças e adolescentes.[36]

No entanto, mesmo diante da multiplicação dessa tendência, observada em famílias de diferentes comunidades culturais, de acordo com Georgas,[37] estudos internacionais demonstram que, apesar de um aumento do envolvimento dos pais no cuidado e educação de crianças em famílias, sobre a mãe ainda repousa a responsabilidade principal.

Permanece, portanto, em muitas delas, a resistência às mudanças nos papéis tradicionais de homens e mulheres, o que, consequentemente, tende a interferir na aceitação da guarda compartilhada como solução natural, o que torna a imposição legal uma necessidade sem a qual as razões de sua admissão não seriam suficientes para dar-lhe efetividade.

3 Os litígios entre os pais: obstáculo à aplicação da guarda compartilhada?

É evidente que são também apontadas desvantagens para o compartilhamento da guarda, mas o que chama a atenção é que estas têm, geralmente, como referenciais o comportamento dos pais, não o dos filhos. Segundo Levy,[38] por exemplo, a sua adoção por casais amargos e em conflitos, não cooperativos, sem diálogos, insatisfeitos, que agem em paralelo e sabotam um ao outro, pode contaminar o tipo de educação que proporcionam a seus filhos. Nestes casos, a guarda compartilhada poderia ser lesiva ao interesse dos filhos, pois estaria no centro dos conflitos, à mercê dos desajustes paternos, e por isso não se poderia impor uma realidade àquelas famílias que não estariam preparadas para conviver no modelo compartilhado.

Contesto, porém, a ideia de que os comportamentos inadequados dos pais possam determinar que o filho seja privado das vantagens trazidas pela guarda compartilhada, sendo que, em tais situações, esse deve ser efetivamente um modelo a impor, desde que o

---

[35] PRATAS, Sónia Isabel dos Santos. *Guarda partilhada*: estudo exploratório. 2012. Dissertação (Mestrado em Psicologia Clínica) – Faculdade de Psicologia e de Ciências da Educação, Universidade de Coimbra, Coimbra, 2012. p. 61. Disponível em: <https://estudogeral.sib.uc.pt/bitstream/10316/23451/1/S%C3%B3nia%20Isabel%20 dos%20Santos%20Pratas.pdf>. Acesso em: 21 abr. 2016.

[36] A atualidade dessa discussão, bem como a necessidade de desenvolver estudos acerca dos papéis desempenhados pelos pais no desenvolvimento do filho, tem motivado a ONU, através da UNICEF, a partilhar experiências em todo o mundo sobre o assunto, mantendo na sua página virtual um espaço a ele dedicado, no qual se pode encontrar estudos importantíssimos sobre a matéria. Cf. UNICEF. *Encyclopedia on Early Childhood Development*. Disponível em: <http://www.child-encyclopedia.com/father-paternity/according-experts/fathers>. Acesso em: 21 abr. 2016.

[37] GEORGAS, J. Families and family change. In: GEORGAS, J. et al. (Ed.). *Families across cultures*: a 30 nation psychological study. New York: Cambridge University Press, 2006. p. 3-50.

[38] LEVY, Laura Affonso da Costa. O estudo sobre a guarda compartilhada. Âmbito Jurídico. Disponível em: <http://www.ambito-juridico.com.br/site/index.php?n_link=revista_artigos_leitura&artigo_id=7569>. Acesso em: 2 abr. 2016.

juiz, arrimado no estudo do caso por equipes interdisciplinares, identifique a resistência de um ou de ambos os pais, e conclua que sua regulamentação traria vantagens para o filho. Nessas hipóteses, a imposição respaldada na legislação de família serviria para exigir dos pais uma mudança de comportamento para criar para o filho, uma solução favorável e mais de acordo com o seu direito à convivência familiar mais ampla possível.

Note-se, ainda, que em tais situações o filho acha-se exposto a uma das situações adversas que serviram de inspiração para a adoção da guarda compartilhada, que foi a da alienação parental, em que os pais sabotam o outro, contaminam o tipo de educação que proporcionam ao filho com elementos referenciais negativos quanto ao outro genitor, desmerecendo-o e menosprezando-o, impedindo o contato e rompendo os vínculos entre o alienado e o filho, com graves consequências para a saúde física e mental dos que vivem sob a autoridade de um pai alienador.

Por isso, diante da litigiosidade dos pais, entendo que, longe de ser recomendável a abstenção na adoção da guarda compartilhada, revela-se a necessidade de adotar todas as medidas necessárias para que o filho não fique privado da possibilidade de convivência familiar mais adequada e salutar.

Não é por outra razão que a Lei da Alienação Parental[39] tipifica este comportamento do guardião nos seus arts. 2º e 3º, reconhecendo que a prática de ato de alienação parental fere direito fundamental da criança ou do adolescente de convivência familiar saudável, prejudica a realização de afeto nas relações com genitor e com o grupo familiar, constitui abuso moral contra a criança ou o adolescente e descumprimento dos deveres inerentes à autoridade parental ou decorrentes de tutela ou guarda.

A recomendação para que o juiz intervenha, em tais situações, acha-se expressamente disciplinada no art. 4º da referida lei, quando determina que ele atue, mesmo de ofício, em qualquer momento processual, para prescrever, com urgência, ouvido o Ministério Público, as medidas provisórias necessárias para preservação da integridade psicológica da criança ou do adolescente, inclusive para assegurar sua convivência com genitor ou viabilizar a efetiva reaproximação entre ambos, se for o caso.

Esta vem sendo a orientação jurisprudencial majoritária em diversos países que adotam a guarda compartilhada, sendo relevante mencionar conhecido acórdão do Tribunal de Messina, Itália, referido por Argese,[40] que, em 2008, ao decidir que "la mera conflittualità tra i genitori non può escludere l'affidamento condiviso perché, diversamente, si rischierebbe difarladiventare una soluzione solo residuale"[41] veio robustecer este modelo de guarda como apto a ser imposto, independentemente dos conflitos parentais, como necessidade de assegurar os direitos do filho à convivência familiar e de determinar um novo comportamento mais cooperativo dos pais como um verdadeiro dever a ser cumprido. Essa posição se consolidaria através de acórdão da Suprema Corte,[42] firmando a guarda compartilhada também como um instrumento

---

[39] BRASIL. Presidência da República. *Lei nº 12.318/2010, de 26 de agosto.* Dispõe sobre a alienação parental e altera o art. 236 da Lei nº 8.069, de 13 de julho de 1990. Disponível em: <http://www.planalto.gov.br>. Acesso em: 20 mar. 2016.

[40] ARGESE, Angelo. Pregiudizio al minore, litigiosità coniugale e affidamento condiviso. *Leggi Oggi.it,* 22 mar. 2014. Disponível em: <http://www.leggioggi.it/2014/03/22/pregiudizio-al-minore-litigiosita-coniugale-e-affidamento-condiviso/>. Acesso em: 21 abr. 2016.

[41] "O mero conflito entre os pais não pode excluir a guarda conjunta, porque, caso contrário, correria o risco de transformá-la em uma única solução residual" (tradução nossa).

[42] ITÁLIA. Corte di Cassazione. *Sentenza n. 5108/2012.* Disponível em: <http://www.neldiritto.it/appgiurisprudenza.asp?id=7768>. Acesso em: 21 abr. 2016.

especial de impor aos pais um dever de diálogo e cooperação, no interesse do filho, no exercício das responsabilidades parentais.

Pesquisa elaborada por Pratas,[43] em Portugal, revelou ainda que muitos pais entendem que a guarda compartilhada não é vista como o sistema mais adequado quando um ou ambos os membros do ex-casal refazem as suas vidas amorosas, talvez pela possibilidade de interferência desse fator no novo relacionamento, mas quando o assunto é tratado sob a perspectiva do filho, segundo ela a resposta parece fácil, pois, especialmente as crianças menores, reagem favoravelmente à situação, desde que sejam bem tratadas, e em geral "não recusam fontes extra de afeto e carinho, a não ser que os pais, ou um dos pais, tentem manipulá-las e transformar aquilo que elas têm de bom nos corações em algo feio nas suas cabeças".

Situações semelhantes demonstram que os argumentos em contrário à guarda compartilhada destinam-se prioritariamente a atender aos interesses dos pais, e não os dos filhos, que com a guarda única tornam-se com mais facilidade reféns da atuação alienante do guardião. Por isso mesmo, a Lei da Guarda Compartilhada, no Brasil, teve como um de seus propósitos atender às situações de conflitos entre os pais, inclusive para prevenir e combater a alienação parental, uma vez que, no seu art. 2º, §2º, determina sua aplicação "quando não houver acordo entre a mãe e o pai quanto à guarda do filho".[44]

Comentando a questão, Dias[45] salienta que, passando o filho a residir na companhia de um dos genitores, a este ficava deferida a "guarda", expressão que significava verdadeira "coisificação" do filho (grifo do original), colocando-o muito mais na condição de objeto do que sujeito de direito.

Por outro lado, a guarda compartilhada coloca o filho como sujeito de direito, na medida em que torna possível exigir dos pais, e não apenas da criança, o esforço necessário para que se adapte à nova realidade de relações parentais. Cabe então, em tais situações, uma ponderação da situação concreta, valendo-se o juiz da perícia psicológica ou biopsicossocial, em que poderá concluir, inclusive, pela inadequação do modelo proposto, opção que a legislação admite quando, no seu art. 2º, §2º, diz que a guarda compartilhada não será aplicada se o juiz verificar que os genitores não estão aptos a exercê-la em benefício do filho.

Outra situação em que a lei prevê que a guarda compartilhada deixe de ser aplicada é aquela em que um dos pais declara que não deseja exercê-la. Nessa hipótese, também entendo que o juiz deve examinar a relevância das razões apresentadas, pois, diante da possibilidade da contrariedade ao interesse do filho, o regime de compartilhamento pode ser imposto em benefício deste, uma vez que, tratando-se de um poder-dever, o regime de guarda e convivência familiar apresenta caráter irrenunciável.

Por isso mesmo, a guarda compartilhada, como proteção ao filho diante dos litígios parentais, necessita ser incorporada ao rol de comportamentos socialmente

---

[43] PRATAS, Sónia Isabel dos Santos. *Guarda partilhada*: estudo exploratório. 2012. Dissertação (Mestrado em Psicologia Clínica) – Faculdade de Psicologia e de Ciências da Educação, Universidade de Coimbra, Coimbra, 2012. Disponível em: <https://estudogeral.sib.uc.pt/bitstream/10316/23451/1/S%C3%B3nia%20Isabel%20dos%20 Santos%20Pratas.pdf>. Acesso em: 21 abr. 2016.

[44] BRASIL. Presidência da República. *Lei nº 13.058/2014, de 24 de dezembro de 2014.* Altera os arts. 1.583, 1.584, 1.585 e 1.634 da Lei nº 10.406, de 10 de janeiro de 2002 (Código Civil), para estabelecer o significado da expressão "guarda compartilhada" e dispor sobre sua aplicação. Disponível em: <http://www.planalto.gov.br/ccivil_03/_ ato2011-2014/2014/Lei/L13058.htm>. Acesso em: 22 abr. 2016.

[45] DIAS, Maria Berenice. *Manual de direito das famílias*. 7. ed. São Paulo: Revista dos Tribunais, 2010. p. 430.

estimulados, reforçando a paternidade como uma experiência de vida, observando Bastos et al.[46] que no Brasil este é um novo tema, em que a ênfase é sobre o papel do pai como cuidador amoroso, carinhoso, atencioso e responsável, através do qual, por exemplo, os meninos podem ser incentivados a, no processo de socialização, desenvolver relações de empatia em vez de competir uns com os outros para ganhar autoridade no grupo.

4 Guarda compartilhada e pensão alimentícia

A aplicação da guarda compartilhada gerou inicialmente dúvidas acerca da necessidade do pagamento de pensão alimentícia em favor do filho, uma vez que as despesas seriam também compartilhadas entre os pais.

Embora, a princípio, essa solução possa ser adotada, no caso concreto exigirá dos pais um alto grau de cooperação e entendimento, ou seja, a sua prática só será possível em casos excepcionais, demandando a maioria das situações a regulamentação do custeio das despesas com a manutenção do filho.

Mas, se é equivocada a ideia de que a guarda compartilhada não comporta a fixação da pensão alimentícia em favor do filho, é razoável concluir que, nesse modelo convivencial há uma maior possibilidade de serem divididas as despesas de forma mais equitativa, embora não signifique que as despesas devam ser repartidas por igual, pois deve ser observada a proporcionalidade de recursos de que dispõe cada um dos genitores. Ou seja, é preciso distinguir, relativamente à igualdade entre os pais no exercício da guarda do filho, entre seus interesses existenciais e o estritamente econômico, uma vez que, ao buscar-se assegurar com a guarda compartilhada a participação dos pais em condições de igualdade, não se pode impor uma obrigação de prover as necessidades do filho sem observar o quesito possibilidade.

A questão não é restrita ao cenário brasileiro. Nos EUA, Schwatz[47] menciona a questão do pagamento da pensão alimentícia como uma desvantagem da guarda única, pois, ao poder ser afastado do filho, o progenitor não guardião frequentemente se desmotiva em relação ao pagamento da pensão alimentícia, e por isso os pais que mantêm contato mais frequente e regular com os filhos têm mais probabilidades de pagar a pensão também de forma mais adequada e satisfatória.

A convivência do filho com os pais revela-se, portanto, um fator favorável ao adimplemento da pensão alimentícia, pois a cooperação e a comunicação que possibilita a discussão e o conhecimento do seu cotidiano afasta a figura do pai/mãe provedor alimentar distante, que, ao depositar o valor da pensão alimentícia acha-se liberado de outras obrigações parentais.

Uma questão também presente é a de que a divisão das tarefas e cuidados relacionados com a criação do filho possibilita também que os custos correspondentes e essas tarefas sejam computados nas planilhas de despesas que devem instruir os cálculos dos alimentos. Um exemplo muito comum é a obrigação de levar e buscar os filhos na escola

---

[46] BASTOS A. C. S. et al. Fathering in Brazil: a diverse and unknown reality. In: SHWALB, David W.; SHWALB, Barbara J.; LAMB, Michael E. (Ed.). *Fathers in cultural context*. New York: Routledge, 2013. p. 228-249.

[47] SCHWARTZ, Lita L. Joint custody: Is it right for all children? *Journal of Family Psychology*, v. 1, p. 120-134, 1987. Disponível em: <http://dx.doi.org/10.1037/h0080440>. Acesso em: 21 abr. 2016.

ou em outras atividades cotidianas, que, partilhadas equitativamente, não só reproduz situação frequente na família em coabitação, como facilita a aproximação entre pais e filhos nas rotinas diárias, ao tempo em que pode diminuir o custo em espécie com a sua manutenção.

Outro exemplo é a estadia do filho alguns dias por semana na casa do genitor, cuja residência não seja a sua referencial, que pode ensejar uma compensação proporcional nos gastos com alimentação, higiene ou lazer.

Evidentemente que a guarda compartilhada não pode ser estabelecida como forma de desobrigar qualquer dos genitores da obrigação de prestar alimentos, ou servir de pretexto para uma exoneração prejudicial aos interesses do filho, mas muitos arranjos familiares podem ser feitos com proveito econômico nos custos com a sua manutenção, preservando suas condições de bem-estar e tendo como ganho adicional o estabelecimento de uma rotina salutar éntre a família.

Por outro lado, como as decisões a respeito dos filhos passam a ser tomadas por ambos os pais, e não apenas prioritariamente por aquele que tinha a guarda única, há uma natural tendência a que os gastos sejam programados levando em consideração as possibilidades de cada um, evitando situações frequentemente levadas a litígio, em que o guardião nem sempre considera as reais condições econômicas do outro genitor, optando por soluções que o alimentante julga indevidas ou excessivas, ou além de suas possiblidades financeiras.

Ao estar presente no cotidiano do filho, o alimentante vivencia de perto suas necessidades, situação que permanentemente afligia somente o guardião único, ao ver que para o alimentante tais necessidades pareciam distantes e com pouca probabilidade de sensibilização.

Vê-se, ainda, que permanecem íntegras as medidas que podem ser adotadas relativamente ao genitor que inadimplir a pensão alimentícia, independentemente de ser a guarda compartilhada, podendo esta ser executada nos mesmos moldes que a guarda única. Desse modo, a alteração do modelo de guarda, de única para compartilhada, não altera necessariamente a obrigação alimentar nem representa a exoneração financeira do alimentante, podendo, em cada caso, haver uma adaptação diante do compartilhamento de tarefas e despesas, o que, na maioria dos casos, resulta em vantagem para o filho.

Conclusão

No plano jurídico, os principais argumentos a favor da guarda compartilhada têm origem principiológica, como a igualdade jurídica entre os pais, que implica direito de exercer igualitariamente o poder familiar, e o melhor interesse da criança, que envolve o direito desta à convivência familiar, além de ter asseguradas as condições necessárias ao seu pleno desenvolvimento. Mas, como vimos, outras razões, de ordem econômica, social e relacionadas à psicologia, de igual relevância, são também levantadas.

Considerando que, quando a lei foi aprovada entre nós, a absoluta maioria de filhos de casais separados vivia sob regime de guarda única, atribuída à mãe, parece fácil compreender as reações à implantação da guarda compartilhada, por imposição legal.

Registra-se, a partir de então, uma mudança de perspectiva, em que o atendimento ao interesse do filho é de fato a prioridade, e não a disposição dos pais em promover as condições de convivência e cooperação que possibilitem a guarda compartilhada.

As pesquisas interdisciplinares que serviram de justificativa para a guarda compartilhada indicam tratar-se de uma norma que, se não reflete o reconhecimento de uma prática social consolidada na sociedade brasileira, espelha uma decisão legislativa inspirada em uma política jurídica pautada em estudos variados e consistentes.

Esses estudos serviram de fundamentação para sua aplicação, não como uma opção residual a ser adotada sempre que possível, mas como uma proposta de rompimento com alguns dogmas relativos às relações familiares, buscando a construção de outras práticas mais adequadas aos princípios constitucionais e à percepção de uma família mais cooperativa, plural e democrática.

As mudanças obrigarão o Poder Judiciário a criar e ampliar suas estruturas interdisciplinares para orientar o juiz acerca do real interesse do filho no caso concreto, uma vez que cada família tem suas peculiaridades e é preciso considerar a natureza específica de cada situação.

Alinho-me, contudo, entre os adeptos da guarda compartilhada, não só como estudiosa do tema, mas principalmente com a longa experiência pessoal de magistrada de família, que, muito antes da existência de qualquer determinação legal neste sentido, sempre buscou a cooperação dos pais na convivência conjunta com o filho, inclusive na aplicação da guarda compartilhada quando o modelo de guarda se mostrava exótico para alguns.

Cabe relatar, também, por experiência empírica, que, na expressiva maioria das situações, as crianças e adolescentes desejam viver na companhia e com a assistência de ambos os pais, e que se ressentem quando não recebem a atenção e os cuidados de algum deles.

Não cuida, portanto, a legislação da guarda compartilhada, de refletir um desejo quimérico ou uma arrogância de mudar a realidade através da criação de uma lei, mas de utilizá-la na promoção de valores reconhecidamente positivos para as famílias, e especialmente para o filho, cumprindo assim a função transformadora e idealizadora que lhe é atribuída no Estado Democrático de Direito.

Sancionada a lei, esta há de ser cumprida, debatida, aperfeiçoada. Acredito nos seus bons propósitos, na sua eficácia, e por isso posso dizer, concordando com Guilherme Oliveira, que a guarda compartilhada deve ser, sim, um modelo a impor.

Referências

ARGESE, Angelo. Pregiudizio al minore, litigiosità coniugale e affidamento condiviso. *Leggi Oggi.it*, 22 mar. 2014. Disponível em: <http://www.leggioggi.it/2014/03/22/pregiudizio-al-minore-litigiosita-coniugale-e-affidamento-condiviso/>. Acesso em: 21 abr. 2016.

ARIÈS, Philippe. *História social da criança e da família*. Tradução de Dora Flaskman. Rio de Janeiro: LTC – Livros Técnicos e Científicos, 1981.

BAKER, Claire; VERNON-FEAGANS, Lynne. The family life project key investigators. Fathers' language input during shared book activities: Links to children's kindergarten achievement. *Journal of Applied Developmental Psychology*, North Carolina, p. 53-59, 2015.

BARRETO, Lucas Hayne Dantas. Considerações sobre a guarda compartilhada. *Jus Navigandi*. Disponível em: <http://jus2.uol.com.br/doutrina>. Acesso em: 2 abr. 2008.

BASTOS A. C. S. *et al*. Fathering in Brazil: a diverse and unknown reality. In: SHWALB, David W.; SHWALB, Barbara J.; LAMB, Michael E. (Ed.). *Fathers in cultural context*. New York: Routledge, 2013.

BRASIL. Presidência da República. *Declaração Sobre os Direitos da Criança*: 1990. Disponível em: <www.planalto.gov.br/ccivil_03/decreto/1990-1994/D99710.htm>. Acesso em: 7 maio 2016.

BRASIL. Presidência da República. *Decreto n. 99.710, de 21 de novembro de 1990*. Declaração sobre os direitos da criança, 1990. Promulga a Convenção sobre os Direitos da Criança. Disponível em: <http://www.planalto.gov.br/ccivil_03/decreto/1990-1994/D99710.htm>. Acesso em: 7 maio 2016.

BRASIL. Presidência da República. *Lei nº 12.318/2010, de 26 de agosto*. Dispõe sobre a alienação parental e altera o art. 236 da Lei nº 8.069, de 13 de julho de 1990. Disponível em: <http://www.planalto.gov.br>. Acesso em: 20 mar. 2016.

BRASIL. Presidência da República. *Lei nº 13.058/2014, de 24 de dezembro de 2014*. Altera os arts. 1.583, 1.584, 1.585 e 1.634 da Lei nº 10.406, de 10 de janeiro de 2002 (Código Civil), para estabelecer o significado da expressão "guarda compartilhada" e dispor sobre sua aplicação. Disponível em: <http://www.planalto.gov.br/ccivil_03/_ato2011-2014/2014/Lei/L13058.htm>. Acesso em: 22 abr. 2016.

CANOTILHO, José Joaquim Gomes; MOREIRA, Vital. *Constituição da República portuguesa anotada*. São Paulo: RT; Coimbra: Coimbra, 2007. v. 1.

CLEMENTE, Maria Luzia; SILVA, Vilma Regina da. A guarda de filhos como suporte para que os laços de união sejam mantidos? Direito de família e ciências humanas. *Cadernos de Estudos Brasileiros*, São Paulo, n. 3, p. 115-132, 2002.

COCHLAR, Isabel. Pais e filhos. Direito do menor é suprimido em guarda compartilhada. *ConJur*, jul. 2012. Disponível em: <http://www.conjur.com.br/2012-jul-14/isabel-cochlar-direito-menor-suprimido-guarda-compartilhada>. Acesso em: 22 abr. 2016.

DALLAIRE, Yvon. La réelle function dupère. *Psycho Textes*. Disponível em: <http://www.psycho-ressources.com/bibli/fonction-pere.html>. Acesso em: 30 maio 2016.

DALTRO FILHO, Hildeberto Forte. Guarda compartilhada: realidade contemporânea para proteção dos Interesses dos filhos. *Revista Jurídica da Universidade de Cuiabá e Escola da Magistratura Mato-Grossense*, Cuiabá, n. 2, p. 117-133, 2015.

DIAS, Maria Berenice. *Manual de direito das famílias*. 7. ed. São Paulo: Revista dos Tribunais, 2010.

FERREIRA, Ana Bela. Juízes alertam para o perigo da guarda compartilhada. *Diário de Notícias*, Lisboa, 22 jan. 2009. Disponível em: <http://www.dn.pt/arquivo/2009/interior/juizes-alertam-para-perigo-da-guarda-partilhada-1139401.html >. Acesso em: 29 mar. 2016.

GEORGAS, J. Families and family change. In: GEORGAS, J. et al. (Ed.). *Families across cultures*: a 30 nation psychological study. New York: Cambridge University Press, 2006.

GHIRALDELLI JÚNIOR, Paulo. As concepções de infância e as teorias educacionais modernas e contemporâneas. *Revista do Programa Alfabetização Solidária*, São Paulo, v. 1, n. 1, p. 77-92, jul./dez. 2001.

GRISAR FILHO, Waldir. *Guarda compartilhada*: um novo modelo de responsabilidade parental. 5. ed. São Paulo: Revista dos Tribunais, 2010.

HOFFMANN, John P. The Community context of family structure and adolescent drug use. *Journal of Marriage and Family*, v. 64, n. 2, 2002. Disponível em: <http://onlinelibrary.wiley.com/doi/10.1111/j.1741-3737.2002.00314.x/abstract>. Acesso em: 30 maio 2016.

IBGE – Instituto Brasileiro de Geografia e Estatística. *Estatísticas do registro civil*: 2013. Disponível em: <http://www.ibge.gov.br/home/presidencia/noticias/imprensa/pdf>. Acesso em: 29 mar. 2016.

ITÁLIA. Corte di Cassazione. *Sentenza n. 5108/2012*. Disponível em: <http://www.neldiritto.it/appgiurisprudenza.asp?id=7768>. Acesso em: 21 abr. 2016.

JAMES, Doris J. Profile of jail inmates, 2002. *Bureau of Justice Statistics: Special Reports*, Washington, jul. 2004. Disponível em: <http://www.bjs.gov/content/pub/pdf/pji02.pdf>. Acesso em: 30 maio 2016.

LEITE, Eduardo de Oliveira. *Famílias monoparentais*. São Paulo: Revista dos Tribunais, 1997.

LEVY, Laura Affonso da Costa. O estudo sobre a guarda compartilhada. Âmbito Jurídico. Disponível em: <http://www.ambito-juridico.com.br/site/index.php?n_link=revista_artigos_leitura&artigo_id=7569>. Acesso em: 2 abr. 2016.

LÔBO, Paulo Luiz Netto. *Direito civil*: famílias. 4. ed. São Paulo: Saraiva, 2011.

MARTINS, Rosa. Deciding on sole or joint custody rights in the child's best interests. In: BOELE-WOELKI, Katharina (Coord.). *European family law in action*. Oxford: Intersentia, 2005. v. 3.

MCKAY, Brett; MCKAY, Kate. The importance of fathers (according to science). *The Art of Manliness*, 19 jun. 2015. Disponível em: <http://www.artofmanliness.com/2015/06/19/t>. Acesso em: 30 maio 2016.

NORDAND, Christine Winquist; WEST, Jerry. Fathers' and mothers' involvement in their children's schools by family type and resident status. *Statistical Analysis Report*, Washington, DC, maio 2001. Disponível em: <http://nces.ed.gov/pubs2001/2001032.pdf>. Acesso em: 30 maio 2016.

PELUSO, Antonio Cezar. *O menor na separação, direito de família, repertório de doutrina e jurisprudência*. São Paulo: RT, 1991.

PRATAS, Sónia Isabel dos Santos. *Guarda partilhada*: estudo exploratório. 2012. Dissertação (Mestrado em Psicologia Clínica) – Faculdade de Psicologia e de Ciências da Educação, Universidade de Coimbra, Coimbra, 2012. Disponível em: <https://estudogeral.sib.uc.pt/bitstream/10316/23451/1/S%C3%B3nia%20Isabel%20 dos%20Santos%20Pratas.pdf>. Acesso em: 21 abr. 2016.

RAEBURN, Paul. *Do fathers matter?* What science is telling us about the parent we've overlooked. New York: Scientific American/Farrar, Strausand Girou, 2014.

ROSA, Conrado Paulino da. *A nova Lei da Guarda Compartilhada*. São Paulo: Saraiva, 2015.

ROSA, Conrado Paulino da. *Nova Lei da Guarda Compartilhada*. São Paulo: Saraiva, 2015.

SANTOS, Renata Rivelli; MARTINS, Fabiane Parente Teixeira. Guarda compartilhada não pode ser imposta judicialmente. *ConJur*, 1 maio 2013. Disponível em: <http://www.conjur.com.br/2013-mai-01/guarda-compartilhada-nao-imposta-judicialmente-solucao>. Acesso em: 22 abr. 2016.

SCHWARTZ, Lita L. Joint custody: Is it right for all children? *Journal of Family Psychology*, v. 1, p. 120-134, 1987. Disponível em: <http://dx.doi.org/10.1037/h0080440>. Acesso em: 21 abr. 2016.

SOTTOMAYOR, Maria Clara. *Exercício do poder paternal relativamente à pessoa do filho após o divórcio ou a separação de pessoas e bens*. 2. ed. Porto: Publicações Universidade Católica, 2003.

UNICEF. *Declaração dos Direitos da Criança pela Assembleia das Nações Unidas*. Disponível em: <http://www.unicef.org/brazil/pt/resources_10120.htm>. Acesso em: 20 mar. 2016.

UNICEF. *Encyclopedia on Early Childhood Development*. Disponível em: <http://www.child-encyclopedia.com/father-paternity/according-experts/fathers>. Acesso em: 21 abr. 2016.

UNITED KINGDOM. Department for Education. *The Children Act 1989 guidance and regulations*. Volume 2: care planning, placement and case review, jun. 2015. Disponível em: <https://www.gov.uk/government/uploads/.../Children_Act_Guidance_2015.pdf>. Acesso em: 4 jun. 2016.

Informação bibliográfica deste texto, conforme a NBR 6023:2002 da Associação Brasileira de Normas Técnicas (ABNT):

DANTAS, Ana Florinda Mendonça da Silva. A guarda compartilhada: um modelo a impor?. In: PINTO, Hélio Pinheiro; LIMA NETO, Manoel Cavalcante de; LIMA, Alberto Jorge Correia de Barros; SOTTOMAYOR, Lorena Carla Santos Vasconcelos; DIAS, Luciana Raposo Josué Lima (Coords.). *Constituição, direitos fundamentais e política*: estudos em homenagem ao professor José Joaquim Gomes Canotilho. Belo Horizonte: Fórum, 2017. p. 505-520. ISBN 978-85-450-0185-0.

UNIÃO ESTÁVEL (BRASIL) X UNIÃO DE FACTO (PORTUGAL): ALGUMAS NOTAS SOBRE FUNDAMENTOS CONSTITUCIONAIS, NATUREZA JURÍDICA E CONCEITO

WLADEMIR PAES DE LIRA

Notas introdutórias

Os grupos humanos de relacionamentos afetivos, nas suas formas mais variadas, sempre existiram na história da humanidade, variando, de tempos em tempos e de lugar para lugar, quais desses grupos foram e são considerados família para efeito de determinadas proteções do Estado.

Entre os grupos afetivos que têm sofrido grande variação ao longo do tempo, no que concerne ao seu reconhecimento jurídico, está a união de fato, principalmente nos ordenamentos jurídicos influenciados pelo macrossistema romano-germânico, dados o controle e a influência da Igreja nas famílias, responsável pela estruturação da família romana, que orientou a legislação de grande parte dos países ocidentais, e que impôs, durante muitos séculos, que só poderia ser considerada família a relação entre homem e mulher constituída através do casamento.

A valorização dos direitos fundamentais, quer em função de sua previsão em textos constitucionais, quer em função da importância de sua utilização na interpretação dos textos legais, fez com que as uniões de fato alcançassem o patamar de entidades reconhecidas como famílias, em boa parte dos sistemas jurídicos.

O presente resumo visa analisar os institutos da união estável no Brasil e da união de facto em Portugal, com o objetivo de demonstrar, de forma sucinta, diante das limitações impostas ao texto, que apesar de autores de grande reconhecimento acadêmico nas terras lusitanas entenderem que as uniões de facto não são entidades familiares, utilizando parte não menos importante da doutrina portuguesa, procuraremos demonstrar que tais uniões possuem sim natureza familiar, utilizando, para tanto, a interpretação do próprio texto constitucional daquele país, na perspectiva de concretização dos direitos fundamentais que lhes serviram de base.

Pretendemos, pois, numa comparação apenas no que diz respeito aos fundamentos constitucionais, natureza jurídica e conceito, mostrar que tal instituto, no Brasil e em Portugal, não possui significativas diferenças, já que, como entidades familiares que são, no nosso entendimento, as consequências nos dois sistemas jurídicos tenderão a se aproximar cada vez mais, embora convenha deixar desde logo delimitado que não trataremos de tais consequências, nem das demais questões que envolvem o instituto, como requisitos, prova, dissolução, entre outros, o que ficará para uma próxima oportunidade.

1 Alguns apontamentos sobre a evolução histórica da união estável: do concubinato à união estável no Brasil

Assim como ocorreu na maioria dos países ocidentais, pela influência do sistema romano-germânico, as relações afetivas se reconheciam como famílias legítimas, através das *iustae nuptiae cum* ou *sinemanu*, equivalente ao casamento; as uniões entre os peregrinos, que conviviam *sineconnubio*; as dos escravos e a dos concubinos, "que se uniam livremente, sem o chamado *consensus nuptialis*".[1]

Álvaro Vilaça de Azevedo[2] ensina ainda que o instituto do concubinato, caracterizado pela união livre entre homem e mulher, porém sem *affectio maritalis* e a *honor matrimonii*, não era proibido, nem considerado imoral, porém passou a ser combatido pelos imperadores cristãos, abolido pelo Imperador Leão (886 a 912 d.C.), tendo o Imperador Constantino criado sanções desestimuladoras do concubinato, procurando incentivar o matrimônio.

O concubinato passou a ser considerado em vários sistemas como a união livre entre homem e mulher, para a qual não existia a formalidade do casamento, dividindo-se em concubinato impuro, quando existia impedimento para casar, que por sua vez se subdividia em adulterino, quando um ou ambos os concubinos já tinha um vínculo de casamento, e incestuoso, quando entre os partícipes havia impedimento por consanguinidade ou por afinidade, e concubinato puro, quando entre os envolvidos não existia impedimentos para o casamento.

Caio Mário da Silva Pereira[3] lembra que, apesar da rejeição e do combate que eram promovidos pela Igreja, o concubinato sempre existiu e se "os canonistas o repudiavam de *iure divino*, os juristas sempre o aceitaram de *iuricivile*", sendo encontrado em todos os séculos e em todos os sistemas jurídicos, produzindo efeitos mais ou menos extensos.

O concubinato, de uma forma geral, passa, no Brasil, por diversas fases no que diz respeito às consequências jurídicas, que não serão exaustivamente aqui analisadas, em função do espeço destinado ao presente texto. Merece destaque, todavia, que as demandas relativas aos seus efeitos jurídicos sempre exigiram posicionamento do Judiciário, que se deparava com situações extremamente injustas, principalmente quando da dissolução de tais entidades, quando as concubinas, principalmente após a dissolução da relação, não tinham qualquer direito quer de natureza alimentar, patrimonial ou sucessória.

---

[1] AZEVEDO, Álvaro Vilaça de. *Do concubinato ao casamento de fato*. Belém: CEJUP, 1987. p. 19.
[2] AZEVEDO, Álvaro Vilaça de. *Do concubinato ao casamento de fato*. Belém: CEJUP, 1987. p. 20-21.
[3] PEREIRA, Caio Mário da Silva. Concubinato: sua moderna conceituação. *Revista Forense*, Rio de Janeiro, v. 190, 1955. p. 13-17.

Visando minimizar tais injustiças, passou a se procurar estabelecer algumas consequências decorrentes de tais relações, que passou pela indenização por serviços sexuais prestados, por serviços domésticos desenvolvidos durante a relação, até que o Supremo Tribunal Federal, através da Súmula nº 380, estabelece que "comprovada a existência de sociedade de fato entre os concubinos, é cabível a sua dissolução judicial, com a partilha do patrimônio adquirido pelo esforço comum".

Passou assim o concubinato a ser entendido como uma sociedade de fato, com consequências exclusivamente patrimoniais, de modo a permitir a partilha dos bens adquiridos com o esforço comum dos concubinos.

Mesmo antes da Constituição Federal brasileira de 1988, Álvaro Vilaça[4] já ressaltava a importância de se distinguir as relações concubinárias, para que o concubinato puro pudesse ter regulamentação, sustentando que o estado concubinário era um embrião natural da situação jurídica do matrimônio, ressaltando que a família por mais livre que seja e que tenha existência natural, deve possuir um regramento de direitos e deveres, em função da responsabilidade e da necessidade de segurança que nascem de tais relações.

Com o advento da Carta Magna de 1988, o concubinato puro passa a ser denominado no Brasil de união estável, reconhecido como entidade familiar, na forma do art. 226, §3º, como tal, gerando efeitos de relação familiar, o que foi reproduzido pelo art. 1.723 do Código Civil brasileiro de 2002, permanecendo as demais formas de concubinatos impuros, com impedimento para o casamento, com a denominação de concubinato, na forma do art. 1.727, do mesmo Código. Ou seja, concubinato puro passa a ser no sistema brasileiro a união estável e concubinato impuro, simplesmente concubinato.

2 Alguns apontamentos sobre a evolução histórica da união de facto em Portugal: antes e depois da Lei nº 135/99

A expressão convivência *more uxorio*, em Portugal, depois sucedida pela união de facto, sucedeu o termo concubinato, como ocorreu no Brasil, e em ambos os países permanece nas suas legislações, no Brasil, no art. 1.727, do Código Civil, e em Portugal, no art. 1871º, nº 1, al. c) *in fine*, e assim como no Brasil a menção é feita para diferenciar o concubinato da união estável, em Portugal também é utilizada para diferenciar da "comunhão duradoura de vida em condições análogas às dos cônjuges". Marta Costa[5] sustenta que "sua mobilização por parte do legislador civilístico português tenha sido mesmo intencional, visando fazer transparecer certa reprovação moral e social em relação à qual se refere".

Vale frisar que não só em Portugal e no Brasil o concubinato foi diferenciado conceitualmente em relação às uniões *more uxorio*, mas em outros países, como a Itália, onde o termo *concubinato* tinha uma conotação negativa, sendo diferenciado da família de fato, como lembra Michele Sesta,[6] e na Espanha, onde para alguns autores o termo

---

[4] AZEVEDO, Álvaro Vilaça de. *Do concubinato ao casamento de fato*. Belém: CEJUP, 1987. p. 12-13.
[5] COSTA, Marta. *Convivência more uxorio na perspectiva de harmonização do direito da família europeu*: uniões homossexuais. Coimbra: Coimbra Editora, 2011. p. 49-50.
[6] Cf. SESTA, Michele. *Manualle de diritto de famiglia*. Padova: Cedam, 2015. p. 202. "Il termine concubinato, utilizzato fino agliannisessanta, aveva uma valenza negativa ed era índice di uma pregiudizialechiusura non solo

traz conotação pejorativa, como entende José Ramon Polo Sabau,[7] sendo reconhecido não só na legislação, mas na doutrina, também como relação *more uxorio* ou família de fato, como sustenta Carolina Mesa Marrero.[8]

O sistema francês, entre os mais tradicionais, nos parece ser o único que mantém o termo concubinato, para designar a união de fato que se caracteriza pela vida em comum, com estabilidade e continuidade, entre pessoas de sexos diferentes ou de mesmo sexo, que vivem como casal, como prevê o art. 515-8, do Código Civil.[9]

A terminologia no sistema português, após o concubinato, passa pela "convivência em condições análogas às dos cônjuges", para "convivência *more uxório*", atualmente união de facto, como preconizam as leis de 99, de 2001 e o próprio Código Civil, como demonstra Marta Costa.[10]

Em Portugal, antes da Lei nº 135/99, de 28 de agosto, não existia qualquer sistematização jurídica relativa à união de facto, porém, tais uniões eram mencionadas em vários diplomas legais, com efeitos diversos, como exemplo, Código Civil (arts. 495, n. 3; 953º; 1111º; 1691º; 1871º, n. 1, alínea *c*; 1911º, n. 3; 2020, n. 1 e 2196º); Código de Processo Civil (arts. 122º, n. 1, *i* e 118º); Código Penal (arts. 152º, n. 2 e 207º); Código de Processo Penal (art. 68º, n. 1, *c*); Regime do Arrendamento Urbano (*art. 85º n. 1, e*); Decreto-Lei nº 420/76, de 28 de maio (art. 1º, 1, *b*, 2 e 3); Regime do Arrendamento Rural (art. 23º, 1, 2, *c* e 4); Regime do Arrendamento Florestal (art. 19º, 2, *c*); Decreto-Lei nº 874/76, 28 de dezembro – Lei das Férias, Feriados e Faltas (arts. 8º, n. 5, 24º, n. 1 e 2); Lei nº 100/97, de 13 de setembro – Reg. Jur. dos Acidentes de Trabalho e Doenças Profissionais (arts. 17º, n. 2; 20º, n. 1, *a* e 3; 21º, 1 e 2 e 22º, 1); Código Cooperativo, de 7 de setembro de 1996 (art. 42º, n. 2); Código de Procedimento Administrativo – DL nº 442/91, de 15 de novembro, alterado pelo DL nº 6/96, de 31 de janeiro (art. 44º, n. 1, *b* e *g*); Decreto-Lei nº 413/93, de 23 de outubro (art. 6º, 1, *a*); Decreto-Lei nº 24/84, de 16 de janeiro – Estatuto Disciplinar dos Funcionários e Agentes da Administração Central, Regional e Local (art. 52, n. 1, *b*), entre outros, muitos ainda em vigor, até porque,

---

giurisprudenziale, maanche e prima dituttosociale, in quanto l'únicaorganizzazionefamiliareritenutadegnadi tutela era quellalegittimafondata sul matrimônio indisolubile. [...] In assenzadi uma disciplina legislativa, La stessa terminologia utilizzatanel corso del tempo per indicarequestarealtà si èmodificatain sintonia com i mutamentidel costume e degliatteggiamenti dei giuristi: da concubinato, a convivenza *more uxório*, a famiglia de fato".

[7] Cf. POLO SABAU, José Ramon. Nota crítica sobre la estabilidade como elemento identificador de launión de hecho. In: POLO SABAU, José Ramon. *Derechodi família y libertad de conciencia em los países de la unión europea y el derecho comparado*. Actas del IX Congreso Internacional de Derecho Eclesiástico del Estado. Viscaya: Edit. Universidade País Vasco, 2001. p. 687. "El termo concubinato lleva implícita una ciertaconnotaciónpeyorativa, fruto talvez de suutilizaciónculpabilizante em tempos pretéritos como antema de los sectores socialesmás identificados com uma certa ortodoxia em matéria moral y religiosa".

[8] MARRERO, Carolina Mesa. *Las uniones de hecho*: análisis del as relaciones económicas y sus efectos. Navarra: Arazandi, 2006. p. 27.

[9] FRANÇA. *Code Civil*. Art. 515-8: "Le concubinagem est une union de fait caractérisée par l avie comuneprésentant um caractere de stabilitéet de continuité entre deuxpersonnes de sexediffé̀rent ou de mêmesexe, que vivant em couple".

[10] Cf. COSTA, Marta. *Convivência more uxorio na perspectiva de harmonização do direito da família europeu*: uniões homossexuais. Coimbra: Coimbra Editora, 2011. p. 53. "Nos últimos anos, de acordo com a aludida tendência sócio-terminológica evolutiva, procedeu-se no direito português novamente a uma substituição, ainda que somente parcial, das expressões utilizadas até então: ('convivência em condições análogas às dos cônjuges'; 'convivência more uxorio'), privilegiando a enunciação de 'união de facto', mobilizada inclusivamente nos títulos das Leis nº 135/99, de 28 de Agosto, e nº 7/2001, de 11 de Maio, bem como no artigo, temporalmente bastante anterior, 2020º do Código Civil (a qual remonta a 1977)".

tanto a Lei nº 135/99, quanto a Lei nº 7/2001, nos seus n. 2 do art. 1º, estabeleceram que nenhuma das suas normas prejudicaria a aplicação de qualquer outra disposição legal ou regulamentar em vigor tendente à proteção jurídica de uniões de facto.

Encontra-se na jurisprudência, antes de 1999, várias menções acerca de consequências jurídicas da união de facto, como: o Acórdão do Supremo Tribunal de Justiça, de 21 de novembro de 1985 (trata de efeitos no âmbito da assistência social, alimentos e garantia de habitação); o Acórdão da Relação de Lisboa de 24 de outubro de 1985 (trata da transmissão do direito de arrendamento entre pais não casados); e o Acórdão do STJ de 18.3.1986 (trata de alimentos para quem convive em situação análoga à dos cônjuges).

A primeira lei a regular, especificamente, a união de facto foi a Lei nº 135/99, que tratava apenas de uniões heterossexuais. Em seguida foi editada a Lei nº 7/2001, que trata dos efeitos jurídicos que se aplicam tanto às uniões heterossexuais, quanto às homossexuais.

3 Previsão constitucional e legal da união estável e da união de facto

Alguns países encontram dificuldade, quer entre os doutrinadores, quer através da jurisprudência, em enquadrar a união estável, em função de falta de previsão constitucional para o instituto.

O art. 9º da Carta de Direitos Fundamentais da União Europeia garante o direito de constituição familiar, protegendo as diversas formas de convivência, inclusive as uniões de fato entre pessoas de sexo diferentes e de mesmo sexo.

Não existe uma previsão expressa na Constituição italiana, já que o art. 29, §1º, trata da união matrimonial, o que faz com que alguns autores busquem fundamento constitucional para tal convivência no art. 2, que protege os direitos invioláveis do homem inclusive nos grupos sociais que desenvolvem sua personalidade, extraindo desse dispositivo a união de fato como estrutura familiar na qual a pessoa se desenvolve, assim como nos arts. 30 e 31, que tratam da relação de filiação e de sustento da família.[11]

No âmbito infraconstitucional, encontram-se no Código Civil italiano vários dispositivos que se referem às uniões de fato, como os arts. 317, 330, 333, 342, 406 e 417, assim como diversos dispositivos em leis especiais como adoção, procriação medicamente assistida, guarda de menores, seguros, entre outros.[12]

Como na Itália a influência da Igreja Católica é mais acentuada que em outros países, a regra de que a família está vinculada ao casamento ainda é muito visível, embora, como em outros Estados, gradativamente venham ganhando espaço no reconhecimento como entidade familiar outras relações, entre as quais as uniões de fato, como informa Michelle Sesta.[13]

---

[11] OTONELLO, Di Carla. La rilevanza della famiglia di fatto nell'ordinamento giuridico italiano, in particolare La risarcibilità del danno della morte del convivente. *Diritto & Diritti*, maio 2001. Disponível em: <http://www.diritto.it/materiali/famiglia/ottonello.html>. Acesso em: 15 maio 2016.

[12] OTONELLO, Di Carla. La rilevanza della famiglia di fatto nell'ordinamento giuridico italiano, in particolare La risarcibilità del danno della morte del convivente. *Diritto & Diritti*, maio 2001. Disponível em: <http://www.diritto.it/materiali/famiglia/ottonello.html>. Acesso em: 15 maio 2016. "Al difuoridelcódice civile vi è um complessodinormerecenti, Che attribuisconoisolatieffettigiuridiciAllàconvivenza more uxorio, anche assai significativi: si segnalanolemateriedell'anagrafe, socio-assistenziale, fiscale".

[13] SESTA, Michele. *Manualle de diritto de famiglia*. Padova: Cedam, 2015. p. 29. "Secondo una tradizioneculturale tutora radicata, che si riflettenella Carta Constituzionele, il matrimonio èIl fondamento della famiglia (art. 29

Também na Constituição espanhola, assim como no Código Civil, não há previsão expressa acerca da união de fato, havendo uma dedução na doutrina no atendimento aos princípios de proteção da família, como assinala Begoña Cuenca Alcaine.[14]

A união de fato na Espanha, todavia, já se encontra regulamentada em 13 comunidades, inicialmente na Catalunha, e outras como Madri, Andaluzia, entre outras, não havendo uma legislação unificadora, como lembra Laura López.[15]

3.1 No Brasil

No Brasil, como visto, a união estável está prevista na Constituição Federal, no art. 226, §3º, que elenca a união estável como entidade familiar, ao estabelecer que "para efeito de proteção do Estado, é reconhecida a união estável entre o homem e a mulher como entidade familiar, devendo a lei facilitar sua conversão em casamento".

Vale ressaltar, pela controvérsia que foi gerada na doutrina brasileira, o fato da Constituição ter utilizado dois termos: família, no *caput* do art. 226, quando estabelece que "a família, base da sociedade, tem especial proteção do Estado"; e entidade familiar, quando trata da união estável no §3º, e da família monoparental, no §4º,[16] do mesmo artigo.

Tal controvérsia gerou três linhas de entendimento: a primeira, sustentando que o termo família se aplicaria às uniões formadas através do casamento, que possuía hierarquia em relação aos demais arranjos, que passavam a ser entidades familiares; a segunda que defendia que família e entidade familiar são sinônimos, sem qualquer diferenciação; a terceira, a que nos filiamos, entendendo que, se há diferenciação que possa ser atribuída nessas duas terminologias, ela está ligada à dimensão da estrutura familiar a que se trata, sendo a família vista no aspecto amplo, lato ou latíssimo, na classificação a que se refere Eduardo Gomes em Portugal e Maria Helena Diniz no Brasil, e a entidade familiar, a família no sentido estrito, a família nuclear, formada em regra

---

Coost.). Si èghiáavvertitochelacoincidenzadi matrimonio e famiglia há carácter estorico e contingente, edèll resultatodi uma evoluzionealquantocomplessa; al riguardoè necessário ricordare Che nell'esperienza recente, in modo particulareneglordinamenti dei paesidell'Occidente, l'evoluzione dei costumi Ed ilmutamento dei valori ético-sociali há contribuito a modificareil quadro normativo, consentindo diindividuare, acanto ala famigliafondata sul matrimonio, altrimodellifamiliariquali Il dirittoriserva forme di tutela. D'altronde, si è visto come fontisovranazionali, ed in particularel'art. 9 della Carta dei dirittifundamentalidell'UnioneEuropea, scindano Il diritto di sposarsi da quello di costituire uma famiglia, lacuiconfigurabilità, sul piano giuridicopuòdunqueammetersianchesenzamatrimonio".

[14] CUENCA ALCAINE, Begoña. El marco jurídico de las uniones de hecho em España. *Noticias Jurídicas*, 1º out. 2010. Disponível em: <http://noticias.juridicas.com/conocimiento/articulos-doctrinales/4584-el-marco-juridico-de-las-uniones-de-hecho-en-espana-/>. Acesso em: 15 maio 2016. "Nila Constitución española, que recoge entre sus principios la protección de la familia, ni tampoco nuestro Código Civil, hacen alusión alguna a las mismas, siendo ello fiel reflejo del carácter reciente de este fenómeno. Han sido precisamente las autonomías las que, en los últimos años, se han encargado de dictar normas al respecto, recogiendo aspectos como los requisitos para su inscripción en el registro gestionado al efecto por el Ministerio de Justicia, el establecimiento de pactos de convivencia entre sus miembros o su equiparación respecto de los matrimonios en algunos ámbitos".

[15] LÓPEZ, Laura S. Parejas de hecho: derechos y obligaciones. *Eroski Consumer*, 17 mar. 2012. Disponível em <http://www.consumer.es/web/es/economia_domestica/familia/2012/03/17/207868.php>. Acesso em: 15 maio 2016. "El término *pareja de hecho* o uniones estables de pareja se institucionalizo en 1998, cuando se aprobó la primera normativa autonómica en Cataluña, que reguló las denominadas uniones de hecho, tanto para parejas heterosexuales como homosexuales. Hoyhay 13 comunidades que han legislado sobre lãs uniones de hecho, pero aún se carece de una normativa común em España".

[16] BRASIL. *Constituição Federal*. Art. 226, §4º: "Entende-se, também, como entidade familiar a comunidade formada por qualquer dos pais e seus descendentes".

pelos pais e filhos ou por pessoas que convivem no mesmo ambiente. A família seria formada por todos os parentes ligados por consanguinidade, afinidade ou afetividade, e a entidade familiar formada pelos parentes que estabelecem comunhão de vida, o que se aplica tanto para o casamento como para a união estável.

Após a Constituição Federal, cuja autoaplicabilidade no que concerne ao reconhecimento da união estável como entidade familiar era unânime, enquanto não existia, ainda, regramento próprio para o instituto, os juízes aplicavam, por analogia, as regras previstas para o casamento, o que gerou certa inquietude entre os doutrinadores mais tradicionais, matrimonialistas, como costumamos chamar, reforçada por uma parte mais conservadora da sociedade.

Diante da pressão de tais grupos, de forma pouco discutida, foi editada a Lei nº 8.971/1994, que assegurou direito a alimentos e à sucessão do companheiro. Essa lei reconheceu como união estável a relação entre pessoas solteiras, judicialmente separadas, divorciadas ou viúvas, deixando de fora as separadas de fato. Ainda, só reconheceu como estáveis as relações existentes há mais de cinco anos ou das quais houvesse nascido prole. Também, assegurou ao companheiro sobrevivente o usufruto sobre parte dos bens deixados pelo *de cujus* e, no caso de inexistirem descendentes ou ascendentes, o companheiro, assim como o cônjuge sobrevivente, foi incluído na ordem de vocação hereditária como herdeiro legítimo.

Tal diploma legal sofreu, de forma imediata, fortes críticas da doutrina especializada, pois limitava em muito os direitos das pessoas que viviam em união estável, assim como estabelecia critérios objetivos, como o tempo de convivência, que se apresentavam incompatíveis com a natureza do instituto.

As críticas surtiram efeito, e apenas dois anos depois foi editada a Lei nº 9.278/1996, que teve seu campo de abrangência maior, pois ao reconhecer a união estável, não estabeleceu prazo de convivência e incluiu as relações entre pessoas separadas de fato naquele conceito. Fixou competência das varas de família para o julgamento dos litígios e reconheceu o direito real de habitação, assim como consagrou a presunção de que os bens adquiridos a título oneroso na constância da convivência são fruto do esforço comum.

O Código Civil de 2002 procurou sistematizar a matéria referente à união estável, deixando dúvidas que ainda persistem acerca da revogação ou não da legislação anterior, porém, a clara preferência do legislador pelo casamento fez com que fossem previstas, no Estatuto Civil, diferenças de tratamento para as duas entidades, muitas injustificáveis do ponto de vista constitucional.

Apenas em quatro escassos artigos (1723 a 1726), o Código Civil brasileiro disciplina os aspectos pessoais e patrimoniais da união estável, embora outros dispositivos façam referência à união estável, como o reconhecimento do parentesco por afinidade com os parentes do companheiro (art. 1595); autorização para adoção (art. 1618, parágrafo único e art. 1622); exercício do poder familiar por ambos os pais mesmo após a dissolução da união estável (art. 1632); direito a alimentos (art. 1694); direito de instituir bem de família (art. 1711), possibilidade de que um companheiro seja curador do outro (art. 1775); e o direito sucessório (art. 1790).

Apesar da inclusão da união estável no último capítulo do livro dos direitos das famílias, somente antes da tutela e da curatela, portanto, distante do capítulo do casamento, a doutrina vem se consolidando no sentido de que inexiste hierarquia entre os dois institutos, já que o texto constitucional confere à união estável e ao casamento especial proteção do Estado, como formas de família, consequentemente de mesmo valor jurídico, sem qualquer adjetivação discriminatória.

Nesse sentido, são esclarecedoras as lições do Professor Paulo Lôbo, quando ensina que não há hierarquia entre as entidades familiares, e o direito de família abrange, entre outras matérias, "o direito das entidades familiares, que diz respeito ao matrimônio e aos demais arranjos familiares, sem discriminação".[17]

3.2 Em Portugal

Em Portugal, existe significativa controvérsia doutrinária acerca do fundamento constitucional para a união de facto, entre grandes ícones do direito na Universidade de Coimbra, na qual tenho a honra de cursar doutoramento, que são, de um lado, os professores Francisco Pereira Coelho e Guilherme de Oliveira, e do outro, Gomes Canotilho e Vital Moreira.

Para os professores Francisco Pereira Coelho e Guilherme de Oliveira, o fundamento constitucional para a união de facto é o art. 26º, nº 1, que estabelece que a todos são reconhecidos, entre outros, os direitos à identidade pessoal e ao desenvolvimento da personalidade.[18]

Reconhecem os autores acima que a união de facto não está diretamente prevista na Constituição, porém está abrangida na previsão do dispositivo supramencionado, quando cuida do direito ao desenvolvimento da personalidade.[19]

Esses autores deixam claro que o fundamento constitucional da união de facto em Portugal, art. 26º, nº 1, não permite que o legislador dê a tais uniões os mesmos efeitos que o casamento, pois a diferenciação de tratamento não viola o princípio da igualdade, previsto no art. 13º da Lei Maior portuguesa, já que este dispositivo proíbe discriminações arbitrárias, o que não é o caso da união de facto e do casamento que são "situações materialmente diferentes".[20]

Já os professores J. J. Gomes Canotilho e Vital Moreira sustentam que o fundamento constitucional para as uniões de facto é o art. 36º, nº 1, que prevê o direito de todos de constituir família e de contrair casamento em igualdade de condições.[21]

---

[17] LÔBO, Paulo Luiz Netto. *Direito civil*: famílias. São Paulo: Saraiva, 2011. p. 18.
[18] PORTUGAL. Constituição da República Portuguesa. Art. 26º (outros direitos pessoais). n. 1: "A todos são reconhecidos os direitos à identidade pessoal, ao desenvolvimento da personalidade, à capacidade civil, à cidadania, ao bom nome e reputação, à imagem, à palavra, à reserva da intimidade da vida privada e familiar e à protecção legal contra quaisquer formas de discriminação".
[19] Cf. COELHO, Francisco Pereira; OLIVEIRA, Guilherme de. *Curso de direito de família*. Coimbra: Coimbra Editora, 2003. p. 104. v. 1. "Se a união de facto não está diretamente prevista na Constituição, está porém abrangida no "direito ao desenvolvimento da personalidade", que a revisão de 1997 reconheceu de modo explícito no nº 1 do art. 26º: estabelecer uma união de facto é certamente uma manifestação ou forma de exercício desse direito. A legislação que proibisse a união de facto, que a penalizasse, impondo sanções aos membros da relação e coarctando de modo intolerável o direito de as pessoas viverem união de facto, seria pois manifestamente inconstitucional".
[20] Cf. COELHO, Francisco Pereira; OLIVEIRA, Guilherme de. *Curso de direito de família*. Coimbra: Coimbra Editora, 2003. p. 105. v. 1.
[21] PORTUGAL. *Constituição portuguesa*. Art. 36º (família, casamento e filiação), n. 1: "Todos têm o direito de constituir família e de contrair casamento em condições de plena igualdade".

Para esses autores, o direito de constituir família não se confunde com o de contrair casamento, no que se evidencia que, além da possibilidade de contrair casamento, o texto constitucional protege o direito de constituição de outras formas de família, como através de união de facto.[22]

Os professores Guilherme de Oliveira e Pereira Coelho rebatem os argumentos acima, sustentando que o nº 1, 1ª parte, do art. 36 da CP, não se refere à união de facto e sim à matéria de filiação, de modo que o "direito de constituir família" se refere à filiação, ou direito de ter filhos, e a segunda parte se refere ao casamento, de modo que "a dimensão ou vertente negativa do direito de casar é o direito de não casar, não é o direito de estabelecer uma união de facto".[23]

Ao que nos parece, assiste razão aos constitucionalistas.

Embora tanto o art. 26º quanto o 36º da Constituição portuguesa tratem de direitos fundamentais, estes devem ser interpretados sistematicamente com os demais direitos fundamentais, de modo que o resultado seja a maior concretude possível de tais direitos, principalmente os vinculados à personalidade.

Para que se conclua, como pensam os eminentes civilistas Guilherme de Oliveira e Pereira Coelho, que o "direito de constituir família", previsto no art. 36º, nº 1, da CP, se aplica apenas à filiação, e que o direito de "contrair casamento", serve apenas para reforçar o direito de não contraí-lo, deve-se entender que viver em união de facto não se alberga no mencionado dispositivo, portanto, há no próprio texto constitucional uma limitação implícita – já que não o faz expressamente – aos direitos fundamentais da liberdade, igualdade e proibição de discriminação, que servem, entre outros, como concretizadores da dignidade da pessoa humana, o que não nos parece acertado.

Frise-se, de logo, que a dignidade da pessoa humana, assim como ocorre no Brasil, é fundamento maior da República portuguesa, na forma do art. 1º, da Constituição de Portugal.

O constitucionalismo contemporâneo, como menciona José Alcebíades de Oliveira Júnior,[24] é a forma mais desenvolvida do paradigma legal, porém, embora as dificuldades acarretem peculiaridades, nos permitem enfrentar as insuficiências da legalidade em sentido estrito. Com efeito, o constitucionalismo contemporâneo se caracteriza como "compromissório" e não apenas "dogmático". Isto é, para além das regras estruturantes do Estado de Direito, das regras que visam uma segurança jurídica, trazem consigo princípios e valores que expressam acordos sobre um mínimo ético em relação ao ser humano. Normas que, embora abertas, se constituem em valores a serem alcançados para a plena realização da dignidade humana, e entre as quais encontramos a liberdade,

---

[22] Cf. CANOTILHO, José Joaquim Gomes; MOREIRA, Vital. *Constituição da República Portuguesa anotada*. São Paulo: Revista dos Tribunais e Coimbra: Coimbra Editora, 2007. p. 561. v. 1. "Conjugando, naturalmente, o *direito de constituir família* com o de *contrair casamento* (nº 1), a Constituição não admite todavia a redução do conceito de família à união conjugal baseada no casamento, isto é, à família <matrimonializada>. Para isso apontam não apenas a clara distinção das duas noções no texto (<constituir família> e <contrair casamento>). [...] O conceito constitucional de família não abrange, portanto, apenas a família <matrimonializada>, havendo assim uma abertura constitucional – se não mesmo uma obrigação – para conferir o devido relevo jurídico às uniões familiares <de facto>".

[23] COELHO, Francisco Pereira; OLIVEIRA, Guilherme de. *Curso de direito de família*. Coimbra: Coimbra Editora, 2003. p. 104. v. 1.

[24] OLIVEIRA JÚNIOR, José Alcebíades. Constituição e direitos humanos fundamentais: exigibilidade e proteção. In: CONGRESSO NACIONAL DO CONPEDI, 27, 2008, Brasília. *Anais...* Brasília: ANPEDI, 2008. p. 3669.

a igualdade e a proibição de discriminação. Esses princípios devem condicionar toda e qualquer interpretação constitucional, sobretudo, uma leitura atenta dos preceitos constitucionais não deixará de perceber que quando se fala de igualdade, não se trata apenas de seu ângulo formal, senão que da "igualdade na diversidade e a diversidade na igualdade".

A dignidade da pessoa humana tem como um dos objetivos fundamentais promover o bem de todos sem preconceitos de origem, raça, sexo, cor, idade e quaisquer outras formas de discriminação e é consubstanciada nos direitos fundamentais de liberdade, igualdade e proibição de discriminação, se moldando, pois, a dignidade da pessoa humana, de direitos fundamentais e sociais, cuja efetivação deixa de ser uma possibilidade e passa a ser uma inafastável necessidade, dentro da visão constitucional moderna.

A dignidade da pessoa humana, embora já extremamente fluida, pelo exagero em sua utilização, como lembra Humberto Ávila,[25] mas de fundamento extremamente relevante para o caso em análise, está intimamente ligada aos direitos fundamentais, como ensina Ingo Sarlet.[26]

Cláudio Ary Melo acrescenta que: "a dignidade da pessoa humana é, assim, equiparada à fruição do mais amplo sistema de liberdades iguais para todos".[27]

Ao se referir, no nº 1, do art. 36º, que "todos têm o direito de constituir família e de contrair matrimônio em igualdade de condições", o legislador constituinte português, atendendo ao comando da dignidade da pessoa humana, promoveu uma nova ordem de valoração no direito de família, no momento em que estabeleceu a proteção à família como um interesse mediato do Estado, colocando a proteção da pessoa humana que a compõe como interesse a ser cumprido de forma imediata e prioritária.

A Carta Magna não é apenas uma lei, mas um direito, como diz Paulo Bonavides, e, assim, compreendê-la diferentemente de como fazia o positivismo legalista significa, enfim, "desatá-la dos laços silogísticos e dedutivistas, que lhe embargavam a normatividade e a confinavam, pelo seu teor principal, ao espaço da programaticidade destituída de juridicidade".[28]

Sendo a Constituição portuguesa, como a brasileira, alicerçada na dignidade da pessoa humana, esta se revela, também, "na liberdade de conformação e de orientação de vida, segundo o projeto espiritual de cada pessoa", como lembram J. J. Gomes Canotilho e Vital Moreira.[29]

---

[25] ÁVILA, Humberto. *Teoria dos princípios*: da definição à aplicação dos princípios jurídicos. São Paulo: Malheiros, 2004.

[26] Cf. SARLET, Ingo Wolfgang. *Dignidade da pessoa humana e direitos fundamentais*. Porto Alegre: Livraria do Advogado, 2004. p. 25-26; 78. "A vinculação entre a dignidade da pessoa humana e os direitos fundamentais, já constitui um dos postulados nos quais se assenta o Direito Constitucional contemporâneo, já que os direitos e garantias fundamentais encontram seu fundamento direto e imediato na dignidade da pessoa humana, do qual seriam concretizações, e os direitos fundamentais podem ser reconduzidos à noção de dignidade da pessoa humana, já que todos remontam à idéia de proteção e desenvolvimento das pessoas, de todas as pessoas".

[27] MELLO, Cláudio Ari. *Democracia constitucional e direitos fundamentais*. Porto Alegre: Livraria do Advogado, 2004. p. 74.

[28] BONAVIDES, Paulo. *Curso de direito constitucional*. São Paulo: Malheiros, 1997. p. 535.

[29] Cf. CANOTILHO, José Joaquim Gomes; MOREIRA, Vital. *Constituição da República Portuguesa anotada*. São Paulo: Revista dos Tribunais e Coimbra: Coimbra Editora, 2007. p. 198-199. v. 1. "Ao basear a República na *dignidade da pessoa humana*, a Constituição explicita de forma inequívoca que o <poder> ou <domínio> da República terá de assentar em dois pressupostos ou precondições: (1) primeiro está a pessoa humana e depois a organização política; (2) a pessoa e não objecto, é fim e não meio de relações jurídico-sociais".

A dignidade humana se liga à ideia de o indivíduo estabelecer seu próprio *modus vivendi*, dentro de uma perspectiva de elaboração de seu próprio projeto de vida, sem se ver tolhido por verdades previamente estabelecidas, quer sejam políticas, religiosas ou filosóficas, como ensina Gomes Canotilho.[30]

Sem adentrar, por óbvio, na interminável discussão acerca do conceito e dimensão da dignidade humana, no que diz respeito a sua concretização através da constituição familiar, podemos utilizar, por demasiada oportuna, a ideia oferecida pelo Professor Eduardo Rabenhorst,[31] tanto na concepção de dignidade humana, quanto na sua concretização através da moralidade democrática.

Traçando um meio termo entre a posição dos céticos e dos relativistas, afirma Rabenhorst que a dignidade, além de "uma ideologia criada pela visão de mundo ocidental", também pode significar "que a ideia de que todos os homens são indistintamente dignos, repousa em um conjunto de poderosas crenças morais que não podem ser plenamente justificadas".

Para o autor, a dignidade só se concretiza na perspectiva da existência do outro, num princípio de "mútuo reconhecimento", já que sem tal reciprocidade não "existiria discussão ética ou política", uma vez que essa reciprocidade se dá através da moralidade democrática, que atribui a todos os sujeitos o direito básico à igualdade, base dos demais direitos.

Estando a democracia vinculada à ausência de fundamentos absolutos e diversidade de valores, é ela o próprio reconhecimento da dignidade humana, como cláusula aberta que assegura a todos os indivíduos a mesma consideração e respeito, mas que depende, para sua concretização, dos próprios julgamentos que esses indivíduos fazem acerca da admissibilidade das diversas formas de manifestação da autonomia humana.

A moralidade democrática, como concretizadora da dignidade humana, é, para Rabenhorst, o que nos parece acertado, "um mínimo moral comum aceito por uma sociedade pluralista que reflete a unidade e a universalidade dos homens como seres racionais".

O princípio da dignidade da pessoa humana busca o pleno desenvolvimento de todos os membros de uma entidade familiar, é a base para a convivência harmônica entre eles, sendo o mais universal de todos os princípios, um "macroprincípio" do qual se irradiam todos os demais: liberdade, autonomia privada, cidadania, igualdade, uma "coleção de princípios éticos", como ensina Maria Berenice Dias.[32]

---

[30] Cf. CANOTILHO, José Joaquim Gomes. *Direito constitucional e teoria da Constituição*. 7. ed. Coimbra: Almedina, 2003. p. 225-226. "Outra esfera constitutiva da República Portuguesa é a *dignidade da pessoa humana* (artigo 2º). O que é ou que sentido tem uma República baseada na dignidade da pessoa humana? A resposta deve tomar em consideração o princípio material subjacente à ideia de dignidade da pessoa humana. Trata-se do princípio antrópico que acolhe a ideia pré-moderna e moderna da *dignitas-hominis* (Pico dela Mirandola) ou seja, do indivíduo conformador de si próprio e da sua vida segundo o seu próprio projecto espiritual (*plastes et fictor*). [...] O expresso reconhecimento da dignidade da pessoa humana como *núcleo essencial* da República significará, o contrário de 'verdades' ou 'fixismos' políticos, religiosos ou filosóficos. [...] O republicanismo não pressupõe qualquer doutrina religiosa, filosófica ou moral abrangente (J. Rawls)" (grifos e menção de outro autor do original).

[31] RABENHORST, Eduardo Ramalho. *Dignidade humana e moralidade democrática*. Brasília: Brasília Jurídica, 2001. p. 46-49.

[32] Cf. DIAS, Maria Berenice. *Manual de direito das famílias*. 8. ed. São Paulo: Revista dos Tribunais, 2011. p. 62. "A preocupação com a promoção dos direitos humanos e da justiça social levou o constituinte a consagrar a dignidade da pessoa humana como valor nuclear da ordem constitucional".

No caso da perspectiva de completude pessoal, através da constituição de família, a dignidade humana se concretiza através, principalmente, dos princípios da liberdade (liberdade de constituir família); igualdade (ser a sua instituição familiar tratada em igualdade material às outras entidades familiares); e proibição de discriminação (não podendo uma entidade familiar ser discriminada, por exemplo, porque não foi constituída através do casamento ou por ser entre pessoas de mesmo sexo).

Apesar da constatação de Canotilho e Vital Moreira[33] de que a Constituição portuguesa não consagra um direito à liberdade em geral, mas as principais liberdades expressamente catalogadas, a liberdade se consagra implicitamente em diversos regramentos contidos no texto constitucional, inclusive no que se refere à constituição de família.

De acordo com o eminente Professor, também da Universidade de Coimbra, José Carlos Vieira de Andrade, há uma indicação geral de liberdades e garantias, aplicável, inclusive, aos direitos de família, moldando, em cada situação específica, a autonomia privada, principalmente no que concerne aos direitos que não carecem de prestações positivas do Estado, como é o caso da liberdade de se completar afetivamente através da instituição de família.[34]

Quando tratamos da liberdade como princípio aplicável ao direito de família, não estamos a colocá-lo como valorização do individualismo, ao contrário, a liberdade no direito de família se vincula necessariamente à alteridade, de modo que a autonomia da vontade, no caso, por exemplo, da constituição de família, está no espaço de liberdade de duas pessoas, na perspectiva da construção afetiva de ambas, com constituição de uma entidade familiar, não proibida pela Constituição, e por via de consequência, impossibilitando o Estado de limitar tal construção afetiva, negando-lhe proteção jurídica, quando o Texto da Lei Maior não permite tal limitação.

Há mais uma razão para considerarmos relevante, no âmbito deste estudo, o conceito de liberdade como livre arbítrio, vinculada à "liberdade de exercício como ausência de coação", de modo que nem o soberano nem o Estado pode constranger a liberdade,

---

[33] CANOTILHO, José Joaquim Gomes; MOREIRA, Vital. *Constituição da República Portuguesa anotada*. São Paulo: Revista dos Tribunais e Coimbra: Coimbra Editora, 2007. p. 478. v. 1.

[34] Cf. ANDRADE, José Carlos Vieira de. *Os direitos fundamentais na Constituição portuguesa de 1976*. Coimbra: Almedina, 2016. p. 173-175. "Não que a delimitação atual, mesmo após várias revisões constitucionais, seja rigorosa e permita uma distinção clara e fundada entre duas categorias de direitos: realmente, não se percebe por que razão a liberdade de iniciativa privada e o direito de propriedade não se encontra no título dos direitos, liberdades e garantias, ao lado das outras liberdades e direitos pessoais; tal como não se enxerga por que motivo o direito à segurança no emprego está entre os direitos, liberdades e garantias dos trabalhadores ou ao descanso semanal está incluído nos direitos econômicos. Porém, talvez esse rigor fosse exigência demasiada no texto constitucional. [...] Esta indicação geral pode ser comprovada por exemplo, ao comparar, respectivamente, o artigo 43º com os artigos 74º e 77º e o *artigo 36º com o artigo 67º*. A liberdade de aprender e ensinar e o direito a criar escolas privadas, enquanto direitos de defesa, estão entre os direitos, liberdades e garantias, ao passo que o direito ao ensino, como direito a prestação de um serviço estadual está no título III. *Por sua vez, a autonomia da família em face do Estado está consagrada no título II, enquanto que os direitos da família ao auxílio estadual estão elencados entre os direitos sociais*. Pareceria, portanto, poder concluir-se que estão sujeitos ao regime dos direitos, liberdades e garantias todos os direitos que não consistam em prestações estaduais positivas. Uma tal conclusão encontraria até um fundamento: tratar-se-ia de conferir especial proteção ao núcleo de direitos tido por <mais valioso, mais homogêneo ou no momento mais avançado>: *e esse núcleo seria precisamente aquele que mais de perto toca a dignidade da pessoa humana enquanto ser livre e autónomo* (como pessoa, como cidadão e como trabalhador). De facto, ao nosso ver, o recorte do âmbito de aplicação do regime de direitos, liberdades e garantias deve justamente ter em conta os elementos característicos desse regime, na medida em que revelam a sua razão de ser. E, *nesta perspectiva, são particularmente significativas as disposições que, no artigo 18º, estabelecem a aplicabilidade direta dos direitos liberdades e garantias e impõem, como limite material ao poder de restrição do legislador ordinário, o conteúdo essencial dos direitos: estas disposições pressupõem que o conteúdo dos direitos respectivos é determinado pelos próprios preceitos constitucionais*" (grifos nossos).

estando no centro dessa reflexão, não a dúvida sobre a natureza da voluntariedade, mas a limitação da possibilidade de colocação de obstáculos ao exercício da liberdade, de modo que o indivíduo é tão mais livre quanto menor for a interferência alheia em sua vida, como lembra Eduardo Godinho.[35]

A liberdade é princípio muito caro para o direito de família, principalmente nos sistemas jurídicos do *civil law*, de origem romano-germânica, pois a família romana que influenciou a construção desses sistemas era baseada no poder absoluto do homem, na hegemonia do *pater famílias*, em que eram extremamente limitadas tanto a liberdade de constituir família, como a liberdade de escolher o futuro cônjuge e a liberdade de dissolver a sociedade familiar, limitações afastadas em função dos textos constitucionais que sucederam, que consagraram a autonomia da vontade no que diz respeito às relações familiares, como ensina Paulo Lôbo.[36]

Convém registrar que existe uma parte da doutrina que não reconhece a liberdade de constituir família fora do casamento, como princípio que enseja direito fundamental da pessoa, na perspectiva constitucional, como o Professor espanhol Cristián Conen,[37] e outros que entendem que a liberdade enseja o individualismo moderno, comprometendo o caráter social de tal direito fundamental, como sustenta Francisco Carpintero,[38] também na Espanha.

O princípio da liberdade na constituição de família está diretamente ligado ao princípio da igualdade, que, por sua vez, no caso em estudo, se concretiza, também, através do princípio da proibição de discriminação entre as entidades familiares.

O princípio da igualdade está previsto na Constituição da República portuguesa, no art. 12º,[39] que trata da igualdade de todos em dignidade social e igualdade dos cidadãos perante a lei.

---

[35] GODINHO, Eduardo. *Direito à liberdade*: regra da maioria e liberdade individual. Curitiba: Juruá, 2012. p. 49.

[36] Cf. LÔBO, Paulo Luiz Netto. *Direito civil*: famílias. São Paulo: Saraiva, 2011. p. 46. "O direito de Família anterior era extremamente rígido e estático, não admitindo o exercício da liberdade de seus membros, que contrariasse o exclusivo modelo matrimonial e patriarcal. [...] Não havia liberdade de constituir entidade familiar, fora do matrimônio. Não havia liberdade para dissolver o matrimônio. [...] não havia liberdade para constituir estado de filiação fora do matrimônio. [...] O princípio da liberdade diz respeito ao livre poder de escolha ou autonomia de constituição, realização e extinção da entidade familiar, sem imposições ou restrições externas de parentes, da sociedade ou do legislador; à livre aquisição e administração do patrimônio familiar; ao livre planejamento familiar: à livre definição dos modelos educacionais, dos valores culturais e religiosos; à livre formação dos filhos, desde que respeitadas suas dignidades como pessoas humanas; à liberdade de agir, assentada no respeito à integridade física, mental e moral".

[37] Cf. CONEN, Cristián. ¿Es juridicamente adecuada la equiparación del matrimônio con las uniones de hecho? In: PEREIRA JÚNIOR, Antonio Jorge et al. (Coord.). *Direito e dignidade da família*: do começo ao fim da vida. São Paulo: Almedina, 2012. p. 154. "No es adecuado el análisis de la autonomia de lavoluntad em las relaciones personales de família elevando la mirada a La Constituición Nacional solo em su articulo 19. En primer lugar, porque casarse no es solo uma acción privada o personal sino también una acción de interes publico. Em segundo lugar, porque La norma del articulo 19 debeintegrarse com ladel articulo 14 bis em lo que se refiere a laprtección integral de La famliacuyopresupuesto básico es e respeto a suidentidad real o natural".

[38] Cf. CARPINTERO, Francisco. Las personas como síntese: la autonomia em el derecho. In: CAMPOS, Diogo Leite de; CHINELATTO, Silmara Juny de Abreu (Coord.). *Pessoa humana e direito*. Coimbra: Almedina, 2009. p. 186-187. "Desde luego, el recurso directo a ladignidad o a lalibertad de lãs personas es um critério que sempre estará vivo [...]. Pero si centramos laatención de este modo em lanoción de persona, el problema estribaria em cómo superar el individualismo propriamente moderno, porque para este individualismo elorden jurídico, el poder o los poderes, em general, solo son uma função de los indivíduos aislados que se encuentram molestos em suaislamiento, y que por ellodeseanhacer vida social".

[39] PORTUGAL. *Constituição da República de 1976*. Art. 13º, n. 1: "Todos os cidadãos têm a mesma dignidade social e são iguais perante a lei"; n. 2: "Ninguém pode ser privilegiado, beneficiado, prejudicado, privado de qualquer direito ou isento de qualquer dever em razão de ascendência, sexo, raça, língua, território de origem, religião, convicções políticas ou ideológicas, instrução, situação econômica ou condição social".

A igualdade constitucionalmente prevista no ordenamento português, além de substanciar a igual dignidade social entre todos os cidadãos e a igualdade de todos perante a lei, trata também da proibição do arbítrio, limitando a atuação do Estado no tratamento desigual de situações análogas, ou tratamento igual em situações distintas, e, no que nos interessa mais de perto, a proibição de discriminações, sem uma justificação cabal para tal desigualdade, ou seja, não pode haver discriminações com base em motivo constitucionalmente impróprio, como ensinam Gomes Canotilho e Vital Moreira.[40]

A ideia da igualdade jurídica é considerada por Jorge Miranda em dois sentidos (sentido primário e sentido secundário). Como sentido primário do princípio da igualdade, entende-se que não deve haver privilégios de tratamento nem discriminações.[41] Em termos positivos, o princípio da igualdade visa tratar igualmente os que se encontram em situações iguais e tratar desigualmente os que se encontram em situações desiguais, mas de maneira a não serem criadas diferenciações arbitrárias. Como sentido secundário, entende-se que se faz necessária a atribuição a todos da personalidade jurídica, que se deve atribuir a todos certo número de direitos, consequência da própria atribuição de personalidade e base de aquisição de todos os outros – os direitos fundamentais ou de personalidade, e que se deve atribuir a todos uma mesma capacidade de direitos e deveres em função de situações idênticas, ou seja, o mesmo estatuto deve corresponder ao mesmo *status* ou estado (de pai, de solteiro, de funcionário etc.).[42]

O princípio da igualdade também pode ser analisado pelo aspecto formal e pelo aspecto material. No caso da igualdade de tratamento entre as entidades familiares, ou, mais especificamente, acerca da possibilidade de constituir família sem a chancela do casamento, não basta que as pessoas sejam formalmente tratadas como iguais, necessário se faz uma igualdade material no que diz respeito às diferentes formas de constituição de família, como lembra Canotilho "direitos fundamentais materiais, seriam, nessa perspectiva, os direitos subjectivamente conformadores de um espaço de liberdade de decisão e de auto-realização".[43]

O autor de Coimbra ressalta que a igualdade é pressuposto garantidor da efetivação das liberdades individuais, como princípio estruturante do regime geral de direitos fundamentais,[44] entre os quais não se pode afastar, por um lado, a liberdade de

---

[40] Cf. CANOTILHO, José Joaquim Gomes; MOREIRA, Vital. *Constituição da República Portuguesa anotada*. São Paulo: Revista dos Tribunais e Coimbra: Coimbra Editora, 2007. p. 338-340. v. 1. "O princípio da igualdade tem a ver fundamentalmente com *igual posição em matéria de direitos e deveres*. [...] Essencialmente, ele consiste em duas coisas: *proibição de privilégios ou benefícios* no gozo de qualquer direito ou na isenção de qualquer dever; *proibição de prejuízo ou detrimento* na privação de qualquer direito ou na imposição de qualquer dever. [...] A proibição do *arbítrio* constitui um limite externo da liberdade de conformação ou de decisão dos poderes públicos, servindo o princípio da igualdade como *princípio negativo de controlo*: nem aquilo que é fundamentalmente igual deve ser tratado arbitrariamente como desigual, nem aquilo que é essencialmente desigual deve ser arbitrariamente tratado como igual. [...] A *proibição de discriminações* (nº 2) não significa uma exigência de igualdade absoluta em todas as situações, nem proíbe diferenciações de tratamento. A Constituição indica, ela mesma, um conjunto de factores de discriminação ilegítimos. [...] O que se exige é que as medidas de diferenciação sejam materialmente fundadas sob o ponto de vista da segurança jurídica, da proporcionalidade, da justiça e da solidariedade e não se baseiem em qualquer motivo constitucionalmente impróprio" (grifos do original).
[41] MIRANDA, Jorge. *Escritos vários sobre direitos fundamentais*. Estoril: Principia, 2006. p. 72.
[42] MIRANDA, Jorge. *Manual de direito constitucional*. 4. ed. Coimbra: Editora Coimbra, 2008. p. 146. v. 4.
[43] CANOTILHO, José Joaquim Gomes. *Direito constitucional e teoria da Constituição*. 7. ed. Coimbra: Almedina, 2003. p. 406.
[44] CANOTILHO, José Joaquim Gomes. *Direito constitucional e teoria da Constituição*. 7. ed. Coimbra: Almedina, 2003. p. 426. "Um dos princípios estruturantes do regime geral dos direitos fundamentais é o *princípio da igualdade*. A igualdade é, desde logo, a *igualdade formal* ('*igualdade jurídica*', '*igualdade liberal*' estritamente postulada pelo

se constituir como família, e, por outro, que as famílias sejam tratadas com igualdade material, independentemente da forma como se constituem.

Parece-nos ser aplicável ao sistema português as conclusões do Professor alagoano Paulo Lôbo, quando diz que o princípio da igualdade provocou profundas transformações no direito de família, quando impôs o tratamento igualitário em três significativas situações: entre os cônjuges, os filhos e as entidades familiares.[45]

A interpretação do art. 36º da Constituição portuguesa enseja, ao nosso ver, o reconhecimento da união de facto como entidade familiar, pois tal interpretação deve atender, primeiramente, na perspectiva sistemática do próprio texto constitucional, aos demais dispositivos que tratam dos direitos de personalidade, também com vistas a uma maior concretude dos direitos fundamentais.

Em outras palavras, interpretar o mencionado dispositivo, restritivamente, excluindo a possibilidade do reconhecimento das uniões *more uxorio*, mitiga os direitos de liberdade, de igualdade de forma geral, e de proibição de discriminação de forma especifica e compromete a efetivação direitos que concretizam a dignidade da pessoa humana, sem que para isso exista autorização no próprio texto constitucional.

O direito de família já não se interpreta só pelo que estabelece o Código Civil e, sim, pelo que é contemplado pela Constituição, através do direito constitucional da família, como ensina Luiz Edson Fachin.[46]

Os princípios constitucionais refletem a essência da ordem jurídica, impondo a própria interpretação constitucional, de modo a condensar valores, dar unidade ao sistema e condicionar a atividade do intérprete, como ensina Luís Roberto Barroso.[47]

Tivemos oportunidade de nos posicionar sobre o assunto, ressaltando que valorizando, como se deve, a dignidade da pessoa humana, a liberdade da pessoa poder se relacionar com o que melhor lhe convier, a igualdade, a proibição de qualquer tipo de discriminação, inclusive em função da orientação sexual da pessoa, deve se considerar que tais fatores devem ser utilizados na interpretação da norma constitucional, haja vista a necessidade de uma hermenêutica que aponte para a concretude dos direitos fundamentais, como é defendido pela maioria dos constitucionalistas contemporâneos.[48]

---

constitucionalismo liberal: os homens nascem e permanecem livres e iguais em direitos. Por isso se considera que esta igualdade é um pressuposto para uniformização do regime das liberdades individuais a favor de todos os sujeitos de um ordenamento jurídico" (grifos do original).

[45] LÔBO, Paulo Luiz Netto. *Direito civil*: famílias. São Paulo: Saraiva, 2011. p. 43.
[46] FACHIN, Luiz Edson. *Comentários ao novo Código Civil*. Rio de Janeiro: Forense, 2003. p. 4. v. 18.
[47] Cf. BARROSO, Luís Roberto. *Interpretação e aplicação da Constituição*. São Paulo: Saraiva, 2004. p. 47. "O ponto de partida do intérprete há que ser sempre os princípios constitucionais, que são o conjunto de normas que espelham a ideologia da Constituição, seus postulados básicos e seus fins. Dito de forma sumária, os princípios constitucionais são as normas eleitas pelo constituinte como fundamentos ou qualificações essenciais da ordem jurídica que institui. A atividade de interpretação da Constituição deve começar pela identificação do princípio maior que rege o tema a ser apreciado, descendo do mais genérico ao mais específico, até chegar à formulação da regra concreta que vai reger a espécie. Os princípios constitucionais, portanto, explícitos ou não, passam a ser a síntese dos valores abrigados no ordenamento jurídico. Eles espelham a ideologia da sociedade, seus postulados básicos, seus fins. Os princípios dão unidade e harmonia ao sistema, integrando suas diferentes partes e atenuando tensões normativas. De parte isto, servem de guia para o intérprete, cuja atuação deve pautar-se pela identificação do princípio maior que rege o tema apreciado, descendo do mais genérico ao mais específico, até chegar à formulação da regra concreta que vai reger a espécie. Estes os papéis desempenhados pelos princípios: a) condensar valores; b) dar unidade ao sistema; c) condicionar a atividade do intérprete".
[48] LIRA, Wlademir Paes de. A análise da natureza jurídica da união homossexual em um caso concreto através de provimento judicial. *Revista do Ministério Público de Alagoas*, Maceió, n. 14, p. 136, jan./jun. 2005.

Há de se sublinhar a histórica conquista do mundo civilizado, na consagração da Constituição como força normativa, e como uma vontade em si própria, diminuindo o deveras mal utilizado *quantum despótico* dos que se encontram no poder, como sinalizou com propriedade Konrad Hesse.[49]

Entendemos, portanto, aplicar-se também ao sistema jurídico português, o princípio da pluralidade familiar, a que se refere Paulo Lôbo,[50] não só no que concerne à entidade familiar constituída pelo casamento e monoparental, mas abrangendo, também, as uniões de facto, quer entre pessoas de sexos diferentes, quer entre pessoas do mesmo sexo.

Tal conclusão aponta para o reconhecimento constitucional, no direito português, de outras famílias que não apenas a matrimonializada, não impondo, todavia, que todas as entidades familiares devam ter regramentos rigorosamente iguais, podendo haver diferenciações, desde que razoáveis e proporcionais, levando em consideração a proteção dos direitos fundamentais dos envolvidos, como defendem Gomes Canotilho e Vital Moreira.[51]

4 Algumas notas sobre natureza jurídica

Embora exista controvérsia doutrinária acerca da natureza do fato jurídico da constituição da união estável, entre dois professores eméritos da Universidade Federal de Alagoas – entendendo o Professor Marcos Bernardes de Mello[52] tratar-se de ato jurídico *stricto sensu* compósito, pela exigência de um elemento subjetivo que é a intenção de constituir família, e o Professor Paulo Luiz Netto Lôbo[53] entendendo ser um ato-fato jurídico, por não exigir qualquer manifestação de vontade (nos parecendo mais acertada a posição do primeiro) –, ambos concordam ser a união estável uma situação de fato que gera uma relação jurídica de natureza familiar.

Reconhecemos que se apresente com maior facilidade concluir que a união estável no Brasil possui natureza familiar, em função de previsão expressa no texto constitucional, pensamos, porém, ter a união de facto em Portugal a mesma natureza jurídica, mesmo não constando expressamente tal previsão no texto da CRP, pelos fundamentos que acima elencamos.

---

[49] Cf. HESSE, Konrad. *A força normativa da Constituição*. Tradução de Gilmar Ferreira Mendes. Porto Alegre: Sérgio Antonio Fabris, 1991. p. 32. "A resposta à indagação sobre se o futuro do nosso Estado é uma questão de poder ou um problema jurídico depende da preservação e do fortalecimento da força normativa da constituição, bem como de seu pressuposto fundamental, a vontade da constituição. Essa tarefa foi confiada a todos nós".

[50] LÔBO, Paulo Luiz Netto. *Direito civil*: famílias. São Paulo: Saraiva, 2011. p. 56-58.

[51] Cf. CANOTILHO, José Joaquim Gomes; MOREIRA, Vital. *Constituição da República Portuguesa anotada*. São Paulo: Revista dos Tribunais e Coimbra: Coimbra Editora, 2007. p. 561. v. 1. "O conceito constitucional de família não abrange, portanto, apenas a <família matrimonializada>, havendo assim uma abertura constitucional – senão mesmo uma obrigação – para conferir o devido relevo jurídico às uniões familiares <de facto>. Constitucionalmente o casal nascido da união de facto juridicamente protegida *também é família* e, ainda que os seus membros não tenham estatuto de cônjuges, seguramente que não há distinções quanto às relações de filiação daí decorrentes. Todavia, nada impõe constitucionalmente um tratamento jurídico inteiramente igual das famílias baseadas no casamento e das não matrimonializadas, desde que as diferenciações não sejam arbitrárias, irrazoáveis ou desproporcionadas e tenham em conta todos os direitos e interesses em jogo" (grifos do original).

[52] MELLO, Marcos Bernardes de. Sobre a classificação do fato jurídico da união estável. In: MELLO, Marcos Bernardes de. *Famílias no direito contemporâneo*: estudos em homenagem a Paulo Luiz Netto Lôbo. Salvador: JusPodvim, 2010. p. 162.

[53] LÔBO, Paulo Luiz Netto. *Direito civil*: famílias. São Paulo: Saraiva, 2011. p. 172.

Não nos parece adequado, portanto, com a devida vênia, o entendimento de autores, como Francisco Pereira Coelho e Guilherme de Oliveira,[54] de que a "união de facto" é denominada relação "parafamiliar", já que as relações familiares são apenas as que derivam de uma das quatro fontes mencionadas no art. 1576º, do Código Civil português, quais sejam: o casamento, o parentesco, a afinidade e a adoção.

Registre-se que, na Itália, país bem mais conservador, neste particular, já se tem aceito, tanto na doutrina como na jurisprudência, a união de fato como tendo natureza familiar, na combinação do art. 2, com o art. 29, da Constituição italiana, como lembra Michele Sesta.[55]

Pensamos que assim como no Brasil, a união de facto em Portugal possui natureza jurídica familiar, embora, como já antes ressaltado, não exista imposição de que tenha tratamento exatamente igual ao casamento, desde que as diferenciações não sejam arbitrárias e irrazoáveis.

5 À guisa de conceito

Acerca do conceito, Brasil e Portugal têm seguido a tendência de boa parte dos sistemas jurídicos, no que diz respeito a incluir como união de fato as uniões homossexuais, com exceção de poucos, como o da Itália, por exemplo, que diferencia união de fato da união homossexual, sendo a união de fato conceituada, pela maioria da doutrina, como a união entre um homem e uma mulher, estável e duradoura, com ou sem filhos, que se relacionam como cônjuges, sem serem casados,[56] embora já se verifique a tendência de se igualar as consequências jurídico-familiares entre as uniões de fato hétero e homossexuais, o que vem sendo assinalado pelas cortes Constitucional e de Cassação italianas, que vêm seguindo a linha da Corte Europeia de Direitos Humanos, atendendo ao contido no art. 21, da Carta de Direitos Fundamentais da União Europeia, que estabelece o princípio da não discriminação em função da orientação sexual, o que impõe que o casal homossexual seja tratado igualmente ao casal heterossexual.[57]

É importante registrar que o Senado italiano acaba de aprovar a união civil tanto para pessoas de mesmo sexo como de sexos diferentes, que ainda será votada na Câmara, mas não trata tais uniões como familiares, estabelecendo-se para alguns direitos, como sucessórios.

Tratar de união estável impõe, necessariamente, como visto acima, tratar da união entre pessoas do mesmo sexo, e, acerca da natureza jurídica dessas uniões no Brasil, tivemos significativas modificações.

---

[54] COELHO, Francisco Pereira; OLIVEIRA, Guilherme de. *Curso de direito de família*. Coimbra: Coimbra Editora, 2003. p. 99. v. 1.
[55] Cf. SESTA, Michele. *Manualle de diritto de famiglia*. Padova: Cedam, 2015. p. 203. "In annipiùrecenti, lagiurisprudenza, sullasciadella doutrina più atenta, há intrapreso uma letturadellenormeconstituzionali e in particolaredell'art. 2, tale da riconoscere Allácoppia non unita in matrimonio la natura diformazionesociale, Il Che consente diriferirsi ad essa come ad uma umafamiglia <difatto>" (grifos do original)
[56] OTONELLO, Di Carla. La rilevanza della famiglia di fatto nell'ordinamento giuridico italiano, in particolare La risarcibilità del danno da morte del convivente. *Diritto & Diritti*, maio 2001. Disponível em: <http://www.diritto.it/materiali/famiglia/ottonello.html>. Acesso em: 15 maio 2016. "Per famigliadifatto si intende La convivenzastabile e duratura, con o senzafigli, fra una donna e um uomo, che si comportanoancheesternamente come coniugi, senzaesseresposati".
[57] SESTA, Michele. *Manualle de diritto de famiglia*. Padova: Cedam, 2015. p. 222.

Alguns entendiam tratar-se simplesmente de uma união civil de fato, com consequências exclusivamente patrimoniais, na medida em que o direito ao patrimônio é diretamente proporcional à comprovação da contribuição para a construção dele, aplicando-se a Súmula nº 380, do STF. Outros entendiam caracterizar-se uma união afetiva, assemelhada à família, porém sem a proteção do Estado, por falta de previsão constitucional. Alguns entendiam tratar-se de uma entidade familiar a cujo disciplinamento aplicam-se as regras da união estável, e uma última corrente entendia caracterizar-se de entidade familiar específica, constitucionalmente protegida.

Encontramo-nos, apesar da decisão da nossa Suprema Corte, entre os que veem na união homossexual entidade familiar específica, abrigada constitucionalmente, entendimento que já sustentamos em trabalho anterior.[58]

Embora ainda mantendo nosso entendimento acerca de ser a união homossexual uma entidade familiar específica, o Supremo Tribunal Federal já decidiu a matéria nas ADI nº 4.277 e ADPF nº 132-RJ, e por unanimidade entendeu que a união homoafetiva é uma união estável, nos mesmos termos e com o mesmo fundamento da união estável entre pessoas de sexos diferentes, tendo o relator, Ministro Carlos Ayres Brito, que teve o voto vencedor, ampliado o art. 1723, do Código Civil, devendo o artigo ser lido de forma a abrigar as uniões entre pessoas do mesmo sexo, sob pena de inconstitucionalidade.[59]

O Supremo Tribunal Federal, no julgamento mencionado, não apreciou a possibilidade de realização do casamento civil entre pessoas do mesmo sexo, limitando-se a apreciar a possibilidade de caracterização da união estável homoafetiva, quando presentes os requisitos.

Como acima mencionamos, sempre estivemos entre os que entendem ser a união homossexual uma entidade familiar específica, interpretando-se o art. 226, da Constituição Federal, sistematicamente com os demais dispositivos da Lei Maior, principalmente com o catálogo de direitos fundamentais previsto no art. 5º, visando à efetivação da dignidade da pessoa humana pela concretização dos referidos direitos, e, neste diapasão, tanto a união estável quanto o casamento estariam vinculados constitucionalmente à necessidade de diferenciação de sexos, embora fosse a união homossexual também uma entidade familiar.

Não nos parece ser mais de grande relevância nosso entendimento, se o STF já decidiu, em caráter *erga omnes*, que o artigo que trata da união estável, previsto no Código Civil, se estende aos casais do mesmo sexo.

Sendo essa a decisão do Supremo, nos parece inafastável a possibilidade de se reconhecer a possibilidade do casamento civil entre tais casais, até porque a mesma linha de raciocínio utilizada para uma hipótese se aplica integralmente à outra, como entendeu o STJ.[60]

---

[58] LIRA, Wlademir Paes de. A análise da natureza jurídica da união homossexual em um caso concreto através de provimento judicial. *Revista do Ministério Público de Alagoas*, Maceió, n. 14, jan./jun. 2005. p. 136.

[59] BRASIL. Supremo Tribunal Federal. *Ação Direta de Inconstitucionalidade n. 4.277*. Plenário. Min. Rel. Ayres Britto. Brasília, DF, 5.5.2011. Disponível em: <http://redir.stf.jus.br/paginadorpub/paginador.jsp?docTP=AC&docID=628635>. Acesso em: 15 maio 2016; BRASIL. Supremo Tribunal Federal. *Arguição de Descumprimento de Preceito Fundamental n. 132-RJ*. Plenário. Min. Rel. Carlos Ayres de Brito. Disponível em: <http://redir.stf.jus.br/paginadorpub/paginador.jsp?docTP=AC&docID=628633>. Acesso em: 15 maio 2016.

[60] BRASIL. Superior Tribunal de Justiça. *Recurso Especial n. 1.183.376- RS*. Rel. Min. Luis Felipe Salomão, voto do Relator. Disponível em: <http://stj.jusbrasil.com.br/jurisprudencia/21285514/recurso-especial-resp-1183378-rs-2010-0036663-8-stj/inteiro-teor-21285515>. Acesso em: 15 maio 2016.

Em Portugal, embora ainda se verifique grande controvérsia acerca de se ter a união de facto natureza jurídica familiar, a inclusão da união entre pessoas do mesmo sexo como união de facto não gera controvérsia, já que a Lei nº 7/2001 não especifica a orientação sexual dos conviventes, como leciona Marta Costa.[61]

Apesar da legislação, não há em Portugal uma definição legal de união de facto, mas a Lei nº 135/99 tratava-a como "vida em comum em condições análogas às dos cônjuges", e a Lei nº 7/2001, que a substituiu, prevê que "a união de facto é a situação jurídica de duas pessoas que, independentemente do sexo, vivam em condições análogas às dos cônjuges há mais de dois anos".

Segundo Francisco Pereira Coelho e Guilherme de Oliveira,[62] ocorre a união de facto quando as pessoas vivem em comunhão de leito, mesa e habitação, como se casadas fossem, porém sem o vínculo formal do casamento, distinguindo-se do concubinato, pois, neste, embora haja comunhão de leito, não há comunhão de mesa nem de habitação.

Destacam, ainda, os autores de Coimbra que, para que haja união de facto, exige-se exclusividade, pois como é uma relação análoga ao casamento, não pode haver uniões de facto paralelas.[63]

As uniões sem a chancela do casamento vieram modificar o entendimento acerca da própria estruturação conceitual da família, já que ela não é mais uma instituição que tenha um fim em si mesma, sendo "um instrumento oferecido a cada pessoa a fim de permitir o desenvolvimento de sua personalidade e a dos outros com quem interage", como ensina Marta Costa.[64]

Podemos sustentar, pelo que acima ficou demonstrado, que tanto no Brasil, quanto em Portugal, a união estável ou união de facto é uma entidade familiar formada por duas pessoas (de sexos diferentes ou de mesmo sexo), desimpedidas de casar ou separadas de fato, que se relacionam afetivamente, publicamente, de forma estável e duradoura, com o objetivo de constituir família.

Notas conclusivas

A união estável no Brasil, depois de grande discussão social e jurídica, foi prevista como entidade familiar no texto constitucional, embora, num primeiro momento, aplicando-se exclusivamente aos casais heterossexuais, depois estendida aos homossexuais, em função de interpretação promovida pelo STF.

Apesar da previsão constitucional da união estável no Brasil, muitos defenderam ser uma entidade meio, ou de menor importância em relação ao casamento, o que foi ao longo do tempo superado pela doutrina e pela jurisprudência.

---

[61] Cf. COSTA, Marta. *Convivência more uxorio na perspectiva de harmonização do direito da família europeu*: uniões homossexuais. Coimbra: Coimbra Editora, 2011. p. 63. "Face ao ordenamento jurídico português, as dúvidas não devem subsistir, já que a Lei nº 7/2001, de 11 de maio, que adoptou <medidas de proteção das uniões de facto> não fez depender a qualificação da relação da orientação sexual dos seus membros. Aliás, o seu objetivo primacial consistiu exatamente na 'equiparação' do tratamento dado às relações de convivência *more uxório* hetero e homossexuais, revogando uma lei que, diversamente, tutelava somente as primeiras" (grifos do original).

[62] COELHO, Francisco Pereira; OLIVEIRA, Guilherme de. *Curso de direito de família*. Coimbra: Coimbra Editora, 2003. p. 100. v. 1.

[63] COELHO, Francisco Pereira; OLIVEIRA, Guilherme de. *Curso de direito de família*. Coimbra: Coimbra Editora, 2003. p. 100. v. 1.

[64] COSTA, Marta. *Convivência more uxorio na perspectiva de harmonização do direito da família europeu*: uniões homossexuais. Coimbra: Coimbra Editora, 2011. p. 44-45.

Em Portugal, por não haver previsão expressa no texto constitucional acerca da união de facto, muitos ainda entendem não se tratar de uma entidade familiar.

Analisamos, diante dessa divergência, as posições de duas grandes correntes doutrinárias que tratam da matéria, a primeira defendida por Guilherme de Oliveira e Francisco Pereira Coelho, que entendem que a união de facto não se enquadra no art. 36º, da CRP, portanto não pode ser considerada entidade familiar, o que permanece exclusivamente para as uniões formadas pelo casamento; e outra, defendida por J. J. Gomes Canotilho e Vital Moreira, que entendem que a união de facto está sim amparada pelo dispositivo mencionado, tendo, portanto, natureza familiar, e como tal deve ser tratada.

Utilizando os fundamentos dos constitucionalistas mencionados, analisamos a melhor interpretação possível do dispositivo da Constituição portuguesa, e, seguindo as imposições do próprio texto constitucional, que tem como base a dignidade da pessoa humana, que se concretiza através, entre outros, da liberdade de se constituir como família, na proibição de discriminação injustificada e na igualdade de tratamento que merecem as entidades familiares, concluímos que assiste razão à segunda corrente, havendo de se concluir, portanto, que assim como no Brasil, a união de facto em Portugal tem guarida constitucional como entidade familiar.

Com base em tais fundamentos, podemos observar que, diferentemente do que pensam alguns, não há significativa diferença entre a união estável no Brasil e a união de facto em Portugal, quer no que diz respeito à previsão constitucional, quer na consequente natureza jurídica, quer em relação ao conceito.

Referências

ANDRADE, José Carlos Vieira de. *Os direitos fundamentais na Constituição portuguesa de 1976*. Coimbra: Almedina, 2016.

ÁVILA, Humberto. *Teoria dos princípios*: da definição à aplicação dos princípios jurídicos. São Paulo: Malheiros, 2004.

AZEVEDO, Álvaro Vilaça de. *Do concubinato ao casamento de fato*. Belém: CEJUP, 1987.

BARROSO, Luís Roberto. *Interpretação e aplicação da Constituição*. São Paulo: Saraiva, 2004.

BONAVIDES, Paulo. *Curso de direito constitucional*. São Paulo: Malheiros, 1997.

BRASIL. Superior Tribunal de Justiça. *Recurso Especial n. 1.183.376- RS*. Rel. Min. Luis Felipe Salomão, voto do Relator. Disponível em: <http://stj.jusbrasil.com.br/jurisprudencia/21285514/recurso-especial-resp-1183378-rs-2010-0036663-8-stj/inteiro-teor-21285515>. Acesso em: 15 maio 2016.

BRASIL. Supremo Tribunal Federal. *Ação Direta de Inconstitucionalidade n. 4.277*. Plenário. Min. Rel. Ayres Britto. Brasília, DF, 5.5.2011. Disponível em: <http://redir.stf.jus.br/paginadorpub/paginador.jsp?docTP=AC&docID=628635>. Acesso em: 15 maio 2016.

BRASIL. Supremo Tribunal Federal. *Arguição de Descumprimento de Preceito Fundamental n. 132-RJ*. Plenário. Min. Rel. Carlos Ayres de Brito. Disponível em: <http://redir.stf.jus.br/paginadorpub/paginador.jsp?docTP=AC&docID=628633>. Acesso em: 15 maio 2016.

CANOTILHO, José Joaquim Gomes. *Direito constitucional e teoria da Constituição*. 7. ed. Coimbra: Almedina, 2003.

CANOTILHO, José Joaquim Gomes; MOREIRA, Vital. *Constituição da República Portuguesa anotada*. São Paulo: Revista dos Tribunais e Coimbra: Coimbra Editora, 2007. v. 1.

CARPINTERO, Francisco. Las personas como síntese: la autonomia en el derecho. In: CAMPOS, Diogo Leite de; CHINELATTO, Silmara Juny de Abreu (Coord.). *Pessoa humana e direito*. Coimbra: Almedina, 2009.

COELHO, Francisco Pereira; OLIVEIRA, Guilherme de. *Curso de direito de família*. Coimbra: Coimbra Editora, 2003. v. 1.

CONEN, Cristián. ¿Es jurídicamente adecuada la equiparación del matrimônio com las uniones de hecho? In: PEREIRA JÚNIOR, Antonio Jorge et al. (Coord.). *Direito e dignidade da família*: do começo ao fim da vida. São Paulo: Almedina, 2012.

COSTA, Marta. *Convivência more uxorio na perspectiva de harmonização do direito da família europeu*: uniões homossexuais. Coimbra: Coimbra Editora, 2011.

CUENCA ALCAINE, Begoña. El marco jurídico de las uniones de hecho em España. *Noticias Jurídicas*, 1º out. 2010. Disponível em: <http://noticias.juridicas.com/conocimiento/articulos-doctrinales/4584-el-marco-juridico-de-las-uniones-de-hecho-en-espana-/>. Acesso em: 15 maio 2016.

DIAS, Maria Berenice. *Manual de direito das famílias*. 8. ed. São Paulo: Revista dos Tribunais, 2011.

FACHIN, Luiz Edson. *Comentários ao novo Código Civil*. Rio de Janeiro: Forense, 2003. v. 18.

GODINHO, Eduardo. *Direito à liberdade*: regra da maioria e liberdade individual. Curitiba: Juruá, 2012.

HESSE, Konrad. *A força normativa da Constituição*. Tradução de Gilmar Ferreira Mendes. Porto Alegre: Sérgio Antonio Fabris, 1991.

LIRA, Wlademir Paes de. A análise da natureza jurídica da união homossexual em um caso concreto através de provimento judicial. *Revista do Ministério Público de Alagoas*, Maceió, n. 14, jan./jun. 2005.

LÔBO, Paulo Luiz Netto. *Direito civil*: famílias. São Paulo: Saraiva, 2011.

LÓPEZ, Laura S. Parejas de hecho: derechos y obligaciones. *Eroski Consumer*, 17 mar. 2012. Disponível em <http://www.consumer.es/web/es/economia_domestica/familia/2012/03/17/207868.php>. Acesso em: 15 maio 2016.

MARRERO, Carolina Mesa. *Las uniones de hecho*: análisis del as relaciones económicas y sus efectos. Navarra: Arazandi, 2006.

MELLO, Cláudio Ari. *Democracia constitucional e direitos fundamentais*. Porto Alegre: Livraria do Advogado, 2004.

MELLO, Marcos Bernardes de. Sobre a classificação do fato jurídico da união estável. In: MELLO, Marcos Bernardes de. *Famílias no direito contemporâneo*: estudos em homenagem a Paulo Luiz Netto Lôbo. Salvador: JusPodvim, 2010.

MIRANDA, Jorge. *Escritos vários sobre direitos fundamentais*. Estoril: Principia, 2006.

MIRANDA, Jorge. *Manual de direito constitucional*. 4. ed. Coimbra: Editora Coimbra, 2008.

OLIVEIRA JÚNIOR, José Alcebíades. Constituição e direitos humanos fundamentais: exigibilidade e proteção. In: CONGRESSO NACIONAL DO CONPEDI, 27, 2008, Brasília. *Anais...* Brasília: ANPEDI, 2008.

OTONELLO, Di Carla. La rilevanza della famiglia di fatto nell'ordinamento giuridico italiano, in particolare La risarcibilità del danno della morte del convivente. *Diritto & Diritti*, maio 2001. Disponível em: <http://www.diritto.it/materiali/famiglia/ottonello.html>. Acesso em: 15 maio 2016.

PEREIRA, Caio Mário da Silva. Concubinato: sua moderna conceituação. *Revista Forense*, Rio de Janeiro, v. 190, 1955.

POLO SABAU, José Ramon. Nota crítica sobre la estabilidade como elemento identificador de launión de hecho. In: POLO SABAU, José Ramon. *Derechodi família y libertad de conciencia em los países de la unión europea y el derecho comparado*. Actas del IX Congreso Internacional de Derecho Eclesiástico del Estado. Viscaya: Edit. Universidade País Vasco, 2001.

RABENHORST, Eduardo Ramalho. *Dignidade humana e moralidade democrática*. Brasília: Brasília Jurídica, 2001.

SARLET, Ingo Wolfgang. *Dignidade da pessoa humana e direitos fundamentais*. Porto Alegre: Livraria do Advogado, 2004.

SESTA, Michele. *Manualle de diritto de famiglia*. Padova: Cedam, 2015.

Informação bibliográfica deste texto, conforme a NBR 6023:2002 da Associação Brasileira de Normas Técnicas (ABNT):

LIRA, Wlademir Paes de. União estável (Brasil) x união de facto (Portugal): Algumas notas sobre fundamentos constitucionais, natureza jurídica e conceito. In: PINTO, Hélio Pinheiro; LIMA NETO, Manoel Cavalcante de; LIMA, Alberto Jorge Correia de Barros; SOTTO-MAYOR, Lorena Carla Santos Vasconcelos; DIAS, Luciana Raposo Josué Lima (Coords.). *Constituição, direitos fundamentais e política*: estudos em homenagem ao professor José Joaquim Gomes Canotilho. Belo Horizonte: Fórum, 2017. p. 521-542. ISBN 978-85-450-0185-0.

A REVOLUÇÃO SILENCIOSA E OS LIMITES DA TRANSIÇÃO CONSTITUCIONAL

FRANCISCO TAVARES NORONHA NETO

1 Da Revolução à Constituição

Reino Unido, 1688; Estados Unidos, 1776; França, 1789; Rússia, 1917; Portugal, 1974. Esta lista é apenas exemplificativa e poderia ser majorada quase indefinidamente se o objetivo deste artigo fosse relacionar todos os lugares e momentos históricos em que uma ordem jurídica foi radicalmente rompida por um movimento revolucionário.[1]

As revoluções citadas, e as muitas outras que poderiam ter sido mencionadas, guardam diferenças profundas entre si: umas são libertárias, outras totalitárias; umas implantam a república, outras regulamentam a monarquia; umas são serenas, outras violentas; umas se fundamentam em ideologias individualistas, outras em pensamentos organicistas. Todas, porém, têm duas características essenciais em comum: a quebra do princípio da legalidade e o surgimento de um Poder Constituinte Originário.[2]

A quebra do princípio da legalidade se materializa pela absoluta perda de eficácia do direito constitucional positivo e pela ascensão de um poder descomprometido com a ordem jurídica antecedente e sem qualquer limitação que ela lhe poderia impor.[3] Instala-se, ao menos temporariamente, a insegurança jurídica. Todos os direitos fundamentais são virtualmente suspensos em um vazio jurídico[4] do qual poderá emergir uma nova ordem.

---

[1] Aqui, utiliza-se o conceito jurídico de revolução, identificado com a substituição de um ordenamento jurídico por outro. Para os fins deste artigo, "movimento revolucionário" é qualquer movimento tendente a romper com determinada ordem jurídica, independentemente dos meios utilizados ou de qualquer conteúdo axiológico que se lhe possa atribuir.

[2] BONAVIDES, Paulo. *Ciência política*. 10. ed. São Paulo: Malheiros, 2004. p. 409-411.

[3] Aqui se faz referência à ineficácia da ordem jurídica anterior como limitadora do poder emergente. Isso não quer dizer que o Poder Constituinte Originário seja totalmente incondicionado e livre como sustenta a doutrina clássica. Há, atualmente, considerável doutrina em sentido contrário a essa natureza ilimitada do Poder Constituinte Originário. Otto Bachof, por exemplo, sustenta que uma constituição só assume característica de obrigatoriedade, no sentido de vinculação dos destinatários de suas normas, se levar em consideração os "princípios constitutivos de toda e qualquer ordem jurídica" (BACHOFF, Otto. *Normas constitucionais inconstitucionais?* Coimbra: Almedina, 2008. p. 42).

[4] O "vazio jurídico" aqui referido corresponde à inexistência de uma ordem jurídica fixada em um pacto explícito. J. J. Gomes Canotilho observa que: "Se continua a ser indiscutível que o exercício de um poder constituinte

Durante esse período de "vazio jurídico", deve-se reconhecer que não se está diante de um Estado abalado, mas de um Estado inexistente.[5] Sem limitações formais ao poder, não existe Estado. Pelo menos não o Estado Constitucional no sentido proposto por J. J. Gomes Canotilho, para quem: "O *Estado constitucional* é uma *tecnologia política de equilíbrio político-social* através da qual se combateram dois 'arbítrios' ligados a modelos anteriores, a saber: a autocracia *absolutista* do poder e os privilégios orgânico-corporativo medievais".[6]

Enquanto um novo Estado não é constituído pela edição de uma ordem jurídica, há um momento de insegurança jurídica e virtual, exercício ilegítimo do poder de fato, que pode atuar de forma arbitrária e recorrer ao uso indiscriminado da violência. Em alguns casos, esses recursos são utilizados com o objetivo de satisfazer interesses pessoais do líder revolucionário, ainda que publicamente justificados em nome da revolução.[7]

O hiato entre a velha e a nova ordenação deve ser tão breve quanto possível. Se esse estado de incerteza se prolongar por mais tempo do que o necessário para que a nova ordem se imponha de maneira eficaz, a liderança revolucionária tende a se desmoralizar e pode terminar sufocada pelas forças contrarrevolucionárias, restaurando-se, ainda que de modo imperfeito, a antiga ordem.[8]

Assim que superado o estado de exceção representado pela revolução, o poder emergente precisa recorrer a uma fonte de legitimação extrínseca ao processo revolucionário: o exercício do Poder Constituinte. Conforme o ensino de J. J. Gomes Canotilho, a Constituição não só confere legitimidade a uma ordem jurídica, como dá legitimação aos respectivos titulares do poder político. Em suas palavras:

> O esforço de constituir uma ordem política segundo *princípios justos* consagrados na constituição confere a esta *ordem* uma indispensável bondade material (legitimidade) e ao vincular os titulares do poder justifica o poder de "mando", de "governo", de "autoridade" desses titulares [...].
>
> Quando uma lei constitucional logra obter *validade* como ordem justa e *aceitação*, por parte da colectividade, da sua bondade "intrínseca", diz-se que uma constituição tem *legitimidade*. Mas se a constituição tem legitimidade compreende-se que ela própria tenha uma *função de legitimidade*. Ela contribui para a aceitação real (consenso fáctico ou aceitação fáctica ou sociológica) e para uma *boa ordenação da sociedade* assente em princípios de justiça normativo-constitucionalmente consagrados.
>
> À constituição pertence também uma importantíssima função de *legitimação do poder*. É a constituição que funda o poder, é a constituição que regula o exercício do poder,

---

anda geralmente associado a momentos fractais ou de ruptura constitucional [...], também é certo que o poder constituinte nunca surge num vácuo histórico-cultural" (CANOTILHO, José Joaquim Gomes. *Direito constitucional e teoria da Constituição*. 7. ed. Coimbra: Almedina, 2003. p. 81-82).

[5] A ausência de uma ordem jurídica não se compatibiliza com o conceito moderno de Estado. Neste sentido, pode-se citar o conceito de Estado proposto por Dalmo de Abreu Dallari: "a ordem jurídica soberana que tem por fim o bem comum de um povo situado em determinado território" (DALLARI, Dalmo de Abreu. *Elementos de teoria geral do Estado*. 24. ed. São Paulo: Saraiva, 2003. p. 118).
Também se pode afirmar a extinção do Estado por depauperamento orgânico. Segundo Sahid Maluf: "Quando não consegue o Estado reagir no sentido de restabelecer em bases seguras a normalidade de sua vida, poderá sofrer o colapso geral e a morte" (MALUF, Sahid. *Teoria geral do Estado*. 26. ed. São Paulo: Saraiva, 2003. p. 45).

[6] CANOTILHO, José Joaquim Gomes. *Direito constitucional e teoria da Constituição*. 7. ed. Coimbra: Almedina, 2003. p. 90.

[7] DALLARI, Dalmo de Abreu. *Elementos de teoria geral do Estado*. 24. ed. São Paulo: Saraiva, 2003. p. 143-144.

[8] BONAVIDES, Paulo. *Ciência política*. 10. ed. São Paulo: Malheiros, 2004. p. 420-421.

é a constituição que limita o poder. Numa palavra: é a constituição que *justifica* ou dá legitimidade ao "poder de mando", ou, para utilizarmos uma formulação clássica, é a constituição que confere legitimação ao exercício da "coacção física legítima". A consequência prática mais importante desta função legitimatória é basicamente esta: no *estado constitucional* não existe qualquer "poder" que, pelo menos, não seja "constituido" pela constituição e por ela juridicamente vinculado.[9]

Assim, após a revolução, uma nova constituição surge e cria um novo Estado. Ao criá-lo, definindo seus elementos essenciais, o Poder Constituinte exaure sua função originária de construção da norma fundamental de uma comunidade política e, com o exaurimento de sua função essencial, deixa de ser exercido. Diante disso, caso se verifique a atuação superveniente do Poder Constituinte Originário, é imperioso reconhecer que se está diante de um novo quadro revolucionário.

2 O paradoxo da democracia e as mutações constitucionais

Já se disse que o Poder Constituinte Originário tem a pretensão de atuar uma única vez, para criar a Constituição. Isso decorre da vocação de permanência da Constituição, que cria mecanismos de autovinculação com o fim de garantir a subsistência do compromisso constitucional,[10] preservando-se assim de eventuais investidas das maiorias políticas eventuais que poderiam promover a alteração essencial de seu conteúdo.[11]

Ao mesmo tempo, deve-se reconhecer que uma constituição não deve ser imutável, seja porque não é possível que suas normas prevejam transformações tecnológicas e culturais por que a sociedade passará no futuro,[12] seja porque a imutabilidade da Constituição se choca com a ideia de autogoverno democrático – a mesma geração que pretende ser livre para vincular as gerações seguintes, normalmente, não aceita ser vinculada pela anterior.[13]

Por isso, todas as constituições escritas modernas preveem mecanismos para a modificação de suas normas.[14] Esses mecanismos formais de alteração constitucional se manifestam por meio do exercício de um poder com legitimidade para reformar ou emendar a Constituição, de acordo com normas que ela própria previamente estabelece.[15]

Esse processo formal de revisão, contudo, não é o único meio pelo qual as normas constitucionais podem ser modificadas. Há um meio informal pelo qual a norma

---

[9] CANOTILHO, José Joaquim Gomes. *Direito constitucional e teoria da Constituição*. 7. ed. Coimbra: Almedina, 2003. p. 1439-1440.
[10] CANOTILHO, José Joaquim Gomes. *Direito constitucional e teoria da Constituição*. 7. ed. Coimbra: Almedina, 2003. p. 1228.
[11] BARROSO, Luís Roberto. Mutação constitucional. In: MOREIRA, Eduardo Ribeiro; PUGLIESI, Marcio (Org.). *20 anos da Constituição brasileira*. São Paulo: Saraiva, 2009. p. 209.
[12] BASTOS, Celso Ribeiro; PFLUG, Samantha Meyer. A interpretação como fator de desenvolvimento e atualização das normas constitucionais. In: SILVA, Virgílio Afonso da. *Interpretação constitucional*. São Paulo: Malheiros, 2005. p. 154.
[13] CANOTILHO, José Joaquim Gomes. *Direito constitucional e teoria da Constituição*. 7. ed. Coimbra: Almedina, 2003. p. 1449-1450.
[14] BARROSO, Luís Roberto. Mutação constitucional. In: MOREIRA, Eduardo Ribeiro; PUGLIESI, Marcio (Org.). *20 anos da Constituição brasileira*. São Paulo: Saraiva, 2009. p. 210.
[15] SILVA, José Afonso da. *Curso de direito constitucional positivo*. 24. ed. São Paulo: Malheiros, 2005. p. 64-68.

constitucional pode sofrer alterações de sentido, sem que se modifique o texto normativo vigente. A esse processo de revisão informal do compromisso político, J. J. Gomes Canotilho chama "transição constitucional".[16]

3 Justificação da transição constitucional

A transição constitucional só se justifica a partir de uma concepção jurídica que se afaste da ideia de que o direito deva se restringir ao conteúdo de convenções políticas explícitas e consensualmente aceitas. Conforme leciona J. J. Gomes Canotilho: "a rigorosa compreensão da estrutura normativo-constitucional nos leva à exclusão de mutações constitucionais operadas por via interpretativa".[17]

A questão do modo como se concebe o direito é relevante, pois dele podem decorrer conclusões diametralmente opostas sobre o conteúdo normativo que deve ser reconhecido e atribuído ao texto constitucional. Juízes com distintas compreensões acerca do fenômeno jurídico tendem a decidir casos idênticos, de forma diferente, ainda que com fundamento no mesmo ordenamento jurídico formal.[18]

Considere-se a seguinte situação: a Constituição da República Federativa do Brasil veda a tributação de "livros, jornais, periódicos e o papel destinado a sua impressão".[19] O texto não faz referência a livros, jornais e periódicos gravados em meio eletrônico, mas, em vez disso, faz referência expressa ao papel destinado à impressão desses produtos, o que parece restringir, ao conteúdo impresso em papel, o âmbito de incidência da imunidade tributária.

Diante de um caso concreto em que se discute a constitucionalidade da tributação de um livro eletrônico,[20] o julgador pode adotar pelo menos três posicionamentos distintos: entender que a tributação do *e-book* não viola a Constituição, vez que inexiste dispositivo constitucional que expressamente a proíba; entender que é inconstitucional a tributação, pois inexiste diferença essencial entre livro impresso e livro eletrônico, de modo que a tributação deste último afronta o "espírito" da Constituição; entender constitucional ou inconstitucional a tributação com fundamento em seus valores e prognoses, usando como fundamento, por exemplo, os possíveis reflexos sociais ou econômicos da decisão.

Dessa situação hipotética, podem-se identificar duas distintas posturas diante do texto constitucional: os julgadores que decidem com base no texto constitucional (mesmo que discordem quanto ao seu exato conteúdo normativo) reconhecem a existência de um direito anterior e condicionador da atividade interpretativa judicial; os julgadores que decidem com fundamento em seus próprios valores e prognoses não se

---

[16] CANOTILHO, José Joaquim Gomes. *Direito constitucional e teoria da Constituição*. 7. ed. Coimbra: Almedina, 2003. p. 1228.

[17] CANOTILHO, José Joaquim Gomes. *Direito constitucional e teoria da Constituição*. 7. ed. Coimbra: Almedina, 2003. p. 1228-1229.

[18] NORONHA NETO, Francisco Tavares. Configuração da relação de emprego: suportes fático e racional. *Revista LTr*, dez. 2011.

[19] "Art. 150. Sem prejuízo de outras garantias asseguradas ao contribuinte, é vedado à União, aos Estados, ao Distrito Federal e aos Municípios: [...] VI - instituir impostos sobre: [...] d) livros, jornais, periódicos e o papel destinado a sua impressão".

[20] Embora a situação exposta seja fictícia, pode-se verificar a existência de caso semelhante submetido à apreciação do Supremo Tribunal Federal. BRASIL. Supremo Tribunal Federal. *Recurso Extraordinário n. 330.817*. Plenário. Rel. Min. Dias Toffoli. Brasília, DF, 20.9.2012.

consideram vinculados por um dever de aplicar o ordenamento vigente,[21] o que implica a possibilidade de modificação radical da norma vigente por ocasião de sua aplicação.[22]

Mesmo o julgador que respeita a autoridade do texto normativo constitucional, porém, pode provocar uma mudança no sentido da norma, o que efetivamente ocorrerá se, na situação hipotética citada, decidir pela extensão da imunidade tributária aos livros eletrônicos. Isso é possível porque, mesmo sem que seja suprimido o valor normativo do texto, ele não se confunde com a norma propriamente dita, nem guarda relação biunívoca com ela.

Enquanto a norma deve ser entendida como forma de ordenação de fatos, o texto nada mais é do que o recurso linguístico utilizado pelo constituinte para comunicar o conteúdo da norma. É possível comunicar uma única norma por meio de diversos enunciados normativos.[23] Exemplificativamente, considerem-se os seguintes enunciados normativos: "ninguém será obrigado a fazer ou deixar de fazer alguma coisa senão em virtude de lei",[24] "somente a lei pode criar obrigações de fazer ou não fazer", "não serão criadas obrigações de fazer ou não fazer senão por meio de lei" – é evidente que o que se tem é um único conteúdo normativo enunciado por três textos diferentes. Fenômeno semelhante ocorre com normas editadas no âmbito de tratados internacionais, que são redigidas em diferentes idiomas, com a pretensão de expressarem o mesmo conteúdo material.

Outra constatação relevante é a de que inexiste relação biunívoca entre a norma e texto normativo. Há casos em que um único enunciado normativo revela mais de uma norma. O art. 150, I da Constituição do Brasil, por exemplo, estabelece que é vedado à União, aos estados, ao Distrito Federal e aos municípios exigir ou aumentar tributo sem lei que o estabeleça. Desse único dispositivo se obtém o princípio da legalidade, o princípio da tipicidade, a proibição de regulamentos autônomos e a proibição da delegação normativa.[25]

Do mesmo modo, é possível identificar normas que são reveladas a partir do exame conjunto de vários dispositivos. É o caso do princípio da proteção ao trabalhador, que pode ser construído a partir do exame dos diversos dispositivos que garantem a valorização do trabalho e a proteção do trabalhador, embora inexista um único dispositivo que lhe seja especificamente correspondente.[26]

---

[21] Para aprofundamento no tema, sugere-se a leitura de: DWORKIN, Ronald. *O império do direito*. 2. ed. São Paulo: Martins Fontes, 2007.

[22] A validade dessa concepção de ceticismo em relação ao direito preexistente à decisão judicial, não obstante encontre ampla aceitação na comunidade jurídica, especialmente sob o rótulo de "pragmatismo jurídico", encontra resistência em parte respeitável da doutrina. Sobre o assunto, em evento promovido pelo Programa de Pós-Graduação em Direito da Universidade Federal do Paraná no ano de 2002, J. J. Gomes Canotilho declarou: "No fundo, quando digo que os juristas, quando discutem uma questão, ou são amigos do legislador, ou são amigos dos juízes, ou são amigos do Executivo, a minha explicitação foi esta: eu sou, em princípio, sou amigo do legislador, porque nele identifico a democracia, identifico o agente conflitual e transformador. Isso hoje tem relativizações, como vocês podem ver pela vossa prática e também nós vemos pela prática portuguesa. Se me perguntarem se o lugar de conflito é ainda ou também o Parlamento, são ainda os esquemas normativos, eu continuo a dizer que sim. Não para marginalizar o Executivo, não para subalternizar o Judiciário, mas porque acredito que a política é uma dimensão importante em qualquer projecto" (COUTINHO, Jacinto Nelson de Miranda (Org.). *Canotilho e a Constituição Dirigente*. Rio de Janeiro: Renovar, 2003. p. 47).

[23] ALEXY, Robert. *Teoria dos direitos fundamentais*. São Paulo: Malheiros, 2008. p. 53-54.

[24] Art. 5º, II, da Constituição (1988).

[25] ÁVILA, Humberto. *Teoria dos princípios*. São Paulo: Malheiros, 2006. p. 30-31.

[26] NORONHA NETO, Francisco Tavares. Configuração da relação de emprego: suportes fático e racional. *Revista LTr*, dez. 2011.

Uma vez que inexiste relação biunívoca entre a norma e o texto normativo, é inevitável reconhecer que a simples descrição de significados do texto constitucional não exaure a atividade hermenêutica desenvolvida pelo aplicador do direito. Efetivamente, é impossível produzir a descrição precisa do significado de um texto normativo sem que se atribua significado às expressões linguísticas de que ele é composto. O significado das palavras tende a variar tanto no espaço e no tempo, como dentro de cada unidade espacial e temporal, de modo que a identificação integral da norma só se torna possível por meio da inclusão de elementos factuais, axiológicos e/ou teleológicos.[27]

O respeito ao princípio da legalidade, desse modo, mais do que a observação do significado semântico dos textos normativos vigentes, exige a coordenação entre as normas do sistema e o seu confronto com os fatos que elas pretendem regular. Cabe à atividade de interpretação verificar o que justifica a existência de tais enunciados e o que eles pretendem realizar para que, a partir dessa análise fundamental, se possa revelar a norma que melhor se adéqua e compatibiliza com os valores informados pelo ordenamento.[28] Em outras palavras, há elementos da realidade que integram a própria estrutura material da norma, de modo que a alteração desses elementos deve provocar, inevitavelmente, alteração da norma.[29]

Assim, a transição normativa não se apresenta como uma opção, mas como um acontecimento inevitável que se impõe aos aplicadores do direito. Eventual resistência a esse processo de atualização da norma constitucional não contribuirá para a manutenção do compromisso político assumido na Constituição. Em vez disso, a norma fundamental será exposta à obsolescência e ineficácia, tendendo à autodestruição.[30]

Além da inevitabilidade do processo de transição constitucional, também se podem identificar justificações doutrinárias de ordem pragmática para o fenômeno como: a constatação de que o fato de o processo legislativo, com sua morosidade habitual, se mostra incapaz de atender de imediato às novas exigências da sociedade, as quais podem ser imediatamente contempladas pela via informal de mudança da constituição; e a conveniência de uma modificação gradual de preceitos constitucionais em vez da modificação abrupta que se impõe pela via formal.[31]

J. J. Gomes Canotilho, embora resistente à admissibilidade de mutações constitucionais por via interpretativa, reconhece que "há alguma coisa de exacto na afirmação de Loewenstein, quando ele considera que 'uma constituição não é jamais idêntica a si própria, estando constantemente submetida ao *pantha rei* heraclitiano de todo ser vivo"[32] e que:

---

[27] NORONHA NETO, Francisco Tavares. Configuração da relação de emprego: suportes fático e racional. *Revista LTr*, dez. 2011.

[28] PERLINGIERI, Pietro. *Perfis do direito civil*. Rio de Janeiro: Renovar, 2002. p. 72.

[29] HESSE, Konrad. Limites da mutação constitucional. In: HESSE, Konrad. *Temas fundamentais de direito constitucional*. São Paulo: Saraiva, 2009. p. 167.

[30] Luís Roberto Barroso observa que o excesso de rigidez conduziu a Constituição francesa de 1791 a ser subvertida e rapidamente substituída pela de 1793 (BARROSO, Luís Roberto. Mutação constitucional. In: MOREIRA, Eduardo Ribeiro; PUGLIESI, Marcio (Org.). *20 anos da Constituição brasileira*. São Paulo: Saraiva, 2009. p. 209).

[31] BASTOS, Celso Ribeiro; PFLUG, Samantha Meyer. A interpretação como fator de desenvolvimento e atualização das normas constitucionais. In: SILVA, Virgílio Afonso da. *Interpretação constitucional*. São Paulo: Malheiros, 2005. p. 158.

[32] CANOTILHO, José Joaquim Gomes. *Direito constitucional e teoria da Constituição*. 7. ed. Coimbra: Almedina, 2003. p. 1229.

A necessidade de uma permanente adequação dialéctica entre o programa normativo e a esfera normativa justificará a aceitação de transições constitucionais que, embora traduzindo a mudança de sentido de algumas normas provocado pelo impacto da evolução da realidade constitucional, não contrariam os princípios estruturais (políticos e jurídicos) da constituição.[33]

4 Meios de operacionalização da transição constitucional

A doutrina constitucionalista contemporânea identifica, pelo menos, três mecanismos por que se podem operar mudanças informais no conteúdo material da constituição: interpretação, processo legislativo ordinário e costume.[34]

4.1 Transição constitucional por meio da interpretação

A interpretação da norma constitucional feita pelos poderes do Estado, principalmente, mas não exclusivamente, pelo Judiciário, é o meio mais comum por que se operam as transições constitucionais.

Interpretar é desvendar as normas contidas nos dispositivos constitucionais, por meio de um processo cognitivo pelo qual se parte de fórmulas linguísticas para se obter um conteúdo normativo.[35] De acordo com a doutrina tradicional, por meio da interpretação se define o sentido e o alcance da norma.[36]

A Constituição contém enunciados de textura aberta e de princípios, o que termina por exigir do intérprete uma atuação integrativa, no sentido de que ele deve desempenhar uma atividade criativa na definição do sentido e alcance de suas normas. Sempre que, durante esse processo interpretativo criativo, se atribuir a determinada norma constitucional um sentido diferente do que lhe fora atribuído anteriormente, se estará diante de uma transição constitucional por via interpretativa.[37]

Pode-se, portanto, definir a transição constitucional por meio de interpretação como a mudança de sentido da norma constitucional por meio de interpretação contrastante com a sua consensual compreensão de sentido preexistente.

Caso emblemático de transição constitucional operada por meio da interpretação se materializou por meio da Súmula Vinculante nº 13 do Supremo Tribunal Federal:

> A nomeação de cônjuge, companheiro ou parente em linha reta, colateral ou por afinidade, até o terceiro grau, inclusive, da autoridade nomeante ou de servidor da mesma pessoa jurídica investido em cargo de direção, chefia ou assessoramento, para o exercício de cargo em comissão ou de confiança ou, ainda, de função gratificada na administração

---

[33] CANOTILHO, José Joaquim Gomes. *Direito constitucional e teoria da Constituição*. 7. ed. Coimbra: Almedina, 2003. p. 1229.
[34] BARROSO, Luís Roberto. Mutação constitucional. In: MOREIRA, Eduardo Ribeiro; PUGLIESI, Marcio (Org.). *20 anos da Constituição brasileira*. São Paulo: Saraiva, 2009. p. 215-223.
[35] GRAU, Eros Roberto. *Por que tenho medo dos juízes*. São Paulo: Malheiros, 2016. p. 39.
[36] BARROSO, Luís Roberto. Mutação constitucional. In: MOREIRA, Eduardo Ribeiro; PUGLIESI, Marcio (Org.). *20 anos da Constituição brasileira*. São Paulo: Saraiva, 2009. p. 216.
[37] BARROSO, Luís Roberto. Mutação constitucional. In: MOREIRA, Eduardo Ribeiro; PUGLIESI, Marcio (Org.). *20 anos da Constituição brasileira*. São Paulo: Saraiva, 2009. p. 218.

pública direta e indireta em qualquer dos poderes da União, dos Estados, do Distrito Federal e dos Municípios, compreendido o ajuste mediante designações recíprocas, viola a Constituição Federal.

Essa súmula teve como precedente a decisão tomada em ação declaratória de constitucionalidade da Resolução nº 7, de 14.11.2005, do Conselho Nacional de Justiça, que determinou a exoneração de parentes de magistrados, até o terceiro grau, em cargos em comissão e funções gratificadas no âmbito do Poder Judiciário.

A prática de magistrados nomearem parentes para cargos em comissão e funções gratificadas era costumeira e socialmente tolerada, mesmo na vigência da Constituição brasileira de 1988.[38] Considerava-se, até então, que tal prática não violava os princípios da moralidade e da impessoalidade. A decisão do Conselho Nacional de Justiça e sua posterior confirmação pela declaração de constitucionalidade pelo Supremo Tribunal Federal efetivamente modificou o significado e o alcance desses princípios, sem que houvesse modificação do texto constitucional, caracterizando-se como um caso de transição constitucional operada por meio da interpretação.

Outro exemplo interessante de transição constitucional por meio da interpretação foi a radical mudança de sentido atribuída ao texto do art. 102, I, b, da Constituição do Brasil, que estabelece a competência do Supremo Tribunal Federal para processar e julgar determinados agentes públicos nas infrações penais comuns.[39]

Até 1999, era pacífico o entendimento consolidado na Súmula nº 394 do Supremo Tribunal Federal: "Cometido o crime durante o exercício funcional, prevalece a competência especial por prerrogativa de função, ainda que o inquérito ou a ação penal sejam iniciados após a cessação daquele exercício".

Em 25.8.1999, por ocasião do julgamento de uma ação penal, o Supremo Tribunal Federal mudou radicalmente o sentido da norma ao cancelar a referida súmula e revelar seu novo entendimento acerca dela: "Depois de cessado o exercício da função, não deve manter-se o foro por prerrogativa de função, porque cessada a investidura a que essa prerrogativa é inerente".[40]

4.2 Transição constitucional por meio do processo legislativo

Embora o Poder Legislativo normalmente atue com discricionariedade na edição de leis e que essa atividade, como regra geral, não modifique a Constituição, deve-se reconhecer que o conteúdo de algumas leis infraconstitucionais adere e passa a integrar a norma constitucional, de modo que a mudança na lei pode provocar uma mudança na Constituição.

Isso acontece porque nem todas as normas constitucionais têm eficácia plena. Há normas de eficácia limitada, que só adquirem plena eficácia quando complementadas por uma norma infraconstitucional que as regule; e normas de eficácia contida, cuja plena

---

[38] BARROSO, Luís Roberto. Mutação constitucional. In: MOREIRA, Eduardo Ribeiro; PUGLIESI, Marcio (Org.). *20 anos da Constituição brasileira*. São Paulo: Saraiva, 2009. p. 219.

[39] "Art. 102. Compete ao Supremo Tribunal Federal, precipuamente, a guarda da Constituição, cabendo-lhe: I - processar e julgar, originariamente: [...] b) nas infrações penais comuns, o Presidente da República, o Vice-Presidente, os membros do Congresso Nacional, seus próprios Ministros e o Procurador-Geral da República".

[40] *AP 315 QO*.

eficácia pode ser restringida por norma legal. Essa é a situação, por exemplo, da Lei nº 12.506, de 11.10.2011, que regulamentou o art. 7º, XXI da Constituição da República.

O referido dispositivo constitucional conserva a mesma redação desde a promulgação da Constituição, em 1988: "Art. 7º São direitos dos trabalhadores urbanos e rurais, além de outros que visem à melhoria de sua condição social: [...] XXI - aviso prévio proporcional ao tempo de serviço, sendo no mínimo de trinta dias, nos termos da lei".

Trata-se de norma constitucional de eficácia limitada, pois seu enunciado remete expressamente a uma lei infraconstitucional que deva regulamentá-lo ("nos termos da lei"). Por isso, apesar de a norma constitucional criar o direito ao aviso prévio proporcional ao tempo de trabalho, essa proporcionalidade nunca foi observada antes da publicação da lei regulamentadora. Até então, qualquer trabalhador, independentemente do tempo que tivesse dedicado aos serviços contratados por seu empregador, caso fosse dispensado, teria direito ao aviso prévio de apenas trinta dias.

No dia 13.10.2011, foi publicada a Lei nº 12.506, de 11.10.2011, dispondo que ao aviso prévio de trinta dias deveriam ser "acrescidos 3 (três) dias por ano de serviço prestado na mesma empresa, até o máximo de 60 (sessenta) dias, perfazendo um total de até 90 (noventa) dias"[41] e, desde então, diversos trabalhadores, por ocasião de sua dispensa, passaram a ter direito ao aviso prévio de trinta e três dias, trinta e seis dias, trinta e nove dias e assim sucessivamente até o limite de noventa dias, conforme o tempo a que cada um estava vinculado ao empregador por contrato de emprego.

Como se pode notar, não houve qualquer modificação no texto constitucional, mas a expressão "aviso prévio proporcional ao tempo de serviço" nele contida passou a ter um novo significado, o que caracteriza uma efetiva modificação do conteúdo da Constituição pela via do processo legislativo ordinário.

Se, no futuro, o Congresso Nacional vier a criar outra lei que modifique o critério de definição da proporcionalidade do aviso prévio (acrescer um dia ao aviso prévio para cada quadrimestre de serviço, por exemplo), estará promovendo outra transição constitucional: o texto constitucional não muda, mas seu alcance e significado sim.

4.3 Transição constitucional por via de costume

O costume é uma prática reiterada, consensualmente aceita como válida ou obrigatória. Sua força normativa está assentada na tradição e na crença de que o que sempre foi feito deve continuar a sê-lo, de modo que a combinação do uso contínuo com o transcurso do tempo adquire autoridade reveladora de normas.[42]

Ainda que as normas de direito consuetudinário, por decorrerem de um processo difuso, em que não é possível localizar um ato sancionador, tenham importância reduzida diante do direito positivo, é inegável que o costume, desde que não contrarie normas legais ou constitucionais, adquire força normativa e, como tal, pode interagir com a Constituição, modificando o conteúdo de suas normas.

Um exemplo de transição constitucional operada pela via do costume foi a ampliação dos poderes das comissões parlamentares de inquérito que, por meio de uma prática reiterada e persistente, conseguiram fazer com que diligências como quebra de

---

[41] Lei nº 12.506/2011, art. 1º, parágrafo único.
[42] FERRAZ JUNIOR, Tércio Sampaio. *Introdução ao estudo do direito*. São Paulo: Atlas, 2011. p. 206-211.

sigilo bancário, telefônico e fiscal, que não eram admitidas pela jurisprudência anterior, passassem ser pacificamente aceitas.[43]

5 Causas da transição constitucional

A necessidade de atualização de normas constitucionais pode decorrer de dois fatores: mudança na realidade de fato e mudança na percepção do direito.[44]

5.1 Mudança na realidade de fato

A mudança na realidade fática pode provocar transição constitucional quando determinadas alterações na realidade social criam pontos de tensão entre a norma constitucional vigente e a realidade emergente, normalmente imprevisível por ocasião da formulação dessa norma pelo constituinte.

Intervenções estatais em favor de grupos tidos como desfavorecidos, como mulheres, negros e índios, justificadas pelo princípio material da igualdade, podem deixar de ser legítimas se as desigualdades que as justificam deixarem de existir, impondo a inconstitucionalidade da norma protetora.

Em situações dessa natureza pode ocorrer a inconstitucionalidade progressiva de determinada norma, a qual vai se tornando paulatinamente contrária à Constituição à medida que determinadas condições fáticas se alteram. Foi o que reconheceu o Supremo Tribunal Federal, ao declarar que norma legal que garante à defensoria pública prazos processuais dobrados é constitucional até que as Defensorias Públicas venham a alcançar o mesmo nível de organização do Ministério Público.[45]

Em outra ocasião, o Supremo Tribunal Federal entendeu que o art. 68 do Código de Processo Penal, que permite que o Ministério Público promova ação civil reparatória de danos quando o titular do direito for pobre,[46] é constitucional somente até a instalação regular da Defensoria Pública em cada estado.[47]

Em outras situações, são avanços tecnológicos que se projetam sobre a norma constitucional, impondo-lhe uma mudança de sentido. É o que ocorrerá caso o Supremo Tribunal Federal venha a decidir que a imunidade tributária prevista no art. 150 da Constituição do Brasil deve abranger livros eletrônicos, cuja existência e difusão não era prevista pelo constituinte, por ocasião da elaboração do texto constitucional de 1988.

Esse fenômeno de atualização informal da Constituição em decorrência do surgimento de novas tecnologias efetivamente ocorreu no julgamento da Arguição de Descumprimento de Preceito Fundamental nº 54. Os avanços tecnológicos que possibilitaram

---

[43] BARROSO, Luís Roberto. Mutação constitucional. In: MOREIRA, Eduardo Ribeiro; PUGLIESI, Marcio (Org.). 20 anos da Constituição brasileira. São Paulo: Saraiva, 2009. p. 223.

[44] BARROSO, Luís Roberto. Mutação constitucional. In: MOREIRA, Eduardo Ribeiro; PUGLIESI, Marcio (Org.). 20 anos da Constituição brasileira. São Paulo: Saraiva, 2009. p. 223-226.

[45] BRASIL. Supremo Tribunal Federal. Habeas Corpus n. 70.514-6. Tribunal Pleno. Rel. Min. Sydnei Sanches. Brasília, 23.3.1994. Disponível em: <http://redir.stf.jus.br/paginadorpub/paginador.jsp?docTP=AC&docID=72491>. Acesso em: 15 maio 2016.

[46] "Art. 68. Quando o titular do direito à reparação do dano for pobre (art. 32, §§1º e 2º), a execução da sentença condenatória (art. 63) ou a ação civil (art. 64) será promovida, a seu requerimento, pelo Ministério Público".

[47] BRASIL. Supremo Tribunal Federal. Recurso Extraordinário n. 135.328. Rel. Min. Marco Aurélio. Brasília, DF, 29.6.1994. Diário da Justiça Eletrônico, 20 abr. 2011.

a identificação, com razoável grau de segurança, da ocorrência de anencefalia durante o período gestacional foram determinantes para que o Supremo Tribunal Federal modificasse seu entendimento quanto ao alcance da proteção constitucional à vida e autorizasse o aborto terapêutico do feto comprovadamente anencefálico.

5.2 Mudança da percepção do direito

A transição constitucional decorrente de mudança na percepção do direito ocorre quando se alteram os valores predominantes na sociedade. O exemplo mais emblemático de alteração informal de norma constitucional por mudança na percepção do direito se materializou no direito constitucional estadunidense por meio do caso Brown *vs.* Board of Education, em que uma prática discriminatória antes tida como válida passou a não ser mais admitida.

A Décima Quarta Emenda à Constituição dos Estados Unidos, em sua seção 1, declarava que nenhum Estado poderia negar "equal protection of the laws"[48] a qualquer pessoa submetida à sua jurisdição.[49] O sentido e o alcance da expressão "equal protection of the laws" foi objeto de apreciação em 1896 pela Suprema Corte dos Estados Unidos.

Naquele tempo, a Guerra Civil norte-americana já tinha terminado e os estados do sul, ao retomarem o controle de suas próprias políticas, legalizaram a segregação racial por meio de leis que permitiam a manutenção de escolas exclusivas para crianças negras, separadas das escolas destinadas a crianças brancas, e a reserva de áreas exclusivas para brancos em transportes públicos coletivos, de modo que os negros só podiam viajar na parte de trás dos ônibus.

No caso que ficou conhecido como Plessy *vs.* Ferguson,[50] alegou-se que essas práticas violavam diretamente a cláusula de "equal protection of the laws" prevista na Emenda XIV. A Corte, porém, rejeitou as alegações e firmou entendimento de que, desde que os estados oferecessem os mesmos serviços aos negros e aos brancos, mesmo que esses serviços fossem oferecidos separadamente, estava sendo atendida a exigência da norma constitucional. Assim, o sentido da cláusula constitucional de igualdade ficou definido de modo a se compatibilizar com a doutrina "separate but equal".[51]

A questão voltou a ser objeto de apreciação da mesma Corte em 1954, provocada por um grupo de crianças negras que frequentavam uma escola segregada do Kansas, no caso que ficou conhecido como Brown *vs.* Board of Education.[52] Embora a Corte reconhecesse a necessidade de respeitar o precedente criado no caso Plessy *vs.* Ferguson e não rejeitasse expressamente a fórmula "separados, porém iguais", determinou a abolição da segregação sob o fundamento de que havia evidências de que as escolas

---

[48] "Igual proteção das leis" (tradução livre).
[49] "All persons born or naturalized in the United States, and subject to the jurisdiction thereof, are citizens of the United States and of the state wherein they reside. No state shall make or enforce any law which shall abridge the privileges or immunities of citizens of the United States; nor shall any state deprive any person of life, liberty, or property, without due process of law; nor deny to any person within its jurisdiction the equal protection of the laws" (U.S. Constitution, Amendment XIV, Section 1).
[50] US SUPREME COURT. *50 most cited US Supreme Court decisions*: historic decisions of the US Supreme Court. [s.l.]: Landmark Publications, 2011.
[51] "Separados, porém iguais" (tradução livre).
[52] US SUPREME COURT. *50 most cited US Supreme Court decisions*: historic decisions of the US Supreme Court. [s.l.]: Landmark Publications, 2011.

segregadas não ofereciam às crianças negras exatamente o mesmo padrão educacional que era oferecido às crianças brancas.

Ainda que a decisão tenha se baseado em fundamentos do direito constitucional, sem adentrar em argumentos de ordem moral, há evidências de que mudanças nos valores predominantes na sociedade tenham sido determinantes para a reconstrução do que se entendia por "equal protection of the laws". Ronald Dworkin, por exemplo, observa que "muitas coisas haviam acontecido nos Estados Unidos [...] e a segregação parecia agora mais profundamente errada aos olhos de muito mais pessoas do que quando se decidira o caso Plessy".[53]

O texto constitucional continuou o mesmo, mas seu sentido e alcance foram profundamente alterados, o que repercutiu na atividade do Poder Legislativo que, depois da mudança de entendimento da Suprema Corte, passou a aprovar sucessivas leis orientadas a minimizar a discriminação no que se refere ao direito de voto, ao acesso a lugares públicos e à moradia,[54] propiciando o surgimento de uma nova conformação social.

6 Limites da transição constitucional

Por se tratar de um processo informal e, por vezes, inconsciente, a transição constitucional não se sujeita aos mesmos mecanismos de controle de constitucionalidade a que se submetem as alterações constitucionais feitas pela via formal. Essa dinâmica termina por concentrar excessivo poder nos órgãos legitimados a interpretar a Constituição, em especial, aquele que assume o papel de seu guardião e se encarrega de lhe dar interpretação final.

Com o passar do tempo, o órgão incumbido de jurisdição constitucional[55] pode modificar o sentido da norma constitucional de forma excessiva, de modo a fazer com que o seu conteúdo original se torne irreconhecível.[56] De fato, há quem defenda a admissão de que a Constituição efetivamente é o que os juízes decidem que ela deva significar, sendo irrelevante o texto que lhe é correspondente.[57]

Segundo parte da doutrina, as transições constitucionais, por decorrerem da atuação de forças dificilmente explicáveis, são irresistíveis. Consequentemente, não comportam qualquer limite.[58] O próprio J. J. Gomes Canotilho reconhece que a fixação de limites à transição constitucional não é uma tarefa fácil:

> Reconhece-se, porém, que entre uma mutação constitucional obtida por via interpretativa de desenvolvimento do direito constitucional e uma mutação constitucional inconstitucional há, por vezes, diferenças quase imperceptíveis, sobretudo quando se

---

[53] DWORKIN, Ronald. *O império do direito*. 2. ed. São Paulo: Martins Fontes, 2007. p. 36.
[54] BARROSO, Luís Roberto. Mutação constitucional. In: MOREIRA, Eduardo Ribeiro; PUGLIESI, Marcio (Org.). *20 anos da Constituição brasileira*. São Paulo: Saraiva, 2009. p. 222.
[55] Exemplificativamente: Supremo Tribunal Federal, no Brasil; Tribunal Constitucional, em Portugal; *Supreme Court*, nos Estados Unidos; *Bundesverfassungsgerich*, na Alemanha.
[56] STRAUSS, David A. Does the constitution mean what I says? *Harvard Law Review*, v. 129, p. 2-61, nov. 2015.
[57] SEGALL, Eric J. The constitution means what the Supreme Court says it means. *Harvard Law Review*, v. 129, p. 87, nov. 2015.
[58] HESSE, Konrad. Limites da mutação constitucional. In: HESSE, Konrad. *Temas fundamentais de direito constitucional*. São Paulo: Saraiva, 2009. p. 154.

tiver em conta o primado do legislador para a evolução constitucional (B. O. Bryde: *Verfassungsentwicklungsprimat*) e a impossibilidade de, através de qualquer teoria, captar as tensões entre a constituição e a realidade constitucional.[59]

Ainda que a fixação de limites à transição constitucional não seja uma tarefa fácil, ela deve ser empreendida. A menos que sejam reconhecidos limites à alteração informal da Constituição e que esses limites sejam observados pelos órgãos encarregados de interpretá-la, ela perderá por completo sua função garantidora dos direitos e liberdades,[60] que ficam vulneráveis diante dos fatores reais de poder tendentes a reduzir a Constituição formal a uma mera "folha de papel",[61] sem valor normativo. Por isso, J. J. Gomes Canotilho defende o reconhecimento de, pelo menos, um limite à transição constitucional: o filtro do programa normativo.[62]

A limitação das possibilidades de interpretação da norma constitucional a partir do filtro do programa normativo se baseia na compreensão de que a análise do programa normativo (interpretação dos dados linguísticos) e a análise do setor normativo (interpretação de dados da realidade) devem ser articulados dentro do processo de concretização da norma constitucional. Nesse contexto, o programa normativo assume a função de filtro em dois aspectos: negativo e positivo.

Sob o aspecto positivo, o programa normativo distingue os fatos com efeitos normativos dos fatos que não pertencem ao setor normativo, por extravasarem do respectivo programa.[63] Como o programa normativo corresponde à norma jurídica que deve afetar determinadas circunstâncias da realidade (setor normativo), a sua análise permite verificar se determinado fato pertence ou não ao setor normativo. Se o fato não pertencer ao setor normativo, é inadmissível que possa provocar a alteração da norma.[64]

Sob o aspecto positivo, o programa normativo limita o âmbito de liberdade de interpretação do aplicador da norma ao que se puder compatibilizar com o texto da constituição, pois "só os programas normativos que se consideram compatíveis com o texto da norma constitucional podem ser admitidos como resultados constitucionalmente aceitáveis derivados de interpretação do texto da norma".[65]

Uma vez que o programa da norma é dado, essencialmente, pelo texto normativo, e que esse texto deve ser interpretado por meio dos métodos tradicionais,[66] é inevitável

---

[59] CANOTILHO, José Joaquim Gomes. *Direito constitucional e teoria da Constituição*. 7. ed. Coimbra: Almedina, 2003. p. 1230.

[60] CANOTILHO, José Joaquim Gomes. *Direito constitucional e teoria da Constituição*. 7. ed. Coimbra: Almedina, 2003. p. 1440.

[61] LASSALE, Ferdinand. *Que é uma Constituição?* São Paulo: Edições e Publicações Brasil, 1933. p. 20. Disponível em: <http://bibliotecadigital.puc-campinas.edu.br/services/e-books/Ferdinand%20Lassale-1.pdf>. Acesso em: 10 jul. 2016.

[62] CANOTILHO, José Joaquim Gomes. *Direito constitucional e teoria da Constituição*. 7. ed. Coimbra: Almedina, 2003. p. 1220.

[63] CANOTILHO, José Joaquim Gomes. *Direito constitucional e teoria da Constituição*. 7. ed. Coimbra: Almedina, 2003. p. 1220.

[64] HESSE, Konrad. Limites da mutação constitucional. In: HESSE, Konrad. *Temas fundamentais de direito constitucional*. São Paulo: Saraiva, 2009. p. 166-167.

[65] CANOTILHO, José Joaquim Gomes. *Direito constitucional e teoria da Constituição*. 7. ed. Coimbra: Almedina, 2003. p. 1220.

[66] HESSE, Konrad. Limites da mutação constitucional. In: HESSE, Konrad. *Temas fundamentais de direito constitucional*. São Paulo: Saraiva, 2009. p. 167.

reconhecer que tanto sob o aspecto negativo, como sob o aspecto positivo, são as possibilidades semânticas do texto normativo que limitam as possibilidades de transição, como ensina Konrad Hesse:

> [...] onde termina a possibilidade de uma compreensão lógica do texto da norma ou onde uma determinada mutação constitucional apareceria em clara contradição com o texto da norma; assim encerram-se as possibilidades de interpretação da norma e, com isso, também as possibilidades de uma mutação constitucional.[67]

7 Da Constituição à revolução silenciosa

Tendo em vista que o texto limita a possibilidade de transição constitucional, impõe-se o reconhecimento de que toda alteração da Constituição que se caracterize pela superação do mínimo de sentido que se possa extrair do texto deve necessariamente ser remetida à via formal de alteração da Constituição. De outro modo, haverá uma transição constitucional inconstitucional.

J. J. Gomes Canotilho expõe exemplos de transições que considera problemáticas: reconhecimento de que o conceito de "justa causa" no art. 53º da Constituição de Portugal[68] inclui motivos econômicos objetivos; ou que o art. 36º/1 da mesma Constituição[69] prevê casamento entre pessoas do mesmo sexo.[70] O mesmo se pode verificar no Brasil quando, por exemplo, o Supremo Tribunal Federal reconhece a proteção prevista no art. 226, §3º,[71] a uniões entre pessoas do mesmo sexo.[72]

Independentemente da racionalidade econômica ou da ideia de moralidade envolvida nessas decisões, o certo é que elas subvertem a norma constitucional por via não prevista pelo constituinte, caracterizando um efetivo rompimento do princípio da legalidade, com todas as características mais essenciais de um quadro revolucionário,[73] exceto a brevidade do hiato entre a velha e a nova ordem jurídica.

A revolução silenciosa, conquistada pela via das sucessivas modificações informais da Constituição tende a se prolongar no tempo, criando um estado permanente de

---

[67] HESSE, Konrad. Limites da mutação constitucional. In: HESSE, Konrad. *Temas fundamentais de direito constitucional*. São Paulo: Saraiva, 2009. p. 168.

[68] "É garantida aos trabalhadores a segurança no emprego, sendo proibidos os despedimentos sem justa causa ou por motivos políticos ou ideológicos".

[69] "Todos têm o direito de constituir família e de contrair casamento em condições de plena igualdade".

[70] CANOTILHO, José Joaquim Gomes. *Direito constitucional e teoria da Constituição*. 7. ed. Coimbra: Almedina, 2003. p. 1220.

[71] "Para efeito da proteção do Estado, é reconhecida a união estável entre o homem e a mulher como entidade familiar, devendo a lei facilitar sua conversão em casamento".

[72] BRASIL. Supremo Tribunal Federal. *Arguição de Descumprimento de Preceito Fundamental n. 132/RJ*. Plenário. Min. Ayres Brito. Brasília, DF, 5.5.2011. Disponível em: <http://redir.stf.jus.br/paginadorpub/paginador.jsp?docTP=AC&docID=628633>. Acesso em: 15 maio 2016; BRASIL. Supremo Tribunal Federal. *Ação Direta de Inconstitucionalidade n. 4.277/DF*. Plenário. Rel. Min. Ayres Brito. Brasília, DF, 5.5.2011. Disponível em: <http://redir.stf.jus.br/paginadorpub/paginador.jsp?docTP=AC&docID=628635>. Acesso em: 15 maio 2016.

[73] J. J. Gomes Canotilho, fazendo referência a mutações constitucionais obtidas por via do processo legislativo ordinário, mas com raciocínio aplicável a todas as formas de transição constitucional, reconhece que: "Essa leitura da constituição de baixo para cima, justificadora de uma nova compreensão da constituição a partir das leis infraconstitucionais, pode conduzir à *derrocada* interna da constituição por obra do legislador e de outros órgãos concretizadores" (CANOTILHO, José Joaquim Gomes. *Direito constitucional e teoria da Constituição*. 7. ed. Coimbra: Almedina, 2003. p. 1230).

exceção, com toda a insegurança que caracteriza esses períodos em que, como explica Dalmo de Abreu Dallari: "as portas ficam abertas à arbitrariedade, à violência e ao uso indiscriminado dos meios de coação, sempre havendo quem utilize desse momento para resolver seus problemas particulares em nome da revolução".[74]

Somente por meio do reconhecimento dos limites à transição constitucional e da vontade de respeitá-los por parte dos órgãos incumbidos da interpretação da Constituição será possível preservar o compromisso original da constituição de sua progressiva derrocada e livrar a sociedade da instalação permanente da insegurança jurídica e de todos os efeitos nefastos da revolução silenciosa.

Referências

ALEXY, Robert. *Teoria dos direitos fundamentais*. São Paulo: Malheiros, 2008.

ÁVILA, Humberto. *Teoria dos princípios*. São Paulo: Malheiros, 2006.

BACHOFF, Otto. *Normas constitucionais inconstitucionais?* Coimbra: Almedina, 2008.

BARROSO, Luís Roberto. Mutação constitucional. In: MOREIRA, Eduardo Ribeiro; PUGLIESI, Marcio (Org.). *20 anos da Constituição brasileira*. São Paulo: Saraiva, 2009.

BASTOS, Celso Ribeiro; PFLUG, Samantha Meyer. A interpretação como fator de desenvolvimento e atualização das normas constitucionais. In: SILVA, Virgílio Afonso da. *Interpretação constitucional*. São Paulo: Malheiros, 2005.

BONAVIDES, Paulo. *Ciência política*. 10. ed. São Paulo: Malheiros, 2004.

BRASIL. Supremo Tribunal Federal. *Ação Direta de Inconstitucionalidade n. 4.277/DF*. Plenário. Rel. Min. Ayres Brito. Brasília, DF, 5.5.2011. Disponível em: <http://redir.stf.jus.br/paginadorpub/paginador.jsp?docTP=AC&docID=628635>. Acesso em: 15 maio 2016.

BRASIL. Supremo Tribunal Federal. *Arguição de Descumprimento de Preceito Fundamental n. 132/RJ*. Plenário. Min. Ayres Brito. Brasília, DF, 5.5.2011. Disponível em: <http://redir.stf.jus.br/paginadorpub/paginador.jsp?docTP=AC&docID=628633>. Acesso em: 15 maio 2016.

BRASIL. Supremo Tribunal Federal. *Habeas Corpus n. 70.514-6*. Tribunal Pleno. Rel. Min. Sydnei Sanches. Brasília, 23.3.1994. Disponível em: <http://redir.stf.jus.br/paginadorpub/paginador.jsp?docTP=AC&docID=72491>. Acesso em: 15 maio 2016.

BRASIL. Supremo Tribunal Federal. Recurso Extraordinário n. 135.328. Rel. Min. Marco Aurélio. Brasília, DF, 29.6.1994. *Diário da Justiça Eletrônico*, 20 abr. 2011.

BRASIL. Supremo Tribunal Federal. *Recurso Extraordinário n. 330.817*. Plenário. Rel. Min. Dias Toffoli. Brasília, DF, 20.9.2012.

CANOTILHO, José Joaquim Gomes. *Direito constitucional e teoria da Constituição*. 7. ed. Coimbra: Almedina, 2003.

COUTINHO, Jacinto Nelson de Miranda (Org.). *Canotilho e a Constituição Dirigente*. Rio de Janeiro: Renovar, 2003.

DALLARI, Dalmo de Abreu. *Elementos de teoria geral do Estado*. 24. ed. São Paulo: Saraiva, 2003.

DWORKIN, Ronald. *O império do direito*. 2. ed. São Paulo: Martins Fontes, 2007.

FERRAZ JUNIOR, Tércio Sampaio. *Introdução ao estudo do direito*. São Paulo: Atlas, 2011.

GRAU, Eros Roberto. *Por que tenho medo dos juízes*. São Paulo: Malheiros, 2016.

---

[74] DALLARI, Dalmo de Abreu. *Elementos de teoria geral do Estado*. 24. ed. São Paulo: Saraiva, 2003. p. 143-144.

HESSE, Konrad. Limites da mutação constitucional. In: HESSE, Konrad. *Temas fundamentais de direito constitucional*. São Paulo: Saraiva, 2009.

LASSALE, Ferdinand. *Que é uma Constituição?* São Paulo: Edições e Publicações Brasil, 1933. Disponível em: <http://bibliotecadigital.puc-campinas.edu.br/services/e-books/Ferdinand%20Lassalle-1.pdf>. Acesso em: 10 jul. 2016.

MALUF, Sahid. *Teoria geral do Estado*. 26. ed. São Paulo: Saraiva, 2003.

NORONHA NETO, Francisco Tavares. Configuração da relação de emprego: suportes fático e racional. *Revista LTr*, dez. 2011.

PERLINGIERI, Pietro. *Perfis do direito civil*. Rio de Janeiro: Renovar, 2002.

SEGALL, Eric J. The constitution means what the Supreme Court says it means. *Harvard Law Review*, v. 129, p. 2-61, fev. 2016.

SILVA, José Afonso da. *Curso de direito constitucional positivo*. 24. ed. São Paulo: Malheiros, 2005.

STRAUSS, David A. Does the constitution mean what I says? *Harvard Law Review*, v. 129, p. 87, nov. 2015.

US SUPREME COURT. *50 most cited US Supreme Court decisions*: historic decisions of the US Supreme Court. [s.l.]: Landmark Publications, 2011.

Informação bibliográfica deste texto, conforme a NBR 6023:2002 da Associação Brasileira de Normas Técnicas (ABNT):

NORONHA NETO, Francisco Tavares. A revolução silenciosa e os limites da transição constitucional. In: PINTO, Hélio Pinheiro; LIMA NETO, Manoel Cavalcante de; LIMA, Alberto Jorge Correia de Barros; SOTTO-MAYOR, Lorena Carla Santos Vasconcelos; DIAS, Luciana Raposo Josué Lima (Coords.). *Constituição, direitos fundamentais e política*: estudos em homenagem ao professor José Joaquim Gomes Canotilho. Belo Horizonte: Fórum, 2017. p. 543-558. ISBN 978-85-450-0185-0.

SOBRE OS AUTORES

Alberto Jorge Correia de Barros Lima
Doutor e Mestre em Direito Penal pela Universidade Federal de Pernambuco. Professor Adjunto de Direito Penal Constitucional, Direito Penal e Criminologia do Mestrado e da Graduação em Direito da Faculdade de Direito, da Universidade Federal de Alagoas – UFAL. Juiz de Direito Titular da 17ª Vara Cível de Maceió (Fazenda Pública). Foi Desembargador do Tribunal Regional Eleitoral – TRE no biênio 2013-2015.

Alessandra Silveira
Professora Associada da Escola de Direito da Universidade do Minho, Braga/Portugal. Titular da Cátedra Jean Monnet em Direito da União Europeia.

Alexandra Aragão
Professora da Faculdade de Direito da Universidade de Coimbra. Mestre em Integração Europeia e Doutora em Direito Público – Especialização em Direito do Ambiente. Investigadora do Instituto Jurídico, do Centro de Estudos de Direito do Ambiente, Urbanismo e Ambiente e do Centro de Estudos Sociais da Universidade de Coimbra.

Amélia Campelo
Promotora de Justiça do Estado de Alagoas. Mestre em Direito pela Faculdade de Direito da Universidade de Coimbra.

Ana Cláudia Nascimento Gomes
Doutora em Direito Público (2015) e Mestre em Ciências Jurídico-Políticas (2001), ambos pela Universidade de Coimbra (Faculdade de Direito). Pós-Graduada em Direito do Consumidor e Direito do Trabalho. Procuradora do Trabalho em Minas Gerais (Ministério Público do Trabalho/PRT 3ª Região). Professora da Faculdade de Direito da PUC Minas/Belo Horizonte.

Ana Florinda Mendonça da Silva Dantas
Mestre e Doutoranda em Ciências Jurídico-Políticas pela Faculdade de Direito de Lisboa. Professora Pesquisadora do Centro Universitário CESMAC – Maceió. Juíza de Direito em Alagoas.

Anderson Santos dos Passos
Juiz de Direito do Tribunal de Justiça do Estado de Alagoas. Mestre em Direito Constitucional pela Universidade de Coimbra (2013-2015). Doutorando em Direito, Justiça e Cidadania no Século XXI pela Universidade de Coimbra.

Andreas J. Krell
Doctor Juris da *Freie Universität Berlin*. Professor de Direito Ambiental e Constitucional da Faculdade de Direito da Universidade Federal de Alagoas (FDA/UFAL), nos Cursos de Graduação e Mestrado em Direito. Colaborador do PPGD (Mestrado/Doutorado) da Faculdade de Direito do Recife (UFPE). Pesquisador Bolsista do CNPq (nível 1B). Consultor da CAPES.

António Manuel Hespanha
Historiador e Jurista português. Licenciado e Pós-Graduado em Direito (Ciências Histórico-Jurídicas) pela Universidade de Coimbra. Doutor em História Institucional e Política. Docente e Pesquisador. Autor de extensa bibliografia sobre História do Direito e das Instituições.

Carlos Aley Santos de Melo
Graduado pela Faculdade de Direito do Centro de Ensino Superior de Maceió – CESMAC e Pós-Graduado em Direito Constitucional pela mesma faculdade. Mestrando em Direito Público pela Faculdade de Direito da Universidade Federal de Alagoas – UFAL. Atualmente é Juiz de Direito do Tribunal de Justiça do Estado de Alagoas, titular da Comarca de Capela e Professor da Escola Superior da Magistratura de Alagoas e do Programa de Pós-Graduação da Faculdade de Direito da Universidade Tiradentes – UNIT.

Eloy García
Doctor en Derecho (1985) y Catedrático de Derecho Constitucional, Universidad Complutense de Madrid. Director Académico del Doctorado de la Universidad Sergio Arboleda de Bogotá (Colombia). Técnico de administración civil en excedencia, y director de la colección Clásicos del Pensamiento de la editorial Tecnos. Autor de diferentes libros y artículos.

Fernando Tourinho de Omena Souza
Desembargador do Tribunal de Justiça de Alagoas. Diretor da Escola Superior da Magistratura do Estado de Alagoas.

Francisco Tavares Noronha Neto
Juiz do Trabalho. Professor em Curso de Formação Inicial de Magistrados (EJUD 19). Professor em Cursos de Graduação (UNAMA, FIBRA e SEUNE) e Pós-Graduação (ESAMC e CESAMA) em Direito.

Gilmar Ferreira Mendes
Mestre em Direito e Estado pela Universidade de Brasília, UNB. Mestre pela Westfälische Wilhelms – Universität zu Münster, RFA (Magister Legum – L.L.M.). Doutor pela Westfälische Wilhelms – Universität zu Münster, RFA. Professor de Direito Constitucional de Graduação e Pós-Graduação da Faculdade de Direito da Universidade de Brasília. Ministro do Supremo Tribunal Federal.

Hélio Pinheiro Pinto
Mestre em Ciências Jurídico-Políticas, menção em Direito Constitucional, pela Faculdade de Direito da Universidade de Coimbra – Portugal. Especialista em Direito Processual Civil pela Universidade Anhanguera – UNIDERP. Juiz de Direito do Estado de Alagoas. Coordenador de Projetos Especiais da Escola Superior da Magistratura do Estado de Alagoas.

Humberto Martins
Formou-se em Direito pela Universidade Federal de Alagoas (UFAL) em 1979 e em Administração pelo Centro de Estudos Superiores de Maceió (CESMAC) em 1980. Em 2002 ingressou, por meio do quinto constitucional, como Desembargador do Tribunal de Justiça do Estado de Alagoas. Em 2006 foi nomeado para o cargo de Ministro do Superior Tribunal de Justiça.

Ian Pimentel Gameiro
Doutorando em Ciências Jurídico-Filosóficas e Mestre em Ciências Jurídico-Políticas, com menção em Direito Constitucional, pela Faculdade de Direito da Universidade de Coimbra. Mestrando em Sociologia pela Faculdade de Economia da Universidade de Coimbra. Advogado.

Ingo Wolfgang Sarlet
Doutor em Direito pela Ludwig Maximillians Universität München (1997). Professor Titular da Faculdade de Direito e dos Programas de Mestrado e Doutorado em Direito e em Ciências Criminais da Pontifícia Universidade Católica do Rio Grande do Sul (PUCRS). Realizou estudos de Pós-Doutorado na Universidade de Munique e no Georgetown Law Center em Washington, DC.

Ives Gandra da Silva Martins
Professor Emérito das Universidades Mackenzie, UNIP, UNIFIEO, UNIFMU, do CIEE/O Estado de São Paulo, das Escolas de Comando e Estado-Maior do Exército – ECEME, Superior de Guerra – ESG e da Magistratura do Tribunal Regional Federal – 1ª Região. Professor Honorário das universidades Austral (Argentina), San Martin de Porres (Peru) e Vasili Goldis (Romênia). Doutor *Honoris Causa* das universidades de Craiova (Romênia) e da PUCPR, e Catedrático da Universidade do Minho (Portugal).

José Antonio Dias Toffoli
Ex-Advogado Geral da União. Ministro do Supremo Tribunal Federal.

Karla Padilha Rebelo Marques
Promotora de Justiça. Doutoranda em Ciências Jurídico-Criminais na Faculdade de Direito da Universidade de Coimbra.

Leonardo de Farias Duarte
Mestre em Ciências Jurídico-Políticas pela Universidade de Coimbra. Juiz de Direito do Estado do Pará. Juiz Auxiliar da Vice-Presidência do TJ-PA. Ex-Juiz Auxiliar e ex-Juiz instrutor do Supremo Tribunal Federal. Ex-Juiz Auxiliar do Conselho Nacional de Justiça e ex-Conselheiro do Conselho Nacional do Ministério Público.

Lorena Carla Santos Vasconcelos Sotto-Mayor
Juíza de Direito da 7ª Vara Criminal da Comarca de Maceió, AL. Especialista em Direito Público pela Universidade Potiguar – UnP. Mestra em Direito Público pela Universidade Federal de Alagoas – UFAL. Professora de cursos jurídicos. Coordenadora de Pesquisa e Produção Acadêmica e Científica da Escola Superior da Magistratura de Alagoas – ESMAL.

Luiz Edson Fachin
Ministro do Supremo Tribunal Federal (STF). Professor Titular de Direito Civil da Universidade Federal do Paraná (UFPR). Doutor e Mestre em Direito pela PUC-SP.

Magno Alexandre F. Moura
Promotor de Justiça do Ministério Público do Estado de Alagoas e Mestre em Direito Constitucional pela Universidade de Coimbra.

Manoel Cavalcante de Lima Neto
Juiz de Direito titular da 18ª Vara Cível da Capital do Poder Judiciário do Estado de Alagoas. Coordenador Geral de Cursos da Escola Superior da Magistratura de Alagoas – ESMAL. Doutor em Direito Público pela Universidade Federal de Pernambuco – UFPE. Professor Adjunto II de Direito Tributário na Universidade Federal do Estado de Alagoas – UFAL.

Marco Aurélio Mello
Ministro do Supremo Tribunal Federal. Presidente (maio de 2001 a maio de 2003) do Tribunal Superior Eleitoral (junho de 1996 a junho de 1997, maio de 2006 a maio de 2008, novembro de 2013 a maio de 2014). Exerceu o cargo de Presidente da República do Brasil, em substituição do titular, de maio a setembro de 2002, em cinco períodos intercalados, sancionando a Lei de Criação da TV Justiça.

Miguel Gualano de Godoy
Doutor e Mestre em Direito Constitucional pela Universidade Federal do Paraná (UFPR). Bacharel em Direito pela UFPR. Realizou estudos e pesquisas na Harvard Law School, Estados Unidos. Pesquisador Visitante na Faculdade de Direito da Universidade de Buenos Aires (UBA), Argentina. Pesquisador do Núcleo "Constitucionalismo e democracia: filosofia e dogmática constitucional contemporâneas" da Faculdade de Direito da UFPR. Assessor do Ministro Luiz Edson Fachin do Supremo Tribunal Federal.

Paulo Bonavides
Professor Emérito da Universidade Federal do Ceará. Doutor *Honoris Causa* da Universidade de Lisboa. Membro do Comitê de Iniciativa que fundou a Associação Internacional de Direito Constitucional (Belgrado). Fundador e Diretor da *Revista Latino-Americana de Estudos Constitucionais*. Professor Distinguido da Universidade de San Marco, Decana da América, Lima (Peru).

Tutmés Airan de Albuquerque Melo
Mestre em Direito pela Universidade Federal de Pernambuco. Professor da Universidade Federal de Alagoas. Desembargador do Tribunal de Justiça do Estado de Alagoas.

Wlademir Paes de Lira
Mestre em Direito pela Universidade Federal de Alagoas. Doutorando pela Universidade de Coimbra. Professor da Universidade Federal de Alagoas e da Escola Superior da Magistratura do Estado de Alagoas. Juiz de Direito.

Esta obra foi composta em fonte Palatino Linotype, corpo 10
e impressa em papel Offset 75g (miolo) e Supremo 250g (capa)
pela Gráfica e Editora Laser Plus, em Belo Horizonte/MG.